Hinweise zur Benutzung

Einstiegsseiten:
- Einstiegsseiten bieten zu jedem Kapitel alle relevanten anatomischen Informationen zu diesem Thema auf einen Blick. Leicht verständlich sind hier wichtige Details und Zusammenhänge aufbereitet.
- Der präplink zum jeweiligen Kapitel umfasst Präparierhinweise zu dieser Körperregion, kurz und prägnant auf das Wesentliche konzentriert.
- IMPP-Checklisten beinhalten alle Stichwörter zu möglichen Fragen in Testaten und im Physikum.

Atlasseiten:
- Die Menüleiste auf jeder Doppelseite gibt die Themenbereiche des jeweiligen Kapitels an, der Fettdruck zeigt den aktuellen Themenbereich.
- Wichtige Strukturen sind in den Abbildungen fett hervorgehoben.
- Orientierungsskizzen sorgen bei komplexen Ansichten für eine bessere Vorstellung.
- Ausführliche Bildlegenden erklären Zusammenhänge der anatomischen Strukturen.
- Aufzählungen im Text sowie Tabellen erleichtern den Überblick und strukturieren komplexe Inhalte.
- Abbildungen, Tabellen und Textkästen sind durch Querverweise vernetzt.
- Verweise zum separaten Tabellenheft mit Tabellen zu Muskeln, Gelenken und Nerven verbinden Abbildung mit prüfungsrelevanten Wissen zu diesen anatomischen Strukturen.
- Klinikkästen stellen klinische Bezüge zu den auf der Seite dargestellten anatomischen Strukturen her
- Der präplink gibt an, wenn für die auf der Seite dargestellte anatomische Region ein Präparierhinweis unter www.e-sobotta.de zu finden ist.

Anhang:
- Abkürzungsverzeichnis, Richtungs- und Lagebezeichnungen sowie ein Glossar finden Sie am Ende des Buchs.
- Die für mehrere Abbildungen relevante Farbtafel der Schädelknochen ist hinten im Buchdeckel eingedruckt.

Perfekt zurechtfinden – das neue Navigationssystem

Das Thema dieser Seite

Orientierungsskizzen geben bei komplexen Ansichten die Blickrichtung und die Schnittebenen an.

Bildlegenden erläutern anatomische Zusammenhänge zu den dargestellten Strukturen.

Zu Seiten mit diesem präplink-Verweis sind unter www.e-sobotta.de detaillierte Präparierhinweise hinterlegt.

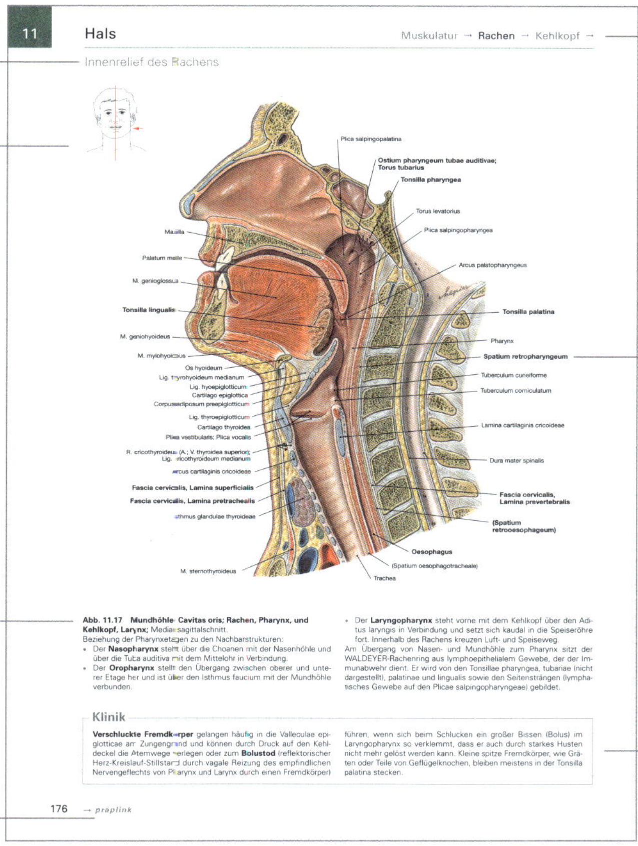

Die Menüleiste mit entsprechendem Fettdruck zeigt den aktuellen Themenbereich.

Wichtige Strukturen sind fett hervorgehoben

In Klinikkästen werden Krankheitsbilder beschrieben, die mit den anatomischen Strukturen der Buchseite in Bezug stehen. Diese klinischen Aspekte haben meist auch hohe Prüfungsrelevanz.

Das finden Sie in den anderen beiden Bänden.

Band 1 Allgemeine Anatomie und Bewegungsapparat

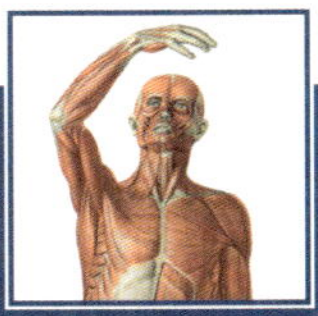

1 Allgemeine Anatomie

Orientierung am Körper → Oberfläche → Entwicklung → Bewegungsapparat → Leitungsbahnen → Bildgebende Verfahren → Haut und Hautanhangsgebilde

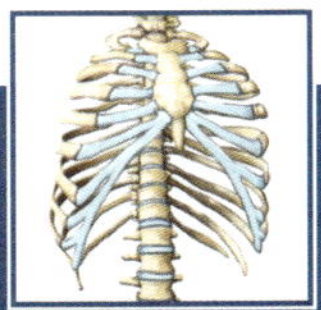

2 Rumpf

Oberfläche → Entwicklung → Skelett → Bildgebende Verfahren → Muskulatur → Leitungsbahnen → Topographie, Rücken → Weibliche Brust → Topographie, Bauch und Bauchwand

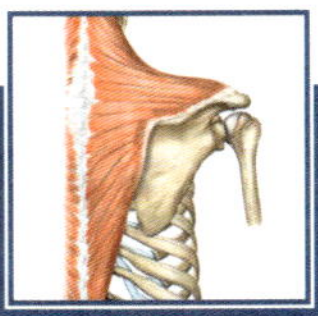

3 Obere Extremität

Oberfläche → Entwicklung → Skelett → Bildgebende Verfahren → Muskulatur → Topographie → Schnitte

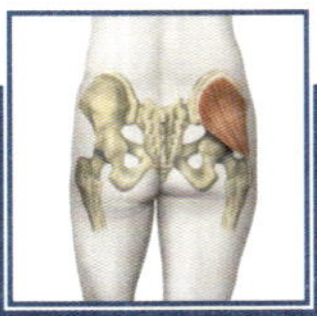

4 Untere Extremität

Oberfläche → Skelett → Bildgebende Verfahren → Muskulatur → Topographie → Schnitte

Band 2 Innere Organe

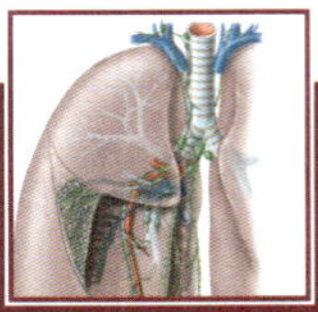

5 Brusteingeweide

Herz → Lunge → Speiseröhre → Thymus → Topographie → Schnitte

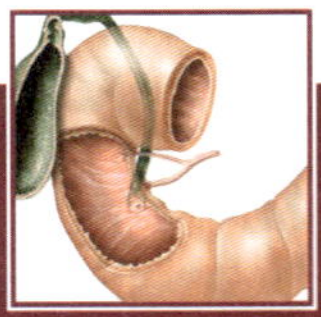

6 Baucheingeweide

Entwicklung → Magen → Darm → Leber und Gallenblase → Bauchspeicheldrüse → Milz → Topographie → Schnitte

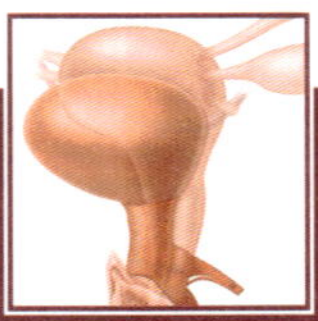

7 Becken und Retroperitonealraum

Niere und Nebenniere → Ableitende Harnwege → Geschlechtsorgane → Mastdarm und Analkanal → Topographie → Schnitte

Paulsen, Waschke

Sobotta

Atlas der Anatomie des Menschen

Kopf, Hals und Neuroanatomie

Prof. Dr. Friedrich Paulsen

Präparierkurse für Studenten

In der Lehre legt Friedrich Paulsen größten Wert darauf, dass die Studierenden im Präparierkurs tatsächlich an Körperspendern arbeiten können. „Das eigene Präparieren ist nicht nur außerordentlich wichtig für das dreidimensionale Verständnis der Anatomie und bildet die Basis für praktisch jedes medizinische Fach, im Präparierkurs setzt man sich in den meisten Fällen auch zum ersten Mal intensiv mit dem Thema Tod und Sterben auseinander und lernt im Team nicht nur Anatomie, sondern auch den Umgang mit einer besonderen Situation. So einen engen Kontakt hat man später nie wieder zu seinen Kommilitonen und zu seinen Lehrern."
„Die präplinks im Atlas führen online zu Bildern, die für das Präparieren relevant sind. Man kann sie ausdrucken und mitnehmen. Die Präp-Tipps, die zu einigen Abbildungen angeboten werden, sind keine Präpanleitung, stellen aber sicher, dass man sich hervorragend zurechtfindet und nicht im Dunkeln herumschneidet."

Professor Friedrich Paulsen (geb. 1965) wurde in Kiel geboren und absolvierte nach dem Abitur in Braunschweig zunächst eine Ausbildung als Krankenpfleger. Nach dem Studium der Humanmedizin in Kiel war er als wissenschaftlicher Angestellter am Anatomischen Institut der Klinik für Mund-, Kiefer- und Gesichtschirurgie und der Klinik für Hals-Nasen-Ohrenheilkunde, Kopf- und Halschirurgie der Christian-Albrechts-Universität Kiel tätig. 2002 wurde er mit seinen Kollegen mit dem Lehrpreis für herausragenden Unterricht im Fach Anatomie von der Medizinischen Fakultät der Universität Kiel ausgezeichnet. Auslandserfahrung sammelte er bei mehrmonatigen Aufenthalten in der wissenschaftlichen Abteilung der Augenklinik der Universität Bristol, England. Von 2004 bis 2010 leitete er als Universitätsprofessor am Institut für Anatomie und Zellbiologie der Martin-Luther-Universität Halle die Makroskopie und Prosektur. Zum April 2010 hat Professor Paulsen den Lehrstuhl II am Institut für Anatomie der Friedrich-Alexander-Universität Erlangen übernommen. Professor Paulsen ist seit 2006 Vorstandsmitglied der Anatomischen Gesellschaft und seit 2009 Generalsekretär der International Federation of Associations of Anatomy (IFAA).

Sein Hauptarbeitsgebiet ist das angeborene Immunsystem. Dabei geht es um antimikrobielle Peptide, Kleeblattpeptide, Surfactantproteine, Muzine, korneale Wundheilung sowie Tränendrüsenstammzellen und Erkrankungen wie Augeninfektionen, trockenes Auge oder Arthrose.

Prof. Dr. Jens Waschke

Mehr Klinisches in der Lehre

Sein Lehrstuhl für Anatomie und Zellbiologie ist neu gegründet worden. „Mit dieser Neugründung sollte betont werden, dass es wichtig ist, die Lehre in der Anatomie stärker klinisch auszurichten", sagt Jens Waschke, Professor am Institut für Anatomie und Zellbiologie in Würzburg.
„Die klinischen Aspekte im Atlas führen den Studenten in den ersten Semestern zur Anatomie hin und zeigen gleichzeitig wie wichtig dieses Fach für den späteren klinischen Alltag ist, dass Sie die menschliche Anatomie verstehen können, statt nur Strukturen auswendig zu lernen."

Professor Jens Waschke (geb. 1974) hat sich – nach Medizinstudium und Promotion an der Universität Würzburg – 2007 habilitiert. Zwischen 2003 und 2004 verbrachte er einen neunmonatigen Forschungsaufenthalt an der University of California in Davis bei Professor Fitz-Roy Curry. Seit Juni 2008 ist er Inhaber des Lehrstuhls III an der Universität Würzburg. Professor Waschke wurde 2005 zusammen mit seinen Kollegen mit dem Albert-Koelliker-Lehrpreis der Würzburger Medizinischen Fakultät ausgezeichnet. 2006 erhielt er den Wolfgang-Bargmann-Preis der Anatomischen Gesellschaft.

In seiner Forschung untersucht er vor allem zellbiologische Mechanismen, die die Haftung zwischen Zellen und die Schrankenfunktionen an den äußeren und inneren Barrieren des menschlichen Körpers kontrollieren. Hier stehen zum einen die Regulation der Endothelbarriere bei der Entzündung und daneben die Mechanismen, die bei der Autoimmunerkrankung Pemphigus zur Bildung der z. T. tödlichen Hautblasen führen, im Zentrum des Interesses. Ziel ist es, die Zellhaftung besser zu verstehen und neue Therapieansätze zu entdecken.

Sobotta

Atlas der Anatomie des Menschen

Kopf, Hals und Neuroanatomie

23. Auflage herausgegeben von
F. Paulsen und J. Waschke

569 farbige Tafelbilder
mit 627 Einzelabbildungen

ELSEVIER
URBAN & FISCHER

URBAN & FISCHER
München

Zuschriften und Kritik an:
Elsevier GmbH, Urban & Fischer Verlag, Hackerbrücke 6, 80335 München, E-Mail: medizinstudium@elsevier.de

Anschriften der Herausgeber:
Professor Dr. med. Friedrich Paulsen
Institut für Anatomie II (Vorstand)
Universität Erlangen-Nürnberg
Universitätsstraße 19
91054 Erlangen

Professor Dr. med. Jens Waschke
Institut für Anatomie und Zellbiologie
Lehrstuhl III (Vorstand)
Julius-Maximilians-Universität
Würzburg
Koellikerstraße 6
97070 Würzburg

Bibliografische Information der Deutschen Nationalbibliothek
Die Deutsche Nationalbibliothek verzeichnet diese Publikation in der Deutschen Nationalbibliografie; detaillierte bibliografische Daten sind im Internet über http://dnb.d-nb.de abrufbar.

Alle Rechte vorbehalten
23. Auflage 2010
© Elsevier GmbH, München
Der Urban & Fischer Verlag ist ein Imprint der Elsevier GmbH.

10 11 12 13 14 5 4 3 2 1

Für Copyright in Bezug auf das verwendete Bildmaterial siehe Abbildungsnachweis.

Das Werk einschließlich aller seiner Teile ist urheberrechtlich geschützt. Jede Verwertung außerhalb der engen Grenzen des Urheberrechtsgesetzes ist ohne Zustimmung des Verlages unzulässig und strafbar. Das gilt insbesondere für Vervielfältigungen, Übersetzungen, Mikroverfilmungen und die Einspeicherung und Verarbeitung in elektronischen Systemen.

Um den Textfluss nicht zu stören, wurde bei Patienten und Berufsbezeichnungen die grammatikalisch maskuline Form gewählt. Selbstverständlich sind in diesen Fällen immer Frauen und Männer gemeint.

Planung: Alexandra Frntic
Lektorat: Dr. Andrea Beilmann
Redaktion: Julia Baier, München; Amelie Gutsmiedl, München; Martin Kortenhaus, Illertissen; Ulrike Kriegel, buchundmehr, München; Renate Putz, München; Susanne Szczepanek
Herstellung: Sibylle Hartl; Renate Hausdorf, buchundmehr, Gräfelfing
Layout: Nicola Neubauer, Puchheim
Satz: Mitterweger & Partner, Plankstadt; Nicola Neubauer, Puchheim; Michael Wiedorn, München
Bildbearbeitung: Claudia Adam, Darmstadt; Nicola Neubauer, Puchheim; Michael Wiedorn, München
Gesamtherstellung: Firmengruppe appl, Wemding
Zeichnungen: Dr. Katja Dalkowski, Buckenhof; Sonja Klebe, Aying-Großhelfendorf; Jörg Mair, München; Stephan Winkler, München
Umschlaggestaltung: Michael Keller und Jan Riemer, München; SpieszDesign, Neu-Ulm
Gedruckt auf 115 g Nopacoat prestige

ISBN 978-3-437-44073-1

Der Begründer dieses Atlaswerkes, Professor Dr. med. Johannes Sobotta †, war zuletzt o. ö. Professor der Anatomie und Direktor des Anatomischen Instituts der Universität Bonn.

Deutsche Ausgaben mit Erscheinungsjahr:
1. Auflage: 1904–1907 J. F. Lehmanns Verlag, München
2.–11. Auflage: 1913–1944 J. F. Lehmanns Verlag, München
12. Auflage: 1948 und folgende Auflagen Urban & Schwarzenberg, München
13. Auflage: 1953, Hrsg. H. Becher
14. Auflage: 1956, Hrsg. H. Becher
15. Auflage: 1957, Hrsg. H. Becher
16. Auflage: 1967, Hrsg. H. Becher
17. Auflage: 1972, Hrsg. H. Ferner und J. Staubesand
18. Auflage: 1982, Hrsg. H. Ferner und J. Staubesand
19. Auflage: 1988, Hrsg. J. Staubesand
20. Auflage: 1993, Hrsg. R. Putz und R. Pabst Urban & Schwarzenberg, München
21. Auflage: 2000, Hrsg. R. Putz und R. Pabst Urban & Fischer, München
22. Auflage: 2006, Hrsg. R. Putz und R. Pabst Urban & Fischer, München

Lizenzausgaben:
Arabische Ausgabe
Modern Technical Center, Damaskus
Chinesische Ausgabe (complex characters):
Ho-Chi Book Publishing Co, Taiwan
Chinesische Ausgabe (simplified Chinese edition):
Elsevier, Health Sciences Asia, Singapore
Englische Ausgabe (Nomenklatur Englisch)
Elsevier Inc., Philadelphia
Englische Ausgabe (Nomenklatur Latein)
Atlas of Human Anatomy
Elsevier GmbH, Urban & Fischer
Französische Ausgabe
Tec & Doc Lavoisier, Paris
Griechische Ausgabe (Nomenklatur Griechisch)
Maria G. Parissianos, Athen
Griechische Ausgabe (Nomenklatur Latein)
Maria G. Parissianos, Athen
Holländische Ausgabe
Bohn Stafleu van Loghum, Houten
Indonesische Ausgabe
Penerbit Buku Kedokteran EGC, Jakarta
Italienische Ausgabe
Elsevier Masson STL, Mailand
Japanische Ausgabe
Igaku Shoin Ltd., Tokyo
Koreanische Ausgabe
Elsevier Korea LLC
Kroatische Ausgabe
Naklada Slap, Jastrebarsko
Polnische Ausgabe
Elsevier Urban & Partner, Wroclaw
Portugiesische Ausgabe (Nomenklatur Portugiesisch)
Editora Guanabara Koogan, Rio de Janeiro
Portugiesische Ausgabe (Nomenklatur Latein)
Editora Guanabara Koogan, Rio de Janeiro
Russische Ausgabe
Reed Elsevier LLC, Moscow
Spanische Ausgabe
Editorial Medica Panamericana, Buenos Aires/Madrid
Tschechische Ausgabe
Grada Publishing, Prag
Türkische Ausgabe
Beta Basim Yayim Dagitim, Istanbul
Ukrainische Ausgabe
Elsevier Urban & Partner, Wroclaw
Ungarische Ausgabe
Medicina Publishing, Budapest
az ember anatómiájának atlasza
Alliter Kiadái, Budapest

Inhalt

Kopf

Auge

Ohr

Hals

Gehirn und Rückenmark

Vorwort

Im Vorwort zur 1. Auflage seines Atlas schreibt Johannes Sobotta im Mai 1904: „Langjährige Erfahrungen bei den anatomischen Präparierübungen haben den Verfasser veranlasst, bei der Darstellung des peripherischen Nervensystems und der Blutgefäße so zu verfahren, dass der Student auf den Abbildungen des Buches die betreffenden Teile derart vorgeführt erhält, wie er sie am Präparate zu sehen gewohnt ist, d. h. Gefäße und Nerven derselben Region gleichzeitig. Außerdem enthält der Atlas abwechselnd Text und Tafelblätter. Letztere enthalten die hauptsächlichen Figuren des Atlas, erstere außer Hilfs- und schematischen Zeichnungen und den Tafelerklärungen einen kurzen, in knapper Darstellung gehaltenen Text zur schnellen Orientierung beim Gebrauche des Buches im Präpariersaal."

Wie die Mode, so ändern sich auch die Lese- und Lerngewohnheiten der Studenten regelmäßig. Die multimediale Präsenz und die Verfügbarkeit von Informationen und Reizen sind sicherlich die Hauptgründe dafür, warum dies in einem viel schnelleren Ausmaß als jemals zuvor geschieht. Diesen Entwicklungen und damit auch den z. T. veränderten Anforderungen von Studierenden an Lehrbücher und Atlanten, die sie verwenden möchten, sowie die digitale Verfügbarkeit deren Inhalte, ist von Seiten der Herausgeber und Verlage Rechnung zu tragen. Außer Gesprächen und systematischen Befragungen von Studenten ist auch der Lehrbuchmarkt bisweilen ein Indikator, um die Erwartungen der Studenten einschätzen zu können. Detaillierte Lehrbücher mit dem absoluten Anspruch auf Vollständigkeit werden zu Gunsten von Lernbüchern, die auf die didaktischen Bedürfnisse der Studierenden und die Inhalte des Studiums der Human-, Zahn- und Biomedizin, sowie deren Prüfungen abgestimmt sind, zunehmend verlassen. Ebenso werden Abbildungen in Atlanten wie dem Sobotta, dessen exakte naturalistische Darstellung echter Präparate viele Generationen von Ärzten und medizinassoziierten Berufen auf der gesamten Welt fasziniert hat, von den Studenten als teilweise zu kompliziert und detailliert empfunden. Diese Einsicht verlangt nach der Überlegung, wie die Stärken eines Atlas, der in seiner über hundertjährigen Tradition mit 22 Auflagen zu einer Referenz an Exaktheit und Qualität gereift ist, an moderne didaktische Konzepte angepasst werden kann, ohne dass das Gesamtwerk dabei sein Alleinstellungsmerkmal und seine Originalität verliert. Der Elsevier-Verlag und die Herausgeber Professor Reinhard Putz und Professor Reinhard Pabst, die den Atlas bis zur 22. Auflage betreut haben, sind nach reiflichen Überlegungen zu dem Schluss gekommen, dass durch ein neues Herausgeberteam, das sich wie die Kollegen Putz und Pabst durch eine große Begeisterung für Anatomie und den Anatomieunterricht auszeichnet, den neuen Anforderungen am besten begegnet werden könnte. Daher freuen wir uns außerordentlich, dass uns diese Aufgabe, die 23. Auflage des Sobotta zusammen mit dem Elsevier-Verlag zu gestalten, übertragen wurde.

Bei der Neugestaltung wurde besonders einer übersichtlichen Gliederung der Inhalte und einer didaktischen Heranführung an die Abbildungen Rechnung getragen. Nun ist nicht jede Mode etwas ganz Neues. Unter didaktischen Gesichtspunkten haben wir das alte Konzept eines dreibändigen Atlas, wie Sobotta es schon in der ersten Auflage verwendet hat, wieder aufgegriffen mit den Bänden Bewegungsapparat (1), Eingeweide (2) sowie Kopf, Hals und Nervensystem (3). Auch das eingangs im Vorwort zur ersten Auflage erwähnte Konzept der Verknüpfung von Atlasbild mit einem erklärenden Text ist eine alte Mode, die aktuell wieder im Trend liegt, und die wir in modifizierter Weise aufgegriffen haben. So ist jedes Bild mit einem kurzen erklärenden Text versehen, der dazu dient, den Studenten an die Abbildung heranzuführen und zu erläutern, warum die jeweilige Präparation und Darstellung einer Region gewählt wurde. Die einzelnen Kapitel wurden systematisch im Hinblick auf den derzeitigen Gegenstandskatalog und die aktuellen Lerngewohnheiten gegliedert, fehlende Abbildungen – besonders zur Systematik der Leitungsbahnen – oder verbesserungswürdige Abbildungen ergänzt und ersetzt. Ein Großteil dieser neuen Abbildungen ist so konzipiert, dass das Lernen besonders relevanter Versorgungs- und Innervationswege unter didaktischen Gesichtspunkten erleichtert wird. Ferner haben wir zahlreiche bestehende Abbildungen überarbeitet, die Beschriftungen reduziert und durch Fettungen gewichtet, um den Zugang zu den anatomischen Inhalten zu vereinfachen. Zahlreiche Hinweise zur Klinik sollen aus der manchmal „trockenen Anatomie" eine klinische und lebendige Anatomie machen, die dem Anfänger die Relevanz der Anatomie für die spätere berufliche Tätigkeit vor Augen führt und einen Vorgeschmack auf die Klinik gibt. Konzeptionell neu sind Einstiegsseiten zu den einzelnen Kapiteln, die in aller Kürze einen Überblick über den Inhalt, die zugehörige Klinik und die für die besprochene Region relevanten Präparationsschritte geben und eine Checkliste umfassen, die sich an den Vorgaben des Instituts für Medizinische und Pharmazeutische Prüfungsfragen (IMPP) sowie am mündlichen Physikum orientiert. Neu sind auch kurze Einführungen in die Embryologie zu jedem Thema sowie die Online-Anbindung des Atlas u.a. mit der Möglichkeit, alle Bilder für Referate, Vorträge und andere Präsentationen herunterzuladen.

Zwei Dinge möchten wir aber ganz klar herausstellen:

1. Der „neue" Sobotta in der 23. Auflage ist kein Lernatlas, der mit dem Anspruch an Vollständigkeit des gesamten Wissens die Intention vermitteln könnte, ein begleitendes Lehrbuch ersetzen zu wollen oder zu können.
2. Egal, wie gut ein didaktisches Konzept ist, es kann dem Studenten das Lernen nicht abnehmen, es aber zumindest anschaulicher machen. Anatomie zu lernen ist nicht schwer, benötigt jedoch viel Zeit. Zeit, die zu opfern sich lohnt, denn sowohl Arzt als auch Patienten werden später davon profitieren. Die 23. Auflage des Sobotta hat nicht nur zum Ziel, das Lernen zu erleichtern, sondern auch, diese Zeit des Lernens spannend und interessant zu gestalten, so dass man den Atlas während des Studiums, aber auch im Laufe der beruflichen Tätigkeit immer wieder gerne in die Hand nimmt.

Erlangen und Würzburg im Sommer 2010, genau 106 Jahre nach Erscheinen der ersten Auflage

Friedrich Paulsen und Jens Waschke

Danksagung

Als Erstes möchten wir gerne zum Ausdruck bringen, dass uns die Arbeit am Sobotta sehr viel Spaß gemacht hat und eine echte Herausforderung war. In den Momenten, in denen man mit ein wenig Abstand den Fortschritt der einzelnen Kapitel und die neu entwickelten Abbildungen beobachten konnte, hat man viel Genugtuung und auch Stolz empfunden und sich immer mehr mit dem Sobotta identifiziert.

Die Neugestaltung des Sobotta ist natürlich nicht das alleinige Werk zweier unerfahrener Herausgeber, sondern erfordert heute mehr denn je ein eingespieltes Team unter der Koordination des Verlags. Ohne die langjährigen Erfahrungen von Frau Dr. Andrea Beilmann, die schon mehrere Auflagen des Sobotta betreut hat und die den ruhenden Pol des Sobotta-Teams bildete, wäre Vieles nicht möglich gewesen. Für all ihre Hilfe und Unterstützung danken wir ihr sehr. Für Frau Alexandra Frntic, ebenfalls Teil des vierköpfigen Sobotta-Teams, war es das erste Großprojekt ihrer Karriere, das sie mit Herzblut angepackt und mit Enthusiasmus vorangetrieben hat. Ihre Lebhaftigkeit und Ihre Art, Motivation zu verbreiten, haben die Herausgeber immer wieder aufgeheitert und angetrieben. Dafür danken wir Ihr ganz herzlich. Wir denken gerne an die Sobotta-Einstiegswoche in Parsberg und die wöchentlichen Telefonkonferenzen zurück, in denen uns Frau Dr. Beilmann und Frau Frntic bei der Gestaltung zur Seite standen und es auf bemerkenswerte Weise verstanden haben, zwei von ihrer Persönlichkeit verschiedene Köpfe zu einem einheitlichen Arbeitsstil zu erziehen. Ohne die Durchsetzungskraft, die Durchhalteparolen und die schützende Hand von Frau Dr. Dorothea Hennessen, die die Oberleitung des Projektes „23. Auflage Sobotta" inne hatte und immer fest an ihr Sobotta-Team und den engen Zeitplan geglaubt hat, wäre diese Auflage nicht erschienen. Die gute Reproduktion des Atlas lag wie viele Produktionen zuvor in den Händen des Routiniers Renate Hausdorf. Weitere Personen, die an der Bearbeitung und dem Gelingen der 23. Auflage des Sobotta beteiligt waren und denen wir ganz herzlich danken sind Frau Susanne Szczepanek (Manuskriptbearbeitung), Frau Julia Baier, Herrn Martin Kortenhaus und Frau Ulrike Kriegel (redaktionelle Bearbeitung), Frau Amelie Gutsmiedl (formale Textbearbeitung), Frau Sibylle Hartl (interne Herstellung), Frau Claudia Adam und Herrn Michael Wiedorn (formale Bildbearbeitung und Satz), Frau Nicola Neubauer (Layoutentwicklung und Verfeinern der Satzdaten) sowie den Studierenden Doris Bindl, Derkje Hockertz, Lisa Link, Sophia Poppe, Cornelia Riepl und Katharina und Florian Stumpfe. Für die Erstellung des Registers danken wir Frau Dr. Ursula Osterkamp-Baust vielmals.

Besonderer Dank gilt unseren Zeichnern Frau Dr. Katja Dalkowski, Frau Sonja Klebe, Herrn Jörg Mair und Herrn Stephan Winkler, die außer der Überarbeitung bestehender Abbildungen mit uns auch eine Vielzahl ausgezeichneter Abbildungen neu entwickelt haben.

Herr Priv.-Doz. Dr. rer. nat. Helmut Wicht, Dr. Senckenbergische Anatomie, Goethe-Universität Frankfurt am Main, hat die von den beiden Herausgebern verfassten Texte der Kapiteleinstiegsseiten vereinheitlicht und durch seinen, ihm ganz eigenen Schreibstil zum Leben erweckt. Hierfür danken wir ihm ganz herzlich.

Eine große Hilfe war für uns das Beratungsgremium, in dem uns außer den früheren Herausgebern Prof. Dr. med. Dr. h. c. Reinhard Putz, Ludwig-Maximilians-Universität München, und Prof. Dr. med. Reinhard Pabst, Medizinische Hochschule Hannover, auch die Kollegen Prof. Dr. med. Peter Kugler, Julius-Maximilians-Universität Würzburg, und Prof. Dr. rer. nat. Gottfried Bogusch, Charite Berlin, mit Ratschlägen und kritischen Anregungen intensiv unterstützt haben. Ganz besonders hervorheben möchten wir den Einsatz von Frau Renate Putz, die das Manuskript äußerst sorgfältig korrigiert hat und deren Anmerkungen für die Konsistenz des Werks in sich und mit den früheren Auflagen von entscheidender Bedeutung war.

Für die Hilfe bei Korrekturen und Überarbeitungen möchten wir Frau Stephanie Beilicke, Herrn Dr. rer. nat. Lars Bräuer, Frau Anett Diker, Herrn Fabian Garreis, Frau Elisabeth George, Frau Patrizia Maake, Frau Susann Möschter, Herrn Jörg Pekarsky und Herrn Martin Schicht danken.

Für die Hilfe bei der Erstellung klinischer Bilder sei herzlich Herrn Priv.-Doz. Dr. med. Hannes Kutta, Klinik und Poliklinik für Hals-Nasen-Ohrenheilkunde, Universitätsklinikum Hamburg-Eppendorf, Herrn Prof. Dr. med. Norbert Kleinsasser, Universitätsklinik für Hals-Nasen-Ohrenkrankheiten, Julius-Maximilians-Universität Würzburg, Herrn Prof. Dr. med. Andreas Dietz, Direktor der Klinik und Poliklinik für Hals-Nasen-Ohrenheilkunde, Universität Leipzig, Herrn Dr. med. Dietrich Stövesandt, Klinik für Diagnostische Radiologie, Martin-Luther-Universität Halle-Wittenberg, Herrn Prof. Dr. med. Stephan Zierz, Direktor der Universitätsklinik und Poliklinik für Neurologie, Martin-Luther-Universität Halle-Wittenberg, Frau Dr. med. Berit Jordan, Universitätsklinik und Poliklinik für Neurologie, Martin-Luther-Universität Halle-Wittenberg, Herrn Dr. med. Saadettin Sel, Universitätsaugenklinik, Martin-Luther-Universität Halle-Wittenberg, Herrn cand. med. Christian Schröder, Eckernförde und Herrn Denis Hiller, Bad Lauchstädt, gedankt.

Herzlich danken möchten wir auch unseren Anatomischen Mentoren Prof. Dr. med. Bernhard Tillmann, Christian-Albrechts-Universität Kiel, und Prof. Dr. med. Detlev Drenckhahn, Julius-Maximilians-Universität Würzburg, denen wir nicht nur unsere Anatomieausbildung, die Motivation für das Fach und das Sendungsbewusstsein verdanken, sondern die uns auch im Hinblick auf die Gestaltung von Lehrbüchern und Atlanten sowie eine ausgezeichnete Lehre immer ein großes Vorbild waren und sind.

Unser tiefster Dank gilt unseren Eltern Dr. med. Ursula Paulsen und Prof. Dr. med. Karsten Paulsen sowie Annelies Waschke und Dr. med. Dieter Waschke, die das Projekt Sobotta intensiv begleitet und unterstützt haben. Karsten Paulsen hat als Medizinstudent aus der 4. Auflage des Sobotta Anatomie gelernt, er ist im Mai 2010 gestorben. Dieter Waschke hat die 16. Auflage des Sobotta verwendet und bildet sich auch im Ruhestand mit medizinischer Fachliteratur fort. Unseren Vätern ist die 23. Auflage gewidmet.

Nicht zuletzt danken wir unseren Frauen Dr. med. Dana Paulsen und Susanne Waschke, die uns im letzten Jahr nicht nur mit dem Sobotta teilen mussten, sondern uns auch bei vielen Fragen mit Ratschlägen zur Seite standen und uns intensiv unterstützt haben.

Bildernachweis

Den nachstehend benannten klinischen Kollegen sind die Herausgeber für die Bereitstellung von Ultraschall-, Computertomographie- und Magnetresonanztomographiebildern sowie von endoskopischen Aufnahmen und Farbfotos von Operationssiten und Patienten zu sehr großem Dank verpflichtet.

Prof. Altaras, Zentrum Radiologie, Universität Gießen (Abb. 2.18; 2.39; 2.40)
Prof. Brückmann und Dr. Linn, Neuroradiologie, Institut für radiologische Diagnostik, Universität München (Abb. 4.148)
Prof. Daniel, Abteilung Kardiologie, Universität Erlangen (Abb. 10.39)
Prof. Galanski und Dr. Schäfer, Abteilung Diagnostische Radiologie, Med. Hochschule Hannover (Abb. 2.97; 5.3; 5.103; 6.31; 6.129)
Prof. Gebel, Abteilung Gastroenterologie und Hepatologie, Med. Hochschule Hannover (Abb. 6.73; 6.75; 6.76; 6.94; 6.95; 7.25)
Dr. Greeven, St.-Elisabeth-Krankenhaus, Neuwied (Abb. 4.96; 8.96)
Prof. Hoffmann und Dr. Bektas, Klinik für Viszeral- und Transplantationschirurgie, Med. Hochschule Hannover (Abb. 4.41)
Prof. Hohlfeld, Klinik für Pneumologie, Med. Hochschule Hannover (Abb. 5.71)
Prof. Jonas, Urologie, Med. Hochschule Hannover (Abb. 7.33)
Prof. Kampik und Prof. Müller, Augenklinik, Universität München (Abb. 9.66)
Dr. Kirchhoff und Dr. Weidemann, Abteilung Diagnostische Radiologie, Med. Hochschule Hannover (Abb. 6.131; 6.133; 7.26)
Prof. Kleinsasser, Klinik und Poliklinik für Hals-, Nasen- und Ohrenkrankheiten, plastische und ästhetische Operationen, Universitätsklinikum Würzburg (Abb. 11.41; 11.42; 11.43)
PD Dr. Kutta, Klinik und Poliklinik für Hals-, Nasen- und Ohrenheilkunde, Universitätsklinikum Hamburg-Eppendorf (Abb. 8.101; 10.16; 11.16)
Dr. Meyer, Abteilung Gastroenterologie und Hepatologie, Med. Hochschule Hannover (Abb. 6.22; 6.32; 7.104)
Prof. Pfeifer, Radiologie Innenstadt, Institut für radiologische Diagnostik, Universität München (Abb. 2.63–2.65; 2.67–2.70; 3.52; 3.54; 3.55; 4.97; 4.99; 4.100; 4.105; 4.106)
Prof. Possinger und Prof. Bick, Medizinische Klinik und Poliklinik II mit Schwerpunkt Onkologie und Hämatologie, Charité Campus Mitte, Berlin (Abb. 2.141)
Prof. Ravelli †, ehem. Institut für Anatomie, Universität Innsbruck (Abb. 2.62)
Prof. Reich, Klinik für Mund-Kiefer-Gesichtschirurgie, Universität Bonn (Abb. 8.60; 8.61)
Prof. Reiser und Dr. Wagner, Institut für radiologische Diagnostik, Universität München (Abb. 2.71; 12.105; 12.106; 12.110; 12.111)
Dr. Scheibe, Chirurgische Abteilung, Rosman-Krankenhaus Breisach (Abb. 4.79)
Prof. Scheumann, Klinik für Viszeral- und Transplantationschirurgie, Med. Hochschule Hannover (Abb. 11.58)
Prof. Schillinger, Frauenklinik, Universität Freiburg (Abb. 1.49)
Prof. Schliephake, Mund-Kiefer-Gesichtschirurgie, Universität Göttingen (Abb. 8.156; 8.157)
Prof. Schlösser, Zentrum Frauenheilkunde, Med. Hochschule Hannover (Abb. 7.79)
cand. med. Carsten Schröder, Kronshagen (Abb. 9.27)
Prof. Schumacher, Neuroradiologie, Abteilung Radiologie, Universität Freiburg (Abb. 12.5)
Dr. Sel, Universitätsklinik und Poliklinik für Augenheilkunde, Universitätsklinikum Halle (Saale) (Abb. 9.64)
Dr. Sommer und PD Dr. Bauer, Ärzte für Radiologie, München (Abb. 4.101; 4.102)
PD Dr. Vogl, Radiologische Poliklinik, Universität München (Abb. 9.69; 9.70)
Prof. Witt, Klinik für Neurochirurgie, Universität München (Abb. 3.116)
Prof. Zierz und Dr. Jordan, Universitätsklinik und Poliklinik für Neurologie, Universitätsklinikum Halle (Saale) (Abb. 8.82, Abb. 12.151)

Weitere Bilder wurden aus folgenden Büchern übernommen:

1 Benninghoff-Drenckhahn: Anatomie, Band 1 (Drenckhahn D., Hrsg.), 17. Aufl., Urban & Fischer, München 2008
2 Benninghoff-Drenckhahn: Anatomie, Band 2 (Drenckhahn D., Hrsg.), 16. Aufl., Urban & Fischer, München 2004
3 Benninghoff-Drenckhahn: Taschenbuch Anatomie (Drenckhahn D., Waschke, J., Hrsg.), Urban & Fischer, München 2007
4 Berchtold, R., Bruch, H.-P., Trentz, O. (Hrsg.): Chirurgie, 6. Aufl., Urban & Fischer, München 2008
5 Böcker, W., Denk, H., Heitz, P. U., Moch, H. (Hrsg.): Pathologie, 4. Aufl., Urban & Fischer, München 2008
6 Classen, M., Diehl, V., Kochsiek, K., Berdel, W.E., Böhm, M., Schmiegel, W. (Hrsg.): Innere Medizin, 5. Aufl., Urban & Fischer 2003
7 Classen, M., Diehl, V., Kochsiek, K., Hallek, M., Böhm, M. (Hrsg.): Innere Medizin, 6. Aufl., Urban & Fischer 2009
8 Drake, R. L., Vogl, A. W., Mitchell, A., Paulsen, F. (Hrsg.): Gray's Anatomie für Studenten, 1. Aufl., Urban & Fischer 2007
9 Drake, R. L., Vogl, A. W., Mitchell, A.: Gray's Anatomy for Students, 2nd ed., Churchill Livingstone 2010
10 Drake, R. L., Vogl, A. W., Mitchell, A.: Gray's Atlas der Anatomie, Urban & Fischer 2009
11 Fleckenstein, P., Tranum-Jensen, J.: Röntgenanatomie, Urban & Fischer 2004
12 Forbes, A. Misiewicz, J., Compton, C., Quraishy, M., Rubesin, S., Thuluvath, P.: Atlas of Clinical Gastroenterology, 3rd ed., Mosby 2004
13 Franzen, A.: Kurzlehrbuch Hals-Nasen-Ohren-Heilkunde, 3. Aufl., Urban & Fischer 2007
14 Garzorz, N.: BASICS Neuroanatomie, Urban & Fischer 2008
15 Kanski, J. J.: Klinische Ophthalmologie, 5. Aufl., Urban & Fischer 2003
16 Kanski, J. J.: Klinische Ophthalmologie, 6. Aufl., Urban & Fischer 2008
17 Kauffmann, G. W., Moser, E., Sauer, R. (Hrsg.): Radiologie, 3. Aufl., Urban & Fischer 2006
18 Lippert, H.: Lehrbuch Anatomie, 7. Aufl., Urban & Fischer 2006
19 Mettler, F. A. (Hrsg.): Klinische Radiologie, Urban & Fischer 2005
20 Moore, K., Persaud, T. V. N., Viebahn, C. (Hrsg.): Embryologie, 5. Aufl., Urban & Fischer 2007
21 Schulze, S.: Kurzlehrbuch Embryologie, Urban & Fischer 2006
22 Speckmann, E.-J., Hescheler, J., Köhling, R. (Hrsg.): Physiologie, 5. Aufl., Urban & Fischer 2008
23 Trepel, M.: Neuroanatomie, 4. Aufl., Urban & Fischer 2008
24 Welsch, U.: Sobotta Lehrbuch Histologie, 2. Aufl., Urban & Fischer 2005
25 Welsch, U., Deller, T.: Sobotta Lehrbuch Histologie, 3. Aufl., Urban & Fischer 2010
26 Welsch, U.: Atlas Histologie, 7. Aufl., Urban & Fischer 2005
27 Wicke, L.: Atlas der Röntgenanatomie, 7. Aufl., Urban & Fischer 2005

Nachstehende Zeichner sind verantwortlich für die neu entwickelten Zeichnungen:

Katja Dalkowski: Abb. 8.42, 9.52, 10.12, 10.15, 10.26, 10.50, 11.63, 11.76, 12.10, 12.51, 12. 87, 12.89, 12.91, 12.98, 12.152, 12.175, 12.176
Sonja Klebe: Abb. 8.153, 8.163, 9.22, 10.9, 11.9, 11.14, 11.31, 11.35, 11.37, 11.39, 11.81, 12.11, 12.12, 12.99, 12.100, 12.138, 12.139, 12.140, 12.141, 12.142, 12.143, 12.148, 12.153, 12.154
Jörg Mair: Abb. 9.19, 11.69, 12.1, 12.131, 12.142, 12.143, 12.144, 12.145, 12.149, 12.150, 12.155, 12.156, 12.157, 12.158, 12.160, 12.161, 12.162, 12.163
Stephan Winkler: 8.57, 8.144

Kopf

8

Der Kopf – die „Haupt"sache am Menschen

Das Skelett des Kopfs (Caput/Kephalon), der Schädel (Cranium), besteht aus zwei Teilen: dem Gesichtsschädel (Viscerocranium) und dem Hirnschädel (Neurocranium). Die Grenze zwischen beiden – des einen Dach und des anderen Boden – ist die Schädelbasis (Basis cranii), die etwa in der schrägen Ebene liegt, die von den Augenbrauen, der äußeren Öffnung des Gehörgangs und der Basis des Hinterhaupts definiert wird.

Schädelkalotte und Kopfschwarte

Die stark gewölbte **Schädelkalotte** (Schädeldach, Calvaria) bildet eine längsovale Kuppel über der Schädelbasis und beschirmt so die Schädelhöhle (Cavitas cranii), in der das Gehirn (Cerebrum), umgeben von harten und weichen Hirnhäuten (Meninges), im Hirnwasser (Liquor) schwimmt. An der Kalotte können eine Stirn-, eine Scheitel-, eine Schläfen- und eine Hinterhauptgegend unterschieden werden, unter denen sich die kalottenbildenden Teile der gleichnamigen Knochen (Os frontale, parietale, temporale und occipitale) befinden.

Die Haut über der Kalotte ist derb **(„Kopfschwarte")** und fest mit einer platten Sehne verwachsen, die sich unter ihr von der Stirn bis zum Hinterhaupt ausspannt. Diese Sehne (Galea aponeurotica) gehört zum M. occipitofrontalis (dem Stirnrunzler), einem mimischen Muskel. Gegenüber der Kalotte sind Haut und Sehne gut verschieblich, weswegen man sie als Skalp relativ leicht abheben kann. Verletzungen der gefäßreichen Kopfschwarte können zu starken, aber meist nicht lebensbedrohlichen Blutungen führen.

Schädelbasis

Die Schädelbasis bildet das Dach der beiden Augen- (Orbitae) und der Nasenhöhle (Cavitas nasi), aber auch das Dach des Schlunds (Pharynx, der bis zur Schädelbasis hinaufreicht) und die Basis des Hinterhaupts, die am großen Hinterhauptsloch (Foramen magnum) mit dem obersten Halswirbel artikuliert. Durch die Basis cranii verlaufen viele Nerven und Gefäße, sie ist von Knochenspalten durchsetzt und – an ihrer Unterseite, die zum Viscerocranium hinweist – von zahlreichen Fortsätzen, Dornen und Einschnitten (Processus/Spinae/Incisurae) übersät, an denen Muskeln und Bänder befestigt sind. Ihre Oberseite, der Boden des Neurocraniums, ist weniger unregelmäßig gestaltet und ähnelt einer Terrassenanlage auf drei Etagen: Die oberste Etage, die vordere Schädelgrube (Fossa cranii anterior), liegt über den Orbitae, eine Treppenstufe abwärts, auf der Höhe der Schläfenbeine, liegt die mittlere Schädelgrube, Fossa cranii media, und der letzte Schritt führt hinab in die hintere Schädelgrube, die Fossa cranii posterior mit dem Foramen magnum.

Gesichtsschädel und Höhlungen

Im Zentrum des Gesichtsschädels sitzt der größte **Gesichtsknochen,** der Oberkieferknochen (Maxilla), der die Böden der Orbitae, den größten Teil der Seitenwände der Nasenhöhle und den vorderen Teil des Gaumens bildet und außerdem noch die Zahnreihe des Oberkiefers trägt. Wie viele andere Knochen des Schädels ist die Maxilla „pneumatisiert", d. h., sie ist hohl und mit Luft gefüllt, wobei sie diese Luft aus der Nasenhöhle bezieht (Sinus maxillaris, Kieferhöhle, eine Nasennebenhöhle). Außer der Maxilla sind noch ein halbes Dutzend anderer, kleinerer Knochen am Aufbau des Viscerocraniums beteiligt.

Atmen, Riechen, Schmecken, Kauen, Schlucken, Sprechen, Sehen und Gesehenwerden – das sind die Aufgaben der **Organe,** die vom Viscerocranium gestützt und geschützt werden.

Für das Sehen sind die Augen und ihr Hilfsapparat (Organum visus, → S. 98) zuständig. Gesehenwerden ist die Sache der mimischen Muskulatur. Die meisten dieser Muskeln wirken nicht auf Knochen, sondern auf die Gesichtshaut, die unter der Daueraktion dieser Muskeln auch zur Faltenbildung neigt.

Das Riechen ist Sache der Nase (Nasus), auch wenn sie es nur mit ihrem kleinsten Teil, dem Riechepithel am Dach der Nasenhöhle, unter der Schädelbasis, tut. Der äußere, von Knorpeln umrahmte Vorhof der Nase (Vestibulum nasi) und die weit geräumigere, knöcherne innere Nasenhöhle (Cavitas nasalis ossea) dienen der Atmung: Über die inneren Nasenöffnungen (Choanae) öffnet sich die Nasenhöhle hinten zum Schlund (Pharynx), der seinerseits – viel weiter kaudal, mit dem Kehlkopf und über diesen mit der Luftröhre (Trachea) kommuniziert.

Beißen, Kauen, Sprechen, Schmecken und Schlucken sind die Aufgaben der Mundhöhle (Cavitas oris) und der Organe, die sie flankieren. Wie die Nase besitzt auch die Mundhöhle einen Vorhof (Vestibulum oris), den Raum zwischen Lippen (Labiae) und Wangen (Buccae) einerseits und den Zähnen (Dentes) andererseits.

Hinter den Zahnreihen liegt der größere, eigentliche Teil der Mundhöhle (Cavitas oris propria). Bei geschlossenen Kiefern wird er fast vollständig von der Zunge (Lingua) ausgefüllt. Auch die Mundhöhle öffnet sich nach dorsal hin zum Pharynx, in dem sich – um den Preis des Verschluckens – Luft- und Speiseweg kreuzen. Das Dach der Mundhöhle, der Gaumen (Palatum), bildet zugleich den Boden der Nasenhöhle. Der Gaumen ist vorne starr und knöchern, zum Pharynx, nach dorsal hin, weich, beweglich und muskulös. Das Zäpfchen (Uvula) hängt vom weichen Teil des Gaumens herab. Der Boden der Mundhöhle, der vom beweglichen Unterkiefer (Mandibula) umrahmt wird und auf dem die Zunge liegt, wird von Muskelplatten gebildet. Beim Sprechen wirken fast alle diese Strukturen (gemeinsam mit vielen anderen) zusammen, wobei die Nase als zusätzlicher Resonanzraum dient.

Zwei **Gruben** des Gesichtsschädels sind von Bedeutung: Entfernt man (im Geiste, im Präparierkurs dann auch realiter) den aufsteigenden knöchernen Ast der Mandibula (Ramus mandibulae), der zum Kiefergelenk (Articulatio temporomandibularis) führt, kann man „hinter der Backe" von der Seite her in die Weichteile des Kopfs eindringen und gelangt in einen Raum, den man als Unterschläfengrube (Fossa infratemporalis) bezeichnet. Hier liegen Kaumuskeln (Mm. pterygoidei medialis und lateralis) und Nervenäste. Außerdem führen die Endäste der großen äußeren Kopfschlagader (A. carotis externa) in das Zentrum des Gesichtsschädels.

Die Fossa infratemporalis setzt sich innen und oben, zur Orbita hin, in einen weiteren Raum fort, den man die Flügelgaumengrube (Fossa pterygopalatina) nennt. Diesen Raum sollte man im Präparierkurs in jedem Fall finden und seinen Inhalt und seine vielfältigen Verbindungswege kennen. Er ist eine Art „zentraler Verteiler" für Gefäße und Nerven des Gesichtsschädels. Und eben weil er so versteckt und seine Anatomie so komplex ist, lieben ihn alle Anatomen – und fragen gerne danach.

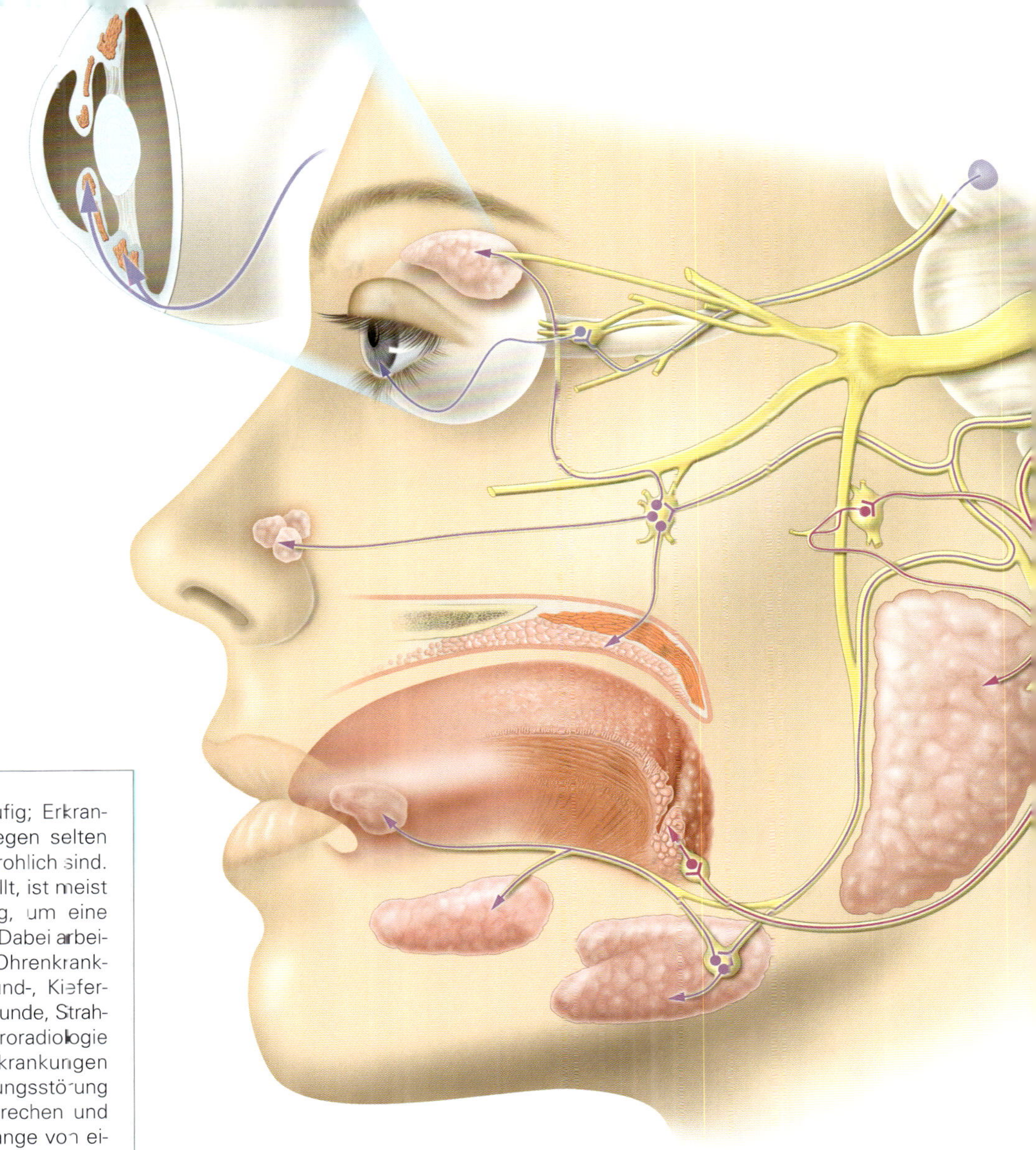

Klinik

Erkrankungen und Verletzungen des Kopfs sind häufig; Erkrankungen im Bereich der Schädelbasis kommen dagegen selten vor. Allen gemeinsam ist, dass sie sehr oft lebensbedrohlich sind. Da der Kopf ein anatomisch komplexes Gebiet darstellt, ist meist die Beteiligung mehrerer Fachdisziplinen notwendig, um eine optimale Versorgung der Patienten zu gewährleisten. Dabei arbeiten Spezialisten aus den Fachgebieten Hals-Nasen-Ohrenkrankheiten, Kopf- und Halschirurgie, Neurochirurgie, Mund-, Kiefer- und Gesichtschirurgie/plastische Chirurgie, Augenheilkunde, Strahlentherapie sowie Diagnostische Radiologie und Neuroradiologie eng zusammen. Menschen mit schweren Kopferkrankungen (z. B. unklaren Kopfschmerzen oder einer Durchblutungsstörung im Bereich des Hirnstamms, die mit Schwindel, Erbrechen und Gleichgewichtsstörungen einhergeht) irren oftmals lange von einem Arzt zum nächsten, bis sie den oder besser die richtigen medizinischen Experten für ihr gesundheitliches Problem finden. An manchen Universitäten gibt es deshalb große Zentren, in denen in Abstimmung mit allen beteiligten Fachdisziplinen eine qualifizierte Therapie- und Behandlungsempfehlung für betroffene Patienten ausgesprochen wird. In gemeinsamen Konferenzen der betroffenen Fachgebiete kann eine Therapie abgestimmt werden und somit die Behandlung und ein möglichst ungestörter Genesungsprozess erleichtert und beschleunigt werden.

→ präplink

Die Präparation der **oberflächlichen Gesichtsregion** am sagittalisierten Kopf (Kopf lateral) erfolgt mit Darstellung der Gesichtsarterien und -venen, der mimischen Muskeln, sämtlicher Fazialisäste und der peripheren Trigeminusäste.

Die Präparation der **tiefen Gesichtsregion** umfasst die Entfernung der Glandula parotidea, die Darstellung des Plexus parotideus (N. facialis [VII]), die Auspräparation der Fossa retromandibularis, die Darstellung aller vier Kaumuskeln und des Verlaufs der A. maxillaris bis in die Endäste sowie die Präparation des Kiefergelenks mit Darstellung des Discus articularis und Aufsuchen der Chorda tympani.

Präparation **von medial** am sagittalisierten Kopf (Kopf medial): Nach Darstellung des Nasenseptums mit seinen knorpeligen und knöchernen Anteilen sowie der Fila olfactoria und des N. nasopalatinus folgen die Entfernung des Nasenseptums und die Darstellung der lateralen Nasenwand mit Mündungen der Nasennebenhöhlen und des Ductus nasolacrimalis. Die Fossa pterygopalatina wird eröffnet und ihr Inhalt dargestellt. Schließlich erfolgen das Aufsuchen der A. sphenopalatina am Foramen sphenopalatinum, die Durchpräparation der Mundhöhle mit Darstellung von Glandulae submandibularis und sublingualis, Nn. lingualis, hypoglossus und glossopharyngeus sowie die Präparation der Gaumenmuskulatur unter dem Tubenknorpel und die Präparation des Tonsillenbetts.

IMPP-CHECKLISTE

• Entwicklung: Neurocranium, Viscerocranium, Nn. craniales Sinnesorgane, Facies, Cranium mit Calvaria, Basis cranii Durchtrittsstellen mit durchtretenden Strukturen, Viscerocranium, Articulatio temporomandibularis und Fossa infratemporalis • Kopf- und Halsmuskeln, Faszien mit Gesichtsmuskulatur, Kaumuskulatur, Faszien am Kopf, Os hyoideum und suprahyaler Muskulatur • Kopfeingeweide: Cavum nasi (mit Mündungen), Sinus paranasales, topographische Beziehungen, Cavum oris, Dentes, Lingua, Glandulae oris, Palatum und Funktion des Palatum molle (Spaltbildungen), Isthmus faucium, WALDEYER-Rachenring, Tonsillae, Pharynx, Fossa pterygopalatina, Innervation und Versorgung sämtlicher Strukturen, Fazialisparese und Verlauf der Nn. craniales [V, VII–XII]

Regionen von Kopf und Hals

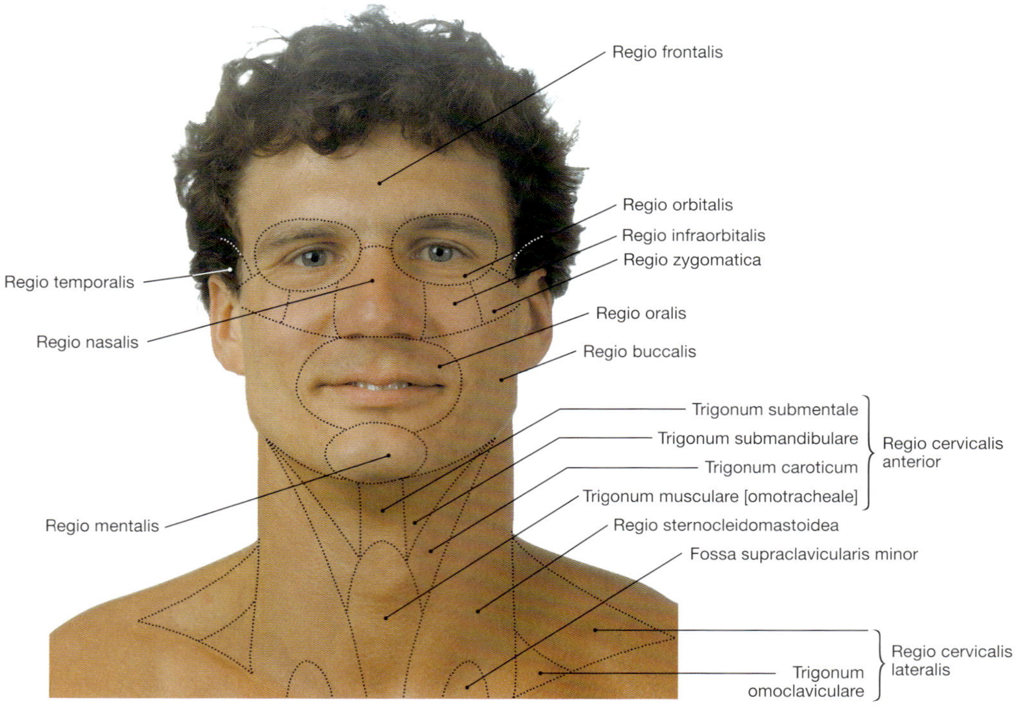

Abb. 8.1 Regionen von Kopf und Hals, Regiones capitis und colli; Ansicht von vorne.

Am **Kopf** unterscheidet man folgende topographische Regionen:

- Regio frontalis
- Regio temporalis
- Regio orbitalis
- Regio nasalis
- Regio infraorbitalis
- Regio zygomatica
- Regio oralis
- Regio buccalis
- Regio mentalis
- Regio parietalis
- Regio occipitalis
- Regio parotideomasseterica

Am **Hals** unterscheidet man folgende topographische Regionen:

- Regio cervicalis anterior, bestehend aus Trigonum submentale, Trigonum submandibulare, Trigonum caroticum und Trigonum musculare (omotracheale)
- Regio sternocleidomastoidea mit Fossa supraclavicularis minor
- Regio cervicalis lateralis mit Trigonum omoclaviculare
- Regio cervicalis posterior

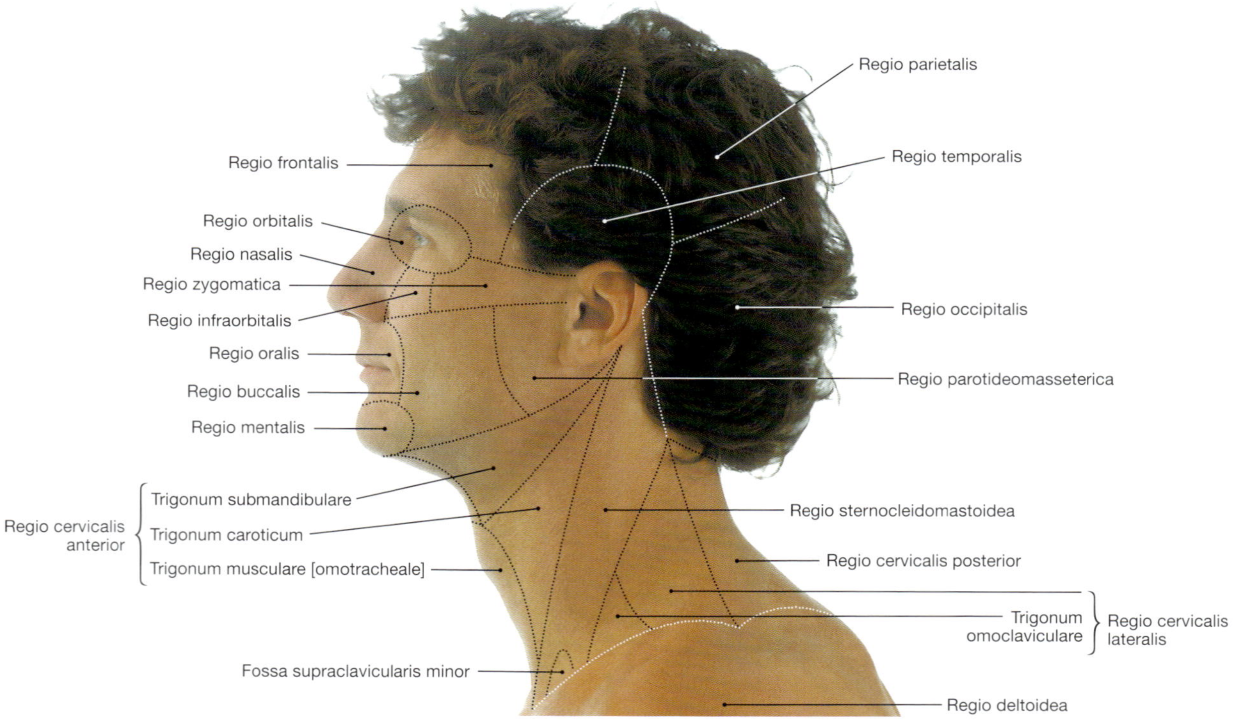

Abb. 8.2 Regionen von Kopf und Hals, Regiones capitis und colli; Ansicht von lateral.

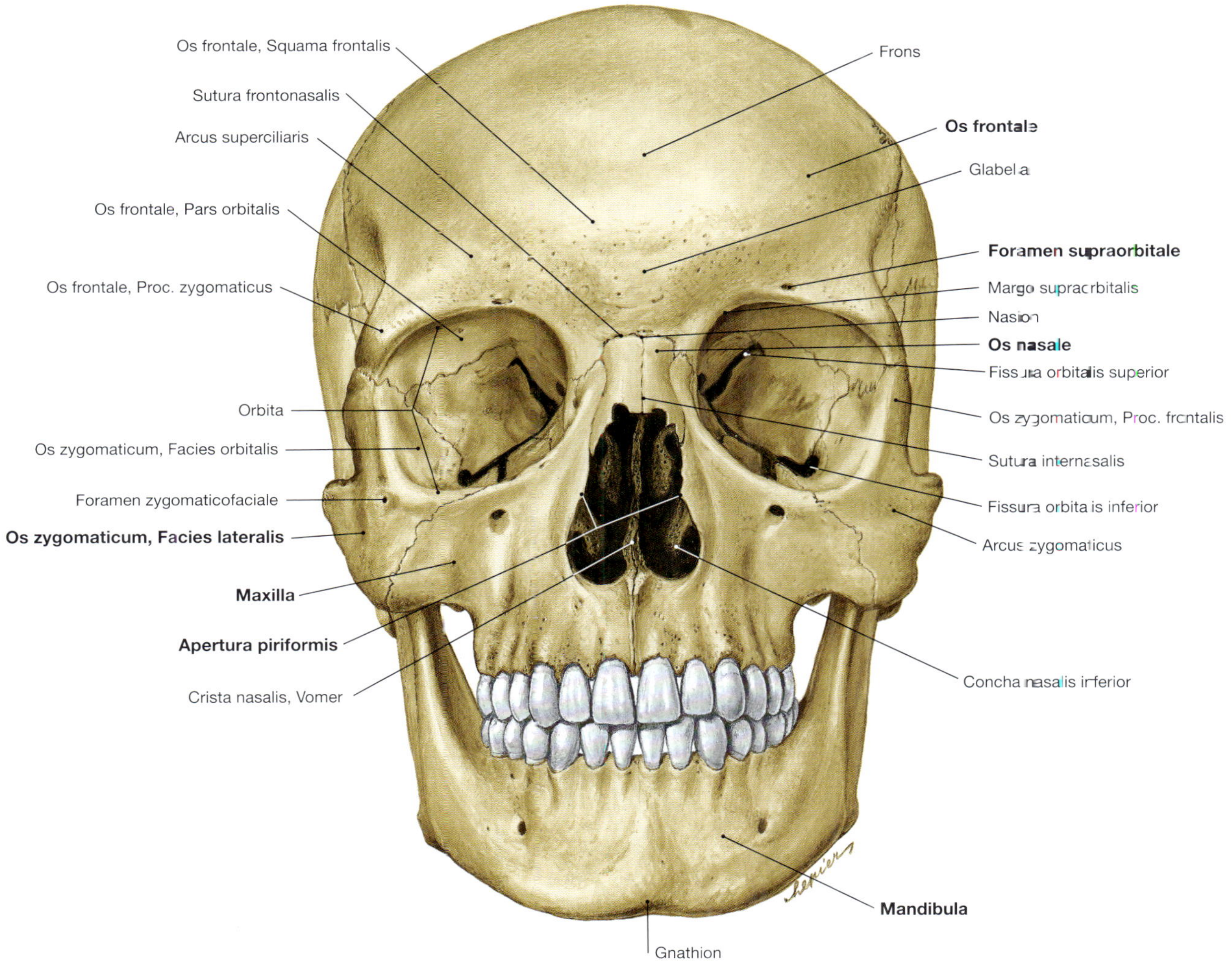

Abb. 8.3 Schädel, Cranium; Ansicht von vorne.
Von unten nach oben sieht man Unterkiefer (Mandibula), die beiden Oberkiefer (Maxillae), die Nasenbeine (Ossa nasalia) zwischen Oberkiefer und Augenhöhle (Orbita) sowie oberhalb der Orbita das Stirnbein (Os frontale).
Das Stirnbein **(Os frontale)** besteht aus vier Anteilen (→ Abb. 8.23). Oberhalb des Orbitarands (Margo supraorbitalis) wölbt sich beidseits ein Arcus superciliaris vor. Ein Fortsatz des Os frontale ragt medial nach unten und formt einen Teil des medialen Orbitarands. Lateral steht der Proc. zygomaticus mit dem Proc. frontalis des Os zygomaticum in Kontakt. Beide bilden gemeinsam den lateralen Orbitarand.
Das Jochbein **(Os zygomaticum)** bildet den größten Teil des lateralen und des unteren Orbitarands.
Die beiden Nasenbeine **(Os nasale)** stehen über die Sutura frontonasalis mit dem Os frontale und über die Sutura internasalis untereinander in Kontakt.

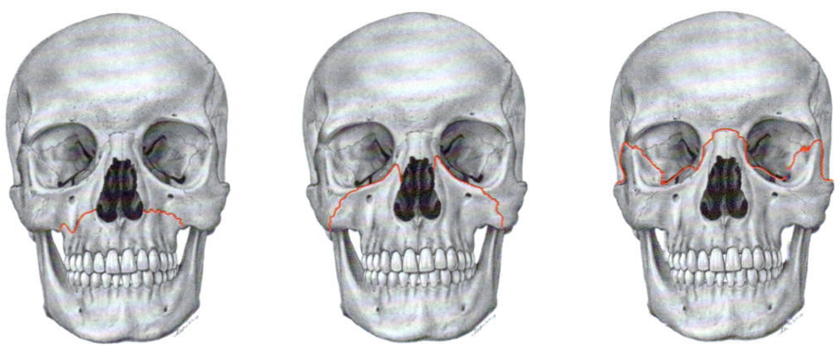

Abb. 8.4 LE-FORT-Frakturen.

Klinik

Zentrale Mittelgesichtsfrakturen treten am häufigsten als Folge von Verkehrsunfällen auf. Sie werden nach LE FORT eingeteilt (→ Abb. 8.4) in:

- **LE FORT I:** isolierte Absprengung des Alveolarfortsatzes
- **LE FORT II:** Absprengung der Maxilla im Bereich des mittleren Orbitabodens, Beteiligung von Siebbein, vorderer Schädelbasis und Nasenbein möglich
- **LE FORT III:** Abriss des gesamten Gesichtsschädels vom Gehirnschädel

Schädelknochen

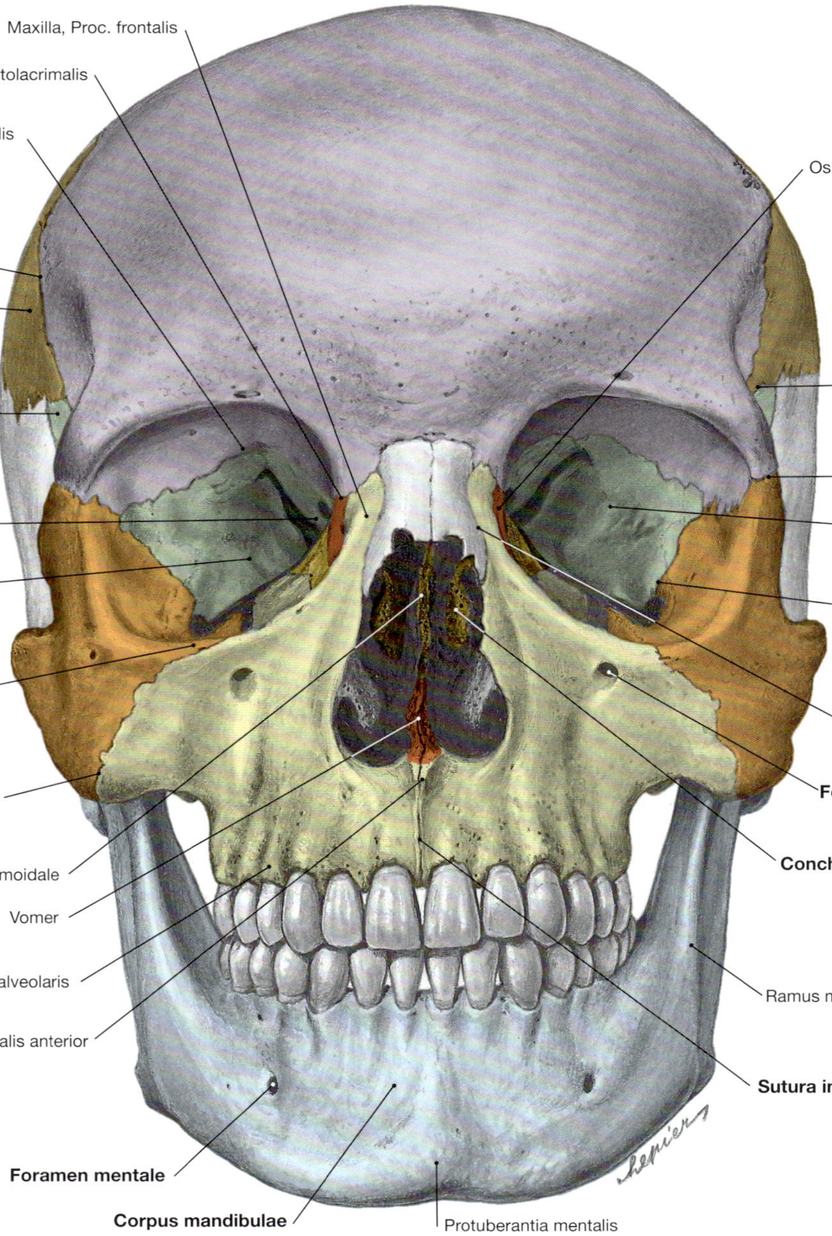

Abb. 8.5 Schädelknochen, Ossa cranii; Ansicht von vorne; Farbtafel siehe hinterer Buchdeckel innen.

Zwischen Augenhöhle und Mundhöhle liegt beidseits der Oberkieferknochen **(Maxilla).** Die Maxilla bildet Teile des unteren und des medialen Orbitarands und grenzt lateral an das Os zygomaticum. Der Proc. frontalis der Maxilla steht mit dem Os frontale in Verbindung. Im Corpus maxillae liegt unterhalb des unteren Orbitarands das Foramen infraorbitale. In der Mittellinie wölbt sich die Spina nasalis anterior vor. Unten befindet sich der Proc. alveolaris, der den Oberkieferunterrand bildet und die Zähne trägt. Die Maxilla begrenzt in der Orbita unten die Fissura orbitalis inferior und bildet zusammen mit dem Os zygomaticum deren lateralen Rand.

Der Unterkiefer **(Mandibula)** besteht aus Corpus und Rami mandibulae, die am Angulus mandibulae ineinander übergehen. Das Corpus mandibulae besteht aus der die Zähne tragenden Pars alveolaris und der darunter liegenden Basis mandibulae. Letztere springt in der Mittellinie als Protuberantia mentalis vor. Ferner sieht man das Foramen mentale.

Klinik

Frakturen des Nasenbeins oder des Nasengerüsts gehören zu den häufigsten Frakturen im Gesichtsbereich. Man unterscheidet geschlossene sowie offene Nasenfrakturen, bei denen infolge von Haut- und Weichteilverletzungen Knochen frei liegt. Zusätzlich können das Nasenseptum und die Conchae nasales mit verletzt sein. Nasengerüstfrakturen sind typisch bei tätlichen Auseinandersetzungen, Verkehrsunfällen, Kampfsportarten, wie Karate, Boxen, und bei zahlreichen Mannschaftssportarten.

Schädelknochen

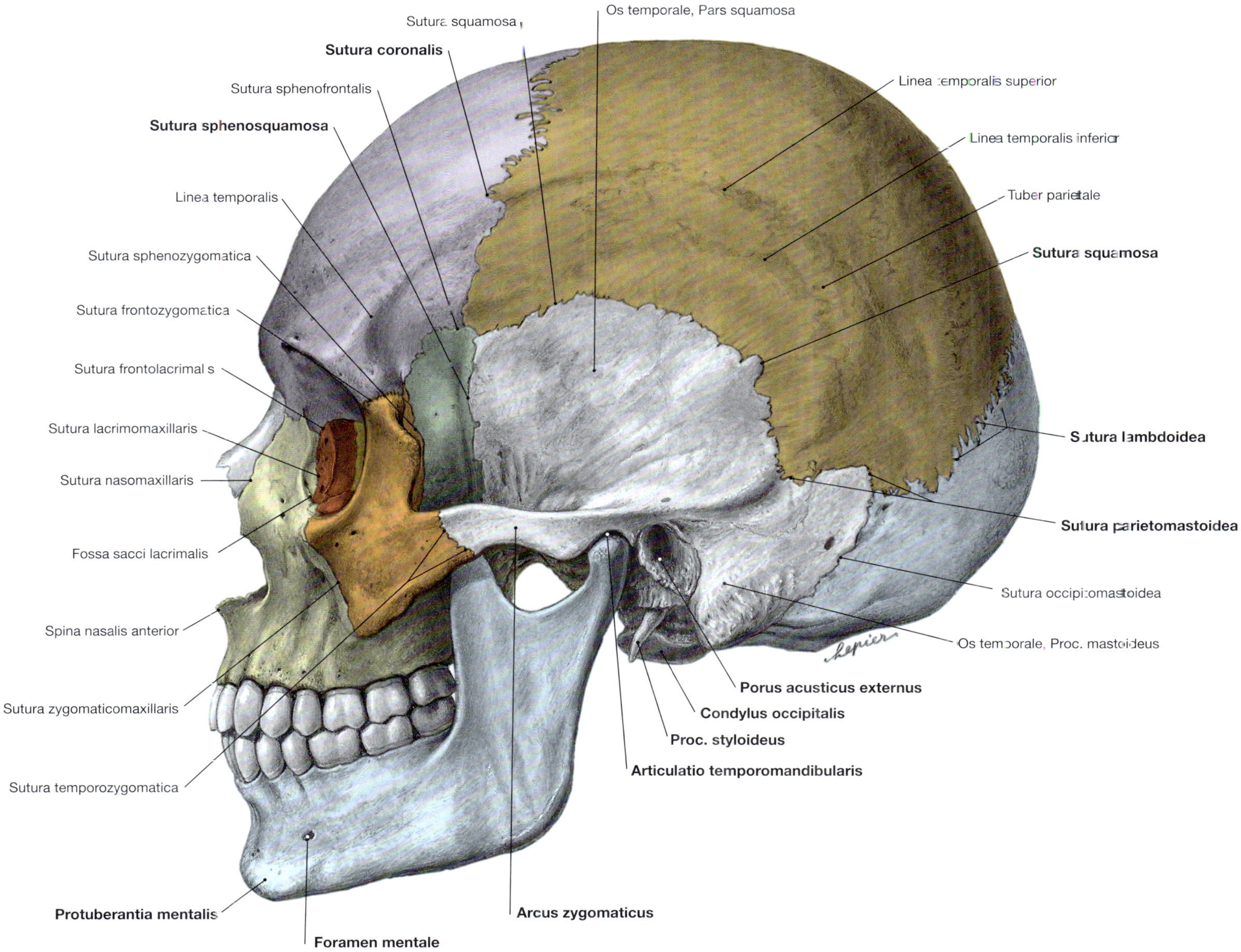

Abb. 8.6 Schädelknochen, Ossa cranii; Ansicht von lateral; Farbtafel siehe hinterer Buchdeckel innen.

Die Seitenansicht zeigt Teile der Ossa frontale, parietale, occipitale, sphenoidale und temporale, Teile des Gesichtsschädels (Os nasale, Os lacrimale, Maxilla und Os zygomaticum) sowie die laterale Seite des Unterkiefers (Mandibula).

Im Bereich des Viscerocraniums grenzt das **Os nasale** oben an das Os frontale und hinten an die Maxilla. Zwischen Maxilla und Os ethmoidale bildet der obere Abschnitt des Tränenbeins **(Os lacrimale)** die Fossa sacci lacrimalis. Der Proc. alveolaris der Maxilla trägt die Oberkieferzähne. Medial steht die **Maxilla** mit dem Os frontale in Verbindung, lateral mit dem Os zygomaticum. Vorne wölbt sich die Spina nasalis anterior vor. Das **Os zygomaticum** ist für die Kontur der Wangenregion verantwortlich.

Das Mandibulaköpfchen (Caput mandibulae) artikuliert mit dem Os temporale im Kiefergelenk (Articulatio temporomandibularis).

Vorne oben steht das **Os frontale** über die Sutura coronalis mit dem Scheitelbein **(Os parietale)** und mit dem Keilbein **(Os sphenoidale)** in Verbindung. Das Os parietale grenzt über die Sutura lambdoidea an das Hinterhauptsbein (Os occipitale) und über die Sutura sphenoparietalis an das Os sphenoidale. Dieses und das Schläfenbein **(Os temporale)** stehen über die Sutura sphenosquamosa miteinander in Verbindung. Os temporale und Os occipitale stehen hinten unten über die Sutura occipitomastoidea in Verbindung. Den größten Teil der lateralen Schädelwand bildet die Pars squamosa des Os temporale.

Os temporale und Os zygomaticum bilden den Jochbogen (Arcus zygomaticus), der die Fossa temporalis überbrückt. Die Pars tympanica des Os temporale schließt sich unterhalb der Wurzel des Proc. zygomaticus an die Pars squamosa an. An ihrer Oberfläche liegt der Porus acusticus externus.

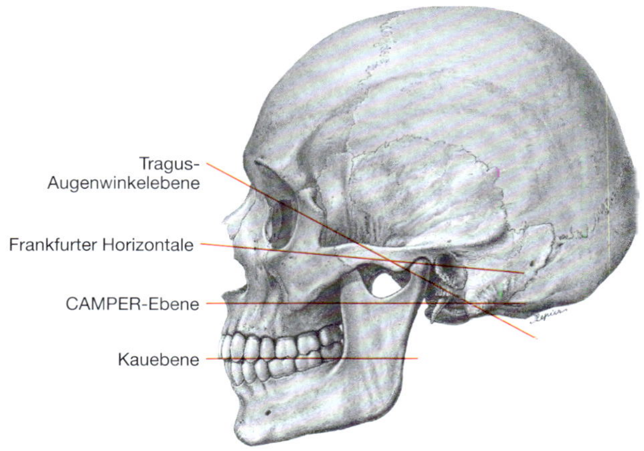

Abb. 8.7 Bezugsebenen des Gebisses.

Schädelknochen

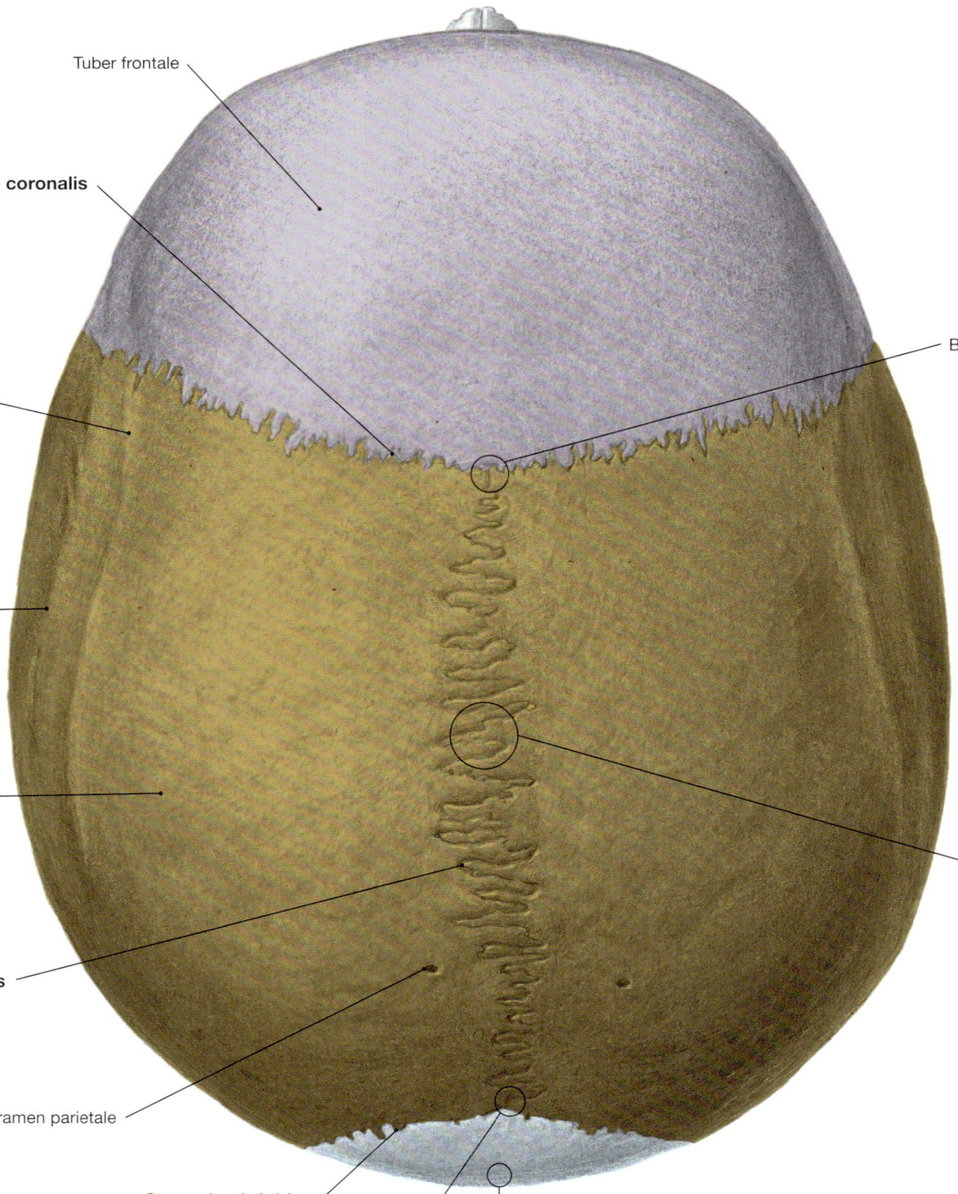

Abb. 8.8 Schädelknochen, Ossa cranii; Ansicht von oben; Farbtafel siehe hinterer Buchdeckel innen.
Beim Blick auf das Schädeldach (Schädelkalotte, Calvaria) erkennt man das Os frontale, die Ossa parietalia und das Os occipitale. Os frontale und Ossa parietalia sind durch die **Kranznaht** (Sutura coronalis) voneinander getrennt. Die beiden Ossa parietalia grenzen über die **Pfeilnaht** (Sutura sagittalis) aneinander. Das Os occipitale ist von den beiden Ossa parietalia über die **Lambdanaht** (Sutura lambdoidea) verbunden. Die Kontaktstelle der Suturae coronalis und sagittalis heißt **Bregma,** die Kontaktstelle von Suturae sagittalis und lambdoidea **Lambda.** Im dorsalen Anteil der Ossa parietalia befinden sich unmittelbar lateral der Sutura sagittalis paarige Foramina parietalia für den Durchtritt von Vv. emissariae.

Klinik

Nach größerer Gewalteinwirkung von außen kann es häufig zu **Schädelfrakturen** kommen. Man unterscheidet dabei **Linearfrakturen** mit deutlicher Bruchlinie, **Berstungsfrakturen** mit multiplen Fragmenten (Impressionsfraktur, falls nach innen gekippt, mit Kompression oder Riss der Dura mater und Verletzung des Hirngewebes), **Diastasen** (Nahtsprengungen) und **Schädelbasisfrakturen.** Jede Fraktur, die mit einer Rissplatzwunde der Kopfhaut einhergeht oder mit den Nasennebenhöhlen oder dem Mittelohr in Verbindung steht, gilt als offene Fraktur, die einer operativen Behandlung bedarf, da sie potenziell infiziert sein kann.

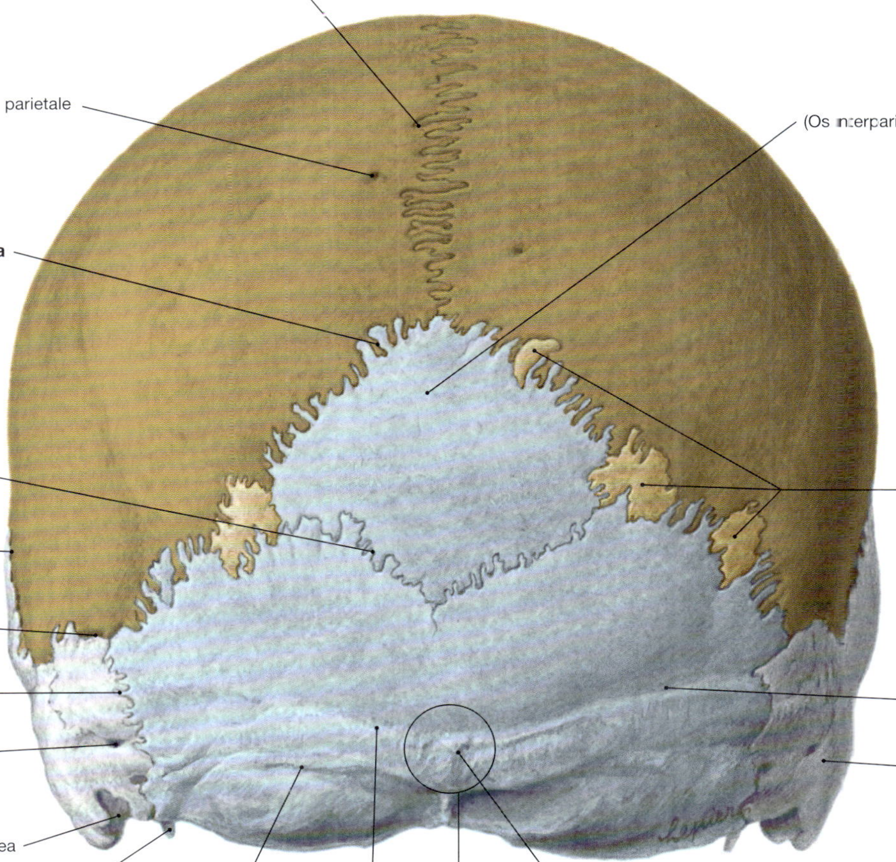

Abb. 8.9 Schädelknochen, Ossa cranii; Ansicht von hinten; Farbtafel siehe hinterer Buchdeckel innen.

Der Blick von hinten zeigt die Ossa temporalia, parietalia und das Os occipitale. Lateral erkennt man auf beiden Seiten das **Os temporale** mit dem Proc. mastoideus. Am unteren medialen Rand des Proc. mastoideus liegt die Incisura mastoidea, eine Einkerbung, die dem Venter posterior des M. digastricus als Ansatz dient.

Von hinten sieht man die beiden **Ossa parietalia,** die in der Mittellinie über die Sutura sagittalis aneinanderstoßen, hinten über die Sutura lambdoidea an das Os occipitale und seitlich außen über die Suturae parietomastoideae an die Ossa temporalia grenzen.

Ein Großteil der Schädelrückseite wird vom **Os occipitale** gebildet. Die zentrale Struktur ist die Squama occipitalis. Häufig können als Variante im Bereich der Sutura lambdoidea Nahtknochen (Ossa suturalia) eingelagert sein. Das Os occipitale besitzt als knöchernen Orientierungspunkt die meist sehr gut tastbare Protuberantia occipitalis externa. Ihr am weitesten nach hinten vorspringender Punkt ist das Inion. Seitlich setzt sich die Protuberantia auf beiden Seiten bogenförmig als Linea nuchalis superior fort, eine knöcherne Leiste, die dem Ansatz autochthoner Rückenmuskulatur dient. Unten verlaufen ebenfalls bogenförmig, ca. 2–2,5 cm unterhalb der Protuberantia occipitalis externa die beiden Lineae nuchales inferiores, die ebenfalls als Muskelansätze fungieren.

Schädelknochen

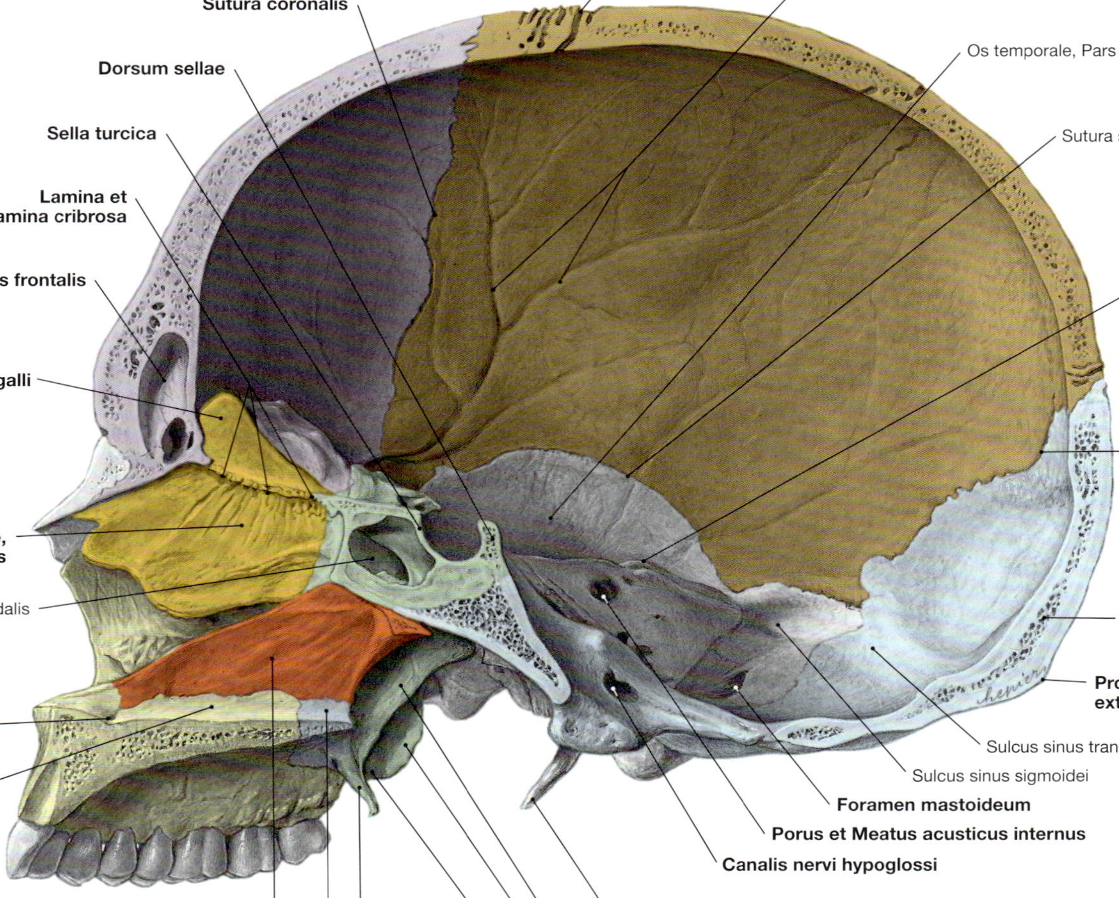

Abb. 8.10 Schädelknochen, Ossa cranii, rechts; Ansicht von medial; Farbtafel siehe hinterer Buchdeckel innen.

Die Schädelhöhle umfasst das Schädeldach (Calvaria) sowie die aus vorderer, mittlerer und hinterer Schädelgrube bestehende Basis. Sie umgibt das Gehirn mit den Hirnhäuten, den proximalen Anteilen der Hirnnerven, den Blutgefäßen und den venösen Sinus. Auf der Innenseite der Schädelkapsel sieht man die durch den Puls der A. meningea media hervorgerufenen Sulci arteriosi. Am Übergang zum Gesichtsschädel schließen sich die Lamina perpendicularis des Os ethmoidale und der Vomer als Teile des knöchernen Nasenseptums an. Der harte Gaumen wird vom Proc. palatinus der Maxilla und vom Os palatinum gebildet.

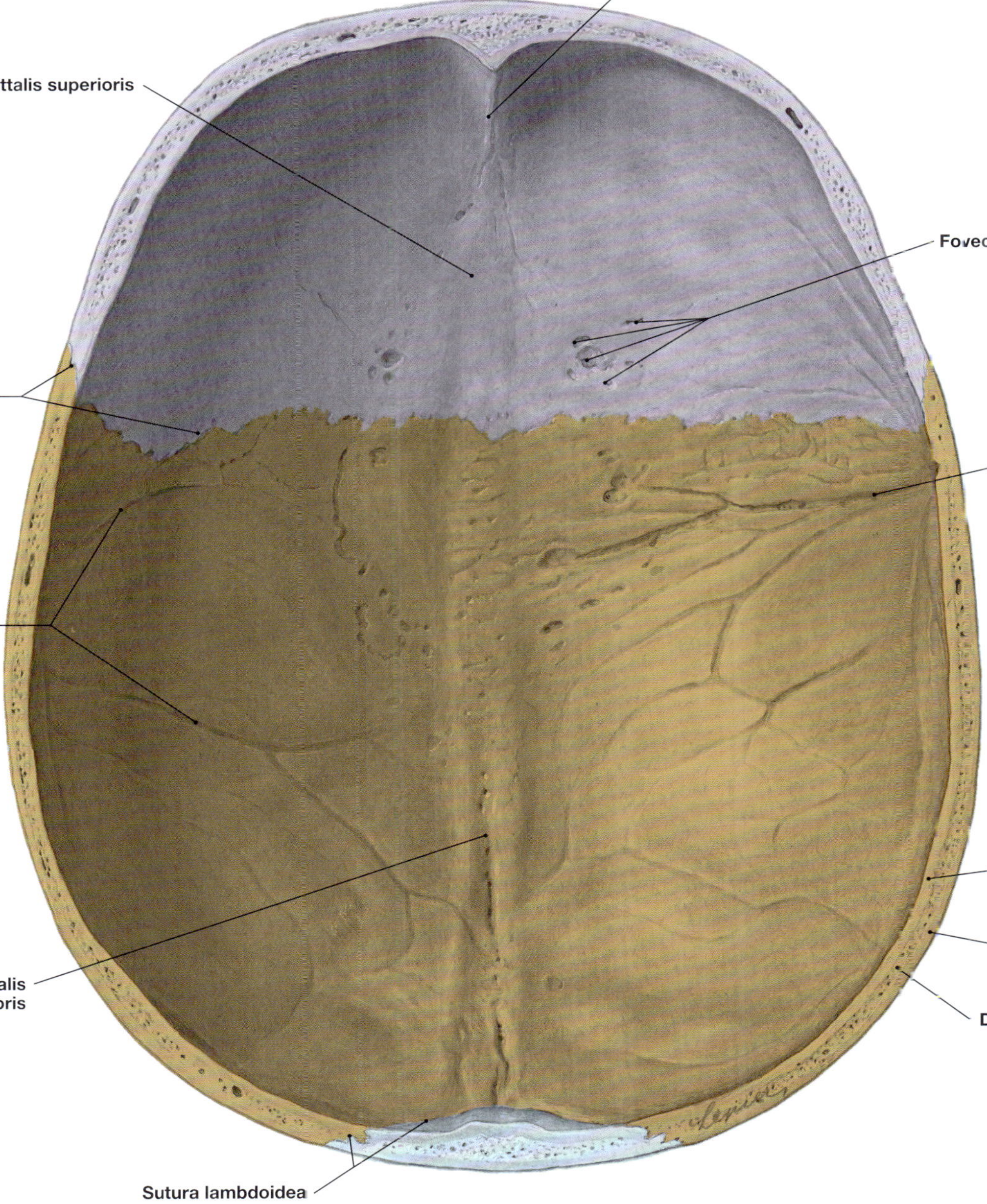

Abb. 8.11 Schädeldach, Calvaria; Ansicht von innen; Farbtafel siehe hinterer Buchdeckel innen.

An der Innenseite des Schädeldachs sieht man die Sutura coronalis zwischen Os frontale und Ossa parietalia und die Sutura lambdoidea zwischen Ossa parietalia und Os occipitale. Ferner ist die Crista frontalis auf der Innenseite des Os frontale sichtbar, die der Anheftung der Falx cerebri (Duraduplikatur aus straffem Bindegewebe; trennt die Großhirnhemisphären voneinander) dient. Die Crista frontalis geht in den Sulcus sinus sagittalis superioris (Lage des Sinus sagittalis superior) über, der nach hinten breiter und tiefer wird. Er erstreckt sich über die Sutura lambdoidea bis auf das Os occipitale.

Lateral des Sulcus sinus sagittalis superioris befinden sich auf dessen gesamter Länge unregelmäßig angeordnete kleine Vertiefungen (Foveolae granulares, Lage der blumenkohlartigen Granulationes arachnoideae [PACCHIONI-Granulationen]). Im lateralen Abschnitt der Schädelkalotte sind zahlreiche Furchen (Sulci arteriosi et venosi) erkennbar.

Die **Knochen der Calvaria** besitzen einen besonderen **Aufbau.** Sie bestehen aus einer dicken äußeren und einer dünnen inneren Kompakta, die als Lamina externa und Lamina interna (Lamina vitrea) bezeichnet werden, sowie aus einer schmalen Schicht Spongiosa, die man Diploë nennt.

Klinik

Da die Lamina interna der Schädelkalotte sehr dünn ist, wird sie im Rahmen von **Biegebrüchen** häufig verletzt. Werden dabei im Sulcus arteriae meningeae mediae der Lamina interna verlaufende Äste der A. meningea media mit verletzt, kann es zur Ausbildung eines **epiduralen Hämatoms** kommen (→ Abb. 12.1´).

Innere Schädelbasis

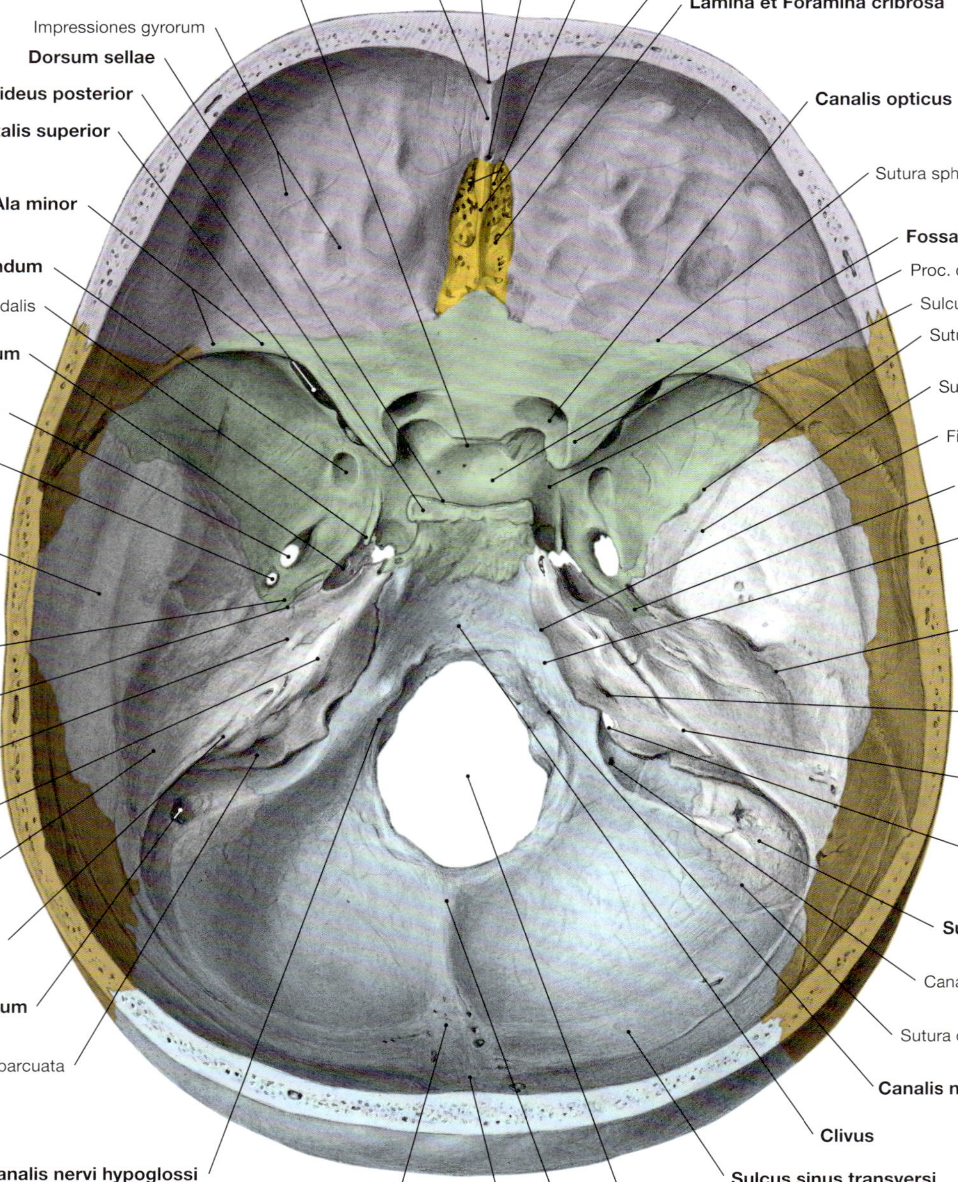

Abb. 8.12 Innere Schädelbasis, Basis cranii interna; Ansicht von oben; Farbtafel siehe hinterer Buchdeckel innen.

Vordere (Fossa cranii anterior), mittlere (Fossa cranii media) und hintere Schädelgrube (Fossa cranii posterior) bilden die innere Schädelbasis. Ossa frontale, ethmoidalia und sphenoidale sind am Aufbau der **vorderen Schädelgrube** beteiligt. Sie liegt über der Nasenhöhle und den Augenhöhlen. In der vorderen Schädelgrube befinden sich das Foramen caecum, die Crista galli (Anheftungsstelle der Falx cerebri) und beidseits davon die Lamina cribrosa. Hinter den Ossa frontale und ethmoidalia bilden das Corpus und die Alae minores des Os sphenoidale den Boden der vorderen Schädelgrube. Das Corpus bildet außerdem die Grenze zur mittleren Schädelgrube.

Die **mittlere Schädelgrube** wird von den Ossa sphenoidale und temporalia gebildet. Ihr Boden ist in der Mittellinie erhöht und wird hier Teil des Corpus des Os sphenoidale. Die lateralen Abschnitte bilden Gruben und sind Bestandteile der Ala major des Os sphenoidale und der Pars squamosa des Os temporale. In der mittleren Schädelgrube befinden sich auf jeder Seite der Canalis opticus, der Türkensattel (Sella turcica) mit der Fossa hypophysialis, die Fissura orbitalis superior und die Foramina rotundum, ovale, spinosum und lacerum. Hinten wird die mittlere Schädelgrube durch die Facies anterior partis petrosae gebildet.

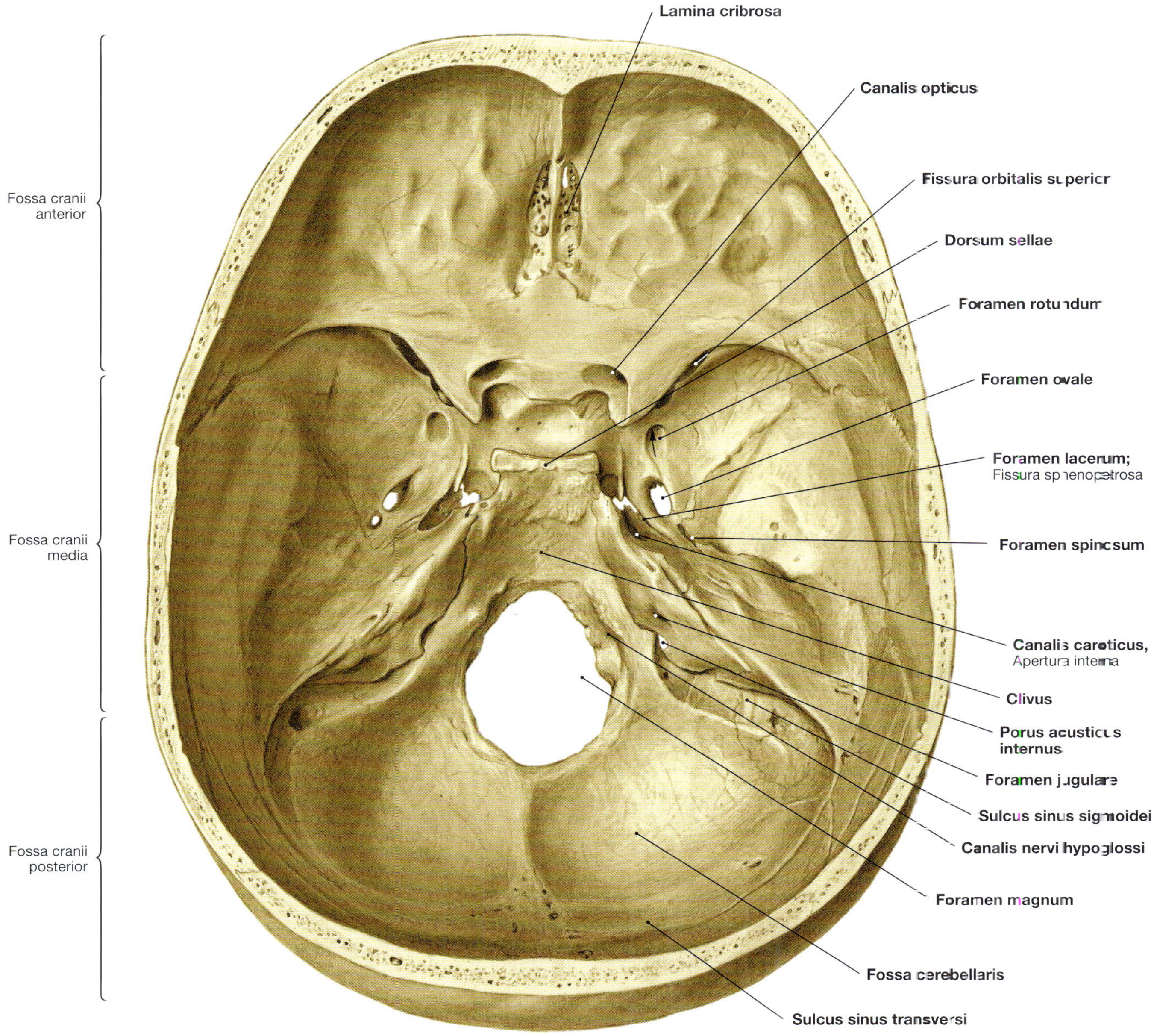

Abb. 8.13 Innere Schädelbasis, Basis cranii interna; Ansicht von oben.

Von den drei Schädelgruben ist die **hintere Schädelgrube** die größte. Sie wird hauptsächlich von den Ossa temporalia, dem Os occipitale und zu geringen Anteilen vom Os sphenoidale und von den Ossa parietalia gebildet.

Ihre Vordergrenze bilden in der Mittellinie das Dorsum sellae und der Clivus. Der Clivus ist eine schräge Knochenfläche, die vom Dorsum sellae schräg zum Foramen magnum abfällt. Er besteht aus Anteilen des Corpus des Os sphenoidale und der Pars basilaris des Os occipitale. Hinten wird die Grenze der hinteren Schädelgrube hauptsächlich vom Sulcus sinus transversi gebildet. Die größte Durchtrittsstelle der hinteren Schädelgrube ist das Foramen magnum.

Weitere Strukturen der hinteren Schädelgrube sind der Canalis nervi hypoglossi, der Porus acusticus internus und das Foramen jugulare. Zum Foramen jugulare führt von lateral der Sulcus sinus sigmoidei. Zentrale Vertiefung der hinteren Schädelgrube ist die Fossa cerebellaris.

Äußere Schädelbasis

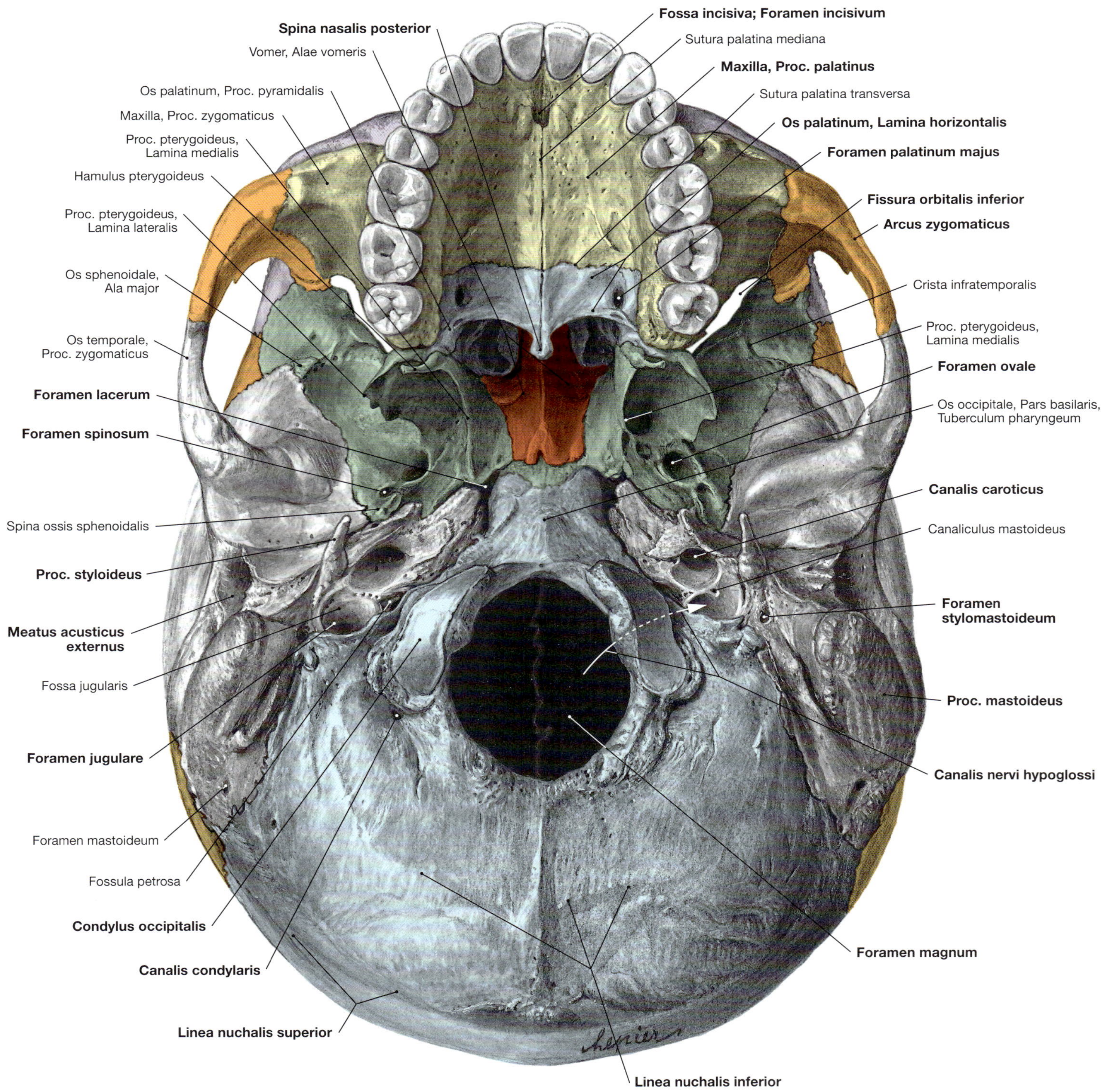

Abb. 8.14 Äußere Schädelbasis, Basis cranii externa; Ansicht von unten.

Die Schädelbasis reicht vorne bis zu den mittleren Schneidezähnen, seitlich bis zu den Procc. mastoidei und zu den Arcus zygomatici sowie hinten bis zu den Lineae nuchales superiores. Die Schädelbasis wird in drei Abschnitte geteilt:

- vorderer Teil mit Oberkieferzähnen und Gaumen
- mittlerer Teil hinter dem Gaumen bis zum Vorderrand des Foramen magnum
- hinterer Teil vom Vorderrand des Foramen magnum bis zu den Lineae nuchales superiores

Vordere Schädelbasis: Sie umfasst den harten Gaumen (→ Abb. 8.26).

Mittlere Schädelbasis: Der vordere Anteil des mittleren Abschnitts besteht aus Vomer und Os sphenoidale; den hinteren Abschnitt bilden die Ossa temporalia und das Os occipitale. Der vorne in der Mittellinie liegende Vomer sitzt dem Os sphenoidale oben auf und trägt zum hinteren Anteil des knöchernen Nasenseptums bei.

Das Os sphenoidale besteht aus einem zentralen Corpus, den paarigen Alae majores und den Alae minores (von unten nicht sichtbar).

Unmittelbar hinter dem Corpus des Os sphenoidale beginnt mit der Pars basilaris des Os occipitale der hintere Teil der mittleren Schädelbasis. Die Pars basilaris erstreckt sich bis an das Foramen magnum. Hier wölbt sich das Tuberculum pharyngeum vor. Dabei handelt es sich um einen Vorsprung, an dem Teile des Pharynx an der Schädelbasis befestigt sind. (Fortsetzung → Abb. 8.15)

Äußere Schädelbasis

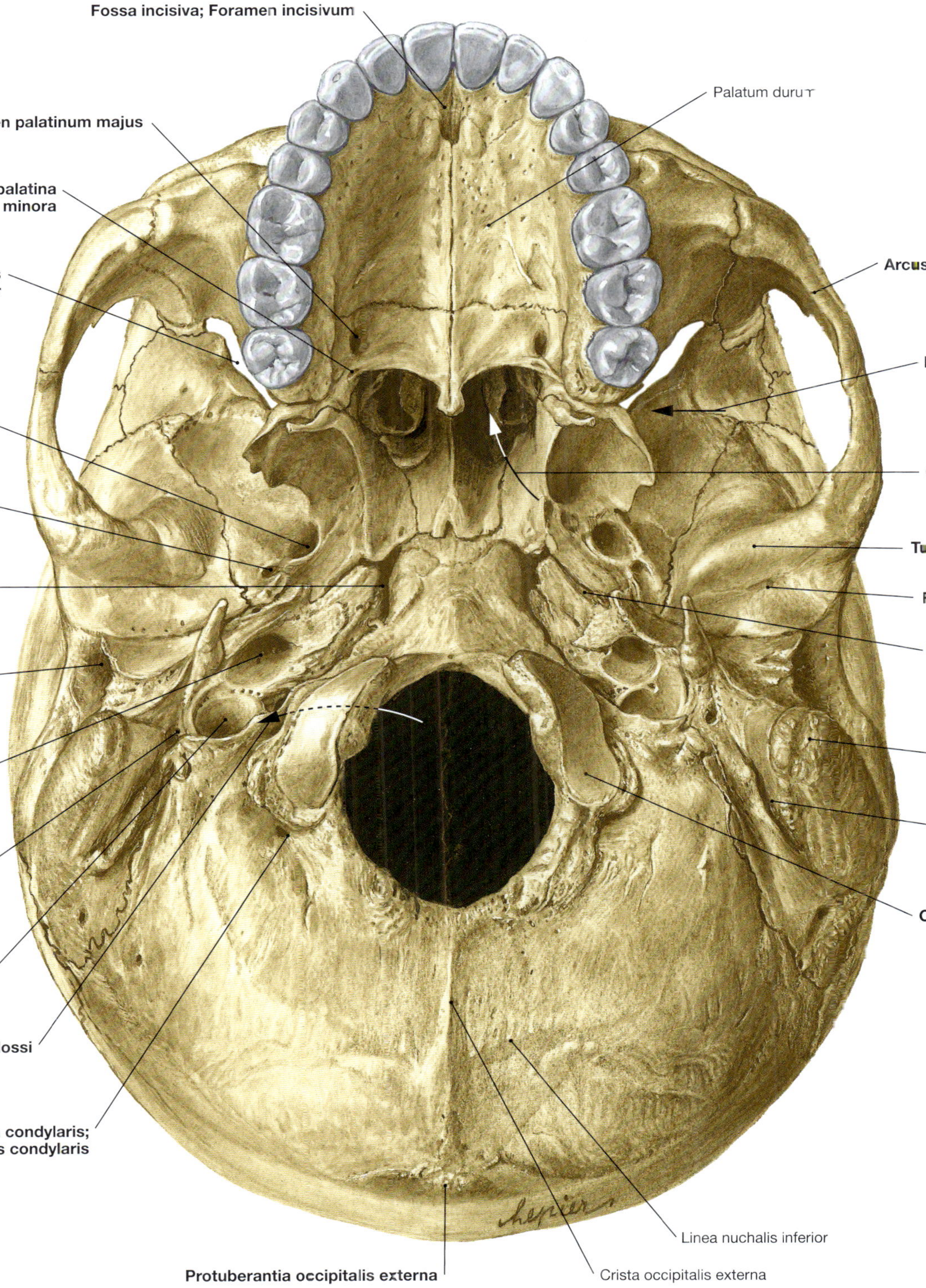

Abb. 8.15 Äußere Schädelbasis, Basis cranii externa; Ansicht von unten.

Mittlere Schädelbasis (Fortsetzung von → Abb. 8.14): An der Grenze zwischen Ala major des Os sphenoidale und Pars petrosa des Os temporale liegt der Sulcus tubae auditivae, der den Eingang in den knöchernen Anteil der Tuba auditiva bildet (→ S. 145). Der knöcherne Kanal setzt sich durch die Pars petrosa des Os temporale zur Paukenhöhle fort. Seitlich liegt die Pars squamosa des Os temporale, die an der Bildung des Kiefergelenks (Articulatio temporomandibularis) beteiligt ist. Die Fossa mandibularis ist Teil der Gelenkfläche des Kiefergelenks (→ S. 36–39). Am Vorderrand der Fossa mandibularis befindet sich das Tuberculum articulare.

Hintere Schädelbasis: Der hintere Abschnitt erstreckt sich vom Vorderrand des Foramen magnum bis zu den Lineae nuchales superiores und besteht aus Teilen des Os occipitale und der Ossa temporalia. Die paarige Pars lateralis trägt je einen Condylus occipitalis zur Artikulation mit dem Atlas. Hinten befindet sich hinter dem Kondylus die Fossa condylaris, die den Canalis condylaris enthält. Oberhalb verläuft der Canalis nervi hypoglossi. Unmittelbar lateral davon liegt das Foramen jugulare.

Durchtrittsstellen der äußeren Schädelbasis

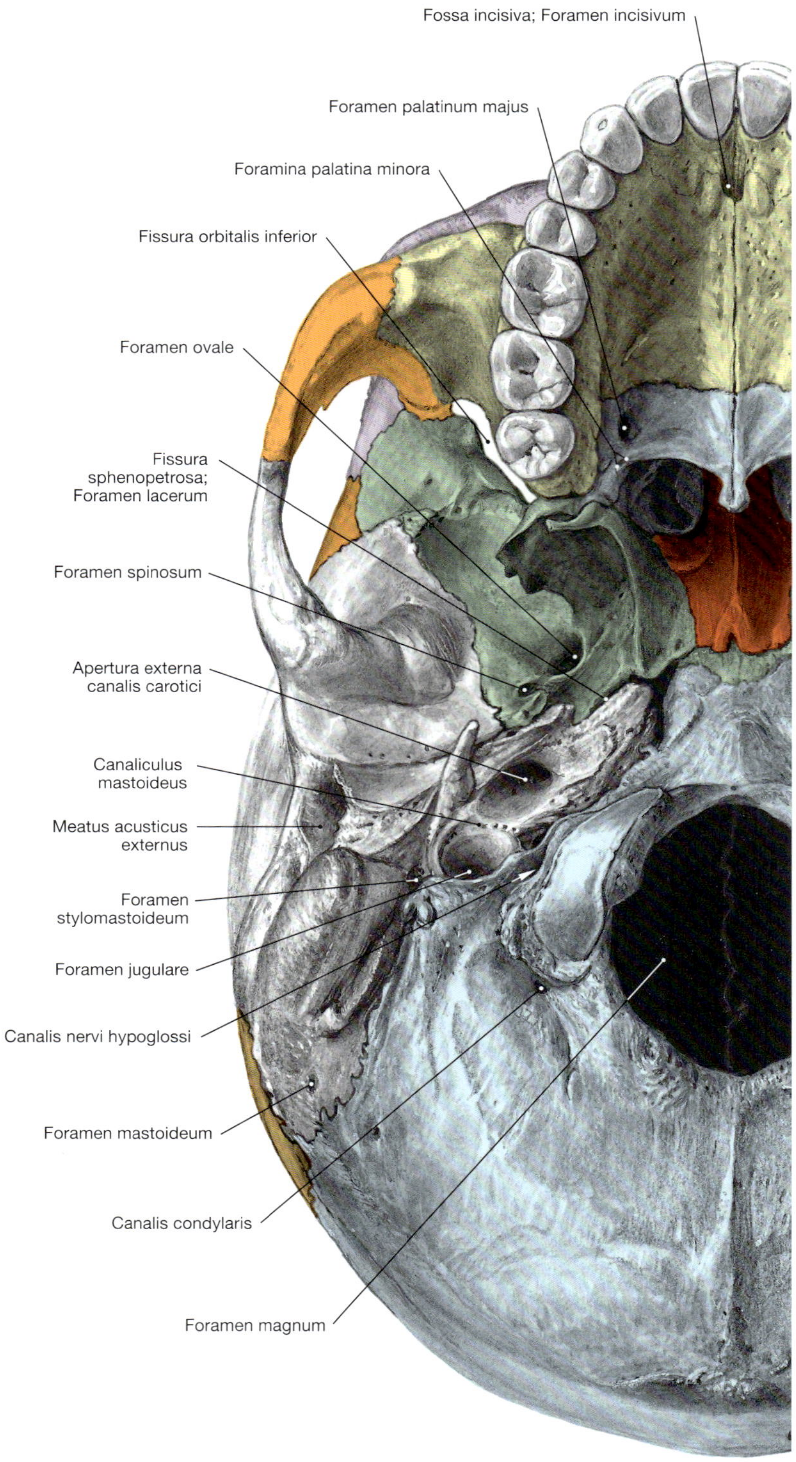

Abb. 8.16 Äußere Schädelbasis, Basis cranii externa, mit Foramina; Ansicht von unten; Farbtafel siehe hinterer Buchdeckel innen.

Foramina der äußeren Schädelbasis und deren Inhalt

Foramen	Inhalt
Foramen incisivum	• N. nasopalatinus (N. maxillaris [V/2])
Foramen palatinum majus	• N. palatinus major (N. maxillaris [V/2]) • A. palatina major (A. palatina descendens)
Foramina palatina minora	• Nn. palatini minores (N. maxillaris [V/2]) • Aa. palatinae minores (A. palatina descendens)
Fissura orbitalis inferior	• A. infraorbitalis (A. maxillaris) • V. ophthalmica inferior • N. infraorbitalis (N. maxillaris [V/2]) • N. zygomaticus (N. maxillaris [V/2])
Foramen rotundum (→ S. 12)	• N. maxillaris [V/2]
Foramen ovale	• N. mandibularis [V/3] • Plexus venosus foraminis ovalis
Foramen spinosum	• R. meningeus (N. mandibularis [V/3]) • A. meningea media (A. maxillaris)
Fissura sphenopetrosa, Foramen lacerum	• N. petrosus minor (N. glossopharyngeus [IX]) • N. petrosus major (N. facialis [VII]) • N. petrosus profundus (Plexus caroticus internus)
Apertura externa canalis carotici und Canalis caroticus	• A. carotis interna, Pars petrosa • Plexus venosus caroticus internus • Plexus caroticus internus (Truncus sympathicus, Ganglion cervicale superius)
Foramen stylomastoideum	• N. facialis [VII]
Foramen jugulare	vorderer Bereich: • Sinus petrosus inferior • N. glossopharyngeus [IX] hinterer Bereich: • A. meningea posterior (A. pharyngea ascendens) • Sinus sigmoideus (Bulbus superior venae jugularis) • N. vagus [X] • R. meningeus (N. vagus [X]) • N. accessorius [XI]
Canaliculus mastoideus	• R. auricularis nervi vagi (N. vagus [X])
Canalis nervi hypoglossi	• N. hypoglossus [XII] • Plexus venosus canalis nervi hypoglossi
Canalis condylaris	• V. emissaria condylaris
Foramen magnum	• Meninges • Plexus venosus vertebralis internus (Sinus marginalis) • Aa. vertebrales (Aa. subclaviae) • A. spinalis anterior (Aa. vertebrales) • Medulla oblongata/Medulla spinalis • Radices spinales (N. accessorius [XI])

Klinik

Bei **Schädelbasisfrakturen** verlaufen die Bruchspalten durch die Öffnungen der Schädelbasis. Die durchtretenden Nerven und Gefäße können dabei verletzt werden. Nervenausfälle und Blutungen sind daher häufig. Ebenso ist eine Eröffnung der Stirn- und Keilbeinhöhlen sowie der Siebbeinzellen möglich (Austritt von Liquor aus der Nase). Bei lateralen Frakturen ist häufig das Felsenbein mit betroffen (Austritt von Liquor aus dem Ohr).

Durchtrittsstellen der inneren Schädelbasis

Foramina der inneren Schädelbasis und deren Inhalt

Foramen	Inhalt
Lamina cribrosa	• Nn. olfactorii [I] • A. ethmoidalis anterior (A. ophthalmica)
Canalis opticus	• N. opticus [II] • A. ophthalmica (A. carotis interna) • Meninges; Vaginae nervi optici
Fissura orbitalis superior	medialer Bereich: • N. nasociliaris (N. ophthalmicus [V/1]) • N. oculomotorius [III] • N. abducens [VI] lateraler Bereich: • N. trochlearis [IV] gemeinsamer Stamm von: – N. frontalis (N. ophthalmicus [V/1]) – N. lacrimalis (N. ophthalmicus [V/1]) • R. orbitalis (A. meningea media) • V. ophthalmica superior
Foramen rotundum	• N. maxillaris [V/2]
Foramen ovale	• N. mandibularis [V/3] • Plexus venosus foraminis ovalis
Foramen spinosum	• R. meningeus (N. mandibularis [V/3]) • A. meningea media (A. maxillaris)
Fissura spheno-petrosa, Foramen lacerum	• N. petrosus minor (N. glossopharyngeus [IX]) • N. petrosus major (N. facialis [VII]) • N. petrosus profundus (Plexus caroticus internus)
Apertura interna canalis carotici und Canalis caroticus	• A. carotis interna, Pars petrosa • Plexus venosus caroticus internus • Plexus caroticus internus (Truncus sympathicus, Ganglion cervicale superius)
Porus und Meatus acusticus internus	• N. facialis [VII] • N. vestibulocochlearis [VIII] • A. labyrinthi (A. basilaris) • Vv. labyrinthi
Foramen jugulare	vorderer Bereich: • Sinus petrosus inferior • N. glossopharyngeus [IX] hinterer Bereich: • A. meningea posterior (A. pharyngea ascendens) • Sinus sigmoideus (Bulbus superior venae jugularis) • N. vagus [X] • N. accessorius [XI] • R. meningeus (N. vagus [X])
Canalis nervi hypoglossi	• N. hypoglossus [XII] • Plexus venosus canalis nervi hypoglossi
Canalis condylaris	• V. emissaria condylaris
Foramen magnum	• Meninges • Plexus venosus vertebralis internus (Sinus marginalis) • Aa. vertebrales (Aa. subclaviae) • A. spinalis anterior (Aa. vertebrales) • Medulla oblongata/Medulla spinalis • Radices spinales (N. accessorius [XI])

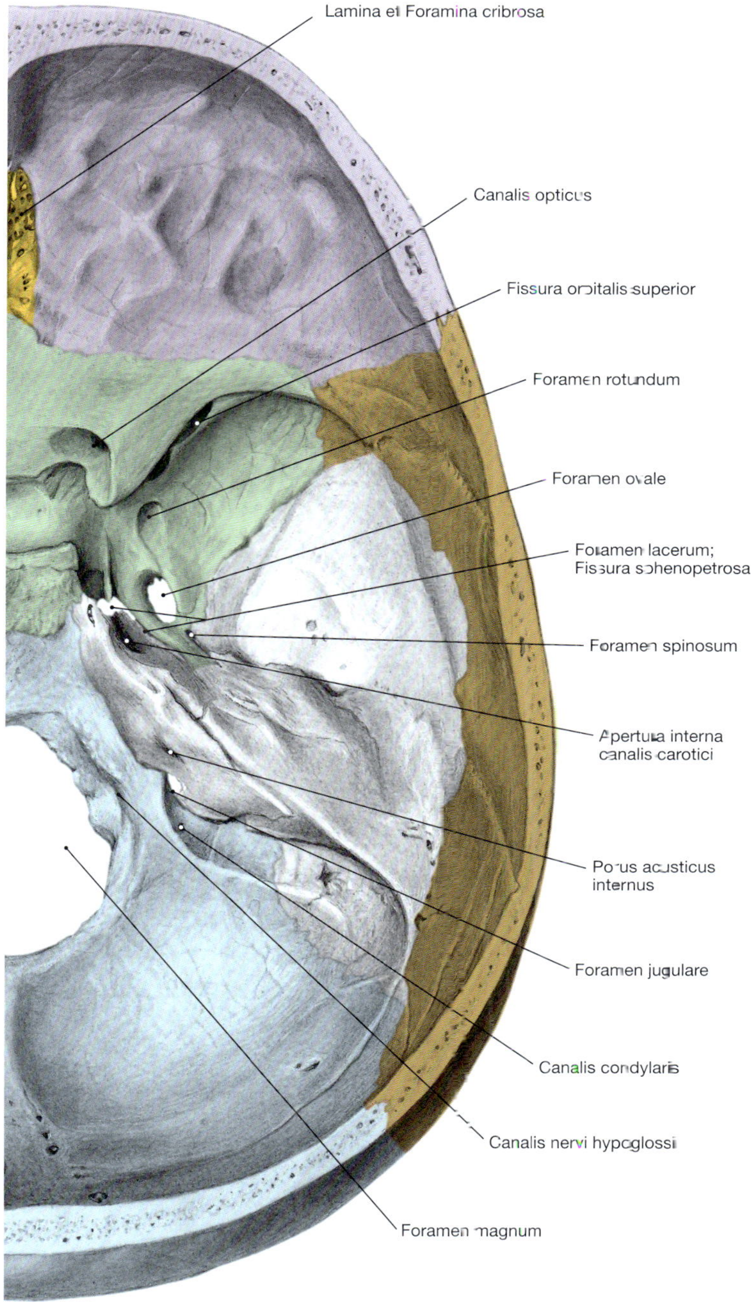

Abb. 8.17 Innere Schädelbasis, Basis cranii interna, mit Foramina; Ansicht von unten; Farbtafel siehe hinterer Buchdeckel innen.

Entwicklung des Schädels

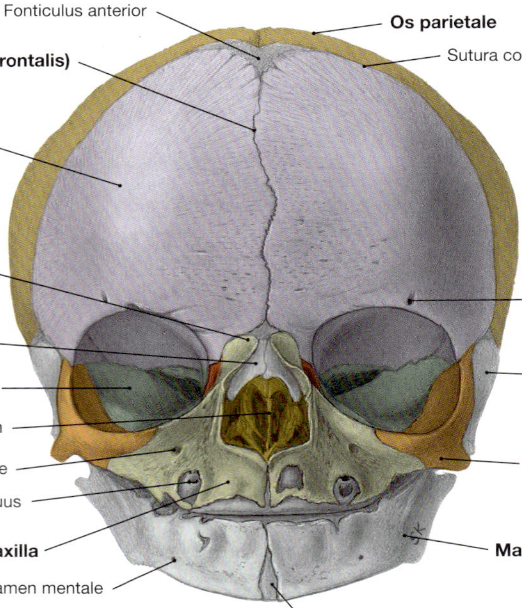

8.18

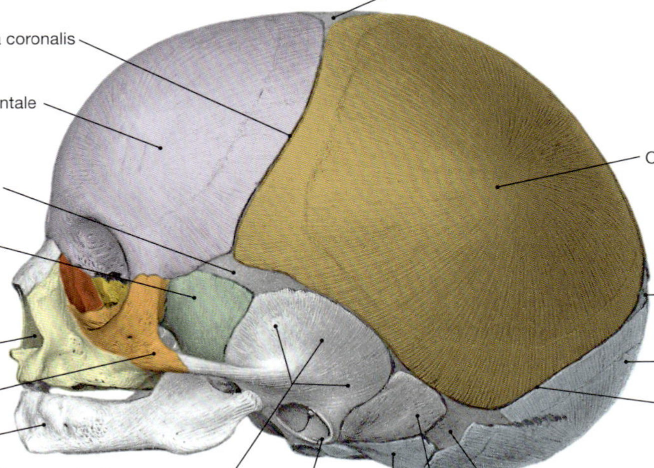

8.19

Abb. 8.18 und Abb. 8.19 Schädel, Cranium, eines Neugeborenen; Ansicht von vorne (→ Abb. 8.18) und von lateral (→ Abb. 8.19); Farbtafel siehe hinterer Buchdeckel innen.

Bei der Geburt besitzt das Neugeborene sechs Fontanellen, zwei unpaare (Fonticuli anterior und posterior) und zwei paarige (Fonticuli sphenoidales und mastoidei). Unter der **Geburt** dienen Schädelnähte und Fontanellen als Orientierungsstrukturen bei der Beurteilung von Lage und Stand des kindlichen Kopfs. Der Fonticulus posterior ist führender Teil des Kopfs bei der normalen Hinterhauptlage.

Gemeinsam mit den Schädelnähten (Suturen) ermöglichen die Fontanellen dem Schädel, sich in begrenztem Maße während des Geburtsvorgangs zu verformen. Das rasche Wachstum nach der Geburt führt zu einer schnellen Verkleinerung der Fontanellen, die sich bis zum Ende des 3. Lebensjahres vollständig verschließen.

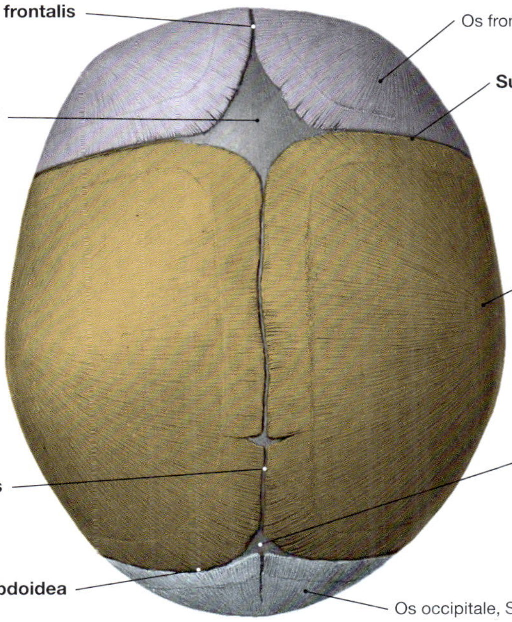

Abb. 8.20 Schädel, Cranium, eines Neugeborenen; Ansicht von oben; Farbtafel siehe hinterer Buchdeckel innen.
Bei der Geburt sind die Deckknochen des Schädeldachs (Calvaria) in den Schädelnähten (Suturae) noch durch Bindegewebe voneinander getrennt. In Bereichen, in denen mehr als zwei Knochen aufeinandertreffen, sind die Suturen zu Fontanellen (Fonticuli) erweitert. Im Laufe des Lebens verknöchern die meisten Suturen, Fonticuli und Synchondrosen. Wichtige Suturen sind die Suturae lambdoidea **(Lambdanaht),** frontalis **(Stirnnaht),** sagittalis **(Pfeilnaht)** und coronalis **(Kranznaht),** die sich bis zum 50. Lebensjahr verschließen (die Stirnnaht bereits zwischen dem 1. und 2. Lebensjahr).

Fontanellen		
Fontanelle	**Anzahl**	**Verschluss [Lebensmonat]**
Fonticulus anterior (große Fontanelle)	1	ca. 36.
Fonticulus posterior (kleine Fontanelle)	1	ca. 3.
Fonticulus sphenoidalis (vordere Seitenfontanelle)	paarig	ca. 6.
Fonticulus mastoideus (hintere Seitenfontanelle)	paarig	ca. 18.

Entwicklung des Schädels

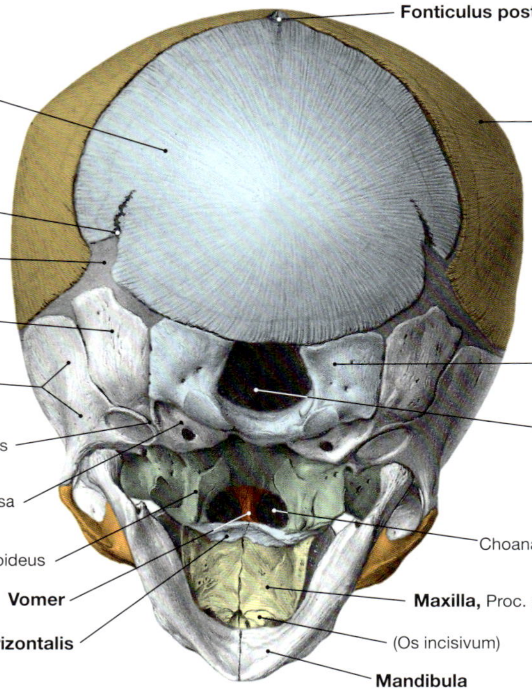

Abb. 8.21 Schädel, Cranium, eines Neugeborenen; Ansicht von hinten unten; Farbtafel siehe hinterer Buchdeckel innen.
Die Schädelentwicklung folgt teilweise einem desmalen, teilweise einem chondralen Osteogenesemodus (→ Tabelle). Als Anlagematerial dient das Kopfmesenchym, das aus dem paraxialen Kopfmesenchym, dem prächordalen Mesoderm, den okzipitalen Somiten und der Neuralleiste stammt. Zwischen manchen Schädelknochen bestehen zur Zeit der Geburt Knorpelgelenke (Articulationes cartilagineae; Synchondroses cranii).

Verknöcherungsmodus der Schädelknochen

	Viscerocranium	**Neurocranium**	**Gehörknöchelchen**
desmal	Mandibula bis auf Proc. condylaris, Maxilla, Os zygomaticum, Os palatinum, Os nasale, Vomer, Os lacrimale	Lamina medialis des Proc. pterygoideus des Os sphenoidale, Pars squamosa des Os temporale, Squama occipitalis, Os frontale, Os parietale	
chondral	Proc. condylaris der Mandibula, Os ethmoidale, Concha nasalis inferior	Os sphenoidale bis auf die Lamina medialis des Proc. pterygoideus, Pars petrosa und Pars tympanica des Os temporale, Pars lateralis und Pars basilaris des Os occipitale	
MECKEL-Knorpel			Malleus, Incus
REICHERT-Knorpel		Proc. styloideus des Os temporale	Stapes

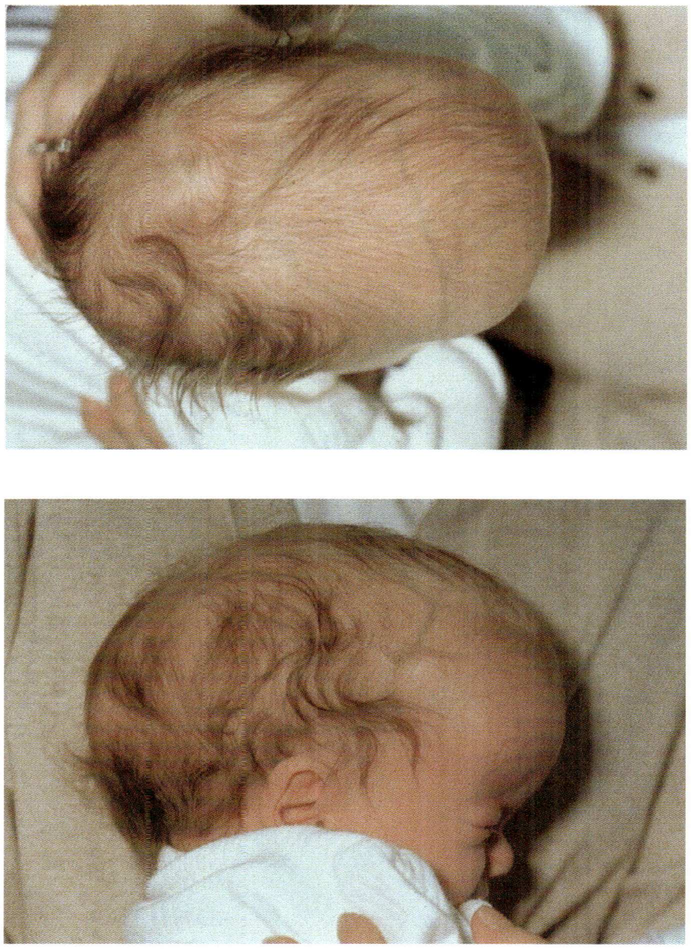

a

b

Abb. 8. 22a und b Kraniostenosen; Kind mit Skaphozephalus. [20]
Dieses Krankheitsbild entsteht bei vorzeitigem Verschluss der Sagittalnaht. Die Schädelkalotte ist übermäßig lang.
a Ansicht von oben
b Ansicht von rechts

Klinik

Störungen des Knochenwachstums werden als Dysostosen bezeichnet. **Kraniosynostosen** sind Fehlbildungen, bei denen es zum vorzeitigen Schluss einer oder mehrerer Suturen kommt. Der vorzeitige Schluss der Sutura sagittalis führt zur Ausdehnung des Schädels in der Frontal- und in der Okzipitalregion. Der Schädel verlängert und verschmälert sich **(Skaphozephalie).** Der vorzeitige Schluss der Kranznaht führt zur Ausbildung eines Turmschädels **(Akrozephalie).** Schließen sich Suturae coronalis und lambdoidea nur auf einer Seite vorzeitig, resultiert eine asymmetrische Kraniosynostose **(Plagiozephalie).** Bei einer **Mikrozephalie** bleibt das Hirnwachstum aus. Da sich das Schädelwachstum dem Hirnwachstum anpasst, bleibt das gesamte Neurocranium klein. Kinder mit Mikrozephalie bleiben in ihrer geistigen Entwicklung zurück.

Stirnbein und Siebbein

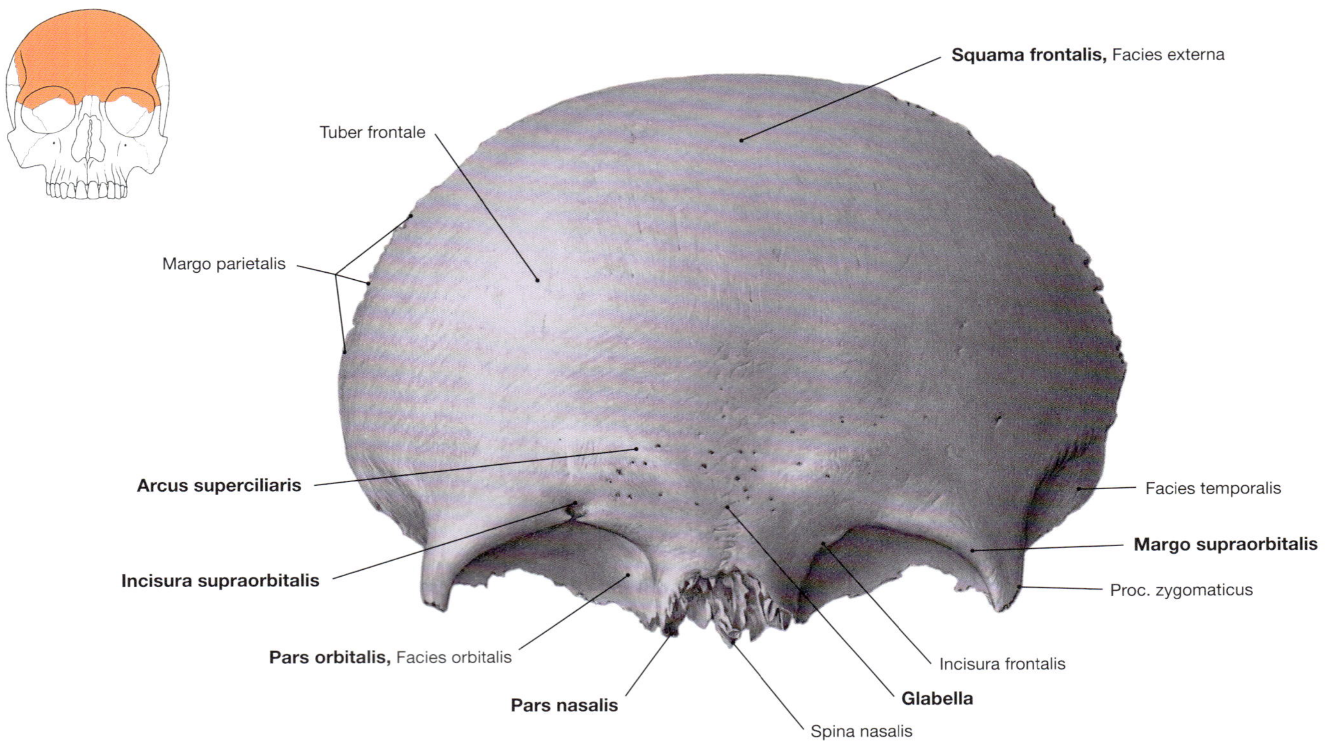

Abb. 8.23 Stirnbein, Os frontale; Ansicht von vorne; Farbtafel siehe hinterer Buchdeckel innen.
Das Stirnbein ist der vorderste Knochen des Schädeldachs. Er bildet Teile der Wände von Augen- und Nasenhöhle. Man unterscheidet am unpaaren Os frontale **vier Anteile:**

- die unpaare Schuppe (Squama frontalis)
- die paarigen Partes orbitales und
- die unpaare Pars nasalis

Oberhalb des Orbitarands (Margo supraorbitalis) wölbt sich beidseits ein prominenter Arcus superciliaris vor, der bei Männern meist stärker als bei Frauen ausgeprägt ist. Zwischen den beiden Arcus ist der Knochen in der Mittellinie abgeflacht und bildet die Glabella (Bereich zwischen den Augenbrauen). Am medialen Orbitaoberand ist meist ein Foramen supraorbitale, seltener eine Incisura frontalis ausgebildet.

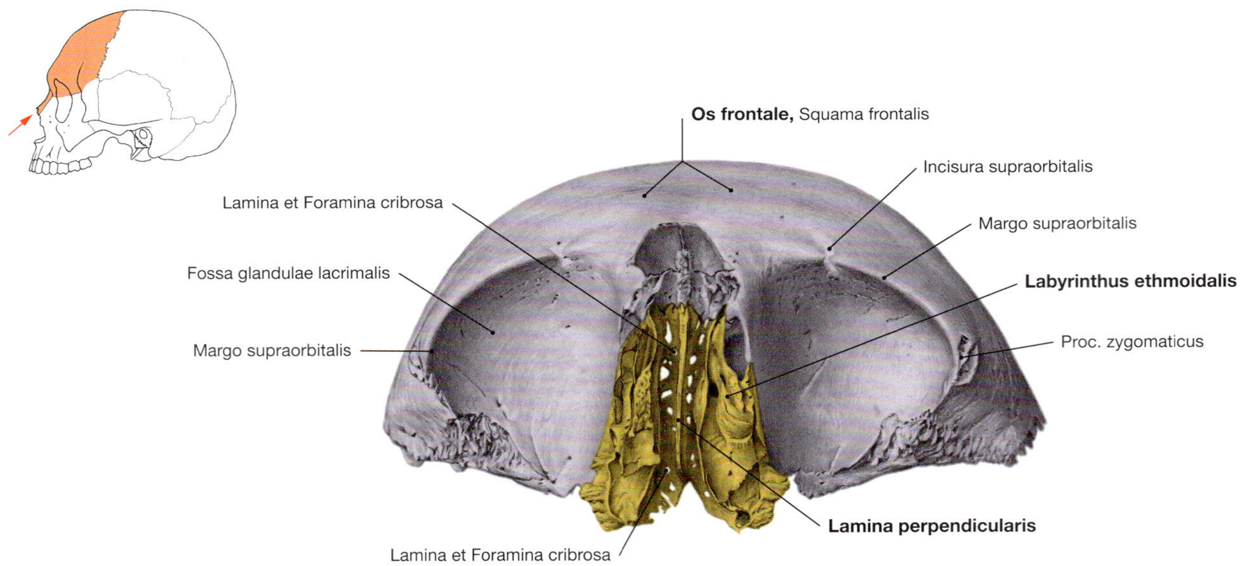

Abb. 8.24 Stirnbein, Os frontale, Siebbein, Os ethmoidale, und Nasenbeine, Ossa nasalia; Ansicht von unten; Farbtafel siehe hinterer Buchdeckel innen.
Medial vorne und unten bilden die mit dem Os frontale in Verbindung stehenden Os ethmoidale und Ossa nasalia Teile des Nasenskeletts. Im Stirnbein liegt der Sinus frontalis.

Oberkiefer und Gaumenbein

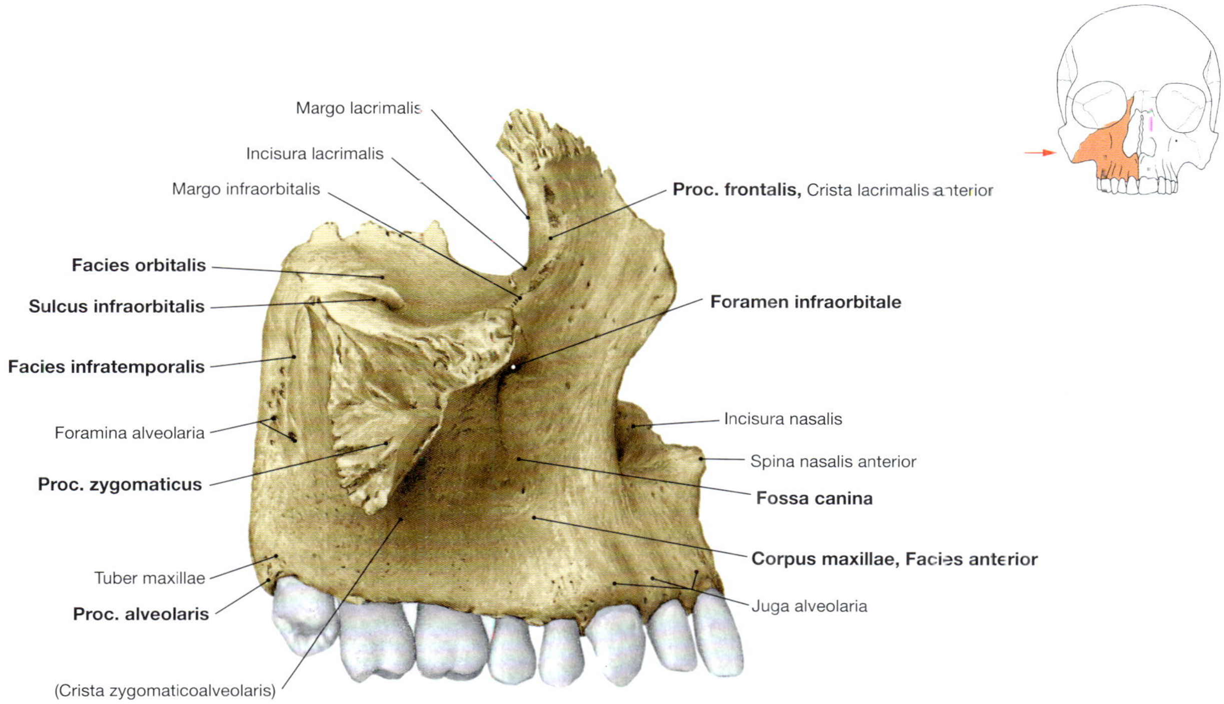

Abb. 8.25 Oberkiefer, Maxilla, rechts; Ansicht von lateral.
Der Oberkiefer lässt sich in Oberkieferkörper (Corpus maxillae) sowie Stirnfortsatz (Proc. frontalis, steht mit dem Os frontale in Verbindung), Jochfortsatz (Proc. zygomaticus, bildet mit Os zygomaticum den Jochbogen), Gaumenfortsatz (Proc. palatinus, vorderer Anteil des knöchernen Gaumens, → Abb. 8.26) und Alveolarfortsatz (Proc. alveolaris) unterteilen. Letzterer bildet den Oberkieferunterrand und enthält die Zahnfächer (Alveoli dentales), die die Zahnwurzeln beinhalten. Die vorgewölbten vorderen Ränder der Zahnfächer werden als Juga alveolaria bezeichnet. Im Corpus maxillae liegt knapp unterhalb des unteren Orbitarands das Foramen infraorbitale.

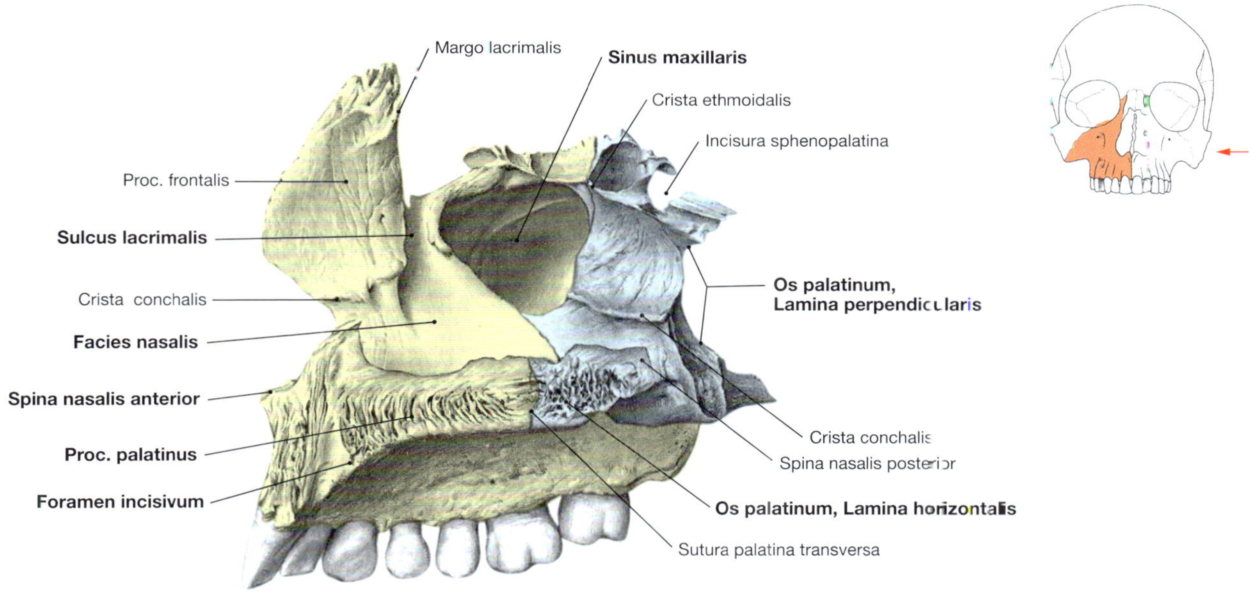

Abb. 8.26 Oberkiefer, Maxilla, und Gaumenbein, Os palatinum, rechts; Ansicht von medial mit Blick in den Sinus maxillaris; Farbtafel siehe hinterer Buchdeckel innen.
Dem Oberkiefer folgt nach hinten das Gaumenbein, das sich aus zwei Platten zusammensetzt: Die **Lamina horizontalis** bildet den hinteren Anteil des knöchernen Gaumens (Palatum osseum), die **Lamina perpendicularis** verläuft vertikal nach oben und begrenzt den Sinus maxillaris hinten medial.

Nasenhöhle

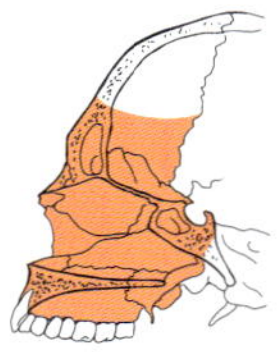

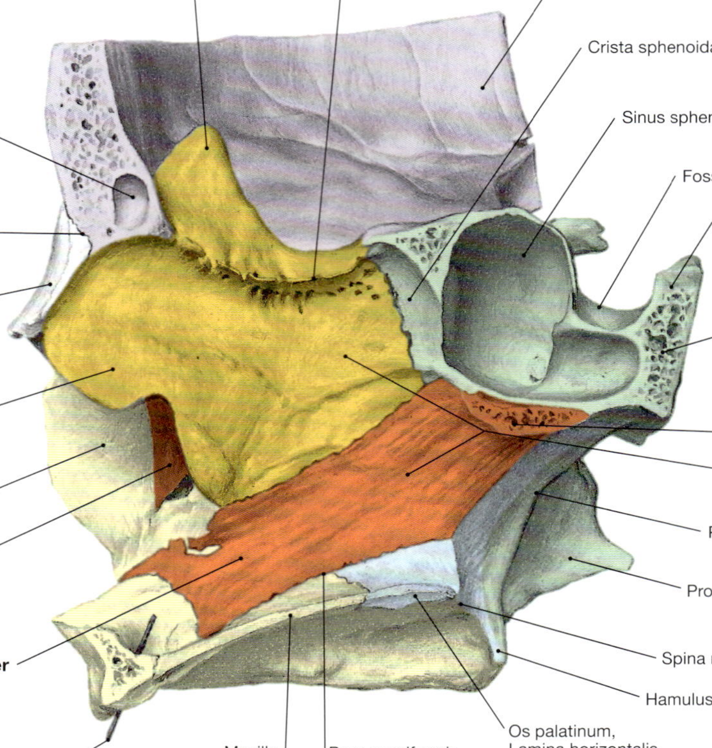

Abb. 8.27 Knöcherne Nasenscheidewand, Septum nasi osseum; Ansicht von lateral; Farbtafel siehe hinterer Buchdeckel innen.
Das knöcherne Nasenseptum wird von der Lamina perpendicularis des Siebbeins (Os ethmoidale) und vom Pflugscharbein (Vomer gebildet. Das **Os ethmoidale** sitzt zwischen Os frontale und Maxilla und steht außerdem mit den Ossa nasalia, lacrimalia, sphenoidale und palatina in Verbindung. Oben bildet es die Crista galli. Die von zahlreichen Löchern durchsetzte Lamina cribrosa bildet das Dach der Nasenhöhle und einen Teil des Bodens der vorderen Schädelhöhle. Unten schließt sich an die Crista galli die Lamina perpendicularis des Os ethmoidale an, die das knöcherne Labyrinth des Siebbeins in eine rechte und eine linke Hälfte teilt und den oberen Anteil des knöchernen Nasenseptums bildet.
Der **Vomer** bildet den größten Teil des knöchernen Nasenscheidewandskeletts. Der platte, trapezförmige Knochen steht oben mit der Lamina perpendicularis des Os ethmoidale und hinten über die Ala vomeris mit dem Os sphenoidale in Kontakt, unten grenzt er mit der Pars cuneiformis vomeris an den Proc. palatinus der Maxilla sowie an die Lamina horizontalis des Os palatinum.

Klinik

Eine Nasenscheidewandverkrümmung **(Septumdeviation)** kann traumatisch bedingt sein durch Schläge oder Stürze auf die Nase oder durch ein Fehlwachstum der Mittelgesichtsknochen entstehen. Mehr als 60% der Bevölkerung weisen zumindest eine leichte Verkrümmung des Nasenseptums auf. Nasenscheidewandverkrümmungen behindern in erster Linie die Nasenatmung. Ist dies der Fall, kann die eingeatmete Luft nicht gewärmt, gereinigt und befeuchtet werden. Die Nasenatmungsbehinderung führt zu vermehrter Mundatmung mit Schnarchen und/oder gesteigerter Entzündungsneigung. Die Nasennebenhöhlen werden nicht mehr ausreichend belüftet, was zu Nasennebenhöhlenentzündungen mit postnasalem Sekretfluss und zu Entzündungen des Kehlkopfs und der Bronchien führen kann. Im höheren Lebensalter können durch den Sauerstoffmangel Herz-Kreislauf-Erkrankungen entstehen.

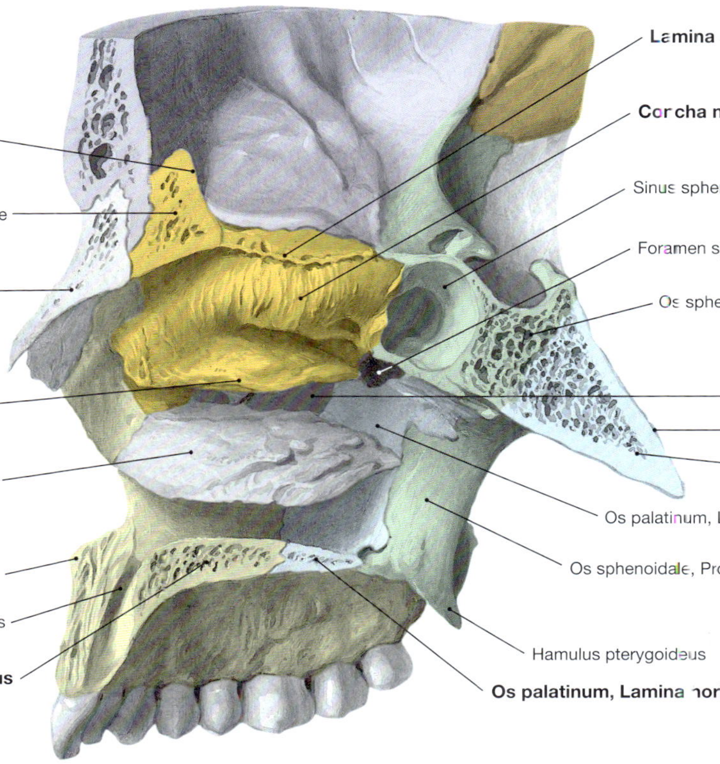

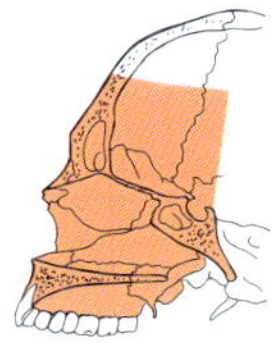

Abb. 8.28 Laterale Wand der Nasenhöhle, Cavitas nasi; rechts; Ansicht von links; Farbtafel siehe hinterer Buchdeckel innen.
Der Blick auf die laterale Nasenwand zeigt oben als Dach die Lamina cribrosa des Siebbeins (Os ethmoidale), das auch die obere (Concha nasalis superior) und die mittlere Nasenmuschel (Concha nasalis media) bildet. Zwischen den beiden Muscheln verläuft der obere Nasengang (Meatus nasi superior). Darunter sitzt die untere Nasenmuschel (Concha nasalis inferior) als eigenständiger Knochen.

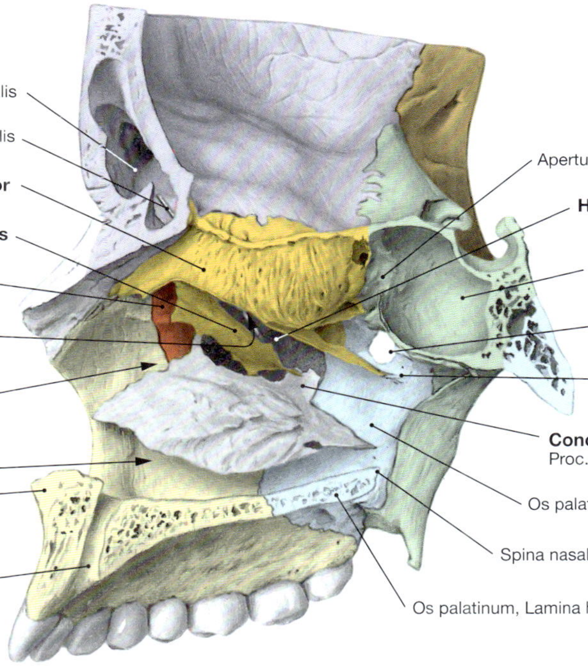

Abb. 8.29 Laterale Wand der Nasenhöhle, Cavitas nasi; rechts; Ansicht von links nach Abtragung der mittleren Nasenmuschel; Farbtafel siehe hinterer Buchdeckel innen.
Unterhalb der mittleren Nasenmuschel gehört eine dünne Knochenlamelle, der **Proc. uncinatus,** zum Siebbein. Dieser verschließt die mediale Kieferhöhlenwand nur unvollständig. Es verbleiben zahlreiche Öffnungen über und unter dem Proc. uncinatus. Eine davon ist der Hiatus maxillaris.
Der Boden und Teile der Seitenwand werden von der **Maxilla** und dem **Os palatinum** (Boden: Lamina horizontalis; Seitenwand: Lamina perpendicularis) gebildet. In der Seitenwand sitzt ferner das **Os lacrimale,** das einen Teil der vorderen Begrenzung der Kieferhöhle bildet. Die Concha nasalis inferior ist an den drei letztgenannten Knochen befestigt und teilt die laterale Nasenwand in einen über ihr liegenden mittleren Nasengang (Meatus nasi medius) und einen unter ihr liegenden unteren Nasengang (Meatus nasi inferius).

Harter Gaumen

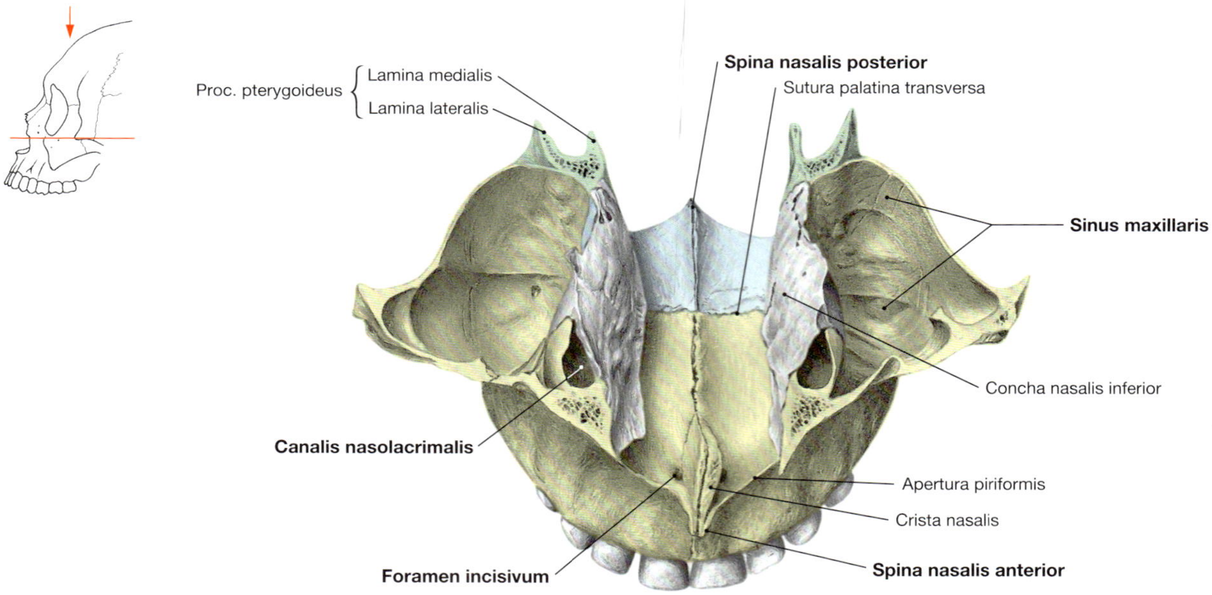

Abb. 8.30 Harter Gaumen, Palatum durum; Kieferhöhle, Sinus maxillaris, und untere Nasenmuschel, Concha nasalis inferior; Ansicht von oben; Farbtafel siehe hinterer Buchdeckel innen.
Der harte Gaumen ist eine horizontale Knochenplatte, die von der Maxilla und vom Os palatinum gebildet wird. Er trennt Mund- und Nasenhöhle voneinander. Eine Verbindung besteht über die Foramina incisiva. In der dargestellten Ansicht blickt man auf den Boden der Nasenhöhle. Seitlich liegen die Sinus maxillares.

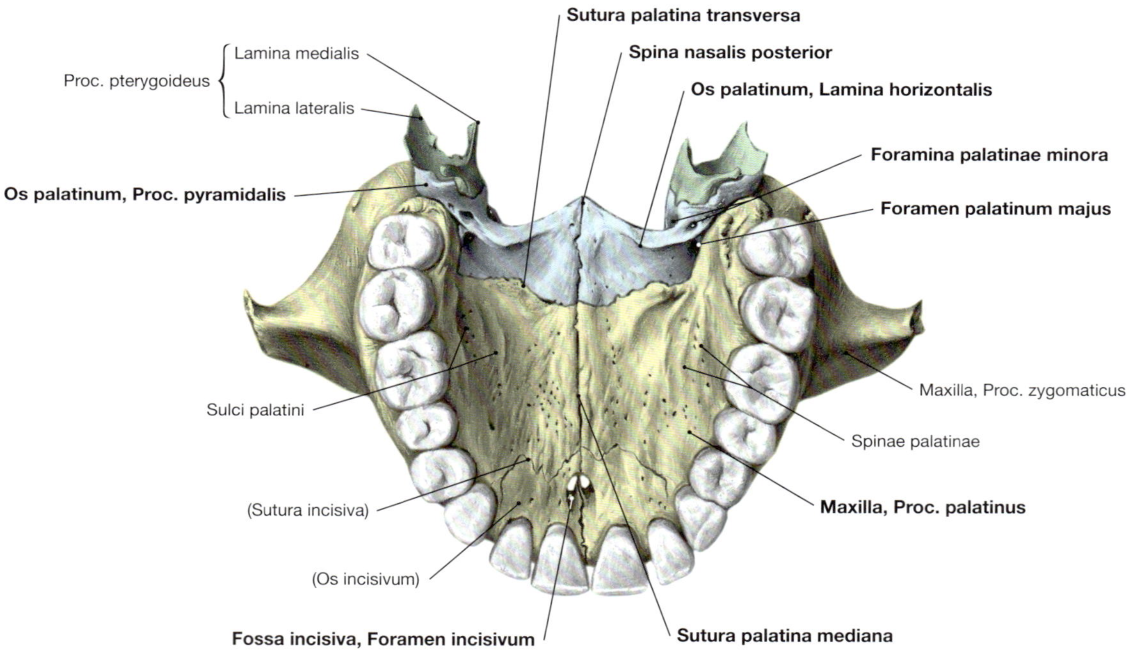

Abb. 8.31 Harter Gaumen, Palatum durum; Ansicht von unten; Farbtafel siehe hinterer Buchdeckel innen.
Der harte Gaumen gehört zur **vorderen Schädelbasis.** Die Zähne sind in den beiden Alveolarbögen der Maxilla befestigt. Die Bögen umschließen den harten Gaumen vorne und seitlich. Er besteht rostral aus den Procc. palatini der beiden Maxillae und hinten aus den Laminae horizontales der Ossa palatina. Die **Procc. palatini** stehen in der Mittellinie über die Sutura palatina mediana in Verbindung, dorsal grenzen sie über die Sutura palatina transversa an die beiden Ossa palatina. Die **Laminae horizontales** der Ossa palatina haben in der Mittellinie über die Sutura interpalatina (Fortsetzung der Sutura palatina mediana) Kontakt zueinander.
Vorne hinter den Schneidezähnen befindet sich in der Mittellinie die **Fossa incisiva,** die in das Foramen incisivum und die Canales incisivi übergeht. Nahe dem lateralen Hinterrand des harten Gaumens liegen auf beiden Seiten je ein **Foramen palatinum majus,** das in den Canalis palatinus majus übergeht sowie die **Foramina palatina minora.** Sie liegen im Proc. pyramidalis des Os palatinum und gehen in die Canales palatini minores über. In der Mittellinie wölbt sich die **Spina nasalis posterior** als spitzer Fortsatz des harten Gaumens nach hinten vor.

Augenhöhle und Flügelgaumengrube

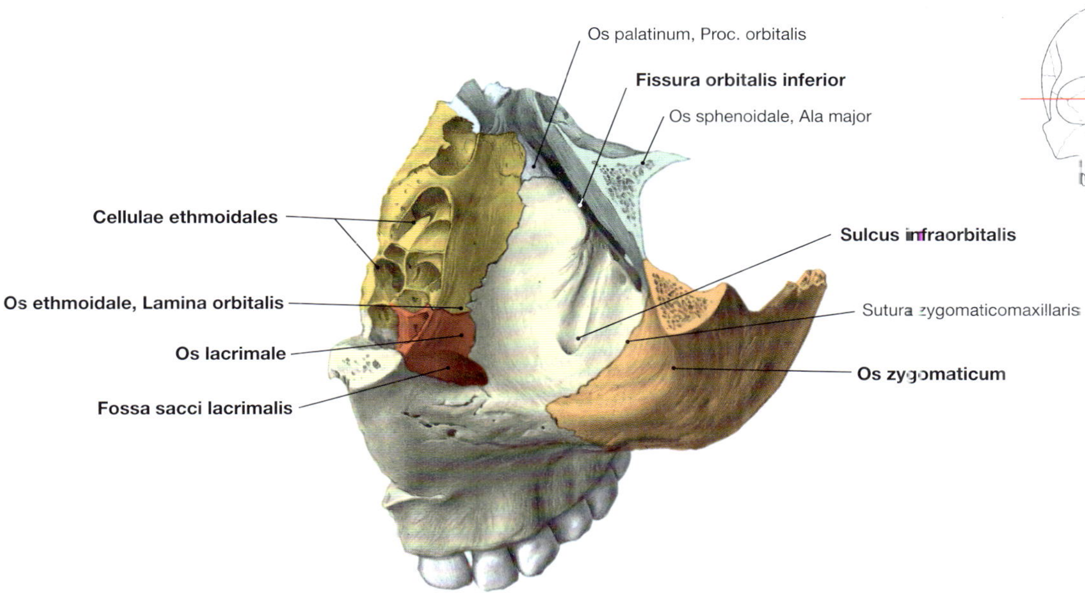

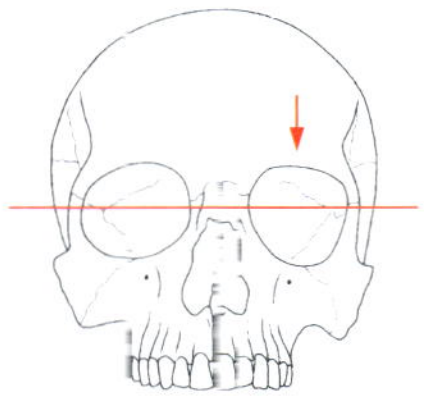

Abb. 8.32 Boden der Augenhöhle, Paries inferior orbitae, links; Ansicht von oben; Farbtafel siehe hinterer Buchdeckel innen.

Der Orbitaboden bildet das Dach der Kieferhöhle. In ihm liegt der Sulcus infraorbitalis, der vorne in einen knöchernen Kanal unterhalb des Orbitabodens übergeht und am Foramen infraorbitale mündet. Hier verlaufen der N. infraorbitalis und die gleichnamigen Gefäße. Lateral wird der Orbitaboden vom Os zygomaticum gebildet, medial beteiligen sich der Proc. orbitalis des Os palatinum, die Lamina orbitalis des Os ethmoidale und das Os lacrimale. Letzteres bildet gemeinsam mit der Maxilla die Fossa sacci lacrimalis, in der der Tränensack liegt. Zur Augenhöhle → Abbildung 9.9 bis 9.13

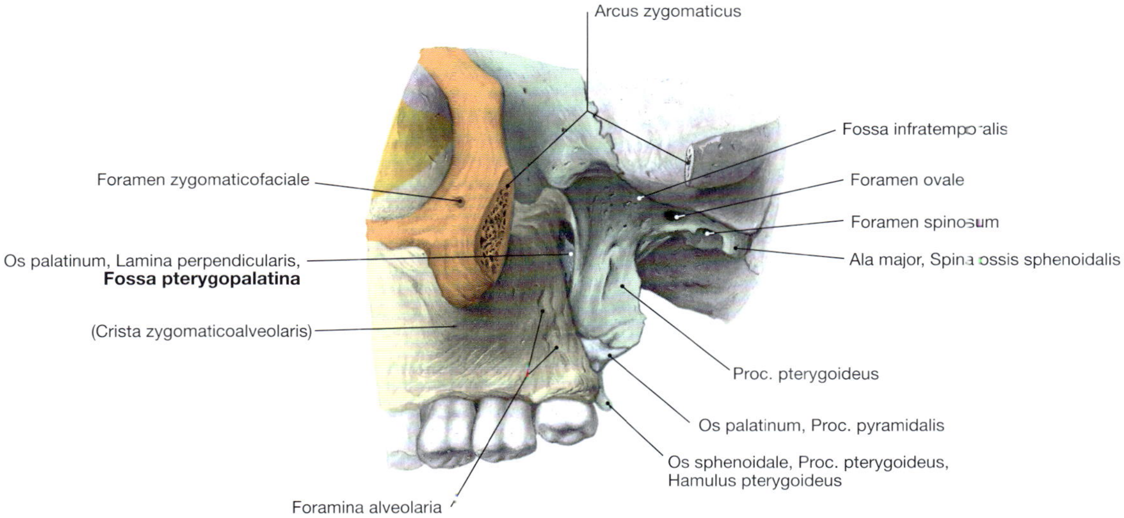

Abb. 8.33 Flügelgaumengrube, Fossa pterygopalatina, links; Ansicht von lateral; Farbtafel siehe hinterer Buchdeckel innen.

Die Fossa pterygopalatina liegt in medialer Fortsetzung der Fossa infratemporalis. Sie wird von Maxilla, Os palatinum und Os sphenoidale begrenzt. Die Grube bildet eine **Schaltstelle** zwischen mittlerer Schädelgrube sowie Augenhöhle und Nase. Durch sie ziehen zahlreiche Nerven und Gefäße zu den in diesen Räumen liegenden Strukturen (→ S. 78 und 79).

Der **Zugang von lateral zur Flügelgaumengrube** stellt einen gängigen Weg im Rahmen von Tumoroperationen dieser Region dar, z. B. bei einem Nasen-Rachen-Fibrom.

Augenhöhle

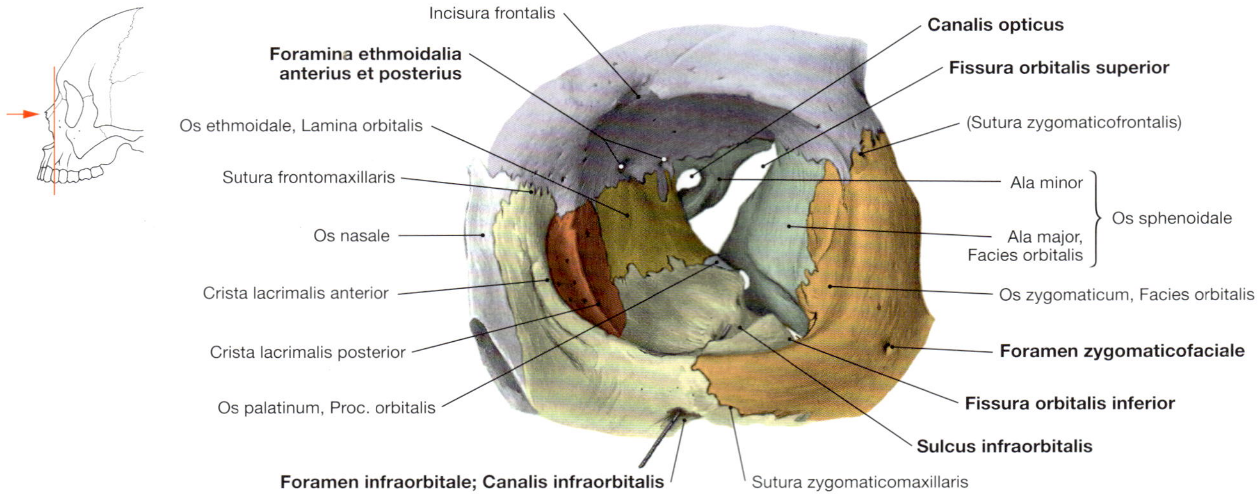

Abb. 8.34 Augenhöhle, Orbita, links; Ansicht von vorne; Sonde im Canalis infraorbitalis; Farbtafel siehe hinterer Buchdeckel innen.
Die Orbita wird von den Ossa frontale, ethmoidale, lacrimale, palatinum, sphenoidale, zygomaticum und der Maxilla begrenzt. Öffnungen zur Orbita gibt es über die Fissurae orbitales superior und inferior, den Canalis opticus sowie die Foramina ethmoidalia anterius und posterius.

Im Boden der Orbita liegt im hinteren Teil der Sulcus infraorbitalis, der sich vorne in den Canalis infraorbitalis fortsetzt und unterhalb des unteren Orbitarands als Foramen infraorbitale mündet. Lateral kommt im Os zygomaticum regelmäßig ein Foramen zygomaticofaciale vor. Zur Augenhöhle → Abbildung 9.9 bis 9.13.

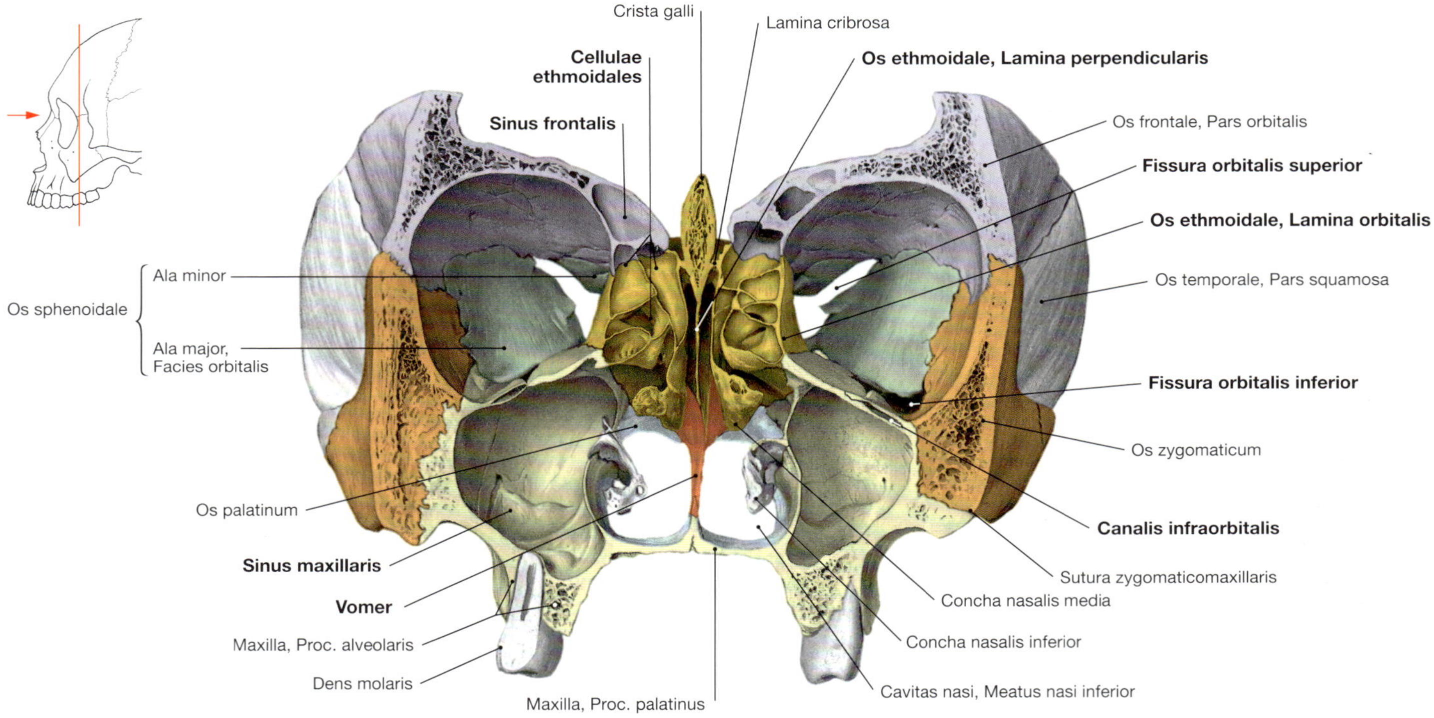

Abb. 8.35 Gesichtsschädel, Viscerocranium; frontaler Sägeschnitt auf Höhe der beiden Orbitae; Ansicht von vorne; Farbtafel siehe hinterer Buchdeckel innen.
Das unpaare Siebbein (Os ethmoidale) beherbergt die vorderen und hinteren Siebbeinzellen **(Cellulae ethmoidales).** Direkt unterhalb der Crista galli schließt sich die Lamina perpendicularis des Os ethmoidale an, die das knöcherne Labyrinth des Siebbeins in eine rechte und eine linke Hälfte teilt und den oberen Anteil des knöchernen Nasenseptums bildet. Hinten schließt sich der Vomer an. Die lateralen Wände der Cellulae ethmoidales werden von der dünnen **Lamina orbitalis** gebildet, die einen Großteil der medialen Orbitawand bildet und als **Lamina papyracea** bezeichnet wird. Direkt unterhalb der Orbita liegt der Sinus maxillaris. In seinem Dach, der gleichzeitig Boden der Orbita ist, liegt der Canalis infraorbitalis. Das Niveau der Lamina cribrosa liegt deutlich unterhalb des Orbitadachs. Zur Augenhöhle → Abbildung 9.9 bis 9.13.

Klinik

Aufgrund der papierdünnen Lamina orbitalis (papyracea) des Os ethmoidale zwischen Orbita und Siebbeinzellen können **Entzündungen der Siebbeinzellen** leicht auf die Orbita übergreifen und zu einer Orbitaphlegmone führen. In Abbildung 8.35 ist die besonders nahe Beziehung der Molarenzahnwurzel zum Sinus maxillaris zu sehen. Entzündungen des zweiten Prämolaren oder des ersten Molaren können zu einer odontogenen Kieferhöhlenentzündung (Sinusitis maxillaris) führen.

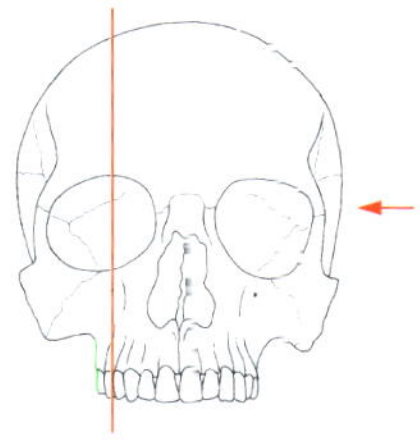

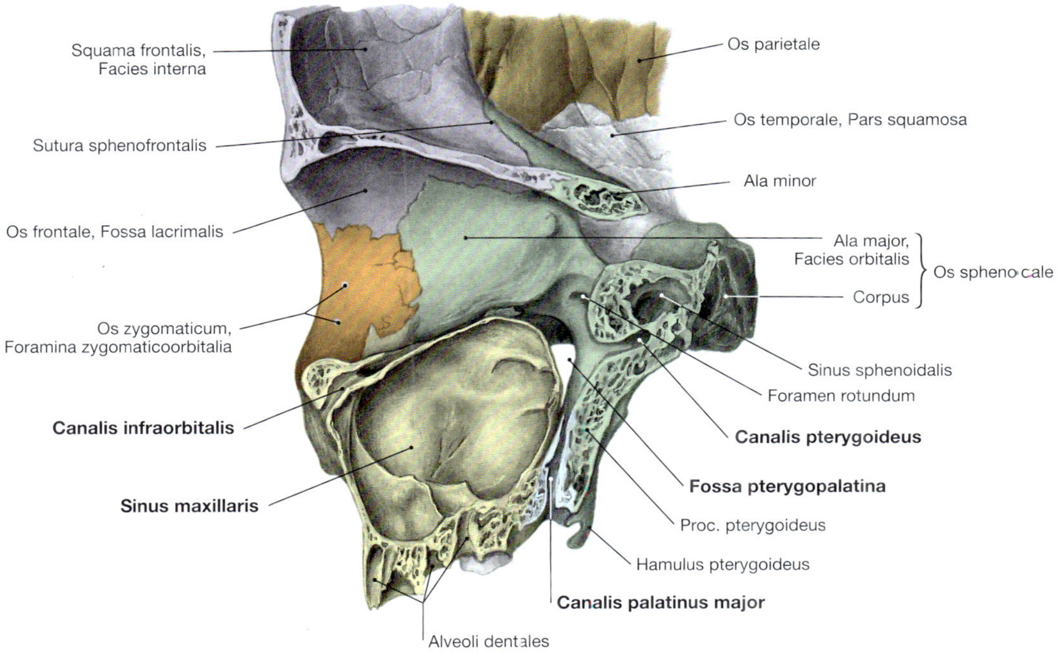

Abb. 8.36 Laterale Wand der Augenhöhle, Paries lateralis orbitae, rechts; Ansicht von medial; Farbtafel siehe hinterer Buchdeckel innen. Die laterale Orbitawand wird von den Ossa zygomaticum, frontale, sphenoidale und der Maxilla gebildet. Man erkennt im Schnitt sehr gut den Canalis infraorbitalis im vorderen Drittel des Orbitabodens sowie die sehr dünne Knochendecke zum Sinus maxillaris. Hinten schließt sich an den Sinus maxillaris die Fossa pterygopalatina an, die lateral Verbindung zur Fossa infratemporalis hat, oben zur Orbita und unten über den Canalis palatinus major mit der Mundhöhle in Verbindung steht. Hinten oben mündet der Canalis pterygoideus in die Fossa pterygopalatina.

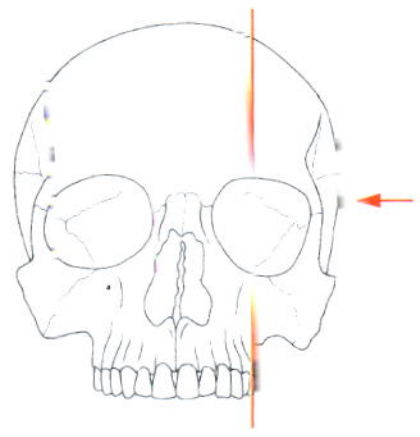

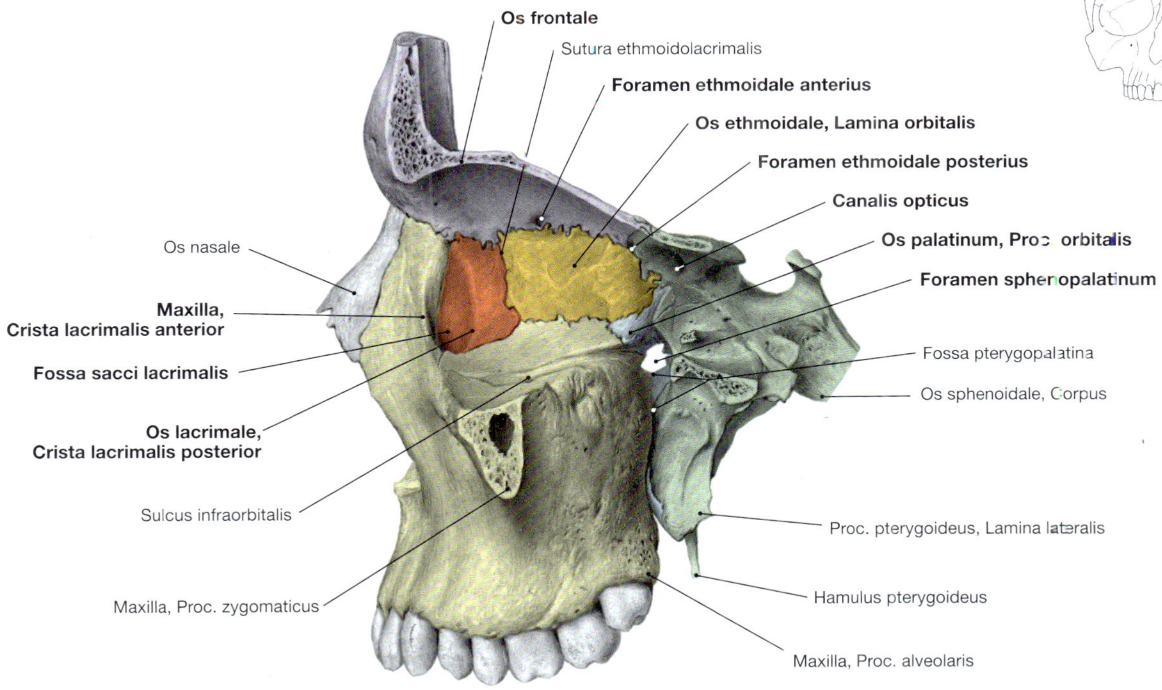

Abb. 8.37 Mediale Wand der Augenhöhle, Paries medialis orbitae, links; Ansicht von lateral; Farbtafel siehe hinterer Buchdeckel innen. Die mediale Orbitawand wird vorne vom Os lacrimale, von der Maxilla und dem Os frontale gebildet, hinten befinden sich zwischen dem Os frontale und der Maxilla die Lamina orbitalis des Os ethmoidale (Lamina papyracea), der Proc. orbitalis des Os palatinum sowie das Os sphenoidale. Die Crista lacrimalis anterior der Maxilla und die Crista lacrimalis posterior des Os lacrimale begrenzen gemeinsam eine Vertiefung (Fossa sacci lacrimalis) für den Tränensack. In der medialen Orbitawand liegen die Foramina ethmoidalia anterius und posterius und der Canalis opticus. Knapp oberhalb der Fossa pterygopalatina befindet sich das Foramen sphenopalatinum.

Keilbein

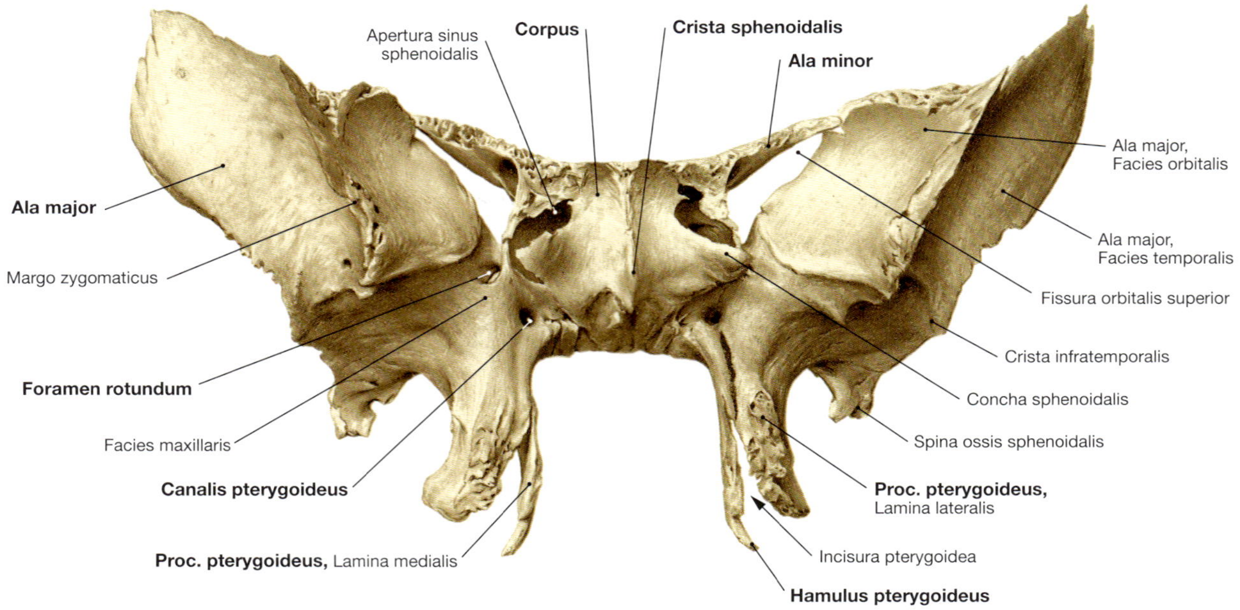

Abb. 8.38 Keilbein, Os sphenoidale; Ansicht von vorne.
Das unpaare Os sphenoidale ist ein Verbindungsknochen zwischen Viscerocranium und Neurocranium. Vom Keilbeinkörper (Corpus) gehen seitlich zwei Flügelpaare (Alae) ab. Oben liegen die **Alae minores,** unten die **Alae majores.** Nach unten schließen sich die Flügelgaumenfortsätze **(Proc. pterygoidei)** an. Im Zentrum des Keilbeins liegen die Keilbeinhöhlen **(Sinus sphenoidales).** Die vordere Fläche des Corpus wird durch eine Crista sphenoidalis in zwei Hälften geteilt.

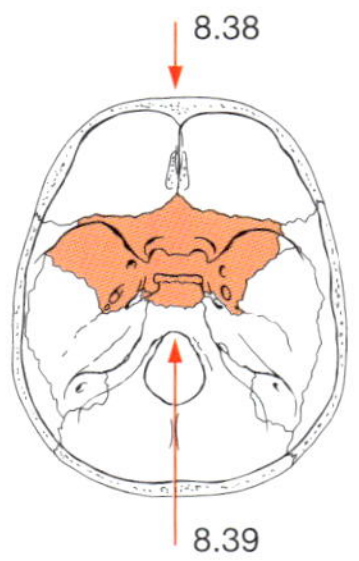

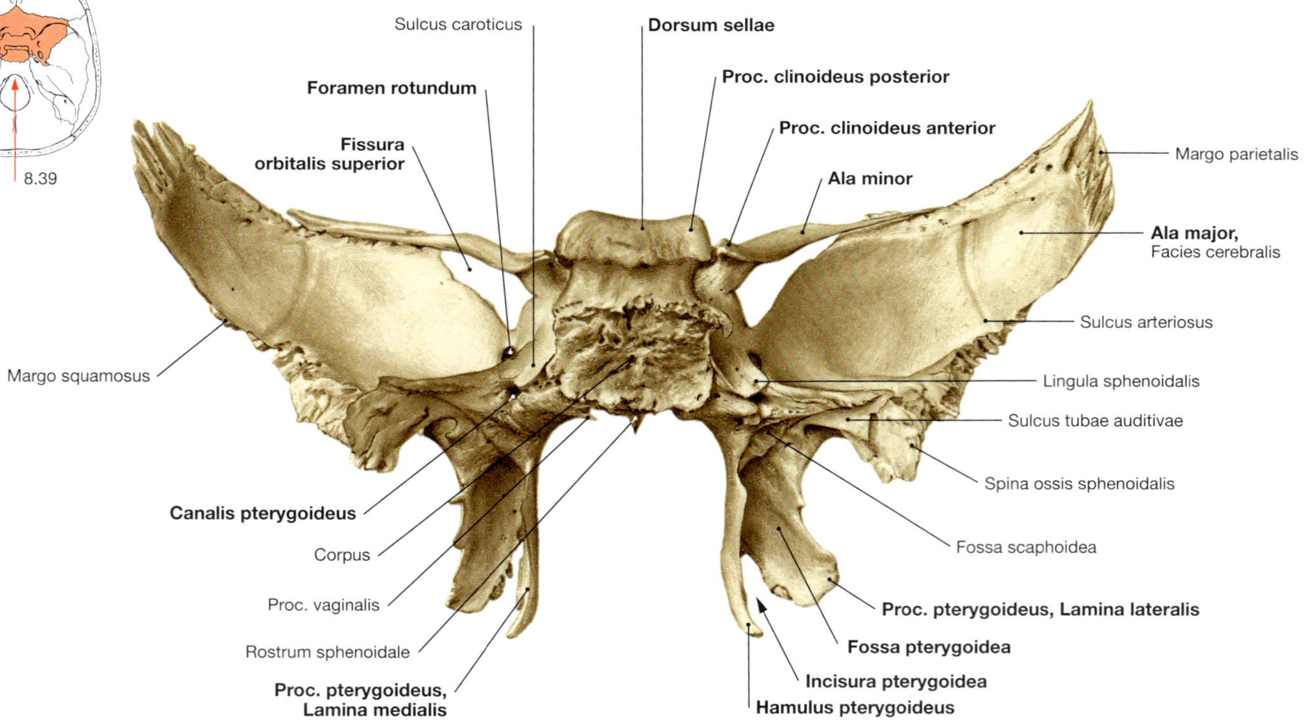

Abb. 8.39 Keilbein, Os sphenoidale; Ansicht von hinten.
Ala minor und Ala major des Os sphenoidale begrenzen die **Fissura orbitalis superior.** Der Proc. pterygoideus teilt sich auf jeder Seite in eine kleinere Lamina medialis und eine größere Lamina lateralis auf, die zwischen sich die Fossa pterygoidea einschließen und durch die **Incisura (Fissura) pterygoidea** getrennt sind. Die Lamina medialis geht am kaudalen Ende in den **Hamulus pterygoideus** über. An ihrer Basis durchbohrt der Canalis pterygoideus das Os sphenoidale und mündet in die Fossa pterygopalatina.

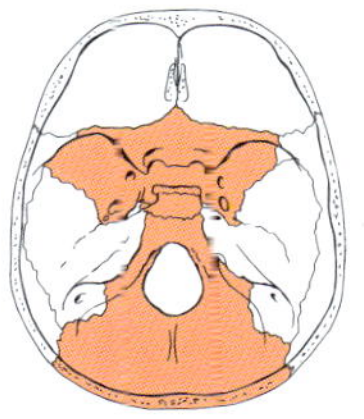

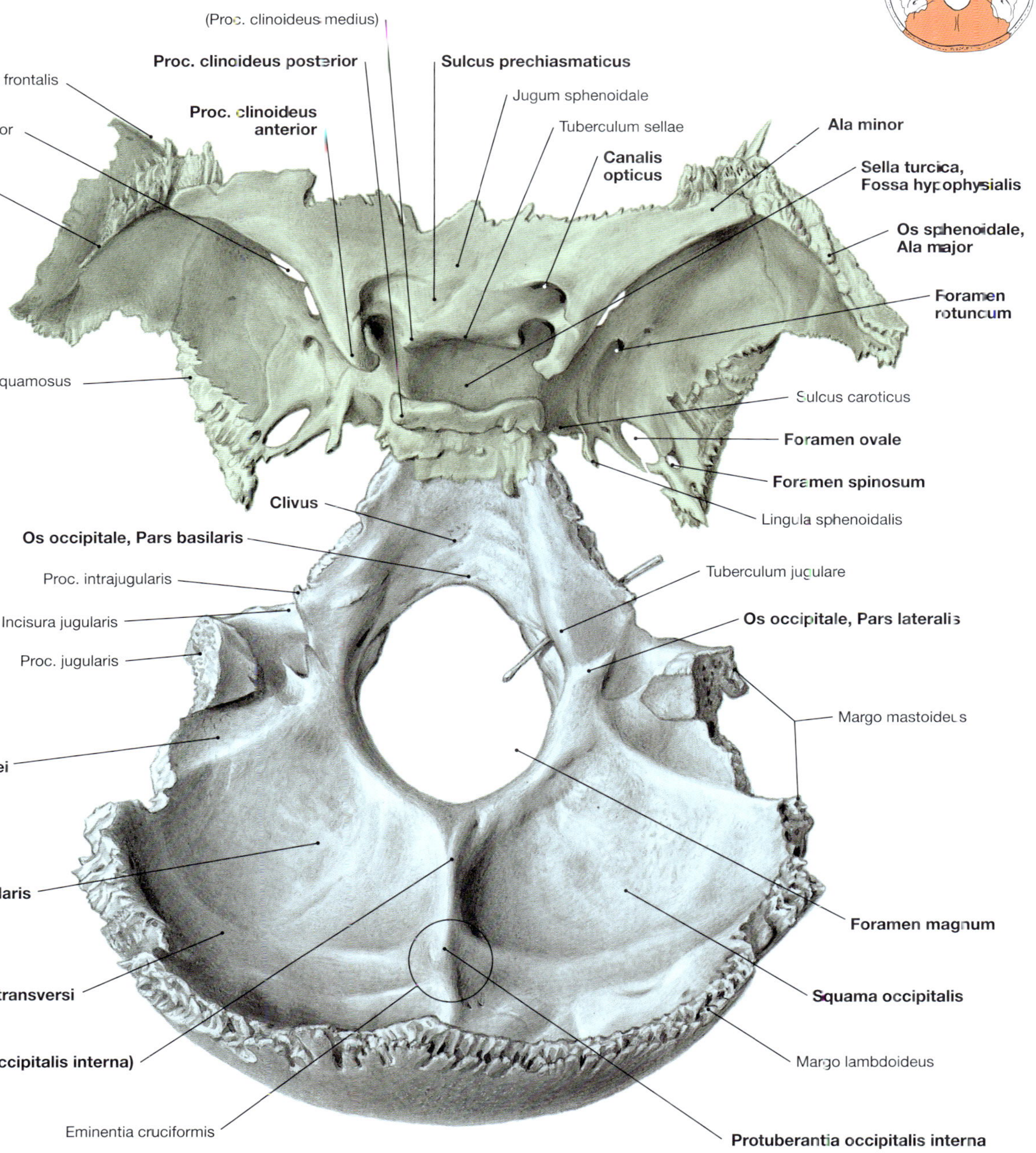

Abb. 8.40 Keilbein, Os sphenoidale, und Hinterhauptsbein, Os occipitale; Ansicht von oben; Farbtafel siehe hinterer Buchdeckel innen.

Das Zentrum des **Os sphenoidale** bildet der Türkensattel **(Sella turcica)** mit der Fossa hypophysialis. Das Tuberculum sellae, das sich seitlich jeweils in den Proc. clinoideus medius fortsetzt, bildet den Vorderrand der Fossa hypophysialis. Vor dem Tuberculum sellae liegen der Sulcus prechiasmaticus sowie das Jugum sphenoidale. Der Clivus bildet den hinteren Sattelanteil, dessen Oberkante sich lateral jeweils zum Proc. clinoiceus posterior erhebt. Die Ala minor wird im Bereich der Sella turcica an ihrem Vorderrand vom Canalis opticus durchbohrt. In die Ala major sind auf beiden Seiten von vorne oben nach hinten unten die Foramina rotundum, ovale und spinosum eingelassen.

Das unpaare **Os occipitale** besteht aus der Squama occipitalis, zwei Partes laterales und einer Pars basilaris. Die vier Anteile begrenzen das **Foramen magnum.** An der Innenfläche der Squama occipitalis treffen sich der Sulcus sinus sagittalis superioris und die Sulci der Sinus transversi an der Protuberantia occipitalis interna. Ferner erkennt man an der Innenfläche rechts und links den Sulcus sinus sigmoidei sowie den Sulcus sinus occipitalis. Die Squama occipitalis ist auf der Innenseite oberhalb der Protuberantia occipitalis interna zur Fossa cerebralis, unterhalb davon zur Fossa cerebellaris vertieft. Gemeinsam mit dem Corpus des Os sphenoidale bildet die Pars basilaris des Os occipitale den Clivus.

Schläfenbein

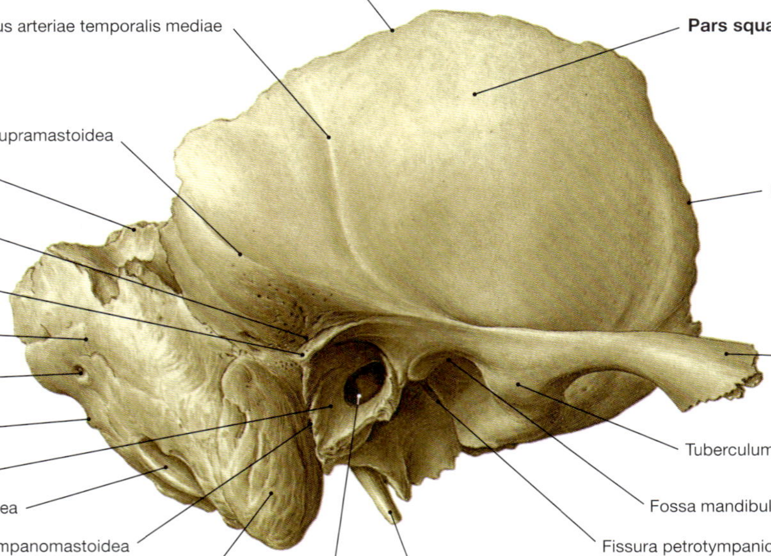

Abb. 8.41 Schläfenbein, Os temporale, rechts; Ansicht von lateral. Das paarige Os temporale gehört sowohl dem Gesichts- als auch dem Hirnschädel an. Es ist an der Bildung der Schädelseitenwand und der Schädelbasis beteiligt. Man unterscheidet die Pars squamosa, die Pars tympanica und die Pars petrosa (Felsenbein).
Die als Schuppe ausgebildete **Pars squamosa** grenzt über den Margo parietalis an das Os parietale. Vorne und oberhalb vom Meatus wölbt sich der Proc. zygomaticus vor und zieht nach vorne.
Die **Pars petrosa** grenzt hinten an die Ossa parietale und occipitale. Zentrale äußere Öffnung ist der Meatus acusticus externus. Nach hinten unten schließt sich der Proc. mastoideus an. In der Pars petrosa liegen Mittelohr und Innenohr (nicht sichtbar). Als Zugänge dienen der innere Gehörgang (Meatus acusticus internus , → S. 17), das Foramen stylomastoideum (→ S. 16) und der Canalis musculotubarius (→ Abb. 10.30 und 10.37).
Die **Pars tympanica** bildet die knöcherne Wand des äußeren Gehörgangs. Sie liegt ringförmig an den Partes squamosa und petrosa. Sie begrenzt den Meatus acusticus externus (knöcherner Gehörgang) von vorne, unten und hinten und reicht bis zum Trommelfell (→ Abb. 10.15 und 10.25).

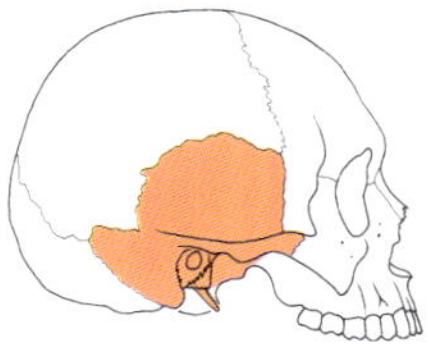

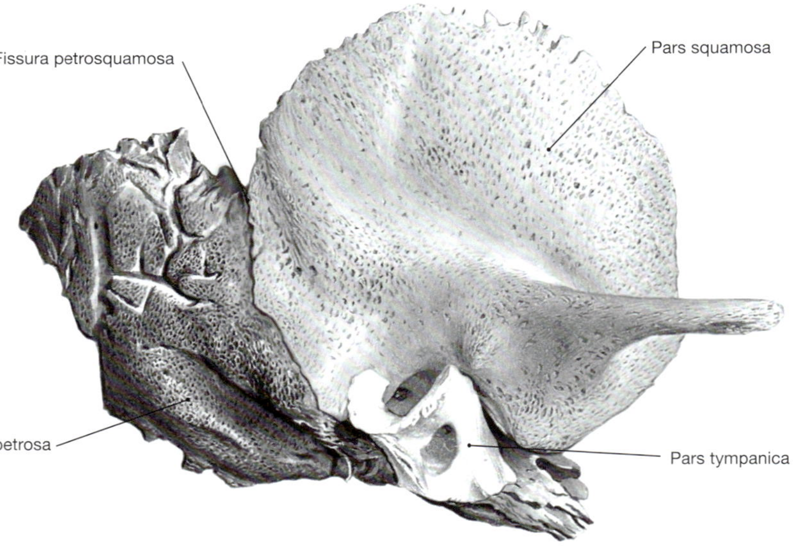

Abb. 8.42 Schläfenbein, Os temporale, eines Neugeborenen, rechts; Ansicht von lateral; schematische Darstellung; Farbtafel siehe hinterer Buchdeckel innen.
Die Darstellung zeigt die verschiedenen Anteile des Schläfenbeins: Pars squamosa, Pars petrosa und Pars tympanica.

Schläfenbein

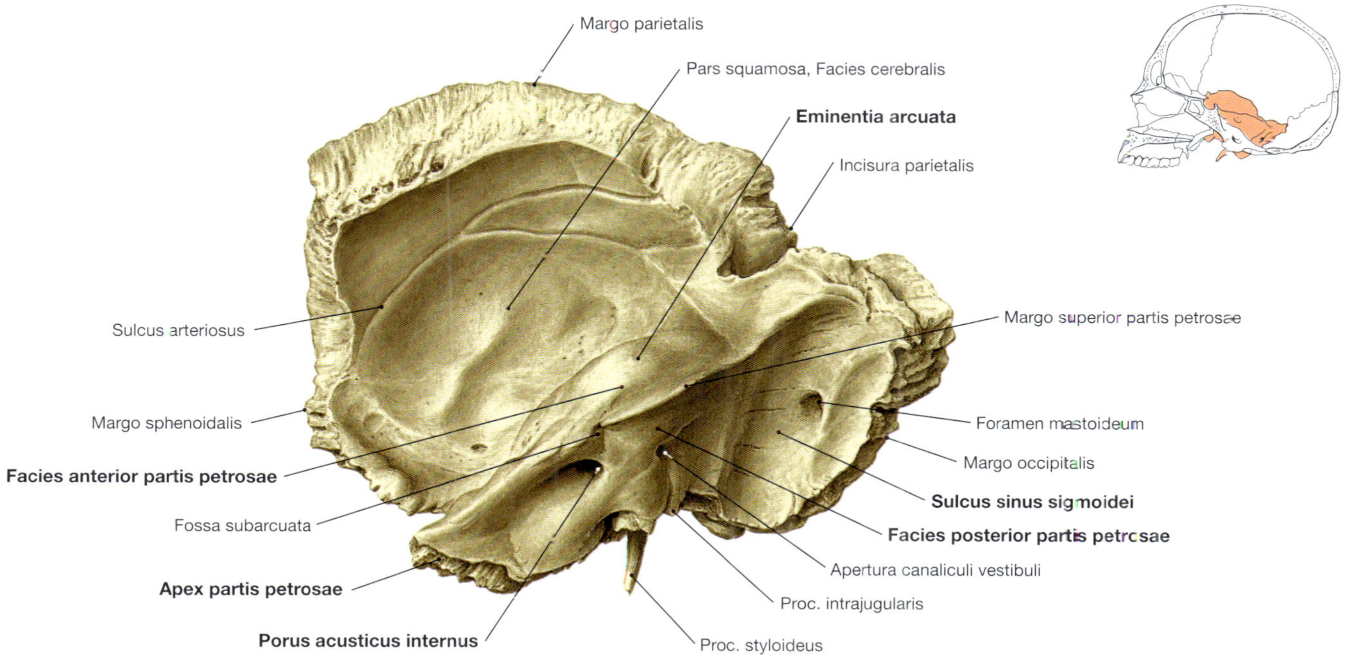

Abb. 8.43 Schläfenbein, Os temporale, rechts; Ansicht von innen. Die Pars petrosa hat die Form einer Pyramide, deren Spitze (Apex partis petrosae) nach vorne medial ausgerichtet ist und deren Basis auf den Proc. mastoideus zeigt. Die zur mittleren Schädelgrube gerichtete Facies anterior wölbt sich zur Eminentia arcuata vor; in der Facies posterior liegt der **Porus acusticus internus** als Eingang in den Meatus acusticus internus. Die Hinterfläche der Pars petrosa wird durch den Sulcus sinus sigmoidei vertieft. Hier befindet sich auch das **Foramen mastoideum.** Auf der Innenseite (Facies cerebralis) der Pars squamosa sieht man die Sulci arteriosi der A. meningea media.

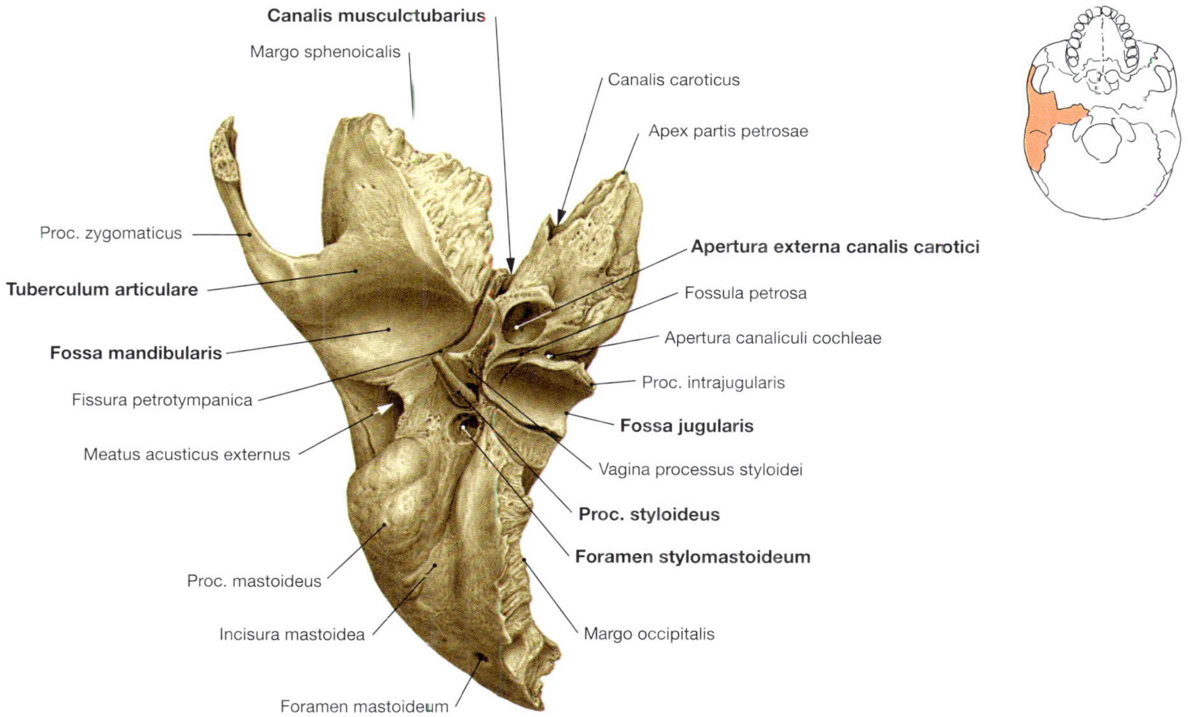

Abb. 8.44 Schläfenbein, Os temporale, rechts; Ansicht von unten. Die Facies inferior des Os temporale vertieft sich zur **Fossa jugularis,** die das Foramen jugulare gemeinsam mit dem Os occipitale begrenzt. Am Einschnitt zwischen Pars squamosa und Pars petrosa beginnt der Canalis musculotubarius. Außerdem sieht man die Apertura externa canalis carotici und den Proc. styloideus. Seitlich hinten öffnet sich das **Foramen stylomastoideum.** Direkt vor dem äußeren Gehörgang bildet die Pars squamosa die **Fossa mandibularis,** die rostral vom Tuberculum articulare umrandet wird.

Unterkiefer

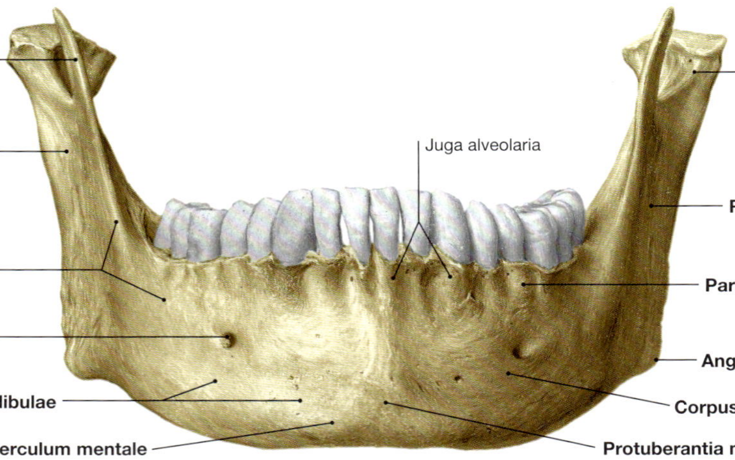

Abb. 8.45 Unterkiefer, Mandibula; Ansicht von vorne.
Die unpaare Mandibula besteht aus einem Körper (Corpus mandibulae) und zwei Ästen (Rami mandibulae). Jeder Ramus teilt sich in einen **Proc. coronoideus** und einen **Proc. condylaris.** Das Corpus besteht aus Basis und Pars alveolaris, die durch die schräg nach vorne vom Proc. coronoideus absteigende Linea obliqua getrennt sind. Vorne sitzt an der Pars alveolaris das Kinn (Mentum) mit der Protuberantia mentalis, den Kinnhöckern (Tubercula mentalia) und den Foramina mentalia.

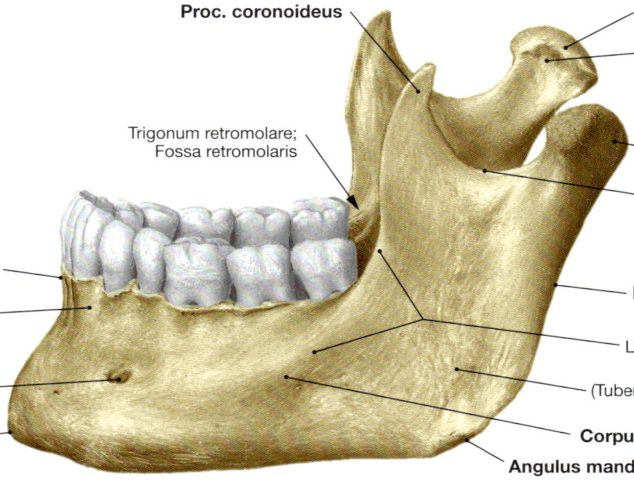

Abb. 8.46 Unterkiefer; Mandibula; Ansicht von lateral. Corpus mandibulae und Ramus mandibulae gehen am **Angulus** ineinander über.
Der Proc. condylaris trägt das **Caput mandibulare.**

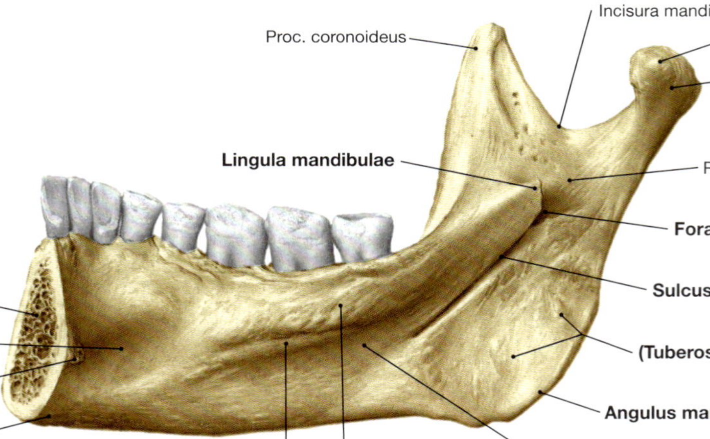

Abb. 8.47 Unterkiefer, Mandibula; Ansicht der Innenseite eines Mandibularbogens.
Auf der Innenseite des Ramus mandibulae befindet sich das **Foramen mandibulae.** Davor bildet die **Linea mylohyoidea** eine stufenförmige Leiste, die dem Ansatz des M. mylohyoideus dient und die Ebene des Mundbodens markiert.

Unterkiefer

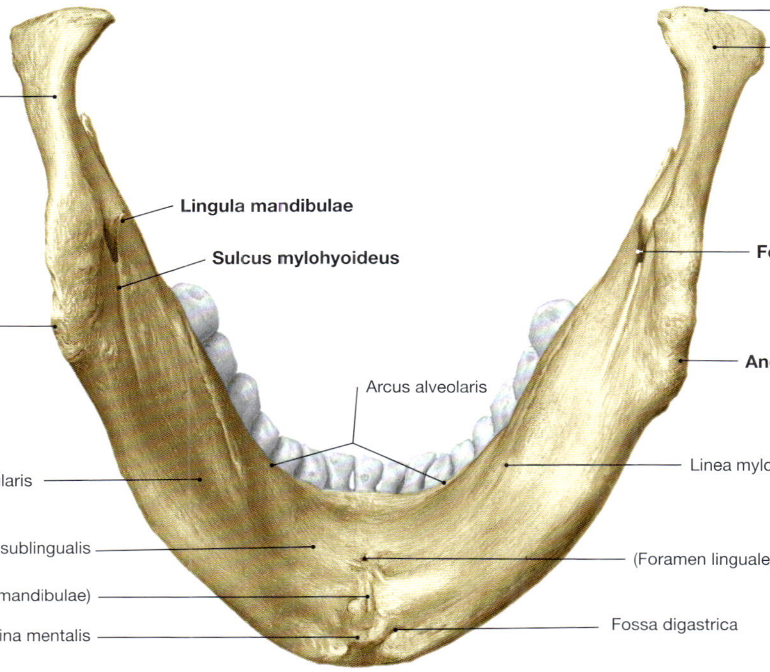

Abb. 8.48 Unterkiefer, Mandibula; Ansicht von unten.
Auf der Innenseite der Mandibula befindet sich nahe der Mittellinie die Spina mentalis. Lateral und unterhalb davon vertieft sich der Knochen jeweils zur Fossa digastrica, oberhalb der Spina mentalis zur Fovea sublingualis und zur Fovea submandibularis. Auf der Innenseite des Angulus mandibulae befindet sich die **Tuberositas pterygoidea**

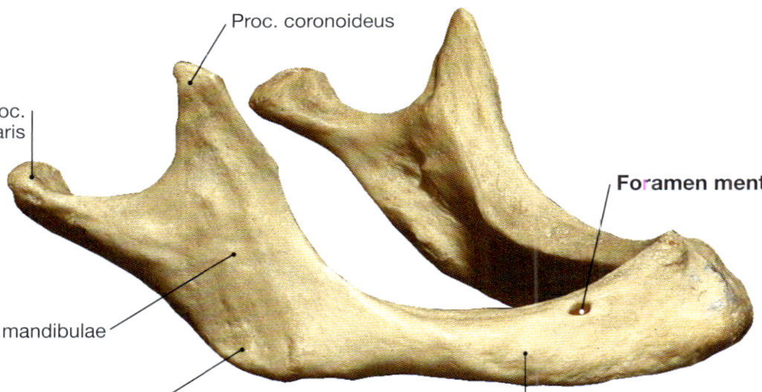

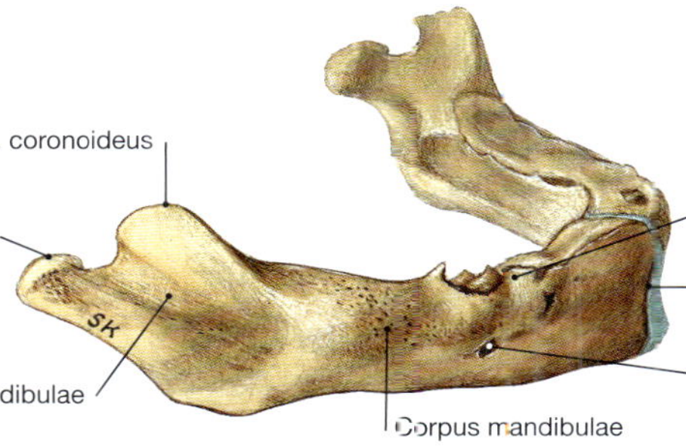

Abb. 8.49 Unterkiefer, Mandibula, eines Greises.
Zahnverlust – besonders im fortgeschrittenen Lebensalter – führt zur **Rückbildung der Pars alveolaris** der Mandibula. Diese kann so weit fortschreiten, dass das Foramen mentale beim zahnlosen Unterkiefer frei an dessen Oberrand liegt. Der **Angulus mandibulae** weist einen wesentlich größeren Winkel als beim bezahnten Unterkiefer auf.

Abb. 8.50 Unterkiefer, Mandibula, eines Neugeborenen.
Beim Neugeborenen stehen die beiden Unterkiefersegmente noch über die **Symphysis mandibulae** in Verbindung. Der Winkel zwischen Corpus und Ramus mandibulae ist noch sehr groß.

Klinik

Frakturen der Mandibula treten nach Nasenbeinfrakturen aufgrund ihrer exponierten Lage häufig auf. Die u-förmige Gestalt erklärt die sehr verschiedenen Frakturen, besonders im Schneidezahnbereich und auf Höhe des dritten Molaren. Aus der Mandibula austretendes Blut sammelt sich im lockeren Gewebe des Mundbodens, führt zu einer kleinflächigen, fleckförmigen Blutung der Haut (Ekchymose) und ist für eine Fraktur kennzeichnend. Wenn kein Zahnersatz geschaffen wird, führt **Zahnverlust** zur Rückbildung der Pars alveolaris mandibulae im Bereich der fehlenden Zähne. Die Anpassung einer Zahnprothese ist bei stark rückgebildeter Pars alveolaris sehr schwierig und gelingt oft erst nach rekonstruktivem Knochenaufbau.

Kiefergelenk

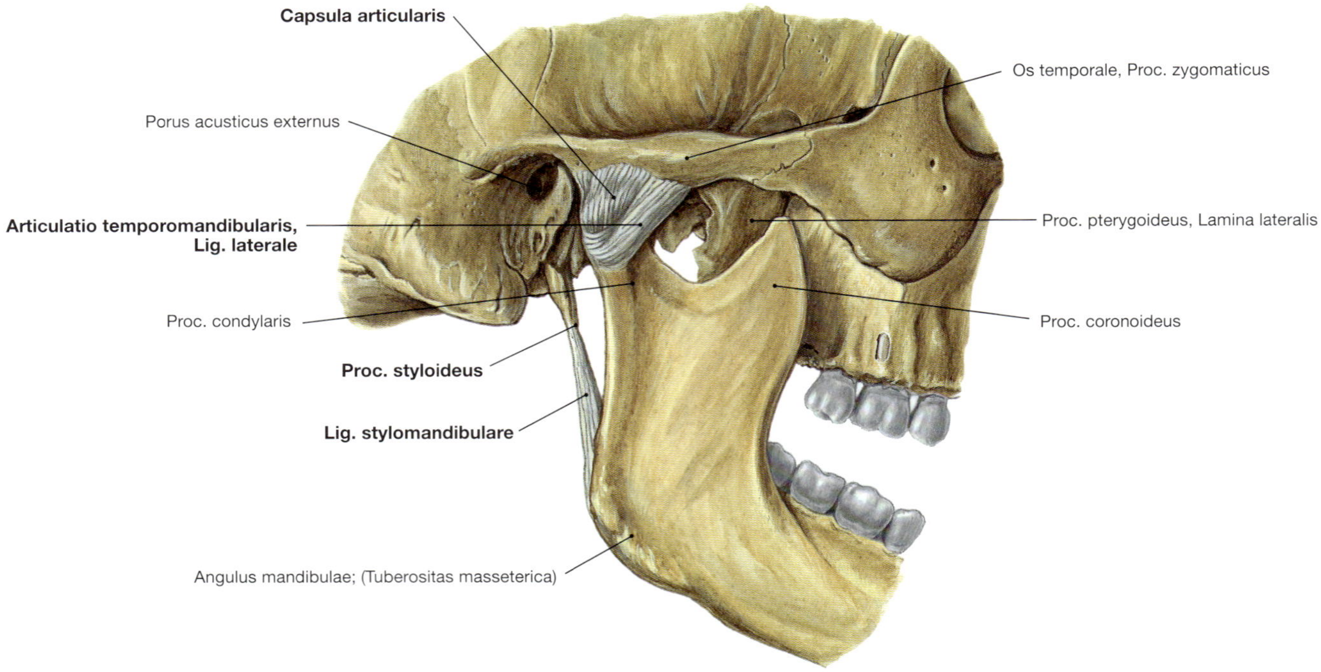

Abb. 8.51 Kiefergelenk, Articulatio temporomandibularis, rechts; Ansicht von lateral.
Das Kiefergelenk wird von einer weiten Gelenkkapsel (Capsula articularis) umschlossen, die vom Schläfenbein trichterförmig zum Proc. condylaris zieht. Lateral und vorne wird die Gelenkkapsel durch das Lig. laterale verstärkt, das vom Jochbogen schräg nach hinten unten zum Collum mandibulae zieht. Variabel ist auf der Gelenkinnenseite (nicht dargestellt) das als Lig. mediale bezeichnete Bindegewebe ausgebildet. Lig. laterale und Lig. mediale (sofern ausgebildet) sind an der Gelenkführung beteiligt und hemmen Randbewegungen vor allem nach hinten. Das Lig. laterale stabilisiert außerdem den Kondylus auf der Arbeitsseite. Vom Proc. styloideus zieht das **Lig. stylomandibulare** zum Hinterrand des Ramus mandibulae. Es ist meist nur schwach ausgebildet und wirkt gemeinsam mit dem **Lig. sphenomandibulare** bei der Hemmung der Mundöffnungsbewegung nahe der Endstellung mit (→ Abb. 8.52).

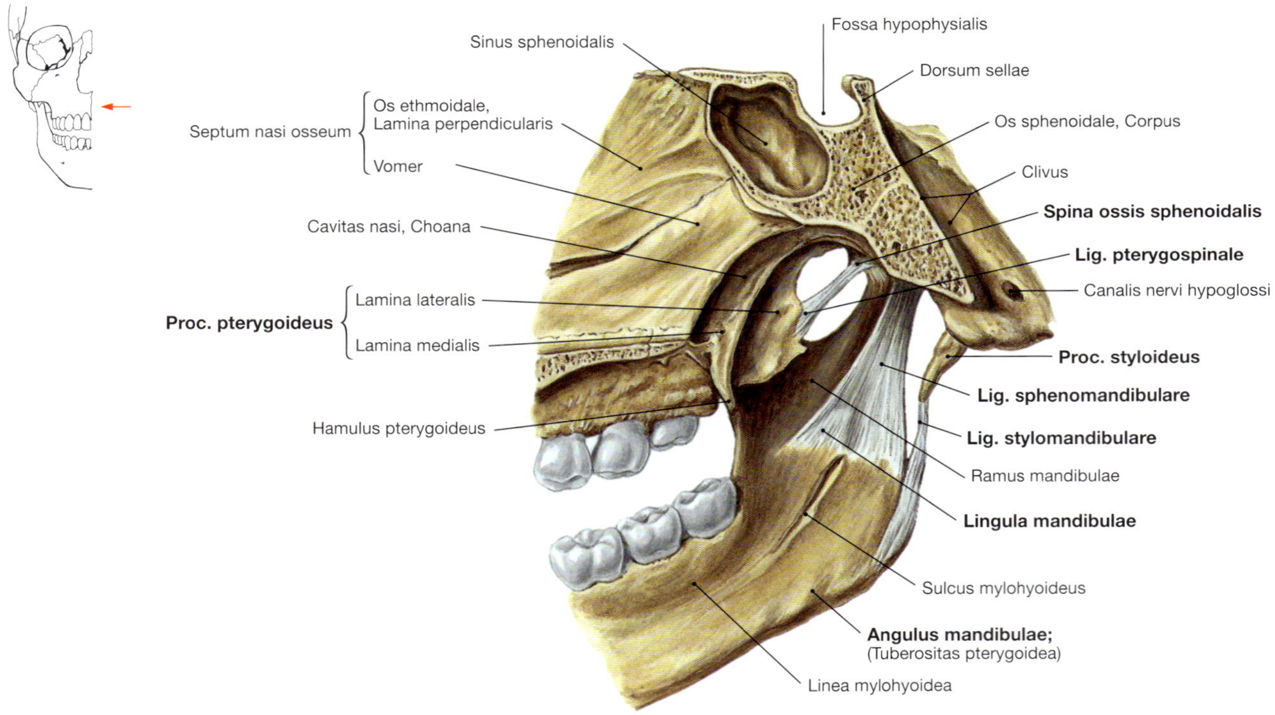

Abb. 8.52 Lig. stylomandibulare und Lig. sphenomandibulare, rechts; Ansicht von medial.
Die beiden Bänder haben Einfluss auf die **Kinematik** des Kiefergelenks, haben aber keine Beziehung zur Gelenkkapsel.
Das kräftige **Lig. sphenomandibulare** entspringt an der Spina ossis sphenoidalis und zieht zwischen Mm. pterygoidei lateralis und medialis zur Lingula mandibulae. Hier inseriert es fächerförmig über dem Foramen mandibulae. Das vom Proc. styloideus kommende **Lig. stylomandibulare** zieht zum Angulus mandibulae. Gemeinsam hemmen beide Bänder die **Mundöffnungsbewegung** nahe der Endstellung.
Ohne Beziehung zum Kiefergelenk und ohne Einfluss auf dessen Kinematik verläuft das **Lig. pterygospinale** von der Spina ossis sphenoidalis zur Lamina lateralis des Proc. pterygoideus. Das Band hat eine **stabilisierende** Funktion.

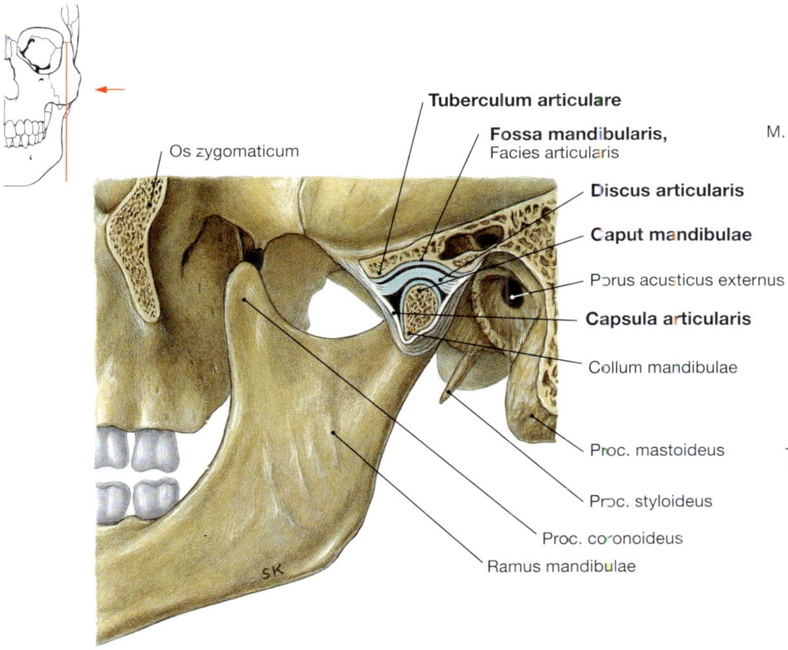

Abb. 8.53 Kiefergelenk, Articulatio temporomandibularis, links; Sagittalschnitt; Ansicht von lateral; Mund fast geschlossen.
Im Kiefergelenk artikulieren Caput mandibulae sowie Fossa mandibularis und Tuberculum articulare des Schläfenbeins miteinander. Die beiden Gelenkkörper werden durch eine Gelenkscheibe (Discus articularis) getrennt. Das Kiefergelenk liegt vor dem knöchernen Anteil des äußeren Gehörgangs (Porus acusticus externus).

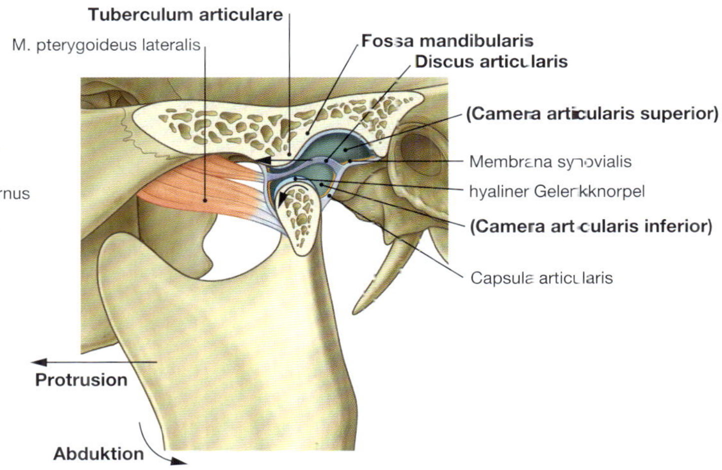

Abb. 8.54 Kiefergelenk, Articulatio temporomandibularis, links; Sagittalschnitt; Ansicht von lateral; Mund geöffnet. [8]
Das Kiefergelenk wird von einem Discus articularis vollständig in zwei Kammern getrennt **(dithalamisches Gelenk)**
- Die untere Kammer lässt **schanierähnliche** Öffnungs- und Schließbewegungen der Mandibula zu.
- Die obere Kammer ermöglicht dem Caput mandibulae, vorwärts auf das Tuberculum articulare **(Protrusion)** zu gleiten. Dabei ist besonders der M. pterygoideus lateralis aktiv. Die Rückbewegung in die Fossa mandibularis wird als Retraktion **(Retrusion)** bezeichnet.

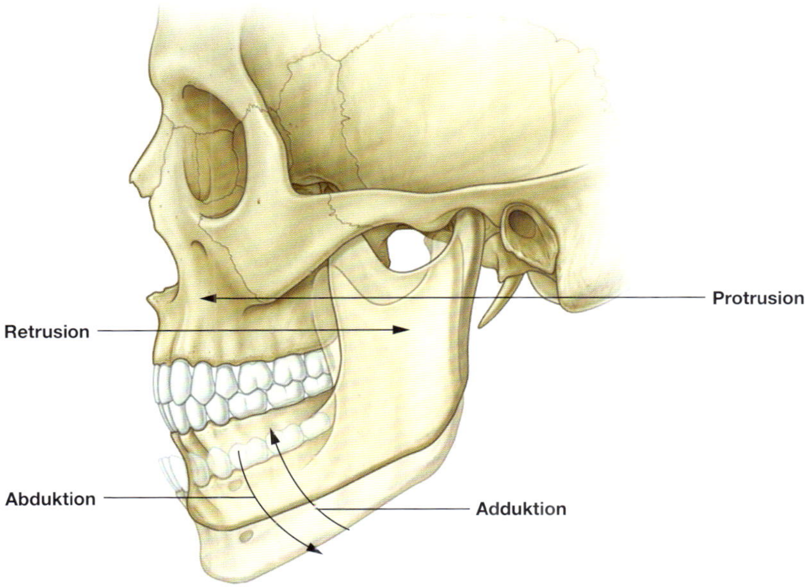

Abb. 8.55 Bewegungen des Kiefergelenks, Articulatio temporomandibularis, links; Ansicht von lateral. [8]
Eigenständige Bewegungen in einem Kiefergelenk sind nicht möglich, da beide Kiefergelenke durch den knöchernden Bogen der Mandibula mechanisch gekoppelt sind. Die Kiefergelenke erlauben beim Kauen zwei Hauptfunktionen: Heben **(Adduktion)** und Senken **(Abduktion)** des Unterkiefers sowie Mahlbewegungen. Außer Ab- und Adduktion gehören das Vorschieben **(Protrusion)**, das Zurückschieben **(Retrusion)** sowie Zermahlen (Seitwärtsschieben – **Laterotrusion** und **Mediotrusion**) zum Bewegungsmuster des Kiefergelenks. An den Bewegungen sind die Kaumuskeln unterschiedlich beteiligt.

Kiefergelenk

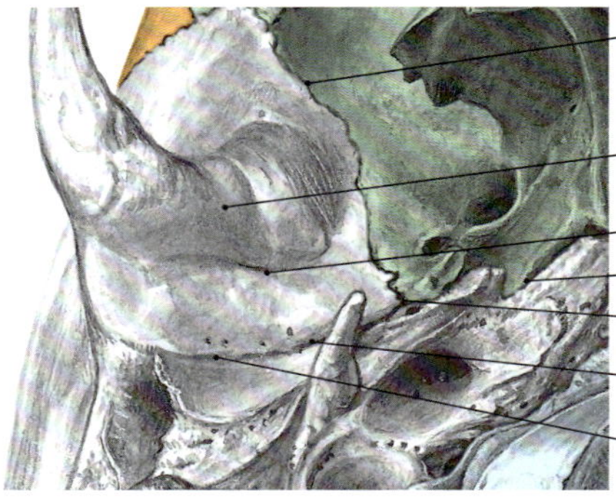

Abb. 8.56 Gelenkgrube und Gelenkhöcker des Kiefergelenks, Articulatio temporomandibularis, rechts; Ansicht von unten.
Man blickt in die normalerweise von hyalinem Gelenkknorpel überzogene Facies articularis der Fossa mandibularis. Vorne liegt das ebenfalls von hyalinem Knorpel überzogene Tuberculum articulare (Tuberculumabhang). Im hinteren Drittel der Fossa mandibularis verbindet sich die Pars squamosa mit der Pars petrosa des Os temporale, medial liegt das Os temporale an dieser Stelle dem Os sphenoidale an. Dadurch existieren in diesem Bereich **drei Fissuren:**

- Lateral außen erkennt man die Fissura tympanosquamosa.
- In der Mitte liegt die Fissura petrotympanica (* GLASER-Spalte).
- Medial verläuft die Fissura sphenopetrosa, durch die die Chorda tympani die Schädelbasis verlässt.

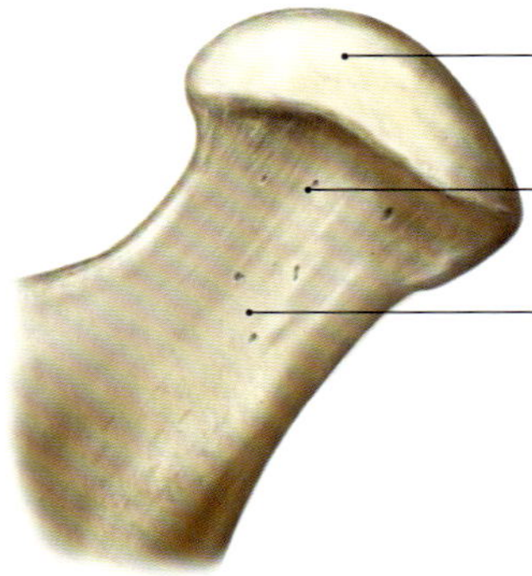

Abb. 8.57 Gelenkfortsatz, Proc. condylaris, des Unterkiefers, rechts; Ansicht von vorne.
Der Proc. condylaris besteht aus Caput und Collum mandibulae. An der Vorderseite ist er zur Fovea pterygoidea vertieft. Hier setzt der M. pterygoideus lateralis mit seinem Caput inferius an.

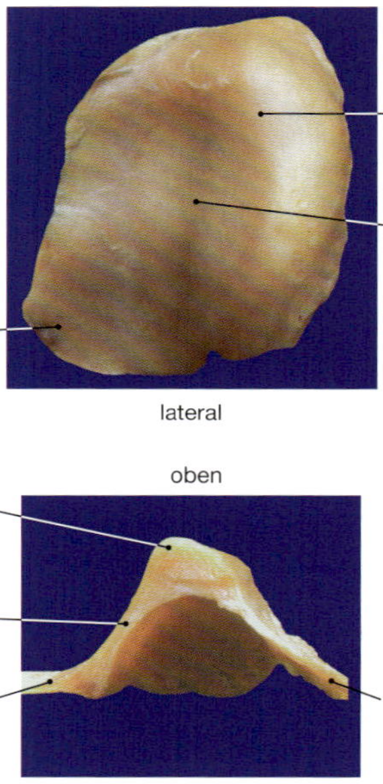

Abb. 8.58a und b Gelenkscheibe, Discus articularis, des Kiefergelenks, Articulatio temporomandibularis.
a Ansicht von oben
b Ansicht von lateral
Der Discus articularis besteht von vorne nach hinten aus einem vorderen Band (Bindegewebe), einer Intermediärzone (Faserknorpel), einem hinteren Band (Bindegewebe) und einer bilaminären Zone (Bindegewebe). Die Intermediärzone ist besonders im lateralen Anteil dünn.

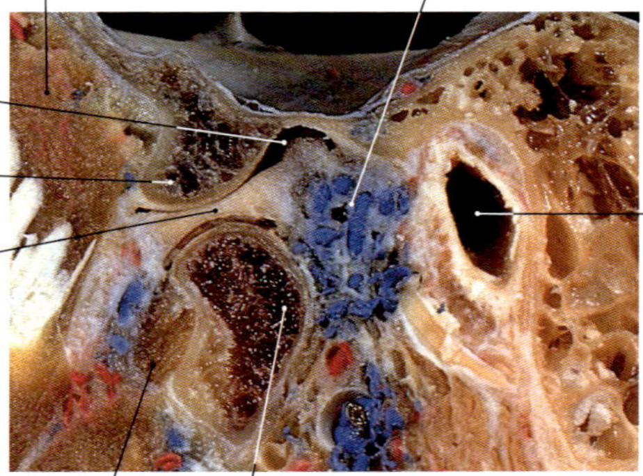

Abb. 8.59 Kiefergelenk, Articulatio temporomandibularis; Sagittalschnitt durch die Kiefergelenkgegend mit injizierten Venen; Ansicht von lateral. [1]
Man erkennt die bilaminäre Zone zwischen Tuberculum articulare und Caput mandibulae. Der Knochen zwischen mittlerer Schädelgrube und Fossa mandibularis ist dünn. Zwischen den Bindegewebezügen der bilaminären Zone liegt ein ausgeprägtes **retroartikuläres Venenpolster.** Zum äußeren Gehörgang (Meatus acusticus externus) besteht eine enge Beziehung.

Klinik

Stärkere Gewalteinwirkungen auf die Mandibula führen nicht selten zu Frakturen des Collum mandibulae **(Kollumfraktur).** Sie können intra- oder extrakapsulär liegen und mit oder ohne Dislokation auftreten. Daneben können Blutungen aus dem retroartikulären Venenpolster (→ Abb. 8.59) auftreten und zu einer Schmerzsymptomatik im äußeren Gehörgang beitragen.

Da das Kiefergelenk eine Diarthrose ist, können alle Erkrankungen vorkommen, die auch in den großen Extremitätengelenken auftreten, wie z.B. Arthrose oder rheumatoide Arthritis. Im Rahmen einer **Arthrose des Kiefergelenks** kommt es bevorzugt im lateralen Teil des Discus articularis zu Defekten.

Kiefergelenk, Röntgen

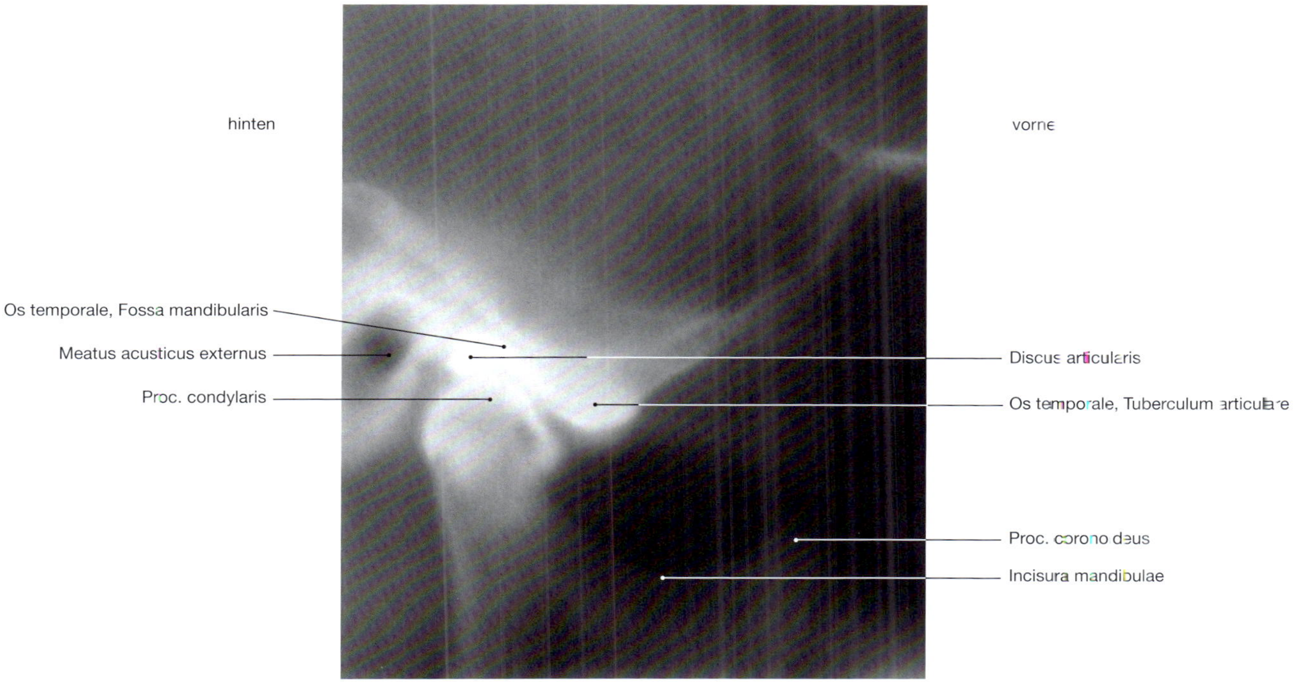

Abb. 8.60 Kiefergelenk, Articulatio temporomandibularis; Röntgenschichtbild im lateralen Strahlengang; Mund geschlossen.

Bei geschlossenem Mund und entspannter Kaumuskulatur liegt der Proc. condylaris in der Fossa mandibulae.

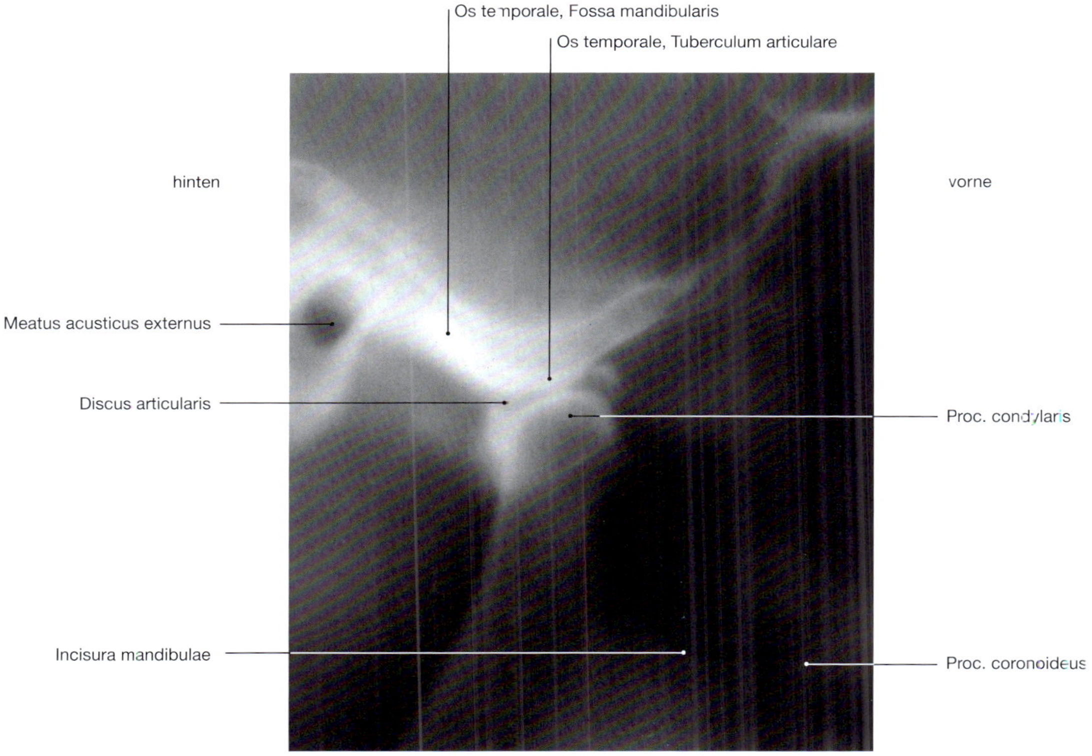

Abb. 8.61 Kiefergelenk, Articulatio temporomandibularis; Röntgenschichtbild im lateralen Strahlengang; Mund geöffnet.

Bei geöffnetem Mund verschieben sich der Discus articularis und der Proc. condylaris nach vorne auf das Tuberculum articulare.

Gesichtsmuskeln

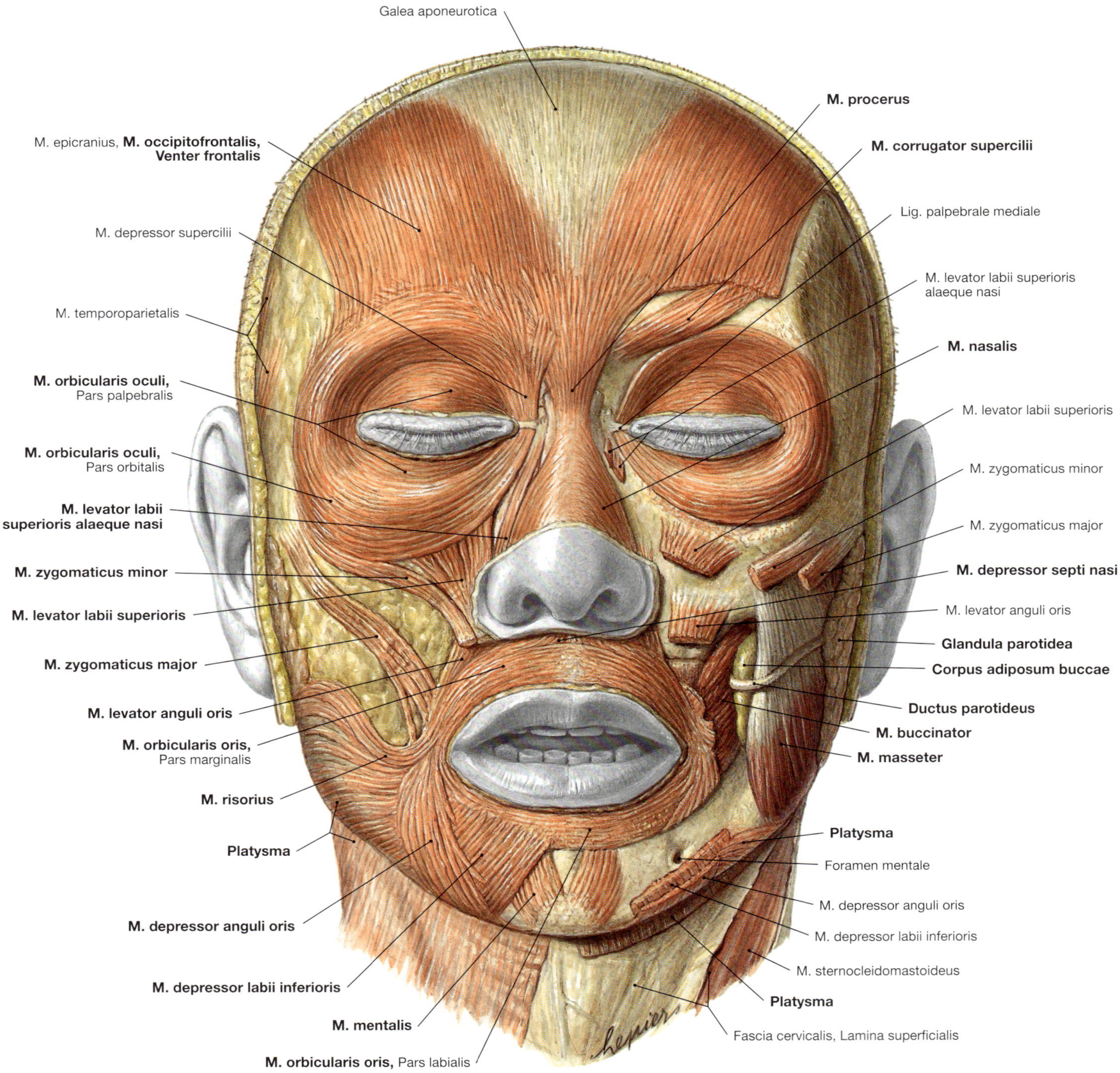

Abb. 8.62 Gesichtsmuskeln, Mm. faciei, und Kaumuskeln, Mm. masticatorii; Ansicht von vorne.

Die mimischen Muskeln sind, wie der Name sagt, für die Mimik des Gesichts sowie den individuellen Gesichtsausdruck des Menschen (Physiognomie) verantwortlich. Die Muskeln um das Auge haben wichtige Schutzfunktionen, die Muskeln im Bereich des Mundes stehen im Dienst der Nahrungsaufnahme und der Artikulation.

Man sieht auf jeder Seite den Venter frontalis des M. occipitofrontalis (M. epicranius), die Partes orbitalis und palpebralis des M. orbicularis oculi (Pars lacrimalis → Abb. 9.19), den M. corrugator supercilii, den M. procerus, die Mm. nasalis, depressor septi nasi, levator labii superioris alaeque nasi, den M. orbicularis oris mit Pars labialis und Pars marginalis, den M. buccinator, die Mm. zygomatici major und minor, die Mm. risorius, levator labii superioris, levator anguli oris, depressor anguli oris, depressor labii inferioris und mentalis sowie das in den Hals ausstrahlende Platysma.

Von den Kaumuskeln sieht man in der linken Gesichtshälfte nur den M. masseter, über den der Ductus parotideus (STENON-Gang) von der Glandula parotidea nach vorne zieht und an dessen Vorderrand nahezu rechtwinklig umbiegt, um in den M. buccinator einzutreten.

Zwischen M. masseter und M. buccinator liegt der Wangenfettkörper (Corpus adiposum buccae, BICHAT-Fettpfropf), der an der Konturbildung der Wangenregion beteiligt ist. Mit Ausnahme des M. buccinator besitzen die mimischen Muskeln keine Faszie. Die Faszien auf dem M. buccinator, dem M. masseter und der Glandula parotidea sind entfernt.

→ T 1a, c–f, 4

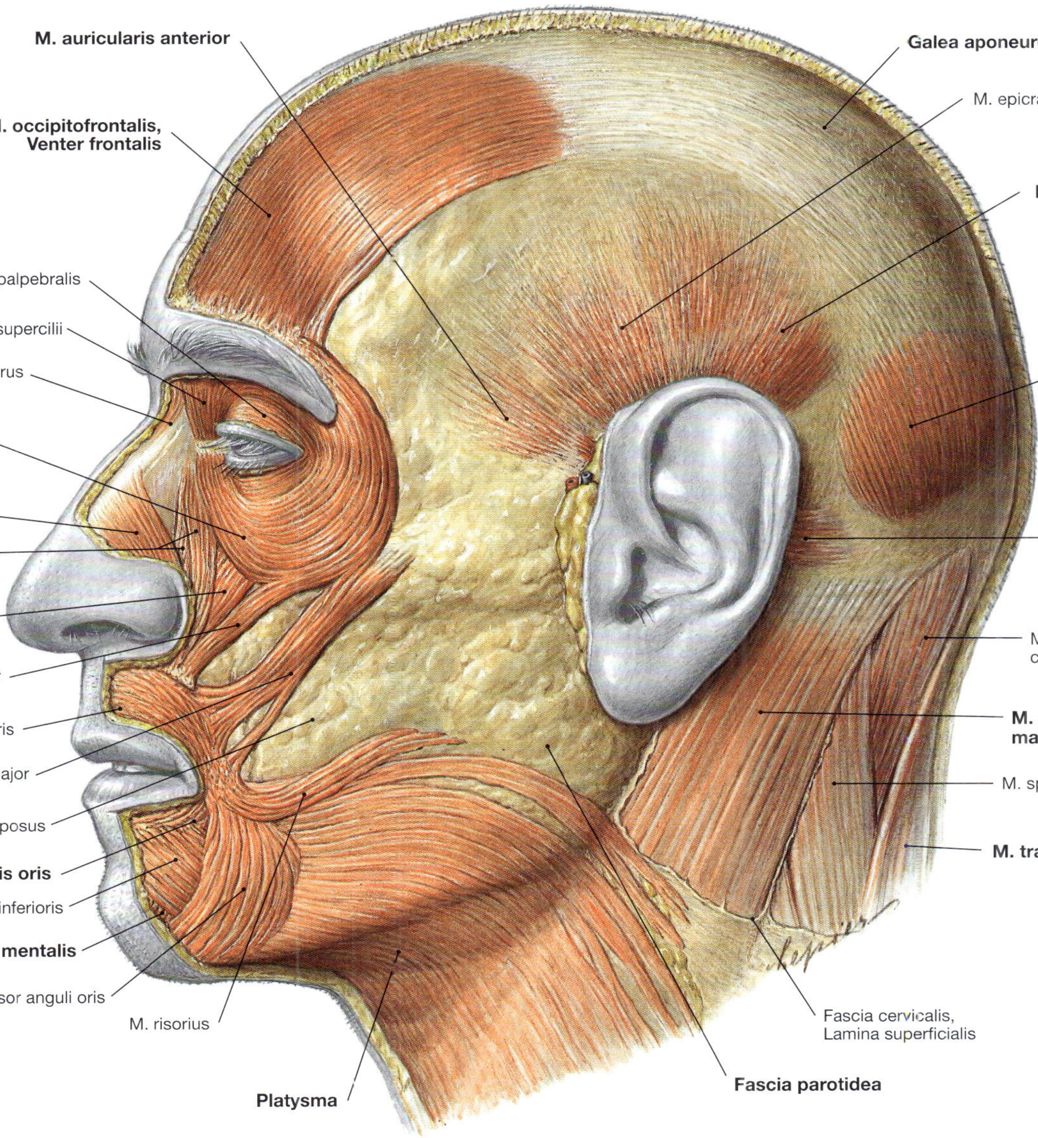

Abb. 8.63 Gesichtsmuskeln, Mm. faciei, links; Ansicht von lateral.
Der Blick von der Seite zeigt außer den in → Abbildung 8.62 erwähnten Muskeln zusätzlich den Venter occipitalis des M. occipitofrontalis (M. epicranius) mit der sich zwischen Venter frontalis und Venter occipitalis ausspannenden **Galea aponeurotica.** Über dem Ohr sitzt der ebenfalls in die Galea aponeurotica einstrahlende M. temporoparietalis (ebenfalls Teil des M. epicranius), der von der Fascia temporalis entspringt. Außerdem sieht man als weitere mimische Muskeln die Mm. auriculares anterior, superior und posterior. Im Nackenbereich sind Anteile des M. sternocleidomastoideus, des M. trapezius und einige autochthone Muskeln sichtbar.

→ T 1

Klinik

Lähmungen des M. orbicularis oculi im Rahmen einer Parese des N. facialis [VII] (Fazialisparese) führen dazu, dass das Augenlid nicht mehr aktiv geschlossen werden kann und auch im Schlaf offen steht (paralytischer **Lagophthalmus,** → Abb. 12.151). Das Unterlid besitzt keine Spannung und hängt schlaff herab **(Ektropion paralyticum).** Die Tränenflüssigkeit kann nicht mehr über den Canaliculus inferior abgeführt werden und fließt über den ektropionierten Lidunterrand ab (Tränenträufeln, **Epiphora**). Der fehlende Lidschlag führt zur Austrocknung der Hornhaut mit Hornhautentzündung **(Keratitis)** und Hornhauttrübung.
Eine altersbedingte Erschlaffung des Unterlids wird als **Ektropium senile** bezeichnet.
Lähmungen des M. orbicularis oris (ebenfalls im Rahmen einer Fazialisparese) gehen mit Artikulationsstörungen beim Sprechen einher. Der Mundwinkel hängt herab, so dass unwillkürlich Speichel aus dem Mund fließt.

Gesichts- und Kaumuskeln

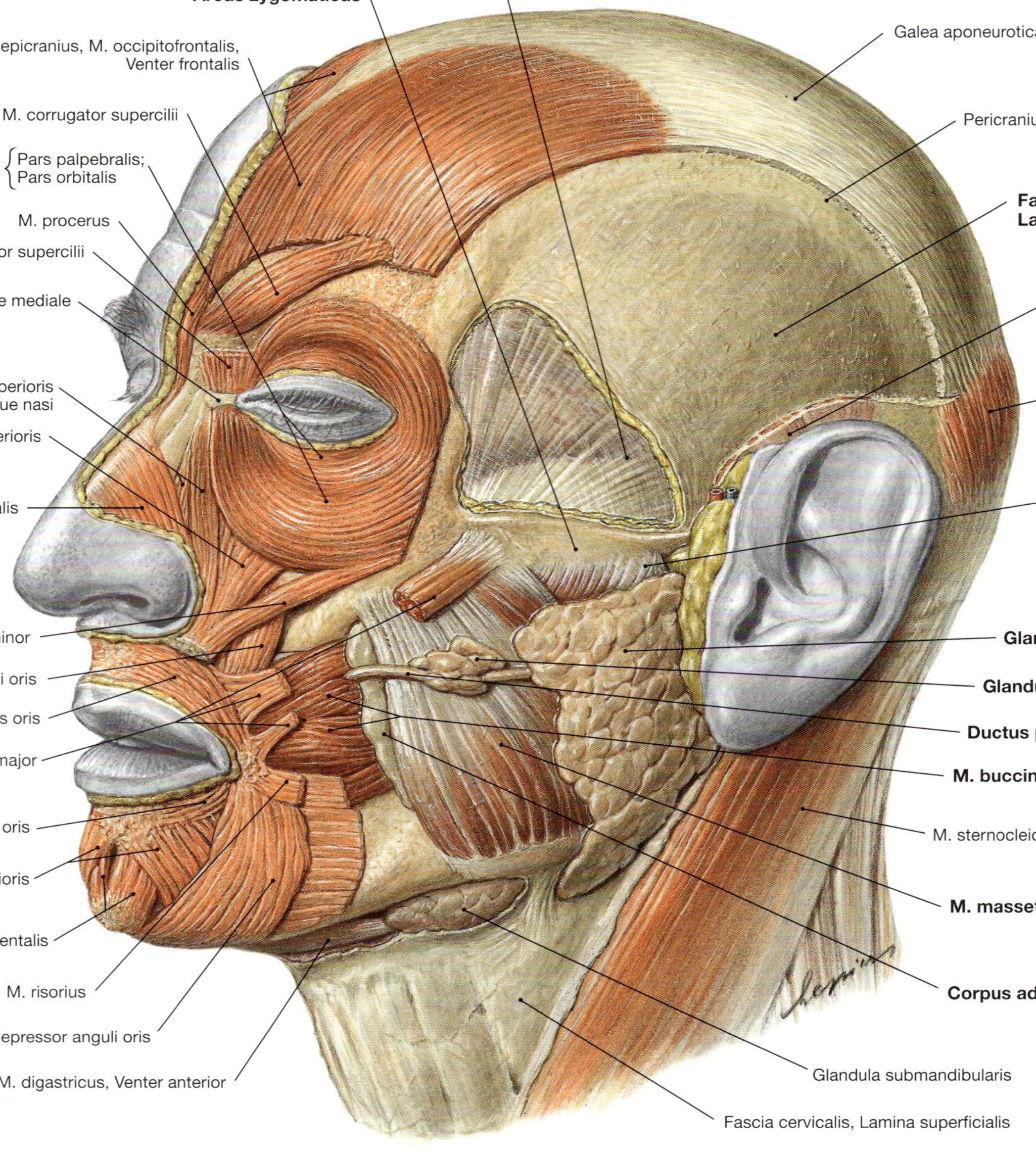

Abb. 8.64 Gesichtsmuskeln, Mm. faciei, und Kaumuskeln, Mm. masticatorii; Ansicht von schräg lateral.
Die Faszien auf dem M. buccinator und dem M. masseter sowie die Fascia parotidea und teilweise das oberflächliche Blatt der Halsfaszie sind entfernt. Dadurch sieht man die entsprechenden Muskeln, die Glandula parotidea, die bis zum Hals reicht, sowie die Glandula submandibularis.
Der Hauptausführungsgang der Glandula parotidea, Ductus parotideus (STENON-Gang), tritt am vorderen Pol aus der Drüse aus, verläuft horizontal von hinten über den **M. masseter** nach vorne und biegt dann nahezu rechtwinkelig am Vorderrand des M. masseter nach innen, um den **M. buccinator** zu penetrieren. Zwischen M. buccinator und M. masseter liegt das Corpus adiposum buccae (BICHAT-Fettpfropf). Am Ductus parotideus sitzt akzessorisches Drüsengewebe (Glandula parotidea accessoria).
Im Schläfenbereich wurde der M. parietoparietalis des M. epicranius entfernt. Dadurch wird der Blick auf das oberflächliche Blatt (Lamina superficialis) der Fascia temporalis frei.
Oberhalb des Jochbogens (Arcus zygomaticus) ist ein Teil der Lamina superficialis gemeinsam mit dem darunterliegenden Schläfenfettkörper (Corpus adiposum temporalis) entfernt, so dass man das tiefe Blatt (Lamina profunda) der Fascia temporalis mit dem darunter durchschimmernden M. temporalis sehen kann.

→ T 1, 4

Klinik

Schwellungen der Glandula parotidea (z. B. im Rahmen einer Parotitis epidemica [Mumps, Ziegenpeter], → S. 90) sind bei Kaubewegungen aufgrund der engen Nachbarschaft zu den Kaumuskeln und wegen des gemeinsamen Faszienblatts (Fascia parotideomasseterica) mit dem M. masseter oft sehr schmerzhaft. Die Schmerzen werden oft in den äußeren Gehörgang fortgeleitet (Tragusdruckschmerz).

Bei starker Abmagerung, z. B. im Endstadium von bösartigen Tumorerkrankungen **(Tumorkachexie)** oder in einem fortgeschrittenen Stadium einer HIV-Infektion, wird der der Wange ihre Kontur gebende BICHAT-Wangenfettkörper abgebaut; der Patient hat dann eingefallene Wangen.

Gesichts- und Kaumuskeln

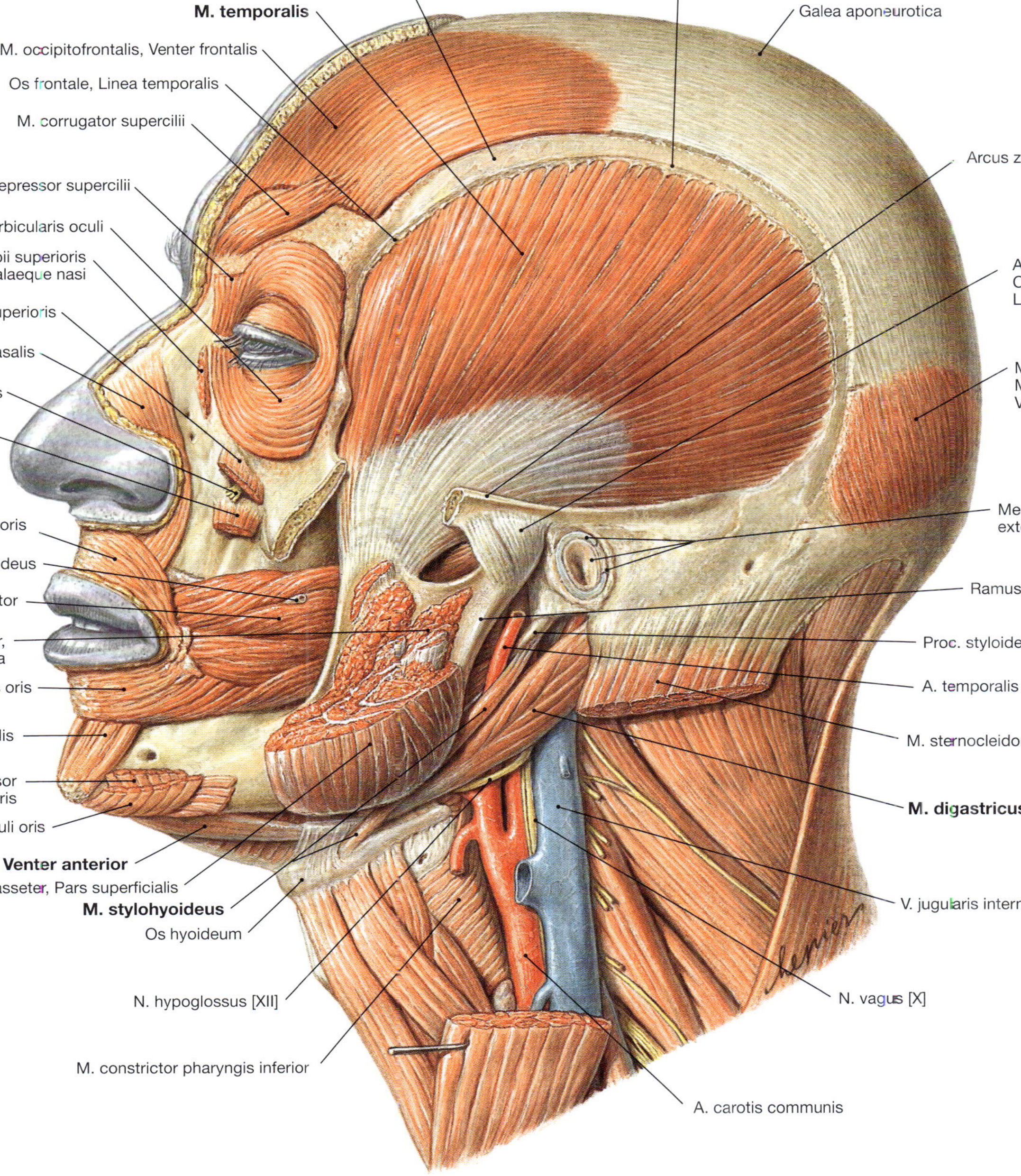

Abb. 8.65 Gesichtsmuskeln, Mm. faciei, und Kaumuskeln, Mm. masticatorii, links; Ansicht von lateral.

Nach Entfernung des oberflächlichen und des tiefen Blatts der Temporalisfaszie sowie nach teilweiser Entfernung des Jochbogens mit Anteilen des M. masseter wird der Blick auf den **M. temporalis** frei.

Dargestellt ist der Ursprungsbereich des M. temporalis entlang der Linea temporalis inferior der Facies externa des Os parietale und der Linea temporalis des Os frontale. Die konvergierenden Muskelfasern gehen in eine platte Sehne über, die hinter dem Jochbogen in der Fossa infratemporalis verschwindet und bis zum Proc. coronoideus zieht.

Ursprünge des M. temporalis:

- Linea temporalis inferior der Facies externa des Os parietale
- Facies temporalis des Os frontale
- Facies temporalis, Pars squamosa des Os temporale
- Facies temporalis des Os zygomaticum
- Facies temporalis des Os sphenoidale bis zur Crista infratemporalis

Die Abbildung zeigt ferner einige suprahyale Muskeln (M. digastricus mit Venter anterior und Venter posterior, M. stylohyoideus).

→ T 1, 4

Kaumuskeln

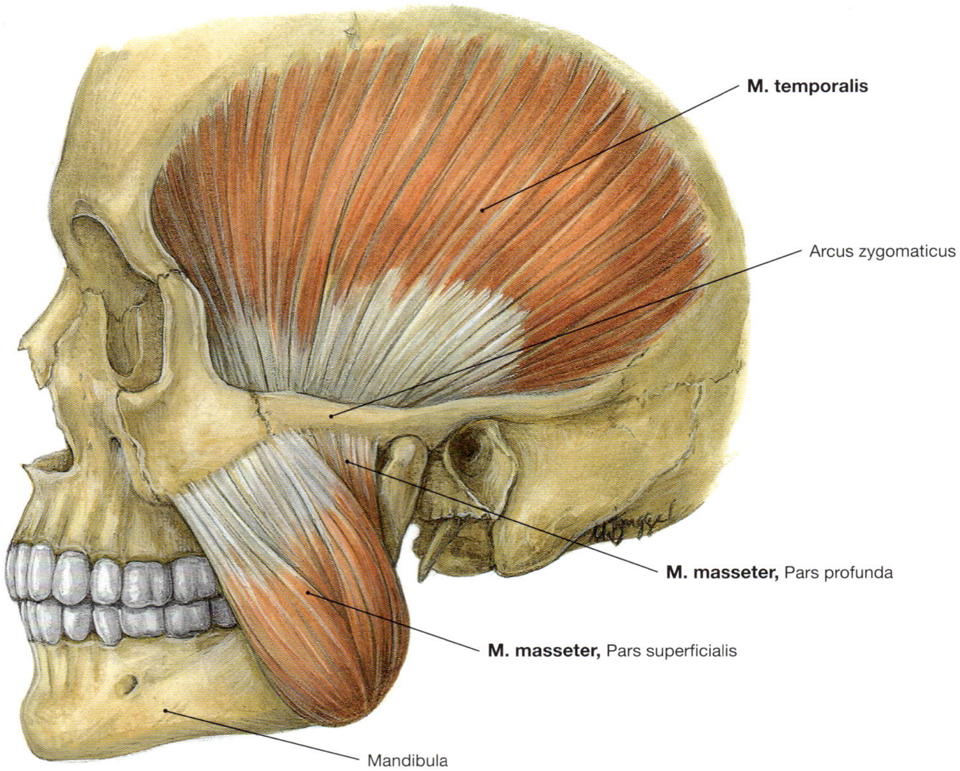

Abb. 8.66 M. masseter und M. temporalis, links; Ansicht von lateral.
Der **M. masseter** besteht aus einer Pars superficialis und einer Pars profunda.

→ T 4

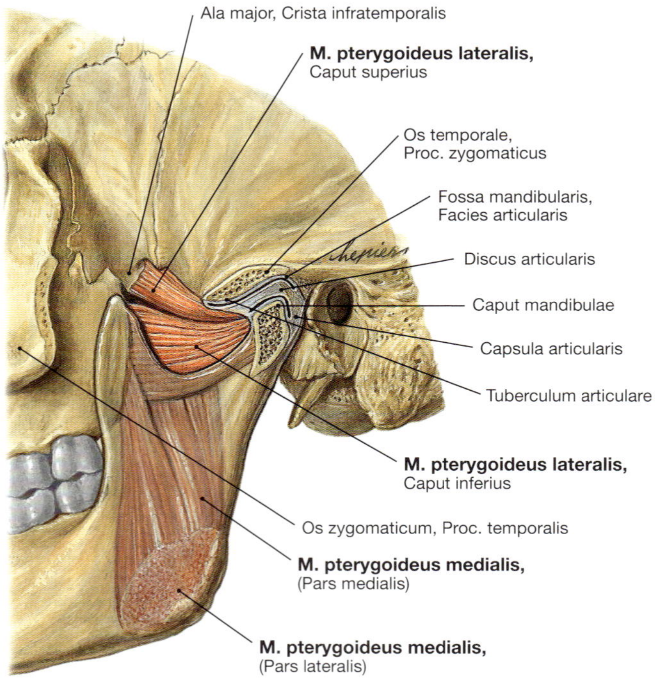

Abb. 8.67 Kiefergelenk, Articulatio temporomandibularis, M. pterygoideus medialis und M. pterygoideus lateralis, links; Ansicht von lateral.
Der M. pterygoideus medialis besitzt eine Pars medialis und eine Pars lateralis.

→ T 4

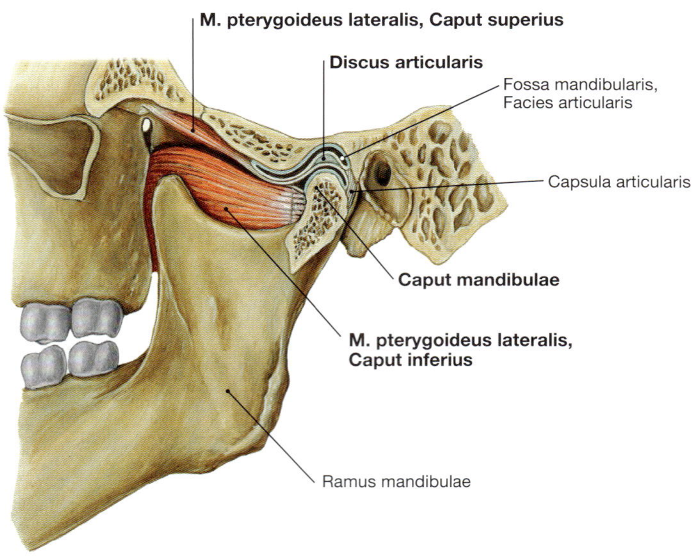

Abb. 8.68 Kiefergelenk, Articulatio temporomandibularis, und Beziehung zum M. pterygoideus lateralis, links; Ansicht von lateral.
Der M. pterygoideus lateralis besitzt ein Caput superius und ein Caput inferius (→ Abb. 8.67).

Kaumuskeln

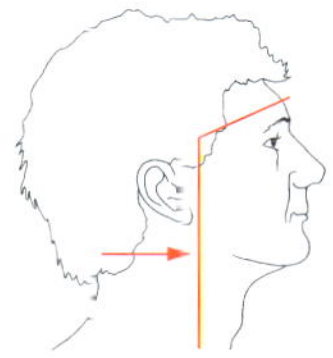

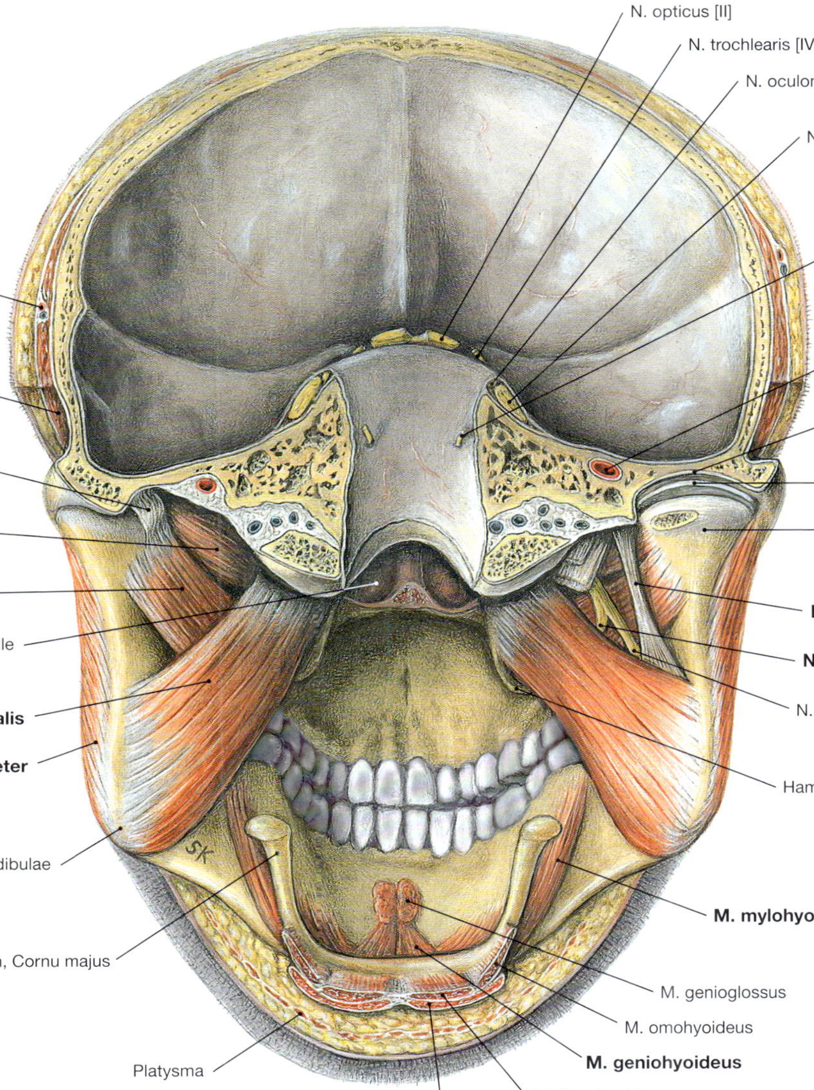

Abb. 8.69 Kaumuskulatur, Mm. masticatorii; Frontalschnitt im Bereich des Kiefergelenks und Horizontalschnitt des Schädeldachs; Ansicht von hinten.
Man sieht die Insertionen der Mm. masseter und pterygoideus medialis jeweils auf beiden Seiten des Angulus mandibulae. Die Mandibula ist zwischen den Muskeln wie eine Schaukel aufgehängt. Auf der rechten Seite erkennt man ferner das Lig. sphenomandibulare zwischen M. pterygoideus lateralis und M. pterygoideus medialis sowie u. a. den N. lingualis.

→ T 4

Klinik

Eine **Kieferklemme** äußert sich als Unvermögen, den Mund zu öffnen. Sie wird durch Abszesse in den Faszienlogen der Kaumuskeln verursacht. Von der Kieferklemme wird die **Kiefersperre** abgegrenzt (Unvermögen, den Mund zu schließen), die meist zufällig durch sehr starkes Gähnen oder eine extreme Mundöffnung ausgelöst wird, aber auch Folge eines Unfalls sein kann.

Gefäße und Nerven von Kopf und Hals

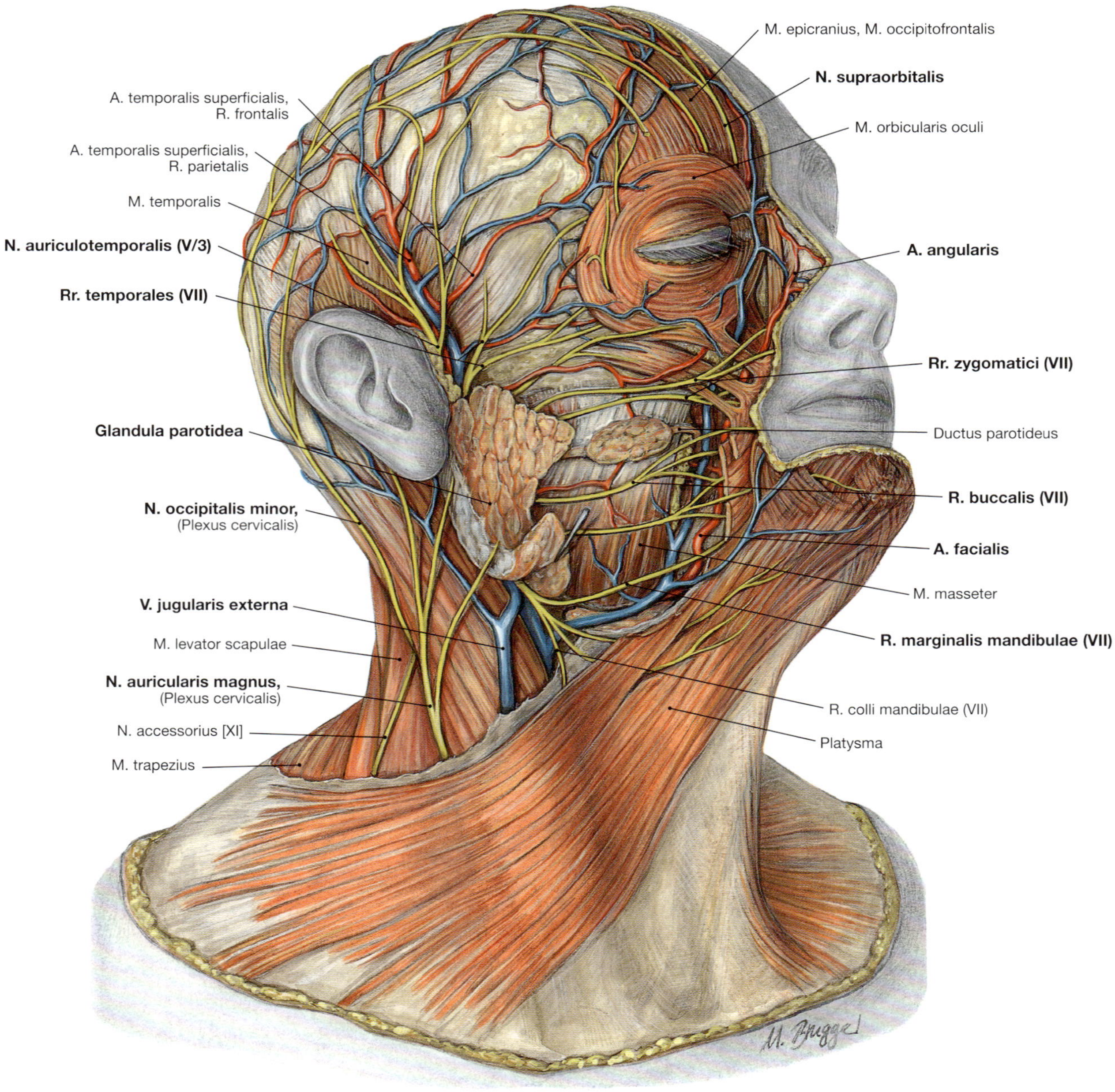

Abb. 8.70 Gefäße und Nerven von Kopf und Hals, seitliche oberflächliche Regionen, rechts; Ansicht von lateral.
Im Gesichtsbereich sind oberflächliche Arterien die **A. facialis** und ihre Äste, in der seitlichen Kopfregion die aus der A. carotis externa hervorgehende **A. temporalis superficialis** mit einem R. parietalis und einem R. frontalis. Das Blut fließt über gleichnamige Venen ab, die in die **V. jugularis externa** drainieren.
Oberflächliche Nerven sind die Endäste des **N. facialis [VII],** die aus dem in der Glandula parotidea liegenden Plexus intraparotideus hervorgehen (Rr. temporales, Rr. zygomatici, Rr. buccales, Rr. marginalis mandibulae, R. colli mandibulae). Vor der Ohrmuschel steigt der aus dem N. trigeminus [V] hervorgehende **N. auriculotemporalis** auf. Aus der Orbita kommt der den M. orbicularis oculi penetrierende **N. supraorbitalis,** der ebenfalls ein Ast des N. trigeminus [V] ist.
Der Hals und das Hinterhaupt werden von Ästen des **Plexus cervicalis** sensorisch innerviert, die größtenteils aus dem Punctum nervosum (ERB-Punkt) auf der Rückseite des M. sternocleidomastoideus hervorgehen: N. transversus colli, N. auricularis magnus, N. occipitalis minor und Nn. supraclaviculares.

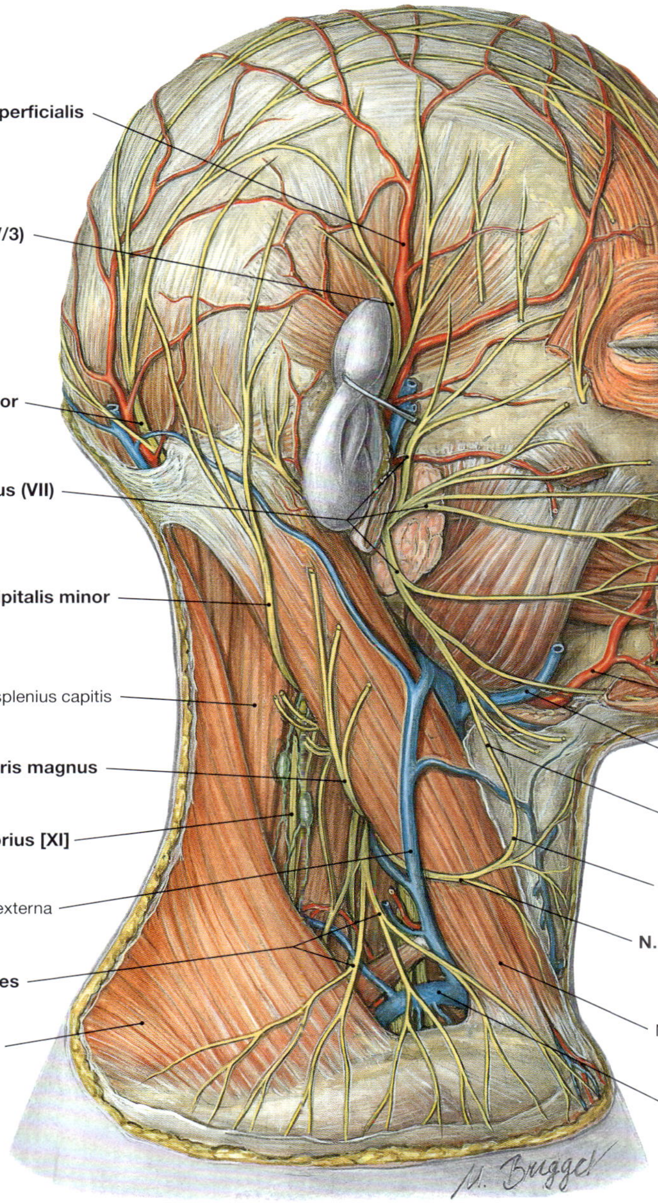

Abb. 8.71 Gefäße und Nerven von Kopf und Hals, seitliche tiefe Regionen, rechts; Ansicht von lateral.

Nach teilweiser Entfernung der mimischen Muskeln und des oberflächlichen Anteils der Glandula parotidea werden der Gefäßverlauf der **A. facialis** sowie der Ursprung der Fazialisendäste, die aus dem **Plexus intraparotideus** hervorgehen, deutlich. Ferner erkennt man die **sensorischen Endäste des N. trigeminus [V],** die jeweils aus seinen drei Anteilen hervorgehen:

- Nn. supraorbitalis und supratrochlearis (aus N. ophthalmicus [V/1])
- N. infraorbitalis (aus N. maxillaris [V/2])
- N. mentalis (aus N. mandibularis [V/3])

Im lateralen Halsdreieck sind auf der Rückseite des M. sternocleidomastoideus die **vier** am ERB-Punkt austretenden **Halsäste** zu erkennen:

- N. transversus colli
- N. auricularis magnus
- N. occipitalis minor
- Nn. supraclaviculares

Der N. transversus colli erhält aus dem R. colli des N. facialis [VII] motorische Fasern für entferntere Anteile des Platysmas. Im lateralen Halsdreieck verläuft außerdem der **N. accessorius [XI]** vom Hinterrand des M. sternocleidomastoideus zum Vorderrand des M. trapezius. Das Hinterhaupt wird sensorisch vom **N. occipitalis major** (Ast des Plexus cervicalis) innerviert und über **A.** und **V. occipitalis** mit Blut gespeist.

Klinik

Lymphknotenexstirpationen im seitlichen Halsdreieck können zu einer **Verletzung des N. accessorius [XI]** mit Teillähmung des M. trapezius (der M. trapezius wird fast immer zusätzlich aus dem Plexus cervicalis innerviert – in 6,4% der Fälle sogar ausschließlich) und daraus resultierenden Schulterfunktionsstörungen führen.

Gefäße und Nerven der seitlichen Gesichtsregion

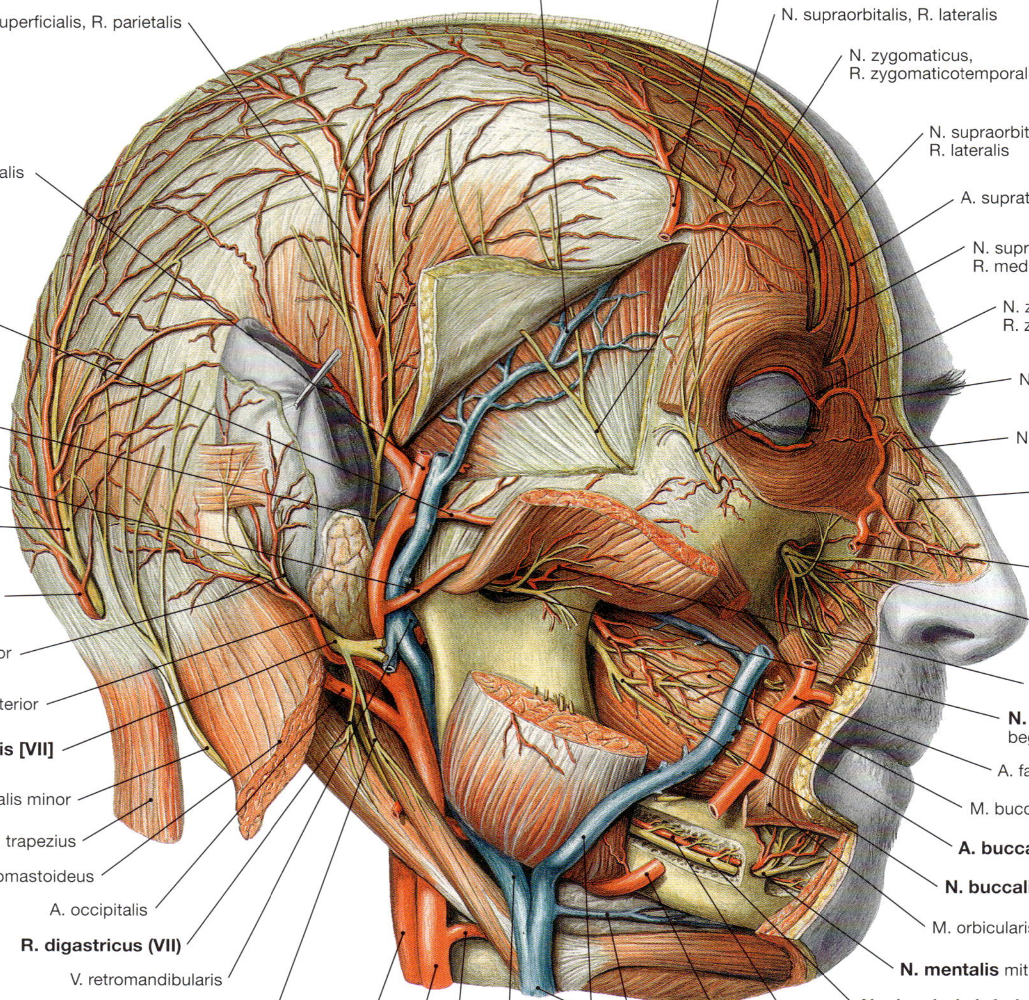

Abb. 8.72 Gefäße und Nerven des Kopfs, seitliche tiefe Regionen, rechts; Ansicht von lateral.
Nach Entfernung des größten Teils der Glandula parotidea zeigt der Blick in die tiefe seitliche Kopfregion die Strukturen in der **Fossa retromandibularis.**
Der **N. facialis [VII]** ist unterhalb der Ohrmuschel noch als Nervenstamm erkennbar. Er gibt kurz nach seinem Austritt aus dem Foramen stylomastoideum Äste zum M. digastricus, Venter posterior (R. digastricus) und zum M. stylohyoideus (R. stylohyoideus) sowie zu den mimischen Ohrmuskeln (N. auricularis posterior) ab.
Unter den Mm. digastricus und stylohyoideus steigen Aa. carotis interna und externa auf. Die **A. carotis externa** verläuft gemeinsam mit der V. retromandibularis und dem N. auriculotemporalis in der Fossa retromandibularis und verzweigt sich in Aa. occipitalis, auricularis posterior, maxillaris und temporalis superficialis sowie zahlreiche kleine Äste. Der durchtrennte und hochgeklappte M. masseter gibt auf seiner Rückseite den Blick auf die ihn versorgenden Strukturen (N. massetericus – Ast des N. mandibularis [V/3]; A. masseterica – Ast aus der A. maxillaris) frei. Die Strukturen erreichen den Muskel durch die Incisura mandibulae.
Im unteren Gesichtsbereich sind alle mimischen Muskeln auf der Mandibula entfernt, der Canalis mandibularis, der intraossär vom Foramen mandibulae zum Foramen mentale verläuft, ist eröffnet und zeigt den darin verlaufenden **N. alveolaris inferior** und die gleichnamige Arterie. Am Foramen mentale wird der Nerv zum **N. mentalis.**
Unterhalb der Orbita ist ein Teil der A. facialis entfernt. Sie setzt sich knapp unterhalb des Auges in die A. angularis fort, die mit den Ästen der A. ophthalmica in der Orbita anastomosiert. Auf dem M. buccinator ist der sensorische **N. buccalis** sichtbar, ein Ast des N. mandibularis [V/3].

A. maxillaris

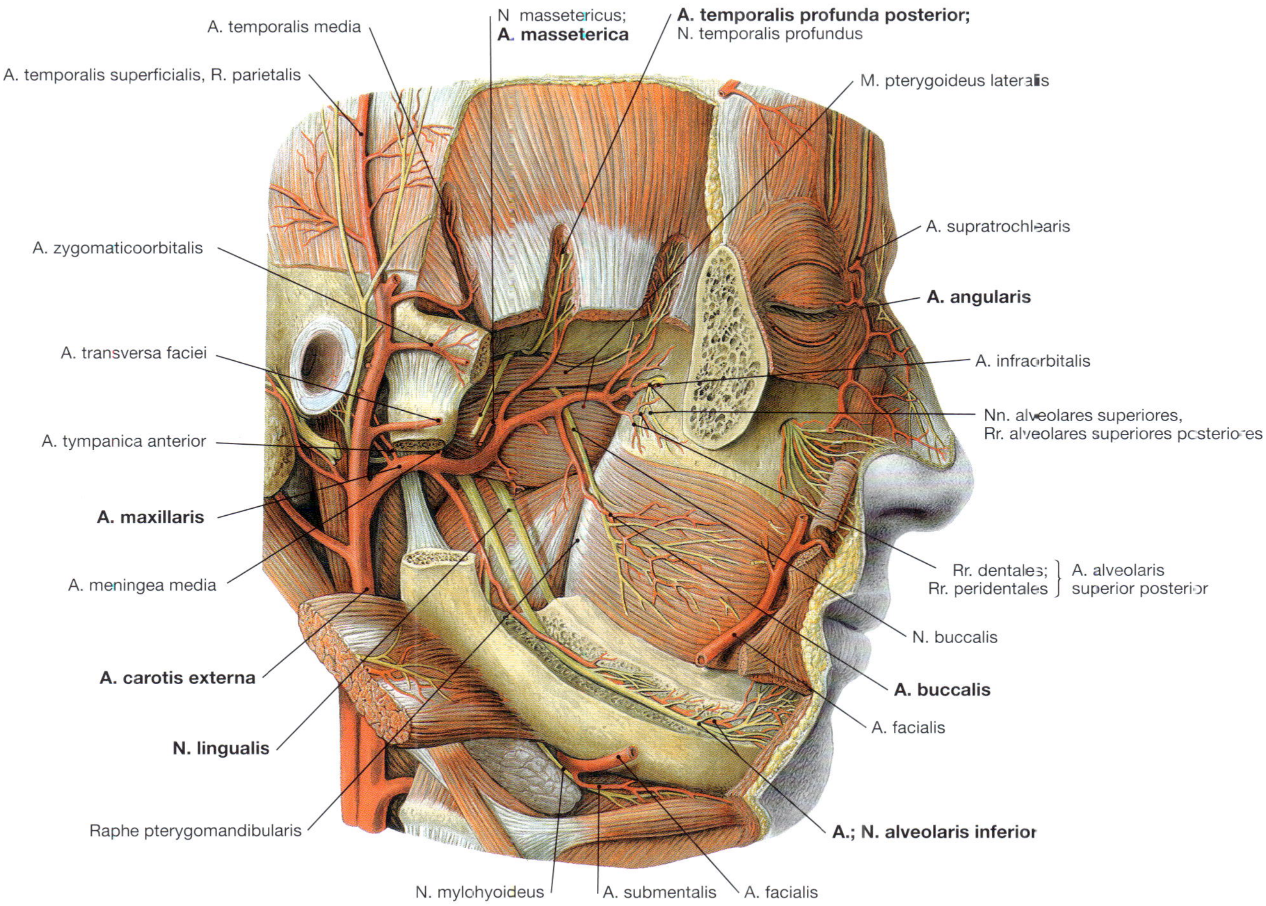

Abb. 8.73 Arterien und Nerven des Kopfs, seitliche tiefere Regionen, rechts; Ansicht von lateral.

Die **A. maxillaris** verläuft in den meisten Fällen hinter dem Ramus mandibulae und nur selten lateral davon. Sie zieht weiter zwischen den Kaumuskeln, versorgt sie mit Blut, gibt Äste zum M. buccinator und zur Mandibula ab und erreicht mit ihren Endästen Orbita, Nase, Maxilla und Gaumen. Die **A. carotis externa** verläuft mit den aus ihr hervorgehenden Ästen durch die Fossa retromandibularis. Die A. facialis ist über dem eröffneten Corpus mandibulae entfernt. An der Stelle, wo sie um die Kante der Mandibula biegt, kann normalerweise ihr Puls getastet werden.

Äste der A. maxillaris	
Pars retromandibularis	• A. auricularis profunda • A. tympanica anterior • A. alveoloaris inferior – Rr. dentales – Rr. peridentales – R. mentalis – R. mylohyoideus • A. meningea media • A. pterygomeningea
Pars intermuscularis	• A. masseterica • A. temporalis profunda anterior • A. temporalis profunda posterior • Rr. pterygoidei • A. buccalis

Pars sphenopalatina	• A. alveolaris superior posterior
	– Rr. dentales
	– Rr. peridentales
	• A. infraorbitalis
	– Aa. alveolares superiores anteriores
	  – Rr. dentales
	  – Rr. peridentales
	• A. canalis pterygoidei
	• A. palatina descendens
	• A. sphenopalatina

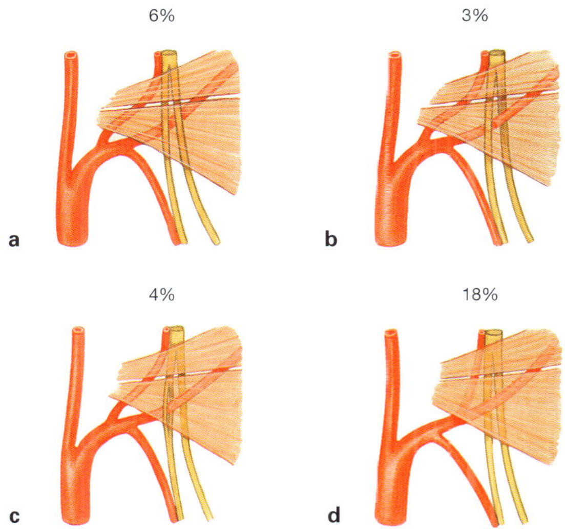

Abb. 8.74a bis d Varianten des Verlaufs der A. maxillaris.

a Verlauf der A. maxillaris medial des M. pterygoideus lateralis und medial von N. lingualis und N. alveolaris inferior

b Verlauf der A. maxillaris zwischen N. lingualis und N. alveolaris inferior

c Verlauf der A. maxillaris durch eine Schlinge des N. alveolaris inferior

d Abzweigung der A. meningea media distal des Abgangs der A. alveolaris inferior

Plexus pterygoideus

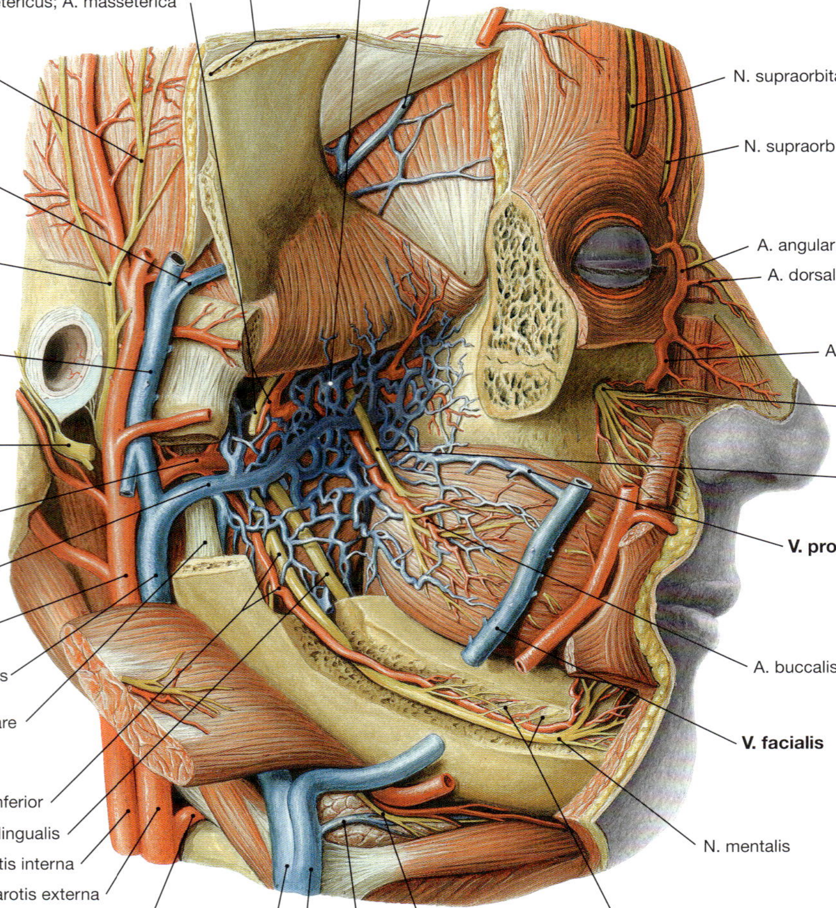

Abb. 8.75 Gefäße und Nerven des Kopfs, seitliche tiefere Regionen, rechts; Ansicht von lateral.
Venöses Blut im Bereich der Kaumuskeln wird über den **Plexus pterygoideus** drainiert und größtenteils in die V. maxillaris geleitet. Der Plexus pterygoideus steht ferner über die V. profunda faciei mit der V. facialis in Verbindung sowie über die V. ophthalmica inferior mit dem Sinus cavernosus.

Abb. 8.76 Aufzweigung des N. mandibularis [V/3], rechts; Ansicht von vorne. [9]
Die Aufzweigung des N. mandibularis [V/3] (→ Abb. 12.144) in **N. lingualis** und **N. alveolaris inferior** erfolgt normalerweise zwischen dem Lig. sphenomandibulare und dem M. pterygoideus medialis, Pars medialis. Der N. alveolaris inferior verläuft dann nach lateral und tritt lateral vom Lig. sphenomandibulare in den Canalis mandibulae ein.

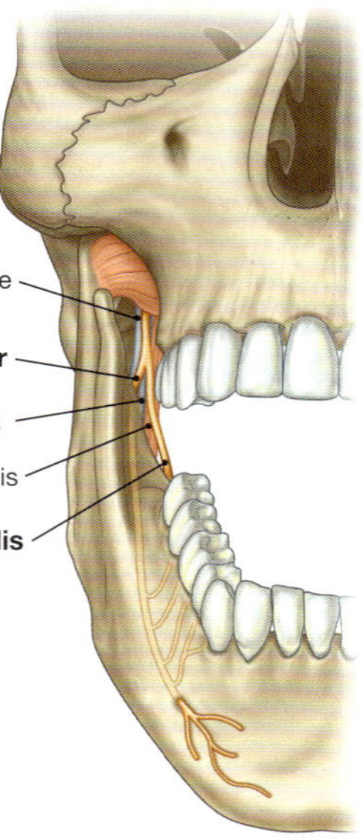

N. mandibularis [V/3]

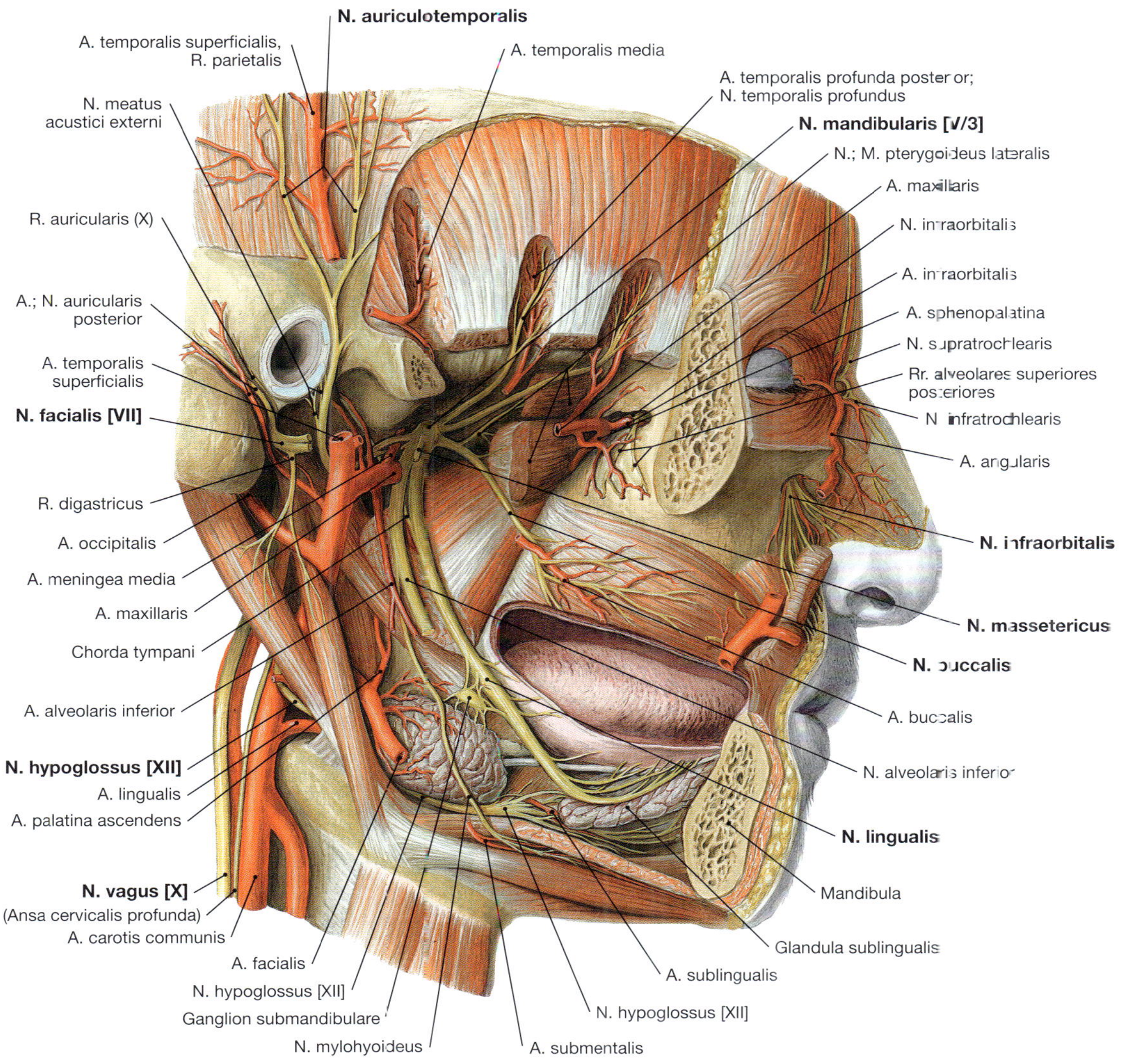

Abb. 8.77 Arterien und Nerven des Kopfs, seitliche tiefste Regionen, rechts; Ansicht von lateral.

Der N. mandibularis [V/3] teilt sich nach Durchtritt durch das Foramen ovale in **N. lingualis, N. alveolaris inferior,** N. buccalis und N. auriculotemporalis auf und sendet Äste zu den Kaumuskeln.

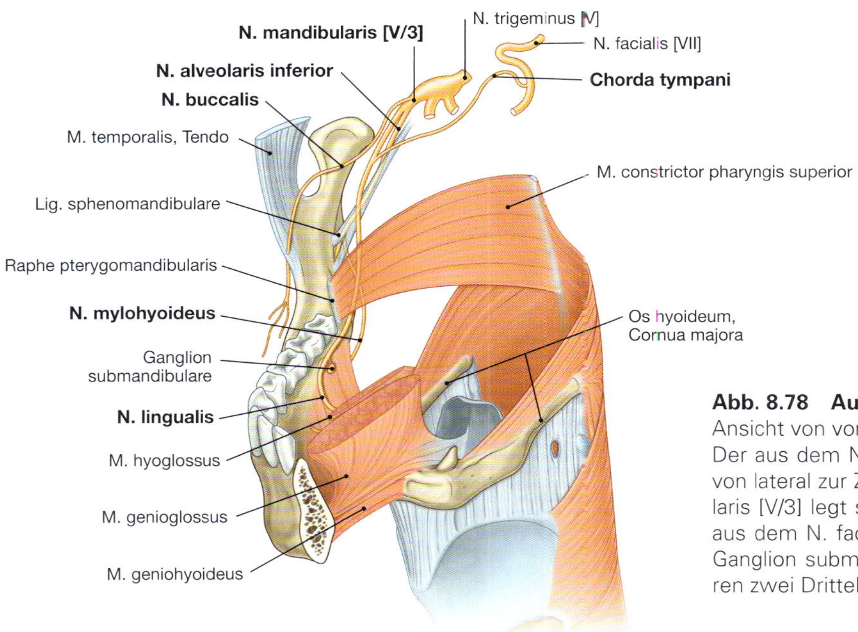

Abb. 8.78 Aufzweigung des N. mandibularis [V/3], rechts; Ansicht von vorne links. [9]

Der aus dem N. mandibularis [V/3] abzweigende **N. lingualis** gelangt von lateral zur Zunge. Kurz nach seinem Abgang aus dem N. mandibularis [V/3] legt sich ihm die Chorda tympani an, die im Canalis facialis aus dem N. facialis [VII] abzweigt und parasympathische Fasern zum Ganglion submandibulare sowie gustatorische Fasern von den vorderen zwei Dritteln der Zunge führt.

Arterien des Kopfs

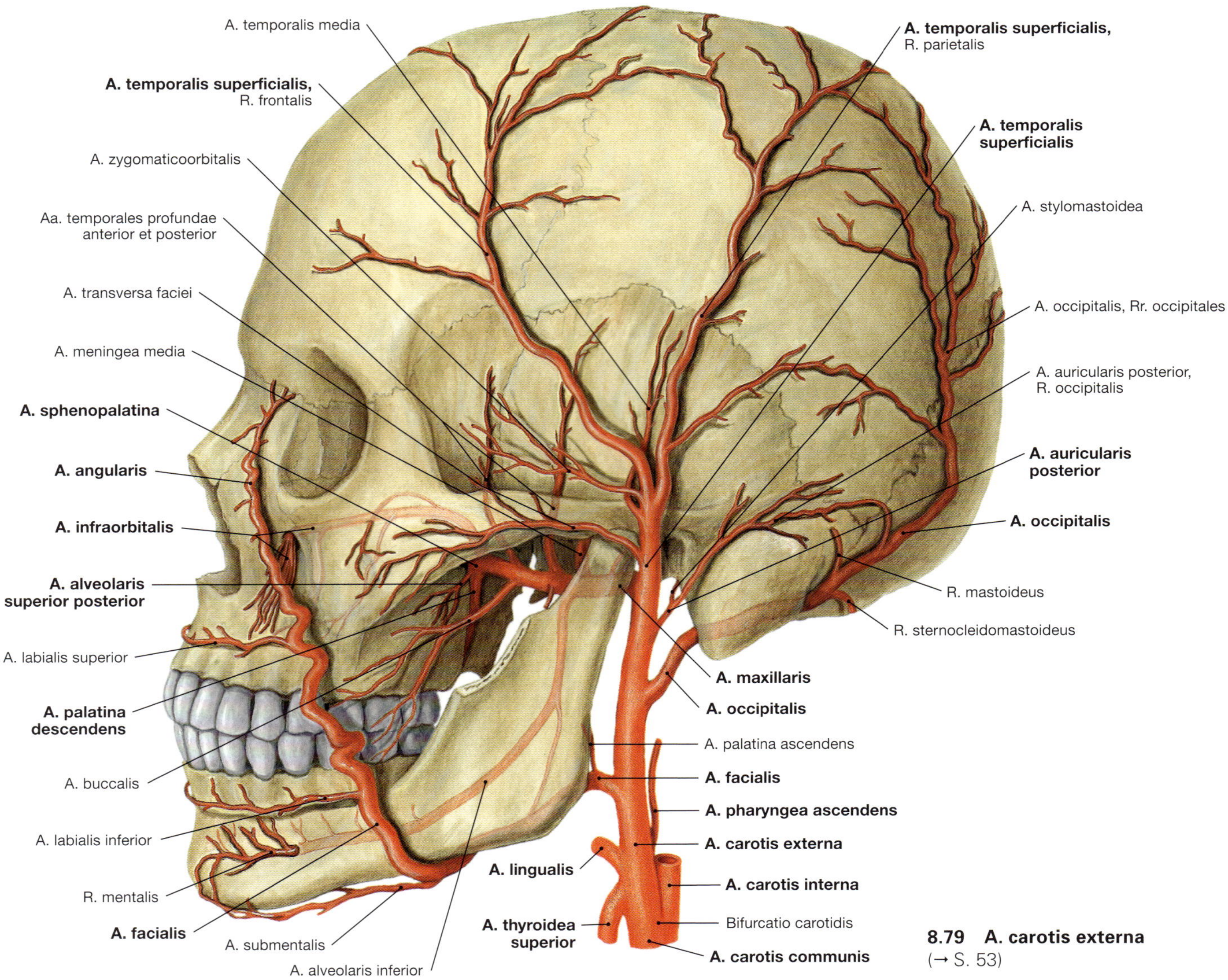

8.79 A. carotis externa
(→ S. 53)

Äste der A. carotis externa

1. A. thyroidea superior
- R. infrahyoideus
- A. laryngea superior
- R. cricothyroideus
- R. sternocleido-mastoideus
- Rr. glandulares

2. A. pharyngea ascendens
- Rr. pharyngeales
- A. tympanica inferior
- A. meningea posterior

3. A. lingualis
- Rr. dorsales linguae
- A. sublingualis
- A. profunda linguae

4. A. facialis
- A. palatina ascendens
- R. tonsillaris
- A. submentalis
- Rr. glandulares
- A. labialis inferior
- A. labialis superior
  - R. septi nasi
- R. lateralis nasi
- A. angularis

5. A. occipitalis
- R. mastoideus
- R. auricularis
- Rr. sternocleido-mastoidei
- Rr. occipitales
- R. meningeus (Var.)
- R. descendens

6. A. auricularis posterior
- A. stylomastoidea
  - A. tympanica posterior
- R. auricularis
- R. occipitalis
- R. parotideus

7. A. temporalis superficialis
- R. parotideus
- A. transversa faciei
- Rr. auriculares anteriores
- A. zygomaticoorbitalis
- A. temporalis media
- R. frontalis
- R. parietalis

8. A. maxillaris

Pars mandibularis:
- A. alveolaris inferior
  - R. mentalis
- A. meningea media
  - A. tympanica superior
  - A. auricularis profunda
  - A. tympanica anterior

Pars pterygoidea:
- A. masseterica
- Aa. temporales profundae posterior et anterior
- Rr. pterygoidei
- A. buccalis

8. A. maxillaris *(Fortsetzung)*

Pars pterygopalatina:
- A. alveolaris superior posterior
  - Rr. dentales
  - Rr. peridentales
- A. infraorbitalis
  - Aa. alveolares superiores anteriores
- A. palatina descendens
  - A. palatina major
  - Aa. palatinae minores
    - R. pharyngeus
- A. sphenopalatina
  - Aa. nasales posteriores laterales
  - Rr. septales posteriores
  - A. nasopalatina

Die Endäste der A. maxillaris sind A. infraorbitalis, A. sphenopalatina, A. alveolaris superior posterior und A. palatina descendens.

Venen des Kopfs

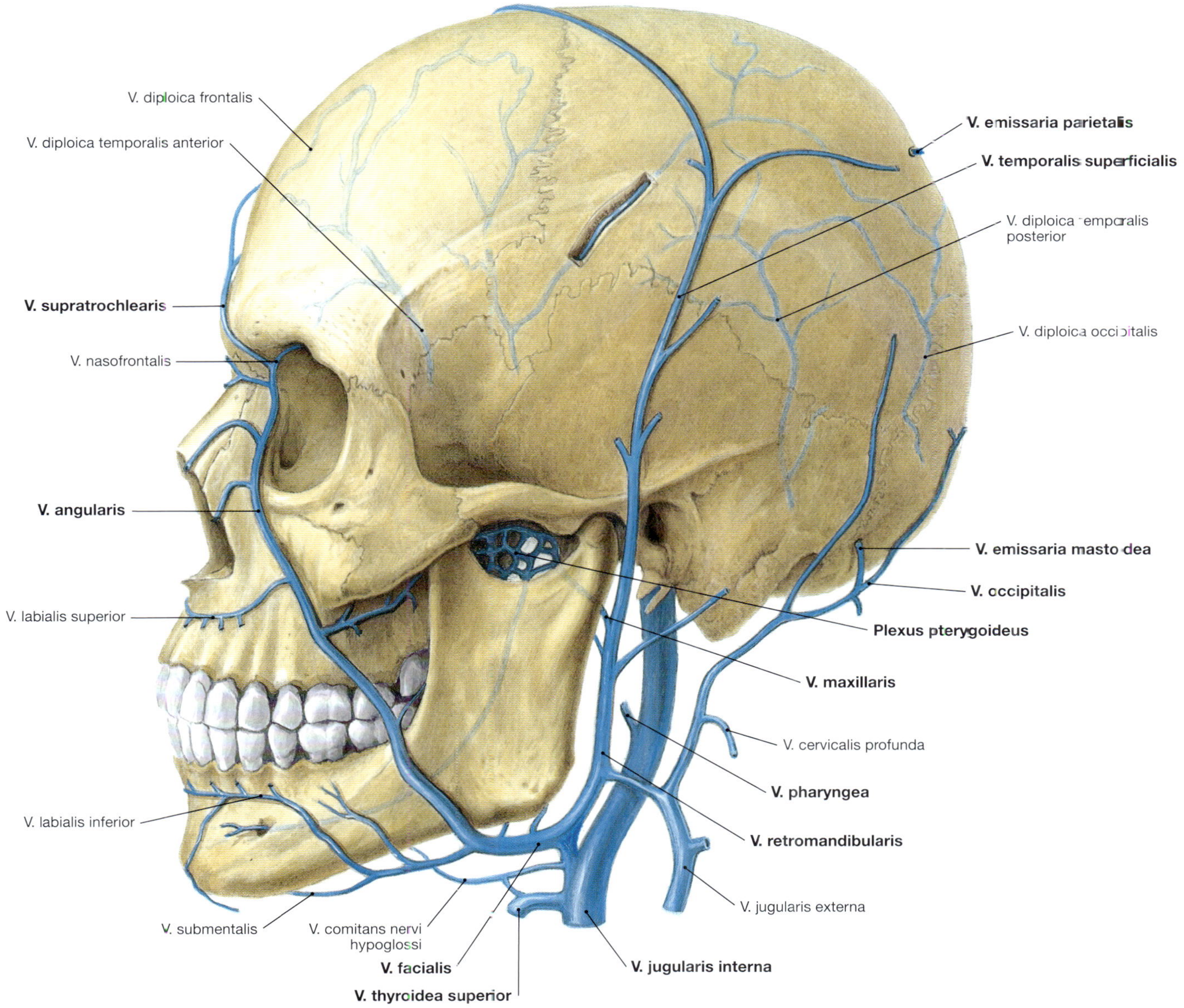

Abb. 8.79 Äußere Halsschlagader, A. carotis externa, links; Ansicht von lateral (→ S. 52).

Die A. carotis externa gibt nach ihrem Abgang aus der A. carotis communis **Äste** entsprechend der in der Tabelle (→ S. 52) erwähnten Reihenfolge ab.

Abb. 8.80 Innere Drosselvene, V. jugularis interna, links; Ansicht von lateral.

Die V. jugularis interna beginnt als erweiterte Fortsetzung des Sinus sigmoideus an der Schädelbasis. Sie drainiert das Blut aus Schädel, Gehirn, Gesichtsregion und Bereichen des Halses. Zuflüsse erhält sie aus der äußeren Kopfregion über Vv. facialis, lingualis, pharyngea, occipitalis, thyroidea superior, thyroidea media und über Vv. emissariae.

Klinik

Der Puls der V. jugularis **(Jugularis-Puls)** gibt Hinweise auf den venösen Blutdruck und lässt auf die Funktion des rechten Herzens schließen. Die Wellenform des Jugularis-Pulses gibt ferner Anhaltspunkte auf die Funktion des rechten Herzens.

Entzündungen im Gesichtsbereich können in seltenen Fällen über die klappenlose V. angularis zu intraorbitalen Venen (V. ophthalmica superior) und weiter bis zum Sinus cavernosus fortgeleitet werden. Hier können sie eine lebensbedrohliche Sinusphlebitis bis hin zur Sinusthrombose auslösen.

N. facialis [VII]

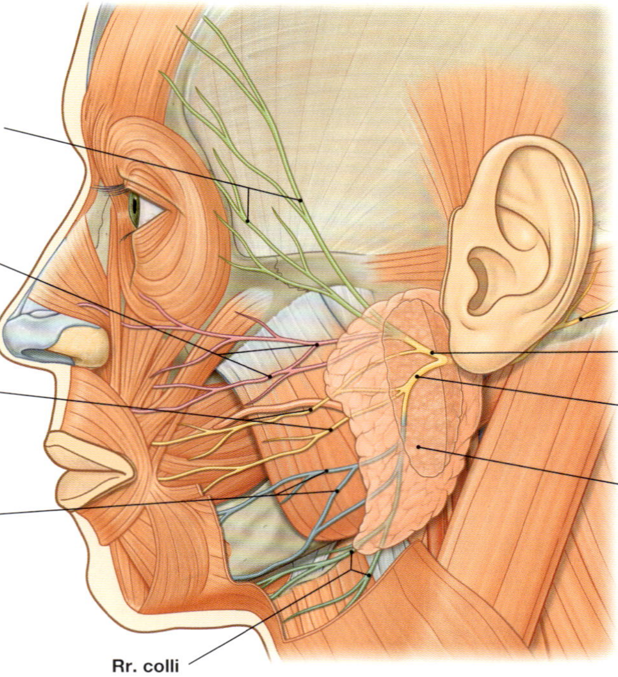

Abb. 8.81 Endäste des N. facialis [VII] im Gesicht, links; Ansicht von lateral. [8]
Innerhalb der Glandula parotidea bildet der N. facialis [VII] (→ Abb. 12.149) den Plexus intraparotideus, der aus praktisch klinischen Gründen in einen R. temporofacialis (Pars temporofacialis) und einen R. cervicofacialis (Pars cervicofacialis) aufgegliedert wird. Aus den beiden Anteilen gehen die Endäste des N. facialis [VII] hervor: Rr. temporales, zygomatici, buccales, marginales mandibulae und colli. Dorsalwärts hinter die Ohrmuschel zieht der ebenfalls als Endast aus dem N. facialis [VII] abgehende N. auricularis posterior.

a

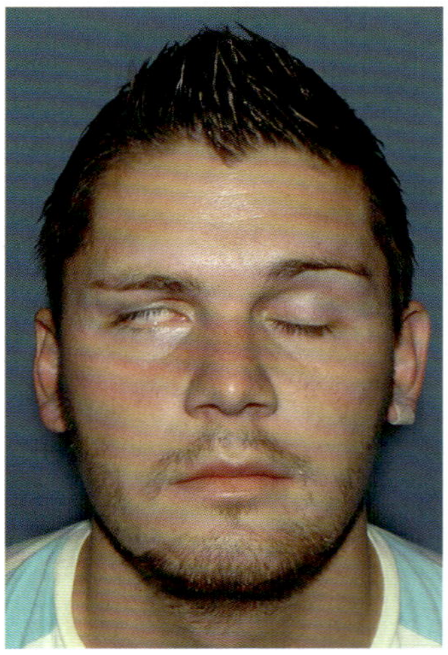
b

Abb. 8.82a und b Periphere Parese des N. facialis [VII], links.
a Nach Aufforderung, die Augenbrauen hochzuziehen, legt sich nur die linke Stirnseite in Falten (Ausfall des M. occipitofrontalis, Hinweis auf eine periphere Fazialisparese).
b Nach Aufforderung, beide Augen fest zu verschließen, gelingt dies auf der geschädigten Seite nicht (Lagophthalmus). Der Augenbulbus dreht sich beim Schluss der Augen automatisch nach oben. Da das Augenlid nicht mehr schließt, sieht man die weiße Sclera auf der betroffenen Seite (BELL-Phänomen).

Klinik

Bei einer **peripheren Fazialisparese** (→ Abb. 12.151) ist das motorische 2. Neuron dieser Nervenbahn betroffen; der Ort der Schädigung kann überall zwischen Nucleus nervi facialis und seinen peripheren Ästen liegen. Ursachen können insbesondere virale Entzündungen sein oder Verletzungen der Nerven bei Parotisoperationen. Die sog. zentrale (supranukleäre) Schädigung des N. facialis [VII] **(zentrale Fazialisparese)** beruht auf einer Schädigung des motorischen 1. Neurons. Ursächlich sind meist Blutungen oder Infarkte im Bereich des Tractus corticonuclearis der inneren Kapsel der kontralateralen Seite. Da das Kerngebiet für die Rr. temporales des N. facialis [VII] sowohl kontra- als auch ipsilaterale Zuflüsse erhält, können die Stirnmuskeln und der M. orbicularis oculi im Oberlidbereich weiterhin beidseits kontrahiert werden. Auf der kontralateralen Seite fallen jedoch die von den Rr. zygomatici, buccales, marginales mandibulae und colli innervierten Muskeln aus (sog. untere Fazialisparese).

Hautinnervation

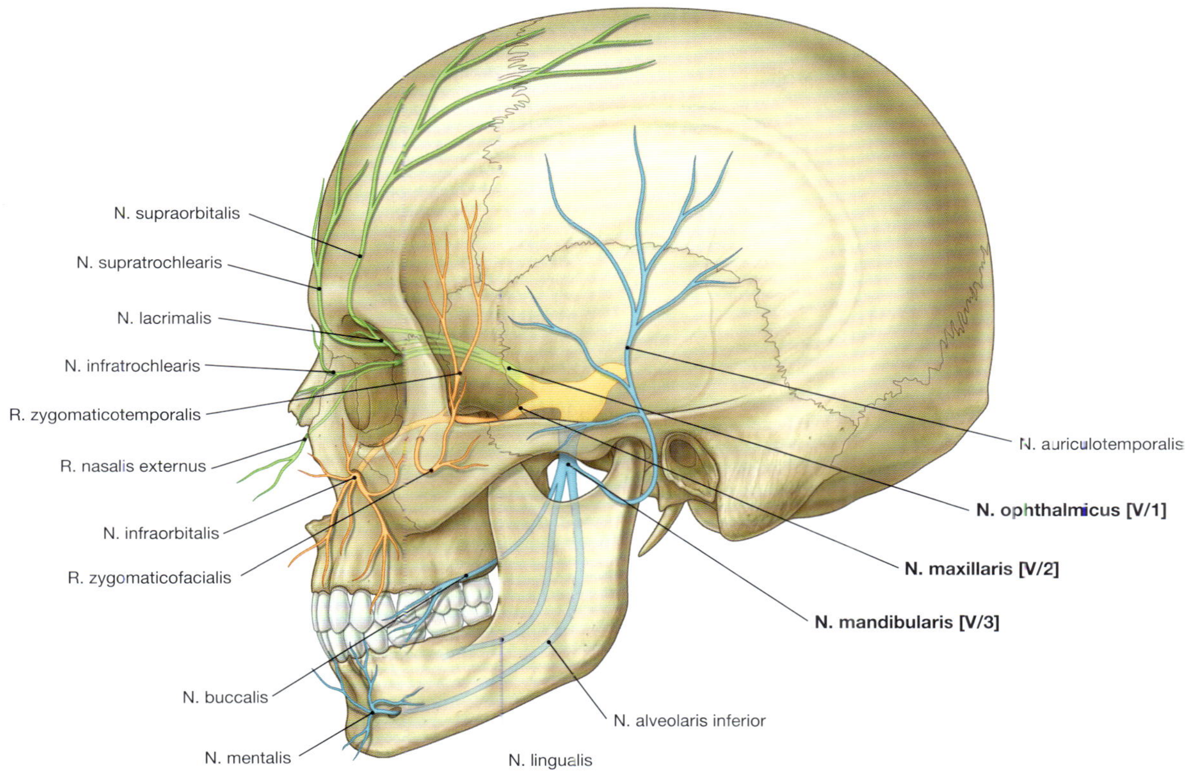

Abb. 8.83 Äste des N. trigeminus [V], links; Ansicht von lateral. [8]
Die drei großen, aus dem N. trigeminus [V] hervorgehenden Äste, N. ophthalmicus [V/1], N. maxillaris [V/2] und N. mandibularis [V/3], zweigen sich nach Austritt aus dem Schädel topographisch gegliedert in weitere Äste auf. Sichtbare Äste des **N. ophthalmicus [V/1]** sind die Nn. supraorbitalis, supratrochlearis, lacrimalis, infratrochlearis und R. nasalis externus. Vom **N. maxillaris [V/2]** gehen als sichtbare Äste in der Abbildung die Nn. infraorbitalis und zygomaticus mit seinen Rr. zygomaticotemporalis und zygomaticofacialis hervor und vom **N. mandibularis [V/3]** spalten sich die Nn. buccalis, lingualis, alveolaris inferior und auriculotemporalis ab. Endast des N. alveolaris inferior ist nach Verlassen des Canalis mandibulae der N. mentalis.

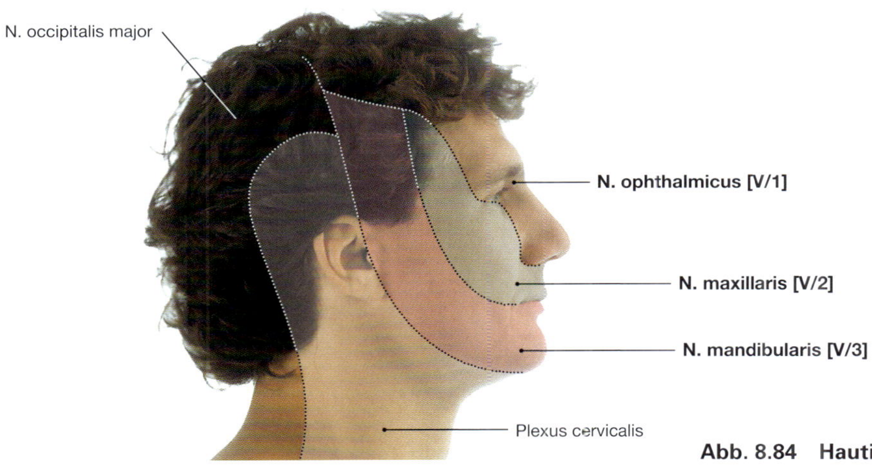

Abb. 8.84 Hautinnervation von Kopf und Hals, rechts; Ansicht von lateral.
Die Ansicht von ventral ist in → Abbildung 12.146 dargestellt.

Klinik

Im Rahmen einer klinischen Untersuchung der Hirnnerven wird der N. trigeminus [V] durch manuellen Druck auf seine drei Austrittsstellen **(Trigeminusdruckpunkte)** überprüft, die normalerweise nicht druckschmerzhaft sein sollen: an Foramen supraorbitale/Incisura supraorbitalis, Foramen infraorbitale und Foramen mentale.

Eine **Trigeminusneuralgie** (Tic douloureux) ist eine komplexe sensorische Störung der sensorischen Trigeminuswurzel mit ausgeprägter Schmerzsymptomatik. Typischerweise tritt der Schmerz im Innervationsgebiet von N. mandibularis [V/3] und N. maxillaris [V/2] plötzlich auf und kann extrem stark ausgeprägt sein. Oft wird er bereits durch Berührung der entsprechenden Hautareale im Gesicht ausgelöst.

Lymphgefäße und Lymphknoten des Kopfs

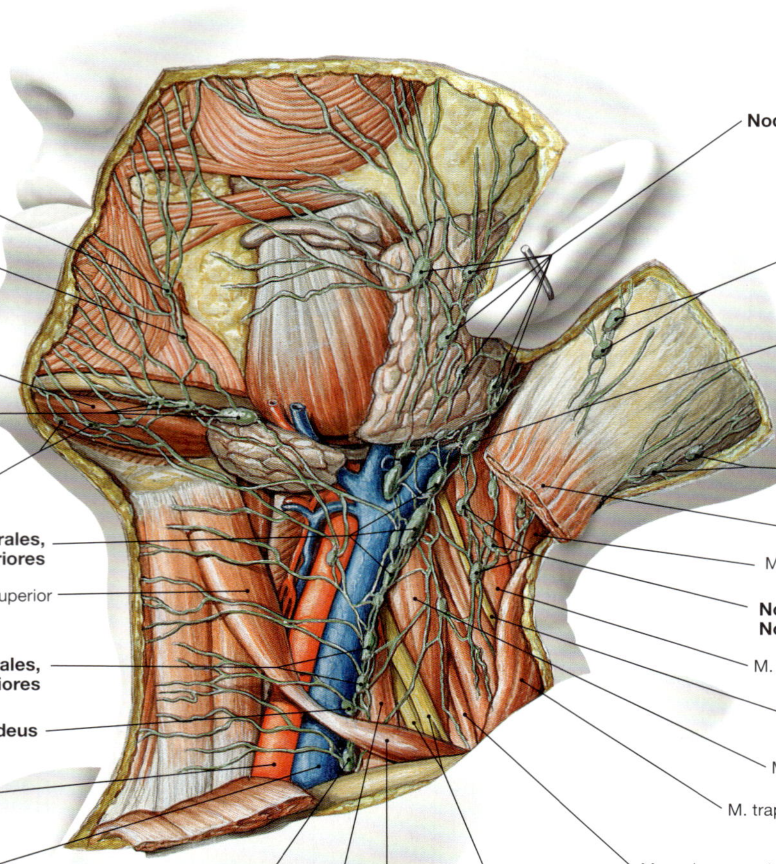

Abb. 8.85 Oberflächliche Lymphgefäße, Vasa lymphatica superficialia, und Lymphknoten, Nodi lymphoidei, von Kopf und Hals eines Kindes, links; Ansicht von lateral.

Die Lymphe von Gesicht, Kopfschwarte und Hinterhaupt wird **regional** zu den Nodi lymphoidei submentales, submandibulares, parotidei, mastoidei und occipitales drainiert. Von hier erfolgt der weitere Lymphabstrom in die oberflächlichen **(Nodi lymphoidei cervicales laterales superficiales)** und in die tiefen Halslymphknoten (**Nodi lymphoidei cervicales laterales profundi superiores und inferiores,** → Abb. 11.75).
Ein wichtiger tiefer Halslymphknoten ist der Nodus lymphoideus jugulodigastricus zwischen Vorderrand des M. sternocleidomastoideus und Kieferwinkel am Unterrand der Glandula parotidea.
Die Nodi lymphoidei parotidei werden in oberflächliche **(Nodi lymphoidei parotidei superficiales)** und tiefe Lymphknoten **(Nodi lymphoidei parotidei profundi)** gegliedert. Letztere umfassen die Nodi lymphoidei preauriculares, infraauriculares und intraglandulares. Ferner kommen einzelne Gesichtslymphknoten **(Nodi lymphoidei faciales)** vor (Nodi lymphoidei buccinatorius, nasolabialis, mandibularis, malaris) sowie Lymphknoten an der Zunge (Nodi lymphoidei linguales).

Lymphknoten des Kopfs (Nodi lymphoidei capitis)

- Nodi lymphoidei occipitales
- Nodi lymphoidei mastoidei
- Nodi lymphoidei parotidei superficiales
- Nodi lymphoidei parotidei profundi
  - Nodi lymphoidei preauriculares
  - Nodi lymphoidei infraauriculares
  - Nodi lymphoidei intraglandulares
- Nodi lymphoidei faciales
  - Nodus lymphoideus buccinatorius
  - Nodus lymphoideus nasolabialis
  - Nodus lymphoideus malaris
  - Nodus lymphoideus mandibularis
- Nodi lymphoidei submentales
- Nodi lymphoidei submandibulares
- Nodi lymphoidei linguales

Tiefe Lymphgefäße des Halses

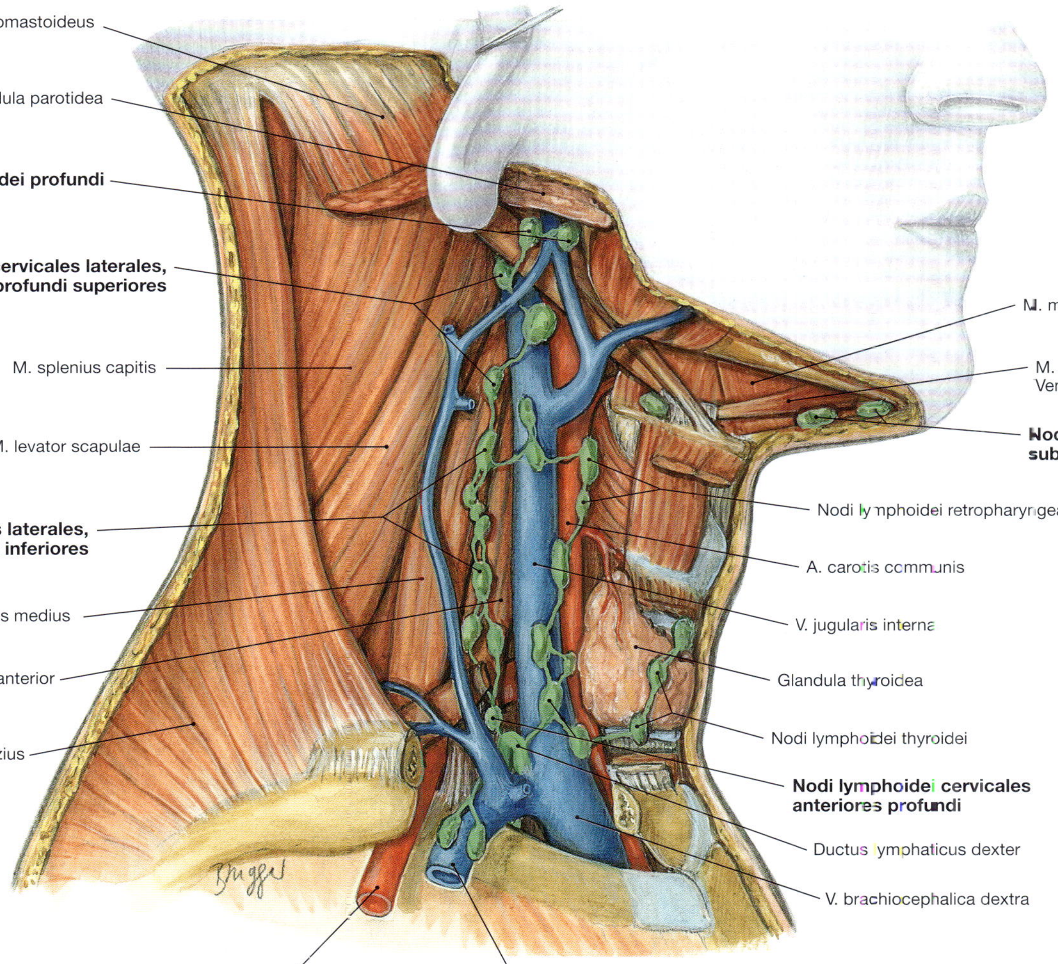

Abb. 8.86 Tiefe Lymphknoten des Halses, Nodi lymphoidei cervicales profundi, rechts; Ansicht von lateral.
Sowohl die vorne liegenden Halslymphknoten (Nodi lymphoidei cervicales anteriores) als auch die seitlich liegenden Halslymphknoten (Nodi lymphoidei cervicales laterales) gliedern sich in oberflächliche und tiefe Lymphknoten.
Zu den **vorderen** tiefen Halslymphknoten (Nodi lymphoidei cervicales anteriores profundi) gehören die Nodi lymphoidei infrahyoidei mit Nodi lymphoidei prelaryngei, die Nodi lymphoidei thyreoidei, Nodi lymphoidei pretracheales, Nodi lymphoidei paratracheales und Nodi lymphoidei retropharyngeales.
Zu den **seitlichen** tiefen Halslymphknoten (Nodi lymphoidei cervicales laterales profundi) zählen eine **obere Gruppe** (Nodi lymphoidei profundi superiores), bestehend aus Nodus lymphoideus jugulodigastricus, Nodus lymphoideus lateralis und Nodus lymphoideus anterior sowie eine **untere Gruppe** (Nodi lymphoidei profundi inferiores), bestehend aus Nodus lymphoideus juguloomohyoideus, Nodus lymphoideus lateralis und Nodi lymphoidei anteriores. Ferner gibt es Nodi lymphoidei supraclaviculares und Nodi lymphoidei accessorii (am N. accessorius [XI]) mit Nodi lymphoidei retropharyngeales.

Nasenskelett

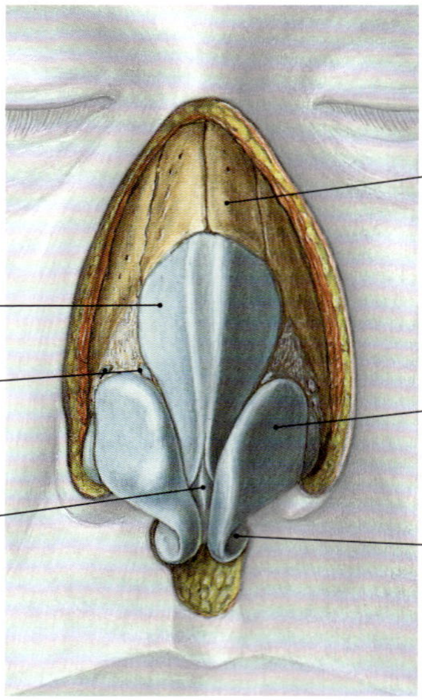

Abb. 8.87 Nasenskelett; Ansicht von vorne.
Das Nasenskelett setzt sich aus einem knöchernen und einem knorpeligen Anteil zusammen. Der knorpelige Anteil ist an der Apertura piriformis, bestehend aus Os nasale und Maxilla, befestigt und über Bindegewebe mit ihr verbunden. Die einzelnen Elemente bestehen aus hyalinem Knorpelgewebe und sind auch untereinander durch Bindegewebe verbunden. Das Dach bildet der **Seiten- oder Dreiecksknorpel** (Cartilago nasi lateralis, Cartilago triangularis); der Nasenflügel wird vom **Nasenspitzen- oder großen Flügelknorpel** (Cartilago alaris major) mit einem Crus laterale und einem Crus mediale gebildet. Daneben gibt es auf jeder Seite meist zwei kleinere **Flügelknorpel** (Cartilagines alares minores). Unten und zentral wird das Nasenskelett vom knorpeligen Anteil des Nasenseptums (Cartilago septi nasi) gestützt.

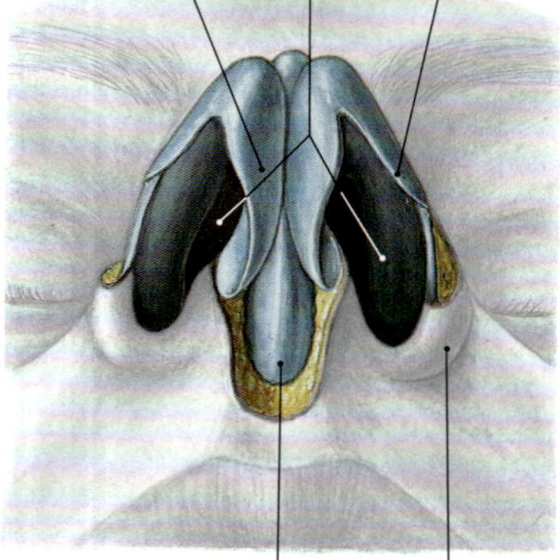

Abb. 8.88 Knorpel der Nase, Cartilagines nasi; Ansicht von unten.
Der Blick von unten zeigt die Nasenlöcher (Nares), die von den beiden Schenkeln des großen Flügelknorpels (Crus mediale und Crus laterale der Cartilago alaris major) begrenzt werden. Zentral unten sieht man das knorpelige Nasenseptum (Cartilago septi nasi).

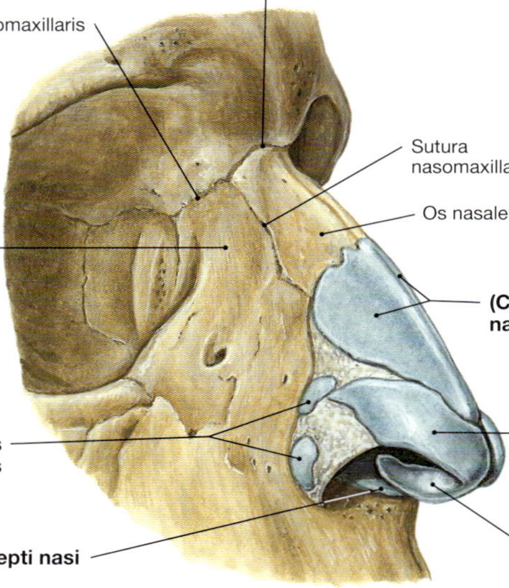

Abb. 8.89 Nasenskelett; Ansicht von vorne rechts.
Das knorpelige Nasenskelett ist über Bindegewebe an der Apertura piriformis fixiert. Man sieht die Cartilagines nasi laterales, alares majores, alares minores und die Cartilago septi nasi. In knorpelfreien Bereichen befindet sich Bindegewebe.

Klinik

Im klinischen Sprachgebrauch sind gängige Ausdrücke: die **Kolumella** (vorderer Abschnitt des Septums zwischen Nasenspitze und Philtrum), die **„keystone area"** (Überlappung der Seitenknorpel durch das Os nasale), das **weiche Dreieck** (ein Hautareal am Oberrand des Nasenlochs, in dessen Nähe das Crus mediale in das Crus laterale umbiegt; **knorpelfreies Feld,** besteht nur aus einer Hauptduplikatur), die **„supratip area"** (Nasenrücken knapp oberhalb der Nasenspitze), **schwaches Dreieck** (entspricht der „supratip area", da hier der Nasenrücken knapp oberhalb der Nasenspitze nur durch das Septum gebildet wird). Diese Bereiche gelten in der plastischen Chirurgie als Gefahrenpunkte.
Bei einem **Septumhämatom** (z. B. nach Nasenfraktur) ist eine sofortige Entlastung durch Punktion sowie ggf. Inzision und Nasentamponade erforderlich, da sonst der Septumknorpel unterzugehen droht.

Nasenscheidewand

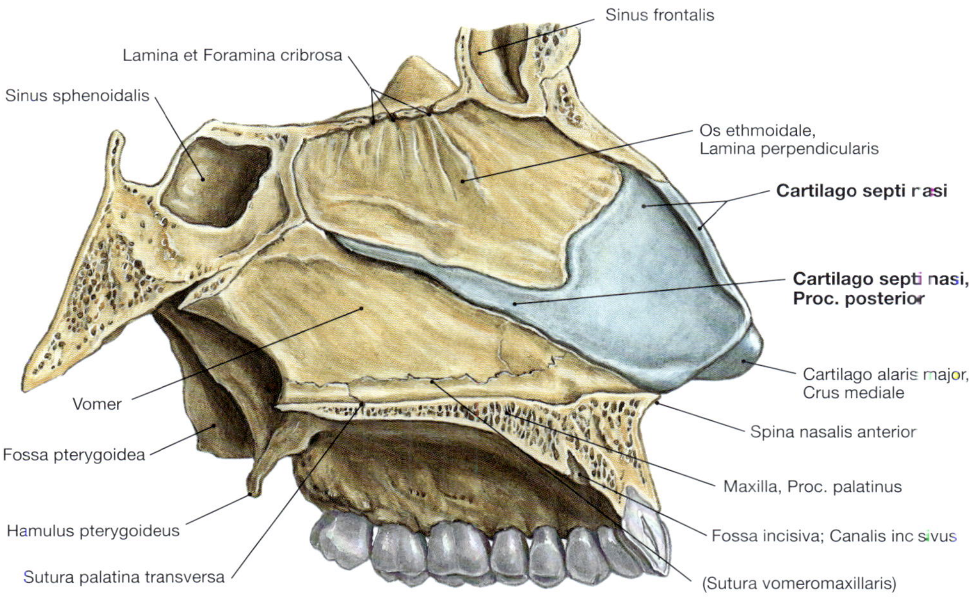

Abb. 8.90 Nasenscheidewand, Septum nasi; Ansicht von rechts.
Das Nasenseptum wird vorne von der Cartilago septi nasi gebildet, die sich mit einem langen Proc. posterior zwischen dem knöchernen Nasenseptum (oben), bestehend aus der Lamina perpendicularis des Os ethmoidale, und Vomer (unten) erstreckt.

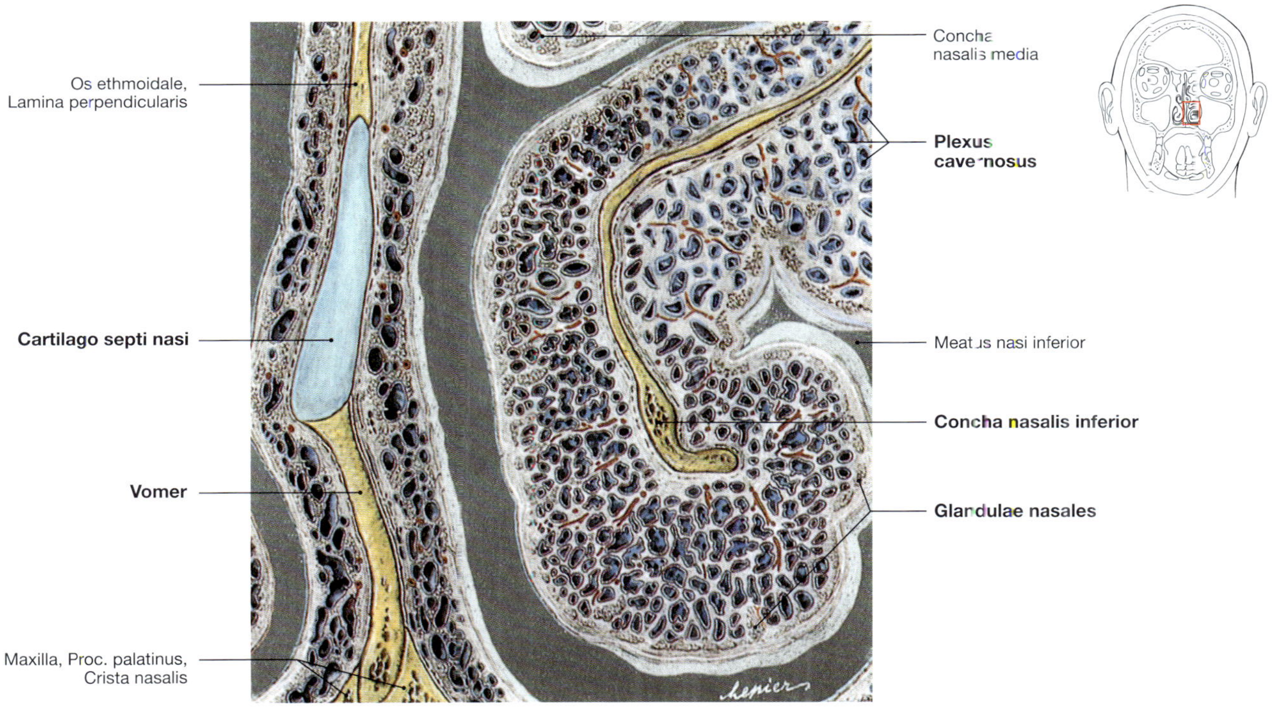

Abb. 8.91 Untere Nasenmuschel, Concha nasalis inferior, links; Frontalschnitt auf Höhe des Anfangsteils des Proc. posterior der Cartilago septi nasi; Ansicht von vorne.
Der Schnitt zeigt das dünne knöcherne Skelett der unteren Nasenmuschel (Concha nasalis inferior), das von Schwellkörpergewebe (Plexus cavernosus), einem Geflecht aus spezialisierten Arterien und Venen, überzogen ist. An der Oberfläche der Nasenmuschel befindet sich Flimmerepithel mit darunter eingelagerten serösen Drüsen (Glandulae nasales).

Klinik

Charakteristikum der Nasenschleimhaut ist der ausgeprägte Plexus venöser Kapazitätsgefäße. Abhängig vom Schwellungszustand bestehen ca. 35% des nasalen Schleimhautvolumens aus vaskulären Plexus. Das Schwellkörpergewebe ist an der unteren und der mittleren Nasenmuschel sowie auf dem Nasenseptum am Locus KIESSELBACHI am stärksten ausgeprägt.

Bei ca. 80% aller Menschen ist ein sog. **Nasenzyklus** nachweisbar: Es kommt zu einem wechselseitigen An- und Abschwellen der Nasenschleimhaut beider Nasenseiten für 2–7 Stunden mit alternierendem Verhältnis des Nasenwiderstandes bei der Atmung im Verhältnis 1 : 3 bei jedoch gleichbleibendem Gesamtwiderstand.

Nasenhöhle

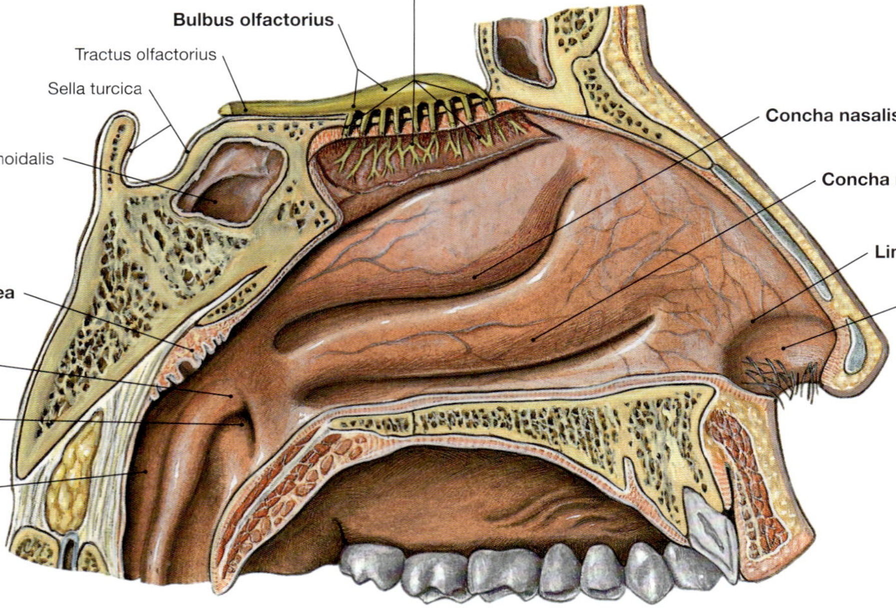

Abb. 8.92 Laterale Wand der Nasenhöhle, Cavitas nasi, links; Ansicht von rechts.
Die laterale Nasenwand wird größtenteils von der unteren **(Concha nasalis inferior)** und der mittleren **(Concha nasalis media)** Nasenmuschel eingenommen. Die obere Nasenmuschel (Concha nasalis superior) ist klein. Sie hat Beziehung zum Riechfeld am Nasendach. Hier treten die Fila olfactoria vom Bulbus olfactorius durch die Lamina cribrosa und ziehen bis in die benachbarte Schleimhaut, auch die der oberen Nasenmuschel.
Das **Vestibulum nasi** ist von verhorntem Plattenepithel ausgekleidet, das am Limen nasi über unverhorntes Plattenepithel in Flimmerepithel übergeht. Die Verlängerung der unteren Nasenmuschel führt auf das Ostium pharyngeum der Tuba auditiva zu. Oberhalb davon sitzt am Rachendach die Tonsilla pharyngea.

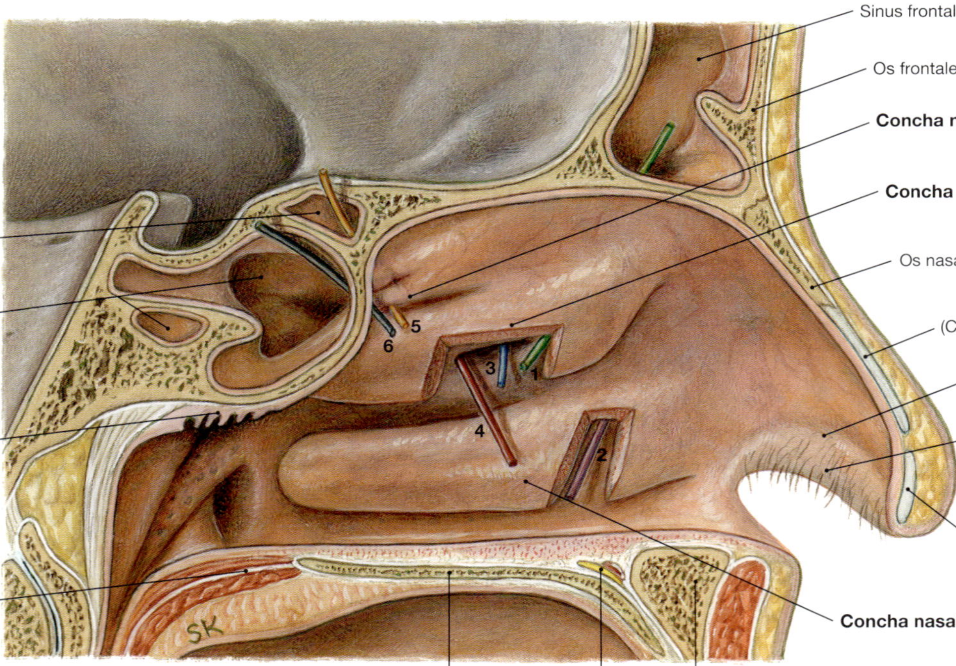

Abb. 8.93 Nasenhöhle, Cavitas nasi, und Zugänge zu den Nasennebenhöhlen, Sinus paranasales, links; Ansicht von rechts.
Unter dem vorderen Drittel der unteren Nasenmuschel mündet der Ductus nasolacrimalis in den unteren Nasengang (violette Sonde). Unter der mittleren Nasenmuschel befinden sich die Einmündungen des **Sinus frontalis** (grüne Sonde), des **Sinus maxillaris** (rote Sonde) und der **Cellulae ethmoidales anteriores** (blaue Sonde). Unter und hinter der oberen Nasenmuschel münden die **Cellulae ethmoidales posteriores** (gelbe Sonde) und der **Sinus sphenoidalis** (dunkelblaue Sonde) in die Nasenhöhle ein.

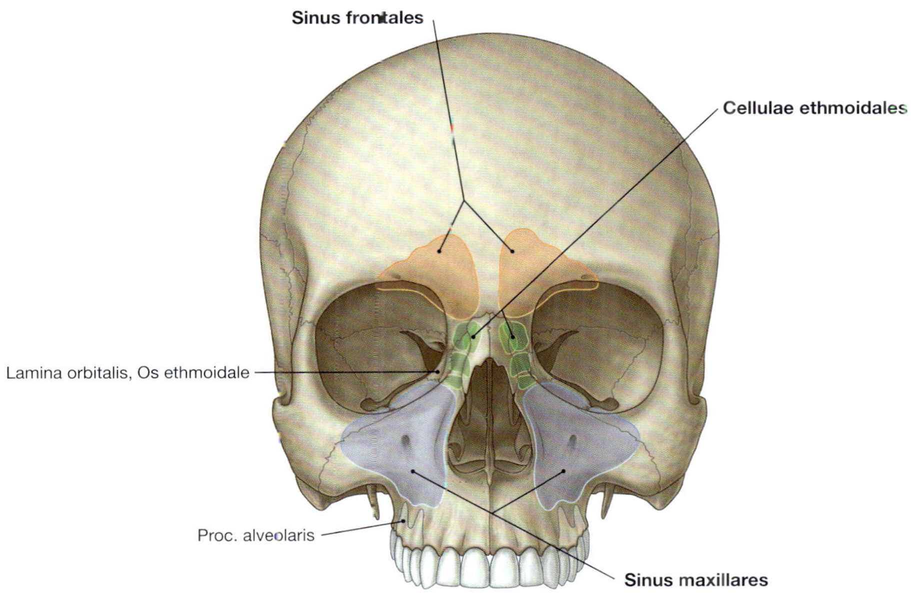

Abb. 8.94 Projektion der Nasennebenhöhlen auf den Schädel; Ansicht von vorne. [8]
Man sieht die Projektion der Sinus frontales und maxillares sowie der Cellulae ethmoidales.

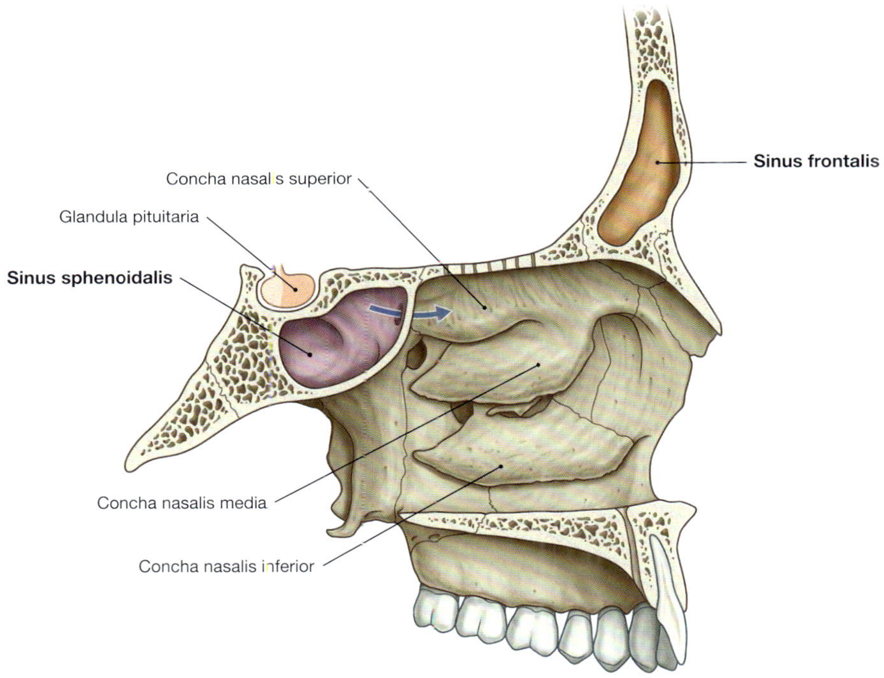

Abb. 8.95 Lage von Sinus frontalis und Sinus sphenoidalis im Schädel, rechts; Ansicht von links. [8]
Der Sinus sphenoidalis hat eine enge topographische Beziehung zur Hypophyse (Glandula pituitaria).

Klinik

Der **Sinus sphenoidalis** kann sich in große Teile des Keilbeins ausbreiten. Bei operativen Eingriffen im Sinus sphenodalis sind bei ausgedehnter Pneumatisation die A. carotis interna (Tuberculum arteriae carotidis internae) und der N. opticus [II] (Tuberculum nervi optici) aufgrund der engen Beziehung zur seitlichen Sinuswand gefährdet.

Nasennebenhöhlen, Röntgen

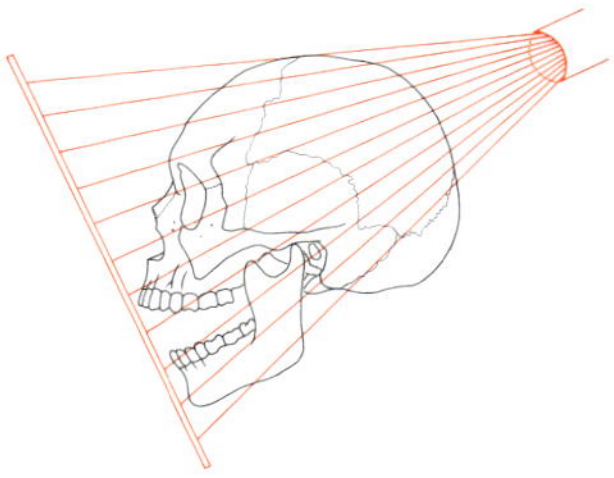

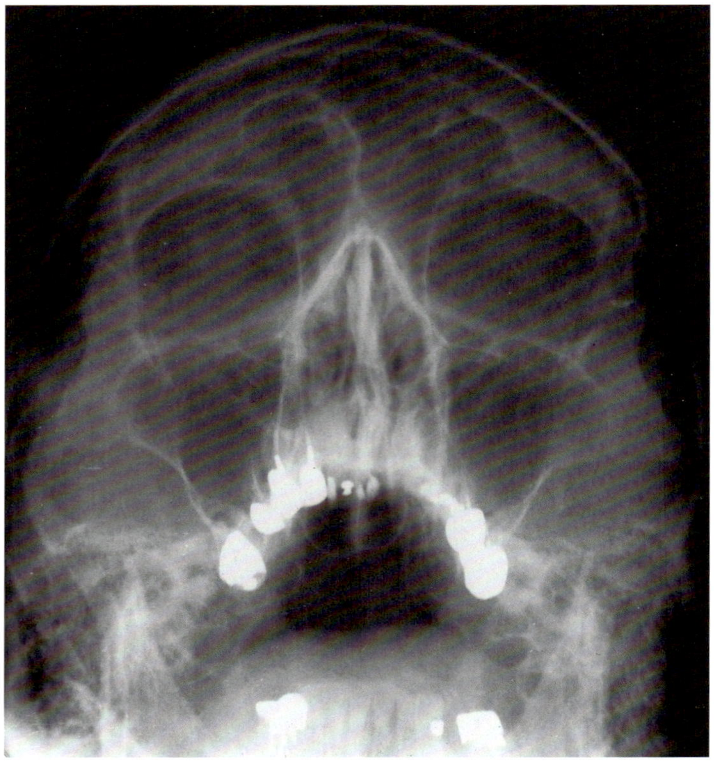

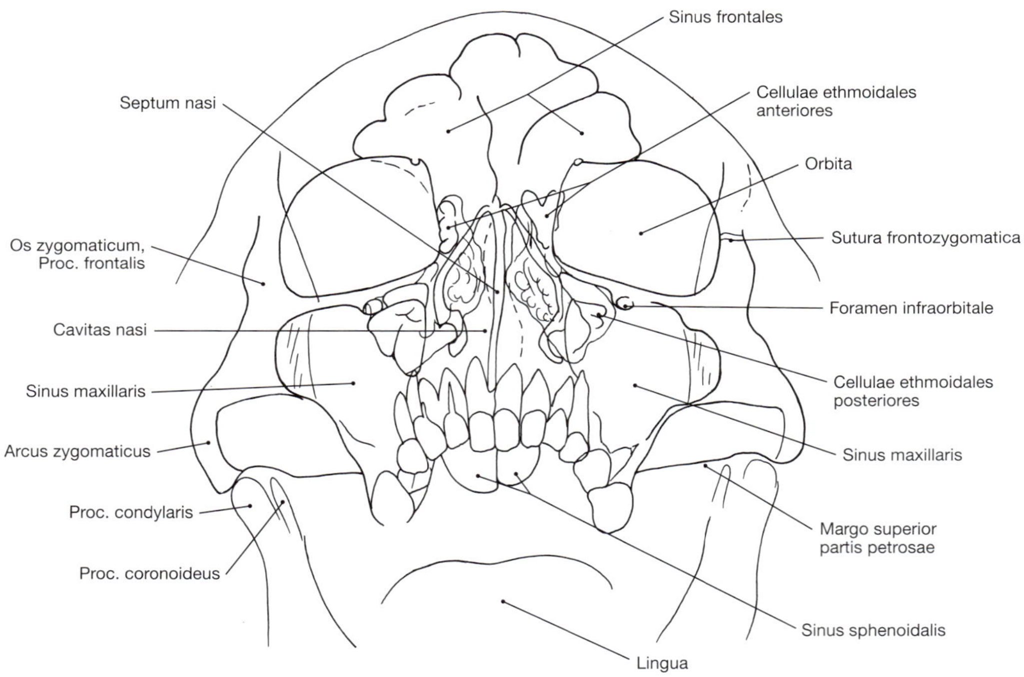

Abb. 8.96 Nasennebenhöhlen, Sinus paranasales; Röntgenbild des Schädels im postero-anterioren (pa) Strahlengang bei geöffnetem Mund.

Klinik

Konventionelle Röntgenaufnahmen sind zur raschen Orientierung über das Nasennebenhöhlensystem sinnvoll, werden aber zunehmend seltener durchgeführt. Zur Stellung einer Operationsindikation sind sie von der Computer- und Magnetresonanztomographie abgelöst worden.
Sinusitiden sind eine häufige Erkrankung. Beim Kind kommt es besonders oft zur Entzündung der Siebbeinzellen, beim Erwachsenen ist die Kieferhöhle am häufigsten betroffen. Entzündungen der Siebbeinzellen können durch die dünne Lamina orbitalis (papyracea) des Os ethmoidale in die Orbita durchbrechen oder im hinteren Bereich der Siebbeinzellen oder der Keilbeinhöhle auf den Canalis opticus übergreifen und zur Schädigung des Sehnervs führen.

Nasennebenhöhlen

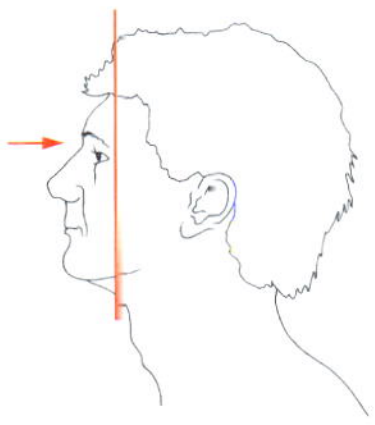

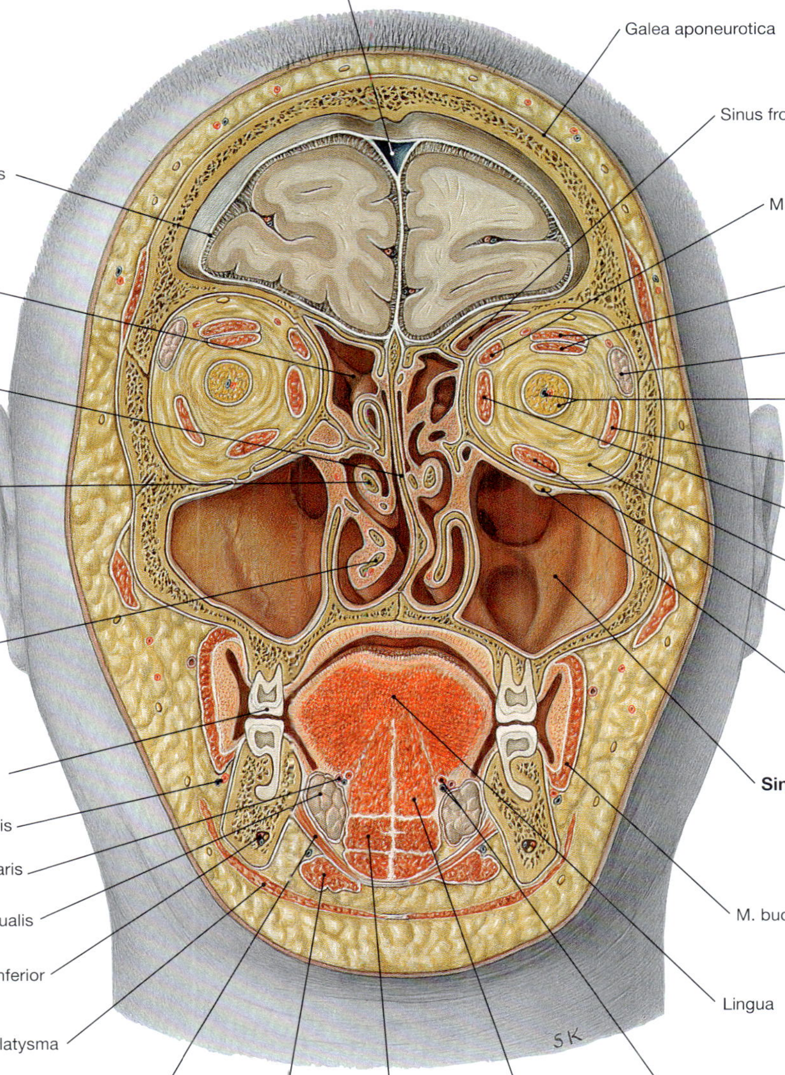

Abb. 8.97 Frontalschnitt durch den Kopf auf Höhe des zweiten oberen Mahlzahns; Ansicht von vorne.
Der Schnitt zeigt die individuellen seitendifferenten Ausprägungen der angeschnittenen Nasennebenhöhlen. Die Sinus maxillares beider Seiten sind unterschiedlich ausgeprägt und variabel gekammert. Das Nasenseptum ist nach links verlagert (Septumdeviation). Dadurch sind untere und mittlere Nasenmuschel rechts kräftiger ausgebildet als links. Die Siebbeinzellen zeigen rechts und links eine unterschiedliche Ausbildung. Auf der linken Seite erkennt man supraorbital noch einen Anschnitt des Sinus frontalis.

Klinik

Bei **Septumdeviation** kann die Nasenatmung so stark behindert sein, dass es zu Kopfschmerzen, Hyposmie oder sogar Anosmie kommt. Die Ausbildung der Nasennebenhöhlen ist äußerst variabel. Dies betrifft interindividuelle und Seitenunterschiede bis hin zu einer Nichtanlage einzelner Höhlen **(Aplasie).**
Allerdings können einzelne Höhlen auch sehr stark ausgebildet sein. Ist der Sinus frontalis nach okzipital über das Orbitadach weit ausgebildet **(Recessus supraorbitalis),** spricht der Kliniker von einer gefährlichen Stirnhöhle. Im Rahmen einer Stirnhöhlenentzündung kann es über die dünne knöcherne Wand in der vorderen Schädelgrube zu Meningitiden, Epiduralabzessen oder sogar zu Hirnabszessen kommen.

Entwicklung und Klinik der Nasennebenhöhlen

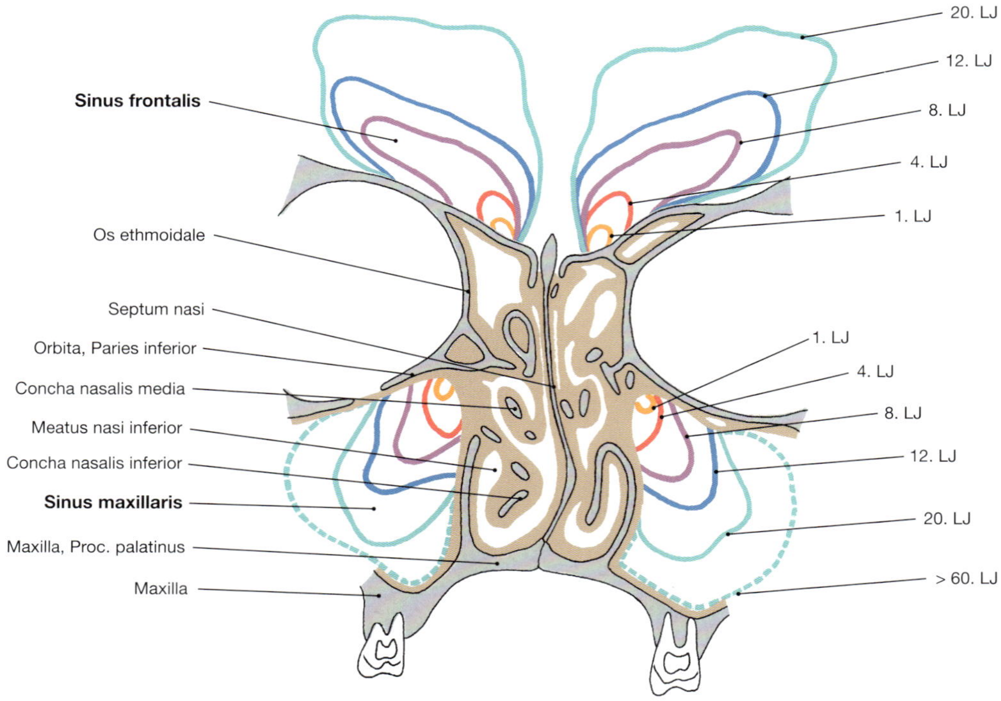

Abb. 8.98 Entwicklung der Kiefer- und der Stirnhöhle.
LJ: Lebensjahr.
Die Ausbildung der Stirnhöhle erreicht etwa um das 5. Lebensjahr den Orbitaoberrand.

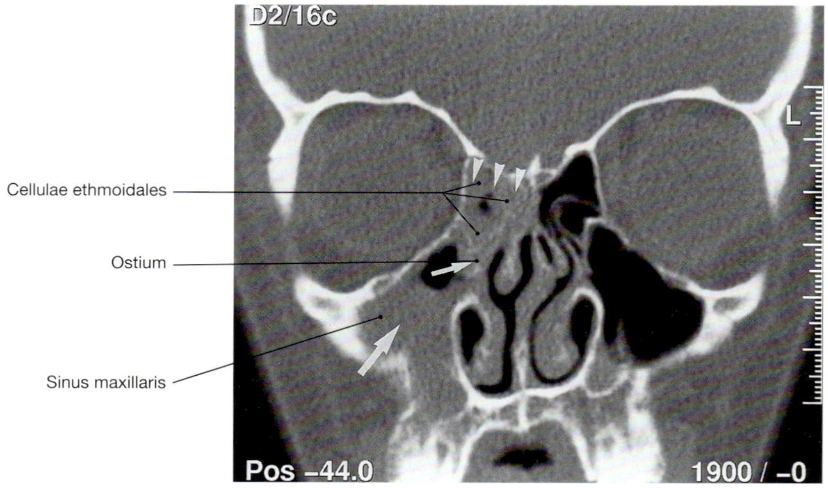

Abb. 8.99 Chronische Sinusitis; koronale Computertomographie (CT) der Nasennebenhöhlen; entzündliche Schleimhautschwellung der rechten Kieferhöhle und des Ostiums durch weiße Pfeile, die Schwellung der Siebbeinzellen durch weiße Pfeilspitzen gekennzeichnet. [17]

Klinik

In der endonasalen Nasennebenhöhlenchirurgie ist der mittlere Nasengang der Zugangsweg für die Behandlung chronischer Sinusitiden von Stirnhöhle, Kieferhöhle und vorderen Siebbeinzellen. Einseitige **Kieferhöhlenentzündungen** sind häufig odontogen bedingt (odontogene Sinusitis maxillaris). Meist geht die Entzündung vom zweiten Prämolaren oder vom ersten Molaren aus (→ Abb. 8.35).

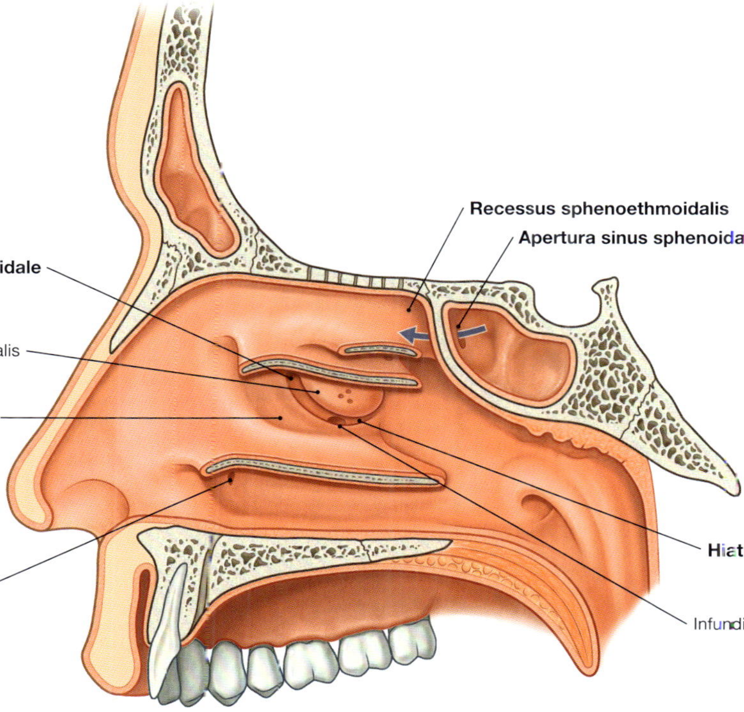

Abb. 8.100 Laterale Nasenwand, rechts; Ansicht von links; Nasenmuscheln am Ansatz der Wand abgetrennt. [8]
Der Ductus nasolacrimalis öffnet sich über die Plica lacrimalis (HASNER-Klappe) in den unteren Nasengang. Unterhalb der mittleren Nasenmuschel sieht man den Hiatus semilunaris. Darüber liegt die Bulla ethmoidalis, darunter der Proc. uncinatus. Hinter der oberen Nasenmuschel liegt der Recessus sphenoethmoidalis mit der Mündung des Sinus sphenoidalis (Apertura sinus sphenoidalis, blauer Pfeil).

* HASNER-Klappe

Nasennebenhöhlen – in der Klinik gebräuchliche Begriffe	
Agger nasi	eine vordere Siebbeinzelle vor und oberhalb des Ansatzes der mittleren Nasenmuschel
Hiatus semilunaris	ein sichelförmiger, bis zu 3 mm breiter Spalt zwischen Bulla ethmoidalis und dem oberen, freien Rand des Proc. uncinatus; über den Hiatus semilunaris gelangt man in das Infundibulum ethmoidale
Infundibulum ethmoidale	Raum, der vom Proc. uncinatus, von der Lamina papyracea und der Bulla ethmoidalis begrenzt wird
Bulla ethmoidalis	vordere Siebbeinzelle oberhalb des Hiatus semilunaris, die sehr regelmäßig ausgebildet ist, aber auch fehlen kann
Proc. uncinatus	eine dünne Knochenlamelle des Os ethmoidale, die einen Teil der medialen Wand des Sinus maxillaris bildet und den Hiatus semilunaris von vorne unten begrenzt
Grundlamellen	Lamellen, die als embryologische Residuen das Siebbein durchziehen. Es werden **vier Grundlamellen** (GL) unterschieden: • 1. GL: Proc. uncinatus • 2. GL: Bulla ethmoidalis • 3. GL: Concha nasalis media • 4. GL: Concha nasalis superior
Fontanelle	akzessorische Öffnung in der medialen Kieferhöhlenwand
osteomeataler Komplex	ein Oberbegriff für die komplizierte Anatomie am Hiatus semilunaris und seine Umgebung
Recessus frontalis	ein Spaltraum, der die Verbindung zwischen Stirnhöhle und Nasenhaupthöhle herstellt (Ductus nasofrontalis, Canalis nasofrontalis)
HALLER-Zelle	eine Siebbeinzelle, die die untere Orbitawand pneumatisiert (Infraorbitalzelle)
ÓNODI-GRÜNWALD-Zelle	eine hintere Siebbeinzelle, die sich über den Sinus sphenoidalis nach hinten vorwölbt

Arterien der Nasenhöhle

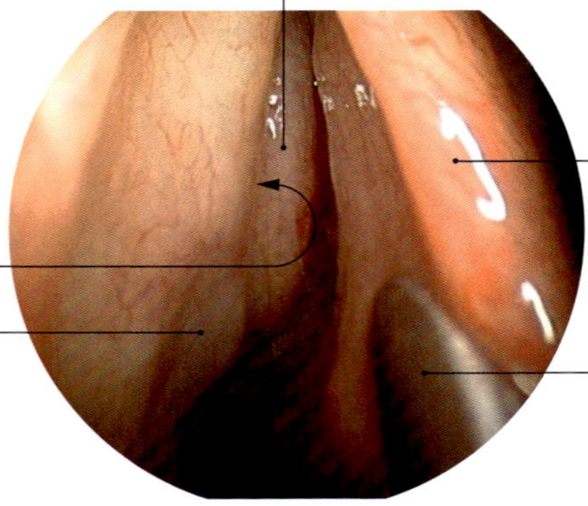

Abb. 8.101 Nasenhöhle, Cavitas nasi, links; transnasale Lupenendoskopie mit einer 30°-Optik. Der Untersucher blickt direkt auf den Kopf der mittleren Nasenmuschel (Concha nasalis media).

* Antriumlöffel

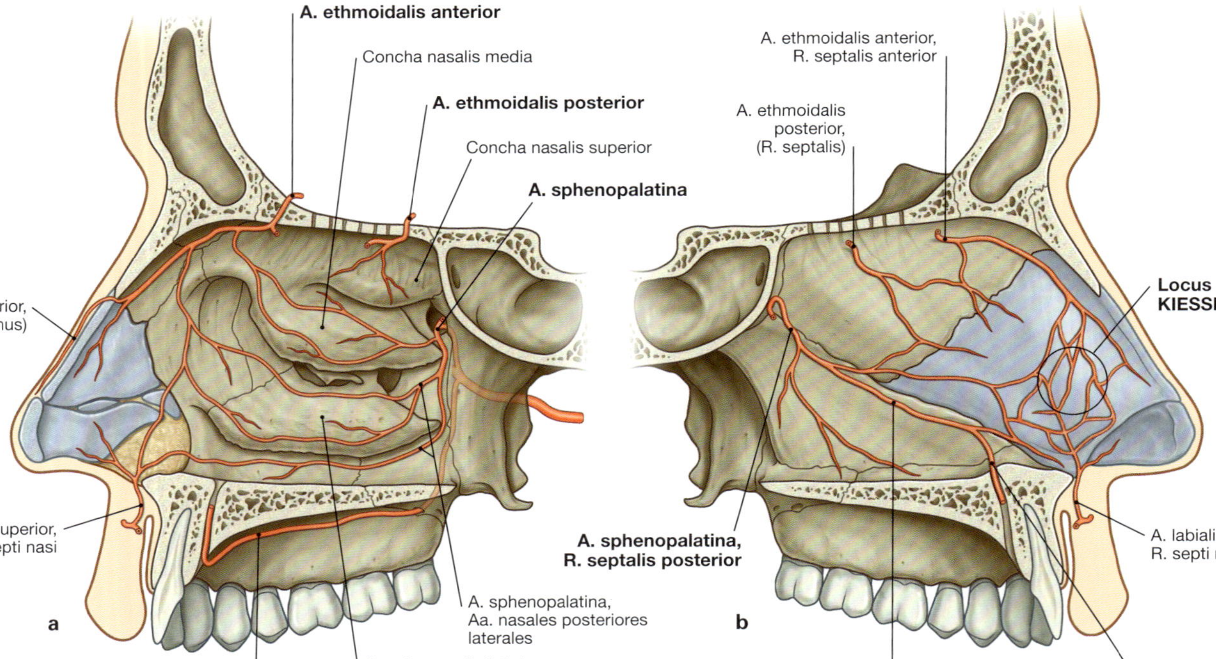

Abb. 8.102a und b Arterien der Nasenhöhle. [8]
a laterale Wand der rechten Nasenhöhle
b Nasenseptum der rechten Nasenhöhle
Die arterielle Versorgung der Nase erfolgt über Äste der A. carotis externa. Aus der A. ophthalmica verlaufen die **Aa. ethmoidales anterior** und **posterior** durch vorderes und hinteres Siebbein und erreichen die laterale Nasenwand und das Nasenseptum. Als Endast der A. maxillaris erreicht die **A. sphenopalatina** die Nasenhöhle über das Foramen sphenopalatinum. Anastomosen bestehen über die Blutgefäße der Lippe zur A. facialis. Am Nasenseptum geht aus der A. sphenopalatina die **A. nasopalatina** hervor, die durch den Canalis incisivus die Mundhöhle erreicht und hier mit der A. palatina major anastomosiert. Die A. nasopalatina speist gemeinsam mit den Aa. ethmoidales anterior und posterior den Locus KIESSELBACHI, ein arteriovenöses Gefäßgeflecht.

Klinik

Häufigster Ort von **Nasenbluten** (Epistaxis) ist der Locus KIESSELBACHI am Nasenseptum.
Schädelbasisfrakturen im Bereich der Lamina cribrosa können zu Zerreißungen der Aa. ethmoidales anterior und/oder posterior mit konsekutivem Nasenbluten führen.
Wenn bei lebensbedrohlichen Blutungen eine Nasentamponade nicht zum Erfolg führt, muss die A. sphenopalatina unterbunden werden.

Venen und Nerven der Nasenhöhle

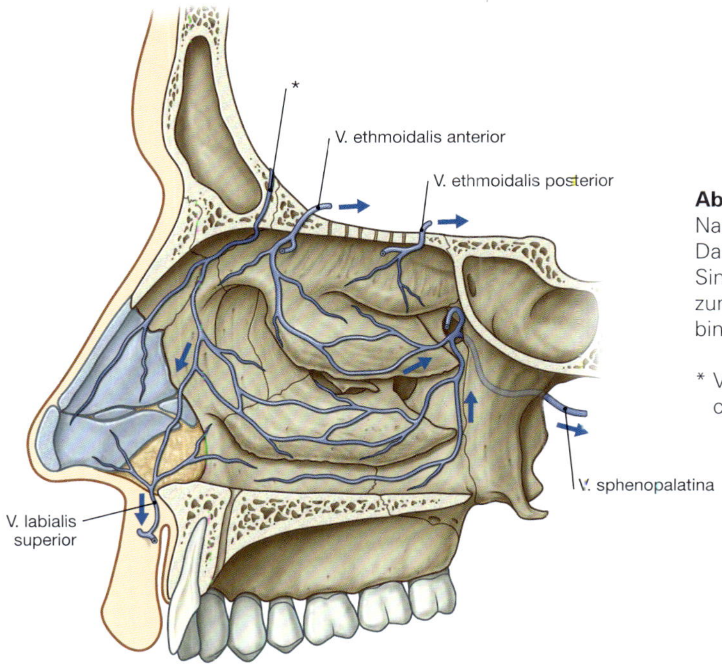

Abb. 8.103 Venen der Nasenhöhle, rechts; Aufsicht auf die laterale Nasenwand. [8]
Das Blut wird über die **Vv. ethmoidales anterior** und **posterior** zum Sinus cavernosus in der Schädelhöhle, über die **V. sphenopalatina** zum Plexus pterygoideus in der Fossa infratemporalis und über die Verbindung zu den **Vv. labiales** zur V. facialis drainiert.

* Verbindungsvene zum Sinus sagittalis superior über das Foramen caecum (nur im Kindesalter ausgeprägt)

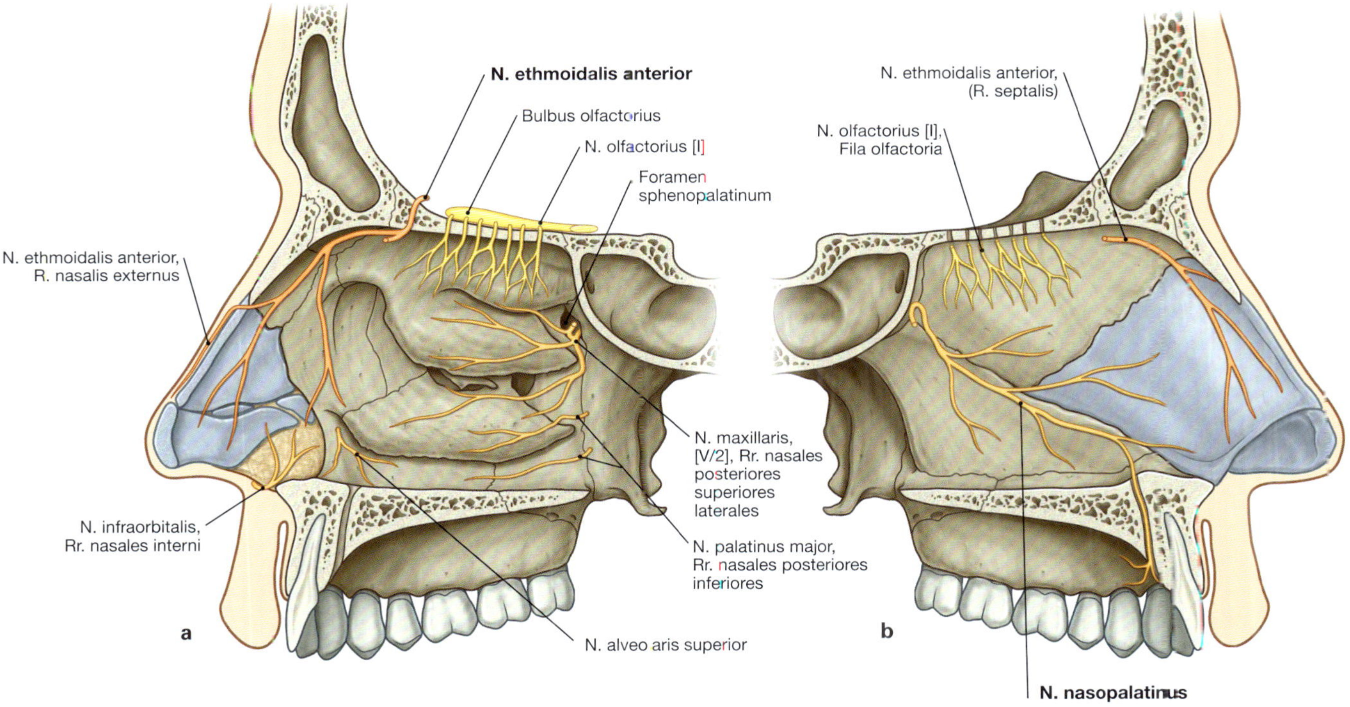

Abb. 8.104a und b Innervation der Nasenhöhle. [8]
a laterale Wand der rechten Nasenhöhle
b Nasenseptum der rechten Nasenhöhle
Die sensorische Innervation der Nasenschleimhaut erfolgt über Äste des N. trigeminus [V]: N. ophthalmicus [V/1] → N. ethmoidalis anterior und N. maxillaris [V/2] → Rr. nasales, N. nasopalatinus. Das Riechfeld wird vom **N. olfactorius [I]** innerviert. Am Nasenseptum verläuft der **N. nasopalatinus,** der durch den Canalis incisivus zieht und die Schleimhaut des harten Gaumens im Bereich der Rückseite der Schneidezähne bis zum Eckzahn innerviert.

Klinik

Die Nasenschleimhaut ist außerordentlich gut sensorisch innerviert. Jede Manipulation in der Nase kann daher äußerst schmerzhaft sein. Kommt es im Rahmen eines Schädel-Hirn-Traumas zum Abriss der Fila olfactoria, kann eine **Anosmie** (der Patient kann nicht mehr riechen) resultieren.

Zerreißt die Dura mater, kann es zur **Rhinoliquorrhö** kommen. Dem Patienten tropft eine klare, durchsichtige Flüssigkeit (Liquor) aus der Nase. Die Diagnose erfolgt durch Nachweis von Glukose mittels Glukose-Teststreifen. Aufgrund der Infektionsgefahr ist eine operative Versorgung zwingend erforderlich.

Mundhöhle

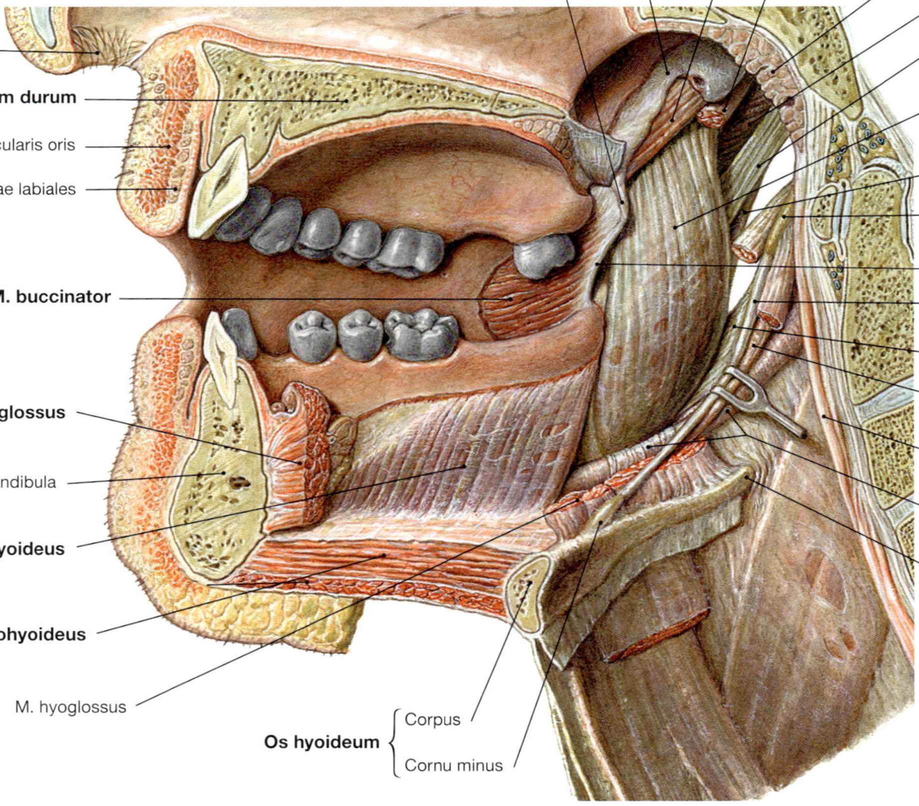

Abb. 8.105 Mundhöhle, Cavitas oris, rechts; Ansicht von links. Vorne wird die Mundhöhle von den Lippen, seitlich von den Wangen, unten durch den muskulären Mundboden und oben durch den Gaumen begrenzt.

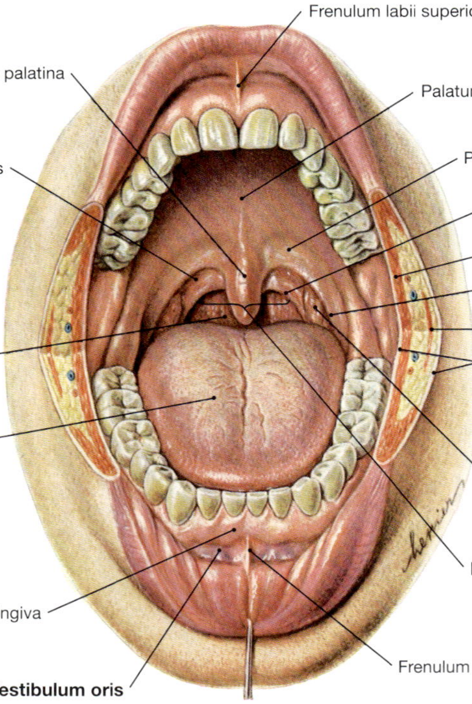

Abb. 8.106 Mundhöhle, Cavitas oris; Ansicht von vorne; Mund geöffnet.
Die Mundöffnung (Rima oris) bildet den Eingang in den Verdauungstrakt und in die Mundhöhle. Diese gliedert sich in den Mundvorhof (Vestibulum oris) und in die eigentliche Mundhöhle (Cavitas oris propria). Das **Vestibulum oris** wird außen von Lippen und Wangen und innen von Alveolarfortsätzen und Zähnen begrenzt. Bei geschlossener Zahnreihe besteht jeweils hinter dem letzten Zahn eine Verbindung zur Mundhöhle (Spatium retromolare). Im Bereich der Schlundenge **(Isthmus faucium)** geht die Mundhöhle in die Pars oralis des Pharynx (Oropharynx) über. In das Vestibulum oris und in die Cavitas oris propria münden die Ausführungsgänge zahlreicher kleiner und der drei paarigen großen Speicheldrüsen. Das Innere der Mundhöhle wird zum größten Teil vom Zungenkörper (Corpus linguae) ausgefüllt.

Zahnbögen

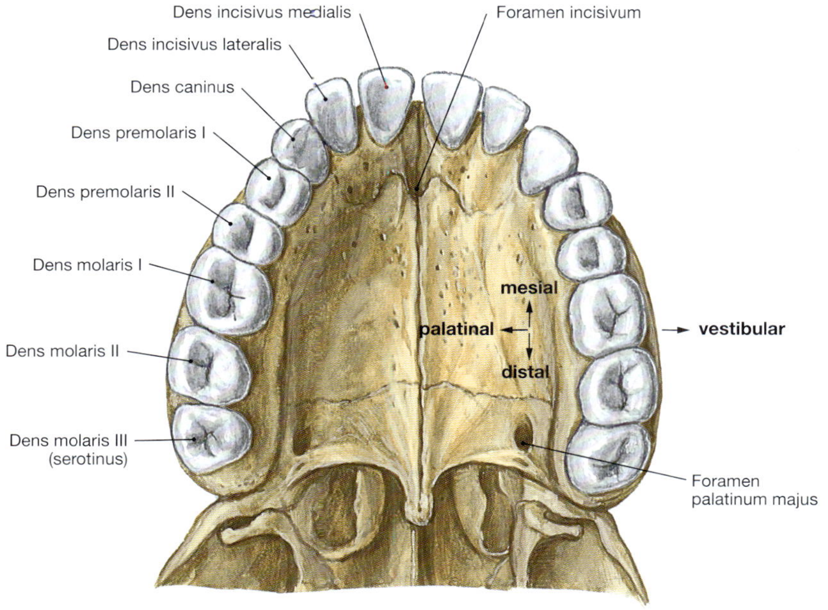

Abb. 8.107 Zahnbogen des Oberkiefers, Arcus dentalis maxillaris [superior].
Die Zähne (Dentes) sind in zwei Zahnreihen, dem oberen (Arcus dentalis maxillaris oder superior) und dem unteren Zahnbogen (Arcus dentalis mandibularis oder inferior), im Ober- und Unterkiefer verankert und bilden das Gebiss. Es ist beim Menschen **heterodont;** die Zähne sind als Schneide- (Incisivi), Eck- (Canini), Backen- (Premolares) und Mahlzähne (Molares) unverwechselbar unterschiedlich geformt.
Schneide- und Eckzähne werden auch als Frontzähne, Backen- und Mahlzähne als Seitenzähne bezeichnet.

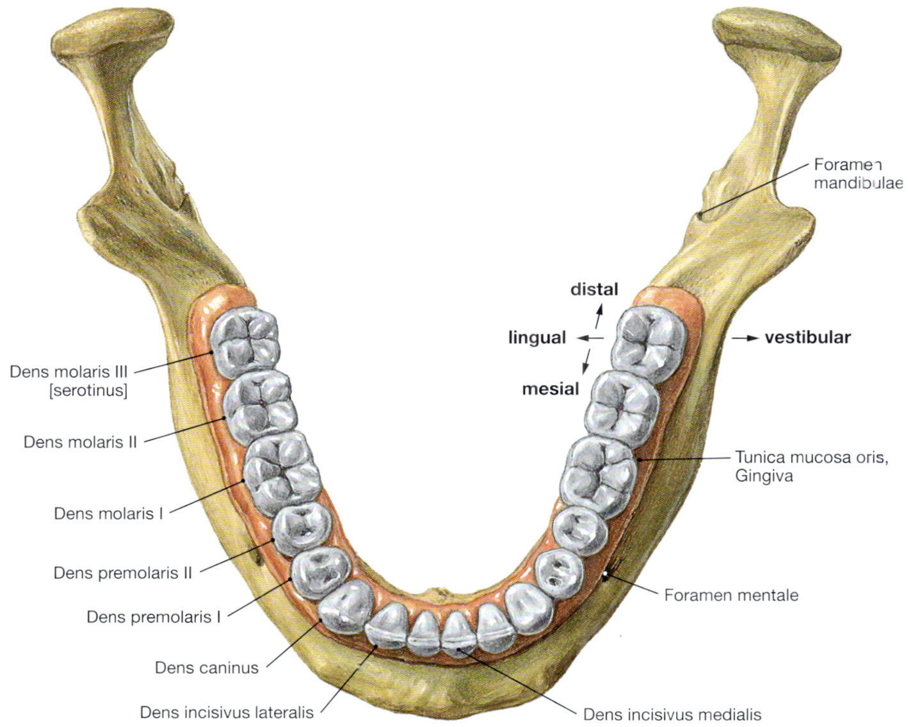

Abb. 8.108 Zahnbogen des Unterkiefers, Arcus dentalis mandibularis [inferior].
Die Lagebezeichnungen der Zähne am unteren Zahnbogen unterscheiden sich nur mit einer Ausnahme von denen des oberen Zahnbogens. Für die Lagebezeichnung „oral" wird im Oberkiefer „palatinal", im Unterkiefer „lingual" verwendet. Die **Gingiva** ist Teil der Mundschleimhaut, bedeckt die Alveolarfortsätze und überzieht den Alveolarknochen sowie die interdentalen Knochensepten. Ferner umschließt sie den Zahnhals und geht am Margo gingivalis in die Mundschleimhaut über. Sie trägt zur Verankerung der Zähne und zur Stabilisierung ihrer Position im Alveolarknochen bei (Pars fixa gingivae), als Bestandteil der Mundschleimhaut bildet sie das Saumepithel, das sich der Zahnoberfläche anheftet.

Zähne, Aufbau

Abb. 8.109 Schneidezahn, Dens incisivus.
An jedem Zahn unterscheidet man Zahnkrone (Corona dentis), Zahnhals (Cervix dentis) und Zahnwurzel (Radix dentis). Die **Zahnkrone** ist der sichtbare Teil des Zahns. Sie überragt das Zahnfleisch (Gingiva) und wird von Schmelz (Enamelum) überzogen.
Die **Zahnwurzel** steckt in der Alveole (Alveolus dentalis), dem Wurzelfach, einer Vertiefung im Proc. alveolaris der Maxilla oder der Mandibula und ist von Zement (Cementum) überzogen. Über das Periodontium (Wurzelhaut, Desmodontium) ist sie im Alveolarknochen verankert. Der **Zahnhals** ist der Bereich, an dem Schmelz und Zement aneinandergrenzen. Hier ist die Gingiva am Zahn befestigt.
Der tiefste Punkt der Zahnwurzel ist die **Wurzelspitze** (Apex radicis dentis). Die Wurzelpapille (Papilla dentis) wird am Foramen apicis dentis vom Wurzelkanal (Canalis radicis dentis) durchbohrt, durch den Gefäße und Nerven in die Pulpahöhle (Cavitas dentis), bestehend aus Cavitas pulparis (Wurzelbereich) und Cavitas coronae (Kronenbereich), ein- und austreten. Innerhalb der Pulpahöhle liegen die **Zahnpulpa** (Pulpa dentis), ein Blutgefäß, Lymphgefäße und Nerven enthaltendes Bindegewebe, das den Zahn ernährt. Auch hier unterscheidet man zwischen Wurzelbereich (Pulpa radicularis) und Kronenbereich (Pulpa coronalis). Zement, Wurzelhaut, Alveolarknochen und Teile der Gingiva werden gemeinsam als Parodontium bezeichnet.

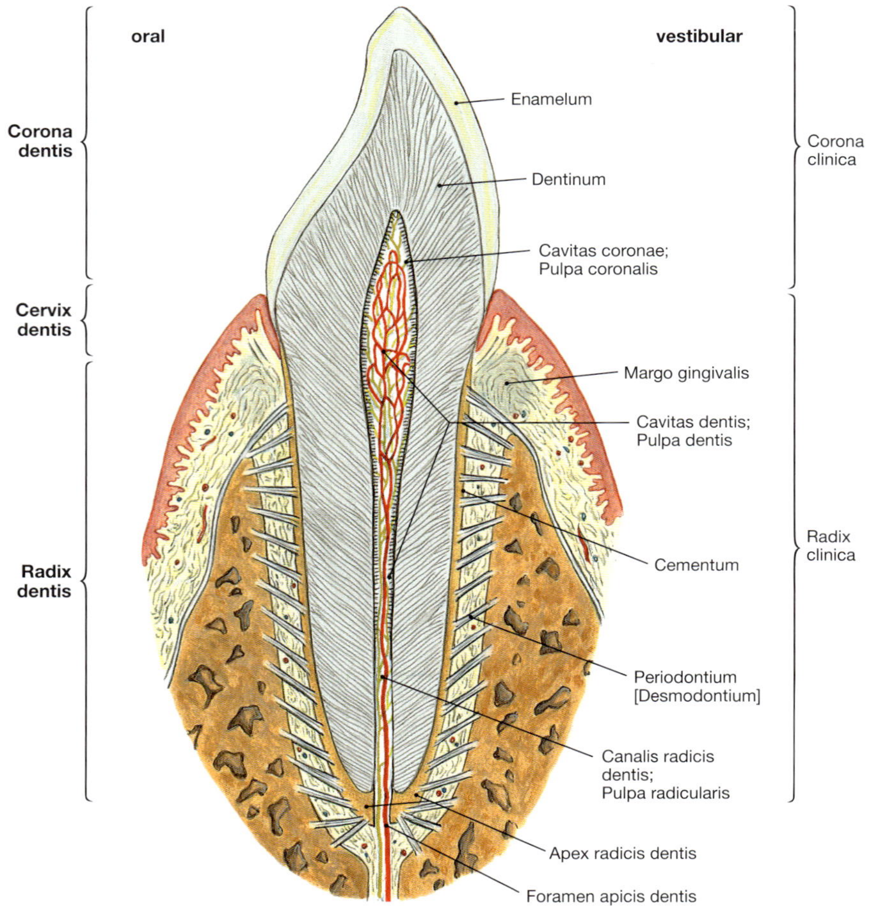

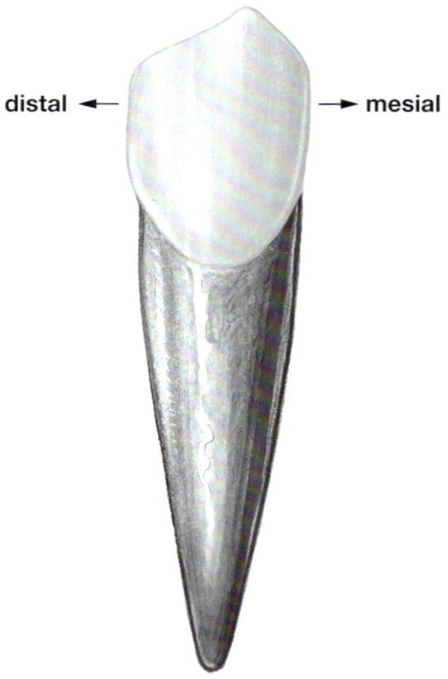

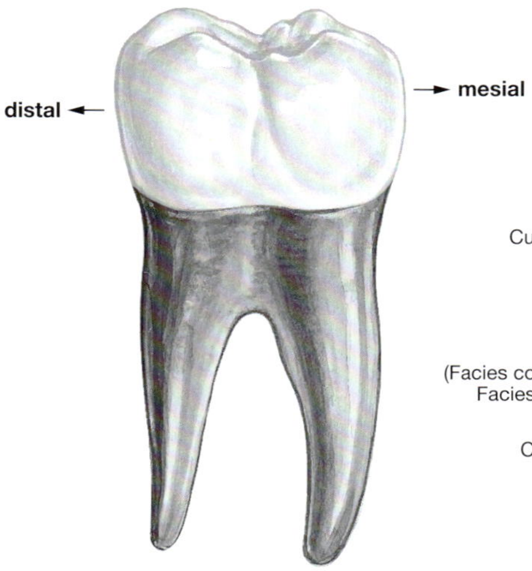

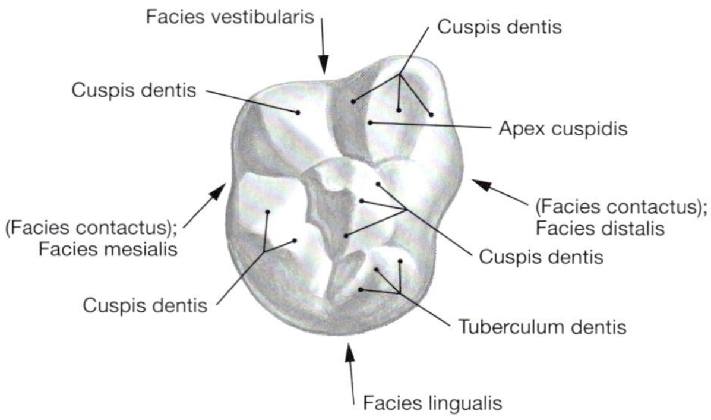

Abb. 8.110 Bleibender unterer Eckzahn, Dens caninus permanens;
Beispiel für einen einwurzeligen Zahn.

Abb. 8.111 Zweiter Milchmahlzahn, Dens molaris deciduus;
Beispiel für einen zweiwurzeligen Zahn.

Abb. 8.112 Erster oberer bleibender Mahlzahn, Dens molaris primus;
Kaufläche eines Mahlzahns mit Bezeichnung der einzelnen Kauflächen.

Klinik

Form, Lagebezeichnungen und Orientierungsregeln
Bei der **Benennung der Oberflächen** des Zahns geht man von der Mittellinie aus. Der der Mittellinie näher gelegene Teil wird als mesial, der entfernter gelegene als distal bezeichnet. Die Beziehungen zur Nachbarschaft werden bei Zähnen als **Flächen,** Facies, dargestellt. Die Anzahl, Stärke und Form der Wurzeln (Radices) ist funktionell auf die Zahnkrone abgestimmt. Dabei ist die Morphologie der Wurzeln der einzelnen Zähne des Milchgebisses und des bleibenden Gebisses recht unterschiedlich und variabel. Einwurzelige Zähne sind die Incisivi, Canini und Prämolaren. Zweiwurzelige Zähne sind der erste obere Prämolar und die unteren Molaren. Dreiwurzelige Zähne sind die oberen Molaren.

Milchzähne

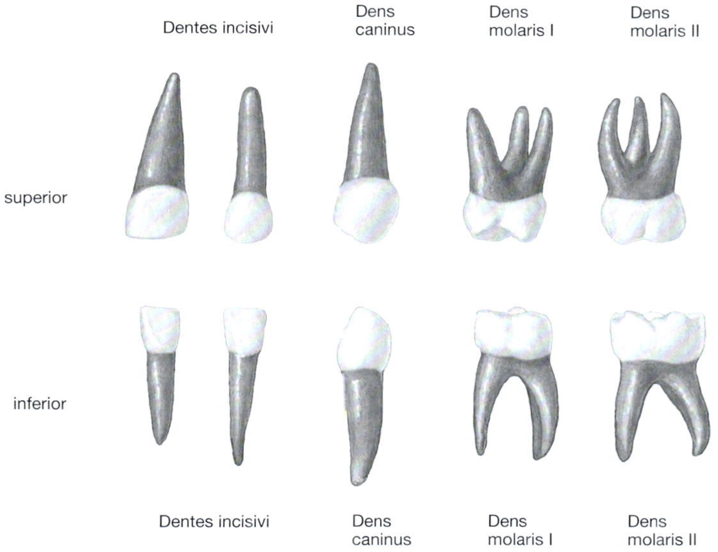

Abb. 8.113 Milchzähne, Dentes decidui, eines dreijährigen Kindes; Ansicht von vestibular.

Mit 30 Monaten ist das Milchgebiss normalerweise vollständig.

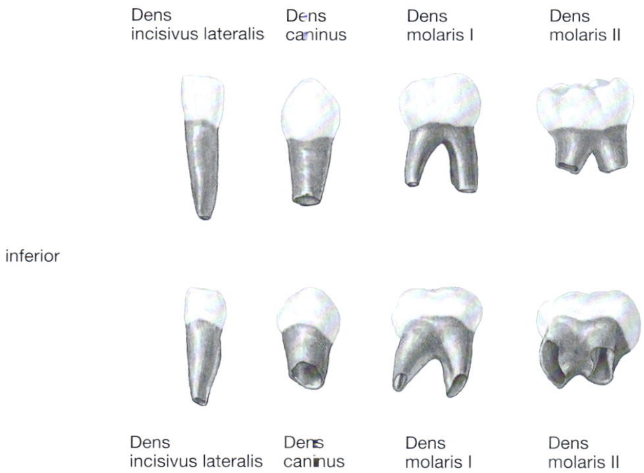

Abb. 8.114 Milchzähne, Dentes decidui, eines zweijährigen Kindes; obere Reihe Ansicht von vestibular, untere Reihe Ansicht von schräg unten.

Die medialen Schneidezähne sind nicht mit dargestellt. Man sieht an den Zähnen des zweijährigen Kindes, dass die Wurzelbildung bei vielen Zähnen noch nicht abgeschlossen ist. Diese erfolgt größtenteils erst nach dem Zahndurchbruch.

Klinik

Zahnformel

International wird in der zahnmedizinischen Praxis eine Zahnformel verwendet. Dabei werden die Kieferhälften **(Quadranten)** mit einer Zahl versehen. Die **Zähne** des bleibenden und des Milchgebisses werden, von der Mittellinie ausgehend, nach hinten fortlaufend von eins bis acht (bleibendes Gebiss) bzw. von eins bis fünf (Milchgebiss) durchnummeriert. Die Ziffer des Quadranten wird vorangesetzt, es folgt die Ziffer des Zahns. So bezeichnet z. B. die Angabe 11 (sprich: eins eins) den ersten Schneidezahn im rechten Oberkiefer des bleibenden Gebisses; die Ziffer 52 (sprich: fünf zwei) den zweiten Schneidezahn im rechten Oberkiefer des Milchgebisses.

Zahnformel des Erwachsenen

	Oberkiefer rechts								Oberkiefer links								
rechts	18	17	16	15	14	13	12	11	21	22	23	24	25	26	27	28	links
	48	47	46	45	44	43	42	41	31	32	33	34	35	36	37	38	

Unterkiefer

Zahnformel im Milchgebiss

Oberkiefer

rechts	55	54	53	52	51	61	62	63	64	65	links
	85	84	83	82	81	71	72	73	74	75	

Unterkiefer

Bleibende Zähne

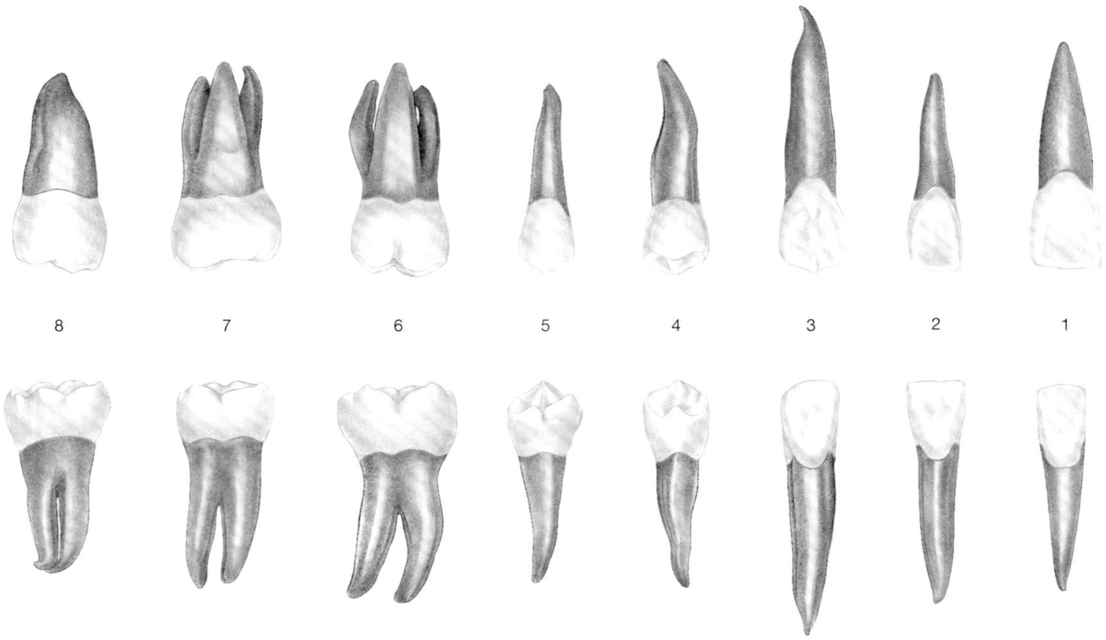

Abb. 8.115 Bleibende Zähne, Dentes permanentes; Ansicht von oral.

1 Dens incisivus I
2 Dens incisivus II
3 Dens caninus
4 Dens premolaris I
5 Dens premolaris II
6 Dens molaris I
7 Dens molaris II
8 Dens molaris III (serotinus)

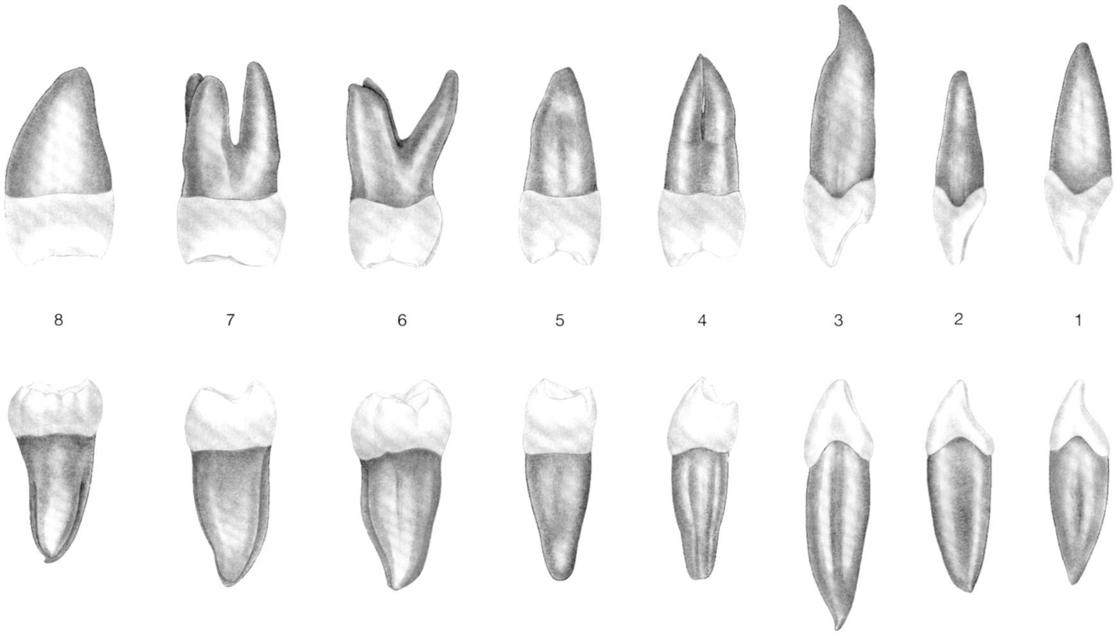

Abb. 8.116 Bleibende Zähne, Dentes permanentes; Ansicht von distal.

1 Dens incisivus I
2 Dens incisivus II
3 Dens caninus
4 Dens premolaris I
5 Dens premolaris II
6 Dens molaris I
7 Dens molaris II
8 Dens molaris III (serotinus)

Klinik

Die Backenzähne werden im klinischen Sprachgebrauch als Molaren und die Vor-Backenzähne als Prämolaren bezeichnet. Da die Zähne die widerstandsfähigsten Organe des Körpers und damit besonders dauerhaft sind, spielen sie in der **forensischen Medizin** bei der Identifikation von Opfern eine wichtige Rolle.

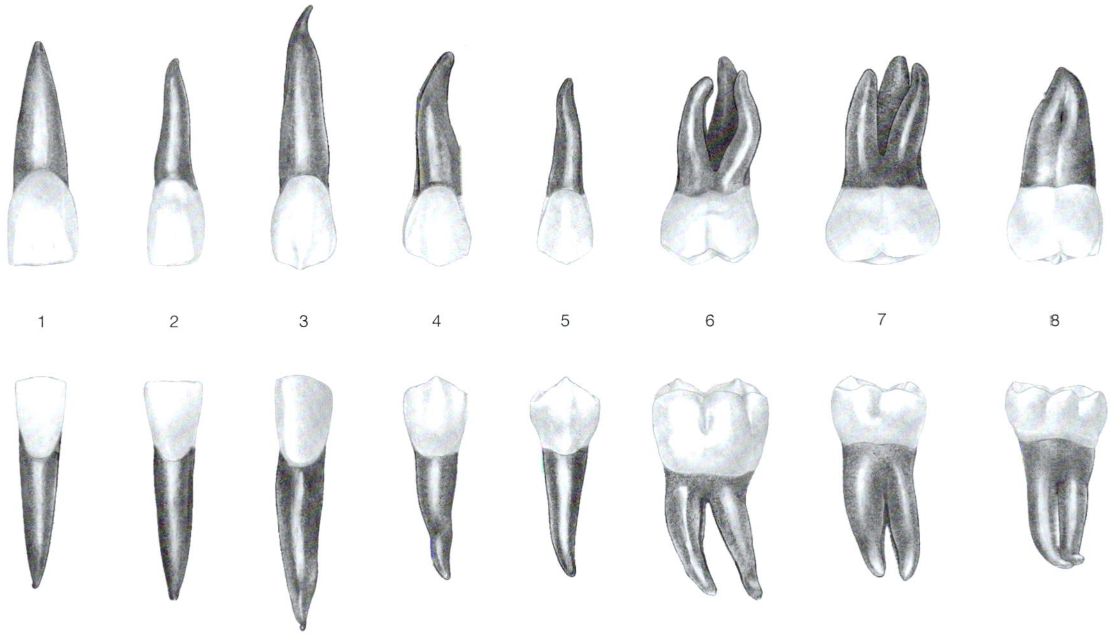

Abb. 8.117 Bleibende Zähne, Dentes permanentes; Ansicht von vestibular.

1 Dens incisivus I
2 Dens incisivus II
3 Dens caninus
4 Dens premolaris I
5 Dens premolaris II
6 Dens molaris I
7 Dens molaris II
8 Dens molaris III (serotinus)

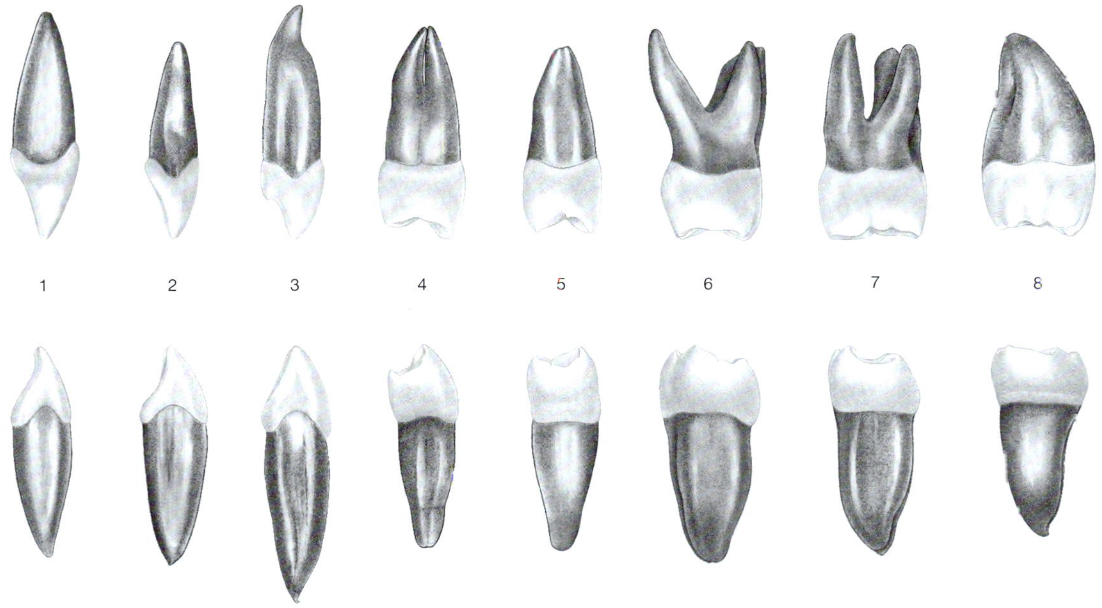

Abb. 8.118 Bleibende Zähne, Dentes permanentes; Ansicht von mesial.

1 Dens incisivus I
2 Dens incisivus II
3 Dens caninus
4 Dens premolaris I
5 Dens premolaris II
6 Dens molaris I
7 Dens molaris II
8 Dens molaris III (serotinus)

Klinik

- Umwelt- und genetische Faktoren können die **Zahnentwicklung** beeinflussen. Resultierende Zahnanomalien betreffen Größe, Form und Anzahl der Zähne.
- Die Verabreichung von **Tetrazyklinen** (Antibiotikafamilie) während der Zahnentwicklung kann zu Farbablagerungen und zu Schmelzdefekten führen.
- Von Bedeutung sind auch Schmelzverfärbungen und -defekte, die durch zu hohe Fluoridgaben in Form von Fluoridtabletten entstehen können **(Dentalfluorose).**
- Schmelzdefekte können auch durch Vitamin-D-Mangel **(Rachitis)** verursacht sein.
- Reste der Zahnleiste können als SERRE-Körper, Überbleibsel der epithelialen Wurzelscheide als MALASSEZ-Epithelreste erhalten bleiben, aus denen sich Zysten bilden können.

Durchbruchszeiten der Zähne

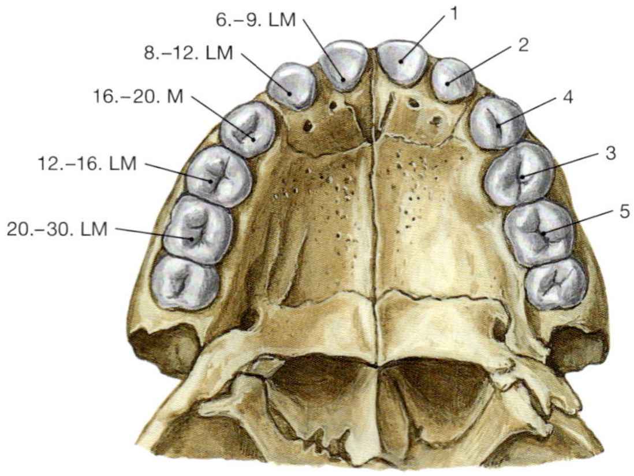

Abb. 8.119 Oberkiefer, Maxilla, mit Milchzähnen, Dentes decidui, und dem ersten bleibenden Zahn; links: mittlere Durchbruchszeit in Monaten (LM); rechts: Reihenfolge des Durchbruchs.
Bleibende Zähne (Ersatzzähne) und Milchzähne unterliegen den gleichen Entstehungsmechanismen, sie bilden sich nur in einem unterschiedlichen Zeitintervall. Dabei sind die Durchbruchszeiten und die Reihenfolge, in der die Milchzähne in der Mundhöhle erscheinen, individuell sehr verschieden. Mit 30 Monaten ist das Milchgebiss normalerweise vollständig.

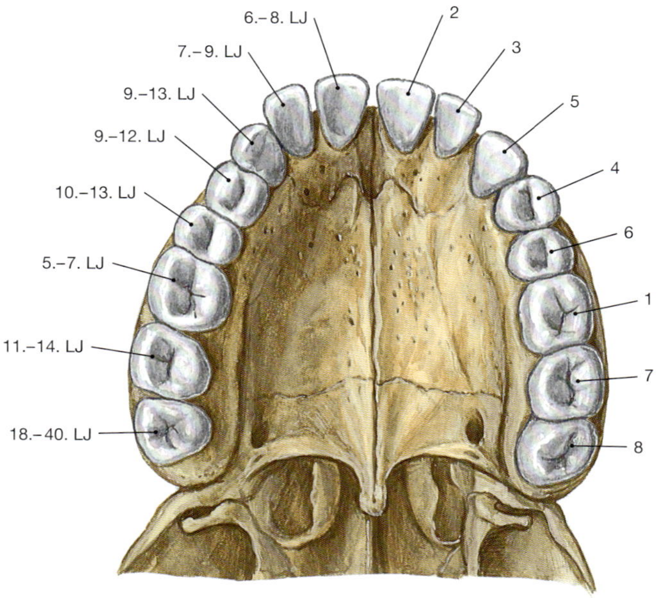

Abb. 8.120 Oberkiefer, Maxilla, mit bleibenden Zähnen, Dentes permanentes; links: mittlere Durchbruchszeit in Jahren (LJ); rechts: Reihenfolge des Durchbruchs.
Das Milchgebiss (erste Dentition mit 20 Zähnen) gleicht mit Ausnahme der Molaren dem Dauergebiss (zweite Dentition mit 32 Zähnen). Die bleibenden Molaren brechen stets in gleicher Reihenfolge durch; erste Molaren mit sechs **(6-Jahres-Molar),** zweite mit zwölf und dritte mit 18 Jahren oder später.

Klinik

Als **Parodontopathien** bezeichnet man Erkrankungen des Zahnhalteapparats. Eine chronisch degenerative Form, bei der es zu einem Schwund des Zahnhalteapparats mit Zahnlockerung und späterem Zahnverlust mit Atrophie des Alveolarfortsatzes kommt, ist dabei die **Parodontose.** Die systemische Gabe von Fluoridionen während der Hartsubstanzbildung der Ersatzzähne führt teilweise zur Bildung von **Fluorapatit** anstelle von Hydroxylapatit. Fluorapatit ist in Säuren schwerer löslich und erhöht dadurch die Kariesresistenz.

Entwicklung der Zähne

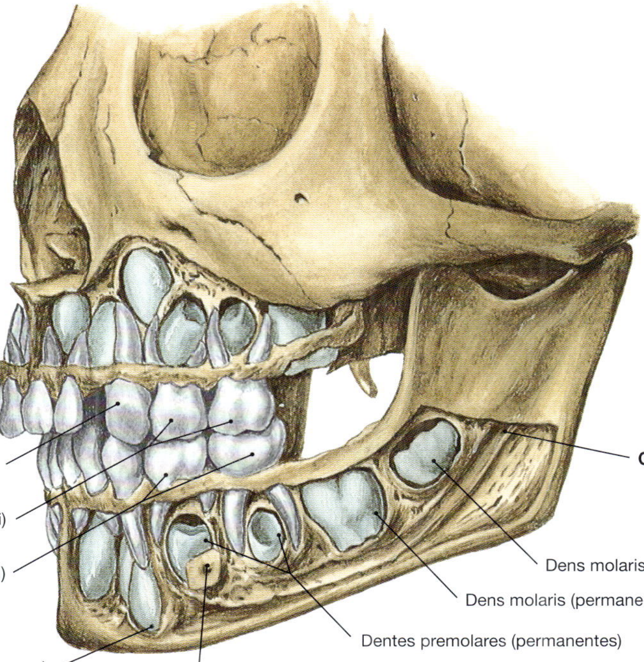

Abb. 8.121 Oberkiefer, Maxilla, und Unterkiefer, Mandibula, eines fünfjährigen Kindes; Milchzähne und Anlagen der bleibenden Zähne.
Das Gebiss des Menschen ist diphydont; es tritt in zwei Dentitionen auf, als Milch- und als Dauergebiss. Zunächst entwickeln sich beim Kind 20 Milchzähne (Dentes decidui). Entwicklung und Durchbruch der ersten und zweiten Dentition sind zeitlich auf das Körperwachstum abgestimmt. Zu unterschiedlichen Zeitpunkten erfolgt die Resorption der Milchzahnwurzel.

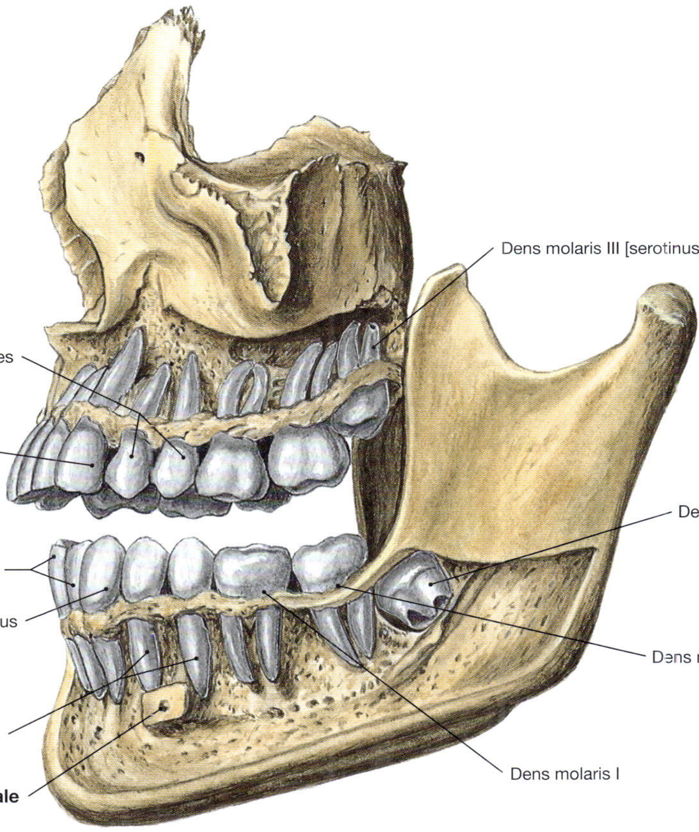

Abb. 8.122 Oberkiefer, Maxilla, und Unterkiefer, Mandibula, eines 20-Jährigen.
Nach dem Zahnwechsel besteht das Gebiss aus bis zu 32 bleibenden Zähnen (Dentes permanentes). Der dritte Molar (Dens molaris tertius, Weisheitszahn, Dens serotinus) ist im Unterkiefer noch nicht durchgebrochen. Er kann sich zurückbilden oder gar nicht angelegt sein (Aplasie). Die Mahlzähne erscheinen bei Mädchen durchschnittlich ca. sieben Monate früher als bei Jungen. Bei beiden Geschlechtern brechen die Molaren des Unterkiefers früher durch als die des Oberkiefers. Milchzahnwurzeln benötigen weitere 16 bis 26 Monate; die Wurzeln bleibender Zähne sind erst nach weiteren 1,7 bis 3,5 Jahren voll ausgebildet.

Oberkiefer, Röntgen und Gefäßversorgung der Zähne

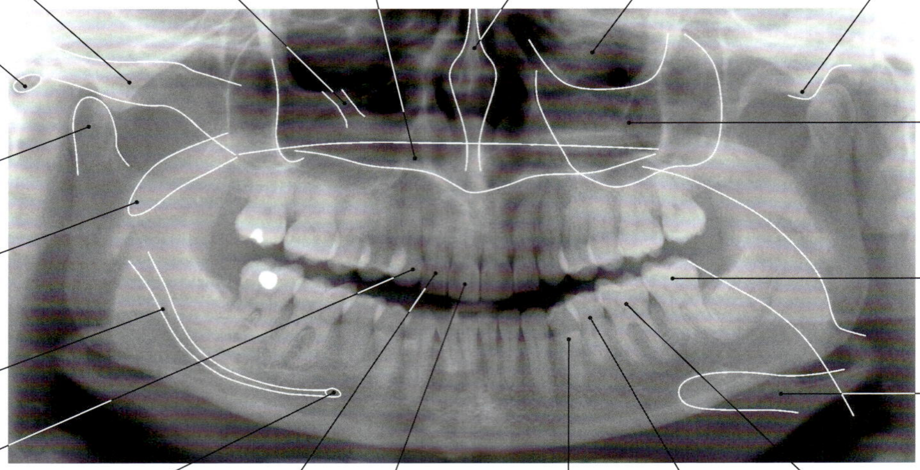

Abb. 8.123 Oberkiefer, Maxilla, und Unterkiefer, Mandibula, ohne Weisheitszähne; Panoramaröntgenaufnahme.

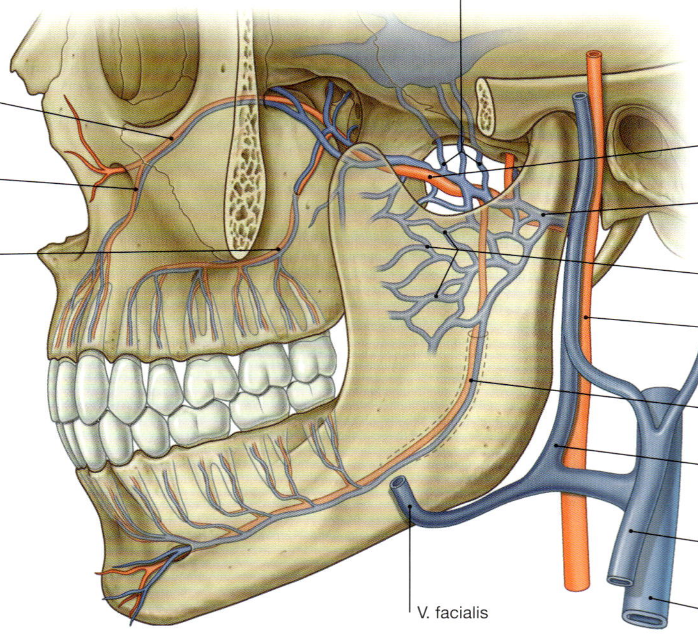

Abb. 8.124 Gefäßversorgung der Zähne. [8]
Die arterielle Versorgung der oberen Seitenzähne erfolgt aus der A. maxillaris über die **A. alveolaris superior posterior,** die der oberen Frontzähne über die **A. infraorbitalis.** Zähne und Gingiva des **Unterkiefers** werden von der **A. alveolaris inferior,** die im Canalis mandibulae verläuft, mit Blut versorgt. Die in Begleitung der Arterien verlaufenden Venen leiten das Blut in den **Plexus pterygoideus.**

Innervation der Zähne und Ganglion pterygopalatinum

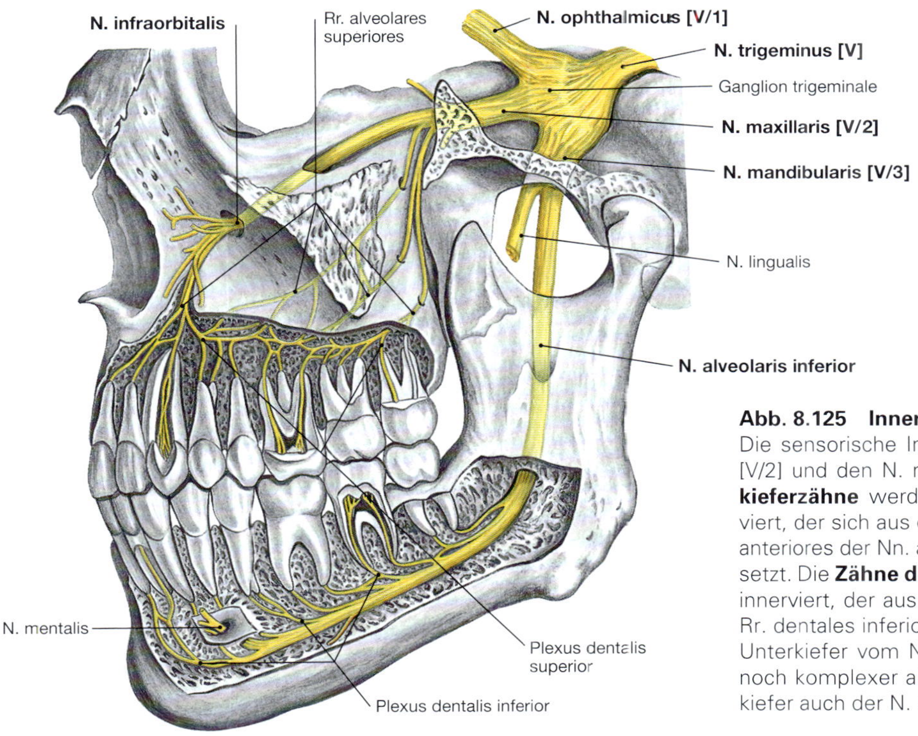

Abb. 8.125 Innervation der Zähne, links; Ansicht von lateral.
Die sensorische Innervation der Zähne erfolgt über den N. maxillaris [V/2] und den N. mandibularis [V/3] des N. trigeminus [V]. Die **Oberkieferzähne** werden vom Plexus dentalis superior sensorisch innerviert, der sich aus den Rr. alveolares superiores posteriores, medii und anteriores der Nn. alveolares superiores des N. infraorbitalis zusammensetzt. Die **Zähne des Unterkiefers** werden vom Plexus dentalis inferior innerviert, der aus dem N. alveolaris inferior gebildet wird und sich in Rr. dentales inferiores aufteilt. Zusätzlich wird das Frontzahngebiet am Unterkiefer vom N. mentalis erreicht. Die Innervation der Gingiva ist noch komplexer als die Innervation der Zähne. Hier ist für den Oberkiefer auch der N. ophthalmicus [V/1] beteiligt.

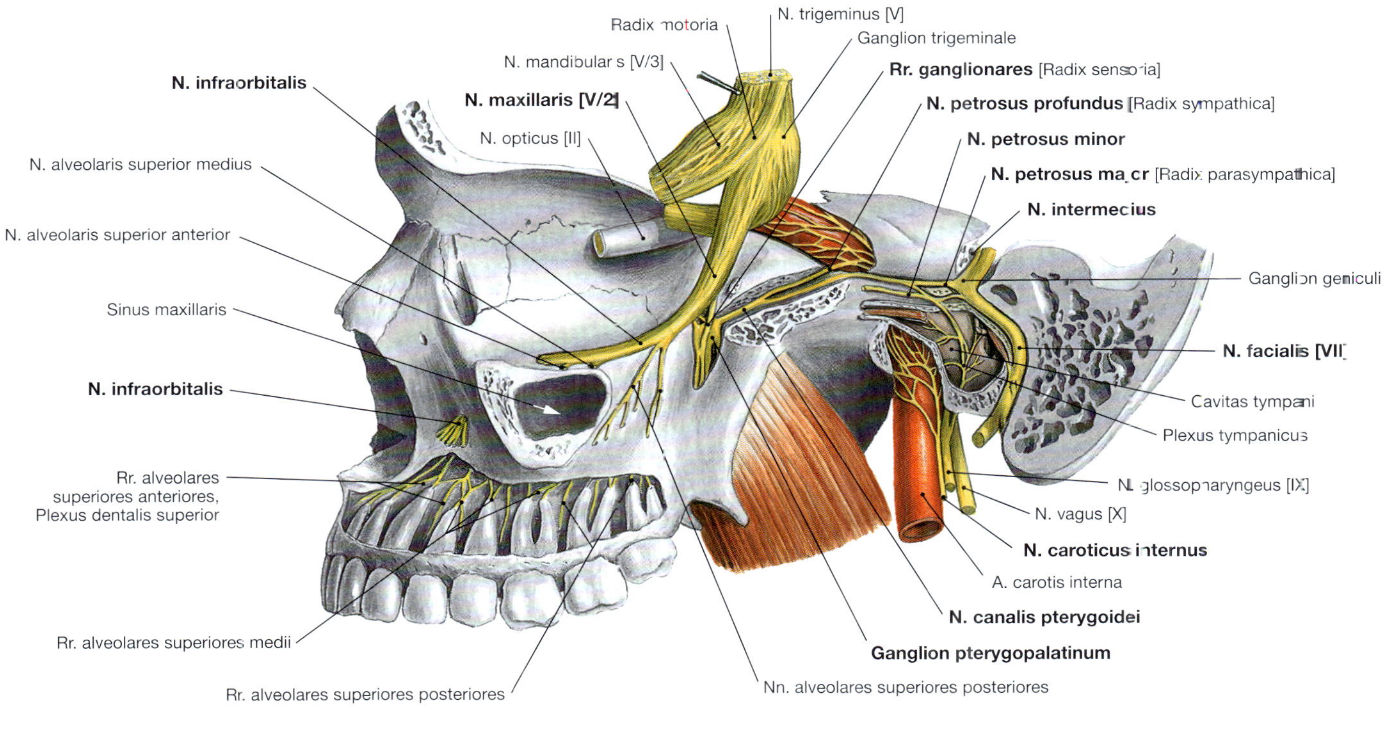

Abb. 8.126 Ganglion pterygopalatinum.
Über die Rr. ganglionares des N. maxillaris [V/2] verlaufen sensorische Nervenfasern durch das Ganglion pterygopalatinum zum weichen und zum harten Gaumen. Über den N. facialis [VII] (N. intermedius), den N. petrosus major und den N. canalis pterygoidei erreichen parasympathische Fasern aus dem Nucleus salivatorius superior das Ganglion pterygopalatinum und werden hier von prä- auf postganglionär umgeschaltet. Die postganglionären Fasern innervieren die Tränen-, Nasen- und Gaumendrüsen parasympathisch. Postganglionäre sympathische Fasern kommen vom N. caroticus internus (Plexus caroticus internus), formieren sich zum N. petrosus profundus und ziehen durch das Ganglion pterygopalatinum sowie zu Tränen-, Nasen- und Gaumendrüsen.

Klinik

Aufgrund der unterschiedlichen Innervation der Zähne und der Gingiva im Oberkiefer muss zur Lokalanästhesie der zu betäubende Zahn einzeln umspritzt werden **(Infiltrationsanästhesie)**. Zur Betäubung der Zähne des Unterkiefers führt man eine **Leitungsanästhesie** durch. Dabei wird der N. alveolaris inferior kurz vor seinem Eintritt in den Canalis mandibulae betäubt. Durch Mitbetäubung des N. lingualis kommt es zu sensorischen Störungen im Bereich der jeweiligen Zungenhälfte mit Ausnahme der Zungenspitze. Auch der Endast des N. alveolaris inferior ist mit betroffen, so dass die Kinnregion und Teile der Unterlippe keine Sensorik mehr aufweisen.

Fossa pterygopalatina und Ganglion pterygopalatinum

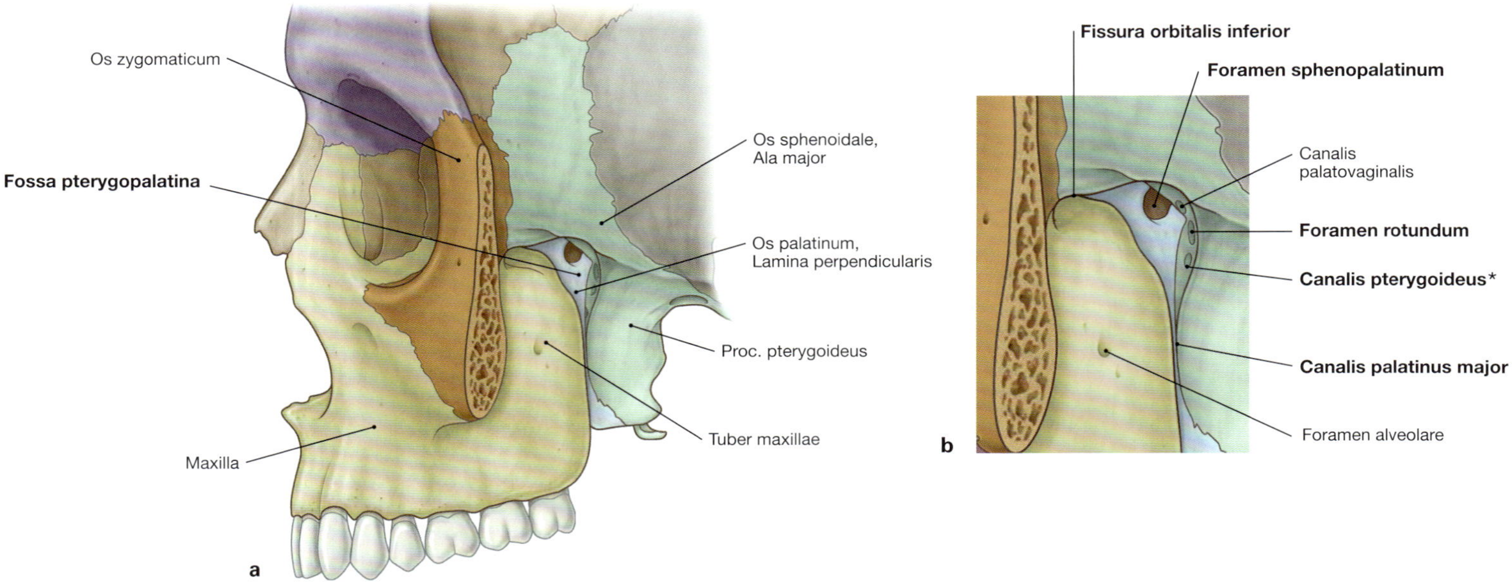

Abb. 8.127a und b Fossa pterygopalatina, links; Ansicht von lateral; Farbtafel siehe hinterer Buchdeckel innen. [8]

a Übersicht

b Vergrößerung

Die Fossa pterygopalatina ist ein nervaler Schaltbereich zwischen mittlerer Schädelgrube, Augenhöhle und Nase. Maxilla, Os palatinum und Os sphenoidale beteiligen sich an der Begrenzung der Grube. Sie wird vorne vom Tuber maxillae, hinten vom Proc. pterygoideus, medial von der Lamina perpendicularis des Os palatinum und oben von der Ala major des Os sphenoidale begrenzt. Nach oben erfolgt der Übergang in die Fissura orbitalis inferior. Hinten öffnet sich die Grube in den Retropharyngealraum; lateral öffnet sie sich weit in die Fossa infratemporalis.

* VIDIANUS-Kanal

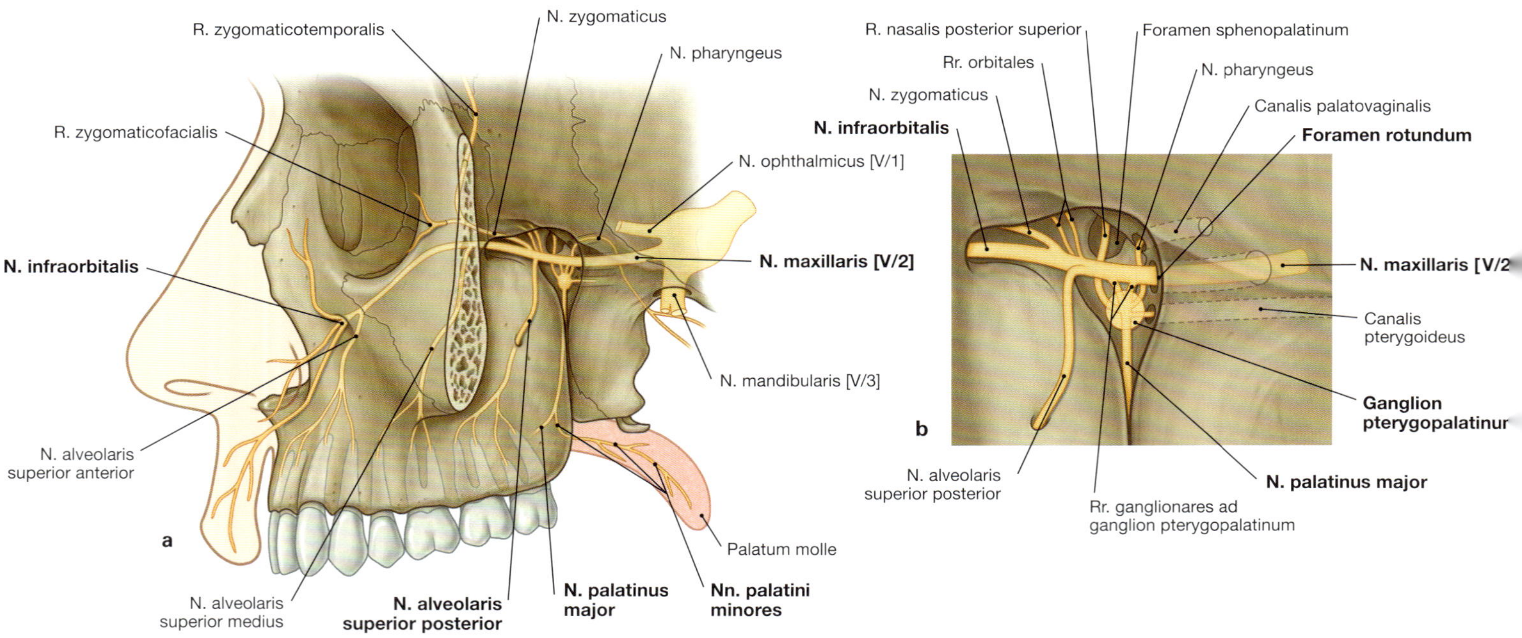

Abb. 8.128a und b N. maxillaris [V/2], links; Ansicht von lateral. [8]

a Endäste

b räumliche Beziehung zum Ganglion pterygopalatinum

Der N. maxillaris [V/2] tritt über das **Foramen rotundum** durch die Schädelbasis in die Fossa pterygopalatina ein und verlässt sie über die **Fissura infraorbitalis.** In der Fossa pterygopalatina gehen Rr. orbitales, der N. zygomaticus, der N. alveolaris superior posterior sowie Rr. ganglionares zum Ganglion pterygopalatinum ab.

Fossa pterygopalatina

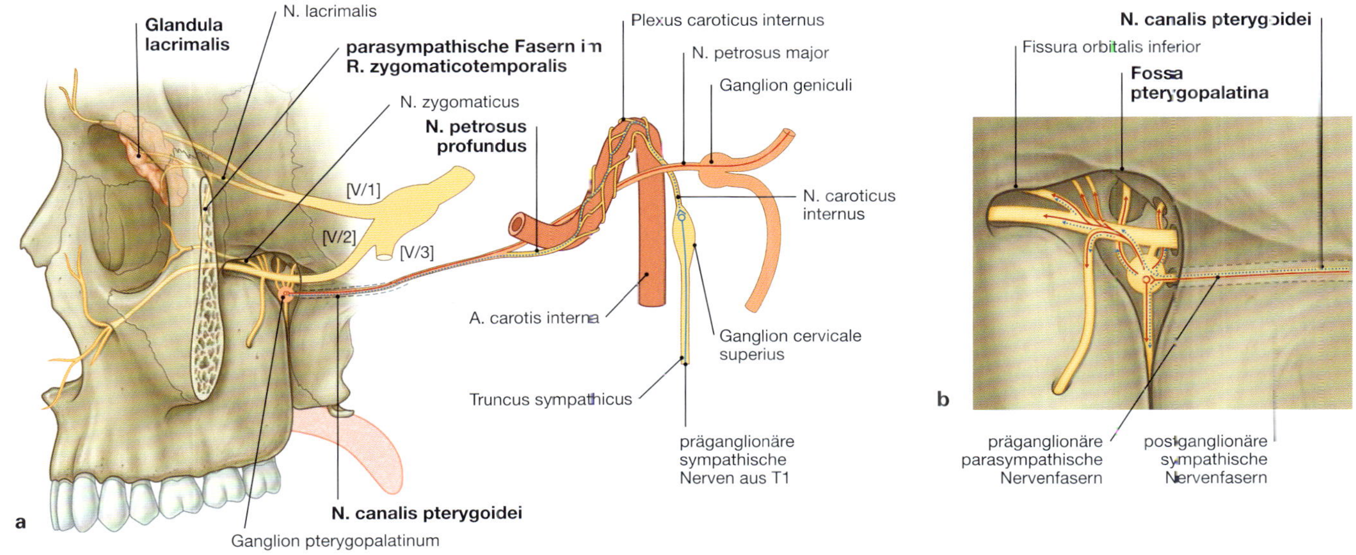

Abb. 8.129a und b N. canalis pterygoidei, links; Ansicht von lateral. [8]

a Übersicht

b Nerven in der Fossa pterygopalatina

Parasympathische Fasern des N. facialis [VII], die den N. petrosus major bilden, gelangen zum Ganglion pterygopalatinum, werden hier von prä- auf postganglionär umgeschaltet und ziehen dann weiter zu Tränen-, Nasen- und Gaumendrüsen. **Postganglionäre sympathische** Fasern kommen vom Plexus caroticus internus, lagern sich zum N. petrosus profundus zusammen und ziehen ohne Umschaltung durch das Ganglion pterygopalatinum. Sie gelangen ebenfalls zu Tränen-, Nasen- und Gaumendrüsen.

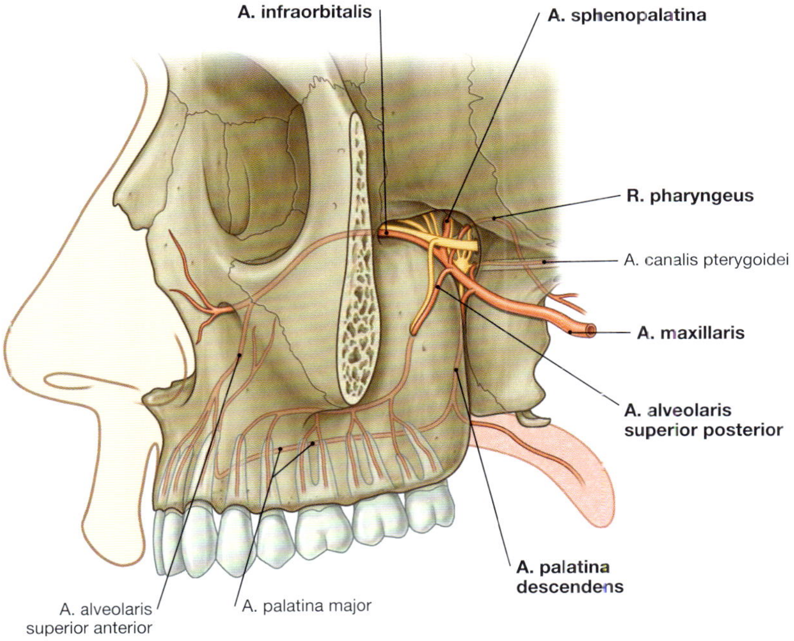

Abb. 8.130 A. maxillaris in der Fossa pterygopalatina, links; Ansicht von lateral. [8]

In der Fossa pterygopalatina zweigt sich die A. maxillaris in ihre **Endäste** auf: Aa. infraorbitalis, sphenopalatina, alveolaris superior posterior, palatina descendens und R. pharyngeus.

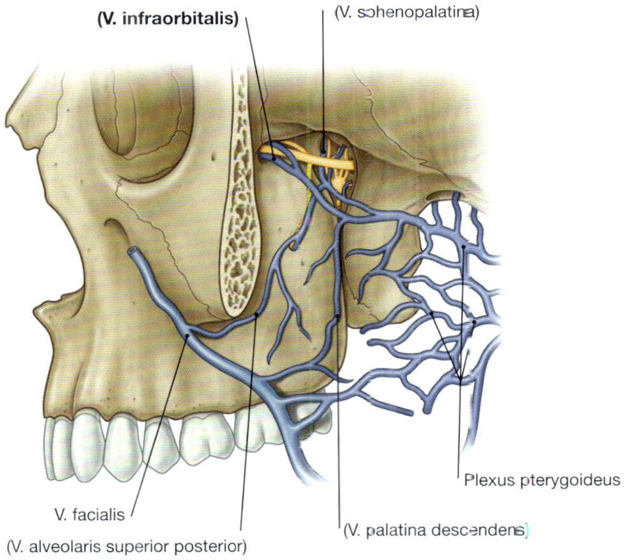

Abb. 8.131 Venen der Fossa pterygopalatina, links; Ansicht von lateral. [8]

Der venöse Abfluss aus Vv. infraorbitalis, sphenopalatina, alveolaris superior posterior, palatina descendens erfolgt in den **Plexus pterygoideus,** der in der Fossa infratemporalis liegt.

Klinik

Eine Läsion der parasympathischen Fasern, die das Gehirn als Teil des N. facialis [VII] verlassen und schließlich mit Ästen des N. ophthalmicus [V/I] zur Tränendrüse ziehen, kann zu einer verminderten Tränenflüssigkeitsproduktion der Tränendrüse und damit zu einem **trockenen Auge** führen.

Gaumen und Gaumenmuskeln

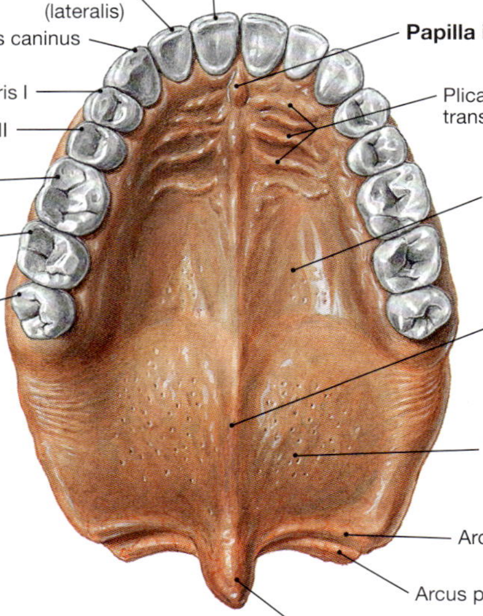

Abb. 8.132 Harter Gaumen, Palatum durum, und weicher Gaumen, Palatum molle; Ansicht von unten.
Der Gaumen (Palatum) bildet das Dach der Mundhöhle und den Boden der Nasenhöhle. Er grenzt damit Mundhöhle und Nasenhöhle voneinander ab. Vorne besteht er aus dem harten Gaumen (Palatum durum), hinten aus dem weichen Gaumen (Palatum molle).
Der **harte Gaumen** ist an der Lautbildung von Konsonanten beteiligt und dient der Zunge beim Zerquetschen von Nahrung als Widerlager. Hierzu befinden sich beidseits der Mittellinie mehrere flache Schleimhautquerleisten (Plicae palatinae transversae, Rugae palatinae). Sie dienen dem Zerreiben und dem Halten von Nahrung.
Der **weiche Gaumen** ist nachgiebig und trennt den Nasopharynx beim Schluckakt vom Speiseweg, indem er sich der Rachenhinterwand anlegt.

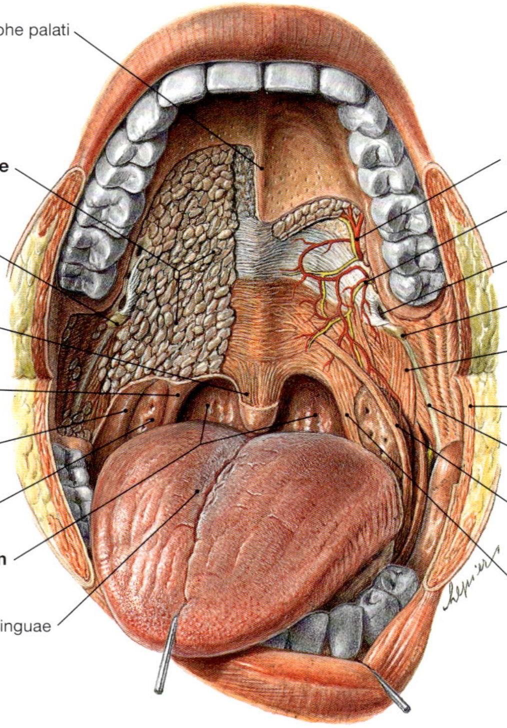

Abb. 8.133 Mundhöhle, Cavitas oris, und Gaumenmuskeln, Mm. palati; Ansicht von vorne.
Der Gaumen ist von einer dicken Schleimhaut überzogen, die unverschiebbar mit dem Periost verwachsen ist. Subepithelial liegen am Gaumen Pakete kleiner Speicheldrüsen (Glandulae palatinae). Der bewegliche weiche Gaumen schließt nach hinten an und geht an seinem Ende in das Zäpfchen (Uvula) über. Die Uvula besteht aus Muskulatur (M. uvulae) und Speicheldrüsen.

Lateral strahlen jeweils die **Gaumenbögen** (Arcus palatoglossus und Arcus palatopharyngeus), deren Grundlage gleichnamige Muskeln sind (Mm. palatoglossus und palatopharyngeus), in den weichen Gaumen und die Uvula ein. Die Gaumenbögen einer Seite umrahmen die Gaumenmandel (Tonsilla palatina). Durch die Gaumenbögen entsteht die **Rachenenge** (Isthmus faucium); sie ist der muskulär verschließbare Eingang zum Pharynx.

→ T 3

Klinik

Spaltbildungen von Gaumen, Kiefer und Gesicht können sehr unterschiedlich ausgeprägt sein. Sie gehen auf eine unzureichende Mesenchymproliferation und daraus resultierend auf die Nichtverschmelzung von Kiefer- und Nasenwülsten zurück. Die im Volksmund als „Hasenscharte" bekannte Form ist eine ein- oder beidseitige Spaltbildung der Oberlippe. Schwere Formen setzen sich als **Lippen-Kiefer-Gaumen-Spalte** weiter nach hinten fort, kommen mit einer Häufigkeit von 1:2500 Geburten vor und betreffen Mädchen öfter. **Isolierte Gaumenspalten** entstehen, wenn die beiden Hälften des sekundären Gaumens nicht miteinander oder nicht mit dem primären Gaumen verschmelzen. Die leichteste Form ist eine gespaltene Uvula **(Uvula bifida).** Diese Spalten sind nicht genetisch bedingt, sondern lassen sich auf einen Folsäuremangel in der Ernährung der Mutter während der Schwangerschaft zurückführen → Klinikkasten S. 84.

Entwicklung des Gaumens und Gaumenmuskeln

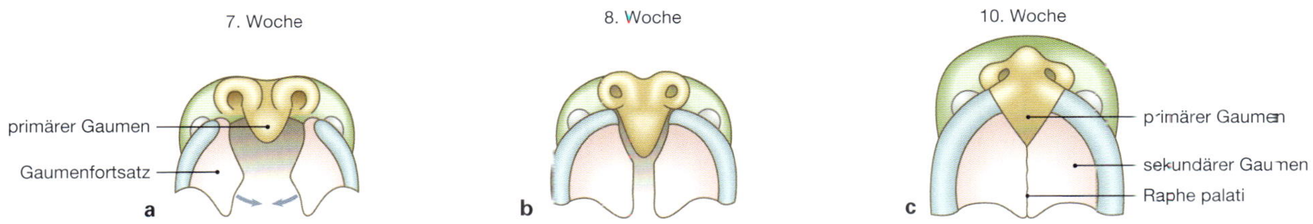

Abb. 8.134a bis c Entwicklung des Gaumens, Trennung von Nasen- und Rachenraum. [20]
Aus den medialen Nasenwülsten geht in der Tiefe das Zwischenkiefersegment hervor, aus dem das Philtrum der Oberlippe, ein Oberkieferanteil (mit den vier Schneidezähnen) und ein Gaumenanteil (bildet den primären Gaumen) hervorgehen. Der primäre Gaumen ragt von vorne in den Nasenrachenraum hinein. Der Hauptanteil des definitiven knöchernen Gaumens wird von den Gaumenfortsätzen, die sich aus den Oberkieferfortsätzen entwickeln, gebildet. In der 7. Woche verlagert sich die Zunge nach unten, die Gaumenfortsätze richten sich horizontal aus, wachsen zwischen Nasenhöhle und Mundhöhle aufeinander zu und vereinigen sich in der Mittellinie zum sekundären Gaumen. Vorne verschmelzen die Gaumenfortsätze mit dem primären Gaumen.

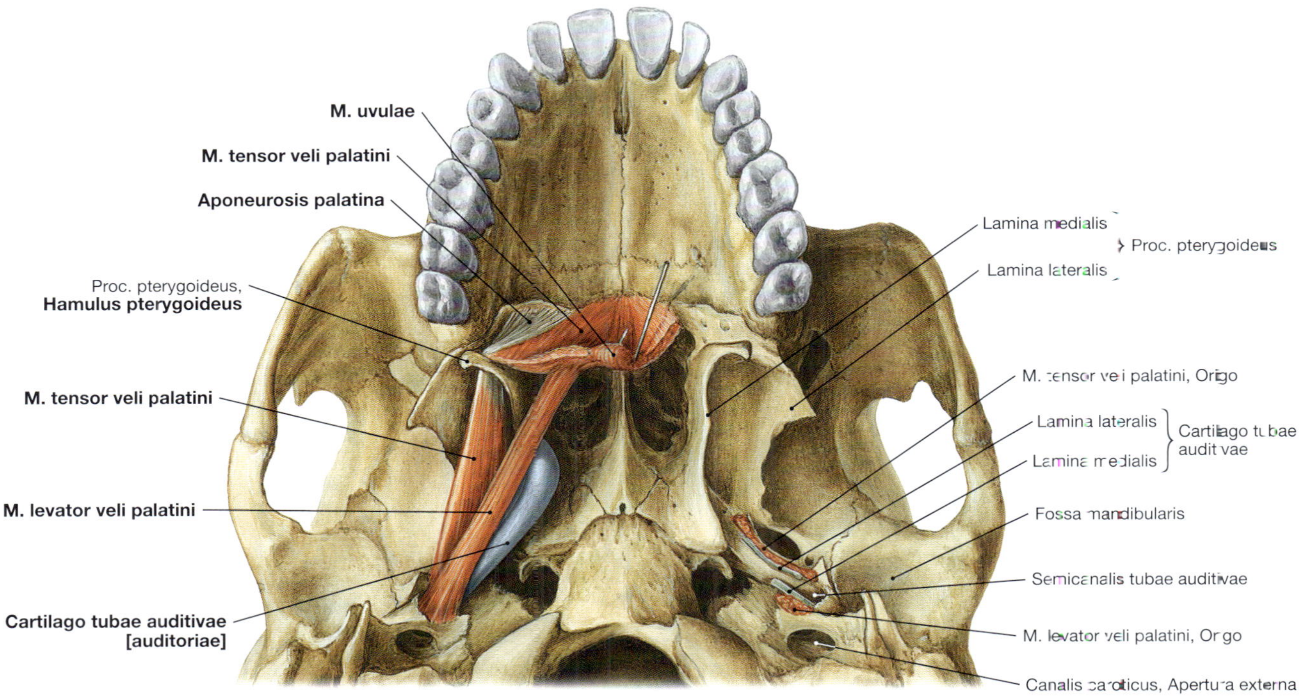

Abb. 8.135 M. levator veli palatini, M. tensor veli palatini und Tubenknorpel, Cartilago tubae auditivae; Ansicht von unten.
Außer den in → Abbildung 8.137 dargestellten Mm. palatoglossus und palatopharyngeus, die dem Senken/Herabziehen des weichen Gaumens dienen, sowie dem M. uvulae, der dem Auspressen der mukösen Speicheldrüsen der Uvula dient, strahlen der M. tensor veli palatini und der M. levator veli palatini in die **Aponeurosis palatina** ein. Beide Muskeln sind an der Schädelbasis befestigt. Der M. tensor veli palatini nutzt den Hamulus pterygoideus als Hypomochlion (Gleitlager). Die Muskeln ziehen den weichen Gaumen bei Kontraktion nach hinten oben und dienen im Rahmen des Schluckvorgangs dem **Verschluss zwischen Naso- und Oropharynx.** Außerdem sind sie an der Öffnung der Tuba auditiva [auditoria] beteiligt (→ S. 149 und 150).

→ T 3

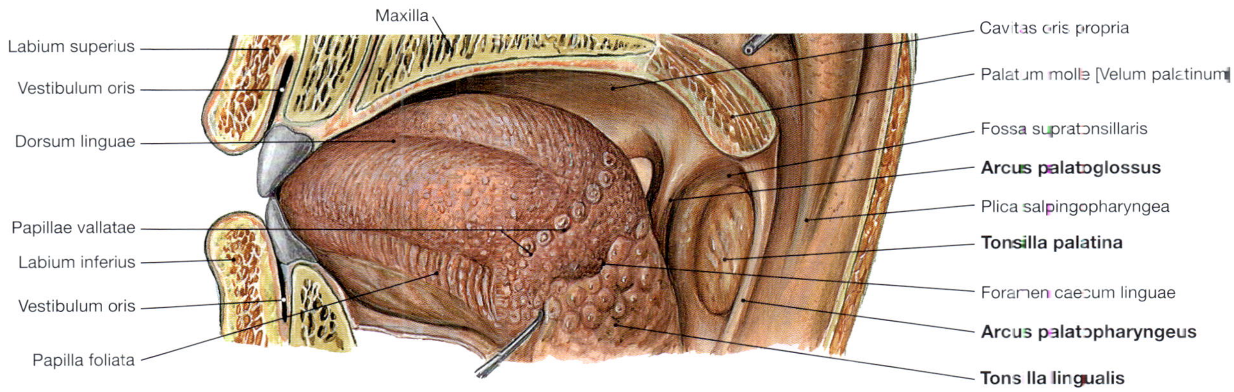

Abb. 8.136 Zunge, Lingua, in der Mundhöhle; Ansicht von hinten lateral.
Hinter dem Sulcus terminalis schließt sich die Zungenwurzel mit der Zungenmandel (Tonsilla lingualis) an. Die Tonsilla lingualis ist Teil des WALDEYER-Rachenrings zu dem auch die zwischen den beiden Gaumenbögen (Arcus palatoglossus und palatopharyngeus) sitzende Tonsilla palatina gehört.

Zunge

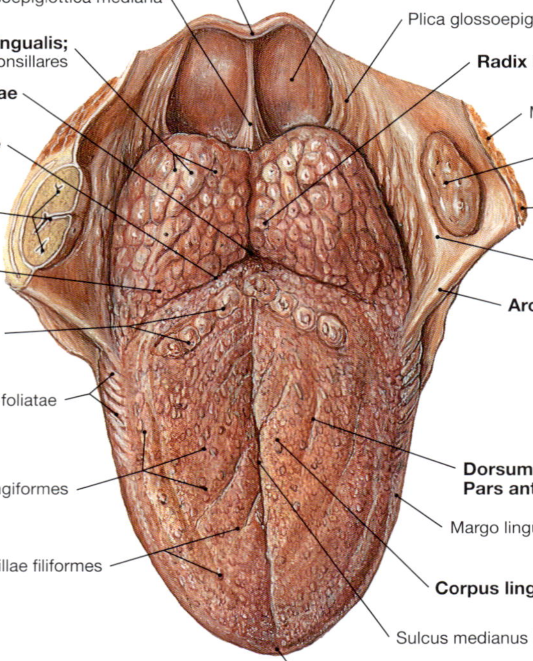

Abb. 8.137 Zunge, Lingua; Ansicht von oben.
Auf dem **Zungenrücken** (Dorsum linguae) trennt der Sulcus medianus linguae die Zunge in eine rechte und eine linke Zungenhälfte. Der Sulcus terminalis linguae (eine v-förmige Furche), bildet die Grenze zwischen Corpus linguae und Radix linguae und teilt die Zunge in eine Pars anterior sowie in eine Pars posterior. An der Spitze des Sulcus terminalis linguae senkt sich das Oberflächenepithel zum **Foramen caecum linguae** ein. Dieses Foramen kennzeichnet den Ort, an dem sich die Schilddrüse aus dem Mundboden-Ektoderm auf dem Weg in ihre endgültige Position vor dem Larynx abgesenkt hat (Abgangsstelle des Ductus thyroglossalis).

Die Schleimhaut der Pars anterior ist rau, da sie zahlreiche kleine, teils makroskopisch sichtbare Papillen (Papillae linguales, Papillae filiformes, foliatae, fungiformes und vallatae) trägt, die der Tast- und der Geschmacksempfindung dienen.
Die **Zungenwurzel** (Radix linguae) wird von der Tonsilla lingualis bedeckt, die seitlich von den beiden Gaumenbögen, Arcus palatoglossus und palatopharyngeus und hinten vom Kehldeckel (Epiglottis) umrahmt wird. Von der Zungenwurzel ziehen die unpaare Plica glossoepiglottica mediana und die paarigen Plicae glossoepiglotticae laterales zum Kehldeckel und begrenzen die Valleculae epiglotticae.

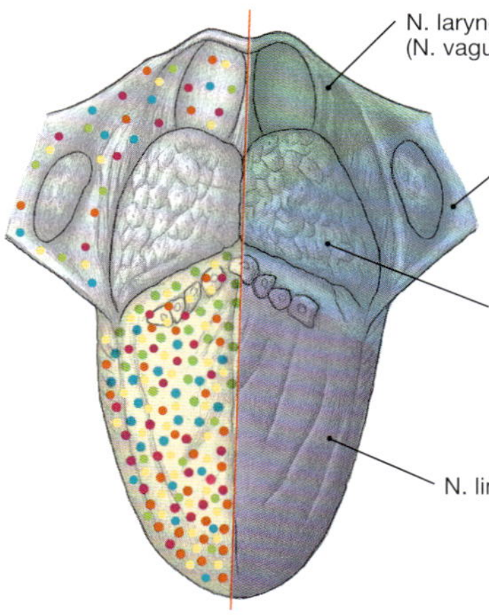

Abb. 8.138 Innervation und Geschmacksqualitäten des Zungenrückens.
Die sensorische Innervation erfolgt im vorderen Abschnitt über den N. lingualis, einen Ast des N. mandibularis [V/3], im Bereich des Sulcus terminalis linguae durch die Rr. linguales des N. glossopharyngeus [IX] und am Zungengrund durch den N. laryngeus superior, einen Ast des N. vagus [X].
Geschmackseindrücke der **vorderen zwei Drittel** der Zunge gelangen über Äste des N. facialis [VII] (Chorda tympani, N. intermedius) zum oberen Teil des Tractus solitarius im Hirnstamm; die Perikarya dieser Nervenfasern liegen im Ganglion geniculi. Geschmackseindrücke des **hinteren Drittels** der Zunge werden über den N. glossopharyngeus [IX] und N. vagus [X] zum unteren Teil des Tractus solitarius im Hirnstamm übermittelt. Die Perikarya dieser Nervenfasern liegen im Ganglion inferius des N. glossopharyngeus [IX] oder des N. vagus [X].
In allen Bereichen der vorderen zwei Drittel der Zunge können alle fünf Geschmacksqualitäten wahrgenommen werden, allerdings mit unterschiedlicher Intensität. So schmeckt man an der Zungenspitze mehr süß, am Zungengrund mehr bitter.

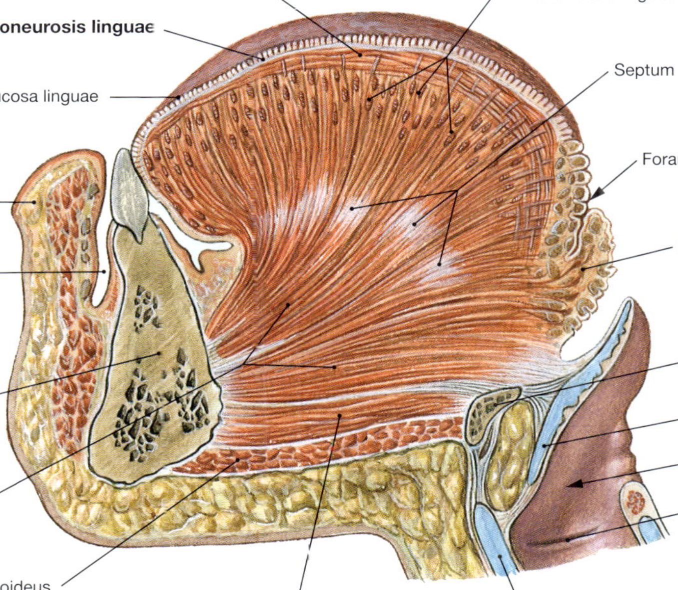

Abb. 8.139 Zunge, Lingua, und Zungenmuskeln, Mm. linguae; Medianschnitt.

Die Zunge ist ein Muskelkörper mit großer Verformbarkeit. Sie ist wesentlich am Kau- und am Schluckakt beteiligt und ermöglicht das Saugen und Sprechen. Außerdem ist sie wichtiges Tastinstrument und Sitz des Geschmacksorgans. Man unterscheidet Binnenmuskeln (Eigenmuskulatur) und Außenmuskeln, die am Skelett entspringen und in den Zungenkörper einstrahlen. Die äußeren Zungenmuskeln verändern die Lage der Zunge, die inneren Zungenmuskeln verändern ihre Form. Die Zungenmuskulatur inseriert zum größten Teil an der **Aponeurosis linguae,** einer derben Bindegewebsplatte unter der Schleimhaut des Zungenrückens.

→ T 2a

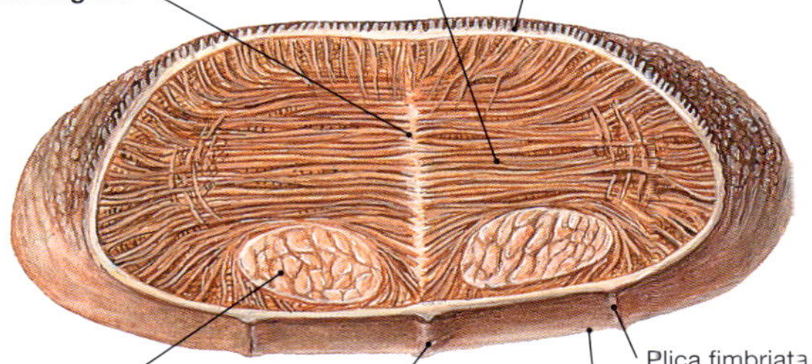

Abb. 8.140 Zunge, Lingua, und innere Zungenmuskeln, Mm. linguae interni; Querschnitt durch die Zungenspitze.

Die inneren Zungenmuskeln durchflechten sich in den Ebenen des Raums. In der Medianebene trennt das Septum linguae die Zunge unvollständig in zwei Hälften. Die Bewegungsvielfalt der Zunge entsteht durch agonistische und antagonistische Muskelkräfte. Im Bereich der Zungenspitze liegt beidseits eine Speicheldrüse (Glandula lingualis, BLANDIN-NUHN-Drüse).

→ T 2a

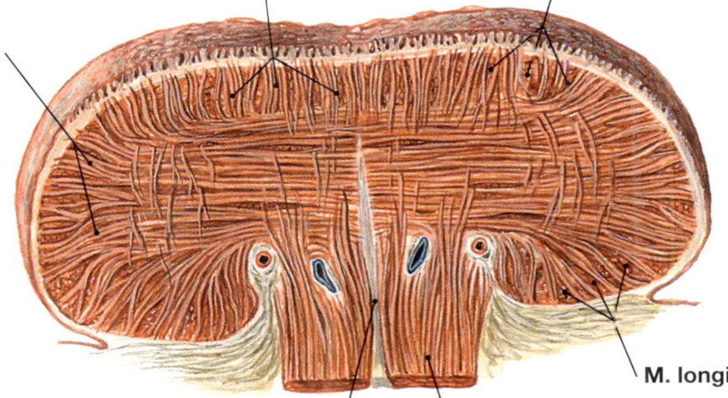

Abb. 8.141 Zunge, Lingua, und innere Zungenmuskeln, Mm. linguae interni; Querschnitt auf Höhe des mittleren Abschnitts.

Die inneren Zungenmuskeln haben Ursprung und Ansatz in der Zunge. Man unterscheidet Mm. longitudinalis superior, longitudinalis inferior, transversus linguae und verticalis linguae. Die Muskeln stehen in den drei Raumebenen senkrecht aufeinander und durchflechten sich. Die starke Verformbarkeit der Zunge ermöglicht Funktionen wie Kauen, Saugen, Singen, Sprechen und Pfeifen. Der M. genioglossus gehört zu den äußeren Zungenmuskeln.

→ T 2a

Zungenbein und Zungenbeinmuskulatur

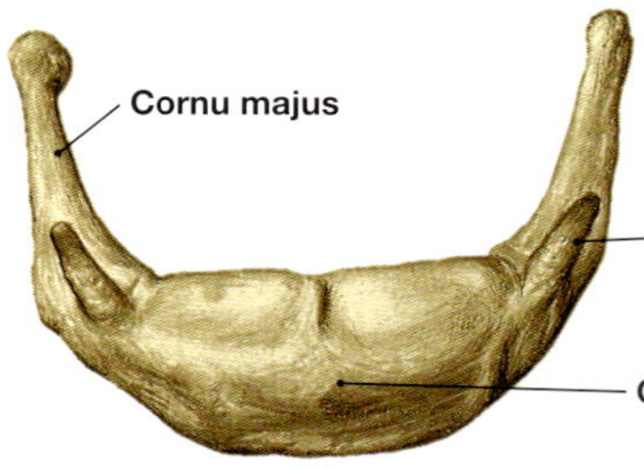

Abb. 8.142 Zungenbein, Os hyoideum; Ansicht von vorne oben. Das hufeisenförmige Zungenbein besteht aus einem Körper (Corpus), der die paarigen großen und kleinen Hörner (Cornua majora und minora) trägt.

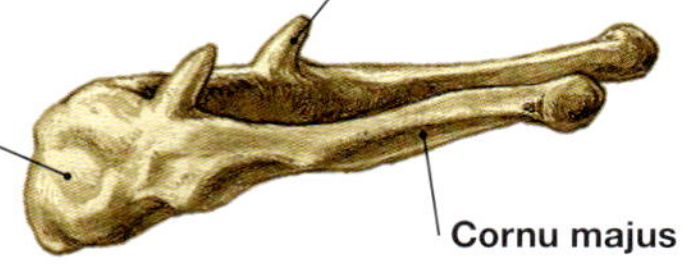

Abb. 8.143 Zungenbein, Os hyoideum; Ansicht von lateral.

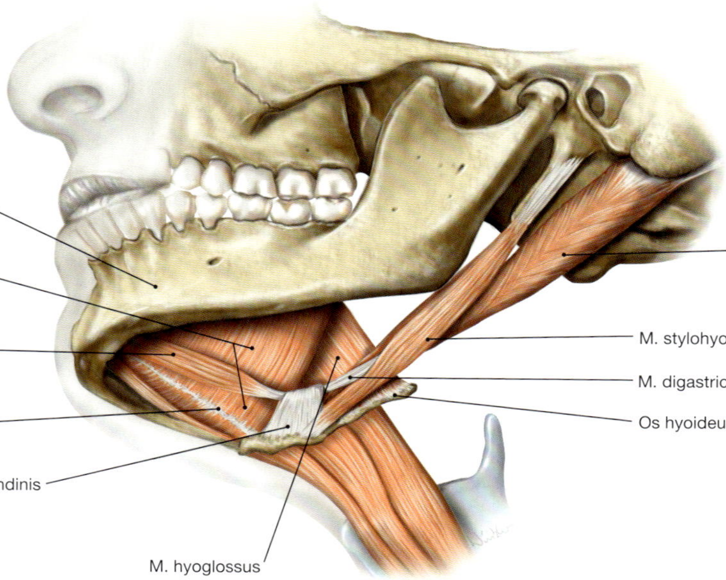

Abb. 8.144 Mundregion; Ansicht von seitlich unten.
Den Boden der Mundhöhle bildet das muskuläre **Diaphragma oris,** das aus den beiden Mm. mylohyoidei besteht. Außerdem beteiligen sich die Mm. geniohyoidei (nicht sichtbar) und digastrici am Aufbau des Mundbodens. Da alle Muskeln direkt oder indirekt mit dem Zungenbein in Verbindung stehen, werden sie gemeinsam mit den Mm. stylohyoidei als **Mm. suprahyoidei** (suprahyale Muskeln) bezeichnet. Funktionell stellt der Mundboden ein verstellbares Widerlager der Zunge dar.

→ T 2b, 9

Klinik

Berühren des Zungengrundes, der Gaumenbögen oder der Rachenhinterwand führt zum Auslösen des **Schluck-** oder des **Würgereflexes.** An den Reflexen ist die Muskulatur der Zunge, des Pharynx, des Larynx und des Ösophagus beteiligt.
Allergische Reaktionen können am weichen Gaumen zu lebensbedrohlichen Schwellungen der Schleimhaut führen.
Entzündungen der Gaumenschleimhaut, insbesondere am weichen Gaumen führen typischerweise zu starken Schluckbeschwerden.
Durchblutungsstörungen des Hirnstamms gehen häufig mit Lähmungen der Gaumenmuskulatur einher, in deren Folge es zu Schluck- und Tubenventilationsstörungen kommt. Bei den betroffenen Patienten kann eine Gaumensegelparese auftreten (Schädigung der Kerngebiete von N. glossopharyngeus [IX] und N. vagus [X]). Aufgrund der Lähmung des M. levator veli palatini hängt das Gaumensegel auf der betroffenen Seite herab. Die Uvula weicht zur gesunden Seite aus. Die Zunge ist oftmals erster Schädigungsort bei **Verätzungen und Verbrühungen.** Am Zungenrand treten potenzielle **Präkanzerosen** als Hyperkeratosen oder Leukoplakien auf.

Mundboden und Mundbodenmuskeln

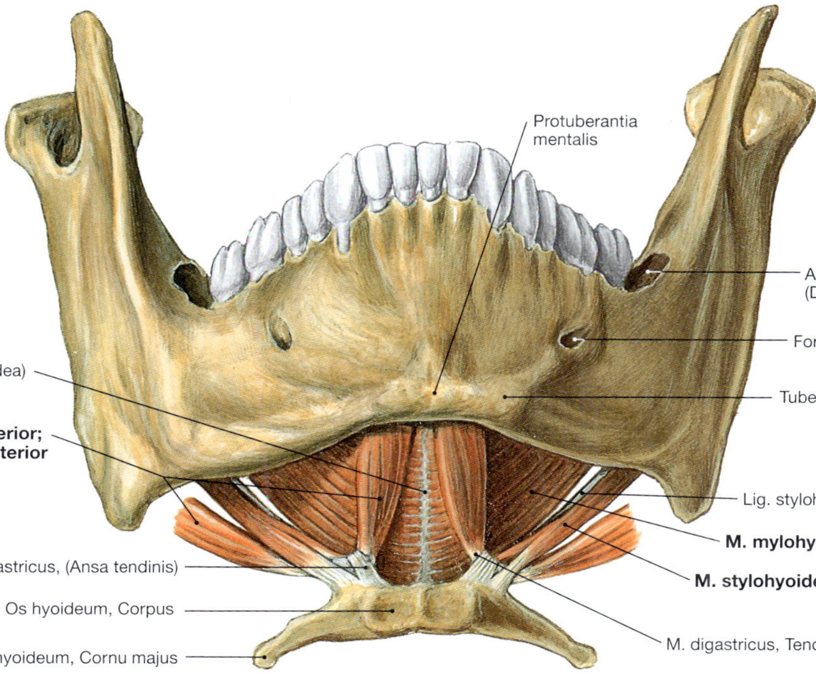

Abb. 8.145 Unterkiefer, Mandibula, und Mundbodenmuskeln, Mm. suprahyoidei; Ansicht von vorne.
Der Mundboden (Diaphragma oris) wird von Muskeln gebildet, die zur suprahyalen Muskulatur gehören. Zentraler Muskel des Mundbodens ist der **M. mylohyoideus,** der sich beidseits bis vorne zwischen den beiden Rami mandibulae ausspannt und in der Mittellinie über die Raphe mylohyoidea verbunden ist. Darunter liegt der paarige Venter anterior des **M. digastricus,** der über eine Zwischensehne mit dem Venter posterior des M. digastricus in Verbindung steht. Die Zwischensehne ist über eine Bindegewebeschlaufe am Zungenbein fixiert. Als dritten suprahyalen Muskel sieht man den vom Zungenbein kommenden **M. stylohyoideus.**

→ T 9

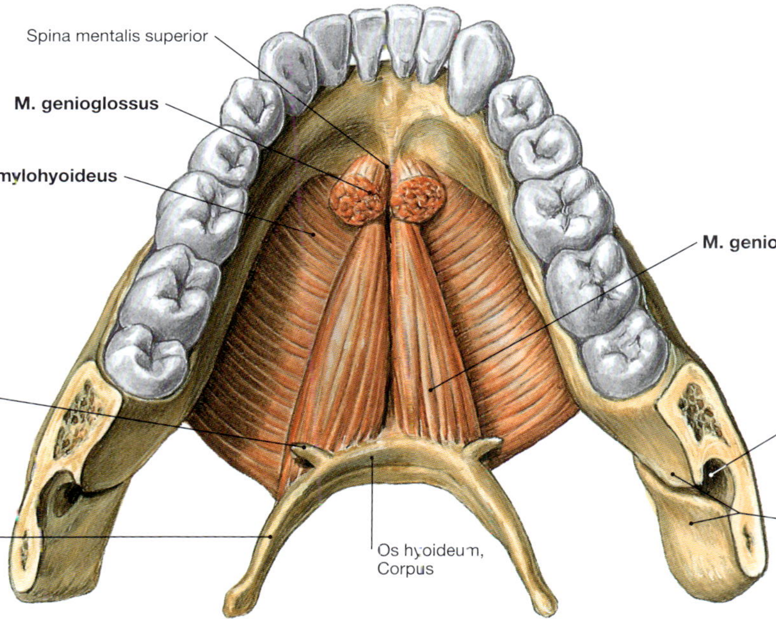

Abb. 8.146 Unterkiefer, Mandibula, Mundbodenmuskeln, Mm. suprahyoidei, und Zungenbein, Os hyoideum; Ansicht von oben.
Man sieht das von den beiden Mm. mylohyoidei gebildete Diaphragma oris, auf dem der zur suprahyalen Muskulatur gehörende paarige **M. geniohyoideus** von der Innenfläche der Mandibula zum Zungenbein verläuft. Der darauf liegende M. genioglossus, der zur äußeren Zungenmuskulatur gehört, ist knapp hinter seinem Ursprung an der Spina mentalis superior der Mandibula abgetrennt.

→ T 9

Zungenmuskeln

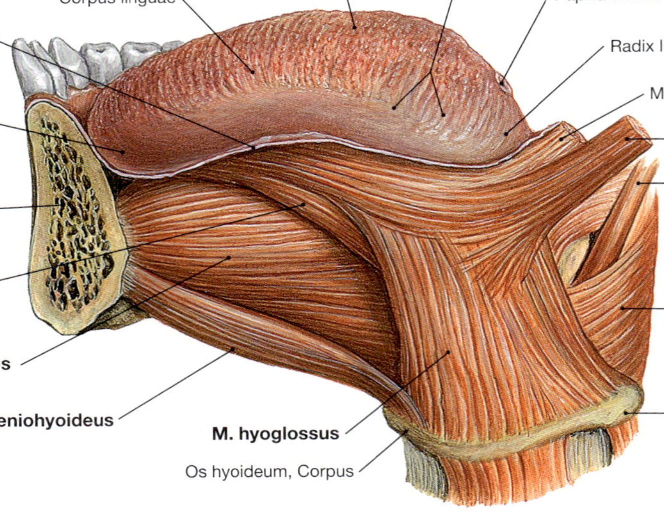

Abb. 8.147 Zunge, Lingua, und äußere Zungenmuskeln, Mm. linguae externi; Ansicht von links.
Die äußeren Zungenmuskeln strahlen in die Zunge ein. Man unterscheidet **Mm. genioglossus, hyoglossus und styloglossus.** Außerdem gehört der M. palatoglossus zu den äußeren Zungenmuskeln. Der M. hyoglossus kann funktionell von einem M. chondroglossus unterstützt werden, der vom kleinen Horn des Zungenbeins ausgeht (→ Abb. 8.148 und 8.149).

→ T 2b

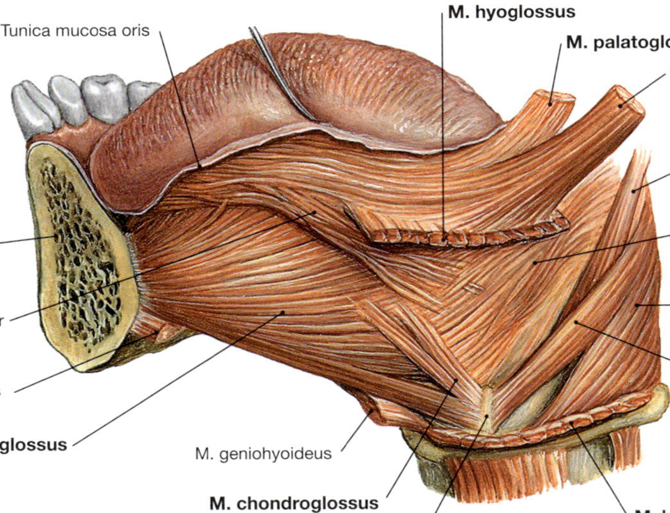

Abb. 8.148 Zunge, Lingua, und äußere Zungenmuskeln, Mm. linguae externi; Ansicht von links.
Unter dem entfernten M. hyoglossus sieht man den kleinen **M. chondroglossus,** der vom kleinen Horn des Zungenbeins ausgeht und funktionell den M. hyoglossus unterstützt. Hinten strahlen außer den äußeren Zungenmuskeln der M. palatoglossus und die Pars glossopharyngea des M. constrictor pharyngis superior in die Zunge ein.

→ T 2b

Klinik

Die Zunge kann nur bei intaktem M. genioglossus herausgestreckt werden. Bei tiefer **Bewusstlosigkeit** erschlafft der M. genioglossus. In Rückenlage rutscht die Zunge dabei in den Pharynx und kann den Atemweg verlegen. Daher müssen Bewusstlose vorsichtshalber immer in eine stabile Seitenlage gebracht werden.

Zungen- und Rachenmuskeln

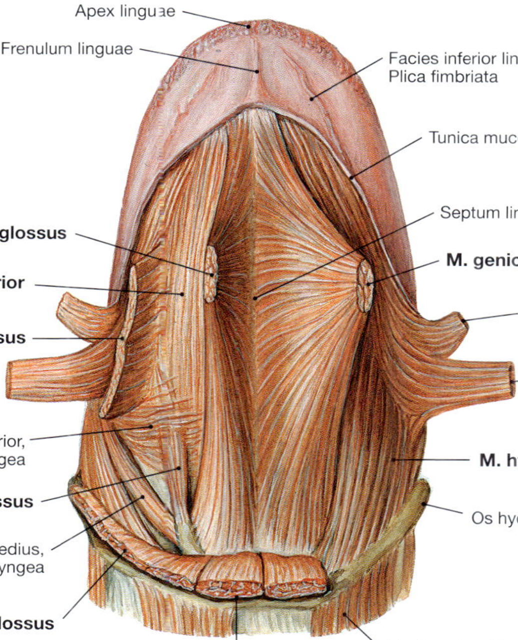

Abb. 8.149 Zungenmuskeln, Mm. linguae; Ansicht von unten.
Der M. genioglossus ist an seinem Ursprung von der Mandibula abgetrennt worden. Auch die Mm. styloglossus und palatoglossus sind abgetrennt. Seitlich sieht man an weiteren äußeren Zungenmuskeln die Mm. hyoglossus (an der rechten Zungenseite durchtrennt) und chondroglossus. Unten verläuft in der Zunge der M. longitudinalis inferior (Zungenbinnenmuskulatur).

→ T 2b

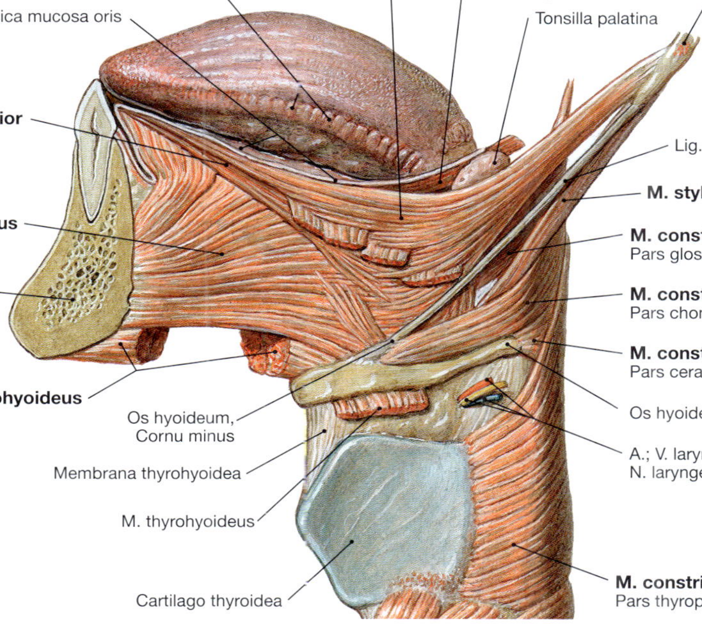

Abb. 8.150 Äußere Zungenmuskeln, Mm. linguae externi, und Schlundschnürer, Mm. constrictores pharyngis; Ansicht von lateral; Mandibularbogen entfernt.
Zwischen M. styloglossus und M. stylopharyngeus spannt sich das Lig. stylohyoideum aus. Unterhalb davon schließen sich die Rachenmuskeln an, der M. constrictor pharyngis superior mit der Pars glossopharyngea sowie der M. constrictor pharyngis medius mit den Partes chondropharyngea und ceratopharyngea. Unterhalb des Zungenbeins sitzt der M. constrictor pharyngis inferior mit der Pars thyropharyngea.

→ T 2b, 5

Gefäße und Nerven der Zunge

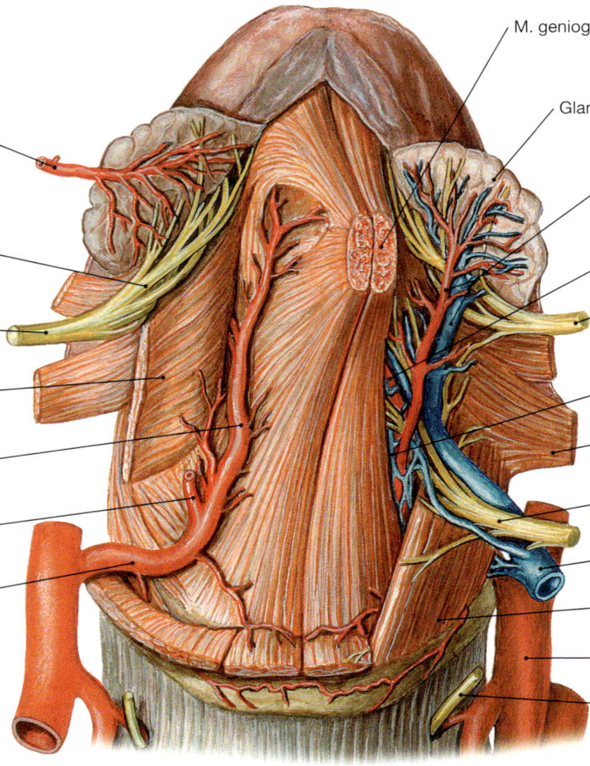

Abb. 8.151 Gefäße und Nerven der Zunge, Lingua; Ansicht von vorne unten.

Die **arterielle** Versorgung der Zunge erfolgt durch die A. lingualis aus der A. carotis externa. Als Äste zweigen die A. profunda linguae, die tief in die Muskulatur der Zunge eindringt und hauptsächlich den mittleren und vorderen Zungenabschnitt versorgt, und die A. sublingualis zur Unterzungenspeicheldrüse (Glandula sublingualis) und zum Mundboden ab. Die nach hinten abzweigenden Äste, Rr. dorsales linguae, können miteinander in Verbindung stehen, alle anderen Äste werden durch das Septum linguae voneinander getrennt und versorgen nur eine Zungenhälfte.

Der **venöse** Blutabfluss erfolgt über die V. lingualis. Sie liegt dem M. hyoglossus außen auf und leitet das Blut der Zunge in die V. jugularis interna. Die V. lingualis drainiert Blut aus den Vv. sublingualis, profunda linguae und dorsales linguae sowie aus der V. comitans nervi hypoglossi.

Die **motorische** Innervation der Zunge erfolgt mit Ausnahme des M. palatoglossus, der aus dem Plexus pharyngeus versorgt wird, über den N. hypoglossus [XII]. Die sensorische Innervation erfolgt in den vorderen zwei Dritteln, über den N. lingualis, einen Ast des N. mandibularis [V/3], im Bereich des Sulcus terminalis durch den N. glossopharyngeus [IX] und am Zungengrund durch den N. laryngeus superior (Ast des N. vagus [X]).

Äste der A. lingualis:
- (R. hyoideus)
- Rr. dorsales linguae
- R. suprahyoideus
- A. sublingualis
- A. profunda linguae

Klinik

In der Schleimhaut unter der Zunge befindet sich ein **subepitheliales Venennetz.** Daher werden sublingual verabreichte Medikamente schnell resorbiert.

Bei **Verletzungen des N. hypoglossus [XII]** einer Seite weicht die Zunge beim Herausstrecken zur betroffenen Seite ab; es kommt auf der gelähmten Seite zur Muskelatrophie.

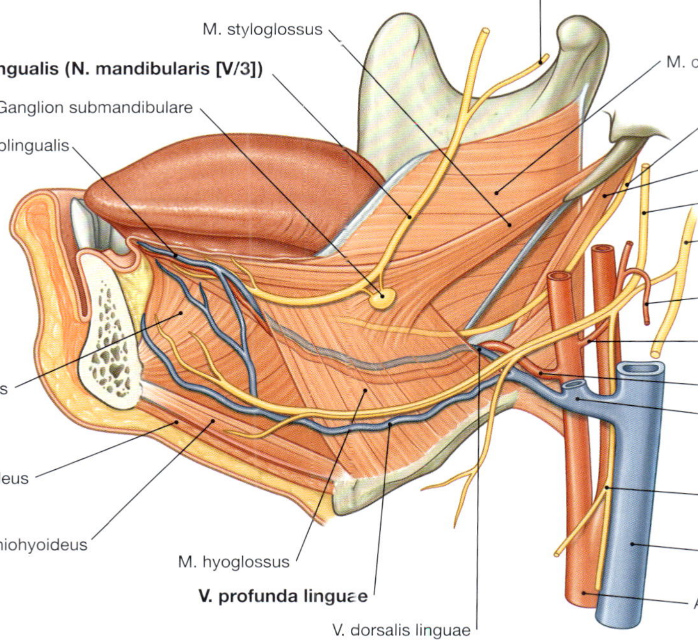

Abb. 8.152 Gefäße und Nerven der Zunge, Lingua;
Ansicht von lateral; Mandibularbogen entfernt. [10]

Lymphatischer Rachenring (WALDEYER-Rachenring)	
Definition	Es handelt sich um eine Gruppe lymphoepithelialer Gewebe, die am Übergang von Mund- und Nasenhöhle zum Rachen lokalisiert sind. Sie bilden in ihrer Gesamtheit einen Ring. Der lymphatische Rachenring steht im Dienst der Immunabwehr und gehört zum mukosa-assoziierten lymphatischen Gewebe (MALT).
Bestandteile	• Rachenmandel (Tonsilla pharyngea) → S. 60, 68 • Tubenmandeln (Tonsillae tubariae) • Gaumenmandeln (Tonsillae palatinae) → S. 30, 82 • Zungenmandel (Tonsilla lingualis) → S. 31, 82 • sog. Seitenstränge

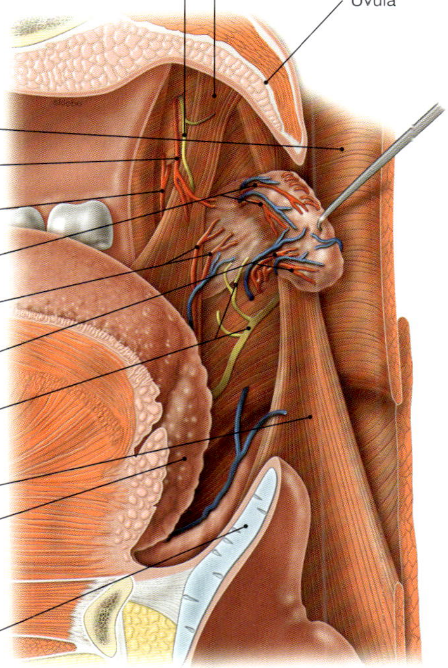

Abb. 8.153 Blut- und Nervenversorgung der Gaumenmandel, Tonsilla palatina, rechts; Ansicht von medial.
An der Blutversorgung der Tonsilla palatina sind die **Rr. tonsillares** der A. palatina ascendens, die Rr. pharyngeales von A. palatina descendens und A. pharyngea ascendens sowie die Rr. dorsales linguae der A. lingualis beteiligt. Die Innervation des Tonsillenbetts erfolgt über die **Rr. tonsillares** der Nn. palatini minores und des N. glossopharyngeus [IX].

Klinik

Häufige rezidivierende Entzündungen der Gaumenmandeln sind eine Indikation zur chirurgischen Entfernung **(Tonsillektomie)**, einem der häufigsten operativen Eingriffe im HNO-Bereich. Nachblutungen im Anschluss an eine Tonsillektomie sind bis zu drei Wochen nach OP möglich (in seltenen Fällen sogar noch länger) und daher sehr gefürchtet.

Ohrspeicheldrüse

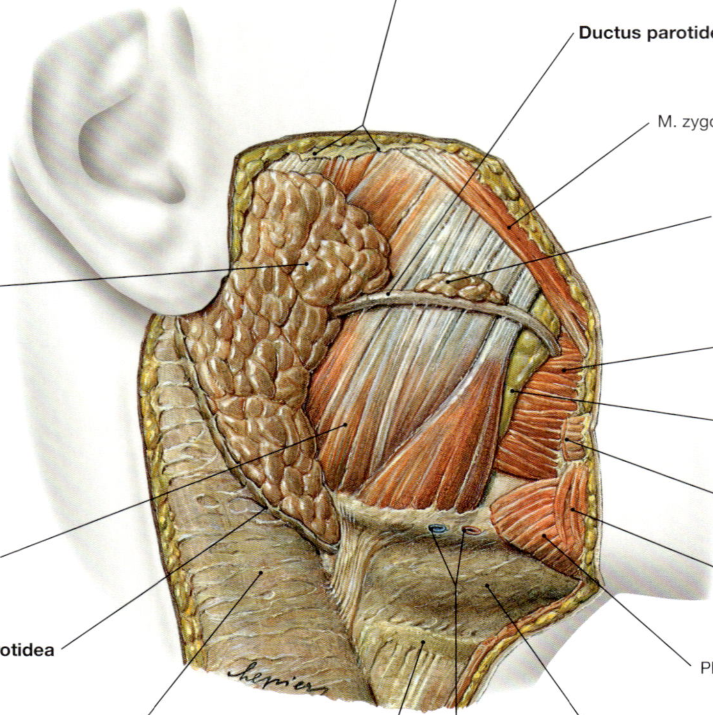

Abb. 8.154 Ohrspeicheldrüse, Glandula parotidea, rechts; Ansicht von lateral.
Die rein seröse Glandula parotidea ist die größte Mundspeicheldrüse. Größe und Ausdehnung sind sehr variabel. Der oberflächliche Drüsenteil liegt unmittelbar vor dem äußeren Ohr. Er ist von einer derben Bindegewebefaszie (Fascia parotidea) umgeben (Schnittränder dargestellt).

Die Fascia parotidea ist die Fortsetzung der Lamina superficialis der Fascia cervicalis. Der Ductus parotideus tritt am Vorderrand der Drüse aus, verläuft horizontal über die obere Hälfte des M. masseter hinweg nach vorne zum M. buccinator, durchbohrt den Muskel und mündet gegenüber dem 2. oberen Molaren auf der Papilla ductus parotidei in das Vestibulum oris. Am Ausführungsgang sitzt häufig akzessorisches Drüsengewebe (Glandula parotidea accessoria).

Klinik

Operative Behandlungen von Parotistumoren können zum **gustatorischen Schwitzen (FREY-Syndrom)** führen. Im Rahmen der Operation werden sympathische und parasympathische Fasern im Drüsenparenchym durchtrennt. Bei der postoperativen Regeneration der Fasern finden parasympathische Fasern Anschluss an ehemals sympathisch innervierte Schweißdrüsen der Haut. Da der Neurotransmitter des Sympathikus zur Innervation der Schweißdrüsen Acetylcholin ist (ebenso wie beim Parasympathikus), werden nun ehemals sympathisch innervierte Schweißdrüsen parasympathisch innerviert. Bei einer Parasympathikusaktivierung (z.B. wenn die Person Hunger hat und etwas Leckeres zu essen sieht) kommt es zur Schweißdrüsenaktivierung. Es bilden sich Schweißperlen auf der Wange (daher gustatorisches Schwitzen).
Eine **Parotitis epidemica,** Mumps oder „Ziegenpeter", ist sehr schmerzhaft, da sich das Drüsengewebe bei Schwellung innerhalb der Organfaszie nicht ausdehnen kann.
Bösartige **Parotistumoren** können zur peripheren Fazialisschädigung führen; im Gegensatz hierzu zerstören gutartige Tumoren der Parotis den N. facialis [VII] üblicherweise nicht.

Ohrspeicheldrüse, Horizontalschnitt

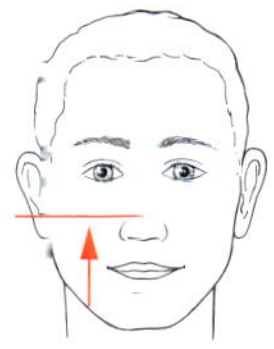

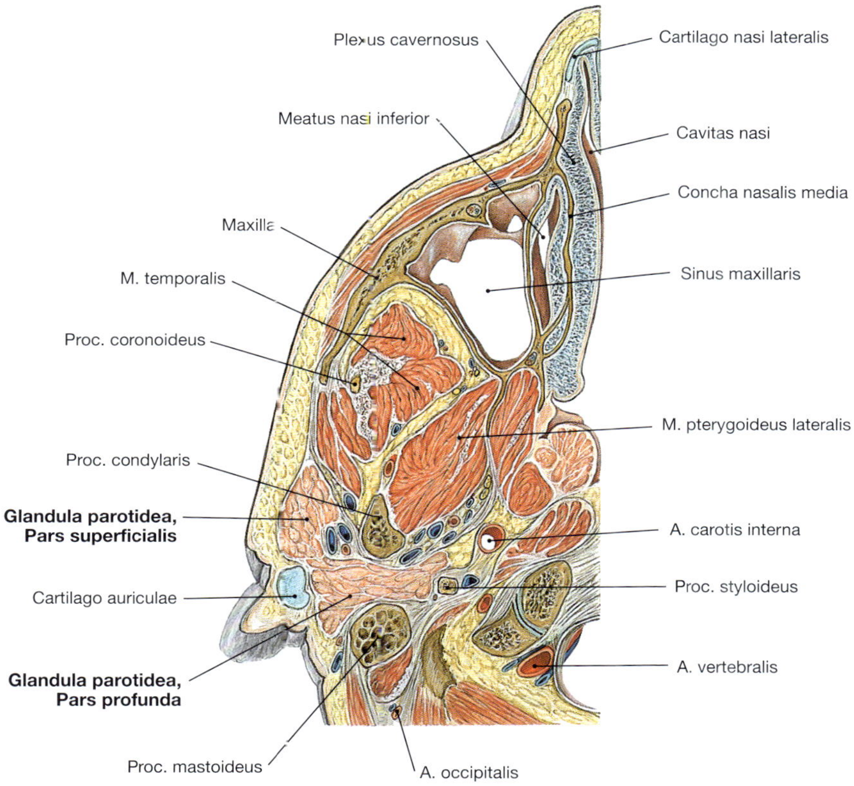

Abb. 8.155 Ohrspeicheldrüse, Glandula parotidea, und Kaumuskulatur, Mm. masticatorii; Horizontalschnitt; Ansicht von unten.
Die Glandula parotidea besteht aus zwei Anteilen. Der oberflächliche Teil **(Pars superficialis)** liegt unmittelbar vor dem äußeren Ohr. In der Tiefe setzt sich die Drüse mit dem größeren faszienlosen Teil **(Pars profunda)** in die Fossa retromandibularis fort. Im Anschnitt sieht man zwischen Glandula parotidea und Sinus maxillaris Teile der Mm. temporalis und pterygoideus lateralis.

Speicheldrüsen (Glandulae salivariae oris)		
In der Mundhöhle kommen beidseits je drei große Speicheldrüsen (Glandulae salivariae majores) und zahlreiche kleine Speicheldrüsen (Glandulae salivariae minores) vor		
große Speicheldrüsen	• Ohrspeicheldrüse (Glandula parotidea) • Unterkieferspeicheldrüse (Glandula submandibularis) • Unterzungenspeicheldrüse (Glandula sublingualis)	→ S. 40, 42, 46, 54, 90, 96 → S. 42, 92–96 → S. 63, 88, 93–96
kleine Speicheldrüsen	• Lippen (Glandulae labiales) • Wangen (Glandulae buccales) • Zunge (Glandulae linguales) • Gaumen (Glandulae palatinae) • um Molaren (Glandulae molares)	→ S. 68 → S. 83, 95, 96 → S. 80, 96

Mündungen der Speicheldrüsen

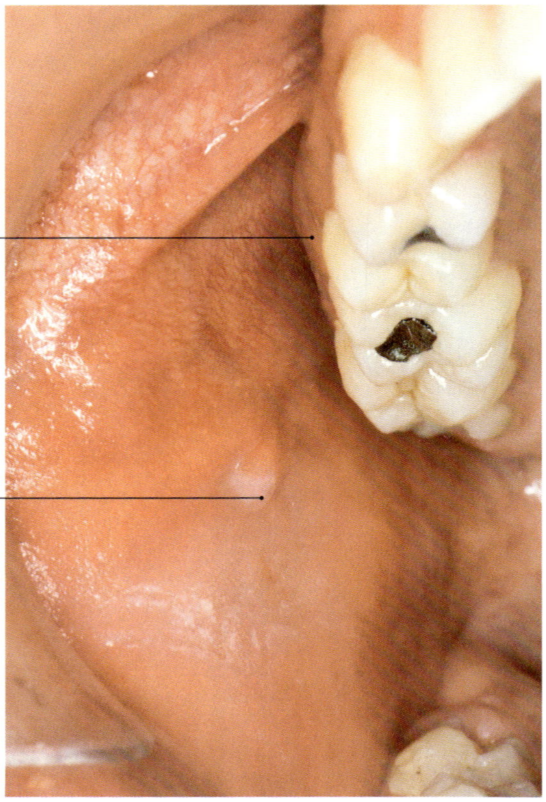

Abb. 8.156 Mündung des Ausführungsgangs der Ohrspeicheldrüse, Papilla ductus parotidei, rechts; Ansicht von schräg unten. Der Drüsenausführungsgang der Glandula parotidea (Ductus parotideus, STENON-Gang) mündet gegenüber dem zweiten oberen Molaren auf der Papilla ductus parotidei in das Vestibulum oris.

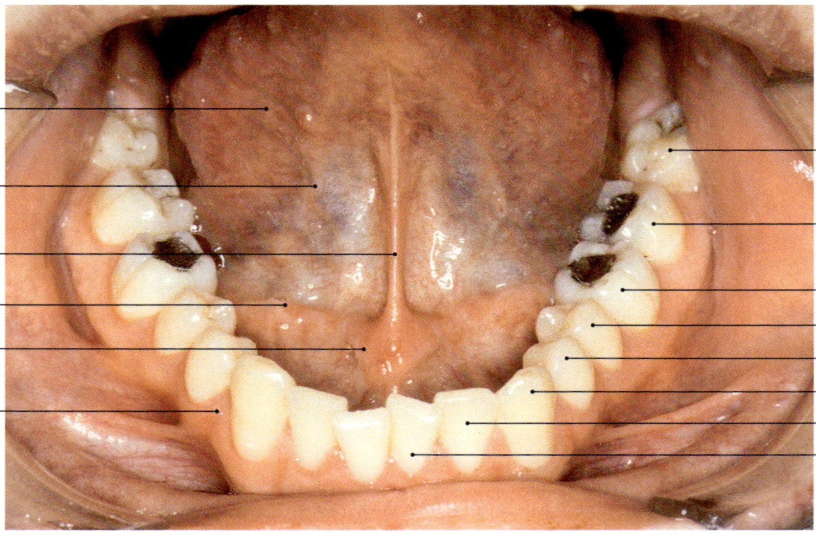

Abb. 8.157 Mündung des Ausführungsgangs der Unterkieferspeicheldrüse, Caruncula sublingualis; Ansicht von vorne oben. Der Drüsenausführungsgang der Glandula submandibularis (Ductus submandibularis, WHARTON-Gang) verläuft auf dem Mundboden (→ Abb. 8.160 und 8.161), vereinigt sich mit dem Hauptausführungsgang der Glandula sublingualis (Ductus sublingualis major) und mündet auf der Caruncula sublingualis neben dem Frenulum linguae und hinter den Schneidezähnen in die Cavitas oris propria.

Klinik

Fehlbildungen im Ausführungsgangsystem, besonders des Ductus submandibularis, können zum Bild der **Ranula** (mit Speichel gefüllte Retentionszyste) führen.
Bei Nierenerkrankungen können harnpflichtige Stoffe im Speichel ausgeschieden werden. Kalkabscheidungen aus dem Speichel können zur Bildung von Zahnstein, besonders an der lingualen Seite der unteren Schneidezähne, oder zu Speichelsteinen **(Sialolithen)** in den Ausführungsgängen der Speicheldrüsen mit Speichelsteinkolik, Obstruktion des Speichelgangs, Schwellung der Drüse als sog. Tumor salivaris führen.
Therapeutische Bestrahlung im Rahmen von Tumoren der Kopf-Hals-Region oder radioaktive Strahlung kann zum **Syndrom des „trockenen Mundes"** mit Schluck- und Sprachschwierigkeiten führen. **Entzündungen** der Speicheldrüsen können akut oder chronisch verlaufen.

Unterkieferspeicheldrüse

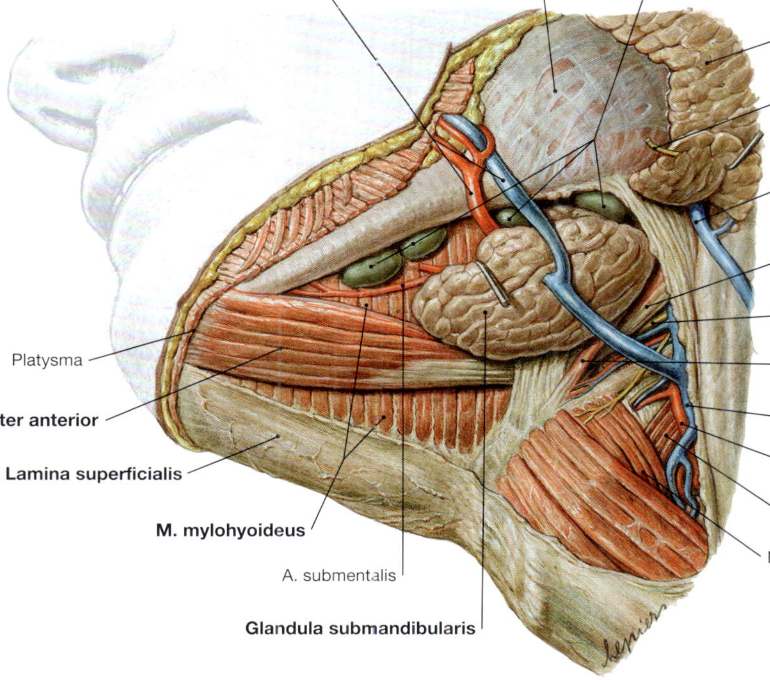

Abb. 8.158 Unterkieferspeicheldrüse, Glandula submandibularis, links; Ansicht von schräg lateral unten.
Die Glandula submandibularis liegt im Trigonum submandibulare. Sie besitzt eine eigene Faszie, die innerhalb der Loge der Lamina superficialis der Fascia cervicalis eingebettet ist (→ S. 169). Die Drüse hat direkte topographische Beziehung zur A. und V. facialis.

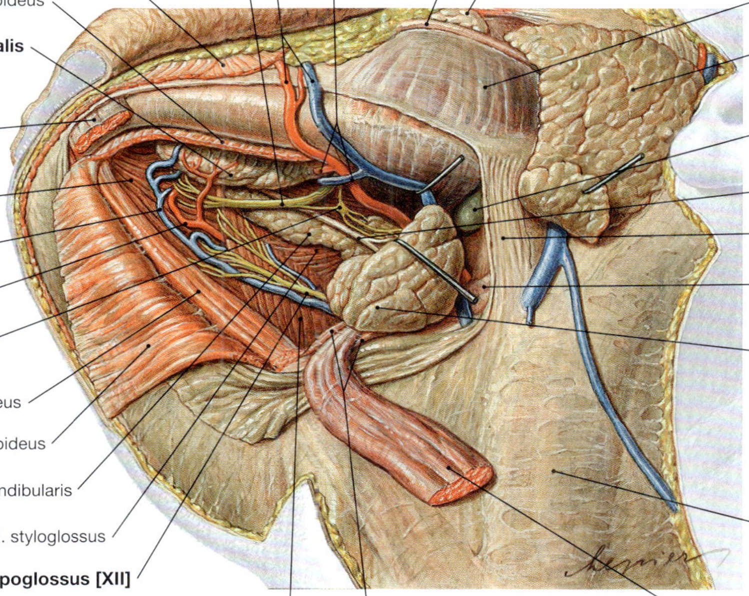

Abb. 8.159 Unterkieferspeicheldrüse, Glandula submandibularis, und Unterzungenspeicheldrüse, Glandula sublingualis, links; Ansicht von lateral unten.
Der oberflächliche Drüsenanteil der Glandula submandibularis ist nach hinten verlagert, der M. mylohyoideus ist an der Mandibula durchtrennt und nach medial geschlagen. Unter dem entfernten Muskel erkennt man den tiefen Drüsenanteil der Glandula submandibularis und die parallel zum Corpus mandibulae liegende Glandula sublingualis.
Die **arterielle** Versorgung der Drüsen erfolgt über die Aa. facialis, submentalis und lingualis. Das **venöse** Blut fließt über die V. sublingualis und die V. submentalis in die V. facialis oder direkt in die V. jugularis interna. **Regionale Lymphknoten** sind die Nodi lymphoidei submentales und submandibulares.

Unterkiefer- und Unterzungenspeicheldrüse

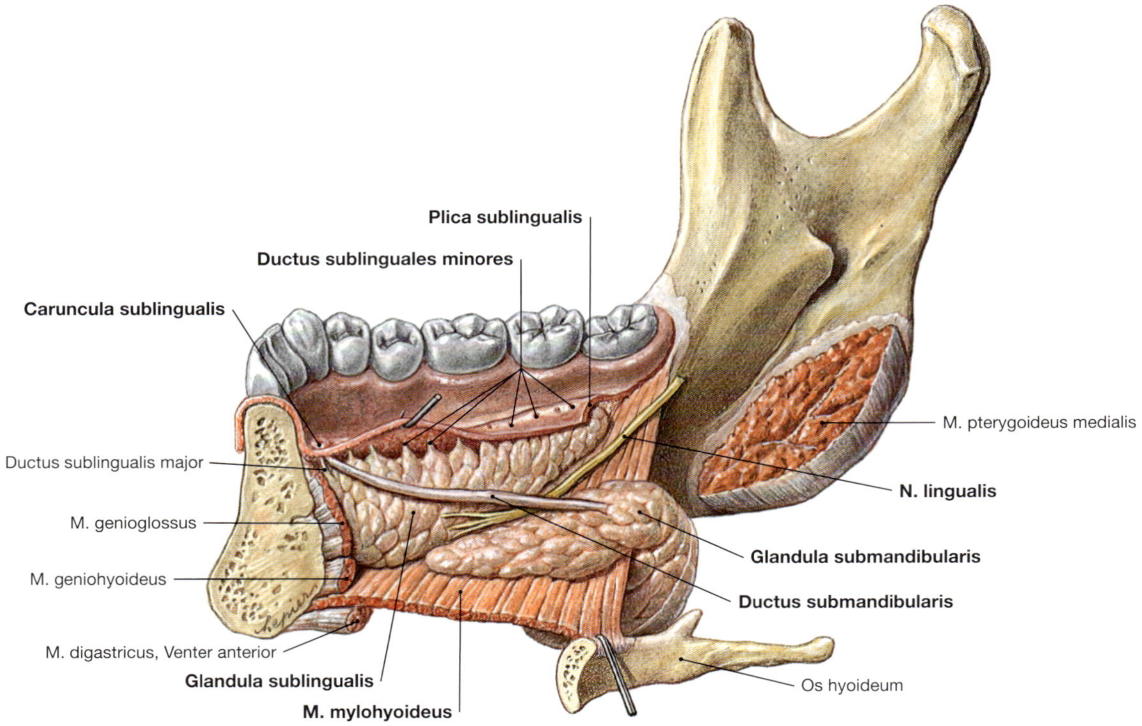

Abb. 8.160 Unterkieferspeicheldrüse, Glandula submandibularis, und Unterzungenspeicheldrüse, Glandula sublingualis, rechts; Ansicht von medial.
Die Glandula sublingualis liegt auf dem M. mylohyoideus lateral vom M. genioglossus. Sie durchbricht manchmal den Mundboden. Der Drüsenkörper wölbt die Mundbodenschleimhaut als Plica sublingualis vor, auf der zahlreiche kleinere Ausführungsgänge (Ductus sublinguales minores) des hinteren Drüsenabschnitts münden. Der untere Drüsenanteil der Glandula submandibularis umgreift hakenförmig den Hinterrand des M. mylohyoideus und setzt sich oberhalb des Muskels in den Ductus submandibularis fort. Der N. lingualis zieht zwischen Glandula submandibularis und Glandula sublingualis unterhalb des Ductus submandibularis zur Zunge.

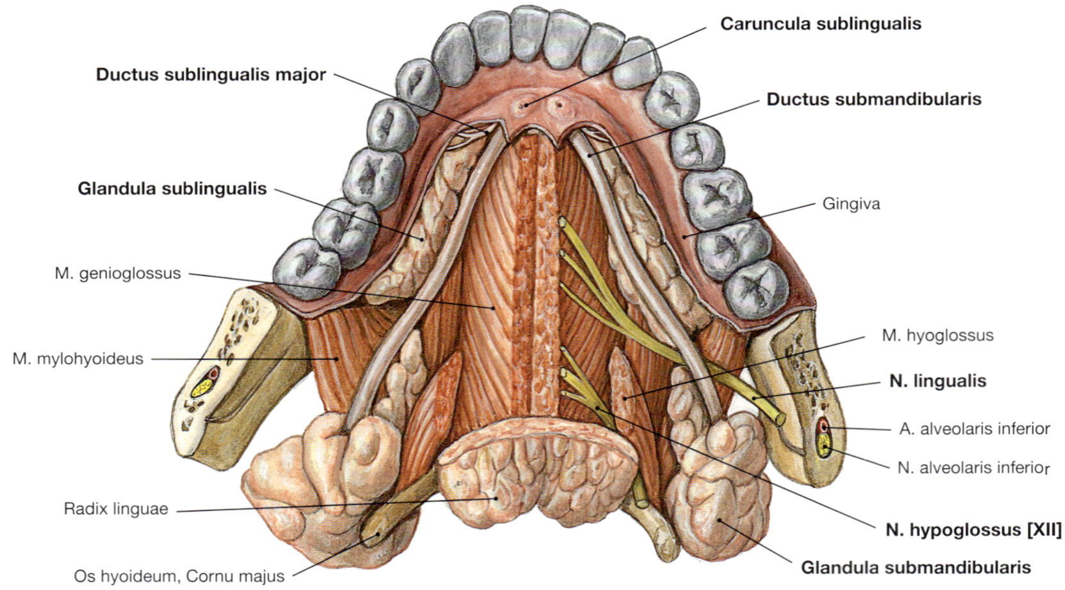

Abb. 8.161 Unterzungenspeicheldrüse, Glandula sublingualis, und Unterkieferspeicheldrüse, Glandula submandibularis; Ansicht von oben.
Der vordere Drüsenabschnitt der Glandula sublingualis besitzt einen einzelnen größeren Ausführungsgang **(Ductus sublingualis major),** der sich auf dem M. hyoglossus mit dem Ductus submandibularis vereinigt und gemeinsam auf der Caruncula sublingualis mündet. Der N. hypoglossus [XII] erreicht die Zunge zwischen M. hyoglossus und M. genioglossus.

Klinik

Das Ausführungsgangsystem der Glandula submandibularis ist am häufigsten von Speichelsteinen **(Sialolithen)** betroffen. Salze im eingedickten Speichel lagern sich dabei zu kristallinen Strukturen zusammen und können als Sialolith den Ausführungsgang der Speicheldrüse verlegen. Beim Essen schwillt die Drüse dann rasch an und schmerzt (→ S. 92).

Unterkiefer- und Unterzungenspeicheldrüse

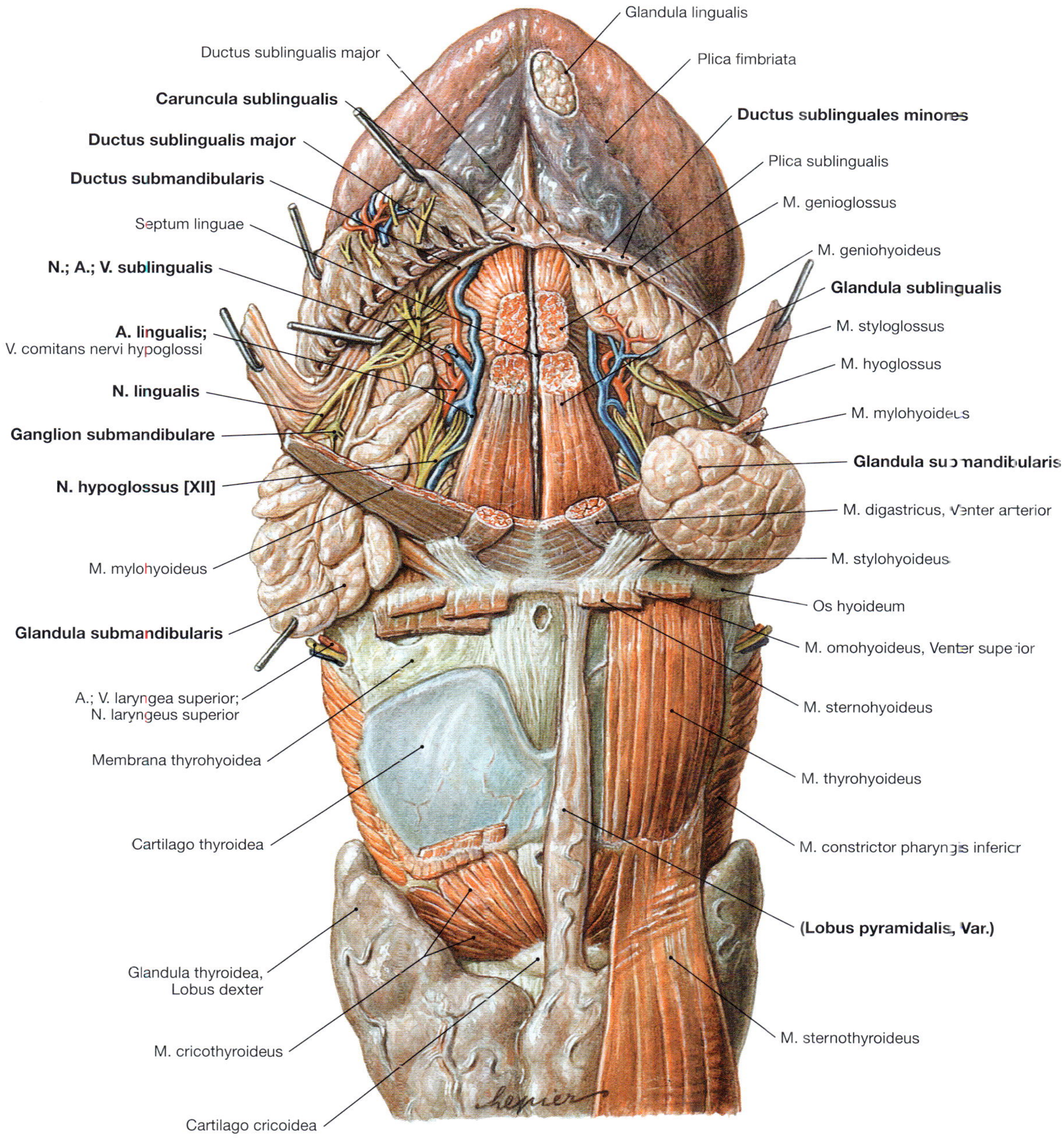

Abb. 8.162 Gefäße und Nerven der Zunge, Lingua, große Speicheldrüsen, Glandulae salivariae majores; Ansicht von vorne unten.

Der Blick von vorne auf die angehobene Zunge zeigt ein unter der Zunge liegendes subepitheliales Venennetz. Rechts ist die Glandula sublingualis hochgeschlagen und gibt den Blick auf den darunter verlaufenden N. lingualis und den Ductus submandibularis (WHARTON-Gang) frei. Der N. hypoglossus [XII] tritt etwas tiefer in die Zunge ein. Als häufiges Residuum der Schilddrüsenentwicklung ist vor dem Kehlkopf ein Lobus pyramidalis sichtbar, der bis zum Zungenbein reichen kann.

Innervation der Speicheldrüsen

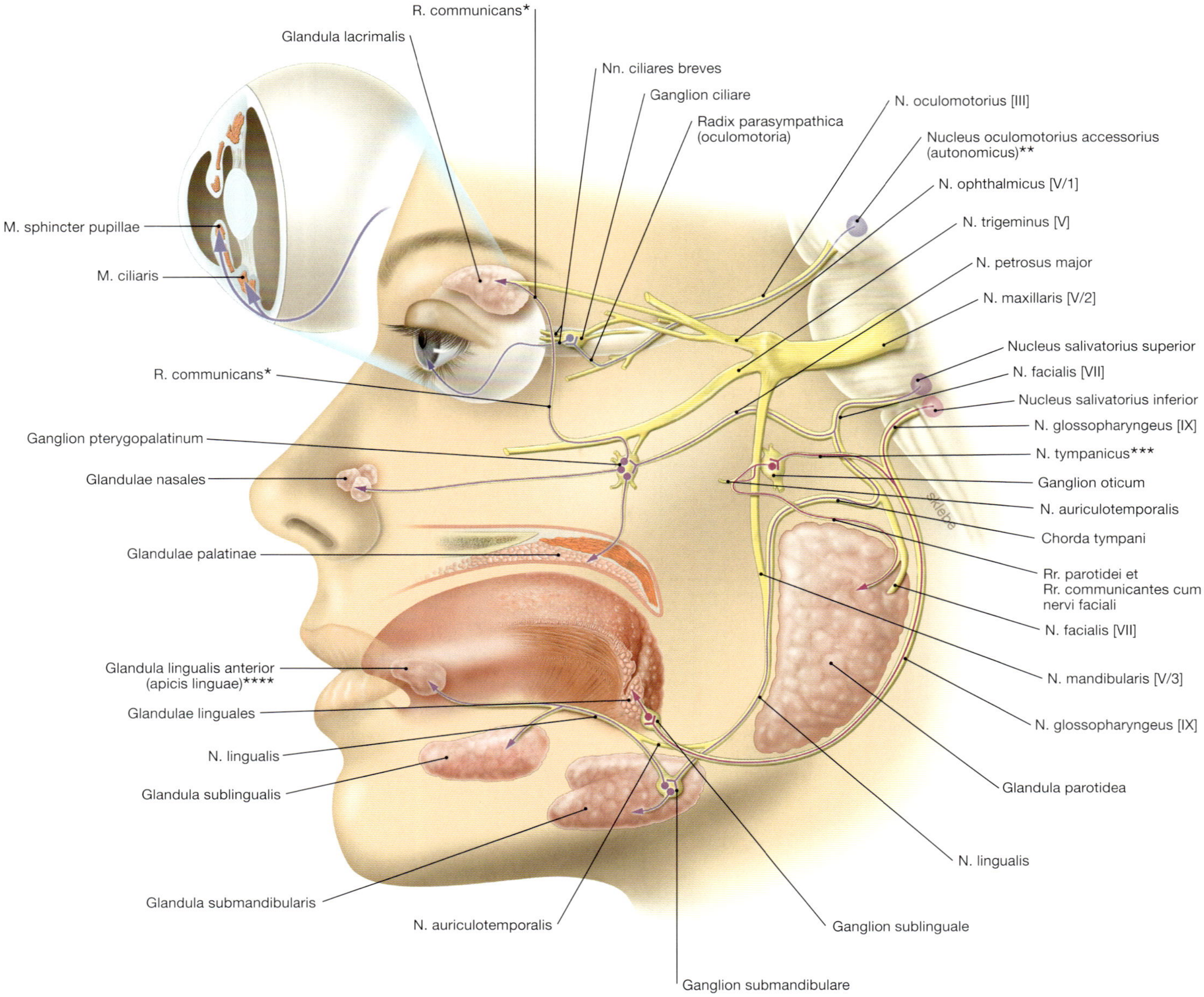

Abb. 8.163 Innervation der Drüsen des Kopfs mit vegetativen Kopfganglien; schematische Darstellung.
Parasympathische Fasern nehmen ihren Ausgang vom oberen und vom unteren Speicheldrüsenkern (Nucleus salivatorius superior und Nucleus salivatorius inferior). **Präganglionäre parasympathische** Fasern verlaufen mit verschiedenen Nerven zu den Kopfganglien (Ganglia oticum, submandibulare, sublinguale, pterygopalatinum, ciliare). Hier werden die Fasern auf postganglionär umgeschaltet und erreichen über kurze Anschlusswege ihre Zielstrukturen (Drüsen). **Präganglionäre sympathische** Fasern für den Kopf entstammen dem Seitenhorn des Rückenmarks und werden größtenteils im Ganglion cervicale superius (oberes Grenzstrangganglion) auf postganglionär umgeschaltet. Die **postganglionären** Fasern bilden um die Arterien (z. B. A. carotis interna) Plexus und erreichen mit den Blutgefäßen ihre Zielstrukturen oder sie schließen sich lokalen Nerven an.

* Tränendrüsenanastomose
** EDINGER-WESTPHAL-Kern
*** JACOBSON-Nerv
**** BLANDIN-NUHN-Drüse

Auge

9

Das Auge – Fenster zur Welt

Wenn die Anatomen vom Sehorgan (Organum visus) reden, meinen sie zum einen den Augapfel (Bulbus oculi) selbst und zum anderen die Hilfseinrichtungen in seiner unmittelbaren Umgebung (Structurae oculi accessoriae). Bis auf die Lider (Palpebrae) sind alle Hilfseinrichtungen – zusammen mit dem Augapfel – in der Augenhöhle (Orbita) untergebracht.

Augenhöhle

„Orbita" ist sicher eine der am wenigsten zutreffenden anatomischen Bezeichnungen. Das Wort leitet sich von „orbis" (der Kreis) ab, aber ein kurzer Blick auf einen Schädel zeigt sofort, dass die äußere Öffnung der Orbita (Aditus orbitalis) nicht ganz kreisrund, sondern eher oval bis rund ist. Am nasenseitigen Rand des Aditus orbitalis öffnet sich der knöcherne Kanal des Tränen-Nasengangs (Canalis nasolacrimalis) zur Orbita hin. Nach innen hin bilden die Wände der Orbita eine steile Pyramide, deren obere und untere Wände von zwei großen Schlitzen (Fissurae orbitales superior und inferior) für zahlreiche Nerven und Gefäße durchbrochen werden. Ganz an der Spitze der Pyramide liegt der Kanal des Sehnervs (Canalis nervi optici).

Augapfel

Der Bulbus oculi (lat. „bulbus": die Zwiebel) gleicht wirklich einer Zwiebel mehr als einem Apfel. Wie die Zwiebel auf der einen Seite austreibt, ihr auf der anderen Seite ein leicht erhabenes Wurzelfeld aufsitzt und sie insgesamt aus mehreren Schichten besteht, umgeben den Augapfel mehrere Schichten der Augenhaut, sitzt ihm auf der Vorderseite die uhrglasartig gewölbte, durchsichtige Hornhaut (Cornea) auf und kommt der Sehnerv (N. opticus [II]) auf der Rückseite aus ihm hervor.

Die **äußere Augenhaut** (Tunica fibrosa bulbi) setzt sich aus Sclera und Cornea zusammen und besteht aus straffem kollagenem Bindegewebe. Das, was man als „das Weiße im Auge" sieht, ist die Sclera, an ihr sind die äußeren Augenmuskeln (s.u.) verankert. Sie geht in die Hornhaut (Cornea) über, die gefäßfrei (avaskulär) und durchsichtig ist und ebenfalls überwiegend aus Kollagen besteht.

Die **mittlere Augenhaut** (Tunica vasculosa bulbi) besteht aus Gefäßhaut (Choroidea), Strahlenkörper (Corpus ciliare) und Regenbogenhaut (Iris), ist sehr gefäßreich (Äste der Aa. ciliares) und stark pigmentiert. Sie enthält zudem die nicht der Willkür unterworfenen inneren Augenmuskeln. Von außen ist die Iris, der vorderste Abschnitt der Tunica vasculosa, samt dem Sehloch (Pupilla), das sie umgibt, zu sehen. In der Iris liegen Muskeln, die die Pupille verengen und erweitern können (Adaptation). Entlang und hinter der Wurzel (des Außenrandes) der Iris ist die Tunica vasculosa zu einem ringförmigen Wulst, dem Ziliar- oder Strahlenkörper (Corpus ciliare) verdickt. In ihm liegt der M. ciliaris. Das Corpus ciliare verdankt seinen Namen den radiären Zonulafasern, die von ihm nach innen ausstrahlen und die Linse (Lens) in ihrer Position direkt hinter der Pupille befestigen. Die Linse ist normalerweise durchsichtig und elastisch. Wenn sie durch den Einfluss von Corpus ciliare und Zonulafasern verformt wird, ändert sich ihre Brechkraft; die Zonulafasern und das Corpus ciliare dienen also der Fokussierung des Auges (Akkommodation). Die eigentliche Gefäßhaut kleidet, zwischen Sclera und Retina liegend, die hintere Hälfte des Augapfels aus.

Die **innere Augenhaut** (Tunica interna bulbi, syn.: Retina, Netzhaut) besteht aus einem blinden (Pars caeca retinae) und einem sehenden Teil (Pars optica retinae). Die Pars caeca ist ein dünnes, sehr stark pigmentiertes Epithel, das die Rückseiten der Iris und des Corpus ciliare überzieht. Entlang des „gezackten Saums" (Ora serrata), gleich hinter dem Ziliarkörper, geht sie in die sehr viel dickere Pars optica über. Diese „sehende" Pars optica hat jedoch an einer Stelle einen blinden Fleck (Discus nervi optici) – dort, wo der Sehnerv die Retina verlässt und die Äste der A. centralis retinae in die Retina eindringen.

Alle Augenhäute und ihre Differenzierungen umgeben das gallertige, ganz und gar durchsichtige Augeninnere, den **Glaskörper** (Corpus vitreum). Er stabilisiert durch seinen Quellungsdruck („Augeninnendruck") die ganze häutige Konstruktion des Augapfels – etwa so, wie die Luftblase im Inneren eines Fußballs seine Lederhülle stabilisiert.

Hilfseinrichtungen

Die Hilfseinrichtungen des Auges bestehen aus den Lidern (Palpebrae), der Bindehaut (Tunica conjunctiva), dem Tränenapparat (Apparatus lacrimalis), den sechs äußeren Augenmuskeln und ihren drei motorischen (Hirn-)Nerven, zahlreichen Blutgefäßen und einem ansehnlichen Fettkörper (Corpus adiposum orbitae).

Die **Lider** (Palpebrae) schützen den Augapfel nicht nur, sondern verteilen beim steten Blinzeln auch den Tränenfilm auf der Augenoberfläche, ohne den sie austrocknen würde. In den Augenlidern liegen zahlreiche spezialisierte Talgdrüsen (MEIBOM-Drüsen, Glandulae tarsales), die ein fettiges Sekret zum Tränenfilm beisteuern.

Die **Bindehaut** (Tunica conjunctiva) ist ein dünnes durchsichtiges Epithel, das die Rückseite der Lider und den sichtbaren Teil der Sclera überzieht. Ihr schleimiges Sekret bildet einen Teil des Tränenfilms. Am Rande der Cornea (Limbus corneae) geht sie in das Hornhautepithel über.
Der wässrige Teil der Tränen (Lacrimae) wird von der im oberen, äußeren Winkel der Orbita liegenden **Tränendrüse** (Glandula lacrimalis) und zahlreichen ebenfalls in den Lidern sitzenden akzessorischen Tränendrüsen (Glandulae lacrimales accessoriae) produziert. Der Tränenfilm wird beim Lidschluss in Richtung des inneren, nasenwärtigen Lidwinkels gewischt. Dort liegt die Tränenkarunkel (Caruncula lacrimalis); über ihr sammeln sich die Tränen zum Tränensee (Lacus lacrimalis). Die Lidkanten tragen über und unter der Caruncula je eine Öffnung (Tränenpünktchen, Puncta lacrimalia), die mit zwei Tränenkanälchen in Verbindung stehen. Diese Canaliculi leiten die Tränen in den Tränensack (Saccus lacrimalis), der in den Tränen-Nasengang (Ductus nasolacrimalis) mündet. Über diesen Gang wird die „verbrauchte" Tränenflüssigkeit in die Nasenhöhle transportiert.

Die sechs äußeren, der Willkür unterworfenen **Augenmuskeln** inserieren alle am Bulbus oculi und bewegen ihn in verschiedene Richtungen. Sie entspringen an einem gemeinsamen Sehnenring (Anulus tendineus communis), der den N. opticus [II] bei seinem Eintritt in die Orbita umgibt. Ausnahme ist der untere schräge Augenmuskel, der am Boden der Orbita liegt: Er entspringt direkt lateral der Öffnung des Canalis nasolacrimalis. Die äußeren Augenmuskeln bilden einen hinter dem Augapfel gelegenen Muskelkegel, dessen Spitze zum Canalis nervi optici weist und in dessen Zentrum die A. ophthalmica und der N. opticus [II] zum rückwärtigen Pol des Augapfels gelangen. Die drei Nerven der Augenmuskeln und verschiedene Äste des N. ophthalmicus [V/1], zudem auch noch die Äste der V. ophthalmica, findet man in oder an diesem Kegel. Die verbleibenden Spalträume zwischen den Strukturen werden von Fettgewebe, dem **Corpus adiposum orbitae,** ausgefüllt.

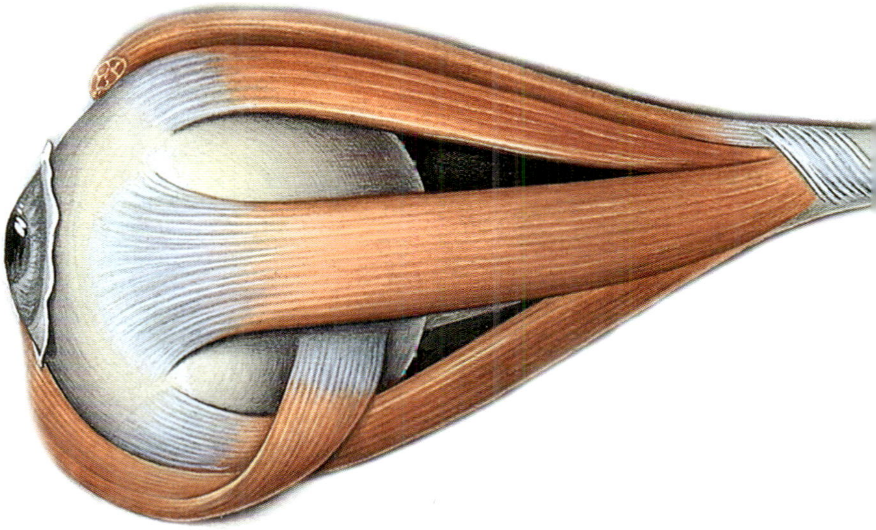

Klinik

Häufigste chronische Augenerkrankungen und Erblindungsursachen

Das **trockene Auge** (Keratoconjunctivitis sicca) ist eine der weltweit häufigsten chronischen Erkrankungen der Augenoberfläche (12 Mio. Betroffene allein in Deutschland). Jeder zweite Patient, der einen niedergelassenen Augenarzt in den westlichen Industrieländern aufsucht, leidet daran.

Häufigste Erblindungsursache in Deutschland ist die altersbedingte **Makuladegeneration** (AMD), gefolgt von der **diabetischen Retinopathie** und dem **Glaukom** (grüner Star). Allein in Deutschland leiden rund 4,5 Millionen Menschen unter einer AMD, sie ist bei 50% aller Neuerblindungen die Ursache. Während die AMD eine Erkrankung des fortgeschrittenen Alters ist, gilt die **diabetische Retinopathie** als häufigste Erblindungsursache im erwerbsfähigen Alter (ca. 2000 Neuerblindungen pro Jahr). Ähnliche Zahlen wie für die **diabetische Retinopathie** gelten auch für das Glaukom. Obwohl der **graue Star** (Katarakt) in Deutschland ebenfalls sehr häufig ist (50% der 52- bis 64-Jährigen sowie 90% der 65- bis 75-Jährigen leiden an einem symptomlosen grauen Star), wird er bei Auftreten von Symptomen meist umgehend operiert und ist somit hierzulande eine eher seltene Erblindungsursache. Dagegen ist der graue Star weltweit bei den Erblindungsursachen führend. Laut WHO ist die Katarakt für 48% aller Erblindungen (ca. 17 Mio. Menschen) verantwortlich. Grund hierfür ist in erster Linie die schlechte Gesundheitsversorgung in großen Teilen der Welt. Circa 84 Millionen Menschen in Afrika, Südostasien, Zentral- und Südamerika sowie im Mittleren Osten leiden unter einer Trachominfektion. 1,3 Millionen Menschen davon können nicht mehr geheilt werden (Behandlungskosten ca. 15 €/Person). Begünstigt wird die Trachominfektion u. a. durch schlechte hygienische Zustände und mangelhafte Trinkwasserversorgung, sie ist somit eine klassische Erkrankung der Entwicklungsländer. Ein weiterer Grund für Erblindung im Kindesalter in Entwicklungsländern ist ein **Vitamin-A-Mangel** (Therapiekosten ca. 1 € pro Kind).

→ präplink

Zur **Orbitapräparation** wird die Pars orbitalis des M. orbicularis oculi gemeinsam mit den Partes palpebrales des Ober- und des Unterlides vom darunterliegenden Bindegewebe abgetragen und nach medial geklappt. Die Strukturen sollen im nasalen Lidwinkel nicht abgelöst werden. Septum orbitale, Tarsus superior und inferior sowie die Ligg. palpebralia mediale und laterale werden dargestellt. Zur **Eröffnung der Orbita** von kranial werden Haut und Muskulatur auf dem Os frontale sowie die Dura mater im Bereich der vorderen Schädelgrube entfernt. Beim **Eröffnen des Orbitadachs** muss darauf geachtet werden, die Periorbita nicht zu verletzen und alle durch die Fissura orbitalis superior tretenden Strukturen zu schonen. Nach **Eröffnung der Periorbita** wird der M. levator palpebrae superioris mit anhängendem Oberlid in Richtung Anulus tendineus abpräpariert (N. trochlearis und R. superior des N. oculomotorius nicht abreißen). Nun können alle Strukturen der Orbita durch Entfernung des orbitalen Fettgewebes von oben nach unten durchpräpariert werden. Dabei sollte das Ganglion ciliare durch stumpfe Präparation des orbitalen Fettgewebes geschont werden.

IMPP-CHECKLISTE

• Orbita: knöcherne Begrenzungen, Durchtrittsstellen, Einteilung, topographische Beziehungen • Klinik (z. B. Blow-out-Fraktur, Orbitaphlegmone) • Blutgefäße (Sinus-cavernosus-Thrombose) • Nn. craniales [II–VI] (einschließlich Nuclei des Truncus cerebri, Ganglion trigeminale) • Glandula lacrimalis • Ganglion ciliare • retrobulbäres Fett (BASEDOW-Erkrankung, MERSEBURG-Trias, endokrine Orbitopathie) • äußere Augenmuskeln: Lage, Innervation, Funktion, Lähmungen • Bulbus: Blutversorgung und Innervation • innere Augenmuskeln: Innervation, Funktion, Lähmungen, HORNER-Syndrom • Hilfseinrichtungen und Augenoberfläche: Lidapparat, Tränenfilm, Conjunctiva, Cornea, ableitende Tränenwege

Entwicklung

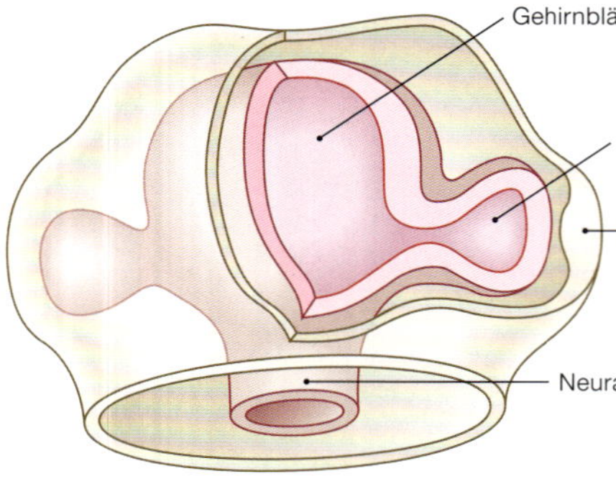

Abb. 9.1 Augenentwicklung, 4. Woche. [21]
In der 4. Woche stülpen sich die Augenbläschen aus dem Diencephalonbereich des Prosencephalons aus. Das Augenbläschen wandert weiter nach außen und induziert im umgebenden Oberflächenektoderm die Ausbildung einer Linsenplakode.

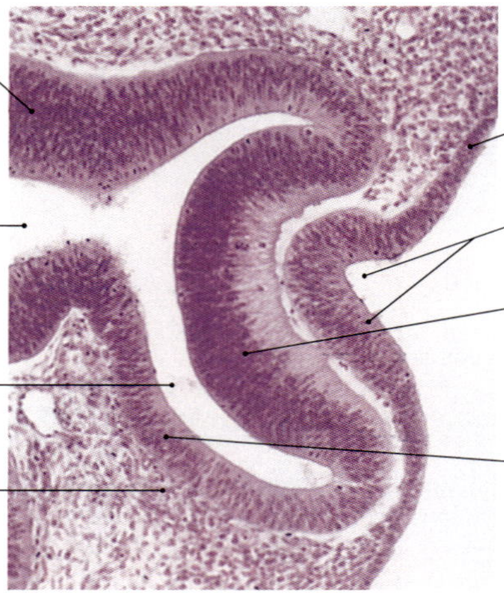

Abb. 9.2 Augenentwicklung, 5. Woche; mikroskopischer Sagittalschnitt. [20]
Die Abbildung zeigt das bereits zur Becherform eingestülpte Augenbläschen, das engen Kontakt zur Linsenplakode hat. Der Sehventrikel zwischen den beiden Blättern des Augenbechers (Vorläufer der Retina) und im Augenbecherstiel (Vorläufer des N. opticus [II]) ist noch relativ weit.

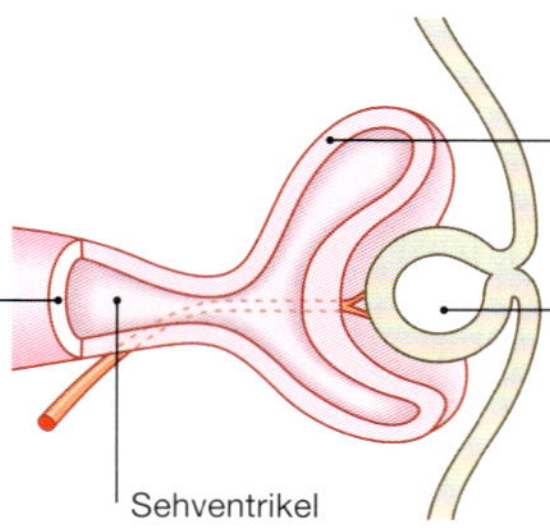

Abb. 9.3 Augenentwicklung, 5. Woche. [21]
Das Linsenbläschen kugelt sich aus dem Oberflächenektoderm ab und wird vom Augenbläschen seitlich umwachsen, so dass um das Linsenbläschen aus dem Augenbläschen der Augenbecher entsteht. Über einen schmalen Gang, den ehemaligen Sulcus opticus, ist der Augenbecher noch mit dem Zwischenhirn verbunden.

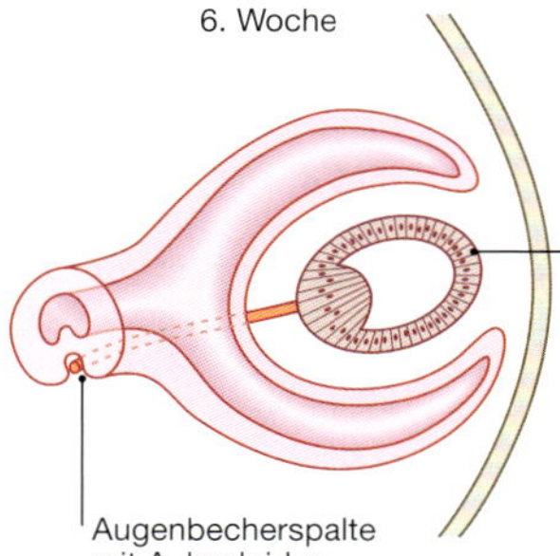

Abb. 9.4 Augenentwicklung, 6. Woche. [21]
Am tiefsten Punkt des Augenbechers entwickelt sich eine längliche Furche, die Augenbecherspalte. In ihr bilden sich Blutgefäße, umgeben von den ersten Nervenfasern des späteren N. opticus [II]. Die Blutgefäße versorgen im Rahmen der Entwicklung als A. und V. hyaloidea das Innere des Augenbechers. Im 7. Monat bilden sich die Gefäße im Augenbecher zurück; im N. opticus bleiben die Gefäße als A. und V. centralis retinae jedoch erhalten.

Augenentwicklung

Die Entwicklung des Auges beginnt Anfang der 4. Woche mit einer Ausstülpung des Augenbläschens aus dem Diencephalonbereich des Prosencephalons. Bereits nach kurzer Zeit wird der vordere Pol zum Augenbecher eingestülpt. Aus dem äußeren Blatt des Bechers wird im hinteren Augensegment das retinale Pigmentepithel, vorne entstehen daraus die Epithelien von Ziliarkörper und Iris. Das innere Blatt differenziert sich zur Retina. An der Kontaktstelle zwischen Augenbecher und Oberflächenektoderm schnürt sich das Linsenbläschen ab, das sich in die Tiefe verlagert. Aus dem Ektoderm gehen ferner die Epithelien von Cornea und Conjunctiva hervor. Die meisten anderen Anteile der mittleren und der äußeren Augenhaut sind mesenchymalen Ursprungs. Die Linsenanlage ist zunächst noch von einem Blutgefäßnetz (u. a. aus der A. hyaloidea) umsponnen, das später verloren geht. Der proximale Stumpf der A. hyaloidea wird zur A. centralis retinae.

Entwicklung

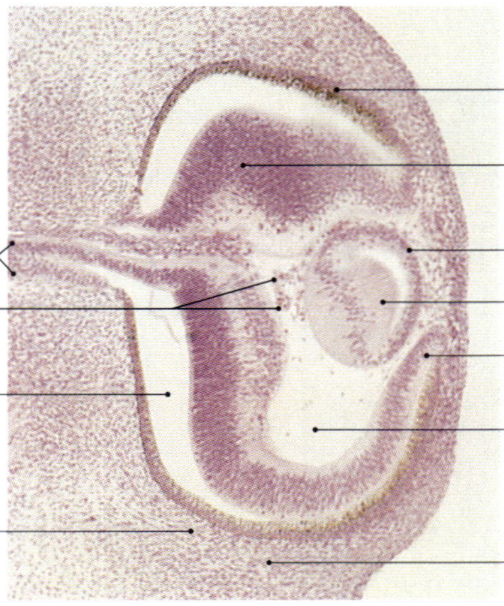

Abb. 9.5 Augenentwicklung, 6. Woche; mikroskopischer Sagittalschnitt. [20]
In der 7. Woche bilden sich die Linsenfasern durch Verlängerung der Epithelzellen in der hinteren Wand des Linsenbläschens.

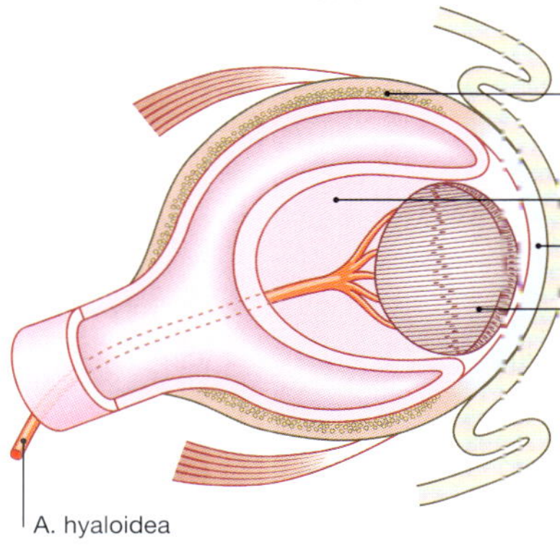

Abb. 9.6 Augenentwicklung, 8. Woche. [21]
Durch die Augenbecherspalte wandern Mesenchymzellen ein, die den Glaskörper (Corpus vitreum), eine gelartige Substanz mit feinen Fasern, ausbilden. Der Glaskörper gibt dem Augenbulbus seine feste Form.

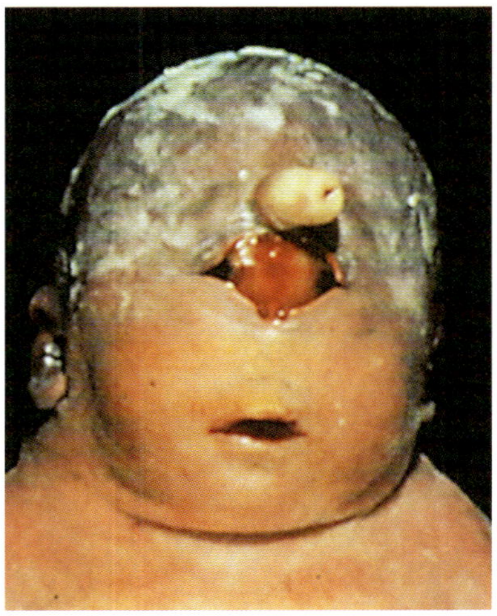

Abb. 9.7 Männliches Neugeborenes mit Zyklopie. [20]
Die Zyklopie ist eine Gesichts- und Augenfehlbildung, bei der ein rüsselartiger Nasenfortsatz oberhalb eines verschmolzenen Auges ausgebildet ist.

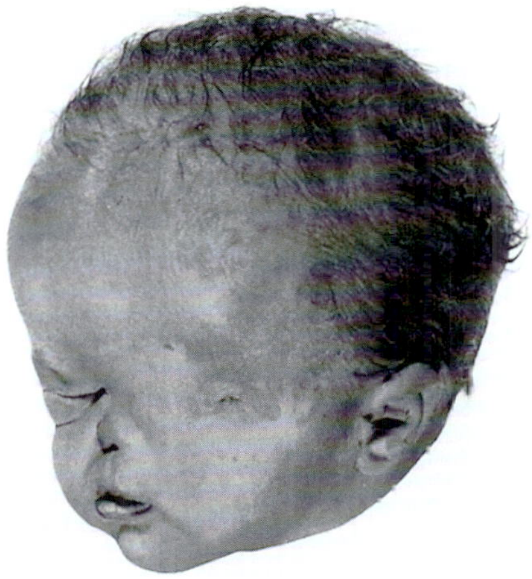

Abb. 9.8 Männliches Neugeborenes mit Anophthalmie. [20]
Erblich bedingtes Fehlen aller Augenbestandteile mit einseitig fehlendem Nasenloch auf der linken Seite. Die Augenlider sind zwar angelegt, aber weitgehend miteinander verwachsen.

Klinik

Entwicklungsstörungen des Auges sind relativ selten. Angeborene Blindheit tritt mit einer Inzidenz von 20 pro 100 000 Lebendgeborene auf. Meist geht sie mit anderen (geistigen) Behinderungen einher. Es kann vorkommen, dass Reste der A. hyaloidea persistieren und aus der Sehnervpapille in den Glaskörper oder sogar bis zur Linse reichen. Eine Trübung der Linse kann resultieren, meist ist die **Persistenz der A. hyaloidea** aber ohne klinische Bedeutung. Unter **Zyklopie** (Zyklopenäugigkeit) versteht man die mehr oder weniger vollständige Verschmelzung der Augen (→ Abb. 9.7). Das angeborene Fehlen aller Augenstrukturen bezeichnet man als **Anophthalmie** (→ Abb. 9.8).

Knöcherne Augenhöhle

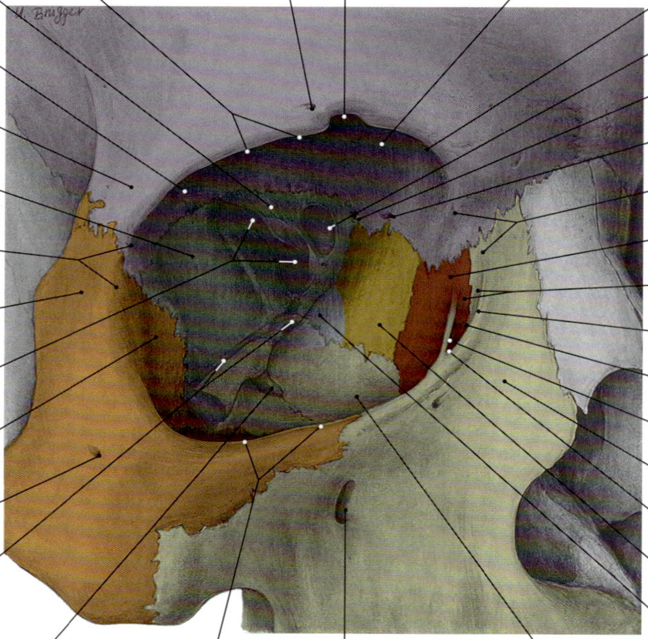

Abb. 9.9 Augenhöhle, Orbita, rechts; Ansicht von schräg vorne; Farbtafel siehe hinterer Buchdeckel innen.
Die Wände der Orbita werden von sieben Knochen (Os frontale, Os ethmoidale, Os lacrimale, Os palatinum, Maxilla, Os sphenoidale und Os zygomaticum) gebildet. Die Paries lateralis grenzt an die Fossa temporalis, die Paries medialis hat Beziehung zu den Siebbeinzellen und zur Nasenhöhle. Im hinteren Abschnitt bestehen enge topographische Beziehungen zur mittleren Schädelgrube, zum Canalis opticus und zur Fossa pterygopalatina.

* Diese Stellen können als Foramina oder Incisurae ausgebildet sein.

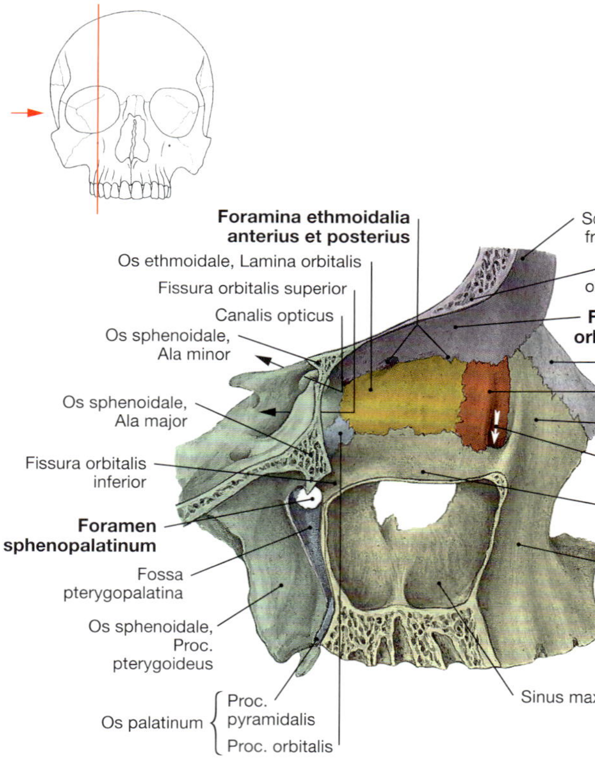

Abb. 9.10 Mediale Wand der Augenhöhle, Paries medialis orbitae, rechts; Ansicht von lateral; Farbtafel siehe hinterer Buchdeckel innen.

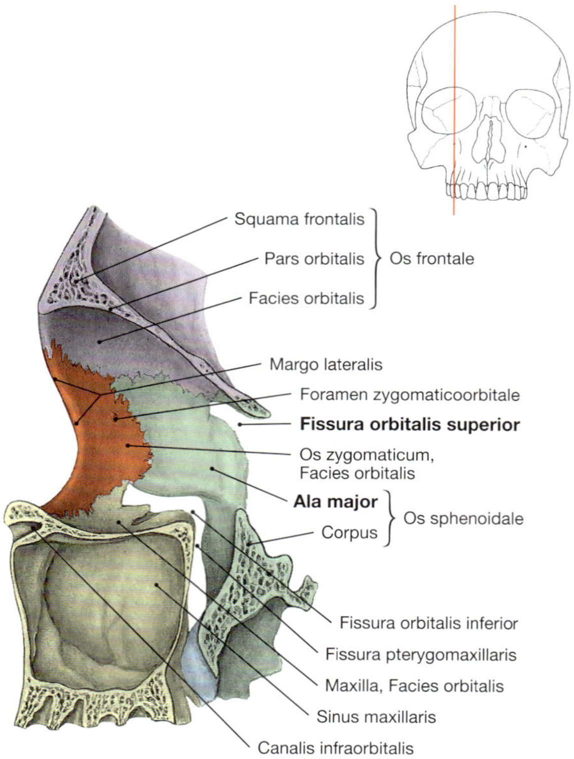

Abb. 9.11 Laterale Wand der Augenhöhle, Paries lateralis orbitae, rechts; Ansicht von medial; Farbtafel siehe hinterer Buchdeckel innen.

Knöcherne Augenhöhle

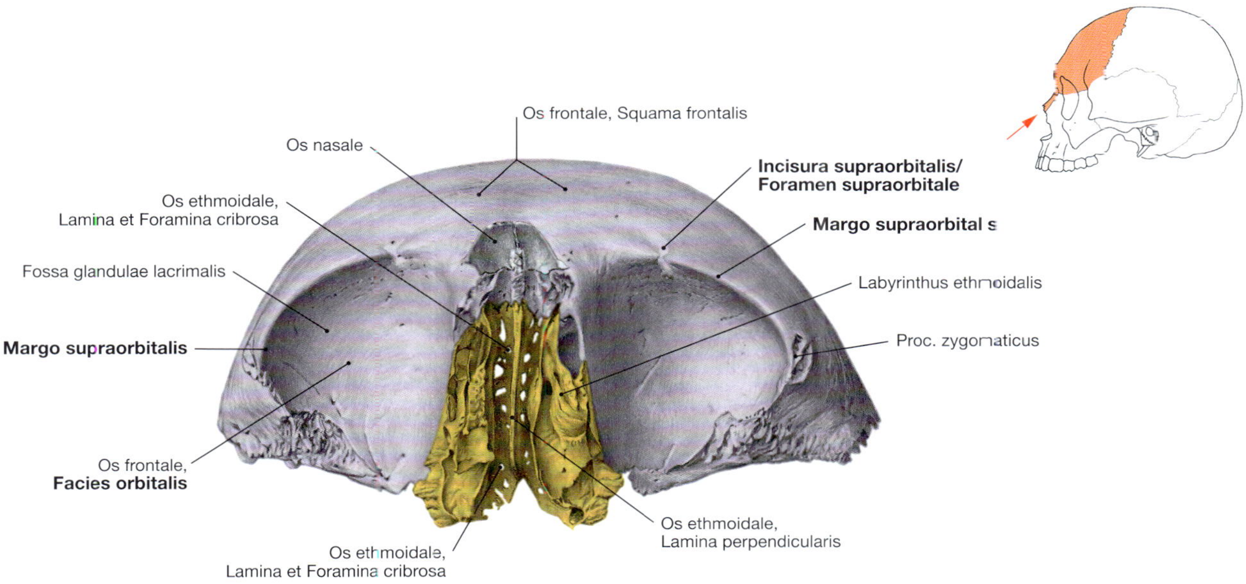

Abb. 9.12 Dach der Orbita, Paries superior orbitae; Ansicht von unten; Farbtafel siehe hinterer Buchdeckel innen.
Das Dach der Orbita ist gleichzeitig der Boden der vorderen Schädelgrube und von Teilen des Sinus frontalis. Sämtliche Knochen des Labyrinthis ethmoidalis sind extrem dünn und können im Rahmen chirurgischer Eingriffe leicht frakturiert werden.

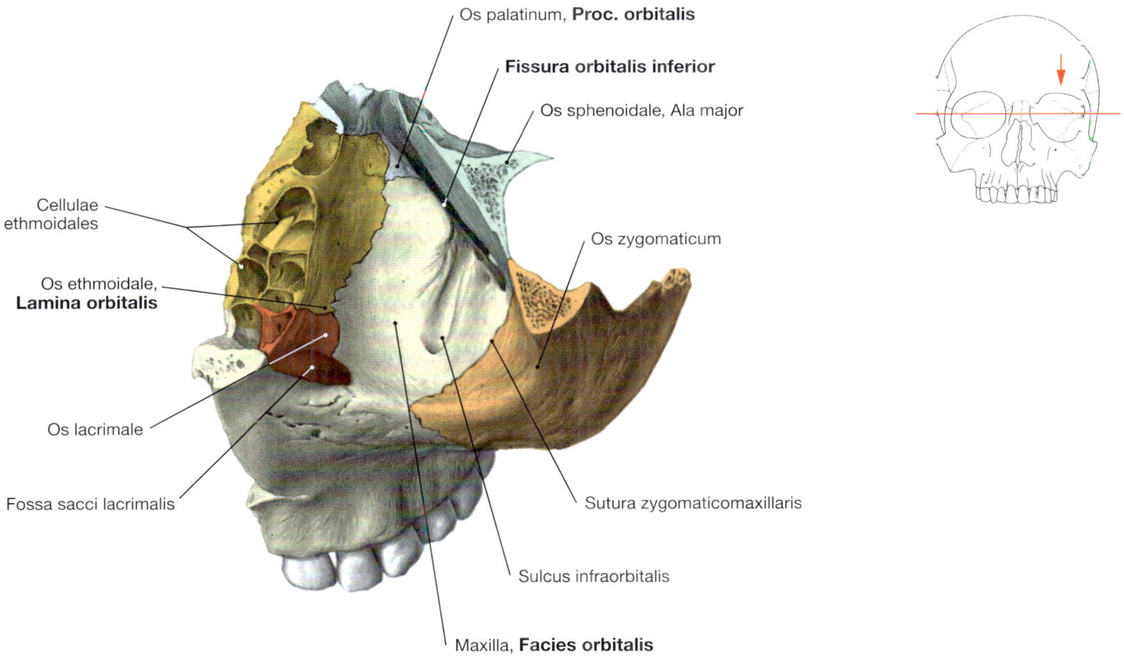

Abb. 9.13 Boden der Augenhöhle, Paries inferior orbitae, links; Ansicht von oben; Farbtafel siehe hinterer Buchdeckel innen.
Der Orbitaboden ist gleichzeitig das Dach des Sinus maxillaris. In seinem hinteren Abschnitt liegt der Sulcus infraorbitalis, der sich im vorderen Abschnitt in einen knöchernen Kanal durch die Maxilla fortsetzt und als Foramen infraorbitale (nicht sichtbar) unterhalb der Orbita mündet.

Klinik

Obwohl die mediale knöcherne Orbitawand papierdünn ist (daher Lamina papyracea), kommt es bei stumpfer Gewalteinwirkung auf den Augenbulbus (z.B., wenn ein Tennisball zentral auf die Orbita trifft) meist zu einer Fraktur des Orbitabodens (sog. **Blow-out-Fraktur**). Dabei können intraorbitale Strukturen (Mm. rectus inferior und obliquus inferior) im Frakturspalt eingeklemmt oder ganz in den Sinus maxillaris verlagert werden **(Orbitalhernie).** Durch Einschränkung der Bulbusbeweglichkeit können Doppelbilder, ein Enophthalmus oder eine Blickparese nach oben resultieren. Bei Beteiligung des im Orbitaboden verlaufenden N. infraorbitalis kommt es zu **Sensibilitätsstörungen** im Bereich der Gesichtshaut des Oberkiefers.

Lider

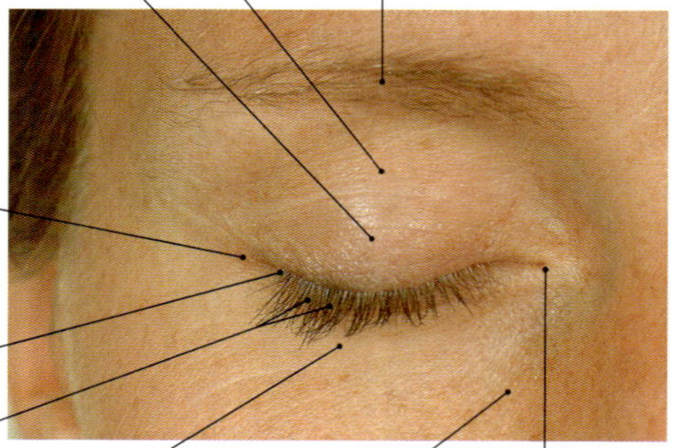

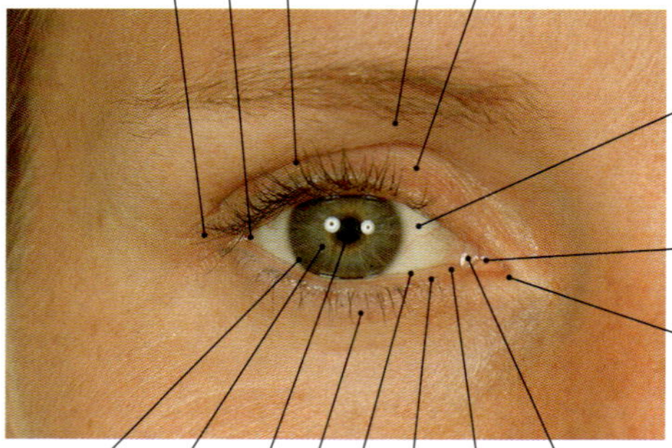

Abb. 9.14 Auge, Oculus, rechts, bei geschlossener Lidspalte. Im Durchschnitt blinzelt der Mensch 20- bis 30-mal pro Minute. Mit jedem Lidschluss wird der Tränenfilm auf der Augenoberfläche verteilt. Dabei erfolgt die Kontraktion des M. orbicularis oculi zeitversetzt von temporal nach nasal, so dass es zu einer Wischbewegung in Richtung des nasalen Lidwinkels kommt. Mechanische Reize (z. B. plötzlicher Luftzug, Staubkorn, Fliege) führen zum Lidschlussreflex, der dem Schutz der Augenoberfläche dient.

Abb. 9.15 Auge, Oculus, rechts, bei geöffneter Lidspalte. Die Weite der normalen Lidspalte beträgt beim Erwachsenen zwischen 6 und 10 mm, der Abstand zwischen temporalem und nasalem Lidwinkel 28–30 mm.

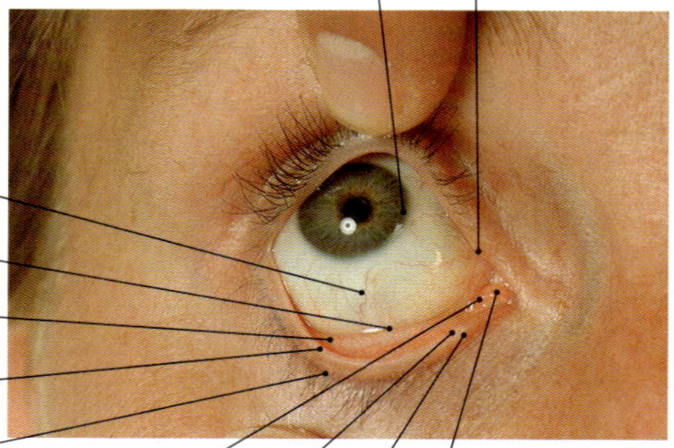

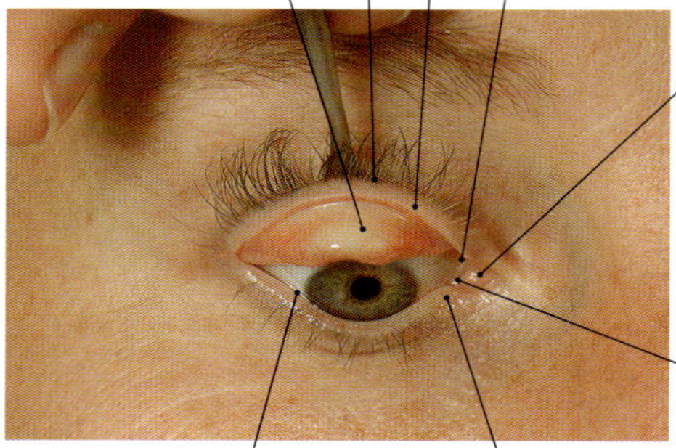

Abb. 9.16 Auge, Oculus, rechts, mit abgehobenem Ober- und Unterlid. Mit Ausnahme der Hornhaut sind der Augenbulbus im Bereich der Augenoberfläche und die zum Bulbus gerichtete Seite der Augenlider von Bindehaut (Conjunctiva), einer gefäßführenden, aber ansonsten durchsichtigen dünnen Schleimhautschicht überzogen.

Abb. 9.17 Auge, Oculus, rechts, mit ektropioniertem Oberlid. Im Bereich der Lidrückseite spricht man von Conjunctiva palpebrae, auf dem Augenbulbus von Conjunctiva bulbi und im Bereich der Umschlagfalte beider Bindehautblätter von Conjunctiva fornicis. Letztere wird auch als Bindehautsack bezeichnet. In den unteren Bindhautsack können Medikamente eingetropft werden.

Klinik

Eine Reihe von Erkrankungen geht mit einer **Verengung** oder einer **Erweiterung der Lidspalte** einher. So führt eine Schädigung des Sympathicus zur Lähmung des M. tarsalis superior im Augenlid und damit zu einer Verengung der Lidspalte. Eine Okulomotoriusparese äußert sich als Ptose (Herabhängen) des Oberlids durch Lähmung des M. levator palpebrae superioris. Im Gegensatz dazu führt eine Fazialisparese durch Ausfall des M. orbicularis oculi zu einer Lidspaltenerweiterung. Eine **Entzündung** der Bindehaut (Konjunktivitis) ist besonders bei Kontaktlinsenträgern häufig. Bei Patienten mit Anämie (Blutarmut) erscheint die Conjunctiva weißlich blass, da durch den Mangel an Erythrozyten die normale Blutgefäßzeichnung fehlt. Der Blick in den Bindehautsack durch Abziehen des Unterlids mit dem Finger des Untersuchers gilt daher als einfaches diagnostisches Hilfsmittel.

Mimische Muskeln

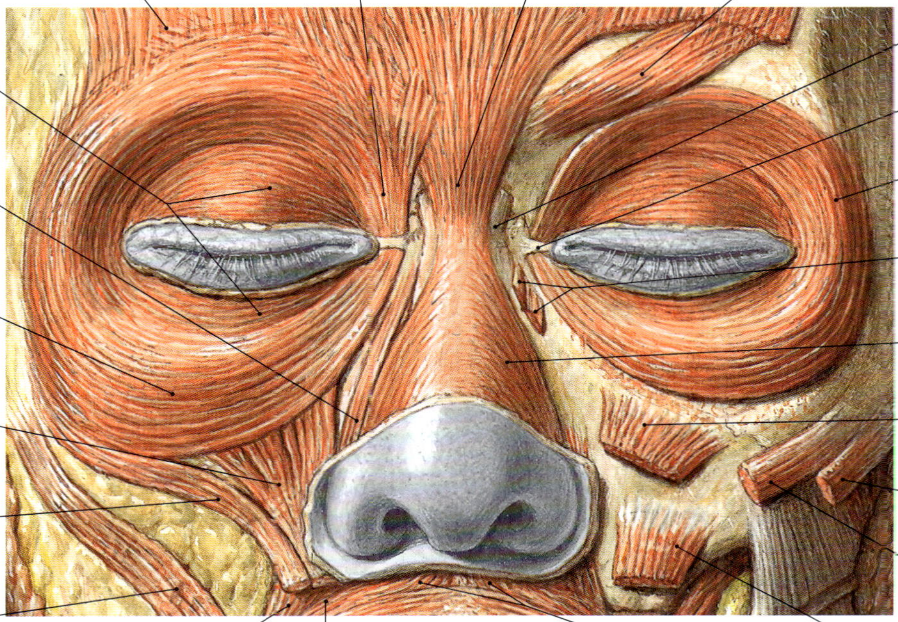

Abb. 9.18 Gesichtsmuskeln, Mm. faciei, im Bereich der Orbita; Ansicht von vorne.

Der Orbitaeingang ist von der Pars orbitalis des M. orbicularis oculi zirkulär umgeben. Die Pars palpebralis des Muskels setzt sich auf die Augenlider fort.

→ T 1a, c, d, e

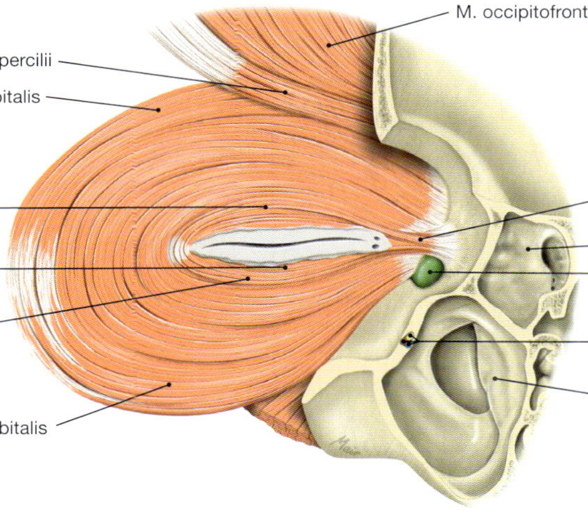

Abb. 9.19 M. orbicularis oculi, rechts; Ansicht von hinten.
Im nasalen Lidwinkel erkennt man die Pars lacrimalis des Muskels (HORNER-Muskel), die für den Tränenabfluss von Bedeutung ist.
Der M. orbicularis oculi besteht aus drei Anteilen. Die **Pars orbitalis** dient dem festen willkürlichen Verschluss des Auges (Zukneifen). Eine Kontraktion der **Pars palpebralis** löst den Lidschluss aus (Blinzeln), der willkürlich vorgenommen werden kann, meist aber unwillkürlich abläuft. Die **Pars lacrimalis** (HORNER-Muskel) ist um die Tränenkanälchen herum angeordnet und für den Tränenabfluss essenziell. Beim Lidschluss tauchen die beiden **Tränenpünktchen** (Puncta lacrimalia: Punctum lacrimale superius und Punctum lacrimale inferius) im Bereich des nasalen Drittels des Lidrandes in den Tränensee (Lacus lacrimalis) ein. Man vermutet, dass durch Kontraktion der Pars lacrimalis eine Art Sog aufgebaut wird (Druck-Saug-Pumpe). Die Tränenflüssigkeit wird über die Tränenpünktchen durch das obere und untere Tränenkanälchen (Canaliculi superior und inferior) in den Tränensack (Saccus lacrimalis) gesogen. Das untere Tränenkanälchen transportiert den größten Teil der Tränenflüssigkeit.

* RIOLAN-Muskel

→ T 1c

Klinik

Verletzungen des N. facialis führen u.a. zur Lähmung des M. orbicularis oculi. Das Auge kann nicht mehr geschlossen werden **(Lagophthalmus).** Wird der Patient aufgefordert, das Auge zu schließen, dreht sich der Augenbulbus ganz normal nach oben (die äußeren Augenmuskeln sind intakt) und man sieht nur noch die weiße Sclera (**BELL-Phänomen;** → Abb. 12.151). Durch den fehlenden Lidschluss wird der Tränenfilm nicht mehr auf der Augenoberfläche verteilt und reißt ab. Die Hornhaut trocknet nach kurzer Zeit aus und trübt ein. Der Patient kann auf dem betreffenden Auge nicht mehr sehen. Der fehlende Lidschluss stellt bei einer peripheren Fazialisparese das größte therapeutische Problem dar.

Lider, Aufbau

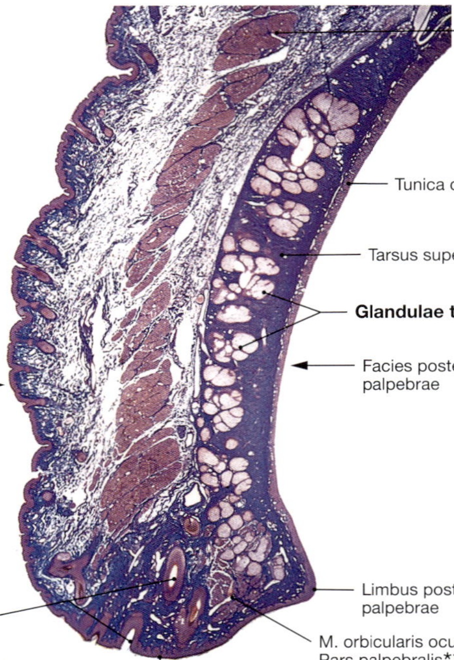

Abb. 9.20 Oberlid, Palpebra superior; Fotografie eines mikroskopischen Präparats; Azanfärbung; Sagittalschnitt, Lupenvergrößerung. [26]
Das Augenlid wird in ein äußeres und ein inneres Blatt unterteilt. Zum äußeren Blatt gehört der quergestreifte M. orbicularis oculi mit seiner Pars palpebralis. Das innere Blatt umfasst die Lidbindehaut (Tunica conjunctiva palpebrarum), die Lidplatte (Tarsus) mit den in sie integrierten Meibom-Drüsen (Glandulae tarsales, modifizierte Talgdrüsen) und im Bereich des Lidrands die aus der Pars palpebralis des M. orbicularis oculi in den Tarsus ausstrahlenden Muskelfasern (RIOLAN-Muskel, Fasciculi ciliares).

* MEIBOM-Drüsen
** RIOLAN-Muskel

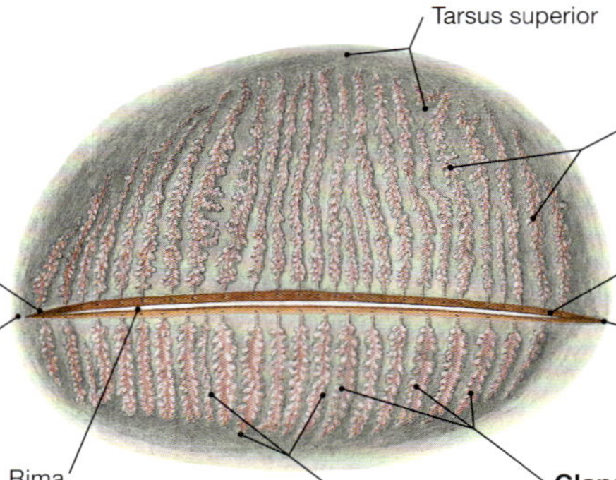

Abb. 9.21 Augenlider, Palpebrae, rechts; Ansicht von hinten; Drüsenschläuche der Glandulae tarsales in aufgehelltem Präparat. Jedes Lid enthält ca. 25 bis 30 Einzeldrüsen, die jeweils über einen eigenen Ausführungsgang am Lidrand münden.

* MEIBOM-Drüsen

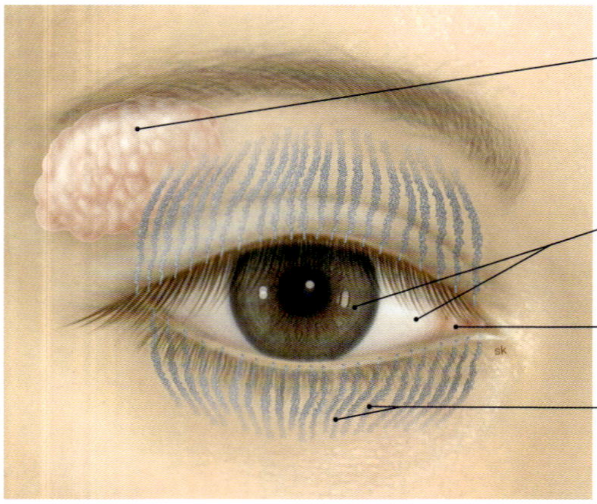

Abb. 9.22 Strukturen der Augenoberfläche, die an der Bildung der drei Komponenten des Tränenfilms beteiligt sind; schematische Darstellung.

Blutversorgung und Innervation der Tränendrüse und der Lider

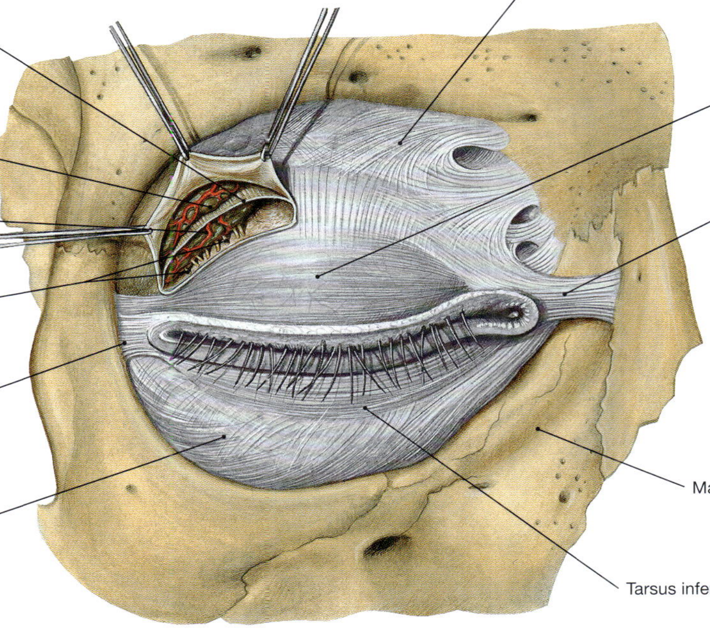

Abb. 9.23 Augenhöhleneingang, Aditus orbitalis, rechts, mit Septum orbitale, Lidplatten und Lidbändern; Ansicht von vorne.
Die Tränendrüse ist durch Spaltung des Septum orbitale und der Ansatzsehne des M. levator palpebrae superioris freigelegt. Diese teilt die im temporalen oberen Quadranten auf dem Augenbulbus liegende Tränendrüse in eine Pars orbitalis und eine Pars palpebralis.

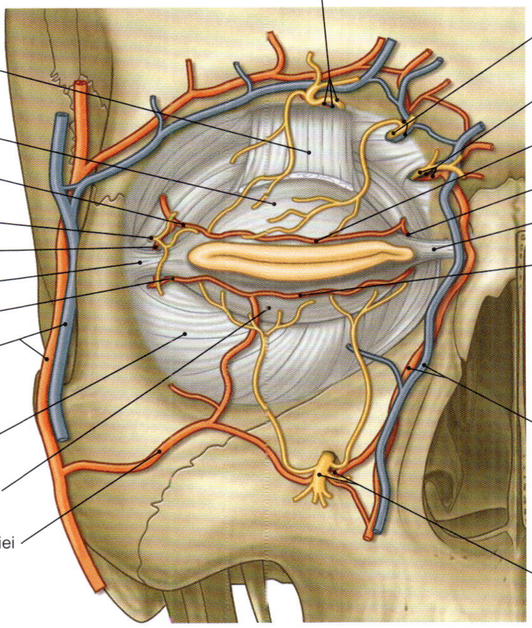

Abb. 9.24 Arterien, Venen und Nerven des Augenhöhleneingangs, Aditus orbitalis, und der periorbitalen Region, rechts; Ansicht von vorne. [10]
Die Orbita ist oberhalb des Septum orbitale von einem zirkulären arteriellen Gefäßkranz umgeben, der vom Arcus palpebralis superior und inferior gebildet wird. Der Gefäßkranz wird von zahlreichen Arterien aus dem **Versorgungsgebiet der A. carotis interna** (A. supraorbitalis, Aa. palpebrales laterales der A. lacrimalis, Aa. palpebrales mediales) und der **A. carotis externa** (A. facialis, A. angularis, A. infraorbitalis, A. temporalis superficialis, A. zygomaticoorbitalis) gespeist. Die Nn. supra- und infraorbitalis, Äste des N. ophthalmicus [V/1] bzw. des N. maxillaris [V/2], verlassen die Orbita durch die gleichnamigen Foramina (der N. supraorbitalis kann die Orbita auch durch eine Incisura supraorbitalis verlassen). An diesen Nervenaustrittspunkten wird die Sensibilität des N. ophthalmicus [V/1] und des N. maxillaris [V/2] geprüft.

Klinik

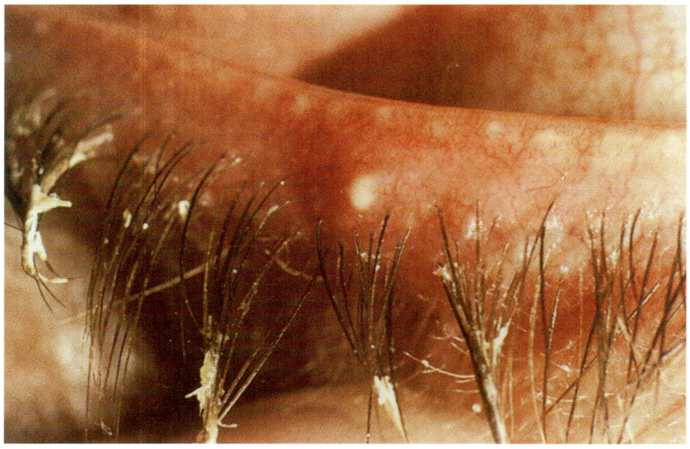

Abb. 9.25 **Entzündung des Lidrands, seborrhoische Blepharitis.** [15]

Klinik

Als Hagelkorn **(Chalazion)** wird eine von einer MEIBOM-Drüse ausgehende granulomatöse Entzündung bezeichnet, deren Ursache meist eine Verstopfung des Drüsenausführungsgangs ist. Knapp unterhalb der Lidkante kann dabei eine traubenkern- bis haselnussgroße, schmerzlose und nicht verschiebliche Auftreibung getastet werden. Ein Gerstenkorn **(Hordeolum)** ist eine meist eitrige Entzündung einzelner Drüsen der Augenlider (in der Regel bakteriell bedingt und schmerzhaft). Entzündungen des Lidrandes führen häufig zu einer **Blepharitis** (→ Abb. 9.25) mit den typischen Symptomen eines trockenen Auges, wie Brennen, Sandkorngefühl, geringgradige Photophobie und Lidrandrötung.

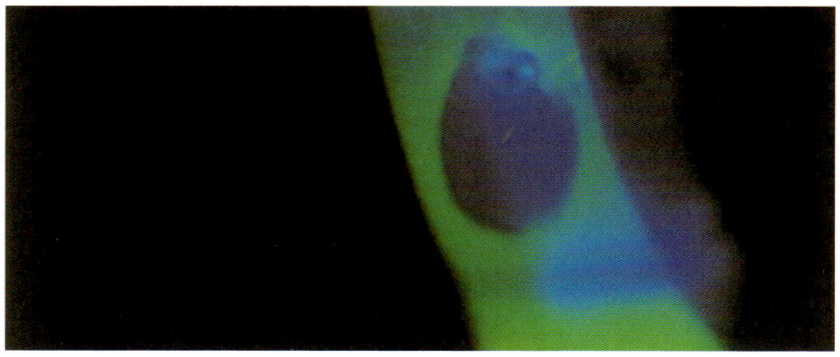

Abb. 9.26 **Tränenfilms des Auges, rechts;** Ansicht von vorne; Spaltlampenuntersuchung mit Fluoreszenzfarbstoff im Blaulicht. [15] Man sieht einen trockenen Fleck, der durch das Aufreißen des Tränenfilms verursacht ist.

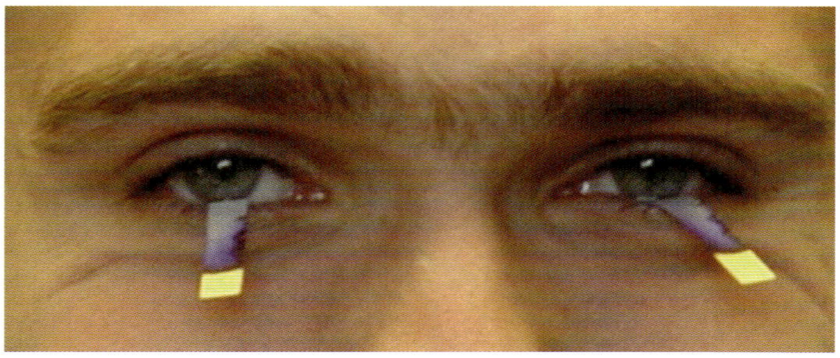

Abb. 9.27 **SCHIRMER-Test bei einem gesunden Probanden.** Beide Streifen zeigen bereits nach 2 Minuten eine deutliche violette Verfärbung des gelben SCHIRMER-Streifens. Nach 5 Minuten ist er komplett verfärbt.

Klinik

Bei Verdacht auf Tränendrüsenfunktionsstörung, z. B. im Rahmen einer Fazialisparese, wird ein **SCHIRMER-Test** durchgeführt. In den Bindehautsack wird ein genormt langer Filterpapierstreifen eingehängt. Der Filterpapierstreifen nimmt Tränenflüssigkeit auf und verfärbt sich dabei (→ Abb. 9.27). Bei einer normalen Tränenflüssigkeitsproduktion sollten innerhalb von 5 Minuten mehr als zwei Drittel des Streifens verfärbt sein. Eine geringere Benetzungsstrecke deutet auf eine verminderte Produktion von Tränenflüssigkeit hin.
Ein weiterer Test zur Funktion des Tränenfilms ist die Bestimmung der **Tränenfilmaufrisszeit** (Break-up-time), mit deren Hilfe die Benetzungsfähigkeit überprüft wird. Eine normale Aufrisszeit liegt bei 20–30 Sekunden. Eine Aufrisszeit unter 10 Sekunden ist ein Hinweis auf eine Störung.

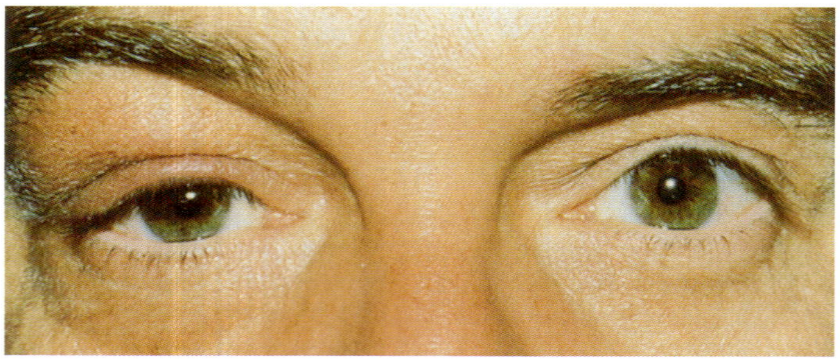

Abb. 9.28 **Verengte Lidspalte, rechts; bei akuter Dakryoadenitis (Entzündung der Tränendrüsen).** [15]

Klinik

Über die im nasalen Lidwinkel verlaufende V. angularis besteht eine Verbindung zwischen dem Gesicht (V. facialis) und dem Sinus cavernosus via intraorbital verlaufender V. ophthalmica, die sich an die V. angularis anschließt. Infektionen der äußeren Gesichtsregionen (z. B. nach Ausdrücken eines Pickels auf der Wange) können zu einer Keimverschleppung über diesen Weg in den Sinus cavernosus mit nachfolgender **Thrombose des Sinus cavernosus** (→ S. 223) führen. Bei ersten Anzeichen einer aufsteigenden Infektion kann die V. angularis im Lidwinkel unterbunden werden, um einer Sinusthrombose vorzubeugen. **Entzündungen** der **Tränendrüse** (Dakryoadenitiden; → Abb. 9.28) führen zu einer Protrusion des Septum orbitale und zu einer Verengung der Lidspalte.

Tränenapparat, Innervation

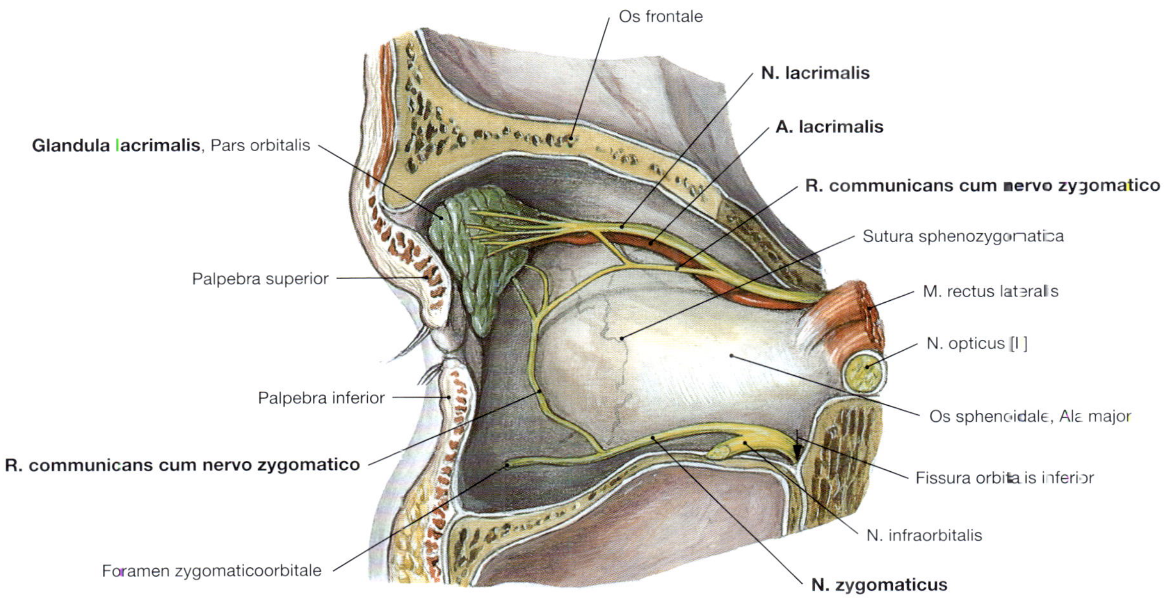

Abb. 9.29 Innervation der Tränendrüse, Glandula lacrimalis, rechts; Ansicht von medial auf die laterale Wand der Orbita.

Darstellung von Tränendrüse, A. und N. lacrimalis sowie Verbindung zwischen N. zygomaticus und N. lacrimalis über R. communicans cum nervo zygomatico.

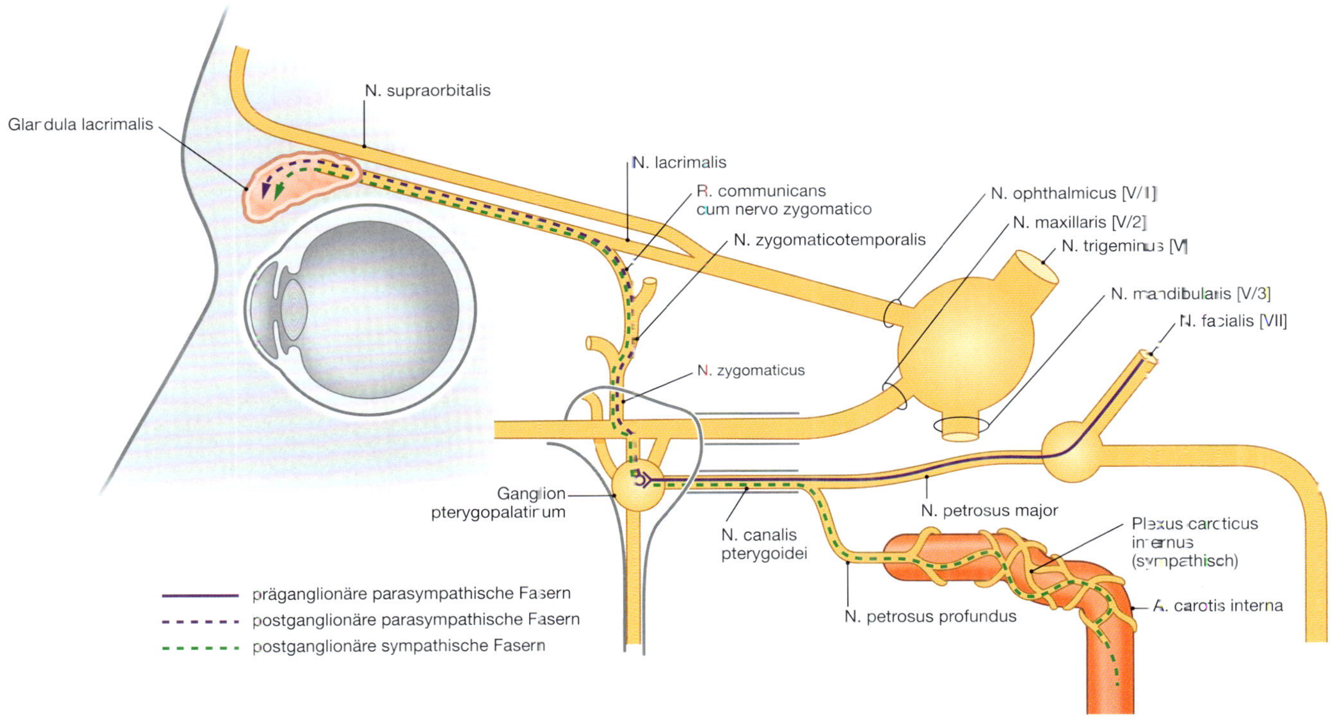

Abb. 9.30 Sympathische und parasympathische Innervation der Tränendrüse, Glandula lacrimalis; schematische Darstellung. [10]

Präganglionäre Fasern des Sympathicus werden im Ganglion cervicale superius auf postganglionäre Fasern umgeschaltet, die über die Aa. carotis interna, ophthalmica und lacrimalis die Tränendrüse erreichen oder bereits im Bereich des Foramen lacerum die A. carotis interna verlassen und von hier mit den parasympathischen Fasern zur Tränendrüse ziehen. Präganglionäre parasympathische Fasern verlaufen über den Intermediusanteil des N. facialis ohne Umschaltung durch das äußere Fazialisknie (Ganglion geniculi) via N. petrosus major zum Ganglion pterygopalatinum. Hier erfolgt die Umschaltung auf postganglionäre Fasern, die mit dem N. zygomaticus über den R. communicans cum nervo zygomatico den N. lacrimalis und mit diesem die Tränendrüse erreichen.

Tränenapparat

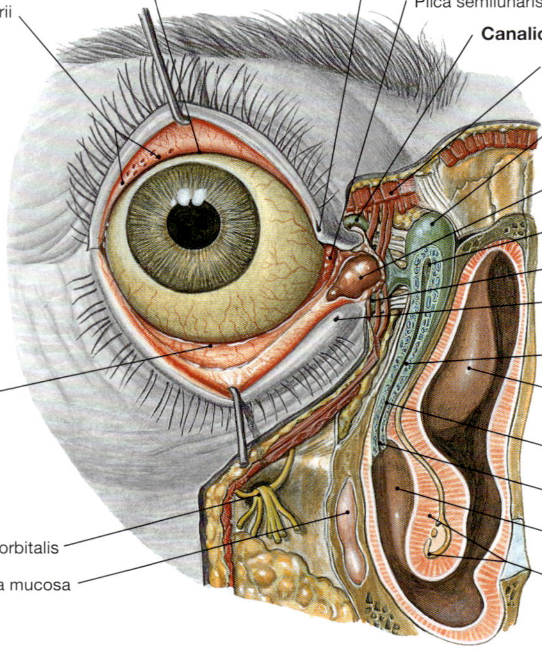

Abb. 9.31 Tränenapparat, Apparatus lacrimalis, rechts; Ansicht von vorne; Augenlider vom Augapfel weggezogen, dadurch Blick in den oberen und unteren Bindehautsack; Tränen-Nasengang bis zu seiner Mündung in den Meatus nasi inferior eröffnet. Die ableitenden Tränenwege setzen sich aus oberem und unterem Canaliculus (Canaliculi superior und inferior), Tränensack (Saccus lacrimalis) und Tränen-Nasengang (Ductus nasolacrimalis) zusammen. Der Ductus nasolacrimalis mündet in den unteren Nasengang (Meatus nasi inferior) unterhalb der unteren Nasenmuschel (Concha nasalis inferior).

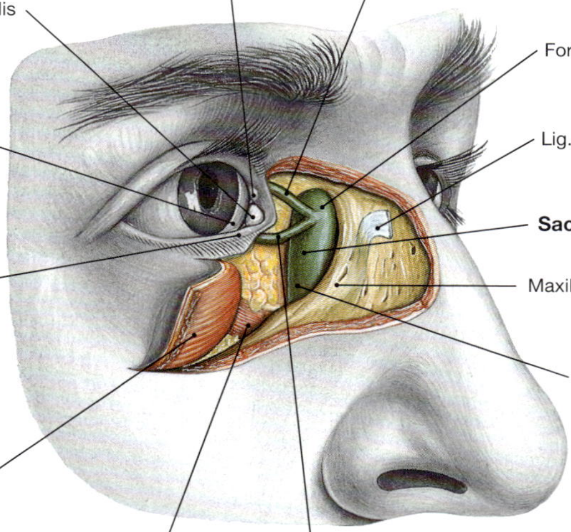

Abb. 9.32 Tränenapparat, Apparatus lacrimalis, rechts; Ansicht von vorne seitlich; Haut, Muskulatur und Septum orbitale im nasalen Lidwinkel entfernt.
Der Tränensack (Saccus lacrimalis) sitzt in der Fossa sacci lacrimalis und setzt sich nach unten als Ductus nasolacrimalis in einen knöchernen Kanal fort, der vorne von der Maxilla und hinten vom Os lacrimale gebildet wird. Jeder Canaliculus beginnt mit einem 0,25 mm (oberes) bis 0,3 mm (unteres) großen runden, ovalen oder schlitzförmigen Punctum lacrimale, das sich in einem ca. 2 mm langen vertikal verlaufenden Gang fortsetzt. Jeder Canaliculus biegt dann nahezu rechtwinklig um und geht in einen ca. 8 mm horizontal verlaufenden Anteil über. In den meisten Fällen (65–70%) vereinigen sich die beiden Kanalikuli zu einem gemeinsamen ca. 1–2 mm langen Kanal, der ca. 2–3 mm unterhalb der Fornix sacci lacrimalis in den Tränensack einmündet.

Tränenapparat

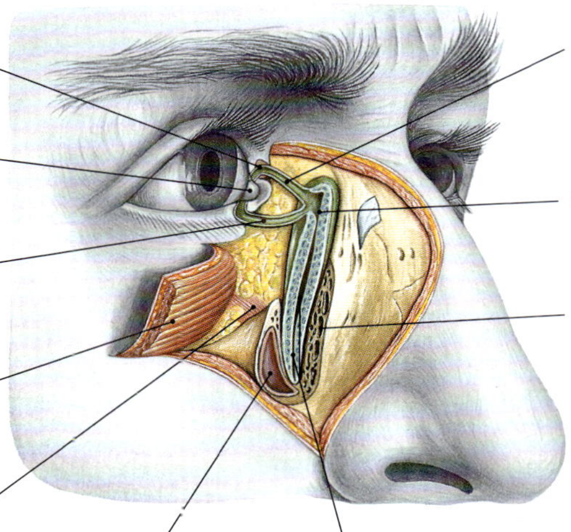

Abb. 9.33 Tränenapparat, Apparatus lacrimalis, rechts; Horizontalschnitt auf Höhe des Tränensacks.
Das Lumen des Tränensacks ist von einem Schwellkörpergewebe umgeben, das funktionell im Dienst des Tränentransports steht. Dabei führt ein Anschwellen zu einem verminderten oder aufgehobenen Tränentransport, die Tränen fließen über die Wangen ab (weinen). Zu einer Füllung der Blutgefäße des Schwellkörpers kommt es, wenn Fremdkörper in den Bindehautsack gelangen oder im Rahmen von starken Emotionen (z. B. starker Freude oder Trauer).

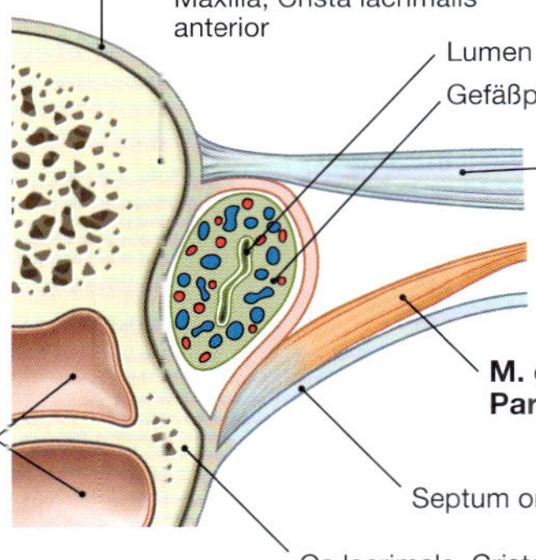

Abb. 9.34 Tränenapparat, Apparatus lacrimalis, rechts; Horizontalschnitt auf Höhe des Tränensacks, Saccus lacrimalis. [8]
Der vertikale Durchmesser des Tränensacks beträgt etwa 12 mm, der sagittale 5–6 mm und der transversale 4–5 mm. Der Ductus nasolacrimalis misst etwa 12,4 mm beim Erwachsenen. Der umgebende knöcherne Kanal ist ca. 10 mm lang und besitzt einen Durchmesser von 4,6 mm.
Man beachte die enge topographische Beziehung zum Sinus maxillaris.

Klinik

Die häufigsten Erkrankungen des Tränenableitungssystems sind Entzündung **(Dakryozystitis)**, Verengung **(Dakryostenose)** und Steinbildung **(Dakryolithiasis)**. Dabei kommt es meist zu Tränenträufeln **(Epiphora)**. Dakryostenosen können auch angeboren sein. In den meisten Fällen basiert eine angeborene Stenose auf einer persistierenden HASNER-Membran, einer dünner Bindegewebemembran am Übergang zum unteren Nasengang, die in den meisten Fällen kurz nach der Geburt rupturiert, bei Persistenz aber vom Arzt durchstoßen werden muss.

Äußere Augenmuskeln

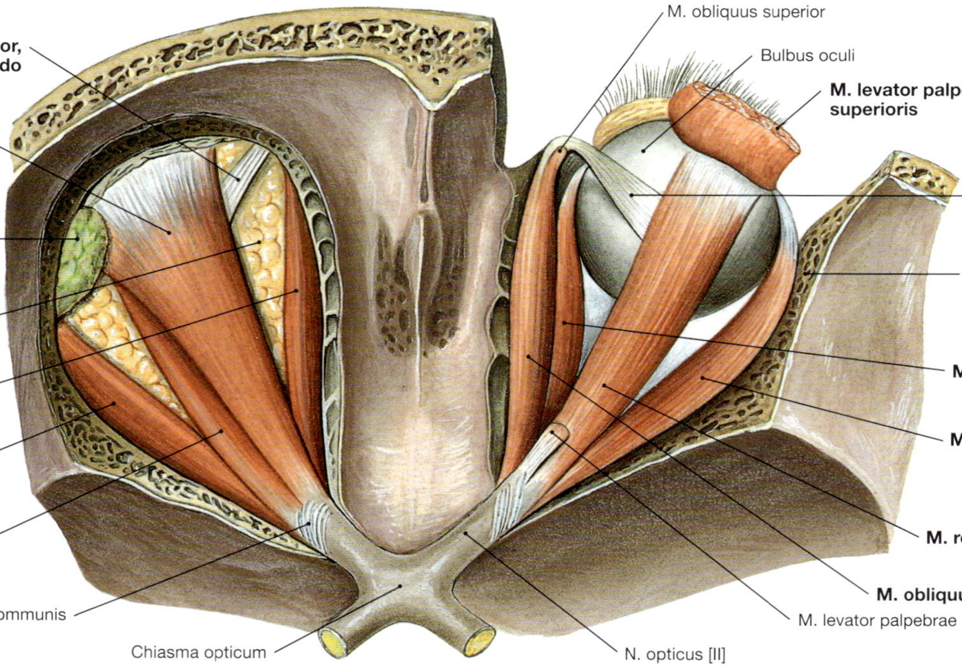

Abb. 9.35 Äußere Augenmuskeln, Mm. bulbi; Ansicht von oben; nach Entfernung der Orbitadächer auf beiden Seiten und des größten Teils des M. levator palpebrae superioris sowie des orbitalen Fettgewebes auf der rechten Seite.

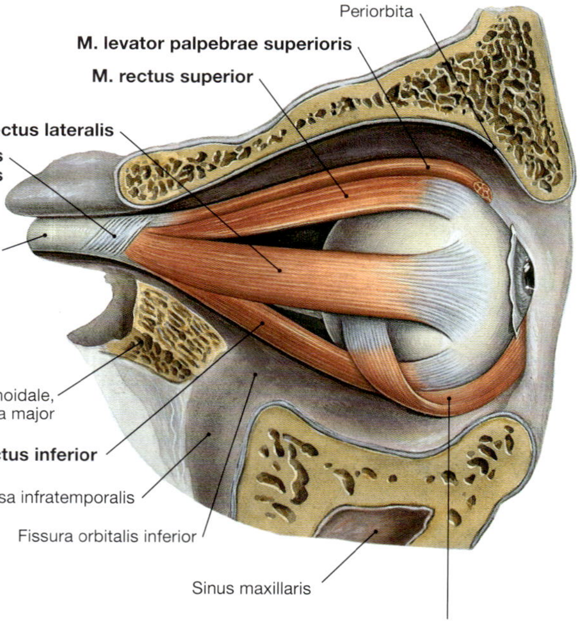

Abb. 9.36 Äußere Augenmuskeln, Mm. bulbi, rechts; Ansicht von lateral; nach Entfernung der lateralen Wand der Orbita.

Der Augenbulbus wird von sechs äußeren Augenmuskeln (vier gerade: Mm. recti superior, inferior, medialis und lateralis; zwei schräge: Mm. obliqui superior und inferior) bewegt. Mit Ausnahme des M. obliquus inferior (Ursprung an der Facies orbitalis der Maxilla seitlich von der Incisura lacrimalis der Maxilla im vorderen medialen Bereich der Orbita) und des M. obliquus superior (Ursprung am Corpus ossis sphenoidalis medial vom Anulus tendineus communis und an der Durascheide des N. opticus) entspringen alle übrigen äußeren Augenmuskeln am **Anulus tendineus communis (ZINN-Sehnenring).**

Alle sechs Muskeln strahlen in die Sclera ein. Alle vier geraden Augenmuskeln setzen vor dem Aequator des Augenbulbus an, die schrägen Augenmuskeln inserieren hinter dem Aequator. Der M. obliquus superior wird zuvor über eine im vorderen oberen Bereich des Os frontale befestigte, sehnige Schlaufe (Trochlea) umgelenkt, die er als Hypomochlion nutzt, anschließend zieht er rückläufig hinter den Aequator auf die Oberseite des Augenbulbus. Vom ZINN-Sehnenring entspringt außerdem der M. levator palpebrae superioris, der in das obere Augenlid (Palpebra superior) einstrahlt.

Klinik

Lähmung des M. levator palpebrae superioris (bei Schädigung des N. oculomotorius [III]) führt zur **Ptosis** (Ptose, Herabhängen des Augenlids). Der Patient sieht keine Doppelbilder, da er das betroffene Auge geschlossen hat. Hebt man allerdings das herabhängende Augenlid, treten Doppelbilder auf, da die Mm. recti superior, inferior und medialis ebenfalls gelähmt sind. Auch bei Schädigungen der Nn. abducens und trochlearis resultiert ein Lähmungsschielen mit Diplopie (Doppelbilder).

Äußere Augenmuskeln

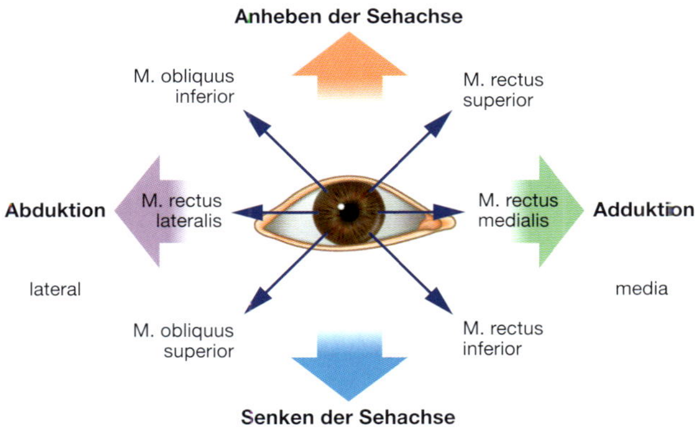

Abb. 9.37 Funktion der äußeren Augenmuskeln, Mm. bulbi. [8]
Die klinische Überprüfung der Bulbusmotilität erfolgt durch **Testen der vier Hauptblickrichtungen.** Die bei jeder Blickrichtung aktivierten Muskeln sind für beide Augen dargestellt. Die synchrone Bewegung beider Augenbulbi ist eine sehr komplexe Angelegenheit, da verschiedene Muskeln, die über verschiedene Hirnnerven innerviert werden (Nn. oculomotorius, trochlearis und abducens), synergistisch koordiniert werden müssen. Die äußeren Augenmuskeln sind sehr fein innerviert und unterscheiden sich in ihrem Feinbau von der normalen Skelettmuskulatur.

Muskel	Funktion	Innervation
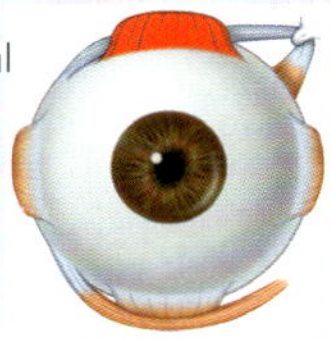 M. rectus superior	Anheben der Sehachse Adduktion und Innenrotation des Bulbus	N. oculomotorius [III], R. superior
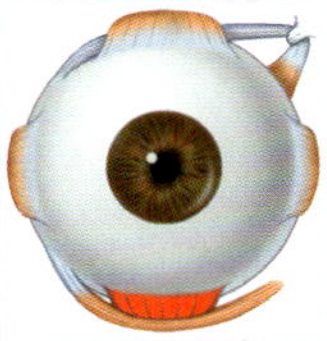 M. rectus inferior	Absenken der Sehachse Adduktion und Außenrotation des Bulbus	N. oculomotorius [III], R. inferior
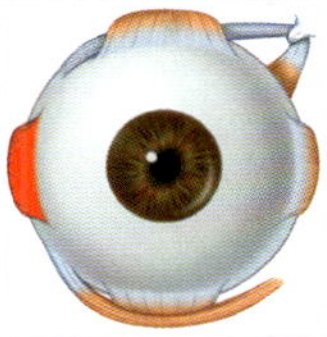 M. rectus lateralis	Abduktion des Bulbus	N. abducens [VI]
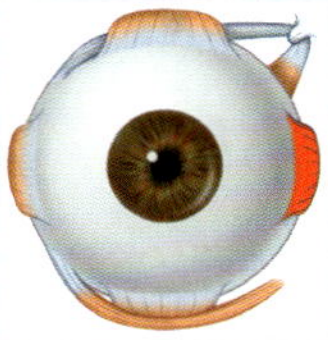 M. rectus medialis	Adduktion des Bulbus	N. oculomotorius [III], R. inferior
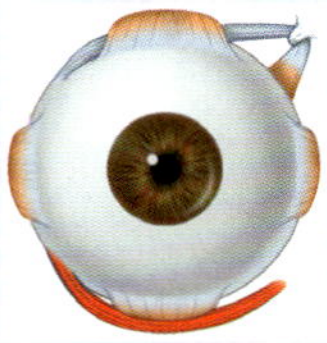 M. obliquus inferior	Anheben der Sehachse Abduktion und Außenrotation des Bulbus	N. oculomotorius [III], R. inferior
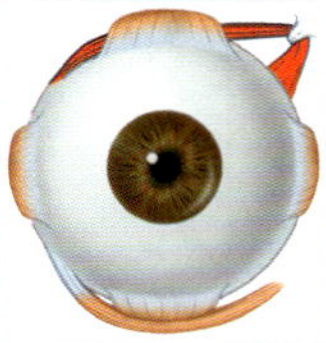 M. obliquus superior	Absenken der Sehachse Abduktion und Innenrotation des Bulbus	N. trochlearis [IV]

Abb. 9.38 Funktion und Innervation der am Bulbus oculi ansetzenden äußeren Augenmuskeln. [10]
Der jeweilige Muskel ist kräftig rot dargestellt.

Klinik

Bei einer **Okulomotoriusparese** fallen mit Ausnahme des M. rectus lateralis (N. abducens) und des M. obliquus superior (N. trochlearis) alle äußeren Augenmuskeln aus. Durch Überwiegen der beiden nicht betroffenen Muskeln ist das Auge nach unten außen gerichtet. Da gleichzeitig der M. levator palpebrae superioris ausgefallen ist weist der Patient eine Ptose auf und sieht mit dem betroffenen Auge nicht; hat somit auch keine Doppelbilder. Erst wenn das Augenlid nach oben gezogen wird, klagt der Patient über Diplopie.

Äußere Augenmuskeln

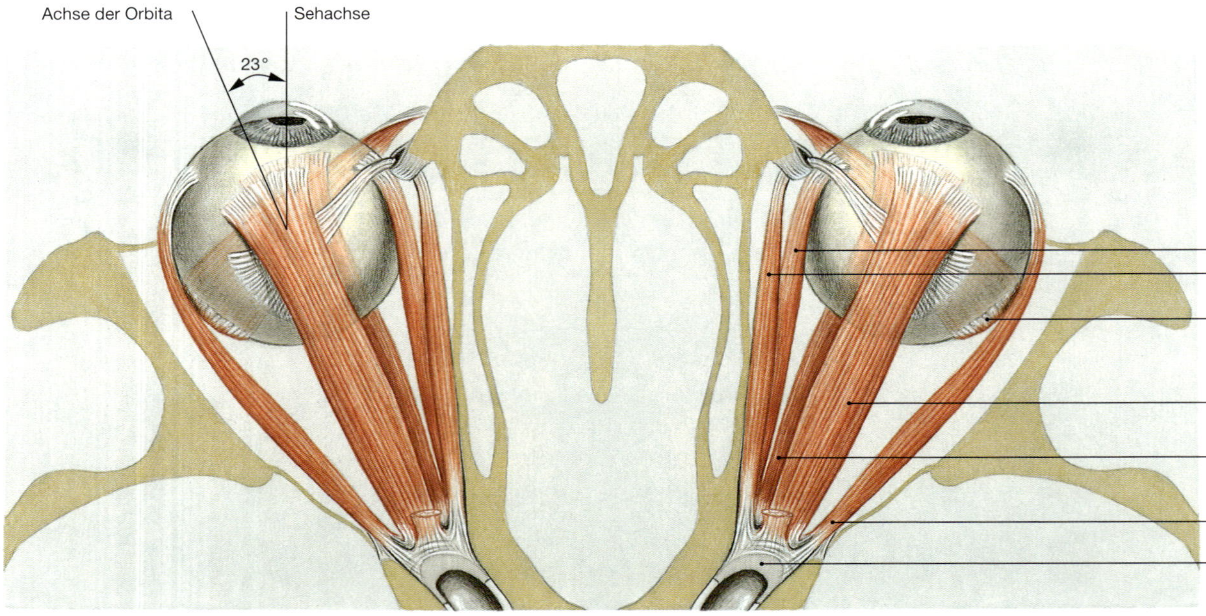

Abb. 9.39 Äußere Augenmuskeln, Mm. bulbi; Ansicht von oben. Darstellung des Anulus tendineus communis (ZINN-Sehnenring) und der Muskelinsertionen am Augenbulbus.

Die Sehachse (optische Achse) und die Achse der Orbita differieren um 23°. Aus diesem Grund liegt die Fovea centralis (Stelle des schärfsten Sehens) lateral der Papilla nervi optici (blinder Fleck).

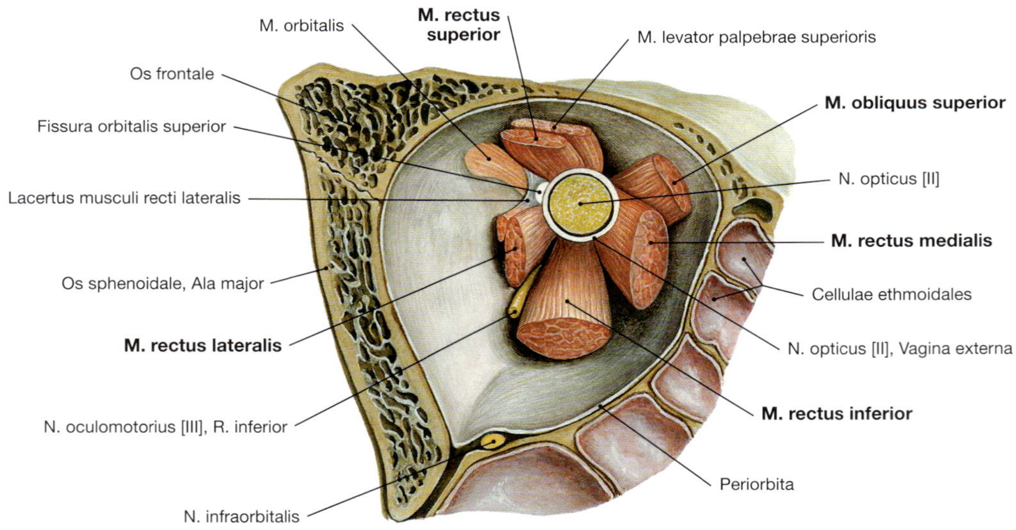

Abb. 9.40 Äußere Augenmuskeln, Mm. bulbi; rechts; Ansicht von vorne auf die Hinterwand der Orbita. Nahe der Fissura orbitalis superior sind in die Periorbita glatte, vom Sympathicus innervierte Muskelzellen eingelagert, die in ihrer Gesamtheit als M. orbitalis bezeichnet werden.

Klinik

Schädigungen des N. trochlearis [IV] führen zur **Trochlearisparese.** Dabei fällt der M. obliquus superior aus, der das Auge normalerweise abduziert und senkt. Die Sehachse ist bei solchen Patienten nach medial (nasal) und oben gerichtet. **Abduzensparesen** sind die am häufigsten vorkommenden Augenmuskelparesen (u. a., weil der N. abducens [IV] (→ Abb. 9.41) zentral durch den Sinus cavernosus verläuft und hier leichter als die im Randbereich des Sinus verlaufenden Nn. oculomotorius [II] und trochlearis [IV] verletzt werden kann). Eine Lähmung des M. rectus lateralis führt dazu, dass die Sehachse nach medial (nasal) verlagert wird.

Äußere Augenmuskeln

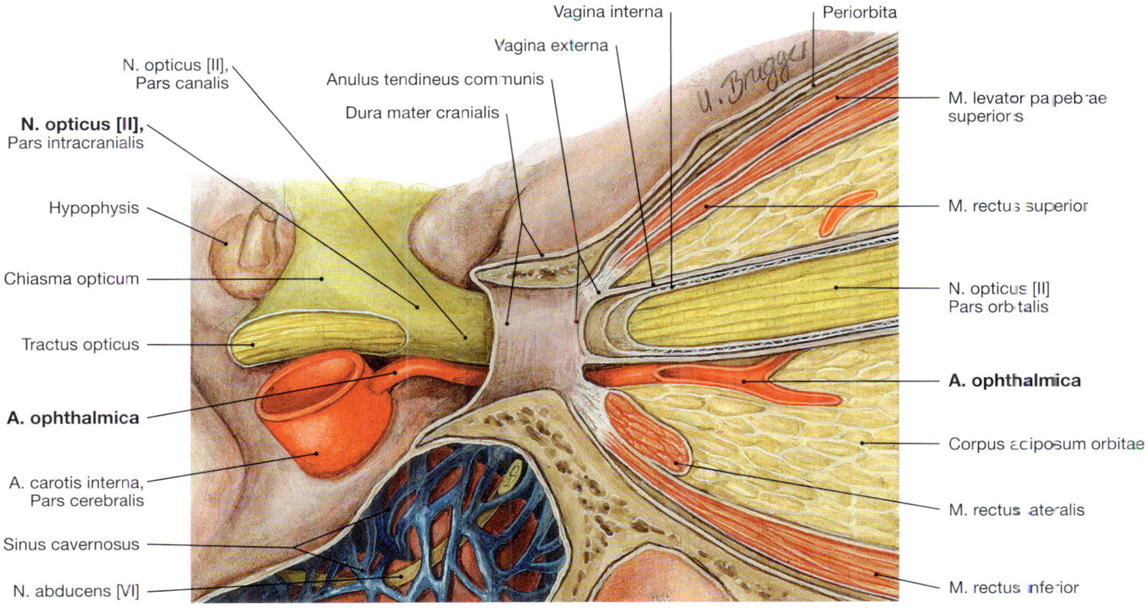

Abb. 9.41 Sehnerv, N. opticus [II]; rechts; Ansicht von lateral; nach Eröffnung des Canalis opticus.

Der N. opticus [II] verläuft gemeinsam mit der A. ophthalmica (Ast der A. carotis interna) durch den Canalis opticus und den Anulus tendineus communis (ZINN-Sehnenring) in die Orbita.

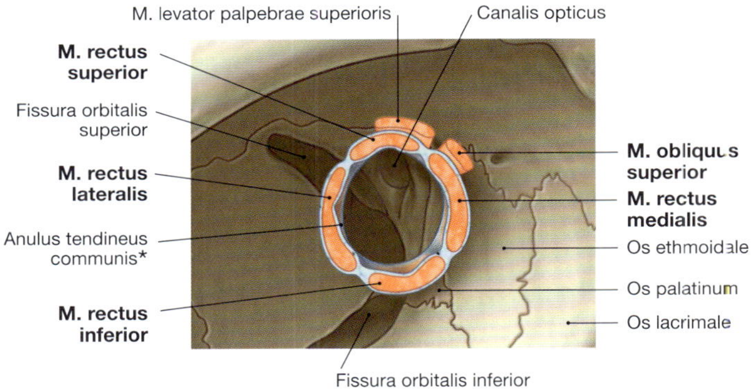

Abb. 9.42 Muskelursprünge am Anulus tendineus communis (ZINN-Sehnenring), rechts; Ansicht von vorne. [10]

Am Anulus tendineus communis entspringen die Mm. rectus superior, rectus medialis, rectus inferior und rectus lateralis. Durch den Anulus treten in der Abbildung nicht dargestellte Leitungsbahnen (→ Abb. 9.43). Der ebenfalls dargestellte M. levator palpebrae superioris entspringt an der Ala minor ossis sphenoidalis in der Orbitaspitze. Der M. obliquus superior kommt vom Corpus ossis sphenoidalis medial vom Anulus tendineus communis an der Durascheide.

* ZINN-Sehnenring

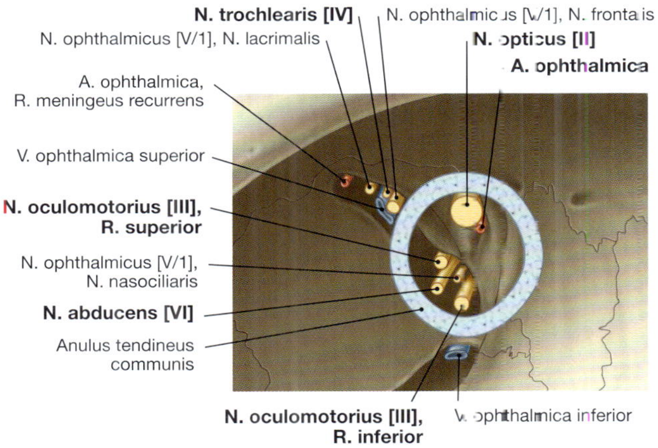

Abb. 9.43 Leitungsbahnen durch den Canalis opticus und die Fissura orbitalis superior, rechts; Ansicht von vorne. [10]

Über die Fissura orbitalis superior und durch den Anulus tendineus communis (ZINN-Sehnenring) treten N. oculomotorius [III], N. nasociliaris, N. abducens und Radix sympathica ganglii ciliaris. Die V. ophthalmica superior, der N. lacrimalis, der N. frontalis und der N. trochlearis [IV] gelangen ebenfalls über die Fissura orbitalis superior in die Orbita. Diese Leitungsbahnen verlaufen aber außerhalb des Anulus tendineus communis. Nicht dargestellt sind V. ophthalmica inferior, A. infraorbitalis, N. infraorbitalis und N. zygomaticus, die über die Fissura orbitalis inferior in die Orbita gelangen. Zentral innerhalb des N. opticus [II] verläuft die A. centralis retinae als erster Ast der A. ophthalmica.

Klinik

Ein sog. **Orbitaspitzensyndrom** kann zu einer inkompletten oder kompletten Ophthalmoplegie (Augenmuskellähmung) führen. Ursache sind meist chronische Entzündungen oder Tumoren im Bereich der Orbitaspitze. Ein **embolischer Verschluss der A. centralis retinae** ist eine häufige vaskuläre Ursache einer akuten Erblindung.

Blutgefäße der Augenhöhle

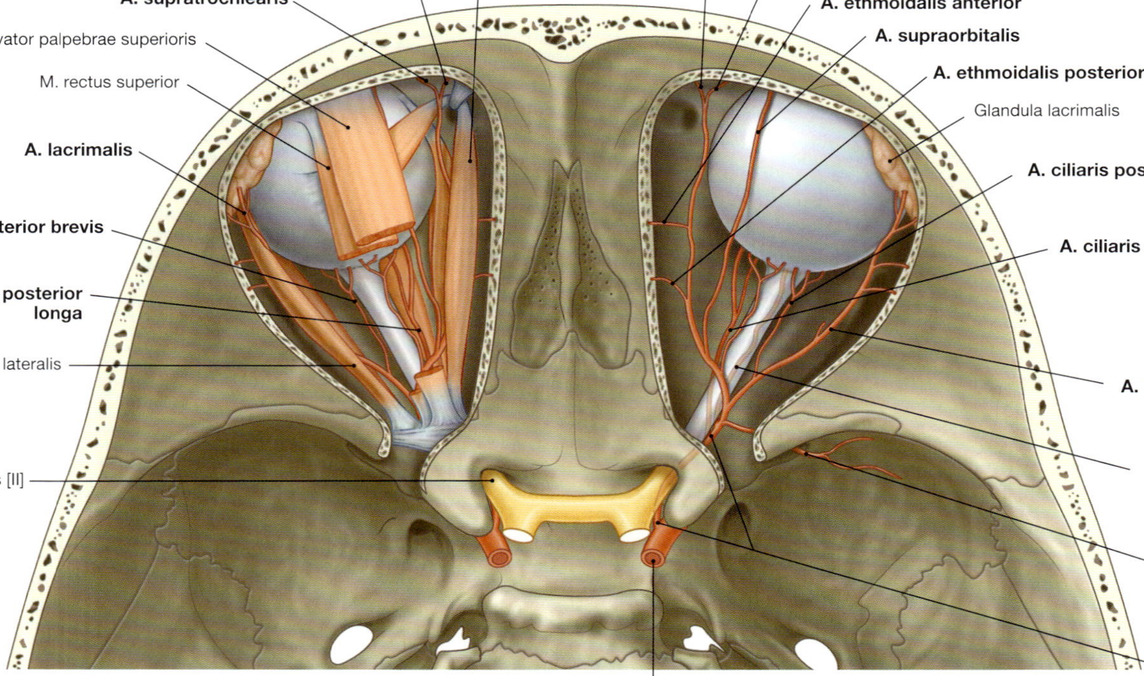

Abb. 9.44 Arterien des Auges, Oculus, und der Augenhöhle, Orbita; Ansicht von oben auf die eröffneten Orbitae; links: Orbitainhalt mit äußeren Augenmuskeln, rechts: ohne Muskeln. [10]

Die A. ophthalmica ist die Hauptarterie der Orbita. Sie entspringt aus der Pars cerebralis der A. carotis interna und zieht normalerweise unterhalb des N. opticus [II] durch den Canalis opticus in die Orbita. Hier teilt sie sich in zahlreiche Äste auf, die den Augapfel und die in der Orbita liegenden Strukturen mit Blut versorgen. Verbindungen bestehen über einen R. orbitalis zur A. meningea media, über die Aa. ethmoidales anterior und posterior zu den Blutgefäßen der Nase sowie über das Septum orbitale oder den Knochen penetrierende Gefäße zu den Gesichtsarterien (Aa. supraorbitalis, supratrochlearis, palpebralis medialis und lateralis, dorsalis nasi).

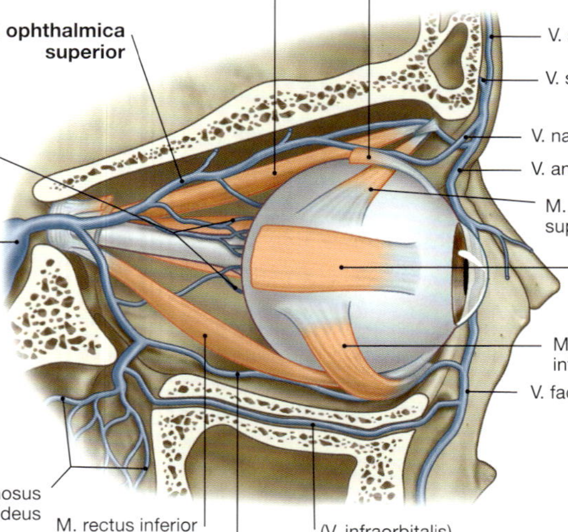

Abb. 9.45 Venen des Auges, Oculus, und der Augenhöhle, Orbita, rechts; Ansicht von lateral in die Orbita; nach Entfernung der lateralen Wand der Orbita. [10]

Der venöse Abfluss erfolgt über Vv. ophthalmicae superior und inferior. Letztere ist meist kleiner als die A. ophthalmica superior. Venöse Verbindungen bestehen zu den Venen der oberflächlichen und tiefen Gesichtsregion (Plexus pterygoideus) sowie zum Sinus cavernosus.

Klinik

Eine **Keimverschleppung aus der Gesichtsregion** aufsteigend über die V. facialis, die V. angularis im nasalen Orbitaeingang und die V. ophthalmica inferior kann zur Thrombose des Sinus cavernosus (→ S. 223) mit Schädigung der Nn. abducens [VI] (meist als erster aufgrund seiner zentralen Lage betroffen), oculomotorius [III], trochlearis [IV] und der beiden ersten Trigeminusäste (Nn. ophthalmicus [V/1] und maxillaris [V/2]) mit resultierenden Ausfallerscheinungen (Augenmuskelparesen, Sensibilitätsstörungen etc.) führen.

Arterien und Nerven der Augenhöhle

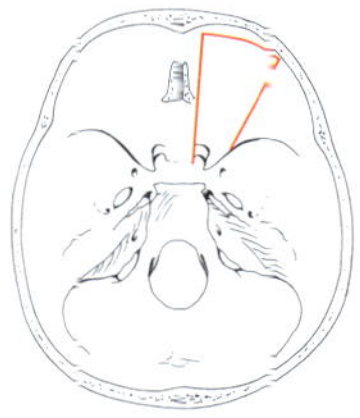

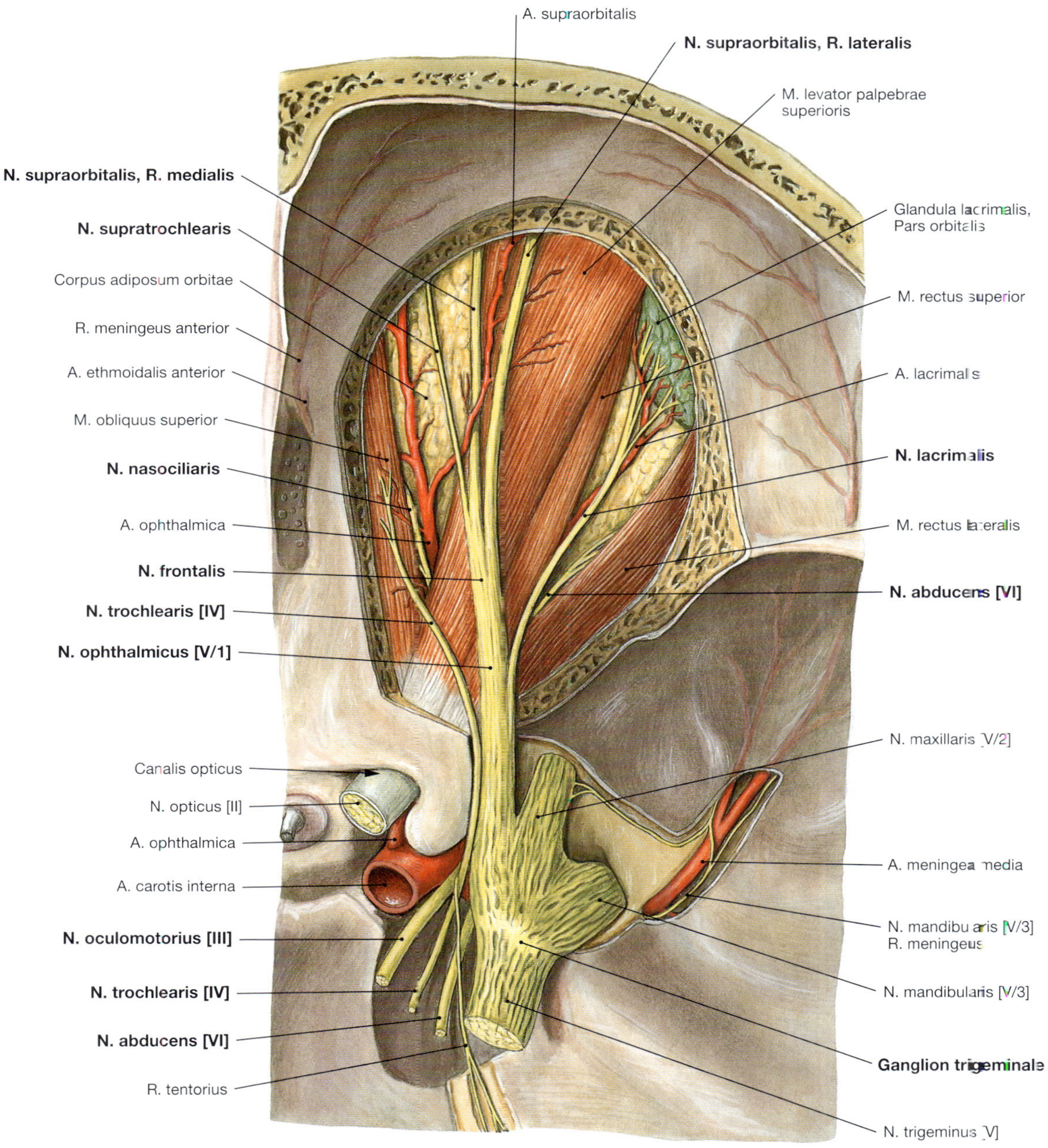

Abb. 9.46 Arterien und Nerven der Augenhöhle, Orbita, rechts; Ansicht von oben auf die eröffnete Augenhöhle **(obere Orbitaetage);** Darstellung des Ganglion trigeminale (Ganglion semilunare, Ganglion GASSERI); knöchernes Dach der Orbita, Periorbita und Corpus adiposum orbitae teilweise entfernt.

Dargestellt ist der **Verlauf des N. ophthalmicus** [V/1] durch die von oben eröffnete Fissura orbitalis superior und die weitere Aufteilung des Nervs in Nn. lacrimalis und frontalis (inkl. dessen weiterer Aufzweigung) sowie den tiefer verlaufenden N. nasociliaris. Außerdem sieht man den dünnen N. trochlearis [IV], der den M. obliquus superior motorisch innerviert und den tiefer verlaufenden N. abducens [VI] zur Innervation des M. rectus lateralis.

Arterien und Nerven der Augenhöhle

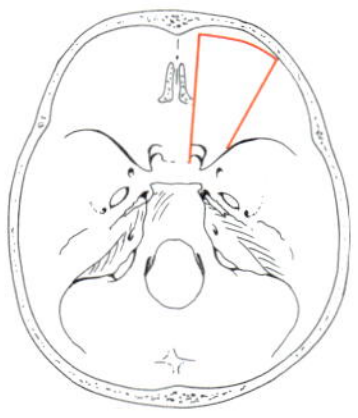

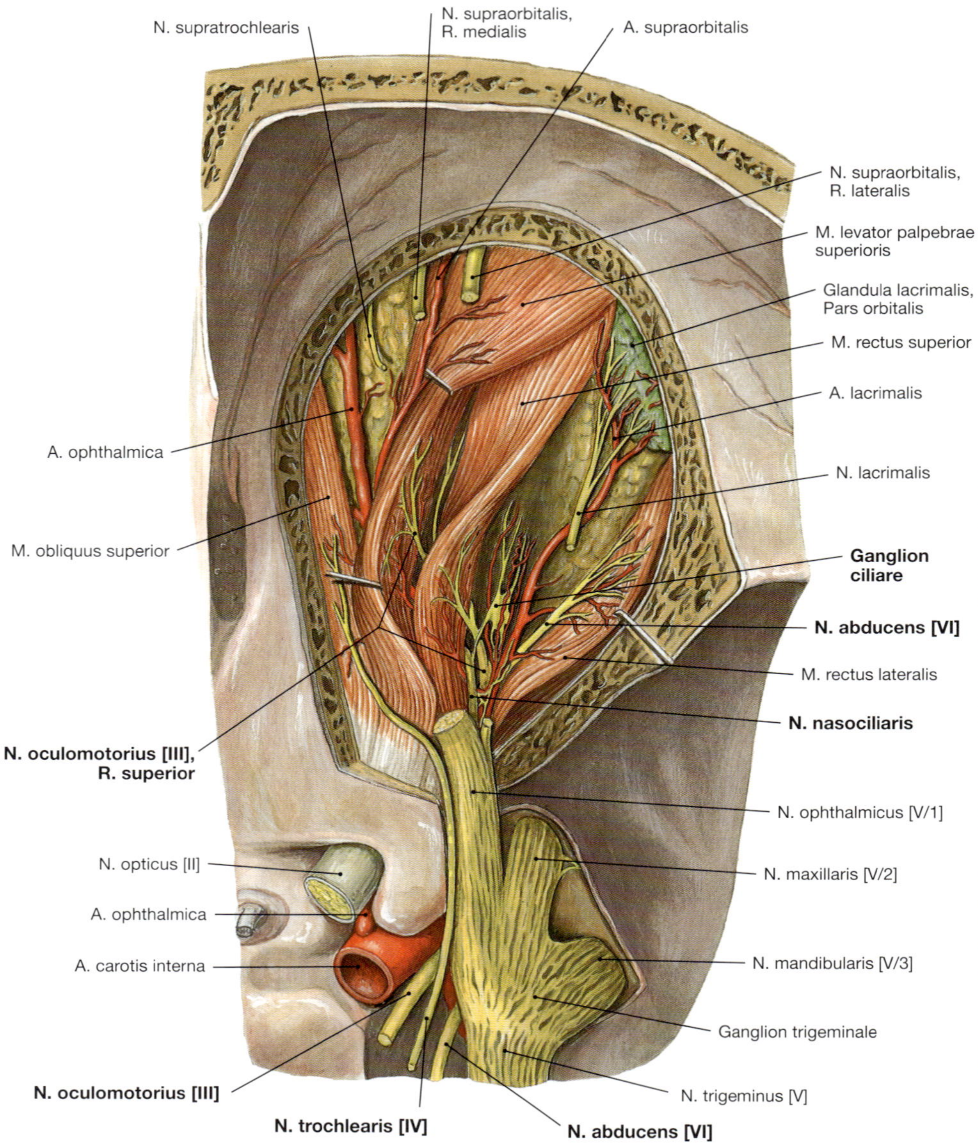

Äste der A. ophthalmica

- A. centralis retinae
- A. lacrimalis
  - R. anastomoticus cum a. meningea media
  - Aa. palpebrales laterales
- R. meningeus recurrens
- Aa. ciliares posteriores longae
- Aa. musculares
  - Aa. ciliares anteriores
  - Aa. conjunctivales anteriores
  - Aa. episclerales
- A. supraorbitalis
  - R. diploicus
- A. ethmoidalis anterior
  - R. meningeus anterior
  - Rr. septales anteriores
  - Rr. nasales anteriores laterales
- A. ethmoidalis posterior
- Aa. palpebrales mediales
  - Aa. conjunctivales posteriores
  - Arcus palpebralis superior
  - Arcus palpebralis inferior
- A. supratrochlearis
- A. dorsalis nasi

Abb. 9.47 Arterien und Nerven der Augenhöhle, Orbita, rechts; Ansicht von oben; nach Abtragung des Dachs der Augenhöhle; Darstellung des Ganglion ciliare; M. levator palpebrae superioris und M. rectus superior zur Seite geschlagen.
Man sieht die unterhalb der Muskeln eintretenden Nervenäste des N. oculomotorius [III]. Durch Entfernung des unter den Muskeln liegenden orbitalen Fettgewebes ist das ca. 2 mm messende **Ganglion ciliare** freigelegt, das lateral vom N. opticus [II] etwa 2 cm hinter dem Bulbus oculi in das Corpus adiposum orbitae eingebettet ist. Im Ganglion ciliare liegen Nervenzellkörper postganglionärer parasympathischer Neurone, die von präganglionären parasympathischen Axonen des Nucleus oculomotorius accessorius (autonomicus, EDINGER-WESTPHAL-Kern) erreicht werden. Die parasympathischen Fasern dienen der Innervation der inneren Augenmuskeln (M. ciliaris und M. sphincter pupillae, → Abb. 8.163). Postganglionäre sympathische Fasern für den M. dilatator pupillae ziehen ohne Umschaltung durch das Ganglion ciliare hindurch. Sie wurden bereits im Ganglion cervicale superius von prä- auf postganglionär umgeschaltet.

Arterien und Nerven der Augenhöhle

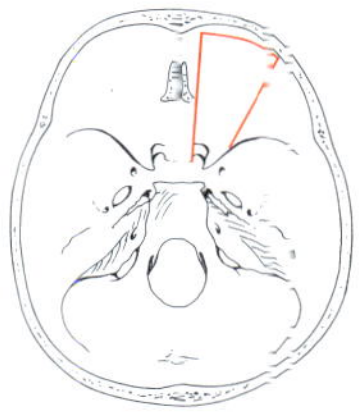

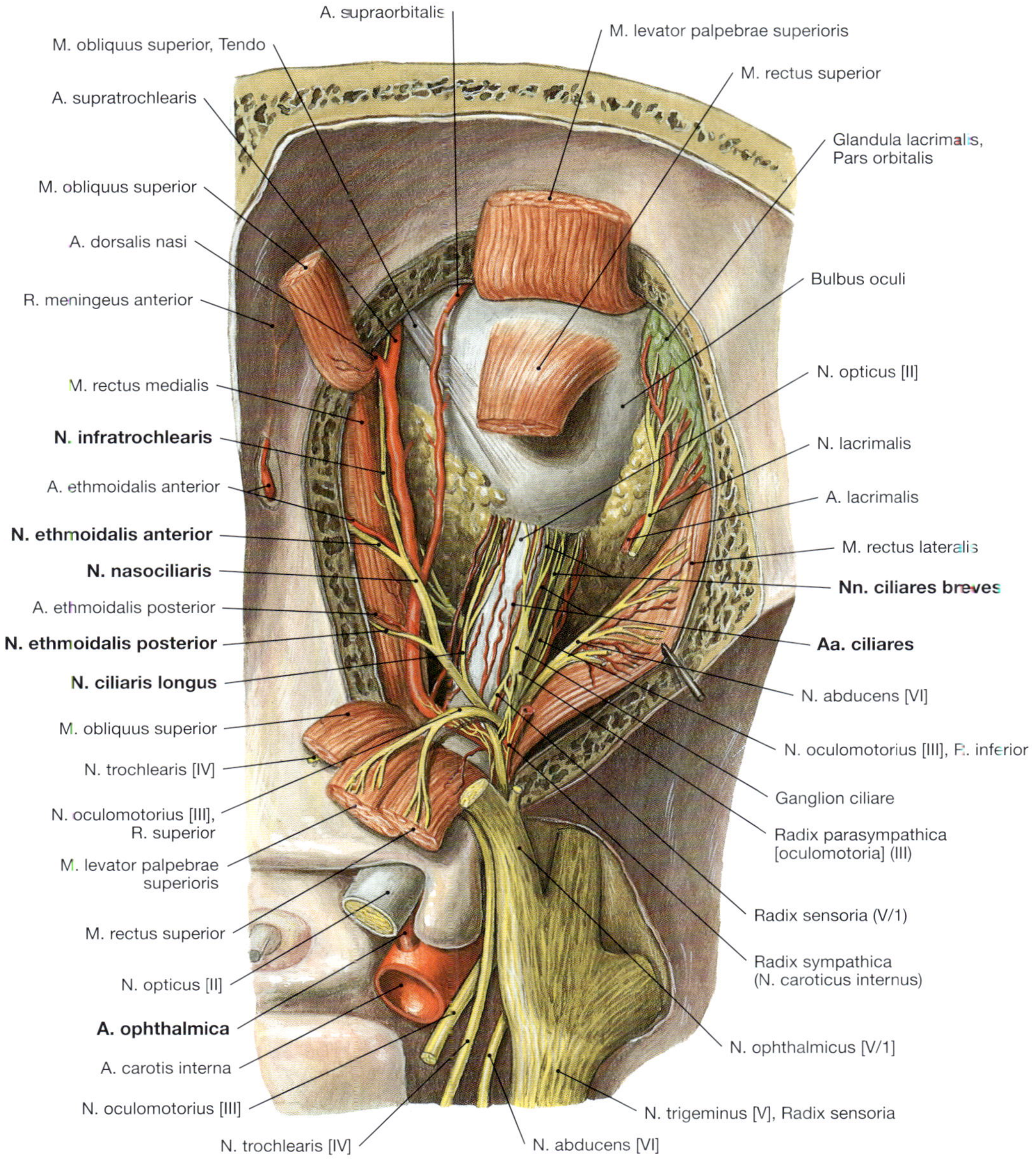

Abb. 9.48 Arterien und Nerven der Augenhöhle, Orbita, rechts; Ansicht von oben; nach teilweiser Entfernung der Mm. levator palpebrae superioris, rectus superior und obliquus superior.

Die Abbildung zeigt den Orbitainhalt der **mittleren Orbitaetage.** Man erkennt die den N. opticus [II] direkt mit Blut versorgenden Gefäße (Aa. ciliares), die aus der durch die Orbita verlaufende A. ophthalmica entspringen, sowie die Nn. ciliares longi und breves, das Ganglion ciliare und die Aufzweigung des N. nasociliaris.

Arterien und Nerven der Augenhöhle

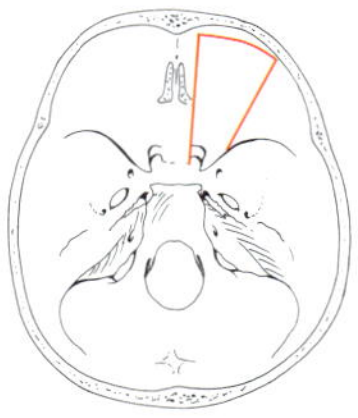

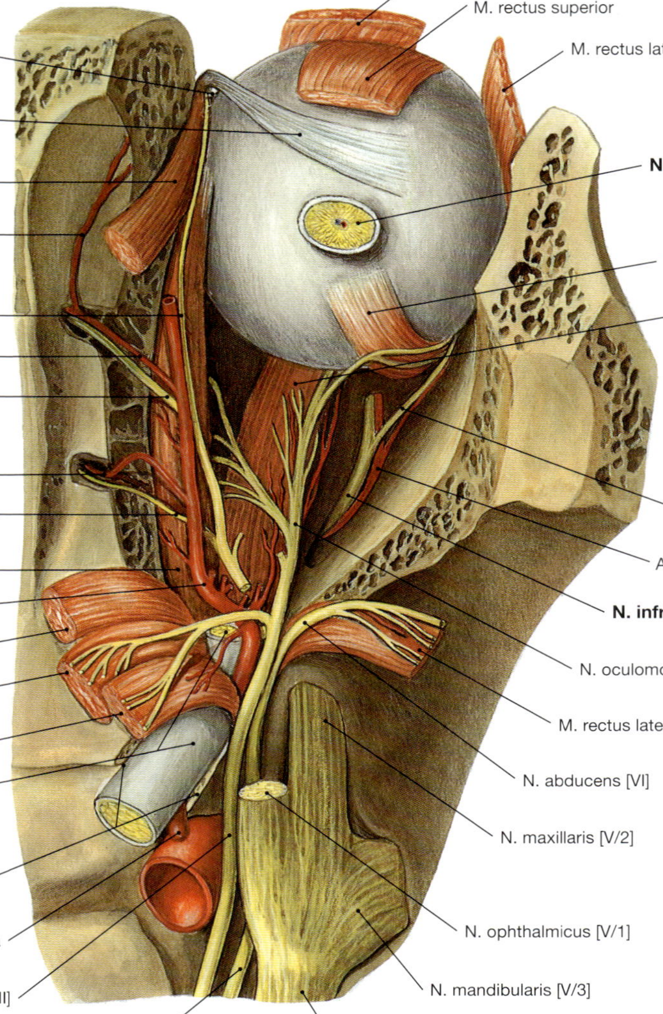

Abb. 9.49 Arterien und Nerven der Augenhöhle, Orbita, rechts; Ansicht von oben; nach Durchtrennung des N. opticus [II].
Nach Entfernung weiterer Strukturen und des gesamten orbitalen Fettgewebes ist der Blick auf den M. rectus inferior frei und man sieht daneben bereits in die **untere Etage der Orbita.** Der Bulbus ist so rotiert, dass man die Insertion des M. obliquus inferior nahe der Eintrittsstelle des abgetrennten N. opticus [II] erkennen kann. Auf der medialen Seite sind die Siebbeinzellen (Cellulae ethmoidales) eröffnet und man sieht den Verlauf der Nn. ethmoidales anterior und posterior sowie der Aa. ethmoidales anterior und posterior aus der Orbita in das Siebbein. In der tiefen Etage sind lateral A. und N. infraorbitalis sichtbar. Aus dem N. infraorbitalis geht der N. zygomaticus ab, der außer sensiblen Fasern postganglionäre parasympathische Fasern für die Tränendrüseninnervation führt.

Klinik

Der N. opticus [II] hat topographisch eine enge Beziehung zur Keilbeinhöhle (Sinus sphenoidalis). **Prozesse innerhalb des Sinus sphenoidalis** (Sinusitiden, Tumoren) können auf den N. opticus [II] übergreifen, da er nur durch eine dünne knöcherne Wand von der Keilbeinhöhle getrennt ist. Manchmal fehlt auch diese. Bei Operationen in der Keilbeinhöhle muss daher auf den Nerv geachtet werden.

Nerven der Augenhöhle

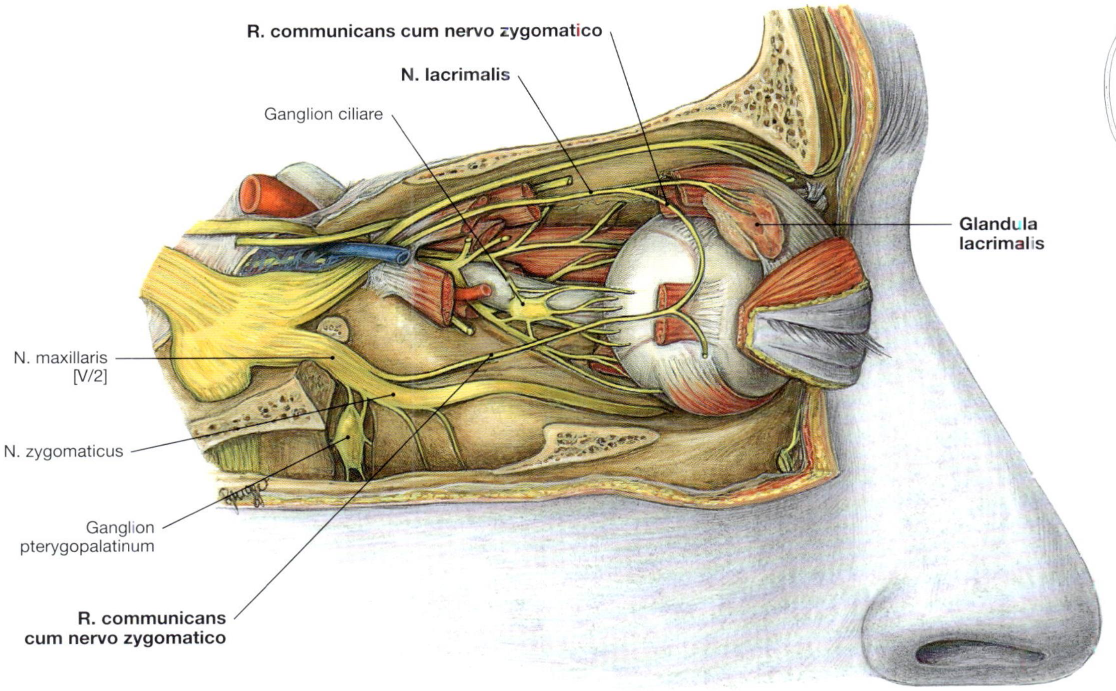

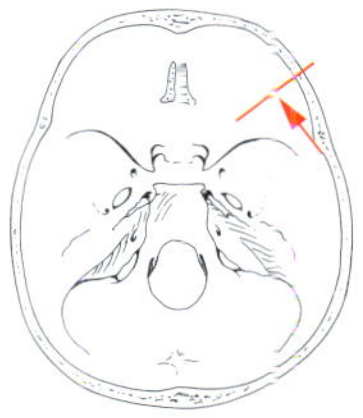

Abb. 9.50 Nerven der Augenhöhle, Orbita, und des Auges, Oculus, Innervation der Tränendrüse, Glandula lacrimalis, und Darstellung des Ganglion ciliare, rechts; Ansicht von lateral; nach Entfernung der temporalen Wand und des orbitalen Fettkörpers.
Die Tränendrüse wird über sympathische, parasympathische und somatosensible Fasern innerviert. **Postganglionäre parasympathische Fasern** kommen vom Ganglion pterygopalatinum und stimulieren die Drüsensekretion. Die Fasern verlassen das Ganglion pterygopalatinum, legen sich dem N. zygomaticus (einem Ast des N. maxillaris [V/2]) an und verlassen ihn als R. communicans cum nervo zygomatico (Tränendrüsenanastomose; → Abb. 8.163 und 9.30). Sie erreichen so den N. lacrimalis und erreichen mit diesem die Tränendrüse. Die **sensible** Innervation der Tränendrüse erfolgt über den N. lacrimalis (ein Ast des N. ophthalmicus [V/1]). Der Sympathicus wirkt hemmend auf die Sekretproduktion. **Postganglionäre sympathische Fasern** kommen aus dem Ganglion cervicale superius. Die Fasern verlaufen ohne Umschaltung durch das Ganglion pterygopalatinum und gelangen von hier auf dem gleichen Weg wie die parasympathischen Fasern zur Tränendrüse (→ Abb. 9.30).

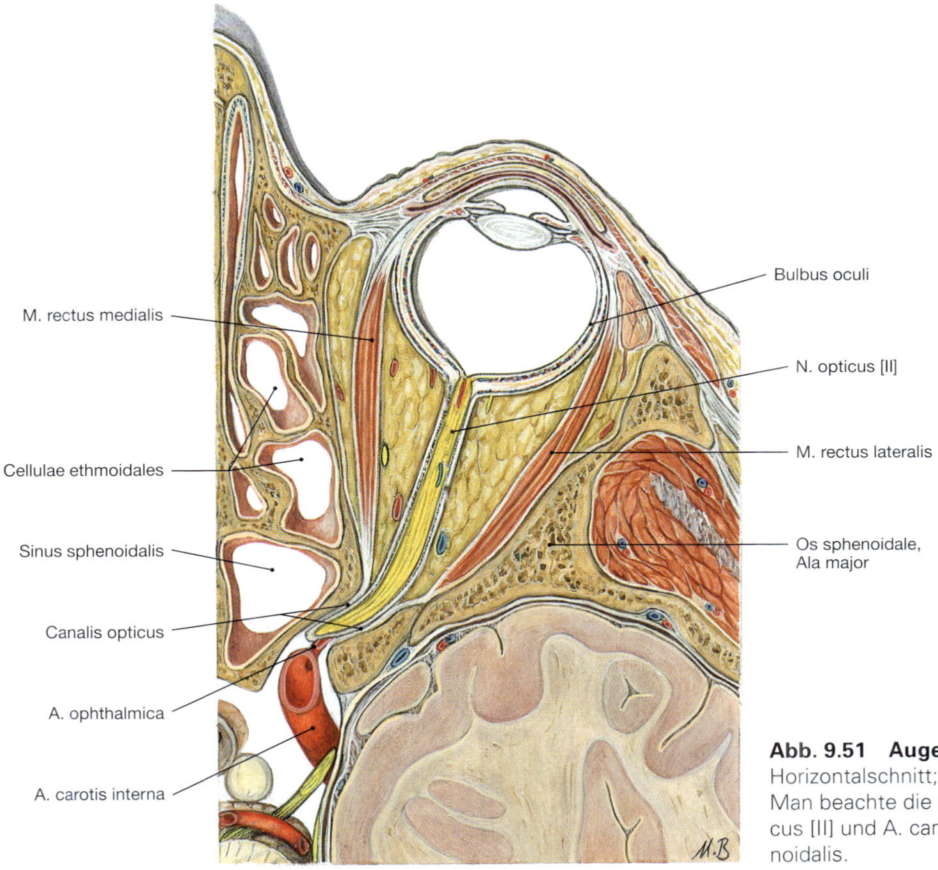

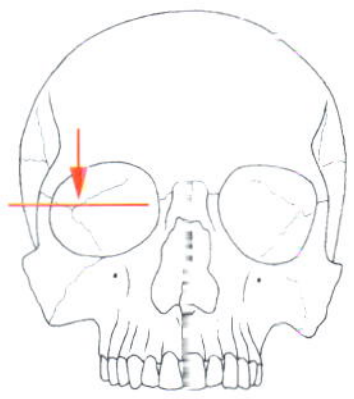

Abb. 9.51 Augenhöhle, Orbita, rechts; Horizontalschnitt; Ansicht von oben.
Man beachte die enge Beziehung von N. opticus [II] und A. carotis interna zum Sinus sphenoidalis.

Augenhöhle, Topographie

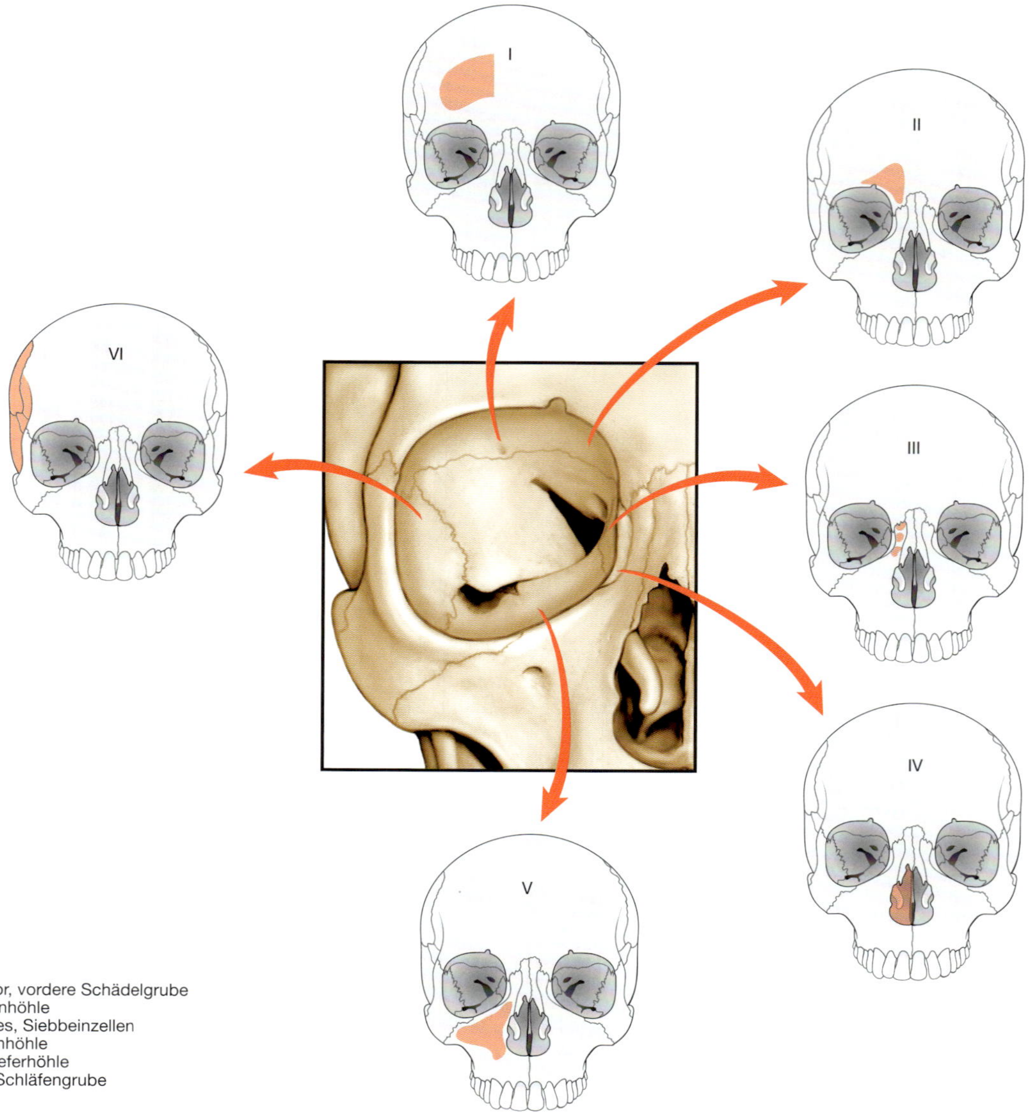

I Fossa cranii anterior, vordere Schädelgrube
II Sinus frontalis, Stirnhöhle
III Cellulae ethmoidales, Siebbeinzellen
IV Cavitas nasi, Nasenhöhle
V Sinus maxillaris, Kieferhöhle
VI Fossa temporalis, Schläfengrube

Abb. 9.52 Topographische Beziehungen der Augenhöhle, Orbita, zu den Nachbarregionen, rechts; Ansicht von vorne.
Die Orbita steht in enger topographischer Beziehung zu den Nachbarregionen. Hierzu gehören die vordere Schädelgrube (Fossa cranii anterior), die Stirnhöhle (Sinus frontalis), die Siebbeinzellen (Cellulae ethmoidales), die Nasenhöhle (Cavitas nasi), die Kieferhöhle (Sinus maxillaris) und die Schläfengrube (Fossa temporalis).

Klinik

Die Behandlung von Erkrankungen erfordert die interdisziplinäre Zusammenarbeit zahlreicher Fachrichtungen. So sind außer dem Ophthalmologen der HNO-Arzt, der Mund-Kiefer-Gesichtschirurg, der Neurochirurg, der Radiologe, der Neurologe und je nach Bedarf weitere Fachdisziplinen (z. B. Kinderarzt, Anästhesist, FA für Nuklearmedizin etc.) beteiligt. Entzündungen und Tumoren der Augenhöhle können in die Nachbarregionen (und z. T. vice versa) durchbrechen und bedürfen einer interdisziplinären Therapie.

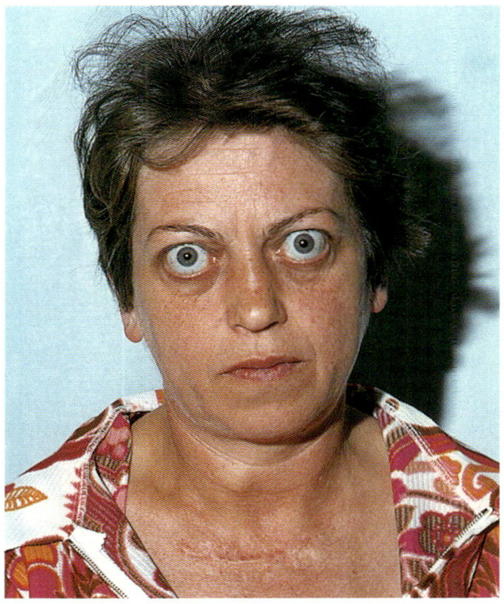

Klinik

Die **endokrine Orbitopathie** ist eine Entzündung in der Orbita im Rahmen der BASEDOW-Krankheit. Letztere stellt eine Autoimmunerkrankung dar, bei der man davon ausgeht, dass das Immunsystem fehlerhaft Antikörper gegen Schilddrüsengewebe und einige Gewebe in der Augenhöhle (u. a. Augenmuskeln und Fettgewebe) bildet. Im Einzelnen ist der Mechanismus jedoch nicht vollständig geklärt. Daraus resultiert die Kombination aus Schilddrüsenüberfunktion (Hyperthyreose und Exophthalmus (Hervortreten der Augen, → Abb. 9.53). Der Exophthalmus geht mit Verbreiterung der Lidspalte, Lidretraktion und Bewegungsstörungen der Augen einher.

Abb. 9.53 Patientin mit endokriner Orbitopathie. [18]
Man sieht den ausgeprägten Exophthalmus sowie die Narbe im Halsbereich (Zustand nach Schilddrüsenoperation).

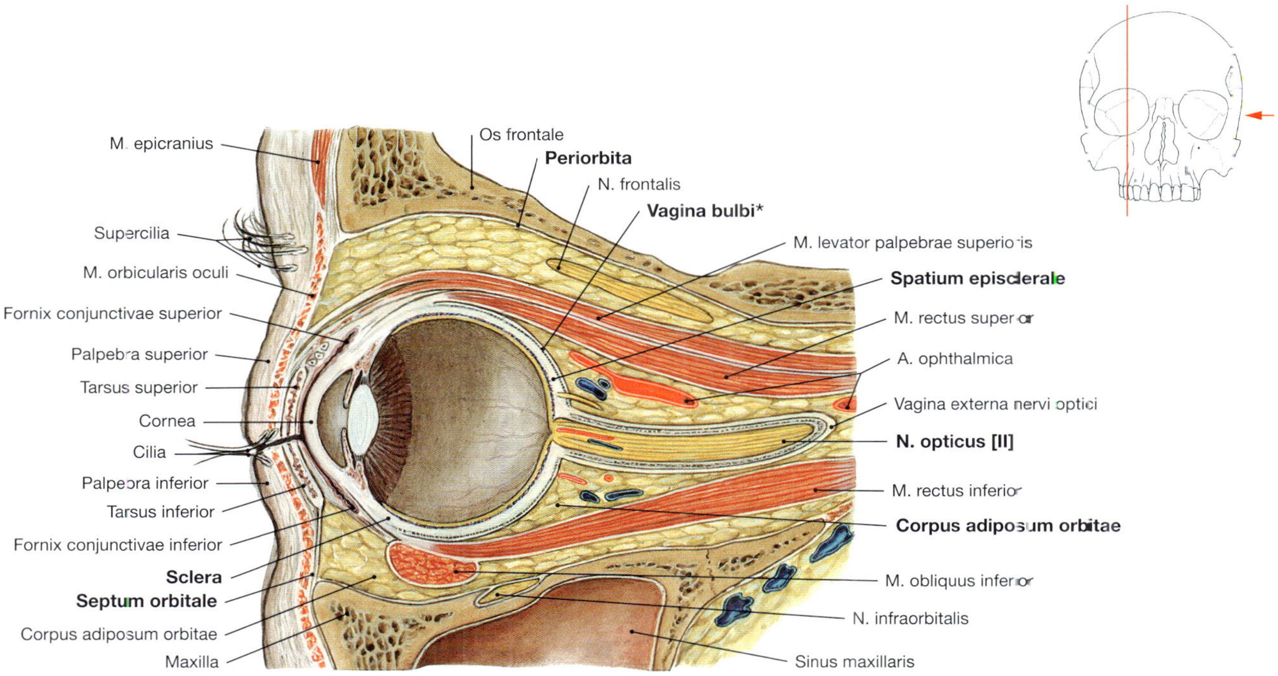

Abb. 9.54 Augenhöhle, Orbita, rechts; Ansicht von medial.
Vertikalschnitt durch den mittleren Bereich.
Die Orbita ist von Periorbita (Periost) ausgekleidet. Sämtliche Strukturen der Orbita sind in einen Fettgewebekörper (Corpus adiposum orbitae) eingebettet. Der Orbitaeingang wird durch das Septum orbitale begrenzt; der Bulbus ist von einer Bindegewebehülle (Vagina bulbi, TENON-Kapsel) umgeben. Zwischen Vagina bulbi und Sclera des Augapfels befindet sich ein dünner Spalt (Spatium episclerale).

* TENON-Kapsel

Klinik

Zur Wahl eines geeigneten chirurgischen Zugangs wird die Orbita nach unterschiedlichen klinischen Gesichtspunkten eingeteilt:

- Bulbärer Abschnitt – retrobulbärer Abschnitt
- Zentraler oder intrakonaler (von den kegelförmig angeordneten geraden Augenmuskeln begrenzter) Teil – peripherer oder extrakonaler Teil
- Obere Etage – mittlere Etage – untere Etage:
  - Die **obere Etage** erstreckt sich zwischen Orbitadach sowie M. levator palpebrae superioris. Sie beinhaltet: N. frontalis, N. trochlearis, N. lacrimalis, A. supraorbitalis, A. supratrochlearis, A. und V. lacrimalis und V. ophthalmica superior (→ Abb. 9.46).
  - Die **mittlere Etage** erstreckt sich zwischen den geraden Augenmuskeln und umfasst damit den intrakonalen Raum (→ Abb. 9.48). Sie beinhaltet: N. oculomotorius, N. nasociliaris, N. abducens, N. zygomaticus, Ganglion ciliare, A. ophthalmica, V. ophthalmica superior, Aa. ciliares posteriores breves und longae.
  - Die **untere Etage** erstreckt sich zwischen den Mm. rectus inferior und obliquus inferior sowie dem Orbitaboden (→ Abb. 9.49). Sie beinhaltet: N. infraorbitalis, A. infraorbitalis und V. ophthalmica inferior.

Augenhöhle, Frontalschnitte

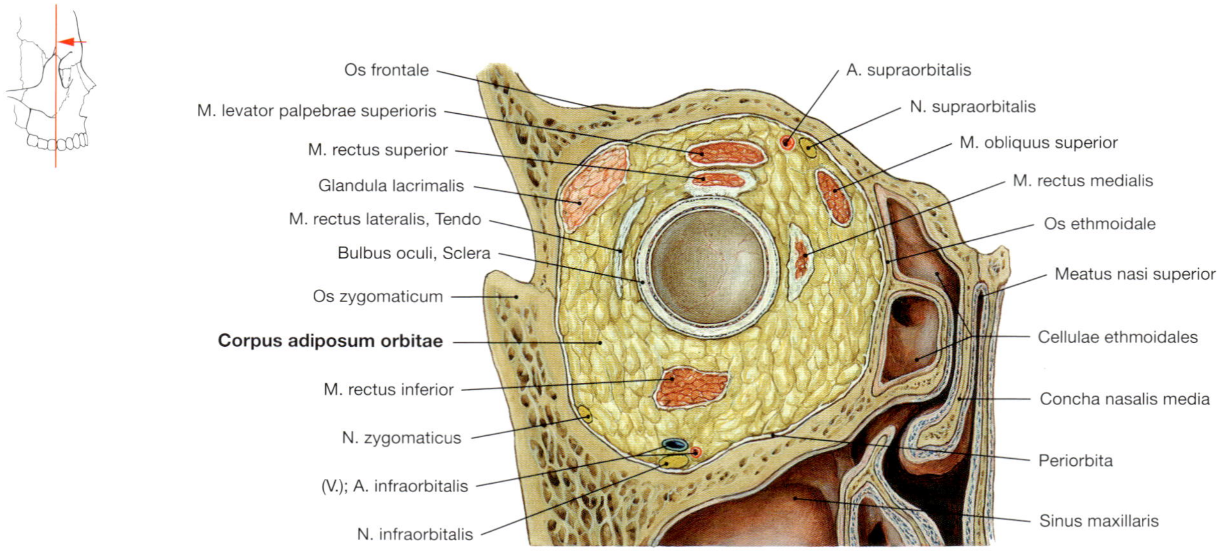

Abb. 9.55 Augenhöhle, Orbita, rechts; Frontalschnitt durch die Orbita auf Höhe des hinteren Abschnitts des Bulbus oculi; Ansicht von vorne.
Sämtliche Strukturen sind in Orbitafettgewebe (Corpus adiposum orbitae) eingelagert, Baufett, das die Orbita wie ein Puffer auskleidet.

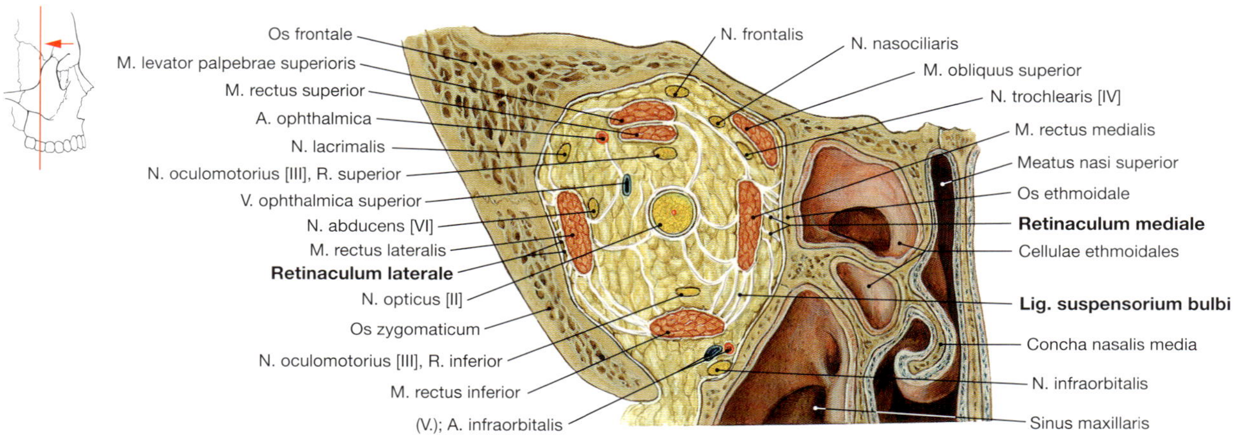

Abb. 9.56 Augenhöhle, Orbita, rechts; Frontalschnitt durch den retrobulbären Bereich der Orbita; Ansicht von vorne.
Der Bulbus und die Strukturen des Retrobulbärraums sind an der Periorbita und untereinander durch dünne Bindegewebezüge befestigt. Kräftigere Bindegewebezüge werden als Retinaculum mediale (zwischen M. rectus medialis und Periorbita) und Retinaculum laterale (zwischen M. rectus lateralis und Periorbita) sowie als Lig. suspensorium bulbi (LOCKWOOD-Band, zwischen M. rectus medialis und M. rectus inferior sowie Periorbita) bezeichnet.

Klinik

Eine Thrombose der V. centralis retinae **(Zentralvenenthrombose)** ist eine relativ häufige retinale Gefäßerkrankung, die mit starker Visusminderung einhergeht. Bei Diabetikern kommt es häufig zu Veränderungen der Netzhautgefäße, die zu Glaskörpereinblutungen führen können und dann mit einer Visusminderung einhergehen. Sollten sich Glaskörpereinblutungen nach 2–3 Monaten nicht von allein auflösen, wird bei schlechtem Visus meist eine Entfernung des Glaskörpers (Vitrektomie) durchgeführt.

Verschiedene Erkrankungen (z. B. Keratitis = Hornhautentzündung, Keratokonus oder eine Verätzung) können den operativen Ersatz der Hornhaut notwendig machen, damit der Patient wieder sehen kann **(Hornhauttransplantation).** Da die Hornhaut nicht vaskularisiert ist, ist eine Transplantation aus immunologischer Sicht wesentlich einfacher als bei vaskularisierten Organen. Deshalb ist die Hornhauttransplantation die weltweit am häufigsten durchgeführte Gewebeverpflanzung.

Augapfel

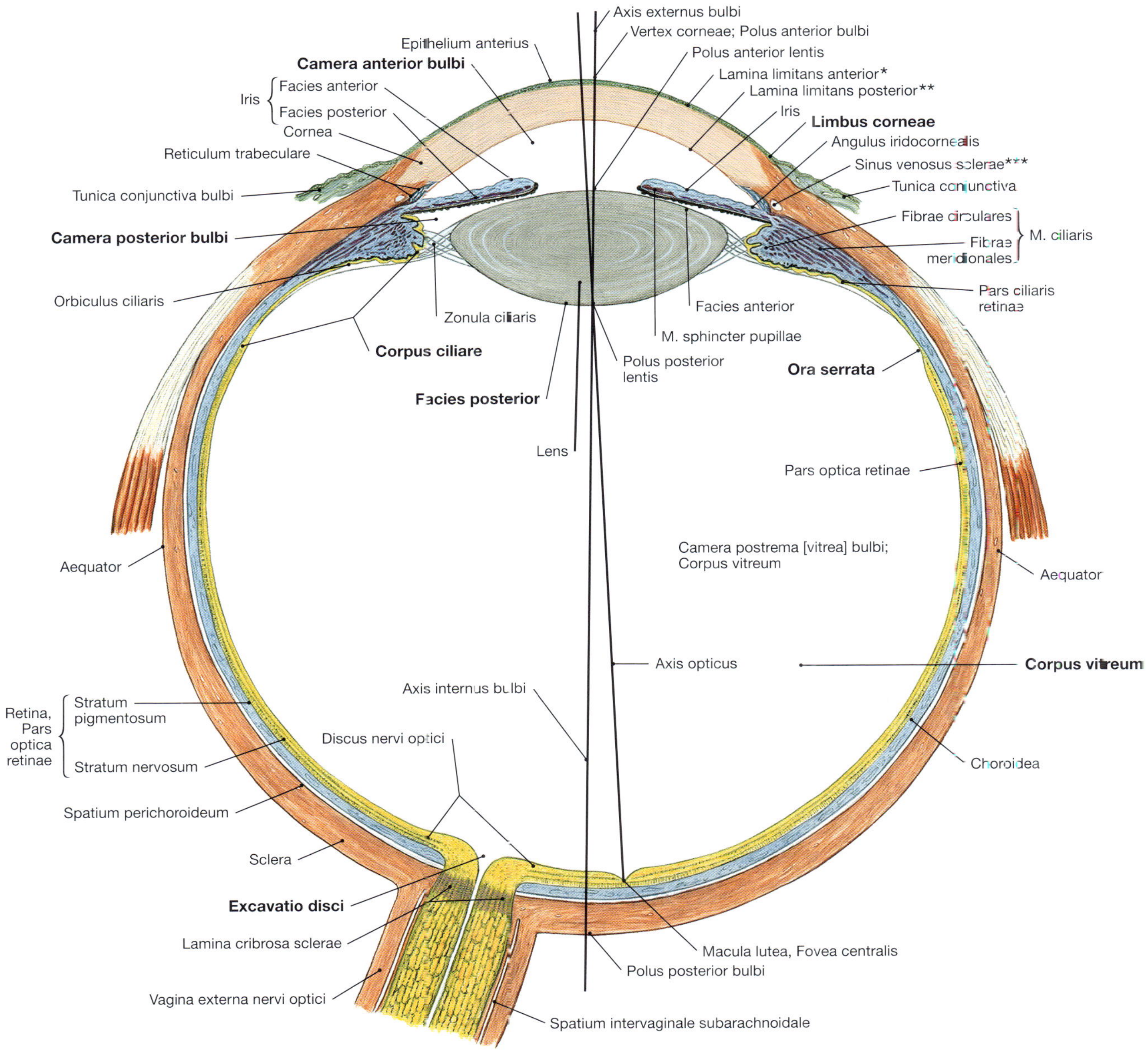

Abb. 9.57 Augapfel, Bulbus oculi, rechts; schematisierter Horizontalschnitt in Höhe des Abgangs des Sehnervs.

Im Vorderabschnitt des Auges wird die Außenhülle des Augapfels (Tunica fibrosa bulbi) von der **Hornhaut** (Cornea) gebildet. Sie wölbt sich als Sichtscheibe zur Außenwelt vor. Am Limbus corneae geht sie in die schwächer gekrümmte **Lederhaut** (Sclera) über, die im hinteren Abschnitt die Tunica fibrosa bulbi bildet. Außen setzen die Augenmuskeln an der Sclera an. Unterhalb der Sclera schließt sich die Tunica vasculosa bulbi (Gefäßhaut, Uvea) an. Sie besteht im Vorderabschnitt des Auges aus der **Regenbogenhaut** (Iris) sowie aus dem Ziliarkörper (Corpus ciliare [Strahlenkörper]) und im Hinterabschnitt aus der **Aderhaut** (Choroidea). An der Ora serrata geht der Ziliarkörper in die Choroidea über. Letztere stellt die am intensivsten durchblutete Region des Körpers dar, die außer der Ernährung der nach innen folgenden **Netzhaut** (Retina) der Temperaturregulation des Bulbus dient. Die Retina bildet die innerste Schicht des Augapfels (Tunica interna bulbi). Sie enthält die lichtempfindlichen Sinneszellen (Stratum nervosum) und das Pigmentepithel (Stratum pigmentosum), im vorderen Abschnitt gehören zu dieser Schicht das Pigmentepithel des Ziliarkörpers und das Epithel der Iris. Das Innere des Augenbulbus wird vom **Glaskörper** (Corpus vitreum) ausgefüllt.

* klin.: BOWMAN-Membran
** klin.: DESCEMET-Membran
*** klin.: SCHLEMM-Kanal

Klinik

Eine **Netzhautablösung** (Ablatio oder Amotio retinae) bezeichnet die Ablösung der inneren Anteile der Netzhaut (Stratum nervosum, Neuroretina) von ihrer Versorgungsschicht, dem retinalen Pigmentepithel (Pars pigmentosa, RPE). Symptome können das Sehen von Blitzen oder farbigen Flecken sein, können aber auch fehlen, solange die Macula (Stelle des schärfsten Sehens) nicht betroffen ist. Wird sie nicht mehr durch den Kontakt mit dem Pigmentepithel versorgt, kommt es nach etwa 48 Stunden zu einem teilweise irreparablen Funktionsverlust der betroffenen Netzhautanteile. Nach erfolgreicher Wiederanlage der betroffenen Netzhaut kann sich die Funktion in Abhängigkeit von der Dauer der Ablösung wieder bessern. Bei Fortbestehen einer vollständigen Netzhautablösung kommt es zur Erblindung des betroffenen Auges.

Blutgefäße des Augapfels

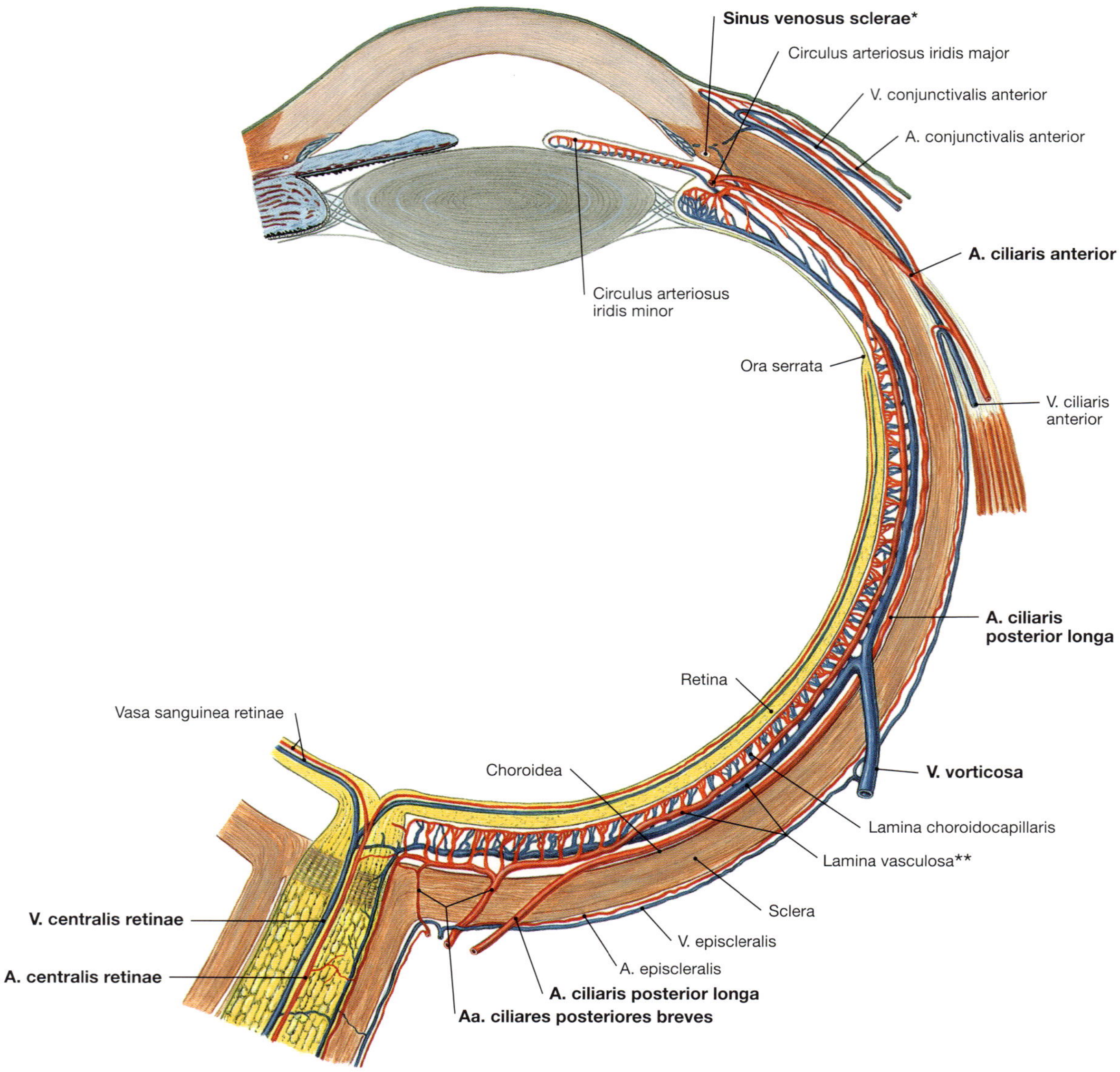

Abb. 9.58 Blutgefäße des Augapfels, Bulbus oculi, rechts; Horizontalschnitt in Höhe des N. opticus [II]; Ansicht von oben.
Arterielle Blutversorgung (→ Abb. 9.44). Der venöse Abfluss erfolgt über die V. centralis retinae sowie vier bis acht Vv. vorticosae (Vortexvenen; → Abb. 9.45). Letztere durchdringen die Sclera hinter dem Aequator und münden in die Vv. ophthalmicae superior und inferior.

* klin.: SCHLEMM-Kanal
** klin.: Uvea

Maße des Augapfels (Durchschnittswerte nach anatomischer und ophthalmologischer Literatur)			
Äußerer Bulbusdurchmesser (Axis externus bulbi)	24,0 mm	Krümmungsradius der Sclera	13,0 mm
Innerer Bulbusdurchmesser (Axis internus bulbi)	22,5 mm	Krümmungsradius der Cornea	7,8 mm
Dicke der Cornea	0,5 mm	Brechwert des gesamten Auges (Fernsicht)	59 Dioptrien
Tiefe der vorderen Augenkammer	3,6 mm	Brechwert der Cornea	43 Dioptrien
Dicke der Linse	3,6 mm	Brechwert der Linse (Fernsicht)	19 Dioptrien
Abstand zwischen Linse und Netzhaut	15,6 mm	Abstand beider Pupillen	61–69 mm
Dicke der Netzhaut	0,3 mm		

Regenbogenhaut und Ziliarkörper

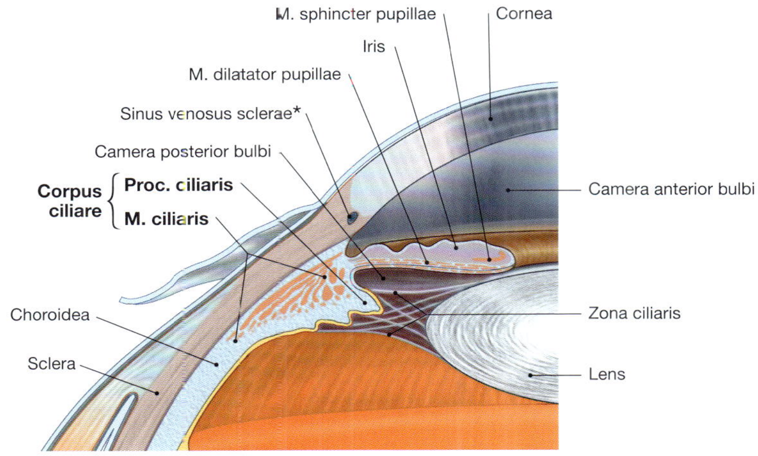

Abb. 9.59 Kammerwinkel und seine Umgebung. [E]
Der Kammerwinkel wird von Cornea, Iris und Sclera begrenzt. Das Epithel des Ziliarkörpers sezerniert das Kammerwasser, das von der hinteren in die vordere Augenkammer fließt und durch das Trabekelwerk im Kammerwinkel in den SCHLEMM-Kanal (*) und von hier in die episcleralen Venen gelangt. Grundlage des Ziliarkörpers ist der M. ciliaris. Er besitzt meridionale (BRÜCKE-Muskel), radiäre und zirkuläre (MÜLLER-Muskel) Muskelzellen und dient der Akkommodation.

Klinik

Zum **Glaukom** (grüner Star) kommt es durch Störungen des Kammerwasserabflusses, die oft zu intraokulären Druckerhöhungen (normal 15 mmHg) führen. Dadurch entstehen vornehmlich Schäden im Bereich der Sehnervpapille mit Erblindungsgefahr. Ursachen sind z. B. eine Verlegung des Kammerwinkels beispielsweise durch Verklebung der Iris an der Cornea (**Winkelblockglaukom,** selten) oder bei offenem Winkel ein gestörter Abfluss durch das Trabekelwerk des SCHLEMM-Kanals (**Offenwinkelglaukom,** häufig).
Genetisch bedingte Störungen der Fibrillensynthese **(MARFAN-Krankheit)** führen zur Insuffizienz der Zonulafasern mit Lageverschiebungen der Linse (Linsenluxation) sowie dauerhafter Kugelform der Linse (gestörte Fernakkommodation).

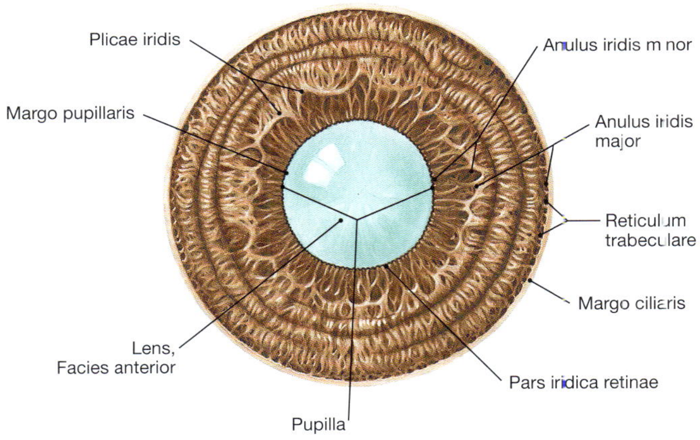

Abb. 9.60 Regenbogenhaut, Iris, und Linse, Lens; Ansicht von vorne.

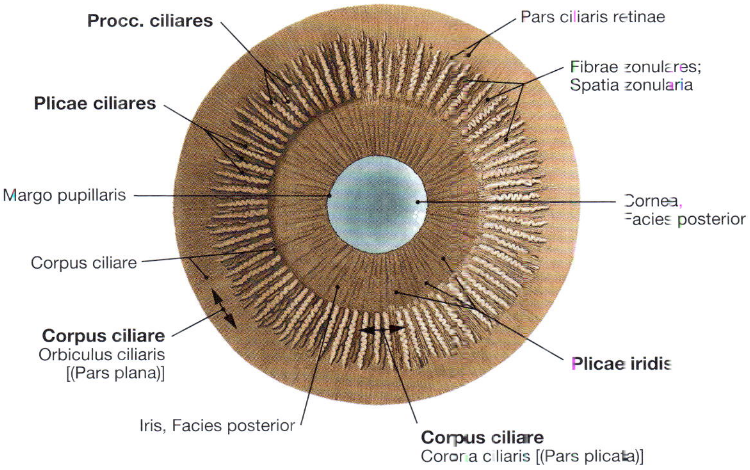

Abb. 9.61 Regenbogenhaut, Iris, und Ziliarkörper, Corpus ciliare; Ansicht von hinten; nach Entfernung der Linse.
Der Ziliarkörper unterteilt sich in einen ebenen Anteil (Pars plana) und in einen aufgeworfenen Anteil (Pars plicata). Von Letzterem entspringen ca. 70 Ziliarfortsätze (Procc. ciliares). Der Ziliarkörper ist vom Ziliarepithel bedeckt, das das Kammerwasser im Bereich der Pars plicata sezerniert. Vom Ziliarepithel verlaufen Zonulafasern (Aufhängebänder der Linse, Zonulae ciliares) zur Linsenkapsel.

Linse

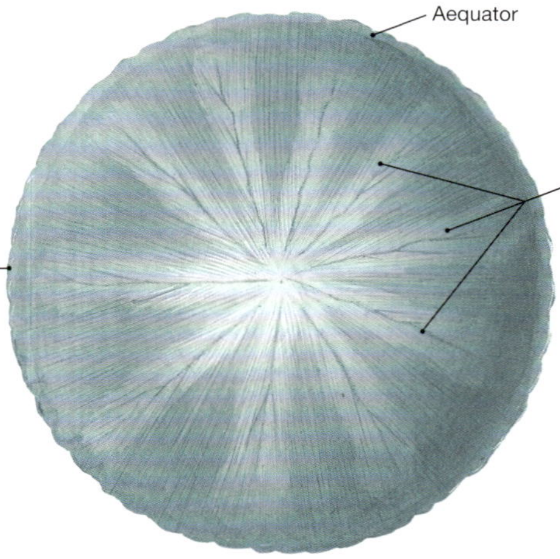

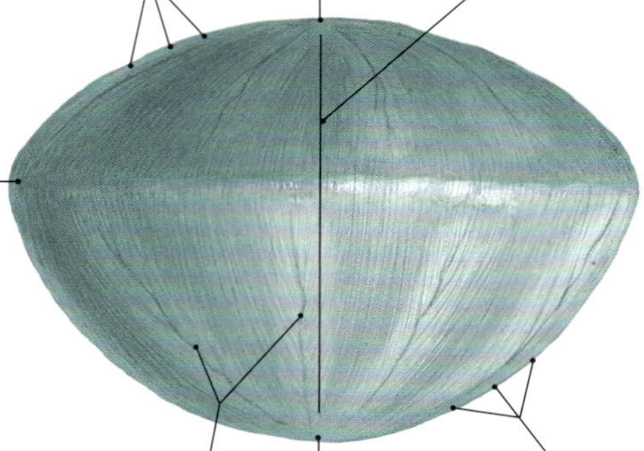

Abb. 9.62a und b Linse, Lens.
a Ansicht von vorne
b Ansicht vom Aequator

Die Linse hat je nach Akkommodationszustand eine Brechkraft von 10–20 Dioptrien (zum Vergleich: die Brechkraft der Hornhaut ist mit 43 Dioptrien zwar wesentlich höher, sie kann aber nicht modifiziert werden).

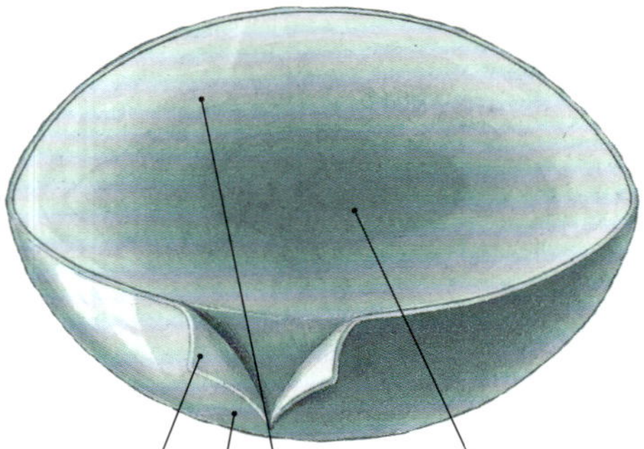

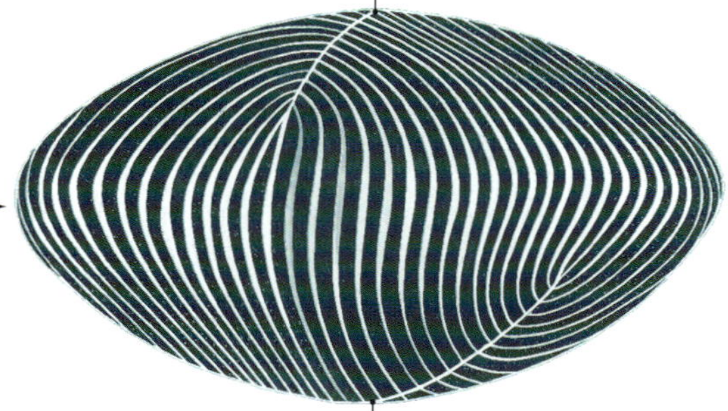

Abb. 9.63a und b Linse, Lens.
a Ansicht von schräg vorne; nach meridionaler Halbierung und teilweiser Abhebung der vorderen Linsenkapsel, Capsula lentis.

b Linsenfasern beim Neugeborenen; schematische Darstellung; Ansicht vom Aequator her.
Die Mittelpunkte der Flächen werden als vorderer (Polus anterior) bzw. hinterer Pol (Polus posterior) bezeichnet.

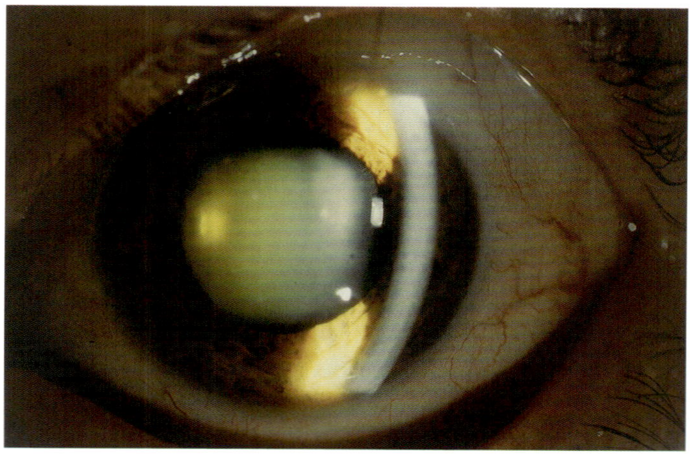

Abb. 9.64 Cataracta senilis, rechts; Spaltlampenbild.
Man erkennt eine fortgeschrittene Katarakt an der weißlichen Trübung. Der weiße runde Balken rechts im Bild ist ein Lichtreflex auf der Hornhaut.

Klinik

Durch die kontinuierliche Anlagerung von Linsenfasern nimmt die Elastizität (etwa ab dem 40. Lebensjahr) so weit ab, dass sich die Akkommodationsbreite verringert (Alterssichtigkeit, **Presbyopie**). Durch Abnahme des intrazellulären Wassergehalts kommt es zu Veränderungen von für die Transparenz der Linse bedeutsamen Proteinen (Crystalline). Dies führt zur Linsentrübung (grauer Altersstar, **Cataracta senilis**), die die häufigste Augenerkrankung darstellt. Eine beginnende Linsentrübung ist mittels Spaltlampenuntersuchung frühzeitig diagnostizierbar (→ Abb. 9.64). Die Kataraktoperation ist in Deutschland die am häufigsten durchgeführte Operation überhaupt (ca. 10% aller 80-Jährigen leiden an einer fortgeschrittenen Katarakt).

Netzhaut

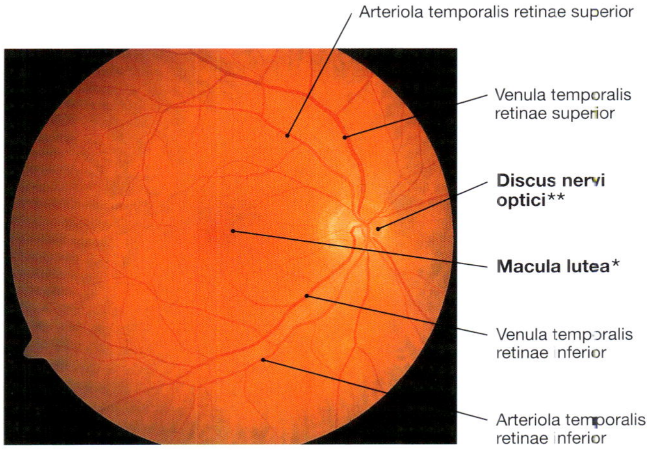

Abb. 9.65 Augenhintergrund, Fundus oculi, rechts; Ansicht von vorne; ophthalmoskopische Nativaufnahme
Die Untersuchung des Augenhintergrundes mittels direkter Ophthalmoskopie (Funduskopie, Augenhintergrundspiegelung) dient der Beurteilung der Netzhaut, der Gefäße (besonders der A./V. centralis retinae), der Papilla (Discus nervi optici; Sehnervpapille) sowie von Macula lutea (gelber Fleck) und Fovea centralis (Stelle des schärfsten Sehens). Die Netzhautgefäße (A./V. centralis retinae sowie ihre Äste) können begutachtet und aufgrund des Gefäßdurchmessers (Arterien – geringerer Durchmesser) unterschieden werden. Die Sehnervpapille ist normalerweise randscharf begrenzt, gelb-orange und weist eine zentrale Vertiefung (Excavatio disci) auf. 3–4 mm temporal der Papille sitzt die Macula lutea (hier sind die meisten Zapfenzellen lokalisiert). Zahlreiche Gefäßäste der Vasa centrales retinae laufen radiär auf die Macula zu, erreichen das Zentrum (Fovea centralis) jedoch nicht. Letzteres wird über die Choroidea versorgt.

* klin.: gelber Fleck
** klin.: Papille oder blinder Fleck (Discus = Papilla nervi optici)

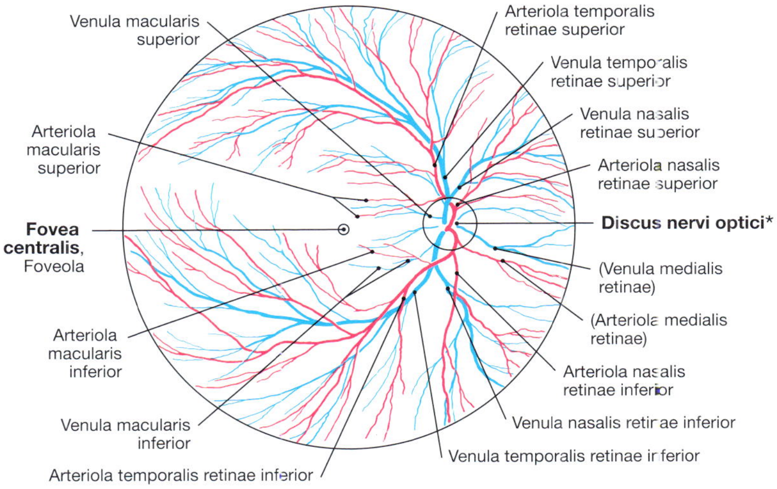

Abb. 9.66 Augenhintergrund, Fundus oculi, und Blutgefäße der Netzhaut, Vasa sanguinea retinae, rechts; Ansicht von vorne; schematische Darstellung des Gefäßverlaufs.

* Papilla nervi optici

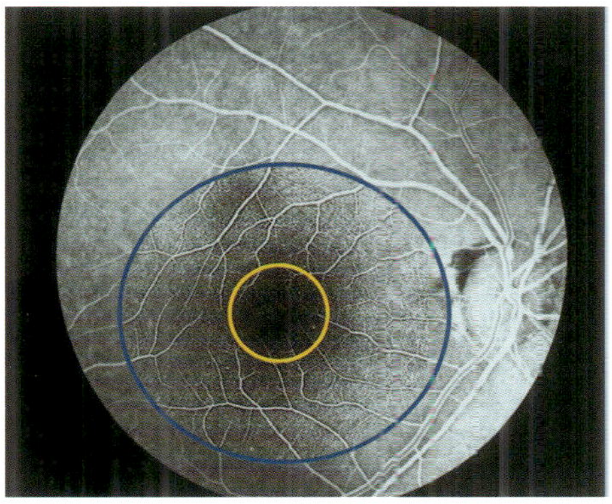

Abb. 9.67 Augenhintergrund, Fundus oculi, rechts; Ansicht von vorne; Fluoreszenzangiographie in arteriovenöser Phase mit anatomischen Landmarken: Macula (blauer Kreis); Fovea (gelber Kreis). [15]

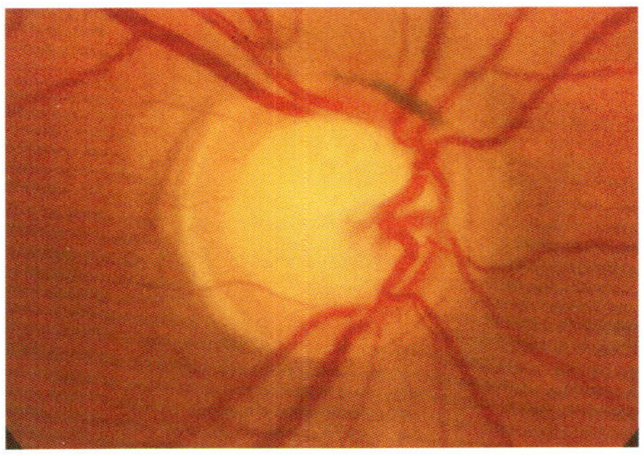

Abb. 9.68 Konzentrische glaukomatöse Vergrößerung der Sehnervpapille. [15]

Klinik

Bei einer **Netzhautablösung** (Ablatio retinae) sieht die Netzhaut weißlich-gelblich aus. Gefäßveränderungen wie diabetische Retinopathie oder Hypertonus lassen sich mittels Funduskopie frühzeitig diagnostizieren. Zur weiterführenden Diagnostik kann eine Fluoreszenzangiographie durchgeführt werden (→ Abb. 9.67). Bei erhöhtem Hirn-(Liquor-)Druck erscheint die Sehnervpapille in den Bulbus vorgewölbt und weist einen unscharfen Rand auf **(Stauungspapille).** Auch beim Glaukom kommt es zu charakteristischen Veränderungen (Glaukompapille → Abb. 9.68). Pathologische Veränderungen der Macula lutea treten häufig altersbedingt auf. Die als **altersabhängige Makuladegeneration** (AMD) bezeichnete Erkrankung ist die häufigste Erblindungsursache in Deutschland.

Augenhöhle, MRT

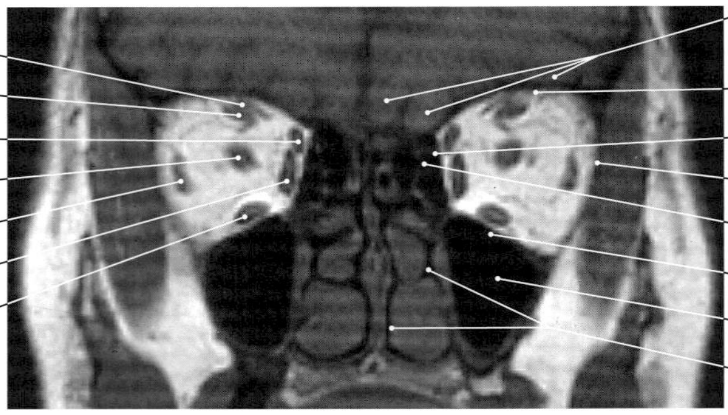

Abb. 9.69 Äußere Augenmuskeln, Mm. bulbi; magnetresonanztomographischer Frontalschnitt (MRT) eines Gesunden auf Höhe der Mitte der Augenhöhle; Ansicht von vorne.

Man erkennt sehr gut die enge topographische Beziehung von Orbita, Sinus maxillaris, Lobus frontalis, Cellulae ethmoidales und M. temporalis (nicht bezeichnet).

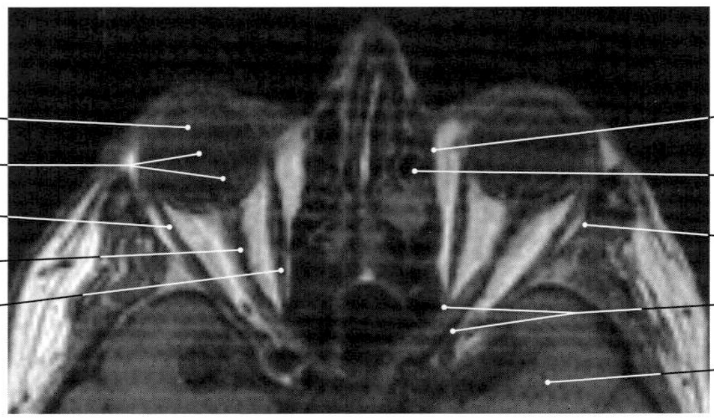

Abb. 9.70 Augapfel, Bulbus oculi, und äußere Augenmuskeln, Mm. bulbi; magnetresonanztomographischer Transversalschnitt (MRT) eines Gesunden auf Höhe des N. opticus [II]; Ansicht von oben.

In dieser Schnittebene wird der leicht geschlungene Verlauf des N. opticus [II] deutlich, der als Reservestrecke für die Augenbewegungen von Bedeutung ist.

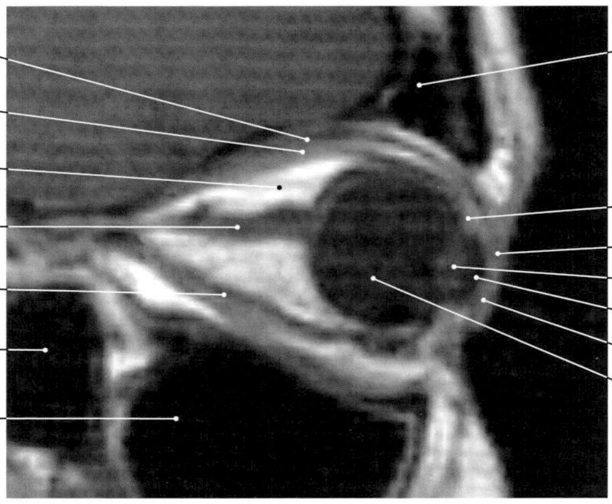

Abb. 9.71 Augapfel, Bulbus oculi, und äußere Augenmuskeln, Mm. bulbi; magnetresonanztomographischer Sagittalschnitt (MRT) eines Gesunden auf Höhe des N. opticus [II]; Ansicht von lateral.

Im MRT können der Bulbär- und der Retrobulbärraum durch die unterschiedlichen Gewebe sehr gut voneinander abgegrenzt werden.

Untersuchungsmethoden

Die meisten sichtbaren Strukturen des Auges lassen sich mit speziellen optischen Instrumenten (z. B. Lupenbrille, Ophthalmoskop, Spaltlampe) beim Lebenden darstellen und beurteilen, z. B. Cornea, Kammerwasser, Kammerwinkel, Iris, Linse, Glaskörper, Retina mit Sehnervpapille und Macula.
Bildgebende Verfahren helfen bei der Diagnostik chronischer Entzündungen oder von Tumoren, die im nicht einsehbaren Teil der Orbita (außerhalb des Bulbus, retrobulbär) lokalisiert sind. **Computertomographie** (CT) und **Magnetresonanztomographie** (MRT) sind die am häufigsten verwendeten bildgebenden Verfahren zur Beurteilung der intraorbitalen Strukturen und ihrer topographischen Beziehungen. Durch intravenöse Kontrastmittelgabe können mit diesen Verfahren häufig noch weiterführende Informationen erlangt werden.
Ist keine Beurteilung des Augenhintergrunds mittels Fundusskopie möglich (z. B. aufgrund pathologischer Veränderungen der optischen Medien, wie Hornhauttrübung, Katarakt oder Einblutungen in den Glaskörper), kann auch eine **Sonographie** des Auges durchgeführt werden.

Sehbahn und Blutgefäße

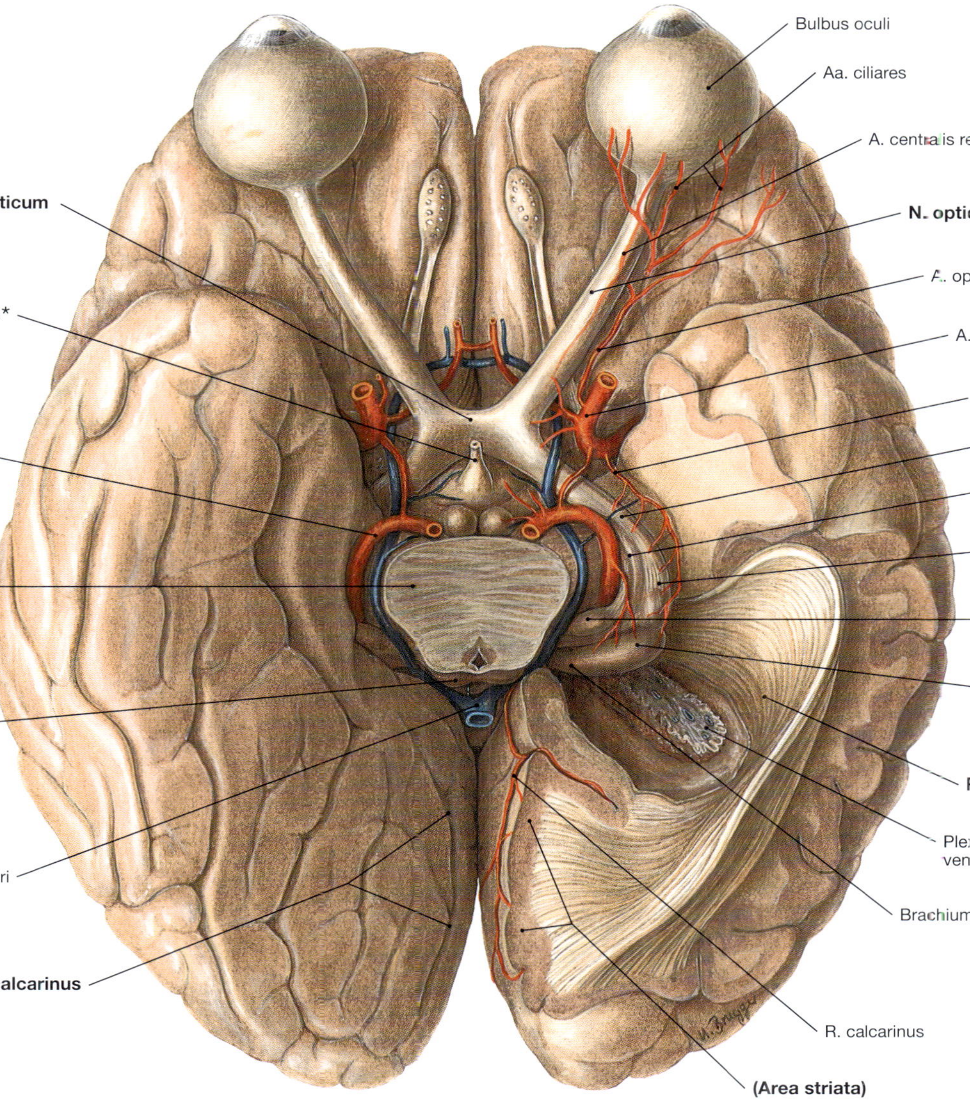

Abb. 9.72 Gehirn, Cerebrum, und Gefäßversorgung der Sehbahn; Ansicht von unten. Die Hypophyse ist an ihrem Stiel (*) abgetrennt. Sie liegt in enger Nachbarschaft zum Chiasma opticum.

Die Sehbahn beginnt innerhalb der Retina. Hier liegen die ersten drei Projektionsneurone sowie Interneurone (Horizontalzellen, amakrine Zellen) der Sehbahn. Von außen nach innen folgen aufeinander:

1. Neuron: Photorezeptorzellen (Stäbchen- und Zapfenzellen)

2. Neuron: bipolare Ganglienzellen (Perikarya im Ganglion retinae), die Signale von den Photorezeptoren aufnehmen und an multipolare Ganglienzellen (3. Neuron) weiterleiten

3. Neuron: multipolare Ganglienzellen (Perikarya im Ganglion opticum).

Das Prinzip der intraretinalen Kette aus drei Neuronen gilt allerdings nur für die Zapfenzellen. Jeweils bis zu 40 Stäbchen leiten ihr Signal an eine Stäbchenbipolare weiter und von dieser erfolgt die Weiterleitung auf indirektem Weg unter Vermittlung von Amakrinen (auch von diesen gibt es je nach Literatur bis jetzt 20 bis 50 verschiedene Typen) an eine Ganglienzelle. Die Axone des Ganglion opticum erreichen das Corpus geniculatum laterale (Radix lateralis), einige Fasern ziehen allerdings auch in die Area pretectalis und in den Colliculus superior (Radix medialis) sowie in den Hypothalamus. Die Fasern verlaufen im N. opticus [II] zum Chiasma opticum. Hier kreuzen sie vom nasalen Anteil der Retina zur Gegenseite. Fasern vom temporalen Anteil kreuzen nicht. Im Tractus opticus verlaufen dann jeweils Fasern, die Informationen aus den kontralateralen Gesichtsfeldhälften vermitteln.

Das **4. Neuron** entspringt im Corpus geniculatum laterale und zieht in das Gebiet um den Sulcus calcarinus zu den Areae 17 und 18 der Großhirnrinde (Area striata).

Klinik

Bevor einfallendes Licht auf die lichtempfindlichen Anteile der Photorezeptoren trifft, muss es zunächst alle weiteren Schichten der Netzhaut durchdringen (3. Neuron, 2. Neuron). Man spricht von der Inversion der Retina. Die Photorezeptoren (1. Neuron) liegen mit ihren Außensegmenten dem Pigmentepithel an, es bestehen allerdings keine Haftstrukturen zwischen Pigmentepithel und Photorezeptoren. In diesem Bereich kann es zur Netzhautablösung (**Ablatio** oder **Amotio retinae**) kommen, die bei Nichtbehandlung zur Erblindung führen kann.

Sehbahn

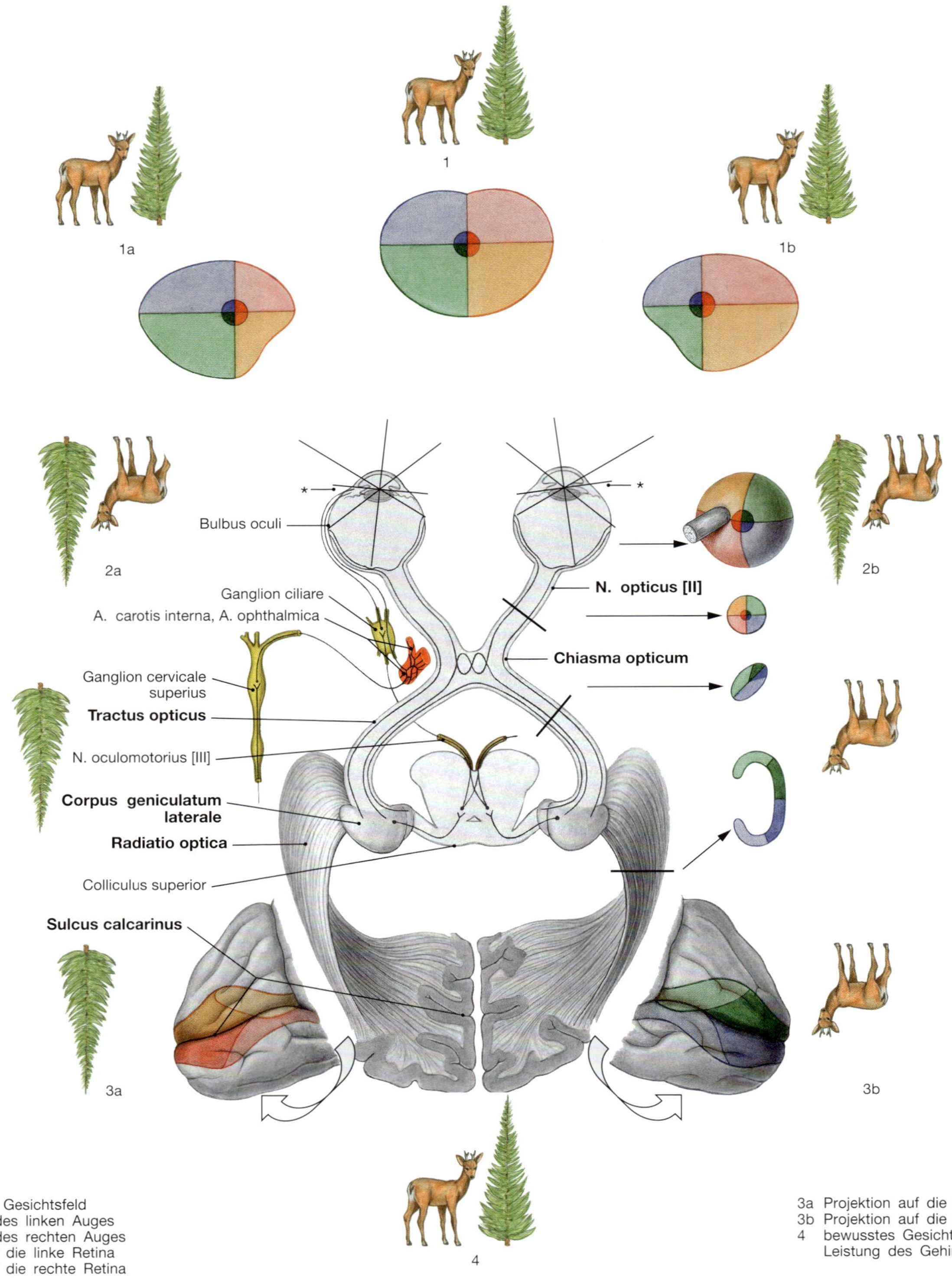

1 gemeinsames Gesichtsfeld
1a Gesichtsfeld des linken Auges
1b Gesichtsfeld des rechten Auges
2a Projektion auf die linke Retina
2b Projektion auf die rechte Retina
3a Projektion auf die linke Kalkarinarinde
3b Projektion auf die rechte Kalkarinarinde
4 bewusstes Gesichtsfeld als integrative Leistung des Gehirns

Abb. 9.73 Sehbahn; schematische Übersicht; Ansicht von oben. Das zentrale Gesichtsfeld besitzt ein überproportional großes Projektionsgebiet.
Das Reh und der Tannenbaum demonstrieren, wie in den einzelnen Abschnitten der Sehbahn das Bild weitergeleitet wird. Erst in den visuellen Assoziationskortizes wird das Bild so wahrgenommen, wie es tatsächlich vor dem Auge erscheint. Die Einteilung der Gesichtsfelder in vier Farben dient der Demonstration, wie die entsprechenden Bereiche im visuellen Kortex und in den verschiedenen Abschnitten der Sehbahn weitergeleitet werden und repräsentiert sind.

* Brechungsebene des Lichts

Klinik

Hypophysentumoren können bei Größenzunahme aufgrund ihrer engen topographischen Nachbarschaft zum Chiasma opticum (Sehnervenbahnkreuzung) zu einer **bitemporalen Hemianopsie** führen. Postchiasmatische oder intrazerebrale Läsionen der Sehbahn führen zu einer **homonymen Hemianopsie.** So kommt es beispielsweise bei Schädigung des rechten Tractus opticus zu einer linksseitigen homonymen Hemianopsie. Die Verletzung der linken Radiatio optica (GRATIOLET-Sehstrahlung) zieht eine homonyme Hemianopsie rechts nach sich. Als weitere Symptome können eine hemianopische Pupillenstarre, ein Abblassen der Pupille nach Monaten oder auch eine Stauungspapille hinzukommen. Ursachen können Tumoren, eine basale Meningitis, Aneurysmen, Ischämien und Blutungen sein. Bei beidseitigem Ausfall der Sehrinde kommt es zur **kortikalen Amaurose** (Rindenblindheit; → Abb. 12.140).

Ohr

10

Das Ohr – winzig und doch komplex wie ein Labyrinth

Das Ohr (Auris) enthält die Sinnes- und Nervenzellen zweier Sinnessysteme, die zwar aus einer gemeinsamen embryonalen Anlage (der Ohrplakode) hervorgehen, aber ganz unterschiedlichen Zwecken dienen: dem Hören und dem Gleichgewichtssinn. Die kleinen, zarten, membranösen, verschlungenen Organe, die die Sinneszellen beider Modalitäten tragen, liegen im häutigen Labyrinth (s. u.). Das Labyrinth liegt seinerseits im Innern des Felsenbeins (Pars petrosa ossis temporalis), der knöchernen Pyramide, die die hintere von der mittleren Schädelgrube trennt. Diesen Teil des Ohrs, aus dem sein Sinnesnerv, der N. vestibulocochlearis [VIII], hervorgeht, nennt man das Innenohr.

Beim Menschen (wie bei landlebenden Wirbeltieren) ist eine ehemalige Kiemenspalte (und zwar die erste) samt der sie umgebenden Knochen und Muskeln in die Konstruktion des akustischen Teils des Ohrs einbezogen worden – und zwar als schallleitender Apparat, als Mittelohr und als äußeres Ohr. Eine Kiemenspalte ist die für Fische typische „Atemöffnung", durch die hindurch das über den Mund „eingeatmete" Wasser aus dem Schlund (Pharynx) über die Kiemen wieder ins Freie befördert wird. Die „Ohrkiemenspalte" der Landtiere öffnet sich aber nicht mehr – sie ist durch eine sehr dünne Membran, das Trommelfell (Membrana tympanica), verschlossen. Sollte das Trommelfell jedoch ein Loch haben, könnte man tatsächlich „durch die Ohren" atmen, denn dann bestünde eine offene Verbindung vom äußeren Gehörgang zum Schlund. Praktisch ist dies nicht möglich, weil die Gänge zu eng sind – aber für Taucher mit defekten Trommelfellen kann das auf diesem Weg in den Pharynx eindringende Wasser zum Problem werden.

Äußeres Ohr (Auris externa)

Das äußere Ohr umfasst die Ohrmuschel (Auricula) und den äußeren Gehörgang (Meatus acusticus externus) bis hin zum Trommelfell. Es ist, mit anderen Worten, der „Außenteil" der ehemaligen Kiemenspalte.

Ohrmuscheln von Kaninchen oder Pferd sind beweglich, in sich faltbar und dienen dem Richtungshören. Von der Beweglichkeit ist dem Menschen nur sehr wenig geblieben, von der Faltbarkeit gar nichts, selbst wenn es in der Ohrmuschel noch Reste der Muskeln gibt, die sie einst knickten. Dennoch dient die von elastischem Knorpel gestützte Concha auch bei uns noch dem Richtungshören.

Der **äußere Gehörgang** ist ein etwa 3–4 cm langer, s-förmig gekrümmter Gang. Er besteht aus einem distalen, knorpeligen Teil, der sich in einen knöchernen Gang im Felsenbein fortsetzt. Der knöcherne Gang ist schließlich an seinem Ende vom Trommelfell verschlossen. Gleich unter und vor dem äußeren Gehörgang liegt das Kiefergelenk und man kann beim Kauen spüren, wie es den knorpeligen Teil des Gangs verformt, besonders, wenn man den kleinen Finger in den äußeren Gehörgang steckt.

Mittelohr (Auris media)

Das Trommelfell markiert die laterale Grenze des Mittelohrs, das im Inneren des Felsenbeins liegt. Das Mittelohr ist ein verwinkelter, mit Schleimhaut ausgekleideter Raum mit Nebenräumen, in dessen Wänden und durch dessen Höhle verschiedene Nerven verlaufen und in dessen Innerem die drei Gehörknöchelchen aufgehängt sind. Es ist der „Innenteil" der o.g. ehemaligen Kiemenspalte, der über die Ohrtrompete (Tuba auditiva, EUSTACHIUS-Röhre) mit dem Pharynx verbunden ist.

Die **Ohrtrompete** ist ein von Schleimhaut ausgekleidetes Röhrchen, das aus der Unter- und Vorderseite der Paukenhöhle nach vorne und unten absteigt. Im Felsenbein liegt die Tuba auditiva in einem knöchernen Gang, zum Pharynx hin wird sie von elastischem Knorpel gestützt, der schlundseitig wie eine Trompetenmündung aussieht – daher der Name. Über die Tuba auditiva passt sich der Luftdruck des Mittelohrs dem der Umwelt an, was jeder, der schon einmal geflogen oder auf einen Berg gestiegen ist, bestätigen wird.

Die eigentliche Mittelohrhöhle (Cavitas tympani, **Paukenhöhle**) im Felsenbein beherbergt die drei Gehörknöchelchen (Ossicula auditus), Hammer (Malleus), Amboss (Incus) und Steigbügel (Stapes). Sie bilden einen durch Gelenke beweglich verbundenen, durch Bänder an der Wand der Paukenhöhle befestigten v-fömigen Hebel, der die Schwingungen des Trommelfells (an dem der Hammer befestigt ist) auf das ovale Fenster (s. u., auf das der Steigbügel wirkt) überträgt. Außerdem greifen am Hammer und am Steigbügel zwei Muskeln an (M. tensor tympani, M. stapedius), die den „Verspannungsgrad" der Knochenkette – und damit die Effizienz der Schallleitung – regulieren können. In den Wänden der Paukenhöhle verlaufen unter der Schleimhaut Äste des N. facialis [VII] und des N. glossopharyngeus [IX], zweier Hirnnerven, durch die Paukenhöhle zieht die Chorda tympani, ebenfalls ein Ast des N. facialis [VII]. Mit dem Hören und dem Gleichgewicht haben diese Nervenäste direkt nichts zu tun – sie streben via Paukenhöhle und Felsenbein anderen Zielen zu. Ein Ast des N. facialis [VII] innerviert allerdings den M. stapedius (s. o.), die Äste des N. glossopharyngeus [IX] (Plexus tympanicus) versorgen die Schleimhäute der Paukenhöhle.

Die luftgefüllte Paukenhöhle setzt sich nach hinten und unten in die vielkammerigen, gleichfalls luftgefüllten **Cellulae mastoideae** im Warzenfortsatz des Hinterhauptsbeins (der gleich hinter und unter der Ohrmuschel tastbar ist) fort.

Innenohr (Auris interna)

Das auch als Labyrinth bezeichnete Innenohr liegt ebenfalls im Felsenbein, gleich oberhalb (statisches Organ) und medial (akustisches Organ) der Paukenhöhle. Man unterscheidet das häutige und das knöcherne Labyrinth.

Das **häutige Labyrinth** ist ein in sich geschlossenes Schlauchsystem. Es ist mit einer Flüssigkeit, der Endolymphe, gefüllt und enthält die Sinnesorgane. Zu seinem komplexen Aufbau gehören drei Bogengänge (Canales semicirculares), die die Sinnesfelder tragen, mit denen (beschleunigte) Rotationsbewegungen registriert werden. In der Gegend des Vestibulums (Vorhof) liegen die Felder (Sacculus und Utriculus) des Sinnes für Linearbeschleunigung und statische Lage.

Das **knöcherne Labyrinth** ist ein Hohlraum im Felsenbein. Er umgibt das häutige Labyrinth und hat die gleiche Form wie dieses, ist aber größer. Somit bleibt zwischen beiden noch ein Spalt, der mit Flüssigkeit, der Perilymphe, gefüllt ist. Dieser perilymphatische Spalt öffnet sich über zwei membranbespannte Fenster zum Mittelohr: die Fenestra vestibuli (ovalis) und die Fenestra cochleae (rotunda). In das ovale Fenster ist der Steigbügel eingelassen, der so die Perilymphe in Schwingungen versetzen kann.

Die Schnecke (Cochlea) registriert die Schwingungen der Lymphe, die ihr vom schallleitenden Apparat des Ohrs übertragen werden. Sie ist also das eigentliche Hörorgan. Die Aktionspotenziale, die in den Sinnesfeldern des Gleichgewichts- und des Hörorgans entstehen, werden vom N. vestibulocochlearis [VIII] weitergeleitet, der von der hinteren Schädelgrube aus – über den inneren Gehörgang (Meatus acusticus internus) – in das Labyrinth eindringt.

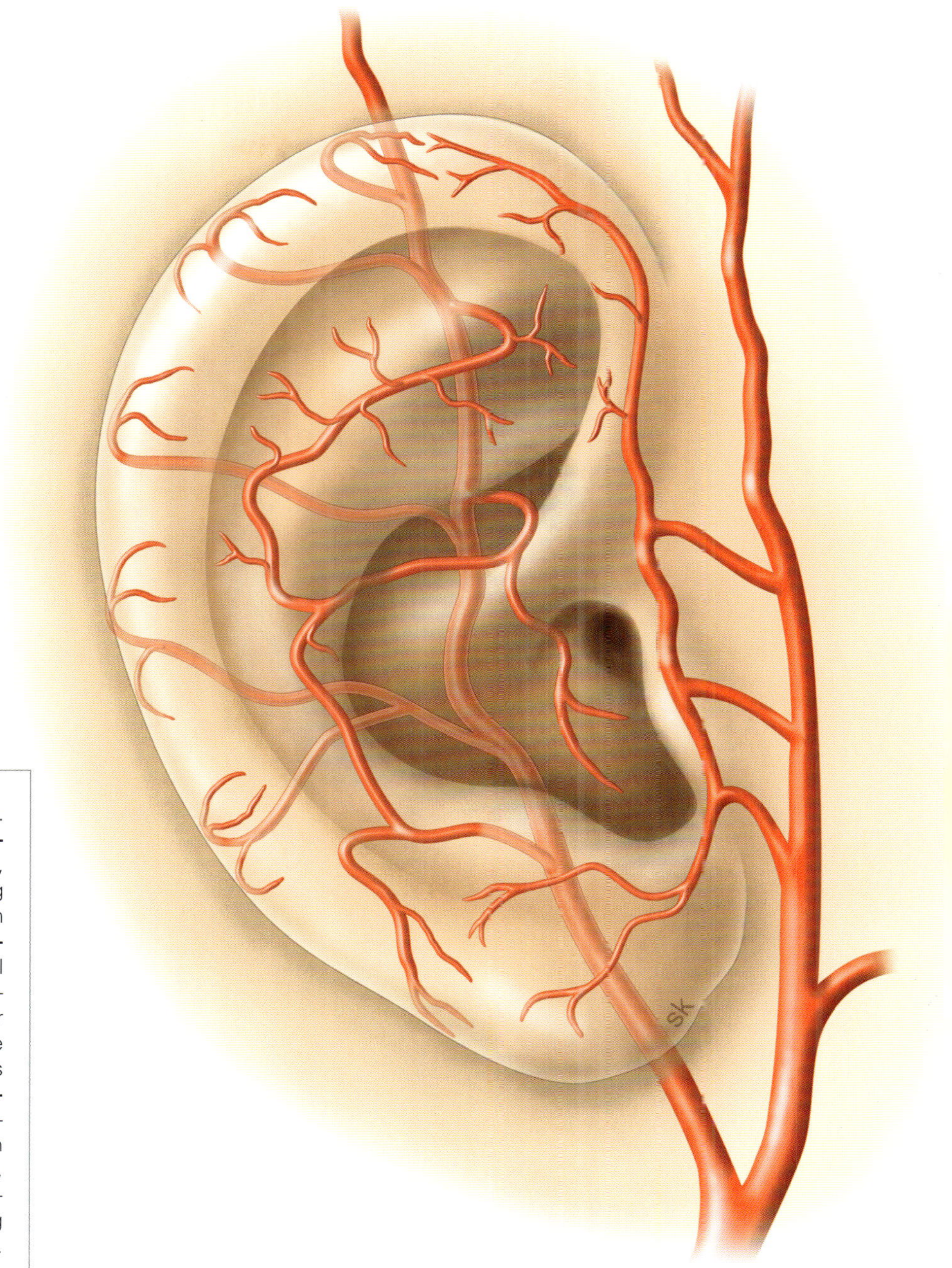

Klinik

Die häufigsten akuten Ohrerkrankungen betreffen das Innenohr. Etwa 10–20% der Bevölkerung sind dauerhaft von **Ohrgeräuschen** (Tinnitus) betroffen. Ein **Hörsturz** ist eine idiopathische, plötzlich auftretende, meist einseitige Schallempfindungsstörung unterschiedlicher Ausprägung. Die meisten Hörstürze bilden sich spontan zurück. Eine häufige Erkrankung ist die **Altersschwerhörigkeit** nach langjähriger Lärmexposition (Presbyakusis). Generell versteht man unter **Schwerhörigkeit** (Hyp- akusis) eine Minderung des Hörvermögens. In Deutschland haben etwa 19% der über 14-Jährigen keine völlig normale Hörschwelle mehr. Die Ausprägung der Störung kann von leichter Schwerhörigkeit bis zur Gehörlosigkeit reichen. Man unterscheidet **Schallleitungsschwerhörigkeit** und **Schallempfindungsschwerhörigkeit.** Häufige Ursachen einer Schallleitungsschwerhörigkeit sind Cerumen (Ohrenschmalzpfropf, → S. 141), Fremdkörper im Gehörgang, Entzündungen des äußeren Gehörgangs (→ S. 138), Tubenverschluss (→ S. 143), Tubenkatarrh (→ S. 149), Mittelohrentzündung (→ S. 144), Cholesteatom (→ S. 147) oder Otosklerose (→ S. 142). Schallempfindungsstörungen sind häufig durch Altersveränderungen (s. o.), genetische Veränderungen (→ S. 137), Infektionskrankheiten, Schädeltraumen, Tumoren (→ S. 152) und einen Hörsturz (s. o.) bedingt. **Schwindel** ist eine wahrgenommene Scheinbewegung zwischen sich und der Umwelt. Er entsteht meist aus widersprüchlichen Informationen der am Gleichgewichtsempfinden beteiligten Sinnesorgane. Man unterscheidet vestibuläre (Innenohr, N. vestibulocochlearis, Gehirn) und nichtvestibuläre Ursachen (z. B. niedriger Blutdruck).

→ präplink

Ohrmuschel, äußerer Gehörgang und Trommelfell werden meist nicht präpariert. Vorderer und hinterer Bogengang werden durch Abschlagen des Knochens mit einem Meißel eröffnet. Beide Bogengänge liegen teilweise tief im Knochen. Der horizontale Bogengang wird meist nur demonstriert. Der Meatus acusticus externus wird im Verlauf der Nn. facialis [VI] und vestibulocochlearis [VIII] bis zum Ganglion geniculi, zur Einmündung in die Cochlea bzw. in das Vestibulum freigelegt. Dann erfolgt die Freilegung des Abgangs des N. petrosus major vom Ganglion geniculi. Zur Darstellung der Cochlea wird der medial vom Meatus acusticus internus liegende Teil der Felsenbeinvorderfläche etwa 1–2 mm parallel zur Knochenoberfläche mit einem Meißel abgeschlagen. Das Paukenhöhlendach wird nun eröffnet. Man sieht den Hammerkopf und Ambosskörper, der Steigbügel kann nur durch Spezialpräparationen freigelegt werden (meist nur demonstriert). Vom Ganglion geniculi wird der N. facialis [VII] in die Tiefe verfolgt, wobei auf die rückläufig zwischen Hammer und Amboss ziehende Chorda tympani geachtet werden muss.

IMPP-CHECKLISTE

• Ohrentwicklung • Auricula auris • Meatus acusticus externus • Glandulae ceruminosae • Blutversorgung • Lymphabflüsse • Innervation • Zoster oticus • Auris media mit Membrana tympani und Ossicula auditus • Wände der Cavum tympani • topographische Beziehungen • klinische Bezüge • Cholesteatom • Os temporale • Muskeln: Funktion und Innervation • Plexus tympanicus • Chorda tympani • N. facialis [VII] und N. vestibulocochlearis [VIII] mit Kerngebieten • Tubenfunktion • Cochlea • Labyrinthus vestibularis • Ductus semicircularis mit Ausrichtung • Topographie: Auris interna zu N. facialis [VII] und N. vestibulocochlearis [VIII] • Meatus acusticus internus • Akustikusneurinom • Pars petrosa • Längs- und Querfrakturen des Pars petrosa • Verlauf der Nn. petrosi major und minor • Ganglion geniculi • Blutgefäßversorgung • A. labyrinthi

Entwicklung

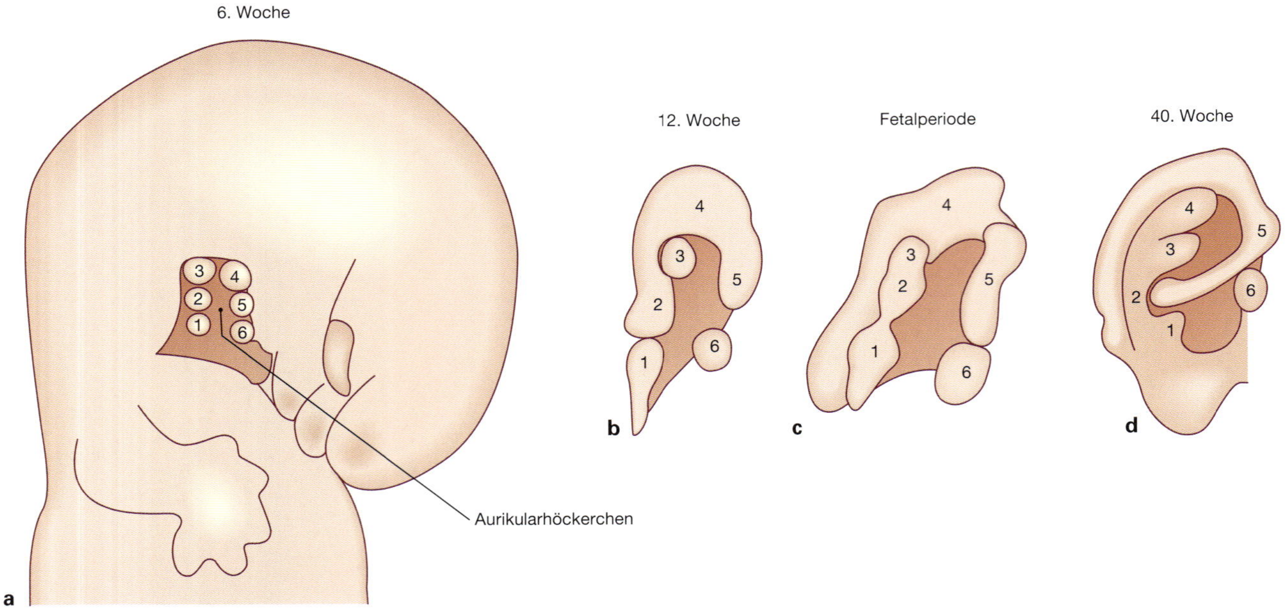

Abb. 10.1a bis d Entwicklung der Ohrmuschel aus den sechs Aurikularhöckerchen, rechts. [21]
Die Verschmelzung der Aurikularhöckerchen (1–6) ist ein komplizierter Vorgang, daher sind Entwicklungsstörungen nicht selten. Die Anlage erfolgt ursprünglich in der unteren Halsregion. Mit der Entwicklung des Unterkiefers kommt es zu einer Kranialverlagerung, so dass die Ohrmuscheln schließlich auf Höhe der Augen liegen. Tiefer liegende Ohrmuscheln sind sehr häufig mit anderen (oftmals chromosomalen) Fehlbildungen assoziiert. Der äußere Gehörgang entwickelt sich aus dem hinteren Anteil der ersten Kiemenfurche, die als trichterförmige Röhre nach innen wächst, bis sie die entodermale Auskleidung der Paukenhöhle (Recessus tubotympanicus) erreicht. Zu Beginn der 9. Woche proliferieren die Epithelzellen des Gehörgangbodens und bilden eine Gehörgangsplatte. Diese löst sich im 7. Monat wieder auf. Persistiert die Gehörgangsplatte, kommt es zu einer angeborenen Taubheit.

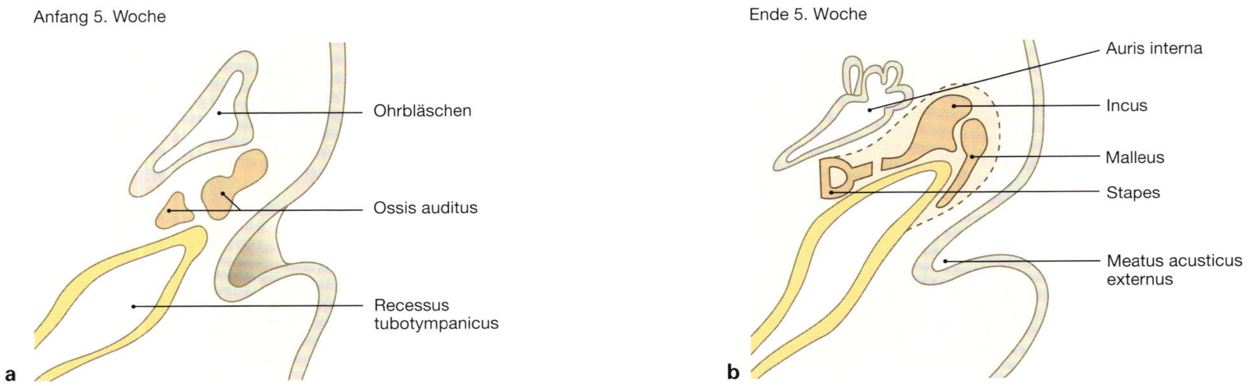

Abb. 10.2a und b Differenzierung der Gehörknöchelchen, Ossicula auditus. [21]
Zu Anfang der 5. Woche beginnen sich im Mesenchym des ersten und zweiten Kiemenbogens die Gehörknöchelchen zu differenzieren. Aus dem ersten Kiemenbogen gehen Hammer und Amboss als Derivate des MECKEL-Knorpels hervor sowie der M. tensor tympani, der vom ersten Kiemenbogennerv, dem N. mandibularis [V/3], innerviert wird. Der zweite Kiemenbogen bringt den Steigbügel als Derivat des REICHERT-Knorpels hervor. Er kann durch den M. stapedius bewegt werden, der vom zweiten Kiemenbogennerv, dem N. facialis [VII], innerviert wird.

Ohrentwicklung

Etwa am 22. Tag kommt es beiderseits des Rautenhirns zu einer Verdickung des **Oberflächenektoderms.** Die als **Ohrplakode** bezeichnete Verdickung stülpt sich in der Folge zum **Ohrgrübchen** ein und bildet das **Ohrbläschen** (Ohrzyste). Jedes Bläschen teilt sich in einen vorderen **(rostralen) Anteil,** aus dem Sacculus sowie Ductus cochlearis hervorgehen und in einen **hinteren (okzipitalen) Anteil,** aus dem Utriculus, Bogengänge und Ductus endolymphaticus hervorgehen. Rostraler und okzipitaler Anteil bleiben über einen schmalen Gang verbunden. Die so entstandenen Strukturen werden in ihrer Gesamtheit als **häutiges Labyrinth** bezeichnet.
Erste Kiemenfurche und erste Kiementasche wachsen aufeinander zu. Aus dem Ektoderm der ersten Kiemenfurche geht der äußere Gehörgang hervor; aus dem Entoderm der ersten Kiementasche entsteht das **Mittelohr.** Proximal verengt sich Letztere zur **Ohrtrompete** (EUSTACHIUS-Röhre), über die eine sehr schmale Verbindung zum Vorderdarm, dem späteren Nasopharynx, bestehen bleibt Distal erweitert sich die erste Kiementasche zur **Paukenhöhle.**
An der lateralen Paukenhöhlenwand bildet sich der Recessus tubotympanicus, der auf die vordringende Kiemenfurche zuwächst. An der Kontaktstelle bleibt nur noch eine dünne Membran übrig – das **Trommelfell.**
Im Mesenchym von erstem und zweitem Kiemenbogen entstehen am Anfang der 5. Woche die **Gehörknöchelchen.** Am äußeren Rand der ersten Kiemenfurche bilden sich am Anfang der 6. Woche sechs **Aurikularhöckerchen,** die auf komplexe Weise bis zur Geburt miteinander zur Ohrmuschel verschmelzen.

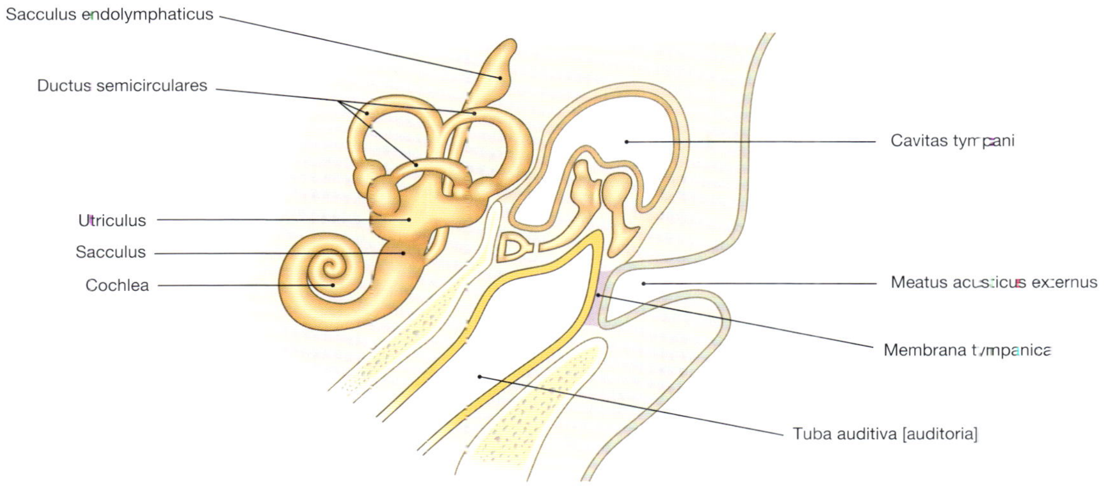

Abb. 10.3 Strukturen des inneren, mittleren und äußeren Ohrs zur Zeit der Geburt. [21]
Die zunächst knorpelig angelegten Gehörknöchelchen sind bis zum 8. Monat in Mesenchym eingebettet. Dieses bildet sich nach und nach zurück und wird durch einen entodermalen Schleimhautüberzug ersetzt, der die gesamte Paukenhöhle auskleidet.

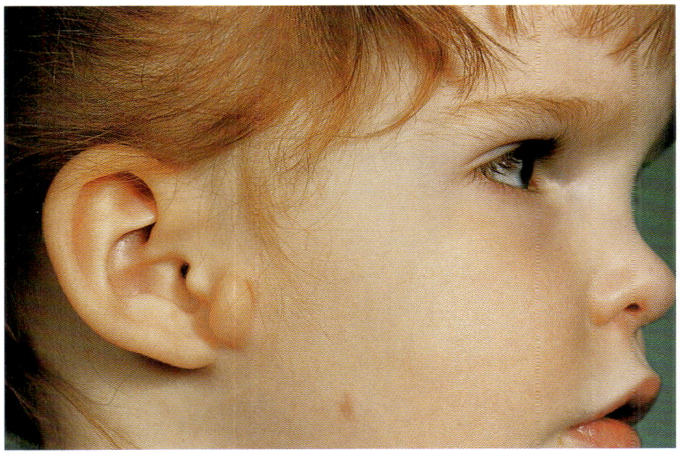

Abb. 10.4 Kind mit einem präaurikulären Hautanhängsel. [20]
Ohrmuscheldysplasie ersten Grades.

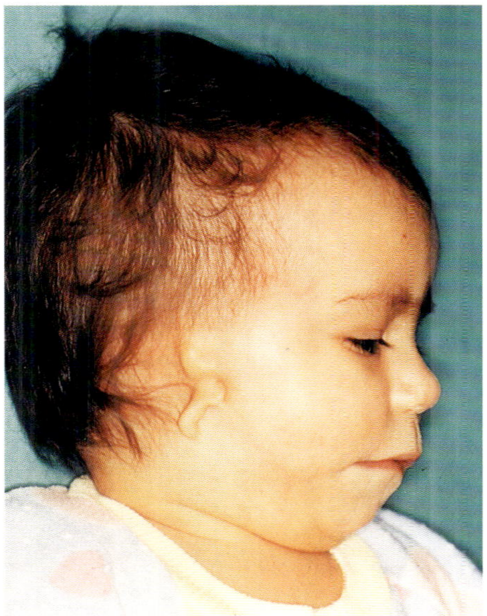

Abb. 10.5 Kind mit einer verkleinerten, rudimentären Ohrmuschel (Mikrotie). [20]
Ohrmuscheldysplasie zweiten Grades. Die Ohrmuschel ist verkleinert und stark fehlgebildet. Dies betrifft häufig auch den äußeren Gehörgang.

Klinik

2 : 1000 Kinder kommen mit einer **angeborenen Taubheit** auf die Welt. Bei etwa einem Drittel liegt ein genetischer Defekt zugrunde. Andere Ursachen sind Infektionen während der Schwangerschaft, chronische Erkrankungen der Mutter, Medikamente, Alkohol und Nikotin. Durch die Unfähigkeit zu hören sind der Spracherwerb sowie ein strukturiertes Denken und Kommunizieren stark eingeschränkt. Früherkennung und somit frühzeitig einsetzende Therapie sind daher von immenser Wichtigkeit. **Ohrmuschelfehlbildungen** sind häufig. Sie werden in Dysplasien Grad 1 bis 3 eingeteilt (→ Abb. 10.4 und 10.5). Ein Beispiel, das häufig mit einem Grad 3 einhergeht, ist das dominant erbliche FRANCESCHETTI-Syndrom (Dysostosis mandibulofacialis), bei dem es zu einer Fehlentwicklung von erstem Kiemenbogen und erster Kiemenfurche mit fehlgebildeten Ohren und Jochbeinen, fliehendem Kinn und Gaumenspalte kommt.

Ohr, Übersicht

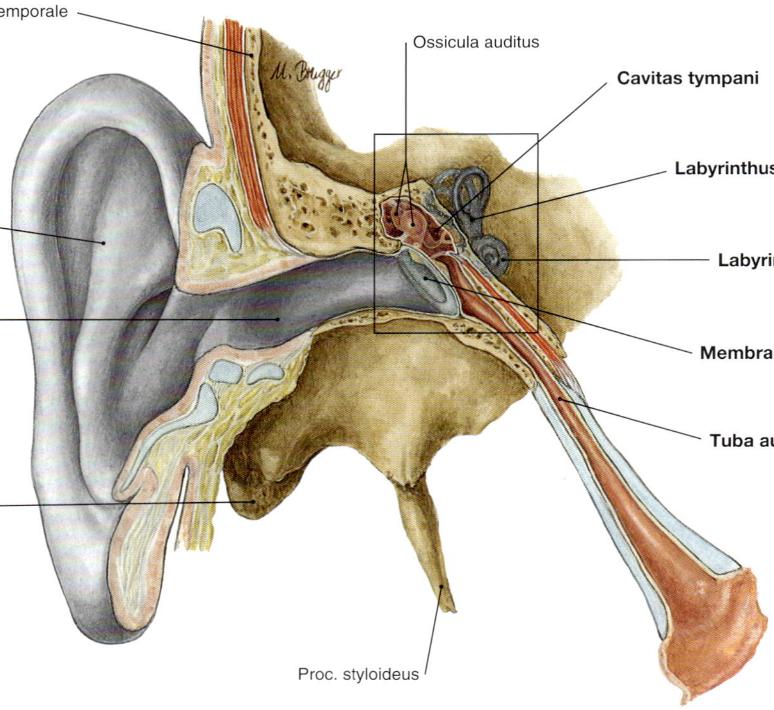

Abb. 10.6 Teile des Ohrs, Auris, rechts; Längsschnitt durch Gehörgang, Mittelohr und Ohrtrompete; Ansicht von vorne.
Darstellung mit Ohrmuschel (Auricula), äußerem Gehörgang (Meatus acusticus externus), Trommelfell (Membrana tympanica), Paukenhöhle (Cavitas tympani), Gehörknöchelchen (Ossicula auditus), Hörorgan (Labyrinthus cochlearis) und Gleichgewichtsorgan (Labyrinthus vestibularis). Schallwellen bringen das Trommelfell zum Schwingen **(Luftleitung).** Über die Gehörknöchelchen werden die Schwingungen bis zum ovalen Fenster des Innenohrs (→ Abb. 10.27) weitergeleitet. Dabei wird der niedrige Schallwellenwiderstand (Schallimpedanz; → Abb. 10.17) der Luft an die hohe Impedanz des flüssigkeitsgefüllten Innenohrs angepasst. Darüber hinaus kann das Innenohr auch Schwingungen der Schädelknochen verarbeiten **(Knochenleitung).** Im Innenohr läuft die Schallenergie als Welle (Wanderwelle) weiter. Die Sinneszellen des Innenohrs wandeln die Schallenergie in **elektrische Impulse** um, die über den N. cochlearis an das Gehirn weitergegeben werden. Das Gleichgewichtsorgan dient der Wahrnehmung von Dreh- und Linearbeschleunigungen. Bewegungen der Endolymphe im Gleichgewichtsorgan führen zur Auslenkung von Sinneszellfortsätzen, die synaptisch mit afferenten Fasern des N. vestibularis verbunden sind.

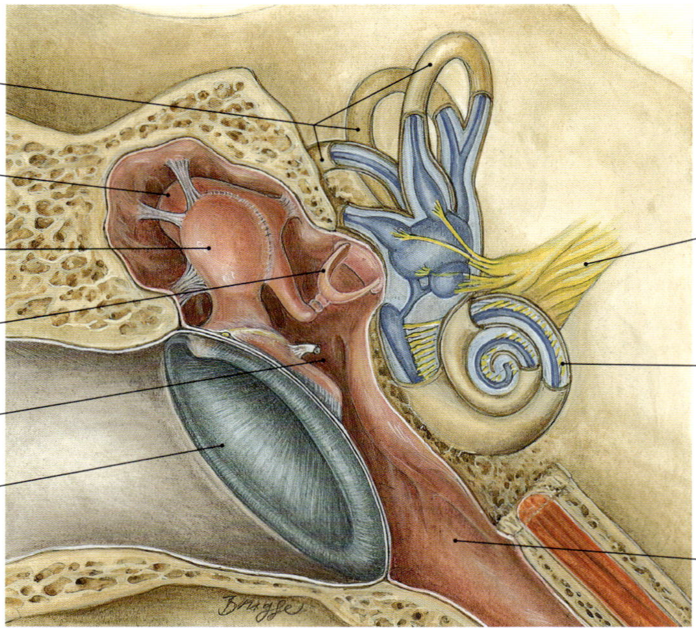

Abb. 10.7 Mittel- und Innenohr, Auris media und interna, rechts; Ausschnitt aus Abbildung → 10.6; Ansicht von vorne.
Man sieht außer dem Trommelfell die drei Gehörknöchelchen in der Paukenhöhle (Cavitas tympani): Hammer (Malleus), Amboss (Incus) und Steigbügel (Stapes) sowie Teile des häutigen Labyrinths (Labyrinthus membranaceus, blau).

Klinik

Mechanische Manipulationen (z. B. Reinigen des Gehörgangs mit einem Wattestäbchen) oder Schädigungen führen nicht selten zur Entzündung im Bereich der Ohrmuschel und des äußeren Gehörgangs **(Otitis externa).**

Ohrmuschel

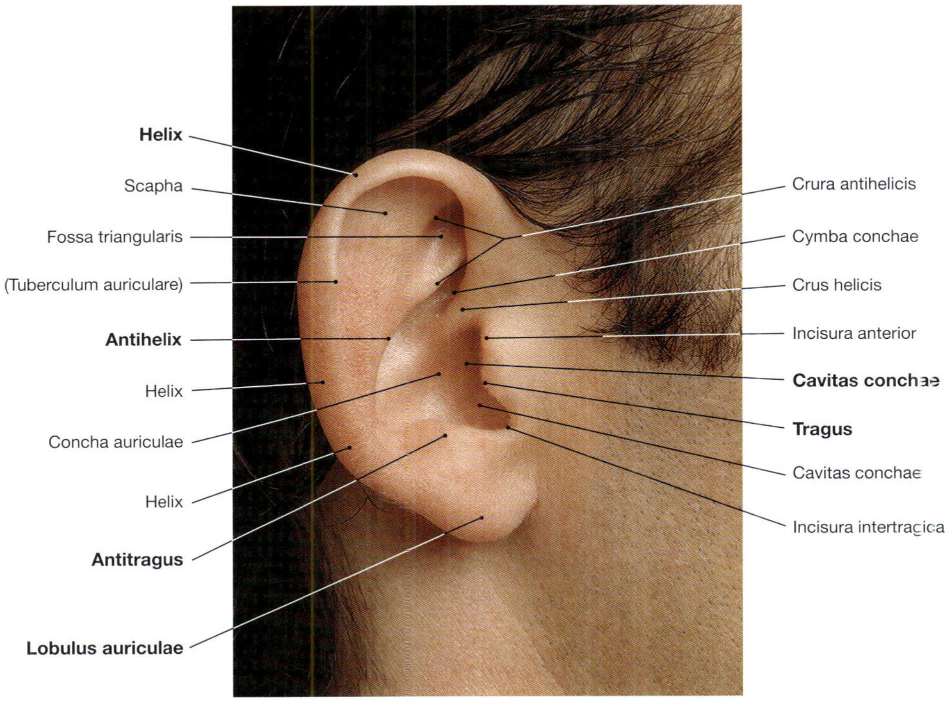

Abb. 10.8 Ohrmuschel, Auricula, rechts; Ansicht von lateral.
Die Ohrmuschel besteht aus einem Grundgerüst aus elastischem Knorpel. Die Haut über der lateralen Fläche ist unverschieblich mit dem Perichondrium verbunden; auf der Rückseite der Ohrmuschel ist sie verschieblich. Subkutanes Fettgewebe fehlt. Das Ohrläppchen (Lobulus auriculae) ist knorpelfrei.

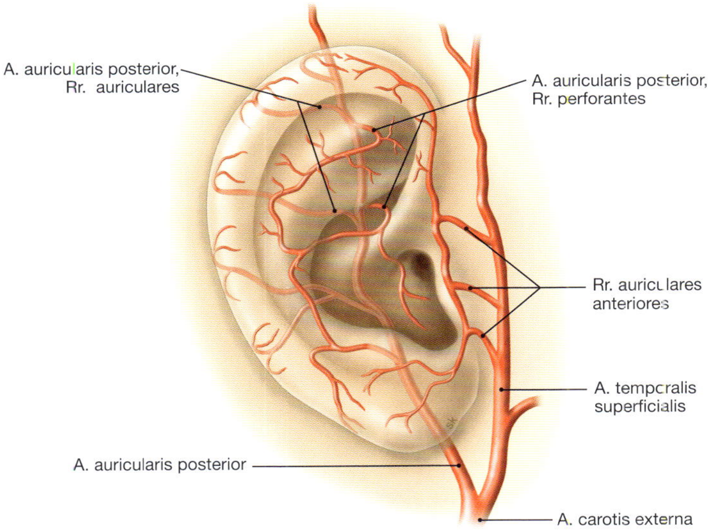

Abb. 10.9 Arterien der Ohrmuschel, Auricula, rechts; Ansicht von lateral. [8]
Die Ohrmuschel ist aufgrund ihrer exponierten Lage (Kälteschutz, Wärmeabgabe) sehr gut durchblutet. Die Gefäße sind **Äste der A. carotis externa** (A. auricularis posterior, A. temporalis superficialis).

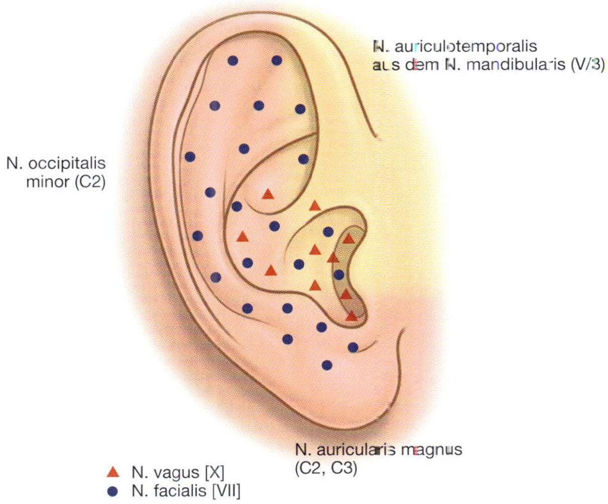

Abb. 10.10 Sensible Innervation der Ohrmuschel, Auricula, rechts; Ansicht von lateral. [8]
Die Ohrmuschelinnervation erfolgt vor dem Ohr über den **N. auriculotemporalis** (aus dem N. mandibularis [V/3]), hinter und unterhalb des Ohrs aus dem **Plexus cervicalis** (N. auricularis magnus, N. occipitalis minor), an der Ohrmuschel selbst über den **N. facialis** [VII] (welchen Teil der N. facialis [VII] genau versorgt, ist nicht abschließend geklärt) und am Eingang in den äußeren Gehörgang über den **N. vagus** [X].

Ohrmuskeln und äußerer Gehörgang

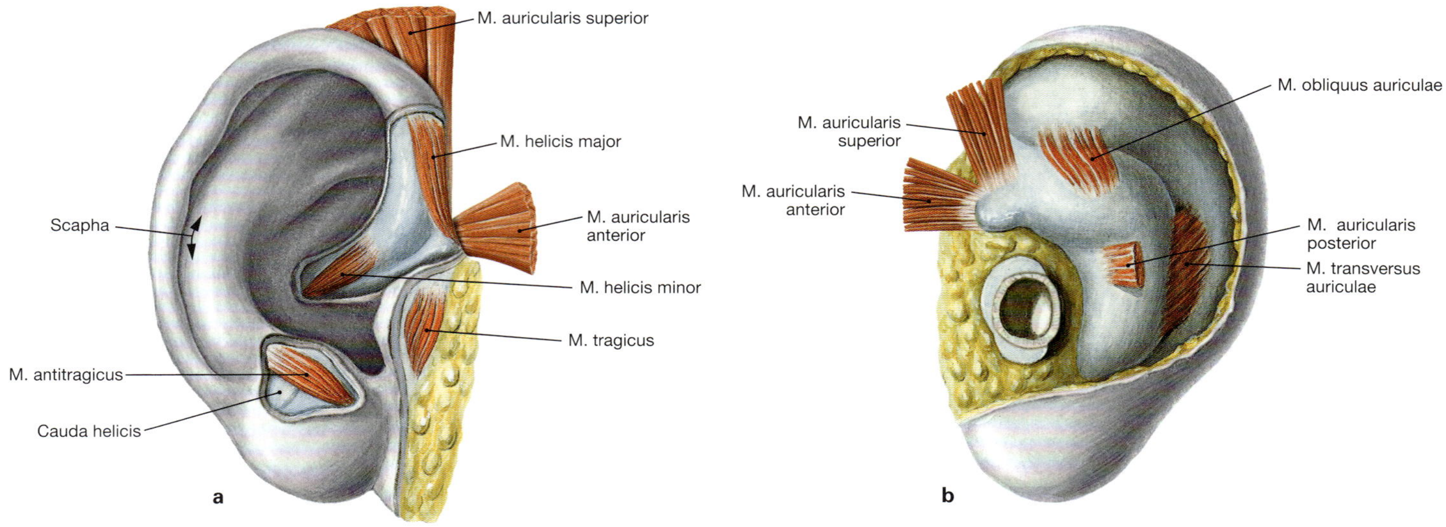

Abb. 10.11a und b Muskeln, Mm. auriculares, und Knorpel der Ohrmuschel, Auricula, rechts.
a Ansicht von lateral
b Ansicht von dorsal
An der Ohrmuschel findet man häufig noch rudimentäre Muskeln (einige Menschen können mit den Ohren wackeln). Es handelt sich dabei um mimische Muskulatur (Innervation durch N. auricularis posterior des N. facialis [VII]), die zu einem rudimentären Sphinktersystem gehört, das bei vielen Tieren noch gut ausgeprägt ist. So dreht das Pferd seine Ohrmuscheln in Richtung auf den Schall zu. Igel und Bär verschließen während des Winterschlafs den äußeren Gehörgang, um durch Außengeräusche nicht gestört zu werden.

→ T 1b

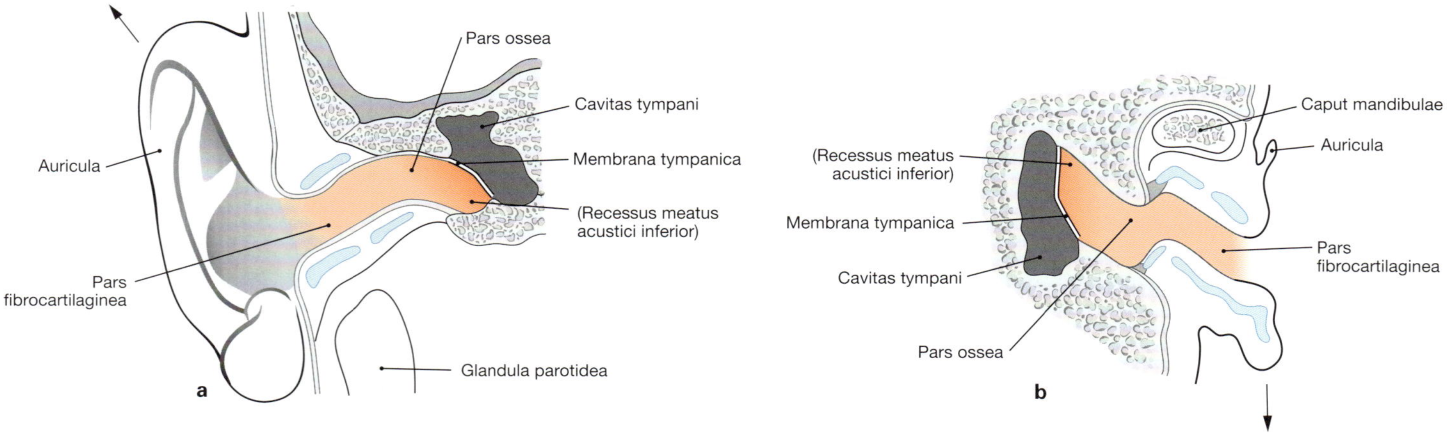

Abb. 10.12a und b Äußerer Gehörgang, Meatus acusticus externus, rechts; schematische Darstellung.
a Frontalschnitt
b Horizontalschnitt
Der äußere Gehörgang hat einen s-förmigen Verlauf und wird von der Pars tympanica des Os temporale gebildet. Um das Trommelfell mit einem Ohrspiegel oder einem Mikroskop inspizieren zu können (Otoskopie), muss die Ohrmuschel nach hinten oben gezogen werden. Dadurch wird der knorpelige Anteil des Gehörgangs gestreckt und der Blick auf das Trommelfell wird (zumindest teilweise) frei. Die **Innervation** des äußeren Gehörgangs (nicht dargestellt) erfolgt über den N. meatus acustici externi des N. auriculotemporalis (vordere und obere Wand), den R. auricularis des N. vagus [X] (hintere und z. T. untere Wand) und über die Rr. auriculares des N. facialis [VII] und des N. glossopharyngeus [IX] (hintere Wand und Trommelfell).

Pfeile: Zugrichtung des Untersuchers an der Ohrmuschel, um den Gehörgang zu strecken und so Einblick auf das Trommelfell zu erhalten.

Klinik

- Nach Verletzungen oder Insektenstichen in die Ohrmuschel kann es zu einer Entzündung des elastischen Knorpels kommen **(Ohrmuschelperichondritis)**. Die Behandlung erfolgt durch Alkoholumschläge sowie lokale und systemische Verabreichung von Glukokortikoiden und Antibiotika.
- Da das Ohrläppchen gut durchblutet und sehr gut zugänglich ist und keinen elastischen Knorpel besitzt, wird es gerne zur Gewinnung von Blut herangezogen, z. B. bei Diabetikern zur Bestimmung des Blutglukosespiegels.
- Ohrmuschelveränderungen machen häufig plastisch-rekonstruktive Eingriffe nötig.
- Aufgrund der sensiblen Innervation des äußeren Gehörgangs durch den N. vagus [X] wird durch Manipulationen im Gehörgang (z. B. Entfernung von Ohrschmalz oder in den Gehörgang eingedrungene Fremdkörper) bei der jeweiligen Person fast immer ein Hustenreiz ausgelöst. Im schlimmsten Fall kann es durch die Manipulation zu Erbrechen oder zum Kollaps kommen.

Trommelfell

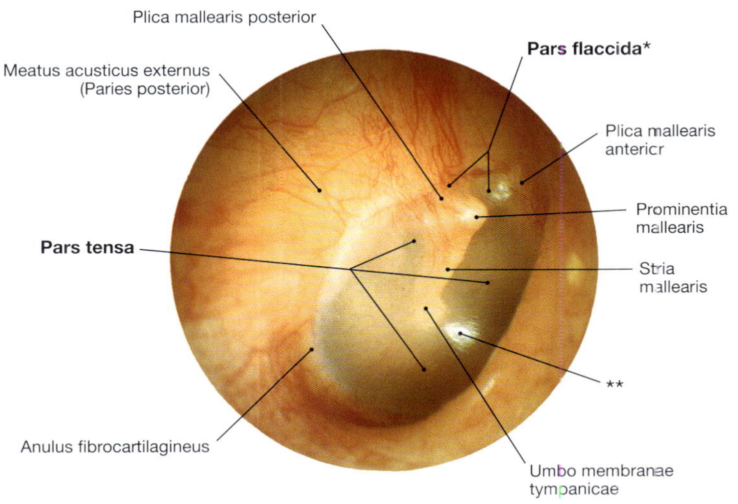

Abb. 10.13 Trommelfell, Membrana tympanica, rechts; Ansicht von lateral; Ohrspiegelbild.
Die Pars tympanica des Os temporale begrenzt den Meatus acusticus externus von vorne, unten und hinten. Oben ist der knöcherne Ring durch die Incisura tympanica unterbrochen (Befestigungsort der Pars flaccida des Trommelfells). Mit Ausnahme der Incisura tympanica verläuft zirkulär der Sulcus tympanicus in der Pars tympanica (hier ist die Pars tensa des Trommelfells über einen faserknorpeligen Anulus fibrocartilagineus befestigt).

* klin.: SHRAPNELL-Membran
** typisch gelegener Lichtreflex

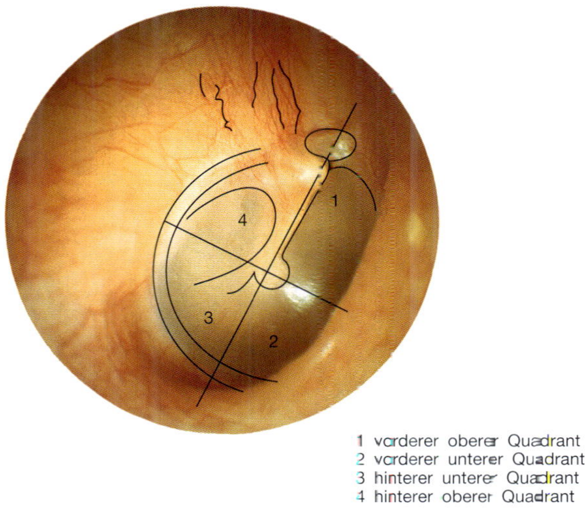

Abb. 10.14 Trommelfell, Membrana tympanica, rechts, mit Einteilung in vier Quadranten. Ansicht von lateral.
Bei Beleuchtung des perlmuttglänzenden Trommelfells entsteht normalerweise im vorderen unteren Quadranten ein dreieckiger Lichtreflex, der Rückschlüsse auf die Trommelfellspannung zulässt.

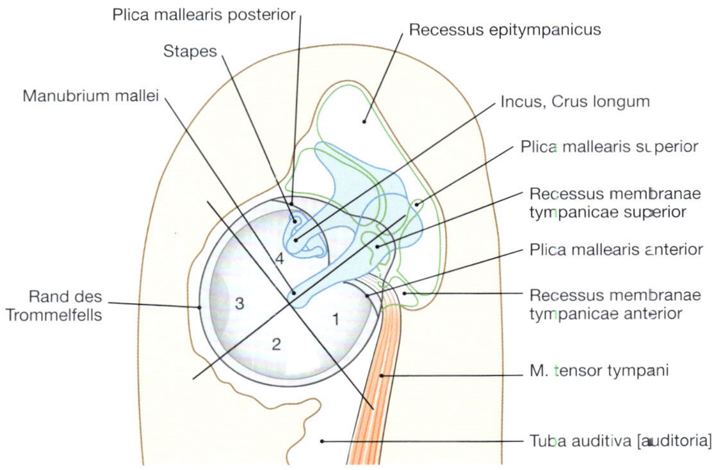

Abb. 10.15 Trommelfell, Membrana tympanica, und Recessus der Paukenhöhle, Cavitas tympani, rechts, mit Einteilung in vier Quadranten; Ansicht von lateral; schematische Darstellung.
Die Einteilung in Quadranten hat praktisch-klinische Bedeutung. In den oberen Quadranten liegen die Gehörknöchelchen. Außerdem verlaufen hier die Chorda tympani und die Ansatzsehne des M. tensor tympani (→ Abb. 12.148)

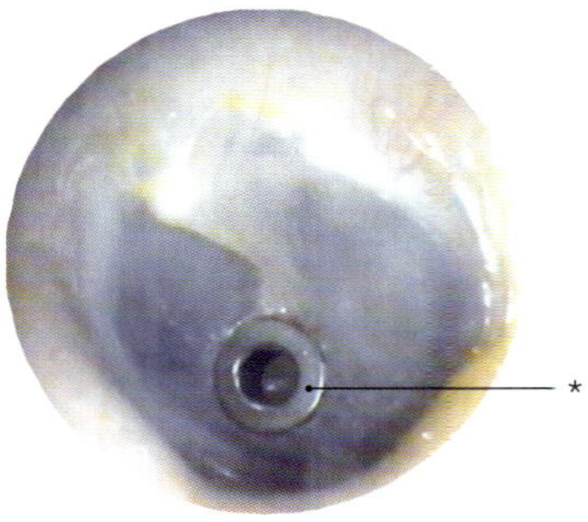

Abb. 10.16 Paukenröhrchen im vorderen unteren Quadranten.
Um die Mittelohrstrukturen im Rahmen einer Parazentese (Schnitt durch das Trommelfell) nicht zu gefährden, wird diese im vorderen unteren oder im hinteren unteren Quadranten durchgeführt. Anschließend kann zur längerfristigen Belüftung durch den Schnitt ein Paukenröhrchen eingelegt werden.

* Paukenröhrchen

Klinik

Die Pars flaccida des Trommelfels ist dünner als die Pars tensa und deshalb bei **eitriger Mittelohrentzündung** (Otitis media) der bevorzugte Ort einer Spontanperforation. Durch das Trommelfell hindurch können Paukenhöhlenergüsse gesehen und drainiert werden. Zur längerfristigen Drainage und Belüftung werden Paukenröhrchen eingelegt (→ Abb. 10.16). Bei übermäßiger Bildung von Cerumen (Ohrschmalz) entsteht häufig ein Zeruminalpfropf, der den äußeren Gehörgang verschließen kann **(Cerumen obturans)** und zur Schallleitungsschwerhörigkeit führt. Die im Cerumen enthaltenen Bitterstoffe dienen normalerweise dazu, Mikroorganismen, Fliegen, kleine Käfer etc. fernzuhalten.

Gehörknöchelchen

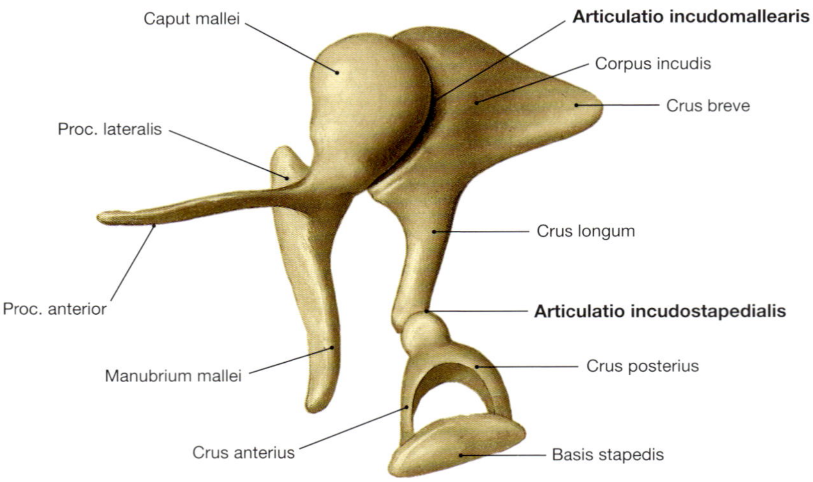

Abb. 10.17 Gehörknöchelchen, Ossicula auditus, rechts; Ansicht von medial oben.

Die Knochen sind hintereinandergeschaltet und durch echte Gelenke (Articulatio incudomallearis – ein Sattelgelenk – und Art. incudostapedialis – ein Kugelgelenk) miteinander verbunden. Die Gehörknöchelchenkette dient der Übertragung der über das Trommelfell übermittelten Schallwellen auf die Perilymphe des Innenohrs. Dabei muss der niedrige Luftwiderstand auf den wesentlich höheren Widerstand der Innenohrflüssigkeit übertragen werden. Hierzu ist eine Verstärkung der Schallwellen nötig (Impedanzanpassung), die durch den Größenunterschied zwischen Trommelfellfläche (55 mm^2) zu Fläche des ovalen Fensters (3,2 mm^2; 17-fach) und Hebelwirkung der Gehörknöchelchenkette (1,3-fach) erfolgt. Der Schalldruck wird dadurch um das 22-Fache verstärkt.

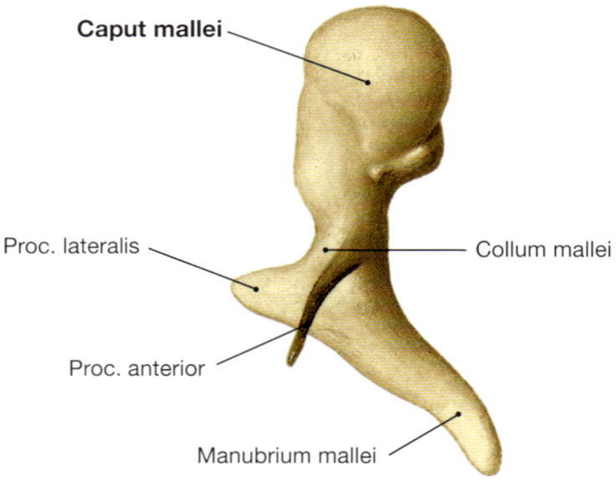

Abb. 10.18 Hammer, Malleus, rechts; Ansicht von vorne.

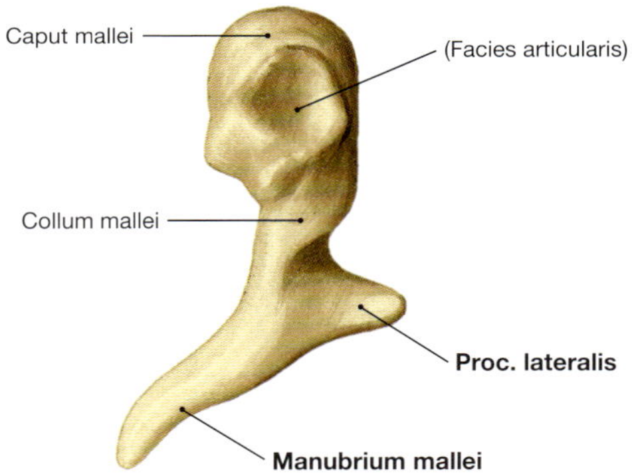

Abb. 10.19 Hammer, Malleus, rechts; Ansicht von hinten.

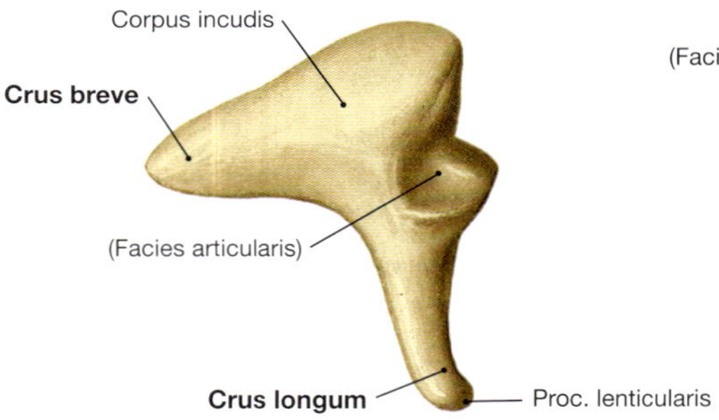

Abb. 10.20 Amboss, Incus, rechts; Ansicht von lateral.

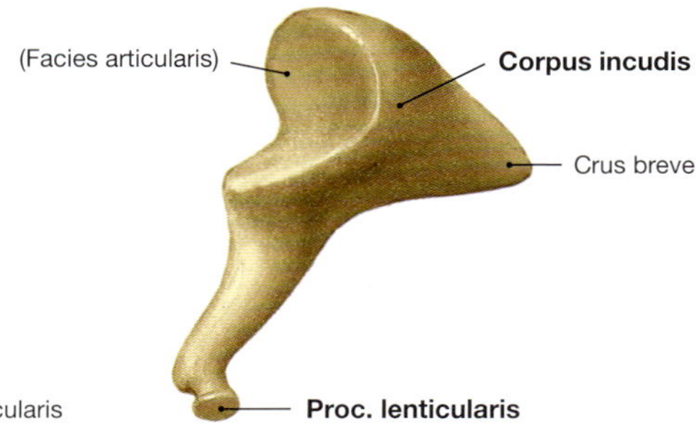

Abb. 10.21 Amboss, Incus, rechts; Ansicht von medial.

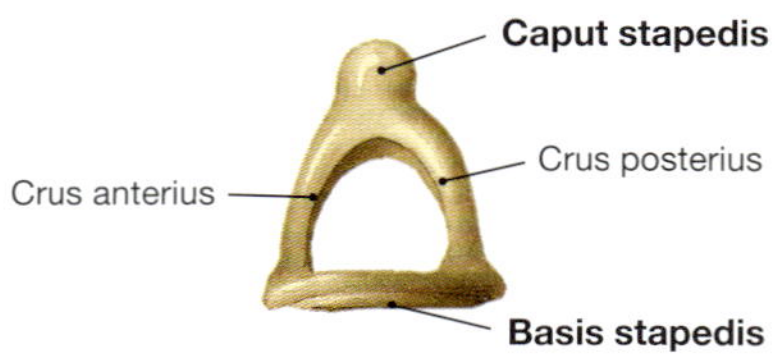

Abb. 10.22 Steigbügel, Stapes, rechts; Ansicht von oben.

Klinik

Störungen in der Transformationskette (Trommelfell, Gehörknöchelchen) führen zu einer **Schallleitungsschwerhörigkeit.** Bei komplettem Ausfall der Schalldruck-Transformation kommt es zu einem Hörverlust von ca. 20 dB. Eine typische Erkrankung, die zu einer solchen Störung führt, ist die **Otosklerose.** Es handelt sich dabei um eine lokalisierte Erkrankung des Felsenbeins. Sie führt durch eine Fixierung der Steigbügelfußplatte (Verknöcherung des Lig. anulare stapediale) im ovalen Fenster zu einer langsam zunehmenden Schallleitungsschwerhörigkeit. Erkrankungsherde im Bereich der Schnecke können zusätzlich eine Innenohrschwerhörigkeit verursachen. Frauen im Alter zwischen 20 und 40 sind doppelt so häufig betroffen wie Männer. In 70% der Fälle tritt die Otosklerose in beiden Ohren auf.

Paukenhöhle

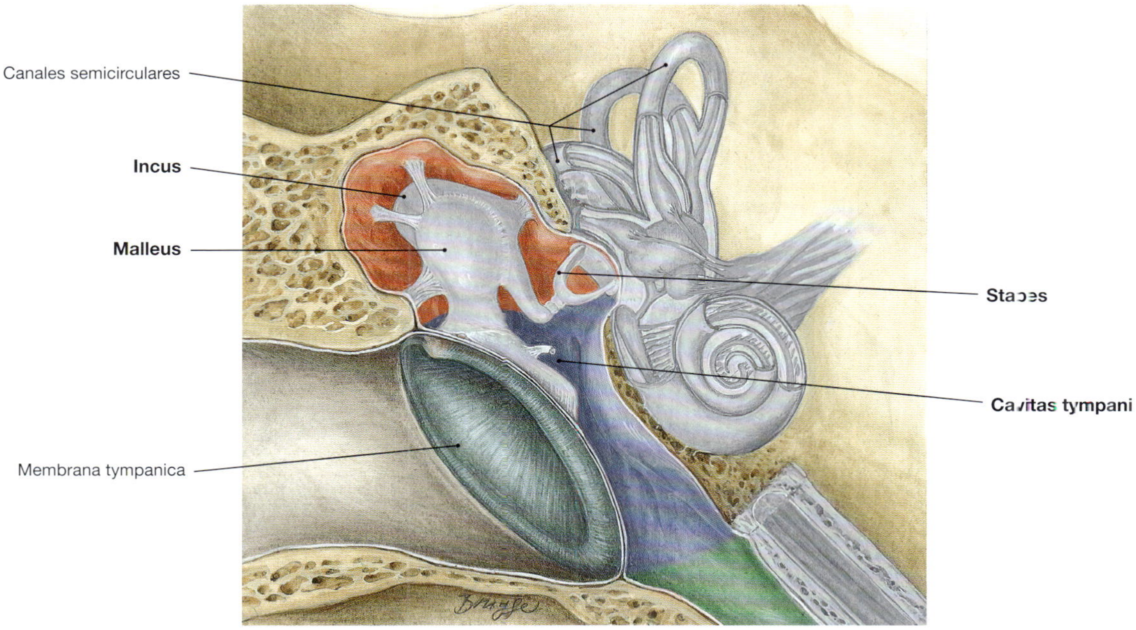

Abb. 10.23 Etagen der Paukenhöhle, Cavitas tympani, rechts; Ansicht von vorne.

Die Paukenhöhle wird in Bezug auf die Lage ihrer Abschnitte zum Trommelfell aus klinischer Sicht in drei Abschnitte eingeteilt:

- Das **Epitympanon** (rot; Recessus epitympanicus, Kuppelraum, Attikus), beherbergt den Aufhängeapparat und den größten Anteil der Gehörknöchelchen und steht über das Antrum mastoideum mit den Mastoidzellen in Verbindung.
- Das **Mesotympanon** (blau) umfasst das Manubrium mallei, den Proc. lenticularis des Amboss und die Sehne des M. tensor tympani.
- Das in die Tuba auditiva [auditoria] übergehende **Hypotympanon** (grün; Recessus hypotympanicus).

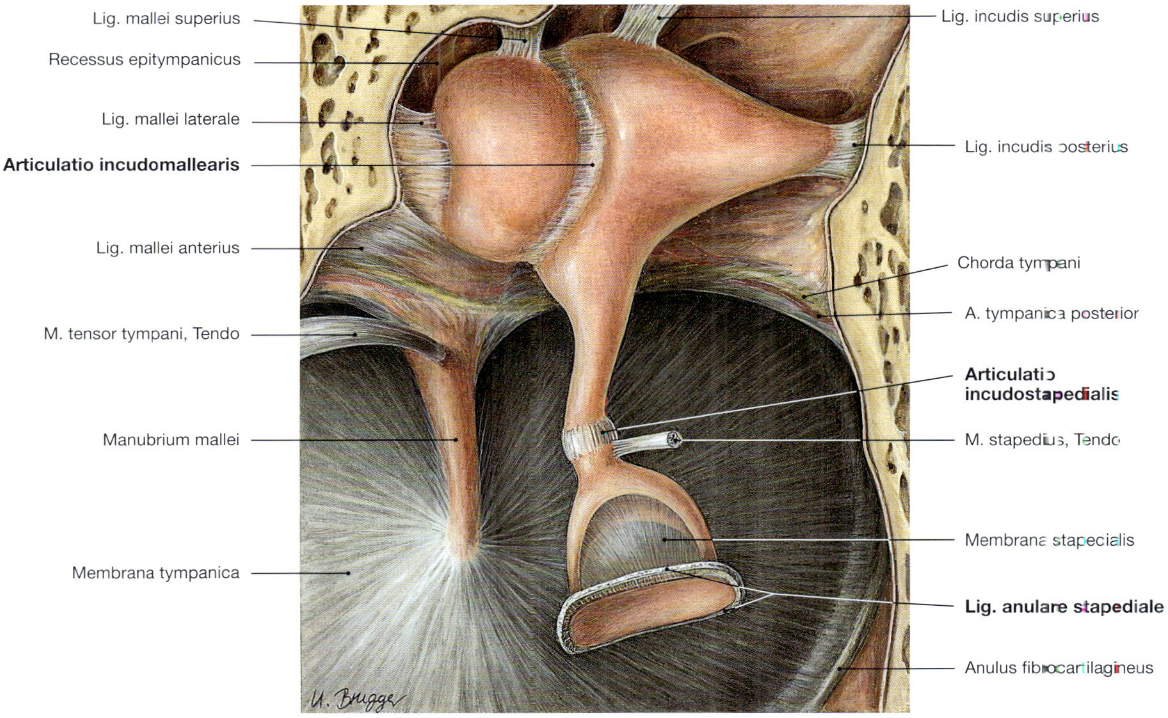

Abb. 10.24 Gelenke und Bänder der Gehörknöchelchen, Articulationes und Ligg. ossiculorum auditus, rechts; Ansicht von medial oben.

Hammer und Amboss sind über Bänder im Epitympanon fixiert und stehen untereinander gelenkig über die Art. incudomallearis (Sattelgelenk) in Verbindung. Der Steigbügel hat über die Art. incudostapedialis (Kugelgelenk) Kontakt zum Amboss. Seine Basis (Basis stapedis) ist über das Lig. anulare stapediale im ovalen Fenster fixiert (Syndesmose). Alle Strukturen in der Paukenhöhle einschließlich der Chorda tympani sind von Mittelohrschleimhaut überzogen.

Klinik

Eine der häufigsten Ursachen für eine Schallleitungsschwerhörigkeit im Kindesalter ist eine Verlegung der Tubenöffnung **(Tubenverschluss)** durch einen Tubenkatarrh oder durch eingeschränkte Nasenatmung im Rahmen von vergrößerten Rachenmandeln (Adenoide). Besteht die Tubenfunktionsstörung über einen längeren Zeitraum, kommt es zu Umbauprozessen der Mittelohrschleimhaut. Dabei entsteht ein aktiv sezernierendes Epithel mit Ausbildung einer Flüssigkeitsansammlung in der Paukenhöhle **(Seromukotympanon)**.

Paukenhöhle

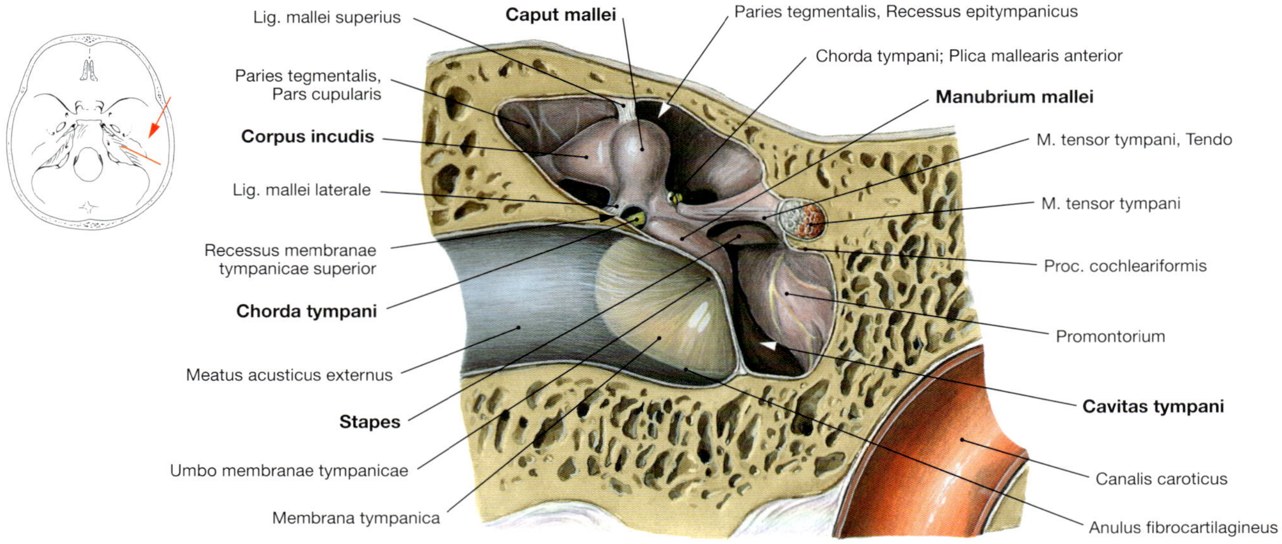

Abb. 10.25 Paukenhöhle, Cavitas tympani, rechts; Frontalschnitt; Ansicht von vorne.
Die Paukenhöhle ist ein luftgefüllter Hohlraum des Mittelohrs, in dem sich die Gehörknöchelchen befinden. Sie liegt direkt hinter dem Trommelfell und wird über die Tuba auditiva [auditoria] (EUSTACHIUS-Röhre) belüftet, die dem Druckausgleich dient. Die Ausdehnung zwischen Paukenkuppel (Epitympanon) und Paukenkeller (Hypotympanon) beträgt etwa 12–15 mm bei einer Tiefe von 3–7 mm. Das Binnenvolumen beträgt nur etwa 1 cm³.

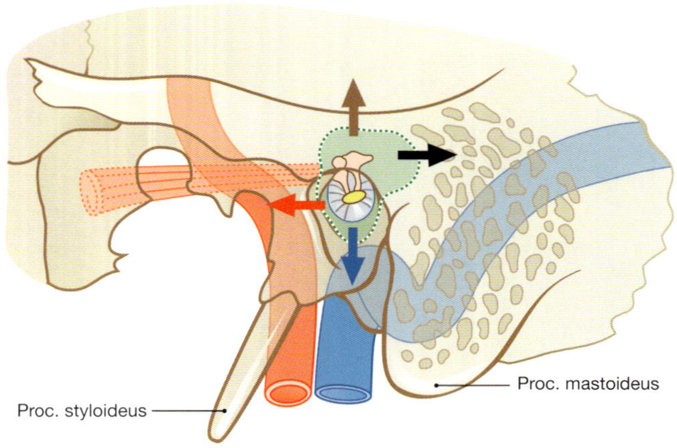

Paukenhöhle (Cavitas tympani)	
Mastoid (Paries mastoideus)	posterior, hintere Wand (Proc. mastoideus)
V. jugularis (Paries jugularis)	inferior, untere Wand (Fossa jugularis)
A. carotis interna (Paries caroticus)	anterior, vordere Wand (Karotiskanal)
Mittlere Schädelgrube (Paries tegmentalis)	superior, obere Wand (mittlere Schädelgrube)
Ovales Fenster (Paries labyrinthicus)	medial, mediale Wand (Labyrinth)
Trommelfell (Paries membranaceus)	lateral, laterale Wand (Trommelfell)

Abb. 10.26 Topographische Beziehungen der Paukenhöhle, Cavitas tympani, zu den Nachbarstrukturen, rechts; Ansicht von lateral; schematische Darstellung.
Das Epitympanon ist nach oben durch eine dünne Knochenplatte (Tegmen tympani, **Paries tegmentalis)** von der mittleren Schädelgrube abgegrenzt. Die Vorderwand des Mesotympanons **(Paries caroticus)** hat Beziehung zur A. carotis interna. Die laterale Wand **(Paries membranaceus)** wird fast ausschließlich vom Trommelfell gebildet. Im unteren Wandabschnitt mündet die Ohrtrompete (Tuba auditiva [auditoria]) in die Paukenhöhle. Die Hinterwand **(Paries mastoideus)** grenzt an den Warzenfortsatz (Proc. mastoideus). Hinten oben besteht eine direkte Verbindung zu den pneumatisierten Räumen des Mastoids (Aditus ad antrum). Die mediale Wand (**Paries labyrinthicus;** → Abb. 10.27 und 10.28) trennt die Schnecke (Cochlea) von der Paukenhöhle. Die untere Wand der Paukenhöhle **(Paries jugularis)** gehört zum Hypotympanon. Sie grenzt die Paukenhöhle von der V. jugularis interna ab. Der Knochen ist an dieser Stelle sehr dünn und teilweise pneumatisiert.

Klinik

Die akute Mittelohrentzündung **(Otitis media)** stellt eine der häufigsten Erkrankungen im Kindesalter dar. Ursächlich sind meist Bakterien und Viren, die im Rahmen oder nach einer Infektion des Nasopharynx über die Ohrtrompete (Tuba auditiva [auditoria]) in das Mittelohr gelangen. Die Entzündung ist durch Schleimhautrötung, -ödem, granulozytäre Infiltration und Eiterbildung gekennzeichnet. Da der Eiter durch die entzündungsbedingte Tubenblockade nicht abfließt, kann die Entzündung durch Übergreifen auf die Umgebung schwerwiegende **Komplikationen** auslösen wie z. B.:

- Trommelfellperforation (häufigster Fall, via Paries membranaceus)
- Mastoiditis (via Paries mastoideus, Antrum mastoideum, → S. 134)
- Thrombophlebitis und Jugularisthrombose (via Paries jugularis)
- Sepsis (Keimverstreuung über das Blut via Paries caroticus)
- Hirnabszess und/oder Meningitis (via Paries tegmentalis)
- Labyrinthitis (mit Schwindel und Hörminderung via Paries labyrinthicus)

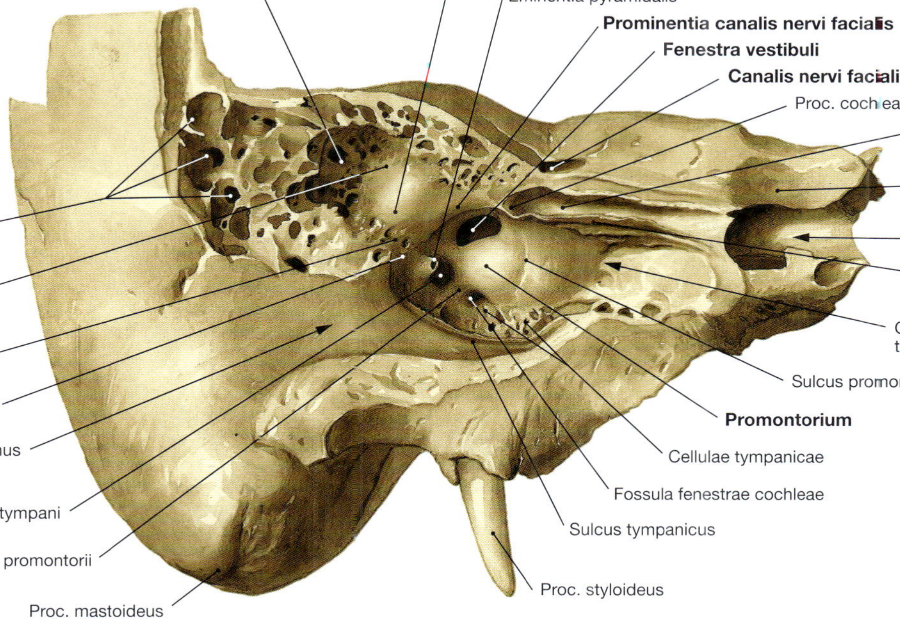

Abb. 10.27 Mediale Wand, Paries labyrinthicus, der Paukenhöhle, Cavitas tympani, rechts; vertikaler Schnitt in der Längsachse des Felsenbeins; Ansicht von lateral vorne.
Oberhalb des ovalen Fensters ist die Wand durch den lateralen Bogengang zur Prominentia canalis semicircularis lateralis vorgewölbt. Durch die mediale Wand verläuft der N. facialis [VII] im Canalis nervi facialis. Der Kanal wölbt die mediale Wand zur horizontal verlaufenden Prominentia canalis nervi facialis vor. Die Tuba auditiva [auditoria] beginnt am Ostium tympanicum tubae auditivae und wird nach oben durch das Septum canalis musculotubarii vom Semicanalis musculi tensoris tympani abgegrenzt. Der Warzenfortsatz (Proc. mastoideus) ist normalerweise pneumatisiert (Cellulae mastoideae) und hat über das Antrum mastoideum Beziehung zur Paukenhöhle.

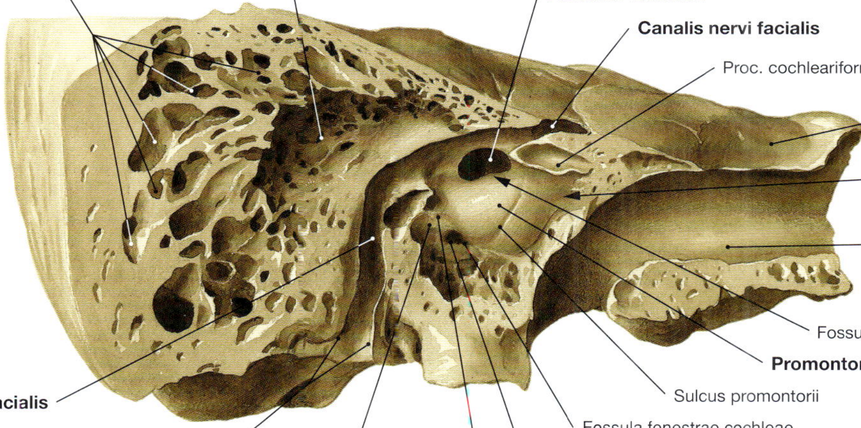

Abb. 10.28 Mediale Wand, Paries labyrinthicus, der Paukenhöhle, Cavitas tympani, rechts; Ansicht von lateral vorne; nach Abtragung der lateralen Wand und der angrenzenden Teile der vorderen und der oberen Wand; Canalis nervi facialis und Canalis caroticus eröffnet.
Die mediale Paukenhöhlenwand bildet die Grenze zum Innenohr (Labyrinth). Sie besitzt zwei Öffnungen:

- das **ovale Fenster** (Fenestra vestibuli), in dem die Steigbügelfußplatte sitzt, die über das Lig. anulare stapediale im ovalen Fenster fixiert ist
- das weiter unten lokalisierte **runde Fenster** (Fenestra cochleae), das durch die Membrana tympanica secundaria verschlossen ist

Zwischen ovalem und rundem Fenster wird die mediale Paukenhöhlenwand durch die basale Schneckenwindung zum Promontorium vorgewölbt.

Klinik

Eine Entzündung der Cellulae mastoideae **(Mastoiditis)** ist meist eine fortgeleitete Entzündung aus der Paukenhöhle. Sie zählt zu den häufigsten Komplikationen einer Mittelohrentzündung. Vom Mastoid kann sich die Entzündung auf die Weichteile hinter und vor dem Ohr, den M. sternocleidomastoideus, das Innenohr, den Sinus sigmoideus, die Meningen und den N. facialis [VII] fortpflanzen.

Paukenhöhle, Topographie

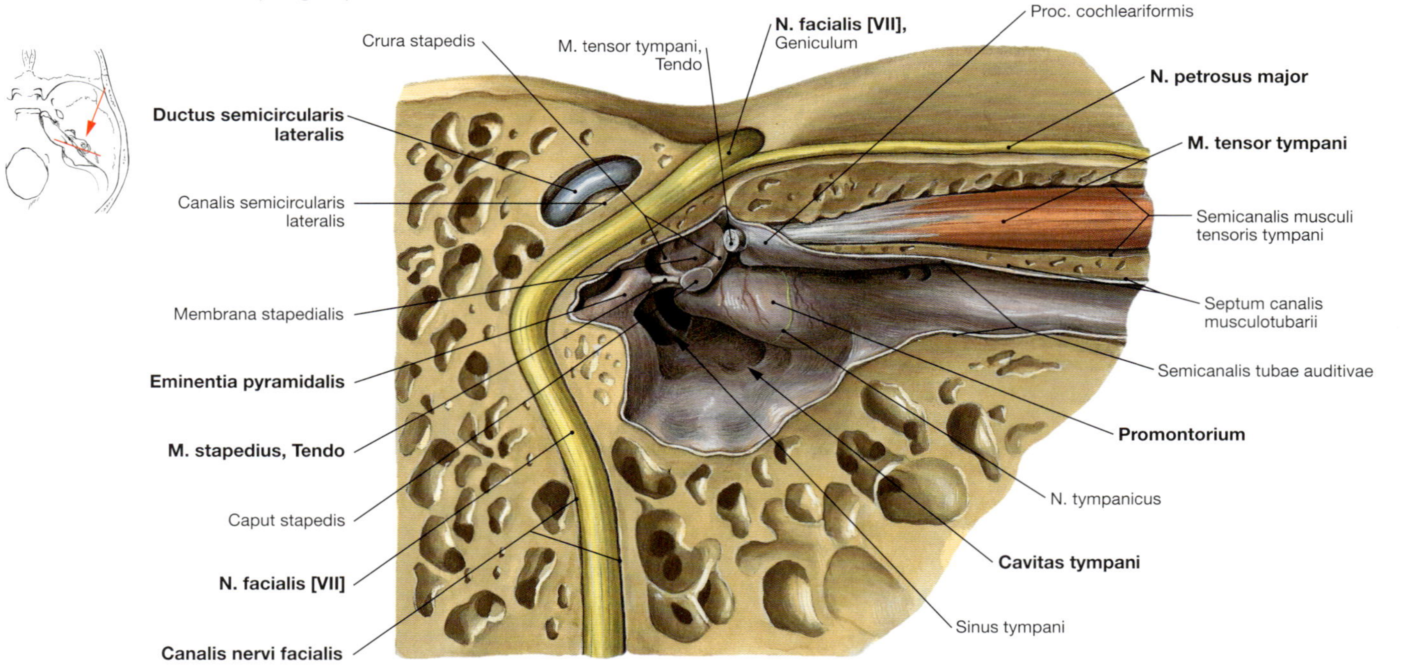

Abb. 10.29 N. facialis [VII], Paukenhöhle, Cavitas tympani, und Ohrtrompete, Tuba auditiva [auditoria], rechts; vertikaler Schnitt in Längsachse des Felsenbeins; Ansicht von vorne; Fazialiskanal eröffnet. Der N. facialis [VII] hat zwei Stämme, den eigentlichen N. facialis und den N. intermedius. Beide vereinigen sich in der Tiefe des Fazialiskanals (Canalis nervi facialis) zum N. intermediofacialis (allgemein weiter als N. facialis [VII] bezeichnet). In seinem Verlauf zieht er bogenförmig um die Paukenhöhle und wirft in der medialen Paukenhöhlenwand die Prominentia canalis nervi facialis auf. Unterhalb davon wölbt sich die Eminentia pyramidalis vor, in der der vom N. facialis [VII] innervierte M. stapedius sitzt (→ Abb. 12.152). Seine Sehne tritt aus der Eminentia pyramidalis aus und inseriert von seitlich unten am Steigbügelköpfchen.

Funktion des M. stapedius: Dämpfung der Schwingungen am ovalen Fenster durch Verkippung des Steigbügels, Verschlechterung der Schallübertragung, Schutz vor lauten Geräuschen.

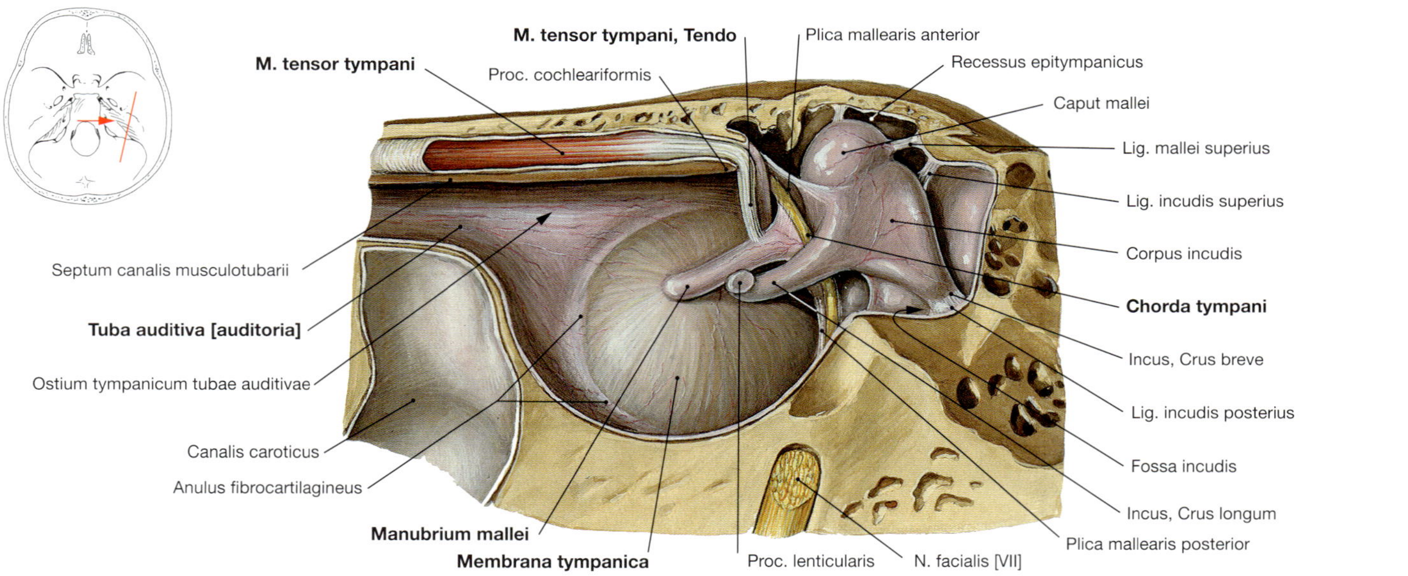

Abb. 10.30 Laterale Wand, Paries membranaceus, der Paukenhöhle, Cavitas tympani, rechts; Ansicht von medial.
Von vorne gelangt der Canalis musculotubarius in die Paukenhöhle. Er enthält zwei knöcherne Halbkanäle (Semicanales), die durch ein knöchernes Septum getrennt sind. In ihnen verlaufen der M. tensor tympani und die Tuba auditiva [auditoria]. Die Sehne des M. tensor tympani biegt am Proc. cochleariformis rechtwinklig um und zieht zum Manubrium mallei.

Funktion des M. tensor tympani: Anspannung des Trommelfells durch Zug am Manubrium mallei. Dadurch kommt es zur Versteifung der Gehörknöchelchenkette mit verbesserter Übertragung hoher Tonfrequenzen. Die kurz vor Ende des Canalis nervi facialis abgehende und rückläufig durch einen eigenen Knochenkanal verlaufende Chorda tympani gelangt wieder in die Paukenhöhle und verläuft hier, eingebettet in Schleimhaut, zwischen Hammer und Crus longum des Amboss mitten durch die Paukenhöhle, um die Schädelbasis über die Fissura sphenopetrosa (oder Fissura petrotympanica) zu verlassen.

Klinik

Kommt es im Rahmen einer Fazialisparese zu einer Mitbeteiligung des N. stapedius und damit zu einer Lähmung des M. stapedius, resultiert daraus auf der betroffenen Seite eine gestörte Hörempfindung. Laute Geräusche werden aufgrund mangelnder Dämpfung (durch die Verkippung der Steigbügelfußplatte im ovalen Fenster) als unangenehm laut empfunden **(Hyperakusis).**

N. facialis [VII], Topographie

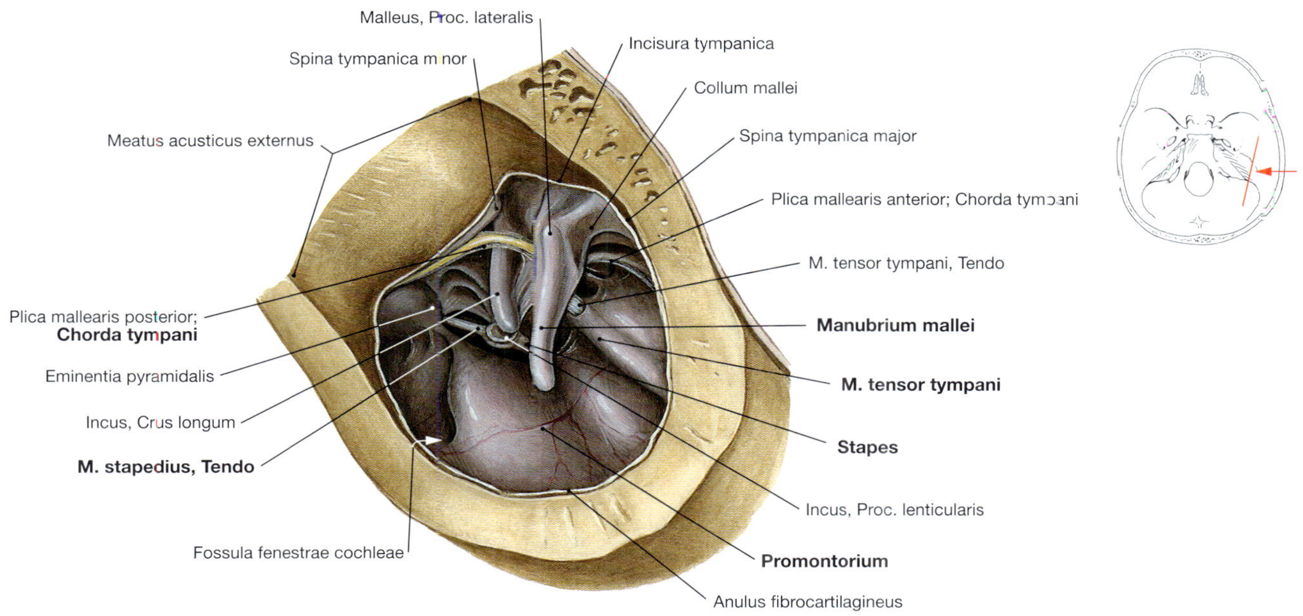

Abb. 10.31 Paukenhöhle, Cavitas tympani, rechts; Ansicht von lateral; nach Entfernung des Trommelfells und der Schleimhaut um die Chorda tympani.

Man blickt auf die von Schleimhaut umgebenen Strukturen in der Paukenhöhle.

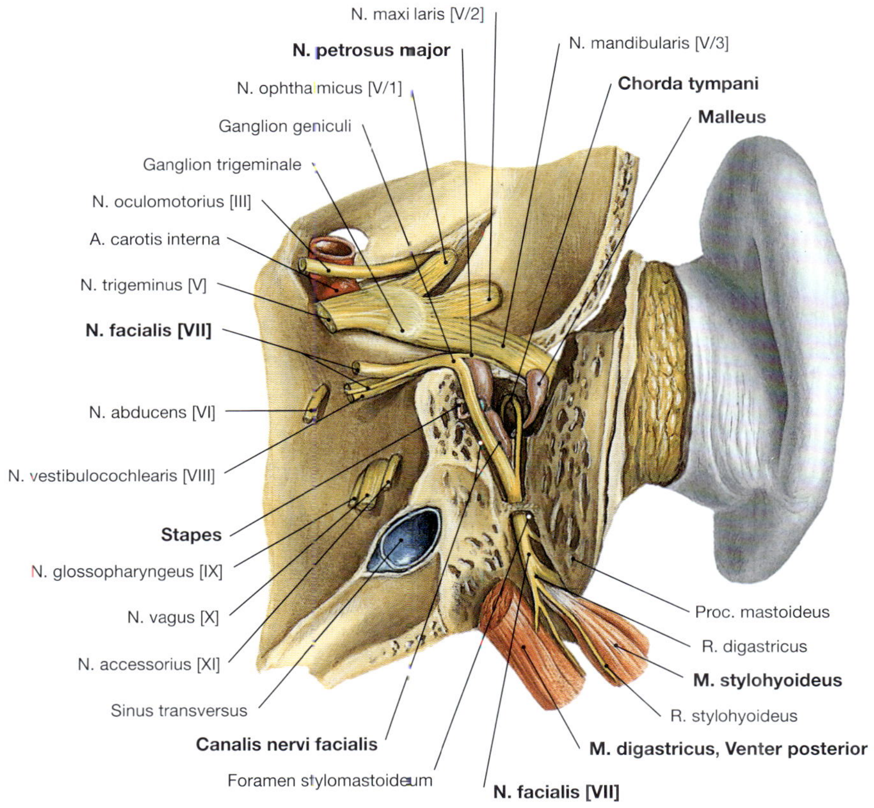

Abb. 10.32 N. facialis [VII] im Felsenbein, Os temporale, Pars petrosa, rechts; Ansicht von hinten; Felsenbein teilweise ausgesägt; Fazialiskanal und Paukenhöhle eröffnet.

Durch Abtragung des Proc. mastoideus mit Eröffnung des Fazialiskanals und der Paukenhöhle wird der gesamte Verlauf des N. facialis [VII] in seinem knöchernen Kanal mit Abgang seiner Äste (→ Abb. 12.148) sichtbar.

Klinik

Der N. facialis [VII] kann im Rahmen von Felsenbeinfrakturen, Mittelohr- oder Warzenfortsatzentzündungen sowie sich häufig daraus ergebenden Operationen geschädigt werden. Zur **Fazialisdiagnostik** (Auf welcher Höhe sitzt die Schädigung?) und zur Verlaufskontrolle nach Fazialisparese werden verschiedene Testverfahren eingesetzt: SCHIRMER-Test (Tränendrüsenfunktion), Stapediusreflexprüfung, Geschmackstest und manchmal auch eine Sialometrie (Testung der Speicheldrüsenfunktion) zur Testung der Chorda tympani sowie Elektromyographie (EMG) und Elektroneuronographie (ENoG) zur Überprüfung der mimischen Muskulatur.
Die Chorda tympani ist aufgrund ihres Verlaufs bei Operationen im Mittelohr gefährdet. Bei Mittelohrentzündung kommt es häufig zu einem isolierten **Ausfall der Chorda tympani** mit Mundtrockenheit und Verlust der Geschmacksempfindung auf der betroffenen Seite.

N. facialis [VII], Topographie

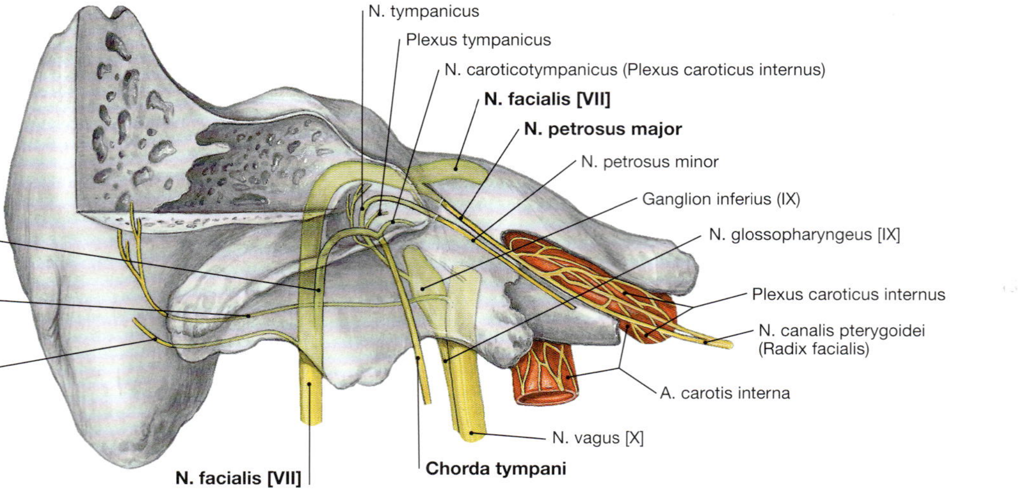

Abb. 10.33 N. facialis [VII], N. glossopharyngeus [IX] und N. vagus [X], rechts; Ansicht von vorne; Felsenbein teilweise ausgeschnitten; Nerven durchscheinend dargestellt.
Am Ganglion geniculi gibt der N. facialis [VII] als ersten Ast den **N. petrosus major** ab. Er verläuft im Os temporale nach vorne medial und tritt am Hiatus nervi petrosi majoris auf der Facies anterior der Pars petrosa ossis temporalis unterhalb der Dura aus. Der Nerv führt für die Innervation von Tränen- und Nasendrüsen präganglionäre parasympathische Fasern zum Ganglion pterygopalatinum. Kurz nach Durchtritt des N. facialis [VII] durch das Foramen stylomastoideum geht der **N. auricularis posterior** zur Innervation der Ohrmuskeln ab. Dargestellt sind ferner der R. auricularis des N. vagus [X] zur sensiblen Innervation der äußeren Gehörgangswand sowie der N. tympanicus, der kurz vor Durchtritt durch das Foramen jugulare aus dem N. glossopharyngeus [IX] hervorgeht. In der Schleimhaut des Promontoriums des Mittelohrs bildet er gemeinsam mit Ästen aus dem die A. carotis interna umgebenden sympathischen Nervengeflecht (Plexus caroticus internus, Nn. caroticotympanici) den Plexus tympanicus, der der Innervation der Mittelohrschleimhaut einschließlich der Schleimhaut von Tuba auditiva [auditoria] und Mastoid dient.

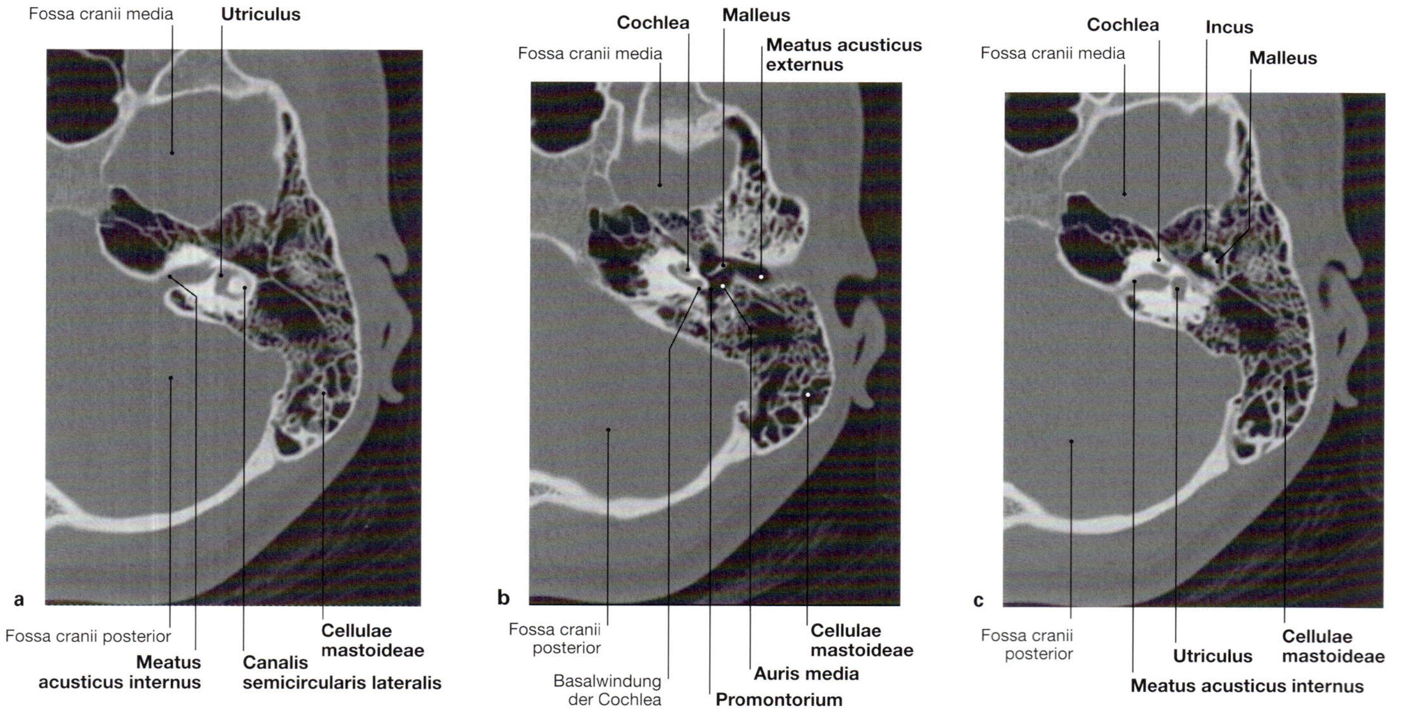

Abb. 10.34a bis c Schläfenbein, Os temporale, mit Mittel- und Innenohr, linkes Ohr; computertomographischer Querschnitt (CT), Ansicht von unten. [10]

Mittels hochauflösender CT lassen sich heute sämtliche Mittelohr- und Innenohrstrukturen visualisieren. So können beispielsweise der innere Gehörgang, die Pneumatisation des Warzenfortsatzes, die Stellung der Gehörknöchelchen sowie das Labyrinth beurteilt werden.

Klinik

Der N. facialis [VII] kann durch den Proc. mastoideus hindurch operativ freigelegt werden, um beispielsweise eine Entlastung im Rahmen einer entzündlichen Schwellung des Nervs zu schaffen. Dabei wird der knöcherne Kanal von hinten eröffnet bzw. abgetragen.

Ohrtrompete

Abb. 10.35 Tubenknorpel, Cartilago tubae auditivae, rechts; Ansicht von unten; an der Schädelbasis freipräpariert.
Die ca. 4 cm lange Ohrtrompete (Tuba auditiva [auditoria], EUSTACHIUS-Röhre, Tuba EUSTACHII) verläuft schräg von seitlich hinten oben nach medial vorne unten und verbindet die Paukenhöhle mit dem Nasopharynx (Nasenrachenraum). Sie dient funktionell dem Druckausgleich. Zur optimalen Schallleitung muss in der Paukenhöhle (das Trommelfell ist luftundurchlässig) der gleiche Luftdruck wie im äußeren Gehörgang herrschen. Ist dies nicht der Fall, z. B. während des Steig- oder Sinkflugs im Flugzeug, kommt es zu Höreinbußen.

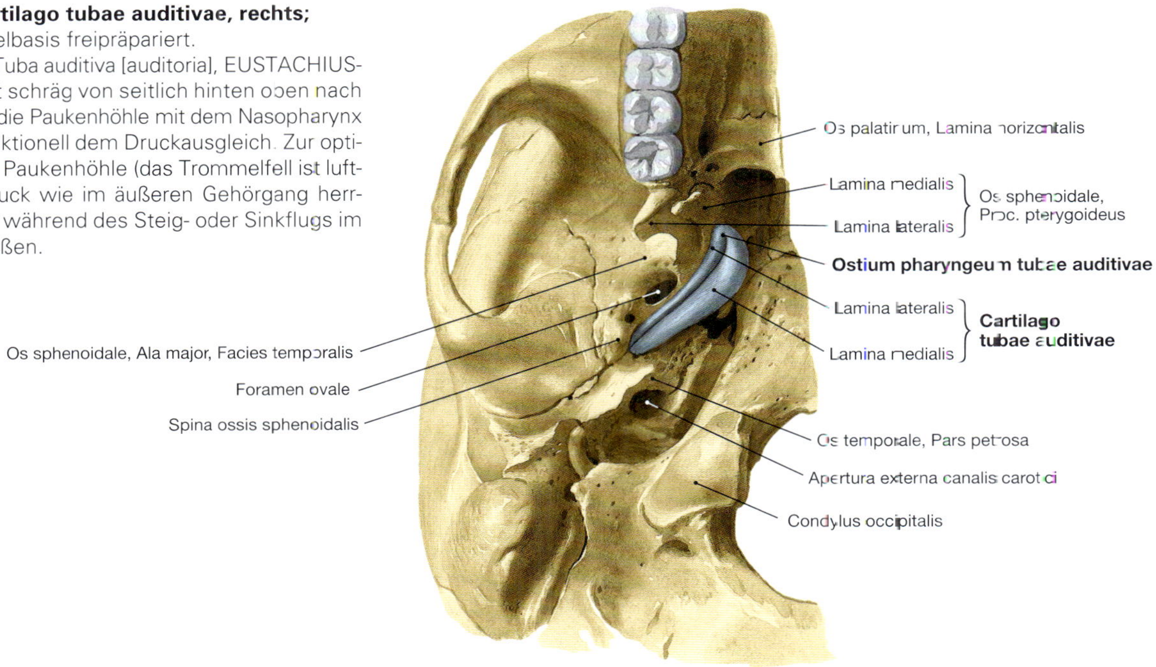

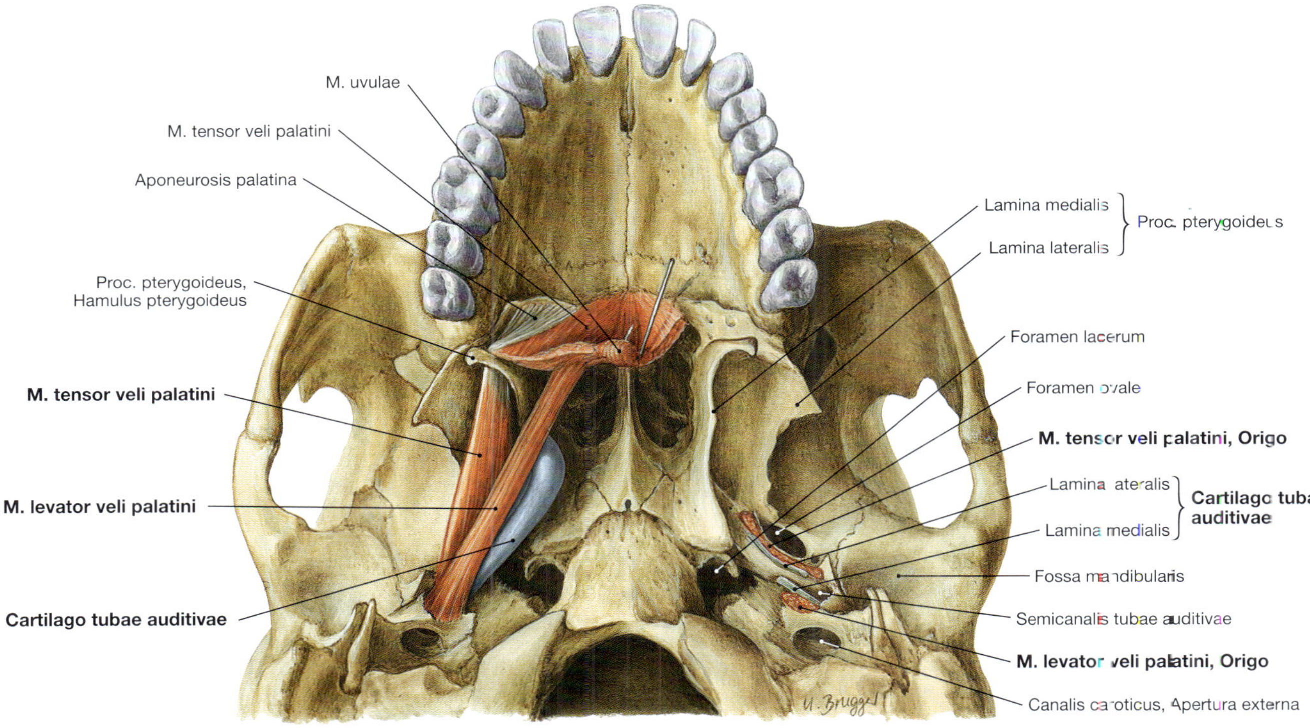

Abb. 10.36 M. levator veli palatini, M. tensor veli palatini und Tubenknorpel, Cartilago tubae auditivae; Ansicht von unten.
Die Tuba auditiva [auditoria] (knöcherner Anteil nicht sichtbar) beginnt in der Vorderwand der Paukenhöhle (Paries caroticus) mit dem Ostium tympanicum tubae auditivae und mündet am Ostium pharyngeum tubae auditivae, das sich seitlich hinten in den Nasopharynx vorwölbt. Man unterscheidet einen knöchernen Abschnitt (Pars ossea) und einen etwa doppelt so langen knorpeligen Abschnitt (Pars cartilaginea). Letzterer besteht aus einer Rinne aus elastischem Knorpel (Cartilago tubae auditivae). Die auf dem Kopf stehende Knorpelrinne wird medial von Bindegewebe (Lamina membranacea) zu einem schlitzförmigen Kanal geschlossen. Die Tuba auditiva [auditoria] wird bei Kontraktion der Mm. tensor und levator veli palatini im Rahmen des Schluckakts geöffnet.

→ T 3

Klinik

Die Tuba auditiva [auditoria] ist von respiratorischem Flimmerepithel mit Becherzellen ausgekleidet. Der Flimmerschlag ist in Richtung Nasopharynx gerichtet. Bei Versagen der Schutzmechanismen in der Tube kann es zu aufsteigenden Entzündungen mit Ausbildung eines **Tubenkatarrhs** bis hin zur Mittelohrenzündung kommen. Durch Lufteinblasung über die Nase können Tubenverklebungen und -verschlüsse gelöst werden (z. B. Schlucken bei Druckproblemen).

Ohrtrompete

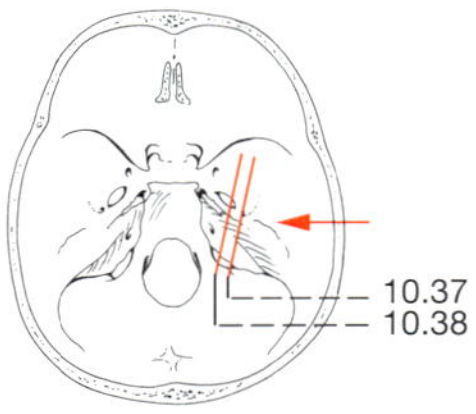

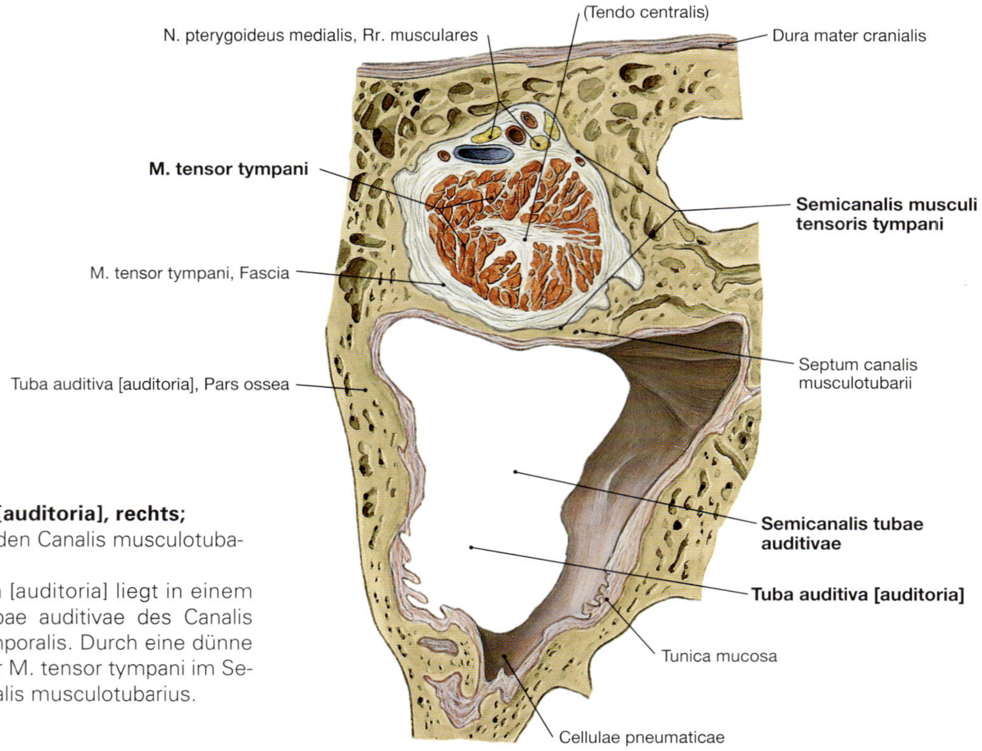

Abb. 10.37 Ohrtrompete, Tuba auditiva [auditoria], rechts; Querschnitt auf Höhe der Pars ossea durch den Canalis musculotubarius; Ansicht von lateral.
Der knöcherne Abschnitt der Tuba auditiva [auditoria] liegt in einem dreieckigen Knochenkanal (Semicanalis tubae auditivae des Canalis musculotubarius) der Pars petrosa ossis temporalis. Durch eine dünne knöcherne Wand davon getrennt verläuft der M. tensor tympani im Semicanalis musculi tensoris tympani des Canalis musculotubarius.

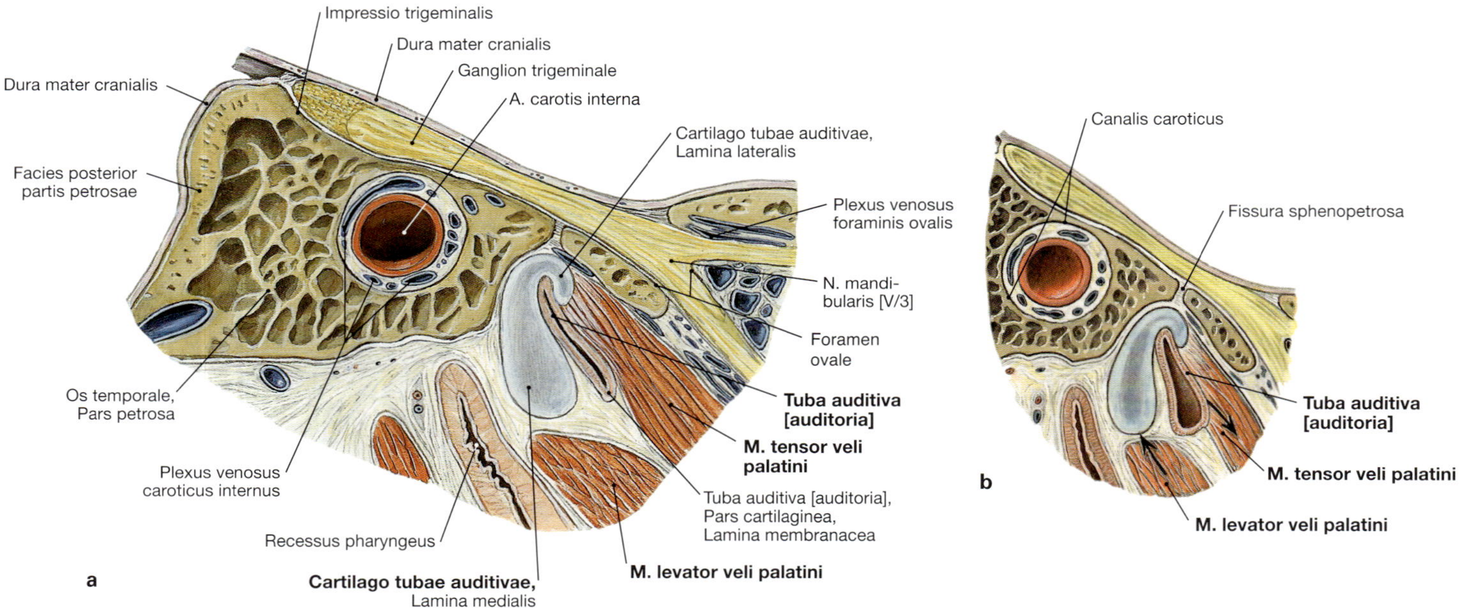

Abb. 10.38a und b Ohrtrompete, Tuba auditiva [auditoria], rechts; Querschnitte auf Höhe des lateralen Anteils der Pars cartilaginea; Ansicht von lateral.

- **a** geschlossene Tube
- **b** offene Tube, die Wirkung der Muskeln auf die Tube ist durch Pfeile verdeutlicht

Im Rahmen des Schluckakts kommt es zur Kontraktion der Mm. tensor und levator veli palatini. Die **Kontraktion des M. tensor veli palatini** führt zum Zug an der Pars membranacea und am Oberrand des Tubenknorpels mit resultierender Erweiterung des Tubenlumens. Die **Kontraktion des M. levator veli palatini** führt durch Ausbildung des Muskelbauchs zum Druck von unten gegen den Tubenknorpel. Dabei wird die Rinne aufgebogen und das Tubenlumen erweitert sich. Beim Verschluss der Tube wirkt der M. salpingopharyngeus mit (nicht eingezeichnet).

Klinik

Gaumenspalten gehen mit einer Funktionslosigkeit der Mm. tensor und levator veli palatini einher, da das Punctum fixum der Muskeln fehlt und sie ins Leere kontrahieren. Dabei ist die Tubenfunktion aufgehoben. Unbehandelt kommt es im Mittelohr zur Ausbildung eines Adhäsivprozesses aufgrund der fehlenden Mittelohrbelüftung. Die Kinder hören sehr schlecht und lernen auch meist nicht zu sprechen.

Knöchernes Labyrinth

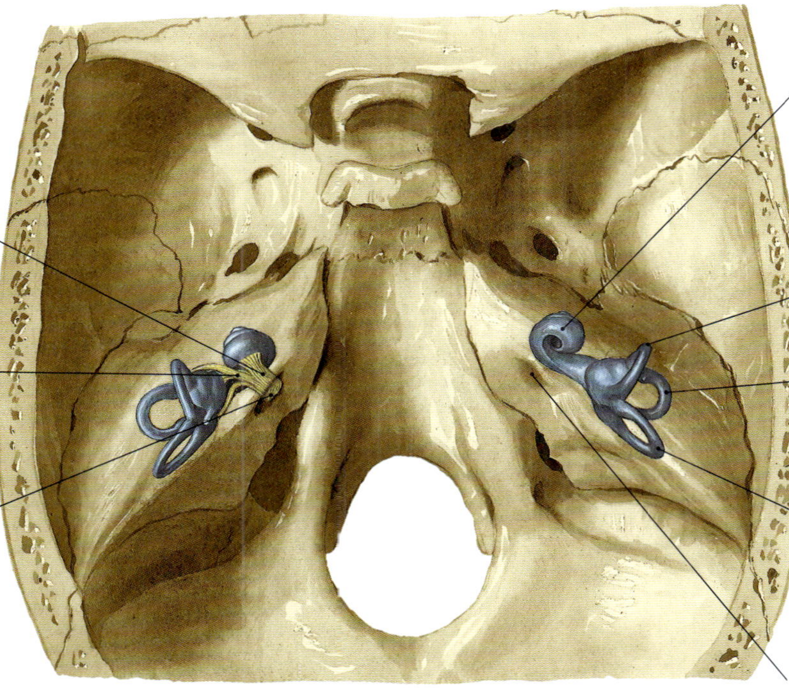

Abb. 10.39 Innenohr, Auris interna, und N. vestibulocochlearis [VIII]; Ansicht von oben; Innenohr in seiner natürlichen Position auf das Felsenbein projiziert.

Die Spitze der Schnecke (Cochlea) ist nach lateral vorne gerichtet. Die Bogengänge (Canales semicirculares) sind in einem Winkel von 45° in Bezug auf die Hauptebenen des Schädels (Frontal-, Sagittal- und Horizontalebene) ausgerichtet. Dies spielt bei der Beurteilung von CT-Aufnahmen des Schädels eine Rolle.

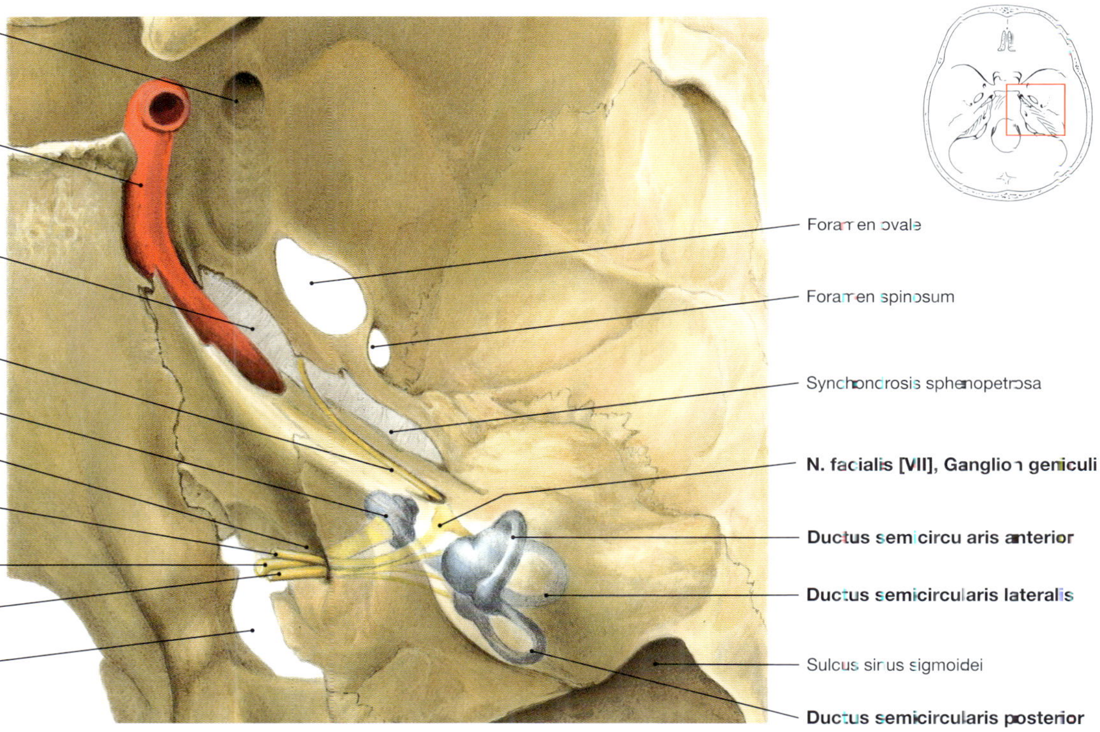

Abb. 10.40 Innenohr, Auris interna, mit N. facialis [VII] und N. vestibulocochlearis [VIII], rechts; Ansicht von oben auf das Felsenbein.

Beim Eintritt in den Porus acusticus internus liegen der N. facialis [VII] und sein Intermediusanteil auf den zum N. vestibulocochlearis [VIII] (in der Klinik häufig auch N. statoacusticus) zusammengefassten Nn. cochlearis und vestibularis. Die Nerven teilen sich im Felsenbein auf. Der **N. cochlearis** verläuft leicht bogenförmig nach vorne zur Cochlea, der **N. vestibularis** leicht bogenförmig nach hinten. Kurz vor Erreichen des Labyrinths teilt er sich in eine Pars superior zu vorderem und lateralem Bogengang sowie zum Sacculus auf und in eine Pars inferior zu Utriculus und hinterem Bogengang. Die Perikarya der Neurone beider Anteile werden zum **Ganglion vestibulare** zusammengefasst. Der N. facialis [VII] verläuft oberhalb und zwischen Cochlea und Gleichgewichtsorgan im Fazialiskanal. Der Hauptstamm biegt am äußeren Fazialisknie nach unten rechtwinkelig ab. Am Ganglion geniculi verlässt der **N. petrosus major** den N. facialis [VII]. Er verläuft in einer Duratasche auf dem Felsenbein in Richtung auf das Foramen lacerum zu und enthält parasympathische Fasern für die Innervation von Tränen- und Nasendrüsen.

Knöchernes Labyrinth

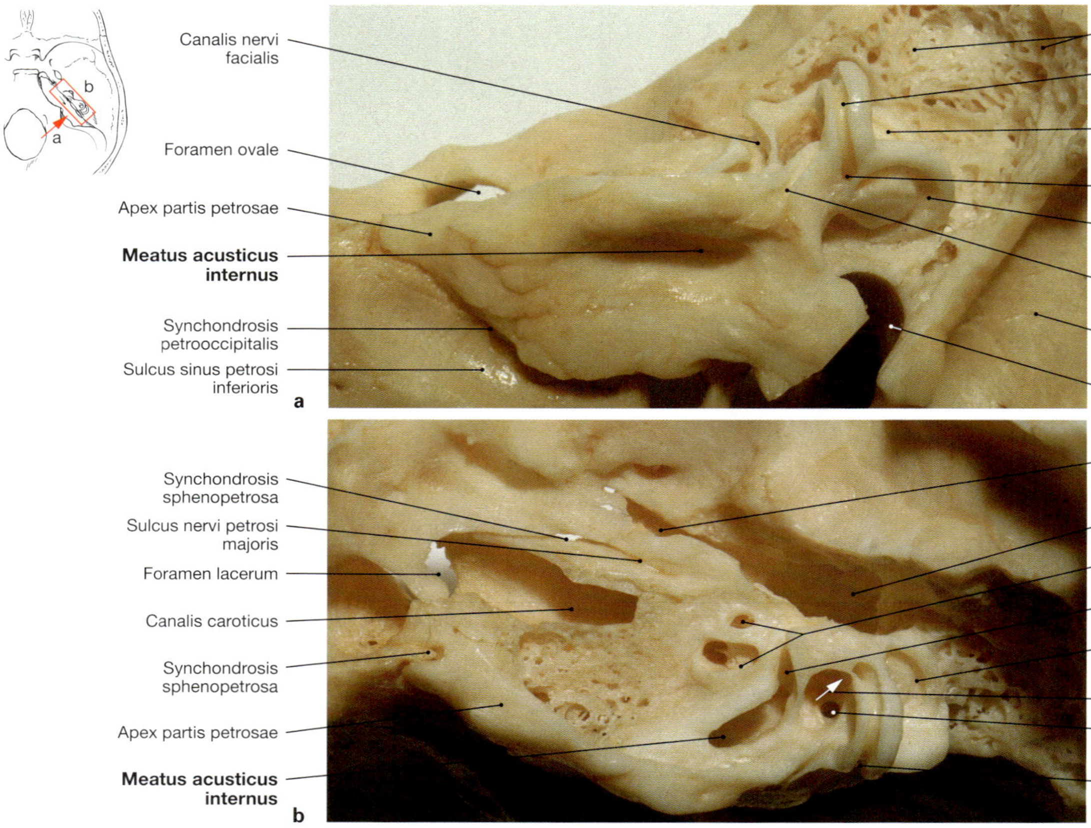

Abb. 10.41a und b Knöchernes Labyrinth, Labyrinthus osseus, rechts; aus dem Felsenbein herausgefräst; Ansicht von hinten oben (**a**), Ansicht von oben (**b**).
Das Innenohr (Auris interna) ist ein Komplex aus knöchernen Kanälen und Erweiterungen in der Pars petrosa des Os temporale (knöchernes Labyrinth). In ihnen befindet sich ein System aus Membranschläuchen und -säcken, das als häutiges Labyrinth bezeichnet wird. Es beherbergt das Gleichgewichts- und Hörorgan (Organum vestibulocochleare).

* Öffnung des Canaliculus posterior

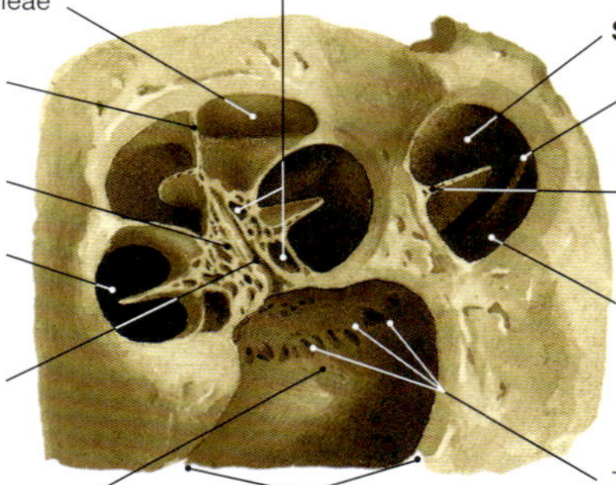

Abb. 10.42 Schneckengang, Canalis spiralis cochleae, rechts; Ansicht von oben; in der Achse des Modiolus aufgefräst.
Die Cochlea besteht aus einem Kanal (Canalis spiralis cochleae), der in 2½ Windungen um die Schneckenspindel (Modiolus cochleae) gewunden ist. In den Canales spiralis und longitudinalis modioli sitzt das Ganglion spirale cochleae mit den Perikarya der bipolaren Nervenzellen des N. cochlearis. Vom Modiolus springt die Lamina spiralis ossea in den Schneckenkanal vor.

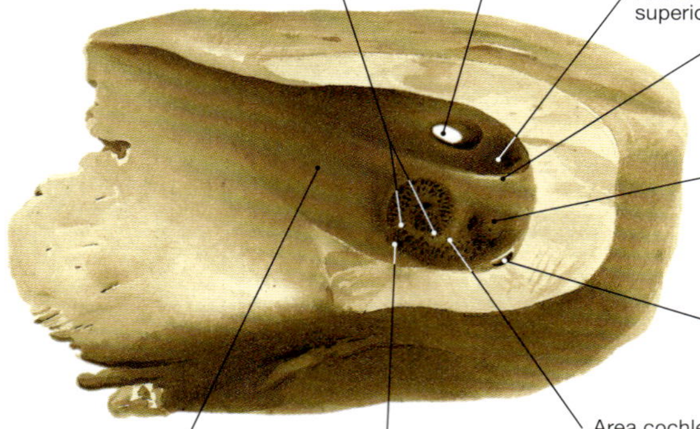

Abb. 10.43 Innerer Gehörgang, Meatus acusticus internus, und Boden des inneren Gehörgangs, Fundus meatus acustici interni, rechts; Ansicht von medial; nach teilweiser Abtragung der Hinterwand.
Der innere Gehörgang beginnt am Porus acusticus internus und setzt sich etwa 1 cm nach lateral fort. Hier endet er in einer löchrigen Knochenplatte. In dem 1 cm langen Segment verlaufen N. facialis [VII] und N. vestibulocochlearis [VIII].

Klinik

Das **Akustikusneurinom** (Vestibularis-Schwannom) ist ein gutartiger Tumor der SCHWANN-Zellen, der besonders häufig den N. vestibularis betrifft. Es entsteht im Meatus acusticus internus und wächst verdrängend in die hintere Schädelgrube (Kleinhirn-Brückenwinkel-Tumor). Frühsymptome sind Hörminderung und Gleichgewichtsstörungen.

Knöchernes Labyrinth

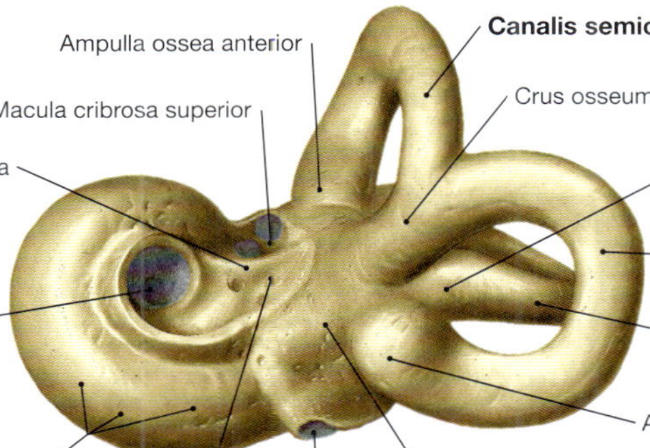

Abb. 10.44 Knöchernes Labyrinth, Labyrinthus osseus, rechts; Ansicht von schräg hinten; knöcherne Umhüllung des häutigen Labyrinths aus dem Felsenbein herausgefräst.

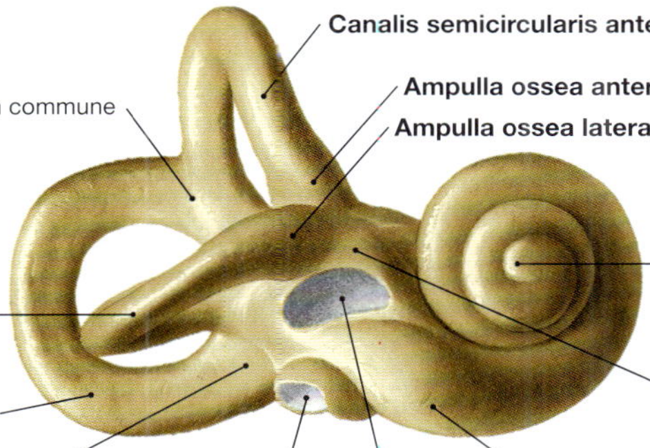

Abb. 10.45 Knöchernes Labyrinth, Labyrinthus osseus, rechts; Ansicht von lateral; knöcherne Umhüllung des häutigen Labyrinths aus dem Felsenbein herausgefräst.

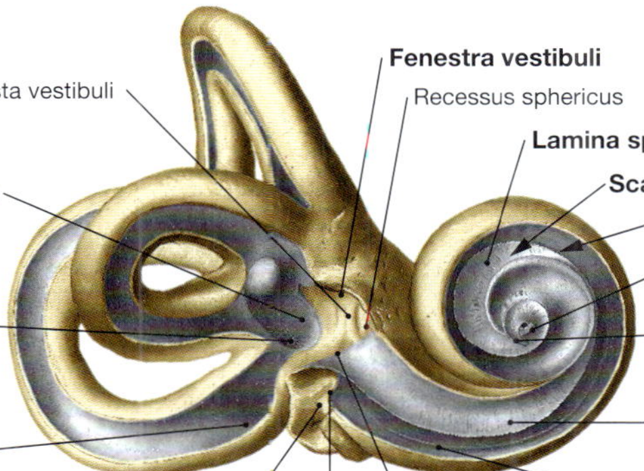

Abb. 10.46 Knöchernes Labyrinth, Labyrinthus osseus, rechts; Ansicht von lateral vorne; Hohlräume aufgefräst.
Das knöcherne Labyrinth besteht aus dem Vestibulum, drei knöchernen Bogengängen (Canales semicirculares ossei), der knöchernen Schnecke (Cochlea) und dem inneren Gehörgang (Meatus acusticus internus). Das Vestibulum ist Ausgangspunkt für Cochlea und Bogengänge. Es steht über das ovale Fenster mit der Paukenhöhle in Verbindung.

Häutiges Labyrinth

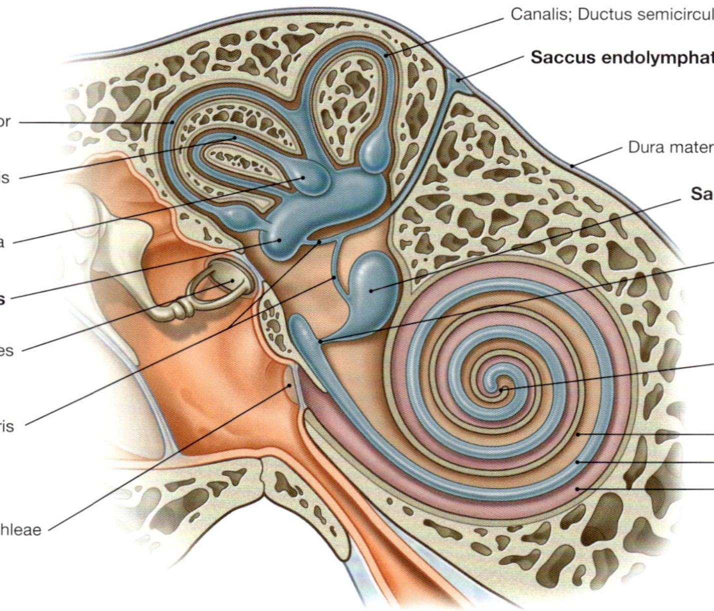

Abb. 10.47 Häutiges Labyrinth, Labyrinthus membranaceus, rechts; Längsschnitt durch das Felsenbein; Ansicht von vorne, schematische Darstellung. [8]
Das häutige Labyrinth ist mit kaliumreicher und natriumarmer Endolymphe gefüllt. Es liegt dem knöchernen Labyrinth nicht unmittelbar an, sondern ist durch den mit Perilymphe gefüllten perilymphatischen Raum von diesem getrennt. Nach der Funktion unterteilt man das häutige Labyrinth in einen vestibulären und in einen kochleären Anteil. Das **vestibuläre Labyrinth** umfasst die im Vestibulum lokalisierten Strukturen Sacculus und Utriculus, den Ductus utriculosaccularis, die drei Bogengänge und den Ductus endolymphaticus mit dem Saccus endolymphaticus. Letzterer stellt eine an der Felsenbein-Hinterfläche gelegene epidurale Aussackung dar, in der die Endolymphe resorbiert wird. Das **kochleäre Labyrinth** wird vom Ductus cochlearis gebildet. Vestibuläres und kochleäres Labyrinth kommunizieren über den Ductus reuniens.

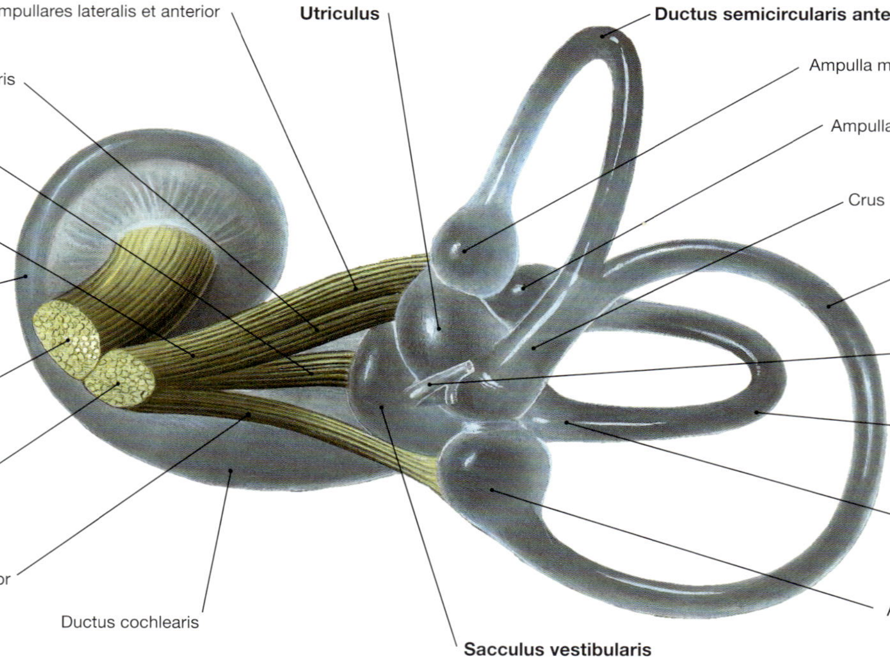

Abb. 10.48 N. vestibulocochlearis [VIII] und häutiges Labyrinth, Labyrinthus membranaceus; halbschematische Übersicht, Ansicht von dorsal.
Das häutige Labyrinth umfasst den Ductus cochlearis, den Sacculus, den Utriculus sowie die drei häutigen Bogengänge (Ductus semicirculares). Letztere stehen mit dem Utriculus in Verbindung. Jeder Bogengang bildet am Übergang zum Utriculus eine Erweiterung (Ampulla membranacea). Oberer und hinterer Bogengang vereinigen sich zu einem gemeinsamen Schenkel (Crus commune). Jede Ampulle enthält Sinnesepithel (Crista ampullaris, nicht dargestellt).

Blutversorgung und Innervation des häutigen Labyrinths

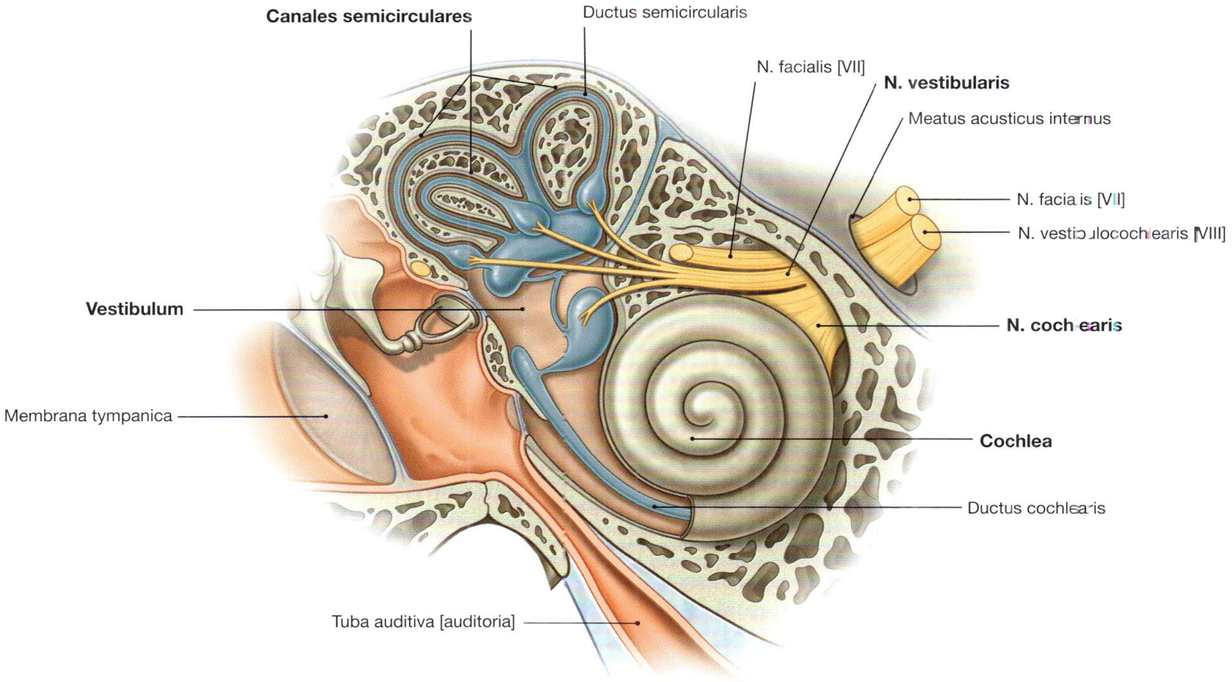

Abb. 10.49 Innervation des Innenohrs, Auricula interna, rechts; Längsschnitt durch das Felsenbein; Ansicht von vorne, schematische Darstellung. [8]

Das Innenohr gliedert sich in das vom kompakten Knochen des Felsenbeins umgebene **knöcherne Labyrinth** (Labyrinthus osseus) und das darin enthaltene **häutige Labyrinth** (Labyrinthus membranaceus), ein System aus Membranschläuchen.

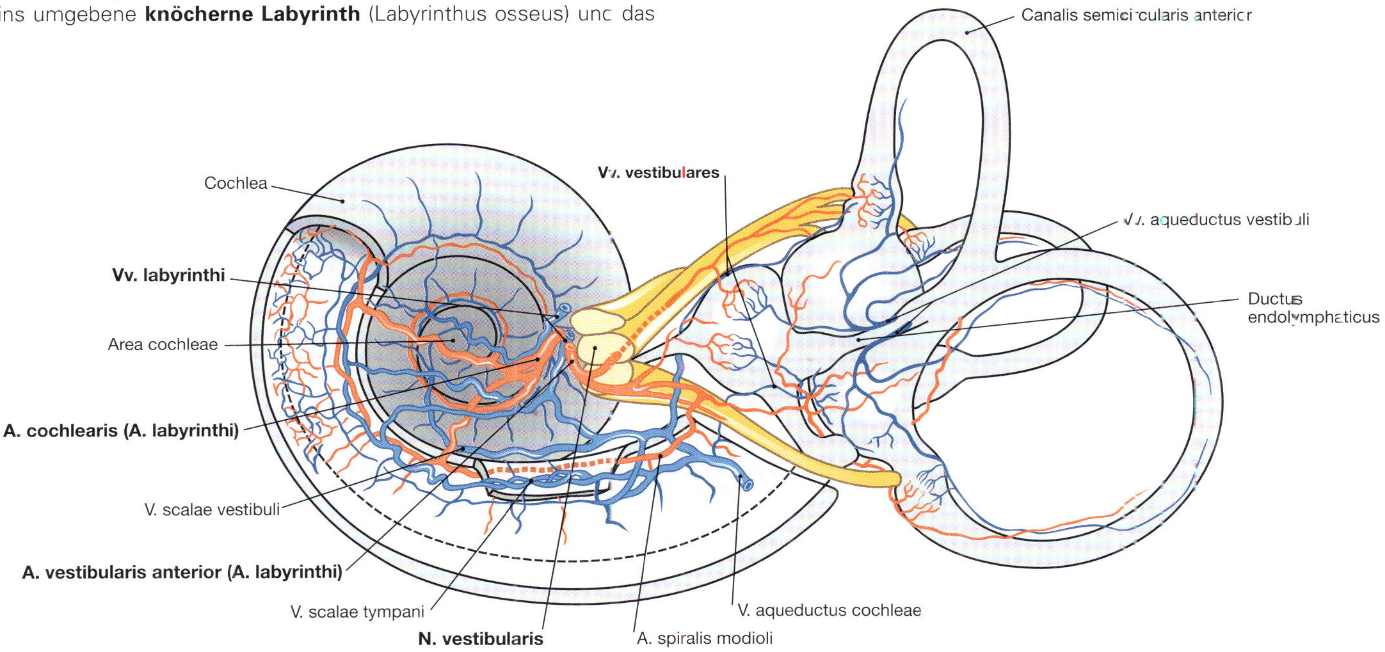

Abb. 10.50 Blutversorgung und Innervation des Innenohrs, Auris interna, der rechten Seite; Ansicht von medial. (nach [2])

Die gesamte Blutversorgung des Innenohrs erfolgt aus Ästen der **A. labyrinthi** (→ Abb. 12.96); der Blutabfluss über Vv. labyrinthi. A. und V. inferior anterior cerebelli schlingen sich meist wenige Millimeter in den inneren Gehörgang hinein (nicht dargestellt) und geben hier die A. und Vv. labyrinthi zur Blutversorgung des Labyrinths ab (**Cave:** Endarterie).

Klinik

Thrombotische Verschlüsse der A. labyrinthi oder ihrer zuführenden Äste gehen mit Gleichgewichtsstörungen und Hörausfall einher, da die A. labyrinthi eine Endarterie ist.

Die Trias aus anfallsartigen Schwindelattacken, einseitigem Hörverlust sowie einseitigem Tinnitus wird als **Morbus MENIÈRE** bezeichnet. Als Ursache wird eine Rückresorptionsstörung der Endolymphe mit Aufblähung des häutigen Labyrinths (Hydrops cochleae) diskutiert. Daraus resultieren pathologische Veränderungen an den Sinneszellen.

Schnecke

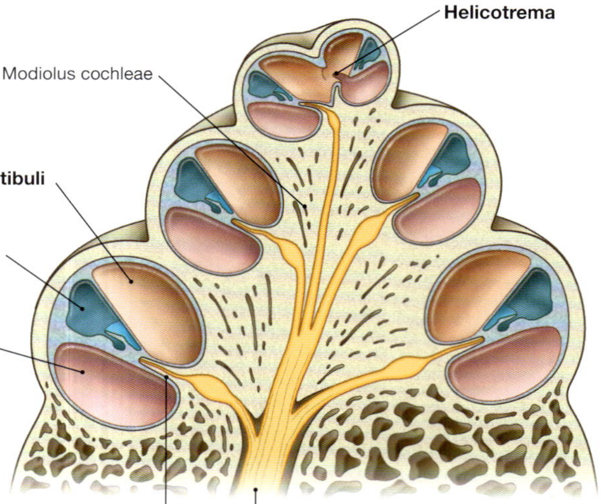

Abb. 10.51 Schnecke, Cochlea; Querschnitt; schematische Darstellung. [8]
Der Canalis spiralis cochleae wird durch die REISSNER-Membran und durch die Basilarmembran in drei Räume unterteilt:

- die mit Perilymphe gefüllte **Scala vestibuli** (Vorhoftreppe), die vom Vestibulum bis zum Helicotrema reicht
- den mit Endolymphe gefüllten **Ductus cochlearis**
- die mit Perilymphe gefüllte **Scala tympani** (Paukentreppe), die vom Helicotrema bis zum runden Fenster in der medialen Paukenhöhlenwand reicht. Am Helicotrema stehen Scala vestibuli und Scala tympani miteinander in Verbindung.

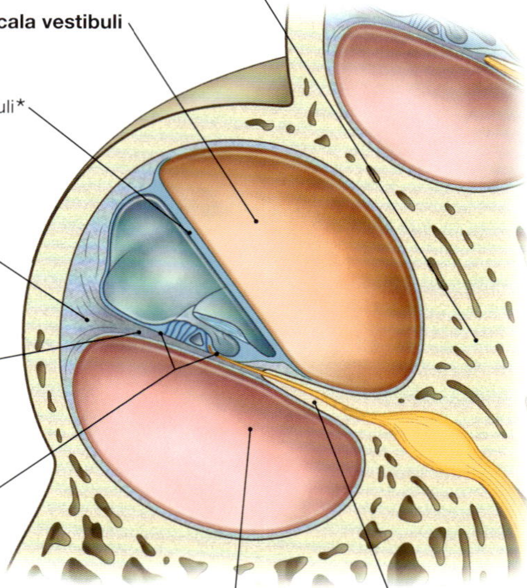

Abb. 10.52 Schnecke, Cochlea. Querschnitt durch eine Windung; schematische Darstellung. [8]
Der Boden des Ductus cochlearis ist die Basilarmembran (Lamina basilaris), die das Hörorgan (CORTI-Organ) trägt. Die Endolymphe wird von der Stria vascularis an der lateralen knöchernen Wand der Cochlea gebildet.

* REISSNER-Membran

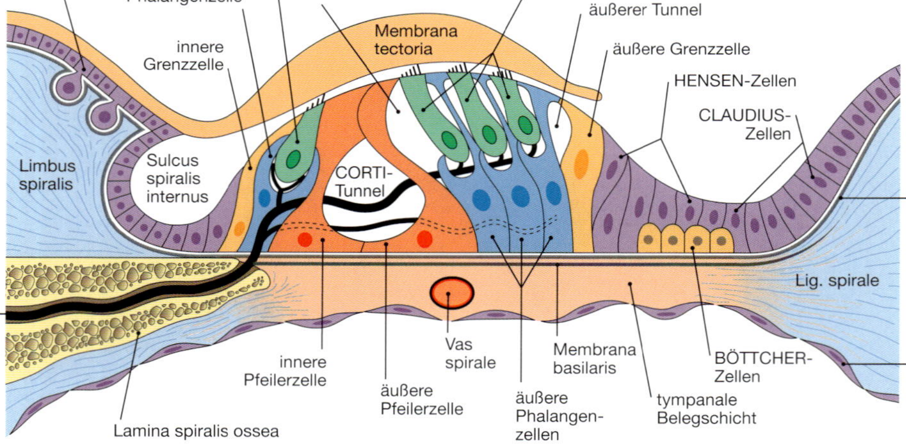

Abb. 10.53 Organum spirale (CORTI-Organ); schematische Darstellung. [24]
Die komplexe afferente und efferente Innervation der Haarzellen ist hier sehr vereinfacht dargestellt.

Das CORTI-Organ stellt das eigentliche Hörorgan dar. Hier sitzen Hörsinneszellen (Haarzellen) gemeinsam mit Stützzellen auf der Basilarmembran und werden von einer gallertigen Membran (Membrana tectoria) überdeckt. Das CORTI-Organ erstreckt sich über die gesamte Länge des Ductus cochlearis.

Klinik

Schädigungen der Haarzellen gehen z. B. nach zu lautem Musik hören oder nach einer Explosion (Knalltrauma) sehr häufig mit **Tinnitus** einher. Dabei bezeichnet der Begriff Tinnitus aurium („Klingeln der Ohren") oder kurz Tinnitus ein Symptom, bei dem der Betroffene Geräusche wahrnimmt, die keine äußere, für andere Personen wahrnehmbare Ursache besitzen.

Schallleitung und Gleichgewichtsorgan

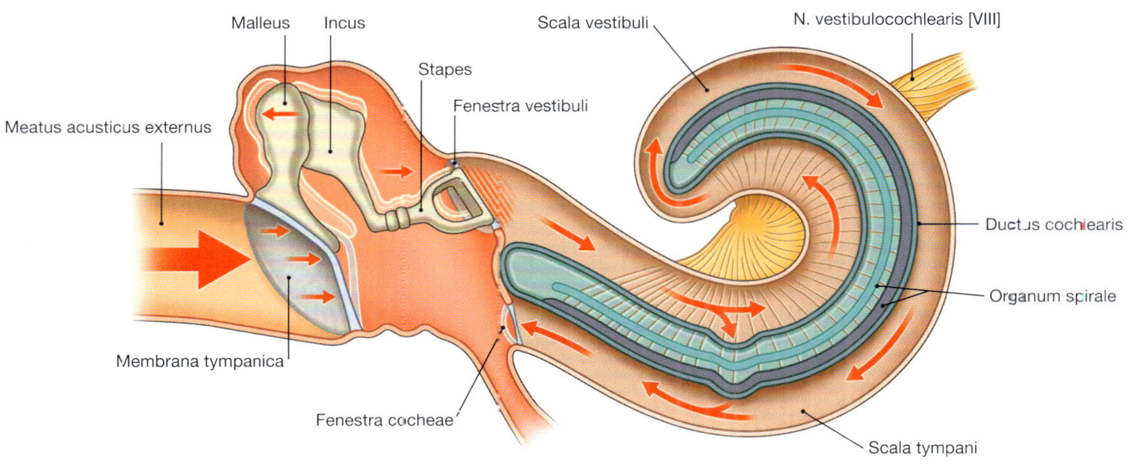

Abb. 10.54 Schallleitung. [8]
Die Schallleitung erfolgt über Schallwellen, die über das äußere Ohr (Ohrmuschel und äußerer Gehörgang) aufgenommen und über das Trommelfell und die Gehörknöchelchenkette via Steigbügelfußplatte auf die Perilymphe übertragen werden. Dies ruft Wellenbewegungen hervor, die entlang den Wänden des Ductus cochlearis (insbesondere der Basilarmembran) wandern **(Wanderwellen).** Hierdurch kommt es zu Scherbewegungen am CORTI-Organ. Die Stereozilien der inneren Haarzellen werden abgeknickt (Deflexion). Diese biomechanischen Ereignisse werden von den Sinneszellen in Rezeptorpotenziale umgewandelt (mechanoelektrische Transduktion).

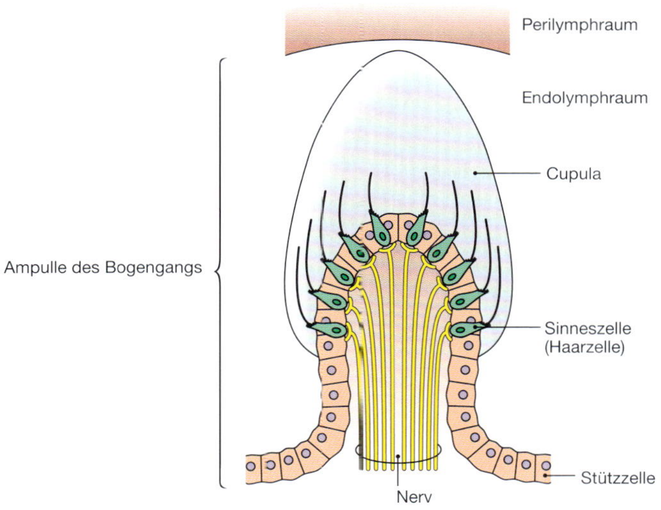

Abb. 10.55 Struktur der Crista ampullaris. (nach [25])
Das mit Endolymphe gefüllte vestibuläre Labyrinth besteht aus **Sacculus** (Macula sacculi – senkrechte Linearbeschleunigungen), **Utriculus** (Macula utriculi – waagerechte Linearbeschleunigungen) und den **drei Bogengängen** (Cristae ampullares mit ihren Cupulae – Drehbeschleunigungen). Die Sinneszellen der Vestibularorgane besitzen ein langes Kinozilium sowie Stereozilien, die in eine gallertige Masse (Cupula) hineinragen. Bewegungen der Cupula führen zum Abknicken der Sinneszellfortsätze. Dieser Reiz führt zur synaptischen Aktivierung afferenter Fasern des N. vestibularis.

Klinik

Bei Cholesteatom (Syn.: Perlgeschwulst des Ohrs; eine Einwucherung von mehrschichtig verhornendem Plattenepithel in das Mittelohr mit nachfolgender chronisch-eitriger Entzündung des Mittelohrs), akuter Otitis media, Mastoiditis und nach Schädeltraumata kann es zu einer **Labyrinthitis** mit Schwindel, Reiz- oder Ausfallnystagmus kommen. Infektionswege sind rundes und ovales Fenster, Lücken im knöchernen Labyrinth (nach Verletzung und Knochenarrosion von infizierten pneumatischen Räumen) oder fortgeleitete Entzündungen über Nerven und Gefäße, Canaliculus cochleae oder Canaliculus vestibuli zu den Hirnhäuten. Folgen sind **Schallempfindungsschwerhörigkeit** bis Hörverlust und Zerstörung des Gleichgewichtsapparats.

Hören und Gleichgewicht

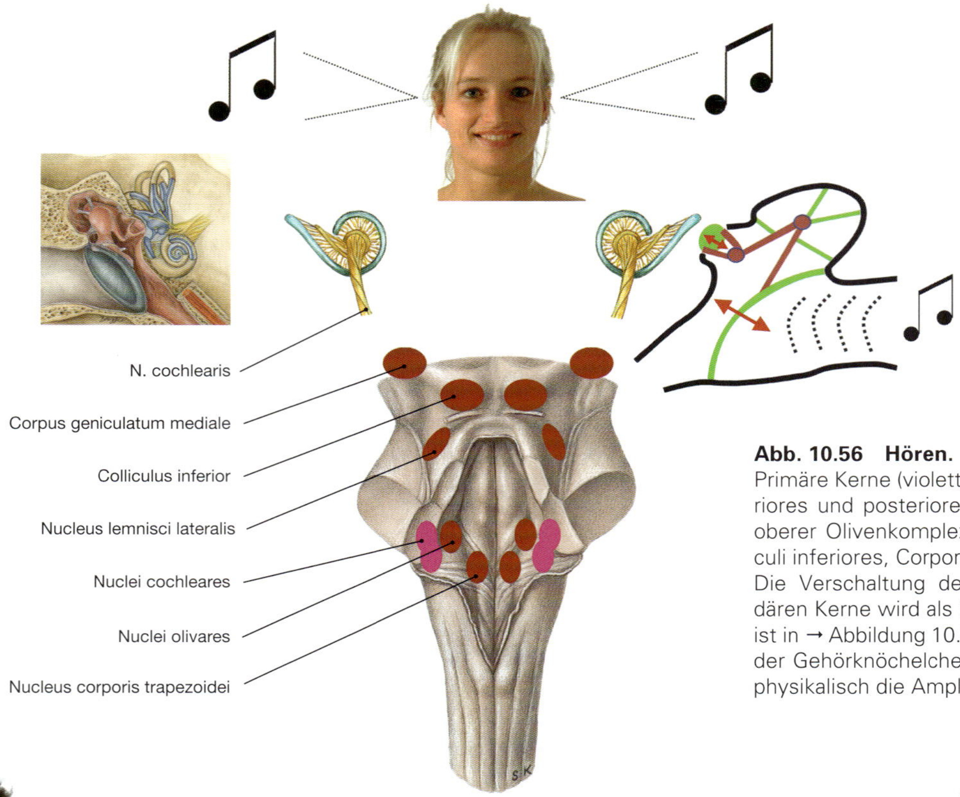

Abb. 10.56 Hören.
Primäre Kerne (violett): Nuclei cochlearis anteriores und posteriores; übrige Kerne (braun): oberer Olivenkomplex, Nuclei lemnisci, Colliculi inferiores, Corpora geniculata medialia. Die Verschaltung der primären und sekundären Kerne wird als Hörbahn bezeichnet und ist in → Abbildung 10.58 dargestellt. Die Kette der Gehörknöchelchen im Mittelohr verstärkt physikalisch die Amplitude der Schallwellen.

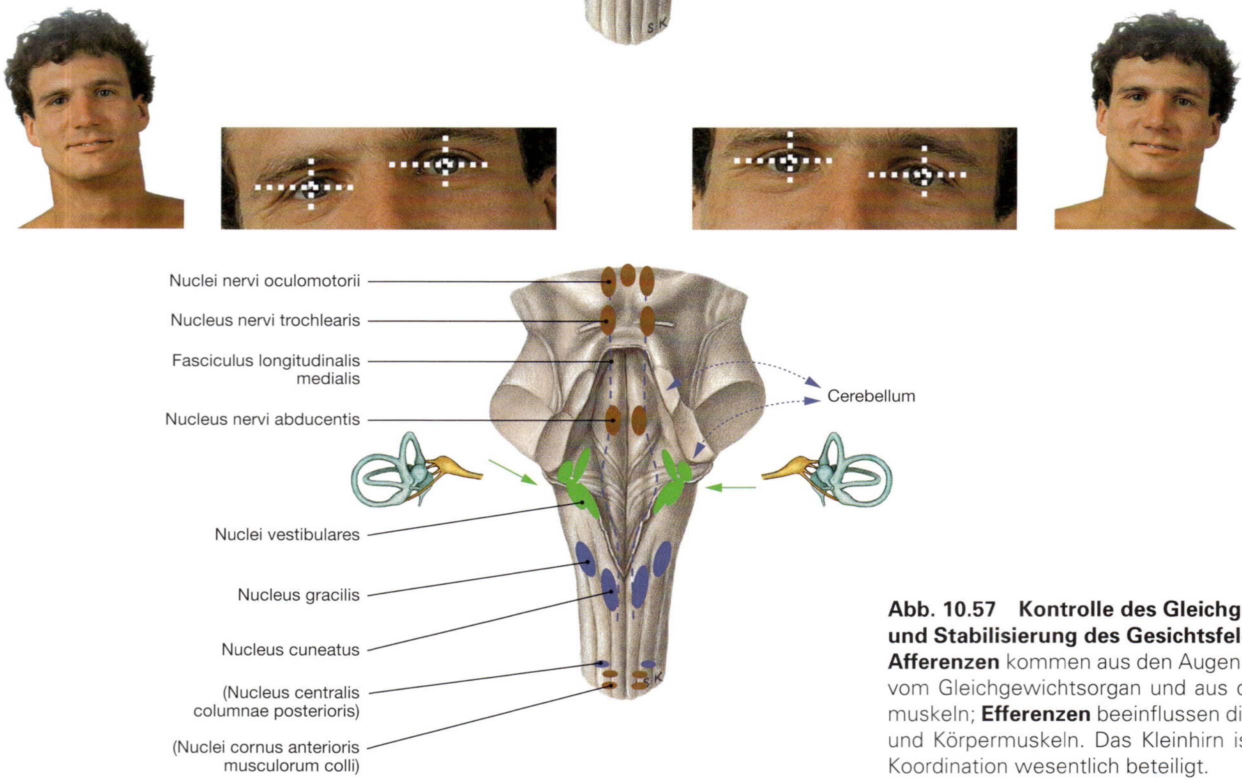

Abb. 10.57 Kontrolle des Gleichgewichts und Stabilisierung des Gesichtsfelds.
Afferenzen kommen aus den Augenmuskeln, vom Gleichgewichtsorgan und aus den Halsmuskeln; **Efferenzen** beeinflussen die Augen- und Körpermuskeln. Das Kleinhirn ist an der Koordination wesentlich beteiligt.

Klinik

Zur Objektivierung eines vom Patienten empfundenen **Schwindels** und zur Lokalisation einer Läsion muss das Vestibularorgan getestet werden. Verbreitete Tests sind der **ROMBERG-Versuch** (Patient steht mit geschlossenen Augen und vorgehaltenen Armen) und der **UNTERBERGER-Tretversuch** (Patient marschiert mit geschlossenen Augen auf der Stelle), um eine Fallneigung auszuschließen. Ein weiterer Test ist die **Nystagmusprüfung** (Nystagmus = Augenzittern) mittels Lupenbrille (FRENZEL-Brille). Rasches Schütteln des Patientenkopfs durch den Untersucher testet die Auslösbarkeit eines Provokationsnystagmus. Der Provokationsnystagmus wird in verschiedenen Positionen vom Untersucher ausgelöst. So kommt auch ein evtl. bestehender latenter Nystagmus zum Vorschein. Die **kalorische Nystagmusprüfung** dient der Testung des Labyrinths jeweils einer Seite. Hierzu wird dem liegenden Patienten im abgedunkelten Raum mit angehobenem Kopf jeweils mit kaltem und warmem Wasser das Ohr gespült. Kaltes Wasser löst dabei physiologisch einen Nystagmus zur Gegenseite, warmes Wasser zur gleichen Seite aus. Eine pathologische Unter- oder Unerregbarkeit einer Seite weist auf eine periphere Funktionsstörung hin.

Hörbahn

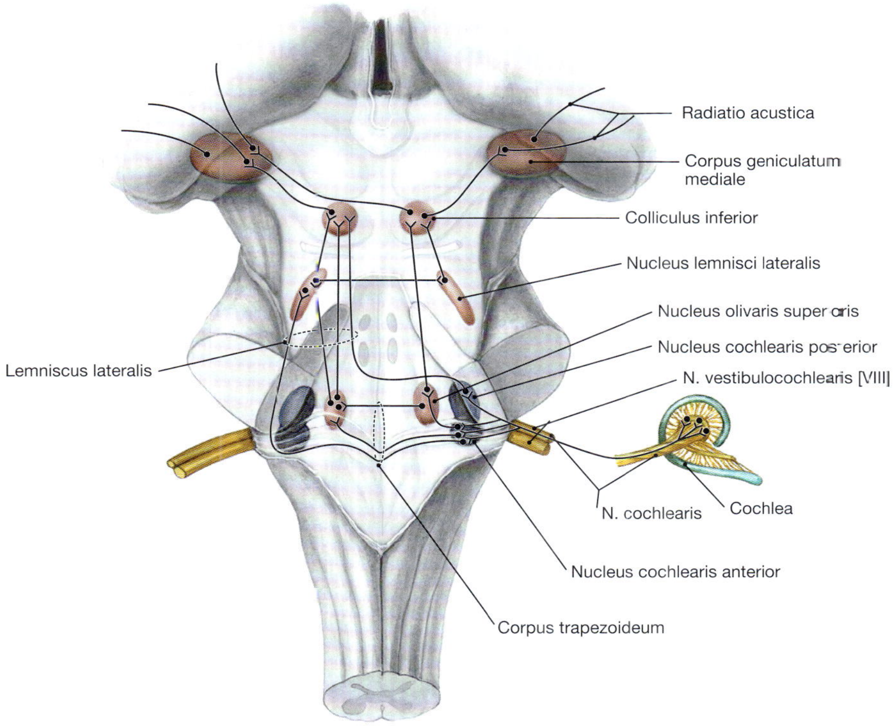

Abb. 10.58 Hörbahn; Übersicht.
Funktion der aufsteigenden Hörbahn ist, akustische Signale an das Gehirn weiterzuleiten, dort zu verarbeiten und zum Bewusstsein zu bringen.

1. Neuron: bipolare Zellen des Ganglion spirale cochleae.

- Nach Austritt aus den kleinen Öffnungen des Tractus spiralis foraminosus in der Tiefe des inneren Gehörgangs schließen sich die Fasern als N. cochlearis dem N. vestibularis an und bilden mit ihm den auf dem Boden des inneren Gehörgangs verlaufenden N. vestibulocochlearis [VIII].
- Die Fasern aus den basalen Anteilen der Schnecke ziehen zum Nucleus cochlearis posterior, die Fasern aus den apikalen Anteilen zum Nucleus cochlearis anterior.

2. Neuron: multipolare Zellen der Nuclei cochleares.

- Die Fasern aus dem Nucleus cochlearis anterior ziehen größtenteils zum gleichseitigen oder gegenseitigen Olivenkomplex.
- Ein Teil der Fasern kreuzt zur Gegenseite und gelangt ohne Umschaltung über den Lemniscus lateralis bis in den Colliculus inferior.
- Die Fasern, die den gleichseitigen Olivenkomplex erreicht haben, steigen entweder zum Nucleus lemnisci lateralis auf, werden umgeschaltet und kreuzen zur Gegenseite, werden wieder umgeschaltet und erreichen ebenfalls den Colliculus inferior oder steigen direkt im Lemniscus lateralis zum Colliculs inferior auf.

3. oder 4. Neuron: Vom Colliculus inferior aus werden Verbindungen zum Corpus geniculatum mediale hergestellt.

4. oder 5. Neuron: Die Radiatio acustica verbindet das Corpus geniculatum mediale mit der HESCHL-Querwindung und dem WERNICKE-Zentrum des Schläfenlappens.

Gleichgewichtsbahn

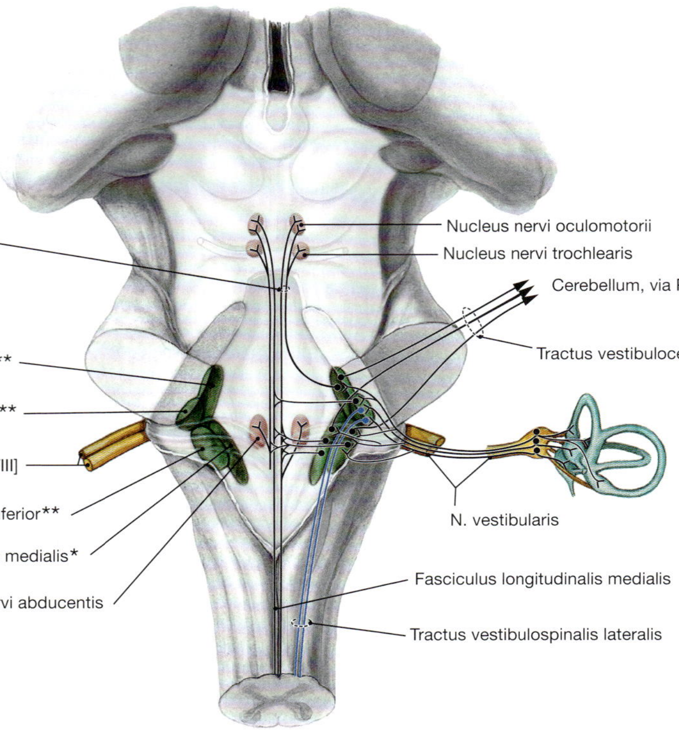

Abb. 10.59 Gleichgewichtsbahn; Übersicht.
Durch die Verbindungen der Gleichgewichtsbahn werden Augenbewegungen und Bewegungen von Rumpf, Hals und Extremitäten koordiniert.

1. Neuron:
- Die Afferenzen des Ganglion vestibulare projizieren zum größten Teil in den Nucleus vestibularis medicalis (SCHWALBE), den Nucleus vestibularis superior (BECHTEREW) und den Nucleus vestibularis inferior (ROLLER).
- Afferenzen der Cristae ampullares der Bogengangorgane enden hauptsächlich in den Nuclei BECHTEREW und SCHWALBE sowie über die direkte sensorische Kleinhirnbahn im Vestibulocerebellum.
- Afferenzen des Utriculus ziehen zum medialen Vestibulariskern, Afferenzen des Sacculus projizieren zum lateralen Vestibulariskern.
- Der laterale Vestibulariskern (DEITERS) erhält ebenfalls Kollateralen der Vestibularisbahn, besonders aber Verbindungen aus dem Kleinhirn.

2. Neuron:
- von den Vestibulariskernen führen Efferenzen
- zum Kleinhirn (Tractus vestibulocerebellaris)
- zum Rückenmark (Tractus vestibulospinalis)
- zu den Augenmuskelkernen (Fasciculus longitudinalis medialis)
- und zum Thalamus (über den Tractus vestibulothalamicus zum Nucleus ventralis posterior inferior und von dort über die Radiatio thalami zum Gyrus postcentralis)

* SCHWALBE
** ROLLER
*** DEITERS
**** BECHTEREW

Hals

11

Der Hals – grenzenlose Verbindlichkeit

Grenzen

Die Grenzen des Halses (Collum/Cervix) gegenüber Kopf, Rumpf und Schultergürtel sind – vorsichtig gesprochen – unscharf. Fische haben keine Hälse, bei ihnen grenzt der Kopf direkt an den Rumpf und an den Schultergürtel. Hälse gibt es bei landlebenden Tieren, allerdings ist der Hals nichts grundlegend Neues, vielmehr wurde die Kopf-Rumpf-Grenze sozusagen „zerdehnt", in die Länge gezogen. Das erklärt viele Besonderheiten wie etwa die Tatsache, dass Kopfnerven an der Innervation von Schultermuskeln beteiligt sind und der Arm von Nerven innerviert wird, die aus der Halswirbelsäule hervortreten (s. u.).

Orientiert man sich nicht an den Weichteilen, sondern an der knöchernen Grundlage, um die Grenzen des Halses zu definieren, dann sind diese durch Unterkiefer und Hinterhauptsbein einerseits und das Schlüsselbein und die Oberkante des Schulterblatts andererseits festgelegt. Zum Zentrum des Brustkorbs hin geht der Hals durch die obere Thoraxapertur (also durch den Knochenring aus erster Rippe, erstem Brustwirbel und Brustbein) hindurch in das Mittelfell (Mediastinum) des Thorax über.

Nacken

Fasst man sich an die Rückseite des Halses, in den Nacken (Regio cervicalis posterior), tastet man fast nichts als Muskeln: Unter der dünnen Muskelplatte des M. trapezius liegen auf beiden Seiten der Wirbelsäule die mächtigen Stränge der autochthonen Rückenmuskulatur (→ S. 76, Bd. 1), die als Nackenmuskulatur bis zur Basis des Hinterhaupts ziehen. Die Dornfortsätze der oberen sechs Halswirbel (Vertebrae cervicales) sind nicht tastbar, sie liegen unter einer derben, sagittal gestellten Sehnenplatte, dem Nackenband (Lig. nuchae). Den Dornfortsatz des 7. Halswirbels aber kann man sehen und tasten, weshalb er als Vertebra prominens bezeichnet wird.

Vordere Halsregion

Würde man in der vorderen Halsregion (Regio cervicalis anterior = Trigonum colli anterius) so kräftig zupacken, wie das im Nacken möglich ist, wäre das sehr unangenehm. Denn wo dort die Muskulatur das Bild bestimmt, liegen hier empfindliche Organe: Die Eingeweide des Mediastinums setzen sich in den Hals fort. Die seitlichen Grenzen der vorderen Halsregion werden von den beiden Mm. sternocleidomastoidei, den Kopfwendern, markiert. Dreht man den Kopf zur einen Seite, springt auf der anderen Seite der schlanke, aktiv sich dabei spannende Muskelbauch des M. sternocleidomastoideus hervor.

An der Basis der vorderen Halsregion, zwischen den Schlüsselbeinen und gleich über dem Brustbein, liegt die **Drosselgrube** (Fossa jugularis). Ihr Name erschließt sich sofort, wenn man mit dem Finger hineindrückt: Direkt unter ihr liegt die Luftröhre (Trachea), hier kann man einen Menschen erdrosseln. Hinter der Luftröhre, bis hinauf zum Kehlkopf, liegt die Speiseröhre (Oesophagus). Von ihr ist nichts zu tasten – wohl aber spürt man ihre rückwärtige Nachbarschaft zur Trachea, wenn man einen allzu großen, kantigen Brocken hinabzuschlingen versucht. Der drückt dann nach ventral auf die Trachea, weil der Oesophagus dorsal direkt an die Halswirbelsäule grenzt.

Von der Drosselgrube kopfwärts tastend gelangt man – immer entlang der Trachea – zum Skelett des **Kehlkopfs** (Larynx), dessen Adamsapfel (Prominentia laryngea) beim Mann deutlich vorspringt. Etwa auf Höhe des Adamsapfels trennen sich im Kehlkopf Luft- (ventral) und Speiseweg (dorsal). Der Kehlkopf ist sehr beweglich, beim Schlucken wandert er, nur von Muskelschlingen gehalten, kurzfristig um die Höhe eines ganzen Halswirbels nach kranial. Neben der Trachea und dem unteren Teil des Larynx liegt die Schilddrüse (Glandula thyroidea), die mit ihren zwei großen Lappen rechts und links kaum zu tasten ist – es sei denn bei der Struma (Kropf), einer krankhaften Vergrößerung.

Der kranial sich dem Kehlkopf anschließende Hohlraum wird als **Schlund** (Pharynx) bezeichnet. Hier überlagern sich Luft- und Speiseweg. Außerdem münden Mund- und Nasenhöhle in ihn. Mit zwei Fingern, Daumen und Mittelfinger, seitlich vom Kehlkopf aufwärts, bis knapp unter den Unterkiefer, fest zudrücken ... das wird sehr unangenehm. Dort ist man im **Trigonum caroticum,** in dem man bei schwachem Druck den Puls der Kopfschlagader, der A. carotis communis, tasten kann. Sie teilt sich in dieser Region in ihre beiden Endäste, die A. carotis externa und die A. carotis interna. Steigert man den Druck etwas, ist hier auch ein Knochenpunkt spürbar: das große Horn des Zungenbeins (Os hyoideum). Wenn man sich traut, während des Drückens noch zu schlucken, merkt man, wie sich das Zungenbein zusammen mit dem Kehlkopf nach oben bewegt. Tatsächlich ist das Zungenbein der „Zuganker" des Kehlkopfs, an dem ein Teil der Schlundmuskeln beim Schluckakt angreift. Bei noch weiter gesteigertem, festem Druck kann die A. carotis gegen das Zungenbein (und den Schildknorpel) gepresst werden – was Bewusstlosigkeit zur Folge hat – oder das Zungenbein kann brechen, den Eingang zum Kehlkopf verlegen und zum Ersticken führen –, weshalb sich die Rechtsmediziner bei unklaren Todesfällen das Zungenbein immer sehr genau ansehen.

Beiderseits des gesamten Kontinuums von Trachea, Oesophagus, Larynx und Pharynx verlaufen die A. carotis communis, die V. jugularis interna und der N. vagus [X] in einer gemeinsamen Bindegewebescheide (Karotisscheide, Vagina carotica). Die A. carotis communis kommt aus dem Aortenbogen (linke Seite) oder dem Truncus brachiocephalicus (rechte Seite), die V. jugularis interna sammelt das Blut aus den intrakraniellen Sinus und dem Gesichtsschädel und der N. vagus [X], ein Hirnnerv, strebt abwärts in das Mediastinum und in die Bauchhöhle. Im unteren, schlüsselbeinnahen Teil der vorderen Halsregion wird diese Gefäß-Nerven-Straße weitgehend vom M. sternocleidomastoideus überdeckt.

Seitliches Halsdreieck

Die seitliche Halsregion (Regio cervicalis lateralis = Trigonum colli laterale) wird kaudal vom Schlüsselbein (Clavicula), medial vom M. sternocleidomastoideus und dorsal vom M. trapezius begrenzt. Der so grob umrissene Innenraum des Trigonums setzt sich – ohne scharfe Grenze – unter dem Schlüsselbein hindurch in die Achselhöhle (Axilla) fort. Das Trigonum colli laterale enthält die großen Nervenstraßen, die, von der Halswirbelsäule steil absteigend, zum Arm ziehen. Denn fast alle Nerven des Arms (Plexus brachialis) treten aus der Halswirbelsäule hervor. Das Trigonum enthält aber auch die großen Gefäße des Arms (A./V. subclavia), die aus dem Mediastinum, aus der oberen Thoraxapertur, kommen und hinter der Clavicula erst ins Trigonum und dann in die Axilla abbiegen. Zu tasten gibt es dort nur wenig, auch nicht den Puls der A. subclavia, denn die liegt tief im Trigonum, etwas hinter dem Schlüsselbein. Zu sehen gibt es auch nicht viel: Bei (schlanken) Hälsen sinkt die Haut des Trigonums über dem Schlüsselbein zur Fossa supraclavicularis major ein. Manchmal schimmert die große Hautvene des Halses, die V. jugularis externa, durch die Haut hindurch, und wenn man Grimassen schneidet, kann man sehen, wie der große Hautmuskel des Halses (das Platysma) die dünne Haut des Halses spannt.

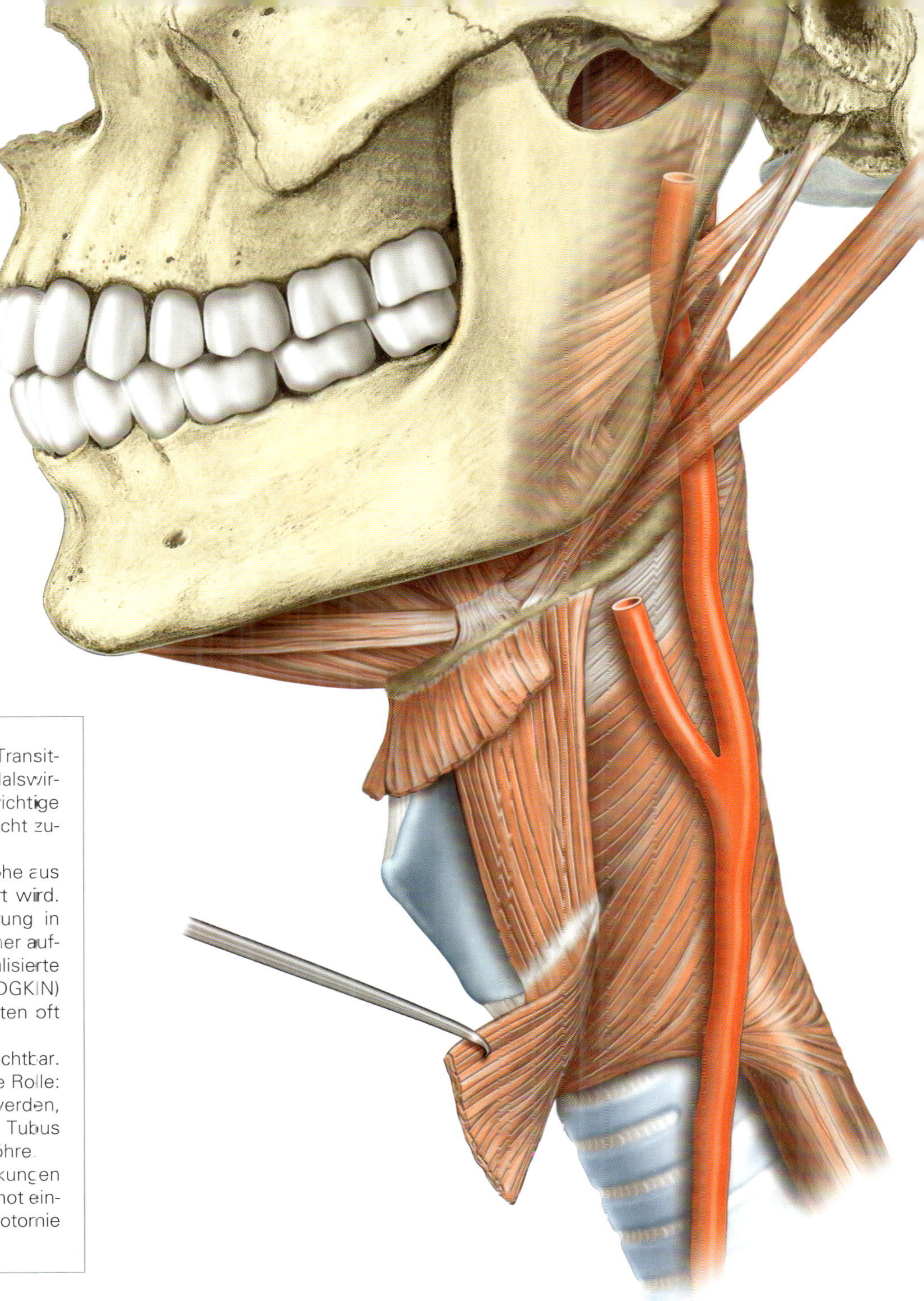

Klinik

Halsverletzungen sind meist gefährlich, da der Hals als Transitstrecke zwischen Kopf und Rumpf fungiert, außer der Halswirbelsäule nur aus Weichteilen besteht und somit viele wichtige Strukturen wie Gefäße, Nerven, Luft- und Speisewege leicht zugänglich sind.
Im Hals liegen ca. 200 bis 300 Lymphknoten, denen Lymphe aus dem gesamten Kopf und teilweise vom Rumpf zugeführt wird. Malignome des Kopfs führen mitunter zur Metastasierung in Halslymphknoten, die aufgrund ihrer prominenten Lage eher auffällig werden als der eigentliche Primärtumor. Auch generalisierte **Erkrankungen des Lymphsystems** (z.B. Morbus HODGKIN) werden im Hals aufgrund der großen Zahl an Lymphknoten oft erstmals offensichtlich.
Erkrankungen der Schilddrüse sind von außen meist leicht sichtbar.
Für den Arzt spielen der Hals und seine Organe eine große Rolle: Die Gefäße können als venöser **Zugangsweg** genutzt werden, der Anästhesist schiebt im Rahmen einer Narkose den Tubus durch Nase bzw. Mund, Rachen und Kehlkopf in die Luftröhre.
Im Kehlkopf liegt die engste Stelle des Luftwegs. Erkrankungen des Kehlkopfs oder aspirierte Fremdkörper gehen mit Luftnot einher und können eine Tracheotomie oder im Notfall eine Koniotomie nötig machen.

→ präplink

Präparation des Halses von ventral: Nach Darstellung und Hochschlagen des Platysmas werden die epifaszialen Nerven des Plexus cervicalis aufgesucht. Anschließend wird die oberflächliche Halsfaszie abgetragen und werden der M. sternocleidomastoideus, der Vorderrand des M. trapezius und der N. accessorius [XI] im lateralen Halsdreieck präpariert. Nach Entfernung des mittleren Halsfaszienblatts mit Darstellung der infrahyalen Muskeln erfolgt die Eröffnung der Karotisscheide mit den Aa. carotides communis, externa und interna, der V. jugularis interna und dem N. vagus [X]. Der M. sternocleidomastoideus wird an der Clavicula abgesetzt und anschließend hochgeklappt. Es folgen die Exartikulation der Clavicula beidseits, die vollständige Darstellung der infrahyalen Muskeln mit Ansa cervicalis, das Lösen der am Sternum inserierenden infrahyalen Muskeln, die Darstellung der Schilddrüse und ihrer Blutversorgung von ventral sowie die Präparation der großen Gefäße zwischen Kopf und Arm, von Mm. scaleni, Plexus brachialis, N. phrenicus, Glandula submandibularis und ihren benachbarten Gefäßen und des Larynx von ventral und lateral. An die Darstellung des Grenzstrangs auf der Halswirbelsäule schließt sich das Absetzen des Kopfs mit Halspaket von der Halswirbelsäule im Atlantookzipitalgelenk an. Nach Präparation des Pharynx von dorsal mit Darstellung der Hirnnerven wird der Pharynx von dorsal in der Mittellinie eröffnet. Daran schließt sich die Präparation des Larynx von dorsal mit Darstellung der Stimmfalten und der Kehlkopfmuskeln an. Zuletzt wird der Larynx von ventral präpariert.

IMPP-CHECKLISTE

• Entwicklung von Schilddrüse (Ductus thyroglossalis), Nebenschilddrüse, Kehlkopf und Schlund • Halsfaszien, Fascia buccopharyngea • infrahyale Muskulatur, Halsmuskeln (Platysma, Mm. sternocleidomastoideus, trapezius, scaleni), prävertebrale Muskulatur, kurze Nackenmuskeln • Vertebralis-Dreieck • Pharynx • Halsteil des Oesophagus • Larynx • Halsteil der Trachea • Schilddrüse, Epithelkörperchen • Glomus caroticum • Nn. craniales (Nn. glossopharyngeus [IX], vagus [X], accessorius [XI], hypoglossus [XII]), Halsnerven (Rr. dorsales, Rr. ventrales, Plexus cervicalis) • vegetative Innervation (Sympathicus, Parasympathicus) von Gefäßen • Aa. carotis communis, carotis interna, carotis externa, V. jugularis interna, Angulus venosus • oberflächliche und tiefe Halslymphknoten, Einmündung großer Lymphbahnen • Oberflächenanatomie des Halses • Spatium peripharyngeum • Halsregionen • bildgebende Verfahren

Regionen des Halses

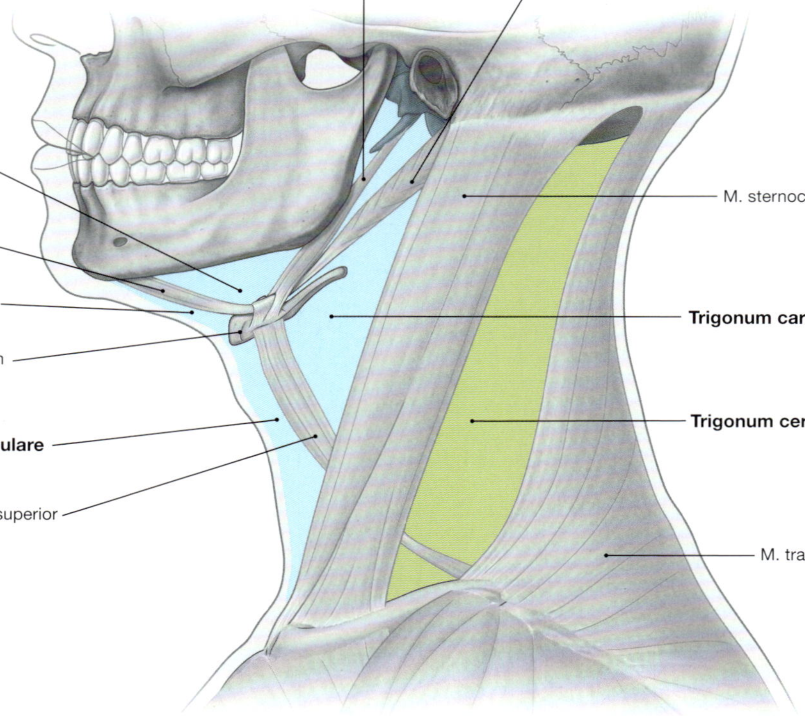

Abb. 11.1 Vordere und seitliche Halsregion, Regiones cervicales anterior et lateralis, links; Ansicht von lateral. [8]
Begrenzungen des **vorderen Halsdreiecks** (Regio cervicalis anterior [Trigonum cervicale anterius]) sind der Unterrand der Mandibula, der Vorderrand des M. sternocleidomastoideus und die Linea mediana cervicis. Im vorderem Halsdreieck liegen das Trigonum submandibulare (Begrenzungen: Unterrand der Mandibula, Venter anterior und Venter posterior des M. digastricus), das Trigonum submentale (Begrenzungen: Os hyoideum, Venter anterior des M. digastricus, Linea mediana cervicis), das Trigonum musculare (Begrenzungen: Os hyoideum, Venter superior des M. omohyoideus, M. sternocleidomastoideus, Mittellinie des Halses) und das Trigonum caroticum (Begrenzungen: Venter superior des M. omohyoideus, der unterste Teil des M. stylohyoideus, Venter posterior des M. digastricus, M. sternocleidomastoideus).
Begrenzungen des **hinteren Halsdreiecks** (Regio cervicalis posterior [Trigonum cervicale posterius]) sind der Hinterrand des M. sternocleidomastoideus, der Vorderrand des M. trapezius, der Oberrand der Clavicula und das Os occipitale.

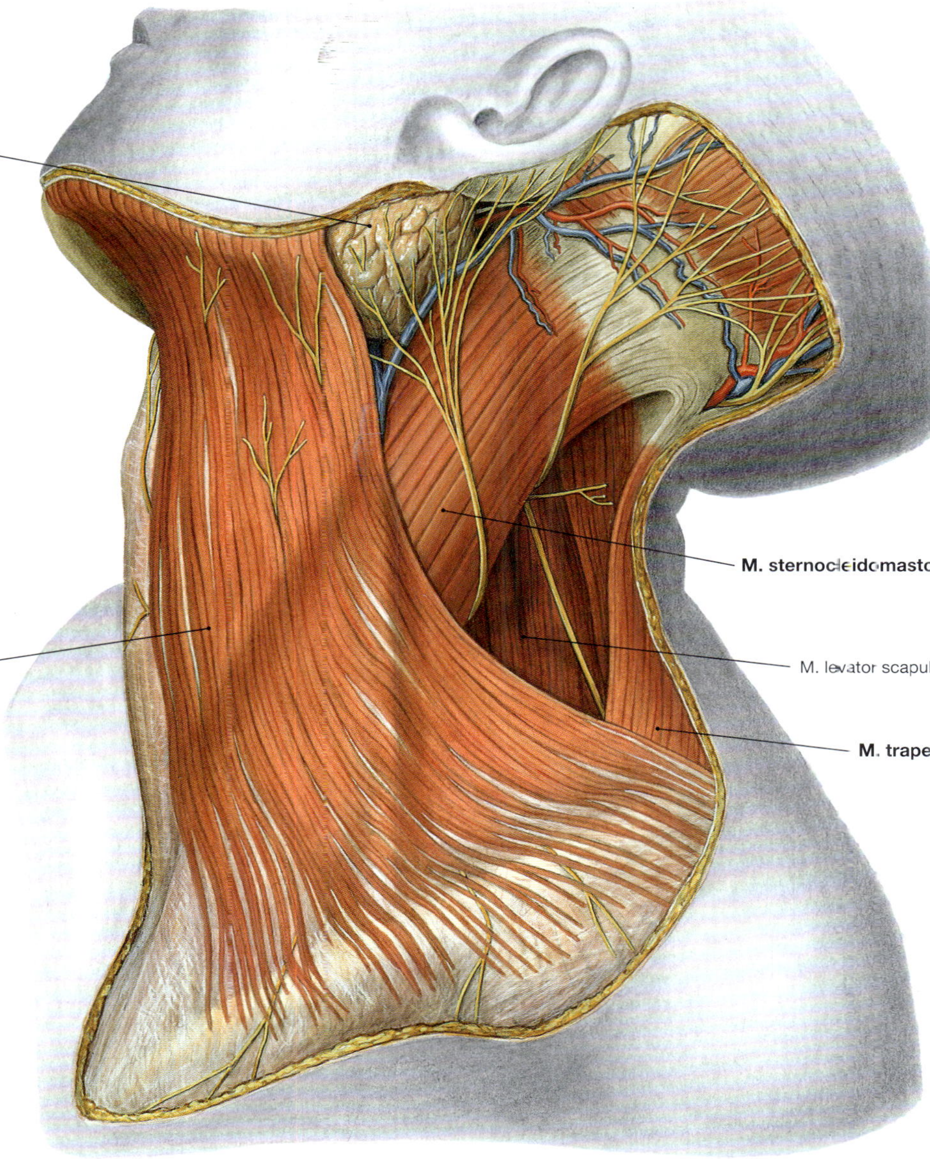

Abb. 11.2 Muskeln der vorderen und der seitlichen Halsregion, Regiones cervicales anterior et lateralis, oberflächliche Schicht; links; Ansicht von lateral.
Oberflächlich erstreckt sich das Platysma (mimischer Muskel ohne Faszie) als dünne flache Muskelplatte direkt unter der Haut von der Mandibula über die Clavicula bis auf den Thorax. Lateral hinten ist die oberflächliche Halsfaszie entfernt. Man sieht den oberen Anteil des M. sternocleidomastoideus, der als Orientierungsstruktur bei operativen Eingriffen dient, und hinten unten den Vorderrand des M. trapezius. Zwischen Platysma und M. sternocleidomastoideus liegt der untere Pol der Glandula parotidea, der sich variabel in den Hals erstreckt. In der Tiefe des hinteren Halsdreiecks erkennt man den M. levator scapulae.

→ T 1f, 8

Halsmuskeln und Tracheotomie

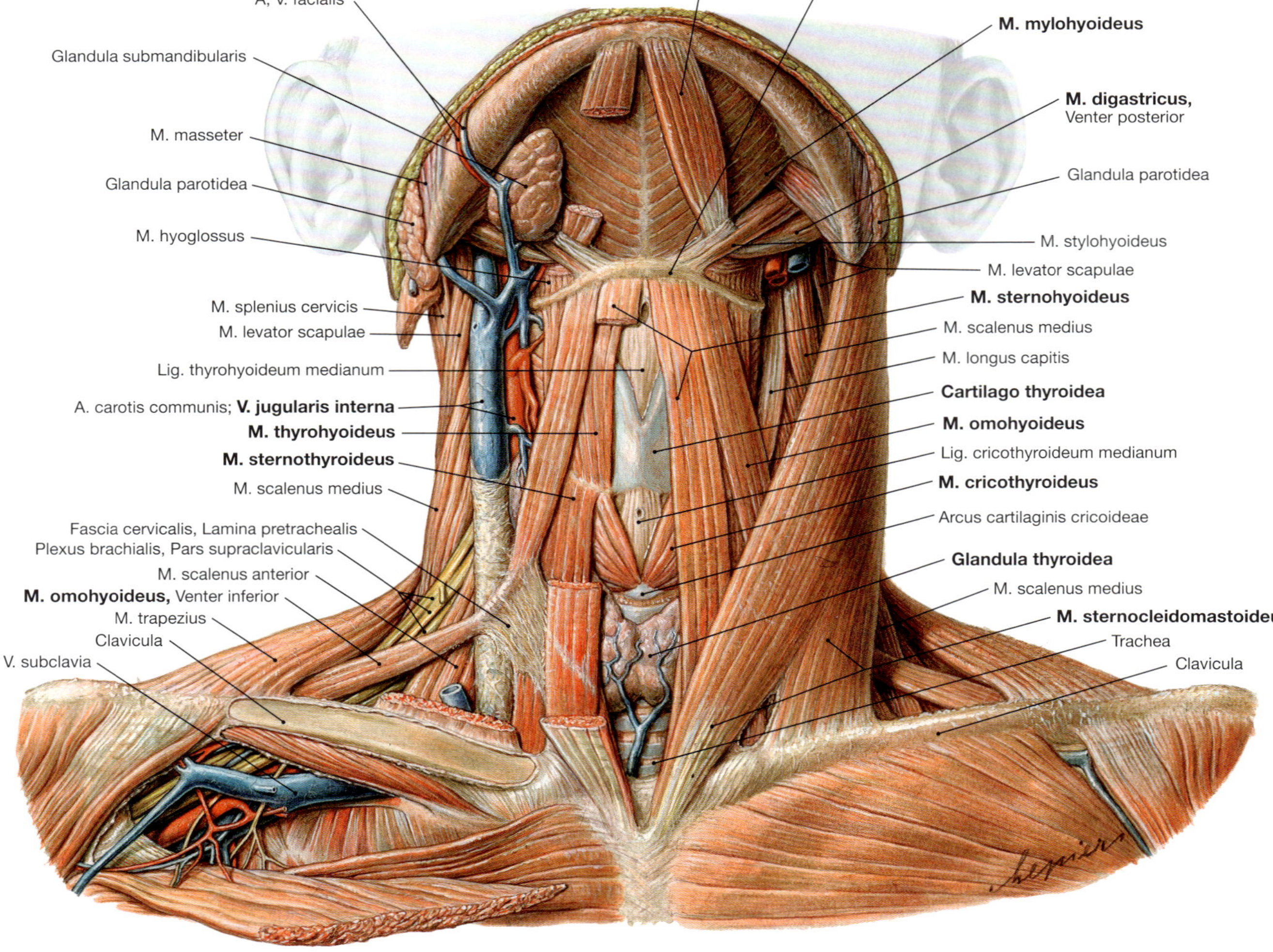

Abb. 11.3 Halsmuskeln, Mm. colli; Ansicht von ventral; Kinn angehoben.
Oberflächlich zieht der M. sternocleidomastoideus mit zwei Ursprüngen (Caput sternale und Caput claviculare) zum Proc. mastoideus. Mit seiner kaudalen Partie bedeckt er den Ursprung der **infrahyalen Muskulatur** mit den Mm. sternohyoideus, sternothyroideus, thyrohyoideus und omohyoideus, die sich zwischen Brustbein, Schildknorpel, Zungenbein und Schulterblatt (M. omohyoideus) erstrecken. Der M. omohyoideus besitzt zwei Bäuche und eine Zwischensehne, über die er an das Bindegewebe der Karotisscheide (Vagina carotica) fixiert ist und so das Lumen der V. jugularis interna offen hält. Unter den infrahyalen Muskeln sieht man von unten nach oben u. a. den Schilddrüsenisthmus, den paarigen M. cricothyroideus (einen äußeren Kehlkopfmuskel), den Schildknorpel und das Zungenbein. Oberhalb vom Zungenbein wird der Mundboden vom M. mylohyoideus gebildet.

→ T 8–11

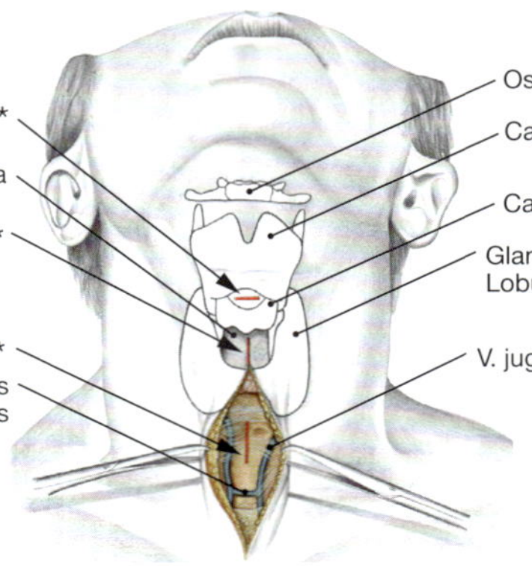

Abb. 11.4 Chirurgische Zugänge zur Eröffnung der Luftröhre; Ansicht von ventral; Hals weit nach dorsal überstreckt.
Bei der **Koniotomie** wird das Lig. cricothyroideum medianum (Lig. conicum, → Abb. 11.28) zwischen Schildknorpel und Ringknorpel durchtrennt. Dabei wird der Kehlkopfbinnenraum knapp unterhalb der Stimmfalten erreicht.
Bei der **Tracheotomie** können ein oberer Zugang oberhalb des Schilddrüsenisthmus, ein mittlerer Zugang nach Durchtrennung des Isthmus und ein unterer Zugang unterhalb des Isthmus der Schilddrüse gewählt werden (→ Abb. 11.50).

* Koniotomie
** obere Tracheotomie
*** untere Tracheotomie

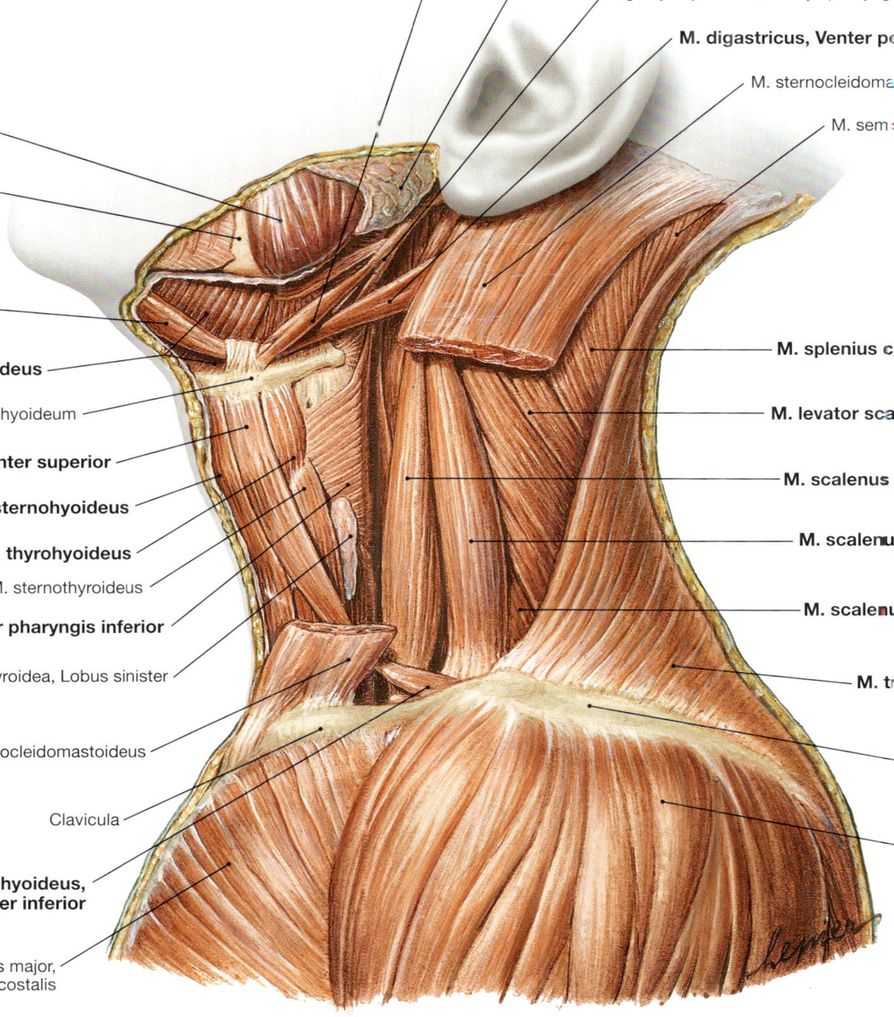

Abb. 11.5 Halsmuskeln, Mm. colli; Ansicht von lateral.
Sämtliche Muskelfaszien und das Platysma sind entfernt, der mittlere Anteil des M. sternocleidomastoideus ist reseziert. Man erkennt von vorne nach hinten: die **infrahyalen Muskeln** mit Mm. sternohyoideus, omohyoideus (Venter superior; der Venter inferior verläuft oberhalb der Clavicula im lateralen Halsdreieck), thyrohyoideus und sternothyroideus, Anteile der Schlundschnürer (M. constrictor pharyngis inferior), die Mm. scaleni (anterior, medius und posterior), den M. levator scapulae, den M. splenius capitis und den M. trapezius. Oberhalb des Zungenbeins sieht man drei **suprahyale Muskeln** (M. digastricus mit Venter anterior und Venter posterior, M. mylohyoideus und M. stylohyoideus).

→ T 8–11

Prävertebrale Muskeln

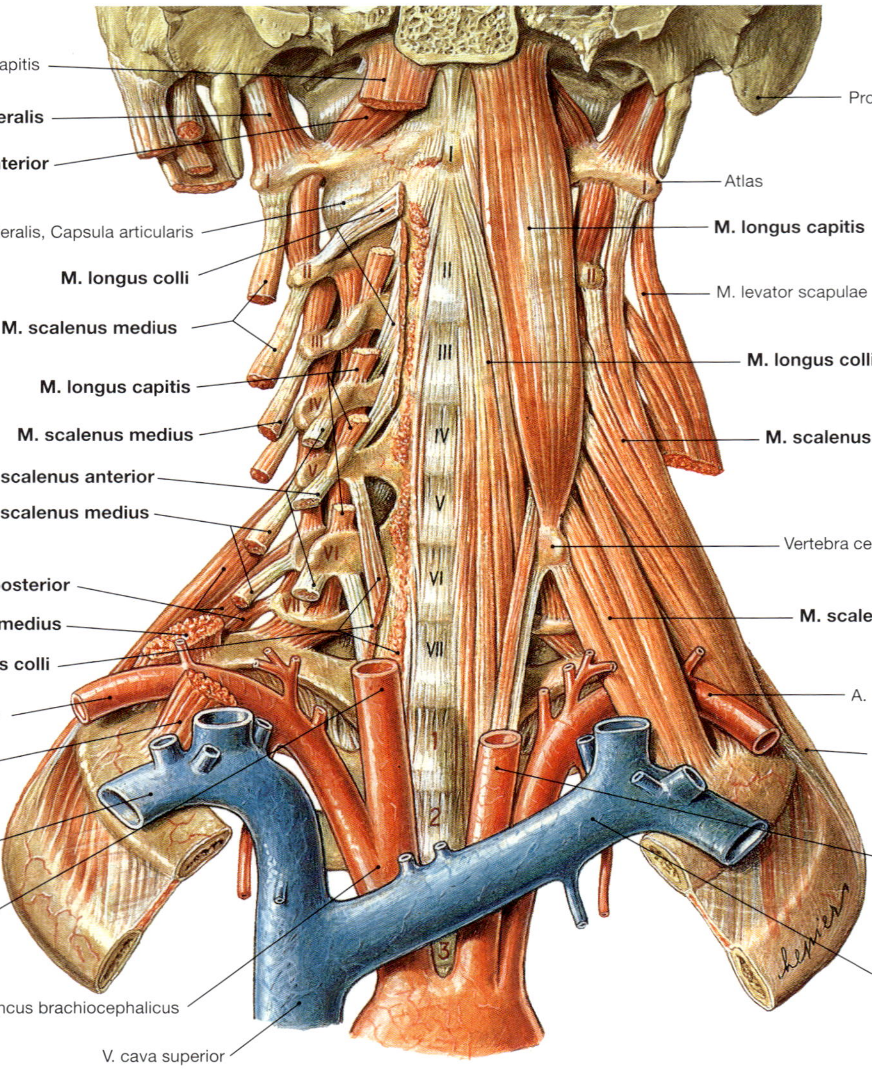

I–VII = 1.–7. Halswirbel
1–3 = 1.–3. Brustwirbel

Abb. 11.6 Prävertebrale Muskeln und Mm. scaleni; Ansicht von ventral.
Die **prävertebralen Muskeln** liegen rechts und links von den Wirbelkörpern der Hals- und der oberen Brustwirbelsäule und werden von der Lamina prevertebralis der Fascia cervicalis bedeckt. Die vorderen seitlichen Anteile von Atlas und Axis verbindet der kurze M. rectus capitis anterior. Außer diesem gehören zu den prävertebralen Muskeln der M. longus capitis und der M. longus colli. Der M. rectus capitis lateralis gehört zur eingewanderten ventrolateralen Muskulatur.
Die **Mm. scaleni** anterior, medius und posterior verlaufen bis zu den oberen Rippen und bilden seitlich der Halswirbelsäule eine dreiseitige Muskelplatte. M. scalenus anterior und M. scalenus medius bilden gemeinsam mit dem Oberrand der ersten Rippe die **Skalenuslücke,** durch die die A. subclavia und der Plexus brachialis (nicht dargestellt) hindurchtreten.
Manche Autoren unterscheiden eine vordere von einer hinteren Skalenuslücke. Dabei ist mit der vorderen Skalenuslücke der Verlauf der V. subclavia vor dem M. scalenus anterior über die erste Rippe gemeint, mit der hinteren Skalenuslücke der Durchtritt von A. subclavia und Plexus brachialis zwischen den Mm. scaleni anterior und medius über die I. Rippe. Da die sog. vordere Skalenuslücke keine echte Lücke ist, sollte man nur von der Skalenuslücke sprechen und meint damit den Bereich zwischen M. scalenus anterior und M. scalenus medius.

→ T 11, 12

Halsfaszien

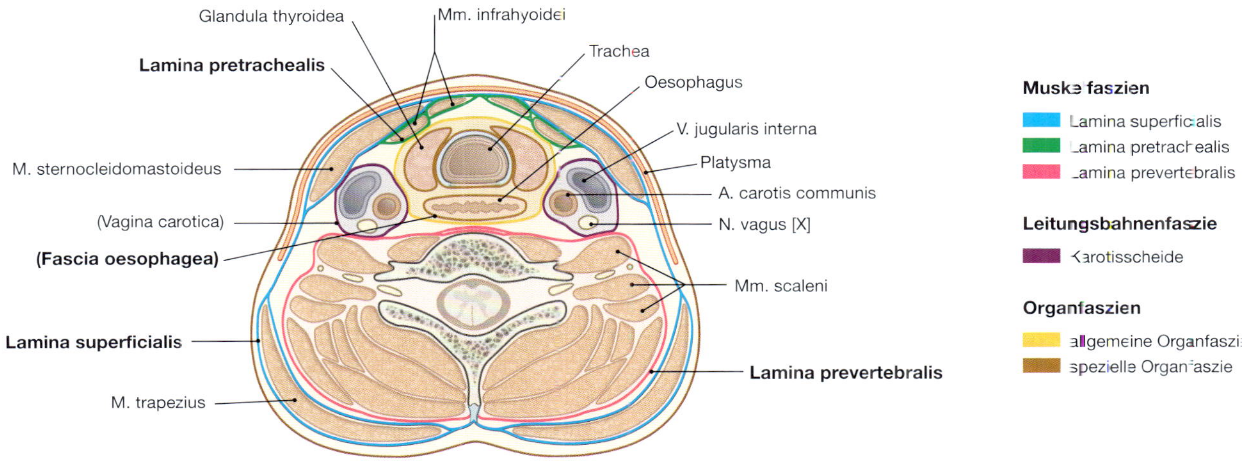

Abb. 11.7 Halsfaszien, Fasciae cervicales; Transversalschnitt durch den Hals. [8]
Man unterscheidet eine Muskelfaszie mit drei Blättern, eine Leitungsbahnenfaszie und eine Organfaszie mit zwei Blättern.

Muskelfaszien:
- Lamina superficialis (oberflächliches Blatt, umhüllt den ganzen Hals und umscheidet M. sternocleidomastoideus sowie Mm. levator scapulae und trapezius im Halsbereich)
- Lamina pretrachealis (mittleres Blatt, umhüllt infrahyale Muskeln)
- Lamina prevertebralis (tiefes Blatt, umscheidet Mm. scaleni, prävertebrale Muskeln, M. rectus capitis lateralis und geht über in die Faszie der autochthonen Rückenmuskulatur)

Leitungsbahnenfaszie:
- Karotisscheide (umhüllt Aa. carotides communis, interna und externa, V. jugularis interna, N. vagus [X])

Organfaszien:
- allgemeine Organfaszie (umscheidet alle Halseingeweide, wie Pharynx, Larynx, Schilddrüse, Nebenschilddrüsen, oberen Abschnitt der Trachea, Oesophagus mit Pars cervicalis, gemeinsam)
- spezielle Organfaszie = Organkapsel (umscheidet jedes einzelne Halseingeweideorgan, z. B. Fascia oesophagea)

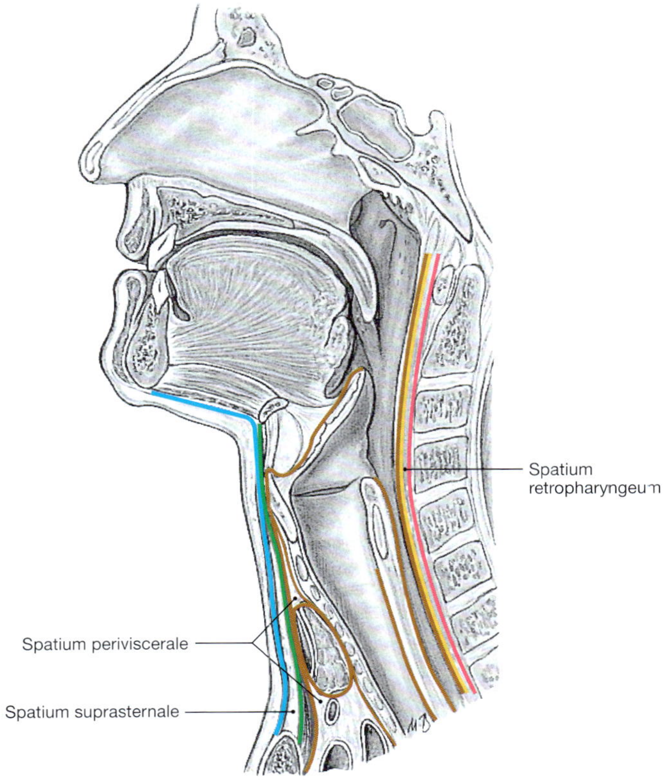

Abb. 11.8 Schema der Halsfaszien, Fasciae cervicales; Sagittalschnitt durch den Hals in Höhe des Kehlkopfs.
Oberhalb des Sternums befindet sich zwischen oberflächlichem und mittlerem Halsfaszienblatt das Spatium suprasternale, zwischen mittlerem Halsfaszienblatt und allgemeiner Organfaszie liegt ventral das Spatium previscerale. Prävertebral befindet sich zwischen der allgemeinen Organfaszie und dem tiefen Halsfaszienblatt das Spatium retropharyngeum (→ Abb. 11.17).

Muskelfaszien
- Lamina superficialis
- Lamina pretrachealis
- Lamina prevertebralis

Organfaszien
- allgemeine Organfaszie
- spezielle Organfaszie

Halsfaszien

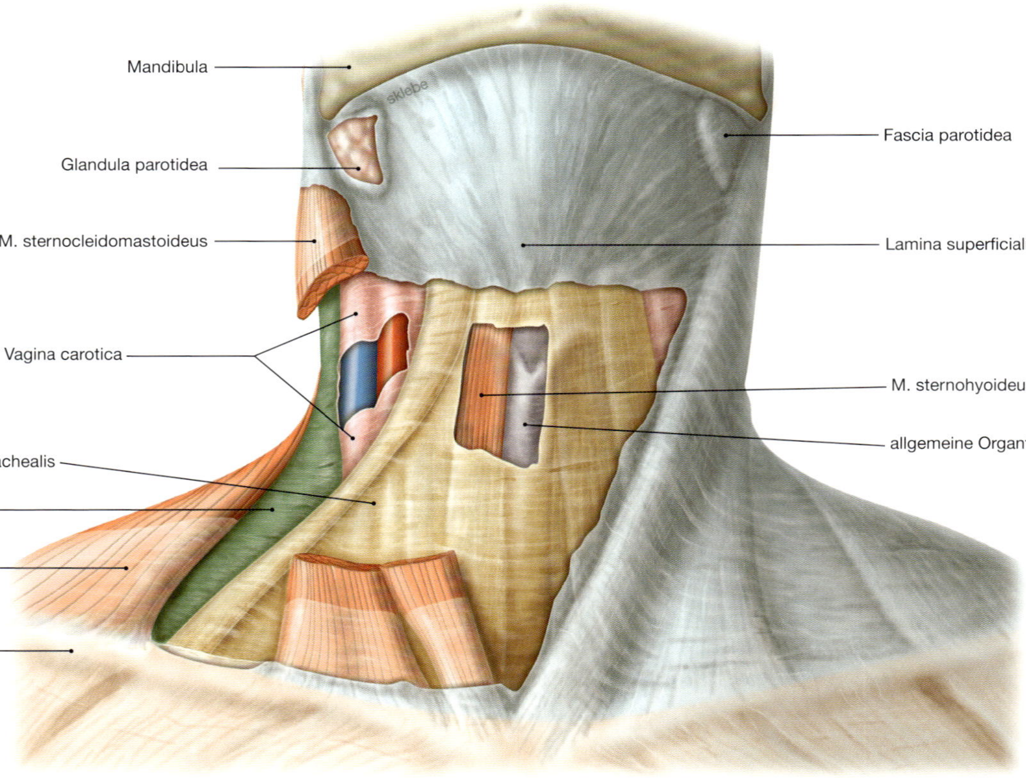

Abb. 11.9 Muskelfaszien des Halses, Fasciae cervicales; Ansicht von ventral.
Das Platysma ist auf beiden Seiten abgelöst. Auf der rechten Seite ist das oberflächliche Halsfaszienblatt intakt und umscheidet den M. sternocleidomastoideus. Links sind der Muskel und das oberflächliche Halsfaszienblatt größtenteils abgetragen. Über dem Kehlkopf ist ein kleiner Teil der mittleren Halsfaszie entfernt und gibt den Blick auf den von der mittleren Halsfaszie umscheideten M. sternohyoideus sowie die darunter liegende allgemeine Organfaszie frei. Am Hinterrand des M. omohyoideus sieht man die Karotisscheide, die an einer Stelle eröffnet ist, sowie das tiefe Blatt der Halsfaszie.

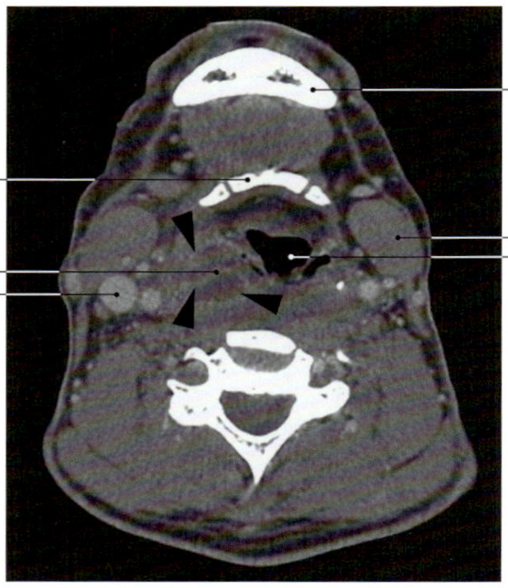

Abb. 11.10 Parapharyngealabszess, links; Ansicht von ventral. [13]
Der Abszess hat sich im Halsbereich innerhalb des anatomisch festgelegten Spatiums (Spatium lateropharyngeum) ausgebreitet (schwarze Pfeilspitzen).

Klinik

Im Rahmen von operativen Halseingriffen (z. B. einer Neck-Dissektion) dienen die Halsfaszienblätter und die von ihnen abgegrenzten Bindegeweberäume als Leitstrukturen. Zwischen den Halsfaszienblättern können sich innerhalb der Bindegeweberäume Blutungen und Abszesse ausbreiten und kaudalwärts in das Mediastinum absenken **(Senkungsabszess).** Aufgrund der geringen Wandstärke des Pharynx werden Keime besonders häufig in den Para- oder Retropharyngealraum verschleppt (**Parapharyngeal-** [Peripharyngeal-], → Abb. 11.10, oder **Retropharyngealabszess**).

Halsfaszien

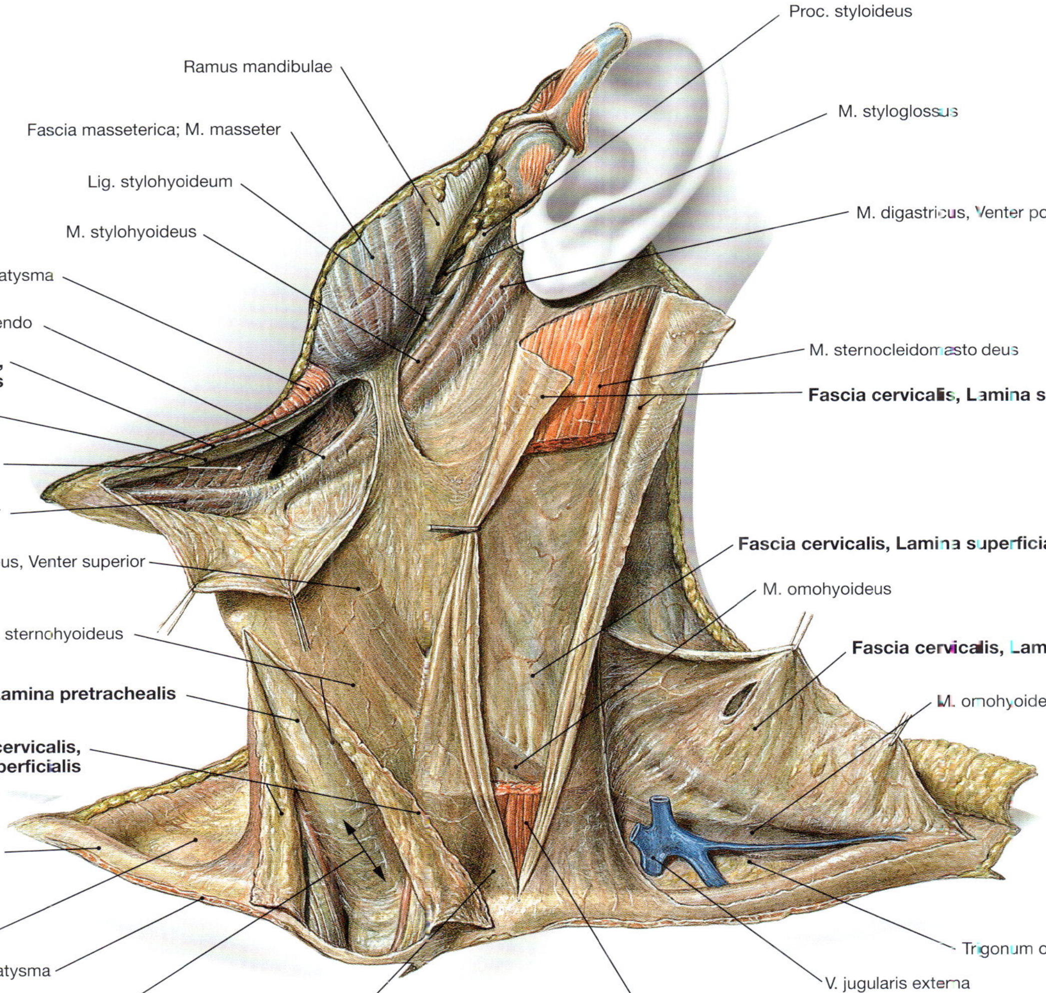

Abb. 11.11 Halsfaszie, Fascia cervicalis, links; Ansicht von ventral lateral.
Die oberflächliche Halsfaszie (Fascia cervicalis, Lamina superficialis) ist an mehreren Stellen eröffnet oder abgelöst. Auch ist das den M. sternocleidomastoideus einscheidende oberflächliche Halsfaszienblatt eröffnet und der M. sternocleidomastoideus im mittleren Abschnitt entfernt. Dadurch blickt man in den Faszienschlauch und sieht den tiefen Anteil der oberflächlichen Halsfaszie. Über der Incisura jugularis des Sternums ist die oberflächliche Halsfaszie schlitzförmig bis zum Adamsapfel des Kehlkopfs durchtrennt und jeweils zur Seite geschlagen. Damit ist das Spatium suprasternale eröffnet. Nach Ausräumung des Fettgewebes (häufig trifft man hier auch auf den Arcus venosus jugularis, → Abb. 11.17) sieht man auf das mittlere Halsfaszienblatt (Fascia cervicalis, Lamina pretrachealis), das die Rückwand des Spatium suprasternale bildet. Ferner ist die oberflächliche Halsfaszie an der Mandibula abgelöst und nach unten geklappt. Darunter sind die Sehne des M. stylohyoideus, der M. mylohyoideus und der Venter anterior des M. digastricus zu erkennen. Im hinteren Halsdreieck ist die oberflächliche Halsfaszie von der Clavicula abgelöst und nach oben geschlagen. Man sieht darunter die V. jugularis externa und angedeutet den von der mittleren Halsfaszie umscheideten Venter inferior des M. omohyoideus.

Rachenmuskeln

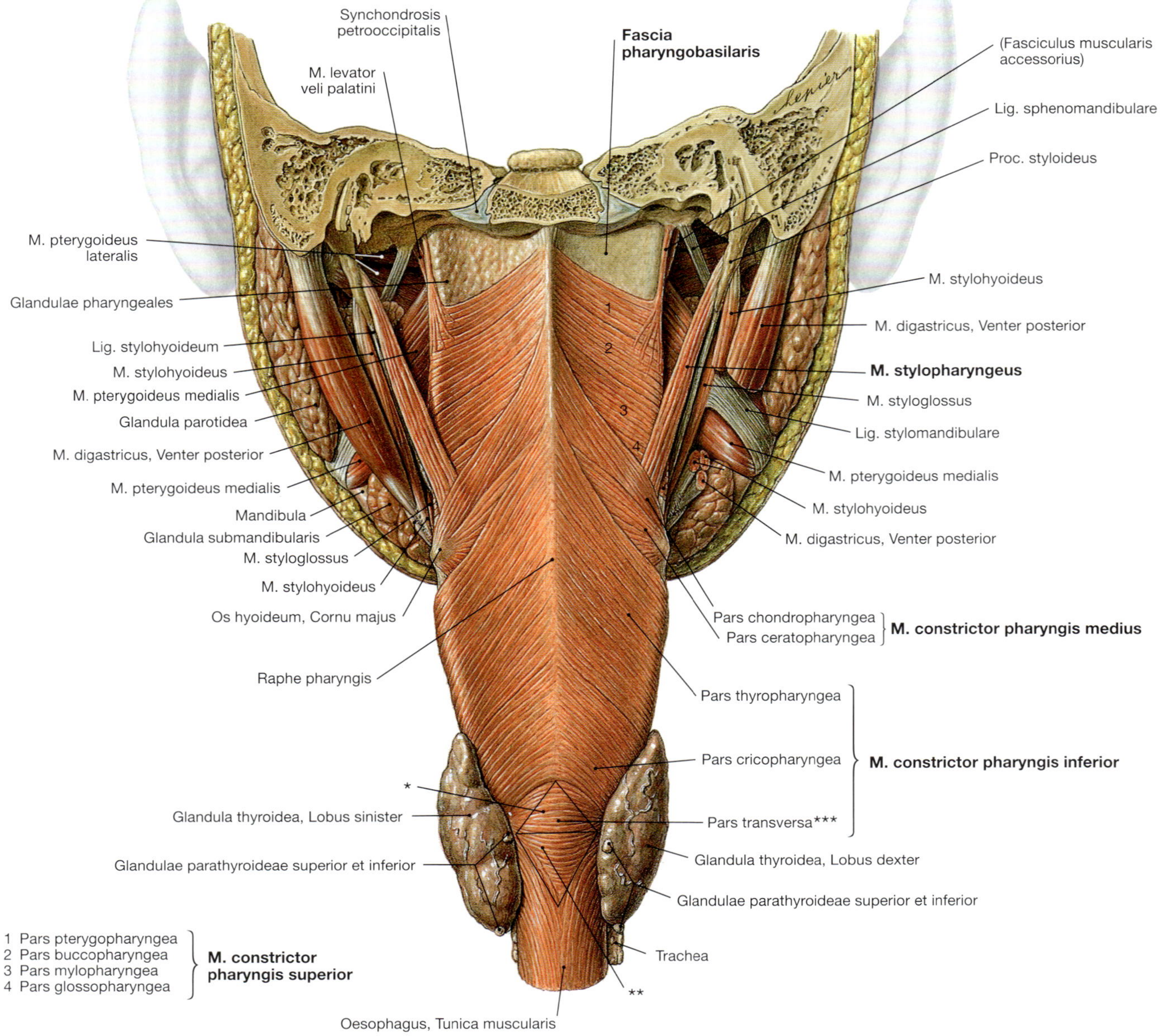

Abb. 11.12 Rachenmuskeln, Mm. pharyngis; Ansicht von dorsal.
Die Rachenmuskulatur (Tunica muscularis pharyngis) besteht aus den **Schlundschnürern** (Mm. constrictores pharyngis) und aus drei paarig angelegten **Schlundhebern** (Mm. levatores pharyngis). Im muskelfreien oberen Abschnitt der Rachenwand schließen sich Tela submucosa und Tunica adventitia zur Fascia pharyngobasilaris zusammen. Schlundschnürer und -heber wirken hauptsächlich beim Schluckakt, beim Würgen sowie beim Sprechen und Singen.
Die **Mm. constrictores pharyngis** superior, medius und inferior bestehen aus verschiedenen Anteilen, umschließen hufeisenförmig das Rachenlumen und überlappen sich, wobei der untere Muskel den Unterrand des oberen Muskels geringfügig überdeckt. Die Pars cricopharyngea des unteren Schlundschnürers besitzt zwei Muskelanteile, die zusammen ein muskelschwaches Dreieck (KILLIAN-Dreieck) begrenzen. Am Übergang von der Pars fundiformis des unteren Schlundschnürers zum Oesophagus wird dorsal durch die einstrahlende Speiseröhrenmuskulatur ebenfalls ein Muskeldreieck (LAIMER-Dreieck gebildet. Dieses steht zum KILLIAN-Dreieck auf dem Kopf. Die Pars fundiformis (der Pars cricopharyngea des M. constrictor pharyngis inferior) bildet für beide Dreiecke die Basis.
Die Schlundheber sind die **Mm. palatopharyngeus, salpingopharyngeus** und **stylopharyngeus.**

→ T 5

* KILLIAN-Dreieck
** LAIMER-Dreieck
*** Pars fundiformis der Pars cricopharyngea (KILLIAN-Schleudermuskel)

Klinik

Das muskelschwache KILLIAN-Dreieck kann besonders bei Männern im fortgeschrittenen Lebensalter eine Schwachstelle sein. Die Pharynxwand stülpt sich aufgrund eines erhöhten intraluminalen Drucks durch die muskuläre Schwachstelle als **Pulsionsdivertikel** (ZENKER-Divertikel, pharyngoösophageales Divertikel) in den Retropharyngealraum vor und kann mit Speisebrei gefüllt werden, was zu Regurgitation (Zurückwürgen) unverdauter Nahrung in die Mundhöhle führt.

Gesichts- und Rachenmuskeln

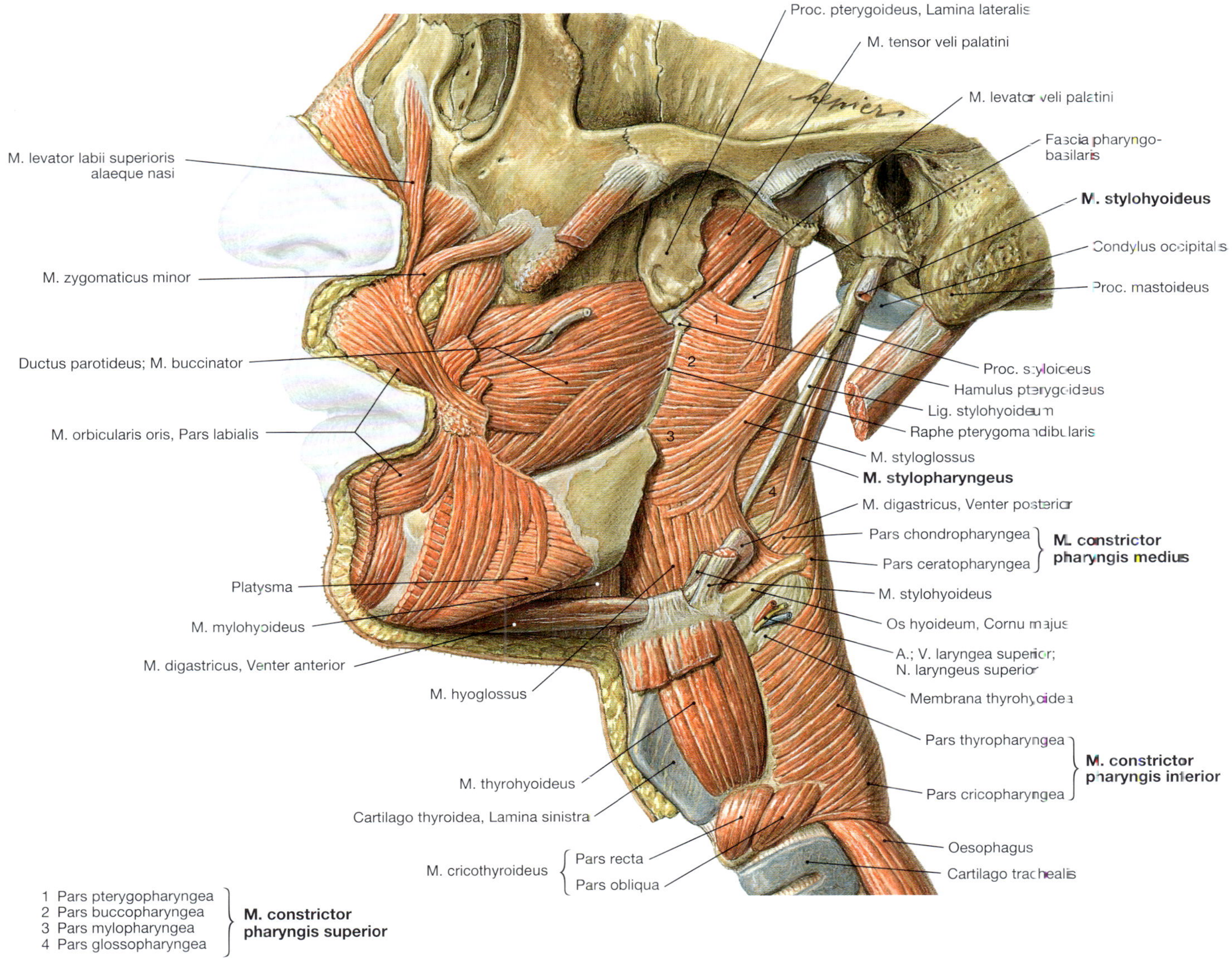

Abb. 11.13 Rachenmuskeln, Mm. pharyngis, und Gesichtsmuskeln, Mm. faciei, links; Ansicht von lateral.
Die Rachenmuskeln werden unterteilt in Schlundschnürer (Konstriktoren, Mm. constrictores pharyngis superior, medius und inferior) und in Schlundheber (Levatoren, Mm. stylopharyngeus, salpingopharyngeus und palatopharyngeus). In der Seitansicht sieht man die verschiedenen Anteile der Mm. constrictores pharyngis und den M. stylopharyngeus.

→ T 1e, 5

Klinik

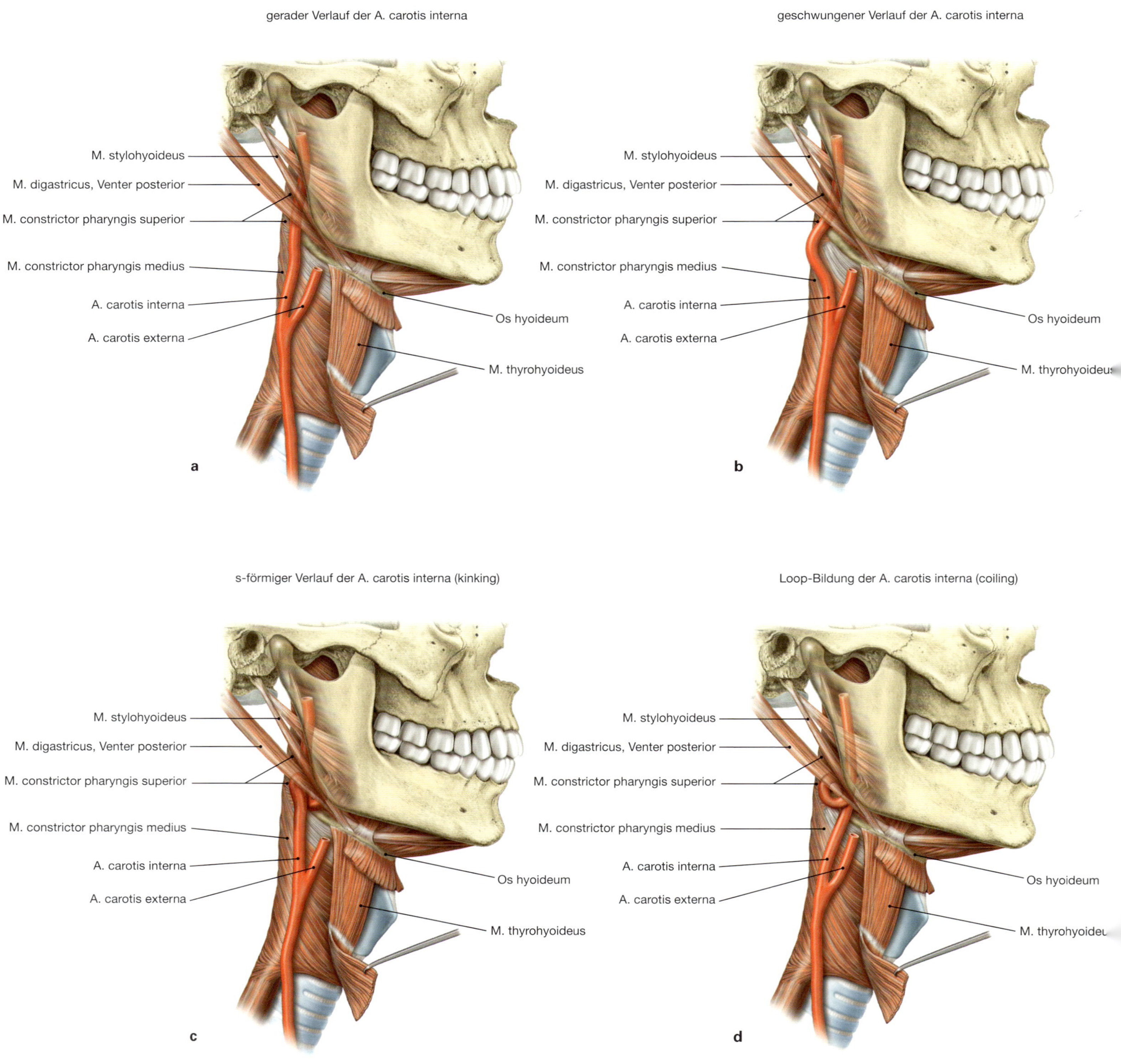

Abb. 11.14a bis d Verlaufsvarianten der Pars cervicalis der A. carotis interna in Bezug zur hinteren Pharynxwand.

- **a** gerader Verlauf (Häufigkeit 66%)
- **b** kurviger Verlauf (Häufigkeit 26,2%)
- **c** s-förmiger Verlauf (Häufigkeit 6%, davon 2,8% mit Beziehung zur Pharynxwand)
- **d** Loop-Bildung (Häufigkeit 1,8%, davon 0,7% mit Beziehung zur Pharynxwand)

Ein s-förmiger Verlauf oder eine Loop-Bildung wird als sog. **gefährliche Karotisschleife** (**c** und **d**) bezeichnet.

Klinik

Aufgrund der engen Beziehung von A. carotis interna und Tonsillenbett (Lage der Tonsilla palatina am Hinterrand des Isthmus faucium) besteht bei Vorliegen einer sog. **gefährlichen Karotisschleife** eine Verletzungsgefahr der A. carotis interna mit tödlicher Blutung bei Tonsillektomie oder bei Eröffnung eines Peritonsillarabszesses.

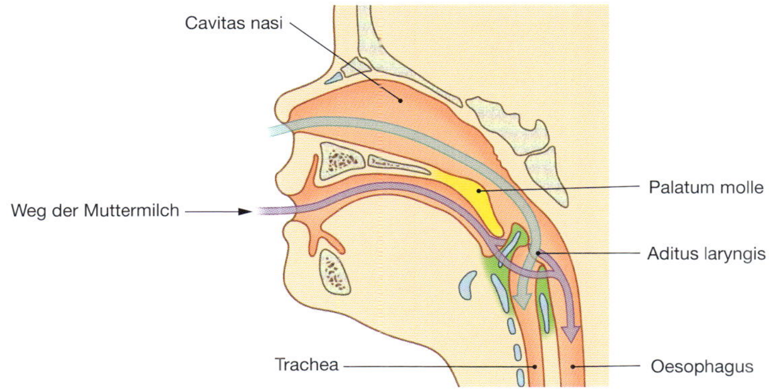

Abb. 11.15 Kopf eines Säuglings; Mediansagittalschnitt auf Höhe von Nase und Kehlkopf. [9]
Im Gegensatz zum Erwachsenen und zum Kind kann der Säugling gleichzeitig trinken und atmen. Da der Kehlkopf noch relativ hoch steht, reicht die Epiglottis bis an den Nasopharynx heran. Die Flüssigkeiten (Muttermilch) fließen durch die Recessus piriformes des Kehlkopfs in die Speiseröhre und gelangen nicht in die unteren Atemwege.

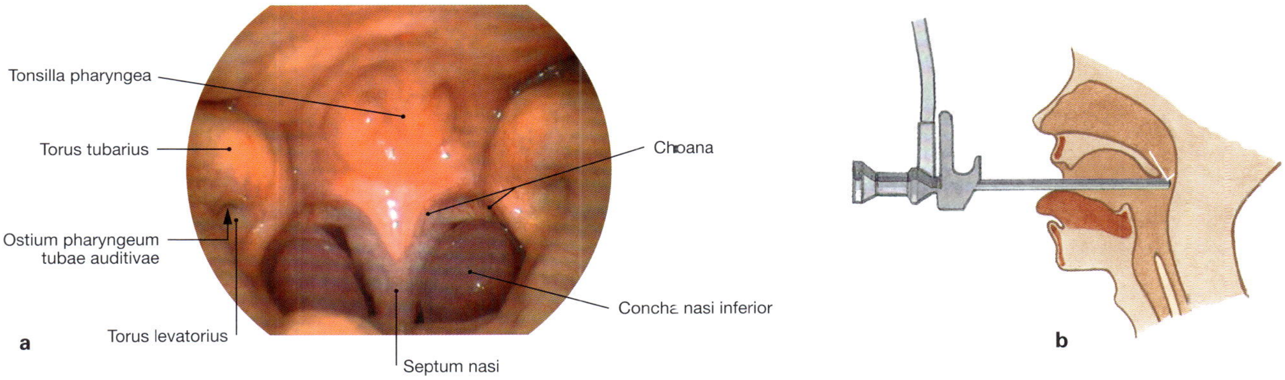

Abb. 11.16a und b Nasopharynx; Endoskopie des Nasopharynx; Ansicht von hinten auf Choanae, Öffnungen der Tubae auditivae und die Tonsilla pharyngea.
Der Blick mit dem Endoskop von hinten in den Nasenrachenraum zeigt jeweils die hinteren Enden der unteren Nasenmuschel und den Eingang in die Tuba auditiva [auditoria] (Ostium pharyngeum tubae auditivae). Am Rachendach befindet sich die unauffällige Rachenmandel (Tonsilla pharyngea).

Klinik

Hyperplasien der Rachenmandel **(Adenoide)** sind im Kindesalter häufig und führen durch eine Verlegung des Tubenostiums nicht selten zu rezidivierenden Mittelohrentzündungen. Folge können eine Einschränkung des Hörvermögens und daraus resultierende Entwicklungsverzögerungen sein. In solchen Fällen ist eine Entfernung der Rachenmandel **(Adenektomie)** angezeigt.

Vor der Tonsilla pharyngea kann an der Unterfläche des Keilbeins im Bindegewebe eine Rachendachhypophyse **(Hypophysis pharyngealis)** als Rest des Stiels der embryonalen RATHKE-Tasche vorhanden sein. Die Hypophysis pharyngealis kann in der Jugend Ausgangspunkt eines **Kraniopharyngeoms** werden.

Innenrelief des Rachens

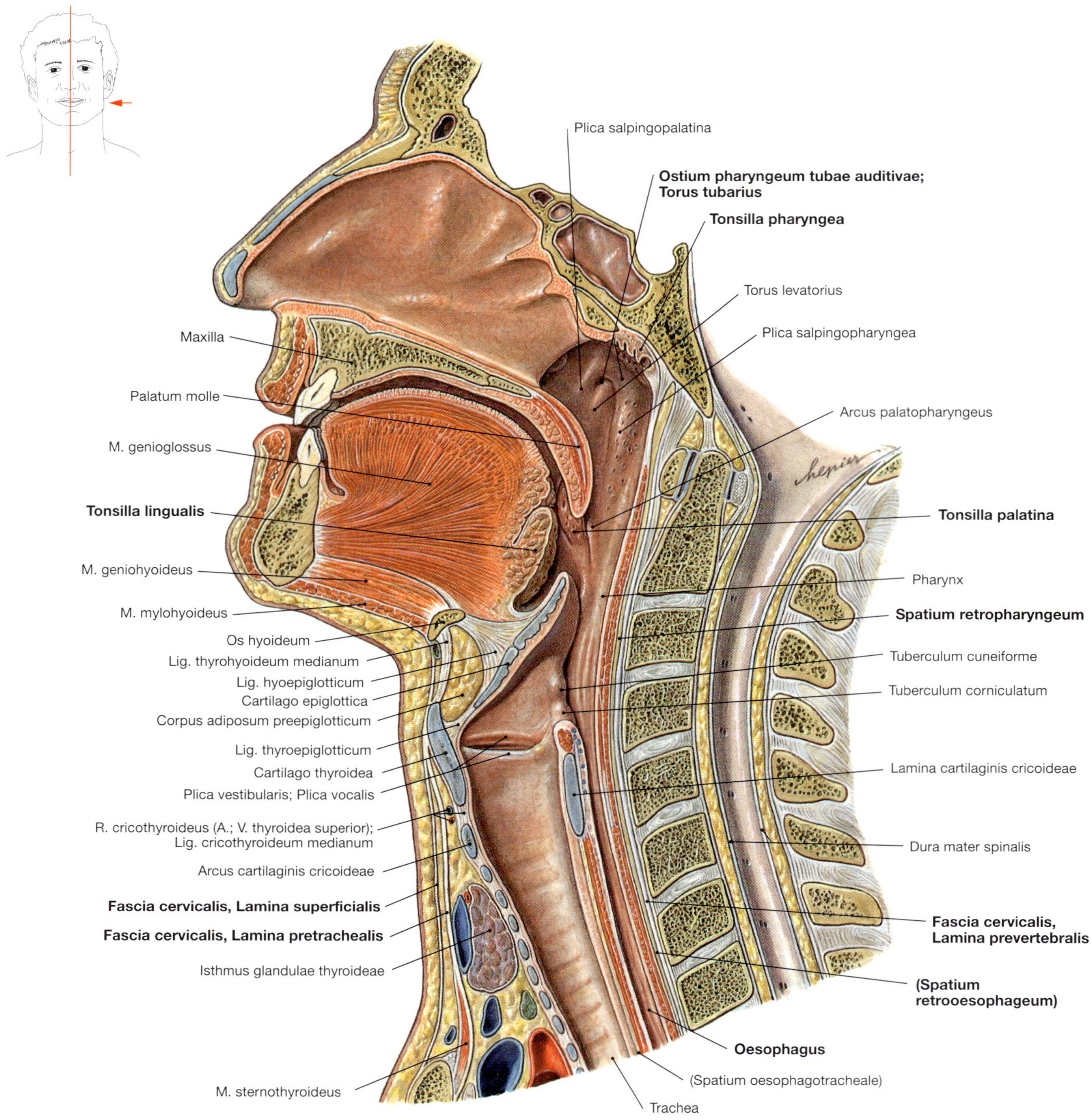

Abb. 11.17 Mundhöhle, Cavitas oris, Rachen, Pharynx, und Kehlkopf, Larynx; Mediansagittalschnitt.

Beziehung der Pharynxetagen zu den Nachbarstrukturen:

- Der **Nasopharynx** steht über die Choanen mit der Nasenhöhle und über die Tuba auditiva mit dem Mittelohr in Verbindung.
- Der **Oropharynx** stellt den Übergang zwischen oberer und unterer Etage her und ist über den Isthmus faucium mit der Mundhöhle verbunden.
- Der **Laryngopharynx** steht vorne mit dem Kehlkopf über den Aditus laryngis in Verbindung und setzt sich kaudal in die Speiseröhre fort. Innerhalb des Rachens kreuzen Luft- und Speiseweg.

Am Übergang von Nasen- und Mundhöhle zum Pharynx sitzt der WALDEYER-Rachenring aus lymphoepithelialem Gewebe, der der Immunabwehr dient. Er wird von den Tonsillae pharyngea, tubariae (nicht dargestellt), palatinae und lingualis sowie den Seitensträngen (lymphatisches Gewebe auf den Plicae salpingopharyngeae) gebildet.

Klinik

Verschluckte Fremdkörper gelangen häufig in die Valleculae epiglotticae am Zungengrund und können durch Druck auf den Kehldeckel die Atemwege verlegen oder zum **Bolustod** (reflektorischer Herz-Kreislauf-Stillstand durch vagale Reizung des empfindlichen Nervengeflechts von Pharynx und Larynx durch einen Fremdkörper) führen, wenn sich beim Schlucken ein großer Bissen (Bolus) im Laryngopharynx so verklemmt, dass er auch durch starkes Husten nicht mehr gelöst werden kann. Kleine spitze Fremdkörper, wie Gräten oder Teile von Geflügelknochen, bleiben meistens in der Tonsilla palatina stecken.

Etagen und Innervation des Rachens

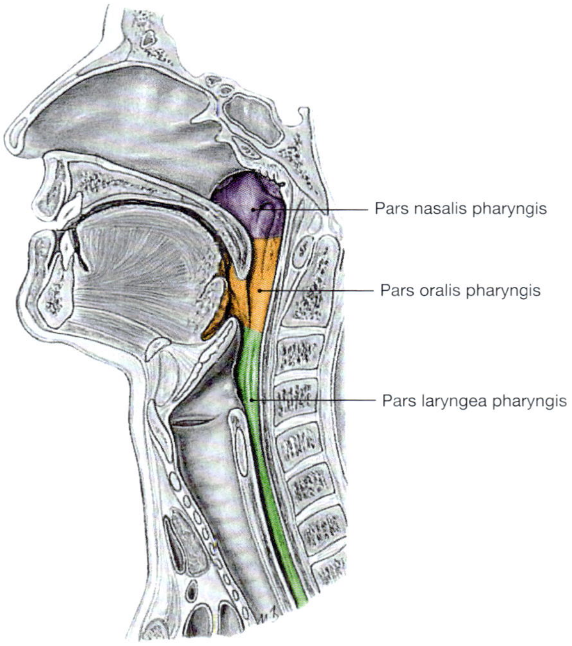

Abb. 11.18 Einteilung des Pharynx in Etagen; Mediansagittalschnitt.

Der Pharynx wird entsprechend seinen Öffnungen in drei Etagen gegliedert:
- **Obere Etage:** Pars nasalis pharyngis, Epipharynx, Nasopharynx
- **Mittlere Etage:** Pars oralis pharyngis, Mesopharynx, Oropharynx
- **Untere Etage:** Pars laryngea pharyngis, Hypopharynx, Laryngopharynx

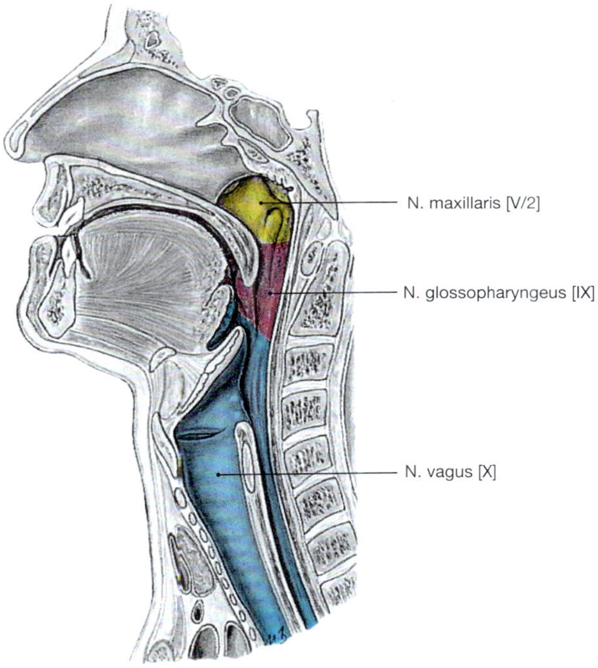

Abb. 11.19 Sensible Innervation des Rachens, Pharynx; Mediansagittalschnitt.
An der Innervation des Nasopharynx sind Fasern des zweiten Trigeminusastes (R. pharyngeus, ein Ast der Rr. ganglionares [Nn. pterygopalatini] des N. maxillaris [V/2]) beteiligt. Der übrige Pharynx wird von Ästen des N. glossopharyngeus [IX] und des N. vagus [X] (N. laryngeus superior) innerviert. Die Fasern bilden gemeinsam mit vegetativen Fasern des Truncus sympathicus außen auf der Rachenwand ein Nervengeflecht **(Plexus pharyngealis).** Die afferenten und efferenten Fasern des Plexus pharyngealis sind Glieder des lebenswichtigen Schluck- und Abwehrreflexes, die auch im Schlaf erhalten bleiben. Die Koordination der Reflexabläufe erfolgt in der Medulla oblongata.

Gefäße und Nerven des Parapharyngealraums

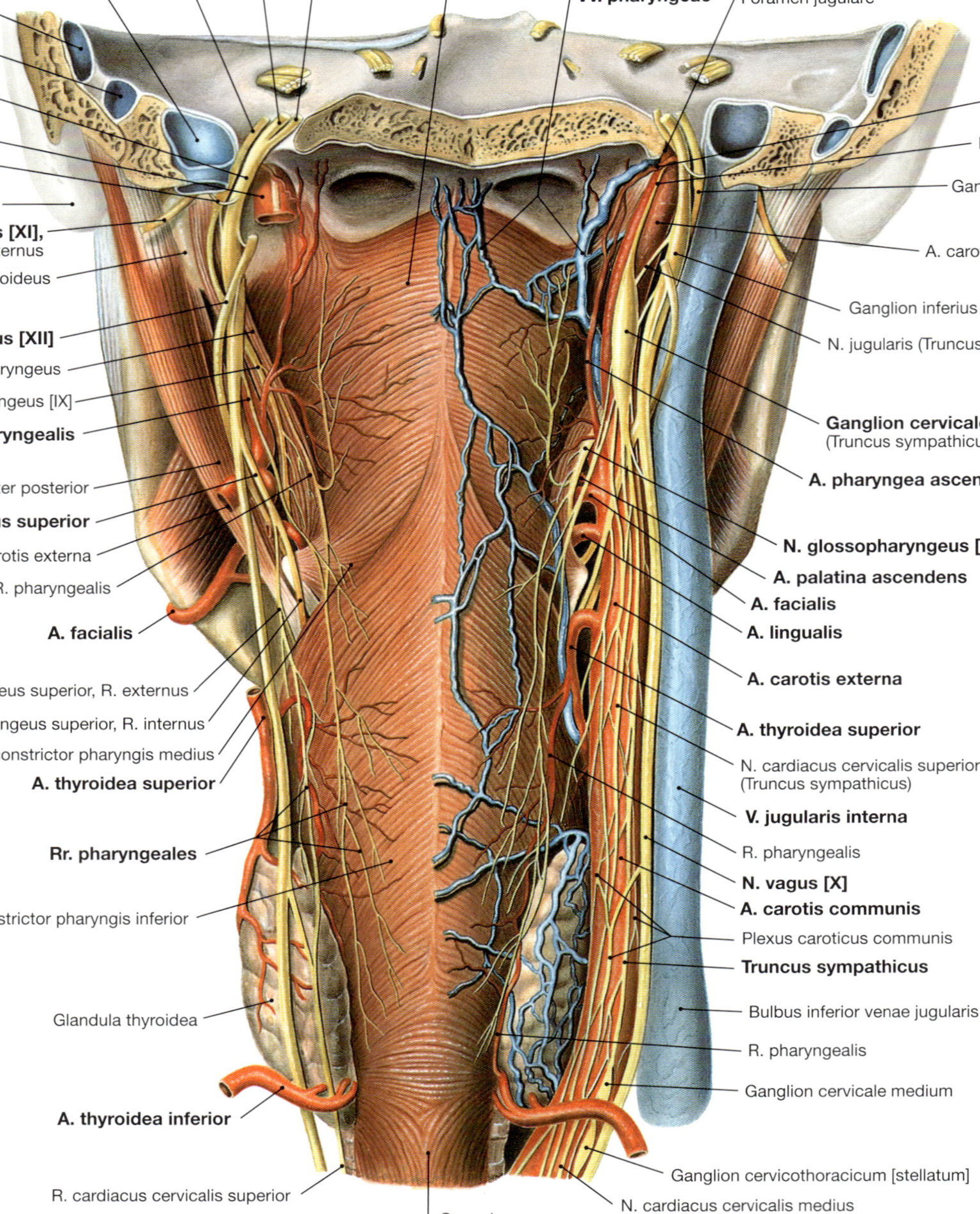

Abb. 11.20 Gefäße und Nerven des Rachens, Pharynx, und des Parapharyngealraums, Spatium lateropharyngeum; Ansicht von dorsal.

Die **Blutversorgung** erfolgt hauptsächlich über die A. pharyngea ascendens. Die Arterie verläuft im parapharyngealen Bindegewebe medial vom Gefäß-Nerven-Strang des Halses aufwärts bis zur Schädelbasis; ihr Endast, die A. meningea posterior, tritt meist durch das Foramen jugulare in die hintere Schädelgrube. Zuflüsse bestehen ferner im Bereich der Tubenmündung über die A. palatina ascendens und im Hypopharynx über die A. thyroidea inferior.

Die gesamte Submukosa des Rachens wird von einem Venenplexus (Plexus pharyngeus) durchzogen. **Venöse Abflüsse** bestehen über die Vv. pharyngeae in die V. jugularis interna und im Bereich des Nasopharynx in die Vv. meningeae.

Der **Lymphabfluss** erfolgt von der Tonsilla pharyngea und der Rachenwand zu den Nodi lymphoidei retropharyngeales und zu den Nodi lymphoidei cervicales profundi (nicht dargestellt).

Innervation: Außer dem Plexus pharyngealis und dem N. pharyngeus des N. maxillaris [V/2] (s. sensible Innervation des Pharynx → Abb. 11.19 und 12.144) innerviert der N. glossopharyngeus [IX] den oberen und einen Teil des mittleren Schlundschnürers sowie die Schlundheber motorisch; der untere Anteil des mittleren Schlundschnürers und der untere Schlundschnürer werden vom N. vagus [X] innerviert.

Gefäße und Nerven des Parapharyngealraums

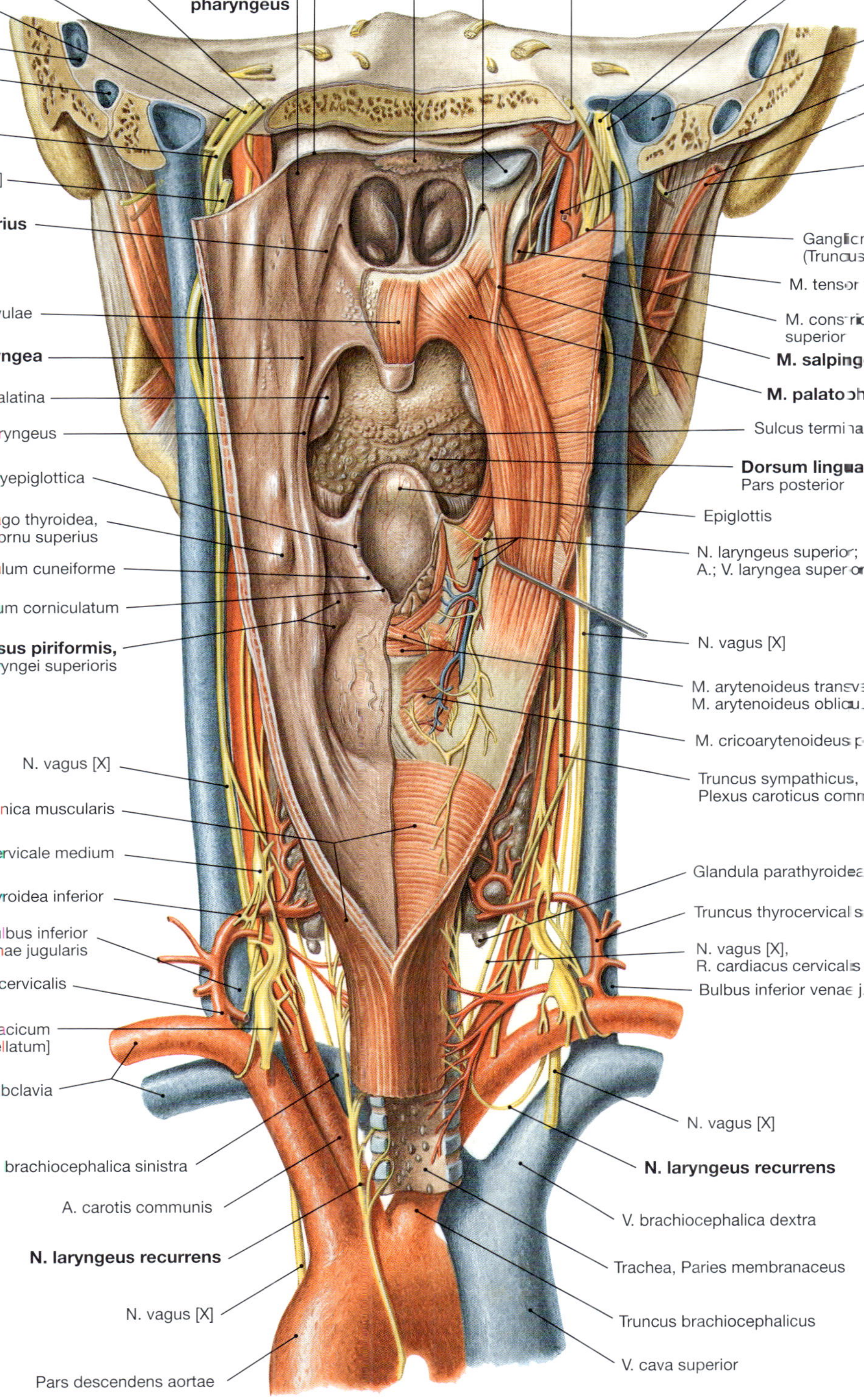

Abb. 11.21 Gefäße und Nerven von Rachen, Pharynx, und Parapharyngealraum, Spatium lateropharyngeum; Ansicht von dorsal; Rachen von dorsal eröffnet.

Etwa in Höhe des unteren Nasengangs liegt in der Seitenwand der Pars nasalis pharyngis die Mündung der Ohrtrompete (Ostium pharyngeum tubae auditivae). Sie wird hinten und oben vom Tubenwulst **(Torus tubarius)** umrahmt. Kaudal setzt sich der Tubenwulst in eine längliche Schleimhautfalte (Plica salpingopharyngea) fort, die durch den M. salpingopharyngeus hervorgerufen wird. Der untere Abschnitt des Ostium pharyngeum tubae auditivae wird durch den Levatorwulst **(Torus levatorius)** begrenzt, dessen Grundlage der M. levator veli palatini ist. Die Tubenmündung ist der Eingang in die Ohrtrompete (Tuba auditiva [auditoria], EUSTACHIUS-Röhre), die die Pars nasalis pharyngis mit der Paukenhöhle verbindet. Direkt hinter dem Torus tubarius liegt eine Vertiefung (Recessus pharyngeus, ROSENMÜLLER-Grube), die sich kranialwärts bis zum Rachendach ausdehnt. Den seitlichen Rand des Isthmus faucium bildet der M. palatopharyngeus. Man blickt von dorsal ferner auf den Zungengrund (Dorsum linguae), auf die Rückseite des Kehlkopfs und sieht den Eingang in die Speiseröhre. An der hinteren Kehlkopfwand befindet sich beidseits der Recessus piriformis. Zu beachten ist der seitendifferente Verlauf des N. laryngeus recurrens auf der linken Körperseite um den Arcus aortae und auf der rechten um die A. subclavia.

Kehlkopfskelett

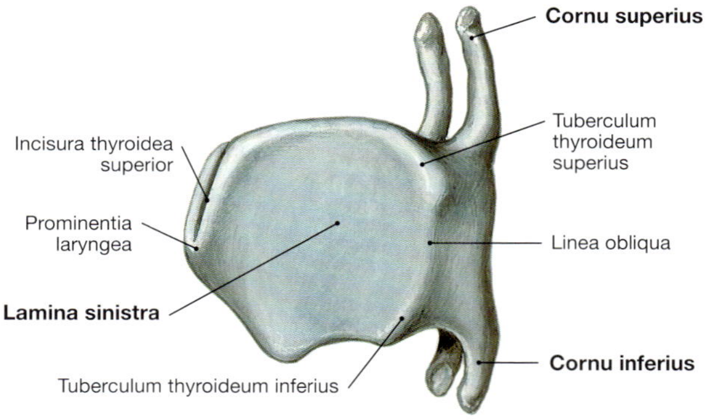

Abb. 11.22 Schildknorpel, Cartilago thyroidea; Ansicht von links. Der Schildknorpel besteht aus zwei Platten (Lamina dextra und Lamina sinistra), die dorsal jeweils ein oberes und ein unteres Horn besitzen.

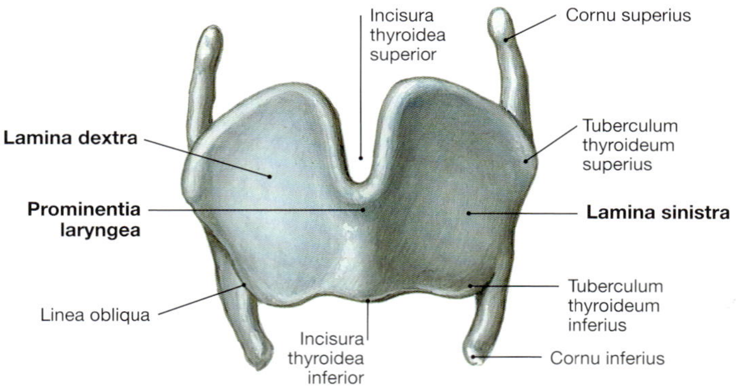

Abb. 11.23 Schildknorpel, Cartilago thyroidea; Ansicht von ventral. Die beiden Schildknorpelplatten stoßen bei Männern in einem Winkel von ca. 90°, bei Frauen von ca. 120° zusammen.

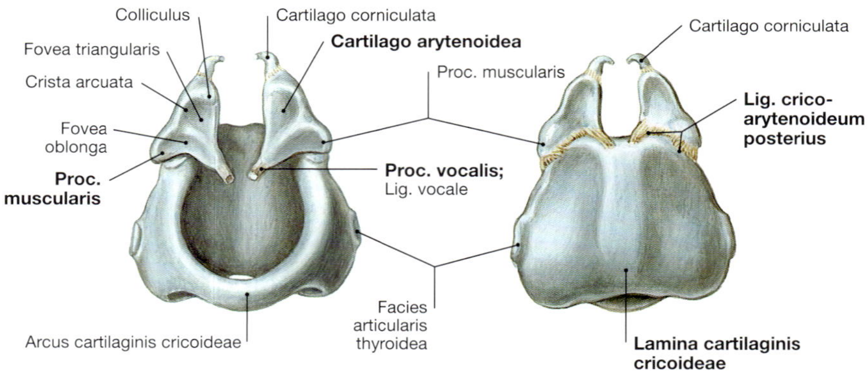

Abb. 11.24 Ringknorpel, Cartilago cricoidea, und Stellknorpel, Cartilagines arytenoideae; Ansicht von ventral und von dorsal. Von dorsal sieht man zwischen Ring- und Stellknorpel das Lig. cricoarytenoideum posterius (Zügelband).

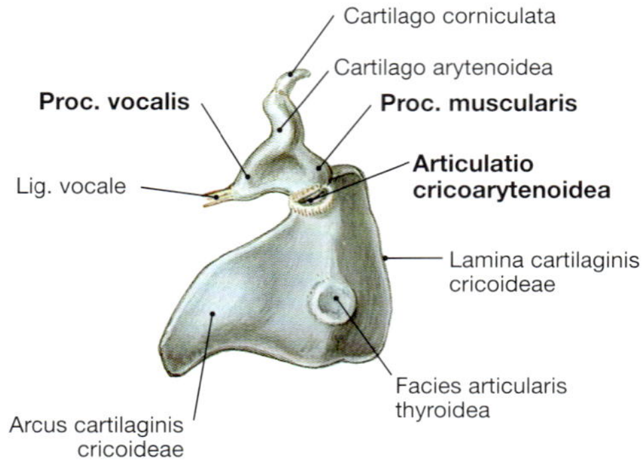

Abb. 11.25 Ringknorpel, Cartilago cricoidea, und Stellknorpel, Cartilago arytenoidea; Ansicht von links. Ringknorpel und Stellknorpel stehen über die Articulatio cricoarytenoidea, eine Diarthrose, miteinander in Verbindung.

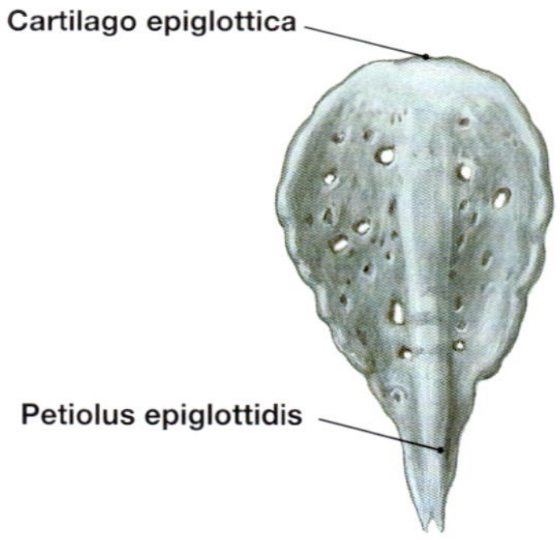

Abb. 11.26 Kehldeckelknorpel, Cartilago epiglottica; Ansicht von dorsal.
Die Epiglottis besteht im Gegensatz zu den anderen großen hyalinen Kehlkopfknorpeln aus elastischem Knorpel.

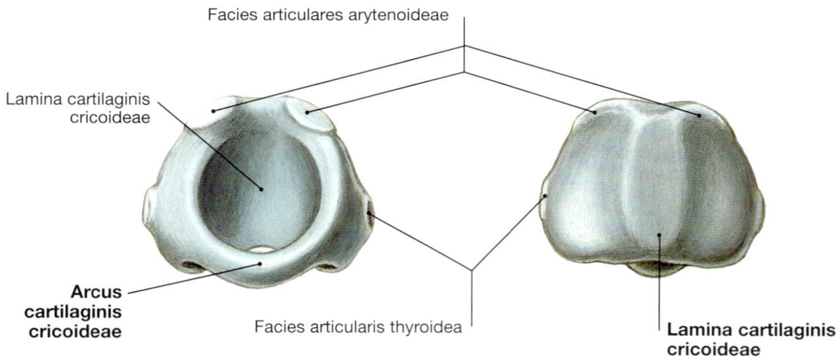

Abb. 11.27 Ringknorpel, Cartilago cricoidea; Ansicht von ventral und von dorsal.
Der Ringknorpel hat eine Siegelringform.

Klinik

Ab etwa dem 30. Lebensjahr kommt es mit fortschreitendem Alter zu einer geschlechtsdifferenten Verknöcherung der hyalinen Kehlkopfknorpel (Schild-, Ring- und Stellknorpel), die beim Mann sehr ausgeprägt ist. **Frakturen des Kehlkopfskeletts** (z. B. nach Verkehrsunfällen) können zu schweren Obstruktionen der Atemwege mit Phonationsstörungen bis hin zu Erstickungsgefahr führen.
Bei operativer Exzision von Knochengewebe aus dem Schildknorpel, beispielsweise anlässlich einer **Hemilaryngektomie** aufgrund eines Larynxkarzinoms, lassen sich die verbliebenen Teile der Schildknorpelplatten durch Osteosynthesematerial schienen.
In seltenen Fällen können die Kehlkopfknorpel bei der Geburt zu weich sein **(Laryngomalazie)**, was mit Atemstörungen (Dyspnoe) einhergehen kann.

Zungenbein und Kehlkopfskelett

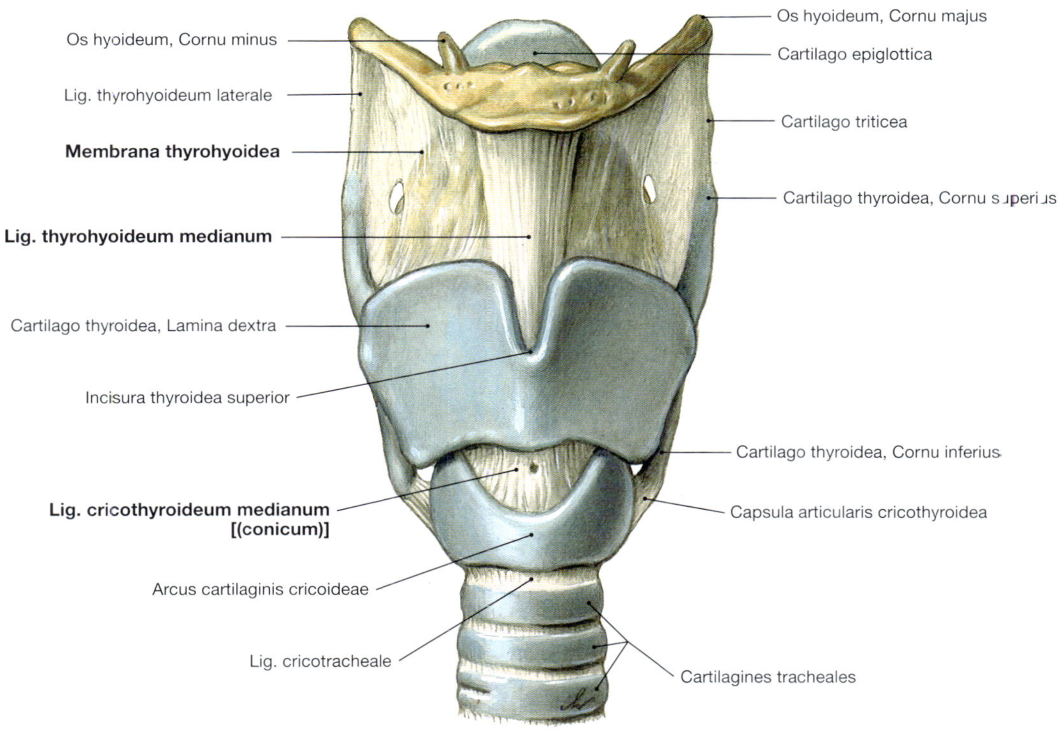

Abb. 11.28 Kehlkopf, Larynx, und Zungenbein, Os hyoideum; Ansicht von ventral.
Entwicklungsgeschichtlich und funktionell hat das Zungenbein eine enge Beziehung zum Kehlkopfskelett. Die einzelnen Skelettelemente des Kehlkopfs stehen untereinander durch Bandhaften **(Syndesmosen)** oder über echte Gelenke **(Diarthrosen)** in Verbindung.

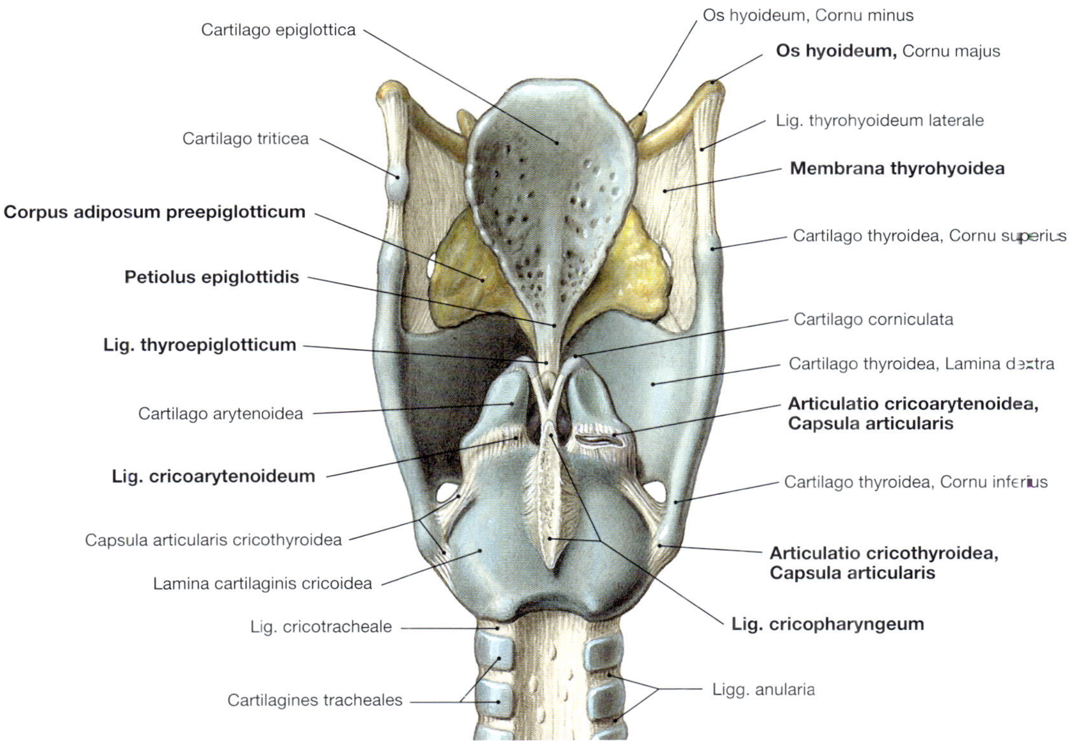

Abb. 11.29 Kehlkopfknorpel, Cartilagines laryngis, und Zungenbein, Os hyoideum; Ansicht von dorsal.
Hinter der Membrana thyrohyoidea befindet sich ein Fettkörper (Corpus adiposum preepiglotticum), der kranial das Lig. hyoepiglotticum und dorsal kaudal die Vorderfläche der Epiglottis erreicht. Die Epiglottis ist mit ihrem Stiel (Petiolus epiglottidis) über das Lig. thyroepiglotticum an der Innenseite des Schildknorpels angeheftet.

Echte Gelenke des Kehlkopfs sind die **Articulatio cricothyroidea,** das paarige Gelenk zwischen dem Ringknorpel (Cartilago cricoidea) und den unteren Hörnern des Schildknorpels (Cartilago thyroidea) sowie die **Articulatio cricoarytenoidea** zwischen Ringknorpel und Stellknorpel (Cartilago arytenoidea). Der Stellknorpel wird dorsal durch das Lig. cricoarytenoideum und das Lig. cricopharyngeum gezügelt.

Zungenbein und Kehlkopfskelett

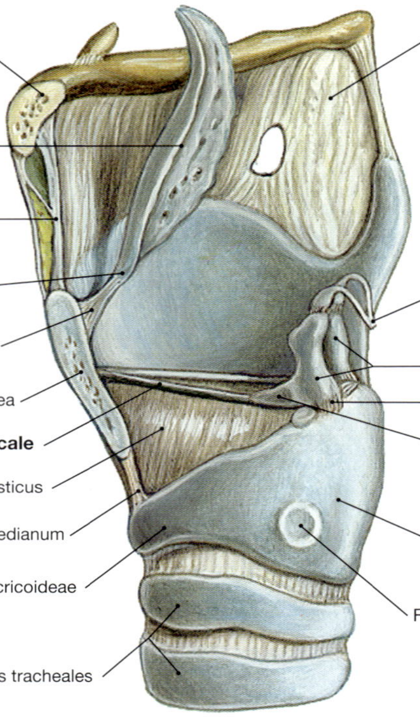

Abb. 11.30 Kehlkopf, Larynx, und Zungenbein, Os hyoideum; Ansicht von links auf Lig. vocale und Stellknorpel; linke Schildknorpelplatte entfernt.
In der Articulatio cricoarytenoidea artikulieren Ringknorpel (Cartilago cricoidea) und Stellknorpel (Aryknorpel; Cartilago arytenoidea). Die Gelenkflächen auf dem Ringknorpel sind konvex und oval (zylinderförmig, → Abb. 11.27); die Gelenkfläche des Stellknorpels ist konkav gewölbt und runder. Außer der Form der artikulierenden Skelettanteile wird die Führung des Gelenks durch eine dorsale Kapselverstärkung, das Lig. cricoarytenoideum (posterius) gewährleistet. Funktionell führt das Band den Stellknorpel und wirkt den elastischen Kräften des Lig. vocale entgegen.

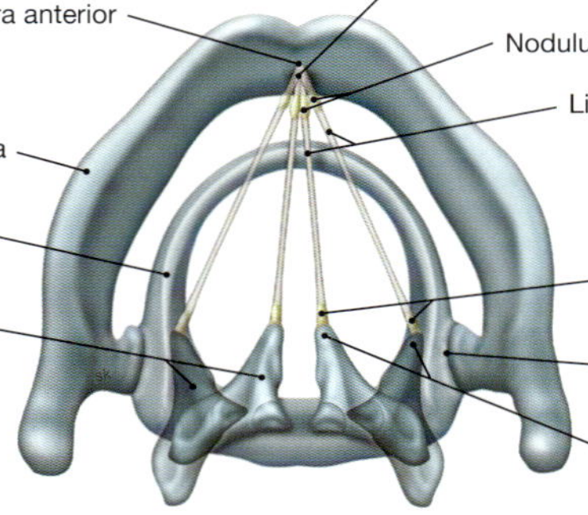

Abb. 11.31 Kehlkopf, Larynx, und Zungenbein, Os hyoideum; Medianschnitt; Ansicht von oben.
Das Krikoarytenoidgelenk lässt Scharnier- und Gleitbewegungen parallel zur Zylinderachse zu, die in erster Linie der Öffnung und Schließung der Stimmritze (Glottis, Rima glottidis) und in zweiter Linie der Stimmfaltenspannung (Lig. vocale) dienen. Drehung der Stellknorpel in Form einer Scharnierbewegung nach außen führt zur Anhebung und Abduktion des Proc. vocalis und konsekutiv zur **Öffnung der Stimmritze.** Drehung über das Scharnier nach innen sowie Senkung und Adduktion des Proc. vocalis führen zum **Schluss der Stimmritze.** Die Scharnierbewegungen können mit Gleitbewegungen gekoppelt werden. Dabei werden die Stellknorpel bei Ab- oder Adduktion nach ventral bzw. nach dorsal verschoben. Stell- und Schildknorpel stehen über das Lig. vocale und das Lig. vestibulare miteinander in Kontakt.

* BROYLE-Sehne

Klinik

Nach endotrachealer Intubation und Extubation, Laryngoskopie oder Bronchoskopie kann es zur Dislokation des Stellknorpels in dorsolateraler oder in medioventraler Richtung kommen. Hierbei wird von **Aryluxation** gesprochen. Der Patient ist heiser, da die Stimmlippe auf der betroffenen Seite unbeweglich ist. Die Verlagerung des Aryknorpels geht dabei auf Einblutungen in die Gelenkhöhle oder einen Reizerguss nach Verletzung von Synovialmembranfalten zurück. Die Stellungsanomalie wird durch Muskelkontrakturen aufrechterhalten. In deren Folge kann es aufgrund von Verklebungen der Gelenkflächen zur Ankylose kommen. Die Aryluxation muss von einer Nervenläsion abgegrenzt werden.

Kehlkopfskelett

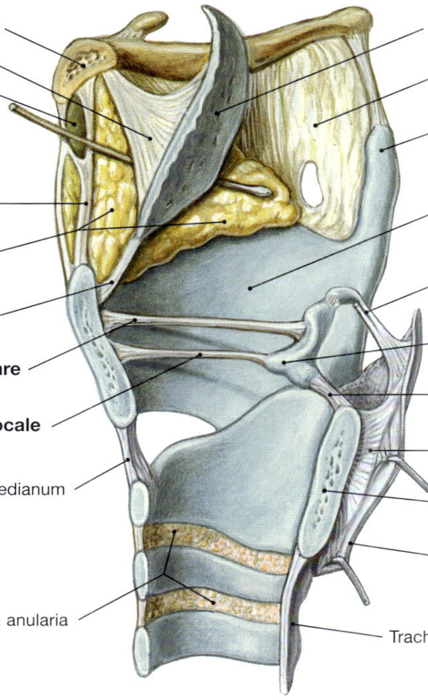

Abb. 11.32 Kehlkopf, Larynx, und Zungenbein, Os hyoideum; Medianschnitt, Ansicht von medial.
Schild- und Ringknorpel stehen über die Articulationes cricothyroideae in Verbindung. Ring- und Stellknorpel artikulieren über die Articulatio cricoarytenoidea. Stell- und Schildknorpel stehen über das Lig. vocale und das Lig. vestibulare miteinander in Kontakt. Der Stellknorpel wird dorsal durch das Lig. cricoarytenoideum und das Lig. cricopharyngeum gezügelt. Seitlich und vor der Epiglottis sieht man das Corpus adiposum preepiglotticum.

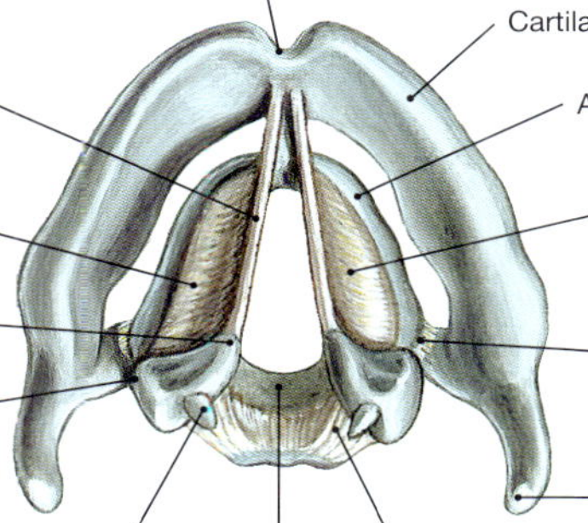

Abb. 11.33 Kehlkopfknorpel, Cartilagines laryngis, und Stimmband, Lig. vocale; Ansicht von kranial ventral.
Das paarige Lig. vocale erstreckt sich zwischen dem Proc. vocalis des Stellknorpels (Aryknorpel, Cartilago arytenoidea) und der Schildknorpelinnenseite knapp unterhalb der Incisura thyroidea superior. Zwischen Lig. vocale und Ringknorpeloberkante spannt sich der Conus elasticus, eine elastische Membran, aus, die den Luftstrom aus den Lungen in Richtung auf die Ligg. vocalia lenkt. Dorsal hinter dem Stellknorpel sieht man das kräftige Lig. cricoarytenoideum.

Klinik

Da das Krikoarytenoidgelenk eine den Extremitätengelenken vergleichbare Extrazellularmatrix besitzt, können die gleichen Erkrankungen wie in den großen Extremitätengelenken auftreten. So kommt es im höheren Lebensalter häufig zu degenerativen Knorpelveränderungen **(Arthrose),** die zu einer Verringerung des Stimmlippenschlusses im Rahmen der Phonation und damit zu Veränderungen in der Stimmqualität beitragen. Auch kommen Gelenkinfektionen **(Arthritis)** oder Rheuma **(rheumatoide Arthritis)** vor.

Kehlkopfmuskeln

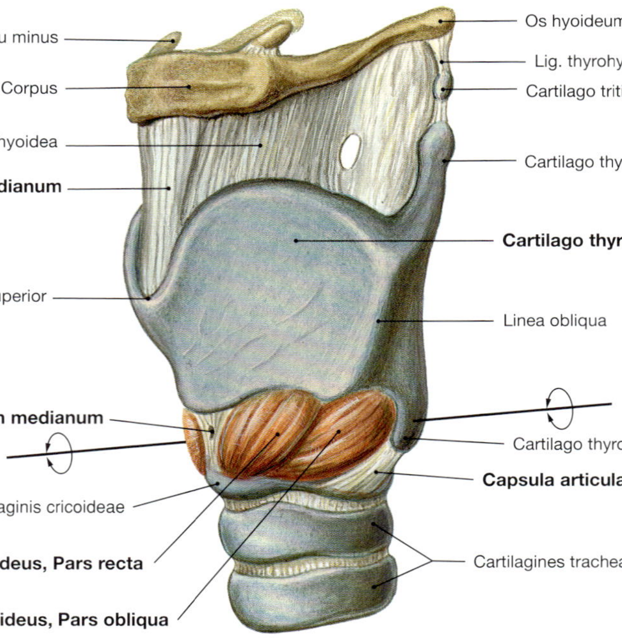

Abb. 11.34 Äußerer Kehlkopfmuskel, M. cricothyroideus; Ansicht von ventral links.
In der linken und rechten Articulatio cricothyroidea artikulieren der Ringknorpel (Cartilago cricoidea) und der Schildknorpel (Cartilago thyroidea) miteinander. Es handelt sich dabei um Kugelgelenke mit straffer Gelenkkapsel. Im Gelenk sind Scharnierbewegungen um eine transversale Achse sowie geringe Translationsbewegungen (Verschiebebewegungen) um eine sagittale Achse möglich. Bei Kontraktion des M. cricothyroideus kommt es zu einer Grobspannung der Stimmfalten (→ Abb. 11.35).

→ T 6

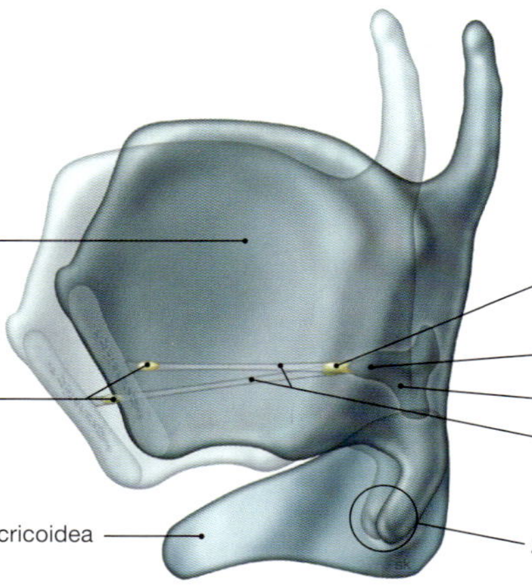

Abb. 11.35 Äußerer Kehlkopfmuskel, M. cricothyroideus; Ansicht von lateral.
Bei der Kontraktion des M. cricothyroideus kippt der Vorderrand des Schildknorpels (Cartilago thyroidea) in Richtung auf den Bogen des Ringknorpels (Arcus cartilaginis cricoideae; Grobspannung der Stimmfalten durch Stimmbandverlängerung). Die Stellknorpel (Cartilagines arytenoideae) werden bei dieser Bewegung durch den M. cricoarytenoideus posterior und das Lig. cricoarytenoideum stabilisiert.

Biomechanik der Stimmfalten: Die Strukturen des Insertionsbereichs der Stimmbänder (**Noduli elastici anteriores** und **posteriores,** Stimmbandsehne, → Abb. 11.48) erfüllen biomechanische Funktionen im Rahmen des Schwingvorgangs der Plicae vocales, indem sie die unterschiedlichen Elastizitätsmodule von Sehne sowie Knorpel und Knochen angleichen, so dass es beim Schwingvorgang nicht zum Ausriss der Stimmbänder aus ihrer Verankerung kommen kann.

→ T 6

Klinik

Gutartige und bösartige **Veränderungen im Bereich der Stimmfalten** führen zu einem unvollständigen Verschluss der Stimmritze und gehen mit Heiserkeit und im fortgeschrittenen Stadium mit Atemnot einher. Das sich zwischen Schild- und Ringknorpel ausspannende und dort gut tastbare Lig. cricothyroideum medianum (Lig. conicum) kann im Notfall zur Aufrechterhaltung der Atemfunktion und zum Einführen von Beatmungskanülen durchtrennt werden (→ Abb. 11.4).

Kehlkopfmuskeln

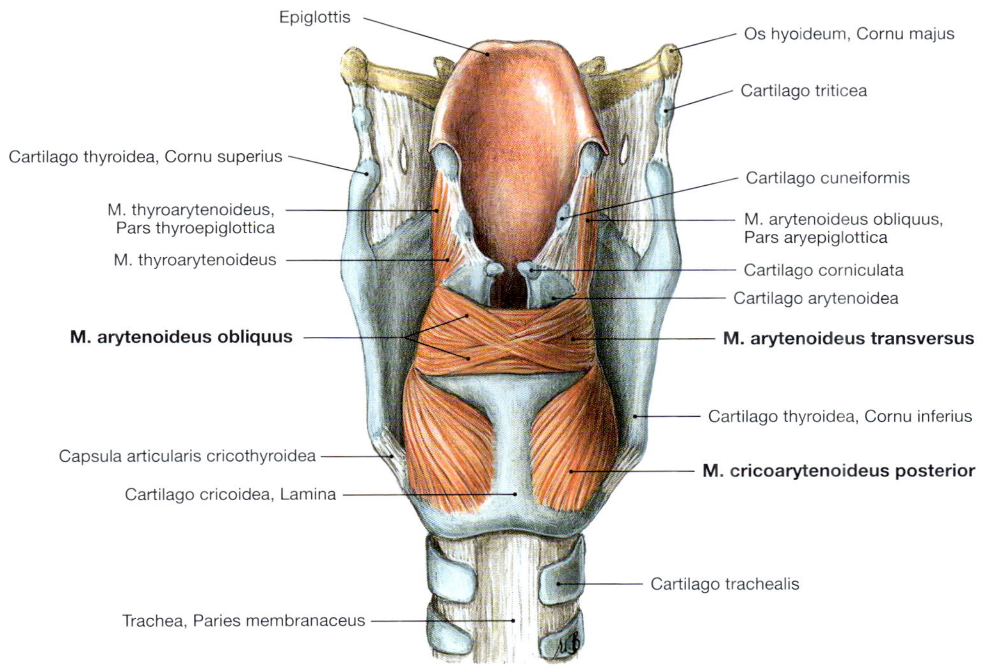

Abb. 11.36 Kehlkopfmuskeln, Mm. laryngis; Ansicht von dorsal.
Die Strukturen, die auf die Form der Stimmritze (Glottis, Rima glottidis) einwirken, bilden den Stellapparat, jene, die auf die Spannung einwirken, den Spannapparat. Hauptmuskel des Stellapparats ist der **M. cricoarytenoideus posterior („Postikus"),** der zur Abduktion und Hebung des Proc. vocalis des Stellknorpels und damit zur Öffnung der Stimmritze im Rahmen der Inspiration führt. Weitere Muskeln des Stellapparats, die allerdings auf den Schluss der Stimmlippen einwirken, sind der **M. arytenoideus transversus** und der **M. arytenoideus obliquus** sowie die **Mm. cricoarytenoidei laterales** (→ Abb. 11.37). Der M. cricoarytenoideus lateralis hat auch einen Einfluss auf die Stimmritzenöffnung; bei isolierter Kontraktion ist der Muskel für die Bildung des sog. **Flüsterdreiecks** (eines dreieckigen Spalts im hinteren Stimmritzenbereich, → Abb. 11.43) verantwortlich.

→ T 6

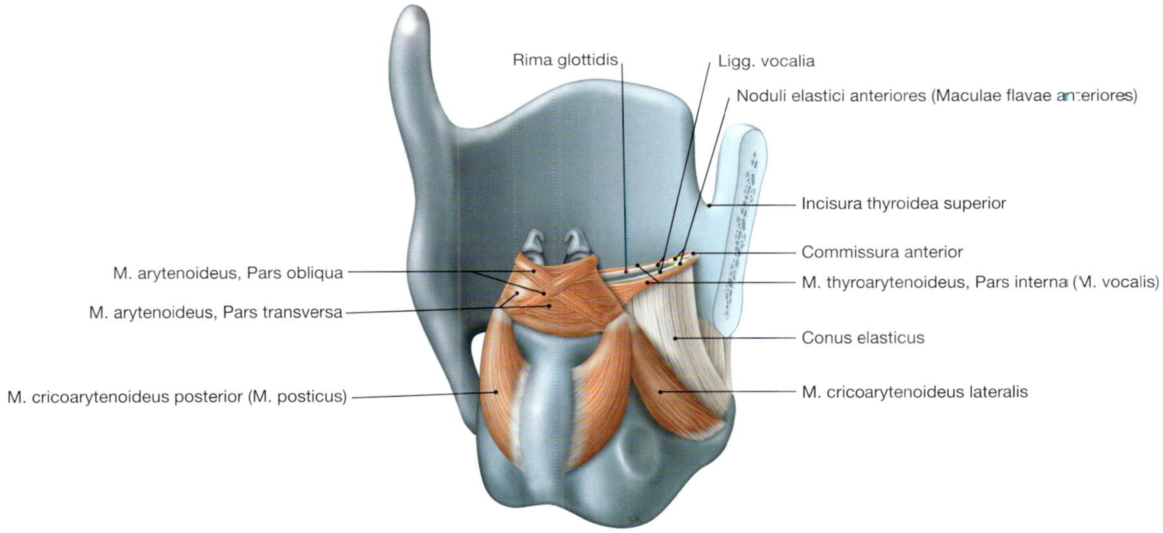

Abb. 11.37 Kehlkopfmuskeln, Mm. laryngis; Ansicht von schräg dorsal.
In dieser Ansicht sieht man den M. cricoarytenoideus lateralis und die Pars interna des M. thyroarytenoideus (M. vocalis). Der M. cricoarytenoideus lateralis gehört zum Stellapparat, er verengt die Stimmritze. Die **„Feinspannung" der Stimmfalten** erfolgt durch den **M. vocalis** (Pars interna des M. thyroarytenoideus), dessen Muskelfasern parallel zum Lig. vocale und zur Stimmfalte verlaufen. Der Muskel bildet ein Polster, das das Mundstück des Anblasrohrs bildet. Die Spannung des Mundstücks kann durch isometrische Kontraktion des Muskels reguliert und die Länge durch isotonische Kontraktion verkürzt werden. Der M. vocalis hat damit den entscheidenden Einfluss auf die Tonqualität im Rahmen der Stimmbildung.

→ T 6

Klinik

Nach isolierter, einseitiger **Lähmung des „Postikus"** steht die Plica vocalis in Paramedianstellung; doppelseitige Lähmung führt aufgrund der verengten Stimmritze zu Atemnot bis hin zum Tod.

Unter **Dysphonie** versteht man alle erkrankungsbedingten Veränderungen bei der Lautbildung. Hierzu gehört auch eine Heiserkeit bei einseitiger „Postikusparese". **Aphonie** bezeichnet die vollständige Stimmlosigkeit.

Etagen und Innenrelief des Kehlkopfs

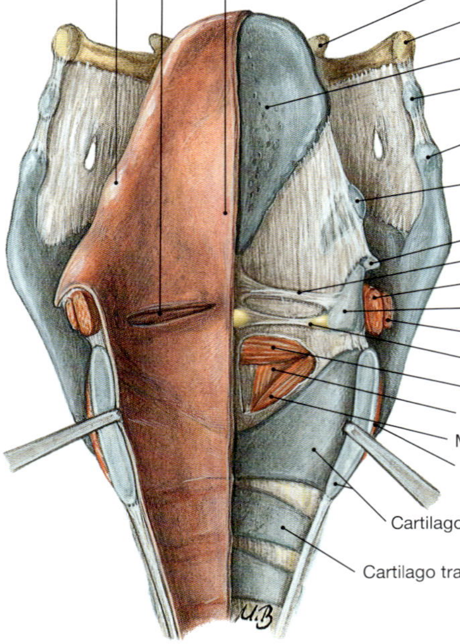

Abb. 11.38 Kehlkopf, Larynx; Ansicht von dorsal; Kehlkopf dorsal in der Medianebene gespalten und durch Haken auseinandergezogen. Auf der linken Seite ist das Schleimhautrelief, auf der rechten Seite sind die Kehlkopfmuskeln (Mm. vocalis [= Pars interna des M. thyroarytenoideus], cricothyroideus und cricoarytenoideus lateralis), die Knorpel (Epiglottis, Stell-, Ring- und Schildknorpel sowie die kleinen Kehlkopfknorpel) und die Schleimhautfalten (Plicae vestibularis und vocalis) dargestellt.

→ T 6

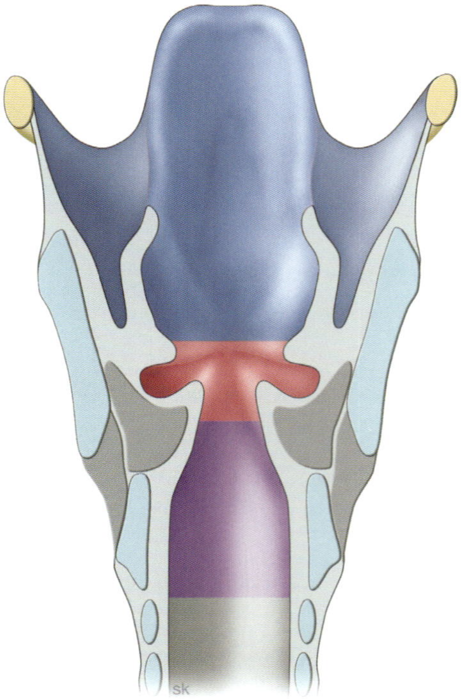

Abb. 11.39 Etagen (Kompartimente) des Kehlkopfs, Larynx.
In der Klinik werden folgende Räume des Kehlkopfs unterschieden:
Supraglottischer Raum (Supraglottis): Er dehnt sich vom Aditus laryngis bis in Höhe der Taschenfalten (Plicae vestibulares) aus und kann unterteilt werden in:

- Epilarynx: laryngeale Fläche der Epiglottis, Plicae aryepiglotticae und Stellknorpelhöcker
- Vestibulum laryngis: Petiolus epiglottidis, Plicae vestibulares = ventriculares, Ventriculus laryngis = MORGAGNI-Ventrikel

Glottischer Raum (Glottis): Die Glottis ist der Bereich des freien Stimmfaltenrandes. Sie wird dem „transglottischen Raum" gegenübergestellt, der den Raum im Bereich der Glottis, der Taschenfalten und der Ventriculi laryngis umfasst. Der anteriore Bereich der Glottis mit der vorderen Kommissur (Commissura anterior) wird als Pars intermembranacea bezeichnet; der dorsale Bereich der Glottis zwischen den Stellknorpeln ist die Pars intercartilaginea (→ Abb. 11.43). Sie macht etwa zwei Drittel der Rima glottidis aus. Die Stimmfalten enden im dorsalen Abschnitt am Übergang der Pars intercartilaginea in die Plica interarytenoidea (→ Abb. 11.43).
Subglottischer Raum (Subglottis): Die Subglottis ist der Bereich unterhalb der Stimmfalten bis zur Unterkante des Ringknorpels (Cartilago cricoidea). Es handelt sich um einen konisch geformten Raum zwischen freiem Stimmlippenrand, Stimmlippenabhang und Unterrand des Ringknorpels. Als kraniale Grenze wird die makroskopisch lokalisierbare Linea arcuata inferior (→ Abb. 11.49) der Plica vocalis festgelegt. Die kaudale Grenze liegt in Höhe des Unterrandes des Ringknorpels. Kraniolateral stellt der Conus elasticus, weiter kaudal der Ringknorpel die Begrenzung dar. Ferner hat der subglottische Raum kaudal eine zylindrische Form, die sich der Form des Conus elasticus entsprechend nach kranial verjüngt. Als ventrale Grenze ist das Lig. cricothyroideum medianum (Lig.conicum), als dorsale Grenze der Ringknorpel definiert.

Klinik

Die oben beschriebene Einteilung des Kehlkopfs ist für die bildgebende Darstellung im Rahmen des Stagings für die **Ermittlung einer Tumorausbreitung** relevant. Für die bildgebende Diagnostik des Larynx wird als Standardverfahren die Spiral-Computertomographie (CT) in dünner Schichtführung empfohlen. Die Magnetresonanztomographie (MRT) besitzt die höchste Sensitivität aller bildgebenden Verfahren beim Tumorstaging, kann jedoch mit erheblichen Bewegungsartefakten assoziiert sein.

Kehlkopfspiegelung

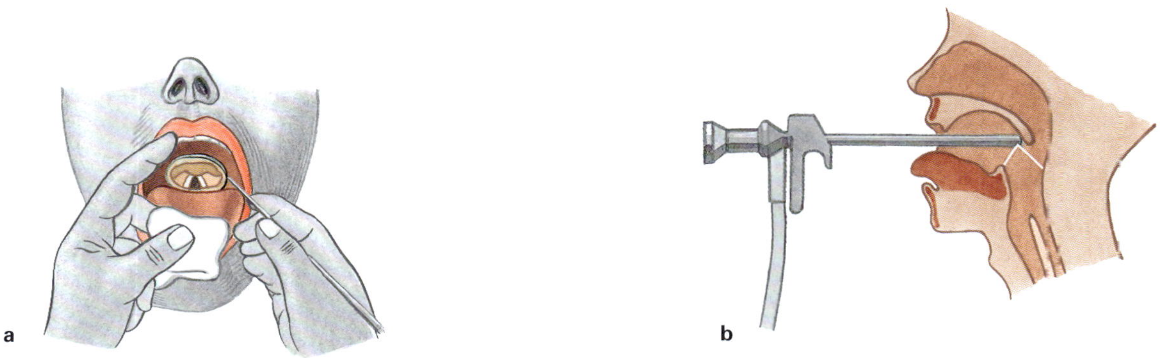

Abb. 11.40a und b Kehlkopfspiegelung, Laryngoskopie.
a indirekte Kehlkopfspiegelung
b direkte, endoskopische Kehlkopfspiegelung

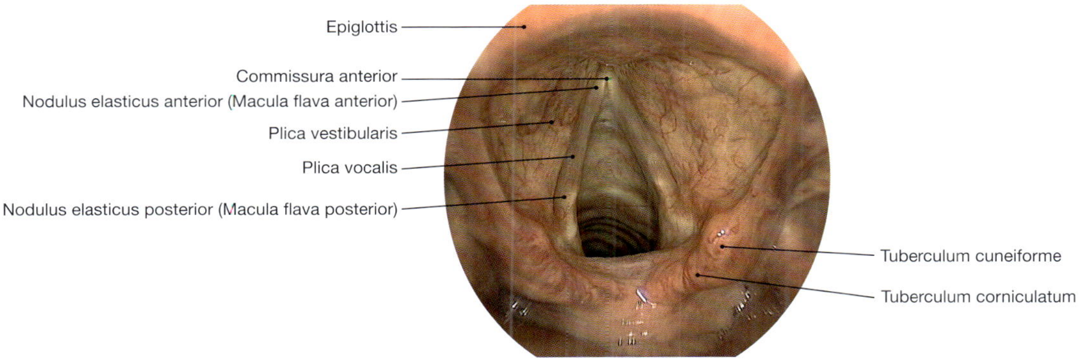

Abb. 11.41 Direkte Kehlkopfspiegelung (Laryngoskopie); Respirationsstellung.

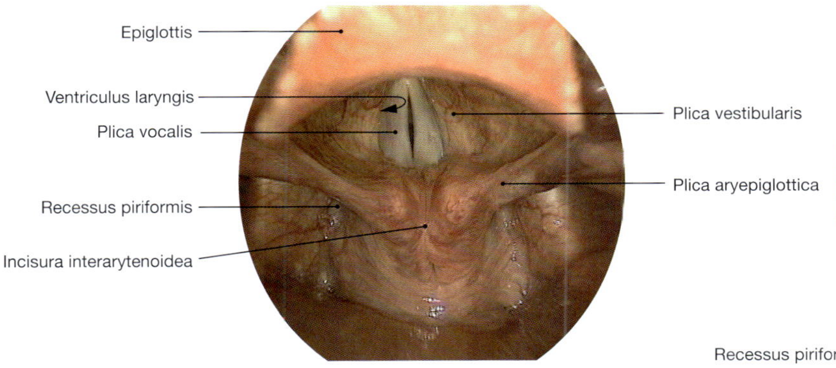

Abb. 11.42 Direkte Kehlkopfspiegelung (Laryngoskopie); Phonationsstellung.

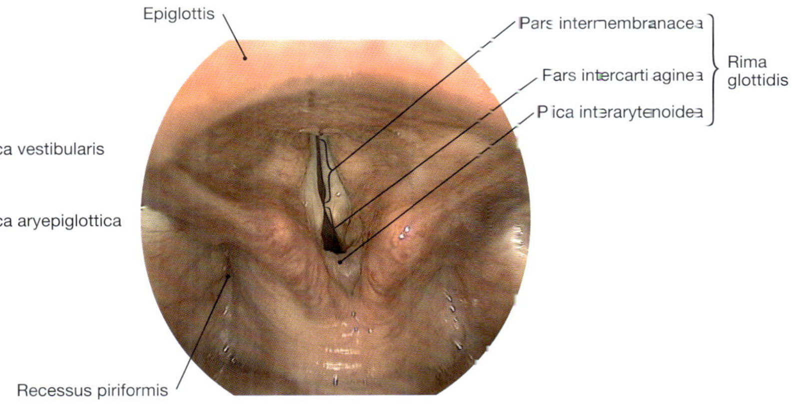

Abb. 11.43 Direkte Kehlkopfspiegelung (Laryngoskopie); Flüsterstellung.

Klinik

Überbelastung (Sprechberufe) oder Fehlbelastung der Stimme kann zur Ausbildung von **Schrei- oder Sängerknötchen** am freien Stimmlippenrand führen. Bei einer Schwäche des M. arytenoideus kann die Pars intercartilaginea der Stimmfalte nicht mehr richtig geschlossen werden (offenes Flüsterdreieck). Die Stimme klingt dadurch hauchig.

Die häufigsten gutartigen Tumoren der Plica vocalis sind **Polypen**; bösartige Tumoren sind am häufigsten **Plattenepithelkarzinome**. Längerfristige Intubation kann zur Ausbildung von **Intubationsgranulomen** im Bereich der Pars intercartilaginea führen.

Innenrelief des Kehlkopfs

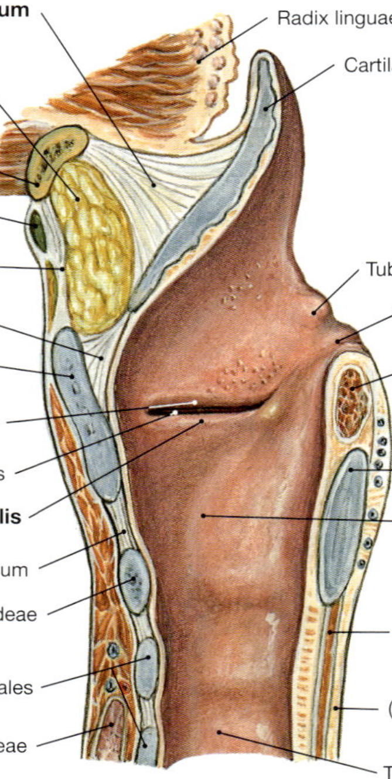

Abb. 11.44 Kehlkopf, Larynx; Mediansagittalschnitt.
Die paarige Stimmfalte (Stimmlippe, Plica vocalis) liegt unterhalb der paarigen Taschenfalte (Plica vestibularis) in der mittleren Kehlkopfetage. Der größte Teil des Kehlkopflumens (Cavitas laryngis) ist von **respiratorischem Epithel** ausgekleidet. Außerdem kommen an einigen Stellen regelmäßig, an anderen allerdings individuell sehr unterschiedlich Areale von mehrschichtig **unverhorntem Plattenepithel** vor. Regelmäßig findet man es an den Stimmfalten über dem Lig. vocale. Es breitet sich weiter auf die Schleimhaut über den Stellknorpeln aus und geht kontinuierlich in das Plattenepithel des Hypopharynx über. Die linguale Epiglottisfläche ist mit Plattenepithel bedeckt. Die Verteilung beider Epithelarten kann auf den Plicae vestibulares sowie im gesamten übrigen Bereich der Cavitas laryngis individuell stark variieren. Die Ausdehnung der Plattenepithelareale verändert sich im Laufe des Lebens. Mit zunehmendem Lebensalter nimmt die Menge an Plattenepithel zu.

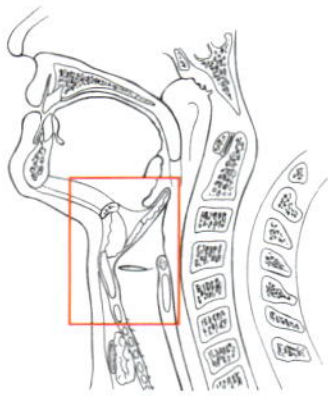

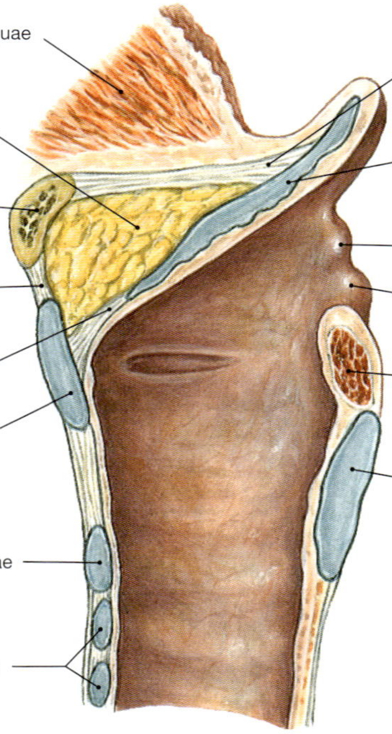

Abb. 11.45 Kehlkopf, Larynx, Stellung des Kehldeckels beim Schlucken; Mediansagittalschnitt.
Im Rahmen des Schluckvorgangs verlagern sich die Strukturen des Kehlkopfeingangs. Die Epiglottis wird nach unten gedrückt. Der präepiglottische Fettkörper wird nach dorsal verlagert, der Aditus laryngis wird verschmälert.

Klinik

Der im Klinikalltag verwendete Begriff „Stimmbänder" ist anatomisch nicht korrekt; der Begriff sollte ausschließlich der Beschreibung des Lig. vocale dienen. Das Plattenepithel, das im Laufe des Lebens innerhalb des Kehlkopfs zunimmt, kann Ausgangspunkt von **Plattenepithelkarzinomen** des Larynx sein.

Arterien und Nerven des Kehlkopfs

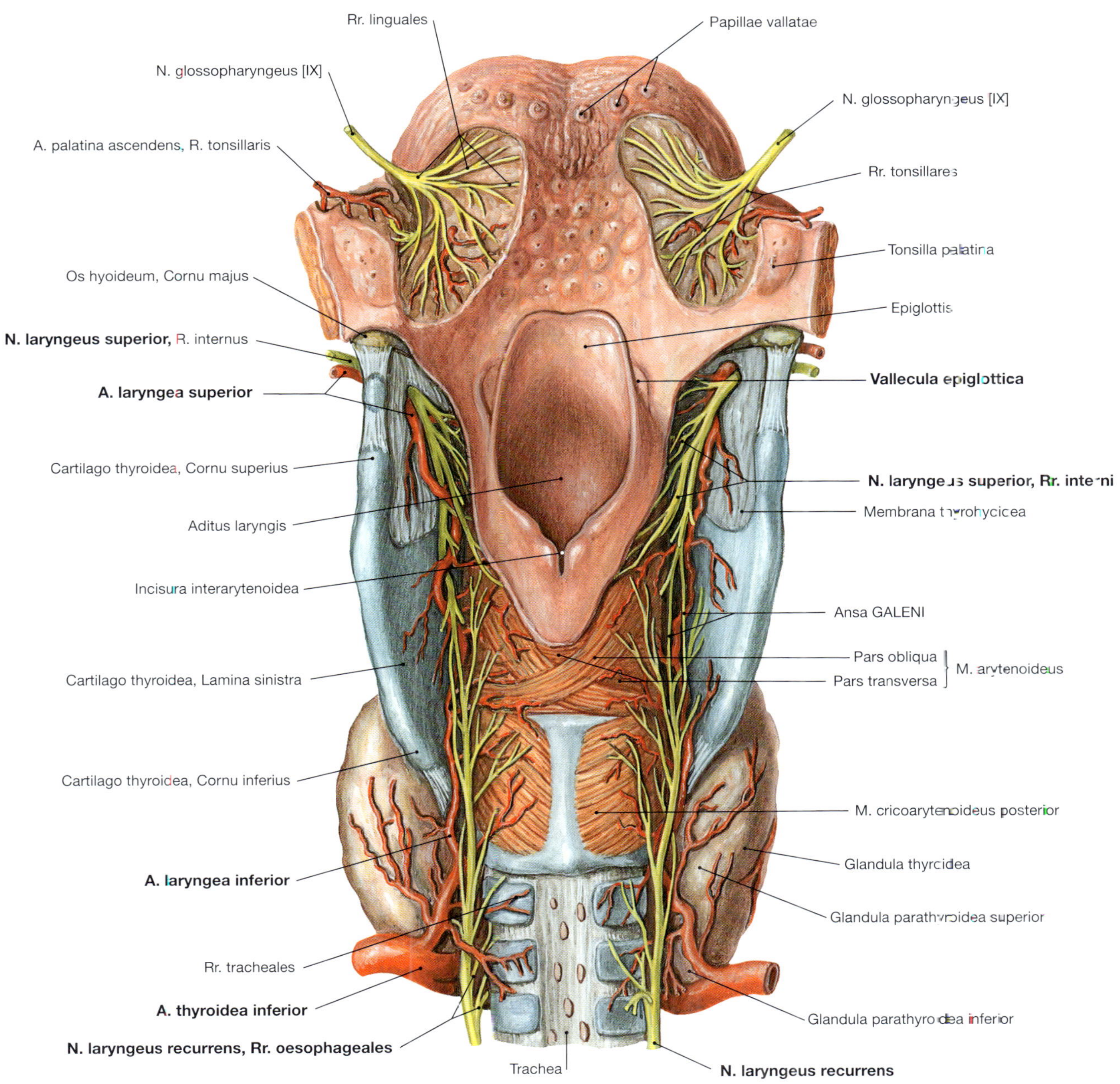

Abb. 11.46 Arterien und Nerven des Kehlkopfs, Larynx, und der Zungenwurzel, Radix linguae; Ansicht von dorsal.

Aus der A. thyroidea superior entspringt die A. laryngea superior. Sie durchbricht unterhalb des Cornu majus des Zungenbeins die Membrana thyrohyoidea und verzweigt sich unter der Schleimhaut des Recessus piriformis. Dort bildet sie zahlreiche Anastomosen und Kollateralverbindungen mit der A. laryngea inferior.

Der Kehlkopf wird bilateral über **zwei Äste des N. vagus** [X] innerviert:

- Der **N. laryngeus superior** teilt sich in einen R. internus und einen R. externus auf (→ Abb. 11.81). Der R. internus verläuft in der Pharynxwand nach lateral und zieht zusammen mit der A. laryngea superior durch die Membrana thyrohyoidea in den Kehlkopf. Hier innerviert er die supraglottische Schleimhaut sowie die Schleimhaut der Valleculae epiglotticae und der Epiglottis sensibel. Die sensible Innervation der Kehlkopfschleimhaut ist sehr dicht (Hustenreflex). Der N. laryngeus superior führt außer motorischen und sensiblen Nervenfasern auch zahlreiche sympathische Fasern (Drüseninnervation).
- Die Innervation der inneren Kehlkopfmuskeln erfolgt motorisch über den **N. laryngeus recurrens** (inferior). Man sieht die Innervation der beiden dorsal liegenden Mm. cricoarytenoideus posterior und arytenoideus. Die Verbindung zwischen N. laryngeus superior und N. larygeus inferior wird Ansa GALENI (GALEN-Anastomose) genannt. Zum Verlauf der Nn. laryngei recurrentes → Abbildung 11.21 und 11.56.

Klinik

Schädigungen des N. laryngeus superior gehen mit Sensibilitätsstörungen (häufiges Verschlucken) und der Lähmung des M. cricothyroideus einher. Durch mangelhafte Grobspannung der Stimmfalten resultiert ein ungenügender Glottisschluss mit Stimmstörungen.

Akute Ödeme im Bereich des Kehlkopfeingangs (z.B. durch eine allergische Reaktion) können sich im lockeren Bindegewebe stark ausdehnen und zu ausgeprägter Atemnot führen.

Akute bakterielle Infektionen der Epiglottis treten besonders bei Kindern auf und können durch Verlegung der Atemwege in sehr kurzer Zeit eine lebensbedrohliche Situation herbeiführen.

Kehlkopf, Transversalschnitte

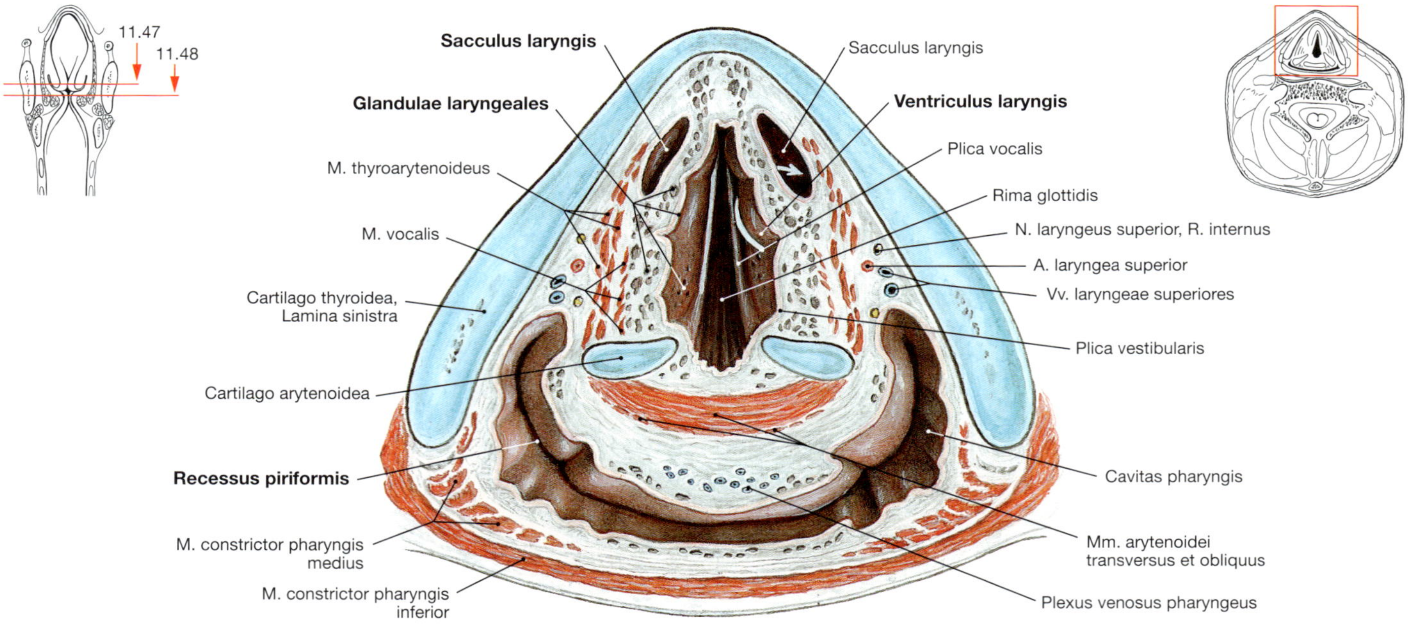

Abb. 11.47 Kehlkopf, Larynx; Transversalschnitt auf Höhe der Taschenfalten.
Die Taschenfalten (Plicae vestibulares) besitzen viele seromuköse Drüsen (Glandulae laryngeales), deren Sekret der Befeuchtung der Stimmfalten dient. Der weiße Pfeil zeigt den Übergang vom Ventriculus laryngis zum Sacculus laryngis. Hinter dem Kehlkopf ist der Laryngopharynx mit dem Recessus piriformis sichtbar.

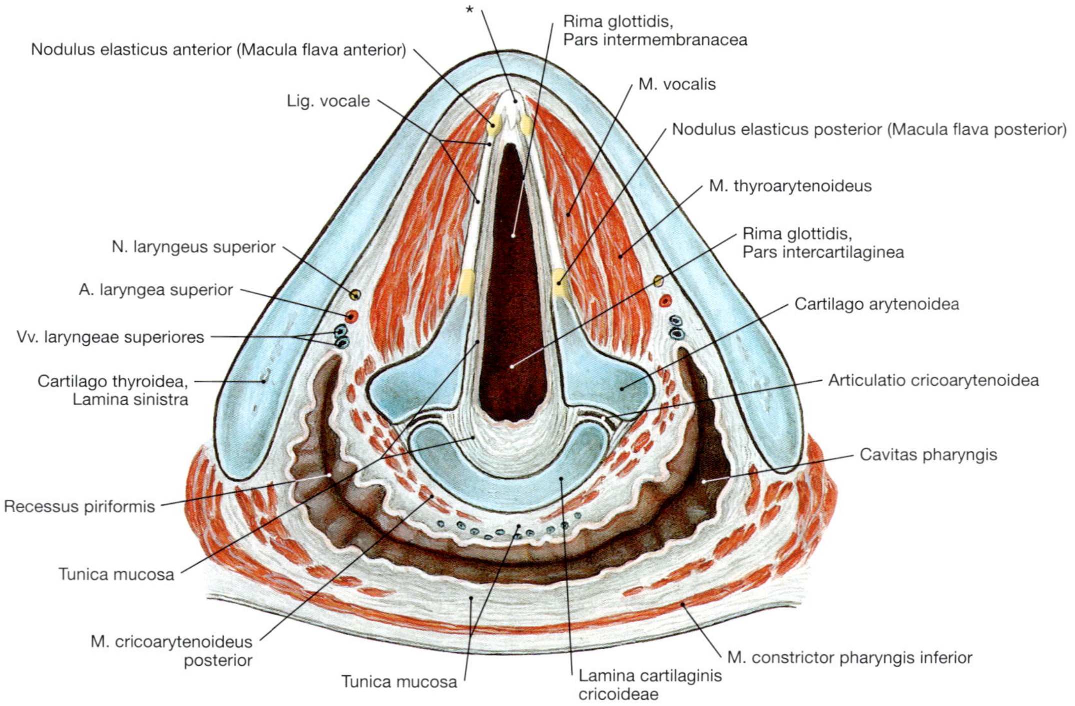

Abb. 11.48 Kehlkopf, Larynx; Transversalschnitt auf Höhe der Stimmfalten, Plicae vocales.
Der Schnitt auf Höhe der Stimmritze (Glottis, Rima glottidis) zeigt die Schleimhaut (Tunica mucosa) der Stimmfalten. Von innen nach außen schließen sich an: das Stimmband (Lig. vocale), der M. vocalis (Pars interna des M. thyroarytenoideus) und die Pars externa des M. thyroarytenoideus. Der knorpelfreie Bereich der Stimmfalte ist die Pars intermembranacea, der Abschnitt zwischen den beiden Stellknorpeln ist die Pars intercartilaginea (→ Abb. 11.43). Die Stimmfalten laufen vorne auf den Schildknorpel zu. Der Ansatzbereich wird als vordere Kommissur bezeichnet. Hier inserieren die Stimmfalten über die Noduli elastici anteriores und die Stimmbandsehne (BROYLE-Sehne*) im Schildknorpel. Dorsal inseriert das Lig. vocale über den Nodulus elasticus posterior am Proc. vocalis des Stellknorpels.

Kehlkopf, Frontalschnitt

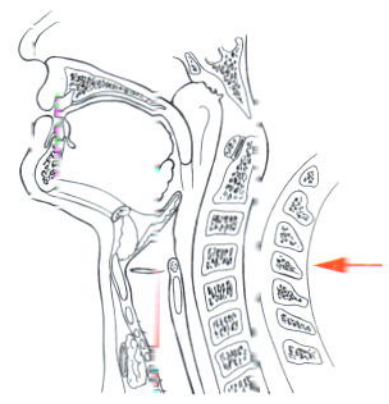

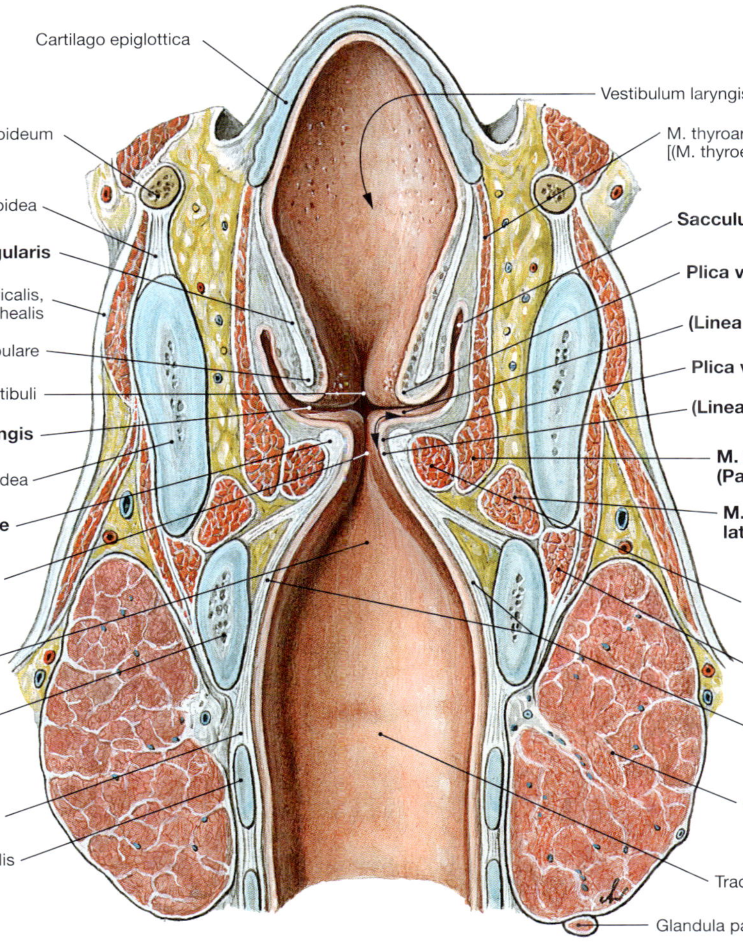

Abb. 11.49 Kehlkopf, Larynx, und Schilddrüse, Glandula thyroidea; Frontalschnitt.

Die Stimmfalten (Plicae vocales) ragen normalerweise weiter in das Kehlkopflumen hinein als die Taschenfalten (Plicae vestibulares), so dass sie im Rahmen der Kehlkopfspiegelung beurteilt werden können. Die Stimmfalten bestehen außer der Schleimhaut, dem Lig. vocale und dem sich anschließenden Conus elasticus vor allem aus dem M. vocalis (Pars interna des M. thyroarytenoideus) und der Pars externa des M. thyroarytenoideus. Jeweils lateral schließt sich der M. cricoarytenoideus lateralis an. Gemeinsam begrenzen die beiden Stimmfalten die Stimmritze (Glottis, Rima glottidis), den stimmbildenden Teil des Kehlkopfs.

Subepithelial ist das Bindegewebe über dem Lig. vocale zwischen Linea arcuata superior und Linea arcuata inferior locker und ermöglicht eine Verschieblichkeit (REINKE-Raum, Pfeil). Zwischen Stimmfalten und Taschenfalten dehnt sich der Ventriculus laryngis aus. Bindegewebige Grundlage der Taschenfalten ist die elastische Membrana quadrangularis. Die Schilddrüse liegt mit ihren beiden Lappen am Übergang zwischen Ringknorpel und oberen Trachealknorpelspangen.

Klinik

Flüssigkeitsansammlungen im REINKE-Raum rufen an den Stimmlippen eine Schwellung hervor, die in die Stimmritze hineinragen und mit Heiserkeit bis zu Atemnot einhergehen kann **(REINKE-Ödem).** Das REINKE-Ödem muss vom **„Glottis-Ödem"** abgegrenzt werden. Letzteres bezeichnet eine Flüssigkeitseinlagerung in der Lamina propria der Schleimhaut des supraglottischen Raums (z. B. bei allergischen Reaktionen) und breitet sich somit oberhalb der Glottis aus. Es kommt zu einem pfeifenden Atemgeräusch durch Verengung des Kehlkopflumens, zu Heiserkeit bis hin zu hochgradiger Atemnot.

Schilddrüse

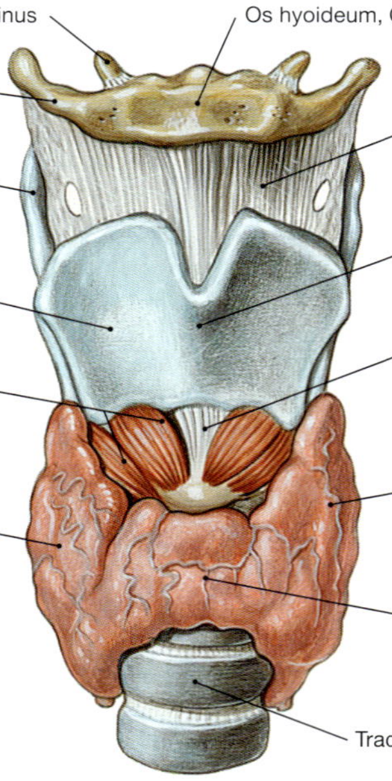

Abb. 11.50 Lage der Schilddrüse, Glandula thyroidea; Ansicht von ventral.
Die Schilddrüse (Gewicht beim Erwachsenen 20–25 g) liegt unterhalb des Kehlkopfs. Sie ummantelt den oberen Abschnitt der Trachea seitlich je mit einem Lappen (Lobus dexter und Lobus sinister) sowie vorne mit einem Isthmus.

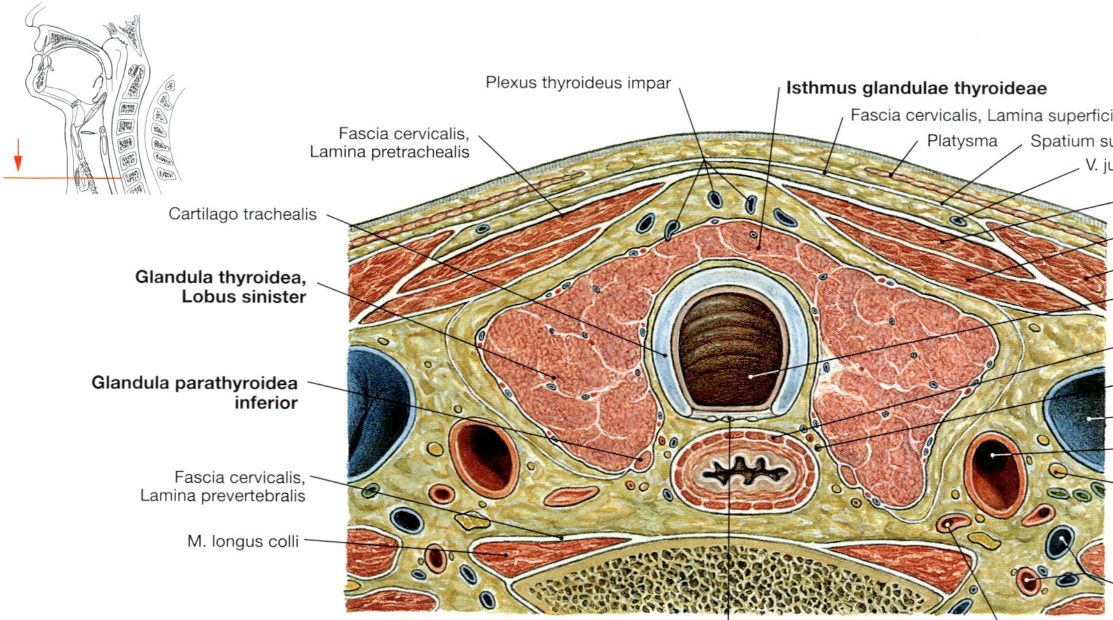

Abb. 11.51 Schilddrüse, Glandula thyroidea; Horizontalschnitt.
Die Schilddrüse ummantelt den oberen Abschnitt der Trachea lateral und ventral. Sie ist die größte endokrine Drüse des Körpers und bildet die Hormone Thyroxin (Tetrajodthyronin, T_4), Trijodthyronin (T_3) und Kalzitonin. Sie ist von einer eigenen Organkapsel umgeben und liegt gemeinsam mit dem Kehlkopf, der Trachea, der Speiseröhre und dem Pharynx in einer allgemeinen Organfaszie.

Auf der Rückseite der Schilddrüsenlappen liegen sehr variabel die vier jeweils 12–50 mg schweren, weizenkorngroßen Epithelkörperchen (Nebenschilddrüsen, **Glandulae parathyroideae**), zwei auf jeder Seite, die Parathormon bilden. In der Rinne zwischen Trachea und Speiseröhre verläuft auf beiden Seiten der **N. laryngeus recurrens.** Er liegt außerhalb der speziellen Organfaszien, aber innerhalb der allgemeinen Organfaszie.

Klinik

Bei **Schilddrüsenoperationen** müssen von ventral die Fascia pretrachealis und die gemeinsame Faszie aus spezieller und allgemeiner Organfaszie auf der Vorderseite der Schilddrüse durchtrennt werden. Chirurgen sprechen hier von äußerer (Fascia pretrachealis) und innerer (Organfaszien) Schilddrüsenkapsel.

Durch Hyperplasien, Adenome oder Karzinome der Epithelkörperchen kann es zur Überfunktion mit Ausbildung eines primären **Hyperparathyreoidismus** kommen. Die vermehrte Bildung von Parathormon führt zur Erhöhung der Serum-Kalzium-Konzentration und verursacht charakteristische Beschwerden an den Knochen, den Nieren und im Gastrointestinaltrakt.

Entwicklung der Schilddrüse

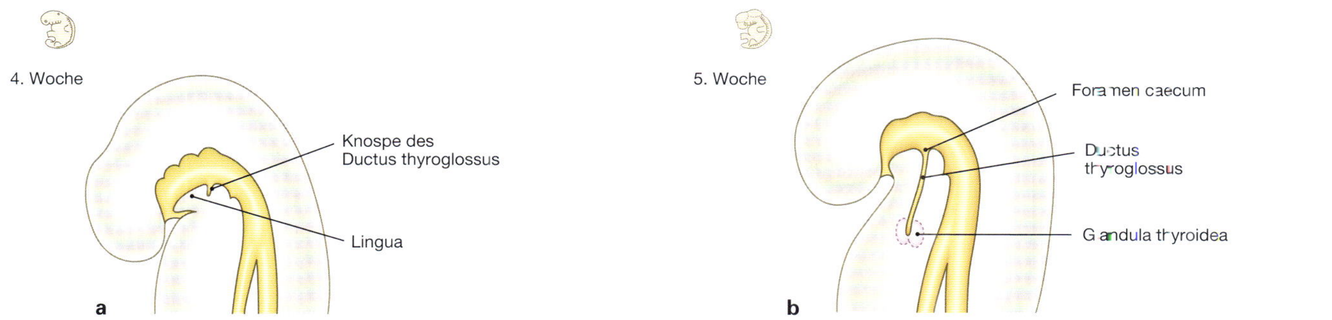

Abb. 11.52a und b Entwicklung der Schilddrüse. [21]
Ab dem 24. Tag sprosst Epithel von der ektodermalen Mundbucht kaudalwärts in der Medianebene am Zungenbein und am Kehlkopf vorbei aus und formt den **Ductus thyroglossus** (**a**). Aus diesem entstehen in der 7. Woche, wenn er seine endgültige Position am Schildknorpel des Larynx erreicht hat, der Isthmus und die beiden Schilddrüsenlappen (**b**). Kranial bildet sich der Ductus thyroglossus zurück. Am Übergang zum Zungengrund verbleibt lediglich das **Foramen caecum** hinter dem Sulcus terminalis und oftmals ein **Lobus pyramidalis** (Schilddrüsengewebe) entlang dem ehemaligen Ductus thyroglossus (→ Abb. 8.162). Aus der fünften Schlundtasche wölbt sich das ultimobranchiale Körperchen vor, aus dem die C-Zellen (Kalzitonin-Bildner) hervorgehen und in die Schilddrüse einwandern. Die Epithelkörperchen (Parathormon-Bildner) entstehen aus dem Gewebe der dritten und der vierten Schlundtasche.

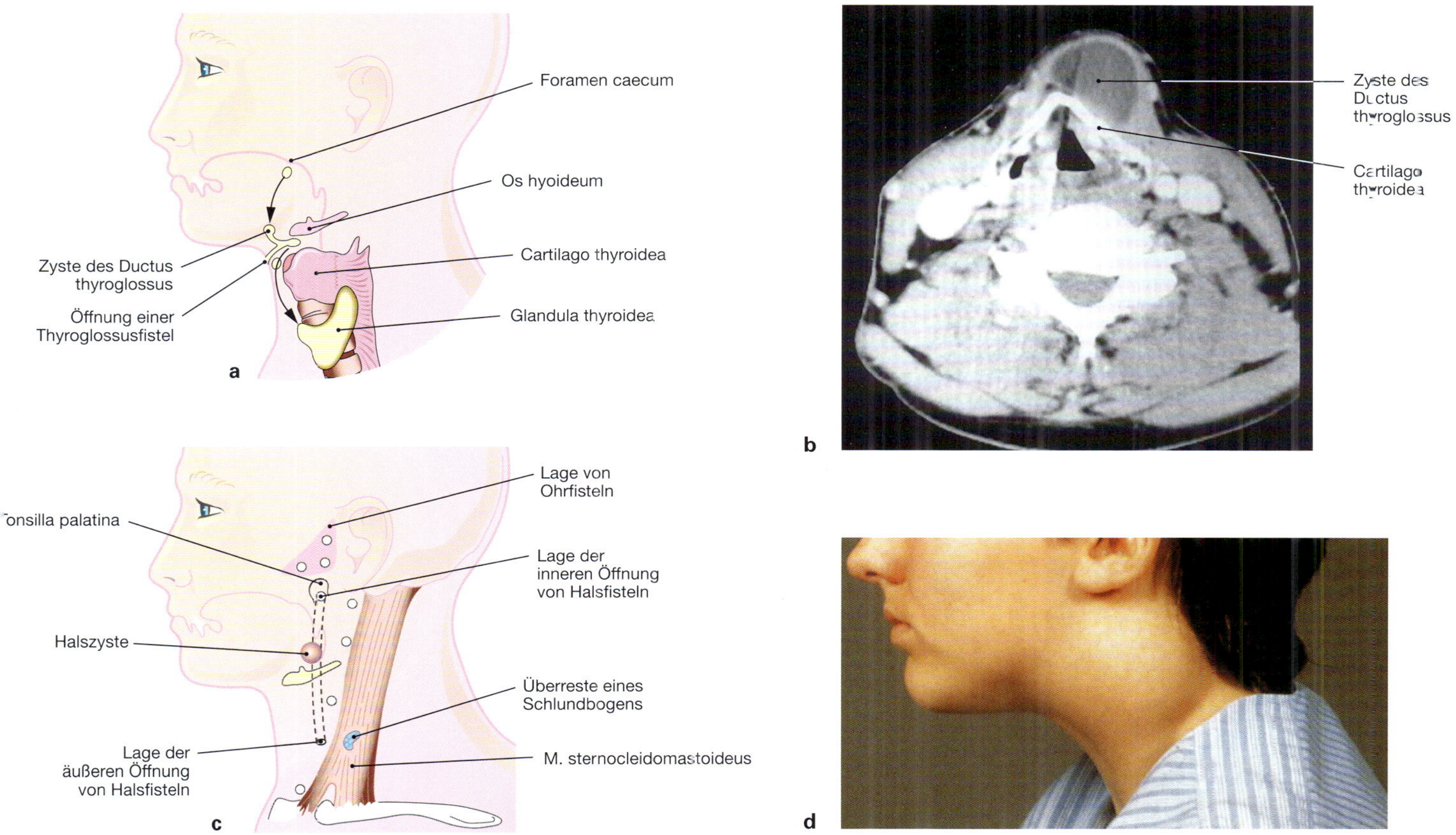

Abb. 11.53a bis d Halszysten und Halsfisteln. [20]

a mögliche Lokalisationen von Zysten des Ductus thyroglossus (die Pfeile zeigen den Verlauf des Ductus thyroglossus während des Deszensus der Schilddrüse vom Foramen caecum bis zu ihrer endgültigen Lage in der vorderen Halsregion)
b Computertomographie einer vor dem Schildknorpel liegenden Thyroglossuszyste
c mögliche Lokalisationen von Halszysten und Halsfisteln
d laterale Halszyste; man erkennt deutlich die Halsschwellung

Klinik

Es kann sein, dass ein Teil des Ductus thyroglossus in Form einer **medianen Halszyste** oder bei einer Verbindung nach außen in Form einer **medianen Halsfistel** persistiert (→ Abb. 11.53a und b). Beide sind ohne klinische Bedeutung, solange sie sich nicht entzünden. Laterale Halsfisteln oder -zysten entstehen, wenn die Kiemenfurchen oder der Sinus cervicalis nicht vollständig obliterieren. **Laterale Halsfisteln** münden meist am vorderen Rand des M. sternocleidomastoideus (→ Abb. 11.53c); **laterale Halszysten** machen sich durch Flüssigkeitseinlagerung als Vorwölbung seitlich am Hals bemerkbar (→ Abb. 11.53d).

Gefäße und Nerven der Schilddrüse

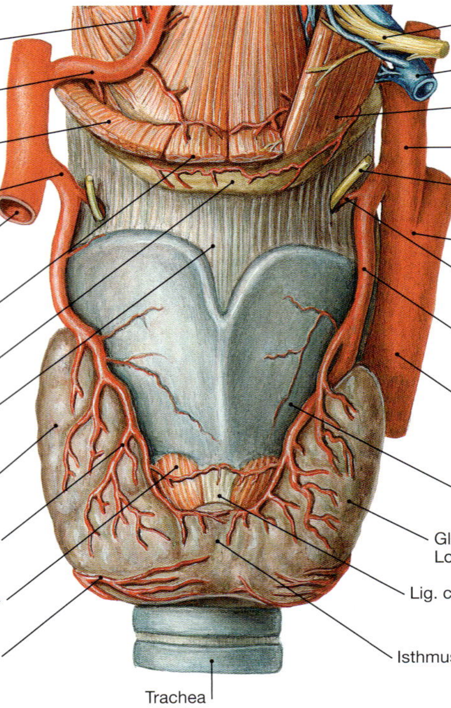

Abb. 11.54 Arterien der Schilddrüse, Glandula thyroidea; Ansicht von ventral.
Als endokrines Organ ist die Schilddrüse sehr gut durchblutet. Sie erhält Blut über die **A. thyroidea superior** (mit Rr. glandulares anterior und posterior) aus der **A. carotis externa** sowie über die **A. thyroidea inferior** aus dem Truncus thyrocervicalis. Gelegentlich beteiligt sich eine kleine A. thyroidea ima aus dem Truncus brachiocephalicus oder dem Arcus aortae an der Blutversorgung (nicht dargestellt). Die Blutgefäße versorgen die Epithelkörperchen mit (→ Abb. 11.56).

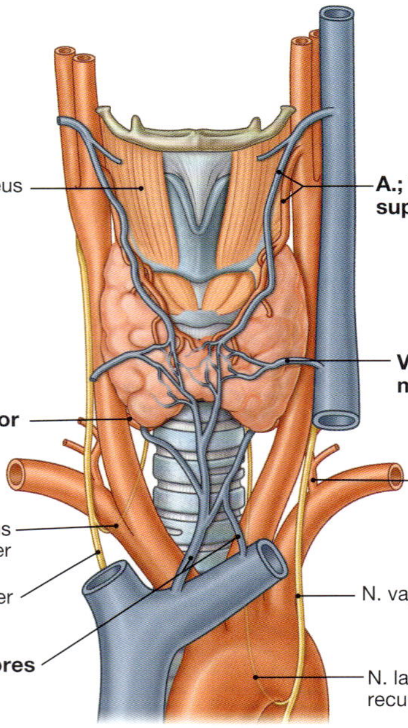

Abb. 11.55 Venen der Schilddrüse, Glandula thyroidea; Ansicht von ventral. [8]
Drei paarige Venen sammeln das Blut der Schilddrüse. Die **Vv. thyroideae superior und media** drainieren in die V. jugularis interna, die **V. thyroidea inferior** führt ihr Blut in die linke V. brachiocephalica.

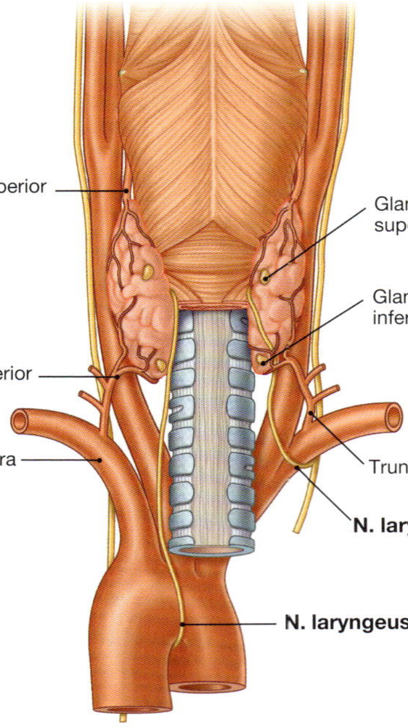

Abb. 11.56 Aa. thyroideae superior und inferior sowie Nn. laryngei recurrentes sinister und dexter; Ansicht von dorsal. [8]
Die Schilddrüse hat enge topographische Beziehung zu den Nn. laryngei recurrentes (N. laryngei inferiores). Die Nerven verlaufen in der Rinne zwischen Luft- und Speiseröhre kranialwärts bis in den Kehlkopf (→ Abb. 11.46).

Klinik

Häufigste Ursachen für **Lähmungen der Kehlkopfmuskeln** sind Strumaoperationen (Thyroidektomie, meist als subtotale Strumektomie durchgeführt). Durch die Vergrößerung der Schilddrüse ist die normale Topographie des N. laryngeus recurrens aufgehoben. Da er auch bei einer **Struma** enge Beziehung zur Schilddrüse und zur A. thyroidea inferior behält, aber nicht mehr so leicht zu lokalisieren ist, ist der Nerv stark gefährdet. Eine vergrößerte Schilddrüse kann die Luftröhre verengen und im fortgeschrittenen Stadium zu Atemnot führen. Oft ist deshalb eine Operation unumgänglich.

Bildgebung und Klinik

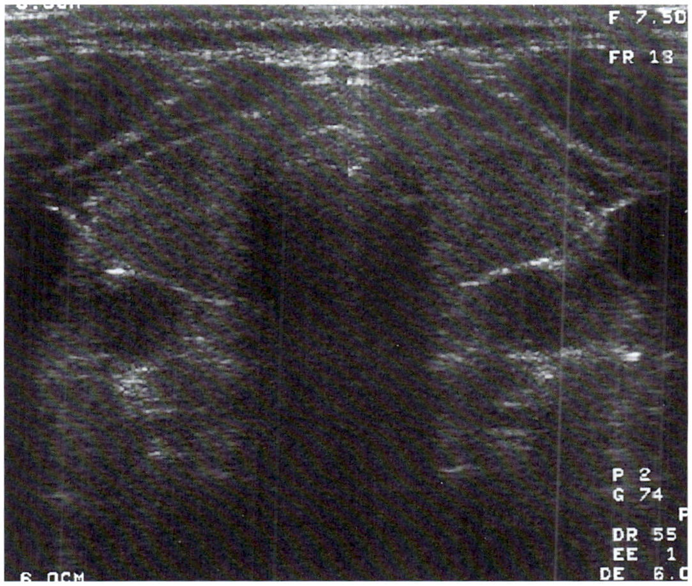

Abb. 11.57 Schilddrüse, Glandula thyroidea; Sonogramm, Normalbefund, Transversalschnitt in Höhe des Schilddrüsenisthmus. [27]

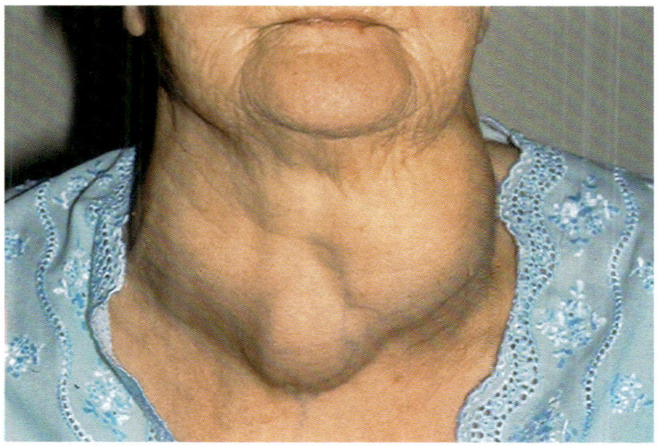

Abb. 11.58 Vergrößerung der Schilddrüse (Struma multinodosa). Man erkennt drei große Knoten (Knotenstruma).

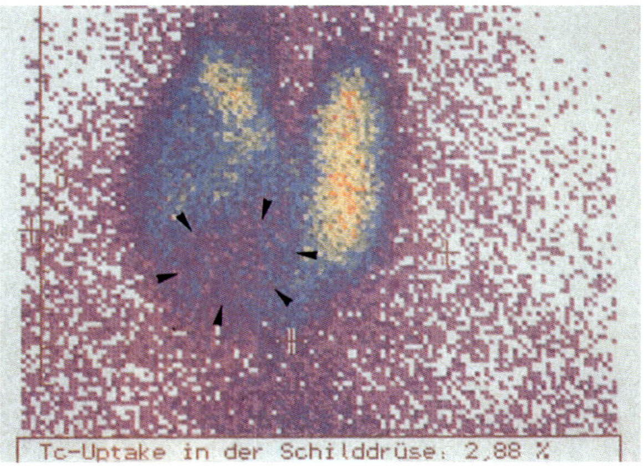

Abb. 11.59 Schilddrüse, Glandula thyroidea; Szintigramm, Ansicht von ventral. [6]
Die Schilddrüsenszintigraphie ist ein funktionstopographisches Untersuchungsverfahren. Die Aufnahme wurde 20 Minuten nach intravenöser Injektion von Technetium-99m-Pertechnetat gemacht und zeigt einen „kalten Knoten" (Pfeilspitzen) im rechten Schilddrüsenlappen, der auf den Isthmus übergreift. Im linken Schilddrüsenlappen sieht man eine homogene Nuklidbelegung. Im „kalten Knoten" befindet sich kein aktives Schilddrüsengewebe.

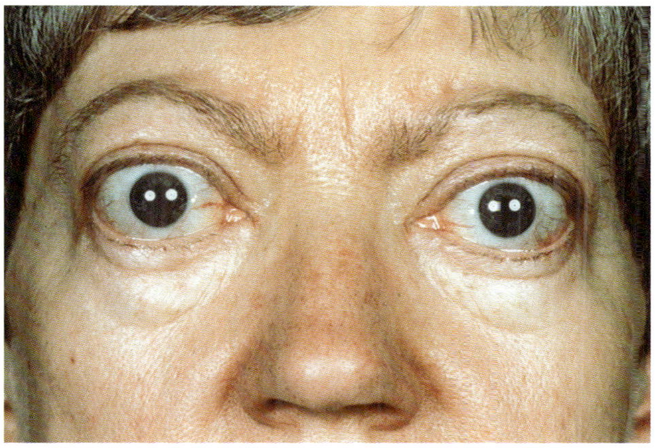

Abb. 11.60 Patientin mit Ophthalmopathie: Exophthalmus und Retraktion des Oberlids bei Hyperthyreose. [5]

Klinik

Die Pathologie der Schilddrüse ist äußerst komplex. Prinzipiell unterscheidet man **diffuse** (→ Abb. 11.58) und **fokale** (→ Abb. 11.59) **Schilddrüsenveränderungen.** Für beide gibt es zahlreiche Ursachen. Ferner kann es zur Unter- **(Hypothyreose)** oder Überproduktion **(Hyperthyreose)** der Hormone Thyroxin und Trijodthyronin kommen. Als ein Beispiel sei die Hyperthyreose bei diffuser Struma **(Morbus BASEDOW)** angeführt, die auf einen immunologischen Prozess zurückzuführen ist. Sie ist häufig mit einer Orbitopathie vergesellschaftet, die wahrscheinlich auf zirkulierende Antikörper gegen ein Antigen der Augenmuskeln zurückgeht. Die Antikörper zeigen eine Kreuzreaktion mit der mikrosomalen Fraktion der Follikelepithelzellen der Schilddrüse. Ein **Exophthalmus** entsteht durch ein retrookuläres Ödem, Ablagerungen von Glykosaminoglykanen, lymphozytäre Infiltrate und eine zunehmende Fibrose (→ Abb. 11.60).

Gefäße und Nerven des Halses

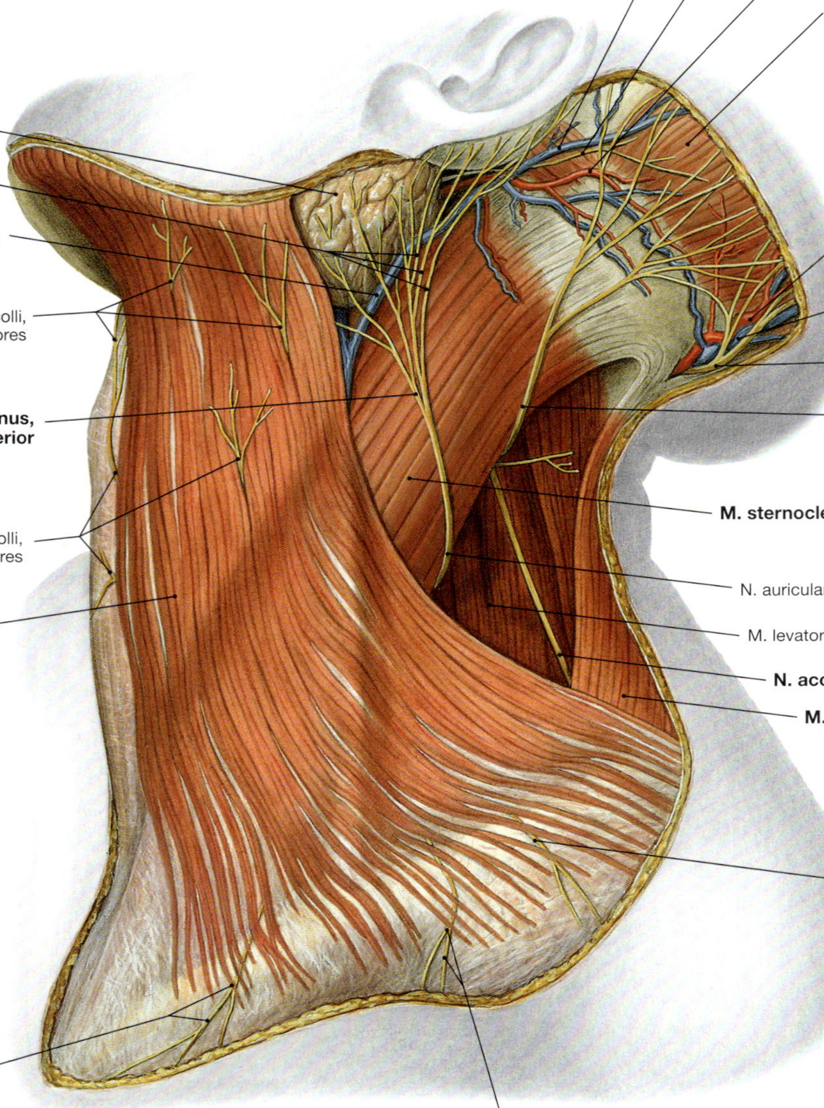

Abb. 11.61 Gefäße und Nerven der vorderen und der seitlichen Halsregion, Regiones cervicales anterior et lateralis; Ansicht von lateral.

Die oberflächliche Halsfaszie ist dorsal des Platysmas entfernt. **N. auricularis magnus** und **N. occipitalis minor** umschlingen von hinten nach vorne oben den M. sternocleidomastoideus. Beide sind sensible Nerven aus dem Plexus cervicalis (C1–C4) und innervieren die Haut vor und unter der Ohrmuschel bis zum Hinterhaupt. Der **N. occipitalis major** zieht durch den sehnigen Ursprung des M. trapezius an der Linea nuchae superior und setzt die sensible Innervation der Haut des Hinterhaupts fort. Er ist der R. dorsalis des Spinalnervs C2. Der **N. accessorius [XI]** verläuft durch das laterale Halsdreieck auf dem M. levator scapulae vom M. sternocleidomastoideus zum M. trapezius und innerviert die beiden Muskeln. Er hat seinen Ursprung im Hirnstamm und im oberen Halsmark (→ Abb. 12.160).

Klinik

Bei operativen Eingriffen in der seitlichen Halsregion (z. B. Entfernung eines Halslymphknotens oder im Rahmen einer Neck-Dissektion) ist der **N. accessorius [XI]** gefährdet. Verletzungen des Nervs in diesem Bereich führen meist nur zur Parese des M. trapezius. Der Arm kann nicht mehr über die Horizontale eleviert werden.

Gefäße und Nerven des Halses

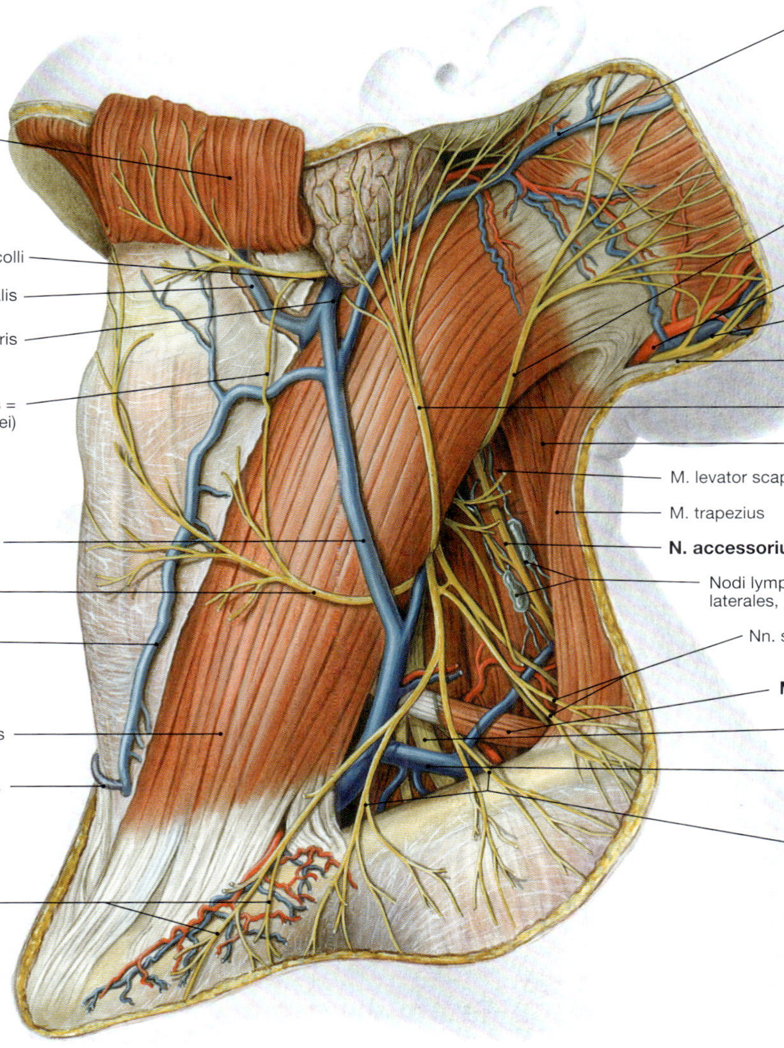

Abb. 11.62 Gefäße und Nerven der seitlichen Halsregion, Regio cervicalis lateralis, links; Ansicht von lateral. Teile des Platysmas nach oben geschlagen, Lamina superficialis der Fascia cervicalis größtenteils entfernt.

Die sensiblen Nerven des Plexus cervicalis treten am Hinterrand des M. sternocleidomastoideus durch die oberflächliche Halsfaszie. Für die Nn. supraclaviculares, den N. transversus colli und den N. auricularis magnus liegen die Durchtrittsstellen dicht gedrängt etwa in der Mitte des Muskels. Dieser Ort wird als **Punctum nervosum** (ERB-Punkt) bezeichnet. Das Punctum nervosum umfasst auch noch die Durchtrittsstelle des N. occipitalis minor, auch wenn sie deutlich weiter kranial liegt. Im hinteren Halsdreieck sieht man ferner den N. accessorius [XI], den M. omohyoideus und die V. transversa colli, die in die variabel über den M. sternocleidomastoideus verlaufende V. jugularis externa drainiert.

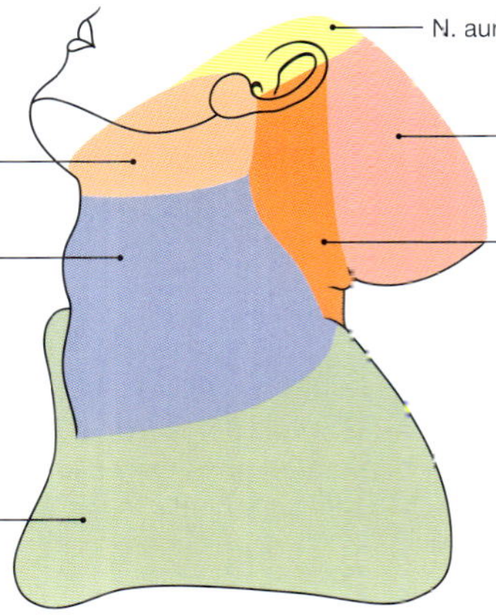

Abb. 11.63 Sensible Innervation der Haut des Halses (Hautnerven). Die sensible Innervation der Haut des Halses erfolgt duch die Nn. supraclaviculares, transversus colli, auricularis magnus, occipitalis minor, occipitalis major und occipitalis tertius (nicht sichtbar).

Gefäße und Nerven des Halses

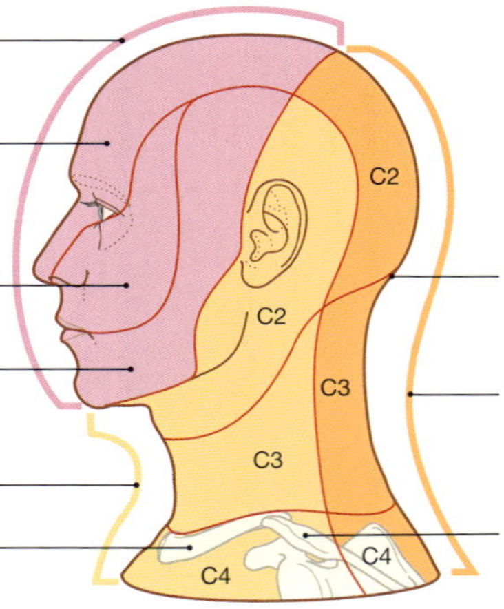

Abb. 11.64 Sensible Innervation der Haut des Halses und des Kopfs sowie segmentale Zuordnung der Hautareale. [8]
Die Haut des Halses wird aus den zervikalen Segmenten C2, C3 und C4 innerviert. Die Rr. anteriores der Spinalnerven innervieren den ventralen Halsabschnitt, die Rr. posteriores sind für den dorsalen Abschnitt zuständig.

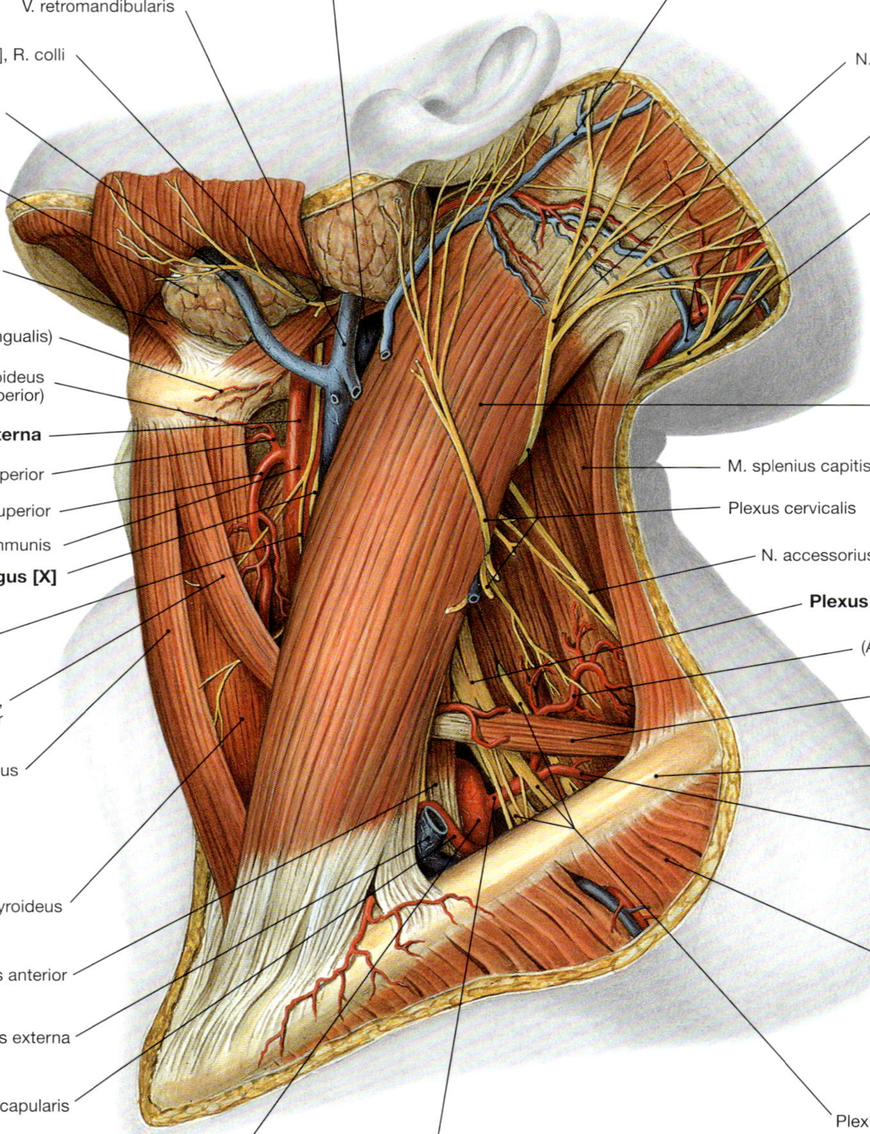

Abb. 11.65 Gefäße und Nerven der vorderen und der seitlichen Halsregion, Regiones cervicales anterior et lateralis, links; Ansicht von lateral; nach Entfernung der oberflächlichen und der mittleren Halsfaszie.

Im vorderen Halsdreieck sind die Strukturen sichtbar, die normalerweise von der Karotisscheide eingehüllt werden (A. carotis externa, N. vagus [X], V. jugularis interna); im hinteren Halsdreieck sieht man den Plexus brachialis und die A. subclavia in der Skalenuslücke, die vom Venter inferior des M. omohyoideus überkreuzt werden.

Gefäße und Nerven des Halses

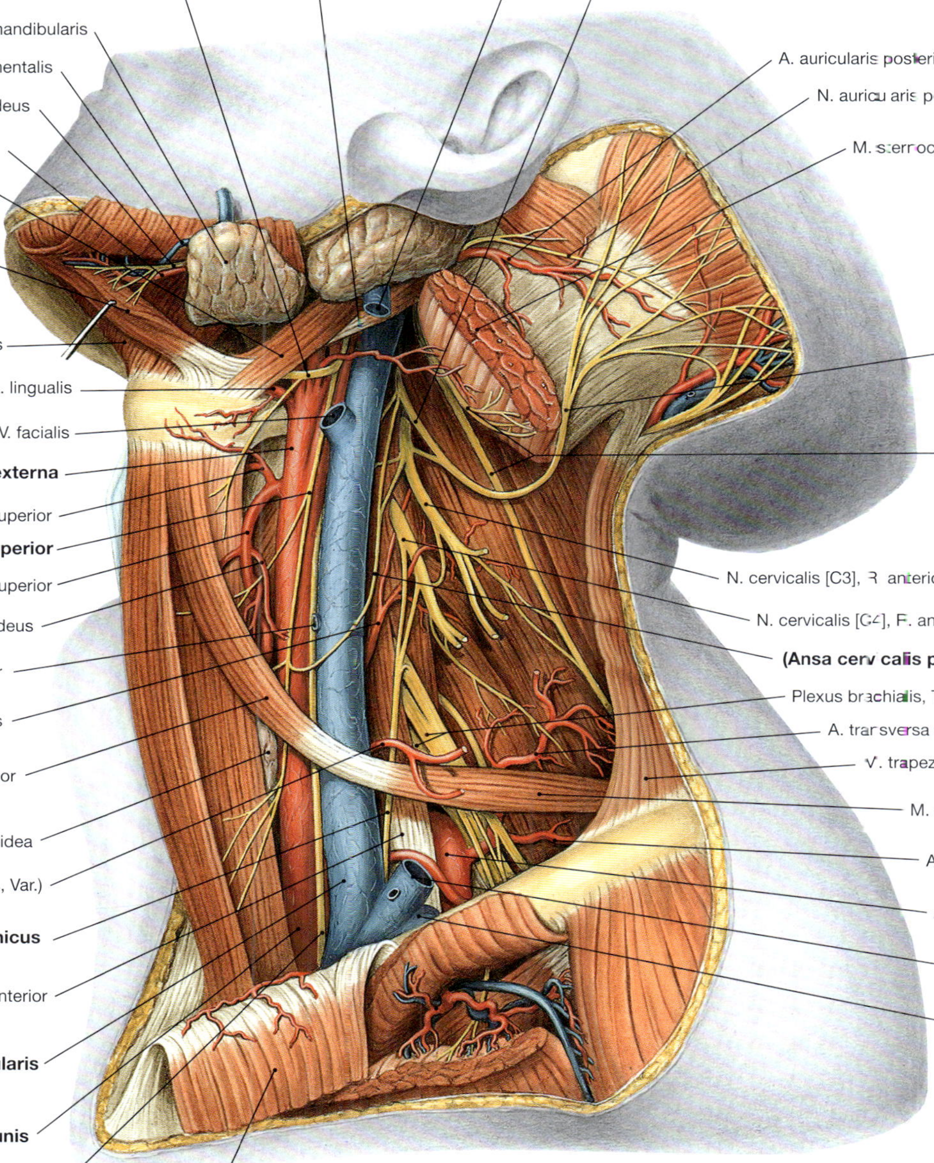

Abb. 11.66 Gefäße und Nerven der seitlichen Halsregion, Regio cervicalis lateralis, links; Ansicht von lateral; nach weitgehender Entfernung des M. sternocleidomastoideus.

Nach Entfernung des M. sternocleidomastoideus ist der Blick auf die **A. carotis communis** im unteren Halsabschnitt und die **A. carotis externa** im oberen Halsabschnitt sowie auf **N. vagus [X]** und **V. jugularis interna** frei. Um die V. jugularis interna legt sich im oberen Halsanteil die **Ansa cervicalis (profunda)** mit ihren Radices superior und inferior. Aus Letzteren gehen Äste zu den infrahyalen Muskeln ab. Lateral der Vene geht der **N. phrenicus** aus dem Plexus cervicalis hervor und verläuft im unteren Halsabschnitt quer über den M. scalenus anterior zur oberen Thoraxapertur. Im oberen Halsabschnitt zieht der **N. hypoglossus [XII]** nach vorne über die A. carotis externa im Bereich des Abgangs der Aa. lingualis und facialis und verschwindet unter dem M. stylohyoideus.

Gefäße und Nerven des Halses

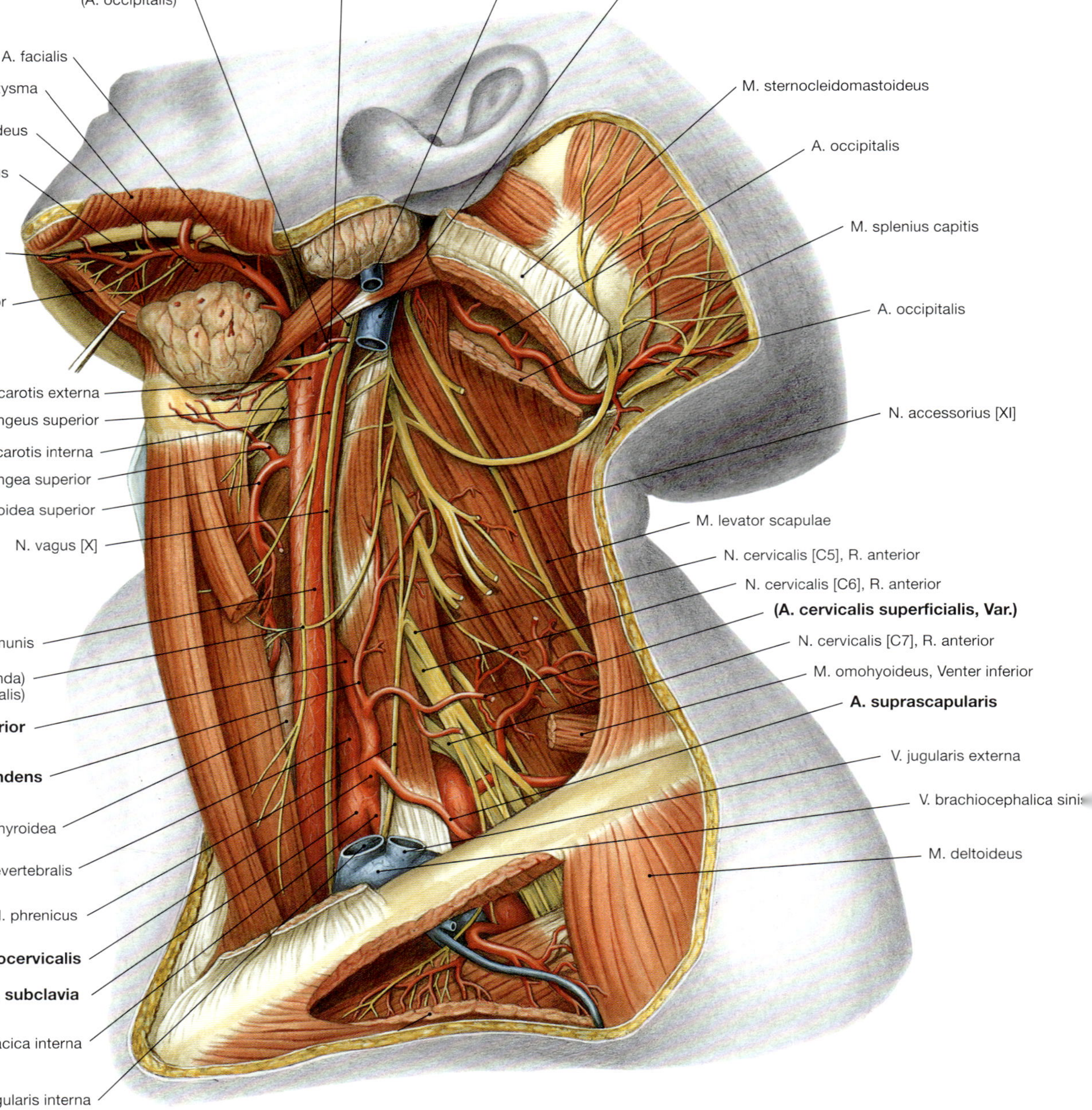

Abb. 11.67 Gefäße und Nerven der seitlichen Halsregion, Regio cervicalis lateralis, tiefe Schicht, links; Ansicht von lateral.
Nach Entfernung der V. jugularis interna sieht man medial die **A. subclavia,** die **A. vertebralis** und den aus der A. subclavia entspringenden **Truncus thyrocervicalis.** Die A. subclavia verläuft dorsal vom M. scalenus anterior und tritt gemeinsam mit dem Plexus brachialis durch die Skalenuslücke.

Äste des Truncus thyrocervicalis	
• A. thyroidea inferior – A. laryngea inferior – Rr. glandulares – Rr. pharyngeales – Rr. oesophageales – Rr. tracheales	• A. suprascapularis – R. acromialis • A. transversa colli – R. superficialis – R. profundus
• A. cervicalis ascendens – Rr. spinales	• (A. dorsalis scapulae)

Klinik

Eine hochgradige Stenose im Abgangsbereich der A. subclavia sinistra, seltener der A. subclavia dextra kann bei starker körperlicher Belastung des Arms zu einer Strömungsumkehr in der A. vertebralis der betroffenen Seite führen **(Subclavian-steal-Syndrom).** Dabei kann es durch Minderperfusion des Gehirns zu Schwindel und Kopfschmerzen kommen.

Gefäße und Nerven von Hals und Achselhöhle

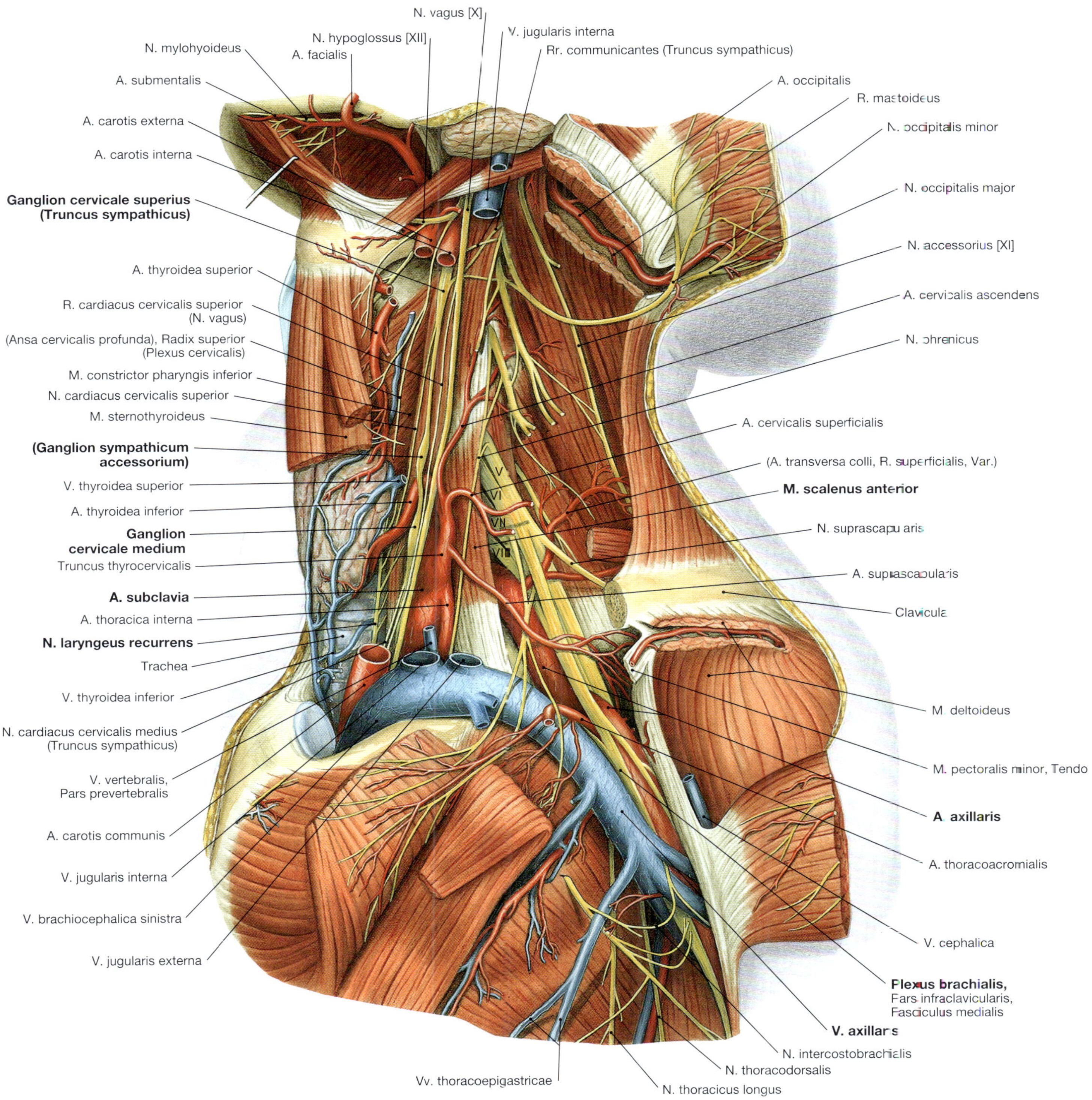

Abb. 11.68 Gefäße und Nerven der seitlichen Halsregion, Regio cervicalis lateralis, und der Achselregion, Regio axillaris.
Die Zahlen V bis VIII bezeichnen die ventralen Äste der entsprechenden Zervikalnerven.
Nach Entfernung der vorderen zwei Drittel der Clavicula sieht man den Übertritt des **Plexus brachialis** und der **A. subclavia** durch die Skalenuslücke (zwischen M. scalenus anterior und M. scalenus medius) sowie der V. subclavia (vor dem M. scalenus anterior) und deren Verlauf über die I. Rippe zur oberen Extremität. Gelegentlich können die oberen Abschnitte des Plexus brachialis auch durch den M. scalenus medius hindurchtreten. Im Halsbereich gibt der Plexus brachialis mehrere kleinere Äste ab und ordnet sich schließlich nach mehrfachem Faseraustausch in die Faszikel um, die alle noch kurz unterhalb der Clavicula lateral von der A. subclavia liegen. Erst in der Mitte der Axilla werden sie ihrer topographischen Bezeichnung gerecht.
Auf den tiefen Halsmuskeln sieht man den Grenzstrang **(Truncus sympathicus)** mit den Ganglia cervicale superius und medium (er verläuft in der oberen Halshälfte innerhalb der allgemeinen Organfaszie, in der unteren Halshälfte zwischen Fascia prevertebralis und allgemeiner Organfaszie, nicht dargestellt). Zwischen Luft- und Speiseröhre ist unterhalb der Schilddrüse der **N. laryngeus recurrens** sichtbar.

Plexus cervicalis

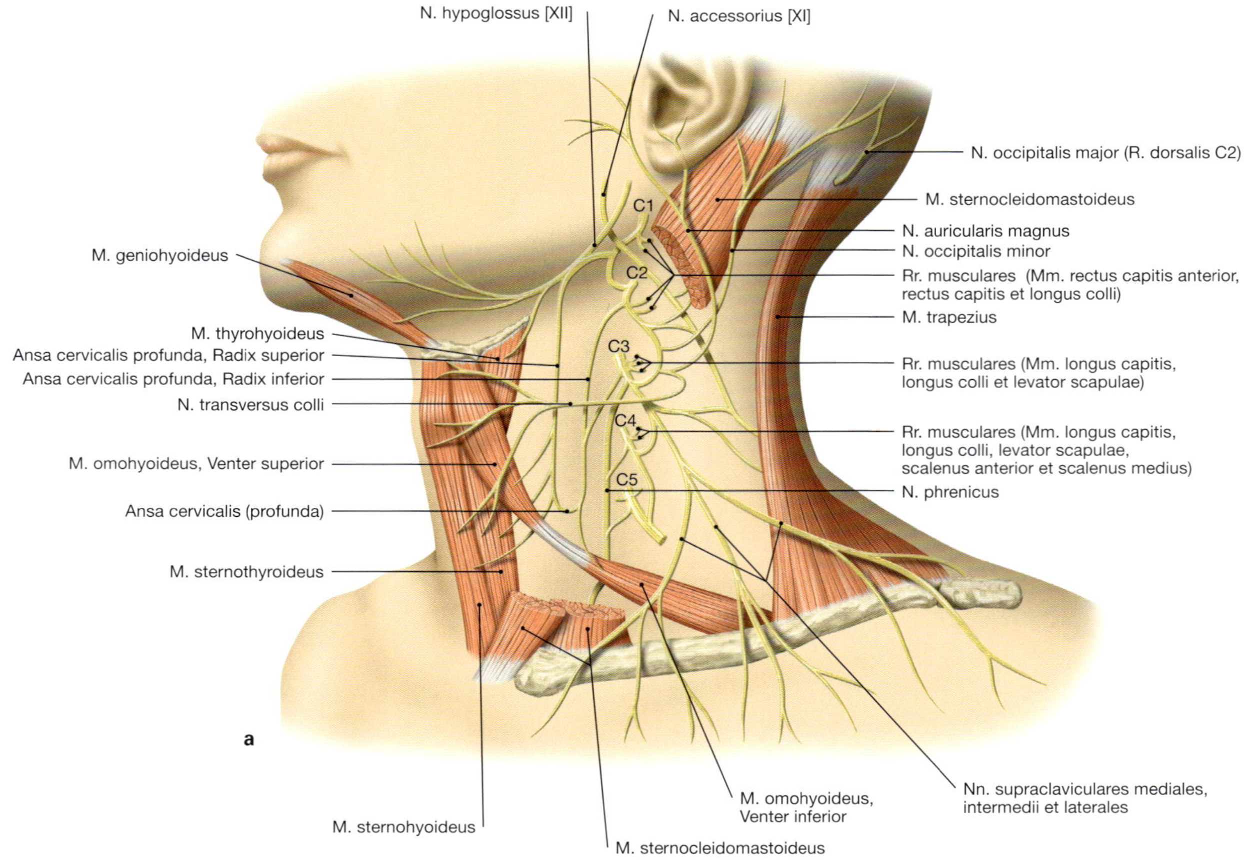

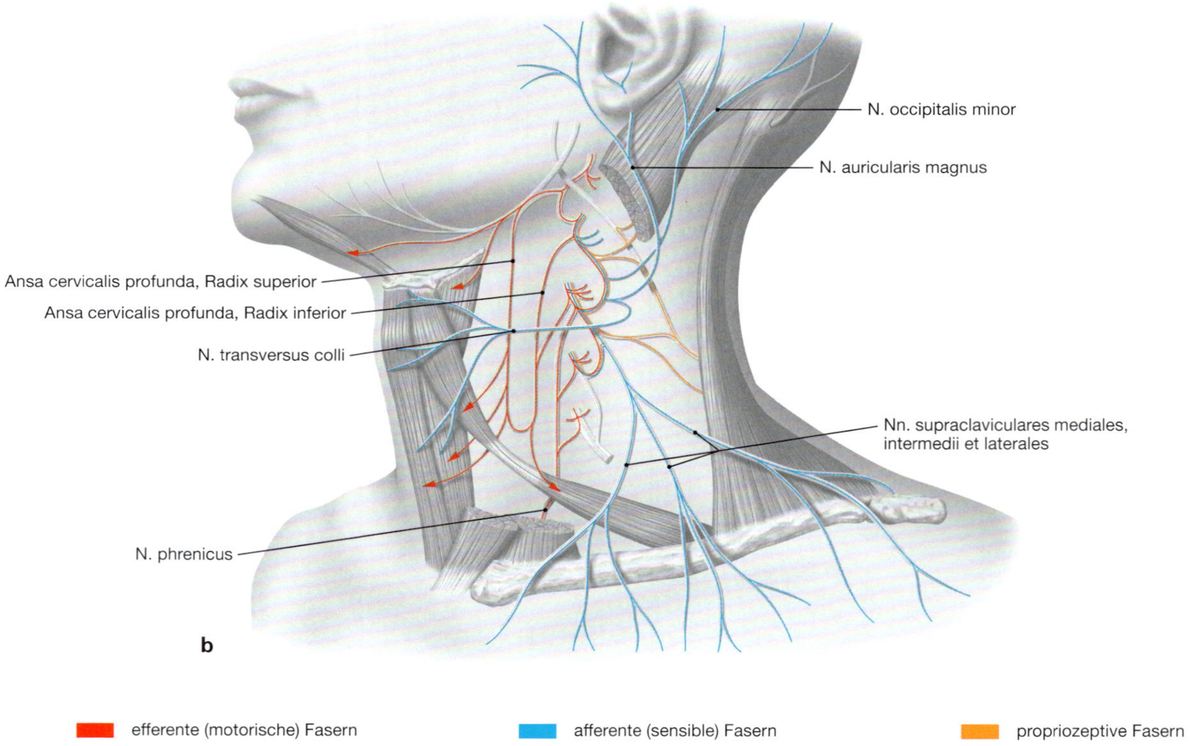

Abb. 11.69a und b Plexus cervicalis, sensible und motorische Äste.
Motorische Äste des Plexus cervicalis sind die Ansa cervicalis profunda und der N. phrenicus. Die **Ansa cervicalis profunda** kommt mit einer Radix superior aus C1 und einer Radix inferior aus C2 und C3 und dient der Innervation der infrahyalen Muskeln (Mm. thyrohyoideus, sternohyoideus, sternothyroideus und omohyoideus). Weitere motorische Äste innervieren den suprahyalen M. geniohyoideus, die prävertebralen Muskeln, den M. rectus capitis anterior, die Mm. scaleni anterior und medius sowie teilweise den M. levator scapulae. Der **N. phrenicus** entstammt den Segmenten C3 bis C5, verläuft kaudalwärts und tritt über die obere Thoraxapertur in den Brustkorb ein.

→ T 7

A. vertebralis und Truncus costocervicalis

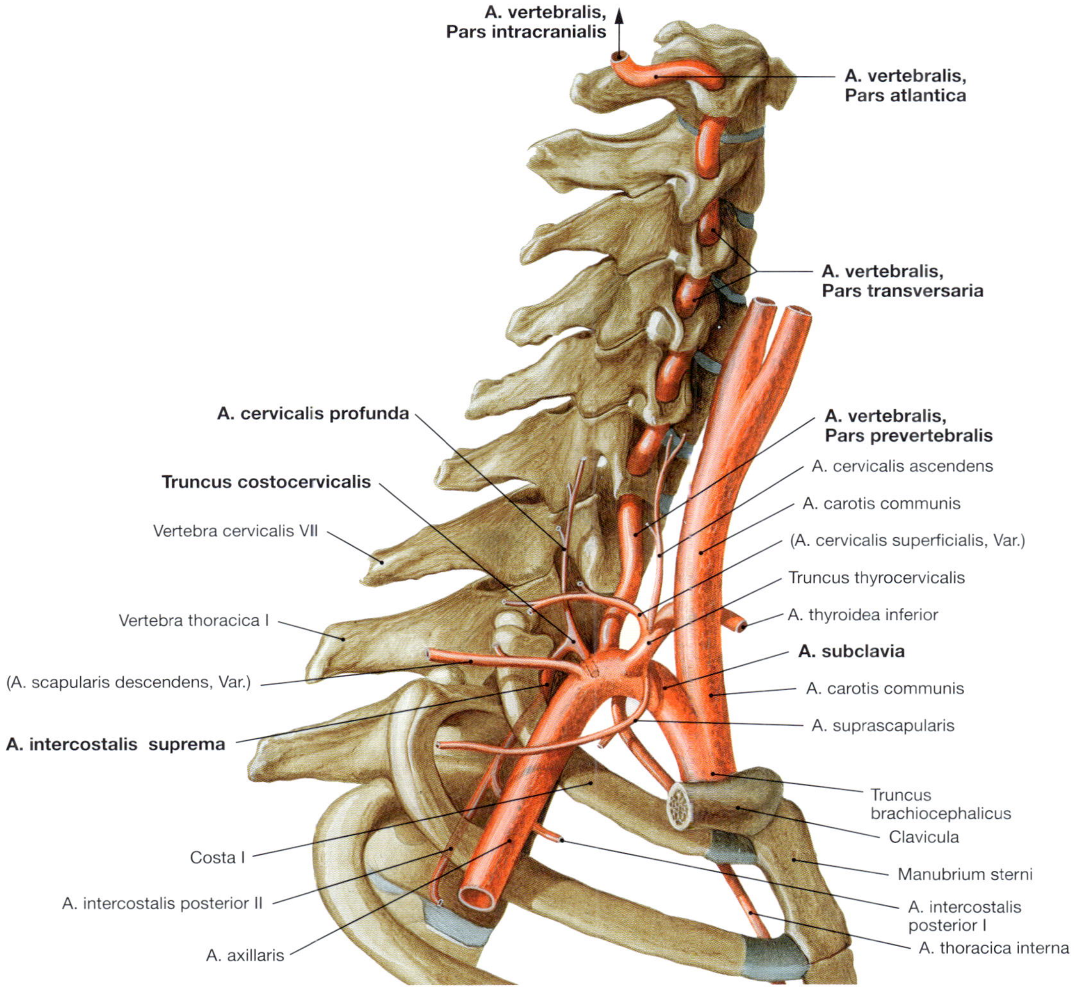

Abb. 11.70 Äste der Aa. subclavia und vertebralis sowie Truncus costocervicalis; Ansicht von lateral.

Äste der A. vertebralis

- **Pars prevertebralis**
- **Pars transversaria [cervicalis]**
  - Rr. spinales
    - Rr. radiculares
    - Aa. medullares segmentales
  - Rr. musculares
- **Pars atlantica**
- **Pars intracranialis**
  - Rr. meningei
  - A. inferior posterior cerebelli
    - A. spinalis posterior
    - R. tonsillae cerebelli
    - R. choroideus ventriculi quarti
  - A. spinalis anterior
  - Rr. medullares mediales et laterales

Äste des Truncus costocervicalis

- A. cervicalis profunda
- A. intercostalis suprema
  - A. intercostalis posterior prima
  - A. intercostalis posterior secunda
    - Rr. dorsales
    - Rr. spinales

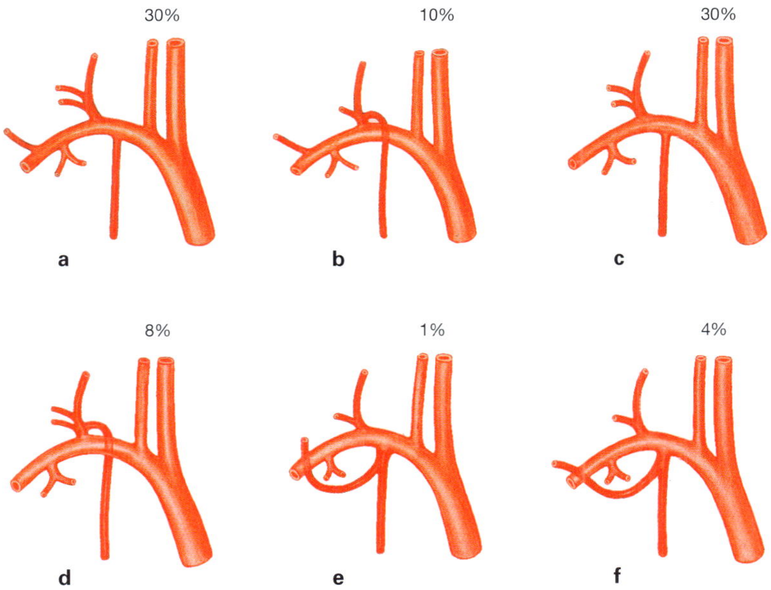

Abb. 11.71a bis f Varianten der Gefäßabgänge aus der A. subclavia und aus dem Truncus thyrocervicalis.

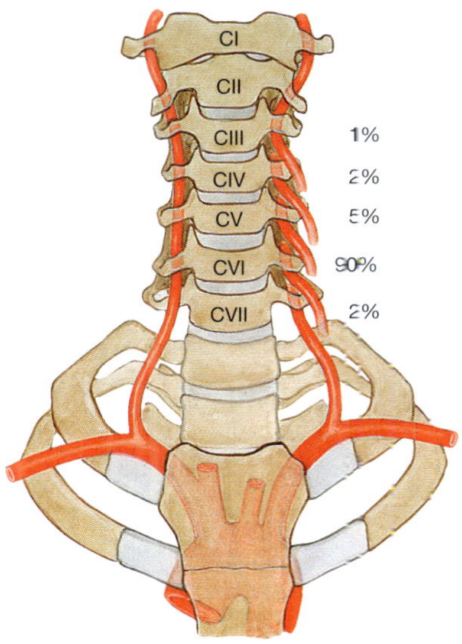

Abb. 11.72 Varianten der Eintrittshöhe der A. vertebralis in die Foramina transversaria.

Venen des Halses

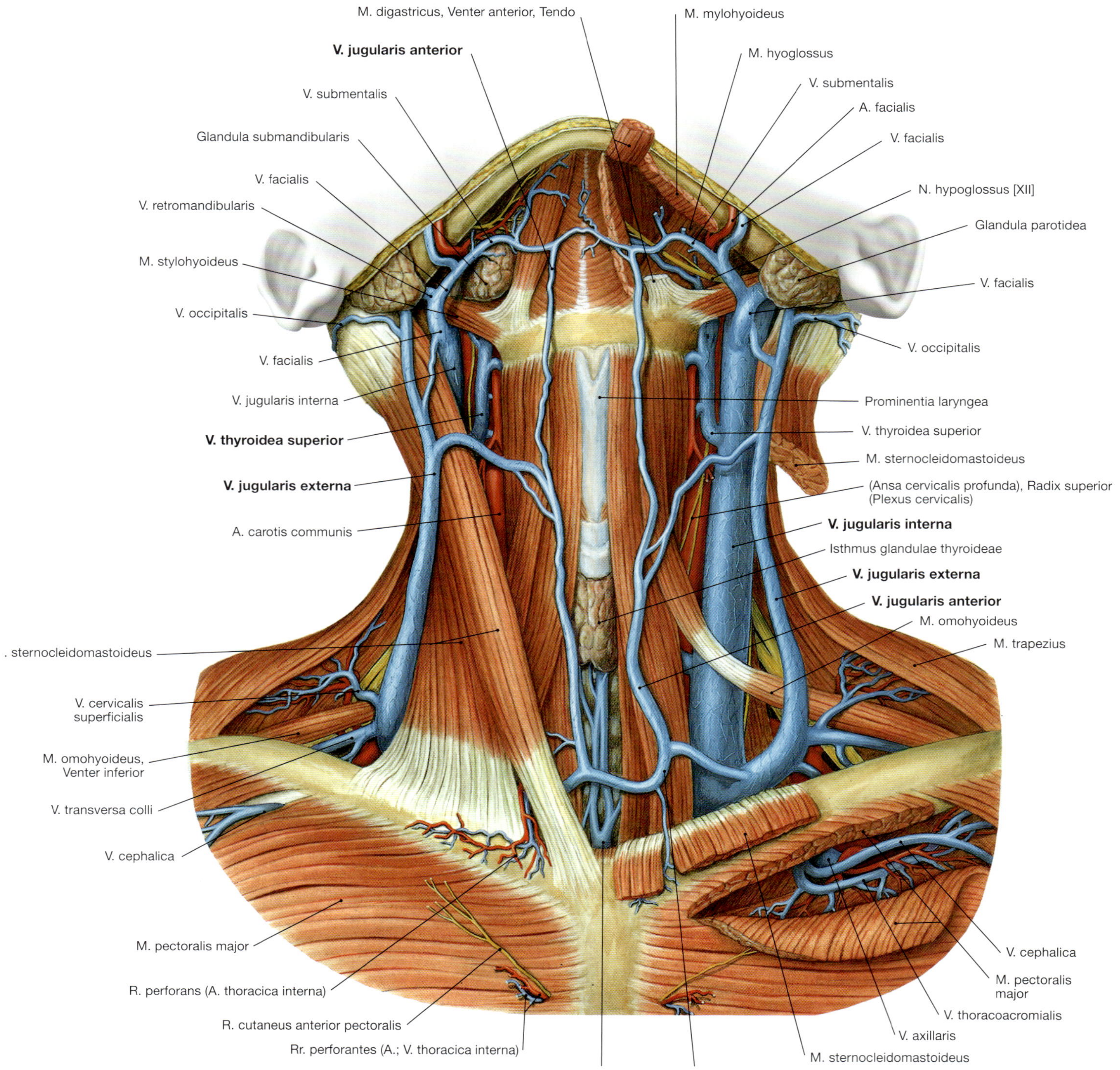

Abb. 11.73 Venen des Halses, Collum; Ansicht von ventral.
Auf der linken Seite ist der M. sternocleidomastoideus größtenteils entfernt. Sämtliche Halsfaszien sind entfernt.
Oberflächliche Venen des Halses sind die Vv. jugulares anteriores sowie die Vv. jugulares externae, die venöses Blut in die Vv. jugulares internae, subclaviae und brachiocephalicae drainieren. Zu den **tiefen** Halsvenen gehören die Vv. jugulares internae und thyroideae superiores, die V. thyroidea inferior und der Plexus thyroideus impar (nicht sichtbar). Der Verlauf der oberflächlichen Halsvenen ist äußerst variabel.

Klinik

Die Schaffung eines **intravenösen Zugangs** ist die am häufigsten angewandte invasive Technik in der präklinischen Notfallversorgung. Eine gute Möglichkeit der Venenpunktion auch bei schlechten Venenverhältnissen bietet die V. jugularis externa. In den Reanimationsrichtlinien wird dieser Zugang als erste Wahl empfohlen.

Gefäße und Nerven von Hals und oberer Brustkorböffnung

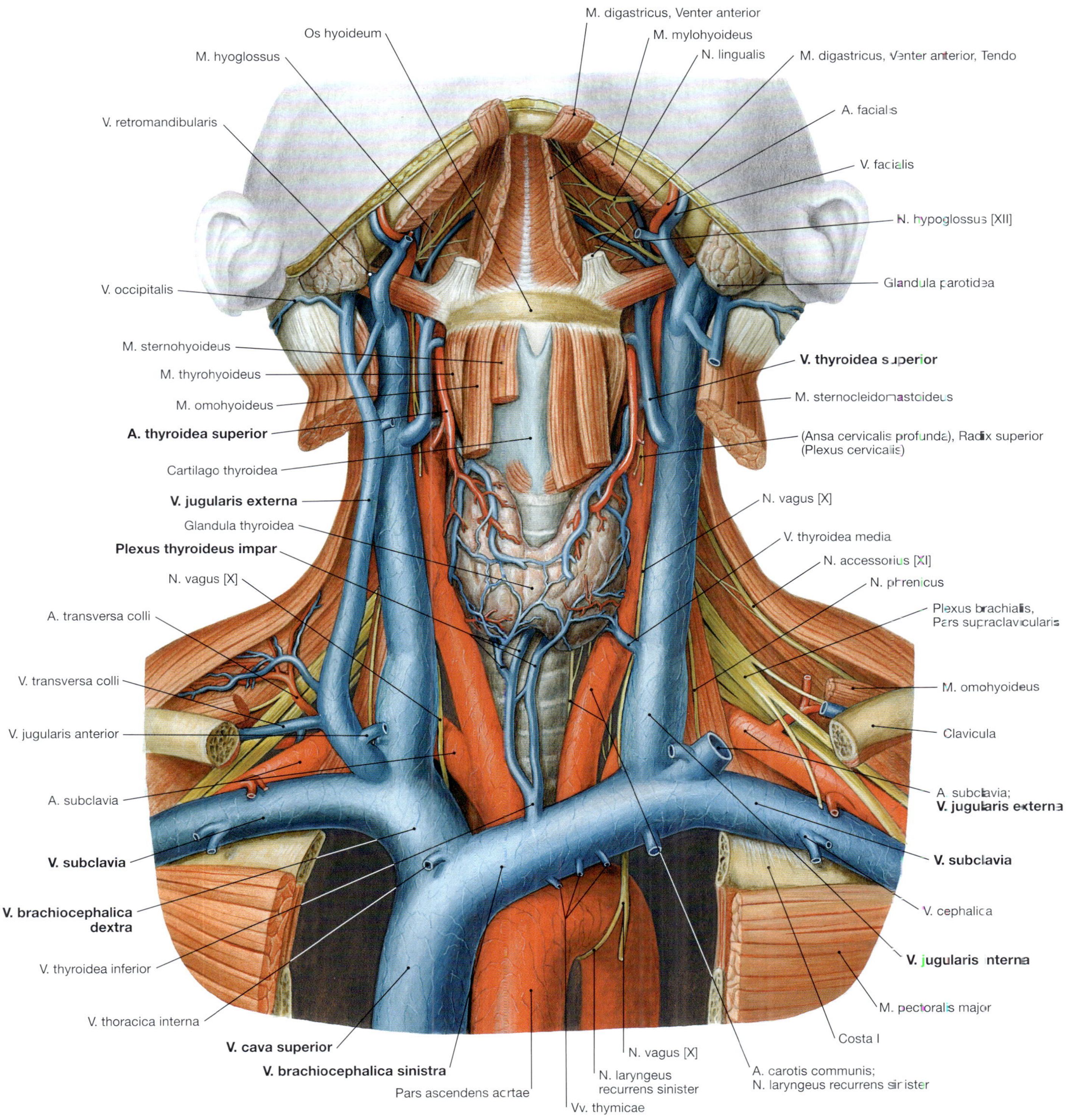

Abb. 11.74 Gefäße und Nerven des Halses, Collum, und der oberen Thoraxöffnung, Apertura thoracis superior; Ansicht von ventral.
Sternum, Teile der Claviculae, Mm. sternocleidomastoidei und Teile der infrahyalen Muskeln sind entfernt.
Darstellung des venösen Einzugsgebiets der **V. cava superior** (Vv. brachiocephalicae, jugulares internae, jugulares externae und subclaviae) mit besonderer Berücksichtigung der venösen Drainage der Glandula thyroidea (→ Abb. 11.55). Man erkennt ferner den Durchtritt des Plexus brachialis sowie von A. und V. subclavia zwischen Clavicula und I. Rippe, den Verlauf des N. phrenicus über den M. scalenus anterior und den Verlauf des linken N. laryngeus recurrens um den Aortenbogen.

Klinik

Der **Pancoast-Tumor** (apikaler Sulkustumor) ist ein rasch fortschreitendes peripheres Bronchialkarzinom im Bereich der Lungenspitze (Apex pulmonis; → Abb. 11.79), das relativ rasch auf Rippen, Halsweichteile, Plexus brachialis und Wirbel übergreift. Weitere betroffene Strukturen können der N. phrenicus, der N. laryngeus recurrens, die A. und V. subclavia und das Ganglion stellatum sein (mit HORNER-Trias: Enophthalmus, Miosis, enge Lidspalte).

Lymphknoten und Lymphgefäße des Halses

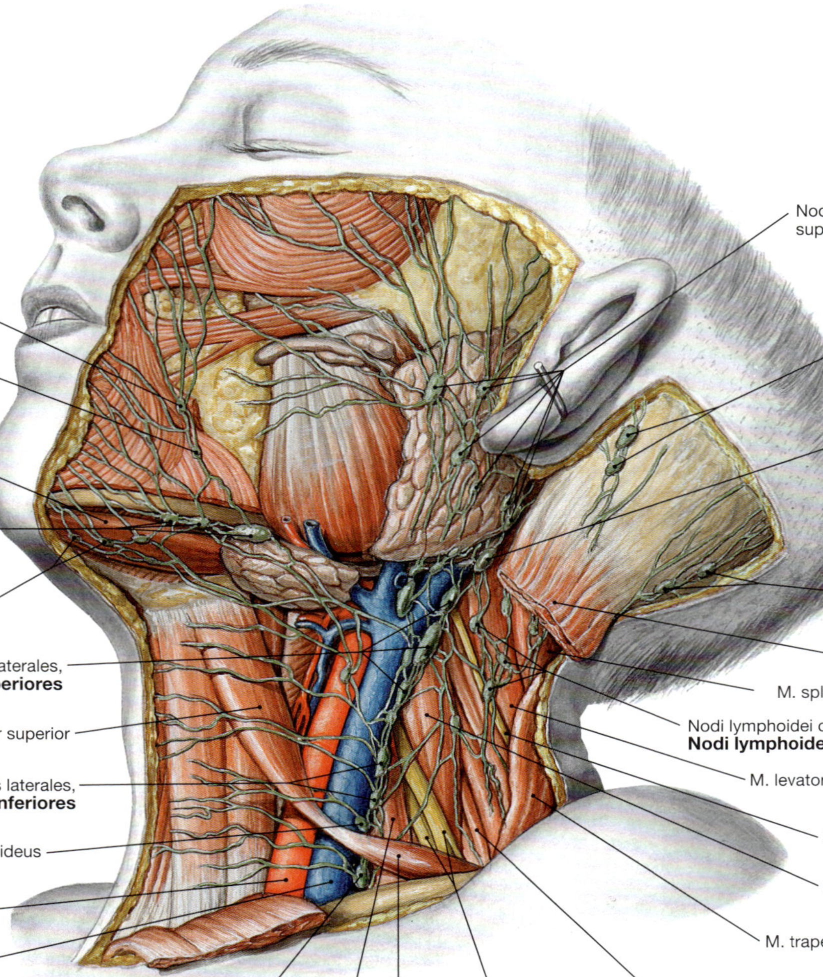

Abb. 11.75 Oberflächliche Lymphgefäße, Vasa lymphatica superficialia, und Lymphknoten, Nodi lymphoidei, von Kopf und Hals eines Kindes.
Der Hals besitzt zwischen 200 und 300 Lymphknoten. Der größte Teil davon ist entlang des Gefäß-Nerven-Strangs angeordnet (→ Tabelle, → Abb. 8.85).

Die Lymphe der rechten Kopf- und Halshälfte wird in den **Ductus lymphaticus dexter** (→ Abb. 8.86), die der linken Kopf- und Halshälfte in den **Ductus thoracicus** drainiert. Zur Einmündung des Ductus thoracicus in den linken Venenwinkel → Abbildung 11.81.

Lymphknoten des Halses (Nodi lymphoidei cervicales)

Nodi lymphoidei cervicales anteriores	**Nodi lymphoidei cervicales laterales**
• Nodi lymphoidei superficiales	• Nodi lymphoidei superficiales
• Nodi lymphoidei profundi – Nodi lymphoidei infrahyoidei – Nodi lymphoidei prelaryngei – Nodi lymphoidei thyroidei – Nodi lymphoidei pretracheales – Nodi lymphoidei paratracheales – Nodi lymphoidei retropharyngeales	• Nodi lymphoidei profundi superiores – Nodus lymphoideus jugulodigastricus – Nodus lymphoideus lateralis – Nodus lymphoideus anterior • Nodi lymphoidei profundi inferiores – Nodi lymphoidei juguloomohyoidei – Nodus lymphoideus lateralis – Nodi lymphoidei anteriores
	• Nodi lymphoidei supraclaviculares
	• Nodi lymphoidei accessorii – Nodi lymphoidei retropharyngeales

Lymphgefäße und Lymphknoten des Halses

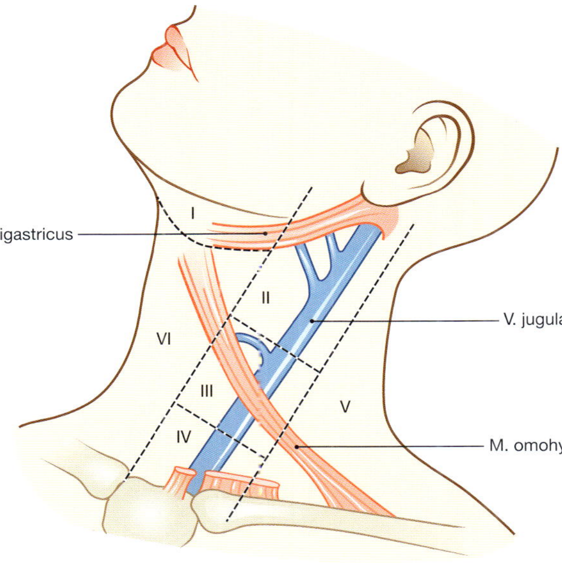

Abb. 11.76 Einteilung der Kopf-Hals-Drainagegebiete in Kompartimente; entsprechend der Klassifikation des American Joint Committee of Cancer (AJAC).

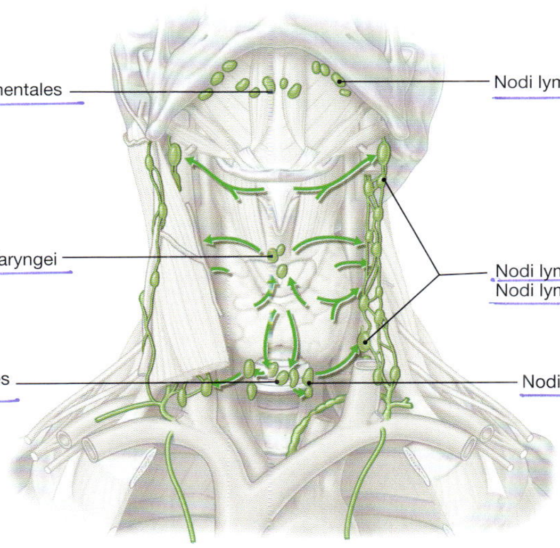

Thema 5

Abb. 11.77 Lymphgefäße und Lymphknoten von Kehlkopf, Larynx, Schilddrüse, Glandula thyroidea, und Luftröhre, Trachea; Ansicht von ventral. [10]
Alle drei Organe drainieren in die tiefen Halslymphknoten.

Klinik

Entsprechend einer Klassifikation des American Joint Committee of Cancer (AJAC) werden die Halslymphknoten regional entsprechend dem Auftreten von **Lymphknotenmetastasen** in sechs Kompartimente **(Kompartimente I–VI)** eingeteilt (→ Abb. 11.76). Die Zonen werden bei Vorliegen lymphogener Metastasen von bösartigen Tumoren im Kopf-HalsBereich zur elektiven Halslymphknotenausräumung (Neck-Dissektion) herangezogen.
Verletzungen des Ductus thoracicus bei operativen Halseingriffen können zur Bildung einer **Chylusfistel** führen.

Gefäße und Nerven des Trigonum submandibulare

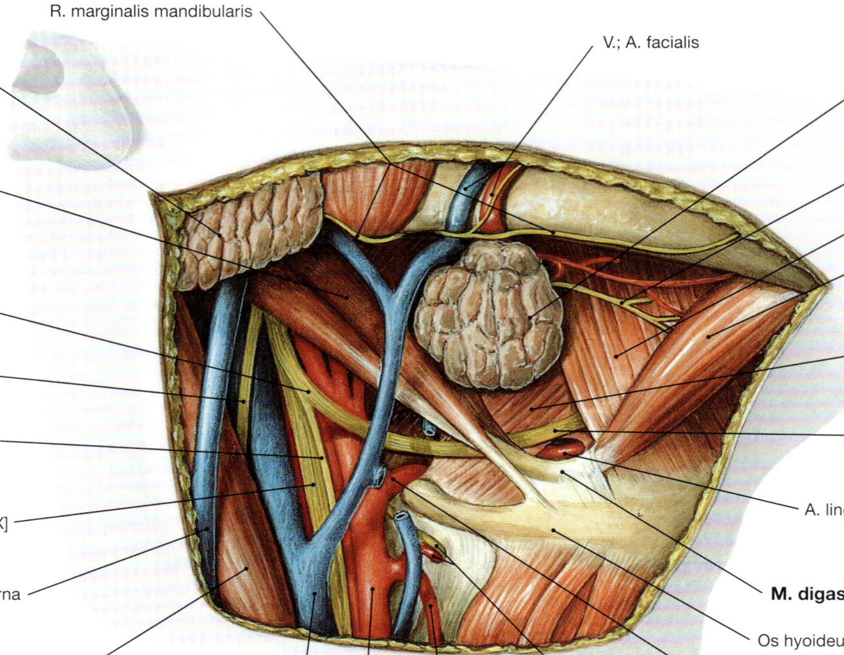

Abb. 11.78 Gefäße und Nerven des Trigonum submandibulare; Ansicht von lateral unten.
Nach Freilegung der Unterkieferspeicheldrüse (Glandula submandibularis) und der Leitungsbahnen mit Entfernung aller Faszien sieht man den bogenförmigen Verlauf des **N. hypoglossus [XII],** der sich aus dem Gefäß-Nerven-Strang im Parapharyngealraum löst, nach vorne über die A. carotis externa und zwischen M. hyoglossus und Zwischensehne des M. digastricus zieht, bis er unter dem M. mylohyoideus verschwindet.

Klinik

Entzündungen im Bereich der unteren Seitenzähne können sich als **Abszesse in der Faszienloge der Glandula submandibularis** und der sublingualen Loge ausbreiten oder, wenn sie von den Weisheitszähnen ausgehen, auch in die Faszienloge der Fossa retromandibularis ausdehnen, von hier weiter über die Halsfaszien bis in das Mediastinum gelangen und einen lebensbedrohlichen Infekt verursachen.

Eine **Schädigung des N. hypoglossus [XII],** z. B. durch Tumorinfiltration einer Halslymphknotenmetastase, ist leicht zu diagnostizieren: Die Zunge weicht beim Herausstrecken zur erkrankten Seite ab, da die Muskulatur, die sie auf der gesunden Seite herausschiebt, auf der erkrankten Seite keinen Gegenspieler mehr hat.

Gefäße und Nerven von Hals und oberer Brustkorböffnung

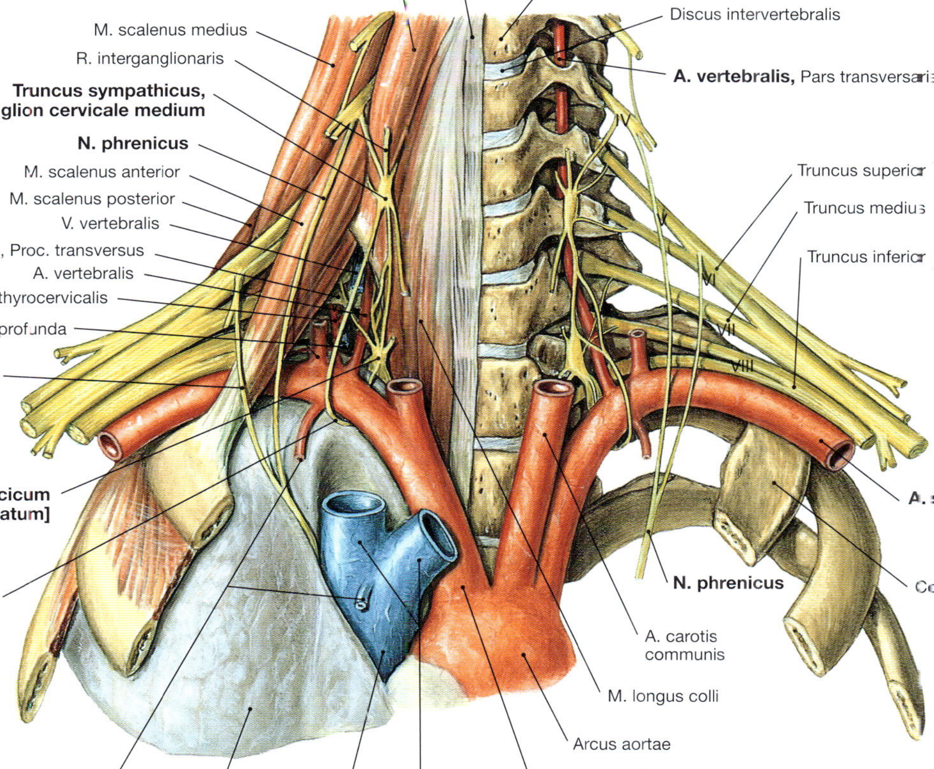

Abb. 11.79 Gefäße und Nerven am Übergang vom Hals zum Thorax und zur oberen Extremität.
Man sieht die Pleurakuppel mit Skalenuslücke, unterem und mittlerem Grenzstrangganglion (Ganglion cervicale inferius/cervicothoracicum/stellatum auf dem Köpfchen der I. Rippe und Ganglion cervicale medium auf dem M. longus colli), Verlauf des N. phrenicus, Verlauf der A. vertebralis, Trunci des Plexus brachialis und A. subclavia.
Die Zahlen IV bis VIII bezeichnen die ventralen Äste der entsprechenden Spinalnerven.

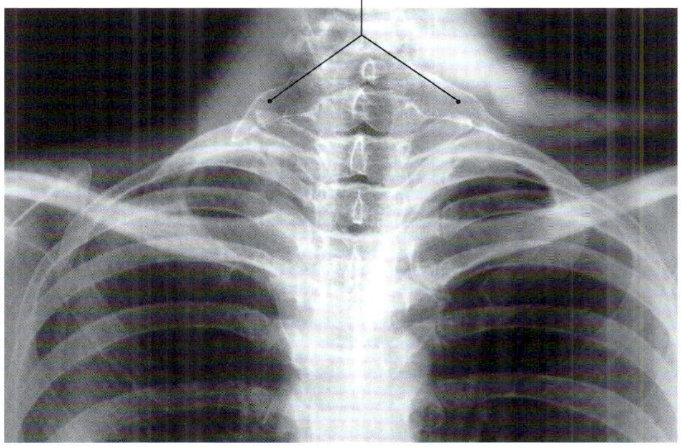

Abb. 11.80 Hals, Collum; Röntgenbild im antero-posterioren (ap) Strahlengang. [8]
Man erkennt beidseits eine Halsrippe (Costa cervicalis).

Klinik

Anatomische Varianten im Bereich der Skalenuslücke (Halsrippe, enge Skalenuslücke, akzessorischer M. scalenus minimus, aberrierende Muskelfasern) können ein Engpasssyndrom **(Skalenusengpasssyndrom)** hervorrufen, das mit Kompression des Plexus brachialis und der A. subclavia einhergeht.

In der Skalenuslücke kann eine **interskalenäre Blockade** zur Regionalanästhesie des Plexus brachialis vorgenommen werden.

Pleurakuppel und Einmündung des Ductus thoracicus

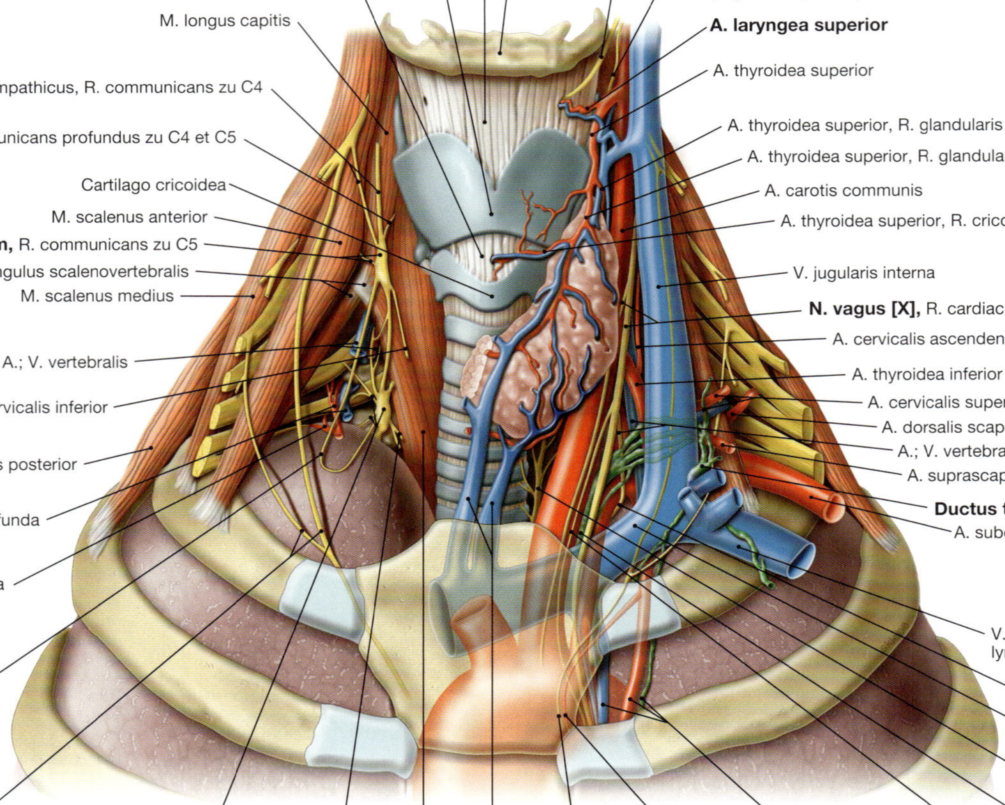

Abb. 11.81 Prä- und paravertebrale Strukturen des Halses und der oberen Thoraxapertur; Ansicht von ventral.
Auf der rechten Körperseite wurden zur Darstellung der Pleurakuppel und des Grenzstrangs die großen Gefäße entfernt. Man sieht das **Ganglion cervicale inferius** (Ganglion cervicothoracicum [stellatum]) auf dem Köpfchen der I. Rippe sowie das **Ganglion cervicale medium** auf dem M. longus colli. Die Pleurakuppel überragt die obere Thoraxapertur. Auf der linken Seite wurden die großen Gefäße und der linke Schilddrüsenlappen belassen. Man sieht die Gefäßversorgung der Schilddrüse, den R. internus des N. laryngeus superior und die Vasa laryngea superiora, die Einmündung des Ductus thoracicus im linken Venenwinkel sowie den Verlauf des N. vagus [X] zwischen A. carotis communis und V. jugularis interna.

Gehirn und Rückenmark

12

Das ZNS – drangvolle Enge und lichte Weite

Als „zentral" bezeichnet man jene Teile des Nervensystems, die in der Schädelhöhle (Cavitas cranii) bzw. dem Knochenkanal der Wirbelsäule (Canalis vertebralis) liegen, also Gehirn (Encephalon) und Rückenmark (Medulla spinalis). Die Grenze zwischen dem zentralen (ZNS) und dem peripheren Nervensystem befindet sich an der Stelle an der die Hirn- und Rückenmarksnerven (12 Nn. craniales, 31 Nn. spinales) aus dem ZNS hervortreten bzw. in es eindringen. Distal dieser Grenze, im peripheren Nervensystem, tragen die Nervenfasern eine isolierende Hülle, die von sog. SCHWANN-Zellen gebildet wird; im ZNS bilden Oligodendrozyten diese Isolation.

Die Mütter

Gehirn und Rückenmark werden auf allen Seiten von drei Häuten umhüllt, die man als Meningen bezeichnet. Direkt unter der äußeren, derben, pergamentartigen Hirnhaut, der Dura mater („harte Mutter") liegt ein weicheres Häutchen, die Arachnoidea mater („spinnenartige Mutter"), von der aus feine, an Spinnengewebe erinnernde Fasern zu den Oberflächen des ZNS ziehen. In dem schmalen Raum zwischen Arachnoidea mater und Pia mater – dem Subarachnoidalraum – befindet sich Flüssigkeit, das Hirnwasser (Liquor cerebrospinalis), in dem das ZNS schwimmt. Direkt auf der Oberfläche des ZNS selbst liegt die überaus zarte Pia mater („zärtliche Mutter"), an der die Fasern der Spinngewebshaut befestigt sind.

Gehirn ...

Im Schädel herrscht drangvolle Enge: Das Gehirn füllt die Schädelhöhle fast vollständig aus, nur an wenigen Stellen (vor allem in der Gegend des großen Hinterhauptslochs, Foramen magnum) ist der Subarachnoidalraum weiter als ein paar Millimeter. Das Gehirn eines Erwachsenen wiegt im Durchschnitt 1300 Gramm. Dabei hat es im Präparierkurs – also im fixierten Zustand – eine gummiartige Konsistenz. Unfixiert ähnelt es jedoch eher einem zu weich geratenen Pudding. Diese Konsistenz ist der Wässrigkeit geschuldet: Das Gehirn besteht zu 85% aus Wasser, der übrige Körper nur zu etwa 65%.

Das embryonale Gehirn ist fünfteilig und besteht aus fünf hintereinanderliegenden, hohlen Bläschen. Am erwachsenen Gehirn sind nur noch drei Teile erkennbar. Innen ist das Gehirn hohl. Seine inneren Höhlungen nennt man Ventrikel, auch sie enthalten Hirnwasser. Der größte der drei Teile ist das **Großhirn** (Cerebrum), das – mit Ausnahme der Gegend über dem großen Hinterhauptsloch – fast das ganze Innere der Schädelhöhle einnimmt. Das Cerebrum besteht seinerseits aus einer rechten und einer linken Hemisphäre, deren in grobe Windungen (Gyri) gelegte Oberfläche man den Cortex cerebri nennt. Das gleichfalls aus zwei Hemisphären bestehende **Kleinhirn** (Cerebellum) liegt „hinten und unten" im Schädel, oberhalb und beiderseits des Foramen magnum. Auch seine Oberfläche liegt in Falten, aber viel feineren, regelmäßigeren Falten, die man die Folia cerebelli, also dessen Blätter, nennt. In ihnen liegt der Cortex cerebelli, denn auch das Kleinhirn hat eine Rinde. Der **Hirnstamm** (Truncus encephali) ist eine unpaare, etwa daumendicke Struktur an der Basis des Gehirns, die sich durch das Foramen magnum hindurch ins Rückenmark fortsetzt. Er ist über mächtige Faserzüge (Pedunculi) mit Groß- und Kleinhirn verbunden. Zudem gehen zehn der zwölf Hirnnerven aus ihm hervor. Seine Oberfläche sieht – anders als die von Cerebrum und Cerebellum – weiß aus, denn sie wird von Nervenfasern (Substantia alba) gebildet, wohingegen die grauen Cortices überwiegend aus Zellkörpern (Substantia grisea) bestehen.

... und Rückenmark

Das an seiner Oberfläche weiße Rückenmark hat in seinem Kanal viel Platz. Es ist etwa bleistiftstark; der Canalis vertebralis hingegen ist fast daumendick. Nach kaudal, zum Kreuzbein hin, wird der Kanal zwar immer enger, enthält in seinem unteren Teil aber auch nicht mehr das Rückenmark, sondern die Wurzeln der lumbalen und sakralen Spinalnerven, die die Wirbelsäule erst „viel weiter unten", durch ihre jeweiligen Zwischenwirbellöcher hindurch, verlassen. Der Subarachnoidalraum ist relativ weit, und zwischen der Dura mater und der knöchernen Wand des Canalis vertebralis bleibt noch Raum für reichlich Fettgewebe und Venen. Der Länge nach reicht der Duralsack, in dem die Medulla spinalis liegt, bis hinab zum Steißbein, die kaudale Spitze des Rückenmarks selbst liegt jedoch auf der Höhe des zweiten Lendenwirbels.

Der **Durchmesser des Rückenmarks** schwankt. Im Halsmark, dort, wo die motorischen Nervenzellen sitzen, die die Muskulatur des Arms innervieren, ist es dicker als in den Abschnitten, die den relativ muskelarmen Rumpf innervieren. In seinem kaudalen Abschnitt, der die untere Extremität innerviert, nimmt er wieder zu. Man nennt diese beiden Anschwellungen Intumescentia cervicalis bzw. lumbosacralis.

Die **Wurzelfäden** (Fila radicularia) der dorsalen, sensorischen Wurzeln der Spinalnerven dringen beiderseits entlang zweier längs verlaufender Linien an der rückwärtigen Oberfläche des Rückenmarks in dieses ein. An seiner Vorderfläche treten die Fila radicularia der ventralen, motorischen Wurzeln in ähnlicher Weise aus. Jeweils fünf bis zehn Fila radicularia bündeln sich zu dorsalen bzw. ventralen Wurzeln (Radix posterior bzw. anterior), die sich wiederum im Foramen intervertebrale, beim Austritt aus der Wirbelsäule und aus dem Duralsack, zum Spinalnerv vereinigen.

Caveat!

Dieses „Man möge sich hüten!" gilt für das ZNS, vor allem aber für das Gehirn. Die obige Zusammenfassung bleibt – mit voller Absicht – an der Oberfläche des Organs. In der Tiefe ist kein anderes Organ so komplex wie das Gehirn: Hat man ein kleines Stück Leber gesehen und verstanden, hat man die gesamte Leber gesehen und verstanden. Hat man dagegen ein Stück Gehirn gesehen, hat man gar nichts gesehen. Es sieht überall anders aus, keine zwei Zellen in ihm sind sich genau gleich (wenn sie sich natürlich dennoch zu Klassen zusammenfassen lassen). Diese Komplexität lässt sich erst in der Zusammenschau der Anatomie, der Physiologie und des Seelenlebens ermessen.

Auch sei angemerkt, dass das Verhältnis des Gehirns zu seinen Produkten – den Gedanken – nach wie vor rätselhaft ist. Diese Verrätselung und die Komplexität des Gehirns werden gerne zum Vorwand genommen, um in Superlativen zu schwelgen, von den »Wundern« des Gehirns zu reden, den Menschen und sein Gehirn in eines zu setzen und in Angesicht des Hirns Dinge zu sagen wie: „Schau, das, und nur das, bist DU!"

Es hat sich bewährt, hin und wieder den notwendigen sarkastischen Abstand zu diesem »Organ der Wunder«, aber auch zu den eigenen Gedanken herzustellen. Beispielsweise mit den (leicht veränderten) Worten des Physiologen Carl Vogt (1817–1895), eines berüchtigten Spötters: „Das Gehirn verhält sich zu den Gedanken wie die Leber zur Galle und die Niere zum Urin: Es sondert sie ab."

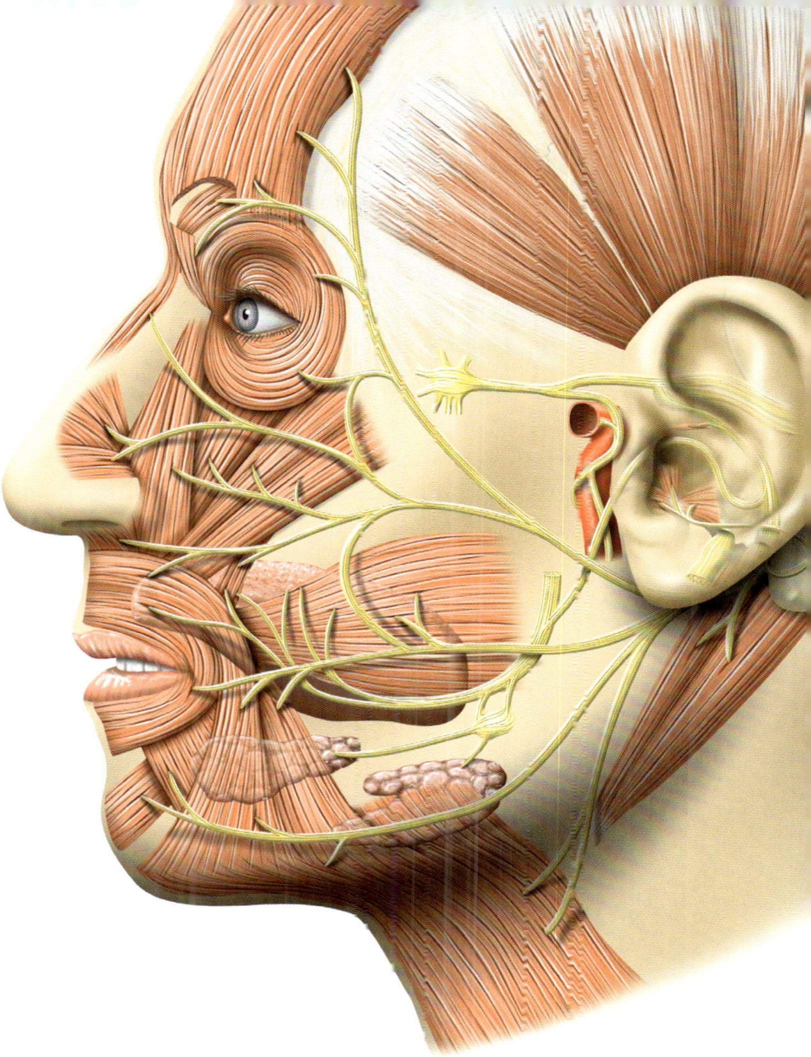

Klinik

Ein Schlaganfall **(Apoplex)** ist in Deutschland nach Herzinfarkt und bösartigen Tumoren mit 15% aller Todesfälle die dritthäufigste Todesursache. Ischämische Schlaganfälle bilden dabei die größte Gruppe (85%). Schlaganfälle sind die häufigste Ursache für erworbene Behinderungen im Erwachsenenalter und für Pflegebedürftigkeit. Auf 100 000 Einwohner kommen 182 Schlaganfälle. Jährlich treten 150 000 neue Schlaganfälle und ca. 15 000 Rezidivfälle auf. Die großen neurologischen Alterserkrankungen sind ALZHEIMER-Krankheit (zunehmende Verschlechterung der kognitiven Leistungsfähigkeit), PARKINSON-Krankheit und die zerebrale Mikroangiopathie (BINSWANGER-Krankheit).
Die **ALZHEIMER-Krankheit** (Morbus ALZHEIMER) ist eine neurodegenerative Erkrankung, die in ihrer häufigsten Form bei Personen über 65 Jahre auftritt und für ungefähr 60% der weltweit etwa 24 Millionen Demenzerkrankungen verantwortlich ist.
Die **PARKINSON-Krankheit** (Morbus PARKINSON) zählt zu den degenerativen Erkrankungen des extrapyramidalmotorischen Systems. Sie ist durch Bewegungsarmut, erhöhten Muskeltonus, Ruhetremor sowie verschiedene sensible, vegetative, psychische und kognitive Störungen charakterisiert. In Deutschland geht man derzeit von 300 000 bis 400 000 Betroffenen aus.
Die **BINSWANGER-Krankheit** (Morbus BINSWANGER) ist die häufigste Form einer vaskulären Demenz. Es handelt sich um eine subkortikale, arteriosklerotische Enzephalopathie bei bestehender arterieller Hypertonie und nachfolgender Mikroangiopathie. Man geht von einer Häufigkeit von mehr als 3% im fortgeschrittenen Lebensalter aus.
Die drei Alterserkrankungen überlappen in vielen Bereichen. Viele PARKINSON-Patienten leiden auch an demenziellem Abbau, viele Patienten mit BINSWANGER-Krankheit bewegen sich wie PARKINSON-Patienten. Schlaganfälle prädisponieren zur ALZHEIMER-Krankheit; PARKINSON-Krankheit erhöht das Risiko für Schlaganfälle. Alle drei Erkrankungen sind weder kausal therapierbar noch sind die Schäden im Gehirn reparabel.

→ präplink

Nach Entnahme des Gehirns aus dem Schädel werden die Blutgefäße und Hirnnerven im Bereich der Schädelbasis und an der Hirnbasis sowie das entnommene Gehirn inspiziert. Zur Darstellung der Hirnvenen wird die Arachnoidea vom Gehirn entfernt. Es folgt die Präparation des Circulus arteriosus mit angrenzenden Gefäßen. Der Circulus arteriosus wird an den Gefäßabgängen abgelöst, auf ein Blatt Papier aufgeklebt und beschriftet. Zur Ventrikelpräparation werden Reste der Leptomeninx entfernt und die verbliebenen Blutgefäße verfolgt, studiert und entfernt. Am Gehirn wird nun mit dem Hirnmesser ein Horizontalschnitt oberhalb des Balkens geführt und die Seitenventrikel werden von kranial eröffnet. Durch Ablösen der beiden Crura fornicis und Nachhintenklappen des Fornix wird der dritte Ventrikel eröffnet. Es folgt die Präparation des im Temporallappen liegenden Cornu inferius des Seitenventrikels mit Darstellung der Hippocampusformation. Danach wird das Kleinhirn von außen inspiziert, aufgeschnitten, die Kleinhirnkerne werden studiert und an den Pedunculi cerebelli vom Hirnstamm abgetrennt, wodurch der vierte Ventrikel dargestellt werden kann. Der Hirnstamm wird abgesetzt, und es werden Schnitte durch Mesencephalon, Pons und Medulla oblongata gelegt. Frontal- und Horizontalschnitte durch jeweils eine weitere Hirnhälfte dienen dem Studium der Kerngebiete. Schließlich werden Faserungen von medial und von lateral (inklusive Darstellung von Insel, Capsula interna und Sehbahn) sowie der Pyramidenbahn und des mittleren und oberen Kleinhirnschenkels durchgeführt. Die Darstellung des Rückenmarks erfolgt am besten an einem Demonstrationspräparat, an dem das Rückenmark mit Intumeszenzen, der Cauda equina umgebenden Meningen und den abgehenden Spinalnervenpaaren im eröffneten Wirbelkanal sichtbar ist.

IMPP-CHECKLISTE

• Gliederung des Nervensystems • oberflächliche Arterien und Venensysteme des Schädels • Meninges: Spatium subarachnoideum, Blutungstypen (Epidural-, Subdural-, Subarachnoidalblutung), Dura mater, Verlauf der A. carotis interna, Sinus cavernosus, Sinus durae matris und Arachnoidea • Entwicklung und Gliederung des ZNS • Telencephalon: Cortex cerebri, Hemisphären, Gyri, Sulci, Hirnrindenareale, Fornix, Hippocampus, Endhirnkerne (Basalganglien), limbisches System, Klinik • Diencephalon: Epithalamus (Glandula pinealis, Habenulae), Thalamus und Hypothalamus (Hypophyse) • Truncus cerebri: Mesencephalon, Tectum, Lamina tecti, Tegmentum, Formatio reticularis, Nucleus ruber, Substantia nigra, Crura cerebri, auf- und absteigende Bahnen • Pons: Nuclei pontis, Medulla oblongata, Nuclei raphe und Olivenkomplex • Cerebellum: Gliederung, Nuclei cerebellares, Kleinhirnbahnen und Ataxien • Bahnen: Assoziations-, Kommissuren-, Projektionbahnen, Tractus pyramidalis mit Capsula interna und Blutversorgung • Liquorsystem: innere und äußere Liquorräume (Ventriculi encephali), Ventriculi laterales, Ventriculus tertius, Ventriculus quartus, Plexus choroideus und Hydrocephalus • zirkumventrikuläre Organe • Blutversorgung: Circulus arteriosus, Hirnarterien und venöse Abflüsse • Hirnnerven: Bulbus und N. olfactorius [I], Projektionen, Sehbahn, Kerngebiete im Truncus encephali, Austritt aus dem Truncus encephali, Kleinhirnbrückenwinkel, Verlauf, Faserqualitäten und Hirnnervenläsionen • Medulla spinalis: Gliederung, Intumescentiae, Wurzeln, Cauda equina, Rückenmarkshäute, Blutversorgung, Segmente, Substantia grisea, Substantia alba (Vorder-, Seiten-, Hinterstrang), Lage der Bahnen im Rückenmarkquerschnitt, spinale Halbseiten- und Querschnittläsion

Nervensystem, Übersicht

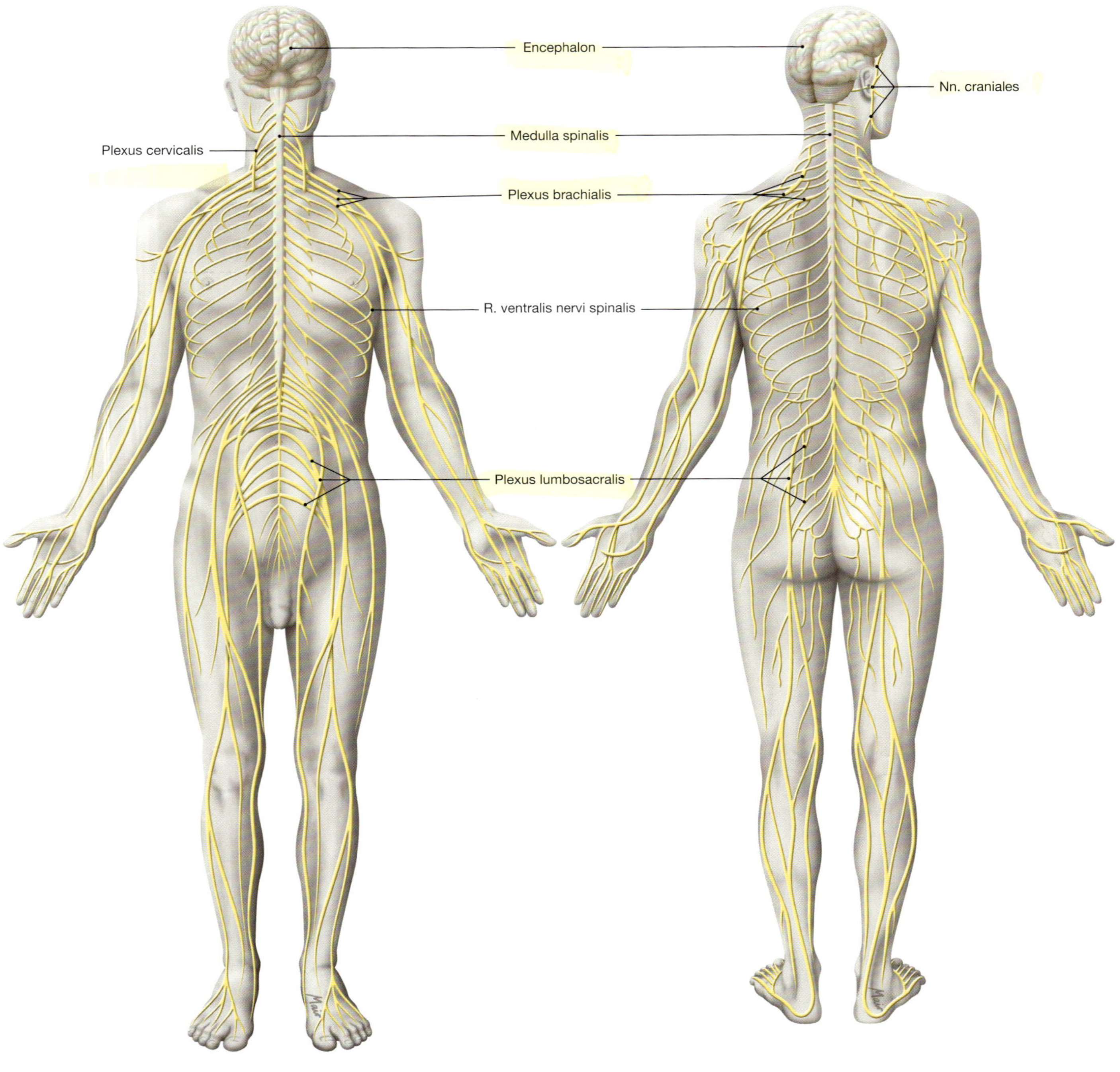

Abb. 12.1 Gliederung des Nervensystems, Systema nervosum; Ansicht von ventral und von dorsal.
Das Nervensystem wird in das zentrale (ZNS) und das periphere Nervensystem (PNS) eingeteilt.
Das **ZNS** besteht aus Gehirn und Rückenmark und erfüllt komplexe Funktionen, wie Speicherung von Erfahrung (Gedächtnis), Entwicklung von Vorstellungen (Denken) sowie Emotionen, und dient der schnellen Anpassung des Gesamtorganismus an Veränderungen der Außenwelt und des Körperinneren. Das **PNS** setzt sich vor allem aus Spinalnerven (mit Verbindung zum Rückenmark) und Hirnnerven (mit Verbindung zum Gehirn) zusammen. Es sorgt für die Kommunikation zwischen den Organen und dem ZNS, steuert die Tätigkeit von Muskulatur und Eingeweiden und dient der Kommunikation zwischen Umwelt und Körperinnerem.
Man teilt das Nervensystem funktionell in ein **autonomes** (vegetatives, viszerales, zur Steuerung der Eingeweidetätigkeit, weitgehend unbewusst) und in ein **somatisches** (animalisches, Innervation von Skelettmuskulatur, bewusste Wahrnehmung von Sinneseindrücken, Kommunikation mit der Umwelt) Nervensystem ein. Beide Systeme sind eng miteinander verflochten und beeinflussen sich gegenseitig.
Außer dem Nervensystem ist auch das endokrine System an der Steuerung des Gesamtorganismus beteiligt.

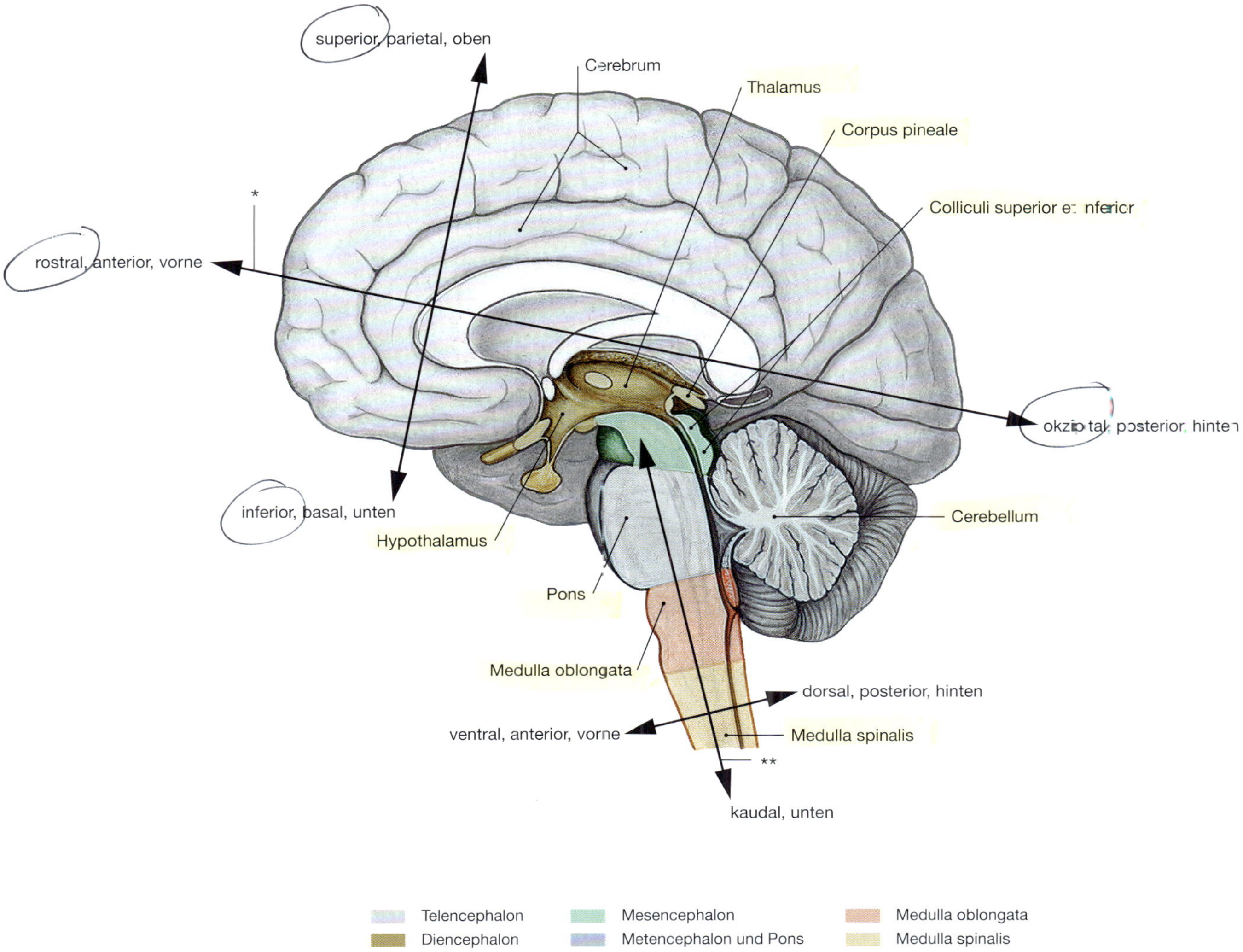

Abb. 12.2 Richtungs- und Lagebezeichnungen an ZNS und Rückenmark; Medianschnitt.
Im Verlauf der Hirnentwicklung kommt es zu einem Abknicken des Neuralrohrs. Dabei wird die Längsachse des Vorderhirns (Prosencephalon = Diencephalon und Telencephalon) nach vorne verkippt. Durch die Verkippung hat sich eine eigene Nomenklatur für das Hirn entwickelt, die in der Abbildung dargestellt ist. So sind beispielsweise ehemals dorsal gelegene Anteile, z. B. das Metencephalon, nach parietal verlagert worden und werden dennoch weiterhin als dorsal bezeichnet. Die topographische Achse von End- (Telencephalon) und Zwischenhirn (Diencephalon) wird als **FOREL-Achse** (*), die Achse durch den Hirnstamm (Truncus encephali) als **MEYNERT-Achse** (**) bezeichnet.

Arterien des Kopfes

Thema 1

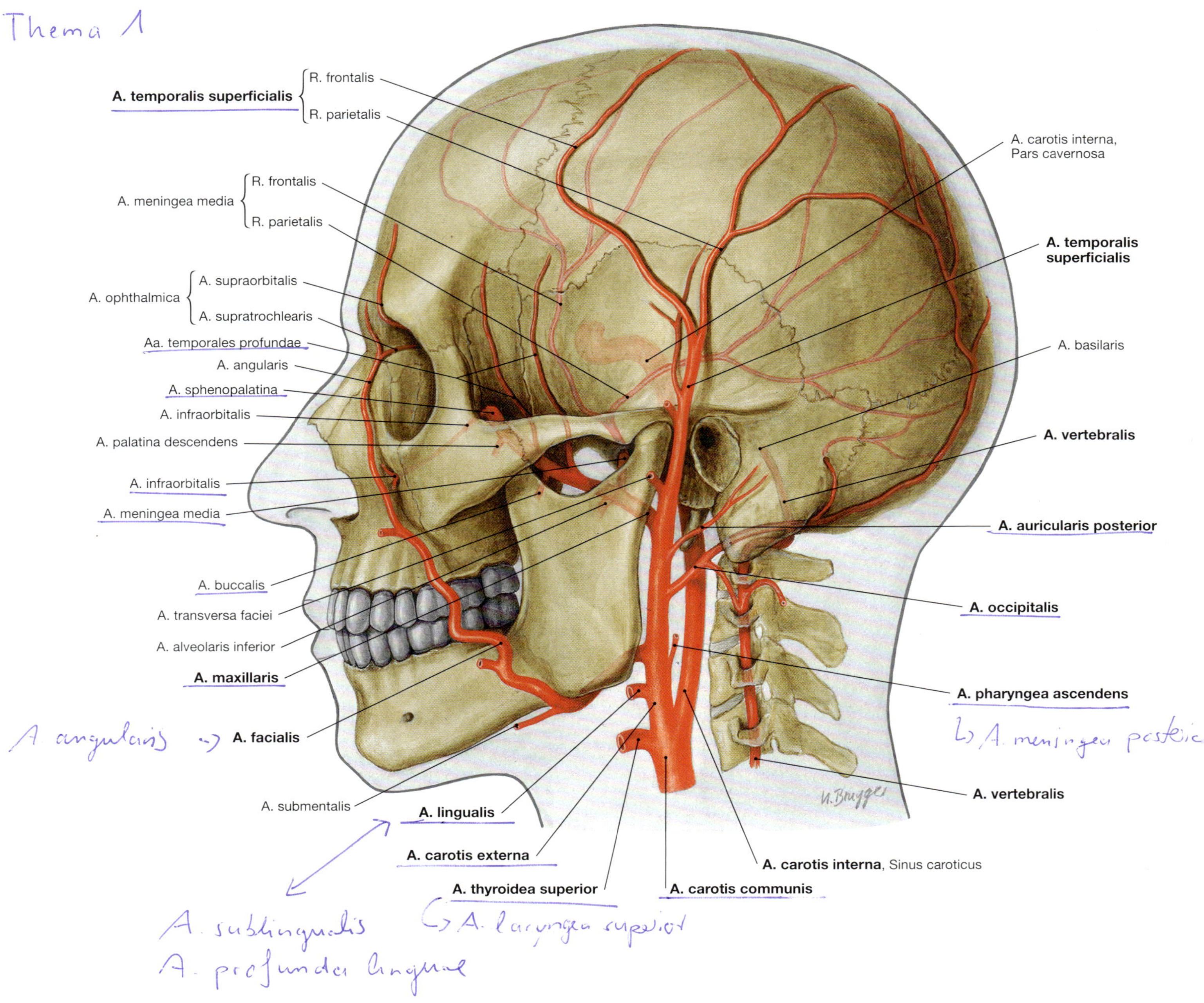

Abb. 12.3 Äußere Arterien des Kopfes.
Etwa auf Höhe des 4. Halswirbels teilt sich die A. carotis communis in der sog. Karotisgabel (Bifurcatio carotidis) in die Aa. carotis externa und carotis interna auf. Die **A. carotis externa** teilt sich in die Aa. thyroidea superior, lingualis, facialis, pharyngea ascendens, occipitalis, auricularis posterior, maxillaris und temporalis superficialis auf; die **A. carotis interna** zieht unverzweigt kranialwärts (→ Abb. 12.15), tritt durch die Schädelbasis in das Schädelinnere und versorgt hier zum größten Teil das Gehirn.

Klinik

Die Karotisgabel ist häufig Sitz von **Gefäßveränderungen** (extrakranielle Arteriosklerose: Plaques, Stenosen, Obliteration). In der Karotisgabel liegt das Glomus caroticum (in der Abbildung nicht dargestellt, → Abb. 12.155), das als Paraganglion Chemorezeptoren enthält, die auf Änderungen des pH-Werts und des Sauerstoff- und Kohlendioxidgehalts des Blutes reagieren.

Unter einem **Karotissinussyndrom** versteht man eine Überempfindlichkeit des Glomus caroticum, wodurch oftmals schon bei Drehbewegungen des Kopfes ein Reflex ausgelöst wird, der die Herzfrequenz stark herabsetzt (vasovagaler Reflex). Dadurch kann es zum Kreislaufzusammenbruch und Herzstillstand kommen.

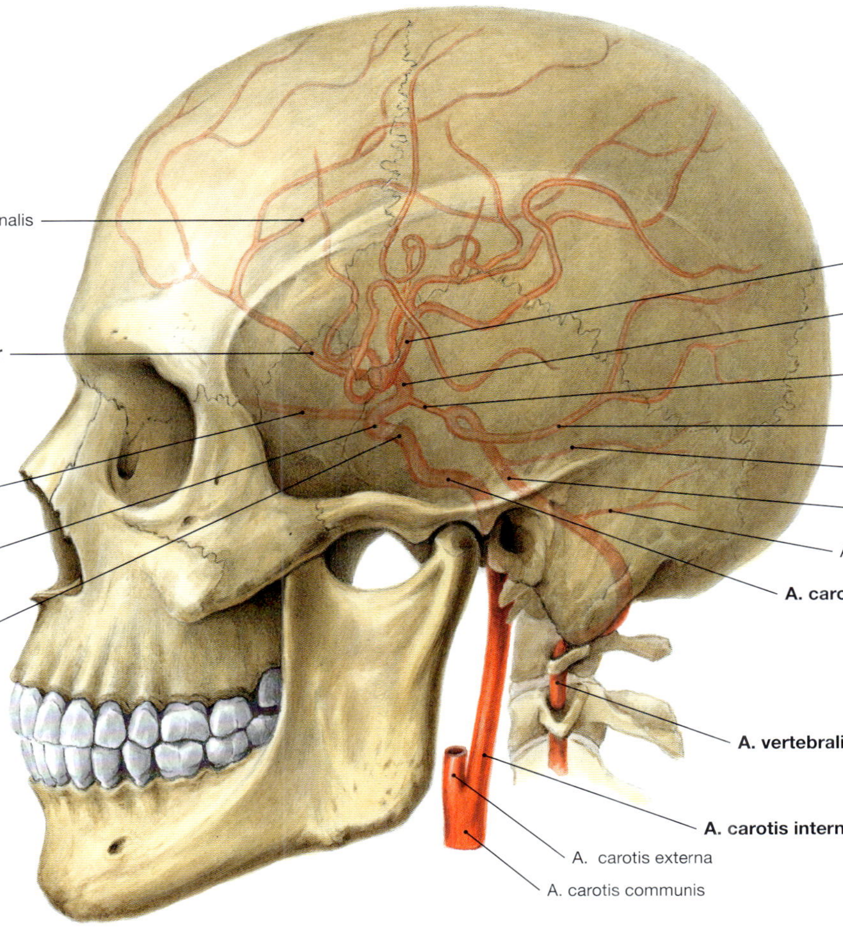

Abb. 12.4 Innere Arterien des Kopfes.
Die Blutversorgung des Gehirns erfolgt über vier große Arterien: die beiden Aa. carotides internae und die beiden Aa. vertebrales. Die vier Gefäße speisen den an der Hirnbasis lokalisierten **Circulus arteriosus cerebri** (**WILLISII**, → Abb. 12.95), der eine Anastomose zwischen den Aa. carotides internae und den Aa. vertebrales bildet und aus dem die paarigen Hirnarterien Aa. cerebri anterior, cerebri media und cerebri posterior abgehen.

Die Anastomosengefäße des Circulus arteriosus cerebri (WILLISII) sind oft so dünn, dass über sie kein nennenswerter Blutaustausch stattfindet. Meist wird jede Hirnhemisphäre unter normalen intrakraniellen Druckverhältnissen von der gleichseitigen **A. carotis interna** und der gleichseitigen **A. cerebri posterior** mit Blut versorgt. In ca. 10% der Fälle entspringen beide Aa. cerebri anteriores aus der A. carotis interna einer Seite. In ebenfalls 10% der Fälle geht die A. cerebri posterior über die A. communicans posterior aus der A. carotis interna ab.

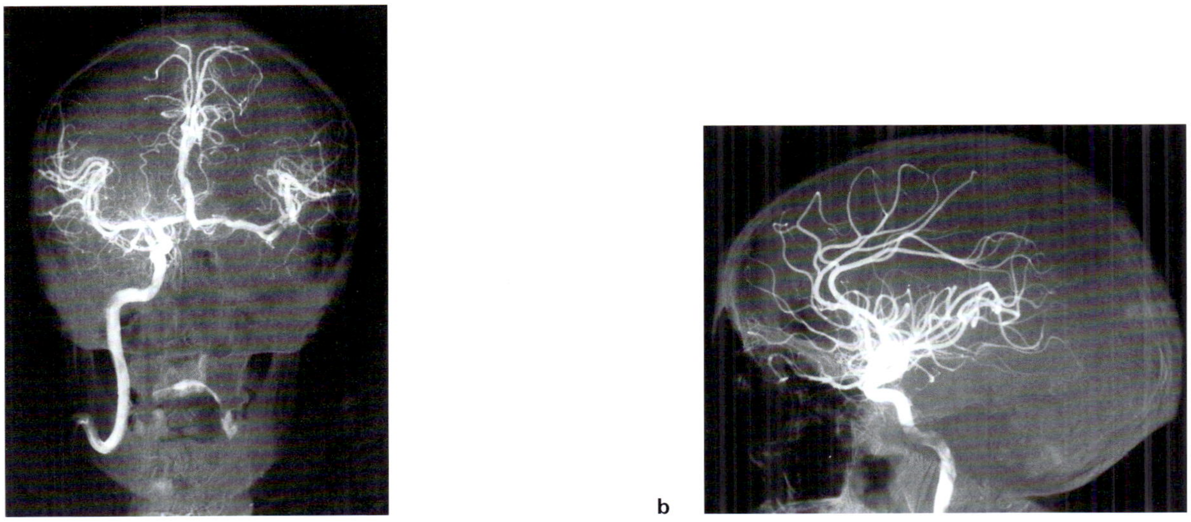

a b

Abb. 12.5a und b Innere Halsschlagader, A. carotis interna; Röntgenbilder nach einseitiger Injektion von Kontrastmittel (Angiogramme).
Über den Circulus arteriosus cerebri (WILLISII) findet eine Ausbreitung des Kontrastmittels in die Gefäße der Gegenseite statt.

a Röntgenbild im antero-posterioren (ap) Strahlengang, digitale Subtraktionsangiographie (DSA)
b seitliches Röntgenbild, digitale Subtraktionsangiographie (DSA)

Venen des Kopfes

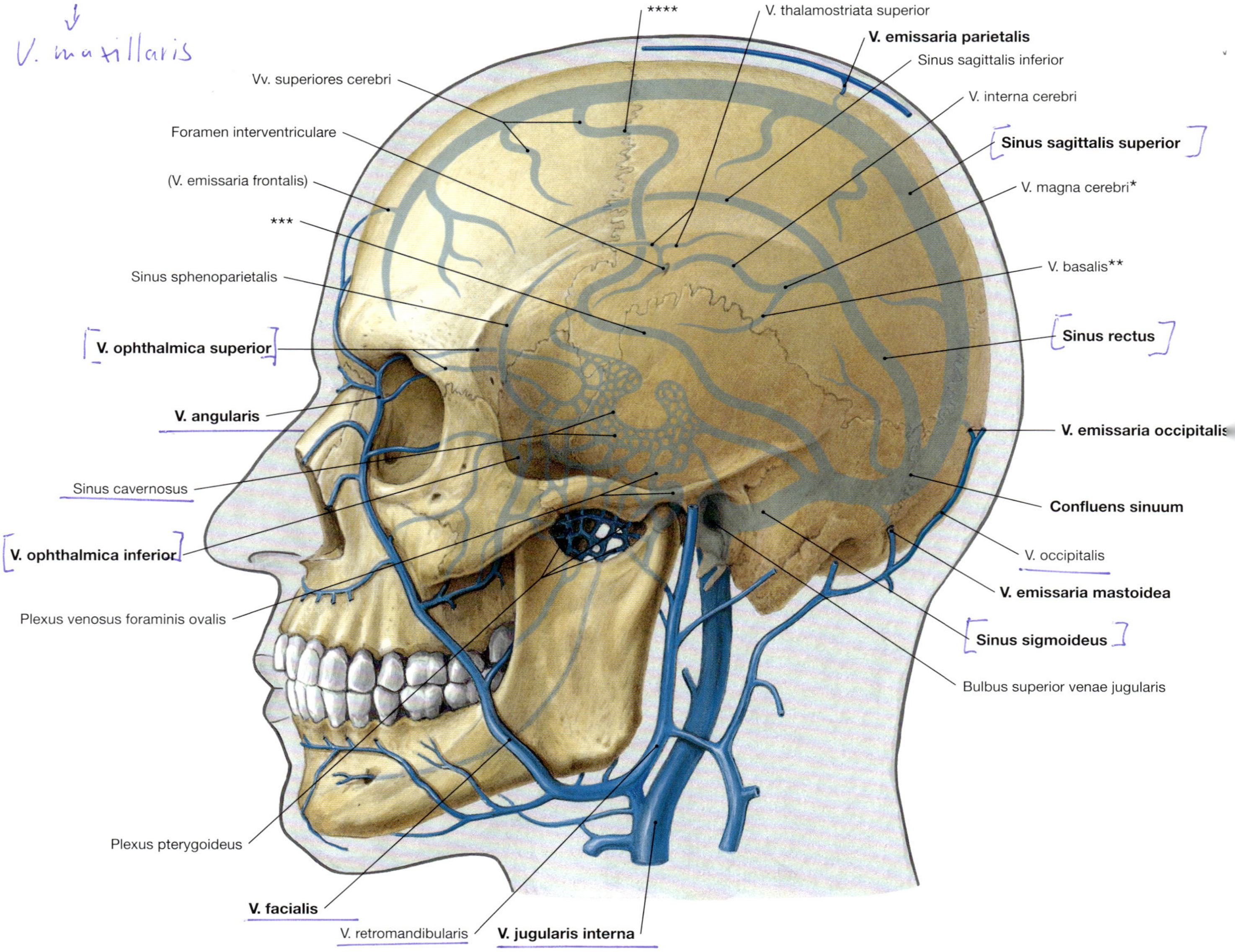

Abb. 12.6 Innere und äußere Venen des Kopfes.
Die inneren und die äußeren Venen des Kopfes stehen über zahlreiche Anastomosen miteinander in Verbindung. Hierzu gehören die Vv. emissariae und ophthalmicae sowie die Plexus venosi.

* GALEN-Vene
** ROSENTHAL-Vene
*** LABBÉ-Anastomose
**** TROLARD-Anastomose

Klinik

Verletzungen der Kopfschwarte können zur **Verschleppung von Keimen über die Vv. emissariae** und die in der Diploë liegenden Vv. diploicae (→ Abb. 12.8) in die Sinus durae matris und damit in das Schädelinnere führen.

Durchtrittsstellen der Vv. emissariae durch den Schädel

V. emissaria	Durchtrittsstelle
V. emissaria parietalis	Foramen parietale
V. emissaria mastoidea	Foramen mastoideum
V. emissaria occipitalis	Öffnung im Bereich der Protuberantia occipitalis externa
V. emissaria condylaris	Canalis condylaris
Plexus venosus canalis nervi hypoglossi	Canalis nervi hypoglossi
Plexus venosus foraminis ovalis	Foramen ovale
Plexus venosus caroticus internus	Canalis caroticus

Venen des Kopfes

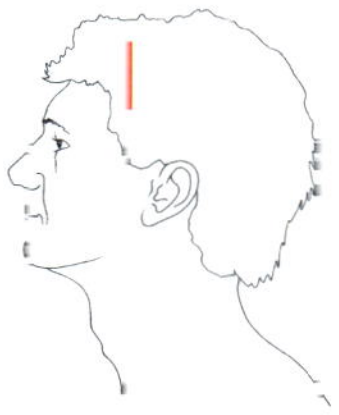

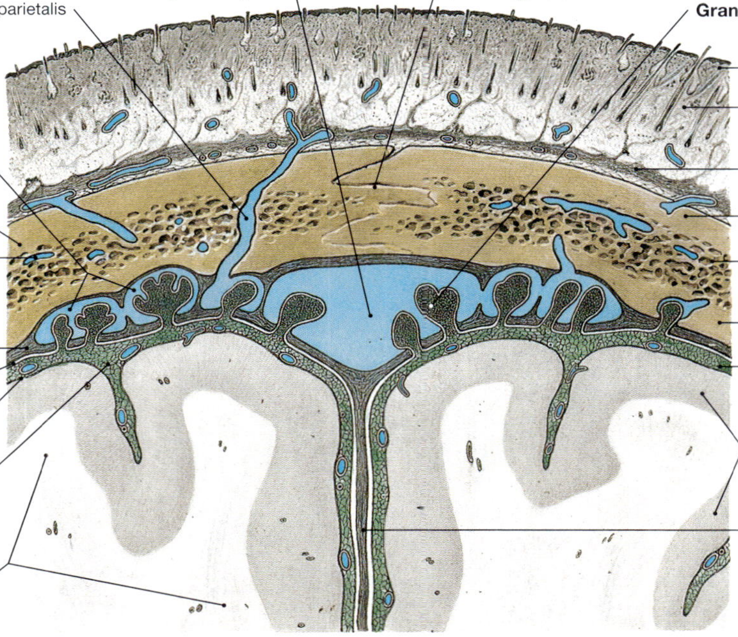

Abb. 12.7 Schädeldach, Calvaria, Hirnhäute, Meninges, und Venensinus, Sinus durae matris; Frontalschnitt.
Die Rückresorption des Liquor cerebrospinalis erfolgt beim Erwachsenen zum Großteil über die **PACCHIONI-Granulationen** (Granulationes arachnoideae, Ausstülpungen der Arachnoidea in den Sinus sagittalis superior oder die Lacunae laterales) entlang des Sinus sagittalis superior, darüber hinaus auch über die Lymphscheiden der kleinen Gefäße der Pia mater und über die Perineuralscheiden der Hirn- und Rückenmarknerven (nicht dargestellt).

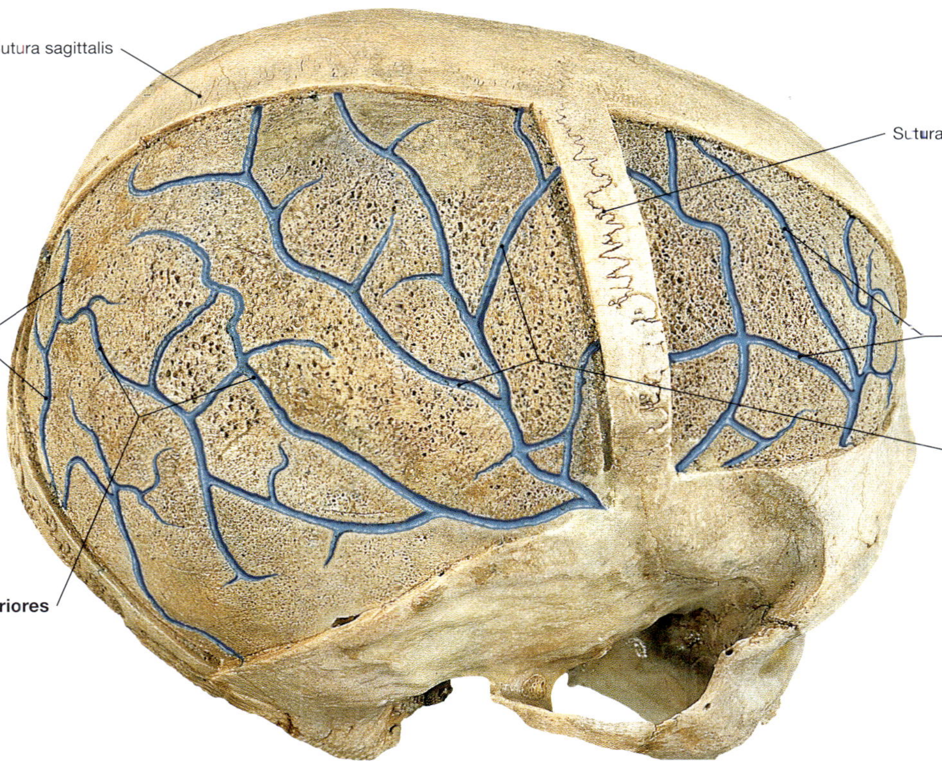

Abb. 12.8 Kanäle, Canales diploici, und Venen, Vv. diploicae, des Schädeldachs, rechts; Ansicht von schräg oben; nach Abtragung der Außenschicht der Knochen des Schädeldachs.
Die Diploë ist von Venenkanälen durchzogen, in denen die Vv. diploicae verlaufen. Sie stehen mit den Vv. emissariae und mit den Sinus durae matris in Verbindung.

Gefäßversorgung der harten Hirnhaut

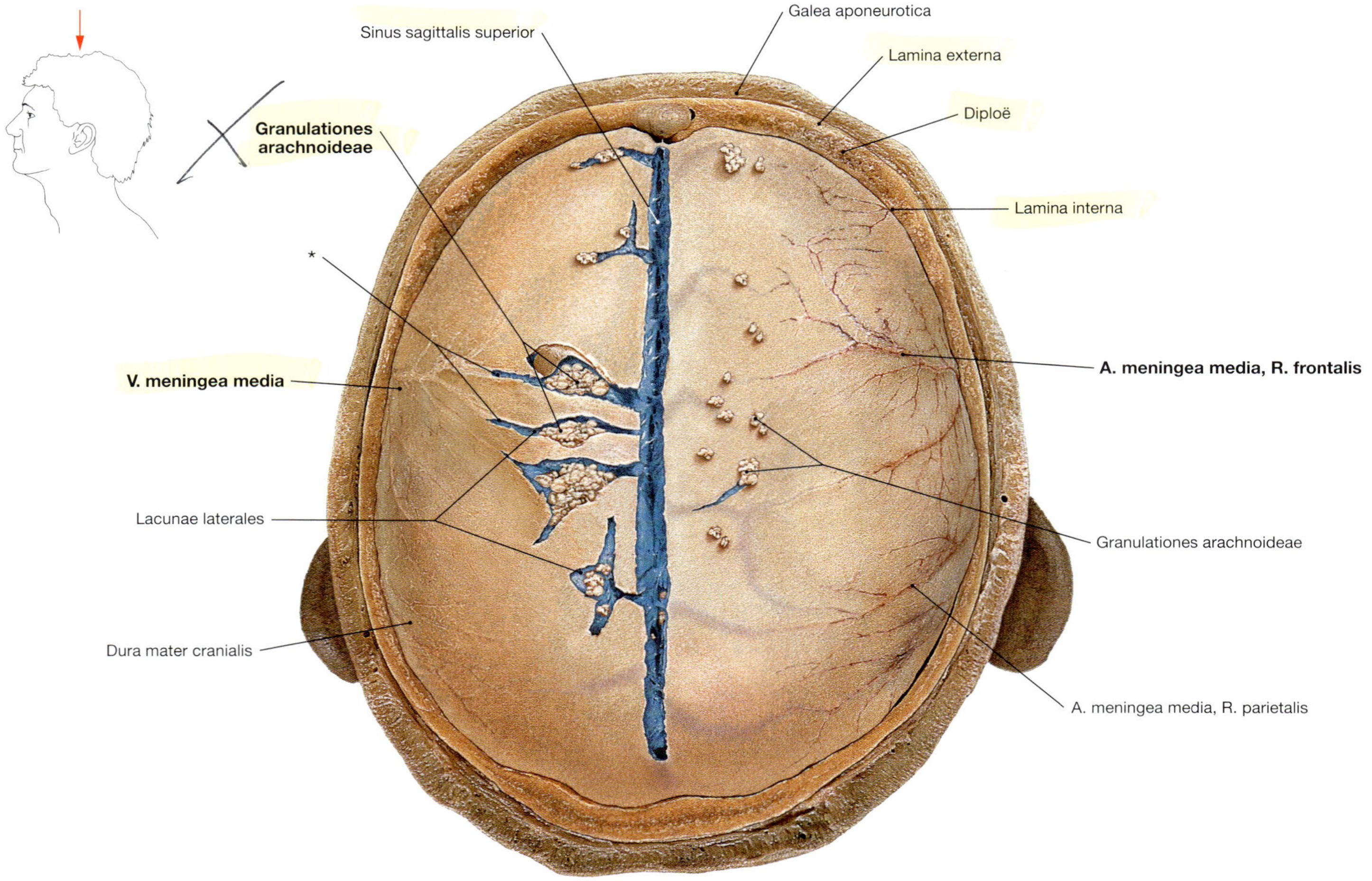

Abb. 12.9 Harte Hirnhaut, Dura mater cranialis, und Sinus sagittalis superior mit einigen Lacunae laterales; Ansicht von oben. Die Schädelkalotte ist abgetragen, die Dura mater cranialis ist auf der linken Körperseite entlang der **Lacunae laterales** eröffnet und man sieht die Einmündung der **Vv. meningeae mediae** in die Lakunen. In den Lakunen liegen die PACCHIONI-Granulationen (Granulationes arachnoideae). Auf der rechten Körperseite sieht man Granulationes arachnoideae, die sich über das Niveau der Dura erheben. Letztere erstrecken sich in den Knochen der Schädeldecke hinein, wo sie Abdrücke hinterlassen und mit den Vv. diploicae in Kontakt stehen.

* Mündungen der Vv. meningeae mediae in die Lacunae laterales

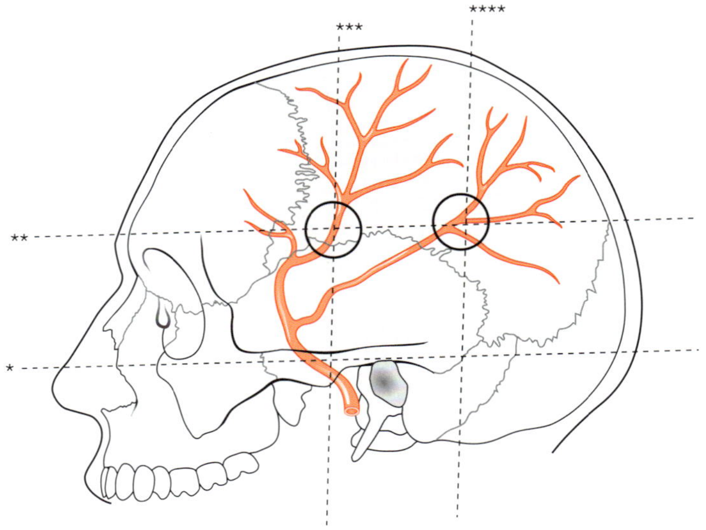

Abb. 12.10 Projektion der Rr. frontalis und parietalis der A. meningea media auf die laterale Schädelwand. Kreise markieren die Projektion der Hauptäste der A. meningea media. An den Schnittstellen der oberen Horizontalen mit der Vertikalen durch die Jochbogenmitte und der Vertikalen durch den hinteren Abschnitt des Proc. mastoideus verlaufen die Hauptäste der A. meningea media.

* klin.: Linea horizontalis auriculoorbitalis (Frankfurter [Deutsche] Horizontale)
** klin.: Linea horizontalis supraorbitalis
*** Vertikale durch die Mitte des Arcus zygomaticus
**** Vertikale durch den hinteren Anteil des Proc. mastoideus

Klinik

Meningeome sind die häufigsten gutartigen intrakraniellen Tumoren. Sie treten besonders im Bereich der PACCHIONI-Granulationen (Granulationes arachnoideae) entlang der Falx cerebri, im Bereich der Keilbeinflügel und an der Olfaktoriusrinne auf. Stumpfe Schädeltraumen, die von der Seite auf den Schädel einwirken, führen häufig im Bereich der Schnittstellen der oberen Horizontalen mit der Vertikalen durch die Jochbogenmitte und der Vertikalen durch den hinteren Abschnitt des Warzenfortsatzes zu **Frakturen der Schädelkalotte.** Kommt es dabei zu Zerreißungen der Rr. frontalis oder parietalis der A. meningea media, resultiert eine **Epiduralblutung** (→ Abb. 12.11).

Intrakranielle Blutungen

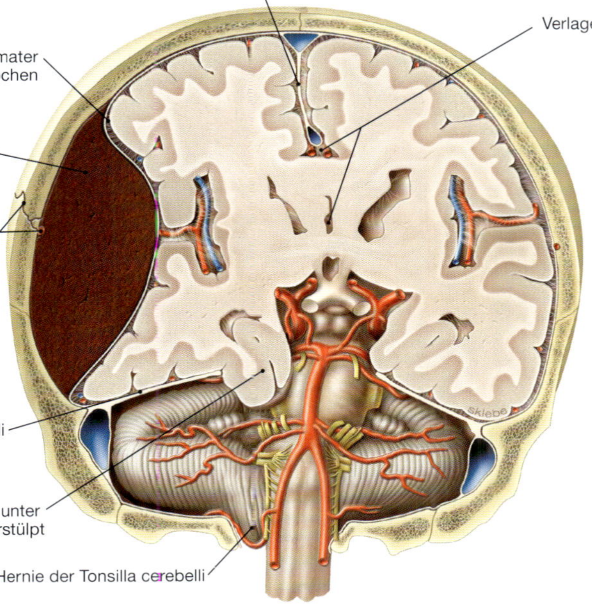

Abb. 12.11 Epidurales Hämatom; Frontalschnitt; Ansicht von vorne. Nach Verletzung der A. meningea media auf der rechten Körperseite ist es zu einer arteriellen Blutung zwischen Schädelkalotte und Dura mater gekommen. Durch das Hämatom kommt es zu einer Verschiebung der Mittellinie, außerdem ist der Temporallappen teilweise durch die Incisura tentorii unter das Tentorium cerebelli geschoben worden.

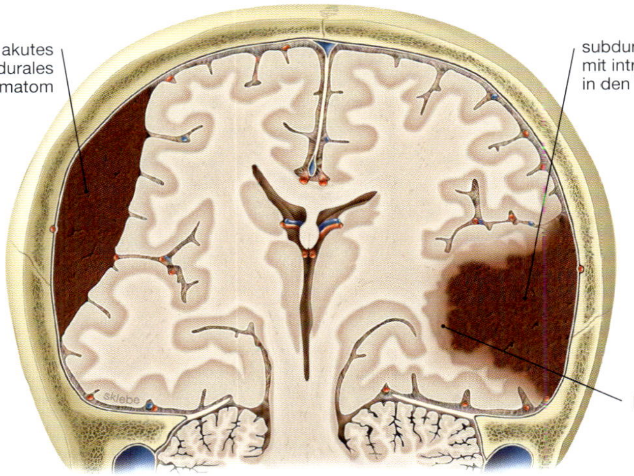

Abb. 12.12 Subdurales Hämatom und intrazerebrale Einblutung; Frontalschnitt; Ansicht von vorne.
Abrisse der Brückenvenen haben auf der rechten Körperseite zu einem akuten subduralen Hämatom geführt und links zu einem subduralen Hämatom mit intrazerebraler Einblutung in den Temporallappen.

Abb. 12.13 Subdurale Hämatome; Ansicht von oben auf das Gehirn. [5]
Ausgedehnte bilaterale frische traumatische Subduralhämatome (Pfeile) auf der Innenseite der Dura mater (roter Pfeil = Falx cerebri). Die Dura über dem Hämatom ist hochgeschlagen.

Klinik

Verletzungen der A. meningea media, die die Dura mater mit Blut versorgt, kommen meist bei einem Schädel-Hirn-Trauma, z. B. nach einem Autounfall, vor. Der Patient hat oft keine offensichtlichen Verletzungen oder zeigt in den ersten 30 Minuten keine Beschwerden. Die arterielle Blutung führt zur Ablösung der Dura mater von der Schädelkalotte und zur Ausbildung eines **epiduralen Hämatoms,** das zu Verlagerung von Teilen des Gehirns und Druck auf Gehirn, Hirnstamm und Hirnnerven führen kann. Gravierende Ausfallerscheinungen mit pathologischen Reflexen können die Folge sein. Da die Venen älterer Personen im Vergleich zu denen jüngerer weniger widerstandsfähig sind, können bereits Bagatellverletzungen zu Ab- oder Einrissen der Brückenvenen (Verbindungsvenen zwischen Hirnvenen und Sinus durae matris) mit Ausbildung eines **subduralen Hämatoms** führen. Dabei sammelt sich venöses Blut akut oder schleichend (manchmal über Wochen) zwischen Dura mater und Arachnoidea an und führt zu unspezifischen Symptomen, wie Schwindel, Kopfschmerz, Müdigkeit, Antriebslosigkeit oder Verwirrtheit. Subdurale Hämatome können aber auch mit intrazerebralen Einblutungen und entsprechenden akuten Ausfallerscheinungen einhergehen (→ S. 240, 256, 267 und 270).

Blutleiter der harten Hirnhaut und Abschnitte der A. carotis interna

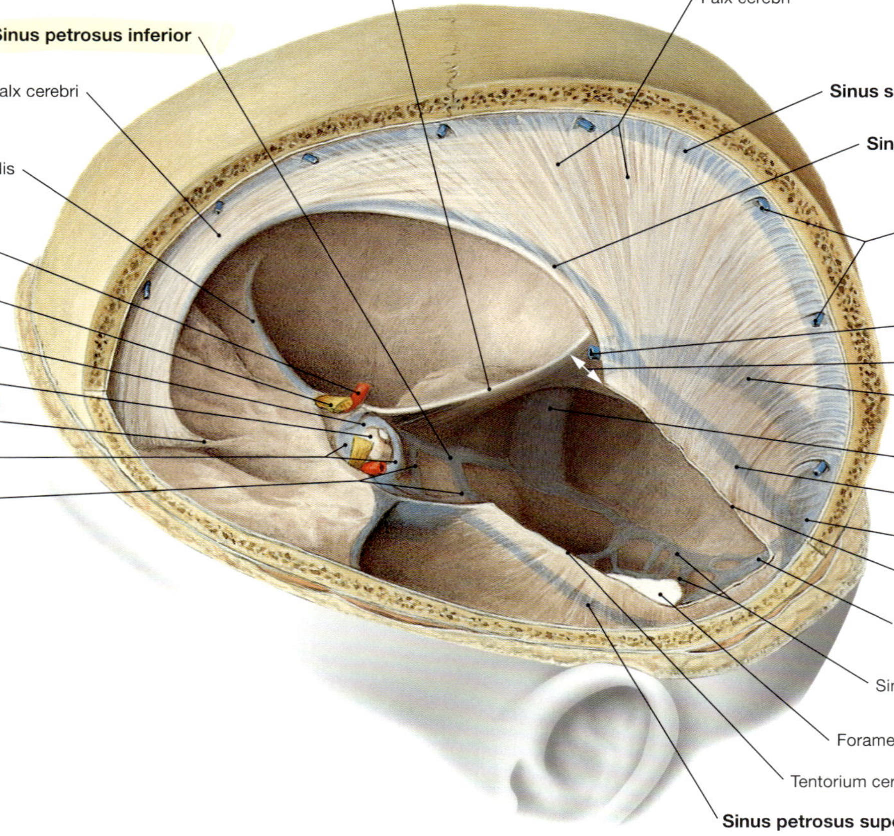

Abb. 12.14 Harte Hirnhaut, Dura mater cranialis, und Venensinus, Sinus durae matris; Ansicht von schräg oben; Tentorium cerebelli teilweise entfernt.
Die Dura mater cranialis kleidet die Schädelhöhle vollständig aus und haftet den Schädelknochen an. In die Dura sind die Sinus durae matris eingelassen. Die **Falx cerebri** ragt in der Sagittalebene sichelförmig vor und zieht von der Crista galli bis zum First des **Tentorium cerebelli.** Dieses wiederum überspannt die hintere Schädelgrube und ist entlang dem Sinus transversus und der Pyramidenkante befestigt. Die Ränder der Incisura tentorii umfassen das Mittelhirn (Mesencephalon) und laufen seitlich in die Plicae petroclinoideae anterior und posterior aus, die zu den Procc. clinoidei anterior und posterior ziehen. Durch die Falx cerebri und das Tentorium cerebelli wird die Schädelhöhle in drei unvollständig voneinander getrennte Räume für die beiden Großhirnhemisphären und das Kleinhirn unterteilt.

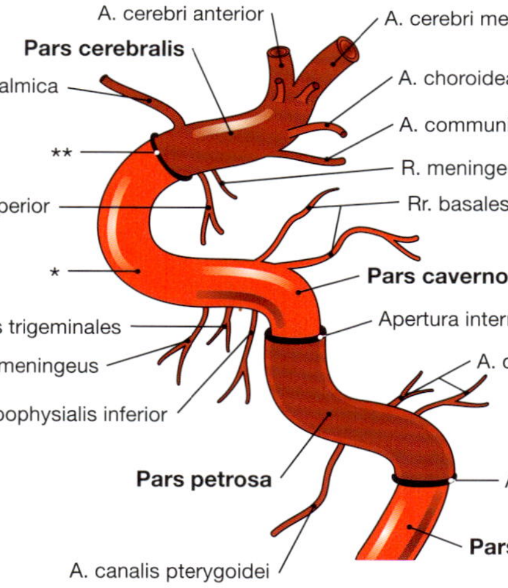

Abb. 12.15 Abschnitte der A. carotis interna. [8]
Die A. carotis interna wird in vier Abschnitte unterteilt: Pars cervicalis, Pars petrosa, Pars cavernosa und Pars cerebralis. In ihrem Verlauf durch die Schädelbasis tritt die A. carotis interna durch die Apertura externa canalis carotici, die Apertura interna canalis carotici und durch die Dura mater. In der Pars cervicalis gehen keine Gefäße ab.

* Karotissiphon
** Durchtritt durch die Dura mater cranialis im Bereich des Diaphragma sellae

Sinus cavernosus

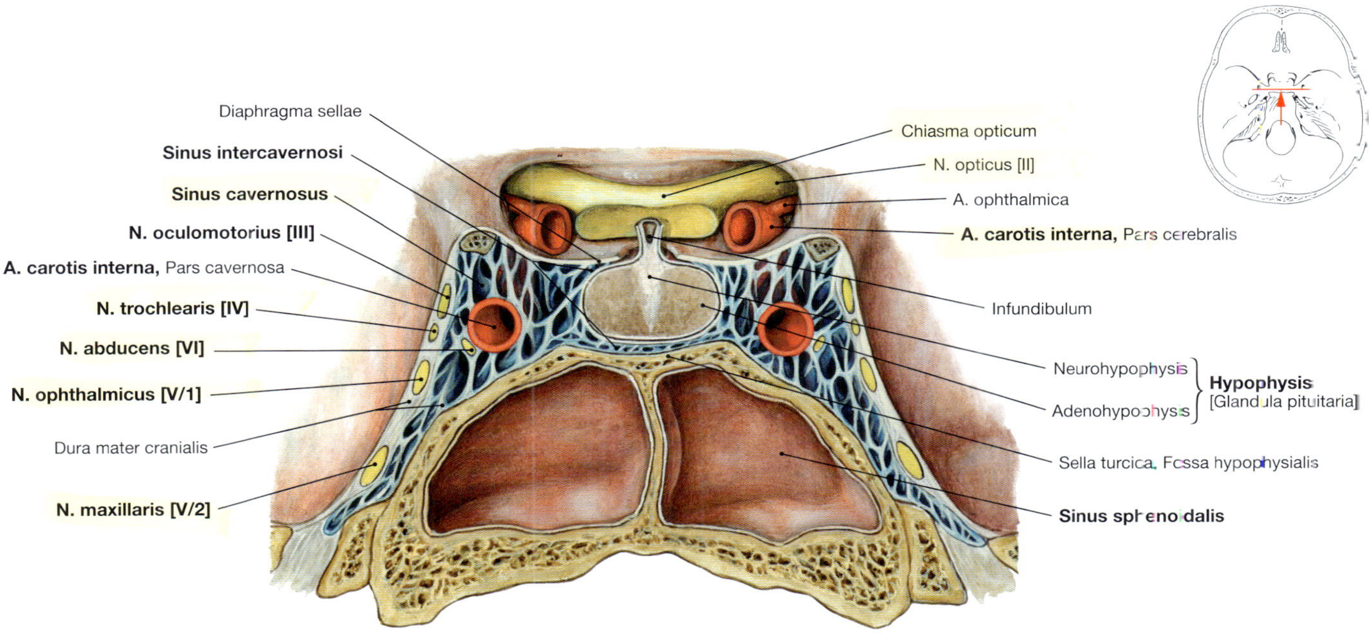

Abb. 12.16 Hypophyse [Hirnanhangsdrüse], Hypophysis [Glandula pituitaria], und Sinus cavernosus; Frontalschnitt; Ansicht von hinten.
Die Hypophyse ist vom linken und rechten Sinus cavernosus umgeben, die über die Sinus intercavernosi miteinander kommunizieren. Die A. carotis interna und lateral davon der N. abducens [VI] verlaufen jeweils zentral durch den Sinus cavernosus; Nn. oculomotorius [III], trochlearis [IV], ophthalmicus [V/1] und maxillaris [V/2] liegen in seiner Wand. Unterhalb der in der Sella turcica gelegenen Hypophyse befindet sich der Sinus sphenoidalis.

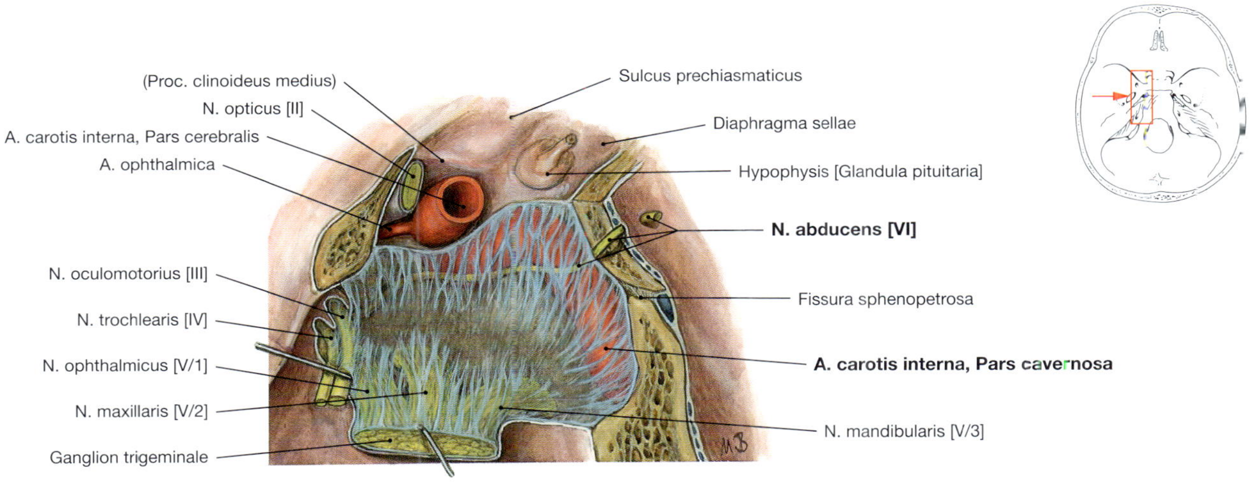

Abb. 12.17 Sinus cavernosus, links; Ansicht von lateral; nach Abtragung des lateral wandbildenden Anteils der harten Hirnhaut; Ganglion trigeminale nach lateral geklappt.
Man sieht den Verlauf der Pars cavernosa der A. carotis interna und des N. abducens [VI] durch den Sinus cavernosus.

Klinik

Unilaterale Abduzens- und Okulomotoriusparesen in Kombination mit Sensibilitätsstörungen im ersten Trigeminusast (N. ophthalmicus [V/1]) weisen auf eine Erkrankung des Sinus cavernosus (**Sinus-cavernosus-Syndrom;** Sinus-cavernosus-Thrombose, Tumor, Metastase, Aneurysma der A. carotis interna, entzündliche Infiltration) hin. Beginnt die Symptomatik akut und kommen Zeichen einer Drainagestörung, wie venöse Stauung des Orbitainhalts mit Lid- und Bindehautschwellung sowie Protrusio bulbi vor, muss von einer venösen Thrombose und/oder einer Fistel zwischen der A. carotis interna und dem Sinus cavernosus ausgegangen werden.
Arteriosklerotische Wandveränderungen kommen vergleichsweise häufig am Abgang der A. carotis interna aus der A. carotis communis sowie in der Pars cavernosa vor.

Blutleiter der harten Hirnhaut

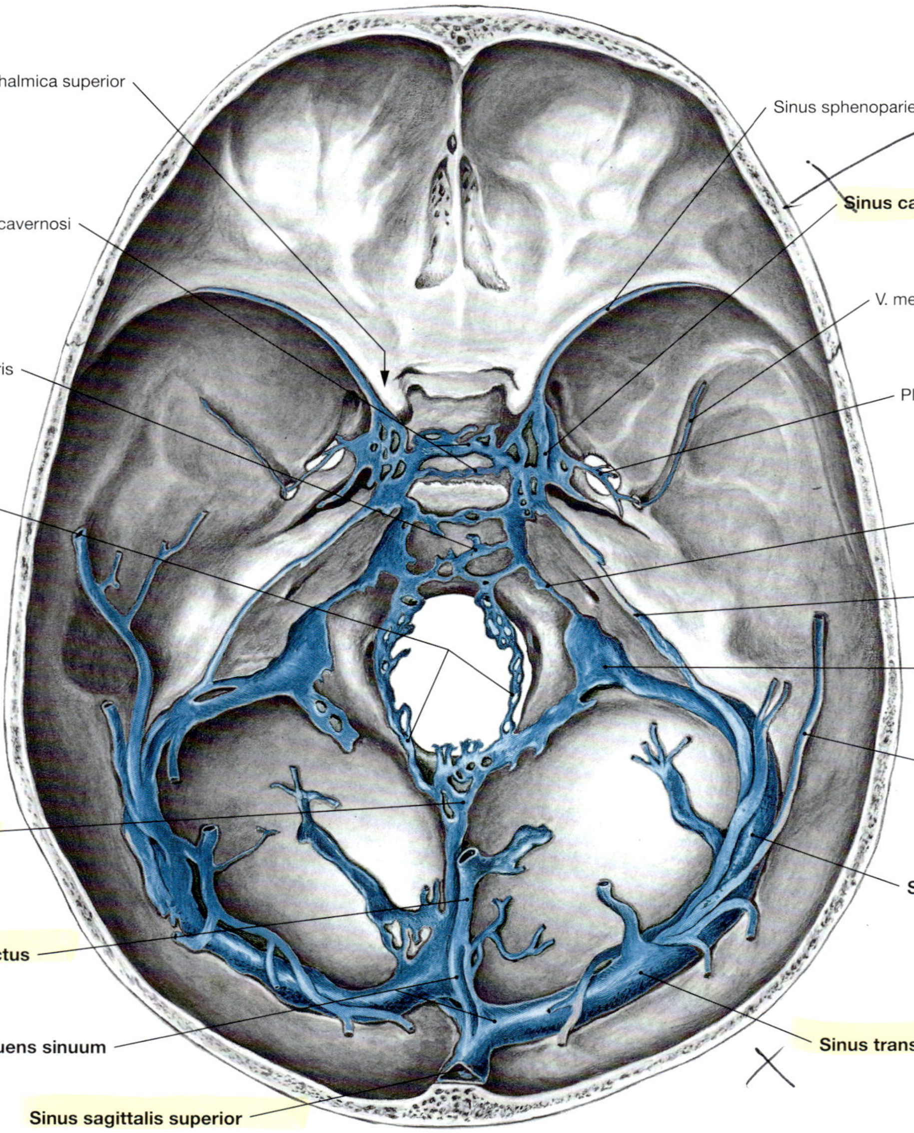

Abb. 12.18 Blutleiter der harten Hirnhaut, Sinus durae matris; Ausgusspräparat; Ansicht von oben.
Die Sinus durae matris sind klappenlose, starrwandige Blutleiter, die über sog. Brückenvenen das Blut aus dem Gehirn aufnehmen. Der Hauptabfluss aus dem Schädelinneren erfolgt über die **Sinus sigmoidei** in die Vv. jugulares internae (beginnen jeweils mit dem Bulbus superior venae jugularis). Ferner gibt es eine Reihe kleinerer, ebenfalls klappenloser Verbindungen zwischen intra- und extrakraniellem venösem Stromgebiet, zu denen die Vv. ophthalmicae superiores (in der Orbita, nicht sichtbar, aber durch Pfeil angedeutet, Kommunikation über die Fissura orbitalis superior) und die sehr variabel ausgebildeten Vv. emissariae (→ Abb. 12.6) gehören.
Eine zentrale Stellung nehmen die **Sinus cavernosi** ein, die in der mittleren Schädelgrube beidseits der Sella turcica liegen. Rechter und linker Sinus kommunizieren über die Sinus intercavernosi. Der Sinus cavernosus steht direkt oder indirekt sowohl mit den meisten Sinus als auch mit den Venen der Orbitae und der Fossae infratemporales in Beziehung.

* LABBÉ-Anastomose zu den Vv. mediae superficiales cerebri

Klinik

Thrombosen in den Sinus durae matris, z.B. nach Hirnkontusion oder Entzündungen wie einer Mittelohrentzündung, führen zu Abflussbehinderungen mit resultierendem Hirnödem sowie stauungsbedingten diapedetischen Blutungen (hämorrhagische Infarzierung) und können mit Kopfschmerzen, Übelkeit, Erbrechen und epileptischen Anfällen einhergehen.

Oberflächliche Hirngefäße

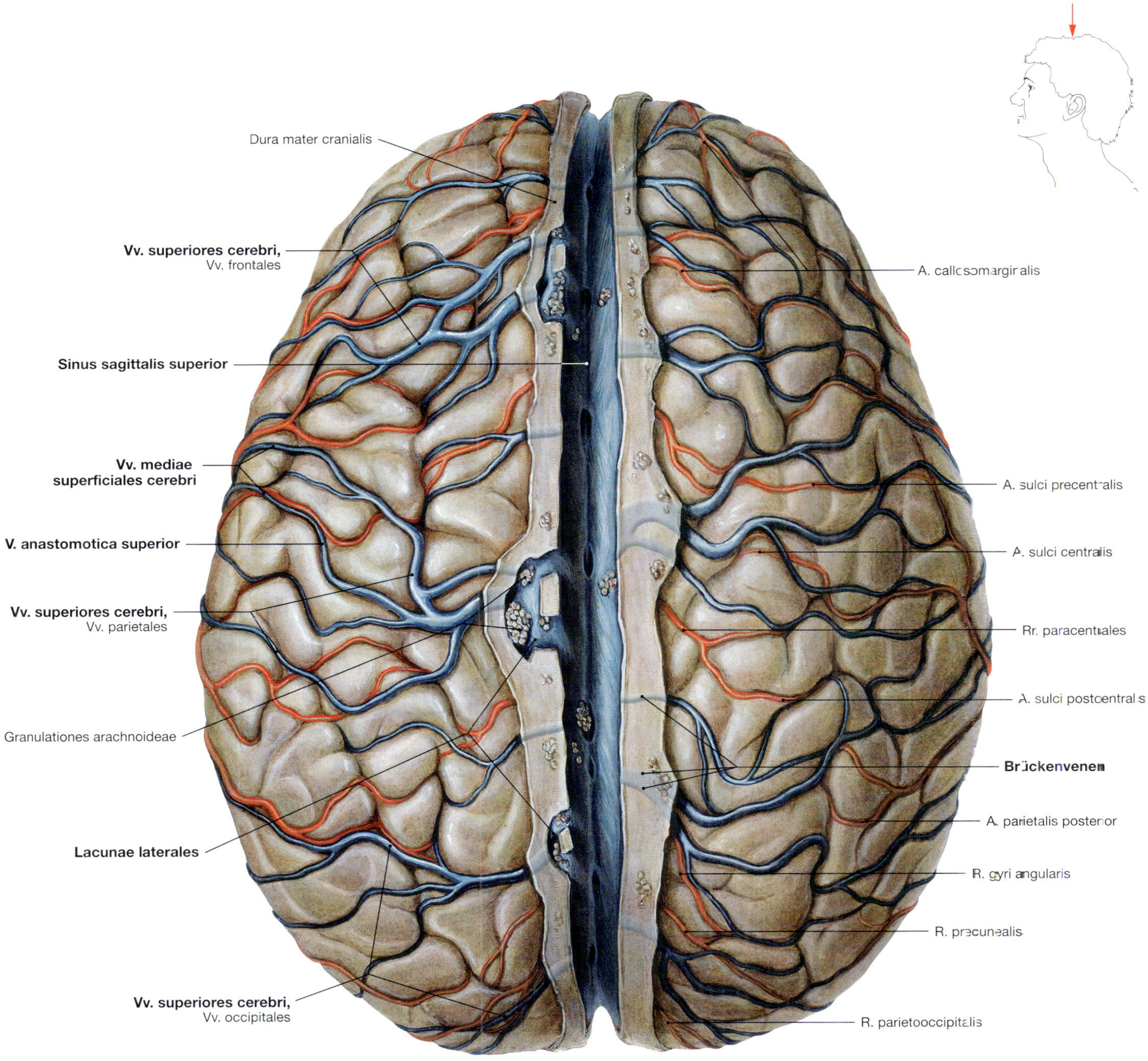

Abb. 12.19 Oberflächliche Arterien und Venen des Gehirns; Ansicht von oben; nach Abtragung der harten Hirnhaut und Eröffnung des Sinus sagittalis superior, Spinnwebenhaut entfernt.
Die oberflächlichen Arterien und Venen versorgen Großhirnkortex und das darunterliegende Marklager. Zu den oberflächlichen Venen gehören die Vv. superiores cerebri, die V. media superficialis cerebri und die Vv. inferiores cerebri (im Bild nicht sichtbar). Die großen Venen stehen in der Regel über Anastomosen in Verbindung (V. anastomotica superior [TROLARD-Vene, → Abb. 12.6] und V. anastomotica inferior [LABBÉ-Vene, → Abb. 12.6 und 12.18]). Die Vv. superiores cerebri münden über kleine Brückenvenen, die durch die Dura mater cranialis treten, in den Sinus sagittalis superior ein oder gelangen über Brückenvenen in Lacunae laterales, die ihrerseits in den Sinus sagittalis superior münden.

Klinik

Verletzungen der Brückenvenen können zur Einblutung zwischen Dura und Arachnoidea führen und ein subdurales Hämatom auslösen (→ Abb. 12.12). Besonders ältere Patienten neigen aufgrund einer altersbedingten Hirnatrophie mit brüchigen Brückenvenen dazu, ein **chronisches subdurales Hämatom** auszubilden, das aufgrund seines schleichenden Verlaufs der venösen Blutung und des oft für den Patienten nicht mehr erinnerbaren Bagatelltraumas leicht übersehen werden kann.

Weiche Hirnhaut

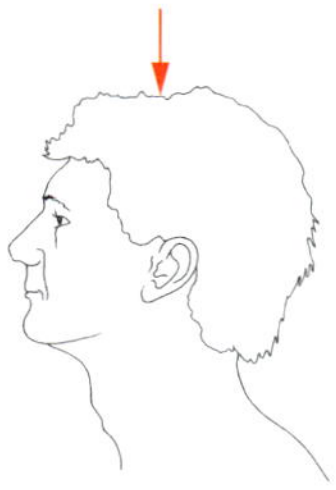

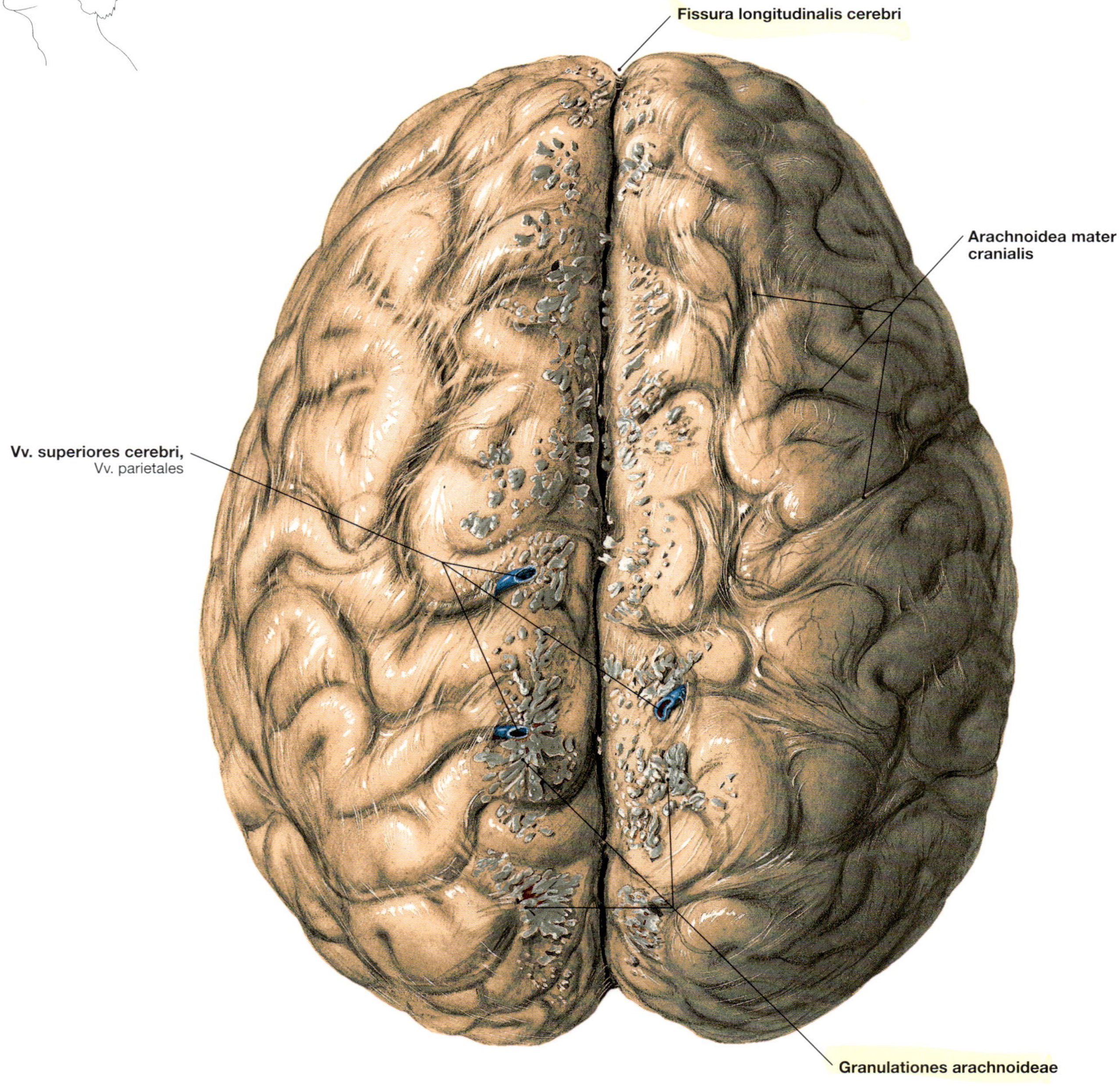

Abb. 12.20 Gehirn, Encephalon, mit Spinnwebenhaut, Arachnoidea mater cranialis; Ansicht von oben.

Das Gehirn ist von der Arachnoidea überzogen. In der **Fissura longitudinalis cerebri** liegt normalerweise die Falx cerebri (eine Duplikatur der Dura mater cranialis), die die beiden Großhirnhemisphären in eine rechte und eine linke Hälfte unterteilt und bis zum Balken (Corpus callosum, nicht dargestellt) hinabreicht. Seitlich von der Fissura longitudinalis cerebri sieht man zahlreiche PACCHIONI-Granulationen (Granulationes arachnoideae), die über das Niveau der Arachnoidea hinausreichen. Sie dienen der Liquorresorption. Außerdem sieht man mehrere Hirnvenen (Vv. superiores cerebri, Vv. parietales), die bei der Entnahme des Gehirns aus dem Schädel von den Brückenvenen (kleine Venen, die durch die Dura mater cranialis in den Sinus sagittalis superior übertreten) abgerissen wurden.

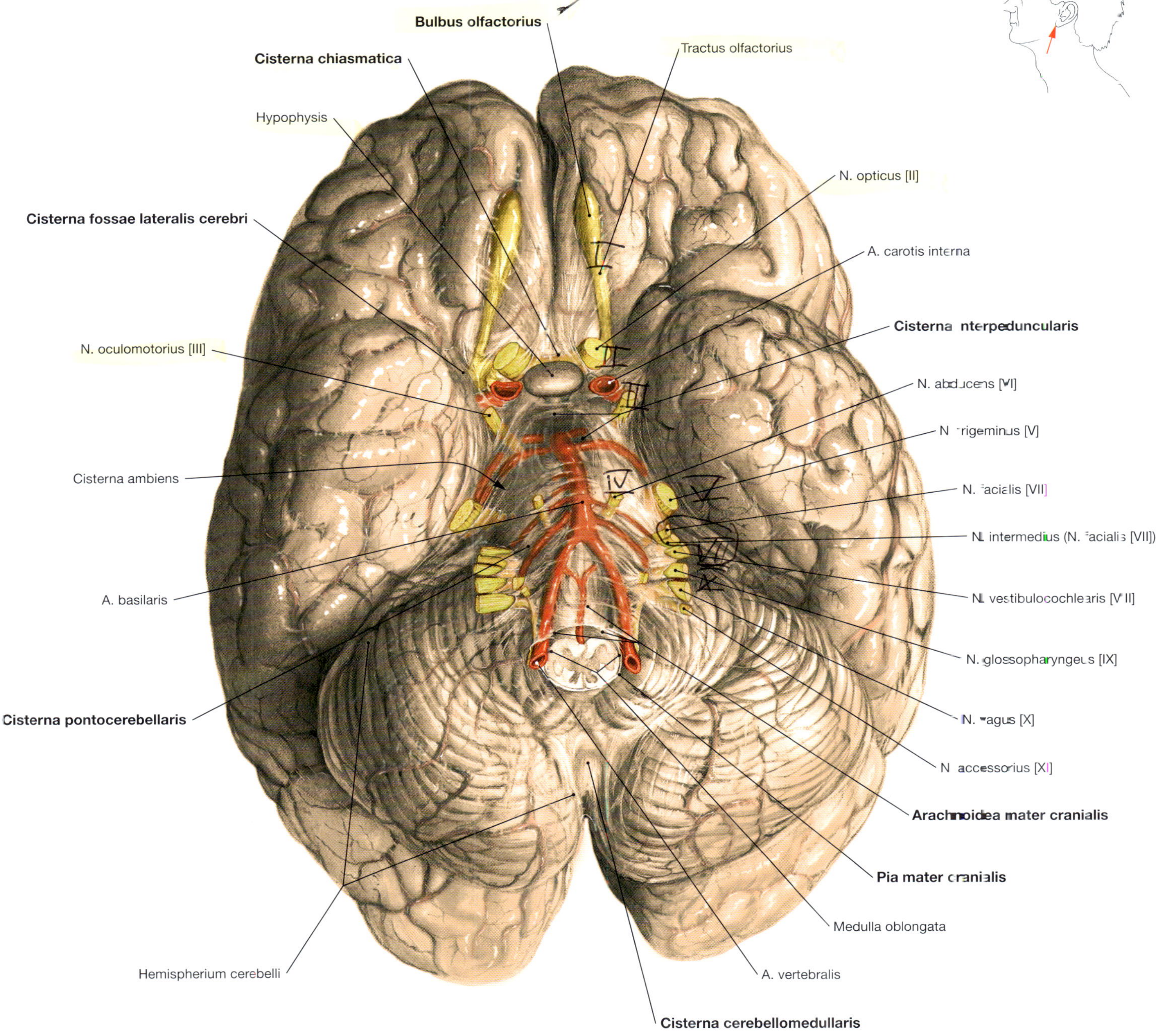

Abb. 12.21 Gehirn, Encephalon, mit Spinnwebenhaut, Arachnoidea mater cranialis; Ansicht von unten.
Um das Gehirn aus der Schädelkapsel entnehmen zu können, ist im Bereich der Schädelbasis der Hirnstamm auf Höhe der Medulla oblongata durchtrennt worden, ebenso die Aa. vertebrales, die Aa. carotides und alle zwölf Hirnnervenpaare (am ersten Hirnnerv sind die Fila olfactoria vom Bulbus olfactorius abgerissen). Das Gehirn ist von der Arachnoidea umgeben. Die Nerven und Gefäße verlaufen im Spatium subarachnoidale. Man blickt von unten auf die Frontal-, Temporal- und Okzipitallappen sowie auf das Kleinhirn. Der Circulus arteriosus cerebri (WILLISII) ist erhalten, jedoch nur partiell sichtbar. Die Abbildung demonstriert darüber hinaus die Lage der Cisternae cerebri.

Entwicklung des Gehirns

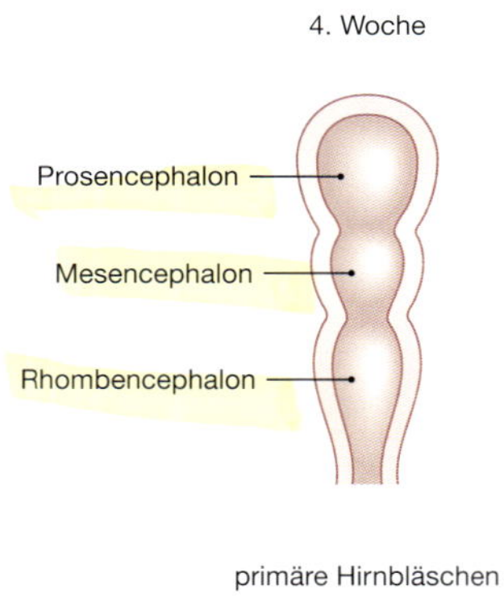

Abb. 12.22 Entwicklung des Gehirns: primäre Hirnbläschen; schematischer Frontalschnitt. [21]
In der **4. Woche** ist das Neuralrohr an beiden Enden verschlossen. Das rostrale Ende beginnt sich zu erweitern und bildet die drei hintereinanderliegenden **primären Hirnbläschen:** Vorderhirn (Prosencephalon), Mittelhirn (Mesencephalon) und Rautenhirn (Rhombencephalon).

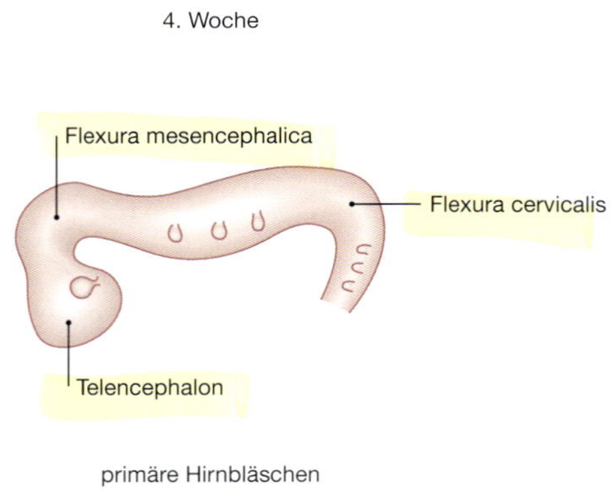

Abb. 12.23 Entwicklung des Gehirns: primäre Hirnbläschen; schematische Seitansicht. [21]
In der **4. Woche** entstehen zwischen Vorder- (Prosencephalon) und Mittelhirn (Mesencephalon) die **Scheitelbeuge** (Flexura mesencephalica) und zwischen Rautenhirn (Rhombencephalon) und Rückenmark die **Nackenbeuge** (Flexura cervicalis).

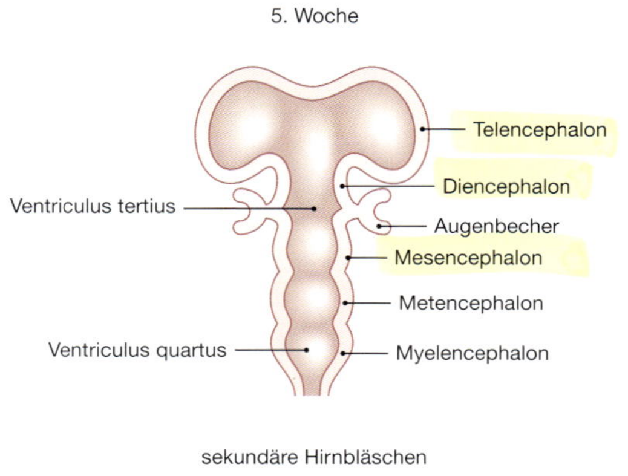

Abb. 12.24 Entwicklung des Gehirns: sekundäre Hirnbläschen; schematischer Frontalschnitt. [21]
In der **5. Woche** erweitert sich ein Teil des Prosencephalons rechts und links der Mittellinie zum **Endhirn** (Telencephalon), aus dem die Großhirnhemisphären hervorgehen. Außerdem geht aus dem Prosencephalon das Zwischenhirn (Diencephalon) hervor. Zwischen Di- und Mesencephalon bildet sich der dritte Ventrikel. Unter dem Mesencephalon formiert sich das **Hinterhirn** (Metencephalon), dessen Hauptbestandteile später Brücke (Pons) und Kleinhirn (Cerebellum) sind. Kaudal schließt sich das **Nachhirn** (Myelencephalon) an, das den vierten Ventrikel sowie die Medulla oblongata umfasst und in das Rückenmark übergeht.
Aus den drei primären Hirnbläschen sind die sechs **sekundären Hirnbläschen** entstanden (die paarigen Bläschen von Telencephalon sowie Di-, Mes-, Met- und Myelencephalon).

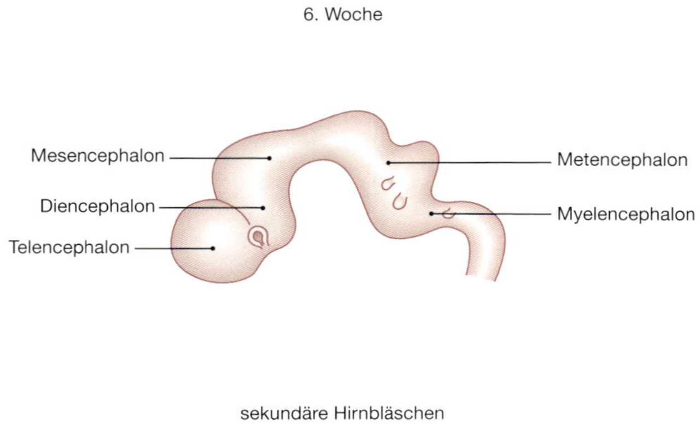

Abb. 12.25 Entwicklung des Gehirns: sekundäre Hirnbläschen; schematische Seitansicht. [21]
In der **6. Woche** sind Telencephalon, Diencephalon, Mesencephalon, Metencephalon und Myelencephalon schon deutlich abgrenzbar. Man sieht zwischen Telencephalon und Diencephalon den Augenbecher. Die Entwicklung des Kleinhirns beginnt mit einer lateralen Erweiterung im Rhombencephalon. Am Metencephalon sieht man dorsal bereits das sich bildende Kleinhirn.

Klinik

Verschließt sich das Neuralrohr im rostralen Abschnitt nicht (offener Neuroporus rostralis), bleibt die regelrechte Entwicklung der drei Hirnbläschen aus. Durch fehlgeleitete Induktionsvorgänge entsteht lediglich eine diffuse Ansammlung von Nervengewebe. Das Ausbleiben der Hirnentwicklung hat zur Folge, dass sich auch die Schädelkapsel nicht entwickelt. Es entsteht lediglich ein Gesichtsschädel ohne Gehirn und Gehirnschädel **(Anencephalus).** Diese Fehlbildung verläuft in jedem Fall letal.

Entwicklung des Gehirns

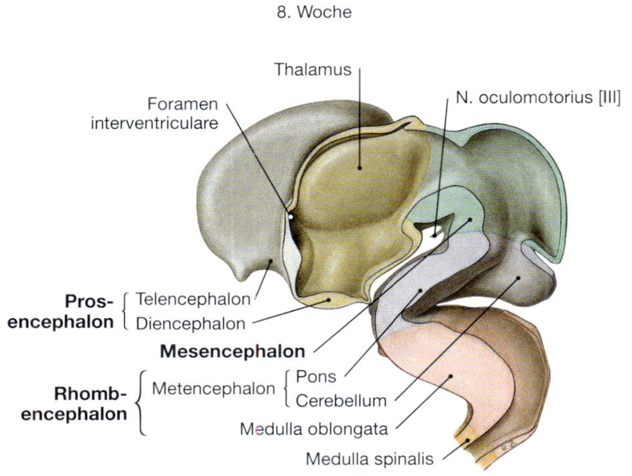

Abb. 12.26 Entwicklung des Gehirns; Medianschnitt.
In der **8. Woche** sind die einzelnen Hirnstrukturen schon gut abgrenzbar. Aus dem Prosencephalon sind Tel- und Diencephalon hervorgegangen. Man kann den Thalamus im Diencephalon bereits erkennen. Im Mesencephalon sieht man den Austritt des N. oculomotorius [III]. Das Rhombencephalon hat sich zu Metencephalon und Medulla oblongata (Myeloencephalon) differenziert. Aus dem Metencephalon gehen Pons und Cerebellum hervor. An die Medulla oblongata schließt sich die Medulla spinalis an.

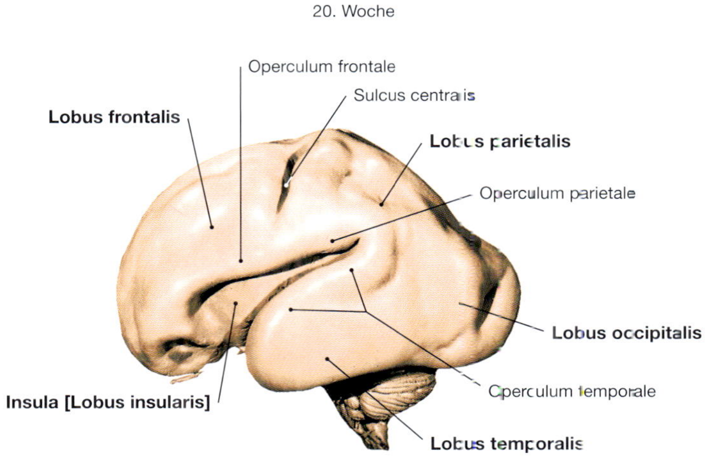

Abb. 12.27 Entwicklung des Gehirns; Ansicht von links.
Das Wachstum des Telencephalons ist in der **20. Entwicklungswoche** (Scheitel-Steiß-Länge 20 cm) schon weit fortgeschritten. Es haben sich bereits die Lobi frontalis, parietalis, occipitalis und temporalis gebildet. Der Lobus insularis ist allerdings noch nicht komplett von den Lobi frontalis, parietalis und temporalis überwachsen. Vom Hirnstamm sind nur noch Teile des Pons und des Kleinhirns sowie die Medulla oblongata sichtbar.

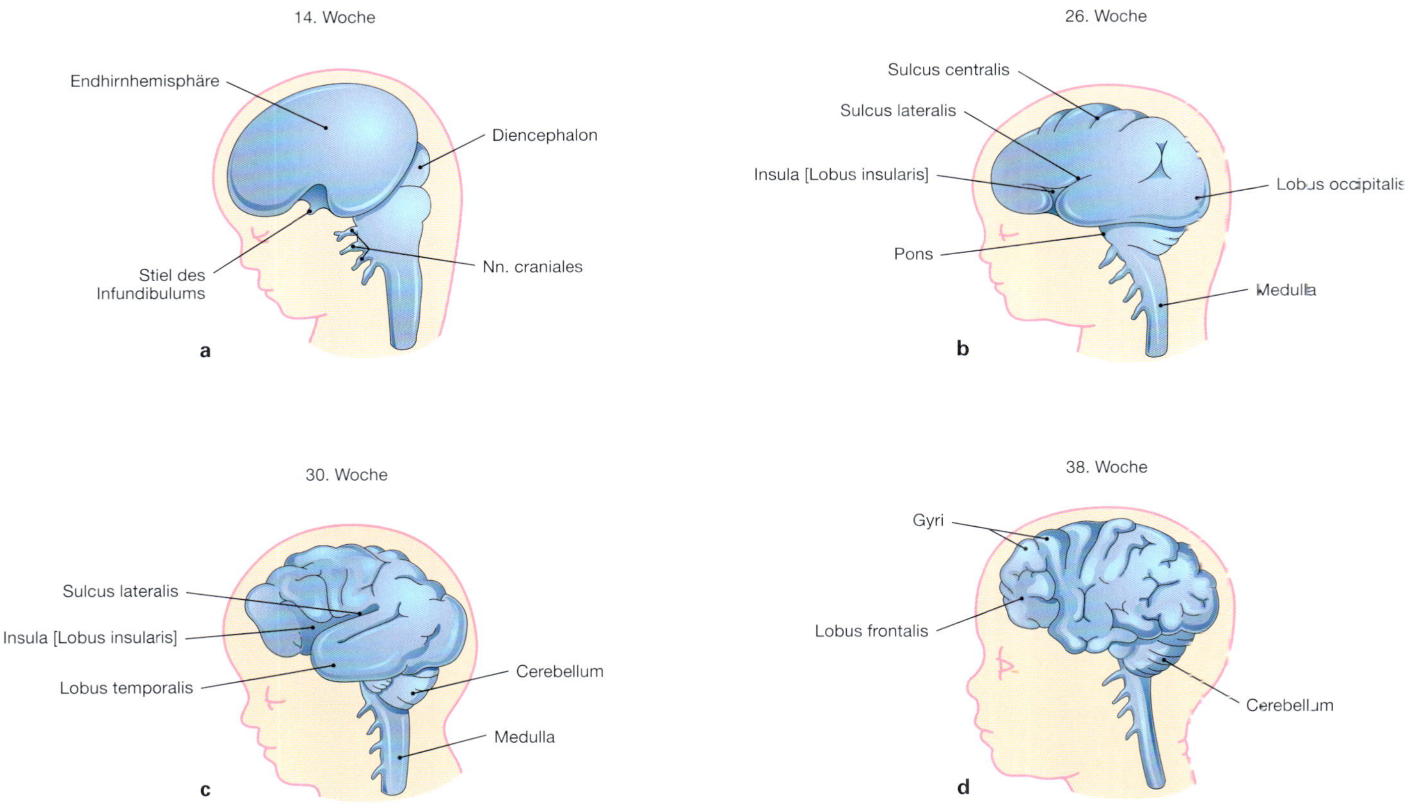

Abb. 12.28a bis d Entwicklung von linker Endhirnhemisphäre, Diencephalon und Hirnstamm; schematische Darstellung; Ansicht von lateral. [20]
In der 14. Woche ist die Oberfläche des Endhirns (Telencephalon) noch ganz glatt. Danach kommt es zu einer zunehmenden **Furchung** (Oberflächenvergrößerung) und zur Ausbildung sowie zur Überlagerung der Insula durch die Lobi frontalis, parietalis und temporalis

Entwicklung des Gehirns

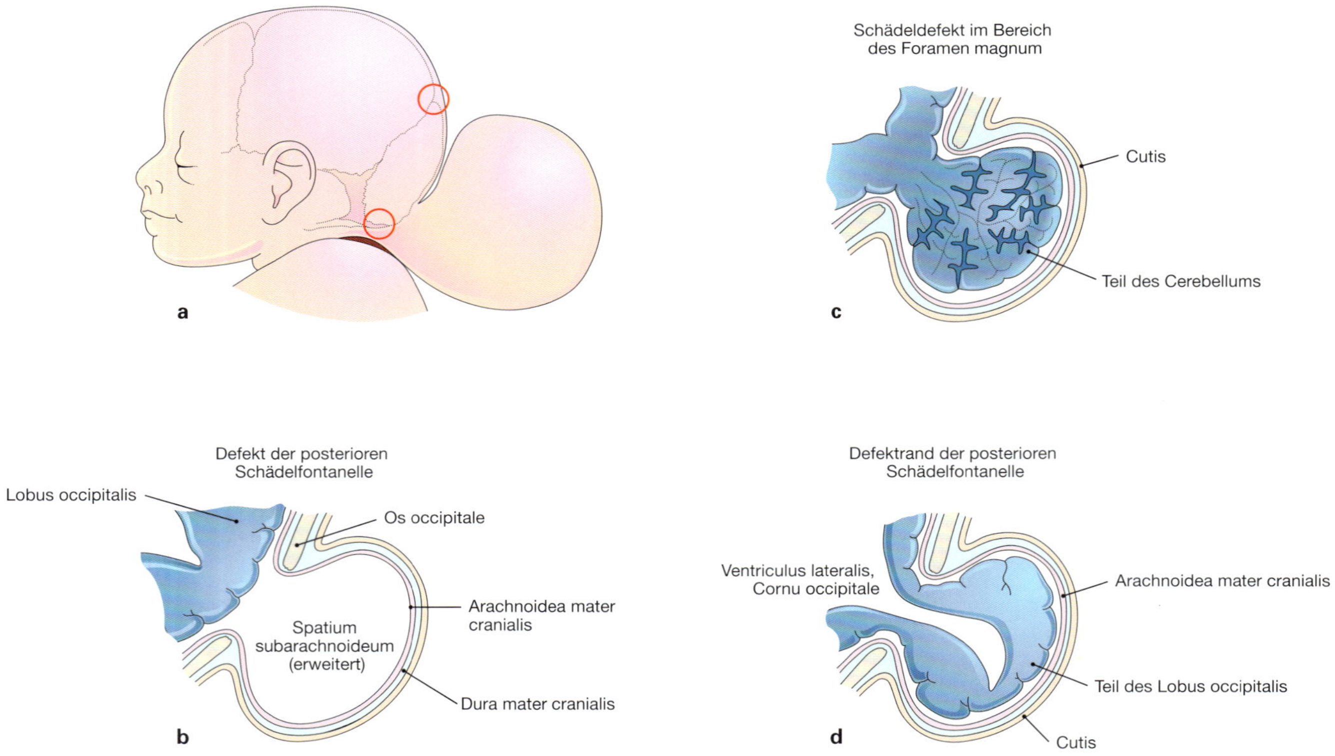

Abb. 12.29a bis d Hemmungsfehlbildungen ohne und mit fehlerhafter Gehirnanlage und medianer Schädellücke, schematische Darstellung. [20]

a Kopf eines Neugeborenen mit einer großen Aussackung in der Okzipitalregion. Der obere rote Kreis ist der Defektbereich an der kleinen Fontanelle, der untere rote Kreis zeigt den Defekt im Bereich des Foramen magnum.

b Meningozele: Der Bruchsack wird von Haut und Meningen gebildet und ist mit Liquor gefüllt.

c Meningoenzephalozele: Der Bruchsack enthält Teile des Cerebellums und ist von Meningen und Haut bedeckt.

d Enzephalozystozele: Der Bruchinhalt wird von Teilen des Lobus occipitalis und einem Teil des Hinterhorns des Seitenventrikels gebildet.

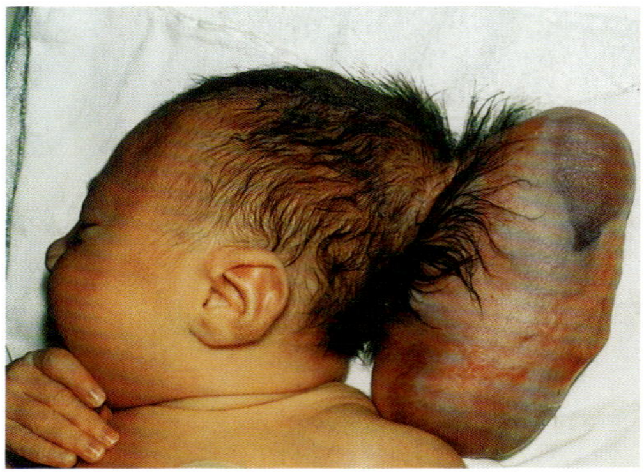

Abb. 12.30 Meningoenzephalozele. [20]

Klinik

Unter dem Begriff **Enzephalozele** (Hernia cerebri, Hirnbruch, äußerer Hirnprolaps, Cranium bifidum) werden Hemmungsfehlbildungen mit medianer Schädellücke (an Nasenwurzel, Stirn, Schädelbasis oder Hinterkopf) zusammengefasst, durch die sich Anteile der Meningen **(Meningozele)** oder Hirnteile **(Meningoenzephalozele)** ohne Beteiligung der Hirnliquorräume **(Kenenzephalozele)** oder mit Hirnventrikelanteilen **(Enzephalozystozele, Meningohydroenzephalozele)** vorstülpen können.

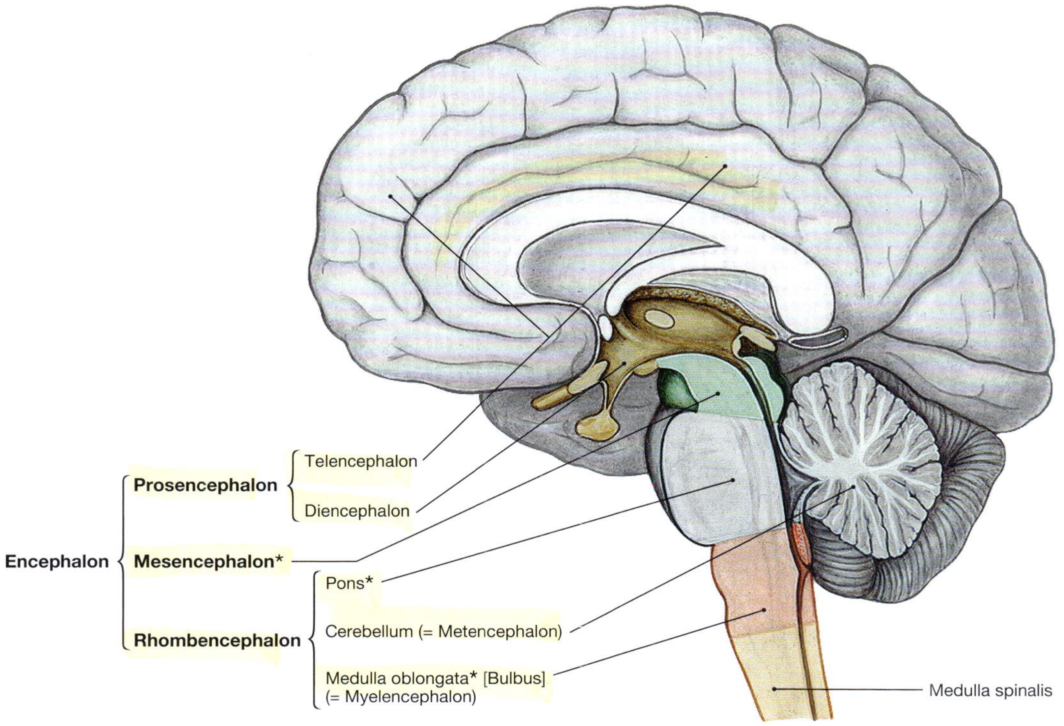

Abb. 12.31 Gliederung des zentralen Nervensystems; Medianschnitt; schematische Darstellung. Die mit * bezeichneten Teile des Gehirns bilden zusammen den Hirnstamm, Truncus encephali.
Basierend auf der Entwicklung aus den drei primären Hirnbläschen (Vorderhirn [Prosencephalon], Mittelhirn [Mesencephalon] und Rautenhirn [Rhombencephalon]), wird das Gehirn (Encephalon) in Endhirn (Telencephalon), Zwischenhirn (Diencephalon), Mittelhirn (Mesencephalon), Brücke (Pons), Kleinhirn (Cerebellum [Metencephalon]) und verlängertes Mark (Medulla oblongata) eingeteilt.

Klinik

Das **durchschnittliche Hirnvolumen** beträgt zwischen 1000 und 1400 cm^3. Geringere Hirnvolumina gehen häufig mit geistigen Behinderungen einher, müssen dies aber nicht zwangsläufig tun, da kein Zusammenhang zwischen Hirngröße und Intelligenz besteht. Umgekehrt gehen somit auch nicht alle geistigen Behinderungen regelhaft mit einem zu kleinen Gehirn einher.

Endhirn, Hirnrinde

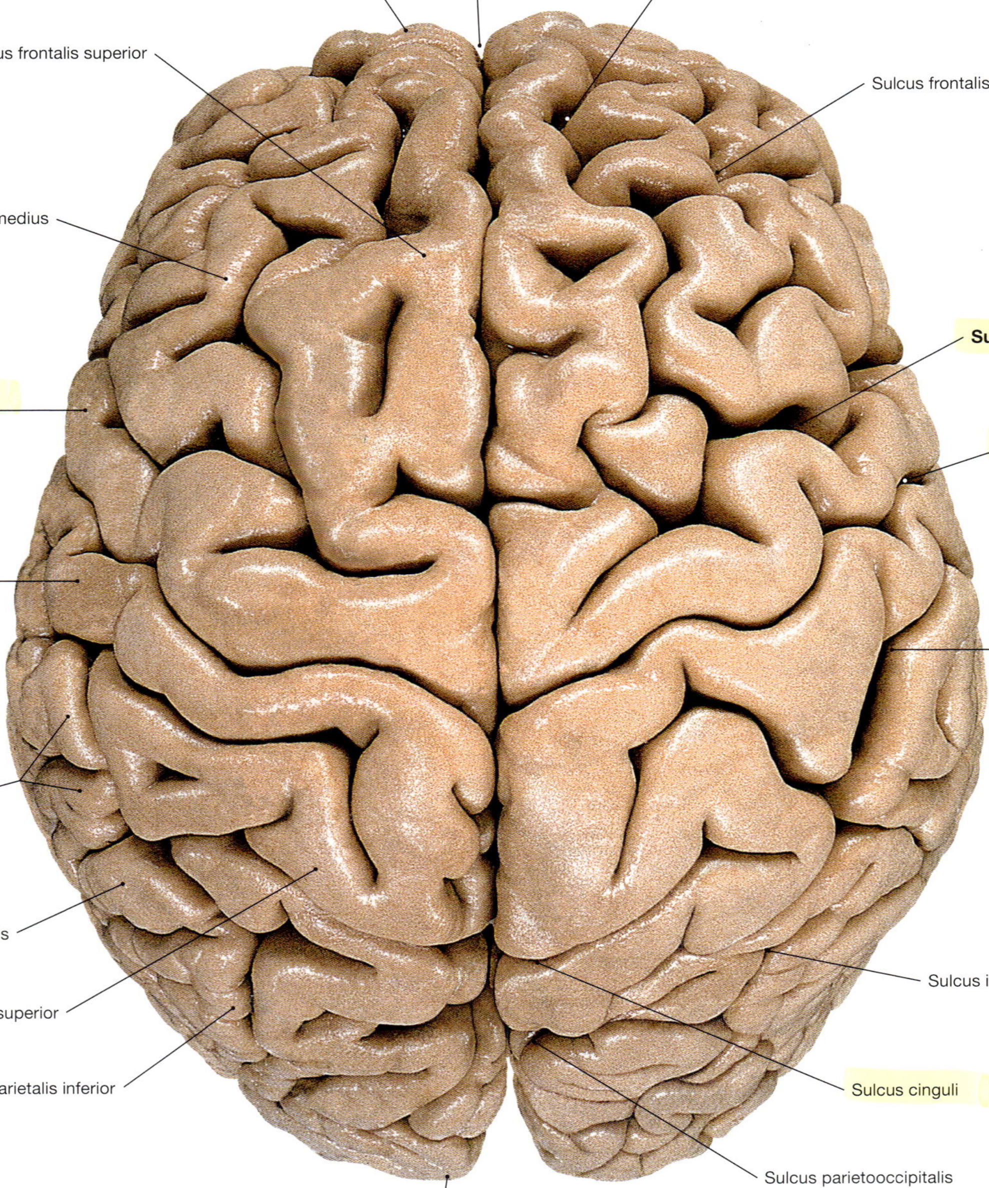

Abb. 12.32 Großhirn, Cerebrum; Ansicht von oben; nach Ablösung der weichen Hirnhäute.
Das Großhirn bildet den größten Teil des Gehirns. Es besteht aus **zwei Hemisphären,** die durch die **Fissura longitudinalis cerebri** getrennt sind. Während der frühen Entwicklung ist die Hirnoberfläche noch glatt. Das starke Wachstum führt zur sehr variablen Ausbildung von Furchen **(Sulci)** und Windungen **(Gyri).** Durch die Auffaltung ist die Hirnoberfläche stark vergrößert. Zwei Drittel der Hirnoberfläche sind dadurch von außen gar nicht sichtbar.

Klinik

Im fortgeschrittenen Lebensalter kommt es zu einer **Atrophie des Gehirns.** Damit einher gehen eine Verbreiterung der Sulci und eine Verschmälerung der Gyri. Die mit zunehmendem Alter abnehmende Gedächtnisleistung hängt allerdings nicht unmittelbar mit der Hirnatrophie, sondern vor allem mit einer verkürzten Dauer der Tiefschlafphasen zusammen. Mit zunehmendem Alter nimmt der Tiefschlafanteil deutlich ab. Bis zum 26. Lebensjahr werden noch 19% des Schlafs im Tiefschlaf verbracht. Zwischen 36 und 50 Jahren sinkt dieser Anteil auf 3%. Studien haben gezeigt, dass damit auch die Gedächtnisleistung erheblich nachlässt.

Endhirn, Lappengliederung

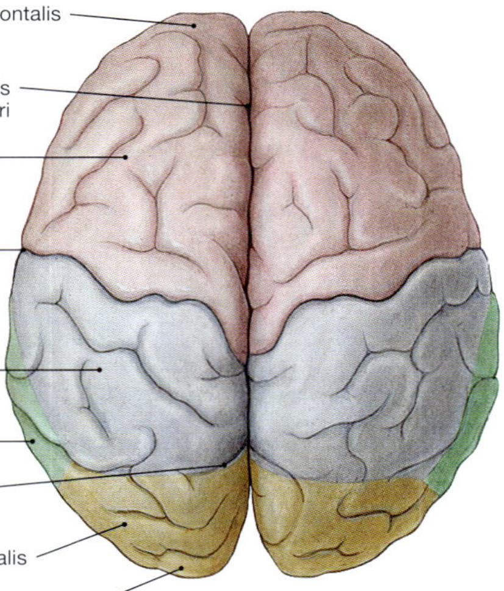

Abb. 12.33 Lappen des Großhirns, Lobi cerebri; Ansicht von oben. Etwa gegen Ende des 8. Embryonalmonats sind die Primärfurchen des Telencephalons ausgebildet (→ Tabelle). Sie kommen bei allen Menschen regelmäßig vor. Die Ansicht von oben zeigt den Sulcus centralis und den Sulcus parietooccipitalis.

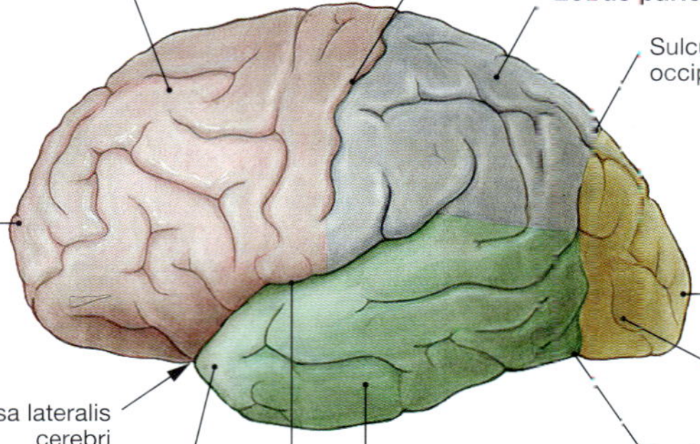

Abb. 12.34 Lappen des Großhirns, Lobi cerebri; Ansicht von links. Jede Großhirnhemisphäre wird in **vier Lappen** unterteilt:

- Frontallappen (Lobus frontalis)
- Parietallappen (Lobus parietalis)
- Temporallappen (Lobus temporalis)
- Okzipitallappen (Lobus occipitalis)

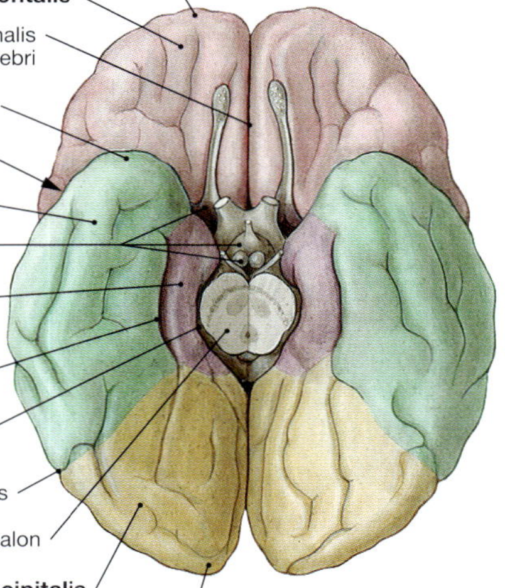

Abb. 12.35 Lappen des Großhirns, Lobi cerebri; Ansicht von unten. Außer den vier in der Legende von → Abbildung 12.34 genannten Lappen des Großhirns werden noch der **Lobus limbicus** (seinen Hauptanteil macht der Gyrus cinguli aus, ferner gehört der Gyrus parahippocampalis mit dem Uncus dazu) und der Lobus insularis (Insel, nicht sichtbar, da von den Opercula der Frontal-, Parietal- und Temporallappen verdeckt) unterschieden.

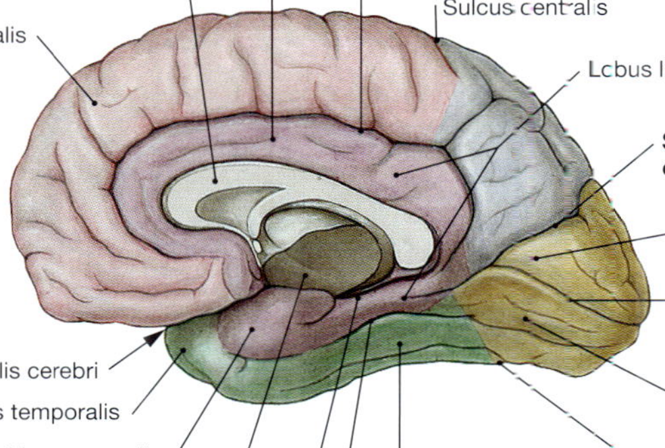

Abb. 12.36 Lappen des Großhirns, Lobi cerebri; Ansicht von medial. Sekundär- und Tertiärfurchen bilden sich am Telencephalon individuell variabel aus. Die Grenzen zwischen den einzelnen Lappen sind an vielen Stellen meist willkürlich (z. B. Incisura preoccipitalis).

Primärfurchen der Hirnrinde (Cortex)

Sulcus	Lage/Verlauf
Sulcus centralis	verläuft zwischen Frontal- und Parietallappen; trennt damit den (motorischen) Gyrus precentralis vom (sensiblen) Gyrus postcentralis
Sulcus lateralis	trennt Frontal-, Parietal- und Temporallappen voneinander; in der Tiefe liegen Fossa lateralis und Insula
Sulcus parietooccipitalis	verläuft von der Mantelkante an der medialen Hemisphärenfläche bis zum Sulcus calcarinus; trennt Parietal- und Okzipitallappen
Sulcus calcarinus	verläuft wie der Sulcus parietooccipitalis an der medialen Fläche und begrenzt mit ihm den Cuneus
Sulcus cinguli	trennt den Gyrus cinguli (Lobus limbicus) von Frontal- und Parietallappen

Endhirn, Hirnrinde

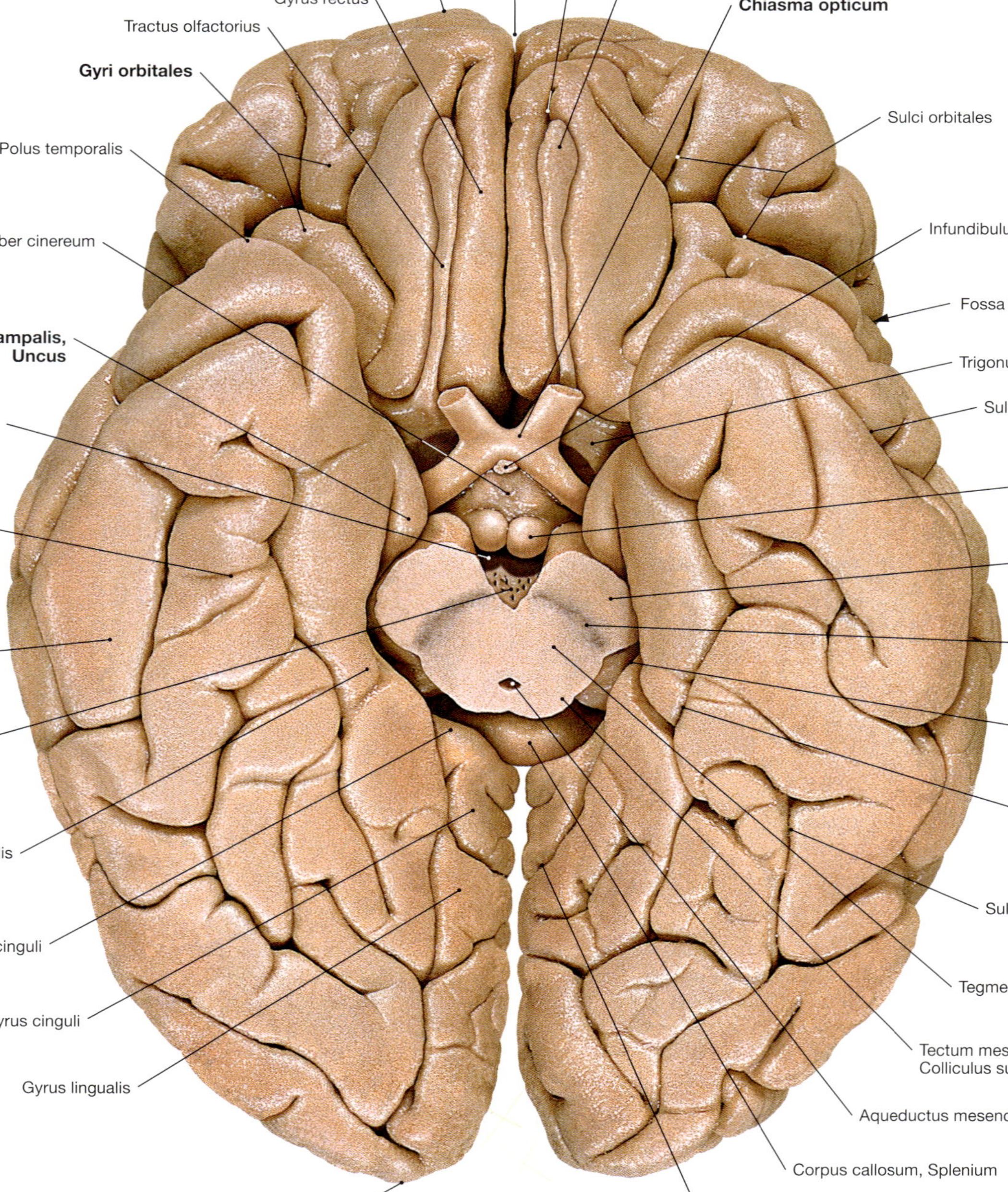

Abb. 12.37 Windungen, Gyri, und Furchen, Sulci, der Großhirnhemisphären; Ansicht von unten; nach Durchtrennung des Mittelhirns. Das Telencephalon nimmt den größten Teil der Hirnbasis ein. Hier befinden sich die Gyri orbitales mit den daraufliegenden Bulbi und Tractus olfactorii. Ferner sieht man das Chiasma opticum, den Gyrus parahippocampalis im Lobus temporalis mit seiner charakteristischen vorderen Abknickung, dem Uncus, die Gyri temporales und den Polus occipitalis. Im Mittelhirn grenzt sich deutlich die schwärzliche Substantia nigra ab.

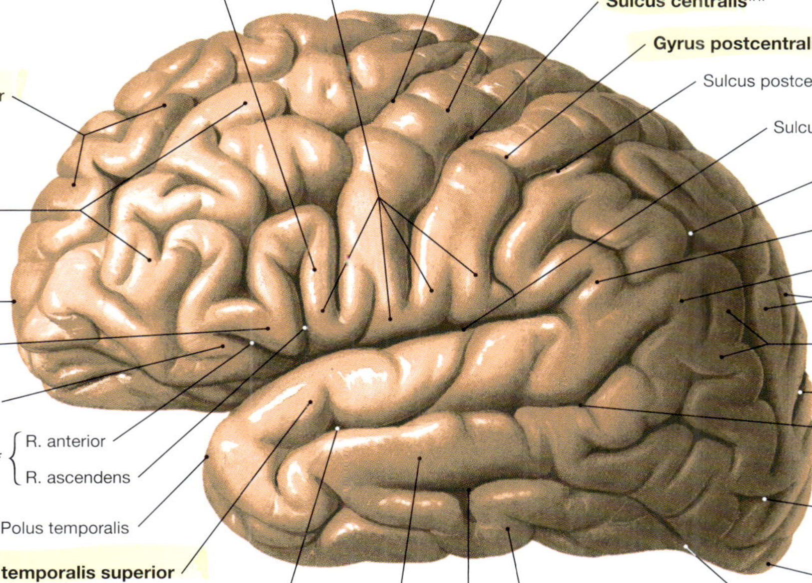

Abb. 12.38 Windungen, Gyri, und Furchen, Sulci, der Großhirnhemisphären; Ansicht von links.
Die bezeichneten Gyri und Sulci können zwar an jedem menschlichen Gehirn zugeordnet werden (z. B. Sulcus centralis, Sulcus lateralis oder Gyrus temporalis superior), dennoch besitzen nie zwei Gehirne, nicht einmal die beiden Hemisphären desselben Gehirns, ein und dasselbe Muster von Gyri und Sulci. Die Hirnoberfläche ist in ihrer individuellen Einzigartigkeit mit einem Fingerabdruck vergleichbar.

* SYLVIUS-Furche
** ROLANDO-Furche

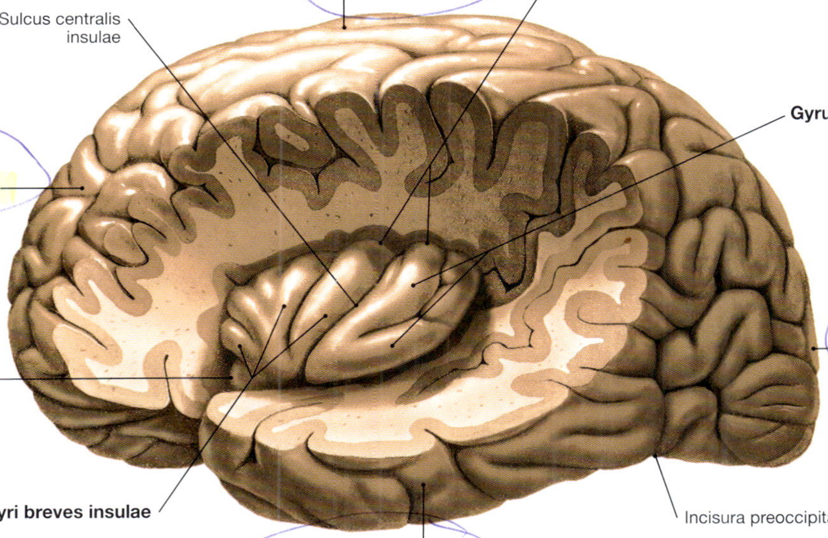

Abb. 12.39 Windungen, Gyri, und Furchen, Sulci, der Großhirnhemisphären; Ansicht von links; nach Abtragung der die Insel bedeckenden Anteile, von Stirn-, Scheitel- und Schläfenlappen.
Die Rindengebiete der Lobi frontalis, parietalis und temporalis, die den Sulcus lateralis umgeben und zur Darstellung der Insel entfernt wurden, werden als Opercula bezeichnet (→ Abb. 12.38). Die Insel dient der Verarbeitung olfaktorischer, gustatorischer und viszeraler Informationen. Sie wird meist als eigenständiger Lobus angesehen.

Endhirn, Hirnrinde

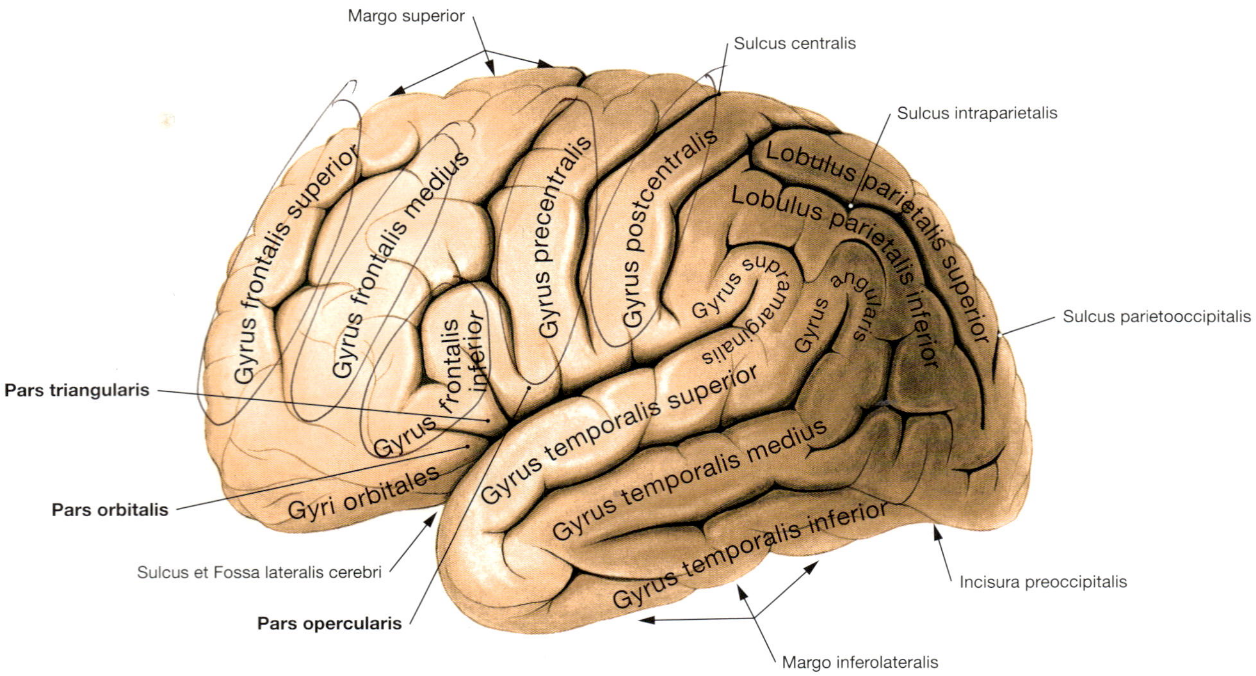

Abb. 12.40 Windungen, Gyri, der Großhirnhemisphären; Ansicht von links.

Der Gyrus frontalis inferior wird in eine Pars orbitalis, eine Pars triangularis und eine Pars opercularis unterteilt.

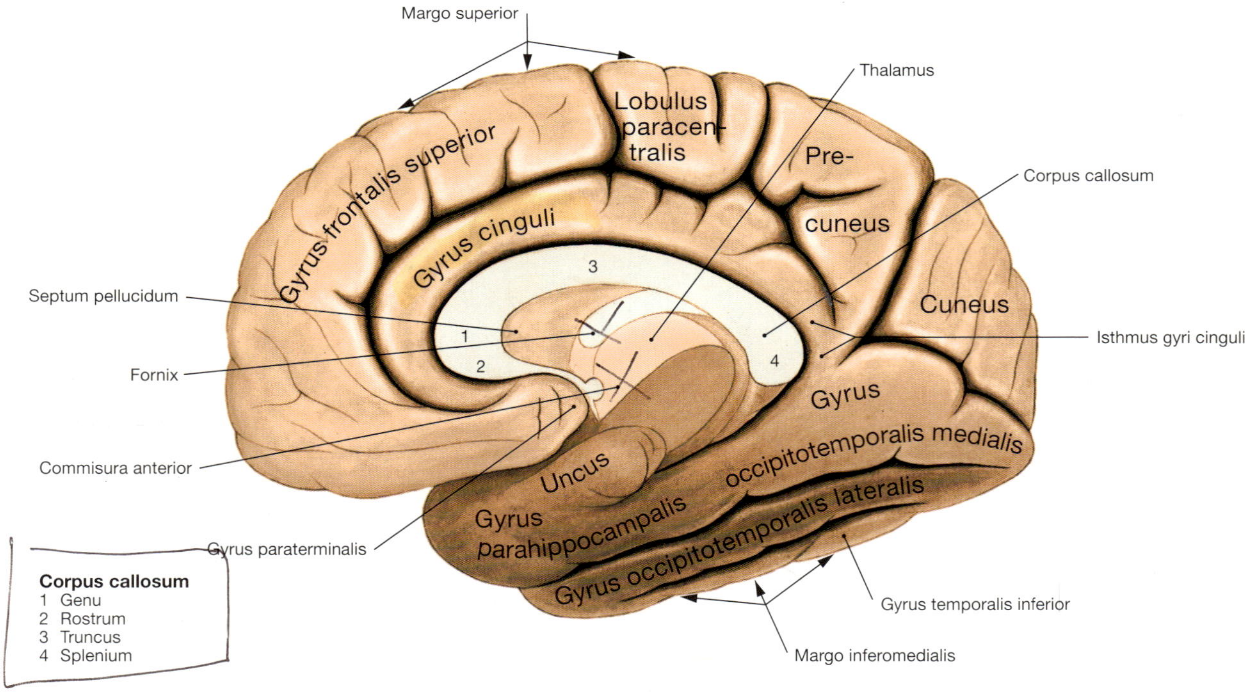

Abb. 12.41 Windungen, Gyri, der Großhirnhemisphären; Ansicht von medial.

Das Corpus callosum besteht aus Rostrum, Genu, Truncus und Splenium. Ferner sieht man den Fornix, die Commissura anterior, den Thalamus und das Septum pellucidum.

Endhirn, Rindenfelder

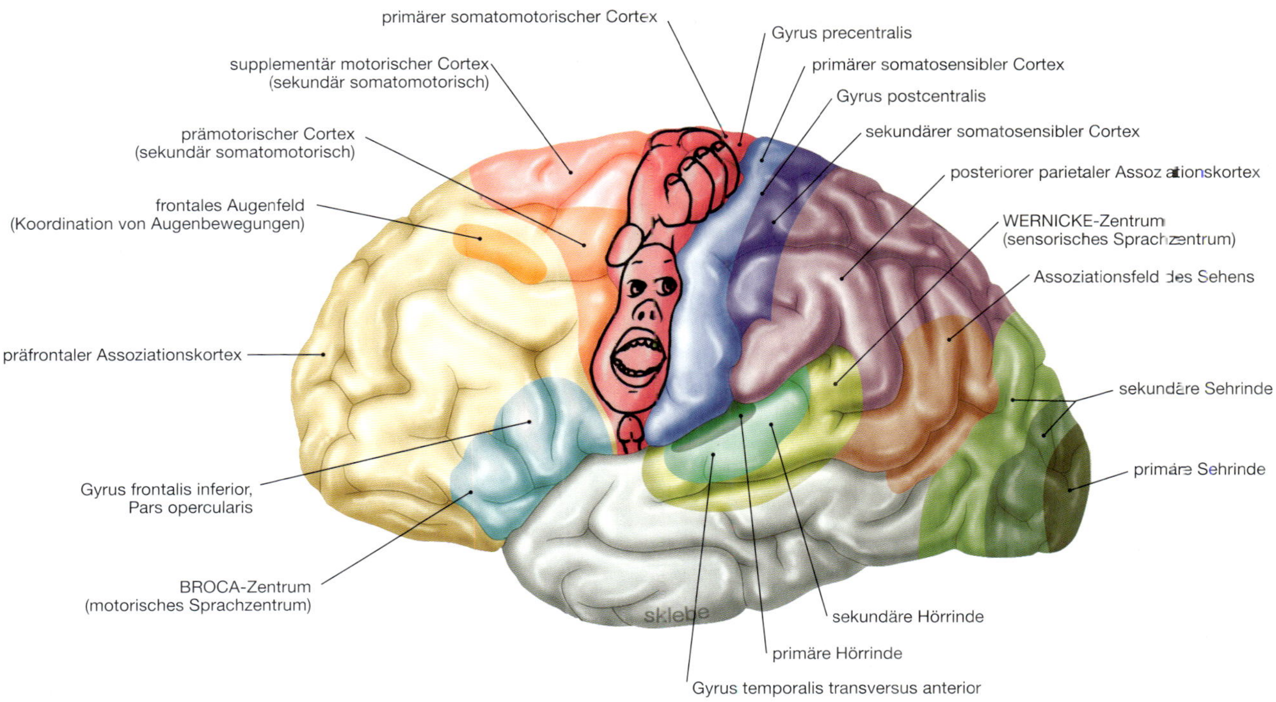

Abb. 12.42 Funktionelle Rindenfelder der Großhirnhemisphären; Ansicht von links.
Höhere kortikale Funktionen, wie Sprache sind an das Zusammenwirken zahlreicher verschiedener Kortexareale geknüpft. Es werden Primärfelder (z. B. Gyrus precentralis, primärer somatomotorischer Cortex) von Sekundär- und Assoziationsfeldern (z. B. prämotorischer Cortex, supplementär motorischer Cortex) unterschieden. **Primär-** und **Sekundärfelder** stehen im Dienst jeweils einer bestimmten Sinnesinformation (z. B. der visuelle Cortex im Okzipitallappen für die Wahrnehmung und Interpretation visueller Impulse), **Assoziationsfelder** (z. B. präfrontaler Assoziationskortex) nehmen den größten Teil des Cortex ein und dienen der Integration unterschiedlicher komplexer Informationen.
Die eingezeichnete Figur (Homunkulus) spiegelt die somatotopische Gliederung im primären somatomotorischen Cortex grob wider. Primäre und sekundäre Hörrinde sowie das WERNICKE-Zentrum erstrecken sich über die Oberkante des Temporallappens hinweg auf dessen Innenfläche.

→ T 59

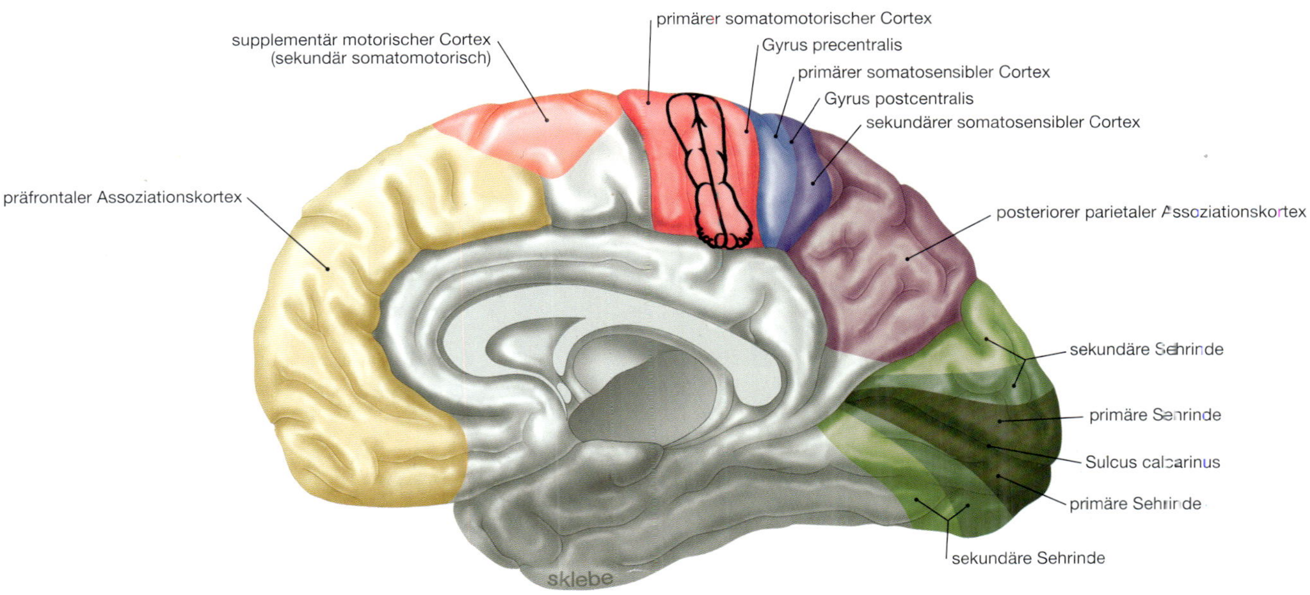

Abb. 12.43 Funktionelle Rindenfelder der Großhirnhemisphären; Ansicht von medial.
Die eingezeichnete Figur (Homunkulus) in dieser Abbildung und in → Abbildung 12.42 spiegelt die somatotopische Gliederung grob wider.

→ T 59

Endhirn, Fornix

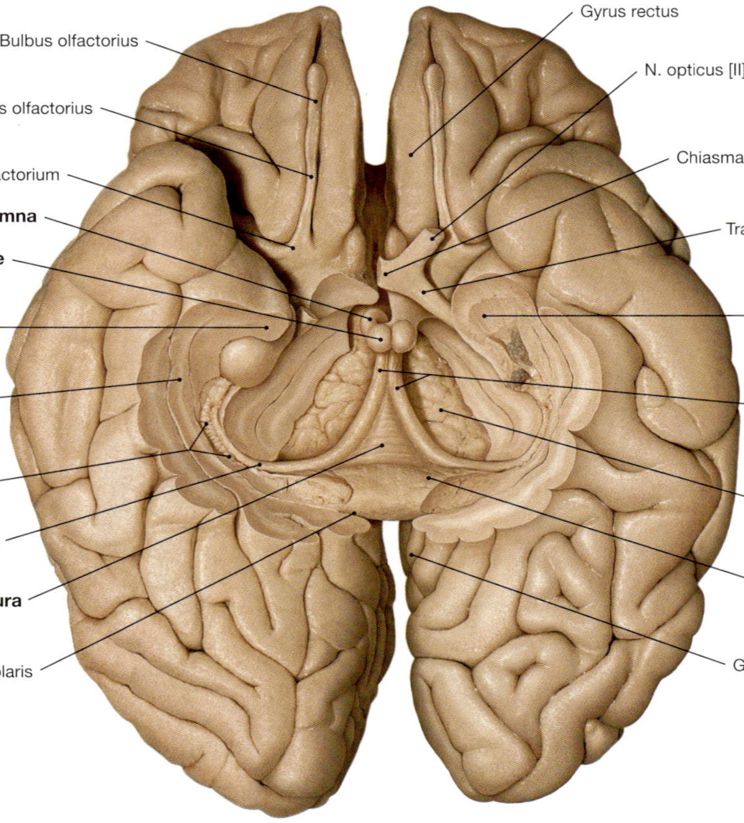

Abb. 12.44 Gewölbe, Fornix; Ansicht von unten; nach Abtragung der basalen Gehirnanteile.
Der Fornix ist eine paarige Struktur, die sich aus Crus, Commissura, Corpus und Columna zusammensetzt. Er nimmt seinen Ursprung vom Hippocampus und vom Subiculum im Temporallappen und zieht bogenförmig über den dritten Ventrikel zum Corpus mamillare. Vor Erreichen der Corpora mamillaria verbinden sich die beiden Fornices (Commissura fornicis). An dieser Stelle findet ein **Faseraustausch** zwischen den beiden Seiten statt.

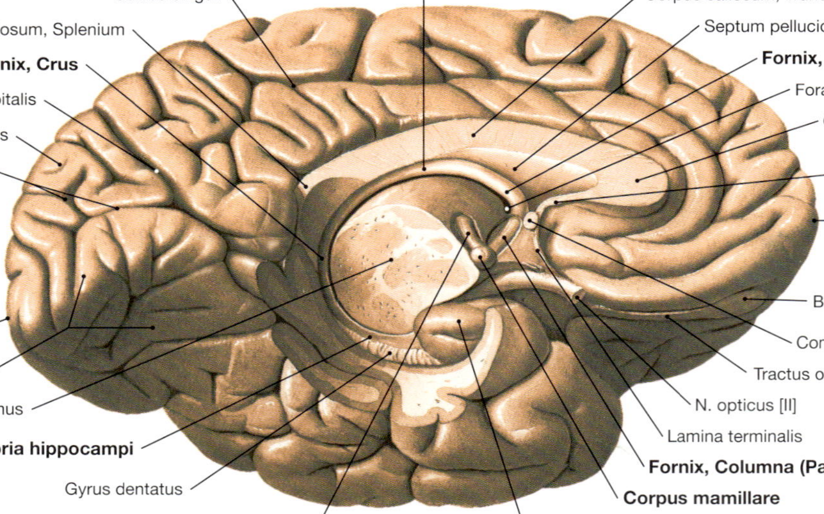

Abb. 12.45 Gewölbe, Fornix; Ansicht von medial unten.
Der Fornix ist eine wichtige Bahn des limbischen Systems. **Faserverbindungen** bestehen zu den vorderen Hypothalamuskernen, dem Thalamus und den Habenulae. Die Abbildung zeigt die topographischen Beziehungen des Fornix.

Klinik

Die Corpora mamillaria gehören wie der Fornix und der Hippocampus zum limbischen System. Sie spielen vermutlich bei Gedächtnisleistungen eine Rolle. Genaueres ist allerdings nicht bekannt. Chronischer Alkoholabusus kann zur Zerstörung der Corpora mamillaria mit schwersten Gedächtnisstörungen, Desorientierung und Konfabulationen (nur in der Phantasie existierend) führen **(KORSAKOW-Syndrom).** Die Patienten versuchen, Gedächtnislücken durch „Hinzudichten" zu überbrücken.

Endhirn, Fornix und vordere Kommissur

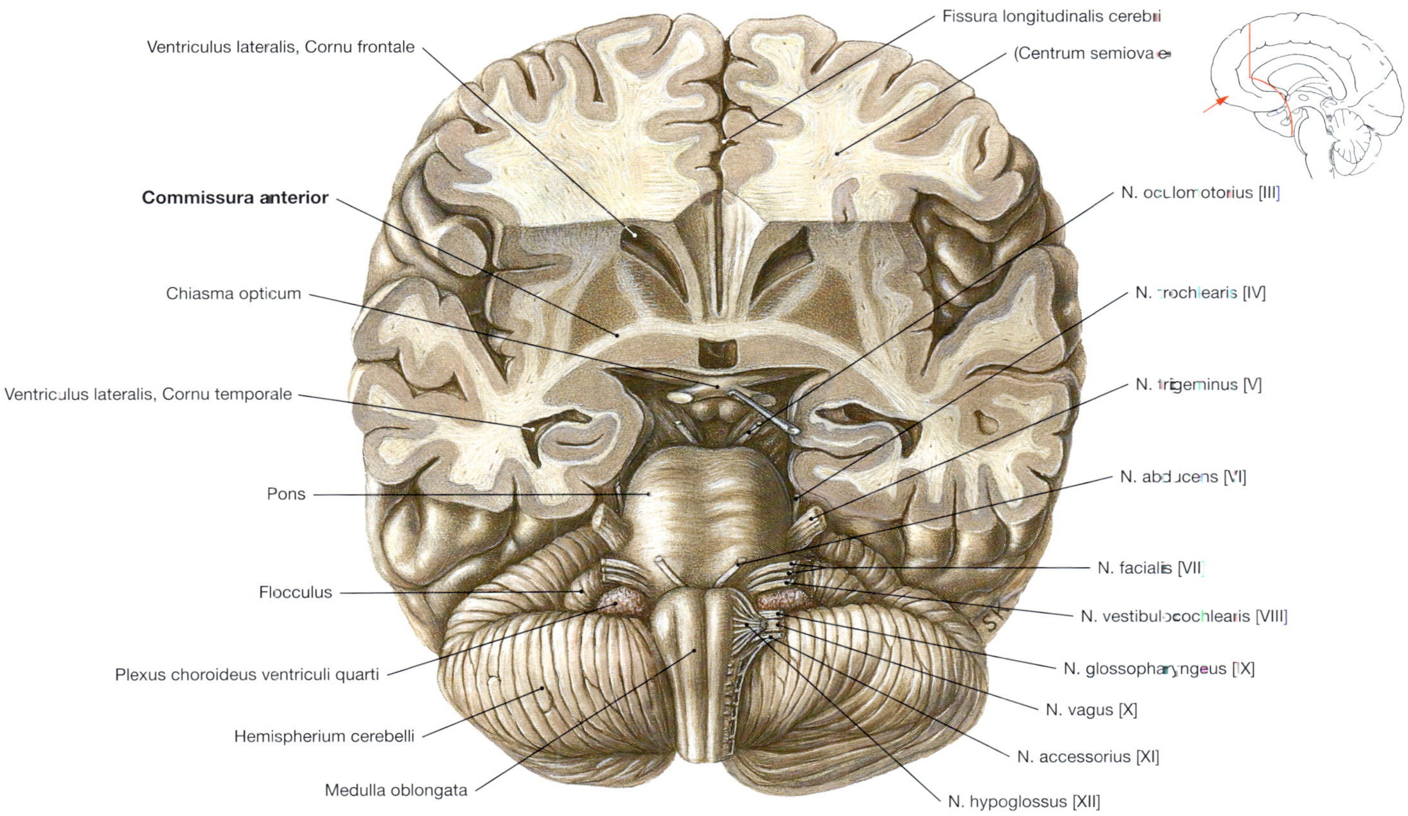

Abb. 12.46 Vordere Kommissur, Commissura anterior, und Hirnstamm, Truncus encephali; Ansicht von unten; nach teilweiser Abtragung der basalen Teile des Großhirns.

Die Commissura anterior setzt sich aus Kommissurenfasern zusammen. Sie stellt das Kommissurensystem des Paläocortex dar und liegt in der Vorderwand des dritten Ventrikels. Der rostrale Anteil ist nur schwach ausgebildet. Er dient der Verbindung der beiden Tractus olfactorii und der Riechrinden beider Seiten. Der dorsale und wesentlich ausgeprägtere Teil dient dem Faseraustausch zwischen den vorderen Anteilen der Temporallappen (besonders Cortex und Corpora amygdaloidea).

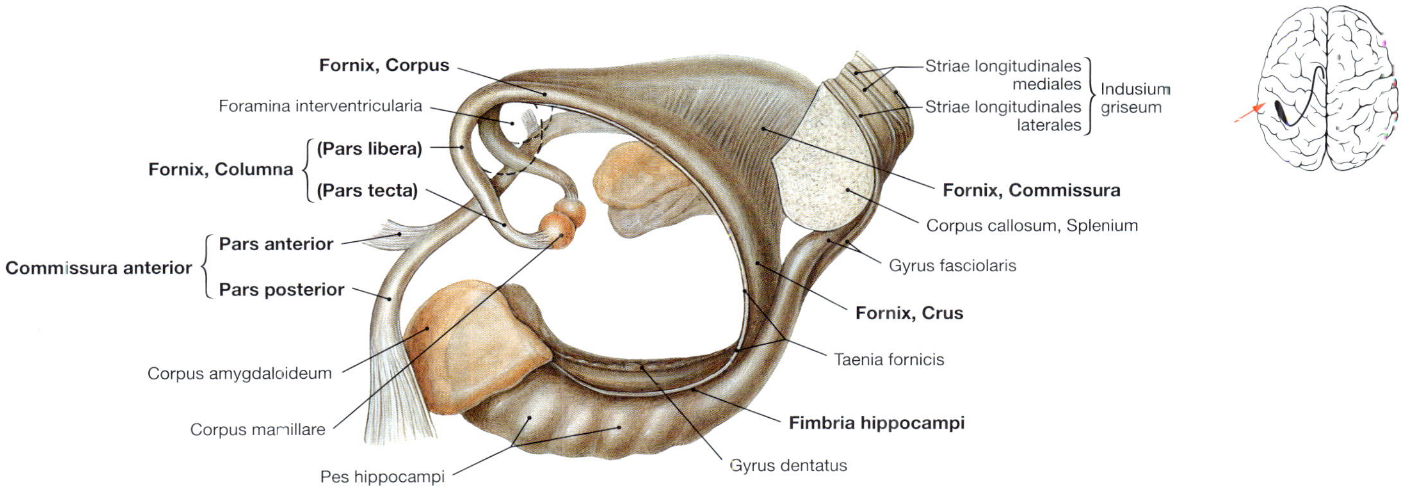

Abb. 12.47 Vordere Kommissur, Commissura anterior, Gewölbe, Fornix, und Hippocampusformation, Indusium griseum; Ansicht von links.

Die dargestellten Strukturen gehören zum **limbischen System,** einem funktionellen Konzept, an dem zahlreiche Hirnstrukturen aus Tel-, Di- und Mesencephalon beteiligt sind. Die wichtigsten Strukturen sind die Hippocampi, die Corpora amygdaloidea, die Gyri cinguli und die Nuclei septales. Das limbische System steuert Funktionen wie Antrieb, Lernen, Gedächtnis, Emotionen, aber auch vegetative Regulationen der Nahrungsaufnahme, Verdauung und Fortpflanzung.

Die **Commissura anterior** ist ein Fasersystem (Kommissurenfasern), das aus einer Pars anterior und einer Pars posterior besteht. Die Pars anterior verbindet die Tractus olfactorii und die Riechrinden beider Seiten. Die Pars posterior verbindet die vorderen Anteile der Temporallappen (besonders Cortex und Corpora amygdaloidea). Das Corpus amygdaloideum steht mit dem Hippocampus in Kontakt.

Vom **Hippocampus** sieht man die Digitationes hippocampi des Pes hippocampi und die Fimbria hippocampi, die in das Crus des Fornix übergehen. Im Bereich der Columna findet ein Faseraustausch zwischen beiden Seiten statt. Rostral setzt sich der Fornix über die Corpora in die Columnae fort, die jeweils aus einer Pars libera und einer Pars tecta bestehen. Die Pars tecta hat Verbindung zum Corpus mamillare.

Endhirn, Endhirnkerne

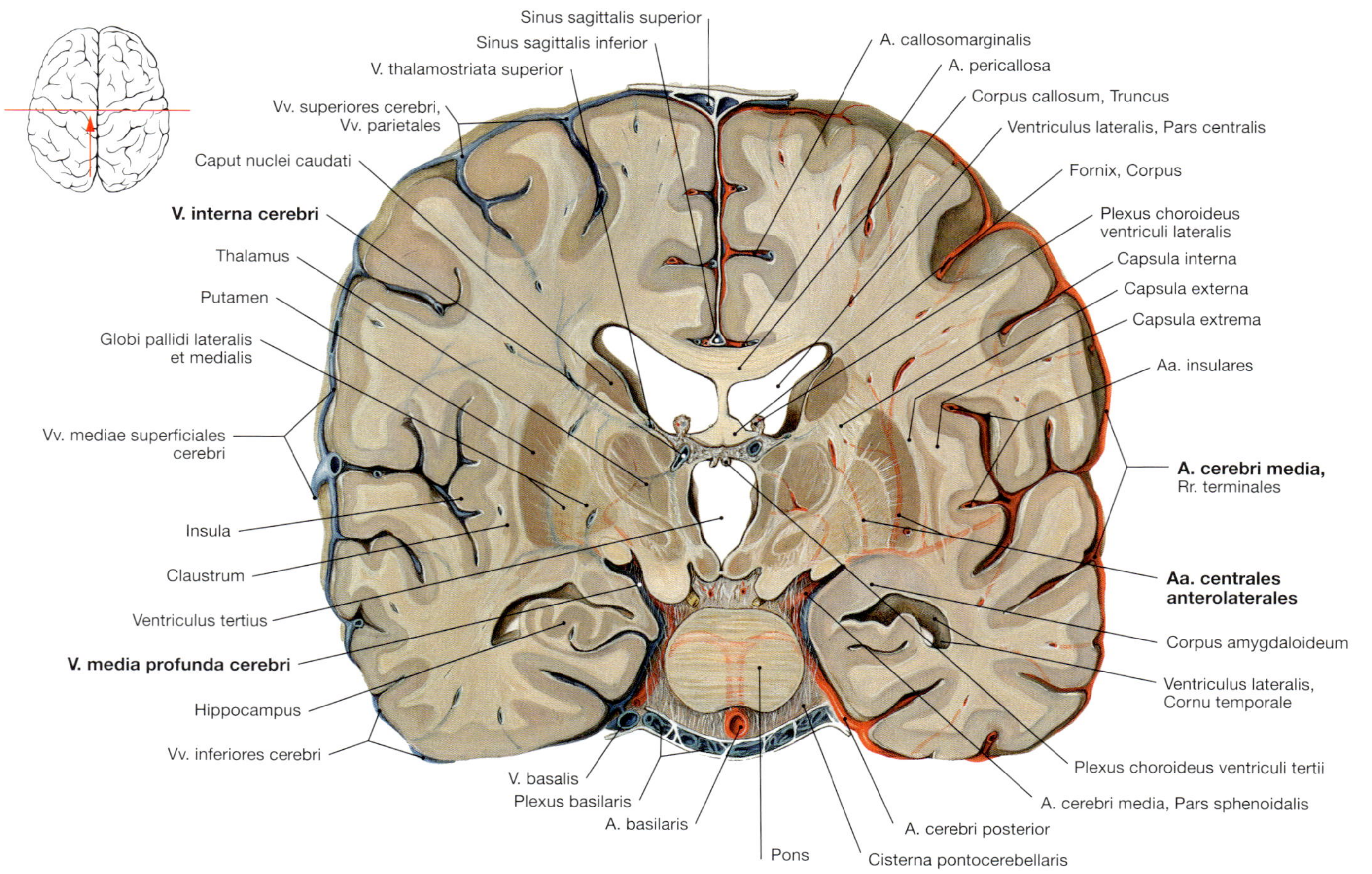

Abb. 12.48 Gefäßversorgung der Endhirnkerne; Frontalschnitt; Ansicht von hinten; rechts Arterien, links Venen dargestellt.
Die zentralen Kerngebiete werden von Ästen der A. cerebri media mit Blut versorgt. Sie gibt auf ihrem Weg zur Fossa lateralis die Aa. centrales anterolaterales (Aa. thalamostriatae anterolaterales, Aa. lenticulostriatae) zu den Basalganglien und zur Capsula interna ab. Der venöse Abfluss erfolgt in die V. media profunda cerebri und die V. interna cerebri.

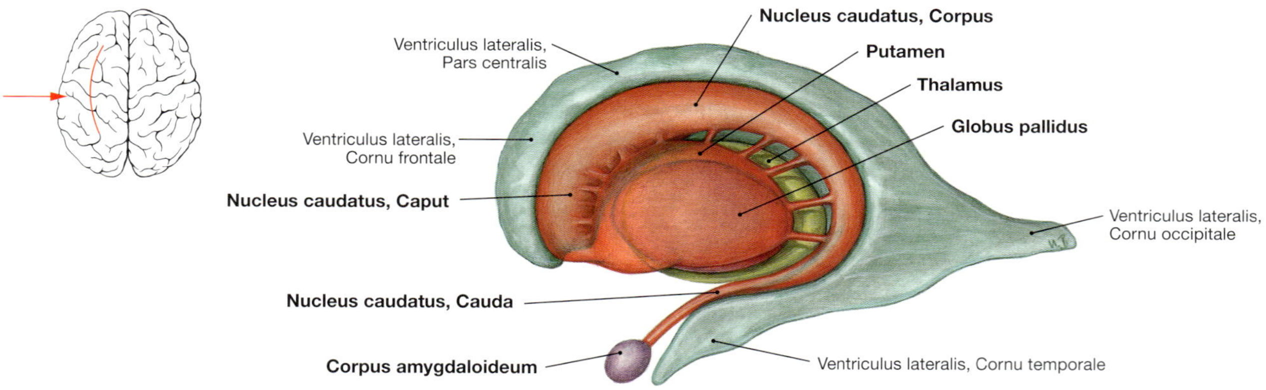

Abb. 12.49 Endhirnkerne und Thalamus; Ansicht von links.
Die Abbildung zeigt die Beziehung von Ventriculus lateralis, Nucleus caudatus, Corpus amygdaloideum, Putamen, Globus pallidus und Thalamus. Viele der Endhirnkerne werden unter dem Sammelbegriff **Basalganglien** zusammengefasst. Hierzu gehören das dargestellte Striatum (Nucleus caudatus und Putamen) und der Globus pallidus sowie der nicht dargestellte Nucleus subthalamicus und die Substantia nigra im Mesencephalon.

Die Basalganglien sind über die Einbindung in verschiedene kortikale Rückkoppelungsschleifen (Cortex – Basalganglien – Thalamus – Cortex) an der **Erstellung von Bewegungsprogrammen** beteiligt. Ihre Hauptaufgabe ist dabei die Modulation von Bewegungen (Kraft, Richtung, Auslenkung). Die in den Basalganglien eintreffenden Impulse werden in einem direkt motorikfördernden Weg und in einem indirekt motorikhemmenden Weg verarbeitet.

Klinik

Da die **Aa. centrales anterolaterales** nahezu rechtwinkelig aus der A. cerebri media abgehen, kommt es hier besonders leicht zu Strömungsturbulenzen und sekundär zur Ausbildung arteriosklerotischer Veränderungen. Bei Menschen mit Bluthochdruck (Hypertonie) sind **Verschlüsse** an diesen Gefäßabgängen daher häufig. Gefäßverschlüsse führen ebenso wie **Blutungen** aus diesen Gefäßen zu einem Gewebeuntergang im Bereich der Endhirnkerne (Basalganglien) und der Capsula interna mit resultierender Hemiplegie (kontralaterale Halbseitenlähmung). **Schädigungen der Endhirnkerne** führen je nach Lokalisation zu schweren hyper- oder hypokinetischen Bewegungsstörungen (Dystonien).

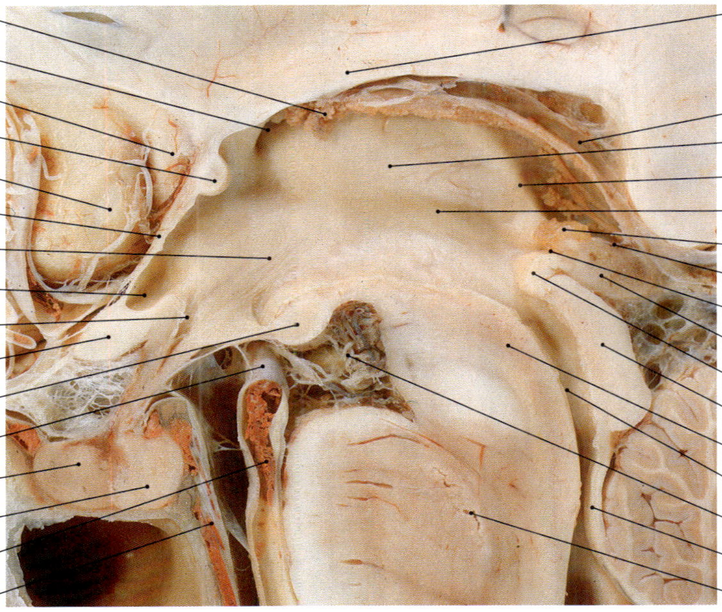

Abb. 12.50 Dritter Ventrikel, Ventriculus tertius, und Zwischenhirn, Diencephalon; Medianschnitt.
Das Diencephalon gehört entwicklungsgeschichtlich zum Prosencephalon und liegt zwischen Tel- und Mesencephalon. Es umschließt den dritten Ventrikel und gliedert sich in Epithalamus, Thalamus (dorsalis), Hypothalamus und Subthalamus (Thalamus ventralis). Rostral wird das Zwischenhirn von der Commissura anterior und der Lamina terminalis begrenzt (Commissura anterior bis Chiasma opticum). Die untere Grenze bilden die Commissura posterior, die Commissura habenularum und die Zirbeldrüse (Glandula pinealis).

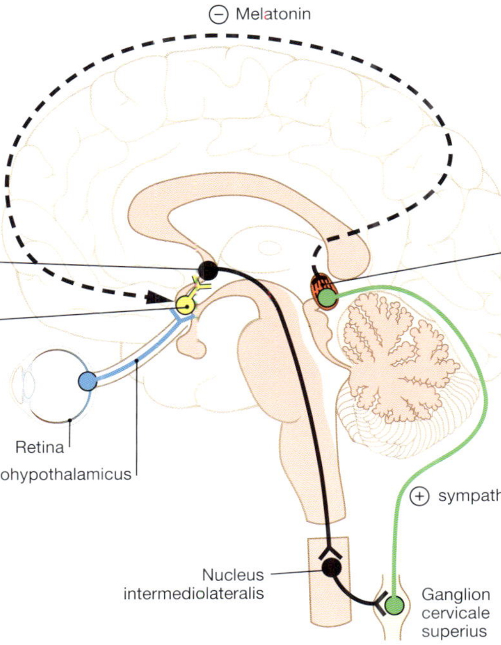

Abb. 12.51 Schaltkreis zur Steuerung der Zirbeldrüse, Glandula pinealis; schematischer Medianschnitt. (nach [2])
Der Epithalamus umfasst die Striae medullares thalami, die Habenulae, die Nuclei habenulares, die Commissura habenularum, die Commissura posterior (epithalamica), die Area pretectalis und die Glandula pinealis. Die Glandula pinealis synthetisiert mit organtypischen Pinealozyten lichtabhängig **Melatonin,** das den zirkadianen Rhythmus über die Wirkung auf andere endokrine Organe reguliert. Außerdem wirkt Melatonin rückkoppelnd auf den Nucleus suprachiasmaticus bei dessen Synchronisation endogener Rhythmen mit Rhythmen der Umwelt.
Der **Schaltkreis** beginnt an den Photorezeptoren der Retina, die Signale zum Nucleus suprachiasmaticus im Hypothalamus (Tractus retinohypothalamicus) leiten. Von dort gelangt die Information über den Nucleus paraventricularis des Hypothalamus zum Ganglion cervicale superius des Sympathicus und von hier zu den Pinealozyten der Glandula pinealis. Melatonin wird vermehrt bei Dunkelheit gebildet.

Zwischenhirn, Thalamus

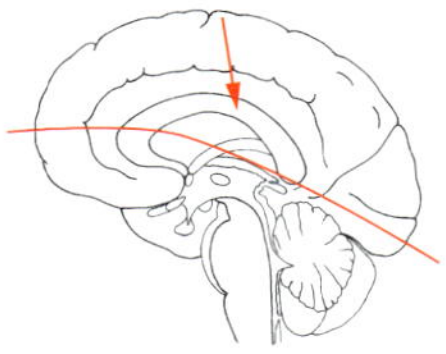

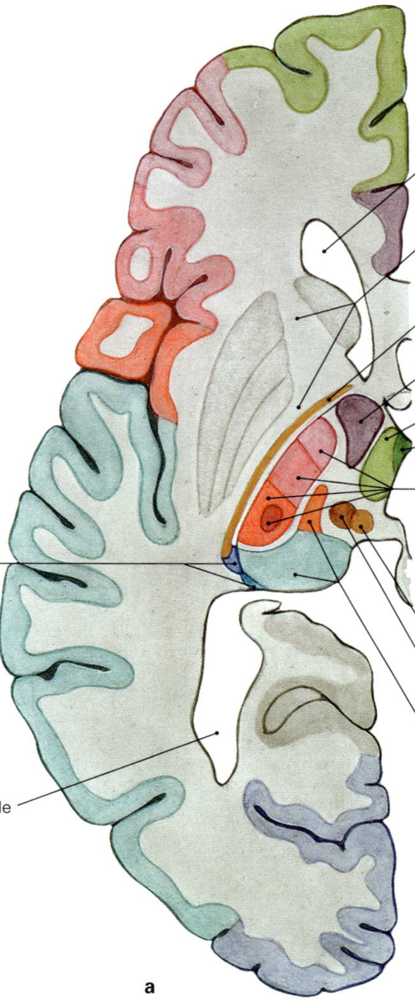

a

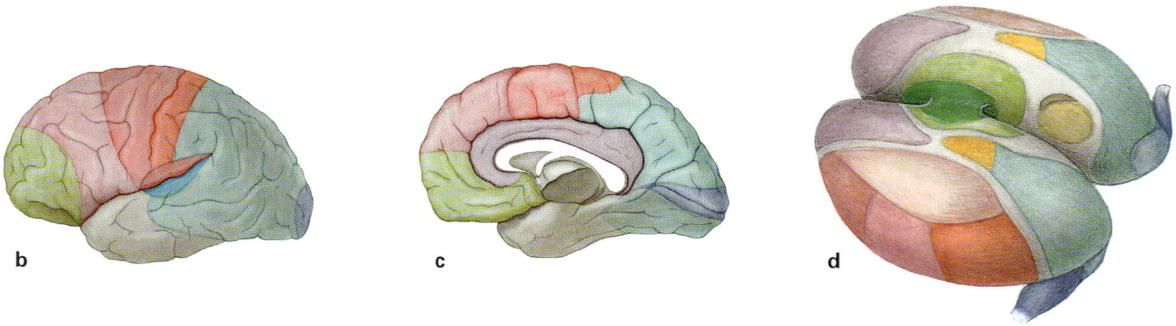
b c d

Abb. 12.52a bis d Kerne und Rindenprojektion des Thalamus. Die zusammengehörigen Kern- und Rindengebiete sind jeweils durch dieselben Farben gekennzeichnet.

- **a** Horizontalschnitt durch die linke Großhirnhemisphäre
- **b** linke Großhirnhemisphäre von links
- **c** rechte Großhirnhemisphäre von medial
- **d** Aufsicht auf die beiden Thalami von schräg oben

Der Thalamus wird auch als **„Tor zum Bewusstsein"** bezeichnet. Im Thalamus gehen sämtliche sensiblen Impulse aus dem Körper ein, werden hier umgeschaltet (Ausnahme: Riechen), integriert und an den Cortex weitergeleitet. Darüber hinaus beteiligt sich der Thalamus an vegetativen und motorischen Vorgängen. Er wird in diverse spezifische und unspezifische Kerngruppen gegliedert (mehr als 100 Kerngebiete, zu denen auch die Corpora geniculata laterale und mediale [s. Seh- und Hörbahn; → Abb. 12.59] gehören). Die **spezifischen Kerne** (Palliothalamus) steuern definierte Kortexareale an (primäre Projektionsfelder und Assoziationsfelder); die **unspezifischen Kerne** (Truncothalamus) projizieren zum Hirnstamm und einigen eher diffusen Kortexarealen.

→ T 60

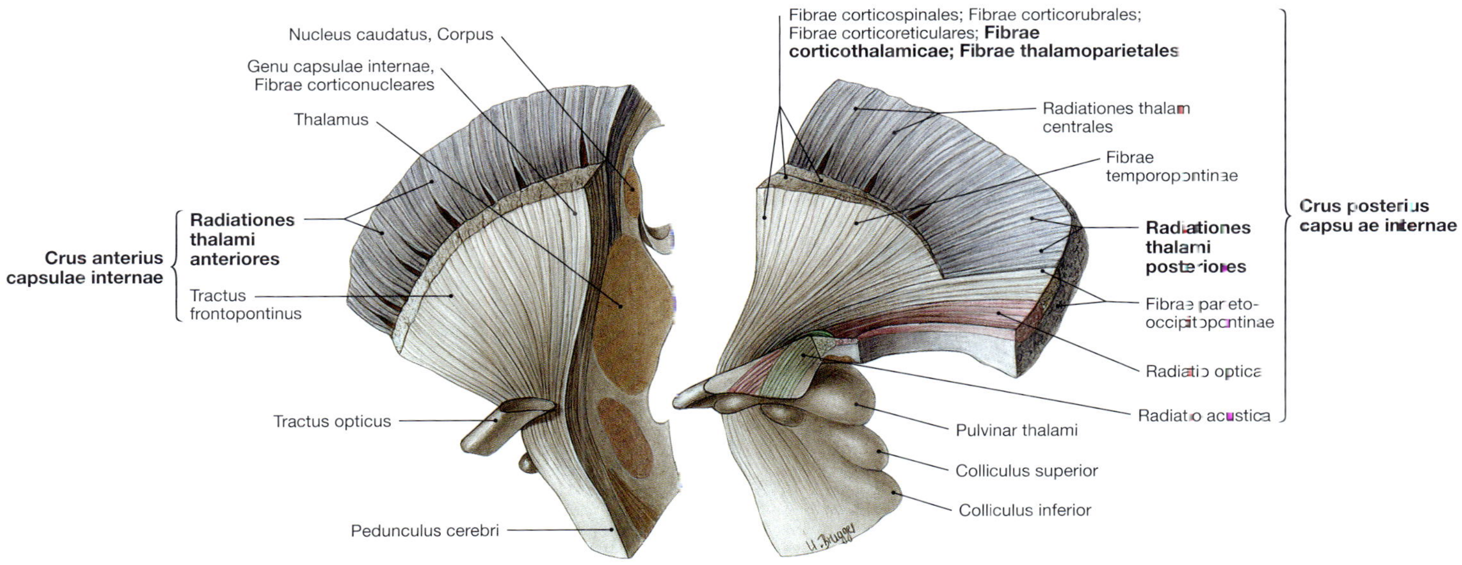

Abb. 12.53 Thalamusstrahlung, Radiationes thalami, und innere Kapsel, Capsula interna; Ansicht von links; durch einen Frontalschnitt in zwei Anteile getrennt.
Die Thalamuskerne projizieren größtenteils zum Cortex. Ihre Bahnen bilden Teile des Crus anterius und des Crus posterius der Capsula interna.

Zu den Bahnen gehören die Radiationes thalami anteriores und posteriores. Weitere Bahnen sind die Fibrae corticothalamicae und die Fibrae thalamoparietales.

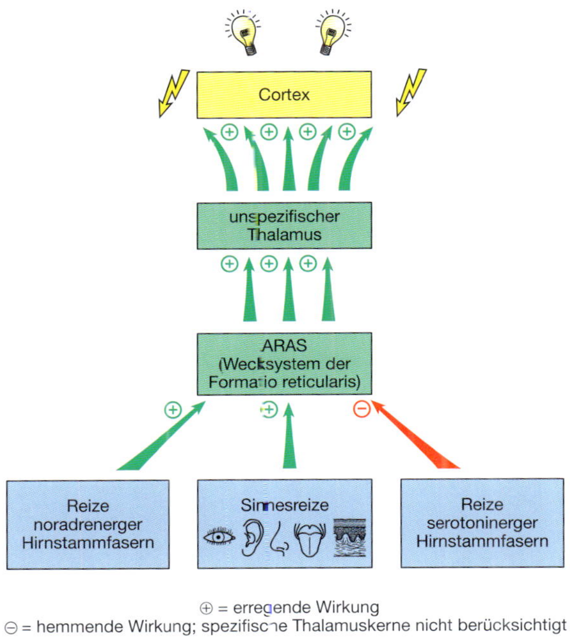

Abb. 12.54 Aufsteigendes retikuläres Aktivierungssystem (ARAS); spezifische Thalamuskerne sind nicht berücksichtigt. [23]
Zu den unspezifischen Kerngruppen des Thalamus gehören die **Nuclei mediani** und die **intralaminäre Kerngruppe,** deren größter Kern der Nucleus centromedianus ist. Entsprechend den diffusen Verbindungen zum Cortex ist die intralaminäre Kerngruppe an der unspezifischen, gesamtheitlichen Erregung des Cortex beteiligt. Dabei wird der Körper in einen hellwachen, aktivitätsbereiten Zustand versetzt. Das Aufwecken erfolgt über Befehle, die die intralaminären Kerne aus dem ARAS der Formatio reticularis erhalten. Diese aktivieren anschließend über die unspezifischen Verbindungen die gesamte Großhirnrinde.

Klinik

Schädigungen im Bereich der unspezifischen Thalamuskerne, z. B. im Rahmen von Durchblutungsstörungen, führen zu einer Herabsetzung des Bewusstseins mit gestörter Aufmerksamkeit. Sind die **spezifischen Thalamuskerne** geschädigt, leidet der Patient je nach Lokalisation an Sensibilitätsstörungen (Nucleus ventralis posterolateralis), Hemianopsie, Schmerzen (Thalamusschmerz), motorischen Störungen, wie Paresen, Ataxien (Nucleus anterior ventrolateralis), sowie an Persönlichkeitsveränderungen.

Zwischenhirn, Hypothalamus und Hypophyse

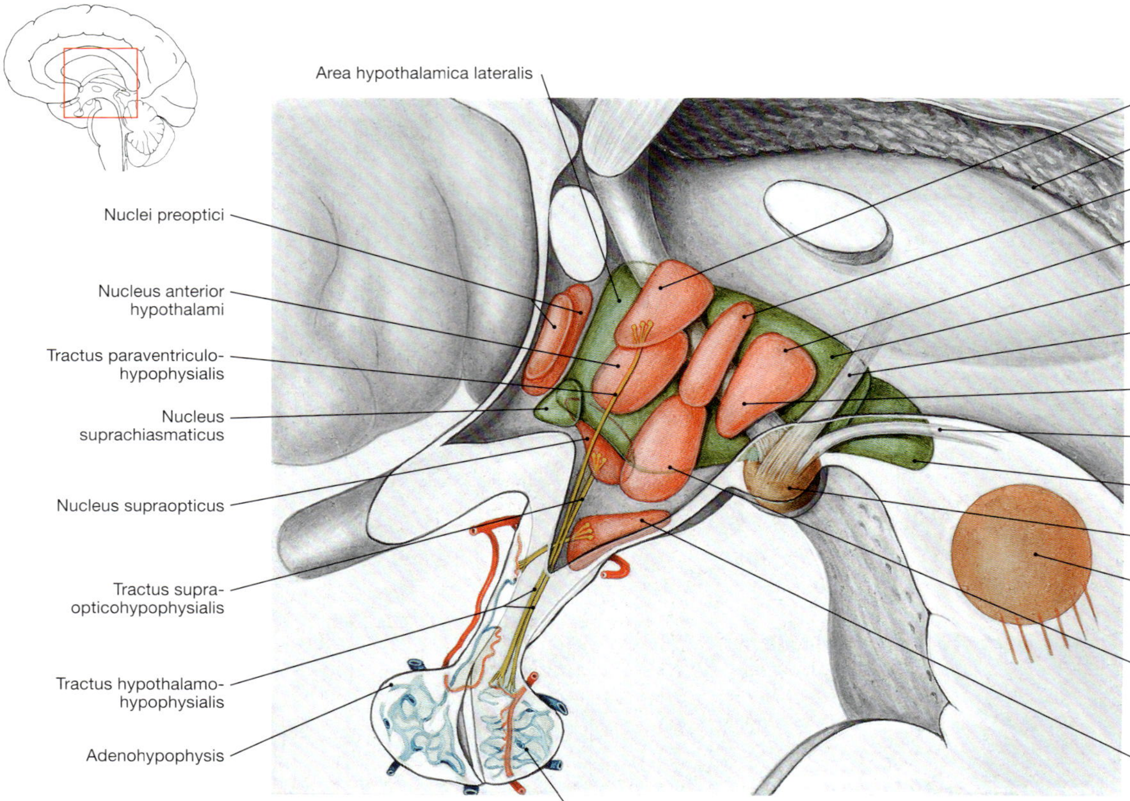

Abb. 12.55 Hypothalamus; Ansicht von medial; Übersicht, Kerngebiete durchscheinend gezeichnet.
Der Hypothalamus bildet den Boden des Diencephalons und ist ein übergeordnetes Steuerzentrum des vegetativen Nervensystems.
Der Hypothalamus besitzt zahlreiche Kerngebiete, die nach ihrer Lage in vordere, mittlere und hintere Kerngruppen gegliedert werden:

- Die **vordere Kerngruppe** umfasst den Nucleus suprachiasmaticus (zentraler Schrittmacher des zirkadianen Rhythmus, Schlaf-wach-Zyklus, Körpertemperatur, Blutdruck), die Nuclei paraventricularis und supraopticus (Produktion von antidiuretischem Hormon [ADH] und Oxytocin und axonaler Transport [Tractus hypothalamohypophysialis] in die Neurohypophyse) und die Nuclei preoptici (Beteiligung an der Regulation von Blutdruck, Körpertemperatur, Sexualverhalten, Menstruationszyklus, Gonadotropin).
- Zur **mittleren Kerngruppe** gehören die Nuclei tuberales, dorsomedialis, ventromedialis und arcuatus [infundibularis = semilunaris] (Produktion und Sekretion von Releasing- und Release-inhibiting-Hormonen, Beteiligung am Regelkreis von Wasser- und Nahrungsaufnahme).
- Zur **hinteren Kerngruppe** gehören die Nuclei corporis mamillaris in den Corpora mamillaria, die durch Afferenzen aus dem Fornix und Efferenzen zum Thalamus (Fasciculus mamillothalamicus) in das limbische System integriert sind. Sie beeinflussen Sexualfunktionen und spielen für Gedächtnisleistungen und Emotionen eine wichtige Rolle. Über den Fasciculus mamillotegmentalis stehen sie mit dem Tegmentum mesencephali in Verbindung.

Der Hypothalamus setzt sich nach unten über das Infundibulum in die Hypophyse fort, die aus Neuro- und Adenohypophyse besteht.

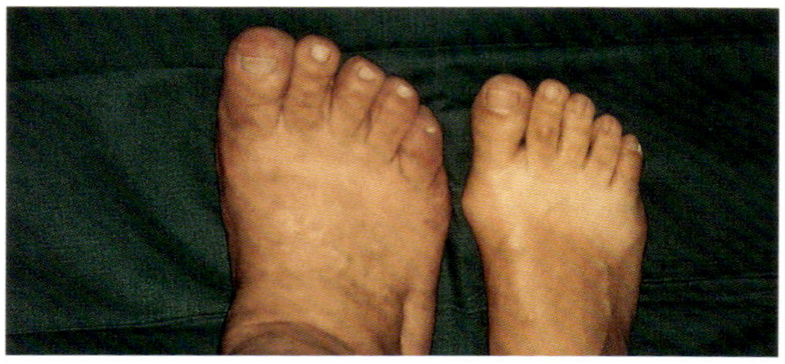

Abb. 12.56 Fuß einer an Akromegalie erkrankten Patientin (links) im Vergleich zum Fuß einer gesunden Person mit gleicher Körpergröße. [7]
Die Erkrankung basiert auf einer Überproduktion des Wachstumshormons Somatotropin (STH) im Hypophysenvorderlappen. Ursächlich ist meist ein gutartiger Tumor im Vorderlappen der zum Diencephalon gehörenden Hypophyse.

Klinik

Schädigungen des Nucleus paraventricularis und besonders des Nucleus supraopticus führen zu einem Mangel an **ADH.** Die dadurch bedingte fehlende Wasserrückresorption in den Sammelrohren führt zum **Diabetes insipidus.** Dabei scheidet der Patient bis zu 20 l Urin täglich aus.
Unter einer **Akromegalie** versteht man die ausgeprägte Vergrößerung von Körpergliedern oder vorspringenden Strukturen des Körpers (Akren), wie Hände, Füße (→ Abb. 12.56), Kinn, Unterkiefer, Ohren, Nase, Augenbrauenwülste oder Geschlechtsteile. Ursächlich ist eine Überproduktion des Wachstumshormons **STH** im Hypophysenvorderlappen meist durch einen gutartigen, seltener durch einen bösartigen Tumor. Kommt es noch vor Abschluss des Längenwachstums zur Ausbildung eines STH-produzierenden Tumors im Hypophysenvorderlappen, resultiert ein **Gigantismus** (hypophysärer Riesenwuchs). Nach Verschluss der Epiphysenfugen kommt es lediglich zur Vergrößerung der Akren.

Mittelhirn

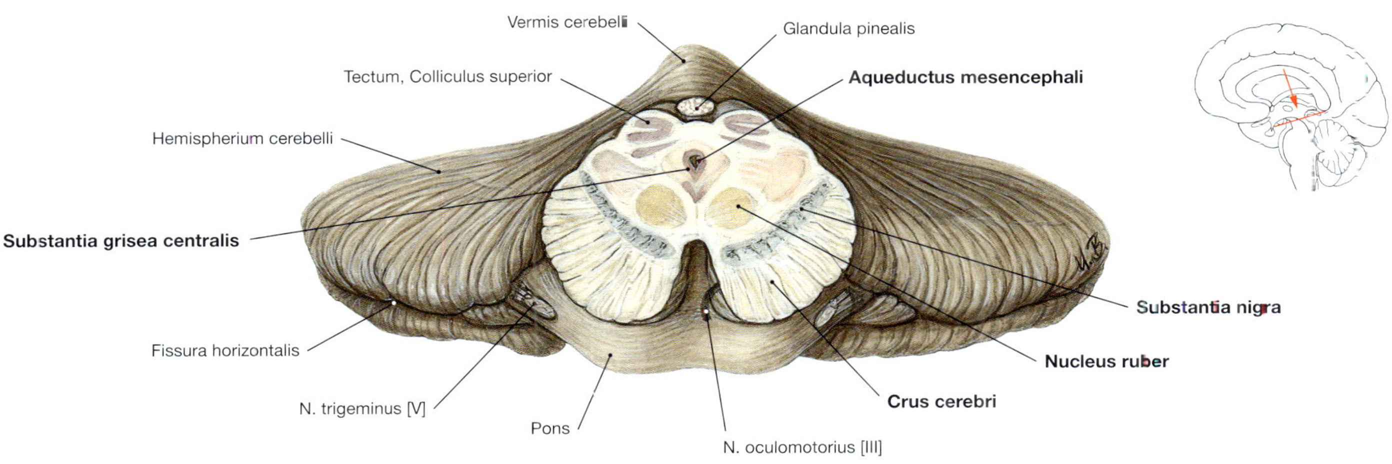

Abb. 12.57 Mittelhirn, Mesencephalon; Querschnitt auf Höhe der Colliculi superiores; Ansicht von vorne.

Das Mittelhirn gliedert sich in Basis, Tegmentum und Tectum. Tegmentum und Basis werden als Pedunculus cerebri zusammengefasst. Die **Basis** umfasst die Hirnschenkel (Crura cerebri) in denen verschiedene Bahnen (z. B. Fibrae corticonucleares) verlaufen.

Zum **Tegmentum mesencephali** gehören die Substantia grisea centralis, die den Aqueductus mesencephali umgibt (Beteiligung an zentraler Schmerzunterdrückung, Vermittlung von Angst- und Fluchtreflexen, Regulation vegetativer Vorgänge) und die Substantia nigra, die zu den Basalganglien gehört. Ferner gehört der Nucleus ruber zum Tegmentum mesencephali, der eine wichtige Station des motorischen Systems ist, sowie mesenzephale Anteile der Formatio reticularis, die Kerne der Hirnnerven III und IV sowie auf- und absteigende Bahnen.

Das **Tectum mesencephali** (Lamina tecti [Lamina quadrigemina]) umfasst die Colliculi superiores und inferiores, die wichtige Schaltstationen für optische Reflexe (Colliculi superiores) und die Hörbahn (Colliculi inferiores) sind.

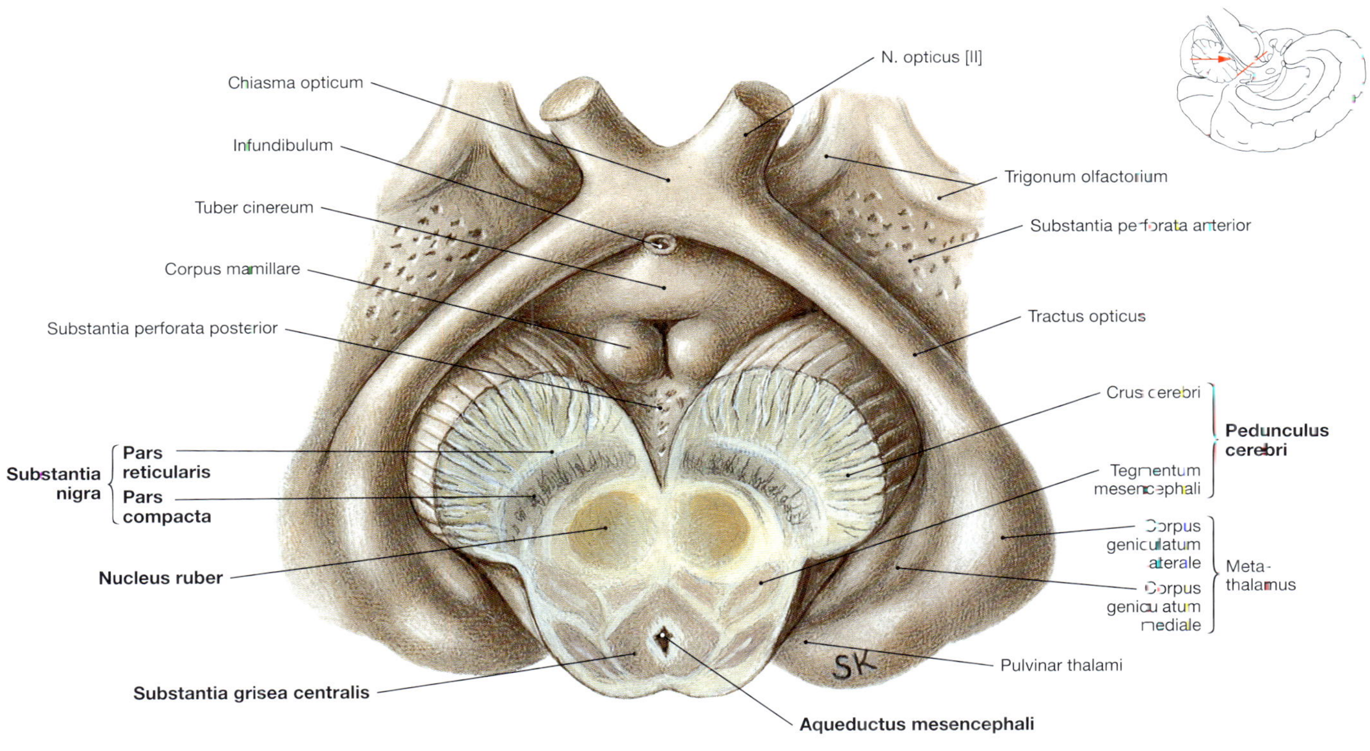

Abb. 12.58 Mittelhirn, Mesencephalon, und Zwischenhirn, Diencephalon; Ansicht von unten; Mittelhirn durchtrennt.

Die Abbildung zeigt die Aufteilung des Mesencephalon in Basis, Tegmentum und Tectum. Deutlich grenzen sich Substantia nigra und Nucleus ruber sowie der Aqueductus mesencephali mit der umgebenden Substantia grisea centralis ab. Die Substantia nigra gliedert sich in Pars reticularis und Pars compacta.

Klinik

Die **PARKINSON-Krankheit** (Morbus PARKINSON) basiert auf einer Störung der Dopaminsynthese besonders in der Substantia nigra. Durch Dopaminmangel resultiert ein Syndrom (Paralysis agitans, Schüttellähmung), das durch Hypokinese, Rigor und Ruhetremor charakterisiert ist. Außerdem leiden die Patienten an vermehrter Speichel-, Tränen-, Schweiß- und Talgdrüsensekretion und sind auch psychisch verlangsamt und affektlabil. Die Erkrankung betrifft ca. 1% der über 60-Jährigen. PARKINSON-ähnliche Erkrankungen können nach Enzephalitis, Vergiftungen, langfristiger Einnahme von Psychopharmaka u. a. vorkommen.

Läsionen des Nucleus ruber führen aufgrund seiner Einbindung in die Kette „Kleinhirn – Nucleus ruber – Kleinhirn – Olive – Kleinhirn" zu Symptomen, die auch bei Kleinhirnläsionen vorkommen, wie Intentionstremor und vermindertem Muskeltonus.

Mittelhirn und Hirnstamm

Abb. 12.59 Hirnstamm, Truncus encephali; Ansicht von lateral; schräger Blick auf den Boden des vierten Ventrikels nach Durchtrennung der Kleinhirnstiele.
Der Hirnstamm setzt sich aus dem Mittelhirn (Mesencephalon), der Brücke (Pons) und dem verlängerten Mark (Medulla oblongata) zusammen. Das **Mittelhirn** erstreckt sich vom Zwischenhirn bis zum Oberrand des Pons. An der Vorderseite verläuft der Pedunculus cerebri. An der Dorsalseite liegen die Colliculi superiores und inferiores des Tectum mesencephali, das aufgrund seiner Gestalt als Vierhügelplatte (Lamina tecti [Lamina quadrigemina]) bezeichnet wird. Oberhalb der Vierhügelplatte liegt die Glandula pinealis, darunter schließt sich der vierte Ventrikel an.
Das **Kleinhirn** ist an den Kleinhirnstielen (Pedunculi cerebellares) abgesetzt. Man sieht ferner die Austrittsstellen der Hirnnerven IV, V und VII bis XII, die ihre Kerngebiete im Hirnstamm haben. Die Hirnnerven III und VI haben ebenfalls ihre Kerngebiete im Hirnstamm, treten aber auf der Vorderseite aus und sind daher in der Abbildung nicht zu sehen.

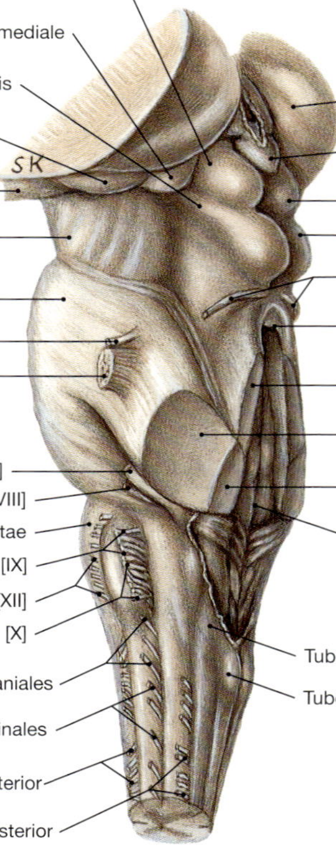

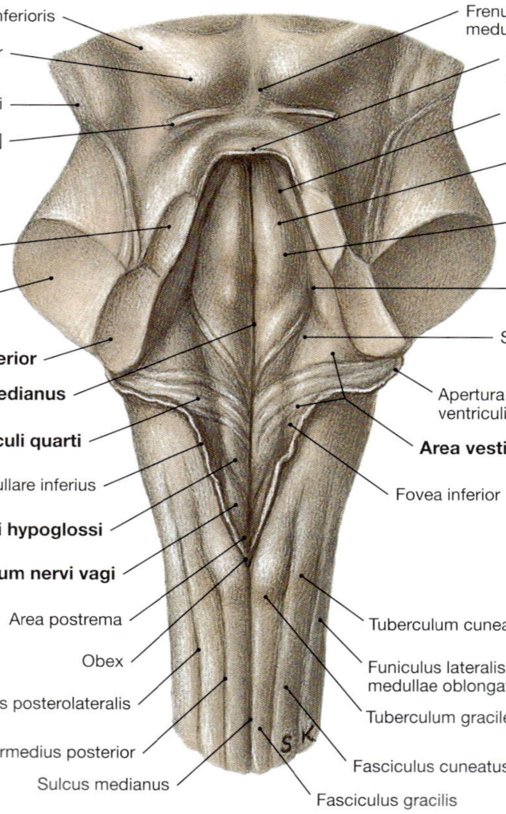

Abb. 12.60 Rautengrube, Fossa rhomboidea; Ansicht von hinten; Blick auf den Boden des vierten Ventrikels nach Durchtrennung der Kleinhirnstiele.
Die Fossa rhomboidea stellt den Boden des vierten Ventrikels dar. Sie wird von den Kleinhirnstielen (Pedunculi cerebellares), dem Pons und der Medulla oblongata begrenzt. Im Bereich der Fossa rhomboidea liegen in Pons und Medulla oblongata wichtige **Kerngebiete für die Kreislaufregulation** sowie die **Hirnnervenkerne** der Hirnnerven V bis X und teilweise XI, XII. Innerhalb der Fossa rhomboidea lassen sich der Sulcus medianus, der Colliculus facialis (Fasern des N. facialis [VII]), die zur Hörbahn gehörenden Striae medullares ventriculi quarti, die Area vestibularis (Gleichgewichtskerne), das Trigonum nervi hypoglossi (Kerngebiet des N. hypoglossus [XII]), das Trigonum nervi vagi (Kerngebiet der Nn. vagus [X] und glossopharyngeus [IX]) und die Area postrema (Brechzentrum, s. zirkumventrikuläre Organe, → Abb. 12.91) unterscheiden.

Mittelhirn und Hirnstamm

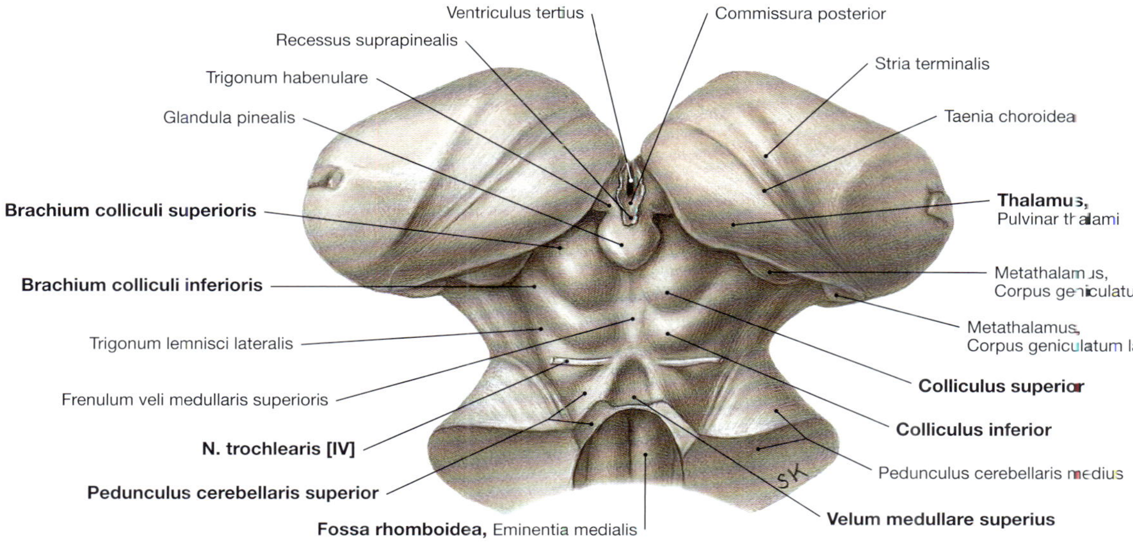

Abb. 12.61 Mittelhirn, Mesencephalon, und Zirbeldrüse, Glandula pinealis; Ansicht von hinten oben.
Das Mittelhirn erstreckt sich auf der Rückseite des Hirnstamms vom Zwischenhirn bis zu den Pedunculi cerebellares, dem Velum medullare superius und der Fossa rhomboidea. Seine Rückseite ist durch die Vierhügelplatte (Lamina tecti [Lamina quadrigemina]) gekennzeichnet, die sich aus den Colliculi superiores und den Colliculi inferiores zusammensetzt und das Tectum mesencephali bildet. Beide zusammengehörenden Hügel stehen jeweils beidseits durch Faserarme (Brachia colliculi superioris und inferioris) mit dem Diencephalon (Corpora geniculata mediale und laterale) in Verbindung. Unterhalb der Colliculi inferiores tritt der N. trochlearis [IV] als einziger Hirnnerv hinten aus dem Hirnstamm aus.

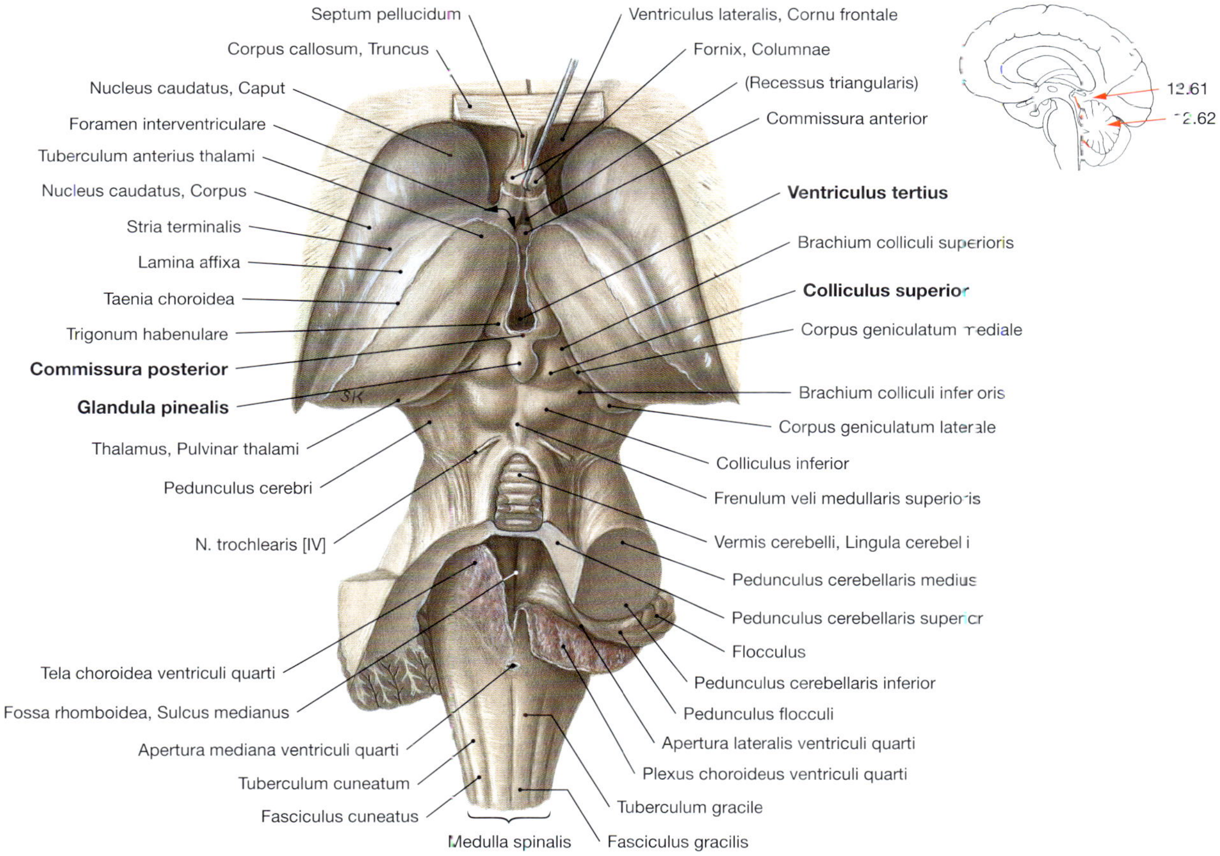

Abb. 12.62 Hirnstamm, Truncus encephali; Ansicht von hinten oben; nach Entfernung des Balkens und des Großteils des Kleinhirns, Tela choroidea des vierten Ventrikels in der Mitte gespalten und rechts zurückgeklappt.
Zwischen beiden Colliculi superiores liegt die Glandula pinealis, die an der Commissura posterior befestigt ist. Darüber befindet sich der dritte Ventrikel. Im Hirnstamm liegen wichtige **Zentren** (Nuclei ruber, pontis, olivares inferiores, vestibulares und die Formatio reticularis), die der Koordination lebenswichtiger Aufgaben, wie Kreislauf, Atmung und Bewusstsein, dienen (ARAS → Abb. 12.54).

Hirnstamm und Kleinhirn

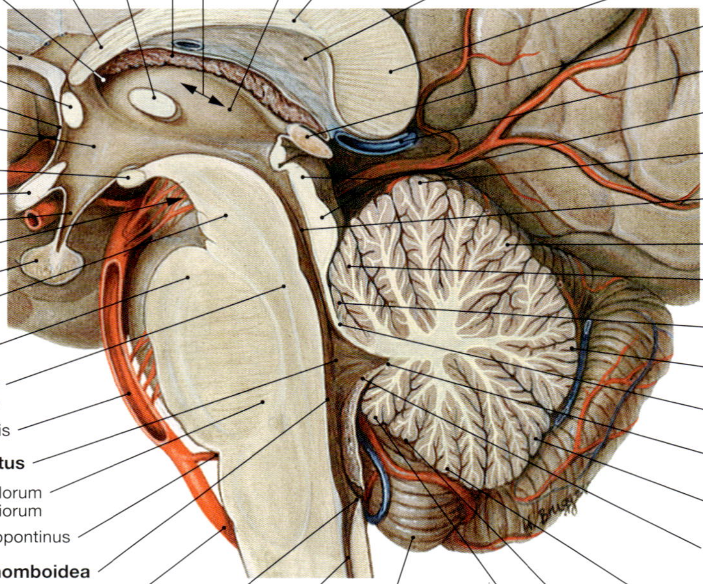

Abb. 12.63 Hirnstamm, Truncus encephali, mit viertem Ventrikel, Ventriculus quartus, und Kleinhirn, Cerebellum; Medianschnitt.
Der Medianschnitt zeigt die charakteristische Struktur des sog. Lebensbaums **(Arbor vitae)** des Kleinhirns, die durch die ausgeprägten Einfaltungen (Oberflächenvergrößerung) der zerebellaren Rinde zustande kommt.

Vor dem Kleinhirn liegt die Fossa rhomboidea, die den Boden des vierten Ventrikels bildet. Davor liegt der Hirnstamm mit Mesencephalon, Pons und Medulla oblongata, noch weiter vorne verläuft die A. basilaris auf dem Hirnstamm. Im Medianschnitt setzt sich die Rückwand des vierten Ventrikels aus dem Kleinhirn als Velum medullare superius in die Vierhügelplatte (Lamina tecti [Lamina quadrigemina]) fort. Darüber liegen die Zirbeldrüse (Glandula pinealis) und der Balken (Corpus callosum).

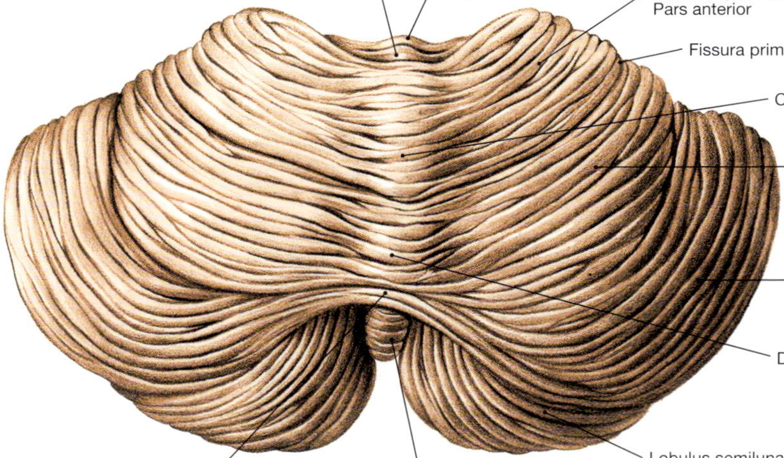

Abb. 12.64 Kleinhirn, Cerebellum; Ansicht von hinten oben.
Das Kleinhirn wird in den **Kleinhirnwurm** (Vermis cerebelli) und in zwei **Hemisphären** gegliedert. Vom Kleinhirnwurm sieht man das Tuber, das Folium, das Declive und das Culmen sowie den Lobulus centralis und die Lingula cerebelli. Die Kleinhirnhemisphären werden jeweils in **drei Lappen** unterteilt (→ Abb. 12.71):

- Lobus cerebelli anterior
- Lobus cerebelli posterior
- Lobus flocculonodularis (Nodulus + Flocculus → Abb. 12.65 und 12.66)

Die Lappen werden weiter in **Läppchen** unterteilt, wie den Lobulus quadrangularis anterior, Lobulus quadrangularis posterior (Lobulus simplex) sowie die Lobuli semilunares superior und inferior.

Kleinhirn, Rinde

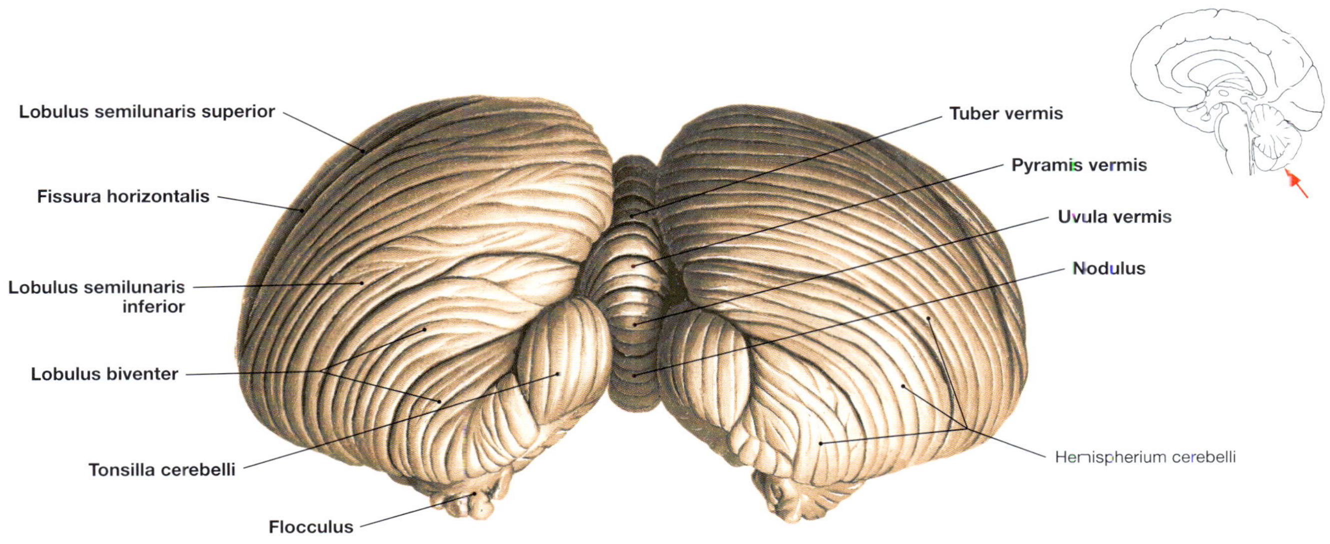

Abb. 12.65 Kleinhirn, Cerebellum; Ansicht von hinten unten.
In dieser Ansicht sieht man von der Vermis das Tuber, die Pyramis, die Uvula und den Nodulus. Ferner erkennt man die paarige Kleinhirntonsille (Tonsilla cerebelli) sowie die Lobuli semilunares superior und inferior, die durch die Fissura horizontalis getrennt werden. Unterhalb vom Lobulus semilunaris inferior schließt sich der Lobulus biventer an, der vom Flocculus überragt wird.

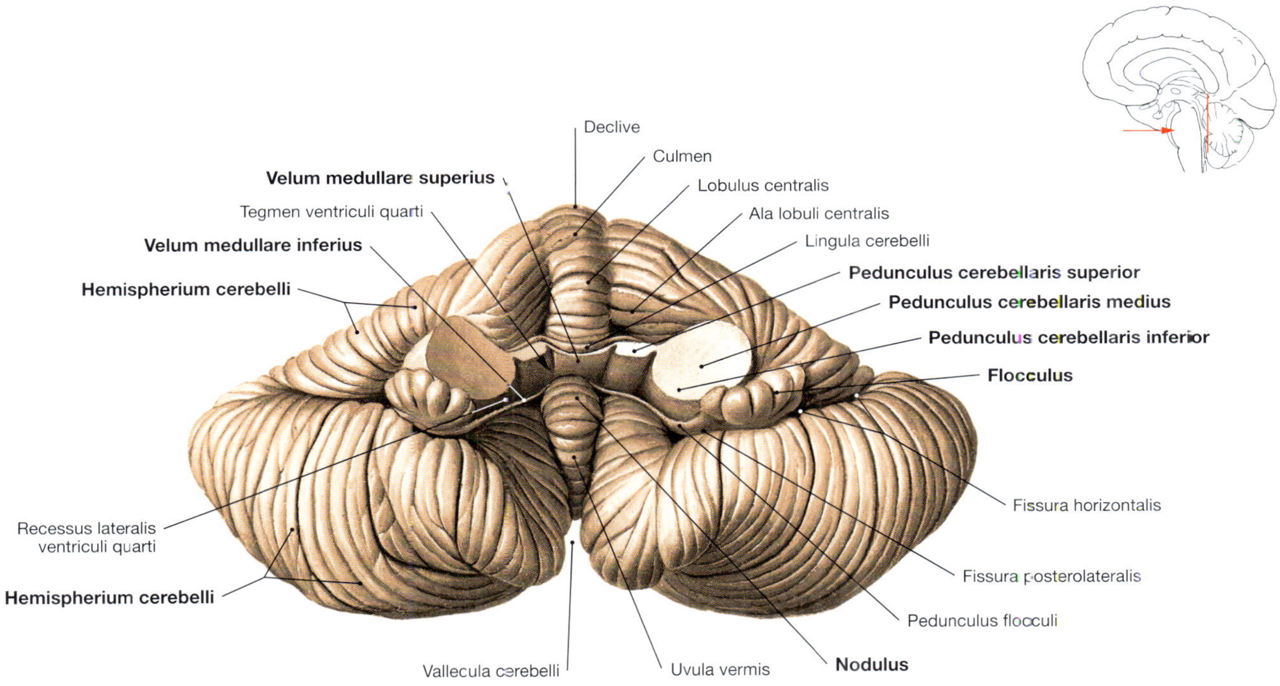

Abb. 12.66 Kleinhirn, Cerebellum; Ansicht von vorne; nach Durchtrennung der Kleinhirnstiele.
Die Vorderfläche zeigt die Kleinhirnstiele, an denen das Kleinhirn vom Hirnstamm abgetrennt wurde: Pedunculi cerebellares superior, medius und inferior. Der Kleinhirnwurm (Vermis cerebelli) wird vom Velum medullare superius unterbrochen, das die beiden Kleinhirnstiele miteinander verbindet. Das paarige Velum medullare inferius liegt links und rechts des Nodulus und setzt sich auf beiden Seiten bis zum Flocculus fort. Außen liegen die Kleinhirnhemisphären.

Klinik

Als am weitesten unten liegende Strukturen des Kleinhirns können die Kleinhirntonsillen bei gesteigertem intrakraniellem Druck (z.B. durch Tumor oder Blutungen) im Bereich des Foramen magnum zwischen Knochen und Medulla oblongata eingeklemmt werden. Der daraus resultierende Druck auf die Medulla oblongata kann seinerseits zum Ausfall lebenswichtiger Strukturen, beispielsweise des Atemzentrums, und bis zum Tod führen. Diese **untere Einklemmung** wird der **oberen Einklemmung** (Einklemmung des Mittelhirns in der Incisura tentorii) mit möglicher Ausbildung eines Mittelhirnsyndroms (Ausfall der Formatio reticularis sowie der kortikobulbären und rubrospinalen Bahnsysteme) gegenübergestellt. Letztere geht der unteren Einklemmung voraus.

Kleinhirnkerne

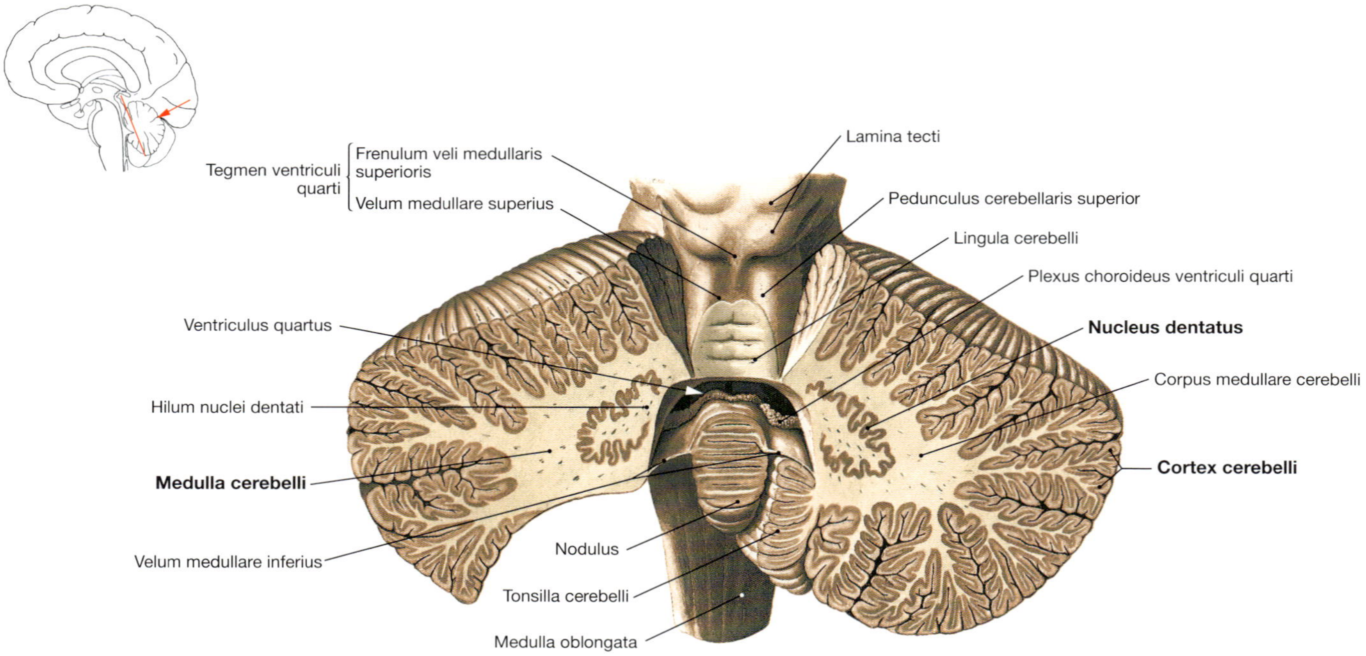

Abb. 12.67 Kleinhirn, Cerebellum; Flachschnitt; Ansicht von hinten. Im Flachschnitt durch das Kleinhirn sieht man die Gliederung der grauen Substanz in Rinde (Cortex cerebelli) und Mark (Medulla cerebelli). Im Mark sieht man den größten der vier Kleinhirnkerne, den **Nucleus dentatus,** der eine gezackte, bandartige Konfiguration grauer Substanz darstellt. Er liegt in beiden Kleinhirnhemisphären (Pontocerebellum), mit deren Rinde er auch funktionell eng verbunden ist.

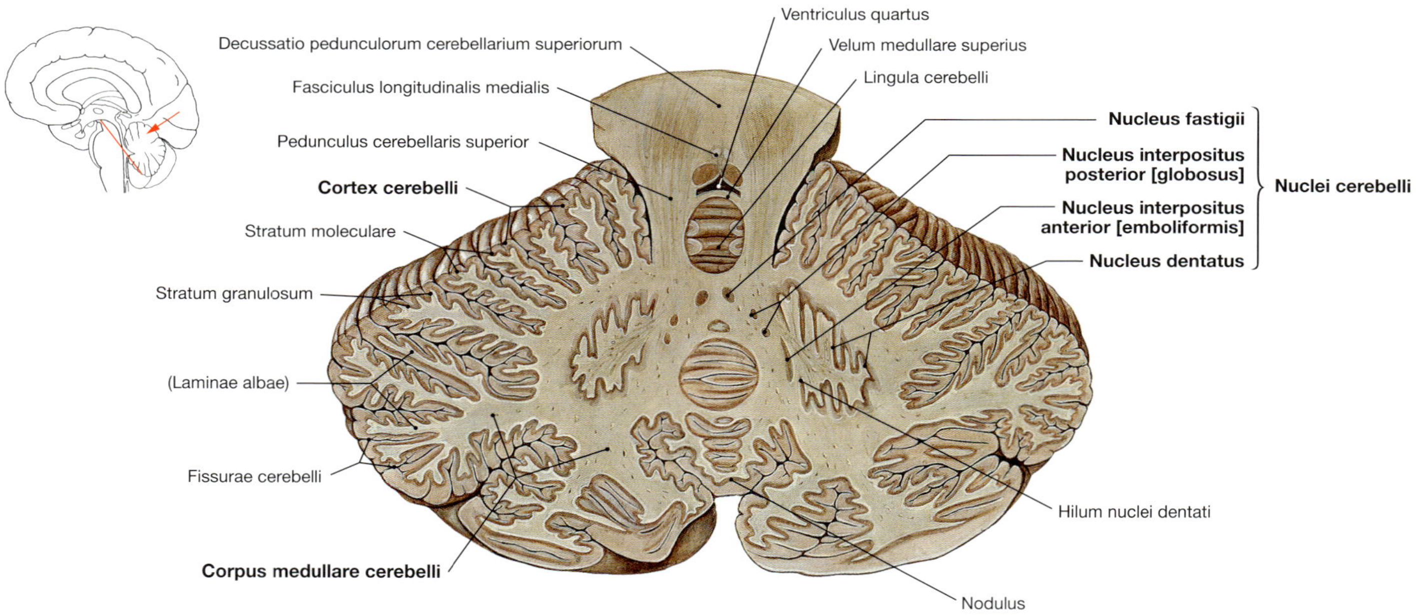

Abb. 12.68 Kleinhirn, Cerebellum, mit Kleinhirnkernen, Nuclei cerebelli; Flachschnitt durch die oberen Kleinhirnstiele; Ansicht von hinten.
Das Kleinhirn besteht aus dem **Marklager** (Corpus medullare cerebelli), in das die Kleinhirnkerne eingebettet sind, sowie aus der **Kleinhirnrinde** (Cortex cerebelli), die das Mark umgibt. Im Flachschnitt sieht man alle vier Kleinhirnkerne der beiden Kleinhirnhemisphären (Pontocerebellum). Der Nucleus dentatus ist u-förmig und gezackt. Medial vom Nucleus dentatus liegt der Nucleus interpositus anterior (emboliformis) und noch weiter medial der Nucleus interpositus posterior (globosus), die beide als **Nucleus interpositus** zusammengefasst werden. Beide Kerne sind funktionell sehr ähnlich und haben Verbindung mit der paravermalen und vermalen Zone des Kleinhirns (Spinocerebellum). Im Marklager der Vermis befinden sich der rechte und der linke Nucleus fastigii, die funktionell mit der Rinde des Lobus flocculonodularis (Vestibulocerebellum) in enger Verbindung stehen (→ Abb. 12.65 und 12.66).

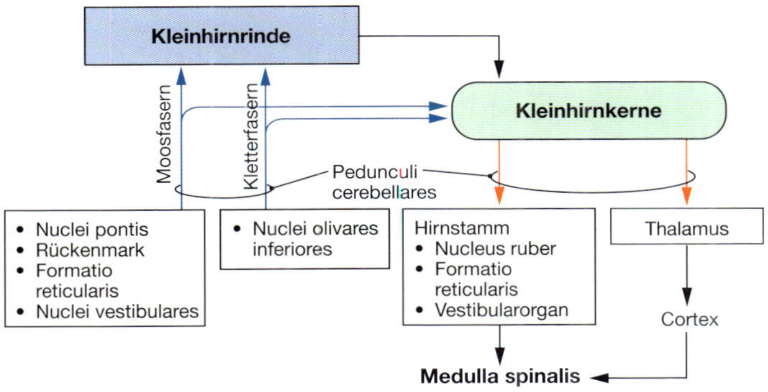

Abb. 12.69 Gliederung des grundsätzlichen Informationsflusses vom und zum Kleinhirn. [14]
Die Eingangssysteme sind mit blauen Pfeilen, die Ausgangssysteme mit roten Pfeilen dargestellt.

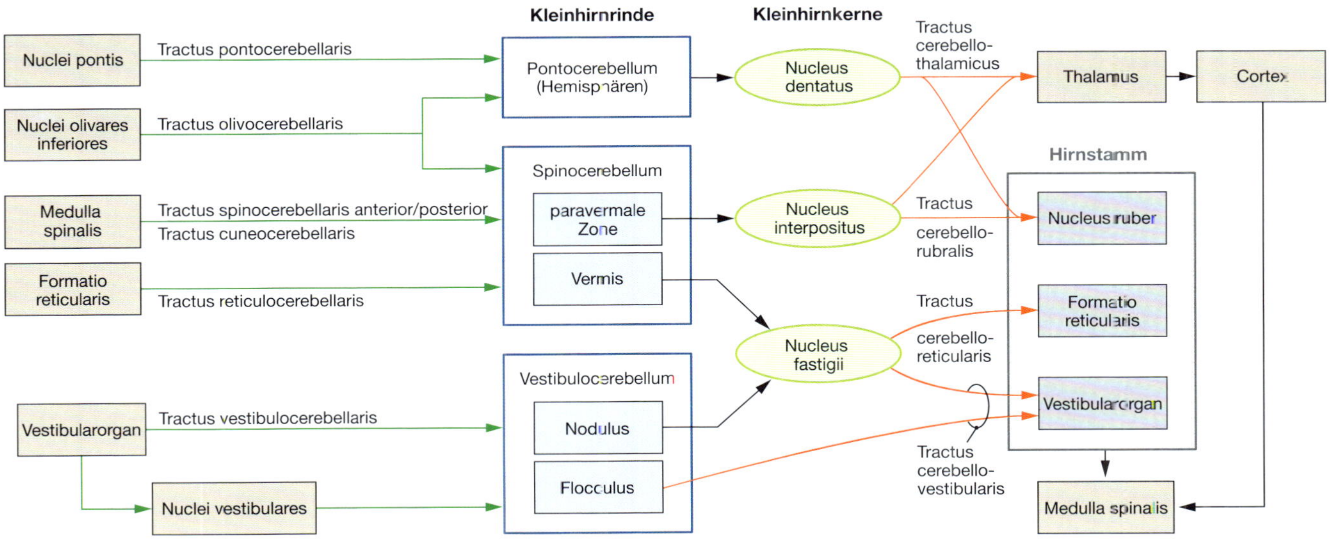

Abb. 12.70 Darstellung der Kleinhirnkompartimente mit dazugehörigen afferenten und efferenten Verbindungen. [14]

Kleinhirn, Gliederung

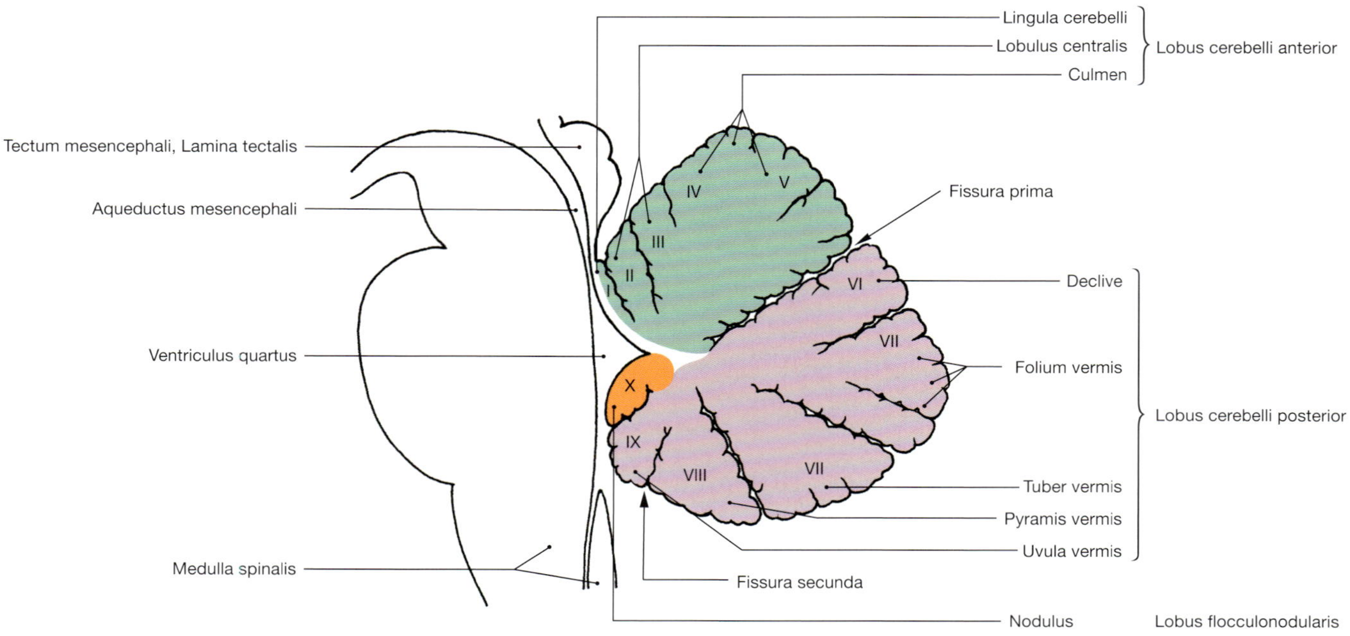

Abb. 12.71 Teile des Kleinhirnwurms, Vermis cerebelli, I bis X; Medianschnitt; Übersicht.
Der Vermis, die an ihn grenzende paravermale Zone und der größte Teil des Lobus cerebelli anterior bilden mit Ausnahme des Nodulus das **Spinocerebellum.** Es kontrolliert funktionell den Muskeltonus und wirkt an der Koordination von Stütz- und Zielmotorik mit. Das Spinocerebellum erhält den Hauptteil seiner Afferenzen vom Rückenmark (Tractus spinocerebellares anterior und posterior, Tractus cuneocerebellaris). Weitere Afferenzen kommen von der Formatio reticularis und von den Nuclei olivares inferiores. Der Nodulus gehört zum **Vestibulocerebellum.**

Gliederung des Kleinhirnwurms, Vermis cerebelli (römische Zahlen in der Klassifikation nach LARSELL)	
I	Lingula cerebelli
II, III	Lobus centralis
IV, V	Culmen
Fissura prima	
VI	Declive
VII A	Folium vermis
Fissura horizontalis	
VII B	Tuber vermis
VIII	Pyramis vermis
Fissura secunda	
IX	Uvula vermis
Fissura posterolateralis	
X	Nodulus

Klinik

Läsionen des Spinocerebellums führen zu einer Störung der Abstimmung von Bewegungsabläufen, die kaum korrigiert werden kann. Eine fehlende bzw. stark eingeschränkte Koordination zwischen Muskelagonisten und -antagonisten geht dabei mit Stand- und Gangataxie sowie überschießenden und zu kurzen Bewegungen (Dysmetrien) einher.
Typisch für **Schädigungen des Pontocerebellums** ist ein Intentionstremor. Im Rahmen der Ausführung einer Zielbewegung kommt es zum Tremor in den Extremitäten, der umso ausgeprägter wird, je näher die Extremität dem Ziel kommt. Die gestörte Muskelkoordination geht mit Asynergien einher, die sich als Dysmetrien (Störungen von willkürlichen Bewegungsabläufen) und Dysdiadochokinese (Unfähigkeit, einen schnellen Wechsel antagonistischer Bewegungen durchzuführen) äußert.

Kleinhirn, Gliederung

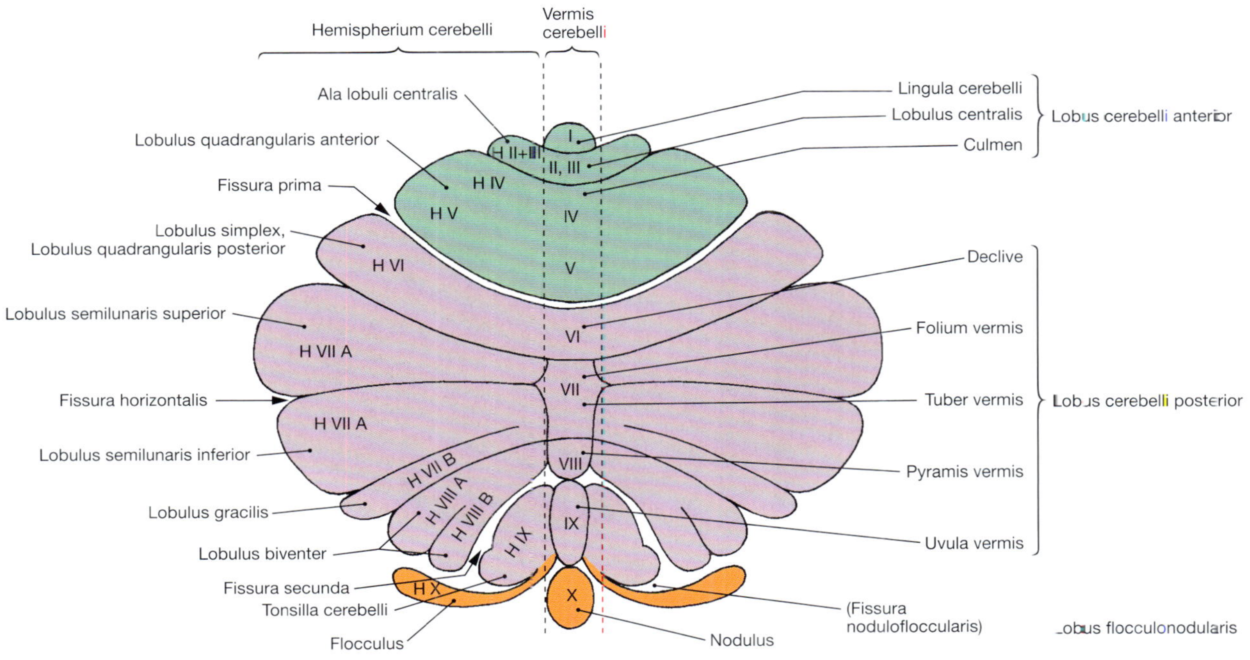

Abb. 12.72 Kleinhirnrinde, Cortex cerebelli, und Kleinhirnwurm, Vermis cerebelli; Kleinhirnrinde ausgebreitet; Übersicht.
Die Hemisphären umfassen mit Ausnahme des Lobus cerebelli anterior nach der LARSELL-Klassifikation die Bereiche H II bis H IX und sind durch den Vermis voneinander getrennt. Sie werden als **Pontocerebellum** (Cerebrocerebellum) bezeichnet. Das Pontocerebellum erhält seine Afferenzen überwiegend von den Brückenkernen (Nuclei pontis). Dieser Kleinhirnanteil steht über den Pons mit dem Großhirn in enger Beziehung und ist an der Planung willkürlicher Zielbewegungen beteiligt. Nodulus und Flocculus (X und H X) werden zum **Lobulus flocculonodularis** zusammengefasst und bilden im Wesentlichen das **Vestibulocerebellum.** Dieses hat eine ausgeprägte Verbindung mit dem Vestibularapparat des Innenohrs, von dem es einen Hauptteil seiner Afferenzen erhält. Funktionell dient das Vestibulocerebellum der Aufrechterhaltung des Gleichgewichts.

Gliederung der Kleinhirnhemisphären (römische Zahlen in der Klassifikation nach LARSELL)	
H II, III	Ala lobuli centralis
H IV, V	Lobulus quadrangularis anterior
Fissura prima	
H VI	Lobulus quadrangularis posterior (Lobulus simplex)
H VII A	Lobulus semilunaris superior
Fissura horizontalis	
H VII A	Lobulus semilunaris inferior
H VII B	Lobulus gracilis
H VIII A und B	Lobulus biventer
Fissura secunda	
H IX	Tonsilla cerebelli
Fissura posterolateralis	
H X	Flocculus

Klinik

Schädigungen des Vestibulocerebellums gehen vor allem mit Gleichgewichtsstörungen einher. Dabei ist die Fähigkeit eingeschränkt, über vestibuläre Informationen sowohl Augenbewegungen bei Bewegungen des Kopfes als auch Rumpf- und Extremitätenmuskeln im Stehen, Gehen oder Sitzen zu kontrollieren (Rumpf-, Gang- und Standataxie, Störungen der Bewegungskoordination). Störungen bei der Koordination der Blickmotorik führen unter anderem zu Spontannystagmus und ruckartiger Blickfolgebewegungen.

Assoziations- und Kommissurenbahnen

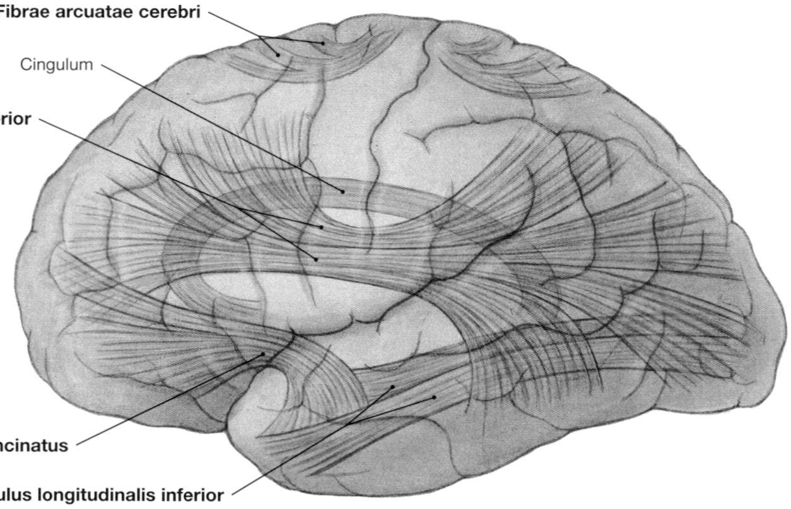

Abb. 12.73 Assoziationsbahnen, Neurofibrae associationes, und Bogenfasern, Fibrae arcuatae; Übersicht; Ansicht von links.
Assoziationsfasern machen den größten Teil der Fasern der weißen Substanz aus. Sie verbinden unterschiedliche Gebiete einer Hirnhemisphäre miteinander und ermöglichen so assoziative und integrative Funktionen durch Vernetzung der funktionell verschiedenen Areale.

Kurze Assoziationsfasern werden auch als Bogenfasern (Fibrae arcuatae cerebri) bezeichnet. Sie liegen kortexnah und verbinden u-förmig benachbarte Windungen. **Lange Assoziationsfasern** liegen tiefer im Mark und verbinden die Lappen miteinander.
Die funktionell wichtigsten **Assoziationsfaserbündel** sind die Fasciculi longitudinalis superior, longitudinalis inferior und uncinatus sowie die Fibrae arcuatae cerebri und das Cingulum.

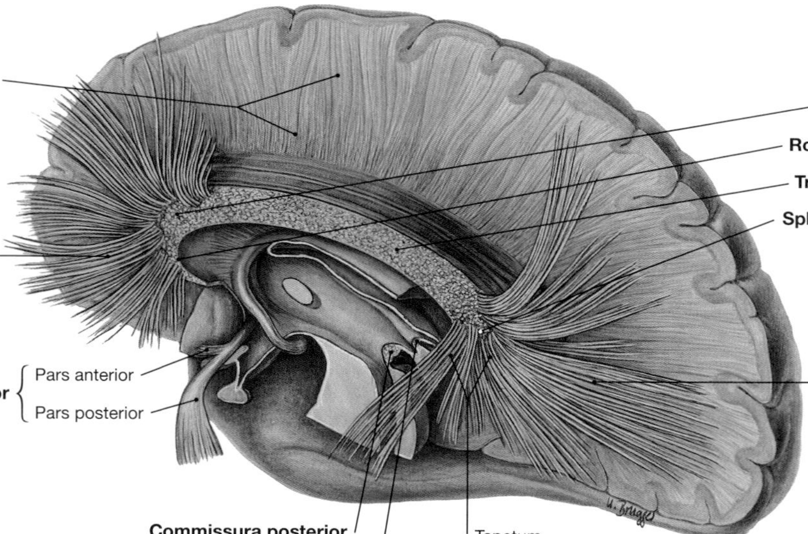

Abb. 12.74 Kommissurenbahnen, Neurofibrae commissurales; räumliche Übersicht; Ansicht von links; Balken neben der Medianebene weitgehend durchtrennt, einzelne Balkenfasern dargestellt.
Kommissurenfasern dienen dem Informationsaustausch zwischen den beiden Hirnhemisphären, z. B., um die zu beiden Hirnseiten geleiteten visuellen Informationen zu einem visuellen Gesamteindruck zu verarbeiten. **Homotope** Kommissurenfasern verbinden dabei korrespondierende Hirnabschnitte, **heterotope** dienen dem Austausch zwischen nicht korrespondierenden Hirnarealen.

Jeder phylogenetische Großhirnanteil besitzt seine eigene Kommissur: der Paläocortex besitzt die Commissura anterior, der Archicortex die Commissura fornicis und der Neocortex den Balken (Corpus callosum). Letzterer besteht aus Rostrum, Genu, Truncus und Splenium. Weil der Balken kürzer ist als die Hemisphären, strahlen seine Fasern rostral und okzipital fächerförmig in die jeweiligen Lappen (**Radiatio corporis callosi,** Balkenstrahlung mit Forceps minor und Forceps major).
Es gibt aber auch homotope Hirnareale, die nicht durch Kommissurenfasern verbunden sind. Hierzu gehören die primäre Sehrinde, die primäre Hörrinde und die somatosensiblen Felder für die Hand und den Fuß.

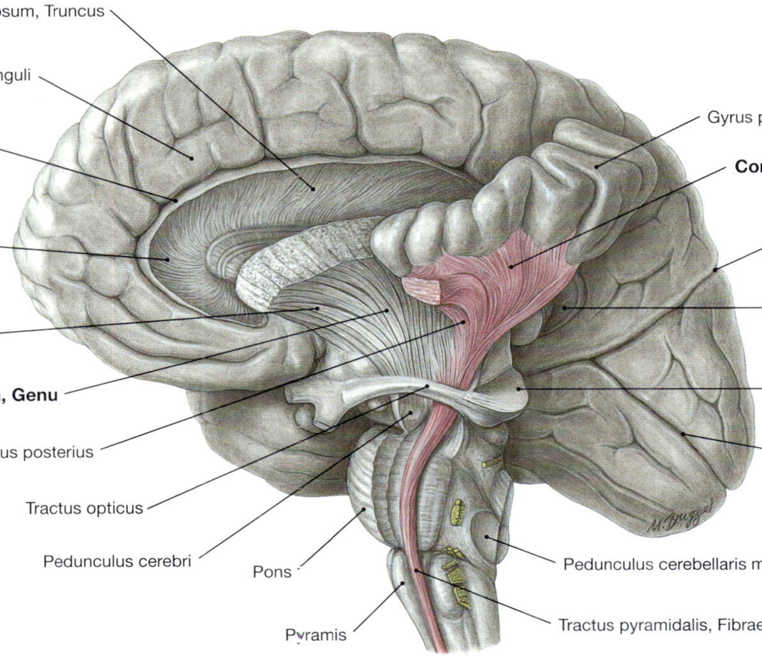

Abb. 12.75 Projektionsbahnen, Neurofibrae projectiones; Ansicht von links; nach Freilegung der inneren Kapsel und der Pyramidenbahn.
Projektionsbahnen bestehen aus Projektionsfasern, die den Cortex mit tiefer liegenden Strukturen des ZNS (z.B. Thalamus, Hirnstamm) verbinden. Die Fasern müssen im Bereich von Striatum und Pallidum Engstellen passieren, in denen die Fasern konvergieren. Diese Stellen sind die Capsula interna und die Capsula externa zwischen Nucleus lentiformis und Claustrum sowie die Capsula extrema zwischen Inselrinde und Claustrum. Die **Capsula interna** ist Hauptpassageort von Projektionsfasern, in der **Capsula externa** und in der **Capsula extrema** passieren im Gegensatz dazu hauptsächlich lange Assoziationsfasern. Die zwischen Hirnrinde und Capsula interna strahlenförmig angeordneten Projektionsfasern werden **Corona radiata** genannt.

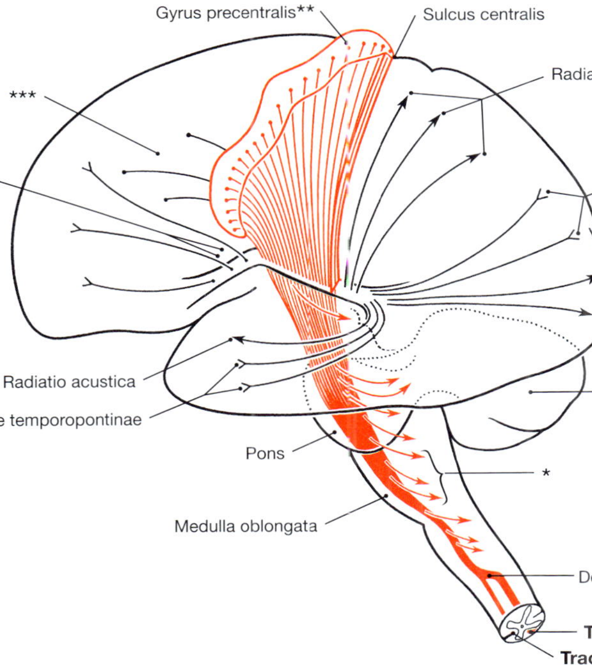

Abb. 12.76 Innere Kapsel, Capsula interna, und Pyramidenbahn, Tractus pyramidalis; funktionelle Übersicht; Ansicht von links.
Im Bereich der Capsula interna konvergieren auf engem Raum nahezu alle kortikalen Projektionsbahnen. Beispielhaft ist die vom Gyrus precentralis ausgehende **Pyramidenbahn** rot dargestellt, die sich als Tractus corticospinales lateralis und anterior bis in das Rückenmark fortsetzt.

* Fasern zur Vierhügelplatte und zu den Kernen des Rhombencephalons
** Perikarya der Pyramidenbahn
*** Perikarya der Area 6 und 8 (prämotorisches Rindenfeld)

Innere Kapsel

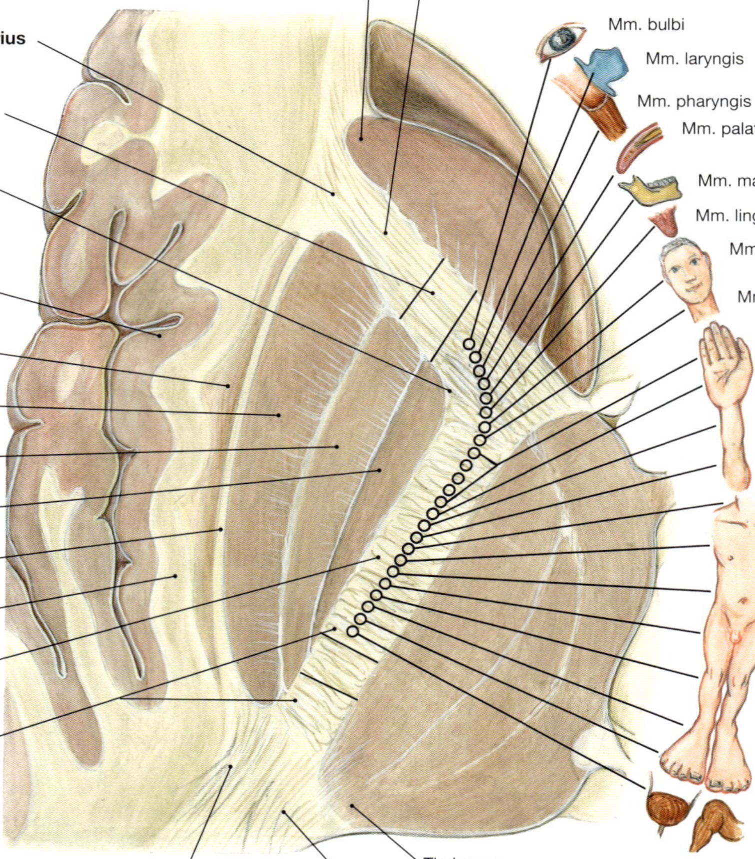

Abb. 12.77 Innere Kapsel, Capsula interna; funktionelle Gliederung. Die Capsula interna ist klinisch besonders relevant, da hier auf engem Raum nahezu alle **kortikalen Projektionsbahnen** verlaufen. Medial vorne wird die Capsula interna vom Nucleus caudatus, medial hinten vom Thalamus und lateral von Globus pallidus und Putamen begrenzt. Im Horizontalschnitt ist die Capsula interna abgewinkelt. Man unterscheidet einen vorderen Schenkel (Crus anterius), ein Knie (Genu) und einen hinteren Schenkel (Crus posterius). Innerhalb der Capsula interna sind die absteigenden Bahnen **somatotopisch** gegliedert. Die kortikonukleären Fasern verlaufen im Genu, die kortikospinalen Fasern für obere Extremität, Rumpf und untere Extremität sind somatotop von vorne nach hinten im Crus posterius angeordnet.

Bahnen und arterielle Gefäßversorgung der Capsula interna [14]

Lokalisation	Bahnen (Hier sind aus Gründen des klinischen Sprachgebrauchs Fibrae mit Tractus gleichgesetzt.)	Blutversorgung
vorderer Schenkel (Crus anterius)	• Tractus frontopontinus (vom Frontallappen zum Pons) • Radiatio thalami anterior (vom Thalamus zum frontalen Cortex)	Aa. centrales anteromediales (aus A. cerebri anterior)
Knie (Genu)	• Tractus corticonuclearis (Teil der Pyramidenbahn)	Aa. centrales anterolaterales (aus A. cerebri media) = Aa. lenticulostriatae
hinterer Schenkel (Crus posterius)	• Tractus corticospinalis • Tractus corticorubralis und Tractus corticoreticularis • Radiatio centralis thalami (von rostralen Thalamuskernen zum Motocortex) • Radiatio thalami posterior (vom Corpus geniculatum laterale und von weiteren Thalamuskernen zum Parietal- und Okzipitallappen) • Tractus parietotemporopontinae und Tractus occipitopontinus (vom Lobus temporalis bzw. occipitalis zum Pons) • Radiatio optica (Sehstrahlung; vom Corpus geniculatum laterale zum Okzipitallappen) • Radiatio acustica (Hörstrahlung; vom Corpus geniculatum mediale zum Temporallappen)	Rr. capsulae internae (aus A. choroidea anterior)

Klinik

Die Blutgefäße zur Capsula interna stellen Endarterien dar. **Gefäßverschlüsse** und **Massenblutungen** nach Zerreißen eines Gefäßes (besonders Aa. centrales anterolaterales) mit Kapseleinblutung sind nicht selten. Hierdurch kommt es zur Zerstörung der Faserbahnen mit resultierendem **Apoplex** (Schlaganfall). Dessen Ausprägung hängt von der Lokalisation in der Capsula interna ab. Häufig sind kontralaterale Lähmung (Hemiplegie), Empfindungsstörungen und Ausfall der kontralateralen Gesichtsfeldhälfte (Hemianopsie).

Pyramidenbahn

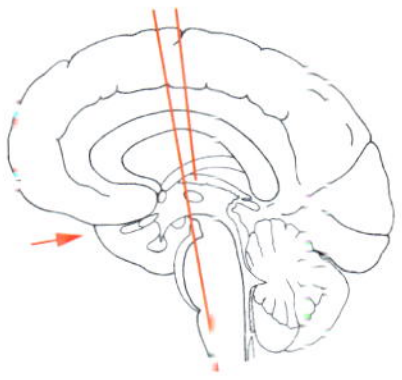

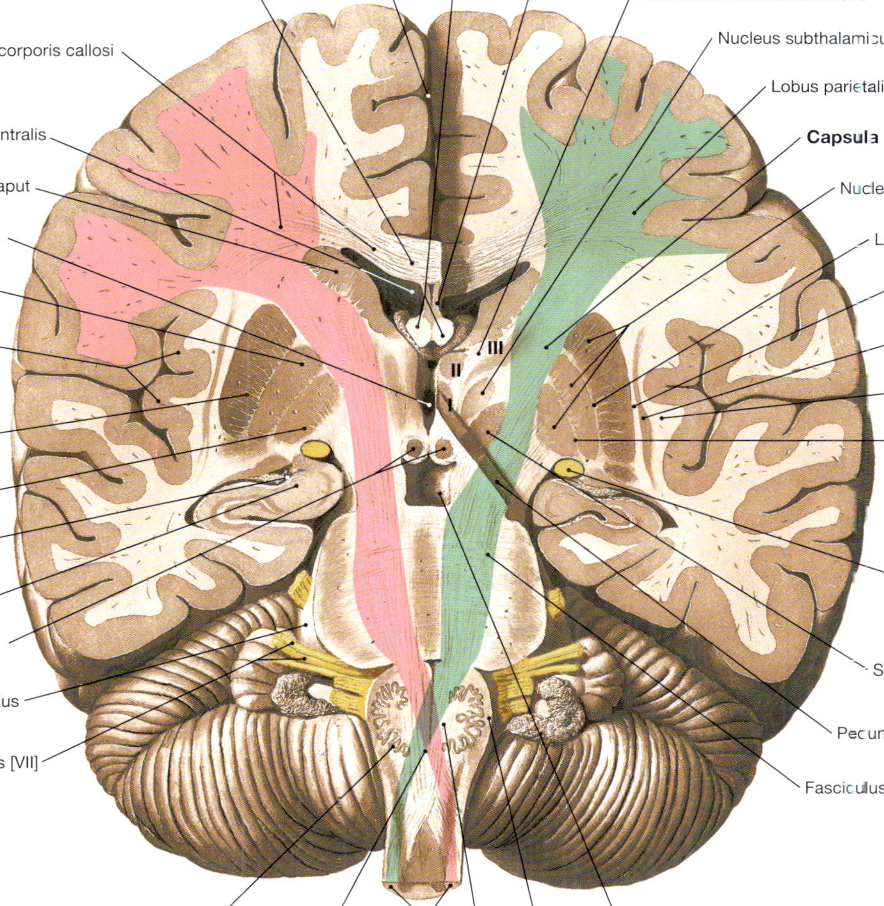

I–III = Thalamuskerne, Nuclei thalami:
I = Nuclei mediani
II = Nuclei anteriores
III = Nuclei ventrales

Abb. 12.78 Pyramidenbahn, Tractus pyramidalis, und Basalganglien, Nuclei basales; schräger Stufenschnitt durch den hinteren Schenkel der inneren Kapsel, die Großhirnstiele und das verlängerte Mark; Ansicht von vorne; Pyramidenbahnen farblich hervorgehoben, rechts: rosa, links: grün.

Die Pyramidenbahn leitet Befehle aus dem motorischen Cortex an die motorischen Hirnnervenkerne (Fibrae corticonucleares) und an die Motoneurone im Vorderhorn des Rückenmarks (Fibrae corticospinales). Die Fasern **entspringen** im Gyrus precentralis, in Sekundärfeldern und in somatosensiblen Kortexarealen. Sie **konvergieren** in der Corona radiata und ziehen in somatotoper Anordnung durch Genu und Crus posterius der Capsula interna (→ Abb. 12.77). Im weiteren Verlauf passieren sie die **Crura cerebri** im Mittelhirn. Im Verlauf durch den Hirnstamm verlassen die Fibrae corticonucleares auf verschiedenen Höhen die Pyramidenbahn. In der Pyramidenbahnkreuzung (**Decussatio pyramidum)** kreuzt dann der größte Teil der verbliebenen Fasern (Fibrae corticospinales) zur Gegenseite, ein geringerer Teil verläuft auf der gleichen Seite weiter nach unten und kreuzt erst im Rückenmark.

Klinik

Läsionen der Pyramidenbahn führen zunächst zu einer schlaffen Lähmung der Muskulatur auf der kontralateralen Seite, obwohl die Erregungsleitung im peripheren Nervensystem und in der Muskulatur noch funktionstüchtig ist. Hiervon ist besonders die Feinmotorik von Hand und Fuß betroffen. Massenbewegungen der proximalen Extremitätenbereiche und des Rumpfes sind meist noch gut möglich. Im Rahmen der Schädigung treten die von der Pyramidenbahn unterdrückten primitiven Reflexe wieder auf. Solche Reflexe lassen sich bei gesunden Kindern noch bis zu 2 Jahren auslösen, da hier die Nervenfasern der Pyramidenbahn noch nicht vollständig myelinisiert sind. So ist beispielsweise der **BABINSKI-Reflex** (Bestreichen der lateralen Fußsohle führt zur Dorsalflexion der großen Zehe) wieder auslösbar.

Später stellen sich bei einer Läsion der Pyramidenbahn ein erhöhter Muskeltonus, gesteigerte Eigenreflexe sowie abgeschwächte oder ausbleibende Fremdreflexe ein. Dieses Syndrom der spastischen Lähmung kommt jedoch durch die Mitschädigung der retikulospinalen (extrapyramidalen) Bahnen zustande.

Hirnventrikel

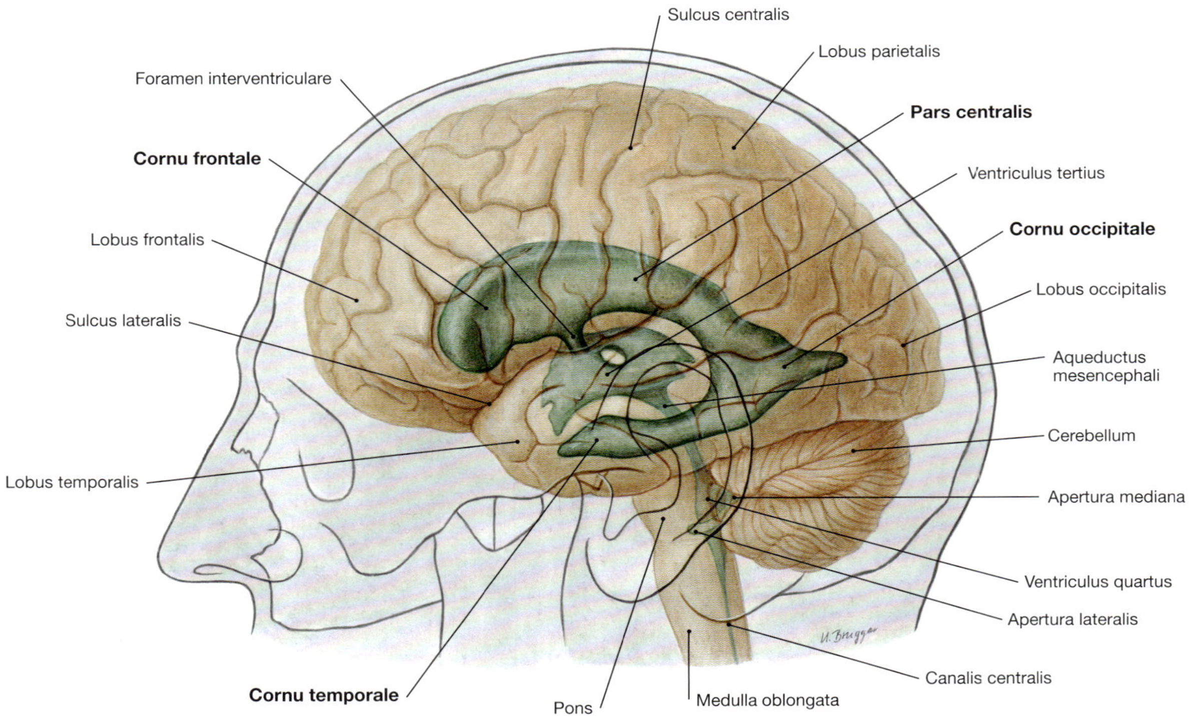

Abb. 12.79 Ventrikel des Gehirns, Ventriculi encephali; Ansicht von links.
Der innere Liquorraum besteht aus dem Ventrikelsystem und dem Zentralkanal (Canalis centralis) des Rückenmarks. Das Ventrikelsystem setzt sich aus dem **paarigen Seitenventrikel** (Ventriculi laterales) mit Cornu frontale, Pars centralis, Cornu occipitale und Cornu temporale, dem **dritten Ventrikel** (Ventriculus tertius), dem Aqueductus mesencephali und dem **vierten Ventrikel** (Ventriculus quartus) zusammen.

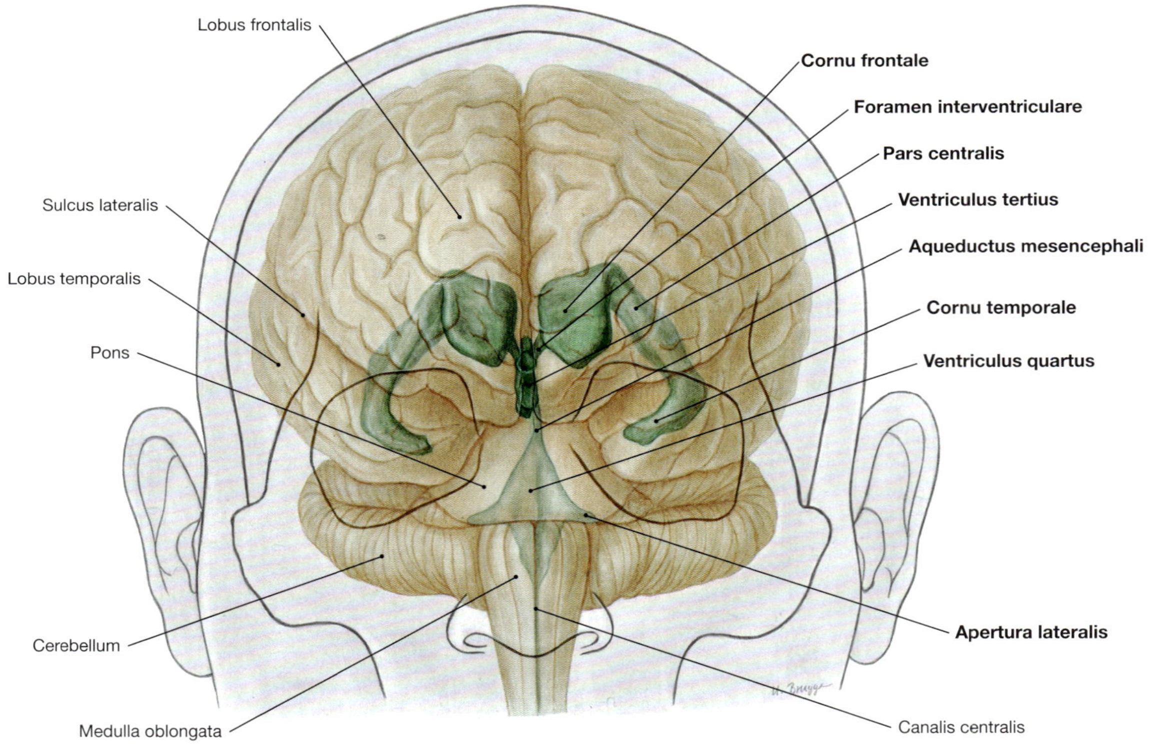

Abb. 12.80 Ventrikel des Gehirns, Ventriculi encephali; Ansicht von vorne.
Die Ansicht von vorne zeigt die paarigen Seitenventrikel sowie den in der Mitte liegenden dritten und vierten Ventrikel in der Projektion auf das Gehirn.

Innere und äußere Liquorräume

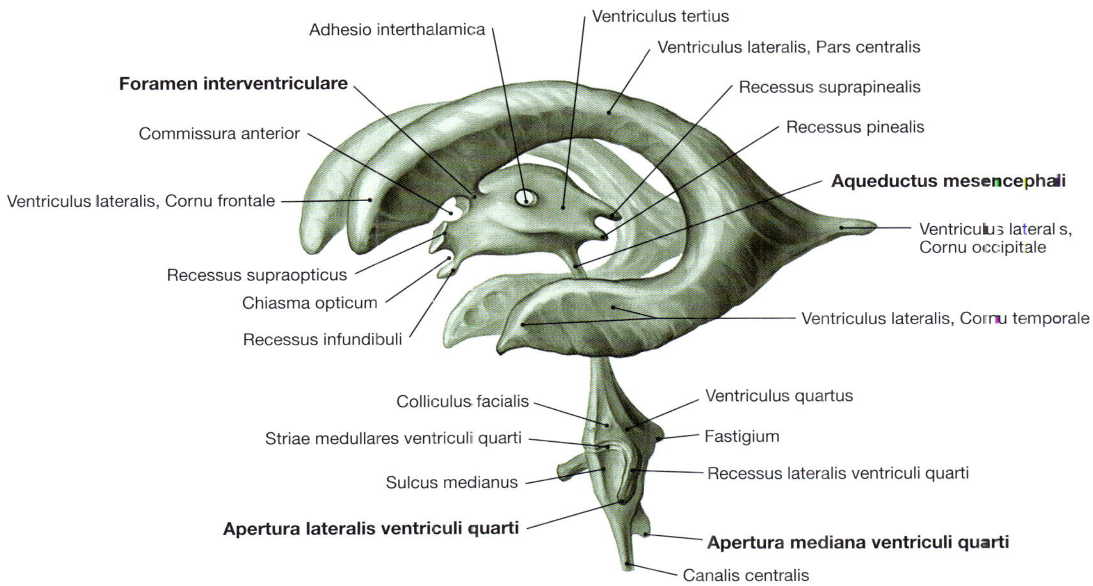

Abb. 12.81 Innere Liquorräume, Ventriculi encephali; Ausgusspräparat; Ansicht von schräg links.
Jeder Seitenventrikel steht jeweils über ein Foramen interventriculare **(Foramen MONROI)** mit dem dritten Ventrikel in Verbindung. Der dritte Ventrikel kommuniziert mit dem vierten Ventrikel über den **Aqueductus mesencephali.** Der vierte Ventrikel besitzt drei Öffnungen (Aperturae), die in den äußeren Liquorraum münden: die Apertura mediana (Foramen MAGENDII) und die beiden Aperturae laterales (Foramina LUSCHKAE).

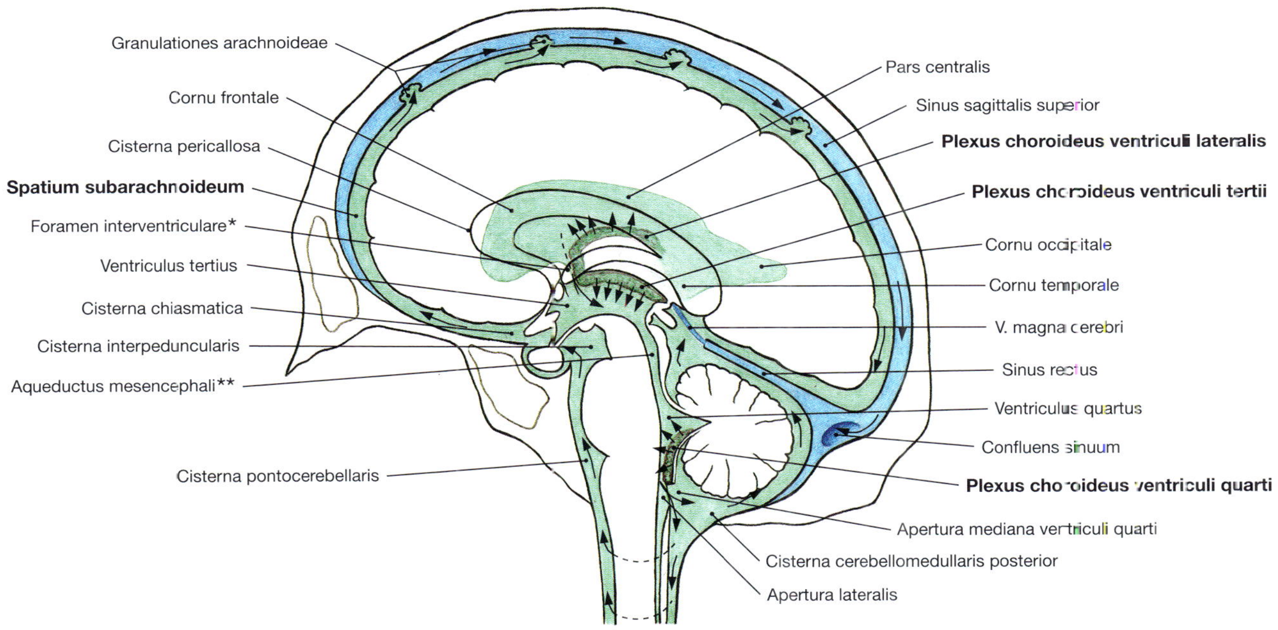

Abb. 12.82 Hirnventrikel, Ventriculi encephali, und Subarachnoidalraum, Spatium subarachnoideum; Schema der Zirkulation (Pfeile) der Hirnflüssigkeit vom inneren zum äußeren Liquorraum (Subarachnoidalraum).
Der äußere Liquorraum befindet sich zwischen Arachnoidea und Pia mater. Er umgibt sowohl das Gehirn als auch das Rückenmark. Die Hirnflüssigkeit (Liquor cerebrospinalis) wird zum größten Teil von den Plexus choroidei in den Ventrikeln sezerniert.
Das zirkulierende Liquorvolumen (150 ml) wird permanent ausgetauscht (tägliche Bildungsrate ca. 500 ml).

Funktionell dient der Liquor als Schutzkissen des ZNS vor mechanischen Einwirkungen, der Gewichtsreduktion des ZNS (durch Liquor erfährt das ZNS Auftrieb, der zu einer 97%igen Gewichtsreduktion von ca. 1400 g auf 45 g führt), dem Stoffwechsel des ZNS, der Entfernung schädlicher Stoffe und dem Transport von Hormonen (z. B. Leptin).

* klin.: Foramen MONROI
** klin.: SYLVIUS-Kanal

Ventrikeldarstellung

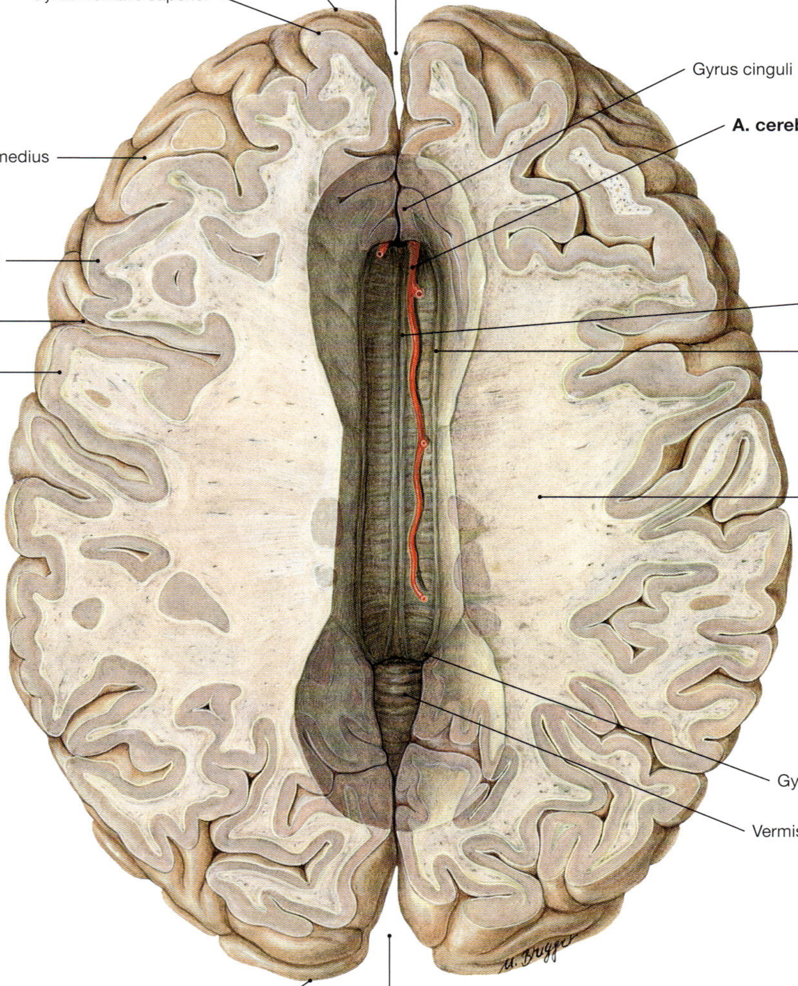

Abb. 12.83 Balken, Corpus callosum; Ansicht von oben; nach Abtragung der oberen Anteile der Großhirnhemisphären.
Man blickt von oben auf den Balken, auf dem die Striae longitudinales mediales und laterales des Indusium griseum (wird den kortikalen limbischen Arealen zugerechnet) sowie die A. pericallosa (A. cerebri anterior) von rostral nach okzipital verlaufen. Der Balken besteht aus Schnabel (Rostrum), Knie (Genu), Stamm (Truncus) und verdicktem Hinterende (Splenium; → Abb. 12.127). Er bildet das Dach der beiden Seitenventrikel und besteht aus Kommissurenfasern, die eine Hirnhemisphäre mit der anderen verbinden. Durch ihn treten ca. 200 Millionen Axone hindurch.
Funktionell dient der Balken dem Informationsaustausch und damit der Koordination zwischen den beiden Hemisphären, die jede für sich zum Teil unterschiedliche Aufgaben bei der Informationsverarbeitung haben.

Klinik

Bei einigen Epilepsieformen wird der Balken chirurgisch durchtrennt (das Splenium wird allerdings nahezu immer intakt gelassen). Durch diese Intervention soll die Erregungsübertragung auf die nicht betroffene Hirnhälfte verhindert werden. Dadurch werden die Häufigkeit und die Schwere der epileptischen Anfälle oftmals deutlich vermindert. Allerdings führt die als **Split-Brain-Operation** oder **Callosotomie** bekannt gewordene Operation zu schweren Kognitionsstörungen und zum Split-Brain-Syndrom, so dass sie heute nur noch sehr selten durchgeführt wird. Eine gute Beschreibung eines Patienten mit **Split-Brain-Syndrom** liefert das Buch von Oliver Sacks „Der Mann, der seine Frau mit einem Hut verwechselte".

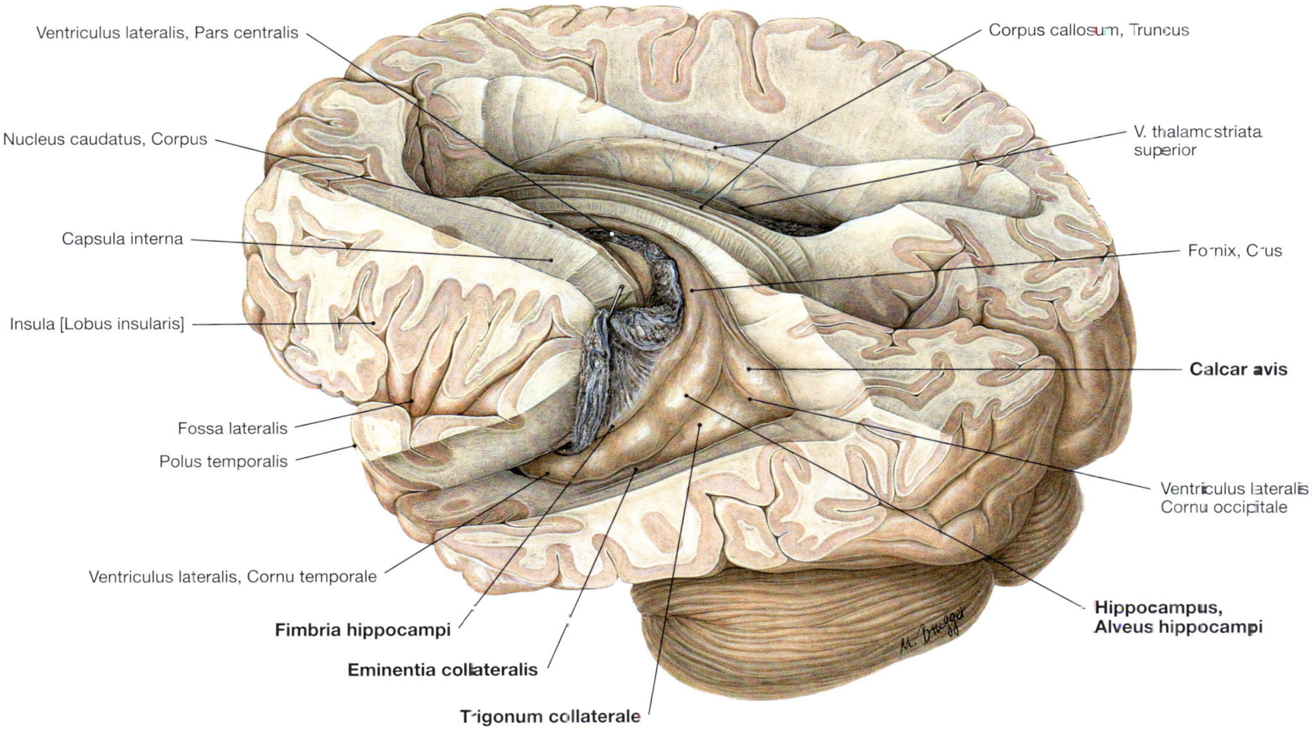

Abb. 12.84 Seitenventrikel, Ventriculi laterales; Ansicht von links hinten oben; nach Abtragung der oberen Teile der Großhirnhemisphären. Man blickt in beide Seitenventrikel. Im linken Seitenventrikel sieht man den Verlauf des **Plexus choroideus,** der am Übergang von der Pars centralis zur Pars temporalis des Seitenventrikels mit einer Sonde angehoben ist. Der Plexus choroideus dient der **Liquorproduktion.**
Das Dach bzw. die laterale Wand des Cornu occipitale wird vom Tapetum (Radiatio corporis callosi, Radiatio optica) gebildet (nicht sichtbar), die mediale Wand vom Calcar avis und der Boden vom Trigonum collaterale und der Eminentia collateralis. Das Dach bzw. die laterale Wand des Cornu temporale gehört zur Cauda nuclei caudati und zum Tapetum (nicht sichtbar), die mediale Wand bilden die Fimbria hippocampi und der Plexus choroideus, der Boden besteht aus der Eminentia collateralis und dem Alveus hippocampi (→ Abb. 12.87, 12.123 bis 12.126).

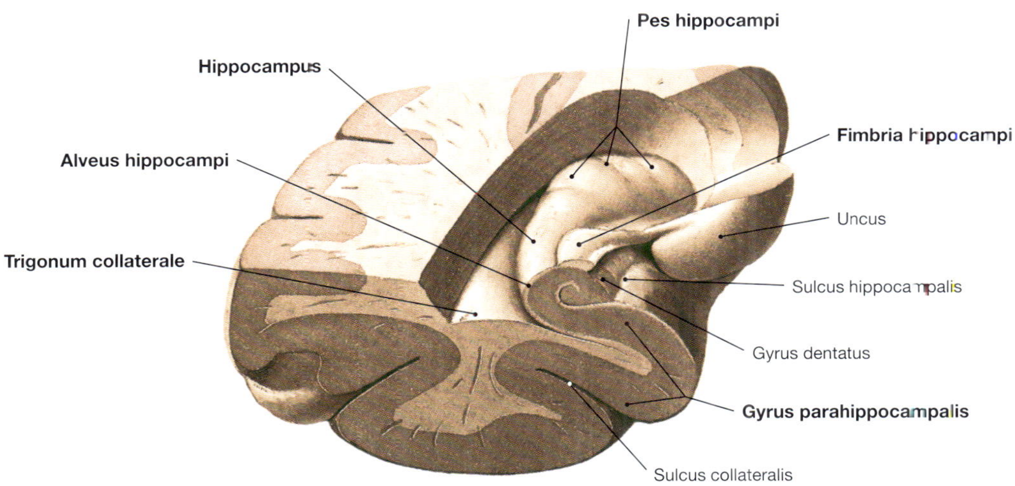

Abb. 12.85 Unterhorn, Cornu temporale, des Seitenventrikels, Ventriculus lateralis; Frontalschnitt nach Abtragung des Dachs; Ansicht von hinten oben.
Der Hippocampus bildet mit dem Alveus hippocampi, den Fimbriae hippocampi und dem Pes hippocampi Teile des Bodens des Cornu temporale vom Seitenventrikel. Ferner sieht man das Trigonum collaterale. Im frontalen Anschnitt sieht man die Hippocampusformation mit dem Gyrus parahippocampalis. Der **Hippocampus** ist ein zentrales Element des limbischen Systems (→ Abb. 12.47). Er ist an Lernvorgängen, Gedächtnisleistungen und Emotionen beteiligt.

Ventrikeldarstellung

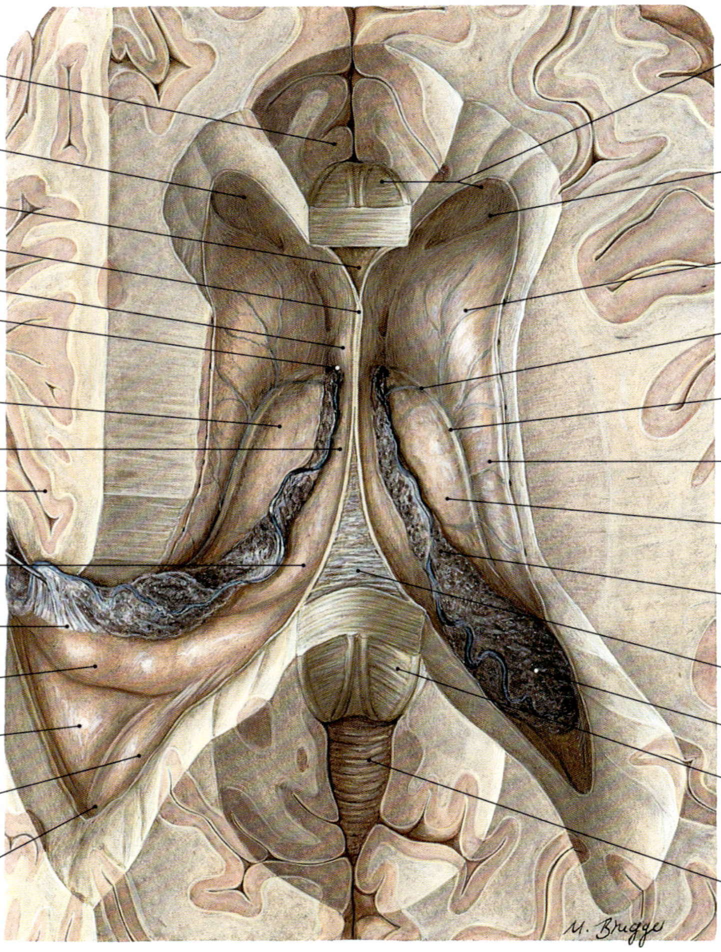

Abb. 12.86 Seitenventrikel, Ventriculi laterales; Ansicht von oben; nach Abtragung des oberen Anteils der Großhirnhemisphären und des mittleren Teils des Balkens.
Die Ansicht zeigt das Cornu frontale, die Pars centralis und das Cornu occipitale sowie den Übergang zum Cornu temporale der beiden Seitenventrikel. Begrenzungen des **Cornu frontale** sind das Genu des Corpus callosum (Vorderwand), der Truncus des Corpus callosum (Dach, nicht sichtbar, da das Corpus callosum am Genu und am Splenium abgetrennt wurde), das Septum pellucidum (mediale Wand), das Caput des Nucleus caudatus (laterale Wand) sowie das Rostrum des Corpus callosum (Boden). Ferner sieht man im Cornu frontale die Foramina interventricularia **(Foramina MONROI).** Das Dach der Pars centralis wird wie das Dach der Pars frontalis vom Truncus des Corpus callosum gebildet (entfernt). Die mediale Wand bilden das Crus des Fornix und das Septum pellucidum, die laterale Wand das Corpus des Nucleus caudatus und den Boden die Lamina affixa des Plexus choroideus sowie das Crus des Fornix.

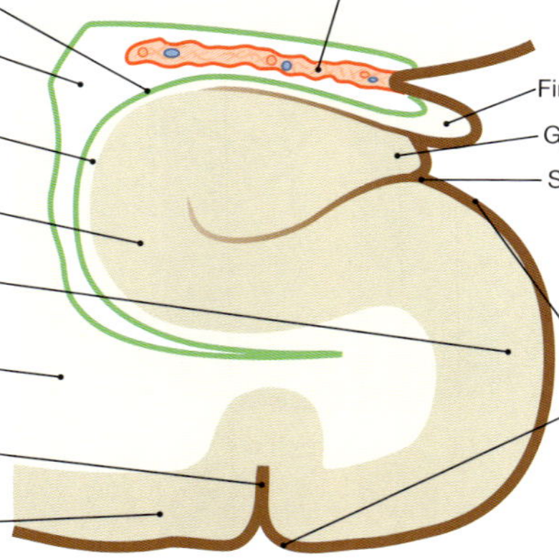

Abb. 12.87 Unterhorn, Cornu temporale, des Seitenventrikels, Ventriculus lateralis; schematisierter Frontalschnitt.
Das Schema zeigt, wie der Seitenventrikel um die Hippocampusformation angeordnet ist. Der Plexus choroideus ragt in den Seitenventrikel hinein. Die Wände des Ventrikels sind als hellgrüne Linien dargestellt, der Liquor bzw. der Ventrikelbinnenraum ist weiß.

Ventrikeldarstellung

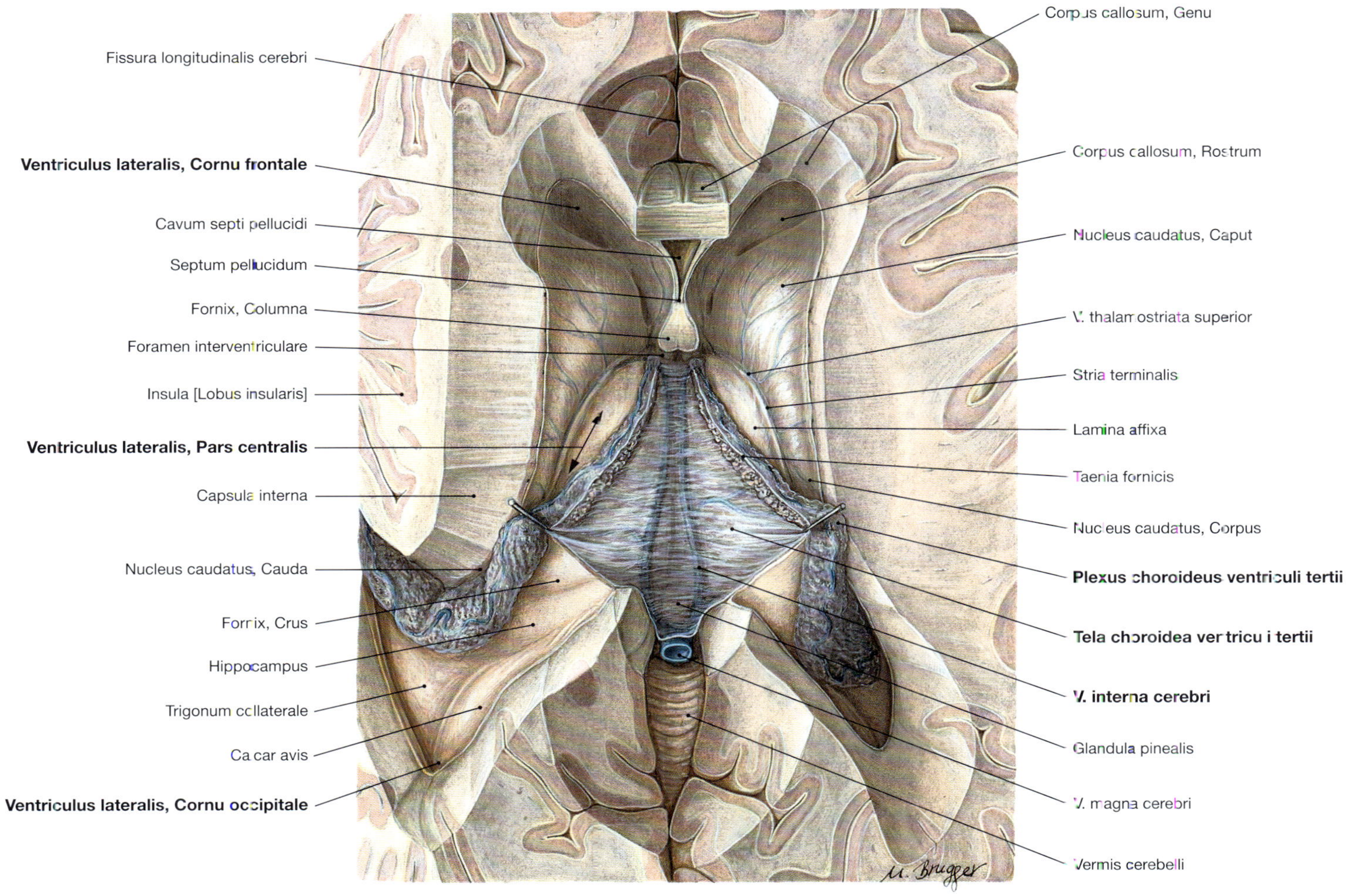

Abb. 12.88 Seitenventrikel, Ventriculi laterales; Ansicht von oben; nach Entfernen des mittleren Teils des Balkens und der Schenkel des Fornix.
In der Abbildung sieht man die den dritten Ventrikel überspannende **Tela choroidea.** Die Vv. internae cerebri schimmern durch und drainieren zur V. magna cerebri. Von den Seitenventrikeln sieht man Cornu frontale, Pars centralis und Cornu occipitale. Seitlich setzt sich der **Plexus choroideus** auf dem Hippocampus in das Cornu temporale fort.

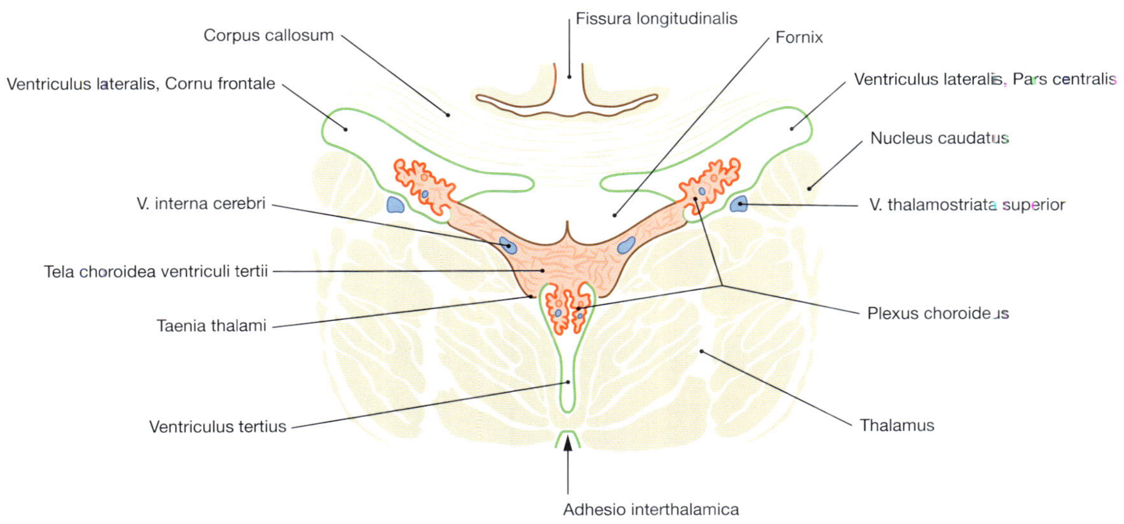

Abb. 12.89 Plexus choroideus in den Seitenventrikeln, Ventriculi laterales, und im dritten Ventrikel, Ventriculus tertius; schematisierter Frontalschnitt. (nach [2])
Der **Plexus choroideus** bildet Liquor cerebrospinalis und kommt in den paarigen Seitenventrikeln (linker erster und rechter zweiter Seitenventrikel), im dritten und im vierten Ventrikel (nicht dargestellt) vor. In den Plexus choroidei sind Kapillarblut und Liquorraum durch eine **Blut-Liquor-Schranke** getrennt.

Ventrikeldarstellung

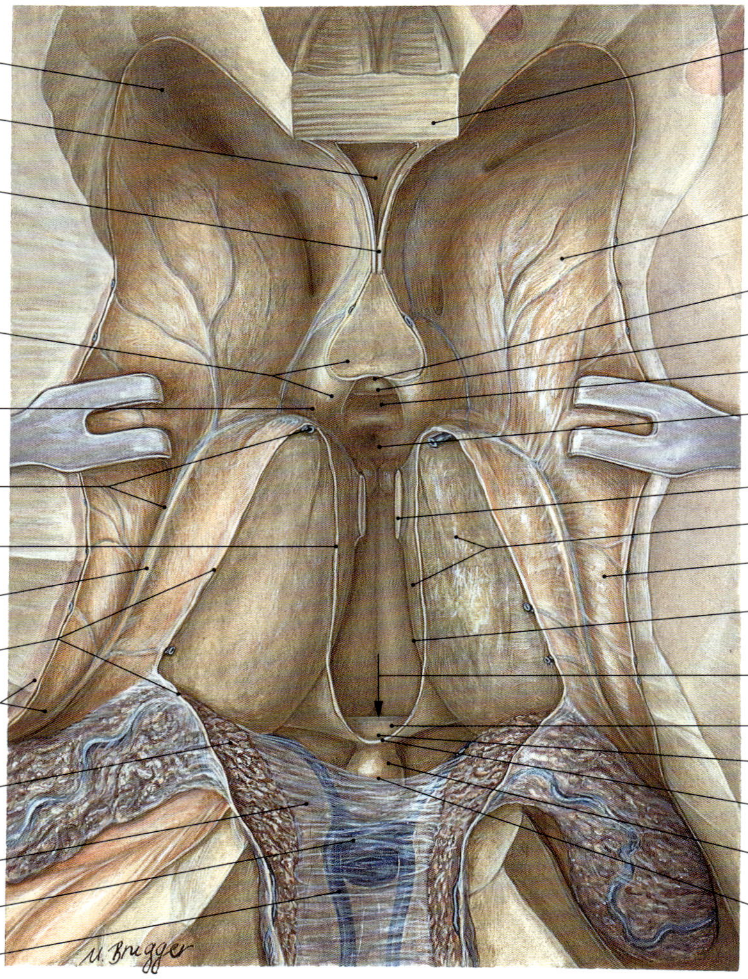

Abb. 12.90 Seitenventrikel, Ventriculi laterales, und dritter Ventrikel, Ventriculus tertius; Ansicht von oben; nach Abtragung eines Teils der Großhirnhemisphären, des mittleren Teils des Balkens, des Fornix sowie des Plexus choroideus und nach Zurückklappen der Tela choroidea des dritten Ventrikels.

Begrenzungen des dritten Ventrikels sind:

- Dach: Tela choroidea und Plexus choroideus
- Vorderwand: Columnae fornicis, Commissura anterior, Lamina terminalis, Recessus triangularis und Recessus supraopticus
- laterale Wand: Thalamus, Stria medullaris thalami, Sulcus hypothalamicus und Hypothalamus (Wand)
- Hinterwand: Commissura habenularum, Commissura posterior, Recessus suprapinealis und Recessus pinealis
- Boden: Recessus infundibuli

* Adhesio interthalamica in der Medianebene durchgetrennt

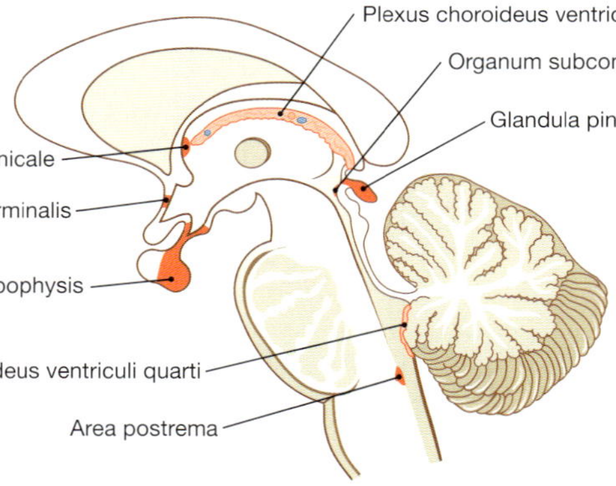

Abb. 12.91 Zirkumventrikuläre Organe; Mediansagittalschnitt. Zirkumventrikuläre Organe zeichnen sich durch eine starke Vaskularisierung, ein modifiziertes Ependym (Tanyzyten mit Tight Junctions) und die Ausbildung einer Blut-Liquor-Schranke anstelle einer Blut-Hirn-Schranke aus.
Zu den zirkumventrikulären Organen gehören die Neurohypophyse, die Eminentia mediana, die Zirbeldrüse (Glandula pinealis) sowie das Organum vasculosum laminae terminalis und das Organum subfornicale (beide: Regulation von Blutvolumen und Blutdruck, Abgabe von Hormonen, wie Angiotensin, Somatostatin, Auslösen von Fieber), das Organum subcommissurale (nur in der Fetal- und Neugeborenenphase vorhanden, Abgabe eines glykoproteinreichen Sekrets) und die Area postrema (Triggerzone für Brechreiz).

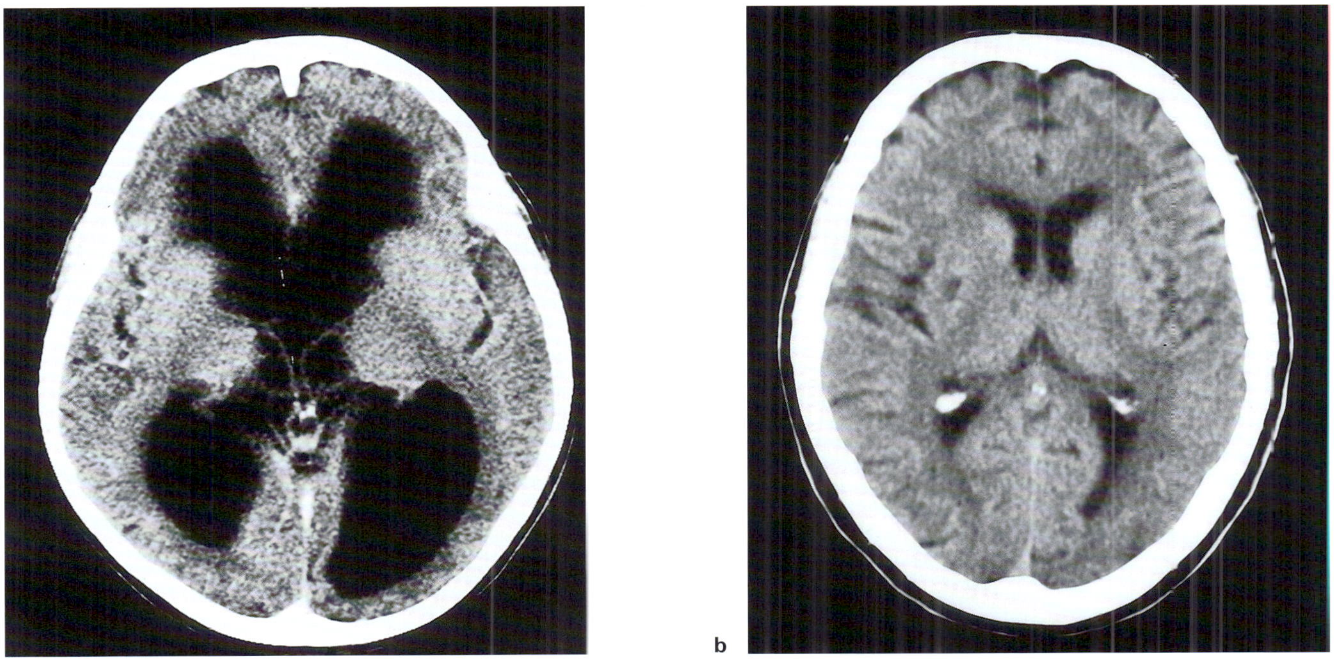

a b

Abb. 12.92a und b Computertomographische Querschnitte (CT) durch den Kopf. [23]

a Computertomogramm einer Patientin mit Liquorabflussstörung durch Verengung des Aquaeductus mesencephali. Die Hirnventrikel sind auf Kosten des Hirnparenchyms stark erweitert (Hydrozephalus). Die Patientin zeigte massive intellektuelle Einbußen und erhebliche Gangstörungen.

b Computertomogramm einer gesunden Person

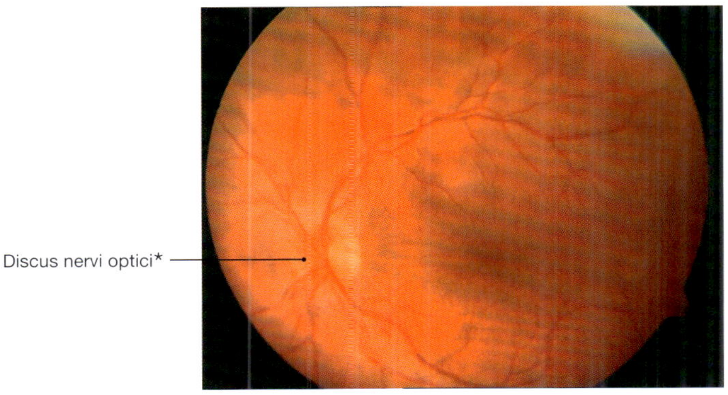

Abb. 12.93 Augenhintergrund, Fundus oculi; links; Ansicht von vorne; ophthalmoskopisches Bild des zentralen Bereichs mit gestauter Sehnervenpapille bei erhöhtem Hirndruck.
Am Augenhintergrund ist eine gestaute Papilla nervi optici bei intraventrikulärem Neurozytom WHO-Grad II am Augenhintergrund sichtbar. Da der N. opticus [II] von Meningen und Liquor umgeben ist, wölbt sich die Sehnervenpapille in den Augenbulbus vor

* klin.: Papille oder blinder Fleck

Klinik

Die zirkumventrikulären Organe (→ Abb. 12.91) sind aufgrund der **fehlenden Blut-Hirn-Schranke** in der Lage, das Plasma-Blut-Milieu zu überprüfen, und dadurch nicht nur von pharmakologischem Interesse. So besitzt die Area postrema sehr viele Dopamin- und Serotoninrezeptoren. Mittels Dopamin- oder Serotoninantagonisten können sehr gute antiemetische Effekte erzielt werden. Ferner stellt die Möglichkeit einer Erregung von Chemorezeptoren im Bereich der Area postrema einen Schutzmechanismus für den gesamten Körper dar, wenn beispielsweise nach Aufnahme verdorbener Nahrung zentral Erbrechen ausgelöst und der größte Teil der potenziell schädlichen Stoffe wieder aus dem Körper entfernt wird.

Liquorabflussbehinderungen können durch Tumoren, Fehlbildungen, Blutungen oder aufgrund anderer Ursachen entstehen und über eine Erhöhung des Hirndrucks zu Kopfschmerzen, Übelkeit und einer Stauungspapille (→ Abb. 12.93) führen. Bei Blockade im inneren Liquorraum kommt es zur Ausbildung eines **Hydrocephalus internus** (→ Abb. 12.92), bei Abflussstörung im Bereich des Subarachnoidalraums zu einem **Hydrocephalus externus.** Von einem **Hydrocephalus e vacuo** spricht man, wenn es zu einer Zunahme der Ventrikelgröße als Folge eines Verlusts von Hirnsubstanz, z. B. bei Morbus ALZHEIMER, kommt.

Arterien der Hirnbasis

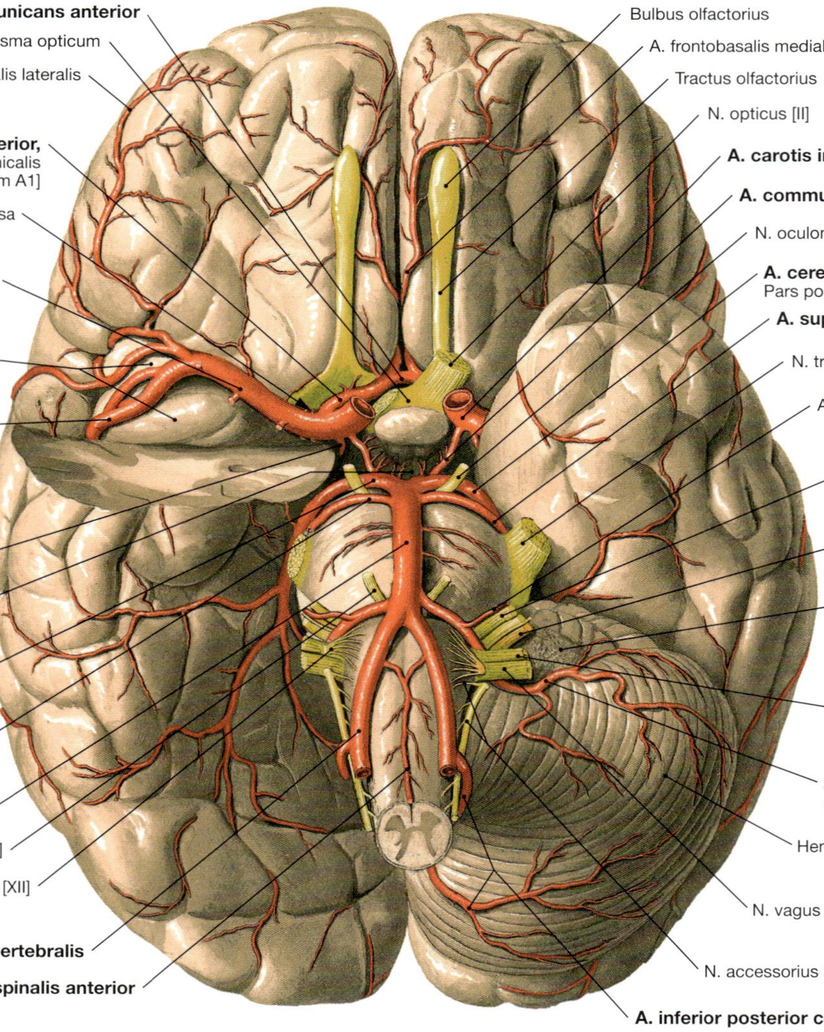

Abb. 12.94 Arterien des Gehirns; Ansicht von unten.
Die Abbildung zeigt die Lage der Arterien auf der Hirnbasis. Die Aa. vertebrales schließen sich zur A. basilaris zusammen, aus der die Aa. cerebri posteriores sowie die Gefäße für den Hirnstamm, das Kleinhirn und das Innenohr hervorgehen (sog. **Vertebralis-Stromgebiet**). Die Aa. cerebri posteriores stehen über kleine Verbindungsarterien (Aa. communicantes posteriores) mit den beiden Aa. carotides internae in Verbindung. Aus Letzteren gehen jeweils eine A. cerebri media und eine A. cerebri anterior hervor, die gemeinsam den größten Teil der Hemisphären mit Blut versorgen (sog. **Karotis-Stromgebiet**). Die beiden Aa. cerebri anteriores stehen über die A. communicans anterior miteinander in Verbindung. Die Aa. cerebri anterior, media und posterior werden unter klinischen Aspekten in Segmente eingeteilt. Dabei besteht die A. cerebri anterior aus dem proximal der A. communicans anterior gelegenen A1-Segment (Pars precommunicans), dem distal der A. communicans anterior gelegenen A2-Segment (Pars infracallosa) sowie dem vor dem Balken gelegenen A3-Segment (Pars precallosa) und dem auf dem Balken gelegenen A4-Segment (Pars supracallosa). Distal von der A. communicans anterior wird die A. cerebri anterior von Klinikern A. pericallosa genannt. Die A. cerebri media besteht aus den Segmenten M1 (Pars sphenoidalis), M2 (Pars insularis), M3 (Pars opercularis) und M4 (Pars terminalis). Auch die A. cerebri posterior umfasst vier Segmente: P1 (Pars precommunicalis; proximal der A. communicans posterior), P2 (Pars postcommunicalis; bis zur Hirnstammhinterkante), P3 (Pars quadrigemina; bis zum Eintritt der A. cerebri posterior in die Fissura calcarina) und P4 (hat keinen lateinischen Namen; Aufteilung in zwei Gefäßstämme). Einige der Segmente sind in der Abbildung sichtbar.

Klinik

Eine der häufigsten Formen zerebraler Durchblutungsstörungen im Vertebralis-Stromgebiet ist das **WALLENBERG-Syndrom** (dorsolaterales Medulla-oblongata-Syndrom). Hierbei kommt es zu einem Verschluss oder zu einer Durchblutungsstörung der A. inferior posterior cerebelli. Symptome sind dabei Nystagmus, Gleichgewichtsstörungen, Schluckstörungen, salvenartiger Singultus (Schluckauf), Dysphonie und Schwindel.

Arterien der Hirnbasis, Circulus arteriosus

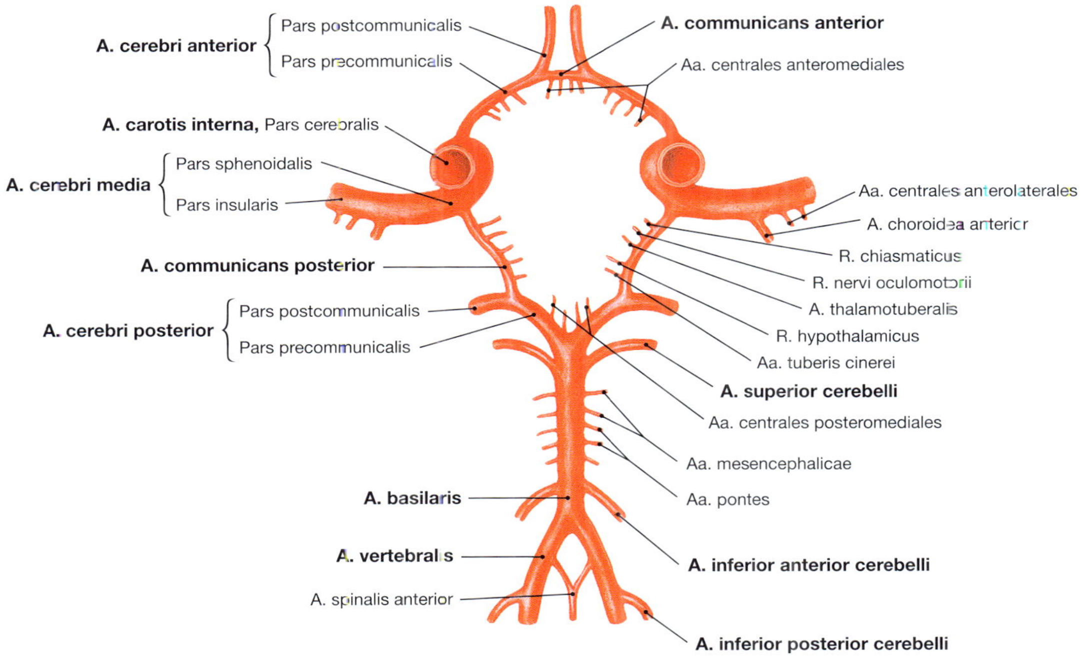

Abb. 12.95 Arterienring des Gehirns, Circulus arteriosus cerebri (WILLISII); Ansicht von oben.
Die Aa. communicantes posteriores verbinden auf beiden Seiten die Aa. cerebri posteriores mit den Partes cerebrales der Aa. carotides internae. Vorne verbindet die A. communicans anterior die beiden Aa. cerebri anteriores miteinander. Auf diese Weise entsteht ein geschlossener arterieller Ring, über den die Aa. carotides internae untereinander und mit dem Vertebralis-Stromgebiet kommunizieren.

Klinik

Über 90% der **Hirnaneurysmen** kommen im Bereich der Hirnbasisgefäße des Circulus arteriosus cerebri (WILLISII) vor. Am häufigsten sind die A. communicans anterior und danach die A. carotis interna betroffen.
Die meisten Hirnaneurysmen sind kongenitale Defekte der Tunica media der Gefäßwand an Astabgängen. Oftmals sind die Aneurysmen mit anderen Erkrankungen, wie polyzystischen Nieren oder fibromuskulären Dysplasien, assoziiert. Die Aneurysmen sind meist asymptomatisch. Allerdings kann es durch Druck des Aneurysmasacks zu Hirnnervenkompressionen kommen.
Hirnaneurysmen neigen zur **Ruptur** und sind die häufigste Ursache für eine Subarachnoidalblutung. Bei einer Ruptur kommt es zu plötzlichen schweren Kopfschmerzen, die mit Erbrechen und Bewusstseinsveränderungen einhergehen.

Gefäße und Nerven der Schädelbasis

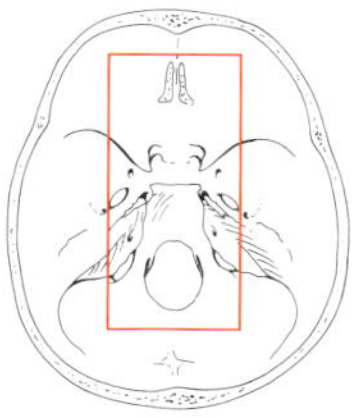

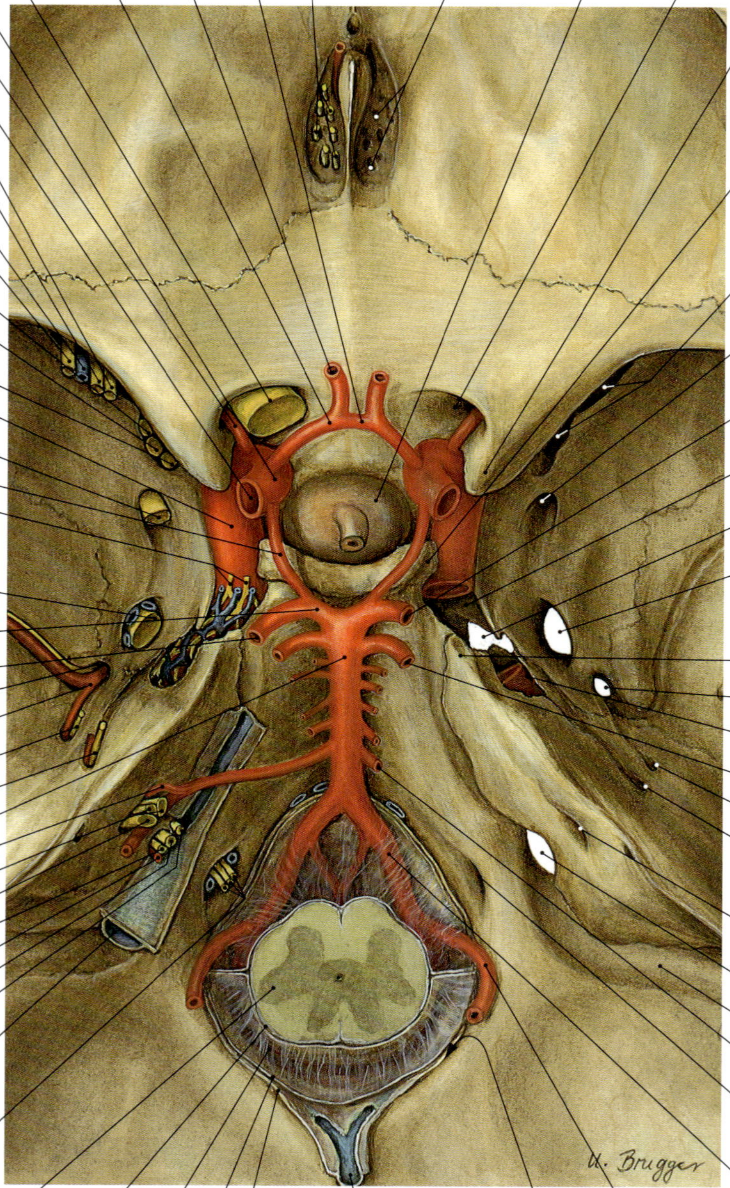

Abb. 12.96 Durchtrittsstellen von Gefäßen und Nerven durch die innere Schädelbasis, Basis cranii interna, und Arterienring des Gehirns, Circulus arteriosus cerebri (WILLISII); Ansicht von oben.
Der Circulus arteriosus cerebri projiziert sich von oben um die Fossa hypophysialis. Aus der **A. carotis interna** entspringt am Canalis nervi optici die A. ophthalmica, die durch den knöchernen Kanal gemeinsam mit dem N. opticus [II] in die Orbita gelangt. Die **A. basilaris** verläuft auf dem Clivus. Die aus der A. basilaris abgehende **A. inferior anterior cerebelli** zieht am Porus acusticus internus vorbei oder schlaufenförmig in ihn hinein und gibt hier die **A. labyrinthi** ab.
Zur Übersicht der Durchtrittsstellen durch die Schädelbasis → Abbildung 8.16 und 8.17.

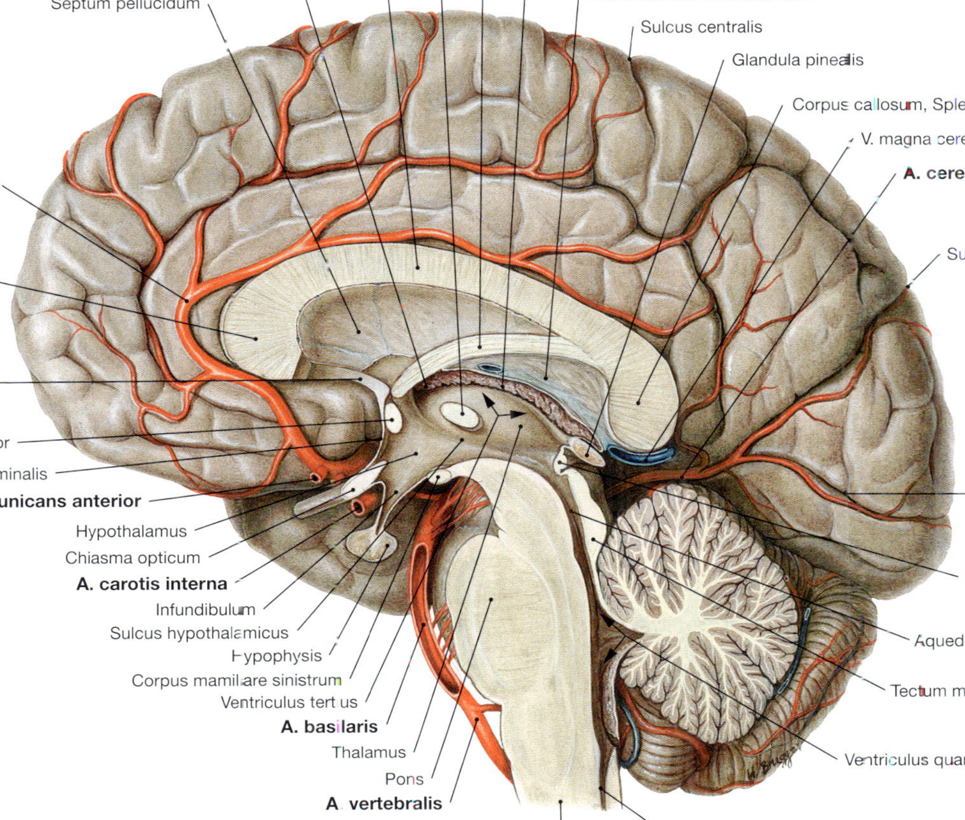

Abb. 12.97 Mediale Fläche des Gehirns, Facies medialis hemispherii cerebri, Zwischenhirn, Diencephalon, und Hirnstamm, Truncus encephali; vorne gestufter Medianschnitt; Ansicht von links.
Die **A. cerebri anterior** verläuft nach Abgabe der A. communicans anterior mit ihrer Pars postcommunicalis (A. pericallosa) um das Rostrum und das Genu des Corpus callosum entlang der Oberfläche des Balkens. Ihre Ausläufer erreichen den Sulcus parietooccipitalis. Sie versorgt die mediale Fläche von Frontal- und Parietallappen sowie die Kante der Hemisphäre und ein kleineres, die Kante begleitendes Gebiet der Hirnkonvexität (→ S. 271).
Die **A. cerebri posterior** zieht zum Okzipitallappen, zum basalen Teil des Temporallappens, zum unteren Abschnitt vom Striatum (nicht sichtbar) und zum Thalamus.

Arterien des Gehirns

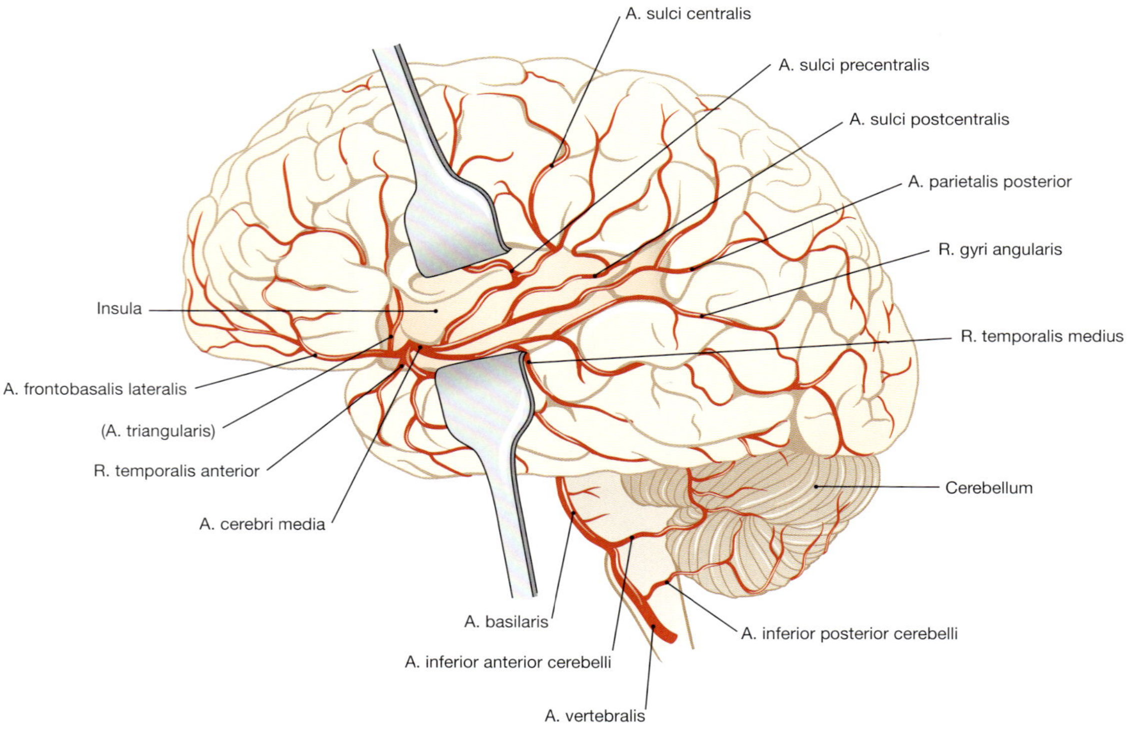

Abb. 12.98 Verzweigung der A. cerebri media im Bereich der Insel, und an der äußeren Großhirnoberfläche; Ansicht von links. (nach [2])

Die **A. cerebri media** zieht lateralwärts in die Fossa lateralis und teilt sich in **vier Abschnitte:** (→ Abb. 12.94)

- die Pars sphenoidalis (nicht sichtbar; M1)
- die Pars insularis mit kurzen Ästen für die Inselrinde (M2)
- die Pars opercularis für die Rinde des Temporallappens (Aa. frontobasalis lateralis und temporales; M3)
- die Rr. terminales inferiores und superiores (Pars terminalis; M4) für die Rinde im Bereich des Sulcus centralis und des Parietallappens

Klinik

Verschlüsse im Abgangsbereich der A. cerebri media durch Arteriosklerose oder eine Embolie führen zum **Hirninfarkt** (Schlaganfall, Apoplex) mit schwerwiegenden Ausfallerscheinungen. Es kommt zur kontralateral, brachiofazial betonten Halbseitenlähmung mit Hypästhesie (umschriebene oder allgemeine Verminderung der Berührungs- und Drucksensibilität der Haut). Ist die dominante Hemisphäre betroffen, resultieren ferner Aphasie (Sprachstörung), Agraphie (Unfähigkeit, Wörter und Text zu schreiben, obwohl die dafür notwendige Beweglichkeit der Hand sowie die Intelligenz und der Intellekt vorhanden sind) und Alexie (Unvermögen zu lesen). Bei Patienten mit Bluthochdruck (Hypertonus) kann es infolge von Wandveränderungen der Hirnarterien zur Zerreißung mit nachfolgender Einblutung in das Hirnparenchym (bis hin zu Massenblutungen) kommen. Hiervon sind besonders häufig die Stammganglien betroffen.

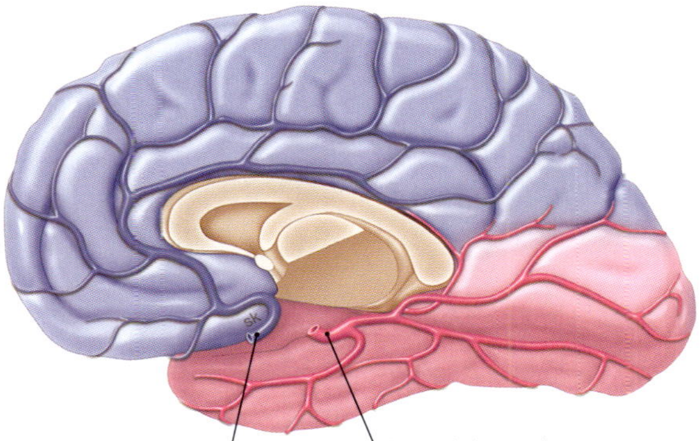

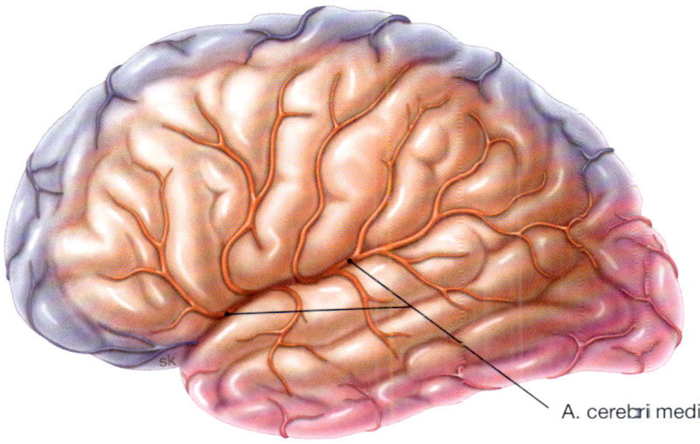

Versorgungsgebiet der A. cerebri anterior — Versorgungsgebiet der A. cerebri media — Versorgungsgebiet der A. cerebri posterior

Abb. 12.99 Arterien der rechten Hemisphäre des Großhirns; Ansicht von links.
Die **A. cerebri anterior** versorgt die mediale Fläche von Frontal- und Parietallappen über die Mantelkante hinaus bis zum Sulcus parietooccipitalis. Okzipitallappen und Basis des Temporallappens werden über die **A. cerebri posterior** mit Blut versorgt.

Abb. 12.100 Arterien der linken Hemisphäre des Großhirns; Ansicht von links.
Die **A. cerebri anterior** versorgt die Hirnrinde im Frontal- und Parietalbereich ca. 1 cm über die Mantelkante hinaus. Die **A. cerebri posterior** speist den Okzipitalpol und den Unterrand des Temporallappens mit Blut. Der übrige Bereich wird auf der Außenseite von der **A. cerebri media** mit Blut versorgt. Im Bereich der Gyri pre- und postcentralis erfolgt so ein Teil der Blutversorgung über die A. cerebri anterior, der andere Teil über die A. cerebri media.

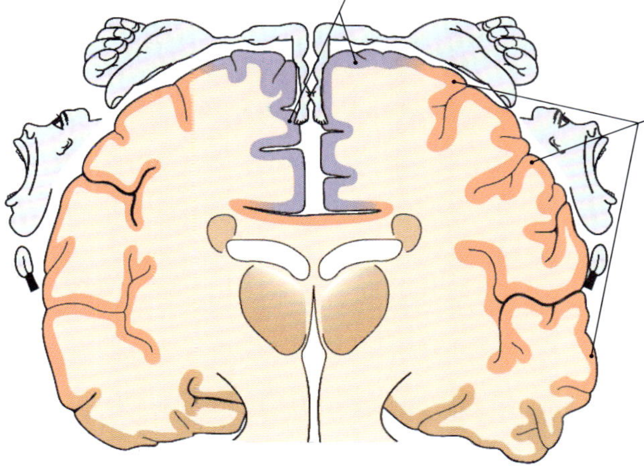

Abb. 12.101 Arterien im Bereich des Gyrus precentralis und Übertragung auf den Homunkulus des primären Motocortex.
Die **A. cerebri anterior** versorgt die Rinde des Gyrus precentralis bis ca. 1 cm über die Mantelkante hinaus mit Blut und übernimmt damit die Repräsentationsgebiete der unteren Extremität, des Beckens und des Brustkorbs. Die Repräsentationsgebiete der oberen Extremität und des gesamten Kopfes werden über die **A. cerebri media** durchblutet.

Klinik

Aufgrund der Blutversorgung im Bereich des Gyrus precentralis gehen Durchblutungsstörungen der A. cerebri anterior mit **beinbetonten Paresen;** Durchblutungsstörungen der A. cerebri media mit **brachiofazial betonten Paresen** einher. Aufgrund des klinischen Bildes, das der Patient bietet (bein- oder brachiofazial betonte Parese), kann auf das betroffene Gefäß zurückgeschlossen werden.

Arterien und Venen des Gehirns

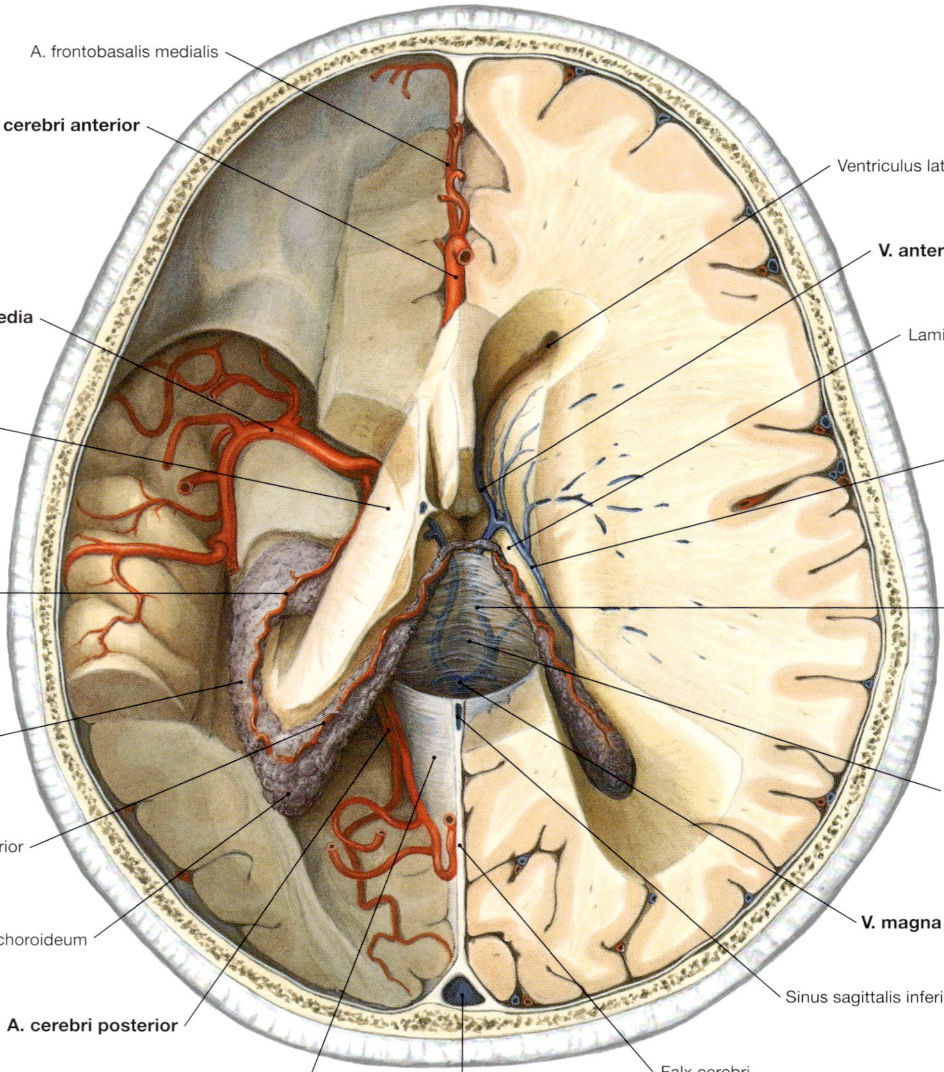

Abb. 12.102 Arterien und Venen des Gehirns, Aa. und Vv. cerebri; Ansicht von oben.
Durch Abtragung der parietalen Hirnanteile sieht man den sonst verdeckten Verlauf der Aa. cerebri anterior, media und posterior auf der **linken Körperseite.** Die A. choroidea anterior geht aus der A. cerebri media hervor und speist den Plexus choroideus des Seitenventrikels. Sie setzt sich in einem R. choroideus posterior fort, der bis zur Spitze des Plexus choroideus im Cornu frontale des Seitenventrikels zieht.

Auf der **rechten Körperseite** sieht man im Boden des Cornu frontale des Seitenventrikels die V. anterior septi pellucidi und weiter hinten die V. thalamostriata superior, die beide das Blut der V. interna cerebri zuführen, die ihrerseits in die V. magna cerebri (GALEN-Vene) einmündet. Es handelt sich dabei um Venen, die das Ventrikelsystem, die Basalganglien und die innere Kapsel drainieren.

Venen des Gehirns

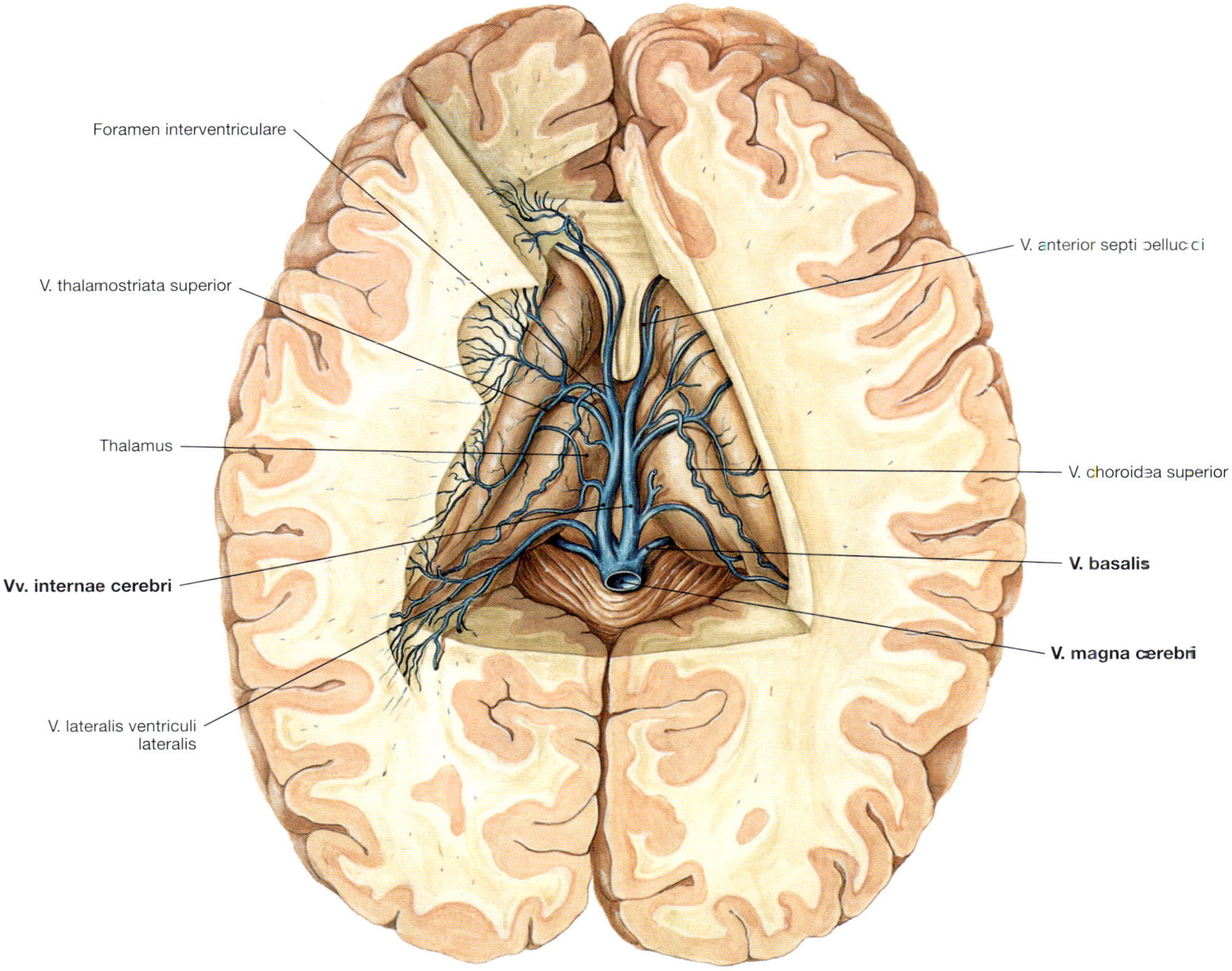

Abb. 12.103 Tiefe Hirnvenen, Vv. profundae cerebri; Ansicht von oben.
Die Vv. internae cerebri verlaufen in der Tela choroidea ventriculi tertii. Zu den tiefen Hirnvenen gehören auch die Venen des Ventrikelsystems, der Basalganglien und der inneren Kapsel. Das Blut aus diesen Strukturen wird über die Vv. thalamostriatae superiores den Vv. cerebri internae zugeführt und gelangt von hier in die V. magna cerebri (GALEN-Vene).

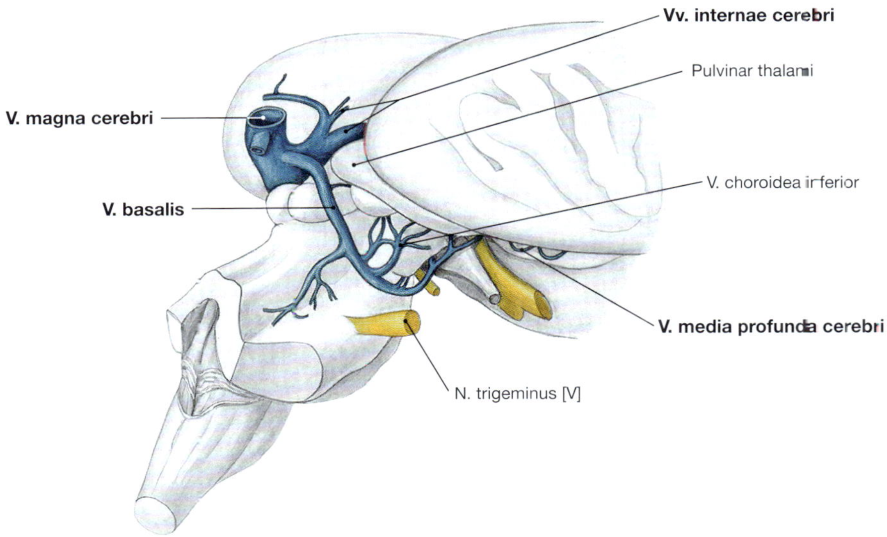

Abb. 12.104 Tiefe Hirnvenen, Vv. profundae cerebri; Ansicht von rechts hinten.
Nach Abtragung des Kleinhirns sieht man die basalen Hirnvenen, die venöses Blut von Rautenhirn, Mittelhirn und Insel drainieren. Venöse Gefäße dieser Region sind die paarig angelegte V. media profunda cerebri und die V. basalis (ROSENTHAL-Vene), die wie die Vv. internae cerebri das Blut in die V. magna cerebri (GALEN-Vene) drainieren.

Gehirn, MRT

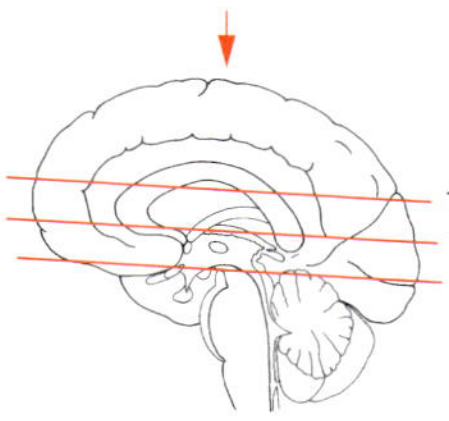

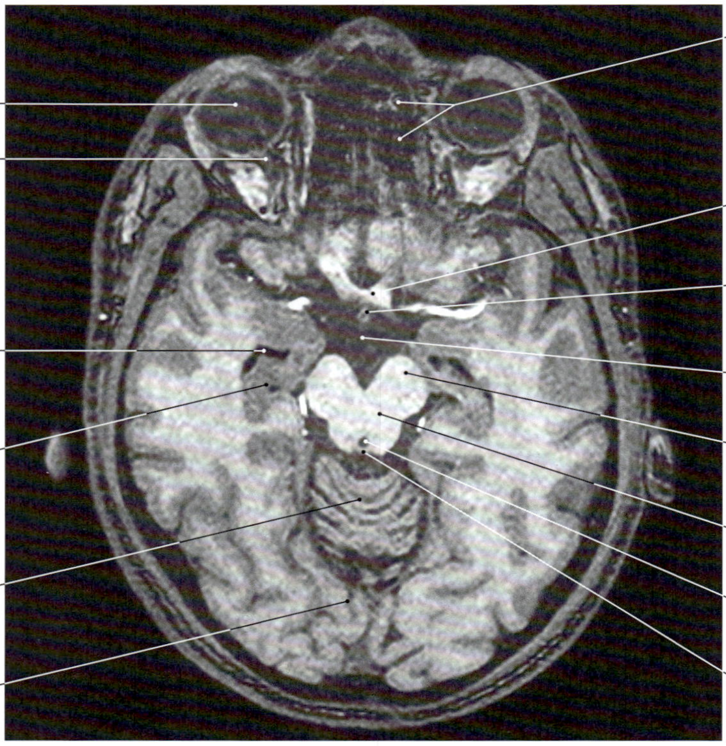

Abb. 12.105 Gehirn, Encephalon; magnetresonanztomographischer Horizontalschnitt (MRT) auf Höhe des Mittelhirns und der Unterhörner der Seitenventrikel; Ansicht von oben.

Man sieht das Chiasma opticum und die Pedunculi cerebri des Mesencephalons. Auch der Kleinhirnwurm (Vermis cerebelli) liegt in der angeschnittenen Ebene. Im Okzipitallappen sieht man den Sulcus calcarinus.

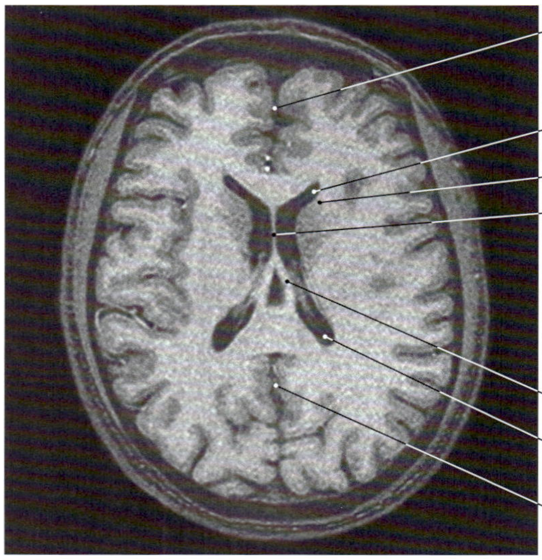

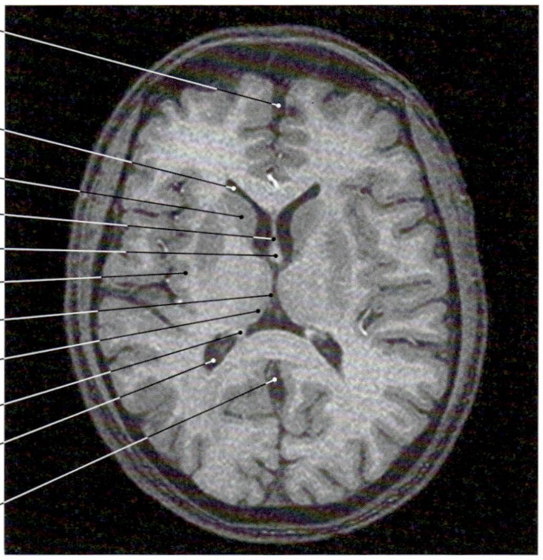

Abb. 12.106 Gehirn, Encephalon; magnetresonanztomographischer Horizontalschnitt (MRT) auf Höhe des Bodens der Mittelteile der Seitenventrikel; Ansicht von oben.
Man sieht die Cornua frontale und occipitale, das Septum pellucidum und das Crus des Fornix. Auf der linken Bildseite lässt sich auch der Lobus insularis abgrenzen.

Abb. 12.107 Gehirn, Encephalon; magnetresonanztomographischer Horizontalschnitt (MRT) auf Höhe des dritten Ventrikels und des Abgangs der Unterhörner der Seitenventrikel; Ansicht von oben.
Außer den Lobuli insularia und den in → Abbildung 12.106 bereits genannten Strukturen sind der Thalamus und die Columna des Fornix zu sehen.

Gehirn, MRT

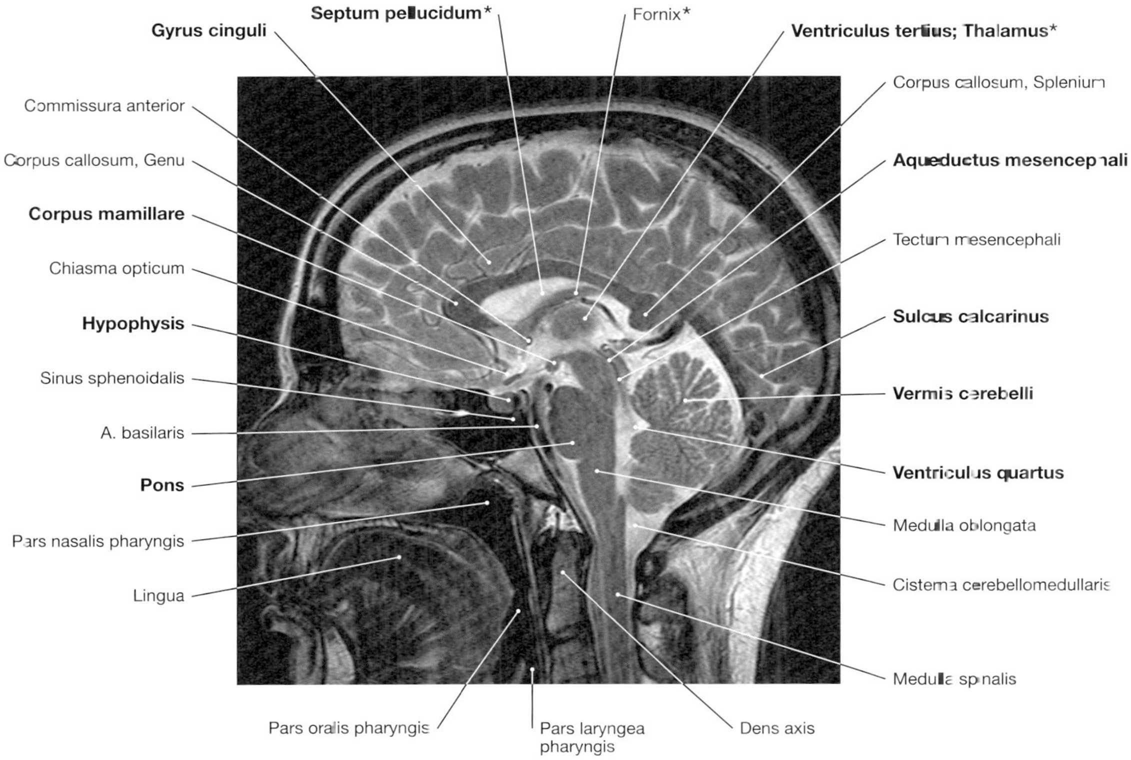

Abb. 12.108 Gehirn, Encephalon; magnetresonanztomographischer Medianschnitt (MRT).
Durch das MRT sind sämtliche Hirnstrukturen sehr gut abgrenzbar, wie z. B. Gyrus cinguli, Septum pellucidum, dritter Ventrikel, Thalamus, Aqueductus mesencephali, Corpus mamillare, Hypothalamus, Hypophysis, Mittelhirn, Pons, Kleinhirn und Medulla oblongata.
Aufgrund des „Partial-Volume-Effekts" ist die Kontur der mit * gekennzeichneten Strukturen etwas verfälscht.

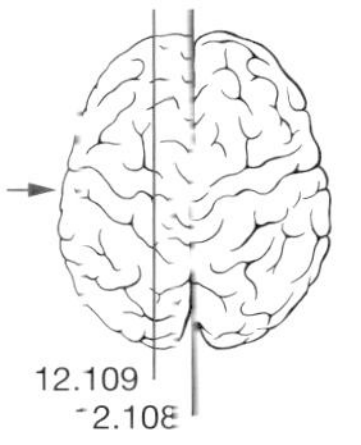

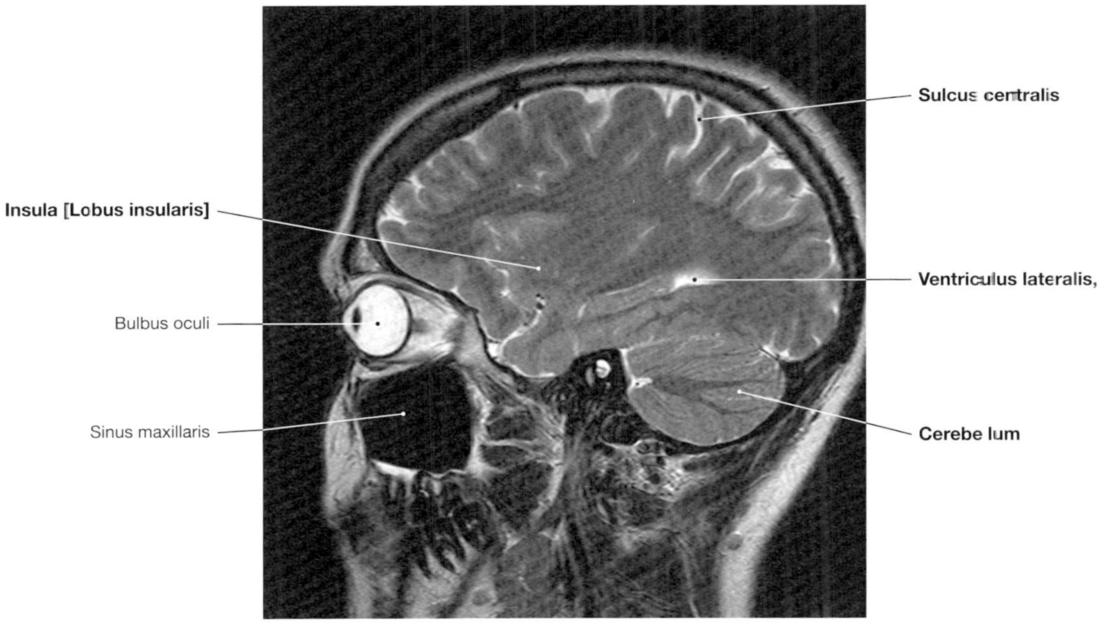

Abb. 12.109 Gehirn, Encephalon; magnetresonanztomographischer Sagittalschnitt (MRT) auf Höhe des Mittelhirns und der Unterhörner der Seitenventrikel; Ansicht von links.
Der Sagittalschnitt trifft das Kleinhirn und den Sulcus centralis. Ein kleiner Abschnitt des Cornu temporale des Seitenventrikels liegt ebenfalls in der Abbildungsebene.

Gehirn, MRT

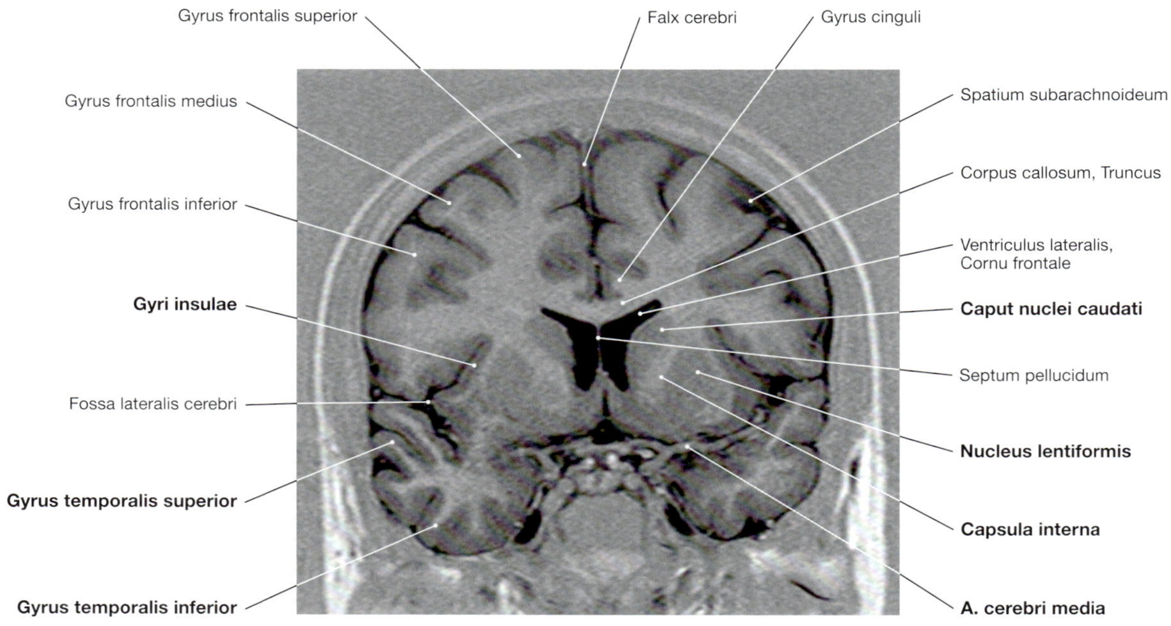

Abb. 12.110 Gehirn, Encephalon; magnetresonanztomographischer Frontalschnitt (MRT) auf Höhe des vorderen Anteils des dritten Ventrikels; Ansicht von vorne.
Der Verlauf der A. cerebri media in Richtung auf den Sulcus lateralis zu ist rechts zu erkennen. Beidseits sind die großen Gyri von Lobus frontalis und Lobus temporalis zu sehen. Im Bereich der Endhirnkerne lassen sich mit dieser Aufnahmetechnik der Nucleus caudatus, die Capsula interna und der Nucleus lentiformis abgrenzen.

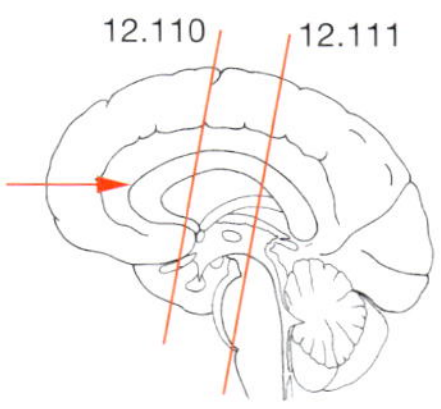

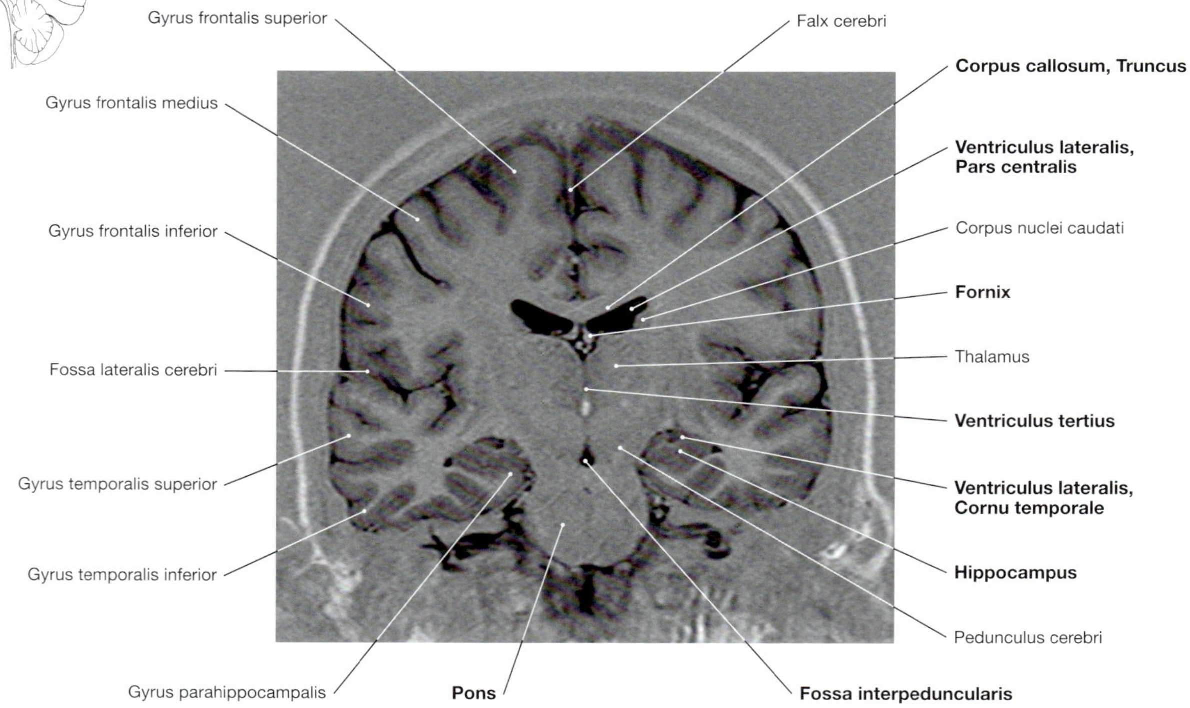

Abb. 12.111 Gehirn, Encephalon; magnetresonanztomographischer Frontalschnitt (MRT) auf Höhe des Thalamus; Ansicht von vorne.
Die Aufnahme zeigt das Cornu temporale der Seitenventrikel und den Hippocampus. Weiter oben ist die Pars centralis der Seitenventrikel angeschnitten. In der Mittellinie lassen sich von oben nach unten der Truncus corporis callosi, der Fornix, der dritte Ventrikel, die Fossa interpeduncularis des Hirnstamms und der Pons abgrenzen.

Gehirn, Frontalschnitte

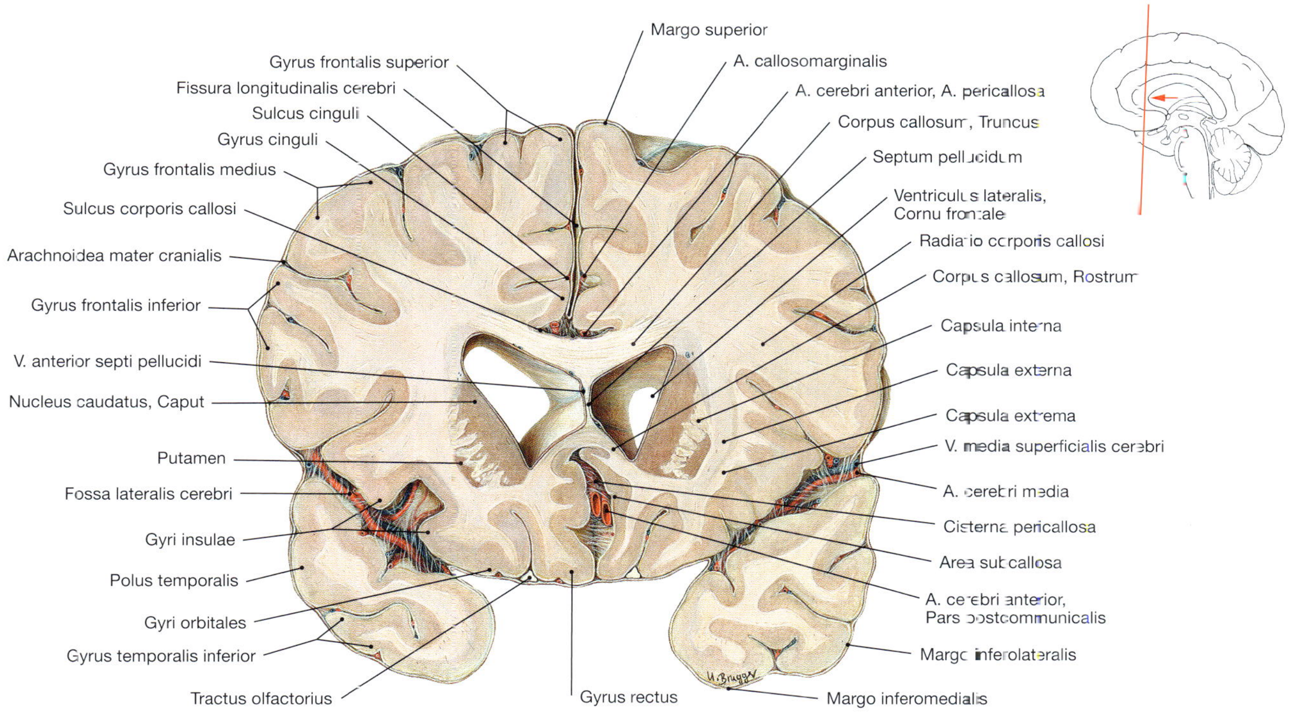

Abb. 12.112 Gehirn, Encephalon; Frontalschnitt auf Höhe des vorderen Anteils der Vorderhörner der Seitenventrikel; Ansicht von hinten.

Man sieht die beiden Ventriculi laterales, darüber das Corpus callosum und lateral von den Ventriculi laterales das Caput des Nucleus caudatus sowie das Putamen.

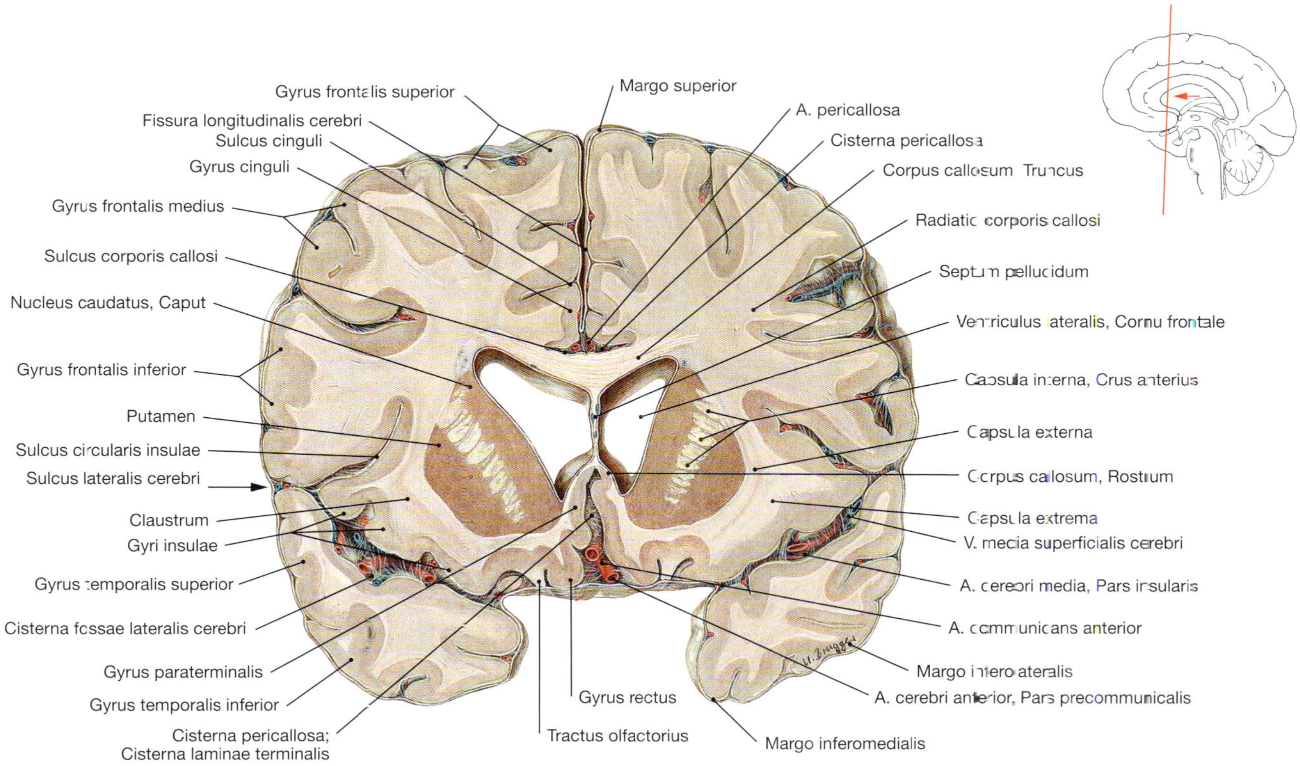

Abb. 12.113 Gehirn, Encephalon; Frontalschnitt auf Höhe des hinteren Anteils der Vorderhörner der Seitenventrikel; Ansicht von hinten.

Über den Ventriculi laterales sieht man den Truncus des Corpus callosum, lateral der Ventriculi laterales das Caput des Nucleus caudatus, das Putamen und dazwischen das Crus anterius der Capsula interna.

Gehirn, Frontalschnitte

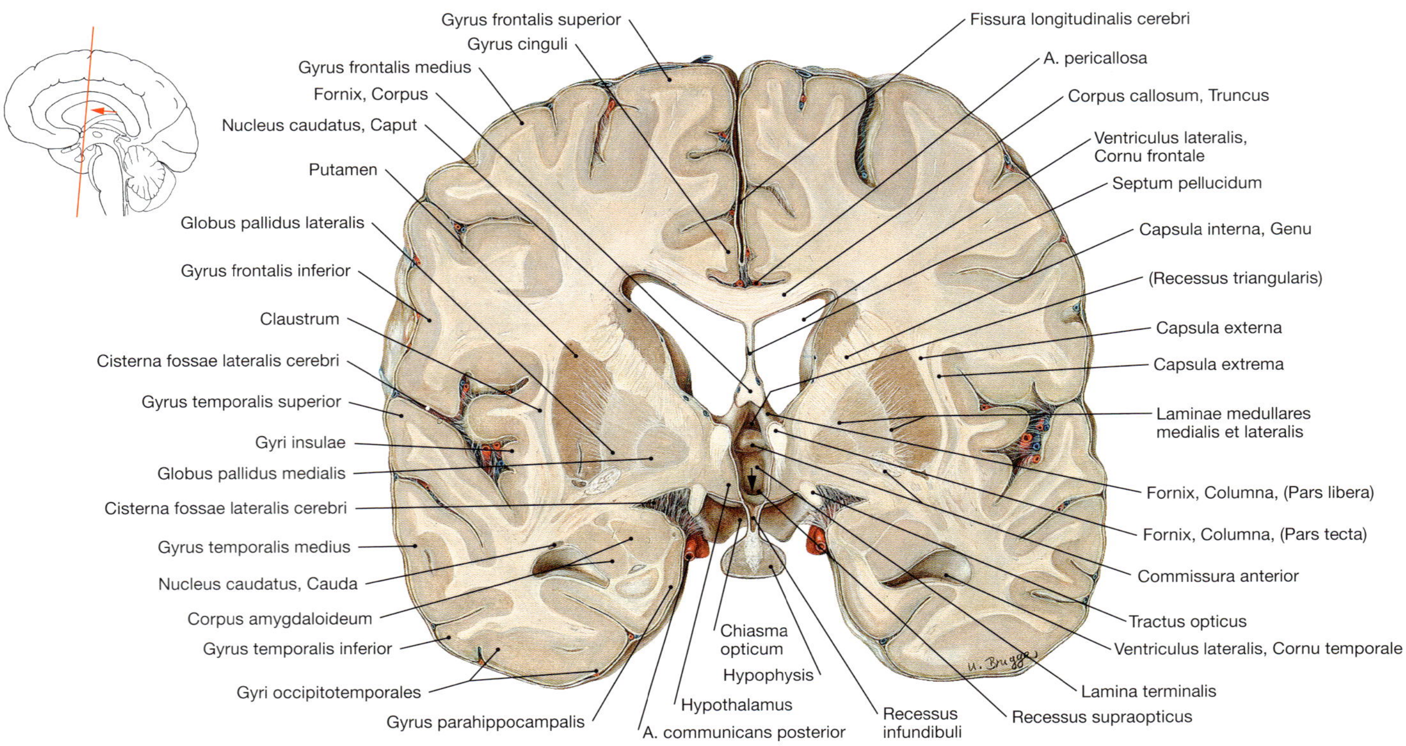

Abb. 12.114 Gehirn, Encephalon; Frontalschnitt auf Höhe der Foramina interventricularia; Ansicht von hinten.

Der Schnitt geht genau durch die Hypophyse. Unterhalb der Ventriculi laterales sieht man das Caput des Nucleus caudatus, die Capsula interna, den Globus pallidus, das Putamen, das Claustrum und einige Gyri insulae.

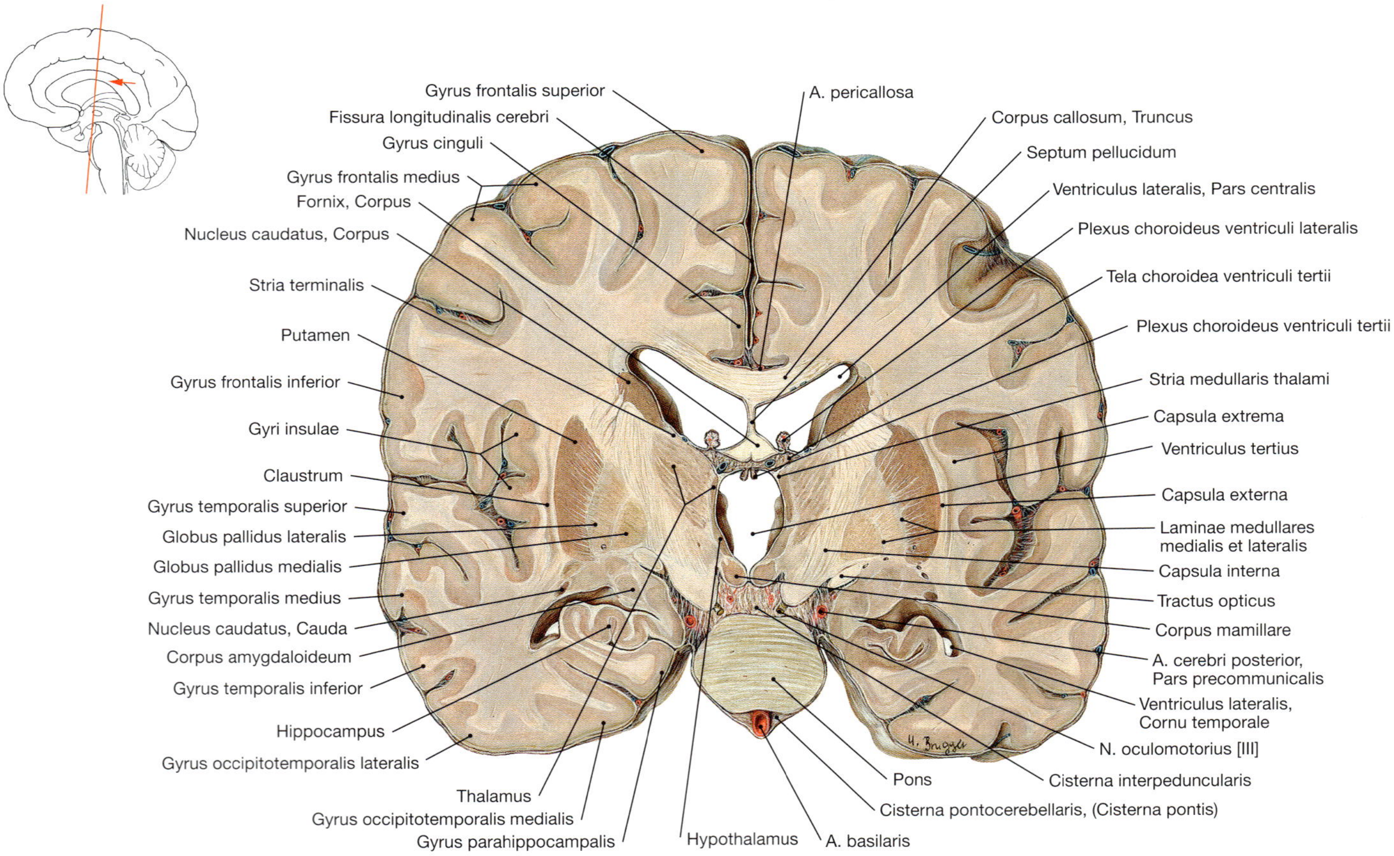

Abb. 12.115 Gehirn, Encephalon; Frontalschnitt auf Höhe der Corpora mamillaria; Ansicht von hinten.

Auf Höhe der Corpora mamillaria sieht man unterhalb der Ventriculi laterales das Lumen des Ventriculus tertius. Lateral davon liegen von innen nach außen Thalamus, Capsula interna, Globus pallidus, Putamen, Capsula externa, Claustrum, Capsula extrema und Gyri insulae.

Gehirn, Frontalschnitte

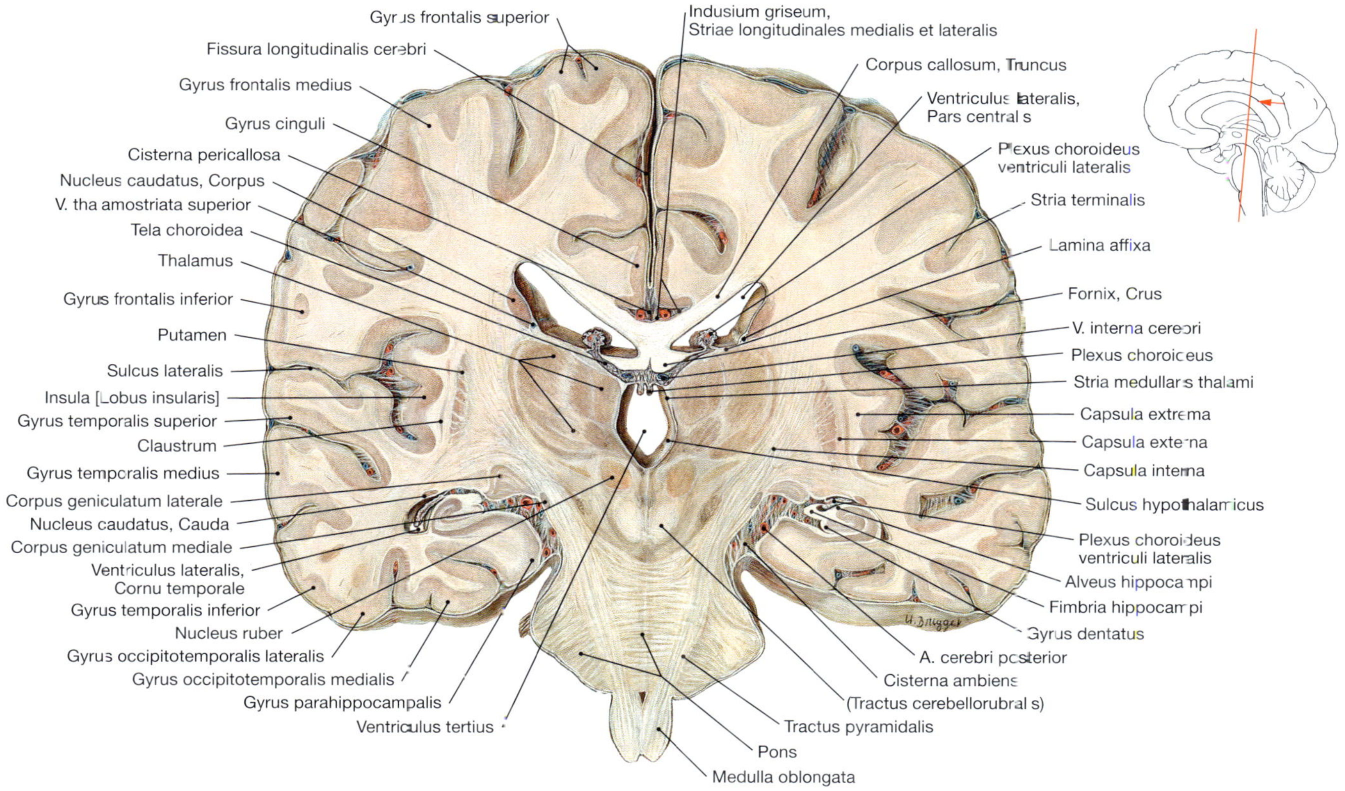

Abb. 12.116 Gehirn, Encephalon; Frontalschnitt auf Höhe der Mitte des dritten Ventrikels; Ansicht von hinten.
In vielen Fällen sind rechter und linker Thalamus auf dieser Höhe durch die Adhesio interthalamica quer miteinander verbunden. Unterhalb des Thalamus erkennt man gut den Nucleus ruber. Im Hirnstamm hebt sich im Pons der Tractus pyramidalis ab.

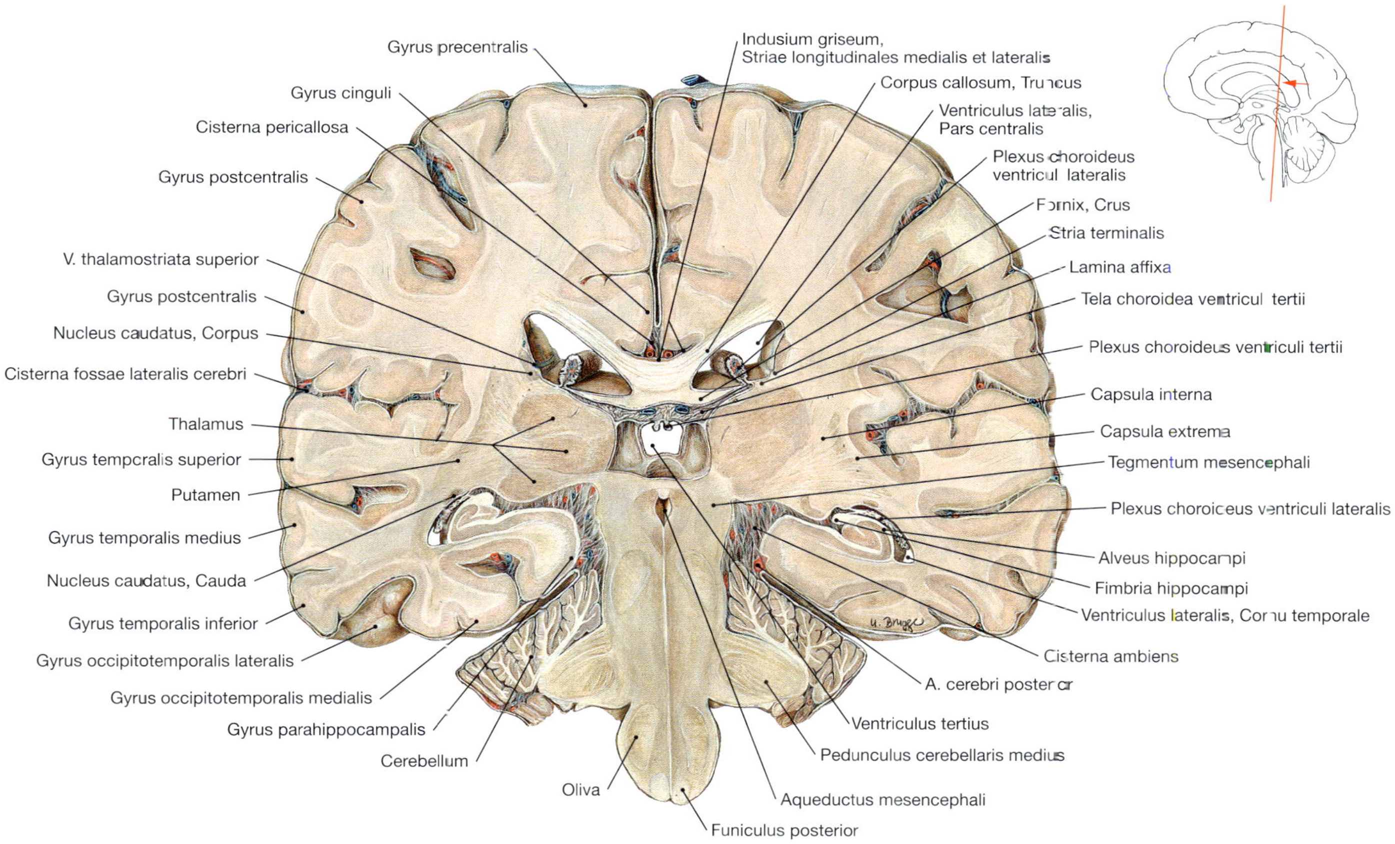

Abb. 12.117 Gehirn, Encephalon; Frontalschnitt auf Höhe der Hinterwand des dritten Ventrikels; Ansicht von hinten.
Unterhalb der Ventriculi laterales sieht man verschiedene Thalamuskerne, darunter ist der okzipitale Abschnitt des Hippocampus sichtbar. Der Hirnstamm ist auf Höhe des Aqueductus mesencephali angeschnitten.

Gehirn, Frontalschnitte

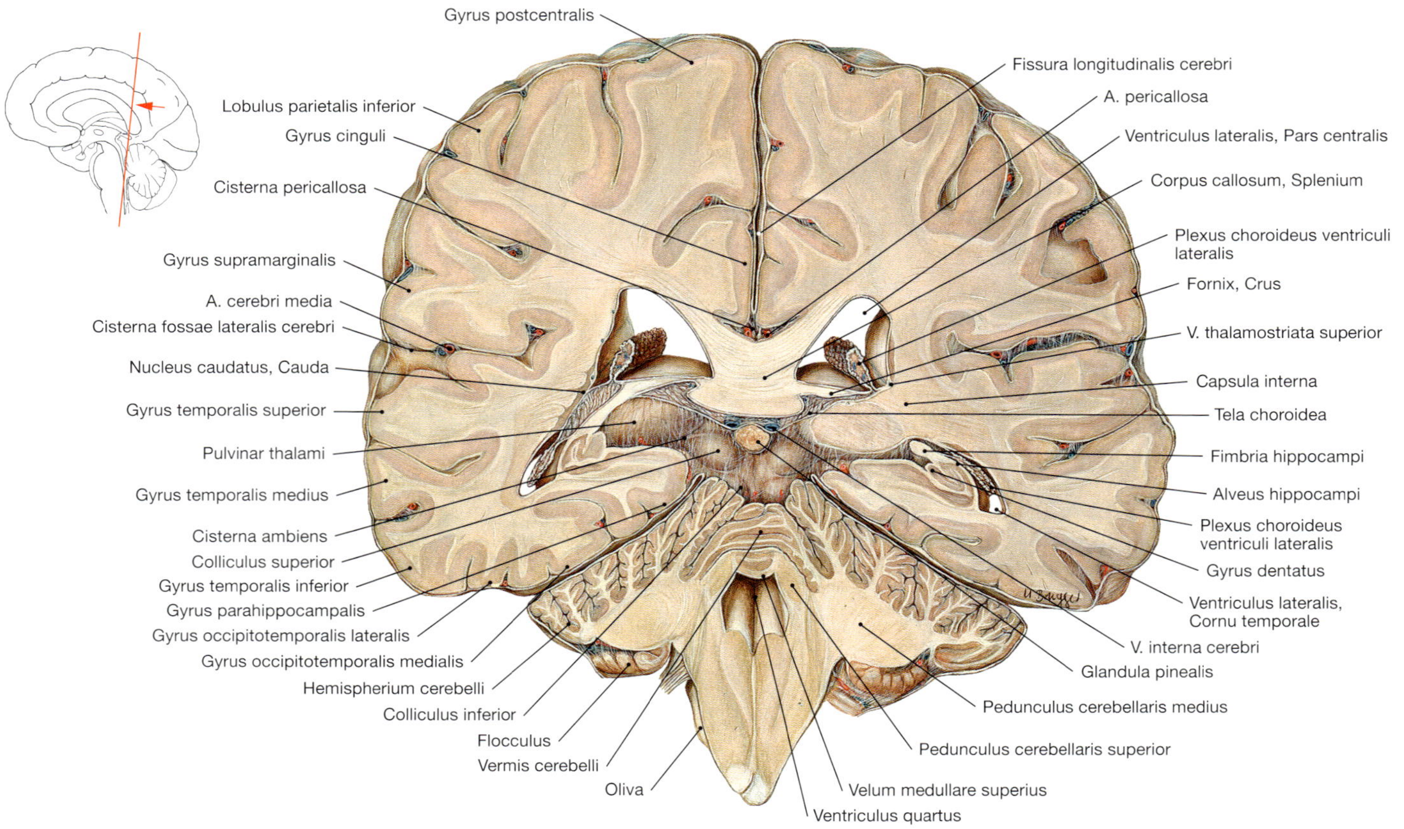

Abb. 12.118 Gehirn, Encephalon; Frontalschnitt auf Höhe der Zirbeldrüse und des vierten Ventrikels; Ansicht von hinten.

Zentral im Bild imponieren das Splenium des Corpus callosum, die Glandula pinealis, seitlich davon die Colliculi superiores und das Pulvinar thalami. Im Hirnstamm sieht man seitlich und leicht oberhalb vom Ventriculus quartus die Pedunculi cerebellares superiores.

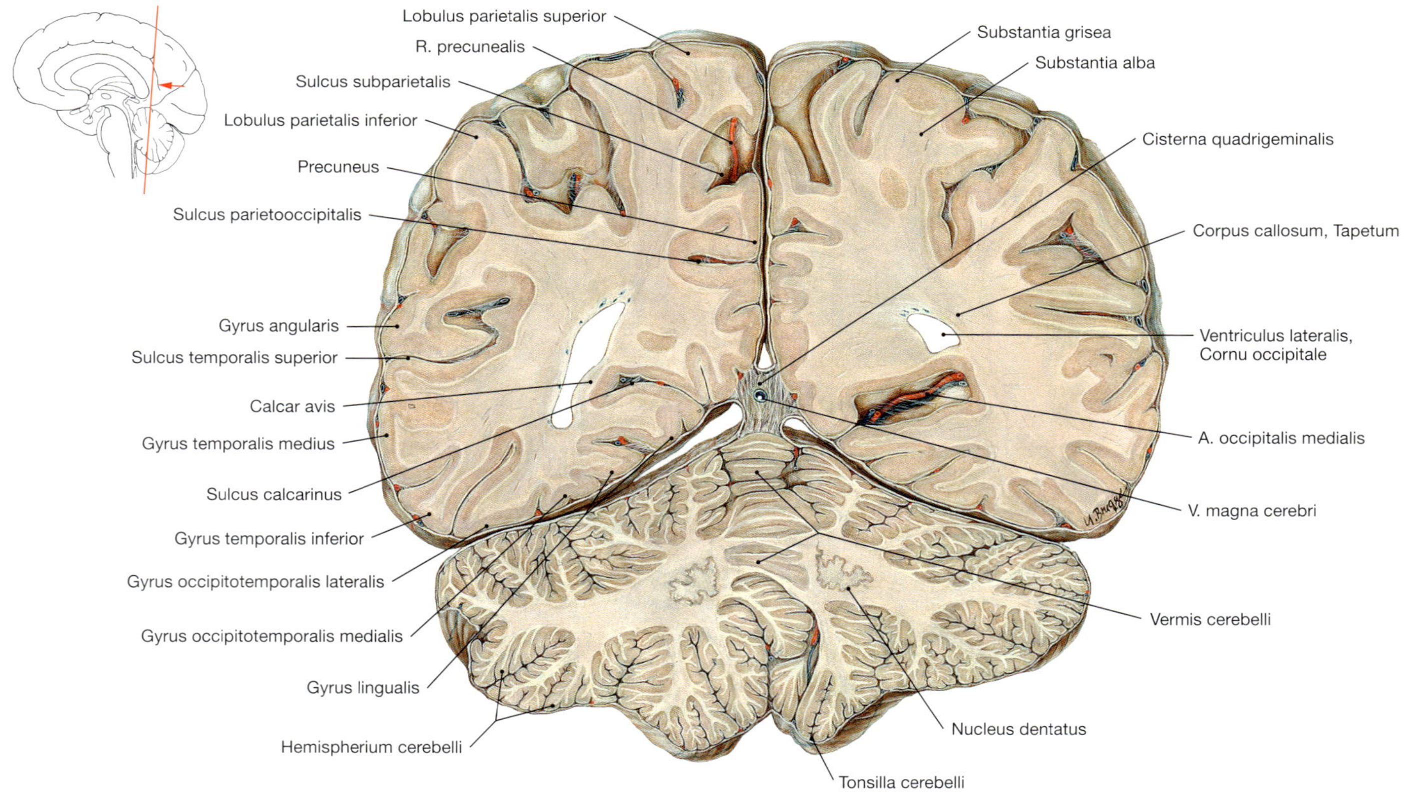

Abb. 12.119 Gehirn, Encephalon; Frontalschnitt auf Höhe der Hinterhörner der Seitenventrikel; Ansicht von hinten.

Im Kleinhirn sieht man den Nucleus dentatus sowie große Anteile des Vermis cerebelli.

Gehirn, Horizontalschnitt

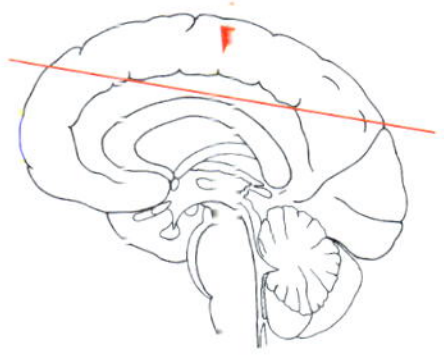

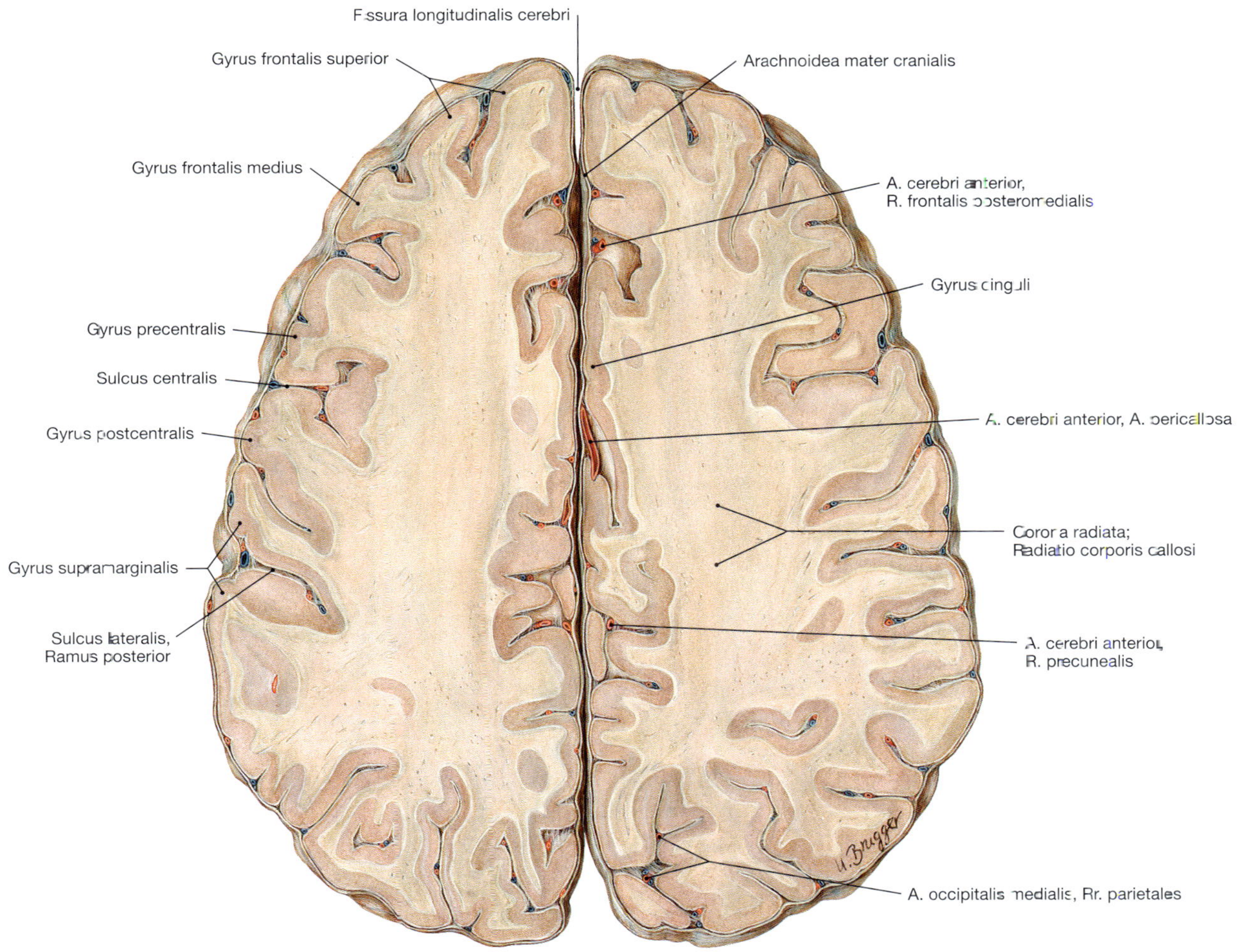

Abb. 12.120 Gehirn, Encephalon; Horizontalschnitt knapp oberhalb des Balkens; Ansicht von oben.

Der Schnitt liegt direkt oberhalb des Balkens (Corpus callosum). In dieser Ebene sind noch keine Kerngebiete sichtbar. In der breit wirkenden weißen Substanz mischen sich vom Thalamus zur Großhirnrinde ausstrahlende Bahnen (Corona radiata) mit den beiden Hemisphären verbindenden Fasern des Corpus callosum (Radiatio corporis callosi). Dazu kommen (nicht sichtbar) die zur Capsula interna nach unten konvergierenden Bahnen (→ Abb. 12.74 bis 12.76). Aufgrund altersbedingter Atrophie des Gehirns erscheint der Subarachnoidalraum erweitert (→ Abb. 12.121 bis 12.130).

Gehirn, Horizontalschnitt

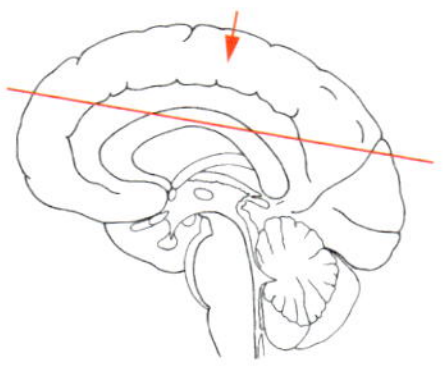

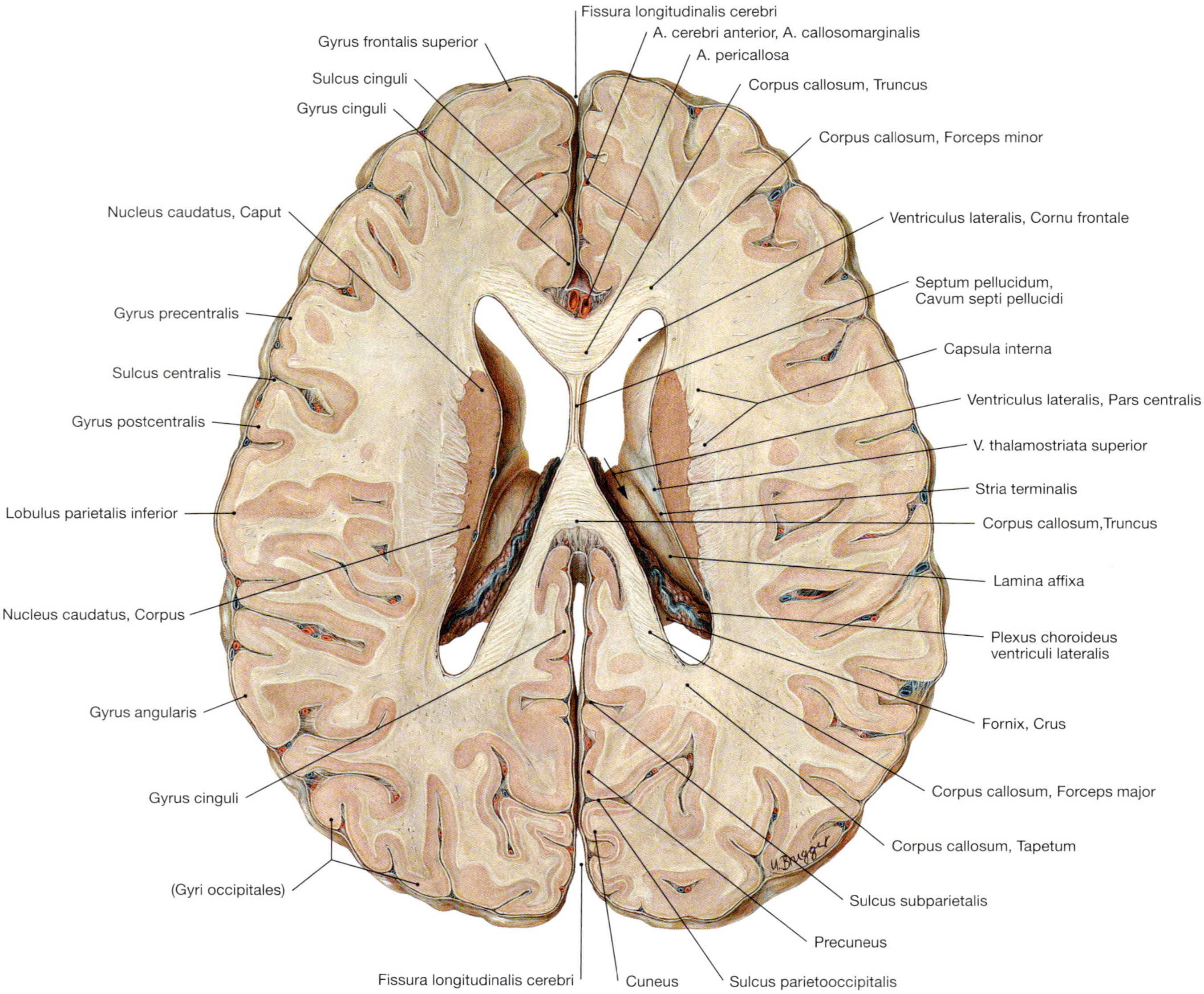

Abb. 12.121 Gehirn, Encephalon; Horizontalschnitt auf Höhe des Mittelteils der Seitenventrikel; Ansicht von oben.
Die Ventriculi laterales sind durch das Septum pellucidum getrennt, das sich zwischen Truncus und Fornix (nicht sichtbar) des Corpus callosum ausspannt. Lateral der Ventriculi laterales sind das Caput und das Corpus des Nucleus caudatus angeschnitten, noch weiter lateral liegt die Capsula interna.

Gehirn, Horizontalschnitt

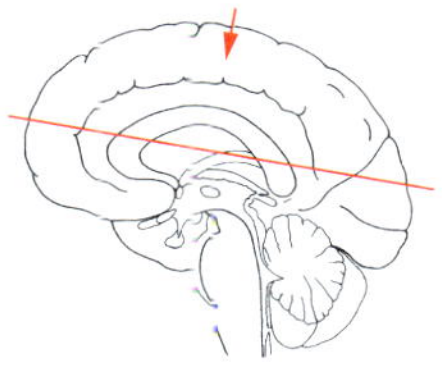

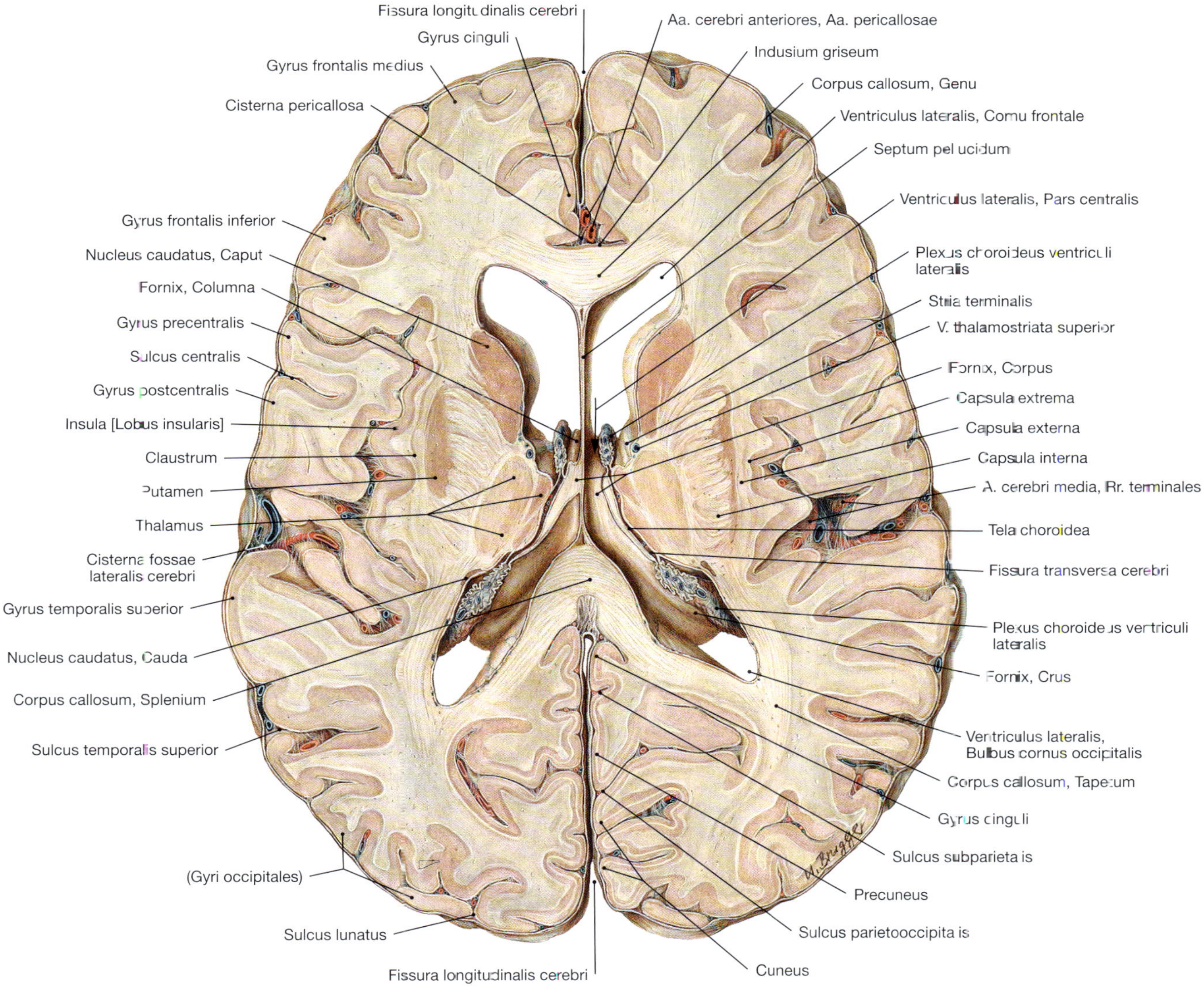

Abb. 12.122 Gehirn, Encephalon; Horizontalschnitt auf Höhe des Bodens des Mittelteils der Seitenventrikel; Ansicht von oben.
Der zentral gelegte Schnitt zeigt lateral der Ventriculi laterales Anschnitte des Thalamus. Davor sieht man das Caput, dahinter als kleines Areal die Cauda des Nucleus caudatus. Lateral des Thalamus folgen von medial nach lateral Capsula interna, Putamen, Capsula externa, Claustrum, Capsula extrema und Gyri insulae. Vom Corpus callosum sieht man in der Mittellinie vorne das Genu und hinten das Splenium.

Gehirn, Horizontalschnitt

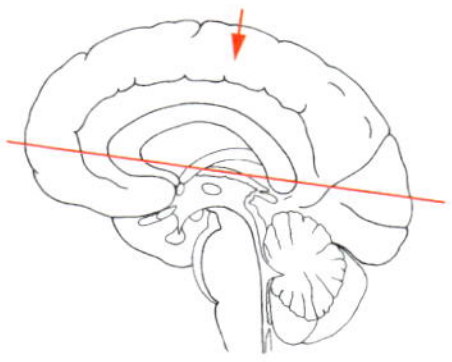

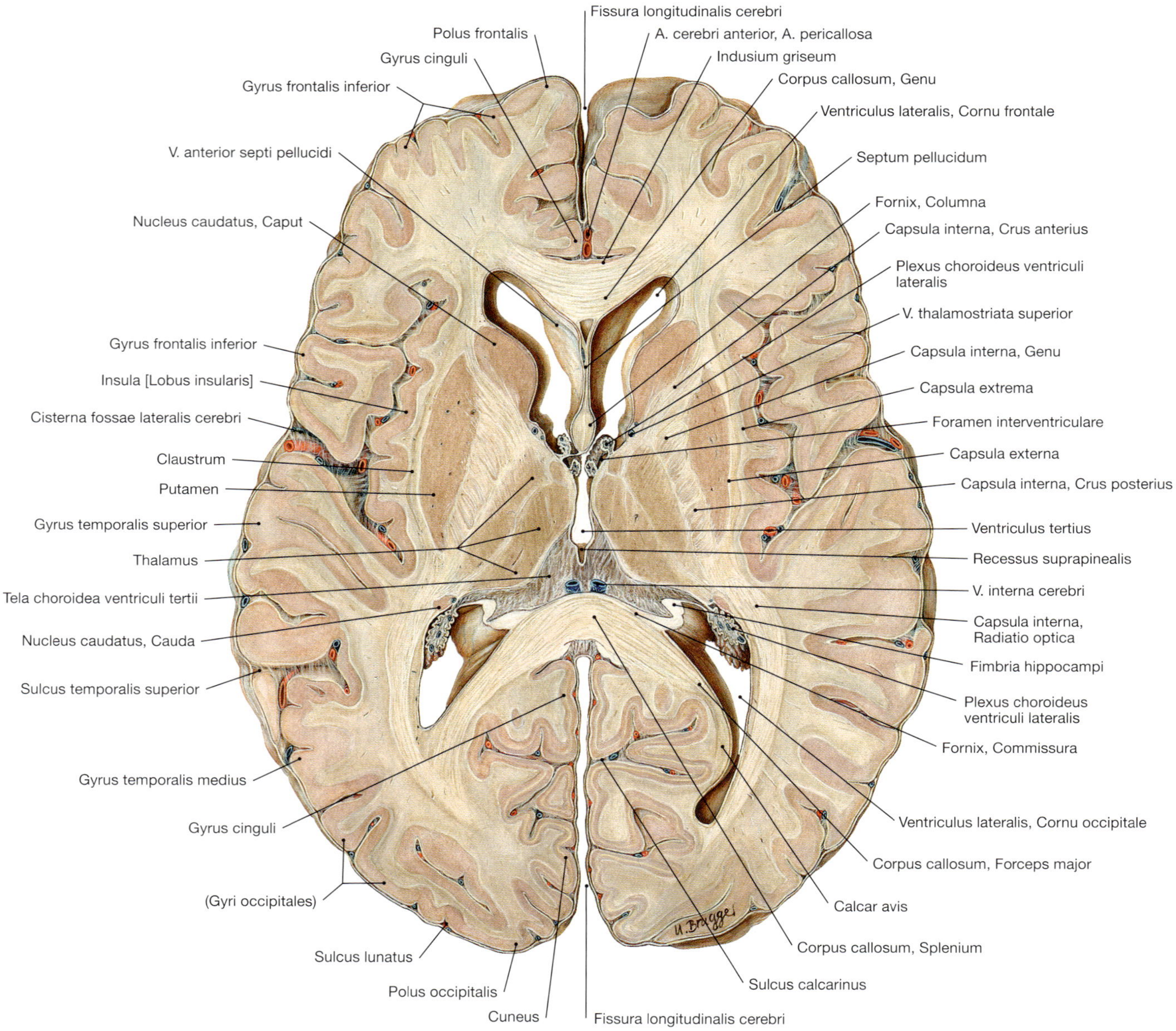

Abb. 12.123 Gehirn, Encephalon; Horizontalschnitt auf Höhe der oberen Zone des dritten Ventrikels; Ansicht von oben.
Zentral im Bild liegt der Ventriculus tertius, davor und dahinter sieht man Anschnitte der Ventriculi laterales sowie das Genu bzw. das Splenium des Corpus callosum. **Kerngebiete** sind Caput und Cauda des Nucleus caudatus, Thalamus, Putamen und Claustrum. Zwischen den großen Kernen verläuft die Capsula interna mit ihrem charakteristischen Genu. Außerdem sieht man die Radiatio optica der Capsula interna.

Gehirn, Horizontalschnitt

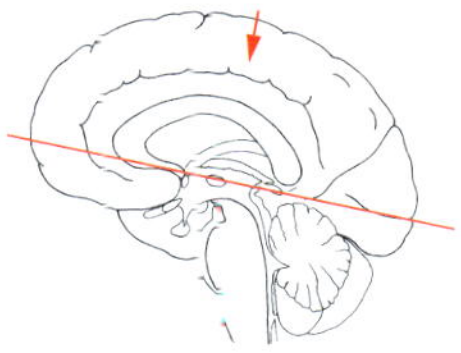

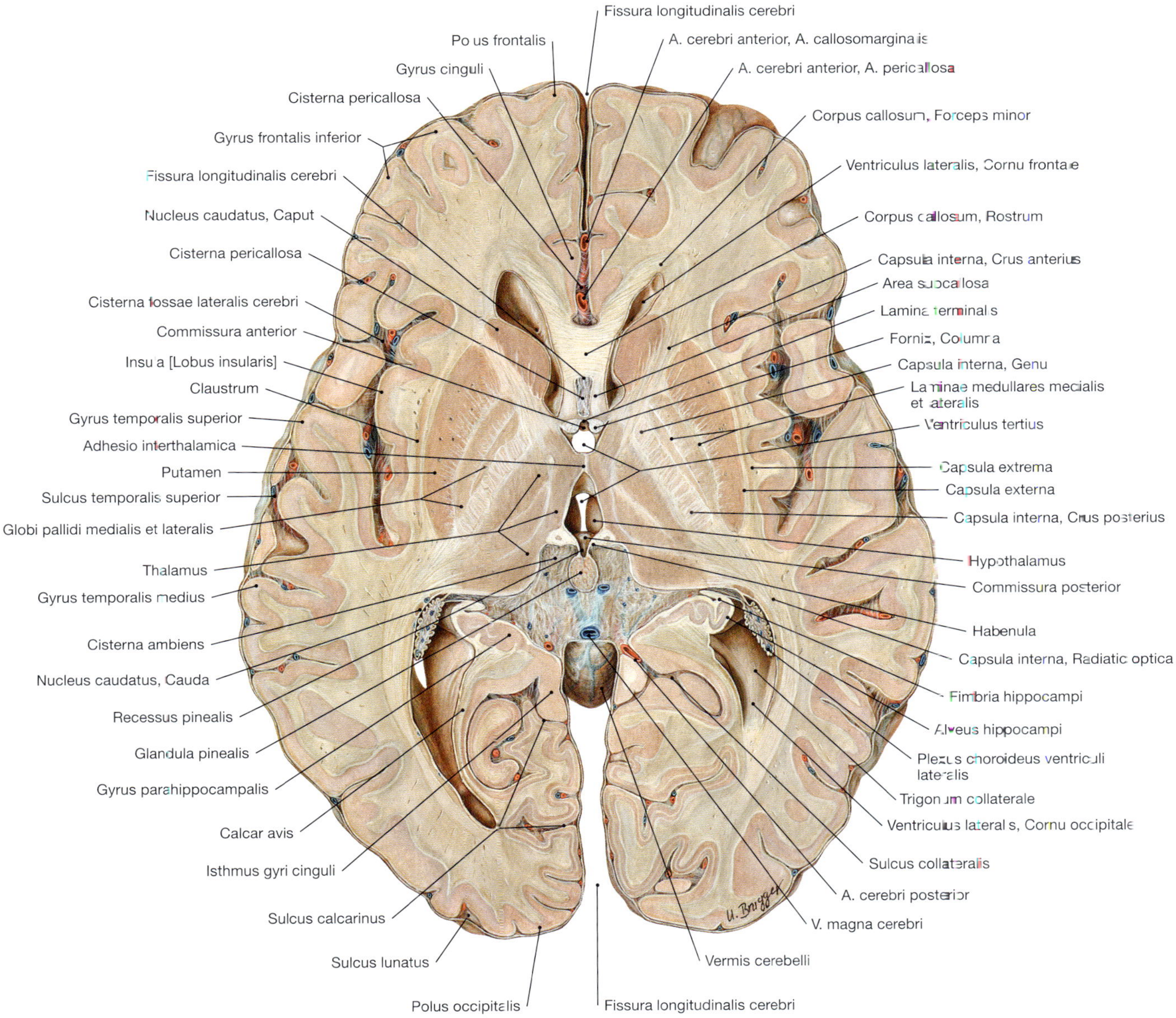

Abb. 12.124 Gehirn, Encephalon; Horizontalschnitt durch die Mitte des dritten Ventrikels auf Höhe der Adhesio interthalamica; Ansicht von oben.
Der Schnitt geht genau durch die Glandula pinealis und die Adhesio interthalamica. Seitlich davon liegen Thalamus, Capsula interna, Globus pallidus, Putamen, Capsula externa, Claustrum, Capsula extrema und Lobus insularis. Ferner sieht man die Fimbria hippocampi, den Alveus hippocampi und den Gyrus parahippocampalis.

Gehirn, Horizontalschnitt

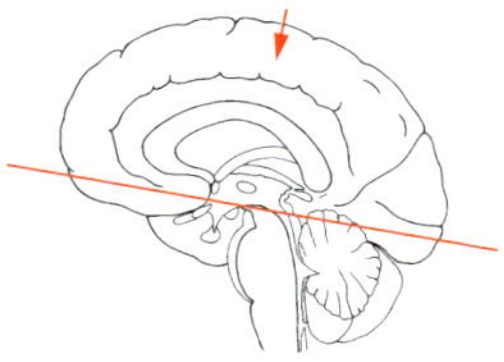

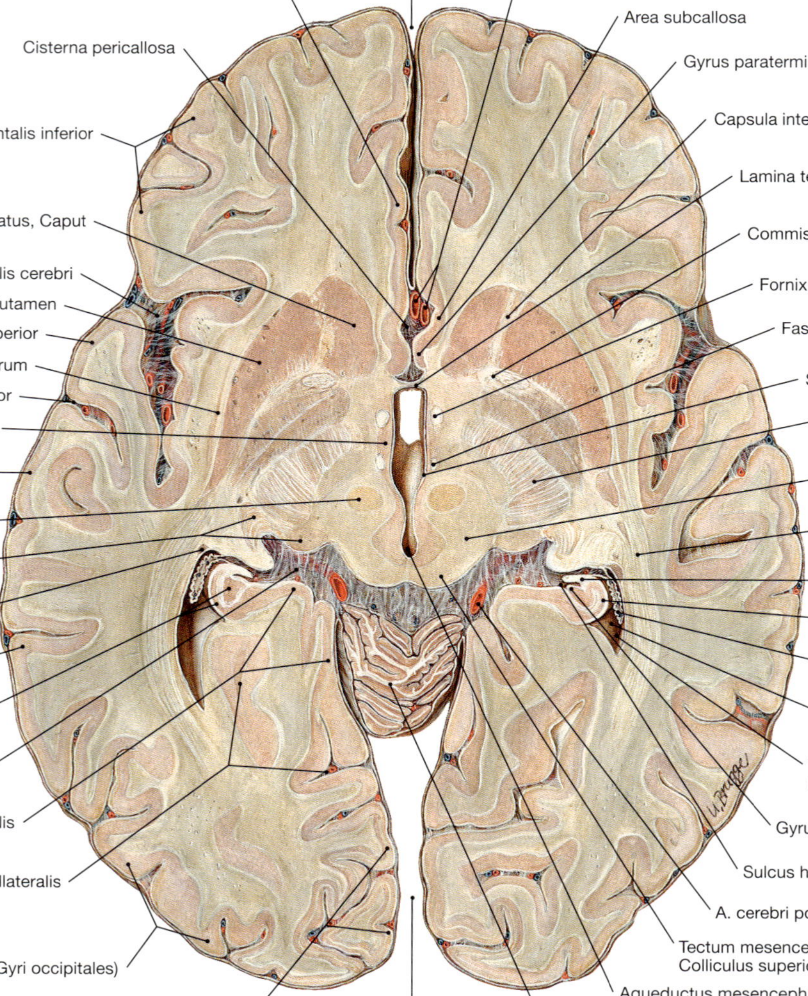

Abb. 12.125 Gehirn, Encephalon; Horizontalschnitt durch den dritten Ventrikel, auf Höhe des Abgangs des Aqueductus mesencephali; Ansicht von oben.

In dieser Schnittebene sticht der Nucleus ruber aufgrund seiner rötlichen Farbe auffällig hervor. Man erkennt ferner die enge Nachbarschaft von Nucleus caudatus und Putamen. Zwischen beiden verläuft das Crus anterius der Capsula interna. Der Schnitt befindet sich am Übergang vom Ventriculus tertius in den Aqueductus mesencephali. Beide Strukturen sind angeschnitten. Außerdem trifft der Schnitt den Oberrand des Vermis cerebelli.

Gehirn, Horizontalschnitt

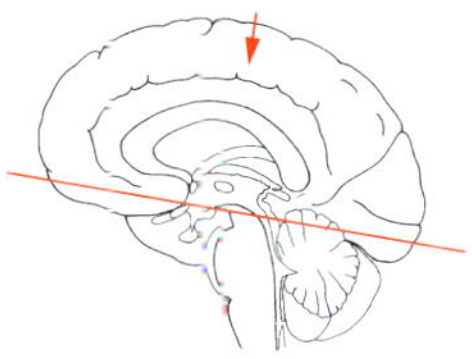

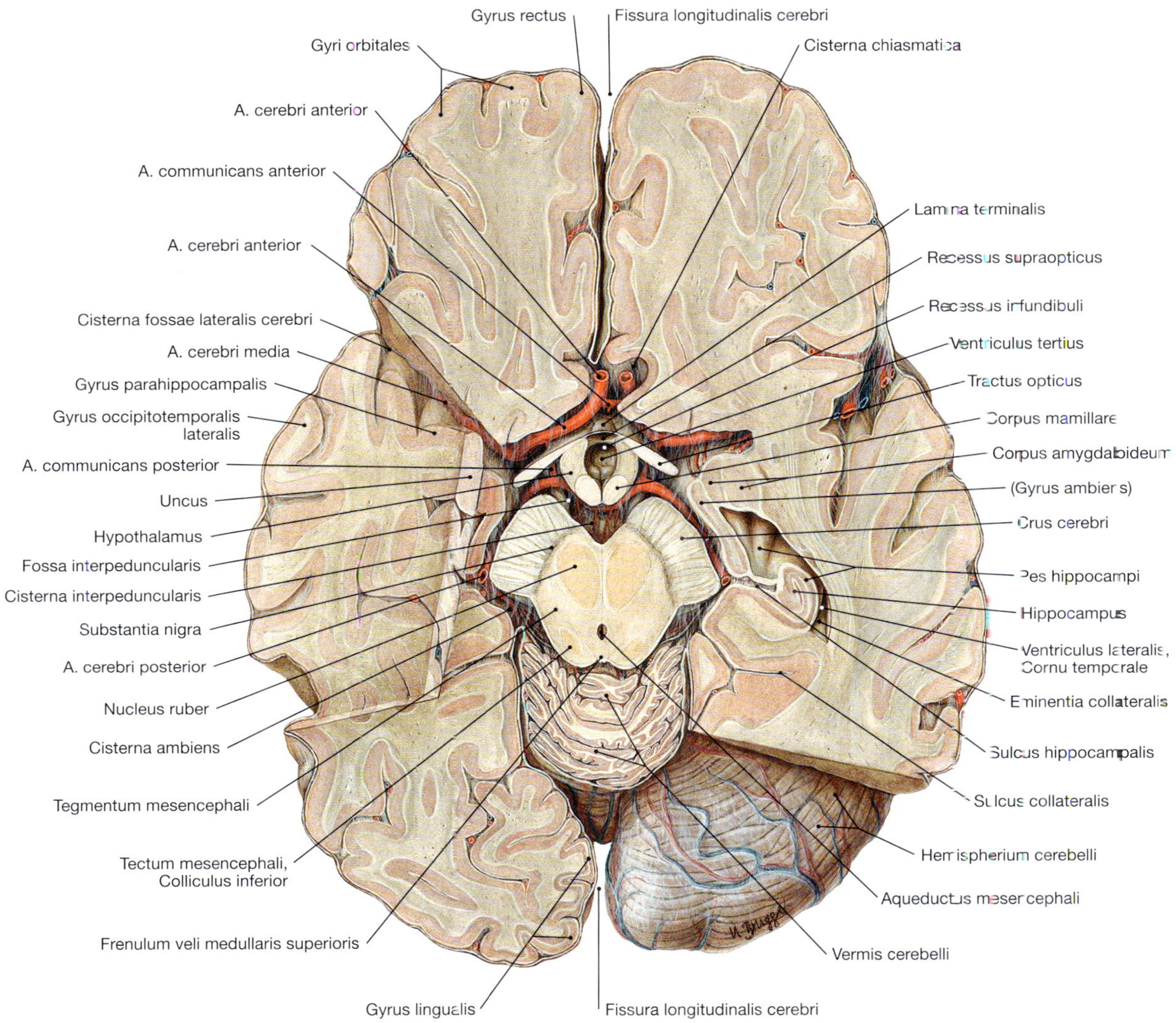

Abb. 12.126 Gehirn, Encephalon; gestufter Horizontalschnitt durch den Boden des dritten Ventrikels auf Höhe der Corpora mamillaria; Ansicht von oben.
Der Schnitt führt durch die Tractus optici, die Hypothalami, die Corpora mamillaria, die Crura cerebri, die Nuclei rubri und die Colliculi inferiores des Tectum mesencephali. Auf der rechten Seite erkennt man den Hippocampus, links sind Anschnitte durch graue und weiße Substanz des Temporal- und des Okzipitallappens zu sehen. Die Entfernung des Okzipitalpols auf der rechten Seite gibt den Blick auf das Hemispherium cerebelli frei.

Gehirn, Sagittalschnitte

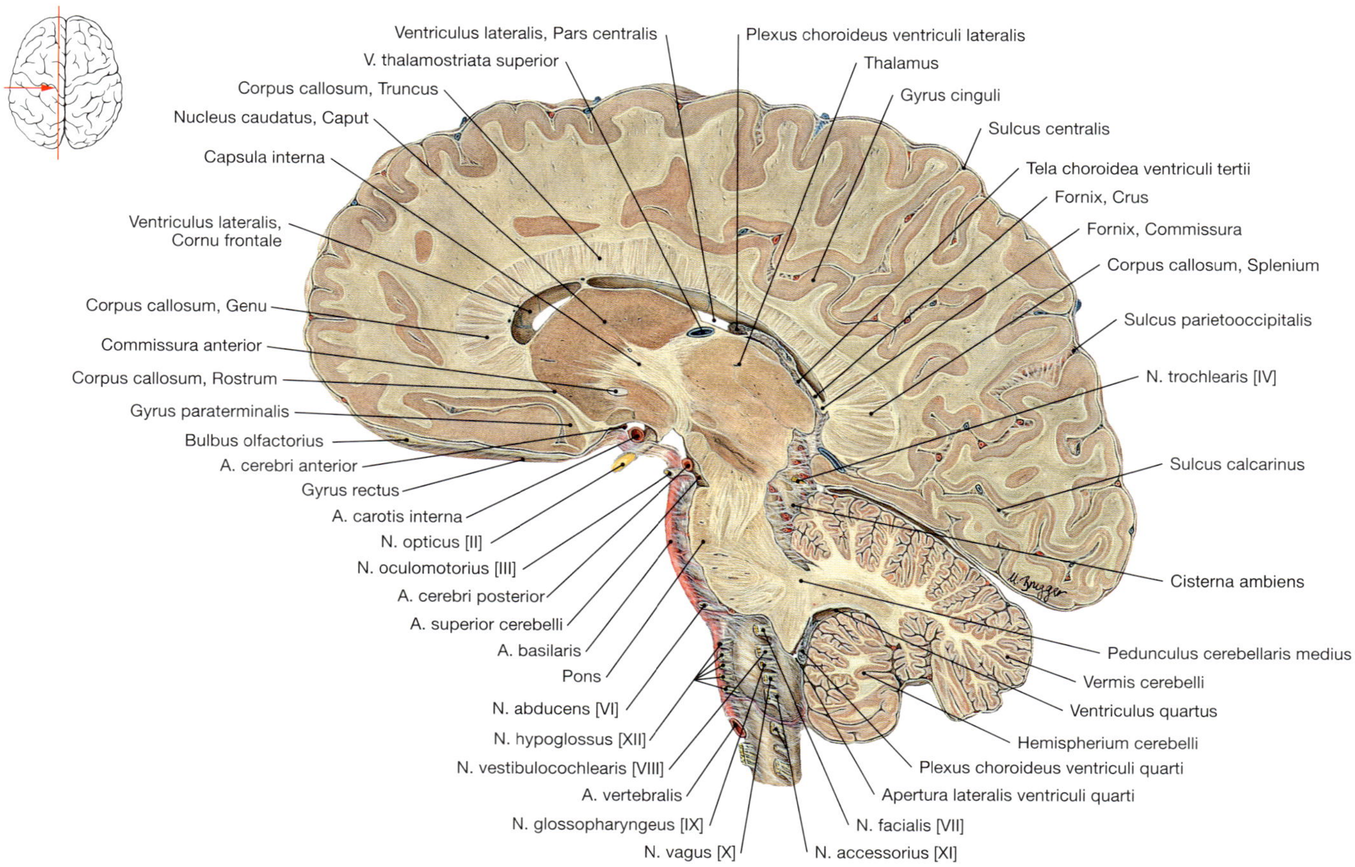

Abb. 12.127 Gehirn, Encephalon; Sagittalschnitt durch die linke Hirnhälfte auf Höhe des Caput des Nucleus caudatus; Ansicht von links. Der nahe der Mittellinie gelegene Schnitt zeigt das Corpus callosum in voller rostrookzipitaler Ausdehnung. Darunter liegt der Ventriculus lateralis und noch weiter unten schließen sich Nucleus caudatus, Thalamus, Capsula interna und N. opticus [II] an. Vor dem Hirnstamm verläuft die A. basilaris. Man sieht als Übergang vom Pons zum Cerebellum den Pedunculus cerebellaris medius.

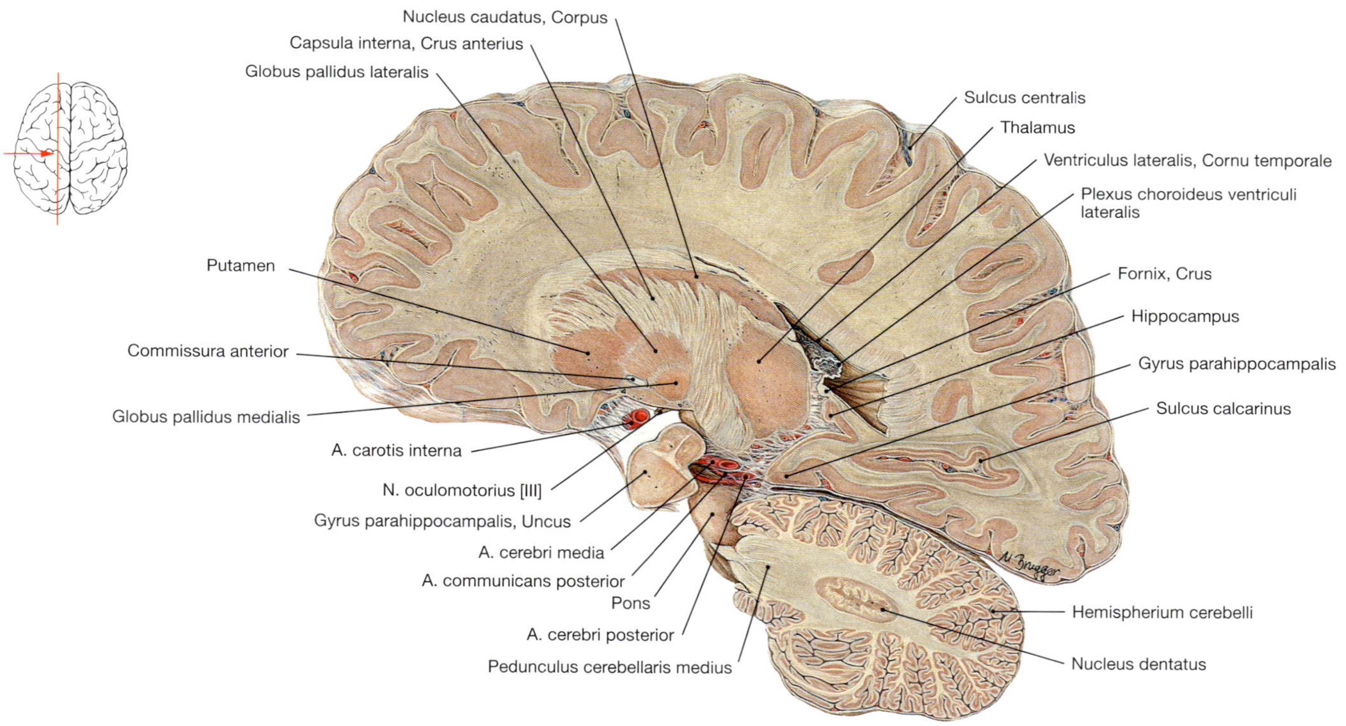

Abb. 12.128 Gehirn, Encephalon; Sagittalschnitt durch die linke Hirnhälfte auf Höhe des Corpus des Nucleus caudatus; Ansicht von links. Außer dem Corpus des Nucleus caudatus sind das Crus anterius der Capsula interna, der Thalamus, das Putamen, der Globus pallidus und der Uncus des Gyrus parahippocampalis angeschnitten. Im Cerebellum verläuft die Schnittebene durch den Nucleus dentatus.

Gehirn, Sagittalschnitte

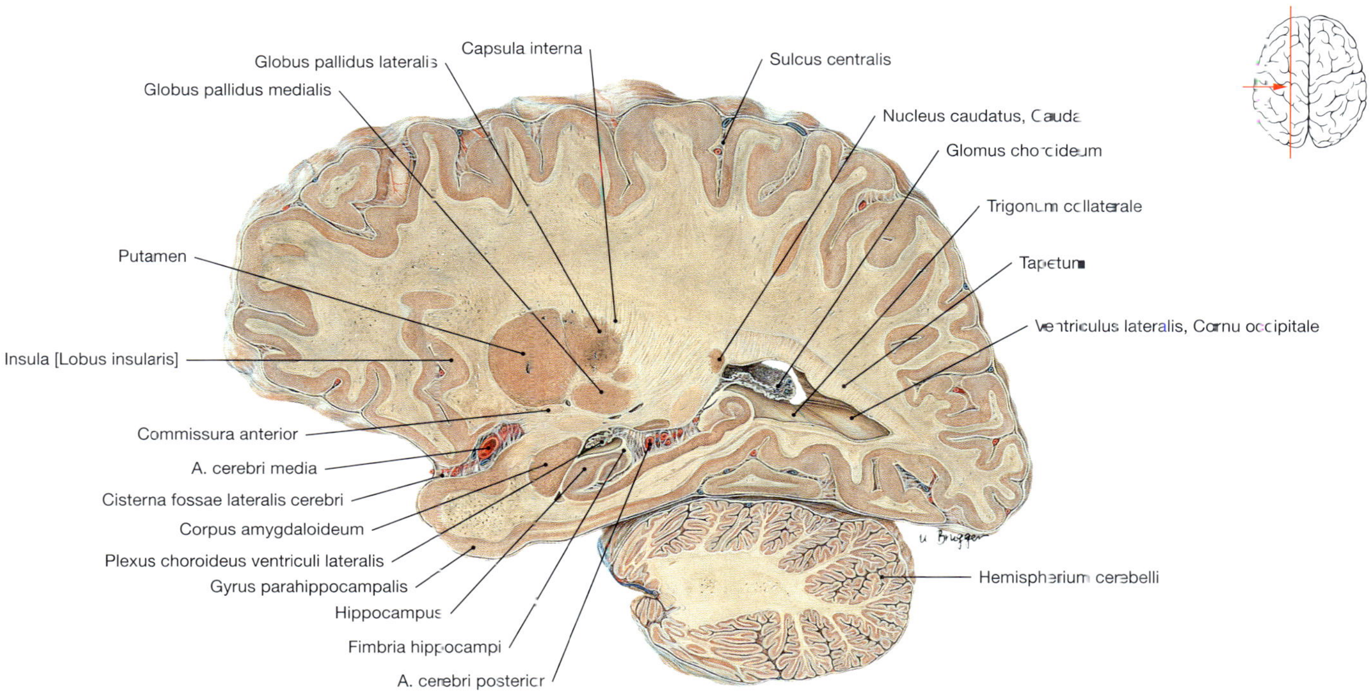

Abb. 12.129 Gehirn, Encephalon; Sagittalschnitt durch die linke Hirnhälfte auf Höhe des Corpus amygdaloideum; Ansicht von links. Hinter dem Corpus amygdaloideum sind der Hippocampus, die Fimbria hippocampi und die Cauda des Nucleus caudatus angeschnitten. Ferner sieht man das Putamen, den Globus pallidus und die Capsula interna. Unten verläuft der Schnitt durch das Hemispherium cerebelli.

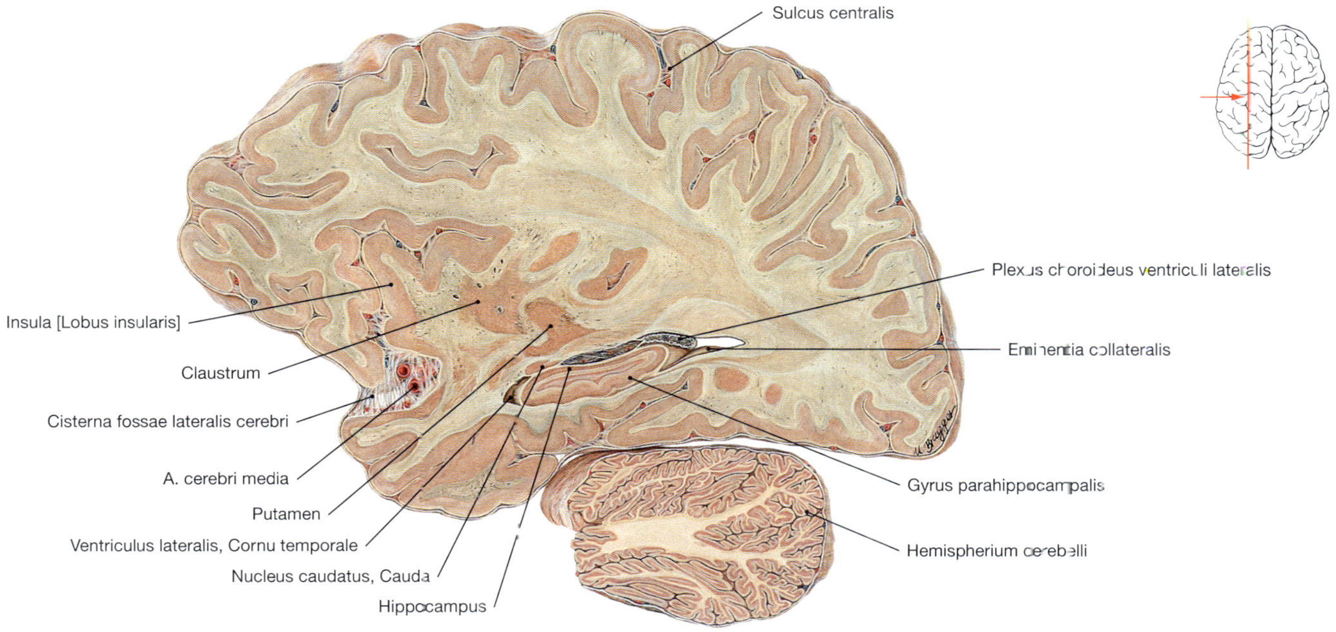

Abb. 12.130 Gehirn, Encephalon; Sagittalschnitt durch die linke Hirnhälfte auf Höhe der Spitze des Cornu temporale des Ventriculus lateralis; Ansicht von links. Der abgebildete Schnitt liegt so weit lateral, dass der Lobus insularis getroffen ist. Ferner sieht man den Hippocampus mit dem Gyrus parahippocampalis, das Claustrum und das Putamen.

Übersicht

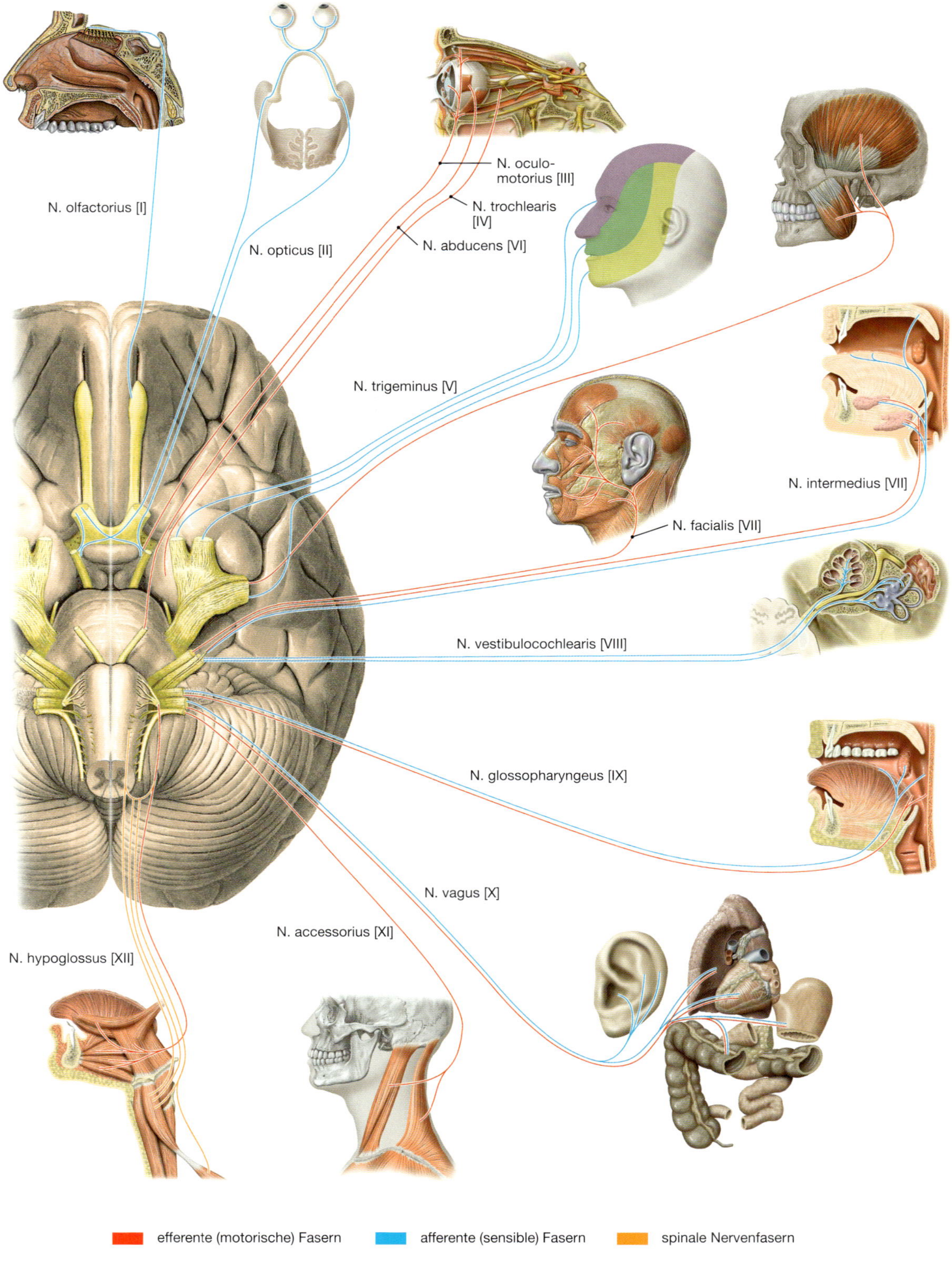

Abb. 12.131 Hirnnerven, Nn. craniales; funktionelle Übersicht über Großhirn, Cerebrum, Hirnstamm, Truncus encephali, und Kleinhirn, Cerebellum; Ansicht von unten.

An der Hirnbasis treten zwölf Hirnnervenpaare aus, die in der Reihenfolge ihres Austritts von vorne nach hinten mit römischen Ziffern (I–XII) durchnummeriert werden. Der I. Hirnnerv wird von den Fila olfactoria, die als **N. olfactorius [I]** zusammengefasst werden, gebildet. Die bipolaren olfaktorischen Neurone (das in der Riechschleimhaut befindliche sensible Ganglion besitzt keinen Namen) projizieren über die Fila in den Bulbus olfactorius, der ein während der Entwicklung vorverlagerter Teil des Großhirns ist. Der Bulbus ist somit Nucleus terminationis für den N. olfactorius [I], nur dass er nicht im Hirnstamm liegt sondern vorverlagert auf der Lamina cribrosa. Damit unterscheidet sich der I. Hirnnerv von den anderen dadurch, dass seine Neurone sehr kurz sind und dass der Nucleus terminationis nicht im Hirnstamm liegt. Eine Ausnahmestellung kommt dem **N. opticus [II]** zu, da er das 3. oder gar 4. Neuron in der Sehbahn führt. Er ist somit im Gegensatz zu allen anderen Hirnnerven eine vorgelagerte Ausstülpung des Zwischenhirns und im engeren Sinne kein peripherer Nerv.

→ T 56, 58

Übersicht über die zwölf Hirnnerven und ihre wichtigsten Innervationsorte [14]
Eine detailliertere Darstellung der Innervationsorte für jeden Hirnnerv ist auf den Seiten 296–323 dargestellt.
ASA: allgemein somato-afferent; ASE: allgemein somato-efferent; AVA: allgemein viszero-afferent; AVE: allgemein viszero-efferent; SSA: speziell somato-afferent; SVA: speziell viszero-afferent; SVE: speziell viszero-efferent

Hirnnerv	Qualitäten	wichtigste Innervationsgebiete
N. olfactorius [I]	SSA	Riechschleimhaut
N. opticus [II]	SSA	Netzhaut
N. oculomotorius [III]	ASE, AVE	innere und äußere Augenmuskulatur
N. trochlearis [IV]	ASE	äußere Augenmuskulatur
N. trigeminus [V]	SVE, ASA	Kaumuskulatur, Gesichtshaut
N. abducens [VI]	ASE	äußere Augenmuskulatur
N. facialis [VII]	AVE, SVE, SVA, ASA	mimische Muskulatur, Geschmacksorgan, Drüsen
N. vestibulocochlearis [VIII]	SSA	Gleichgewichts- und Hörorgan
N. glossopharyngeus [IX]	AVE, SVE, ASA, AVA, SVA	Schlundmuskulatur, Ohrspeicheldrüse
N. vagus [X]	AVE, SVE, ASA, AVA, SVA	Schlundmuskulatur, Kehlkopf, innere Organe
N. accessorius [XI]	SVE	Mm. trapezius und sternocleidomastoideus
N. hypoglossus [XII]	ASE	Zungenmuskulatur

Übersicht über die Hirnnerven mit zwei oder mehreren Kerngebieten im Hirnstamm [14]
Die Nn. trochlearis [IV], abducens [VI], accessorius [XI] und hypoglossus [XII] besitzen jeweils nur einen gleichnamigen Kern und werden daher hier nicht genannt.

Nerv	dazugehörige Kerne
N. oculomotorius [III]	• Nucleus nervi oculomotorii • Nucleus accessorius nervi oculomotorii
N. trigeminus [V]	• Nucleus motorius nervi trigemini • Nucleus mesencephalicus nervi trigemini • Nucleus pontinus (sensorius principalis) nervi trigemini • Nucleus spinalis nervi trigemini
N. facialis [VII]	• Nucleus nervi facialis • Nucleus salivatorius superior • Nucleus spinalis nervi trigemini • Nuclei tractus solitarii
N. vestibulocochlearis [VIII]	• Nuclei vestibulares • Nuclei cochleares
N. glossopharyngeus [IX]	• Nucleus salivatorius inferior • Nucleus ambiguus • Nucleus spinalis nervi trigemini • Nuclei tractus solitarii
N. vagus [X]	• Nucleus dorsalis nervi vagi • Nucleus ambiguus • Nucleus spinalis nervi trigemini • Nuclei tractus solitarii

Übersicht über die Hirnnervenkerne mit Kerngebieten für zwei oder mehr Hirnnerven [14]
Alle anderen Kerngebiete lassen sich jeweils einem Hirnnerv zuordnen.

Kern	dazugehörige Nerven
Nucleus ambiguus	• N. glossopharyngeus [IX] • N. vagus [X] • N. accessorius [XI] (Radix cranialis)
Nuclei tractus solitarii	• N. facialis [VII] • N. glossopharyngeus [IX] • N. vagus [X]
Nucleus spinalis nervi trigemini	• N. trigeminus [V] • N. facialis [VII] • N. glossopharyngeus [IX] • N. vagus [X]

Topographie

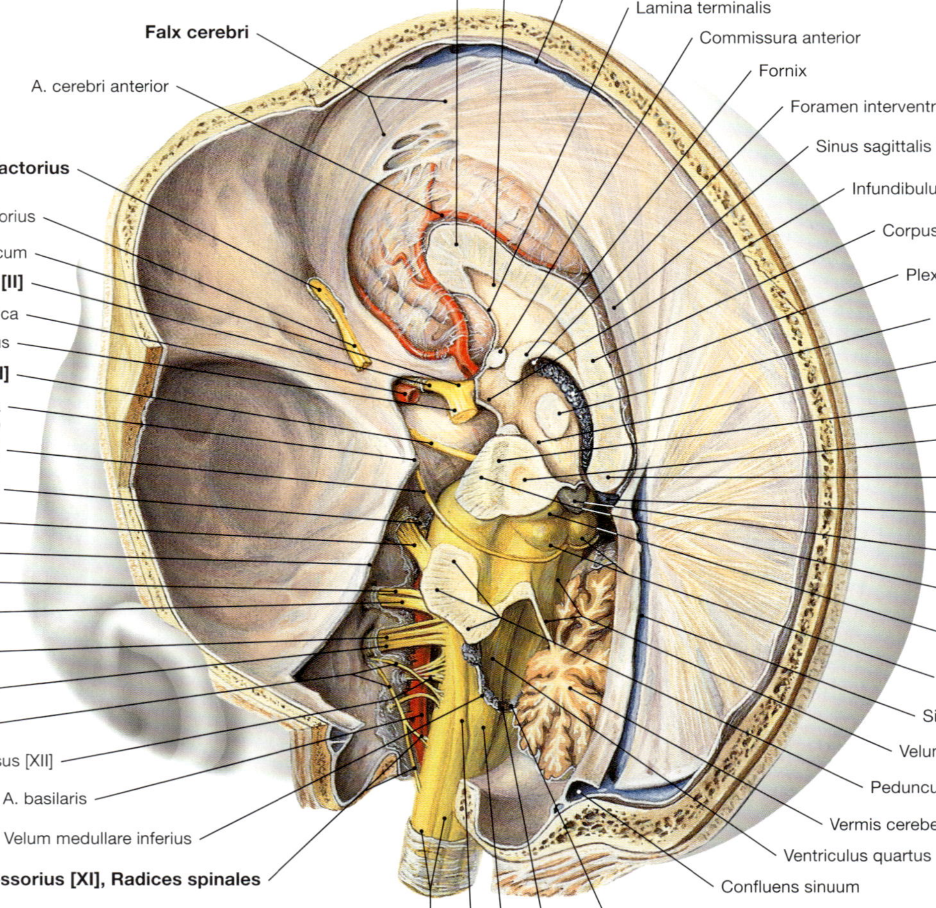

Abb. 12.132 Verlauf der Hirnnerven, Nn. craniales, im Subarachnoidalraum; Ansicht von links hinten oben; nach Abtragung der linken Hälften von Groß- und Kleinhirn sowie des Tentorium cerebelli.
Die Hirnnerven III bis XII treten entsprechend ihrer Reihenfolge von oben nach unten aus dem Hirnstamm aus. Teilweise treten sie als Wurzelbündel aus, die sich erst zum eigentlichen Hirnnerv zusammenschließen (IX–XII). Der N. trochlearis [IV] ist der dünnste Hirnnerv und tritt als einziger hinten am Hirnstamm aus. Der N. abducens [VI] hat bis zu seiner Durchtrittsstelle durch die Schädelbasis den längsten intraduralen Verlauf.

→ T 58

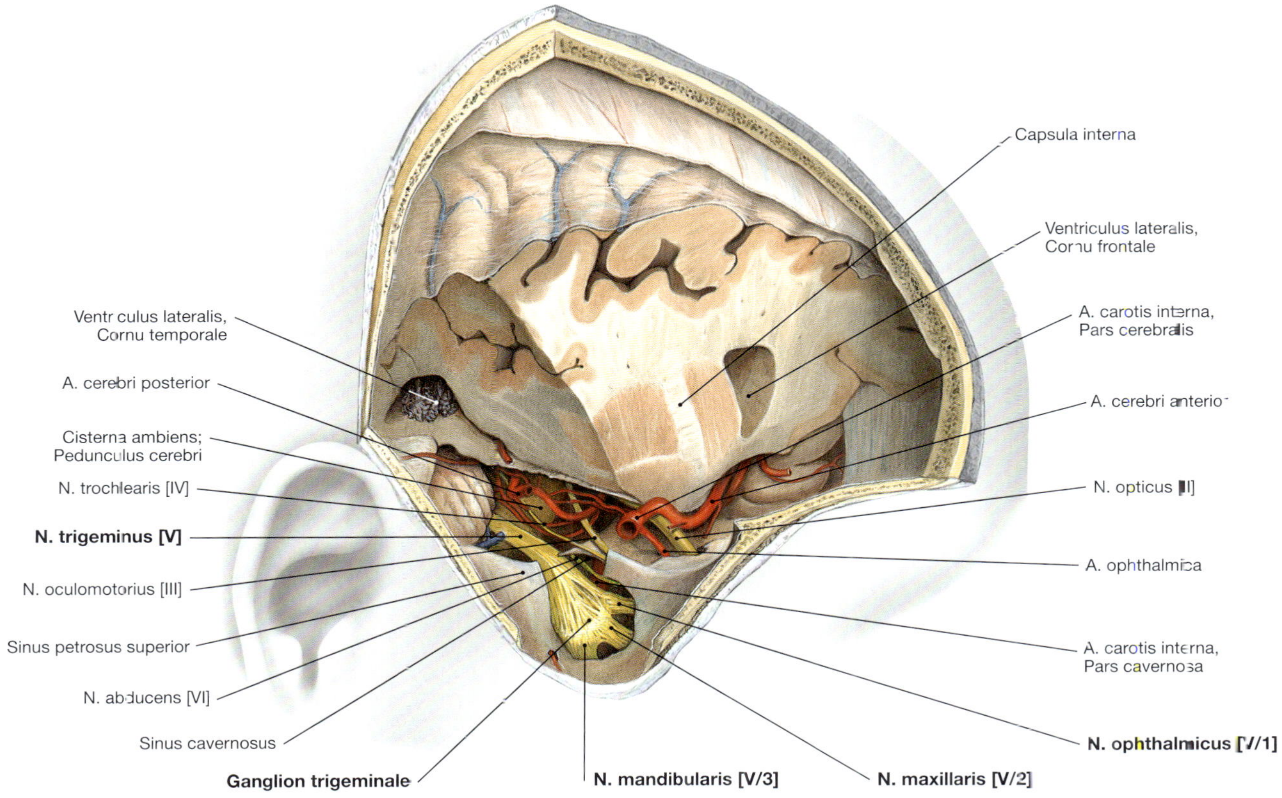

Abb. 12.133 Verlauf der Hirnnerven, Nn. craniales, in der mittleren Schädelgrube, Fossa cranii media; Ansicht von rechts.
Große Teile des Frontal- und des Temporallappens sind entfernt und geben den Blick auf die darunterliegende Schädelbasis frei. Darüber hinaus ist das Cavum trigeminale (MECKEL-Höhle) eröffnet. Darin liegt das **Ganglion trigeminale** (V, Ganglion semilunare, klin.: Ganglion GASSERI), von dem die drei Hauptäste des N. trigeminus (N. ophthalmicus [V/1], N. maxillaris [V/2], N. mandibularis [V/3]) abgehen. Außer dem N. trigeminus [V] sieht man im Bereich der Schädelbasis einen Teil des Verlaufs der Nn. opticus [II], oculomotorius [III] und trochlearis [IV] sowie Arterien, die aus der Pars cerebralis der A. carotis interna hervorgehen (A. ophthalmica, A. cerebri anterior).

→ T 58

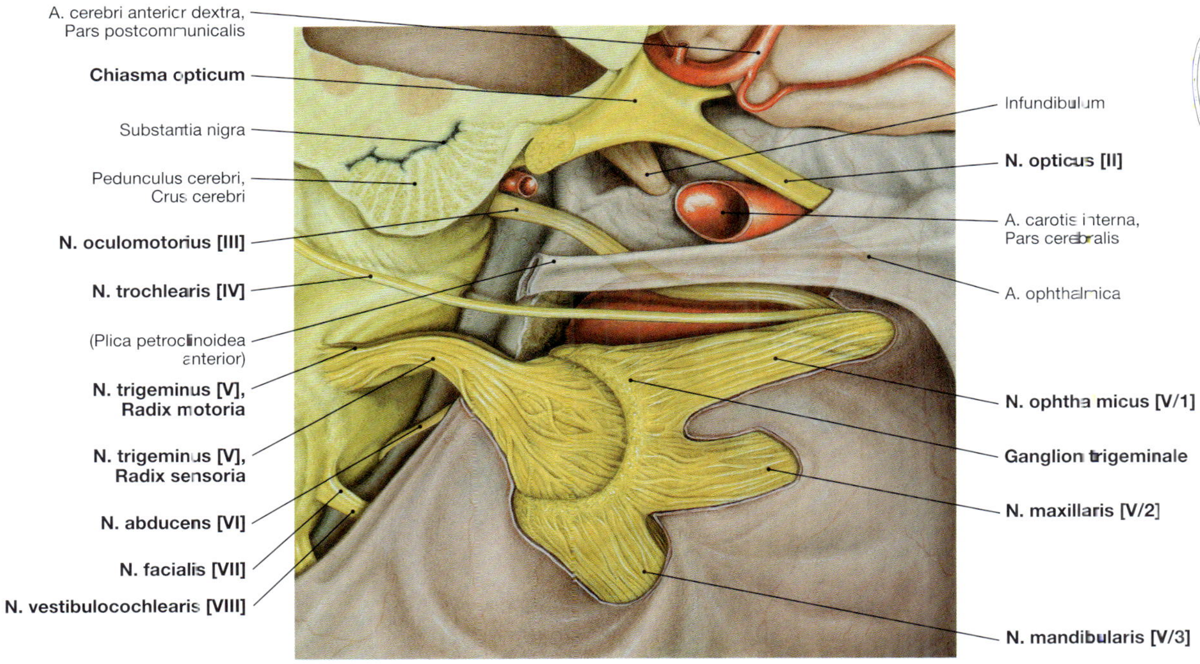

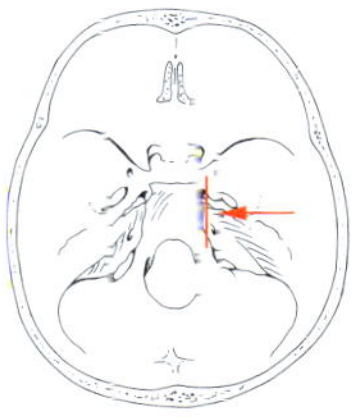

Abb. 12.134 Arterien und Nerven im Bereich der Sella turcica und des Sinus cavernosus; Ansicht von rechts.
Das Cavum trigeminale (MECKEL-Höhle) ist eröffnet, indem die Dura mater cranialis und die Arachnoidea mater an dieser Stelle entfernt wurden. Man sieht das Ganglion trigeminale (V, Ganglion semilunare, klin.: Ganglion GASSERI) mit der Aufzweigung in die drei Trigeminusäste. Ferner sieht man den Verlauf der Hirnnerven III, IV und VI bis VIII nach Austritt aus dem Hirnstamm bis zu ihrem Eintritt in die Schädelbasis. Die Pars cavernosa der A. carotis interna geht in die Pars cerebralis über und liegt hier am N. opticus [II]. Oberhalb des Hypophysenstiels (Infundibulum) liegt das Chiasma opticum.

→ T 58

Hirnnervenkerne

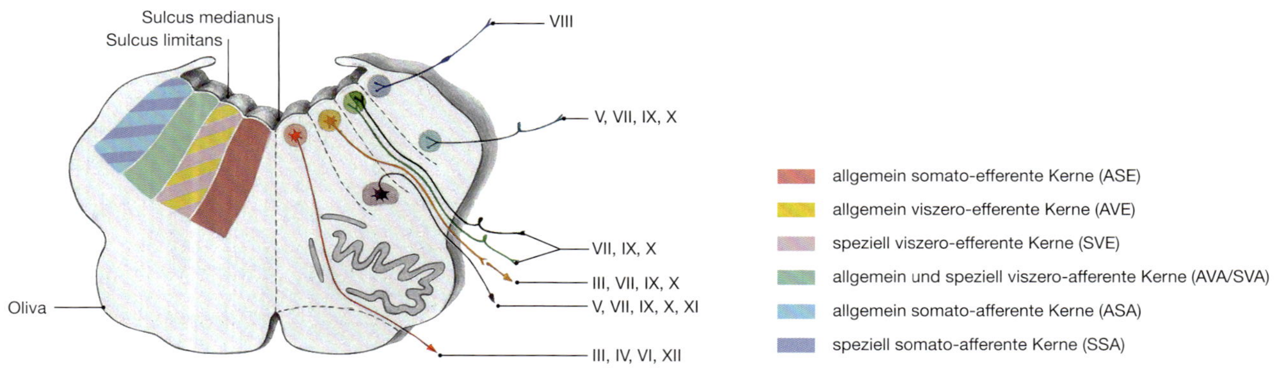

Abb. 12.135 Hirnnerven, Nn. craniales; schematischer Querschnitt durch die Rautengrube zur Darstellung der Kerngebiete.
Im Hirnstamm sind Kerngebiete, die gleiche Funktionen haben, übereinander von oben nach unten angeordnet. Aufgrund der räumlichen Enge liegen die Kerngebiete in Form von vier longitudinal ausgerichteten **Kernsäulen** nebeneinander. Von medial nach lateral kommen eine somato-efferente, eine viszero-efferente, eine viszero-afferente und eine somato-afferente Kernsäule vor. Innerhalb der viszero-efferenten, der viszero-afferenten und der somato-afferenten Kernsäule werden allgemeine und spezielle afferente Kerne unterschieden.

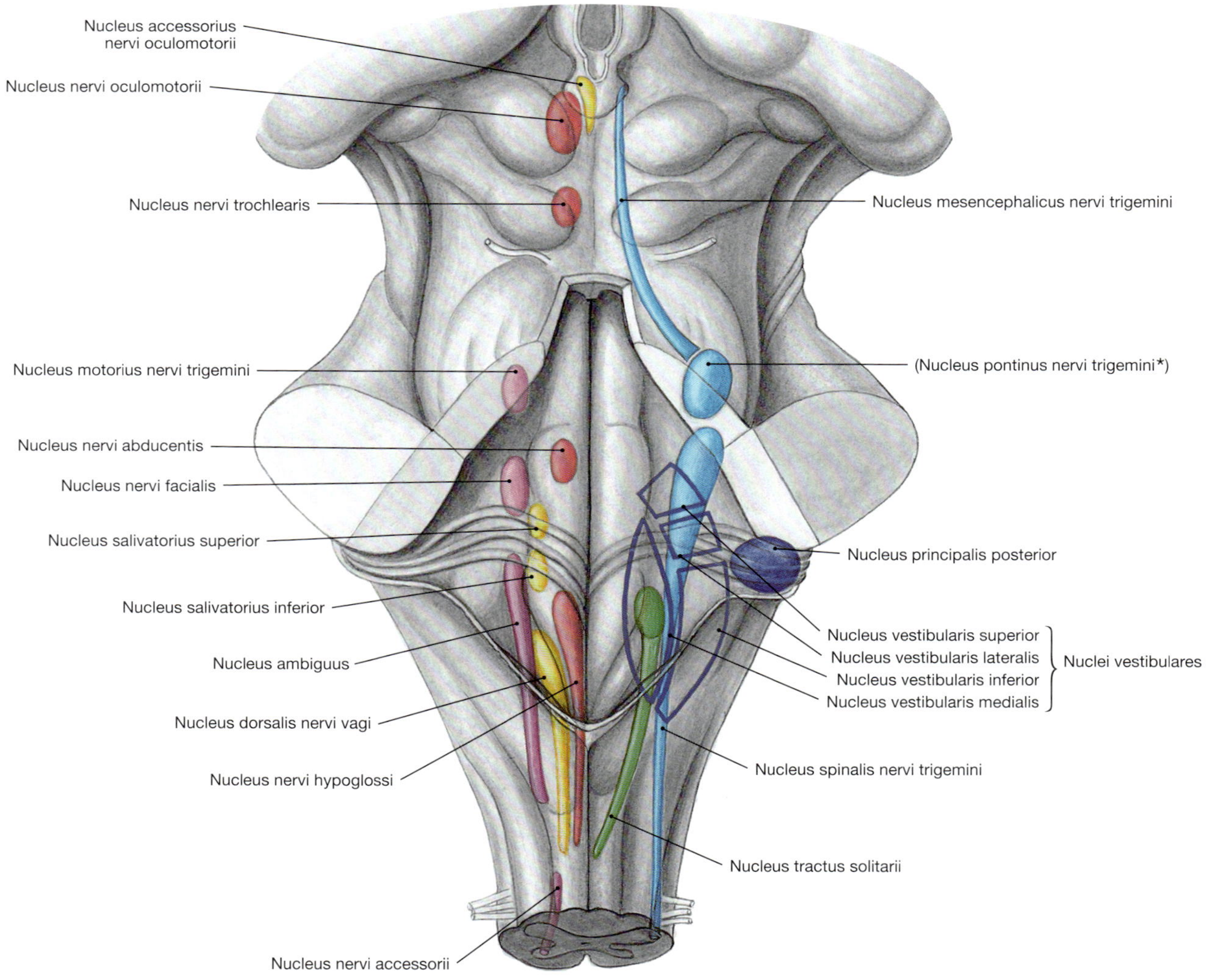

Abb. 12.136 Hirnnerven, Nn. craniales; räumliche Übersicht der Kerne; Ansicht von hinten.
Mit Ausnahme der Hirnnerven I und II besitzen alle Hirnnerven (III–XII) Kerne (Nuclei) im Hirnstamm. Die **Kerngebiete** für den III. und IV. Hirnnerv liegen im Mesencephalon, die des V. bis VII. Hirnnervs im Pons und die des VIII. bis XII. Hirnnervs in der Medulla oblongata.
Die Anordnung der Hirnnervenkerne lässt sich leichter verstehen, wenn man ihre Einteilung in funktionelle Kernsäulen (→ Abb. 12.135) nachvollzieht. Links sind die Ursprungskerne (Nuclei origines), in denen die Perikarya der in die Peripherie ziehenden efferenten Neurone liegen. In den Endkernen (Nuclei terminationes) auf der rechten Seite enden die afferenten Fasern aus der Peripherie und schalten auf das 2. Neuron der sensiblen Bahn.

* klin.: Nucleus sensorius principalis nervi trigemini

→ T 57

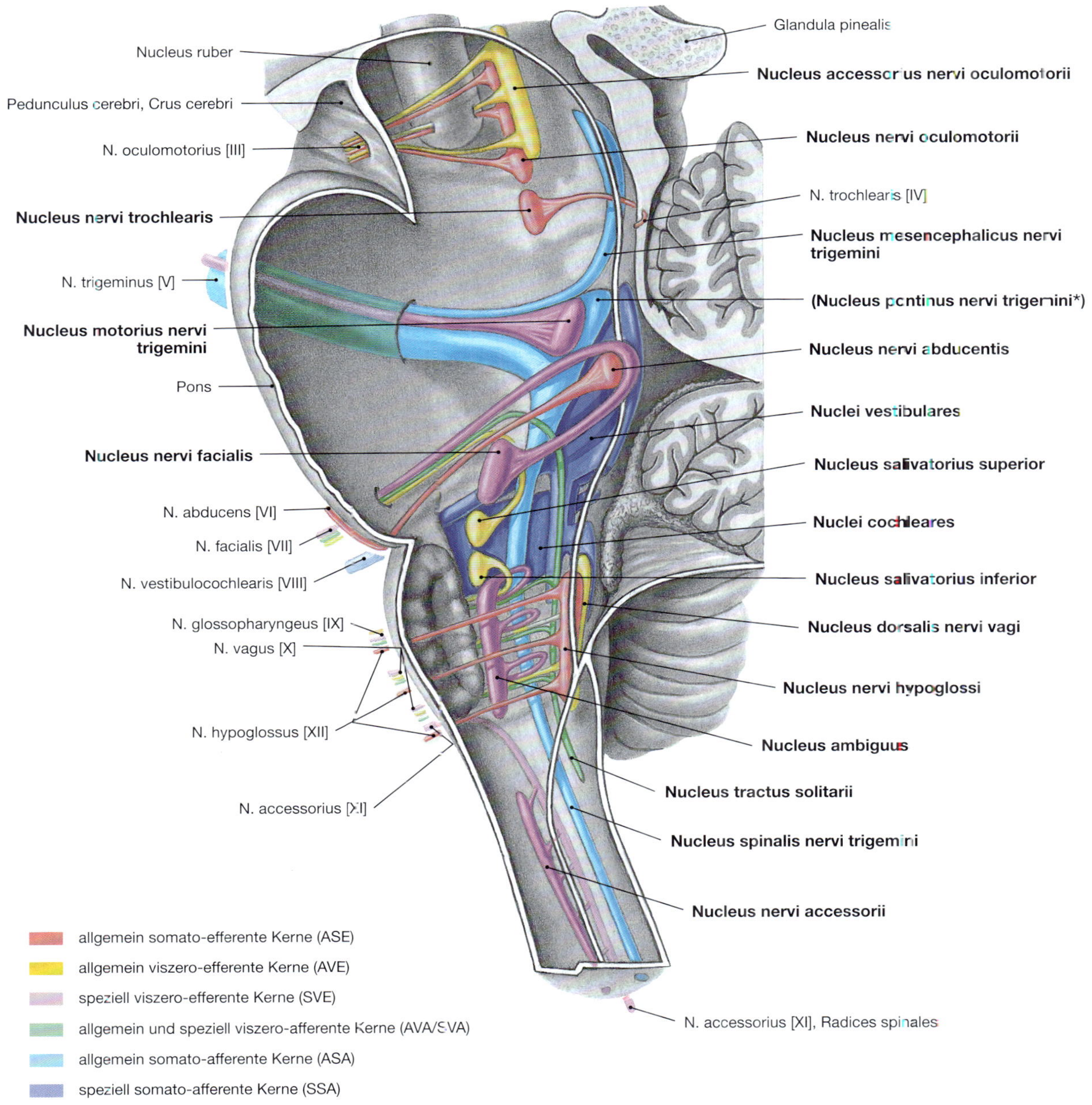

Abb. 12.137 Hirnnerven, Nn. craniales; räumliche Übersicht der Hirnnervenkerne III bis XII von der Medianebene aus.

Ursprungskerne (Nuclei originis) mit den Zellkörpern der efferenten bzw. motorischen Fasern werden unterteilt in:

- allgemein somato-efferente Kerne (Nuclei nervi oculomotorii [III, äußere Augenmuskeln], trochlearis [IV, M. obliquus superior], abducens [VI, M. rectus lateralis] und hypoglossi [XII, Zungenmuskulatur])
- allgemein viszero-efferente Kerne (Nuclei accessorius nervi oculomotorii [III, Mm. sphincter pupillae und ciliaris], salivatorius superior [VII, Glandulae submandibularis, sublingualis, lacrimalis, nasales und palatinales], salivatorius inferior [IX, Glandula parotidea], dorsalis nervi vagi [X, Eingeweide])
- speziell viszero-efferente Kerne (Nuclei motorius nervi trigemini [V, Kaumuskeln, Mundbodenmuskeln], nervi facialis [VII, mimische Muskulatur], ambiguus [IX, X, Radix cranialis von XI, Schlund- und Kehlkopfmuskulatur] und Nucleus nervi accessorii [XI, Radix spinalis, Schultermuskulatur])

Endkerne (Nuclei terminationes), in denen die afferenten bzw. sensiblen Fasern enden, werden unterteilt in:

- allgemein viszero-afferente Kerne (Nuclei tractus solitarii, Pars inferior [IX, X, sensible Innervation der glatten Muskulatur (Eingeweide)])
- speziell viszero-afferente Kerne (Nuclei tractus solitarii, Pars superior [VII, IX, X], Geschmacksfasern)
- allgemein somato-afferente Kerne (Nuclei mesencephalicus nervi trigemini [V, Propriozeption der Kaumuskulatur], pontinus (sensorius principalis) nervi trigemini [V, Berührung, Vibration, Stellung des Kiefergelenks], spinalis nervi trigemini [V, Schmerz- und Temperaturempfinden im Kopfbereich])
- speziell somato-afferente Kerne (Nuclei vestibulares superior, lateralis, medialis und inferior [VIII, Vestibularisanteil, Gleichgewicht] sowie cochleares anterior und posterior [VIII, Cochlearisanteil, Hören]

* klin.: Nucleus sensorius principalis nervi trigemini

→ T 57

N. olfactorius [I]

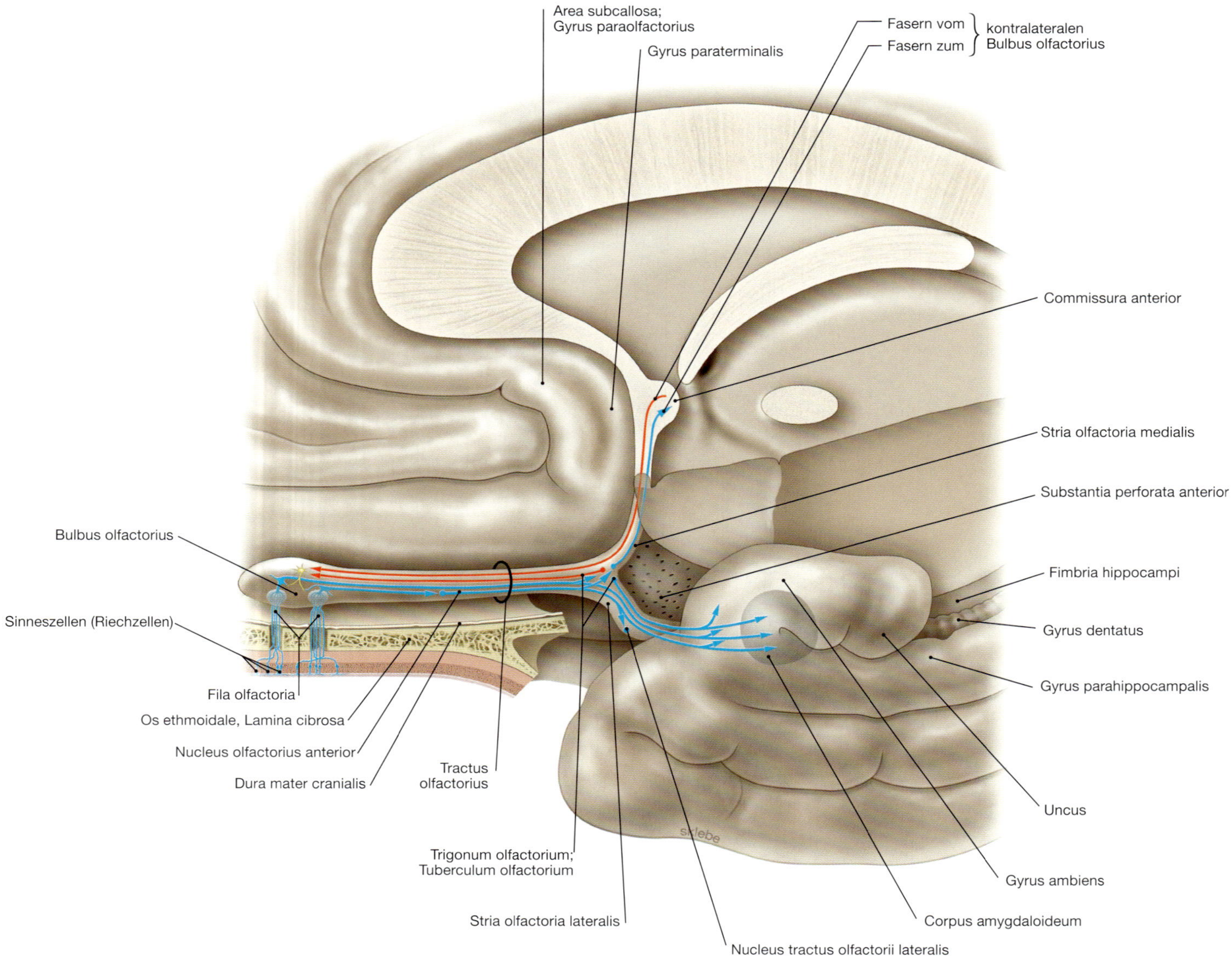

Abb. 12.138 N. olfactorius [I], mit den Riechnerven, Nn. olfactorii (Fila olfactoria), und der Riechleitung; Ansicht von links.

Im Dach der Nasenhöhle befindet sich beidseits auf einer Fläche von je 3 cm^2 die Riechschleimhaut (Regio olfactoria). Sie beherbergt ca. 30 Millionen Rezeptorzellen (Riechsinneszellen), die auf chemische Reize reagieren. Es handelt sich dabei um bipolare Nervenzellen (olfaktorische Neurone, 1. Neuron, SSA), die auf der einen Seite mit der Außenwelt in Kontakt stehen und auf der anderen Seite mit ihren Axonen die **Fila olfactoria** bilden. Sie haben nur eine Lebensdauer von 30–60 Tagen und werden zeitlebens ständig durch neuronale Stammzellen ersetzt.

Die Fila olfactoria bezeichnet man insgesamt als N. olfactorius [I]. Sie konvergieren in jedem Bulbus auf ca. 1000 **Glomeruli.** Von dort wird die Geruchsinformation zu verschiedenen Arealen der Hirnbasis und des Temporallappens (primär olfaktorische kortikale Areale) weitergeleitet. Von hier aus gelangt sie über direkte und indirekte Verbindungen zu sekundär olfaktorischen kortikalen Arealen und anderen Hirnregionen, wie dem Hypothalamus. Hier werden die Gerüche bewusst wahrgenommen und mit anderen Sinneseindrücken verknüpft.

→ T 58a

N. olfactorius [I]

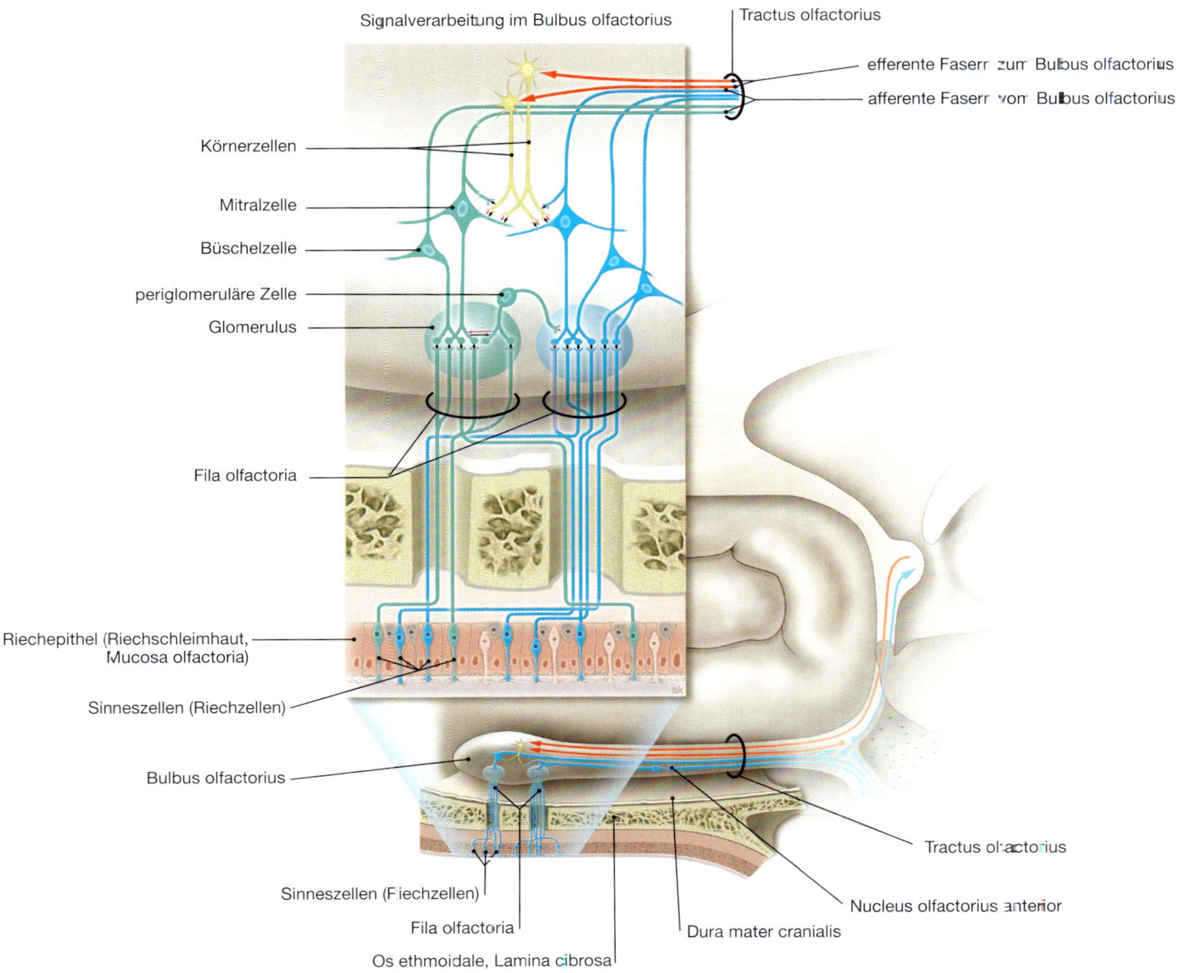

Abb. 12.139 Projektions- und Verschaltungsschema der Fila olfactoria; Ansicht von links.
Alle Fila olfactoria konvergieren in jedem Bulbus auf ca. 1000 **Glomeruli** (in der Abbildung sind exemplarisch zwei Glomeruli dargestellt), die gemeinsam den Tractus olfactorius bilden. In den Glomeruli wird über zahlreiche Synapsen auf **Mitralzellen** (2. Neuron) umgeschaltet. Dabei erreichen alle Neurone, die den gleichen Geruchsrezeptor aufweisen, mit ihren Axonen den Glomerulus, der für genau diesen der insgesamt ca. 1000 Geruchsrezeptoren spezifisch ist. Die Mitralzellen projizieren zu verschiedenen Arealen der Hirnbasis und des Temporallappens (→ Abb. 12.138). Zur besseren Reizdifferenzierung gibt es Rückkoppelungsmechanismen, die auf Körnerzellen zwischen den Mitralzellen wirken.

Klinik

Virusinfektionen, chronische Sinusitiden, Obstruktionen infolge Verlegung der Luftwege zur Riechschleimhaut, z. B. bei Allergie, Medikamentennebenwirkungen, Hirntumoren oder Schädel-Hirn-Traumata mit Verletzung der Riechnerven bei Durchtritt durch die Lamina cribrosa, können zu **Hyposmie** (verminderte Riechempfindung) oder **Anosmie** (fehlende Riechempfindung) führen.

N. opticus [II]

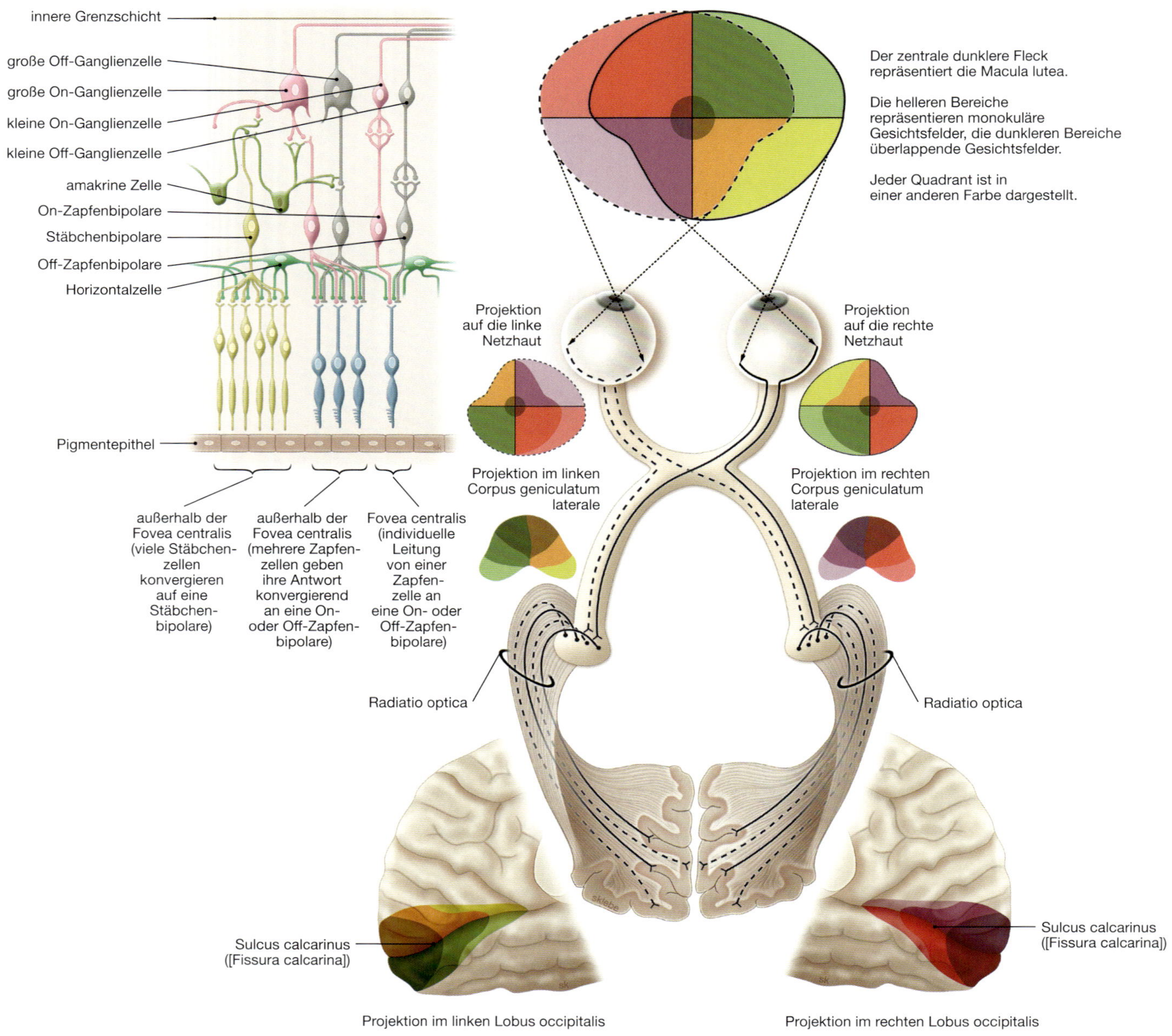

Abb. 12.140 Neuronale Verschaltung in der Netzhaut, Retina, und Darstellung der Sehbahn; stark vereinfachtes Schema.
Zapfenzellen (1. Neuron) leiten die Information an **Zapfenbipolare** (2. Neuron) und von hier an eine **Ganglienzelle** (3. Neuron) weiter. Auf die Informationsweiterleitung wirken Horizontalzellen und amakrine Zellen modifizierend ein. Die Axone der Ganglienzellen schließen sich zum N. opticus [II] zusammen. Die dargestellte Verschaltung einer **intraretinalen Kette** aus drei Neuronen gilt nur für Zapfenzellen (für Stäbchenzellen → Abb. 12.141 und Lehrbücher der Histologie). Zur Sehbahn → Seite 131 und 132.

→ T 58b

N. opticus [II]

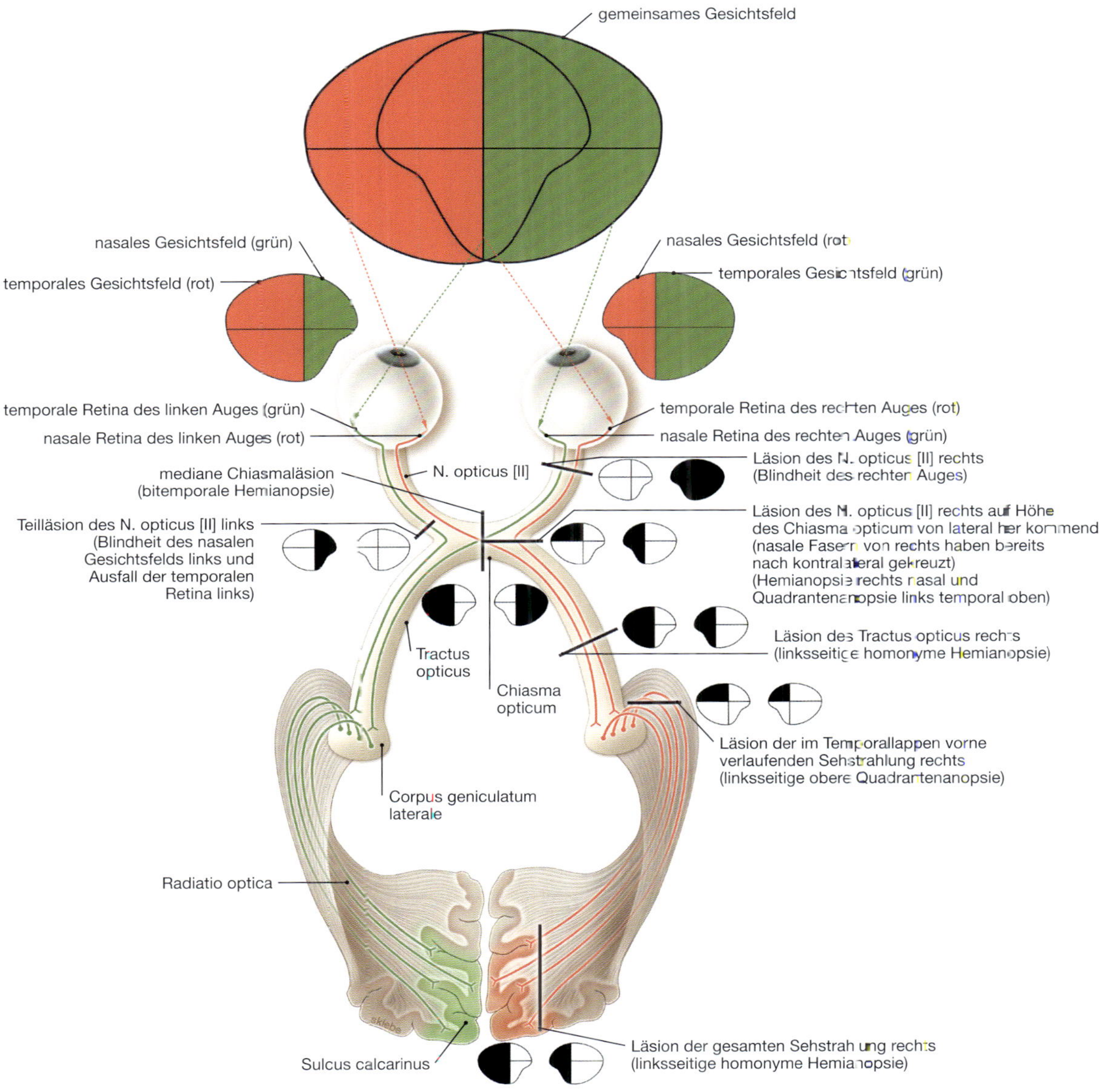

Abb. 12.141 N. opticus [II] und Sehbahn. [23]
Die Sehbahn beginnt innerhalb der Netzhaut (Retina). Hier liegen die ersten drei Projektionsneurone und Interneurone (Horizontalzellen, amakrine Zellen) der Sehbahn (→ Abb. 12.140).
Jeweils bis zu 40 **Stäbchenzellen** übertragen ihr Signal an eine **Stäbchenbipolare** und von dieser erfolgt die Weiterleitung auf indirektem Weg unter Vermittlung von Amakrinen (auch von diesen gibt es je nach Literatur bis jetzt 20–50 verschiedene Typen) an eine **Ganglienzelle** (bei den Stäbchenzellen befinden sich somit die ersten vier Neurone in der Retina). Die Axone der Ganglienzellen verlaufen im N. opticus zum **Chiasma opticum.** Hier kreuzen die Fasern vom nasalen Anteil der Retina zur Gegenseite (rot). Fasern vom temporalen Anteil kreuzen nicht (grün).
Im an das Chiasma anschließenden Tractus opticus verlaufen dann jeweils Fasern, die Informationen aus den kontralateralen Gesichtsfeldhälften vermitteln. Zum überwiegenden Teil (Radix lateralis) werden sie im Corpus geniculatum laterale geschaltet. Einige Fasern (Radix medialis) zweigen bereits vorher ab und ziehen in die Area pretectalis, in den Colliculus superior und in den Hypothalamus. Vom Corpus geniculatum laterale geht es über die **GRATIOLET-Sehstrahlung** (Radiatio optica) in das Gebiet um den Sulcus calcarinus zu den Areae 17 und 18 der Großhirnrinde (Area striata).

Klinik

- Läsionen des N. opticus [II] vor dem Chiasma opticum, z. B. nach Schädel-Hirn-Traumata, führen zur Erblindung des betroffenen Auges (→ Abb. 12.141).
- Läsionen des N. opticus [II] in Höhe des Chiasma opticum von lateral (nasale Fasern von rechts haben bereits nach kontralateral gekreuzt), z. B. durch einen Tumor, führen zur **Hemianopsie** rechts nasal und zur **Quadrantenanoposie** links temporal oben (→ Abb. 12.141).
- Mediane Chiasmaläsionen, meist durch einen Hypophysentumor bedingt, führen zur bitemporalen Hemianopsie (→ Abb. 12.141).
- Läsionen des Tractus opticus (im Beispiel rechts), z. B. durch eine Einblutung, führen zur linksseitigen homonymen Hemianopsie (→ Abb. 12.141).
- Läsionen der im Temporallappen vorne verlaufenden Sehstrahlung (im Beispiel rechts), z. B. durch eine Ischämie, führen zur linksseitigen oberen Quadrantenanopsie (→ Abb. 12.141).
- Läsionen der gesamten Sehstrahlung (im Beispiel rechts), z. B. durch eine Massenblutung, führen zu einer linksseitigen homonymen Hemianopsie (→ Abb. 12.141).

N. oculomotorius [III], N. trochlearis [IV], N. abducens [VI]

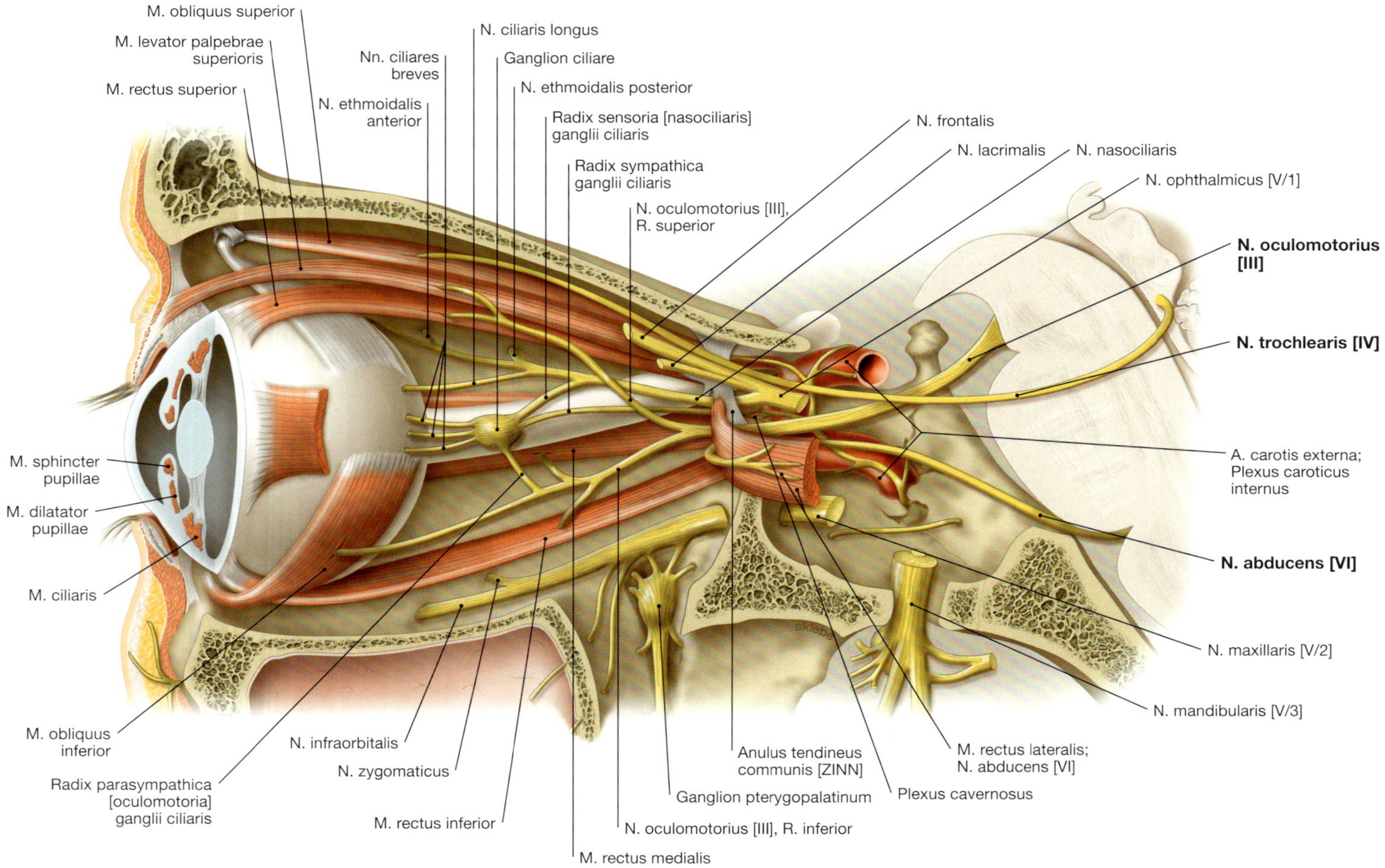

Abb. 12.142 Nn. oculomotorius [III], trochlearis [IV] und abducens [VI], links; Ansicht von lateral; Orbita eröffnet, orbitales Fettgewebe entfernt, M. rectus lateralis kurz hinter seinem Ansatz durchtrennt und nach hinten geschlagen.
Der N. oculomotorius [III] innerviert die äußeren Augenmuskeln mit Ausnahme des M. obliquus superior (N. trochlearis [IV]) und des M. rectus lateralis (N. abducens [VI]). Der III. Hirnnerv zieht außerdem mit seinen parasympathischen Anteilen zum M. sphincter pupillae und zum M. ciliaris (zwei innere Augenmuskeln).

→ T 58c, d, f

N. oculomotorius [III], N. trochlearis [IV], N. abducens [VI]

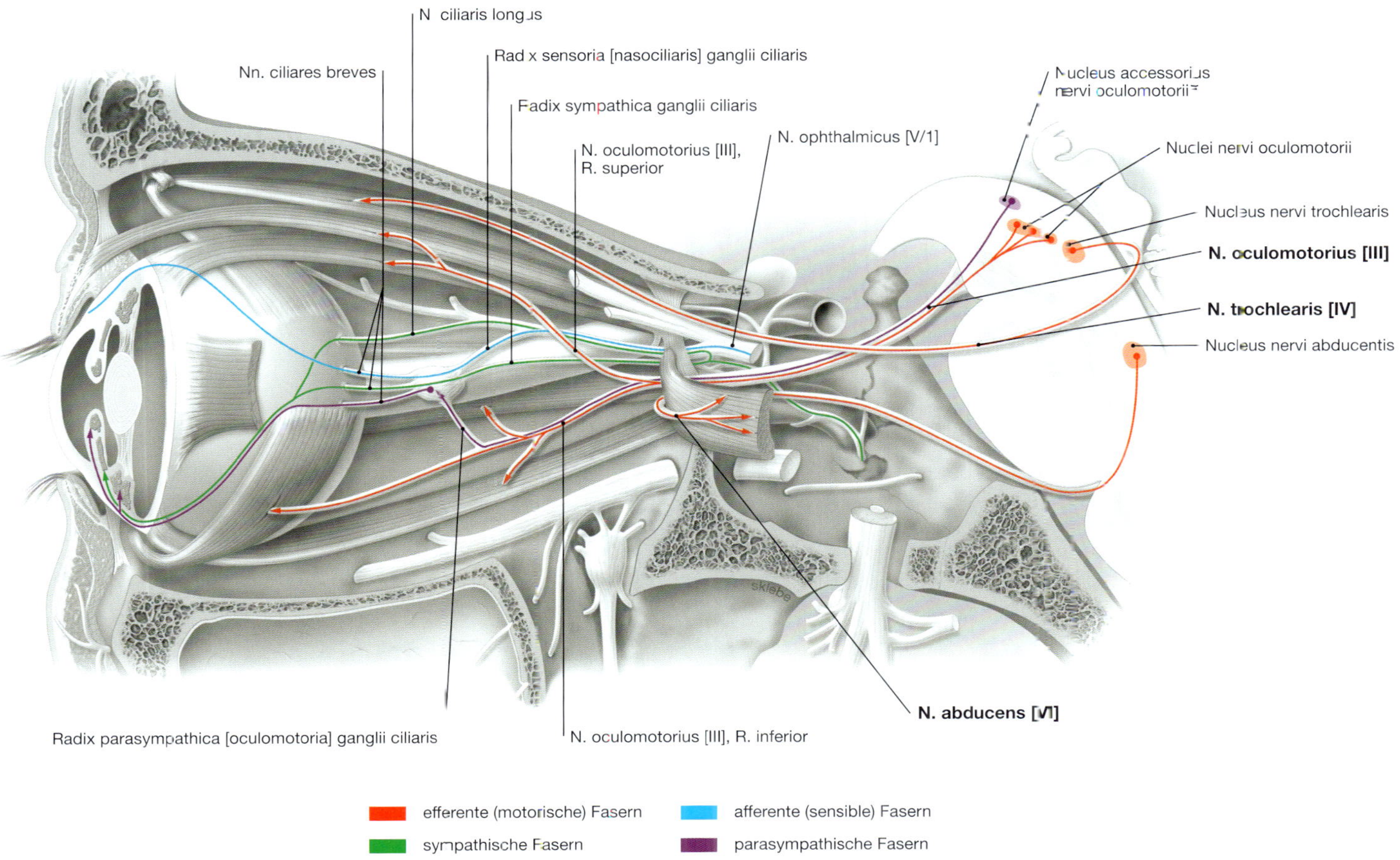

Abb. 12.143 Faserqualitäten der Nn. oculomotorius [III], trochlearis [IV] und abducens [VI], links; Ansicht von lateral.

Der **N. oculomotorius [III]** führt motorische Fasern (ASE) vom Nucleus nervi oculomotorii zum größten Teil der Augenmuskeln. Innerhalb der Orbita teilt sich der Nerv in einen R. superior, der die Mm. rectus superior und levator palpebrae superioris innerviert, und in einen R. inferior, der die Mm. rectus medialis, rectus inferior und obliquus inferior innerviert. Parasympathische Fasern (AVE) kommen vom Nucleus accessorius nervi oculomotorii (EDINGER-WESTPHAL) und gelangen über den R. inferior sowie eine Radix parasympathica (oculomotoria) zum Ganglion ciliare. Hier werden die präganglionären parasympathischen Fasern auf postganglionäre Fasern umgeschaltet, verlaufen mit den Nn. ciliares breves zum Bulbus oculi und erreichen über dessen Wände die Mm. ciliaris und sphincter pupillae.

Der **N. trochlearis [IV]** führt motorische Fasern (ASE) vom Nucleus nervi trochlearis im Hirnstamm zum M. obliquus superior.

Der **N. abducens [VI]** führt motorische Fasern (ASE) vom Nucleus nervi abducentis zum M. rectus lateralis.

* EDINGER-Westphal

Klinik

Läsionen der einzelnen Augenmuskelnerven führen zu Paresen der entsprechenden Augenmuskeln mit Fehlstellungen der Augäpfel, deren Richtung und Ausmaß vom Übergewicht der noch intakten Muskeln (und damit der noch intakten Nerven) gegenüber den gelähmten Muskeln abhängen. Für mehr Details → Seite 113.
Eine komplette **Okulomotoriusparese** geht mit Ptosis, Mydriasis, fehlender Akkommodation und einem nach außen und unten gerichteten Bulbus einher.

Abduzensparesen sind besonders häufig aufgrund des langen intraduralen Verlaufs des N. abducens [VI] und seines Durchtritts durch den Sinus cavernosus. Wird der Patient aufgefordert, mit dem betroffenen Auge nach temporal zu sehen, bleibt der Bulbus weiter geradeaus gerichtet, da der M. rectus lateralis gelähmt ist.

N. trigeminus [V]

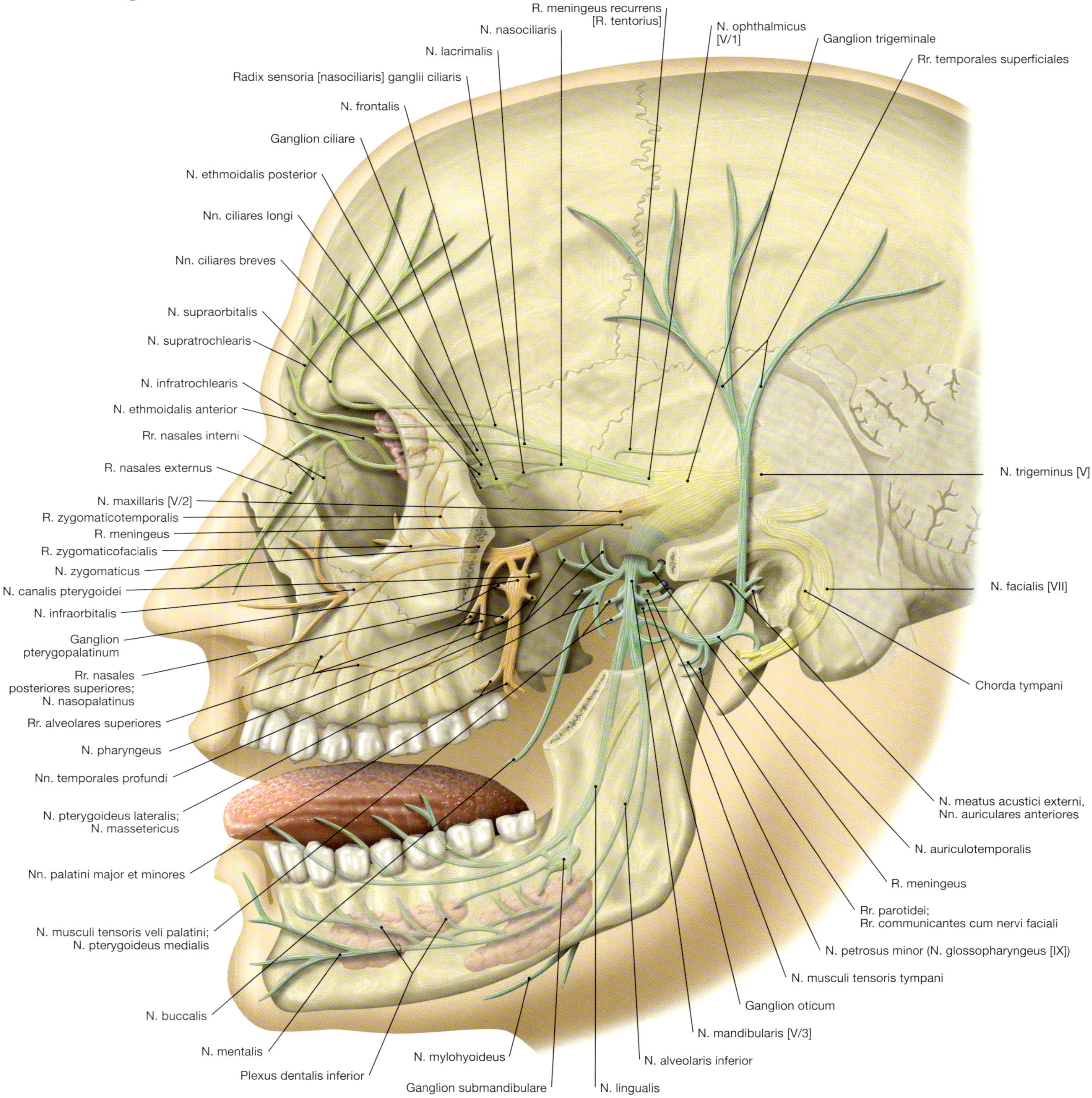

Abb. 12.144 N. trigeminus [V], links; Ansicht von lateral.
Der Drillingsnerv [V] ist der erste Kiemenbogennerv und setzt sich aus den Hauptästen Nn. ophthalmicus [V/1] (hellgrün), maxillaris [V/2] (orange) und mandibularis [V/3] (türkis) zusammen. Er führt vor allem allgemein somato-afferente Fasern (ASA). Daneben kommen speziell viszeroefferente (SVE) Fasern vor.
Der **N. ophthalmicus [V/1]** innerviert das Auge (inkl. Hornhaut und Bindehaut), die Haut des oberen Augenlids, der Stirn, des Nasenrückens und die Schleimhäute von Nasen- und Nasennebenhöhlen. Parasympathische Fasern zur Innervation der Tränendrüsen begleiten ihn in seinem peripheren Verlauf.
Der **N. maxillaris [V/2]** innerviert die Haut der vorderen Schläfenregion und die oberen Wangen sowie die Haut unterhalb des Auges. Ferner innerviert er sensibel den Gaumen, die Oberkieferzähne, das Zahnfleisch und die Schleimhaut des Sinus maxillaris.
Der **N. mandibularis [V/3]** innerviert die Kaumuskeln, zwei Mundbodenmuskeln (M. mylohyoideus und Venter anterior des M. digastricus) sowie die Mm. tensor veli palatini und tensor tympani. Außerdem ziehen seine sensiblen Äste zur Haut der hinteren Schläfenregion, der Wange und des Kinns und innervieren die Unterkieferzähne und das Zahnfleisch des Unterkiefers. Seine Äste nehmen parasympathische Fasern für die großen Mundspeicheldrüsen und Geschmacksfasern für die Zunge auf, deren vordere zwei Drittel er ebenfalls sensibel innerviert.

→ T 58e

N. trigeminus [V]

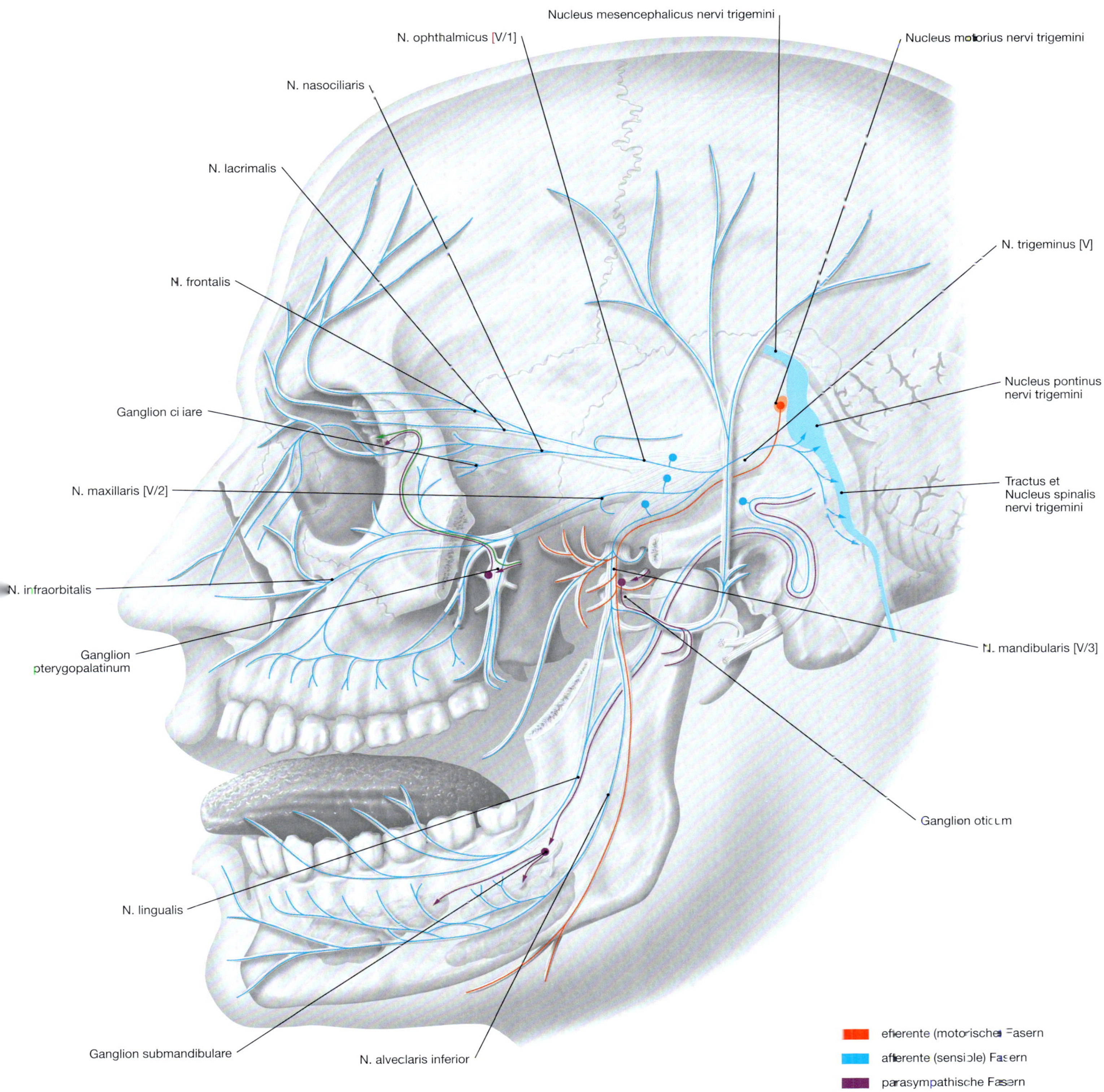

Abb. 12.145 Faserqualitäten des N. trigeminus [V], links; Ansicht von lateral.

Ursprungs- und **Endkerne** des N. trigeminus [V] sind der Nucleus mesencephalicus nervi trigemini (somatosensibel), der Nucleus pontinus (sensorius principalis) nervi trigemini (somatosensibel), der Nucleus spinalis nervi trigemini (allgemein somato-afferent, ASA) und der Nucleus motorius nervi trigemini (speziell viszero-efferent, SVE).

Der N. trigeminus [V] besteht aus einer **Radix sensoria** (Portio major) und einer **Radix motoria** (Portio minor). Nach Austritt aus dem Pons zieht der Drillingsnerv über die Felsenbeinkante zum Ganglion trigeminale (Ganglion semilunare, klin.: Ganglion GASSERI, enthält pseudounipolare Nervenzellen, die protopathische und epikritische Sensibilitäten zu den Nuclei pontinus und spinalis nervi trigemini leiten) und teilt sich danach in seine drei Hauptäste Nn. ophthalmicus [V/1], maxillaris [V/2] und mandibularis [V/3].

N. trigeminus [V]

Äste des N. ophthalmicus [V/1] (rein somato-afferent)		
Ast	**Unteräste**	**Innervationsgebiet**
R. meningeus recurrens [R. tentorius]		Teile der Hirnhäute
N. frontalis	N. supraorbitalis	Haut der Stirn und Schleimhaut der Stirnhöhle
	N. supratrochlearis	Haut und Bindehaut des nasalen Augenwinkels
N. lacrimalis		Tränendrüse (zur sekretorischen Innervation lagern sich postganglionäre parasympathische Fasern aus dem N. zygomaticus an), Haut und Bindehaut des temporalen Augenwinkels
N. nasociliaris	(→ Tabelle unten)	Nasennebenhöhlen, vorderer Teil der Nasenhaupthöhle sowie Iris, Corpus ciliare, Hornhaut des Auges (→ Tabelle unten)

Äste des N. nasociliaris (aus V/1) [14]		
Ast	**Verlauf**	**Innervationsgebiet**
Radix sensoria ganglii cilarii [R. communicans cum ganglio ciliari]	steuert die sensible Komponente für das Ganglion ciliare bei, aus dem die Nn. ciliares breves kommen	Augapfel und seine Bindehaut (zusammen mit den Nn. ciliares longi)
Nn. ciliares longi	lagern sich dem N. opticus an und ziehen mit den Nn. ciliares breves aus dem Ganglion ciliare zum Bulbus oculi; außerdem schließen sich ihnen sympathische Fasern aus dem Plexus caroticus an	Augapfel (Bulbus oculi) und dessen Bindehaut; die sympathischen Fasern innervieren den M. dilatator pupillae
N. ethmoidalis posterior	zieht durch das gleichnamige Foramen zu den hinteren Siebbeinzellen und der Keilbeinhöhle	Schleimhaut der hinteren Siebbeinzellen und der Keilbeinhöhle
N. ethmoidalis anterior	zieht durch das gleichnamige Foramen zurück in die vordere Schädelgrube und von dort aus durch die Lamina cribrosa in die Nasenhöhle; er endet mit den Rr. nasales externi in der Haut des Nasenrückens	Schleimhaut der vorderen Nasenhöhle und der vorderen Siebbeinzellen, Haut des Nasenrückens
N. infratrochlearis	zieht unterhalb der Trochlea zum inneren Augenwinkel	Haut des inneren Augenwinkels

Äste des N. maxillaris [V/2] (rein somato-afferent)		
Ast	**Unteräste**	**Innervationsgebiet**
R. meningeus		Teile der Hirnhäute
N. zygomaticus	R. zygomaticotemporalis	Haut im Bereich der Schläfe
	R. zygomaticofacialis	Haut im Bereich der oberen Wangenregion; zur sekretorischen Innervation der Tränendrüse verlaufen postganglionäre parasympathische Fasern mit dem N. zygomaticus, die er an den N. lacrimalis abgibt
Rr. ganglionares ad ganglion pterygopalatinum	(→ Tab., S. 305 oben)	steuern sensible Fasern für das Ganglion pterygopalatinum bei, Innervation von Gaumen und Nase (→ Tab. S. 305 oben), es schließen sich sympathische und parasympathische Fasern für die Glandulae nasales und palatinae (speziell viszero-efferent) sowie Geschmacksfasern an
N. infraorbitalis	Nn. alveolares superiores mit Rr. alveolares superiores posteriores, medii und anteriores	Schleimhaut der Kieferhöhle, der Oberkieferzähne und der zugehörigen Gingiva
		Haut und Bindehaut des Unterlids, Haut lateral der Nasenflügel, Haut der Oberlippe und seitlicher Wangenbereich zwischen Unterlid und Oberlippe

Äste der Rr. ganglionares ad ganglion pterygopalatinum (aus V/2) [14]		
Ast	**Verlauf**	**Innervationsgebiet**
N. palatinus major	zieht über den Canalis palatinus major durch das Foramen palatinum majus	Schleimhaut des harten Gaumens, Glandulae palatinae, Geschmacksknospen im Gaumen
Nn. palatini minores	verlassen den Canalis palatinus major durch die Foramina palatina minora	Schleimhaut des weichen Gaumens, Tonsilla palatina, Glandulae palatinae, Geschmacksknospen im Gaumen
Rr. nasales posteriores superiores laterales et mediales	ziehen durch das Foramen sphenopalatinum in die Nasenhöhle und geben den N. nasopalatinus ab, der durch den Canalis incisivus zum harten Gaumen gelangt	Schleimhaut der Nasenmuscheln, Nasenseptum, vorderer Teil der Schleimhaut des harten Gaumens, obere Schneidezähne mit Zahnfleisch, Glandulae nasales

Äste des N. mandibularis [V/3] (somato-afferent und viszero-efferent)		
Ast	**Unteräste**	**Innervationsgebiet**
R. meningeus		Teile der Hirnhäute
N. massetericus		M. masseter
Nn. temporales profundi		M. temporalis
N. pterygoideus lateralis		M. pterygoideus lateralis
N. pterygoideus medialis		M. pterygoideus medialis
N. musculi tensoris veli palatini		M. tensor veli palatini
N. musculi tensoris tympani		M. tensor tympani
N. buccalis		Haut und Schleimhaut der Wange sowie Gingiva des Unterkiefers
N. auriculotemporalis	Rr. parotidei	postganglionäre parasympathische Fasern aus dem Ganglion oticum schließen sich an und innervieren die Ohrspeicheldrüse
	Rr. communicantes cum nervo faciali	postganglionäre parasympathische Fasern aus dem Ganglion oticum schließen sich an und innervieren die Ohrspeicheldrüse
	N. meatus acustici externi	äußerer Gehörgang, Trommelfell
	Nn. auriculares anteriores	Haut vor der Ohrmuschel
	Nn. temporales superficiales	Haut des hinteren Anteils der Schläfenregion
N. lingualis	Rr. isthmi faucium	Haut des weichen Gaumens
	N. sublingualis	Schleimhaut des Mundbodens
		sensible Innervation der vorderen zwei Drittel der Zunge. Geschmacksfasern der vorderen zwei Drittel der Zunge unter Mitnahme von präganglionären parasympathischen Fasern aus der Chorda tympani und Abgabe dieser zum Ganglion submandibulare
N. alveolaris inferior		Unterkieferzähne und Gingiva des Unterkiefers
	N. mylohyoideus	M. mylohyoideus und Venter anterior des M. digastricus
	N. mentalis	Haut des Kinns

N. trigeminus [V]

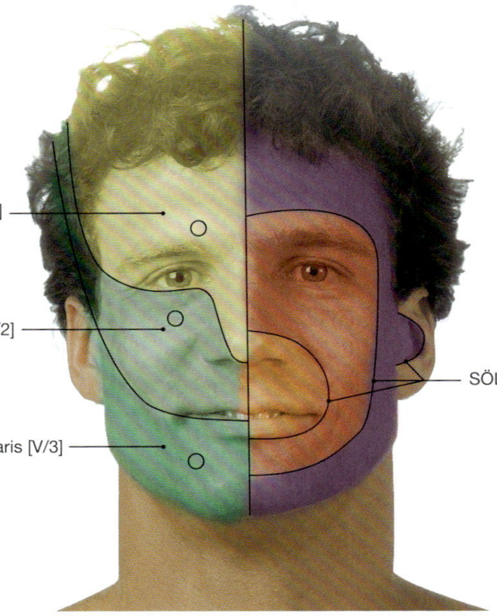

Abb. 12.146 Innervationsgebiete der Gesichtshaut, Nervenaustrittspunkte und protopathische Sensibilität.
Auf der linken Gesichtshälfte ist die somatotope Gliederung der protopathischen Sensibilität dargestellt. Auf der rechten Gesichtshälfte sieht man die Innervationsgebiete und Nervenaustrittspunkte der drei Trigeminusäste.

Klinik

Besonders im Rahmen von Durchblutungsstörungen kann es zu **Läsionen** des N. trigeminus [V] kommen. Sie betreffen meist nur einzelne Kerngebiete selektiv oder partiell und selten den ganzen N. trigeminus [V]. Solche Läsionen können sich beispielsweise als ipsilaterale Lähmung der Kaumuskulatur oder als selektiver Ausfall der epikritischen Sensibilität äußern. Die afferenten Fasern der protopathischen Sensibilität erreichen den Nucleus spinalis nervi trigemini in somatotoper Anordnung (→ Abb. 12.146). Ein bestimmter Abschnitt des Nucleus spinalis nervi trigemini innerviert ein konzentrisches Areal der Gesichtshaut. Um das Ausmaß einer Läsion des Kerns zu bestimmen, testet man daher die protopathische Sensibilität entlang den konzentrischen **SÖLDER-Linien.**

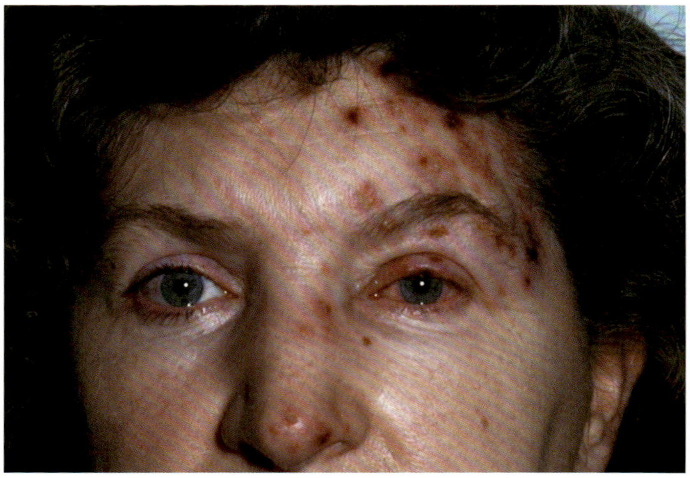

Abb. 12.147 Zoster ophthalmicus. [16]
Fotografie einer Patientin mit Zoster ophthalmicus (Befall der Haut im Versorgungsgebiet des ersten Trigeminusasts mit Varicella-Zoster-Viren, Gesichtsrose). Besonders gefährlich (Erblindungsgefahr) und schmerzhaft ist der Mitbefall der Augenoberflächenepithelien (Hornhaut und Bindehaut). Man sieht eine deutliche Rötung der Bindehaut sowie eine verengte Lidspalte.

Klinik

Sensibilitätsausfälle im Innervationsgebiet eines Trigeminusasts deuten meist auf eine **periphere Läsion** des Nervs hin. Ursachen hierfür sind mit Bezug auf den N. ophthalmicus [V/1] und den N. maxillaris [V/2] eine Thrombose des Sinus cavernosus (→ S. 223), Schädelbasistumoren und -frakturen. Sensibilitätsstörungen im Bereich der Mandibula oder Lähmungen der Kaumuskulatur sind oftmals iatrogen (durch den Zahnarzt) hervorgerufen.
Bei der häufigen und bis heute nicht völlig verstandenen **Trigeminusneuralgie** kommt es durch Überempfindlichkeit des N. trigeminus [V] immer wieder zu plötzlichen starken, einschießenden Schmerzen im sensiblen Innervationsgebiet des betroffenen Trigeminusasts. Schon kleinste Berührungen im Bereich der entsprechenden Nervenaustrittspunkte (→ Abb. 12.146) können die Schmerzen auslösen.
Eine Neuralgie des N. ophthalmicus [V/1] kann als Post-Zoster-Neuralgie (nach **Zoster ophthalmicus**), einer Infektion des ersten Trigeminusasts mit dem Varicella-Zoster-Virus (→ Abb. 12.147), auftreten.

N. facialis [VII]

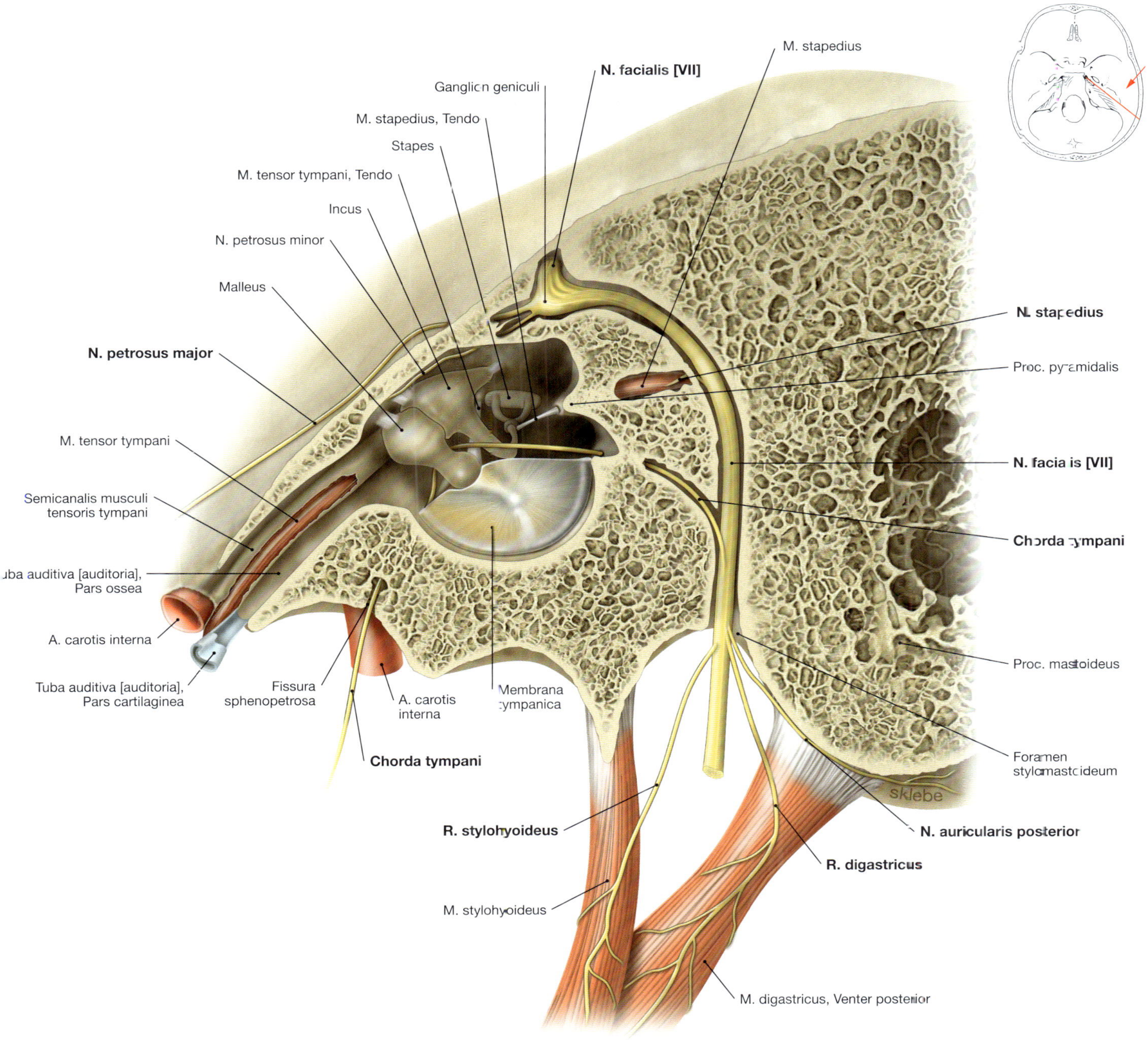

Abb. 12.148 Verlauf des N. facialis [VII]; vertikaler Schnitt durch den Canalis facialis; Ansicht von links.
Circa 1 cm nach Eintritt in das Felsenbein durch den Pars acusticus internus (nicht dargestellt) bildet der N. facialis [VII] das äußere Fazialisknie (Ganglion geniculi). Der Hauptstamm des Nervs verläuft in einem knöchernen Kanal zum Foramen stylomastoideum. Auf dem Weg im Felsenbein gibt der N. facialis [VII] die Nn. petrosus major, stapedius und die Chorda tympani (→ Tab., S. 310) ab.

→ T 58g

Klinik

Aufgrund der engen topographischen Beziehung des Canalis facialis zur Paukenhöhle kann der N. facialis [VII] im Rahmen von Felsenbeinfrakturen, Mittelohrentzündungen, Mastoiditiden sowie bei operativen Eingriffen am Mittel- und Innenohr geschädigt werden. Die Symptome hängen von der Schädigungslokalisation ab. Liegt die **Schädigung im Bereich des oder vor dem Ganglion geniculi,** sind sämtliche mimischen Muskeln paretisch. Ferner kommt es zum Ausfall des M. stapedius (Hyperakusis), zu Geschmacksstörungen und Beeinträchtigungen von Tränen-, Nasen- und Speicheldrüsensekretion.
Liegt die **Schädigung unterhalb des Abgangs des N. stapedius,** fallen außer den mimischen Muskeln die von der Chorda tympani geleiteten Geschmacks- und Sekretionsfunktionen aus. Die **Chorda tympani** kann auch bei Mittelohrentzündungen (→ S. 147) oder bei operativen Eingriffen an Mittel- und Innenohr aufgrund ihres ungeschützten Verlaufs zwischen Hammer und Amboss separat geschädigt werden.
Das größte Problem bei einer peripheren Fazialisparese ist ein **Lagophthalmus** (das Auge kann durch Ausfall des M. orbicularis oculi nicht mehr geschlossen werden; → Abb. 12.151c) mit resultierender Austrocknung der Hornhaut (Erblindung durch fehlenden Lidschlag und verminderte Produktion von Tränenflüssigkeit).

N. facialis [VII]

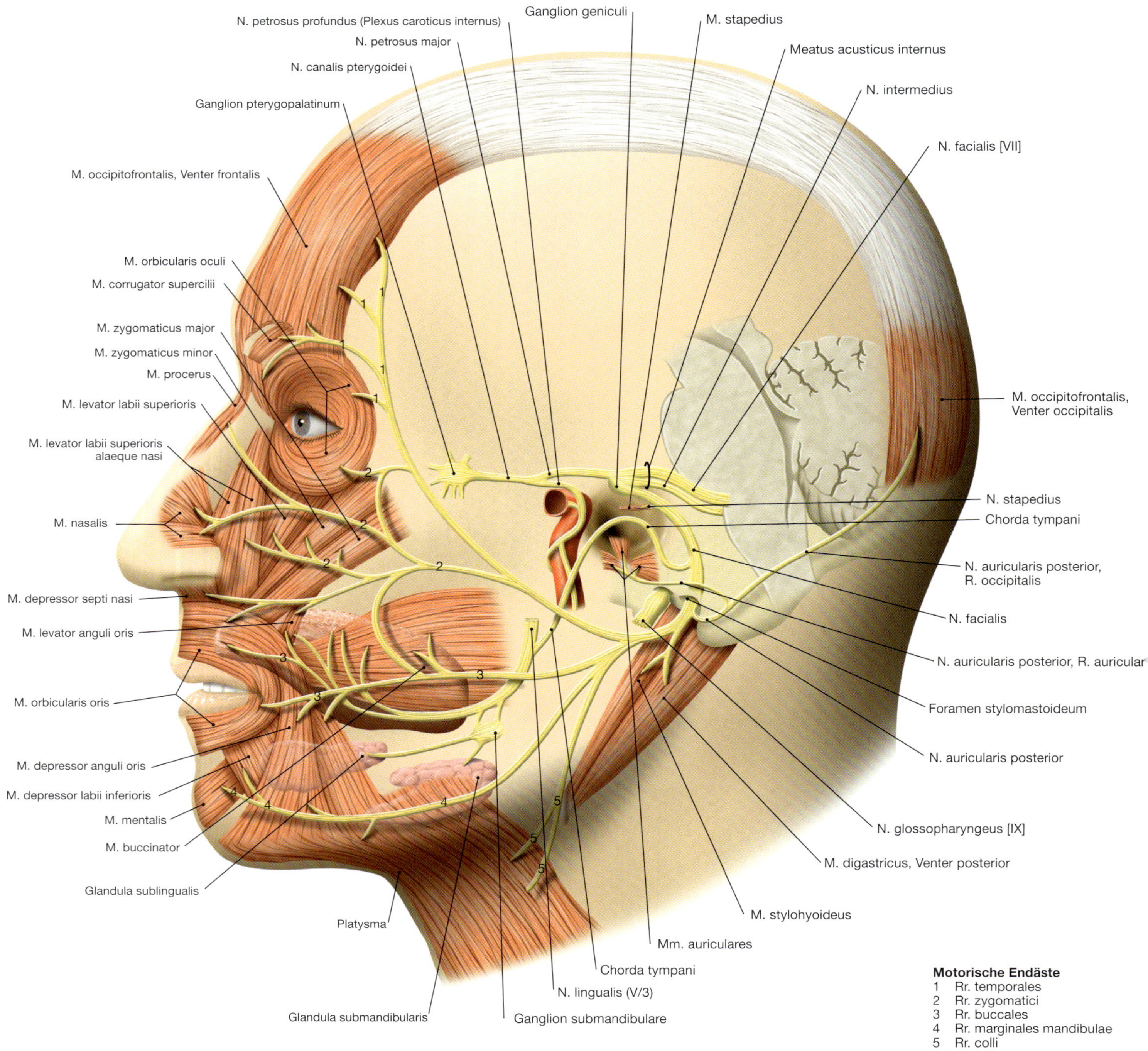

Abb. 12.149 N. facialis [VII], links; Ansicht von lateral.
Der N. facialis [VII] tritt am Kleinhirnbrückenwinkel gemeinsam mit dem N. intermedius (einem Anteil des N. facialis [VII], der oftmals auch als eigenständiger Nerv gesehen wird) und dem N. vestibulocochlearis [VIII] aus. Der N. intermedius vereinigt sich nach kurzer Strecke mit dem N. facialis [VII]. N. facialis [VII] und N. vestibulocochlearis [VIII] verlaufen auf die Pars petrosa des Os temporale zu und treten über den Porus und den Meatus acusticus internus in den Knochen ein. Nach Abgang der Nn. cochlearis und vestibularis zieht der N. facialis [VII] in den Canalis facialis (→ auch Abb. 12.153). Dort biegt er fast rechtwinkelig nach hinten unten um (äußeres Fazialisknie; → Abb. 12.148). Kurz vor der Umwendestelle liegt das Ganglion geniculi. In seinem weiteren Verlauf im Canalis facialis gibt der Hirnnerv mehrere Äste ab (→ Tab., S. 310). Nach Austritt aus der Schädelbasis am Foramen stylomastoideum wendet er sich nach rostral, gibt weitere Äste ab und tritt anschließend in die Glandula parotidea ein, wo er sich in seine motorischen Endäste aufteilt (Plexus intraparotideus; → Tab., S. 310).

→ T 58g

N. facialis [VII]

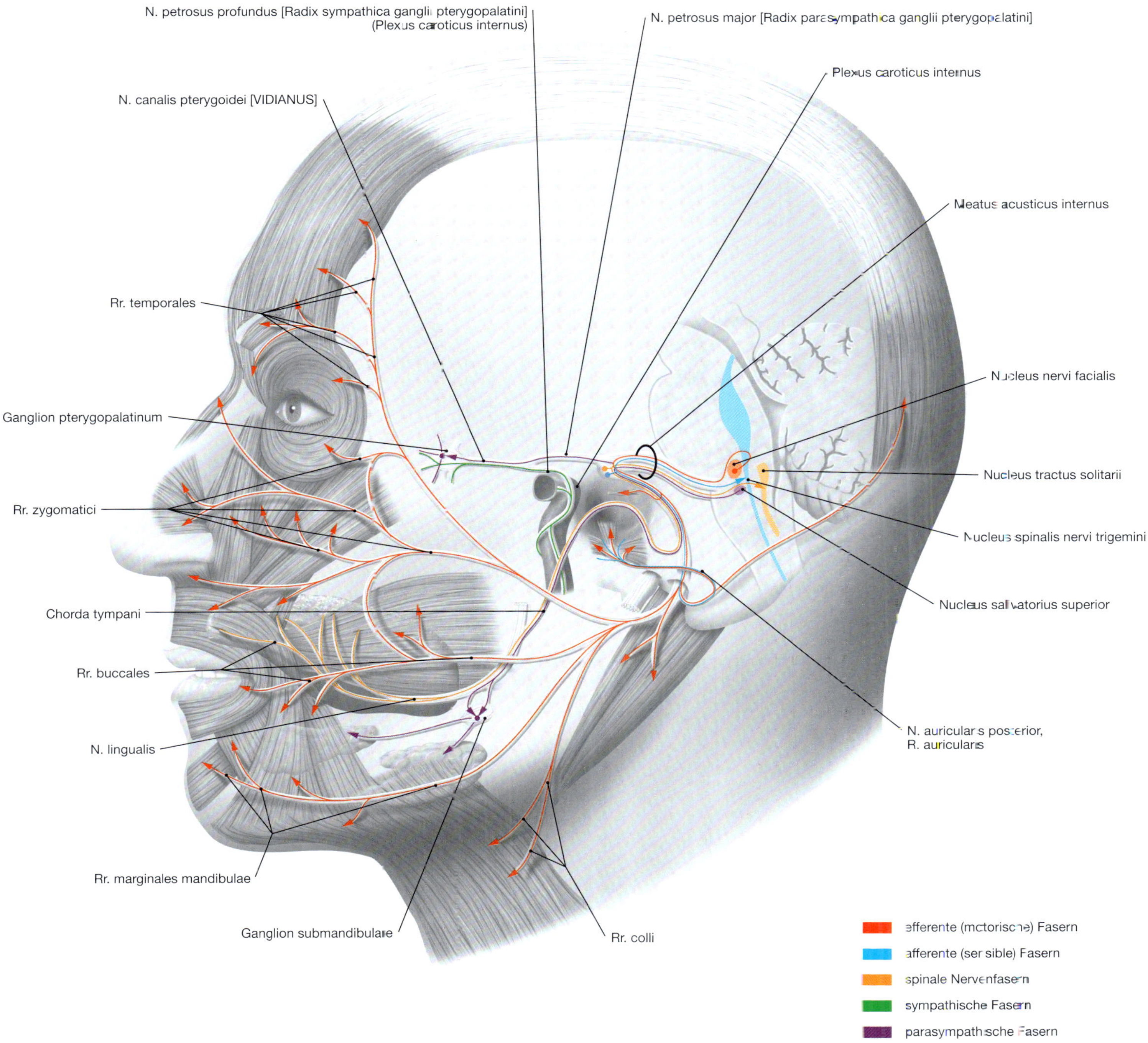

Abb. 12.150 Faserqualitäten des N. facialis [VII], links; Ansicht von lateral.

Der N. facialis [VII] ist der zweite Kiemenbogennerv. Er ist ein zusammengesetzter Nerv.

Seine **motorischen Fasern** (speziell viszero-efferent, SVE) entstammen dem **Nucleus nervi facialis**. Diese ziehen hinten in einem Bogen um den Nucleus nervi abducentis (inneres Fazialisknie) herum. Im oberen Anteil des Kerns sind die Neurone für die mimische Stirn- und Augenmuskulatur lokalisiert, der untere Kernanteil beherbergt die Neurone für die mimischen Muskeln unterhalb des Auges. Der obere Kernabschnitt hat eine Doppelinnervation von beiden Hemisphären (→ Abb. 12.152). Er erhält somit kortikonukleäre Fasern von der ipsi- und der kontralateralen Seite. Der untere Kernabschnitt wird nur von kortikonukleären Fasern der kontralateralen Seite erreicht.

Präganglionäre parasympathische Fasern entspringen dem **Nucleus salivatorius superior** (allgemein viszero-efferent, AVE). Sie verlaufen mit dem Intermediusanteil über den N. facialis [VII], ziehen dann via N. petrosus major bis zum Ganglion pterygopalatinum oder schließen sich der Chorda tympani an, gelangen von hier in den N. lingualis (aus V/3) und erreichen das Ganglion submandibulare. In den Ganglien erfolgt die Umschaltung auf **postganglionäre Fasern.** Diese ziehen dann weiter zu Tränendrüse, Nasen- und Gaumendrüsen sowie Glandulae sublingualis und submandibularis (→ N. trigeminus [V], S. 302).

Der obere Kernabschnitt des **Nucleus tractus solitarii** wird von speziell viszero-afferenten Fasern (SVA) der vorderen zwei Drittel der Zunge erreicht, die Geschmack vermitteln. Die Fasern gelangen mit dem N. lingualis via Chorda tympani in den N. facialis [VII] und von hier zum Hirnstamm.

Allgemein somato-afferente Fasern (ASA) aus der Gehörgangshinterwand sowie teilweise auch hinter dem Ohr, an der Ohrmuschel und auch dem Trommelfell verlaufen ein Stück weit mit dem N. vagus [X] (R. communicans nervi vagi), verlassen diesen aber bereits in der Pars petrosa und legen sich dem N. facialis [VII] an. Die Perikarya dieser Fasern liegen wie die Perikarya der Geschmacksfasern im Ganglion geniculi. Sie erreichen über den Intermediusanteil des N. facialis [VII] den Nucleus spinalis nervi trigemini.

N. facialis [VII]

Äste des N. facialis [VII] [14]		
Ast	**Verlauf**	**Innervationsgebiete**
N. petrosus major [Radix parasympathica pterygopalatini]	zieht vom äußeren Fazialisknie durch den Canalis nervi petrosi majoris in die mittlere Schädelgrube; gelangt über das Foramen lacerum in den Canalis pterygoideus, in dem er gemeinsam mit dem sympathischen N. petrosus profundus als N. canalis pterygoidei zum Ganglion pterygopalatinum zieht (Umschaltung der parasympathischen Fasern)	**AVE** (über Äste des N. maxillaris [V/2]): Glandulae lacrimalis, nasales, palatinae, pharyngeales **SVA** (über Äste des N. mandibularis [V/3]): Geschmacksknospen des Gaumens
N. stapedius	Abgang im unteren Teil des Canalis facialis	**SVE:** M. stapedius
Chorda tympani	zieht kurz vor dem Ende des Canalis facialis rückläufig durch einen eigenen Knochenkanal zur Paukenhöhle, die sie ohne knöchernen Schutz hinter dem Trommelfell zwischen Hammergriff und langem Amboss-Schenkel durchquert; lagert sich nach Durchtritt durch die Fissura petrotympanica dem N. lingualis (aus N. V/3) an	**AVE** (über den N. lingualis, Umschaltung im Ganglion submandibulare): Glandulae submandibularis und sublingualis **SVA** (über N. lingualis): vordere zwei Drittel der Zunge
N. auricularis posterior	Abgang kurz nach Austritt aus dem Canalis facialis	**SVE:** M. occipitofrontalis, Ohrmuskeln
Rr. digastricus und stylohyoideus	kleine Muskeläste	**SVE:** M. digastricus, Venter posterior, M. stylohyoideus
Plexus intraparotideus	Die motorischen Endäste zur mimischen Muskulatur zweigen sich in der Glandula parotidea in eine Pars temporofacialis und eine Pars cervicofacialis auf, die ihrerseits fächerförmig in fünf Endäste übergehen: Rr. temporales, Rr. zygomatici, Rr. buccales, Rr. marginales mandibulae, R. colli (oder Rr. colli, → Abb. 8.81)	**SVE:** mimische Muskulatur einschließlich M. buccinator und Platysma

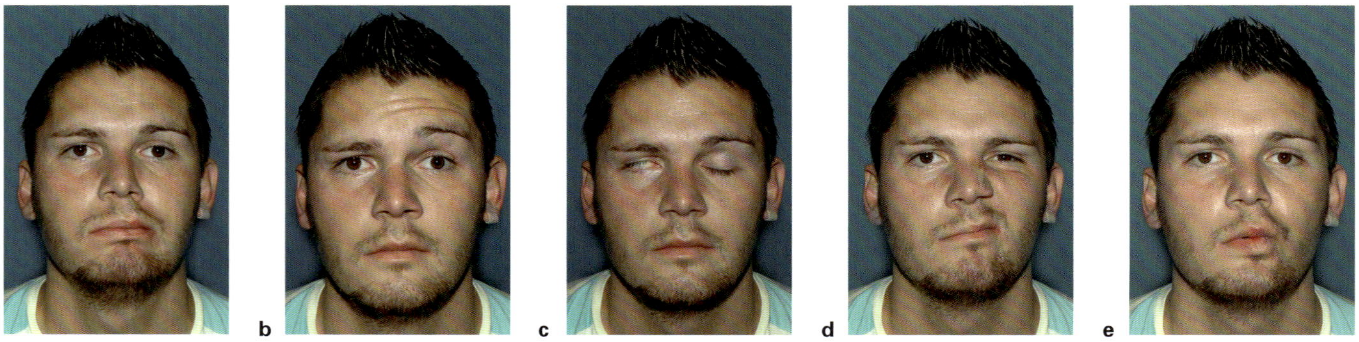

Abb. 12.151a bis e Periphere Parese des N. facialis [VII], rechts.
a Aufnahmebefund des Patienten. Die Hautfalten der rechten Gesichtshälfte sind verstrichen.
b Nach Aufforderung, die Augenbrauen hochzuziehen, legt sich nur die linke Stirnseite in Falten (Ausfall des M. occipitofrontalis, Hinweis auf eine periphere Fazialisparese).
c Nach Aufforderung, beide Augen fest zu verschließen, gelingt dies auf der geschädigten Seite nicht (Lagophthalmus). Der Augenbulbus dreht sich beim Schluss der Augen automatisch nach oben. Da das Augenlid nicht mehr schließt, sieht man die weiße Sclera auf der betroffenen Seite (BELL-Phänomen).
d Nach Aufforderung, die Nase zu rümpfen, gelingt dies auf der rechten Gesichtsseite nicht.
e Nach Aufforderung zu pfeifen, kommt kein Ton zustande, die Luft entweicht durch die Lippen auf der gelähmten Seite.

Klinik

Im Rahmen einer **supranukleären Läsion** (Läsion der kortikonukleären Fasern, z. B. durch einen Infarkt in der Capsula interna) kommt es zur **zentralen Fazialisparese** (sog. untere Fazialisparese). Durch die Doppelinnervation der mimischen Augen- und Stirnmuskulatur ist im Unterschied zur infranukleären Läsion nur die untere kontralaterale Gesichtshälfte von den motorischen Ausfällen betroffen (→ Abb. 12.152).
Bei einer **infranukleären Läsion** (Läsion unterhalb des Fazialiskerns), z. B. durch einen bösartigen Parotistumor, kommt es zum Ausfall aller motorischen Endäste des N. facialis [VII] auf der gleichen Seite **(periphere Fazialisparese).**
Ein **Akustikusneurinom** (→ S. 313) geht von den SCHWANN-Zellen des N. vestibulocochlearis [VIII] oder des N. facialis [VII] aus. Der gutartige Tumor wächst langsam verdrängend und führt früher oder später zur Schädigung beider Nerven. Am N. facialis [VII] äußert sich dies als periphere Fazialisparese. Alle Tests in der Topodiagnostik (→ S. 311) fallen negativ aus. Die Diagnosestellung erfolgt mittels MRT oder CT.

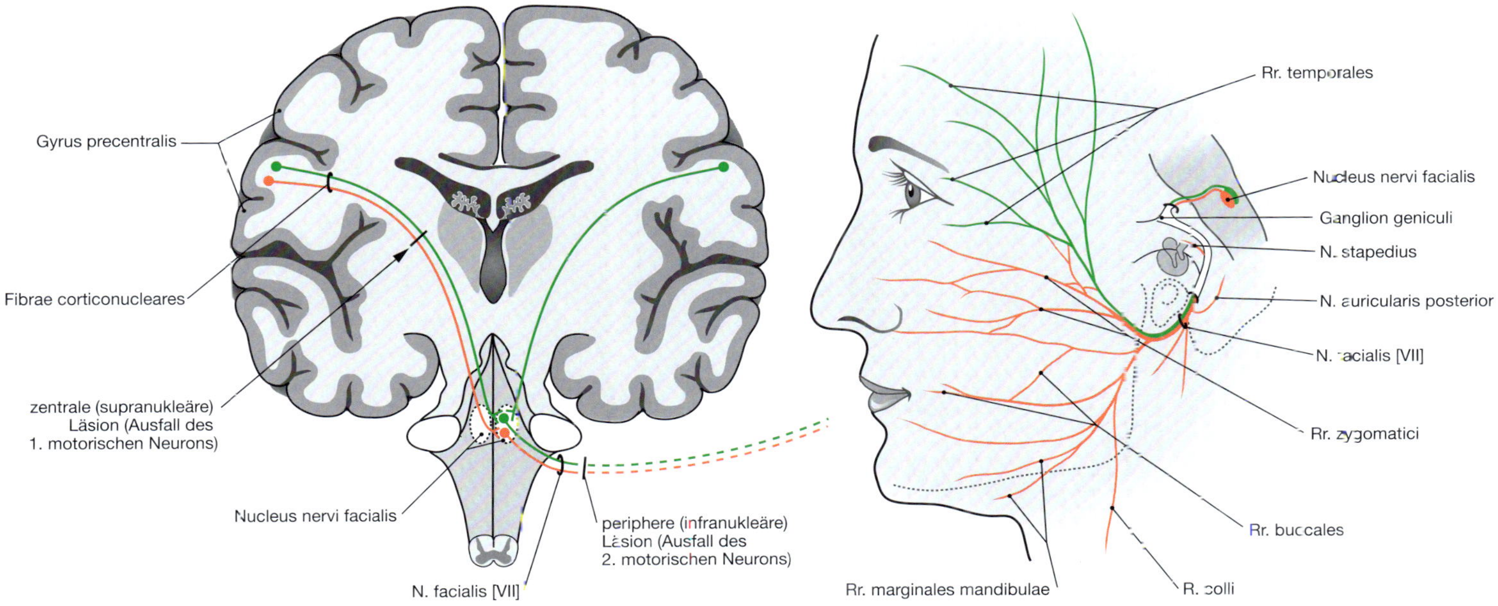

Abb. 12.152 Kortikonukleäre Verbindungen und peripherer Verlauf des N. facialis [VII]. (nach [2])
Links sind in vereinfachter Form die zentralen Verbindungen zum Nucleus nervi facialis dargestellt. Die kortikonukleären Bahnen zum oberen Kernabschnitt (für Rr. temporales; grün) kommen aus beiden Hemisphären. Der untere Kernabschnitt (für Rr. zygomatici, buccales, marginales mandibulae und R. colli) wird nur von der kontralateralen Hemisphäre erreicht (rot).
Rechts sind die vom oberen und unteren Kernabschnitt abgehenden Fasern (SVE) bis in die Peripherie entsprechend dargestellt.

Klinik

Schädigungslokalisation bei peripherer Fazialisparese
Die klassische Topodiagnostik hat ihre Bedeutung mit der modernen hoch auflösenden Bildgebung weitgehend verloren, da im Vergleich zur Elektrodiagnostik die Aussage zu Prognose und Heilungsdauer bei Fazialisparese meist unspezifisch und unsensibel ist. Dennoch kommt dem einzelnen Test klinische Bedeutung zu.

- Der SCHIRMER-Test lässt eine Aussage über die Normalität der Tränenflüssigkeitsproduktion zu (→ Abb. 9.27).
- Die Stapediusreflexprüfung misst die Funktion des N. stapedius.
- Mittels Gustometrie (Geschmackstestung) kann eine Aussage über die Intaktheit der Chorda tympani getroffen werden.
- Die mimischen Muskeln können durch Nervenerregbarkeitstests elektrisch stimuliert werden.
- Mithilfe der Elektroneurographie kann ferner die Leitungsgeschwindigkeit zwischen gesunder und geschädigter Seite verglichen werden.

Schädigungsort	Topodiagnostik	Schädigungsursache
unterhalb des Kerngebiets im Hirnstamm	MRT, CT, SCHIRMER-Test (Funktionstest der Tränendrüse)	z. B. Akustikusneurinom
nach Abgang des N. petrosus major	Stapediusreflexprüfung	z. B. Otitis media
nach Abgang der Chorda tympani	Gustometrie (Geschmacksprüfung)	z. B. Otitis media
nach Austritt aus dem Foramen stylomastoideum	Testung der Gesichtsmotorik	z. B. bösartiger Parotistumor

N. vestibulocochlearis [VIII]

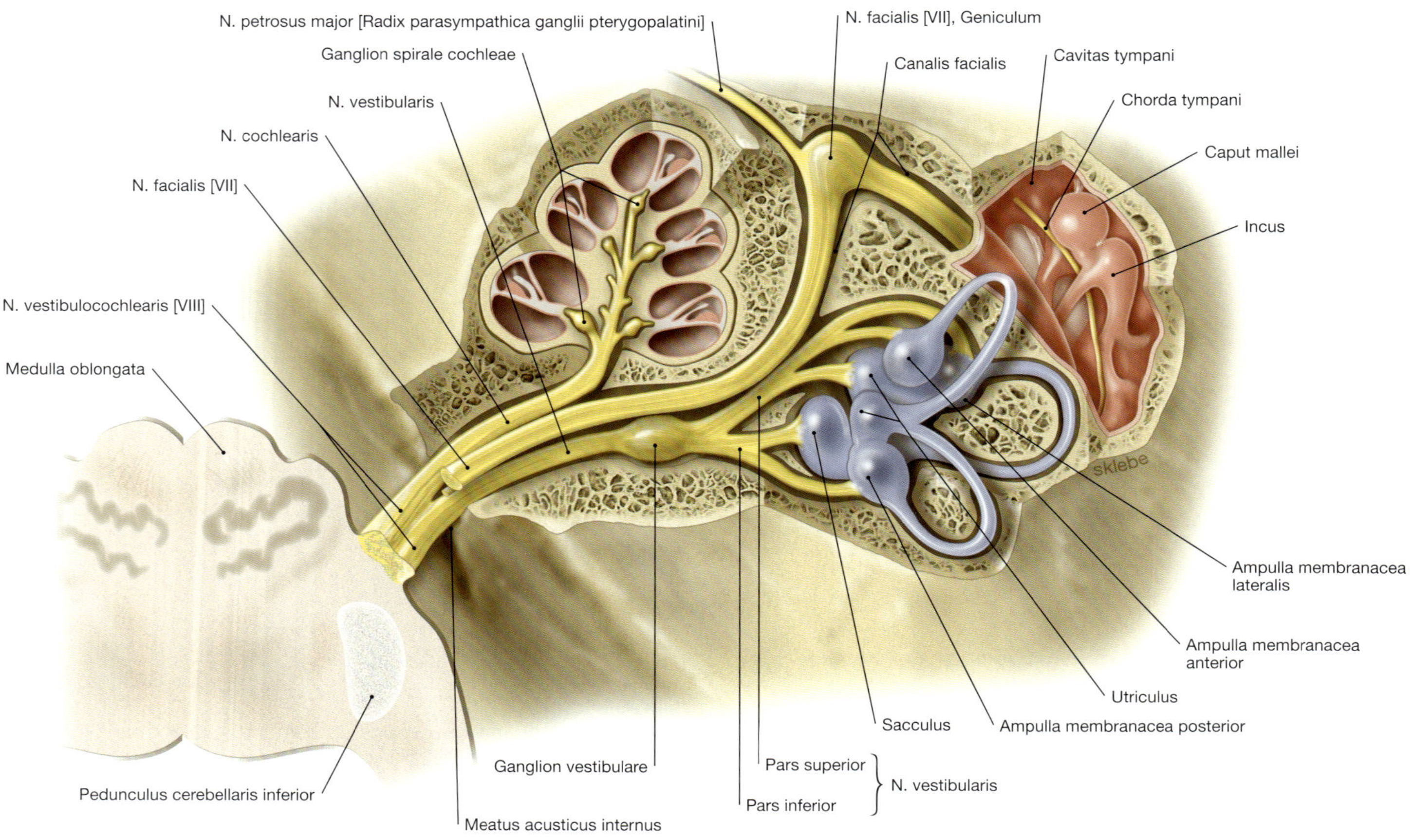

Abb. 12.153 N. vestibulocochlearis [VIII], Verlauf in der Pars petrosa des Os temporale; Ansicht von oben; Pars petrosa eröffnet. Die Nervenfasern, aus denen sich der **N. cochlearis** bildet, entspringen im CORTI-Organ der Cochlea. Ihre Nervenzellkörper liegen im Ganglion spirale cochleae innerhalb des Modiolus (bipolare Nervenzellen). Die zentralen Zellfortsätze bilden anschließend den N. cochlearis. Auch das Gleichgewichtsorgan besitzt bipolare Neurone. Sie nehmen wie die Neurone der Hörbahn die Informationen von Haarzellen auf. Ihre Zellkörper liegen im Ganglion vestibulare, das sich am Boden des inneren Gehörgangs befindet. Die zentralen Fortsätze der Neurone bilden den **N. vestibularis,** der sich am Meatus acusticus internus mit dem N. cochlearis zum N. vestibulocochlearis [VIII] (klin. häufig N. statoacusticus) zusammenschließt und am Kleinhirnbrückenwinkel in den Hirnstamm eintritt.

Mit dargestellt ist der Verlauf des N. facialis [VII] im inneren Gehörgang und anschließend im Canalis facialis. Ferner sieht man das Ganglion geniculi, den Abgang des N. petrosus major und den Verlauf des N. facialis [VII] in der Paukenhöhlenwand. Zwischen Hammer und Amboss tritt die Chorda tympani hindurch.

→ T 58h

N. vestibulocochlearis [VIII]

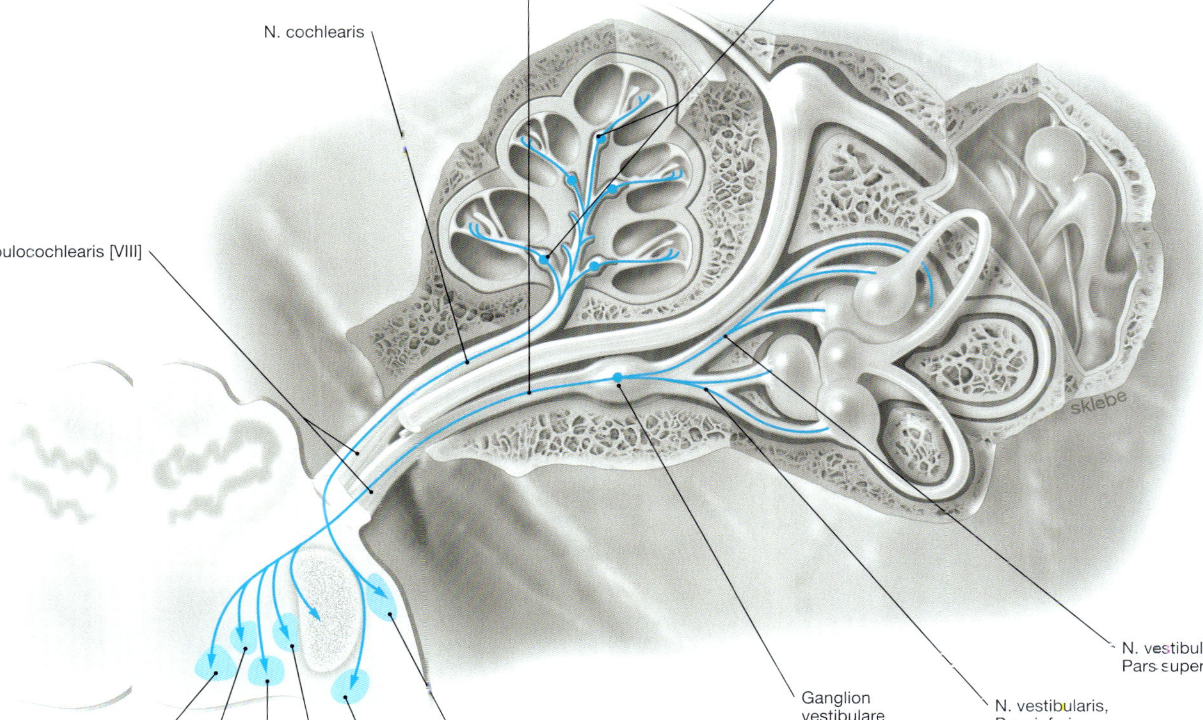

Abb. 12.154 Faserqualitäten des N. vestibulocochlearis [VIII]; Ansicht von oben; Pars petrosa des Os temporale eröffnet.
Innere Haarzellen des CORTI-Organs und Haarzellen in den Bogengängen sowie Utriculus und Sacculus des Vestibularapparats übertragen Erregungen an speziell somato-afferente Nervenfasern (SSA). Diese Fasern sind die peripheren Fortsätze bipolarer Neurone (1. Neuron der Hör- bzw. Gleichgewichtsbahn). Die Perikarya der bipolaren Neurone sitzen im Ganglion spirale cochleae bzw. im Ganglion vestibulare. Die **zentralen Fortsätze** des **Ganglion spirale** schließen sich zum **N. cochlearis** zusammen, ziehen durch den inneren Gehörgang und erreichen über den Kleinhirnbrückenwinkel den Hirnstamm. Hier gelangen sie zu den Nuclei cochleares anterior und posterior. Die **zentralen Fortsätze des 1. Neurons der Gleichgewichtsbahn** (SSA) schließen sich zum **N. vestibularis** zusammen und erreichen ebenfalls über den Kleinhirnbrückenwinkel die Medulla oblongata. Hier projizieren sie in die Nuclei vestibulares medialis (SCHWALBE), superior (BECHTEREW), inferior (ROLLER) und lateralis (DEITERS).

Klinik

Plötzliche Hörminderung, Ohrgeräusche, Gleichgewichtsstörungen und Schwindelanfälle können erste Hinweise auf ein **Akustikusneurinom** sein. Es handelt sich dabei um einen gutartigen Tumor aus Binde- und Nervengewebe, der meist von den SCHWANN-Zellen des vestibulären Anteils des N. vestibulocochlearis [VIII] ausgeht **(Vestibularis-Schwannom)** und im Kleinhirnbrückenwinkel oder im inneren Gehörgang liegt. In 5% der Fälle kommt ein Akustikusneurinom beidseitig vor. Durch den gemeinsamen Verlauf mit dem N. facialis [VII] kann es zu einer peripheren Fazialisparese kommen.

N. glossopharyngeus [IX]

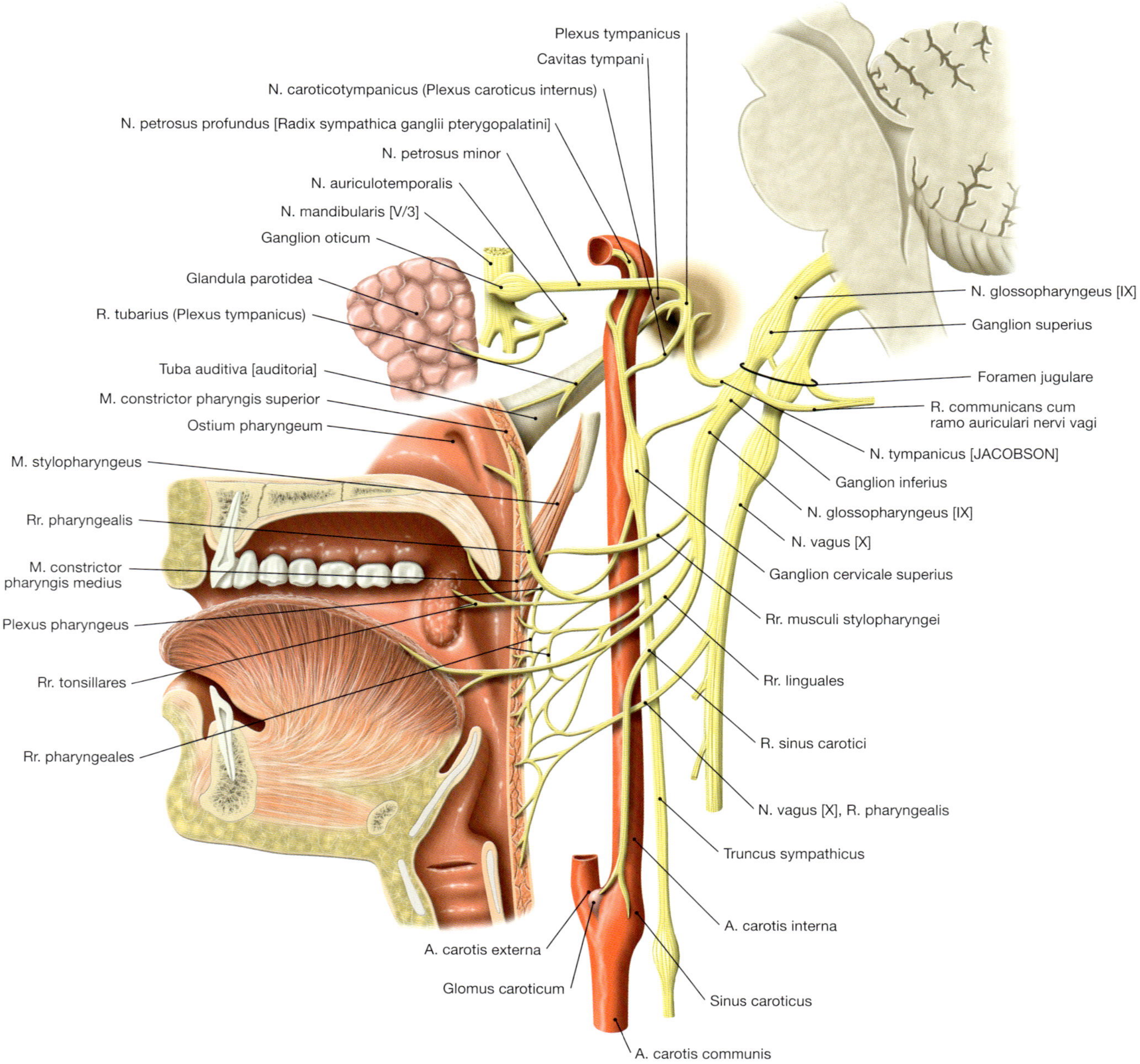

Abb. 12.155 N. glossopharyngeus [IX]; schematischer Medianschnitt; Ansicht von links.

Der N. glossopharyngeus [IX] verlässt gemeinsam mit dem N. vagus [X] und dem N. accessorius [XI] im Sulcus retroolivaris den Hirnstamm und tritt über das Foramen jugulare mit den anderen beiden Nerven durch die Schädelbasis. Innerhalb des Foramens sitzt sein kleineres Ganglion superius, unmittelbar darunter das Ganglion inferius. Anschließend verläuft der Nerv zwischen V. jugularis interna und A. carotis interna nach unten und tritt bogenförmig zwischen Mm. stylopharyngeus und styloglossus von hinten in die Zungenwurzel ein. In seinem Verlauf gibt er den **N. tympanicus** ab, der zur Paukenhöhle zieht, sich in der Schleimhaut zum Plexus tympanicus aufteilt und anschließend als **N. petrosus minor** die Paukenhöhle wieder verlässt. Der N. petrosus minor verläuft neben dem N. petrosus major an der Vorderfläche des Felsenbeins, gelangt durch das Foramen lacerum und erreicht das Ganglion oticum. Über dieses Ganglion innerviert der N. glossopharyngeus [IX] die Ohrspeicheldrüse.

Weitere **Äste** sind der R. musculi stylopharyngei zum M. stylopharyngeus und die Rr. pharyngeales zu den Mm. constrictor pharyngis superior, palatoglossus und palatopharyngeus sowie sensible Fasern zur Pharynxschleimhaut und zu den Glandulae pharyngeales.

Mit dem Grenzstrang und dem N. vagus [X] bilden weitere Fasern den **Plexus pharyngeus,** der die Mm. constrictor pharyngis inferior, levator veli palatini und uvulae innerviert.

Die Rr. tonsillares versorgen die Tonsilla palatina und die Schleimhaut des Isthmus faucium sensibel, die Rr. linguales führen Geschmacksfasern für das hintere Drittel der Zunge. Der R. sinus carotici leitet Erregungen von Mechano- und Chemorezeptoren des Sinus caroticus und Glomus caroticum zum Hirnstamm.

→ T 58i

N. glossopharyngeus [IX]

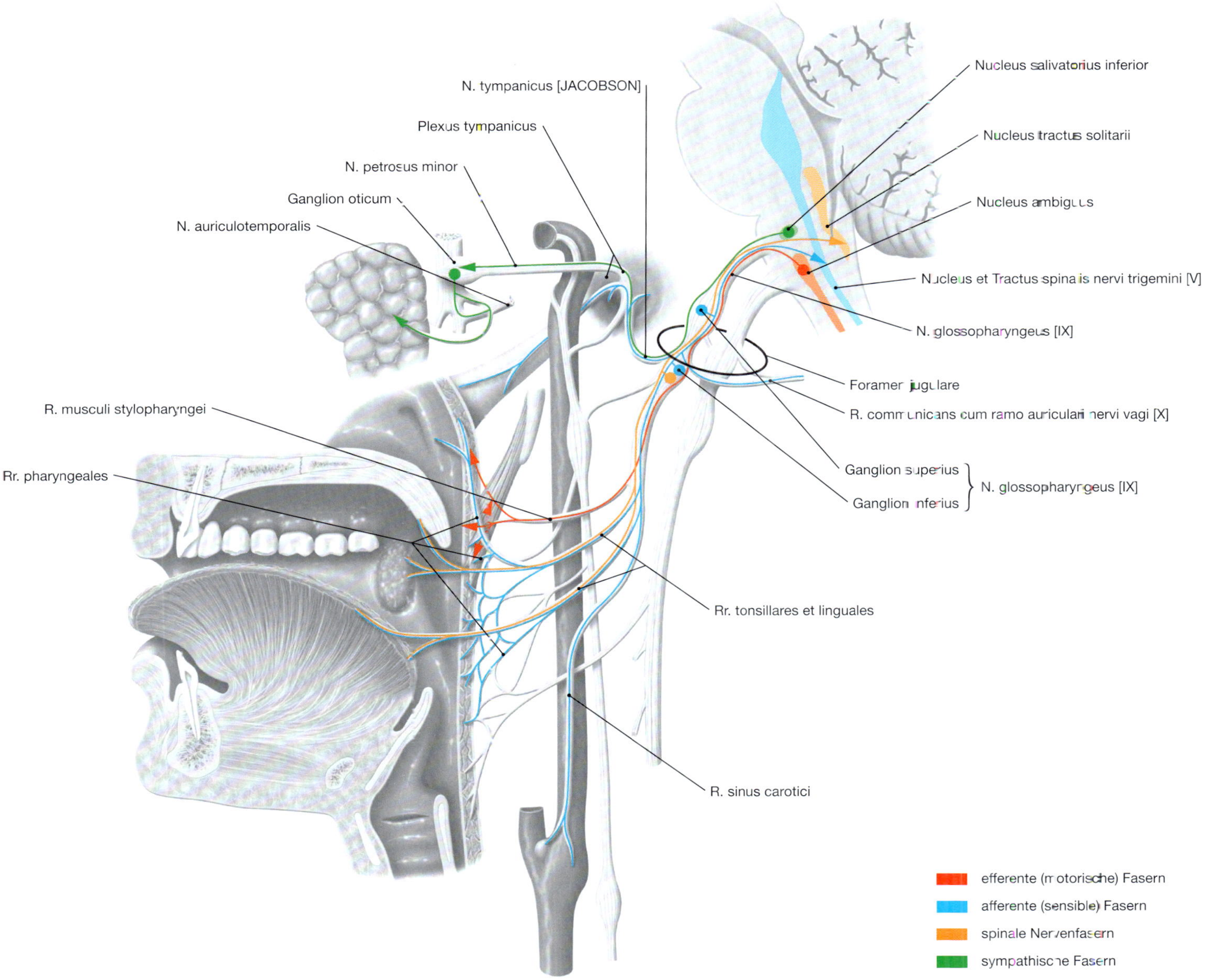

Abb. 12.156 Faserqualitäten des N. glossopharyngeus [IX]; schematischer Medianschnitt; Ansicht von links.

Motorische Fasern (SVE) des N. glossopharyngeus [IX] aus dem Nucleus ambiguus innervieren gemeinsam mit motorischen Fasern des N. vagus [X] (ebenfalls aus dem Nucleus ambiguus, SVE) die Rachenmuskulatur und die Muskulatur des weichen Gaumens.

Parasympathische Fasern (AVE) kommen vom Nucleus salivatorius inferior und gelangen via N. tympanicus, Plexus tympanicus und N. petrosus minor zum Ganglion oticum, wo von prä- auf postganglionäre Fasern umgeschaltet wird. Die **postganglionären** Fasern gelangen über den N. auriculotemporalis (aus V/3) und den N. facialis [VII] zur Glandula parotidea. Weitere parasympathische Fasern (AVE) erreichen die Rachendrüsen.

Zahlreiche **allgemein somato-afferente** Fasern (ASA), die zum Nucleus spinalis nervi trigemini projizieren, kommen von der Paukenhöhle, der Rachenschleimhaut und vom hinteren Drittel der Zunge.

Allgemein viszero-afferente Fasern (AVA) übermitteln Erregungen von Mechanorezeptoren im Sinus caroticus (messen den Blutdruck) und von Chemorezeptoren im Glomus caroticum (messen O_2- und CO_2-Partialdruck sowie pH-Wert des Blutes). Die Impulse gelangen zum Hirnstamm. Hier führen sie reflektorisch zu einer Änderung der Atemfrequenz und des Blutdrucks.

Speziell viszero-afferente Fasern (SVA) leiten Geschmacksempfindungen vom hinteren Drittel der Zunge zum Nucleus und Tractus solitarius.

Klinik

Schädigungen des N. glossopharyngeus [IX] führen zu Schluckstörungen (Lähmung des M. constrictor pharyngis superior, fehlende Ausbildung des PASSAVANT-Ringwulstes), Abweichungen der Uvula zur gesunden Seite (Lähmung der Mm. levator veli palatini, palatoglossus, palatopharyngeus, uvulae), Sensibilitätsstörungen im Pharynxbereich (fehlender Würgereflex), fehlender Geschmacksempfindung im hinteren Zungendrittel sowie zu gestörter Sekretion der Glandula parotidea. Meist ist der N. glossopharyngeus [IX] nicht allein betroffen. Frakturen, Aneurysmen, Tumoren oder Thrombosen von Hirngefäßen im Bereich des Foramen jugulare schädigen oft ebenfalls die Nn. vagus [X] und accessorius [XI].

N. vagus [X]

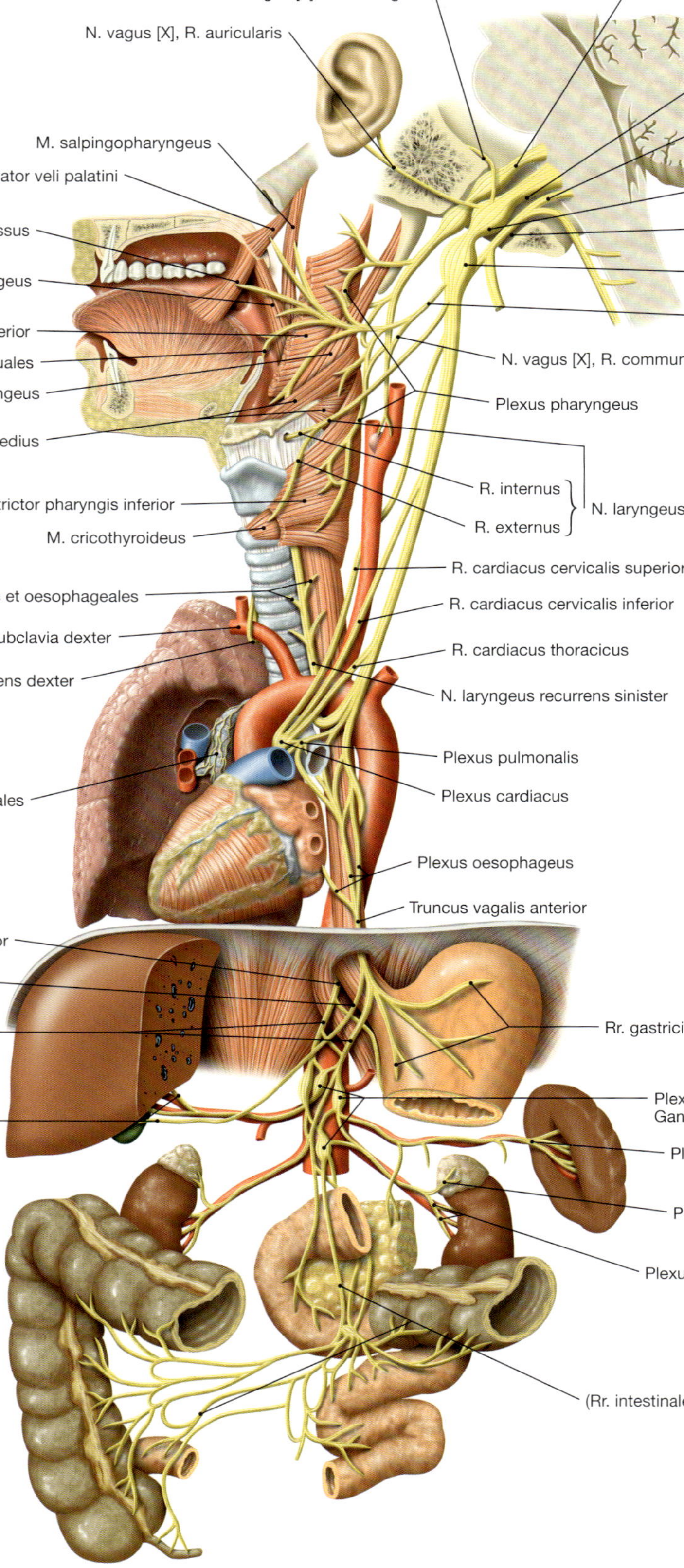

Abb. 12.157 N. vagus [X]; schematischer Medianschnitt im Kopfbereich.
Ausführliche Beschreibung des Verlaufs des N. vagus [X] → Seite 318.

→ T 58j

N. vagus [X]

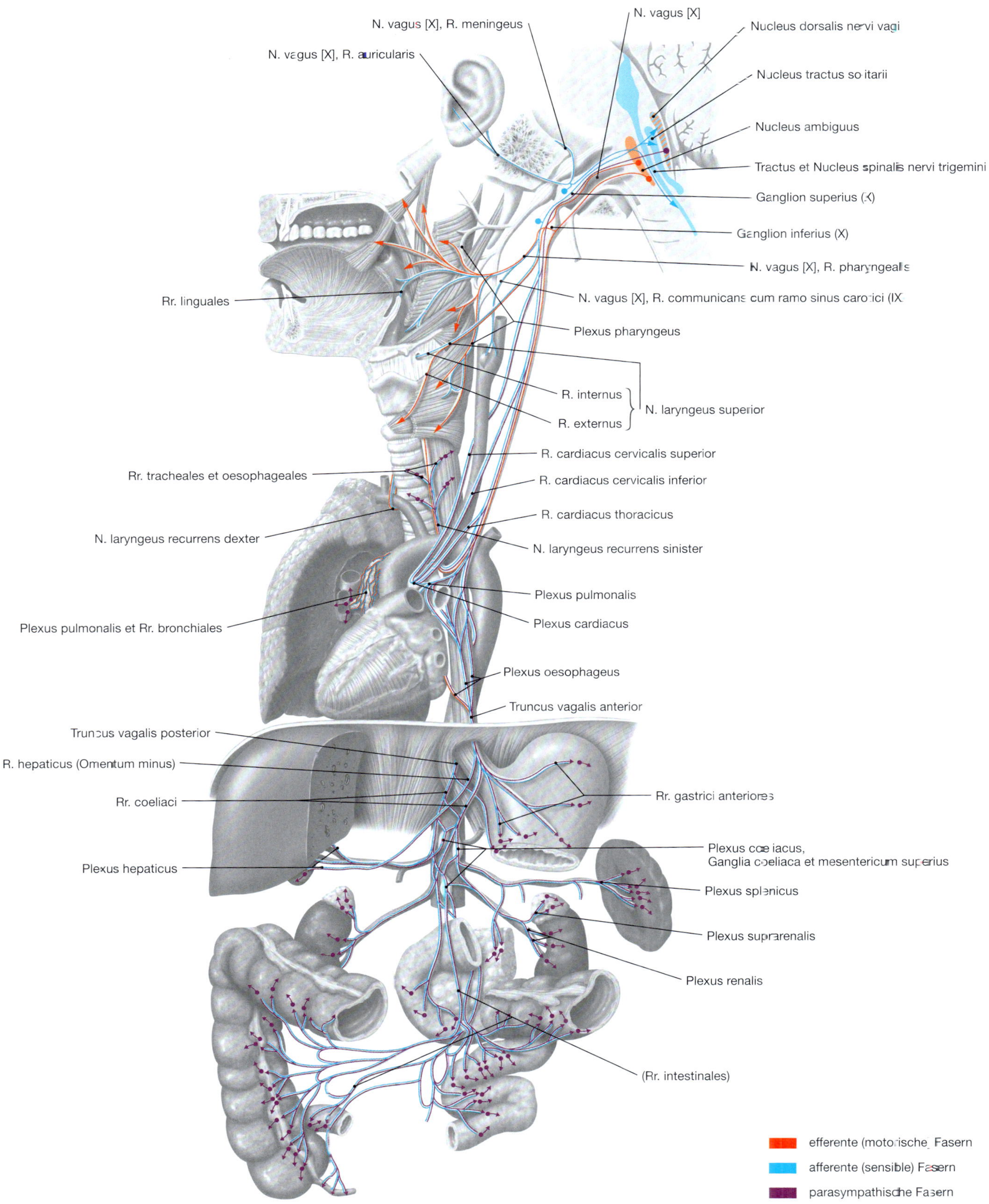

Abb. 12.158 Faserqualitäten des N. vagus [X]; schematischer Medianschnitt im Kopfbereich.
Ausführliche Beschreibung der Faserqualitäten im N. vagus [X]
→ Seite 318.

N. vagus [X]

N. vagus [X] → **Abb. 12.157**
Der N. vagus [X] verlässt gemeinsam mit den Nn. glossopharyngeus [IX] und accessorius [XI] im Sulcus retroolivaris den Hirnstamm und tritt über das Foramen jugulare durch die Schädelbasis. Im Foramen jugulare sitzt sein **Ganglion superius,** aus dem ein R. meningeus rückläufig zur sensiblen Innervation der Meningen in der hinteren Schädelgrube abgeht. Außerdem zweigt ein R. auricularis für die Innervation der äußeren Wand des Gehörgangs ab. Knapp unterhalb des Foramen jugulare befindet sich das **Ganglion inferius.**
Der N. vagus [X] durchquert den Hals sowie die Brusthöhle und tritt in die Bauchhöhle ein. In seinem Verlauf verliert der N. vagus [X] immer mehr sein Aussehen als einheitlicher Nerv. Ab der Speiseröhre sind noch zwei Gefäßstämme (Trunci vagales anterior und posterior) abgrenzbar, ab dem Magen verzweigen sich die Fasern immer mehr und gelangen über zahlreiche **Plexus** zu Leber, Bauchspeicheldrüse, Milz, Nieren, Nebennieren, Dünndarm und Dickdarm. Auf Höhe des CANNON-BÖHM-Punkts (linke Kolonflexur) enden die Fasern des N. vagus [X].
Im Verlauf durch den **Hals** gehen vom N. vagus [X] Rr. pharyngeales ab, die gemeinsam mit dem N. glossopharyngeus [IX] und sympathischen Fasern den **Plexus pharyngeus** bilden (Innervation von Mm. constrictor pharyngis medius und inferior, levator veli palatini, uvulae – motorisch [SVE], Glandulae pharyngeales – parasympathisch [AVE] sowie Pharynxschleimhaut – sensibel [AVA]). Ferner gehen der R. lingualis (Geschmacksfasern von Zungenwurzel und Epiglottis, SVA), der N. laryngeus superior (mit R. externus für die Mm. cricothyroideus und constrictor pharyngis inferior sowie R. internus zur sensiblen Innervation der Kehlkopfschleimhaut oberhalb der Stimmlippen) und die Rr. cardiaci cervicales superiores und inferiores zum Plexus cardiacus am Herz ab (darüber wird auch der Blutdruck reguliert).
Im **Brustteil** zweigt aus dem N. vagus [X] der N. laryngeus recurrens ab. Er schlingt sich links um den Aortenbogen, rechts um die A. subclavia und zieht rückläufig zum Kehlkopf. Dort innerviert er sämtliche Kehlkopfmuskeln (mit Ausnahme des M. cricothyroideus) und die Schleimhaut unter den Stimmlippen. Ferner gehen im Brustbereich Rr. cardiaci thoracici zum Plexus cardiacus am Herz ab. Die Rr. bronchiales erreichen den Plexus pulmonalis und innervieren Muskulatur und Drüsen des Bronchialbaums. Der Spannungszustand der Lungen wird über den N. vagus [X] registriert und die Atmung reflektorisch angepasst.
Rechter und linker N. vagus [X] bilden um den mittleren Abschnitt der Speiseröhre ein weitmaschiges Geflecht (Plexus oesophageus), aus dem schließlich der Truncus vagalis anterior (v. a. Fasern aus dem linken N. vagus [X]) und der Truncus vagalis posterior (v. a. Fasern aus dem rechten N. vagus [X]) hervorgehen. Beide Trunci ziehen mit der Speiseröhre durch das Zwerchfell in die **Bauchhöhle.** Ab dem Magen verzweigen sich die Trunci immer weiter und gelangen über zahlreiche Plexus zu den oben genannten Bauchorganen.

Faserqualitäten im N. vagus [X] → **Abb. 12.158**
Parasympathische Fasern (AVE) des N. vagus [X] kommen vom Nucleus dorsalis nervi vagi in der Medulla oblongata und innervieren Drüsen und glatte Muskulatur der Eingeweide.
Allgemein viszero-afferente Fasern (AVA) derselben Organe projizieren in den Nucleus dorsalis nervi vagi und in den Nucleus tractus solitarii.
Speziell viszero-efferente Fasern (SVE) kommen vom Nucleus ambiguus und innervieren die quergestreifte Muskulatur von Gaumen, Rachen, Kehlkopf und Speiseröhre.
Allgemein viszero-afferente Fasern (AVA) aus der Schleimhaut derselben Strukturen projizieren in den Nucleus dorsalis nervi vagi und in die Nuclei tractus solitarii.
Allgemein somato-afferente Fasern (ASA) vom äußeren Gehörgang und von den Meningen der hinteren Schädelgrube projizieren in den Nucleus spinalis nervi trigemini.
Geschmacksfasern (SVA) der Zungenwurzel und der Epiglottis gelangen zum Nucleus tractus solitarii.

N. vagus [X]	
Kerne (Qualität)	• Nucleus ambiguus (SVE) • Nucleus solitarius (SVA, AVA) • Nucleus spinalis nervi trigemini (ASA) • Nucleus dorsalis nervi vagi (AVE, AVA)
Austrittsstelle am Gehirn	• Medulla oblongata: Sulcus retroolivaris
Lage im Subarachnoidalraum	• Cisterna basalis
Durchtritt durch die Schädelbasis	• Foramen jugulare
Versorgungsgebiete	**motorisch:** • Pharynxmuskeln (kaudaler Anteil), M. levator veli palatini, M. uvulae • Larynxmuskeln **sensorisch:** • Zungengrund **sensibel:** • Dura der Fossa cranialis posterior • Meatus acusticus externus (sichelförmiger tiefer Anteil) • Membrana tympani (außen) **parasympathisch:** • Hals-, Thorax- und Bauchorgane bis zum CANNON-BÖHM-Punkt

N. vagus [X]

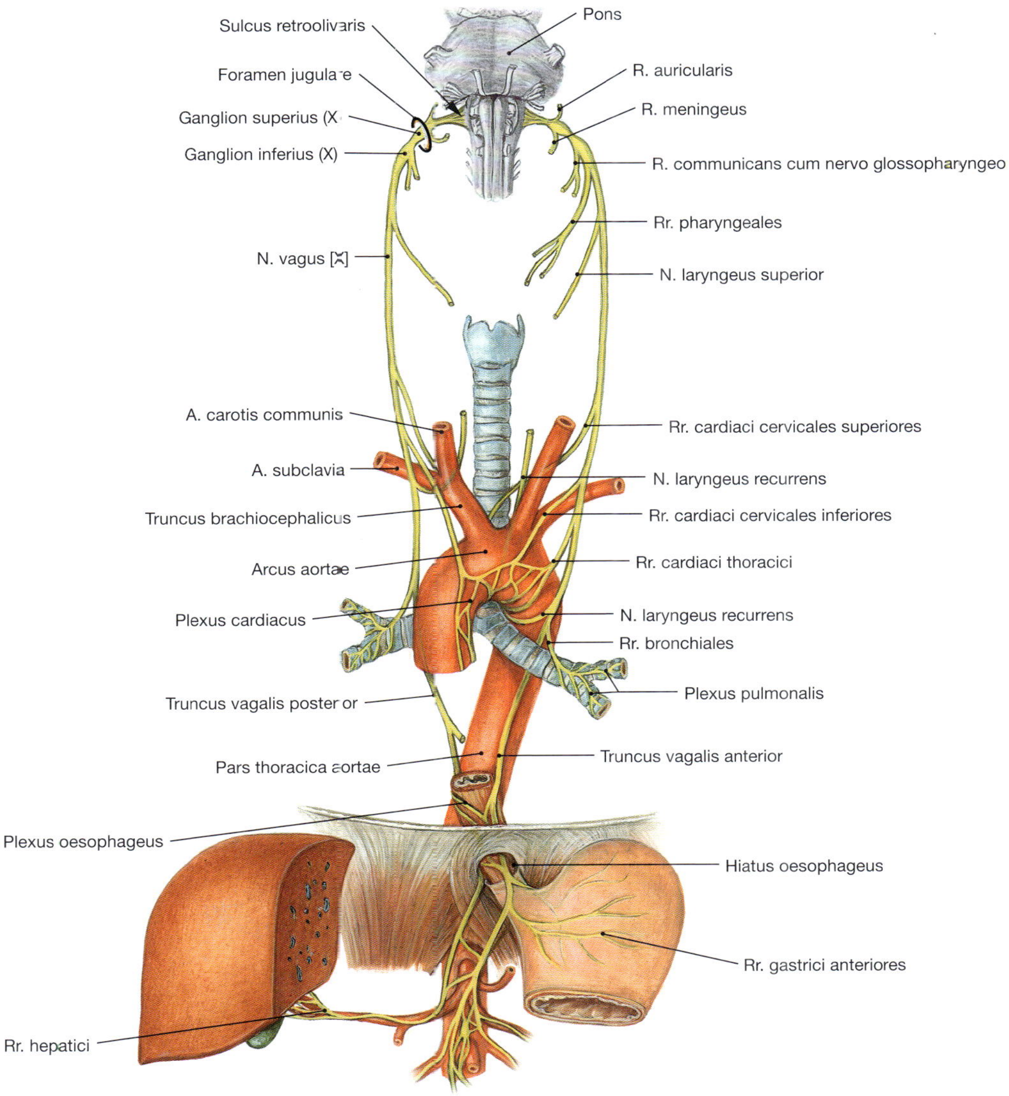

Abb. 12.159 N. vagus [X]; beide Nervenäste; Ansicht von vorne. Die Abbildung demonstriert den etwas unterschiedlichen Verlauf der Nn. vagi dexter und sinister sowie den Verlauf der beiden abgehenden Äste bis zum Übergang in die Bauchhöhle.

→ T 58j

Klinik

Komplette **Schädigungen des N. vagus [X]** treten meist im Bereich des Foramen jugulare auf. Meist sind dann auch die Nn. glossopharyngeus [IX] und accessorius [XI] mit betroffen. Je nach Lokalisation der Schädigung kann es zu Schluckbeschwerden und Abweichen der Uvula zur gesunden Seite kommen (Schädigung des Plexus pharyngeus), zu sensiblen Ausfällen im Pharynx und in der Epiglottis (fehlender Würgereflex, Geschmacksstörungen), zu Heiserkeit (Lähmung der Kehlkopfmuskeln) und zu Tachykardien und Arrhythmien (Herzinnervation). Einseitige Schädigungen beeinträchtigen die vegetativen Funktionen kaum. Beidseitige Schädigungen können allerdings zu schwersten Atem- und Kreislaufproblemen bis hin zum Tod führen.

N. accessorius [XI]

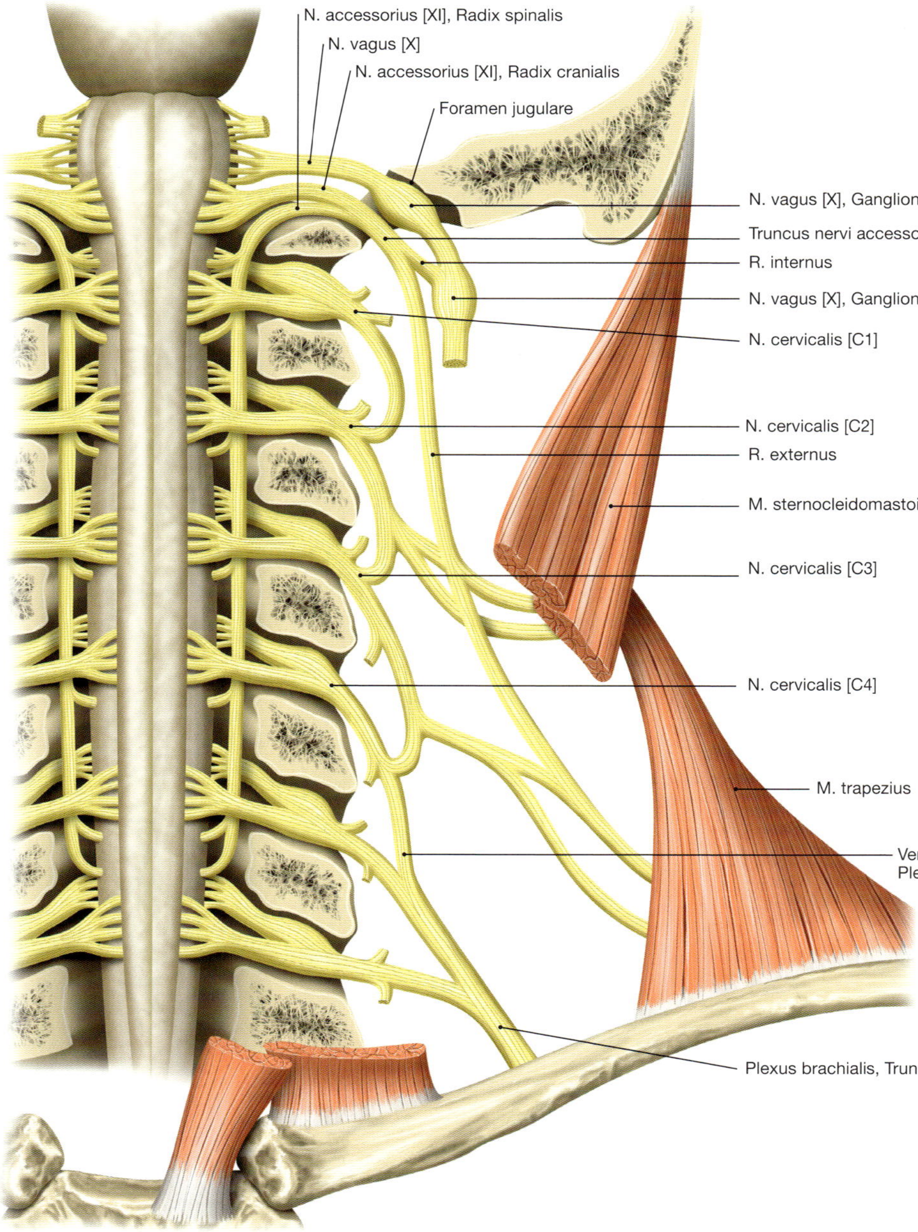

Abb. 12.160 N. accessorius [XI]; Ansicht von vorne; Wirbelkanal und Schädel sind eröffnet.

Der N. accessorius [XI] verlässt gemeinsam mit dem N. glossopharyngeus [IX] und dem N. vagus [X] im Sulcus retroolivaris den Hirnstamm und tritt über das Foramen jugulare mit den anderen beiden Nerven durch die Schädelbasis. Seine Fasern stammen aus zwei Wurzeln. Die **Radix cranialis** des N. accessorius [XI] entspringt aus dem Nucleus ambiguus in der Medulla oblongata. Sie schließt sich auf Höhe des Foramen jugulare mit der **Radix spinalis** des N. accessorius [XI] zusammen, deren Fasern zwischen Vorder- und Hinterwurzel aus dem zervikalen Rückenmark segmental entspringen. Nach Lehrbuchmeinung treten die Fasern der Radix cranialis unterhalb des Foramen jugulare als R. internus zum N. vagus [X] über (neueren Erkenntnissen zufolge hat der N. accessorius [XI] allerdings keine kraniale Wurzel und keine Verbindung zum N. vagus [X], weitere Untersuchungen hierzu stehen noch aus). Die Radix cranialis beteiligt sich an der Innervation der Pharynx- und Larynxmuskulatur und ist daher, genau genommen, nicht dem N. accessorius [XI] zuzuordnen. Die Fasern der Radix spinalis ziehen kaudalwärts zum M. sternocleidomastoideus, innervieren diesen und verlaufen dann weiter durch das laterale Halsdreieck zum Vorderrand des M. trapezius, den sie ebenfalls innervieren.

→ T 58k

N. accessorius [XI]

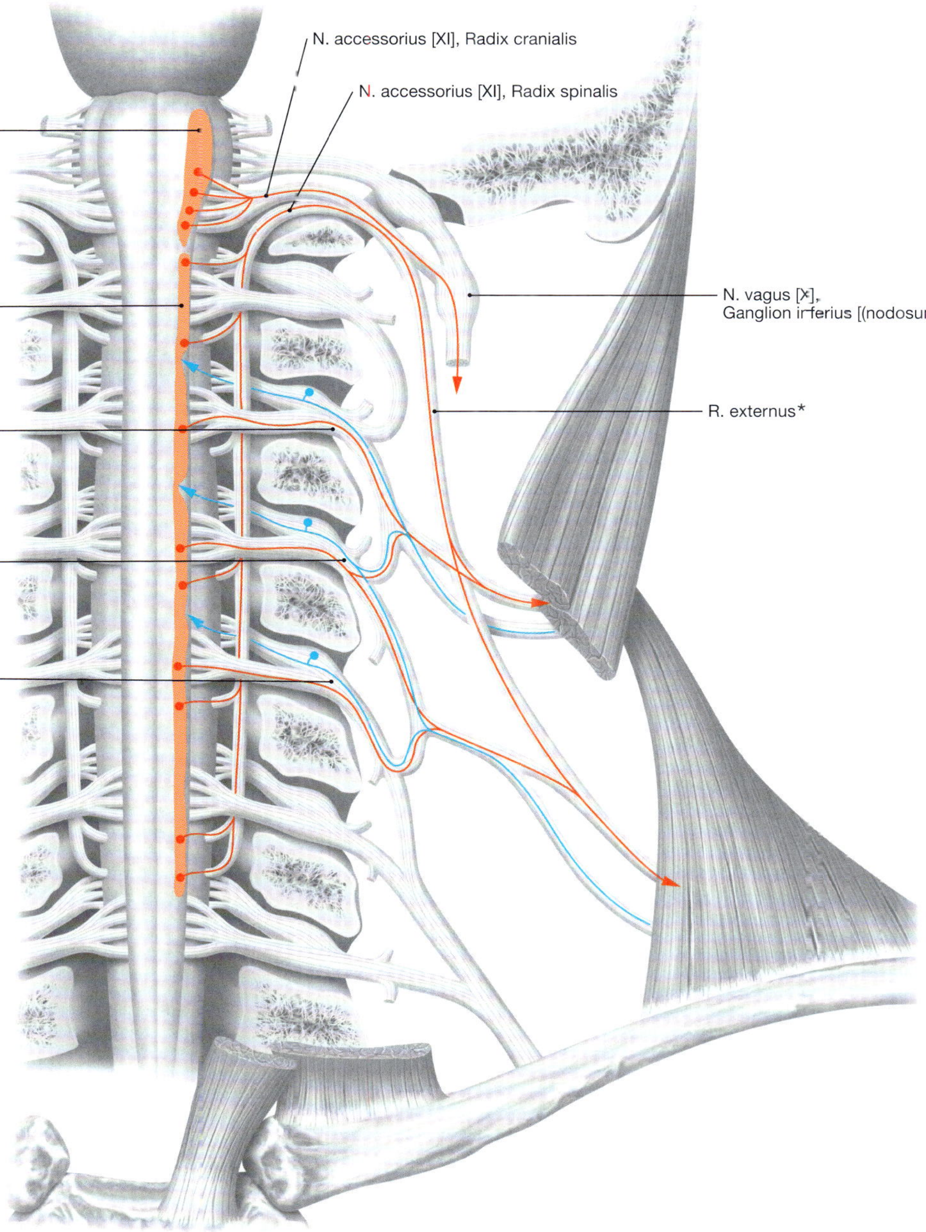

Abb. 12.161 Faserqualitäten des N. accessorius [XI]; Ansicht von vorne, Wirbelkanal und Schädel eröffnet.

Der N. accessorius [XI] innerviert die Mm. sternocleidomastoideus und trapezius. Sein Kerngebiet ist der Nucleus nervi accessorii, aus dem **speziell viszero-efferente** Fasern (SVE) kommen.

* für M. sternocleidomastoideus und M. trapezius

Klinik

Verletzungen des N. accessorius [XI] sind aufgrund seines relativ oberflächlichen Verlaufs im lateralen Halsdreieck häufig. Sie sind besonders häufig iatrogen (durch den Arzt) verursacht (z. B. nach Lymphknotenexstirpation) oder kommen nach Halsverletzungen vor. Ist der N. accessorius [XI] oberhalb des M. sternocleidomastoideus geschädigt, kann der Patient den Kopf nicht mehr zur gesunden Seite drehen (Lähmung des M. sternocleidomastoideus). Außerdem ist er nicht mehr in der Lage, den Arm über die Horizontale zu heben (gestörte Elevation des Arms, Parese des M. trapezius). Meist liegt die Nervenschädigung aber unterhalb des Abgangs der Äste für den M. sternocleidomastoideus im lateralen Halsdreieck. Die Folgen sind Schultertiefstand und Schwierigkeiten, den Arm über die Horizontale zu heben.

N. hypoglossus [XII]

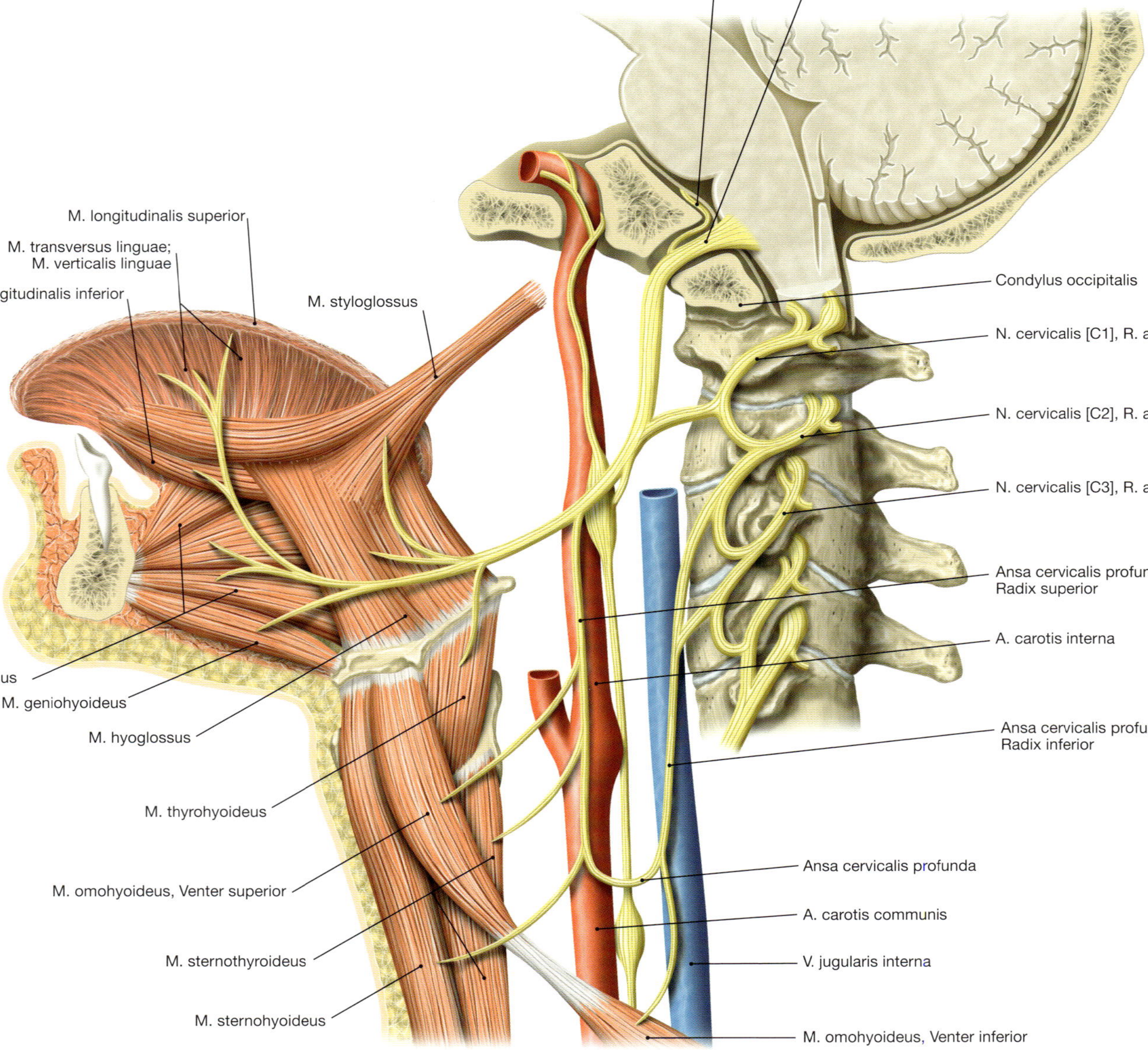

Abb. 12.162 N. hypoglossus [XII]; schematischer Medianschnitt; Ansicht von links.
Die Fasern des N. hypoglossus [XII] kommen vom Nucleus nervi hypoglossi in der Medulla oblongata und treten in Form mehrerer Wurzelbündel zwischen Pyramide und Olive im Sulcus anterolateralis aus. Nach Zusammenschluss der Fasern zum N. hypoglossus [XII] tritt der Nerv durch den **Canalis nervi hypoglossi.** Unterhalb der Schädelbasis lagern sich Fasern der Spinalnerven C1 und C2 an, die den N. hypoglossus [XII] ein kleines Stück begleiten und dann wieder verlassen, zunächst als Radix superior der Ansa cervicalis profunda und dann als Ast zum M. geniohyoideus ziehen. Sie bilden mit anderen Fasern aus C2 und C3 die **Ansa cervicalis profunda** und innervieren darüber hinaus den M. geniohyoideus. Der N. hypoglossus [XII] zieht hinter dem N. vagus [X] im Gefäß-Nerven-Strang hinter dem Pharynx nach unten und wendet sich dann bogenförmig um 90° nach rostral-medial. Er verläuft am Oberrand des Trigonum caroticum, überkreuzt die A. carotis externa an der Abgangsstelle der A. lingualis und erreicht zwischen M. hyoglossus und M. mylohyoideus die Zunge, deren Binnenmuskulatur er komplett innerviert, sowie die Mm. styloglossus, hyoglossus und genioglossus.

→ T 58l

N. hypoglossus [XII]

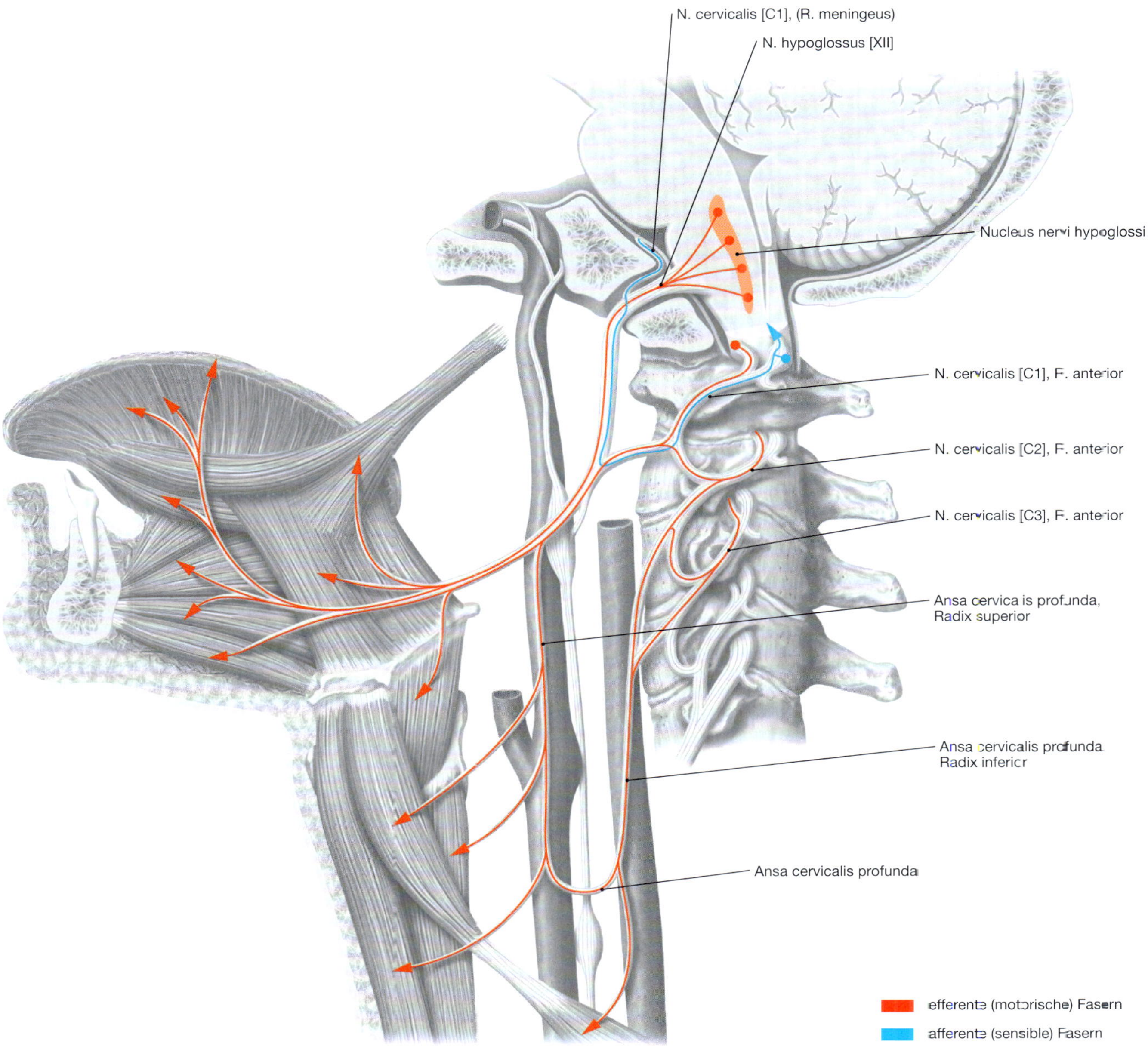

Abb. 12.163 Faserqualitäten des N. hypoglossus [XII]; schematischer Medianschnitt; Ansicht von links.
Der N. hypoglossus [XII] besteht aus **allgemein somato-efferenten** Fasern (ASE) aus dem Nucleus nervi hypoglossi, mit denen er die Zungenbinnenmuskulatur sowie die Mm. styloglossus, hyoglossus und genioglossus innerviert.

Klinik

Eine einseitige **Schädigung des N. hypoglossus [XII],** z. B. durch eine Schädelbasisfraktur, führt zum Abweichen der Zunge zur betroffenen Seite, da die noch intakte Zungenmuskulatur der Gegenseite die Zunge zur paretischen Seite drückt. Besteht die Parese bereits länger, erkennt man Zeichen einer Muskelatrophie auf der paretischen Seite. Durch den Ausfall der Zungenmuskulatur kommt es ferner zu Dysphagie (Schluckstörung) und Dysarthrie (Sprechstörung).

Rückenmarksegmente

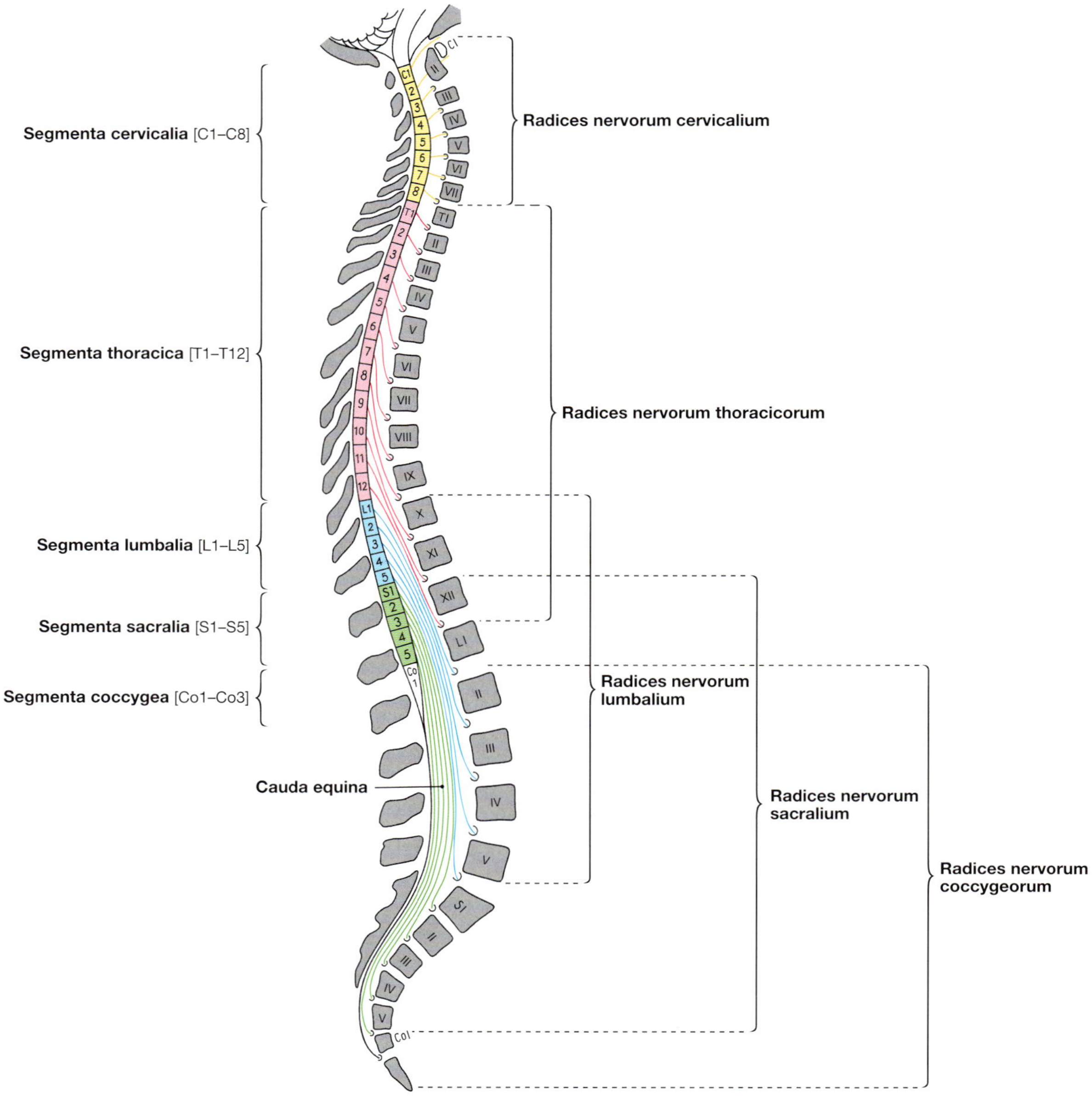

Abb. 12.164 Rückenmarksegmente, Segmenta medullae spinalis; schematischer Medianschnitt; Ansicht von links; regionale Abschnitte durch Farben hervorgehoben.

Das Rückenmark setzt sich aus acht Zervikalsegmenten (Segmenta cervicalia [C1–C8]), zwölf Thorakalsegmenten (Segmenta thoracica [T1–T12]), fünf Lumbalsegmenten (Segmenta lumbalia [L1–L5]), fünf Sakralsegmenten (Segmenta sacralia [S1–S5]) und ein bis drei Kokzygealsegmenten (Segmenta coccygea [Co1–Co3]) zusammen. Das Rückenmark reicht beim Erwachsenen nur bis auf Höhe der Lumbalwirbel LI–LII.

Die segmentalen Spinalnervenwurzeln (Radices nervorum) treten durch ihre jeweiligen Foramina intervertebralia. Da das Rückenmark, bedingt durch das schnellere Wachstum des Wirbelkanals, viel höher endet als das der entsprechenden Spinalnervenwurzel zugehörige Foramen im Wirbelkanal, wird der Verlauf der Spinalnervenwurzeln im Wirbelkanal von kranial nach kaudal immer länger. Unterhalb von LI–LII bilden die im Wirbelkanal verlaufenden Spinalnervenwurzeln den sog. Pferdeschweif (Cauda equina).

Klinik

Einengungen des Wirbelkanals jeglicher Art bedingen Störungen der segmental beteiligten Nervenzellen.Tumoren oder mediane Bandscheibenvorfälle unterhalb des Rückenmarksegments S3 können zu einem **Konussyndrom** (Läsion der Rückenmarksegmente S3–Co3) oder einem **Kaudasyndrom** (Schädigung der Spinalnervenwurzeln im Bereich der Cauda equina) führen. Dabei kommt es zu Sensibilitätsstörungen (Reithosenanästhesie), schlaffen Lähmungen, Inkontinenz und Impotenz.

Rückenmarksegmente

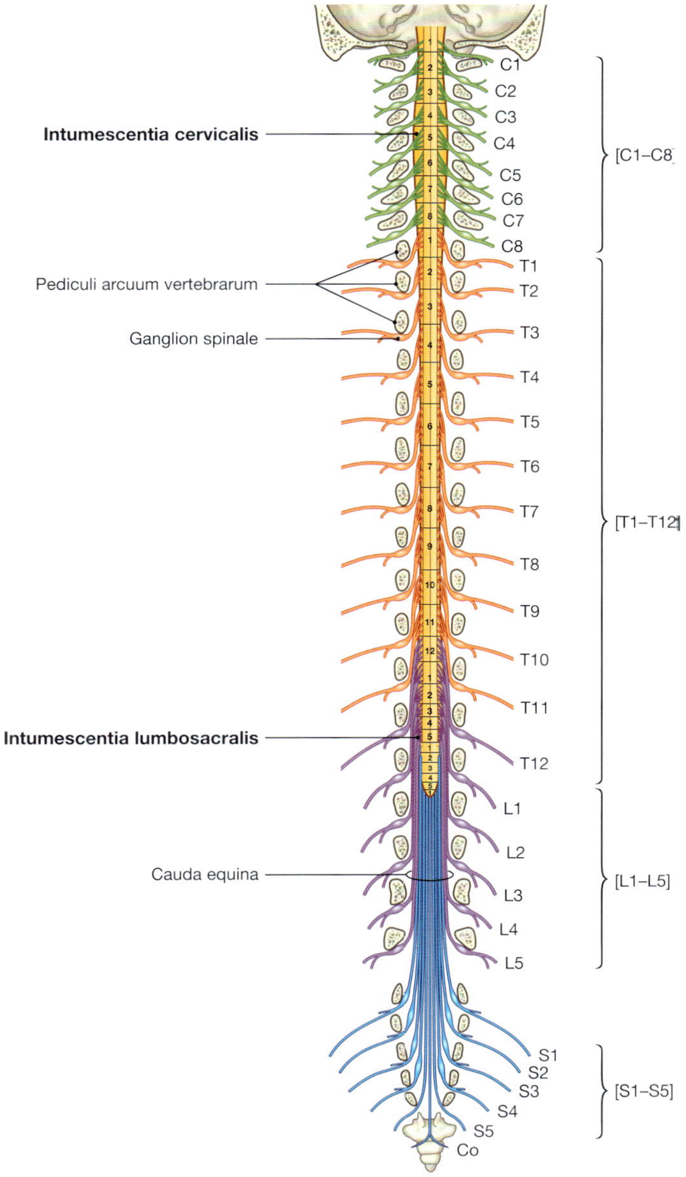

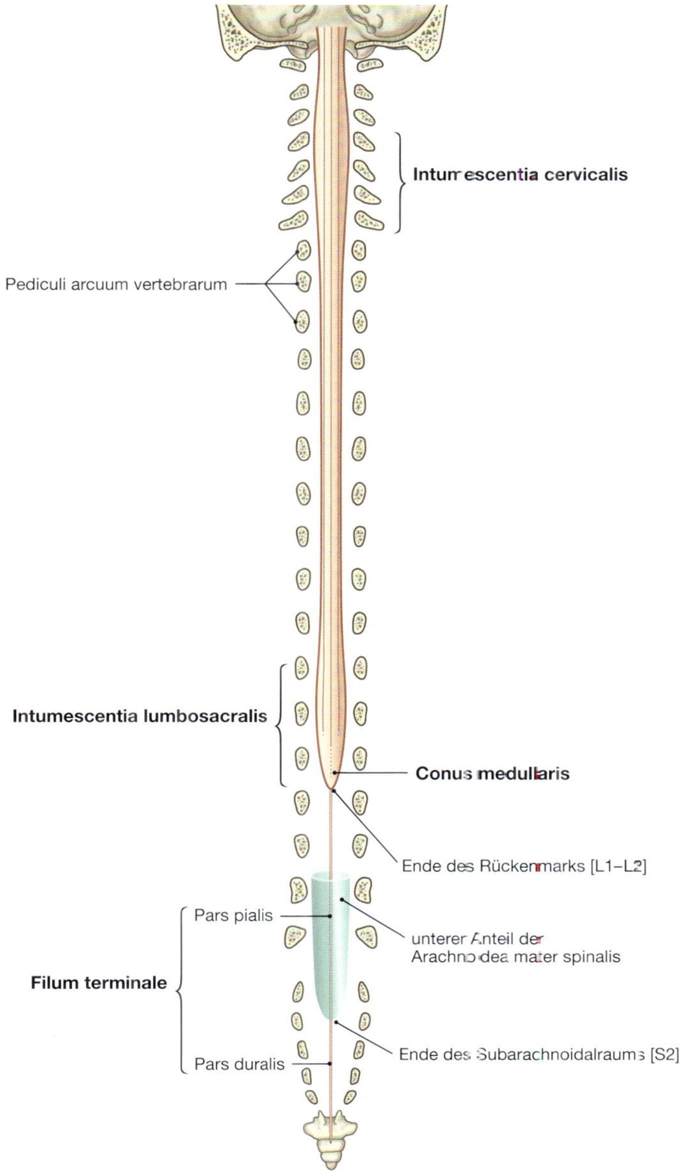

Abb. 12.165 Rückenmarksegmente, Segmenta medullae spinalis; schematischer Frontalschnitt; Ansicht von ventral. [8]
Da das Rückenmark, bedingt durch das langsamere Wachstum während der Entwicklung, wesentlich kürzer als die Wirbelsäule ist, werden die Spinalnervenwurzeln von kranial nach kaudal immer länger und verlaufen nach lateral hin immer schräger. Beim Erwachsenen endet das Rückenmark etwa auf Höhe LI/LII (es kann auch schon auf Höhe TXI enden oder bis LII/LIII reichen). Daher liegen die Radices anteriores und posteriores in höheren Abschnitten der Wirbelsäule, als der zugehörige Spinalnerv aus dem Wirbelkanal austritt. Unterhalb des Conus medullaris verlaufen die Radices anteriores und posteriores lumbaler, sakraler und kokzygealer Nerven gebündelt nach kaudal, um ihre Austrittsstellen aus dem Wirbelkanal zu erreichen. Diese Ansammlung von Nervenwurzeln wird als Cauda equina bezeichnet.

Abb. 12.166 Rückenmark, Medulla spinalis; Ansicht von ventral. [8]
Das Rückenmark ist der in den oberen zwei Dritteln des Wirbelkanals lokalisierte Anteil des ZNS. Es erstreckt sich beim Erwachsenen vom Foramen magnum bis etwa auf Höhe LI/LII. Beim Neugeborenen reicht das Rückenmark bis auf Höhe von LIII oder sogar bis LIV. Das distale Ende besitzt die Form eines Konus (Conus medullaris). Am **Conus medullaris** ist ein feines Bindegewebenetzwerk (Filum terminale) aus Anteilen der Pia mater aufgehängt, das sich kaudalwärts im Wirbelkanal fortsetzt. Im Bereich der Spinalnervenwurzeln für die Extremitäten ist der Rückenmarkdurchmesser verbreitert. Die obere Verbreiterung (**Intumescentia cervicalis,** C5–T1) enthält Nervenzellen für die Innervation der oberen Extremitäten, die untere Verbreiterung (**Intumescentia lumbosacralis)** liegt auf Höhe der Spinalnervenwurzeln L1–S3 und dient der Innervation der unteren Extremitäten.

Somatische und viszerale Nervenplexus

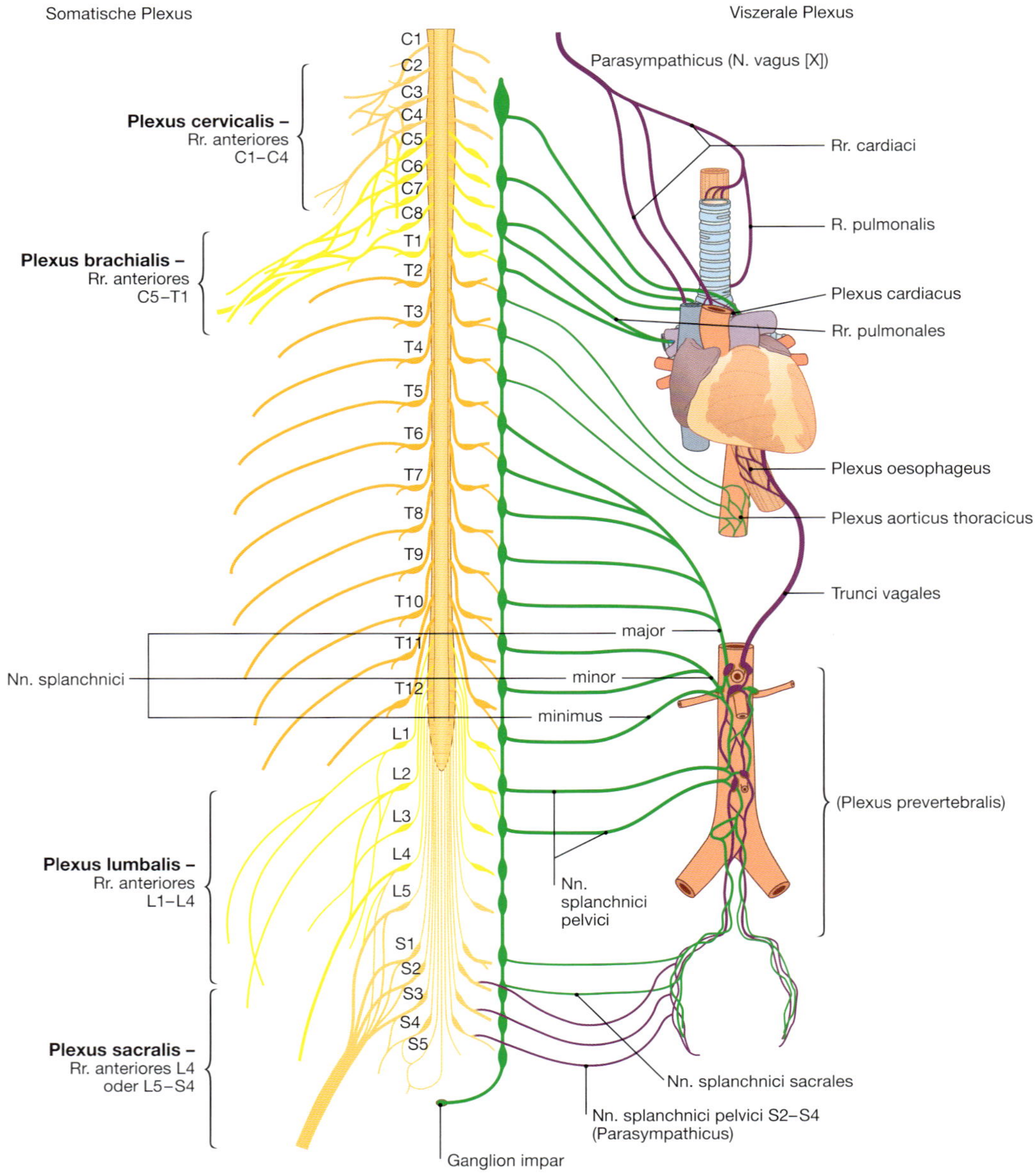

Abb. 12.167 Somatische und viszerale Nervenplexus. [8]
Nervenplexus können somatisch (links im Bild) oder viszeral (rechts im Bild) sein und umfassen Fasern unterschiedlicher Qualitäten und Levels. Aus den Plexus gehen Nerven zu verschiedenen Zielgeweben und -organen ab. Die Plexus des enterischen Nervensystems generieren unabhängig vom ZNS Reflexaktivitäten.
Die großen **somatischen Plexus** gehen aus den Rr. anteriores der Spinalnerven hervor: Plexus cervicalis (C1–C4), Plexus brachialis (C5–T1), Plexus lumbalis (L1–L4), Plexus sacralis (L4–S4) und Plexus coccygeus (S5–Co). Mit Ausnahme des Spinalnervs T1 verlaufen alle Rr. anteriores der thorakalen Spinalnerven unabhängig und beteiligen sich nicht an der Plexusbildung.
Die **viszeralen Nervenplexus** bilden sich gemeinsam mit den Eingeweiden und enthalten normalerweise efferente (sympathische und parasympathische) sowie afferente Anteile. Zu den viszeralen Plexus gehören im Brustkorb die Plexus cardiacus und pulmonalis sowie im Abdomen der Plexus prevertebralis vor der Aorta, der sich kaudal bis zu den lateralen Beckenwänden erstreckt. Der Plexus prevertebralis leitet Efferenzen zu allen Bauch- und Beckeneingeweiden und nimmt Afferenzen aus ihnen auf.

Klinik

Unter **übertragenem Schmerz** versteht man eine Fehlinterpretation von Eingeweideschmerzen durch das Gehirn. Dabei werden viszerale Schmerzen nicht an ihrem Entstehungsort, sondern in davon entfernten Hautarealen **(HEAD-Zonen)** wahrgenommen. Normalerweise kommt es zum übertragenen Schmerz, wenn die Schmerzinformation aus einer Region wie dem Darm kommt, die eine geringe Menge an sensiblen Afferenzen besitzt. Diese konvergieren auf Höhe desselben Rückenmarklevels gemeinsam mit Afferenzen eines bestimmten Hautareals, das eine große Menge sensibler Afferenzen besitzt. Dadurch lokalisiert das Gehirn den Eingeweideschmerz in die korrespondierende Hautregion. Ein typisches Beispiel ist die Übertragung von Schmerzen in den linken Arm bei Angina pectoris oder Herzinfarkt.

Spinalnerven

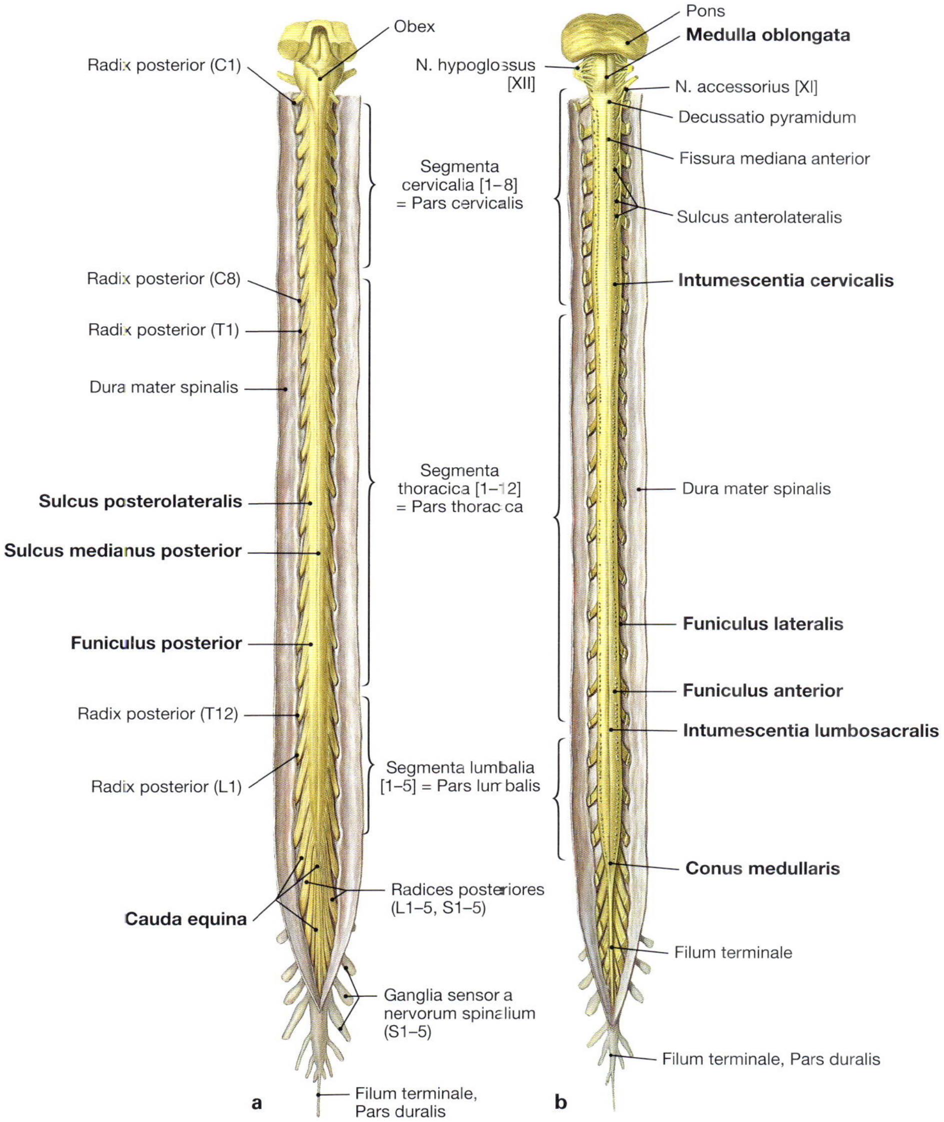

Abb. 12.168a und b Rückenmark, Medulla spinalis, und Spinalnerven, Nn. spinales, nach Eröffnung des Wirbelkanals und des Duralsacks.
a Ansicht von dorsal
b Ansicht von ventral

Das Rückenmark ist schwertförmig und hat einen Durchmesser von 1–1,5 cm. Es schließt sich kaudal an die Medulla oblongata des Hirnstamms an. Im Zervikal- und im Lumbalbereich ist es zur Intumescentia cervicalis (C5–T1) und zur Intumescentia lumbosacralis (L2–S3) verdickt. An diesen Stellen liegen zahlreiche Neurone und Nervenfasern, die hauptsächlich an der Innervation der Extremitäten beteiligt sind. Kaudal läuft das Rückenmark als Conus medullaris spitz aus.
Die Rückenmarkoberfläche ist durch **Längsfurchen** charakterisiert. Ventral verläuft in der Mitte die Fissura mediana anterior, auf der Rückseite der Sulcus medianus posterior. Lateral der Fissura mediana anterior verläuft auf beiden Seiten der Funiculus anterior. Daran schließt sich der Sulcus ventrolateralis an, der den Funiculus anterior vom Funiculus lateralis abgrenzt. Dorsal liegen rechts und links vom Sulcus medianus posterior die Funiculi posteriores, die durch die Sulci posterolaterales von den Funiculi laterales getrennt sind.

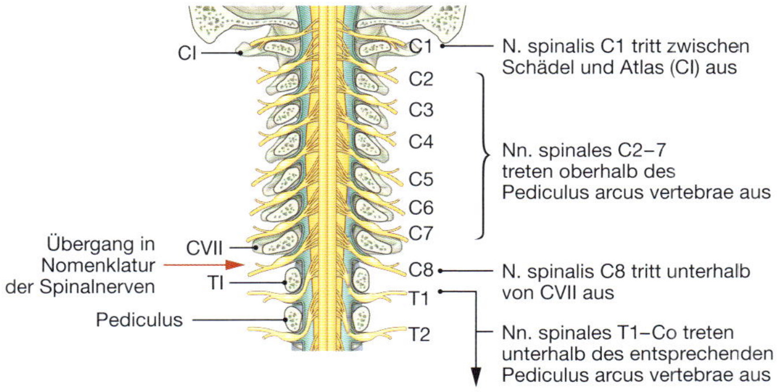

Abb. 12.169 Nomenklatur der Spinalnerven. [3]
Anders als in den übrigen Rückenmarksegmenten stimmt im Zervikalmark die Zahl der Rückenmarksegmente nicht mit der Zahl der Wirbel überein. Im **Zervikalbereich** treffen acht Zervikalsegmente auf nur sieben Halswirbel. Das erste Zervikalnervenpaar tritt zwischen Schädel und Atlas (CI) aus. Die Spinalnervenpaare C2–C7 treten jeweils **oberhalb** des entsprechenden Pediculus arcus vertebrae aus. Am Übergang vom 7. Halswirbel zum 1. Brustwirbel wechselt die Nomenklatur, da der 8. Spinalnerv unterhalb des 7. Halswirbels austritt. Alle darauf folgenden Spinalnervenpaare T1–Co treten nun immer **unterhalb** des entsprechenden Wirbelbogens aus.

Arterien des Rückenmarks

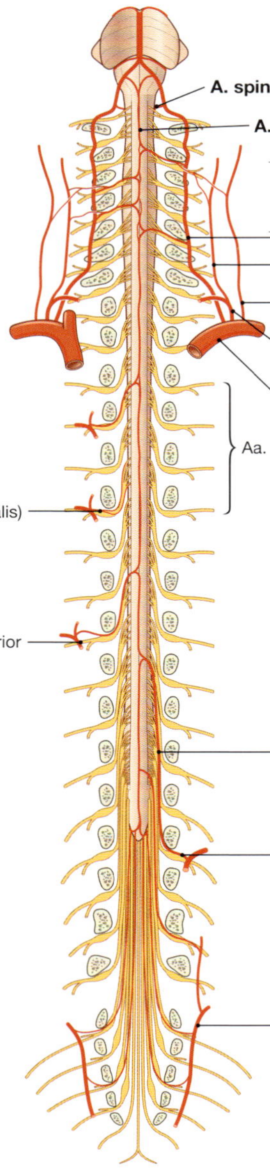

Abb. 12.170 Arterien des Rückenmarks, Medulla spinalis; Ansicht von ventral; nicht alle segmentalen Spinalarterien dargestellt. [8]
Die arterielle Versorgung des Rückenmarks erfolgt über drei Quellen:

- über die **A. subclavia** (zervikal) via A. spinalis anterior sowie Rr. radiculares anteriores und posteriores aus den Aa. vertebralis, cervicalis ascendens und cervicalis profunda
- über die **Aorta thoracica** (thorakal) via A. intercostalis suprema und Aa. intercostales posteriores
- über die **Aorta abdominalis** (lumbosakral) via Aa. lumbales

Die A. iliaca interna versorgt über die Aa. iliolumbalis und sacralis lateralis die Cauda equina. Alle genannten Arterien geben Rr. spinales ab. Der größte R. spinalis ist die A. radicularis magna (ADAMKIEWICZ; Wirbel TXII–LII). Sie befindet sich in der Regel auf der linken Körperseite.

Klinik

Verschlüsse der A. spinalis anterior (Versorgungsgebiet → Abb. 12.171) können durch Thrombosen, Tumoren etc. verursacht werden und im Versorgungsgebiet zu einem **A.-spinalis-anterior-Syndrom** führen. Hierbei kommt es auf Höhe des Verschlusses zu einer Schädigung der Vorderhörner und damit zu einer schlaffen Lähmung der von diesem Rückenmarksabschnitt innervierten Muskeln und Muskelteile. Gleichzeitig fallen die Leitungsbahnen im Funiculus anterolateralis aus. In den Körperbereichen, die vom Rückenmark unterhalb des Verschlusses innerviert werden, kommt es zu spastischen Paraparesen, zum Ausfall der Schmerz- und Temperaturempfindung bei erhaltener Berührungsempfindung sowie zu Miktions-, Defäkations- und Sexualfunktionsstörungen.
Eine Unterbrechung der Blutzufuhr aus dem größten der vorderen radikulären Gefäße führt zu einem **A.-radicularis-magna-Syndrom.** Hierbei kommt es je nach Höhenlokalisation zu einer Querschnittssymptomatik im unteren thorakalen oder im oberen lumbalen Bereich, bei dem die Funktion der gesamten kaudal liegenden Rückenmarksubstanz ausfällt.

Arterien und Häute des Rückenmarks

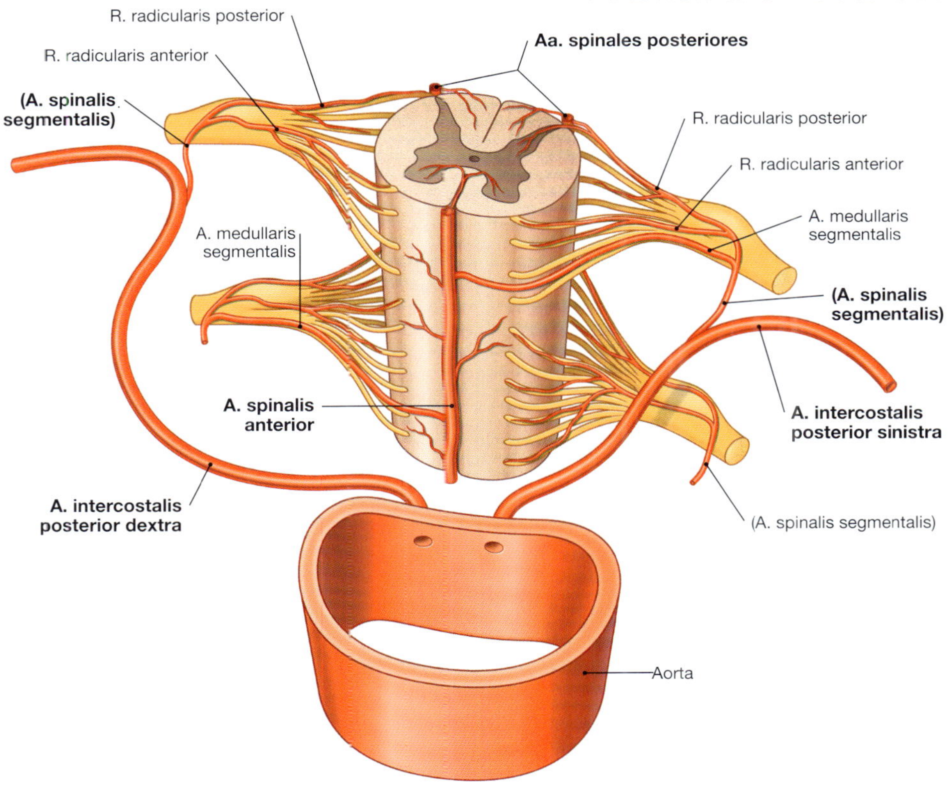

Abb. 12.171 Segmentale arterielle Versorgung des Rückenmarks. [8]
Die Blutversorgung des Rückenmarks erfolgt über die **A. spinalis anterior** und die **Aa. spinales posteriores,** longitudinal entlang dem Rückenmark angeordnete Gefäße, die im Zervikalbereich entspringen, sowie über Versorgungsarterien (spinale Segmentarterien aus den Aa. vertebrales, den tiefen Zervikalarterien, den Aa. intercostales und den Aa. lumbales), die über die Foramina intervertebralia in den Wirbelkanal eintreten. Nach Durchtritt durch die Foramina intervertebralia spalten sich die Arterien auf Höhe jeder Rückenmarksebene in **Rr. radiculares anteriores** und **posteriores** auf, folgen den Radices anteriores und posteriores der Spinalnerven und versorgen sie. Auf verschiedenen Höhen gehen aus den spinalen Segmentarterien segmentale **Aa. medullares** ab, die direkt zu den longitudinal angeordneten Arterien ziehen und mit ihnen anastomosieren.

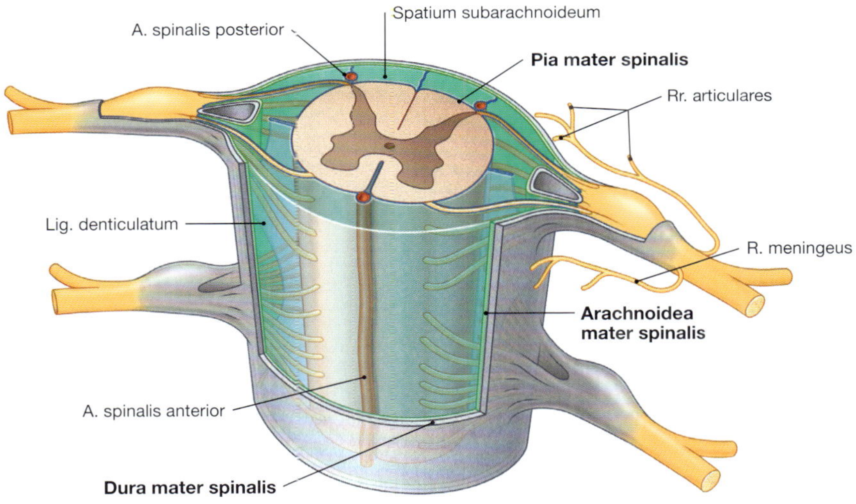

Abb. 12.172 Häute des Rückenmarks, Meninges; Ansicht von schräg ventral. [8]
Wie beim Gehirn umgeben die drei Hirnhäute das Rückenmark, schützen es und sorgen für eine schwebende Aufhängung im Wirbelkanal.
Die **Dura mater spinalis** ist am kräftigsten und liegt am weitesten außen. Die seitlich austretenden Spinalnerven und ihre Wurzeln sind von tubulären Durascheiden umgeben, die in die Nervenscheiden (Epineurium) der Spinalnerven einstrahlen und mit ihnen verschmelzen. Die Arachnoidea liegt von innen der Dura an. Sie ist von der Pia mater spinalis durch den Subarachnoidalraum getrennt, der den Liquor cerebrospinalis enthält. Zarte Bindegewebezüge (Trabeculae arachnoideae, nicht dargestellt) verbinden die Arachnoidea auf der einen Seite mit der Pia mater spinalis auf der anderen Seite. Das Bindegewebe ummantelt auch die im Subarachnoidalraum liegenden Blutgefäße.
Die **Pia mater spinalis,** die das Rückenmark umgibt, ist eine gefäßreiche Membran, die fest mit der Oberfläche des Rückenmarks verbunden ist. Sie zieht in die Fissura mediana anterior mit hinein, ummantelt scheidenförmig die Radices posteriores und anteriores der Spinalnerven und begleitet sie auf ihrem Weg durch den Subarachnoidalraum. Im Bereich des Aus- bzw. Eintritts der Radices geht die Pia mater spinalis in die **Arachnoidea mater spinalis** über. Auf beiden Seiten des Rückenmarks setzen sich Ausziehungen der Pia mater spinalis lateralwärts als Ligg. denticulata zur Arachnoidea und Dura fort. Sie dienen der Fixierung des Rückenmarks im Zentrum des Subarachnoidalraums.

Venenplexus des Rückenmarks

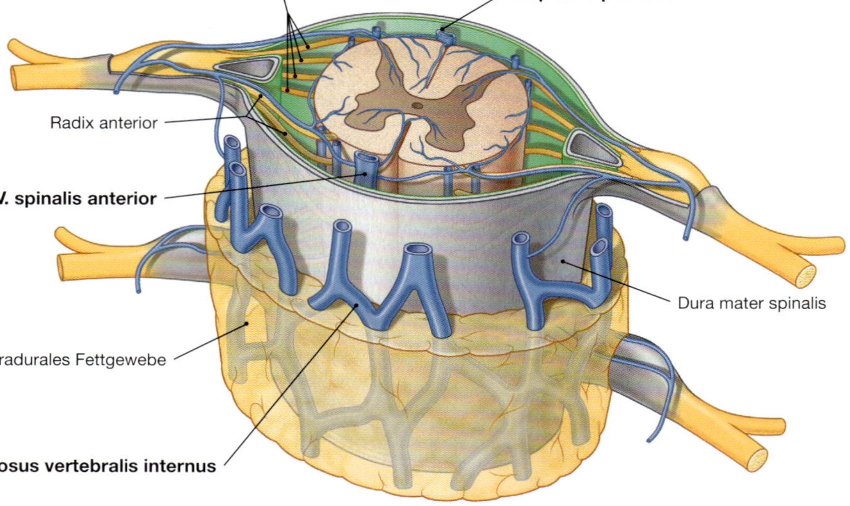

Abb. 12.173 Venen des Wirbelkanals, Canalis vertebralis; Ansicht von schräg ventral. [8]
Die Venen, die das Rückenmark drainieren, bilden größtenteils longitudinal ausgerichtete Gefäßstämme. Zwei longitudinal verlaufende Venenpaare umkleiden auf beiden Seiten den Aus- bzw. Eintritt von Radix anterior und Radix posterior aus dem bzw. in das Rückenmark. Darüber hinaus verläuft die **V. spinalis anterior** entlang der Fissura mediana anterior und die **V. spinalis posterior** entlang dem Sulcus medianus posterior. Diese Venen drainieren ihr Blut in den **Plexus venosus vertebralis internus** im Epiduralraum des Wirbelkanals. Der Plexus steht seinerseits mit segmental angeordneten Venen in Verbindung, die mit den großen Venenstämmen des Körpers, wie dem Azygossystem, verbunden sind. Der Plexus venosus vertebralis internus kommuniziert auch mit den intrakraniellen Venen.

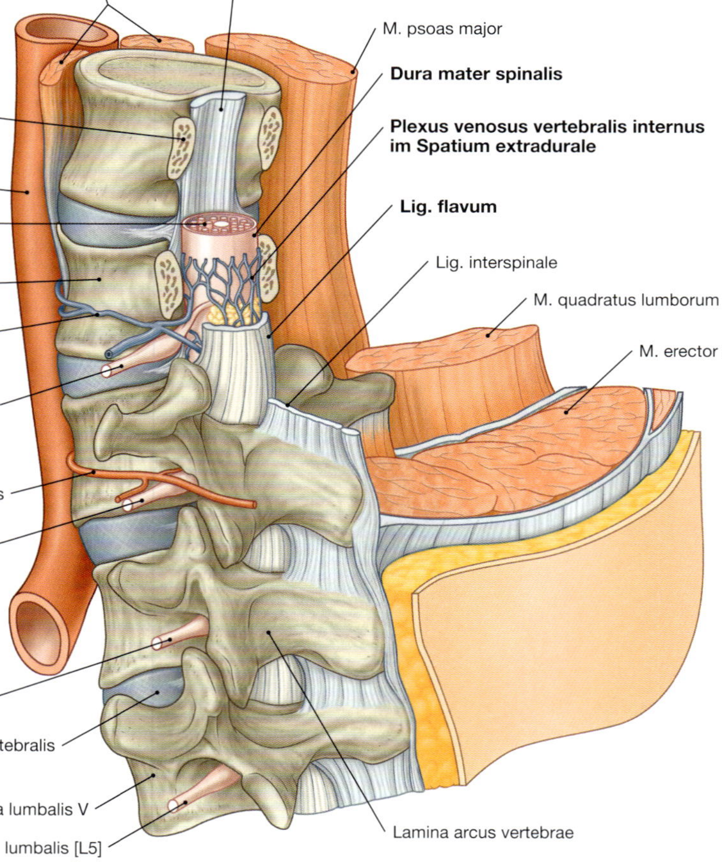

Abb. 12.174 Lage des Rückenmarks im Wirbelkanal; Ansicht von dorsolateral. [8]
Der Duraschlauch liegt ventral dem Lig. longitudinale posterius an und ist außen vom Plexus venosus vertebralis internus umgeben. An den ersten beiden Lumbalwirbeln sind die Wirbelbögen entfernt. Man sieht unterhalb des Spinalnervs L2 die topographische Beziehung seiner Wurzel zur Bandscheibe. Dorsal schließt sich das Lig. flavum an.

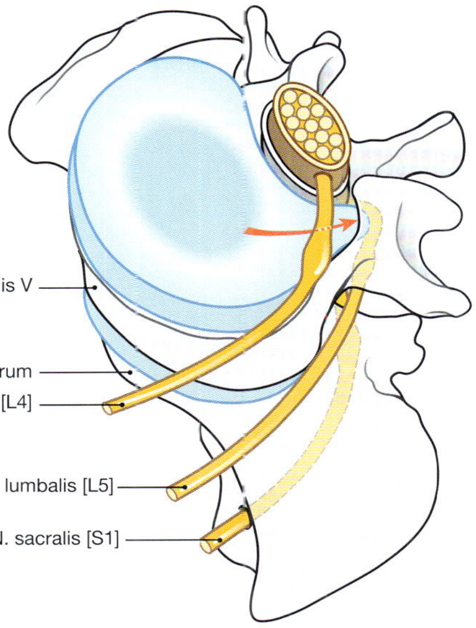

Abb. 12.175 Schematische Darstellung eines mediolateralen Vorfalls der Bandscheibe zwischen 4. und 5. Lendenwirbelkörper; Ansicht von oben lateroventral. [23]

Durch den Bandscheibenprolaps kommt es zur Kompression der ein Segment tiefer austretenden Spinalnervenwurzel L5; die im gleichen Segment austretende, aber noch weiter medial liegende Wurzel L4 bleibt unbeeinträchtigt.

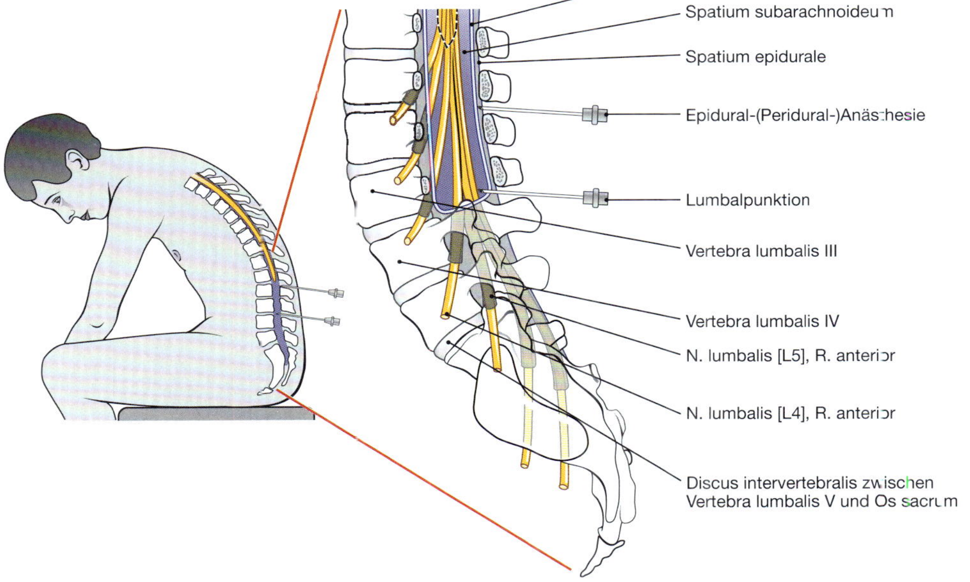

Abb. 12.176 Epidural-(Peridural-)Anästhesie und Spinalanästhesie. [23]

Zur selektiven Betäubung einzelner Spinalnerven wird das Anästhetikum in den Epiduralraum injiziert (Epi- oder Periduralanästhesie). Durch das hier vorhandene Fettgewebe kann sich das Anästhetikum nur wenig auf andere Rückenmarksegmente ausbreiten.

Im Gegensatz zur Epiduralanästhesie wird das Narkotikum bei der **Spinalanästhesie** in den Subarachnoidalraum appliziert. Das Medikament vermischt sich mit dem Liquor, allerdings, der Schwerkraft folgend, nur unterhalb der Einstichstelle (bei aufrecht sitzendem Patienten) und betäubt dadurch auch nur die unterhalb der Einstichstelle verlaufenden Nervenfortsätze.

Bei der **Lumbalpunktion** wird bei stark gebeugtem Rücken mit der Punktionsnadel meist zwischen den Dornfortsätzen der Lendenwirbel III und IV oder IV und V eingestochen. Die Nadel wird anschließend langsam so weit vorgeschoben, bis die Dura mater spinalis durchstochen ist und sich die Nadelspitze im Subarachnoidalraum befindet. Jetzt kann Liquor zu diagnostischen Zwecken entnommen oder ein Anästhetikum appliziert werden.

Rückenmark und Wirbelkanal, Bildgebung

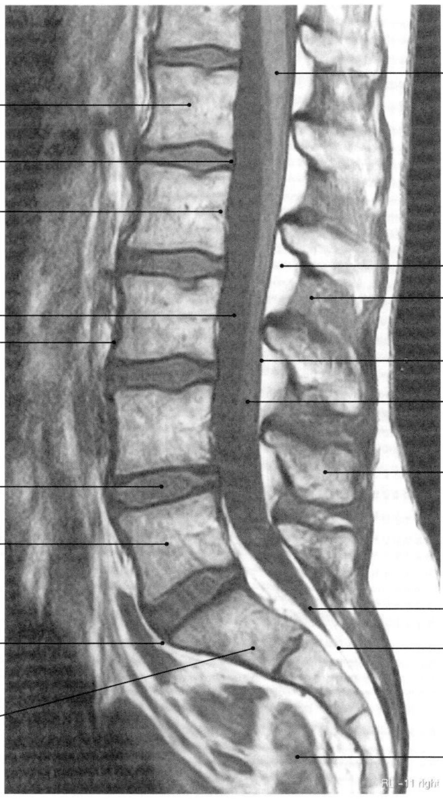

Abb. 12.177 Lendenwirbelsäule; magnetresonanztomographischer Medianschnitt (MRT) der Lenden- und der unteren Brustwirbelsäule, T1-gewichtet. [27]

Man kann deutlich erkennen, wo das Rückenmark auf Höhe LI/LII endet und die Cauda equina den Wirbelkanal nur noch partiell ausfüllt.

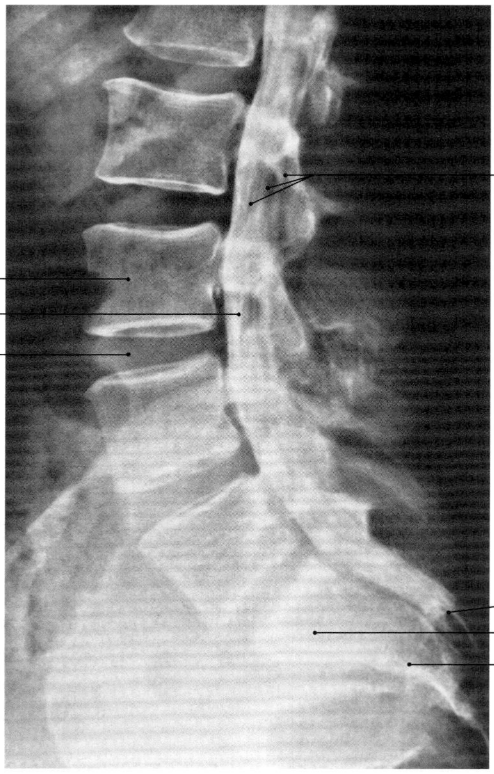

Abb. 12.178 Myelographie des lumbosakralen Übergangs; Röntgenbild im lateralen Strahlengang. [27]

Das Kontrastmittel hat sich im Subarachnoidalraum verteilt. Der Duralsack (Liquorraum, Subarachnoidalraum) endet auf Höhe des 2. Sakralwirbels.

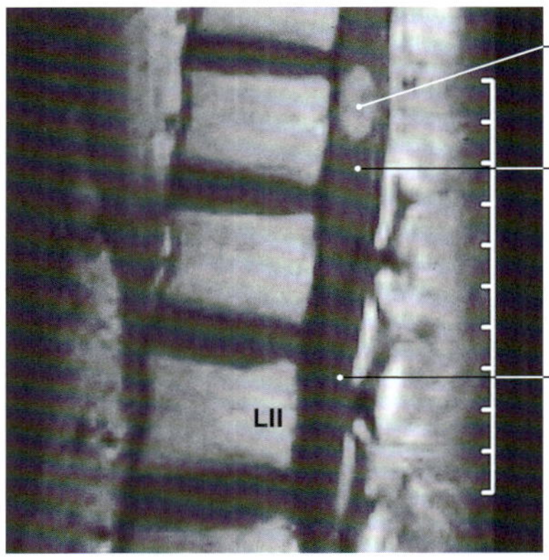

Abb. 12.179 Wirbelkanal, Canalis vertebralis, mit Rückenmark, Medulla spinalis; magnetresonanztomographischer Medianschnitt (MRT) der unteren Brust- und der Lumbalwirbelsäule, Querschnittslähmung bei Rückenmarktumor. [23]
Im MRT hebt sich der Tumor weiß gegen das umgebende Rückenmark ab. Es handelt sich um die Metastase eines bekannten Bronchialkarzinoms. Der Patient wurde aufgrund einer vollständig ausgeprägten Querschnittsymptomatik mit Lähmung der Beine (Paraplegie) und komplettem Sensibilitätsausfall für alle Qualitäten unterhalb des Dermatoms L2 eingeliefert.

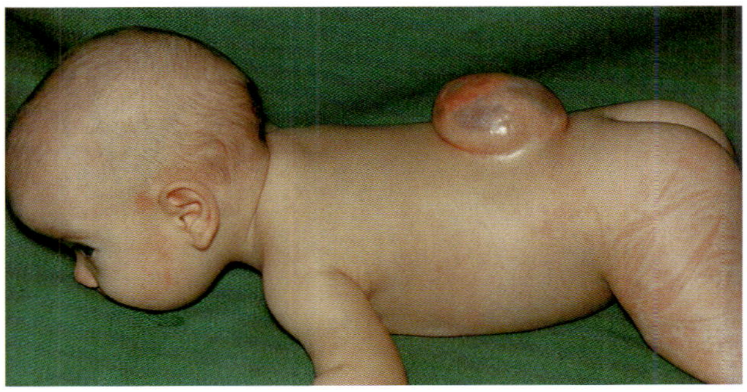

Abb. 12.180 Spina bifida cystica. [20]
Kind mit Spina bifida cystica (Meningomyelozele) in der Lendenregion.

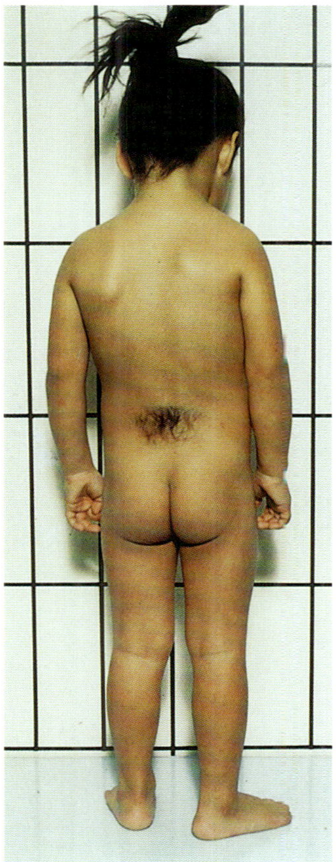

Abb. 12.181 Spina bifida occulta. [20]
Das behaarte Hautareal in der Lumbosakralregion ist äußerliches Anzeichen einer darunter liegenden Spina bifida occulta.

Klinik

Zur **Schädigung oder Kompression des Rückenmarks** kann es durch intra- (→ Abb. 12.179) oder extramedulläre Tumoren, durch mediale Bandscheibenvorfälle, durch dorsale Spondylophyten oder als Unfallfolge kommen. Bei kompletter **Querschnittslähmung** fallen unterhalb der Läsionsstelle sämtliche Qualitäten der Sensibilität, Motorik und vegetative Funktionen aus. Zu Beginn tritt eine schlaffe Lähmung unterhalb der Läsion auf (spinaler Schock), die nach einiger Zeit in eine spastische Parese übergeht.
Unter dem **BROWN-SÉQUARD-Syndrom** versteht man eine spinale Halbseitenlähmung, bei der es unterhalb der Läsionsstelle zu spastischen Paresen und zu einer dissoziierten Sensibilitätsstörung mit Ausfall der Tiefensensibilität (Hinterstränge) auf der betroffenen Seite sowie zum Ausfall von Schmerz- und Temperaturempfindung auf der Gegenseite (Seitenstränge; → Abb. 12.192) kommt.
Die **Spina bifida** ist eine angeborene Spaltbildung der Wirbelsäule und des Rückenmarks, die durch Teratogene (z. B. Alkohol, Medikamente) oder durch fehlende Induktion der Chorda dorsalis entsteht.
Bei der **Spina bifida occulta** (→ Abb. 12.181) sind nur die Wirbelbögen betroffen. Meist unterbleibt bei ein bis zwei Wirbeln die Verschmelzung mit resultierender Wirbelspalte. Im entsprechenden Defektbereich ist die darüber liegende Haut häufig behaart und stärker pigmentiert. Meist treten keine Symptome auf.
Bei der **Spina bifida cystica** (→ Abb. 12.180) unterbleibt der Verschluss mehrerer benachbarter Wirbel; die Rückenmarkhäute stülpen sich zystenartig in den Defekt vor (Meningozele). Kommen in der Zyste zusätzlich Rückenmark und Nerven vor, handelt es sich um eine Meningomyelozele (geht meist mit Ausfallerscheinungen einher).
Die **Spina bifida aperta** (Rachischisis, Myelozele) ist die schwerste Form einer Verschlussstörung der Wirbelbögen, die mit einem Ausbleiben des Zusammenwachsens der Neuralfalten kombiniert ist. Hierbei liegt die undifferenzierte Neuralplatte ohne bedeckende Haut frei am Rücken. Neugeborene mit einem solchen Defekt versterben meist kurz nach der Geburt.

Rückenmark, Schnitte

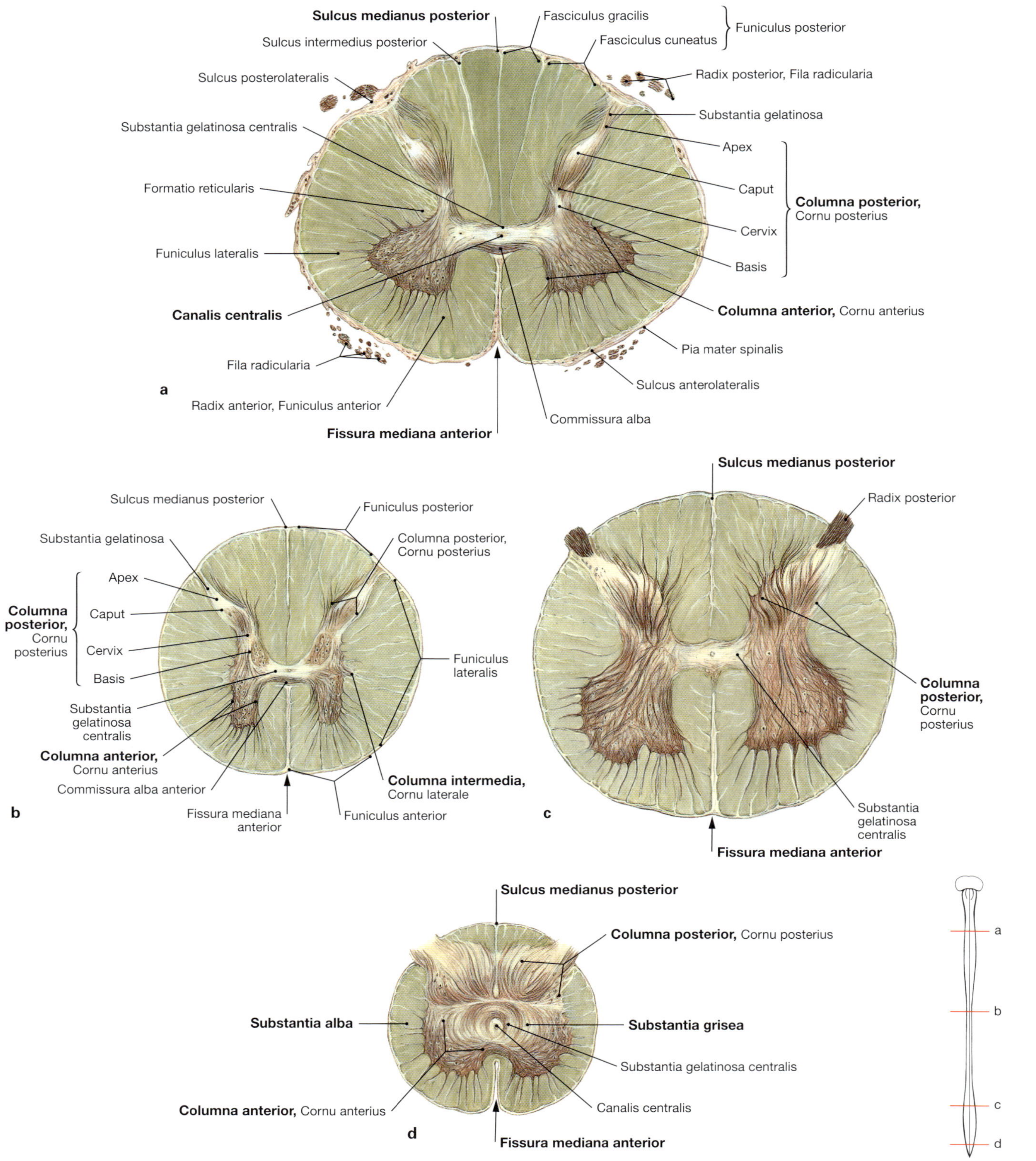

Abb. 12.182a bis d Rückenmark, Medulla spinalis; Querschnitte; Markscheidenfärbung; ca. 500 %.

- **a** Pars cervicalis
- **b** Pars thoracica
- **c** Pars lumbalis
- **d** Pars sacralis

Das Rückenmark ist spiegelbildlich symmetrisch aufgebaut und besteht in allen Rückenmarkabschnitten (**a–d**) aus grauer und weißer Substanz. Die **graue Substanz** (Substantia grisea), die vornehmlich durch Perikarya von Neuronen zustande kommt, hat im Querschnitt eine Schmetterlingsform und ist von **weißer Substanz** (Substantia alba) umgeben. Letztere besteht hauptsächlich aus den Fortsätzen von Neuronen sowie aus Gliazellen und ist in Stränge (Funiculi) gegliedert. Im Zentrum der Schmetterlingsfigur befindet sich der **Canalis centralis,** der zu den inneren Liquorräumen gehört, der aber aufgrund seiner blinden Endigung nicht in die Liquorzirkulation involviert ist.

Die Schmetterlingsflügel bilden **Säulen:** eine Vordersäule (Columna anterior), eine Zwischen- oder Seitensäule (Columna intermedia) und eine Hintersäule (Columna posterior). Die Säulen bilden die Randbegrenzungen der Schmetterlingsflügel als Vorderhorn (Cornu anterius), Seitenhorn (Cornu laterale) und Hinterhorn (Cornu posterius). Die Zwischen- oder Seitensäulen beider Seiten sind durch die Commissurae griseae verbunden.

Funktioneller Bau des Rückenmarks

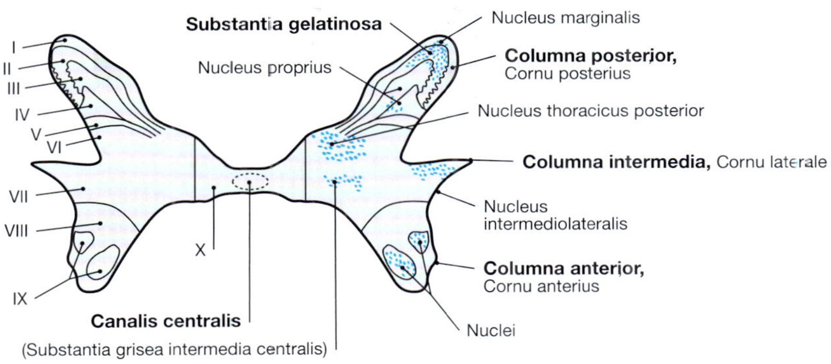

Abb. 12.183 Rückenmark, Medulla spinalis; laminäre Gliederung der grauen Substanz nach zytoarchitektonischen Gesichtspunkten (nach REXED, 1952) am Beispiel eines Brustsegments (T10).
Histologisch (zytoarchitektonisch) wird die graue Substanz (Substantia grisea) in mehrere **Schichten** (Laminae) eingeteilt, die von dorsal nach ventral von I bis X durchnummeriert werden (die Ausbildung und Anzahl der Laminae variieren in den einzelnen Rückenmarkabschnitten). Ferner werden verschiedene **Nervenkerne** (Nuclei) abgegrenzt. Die Kerne können sich allerdings über mehrere zytoarchitektonische Nervenzellschichten erstrecken. Die Einteilung in Kerngebiete basiert auf einer funktionellen Gliederung.

In den **Hinterhörnern** (Laminae I–VI: Nucleus thoracicus posterior [STILLING-CLARK-Säule], Nucleus proprius, Substantia gelatinosa) liegen Neurone für sensible Afferenzen (Hautreize, Reize der Tiefensensibilität, Schmerzreize aus der Peripherie), die von hier aus weiterverschaltet und weitergeleitet werden. Die **Seitenhörner** (Lamina VII) beherbergen Neurone (Nucleus intermediolateralis) für die vegetativen Efferenzen. In den **Vorderhörnern** (Columna anterior, Cornu anterius; Laminae VIII, IX) sind die Neurone (somato-efferente Wurzelzellen) lokalisiert für die Efferenzen zur Muskulatur.

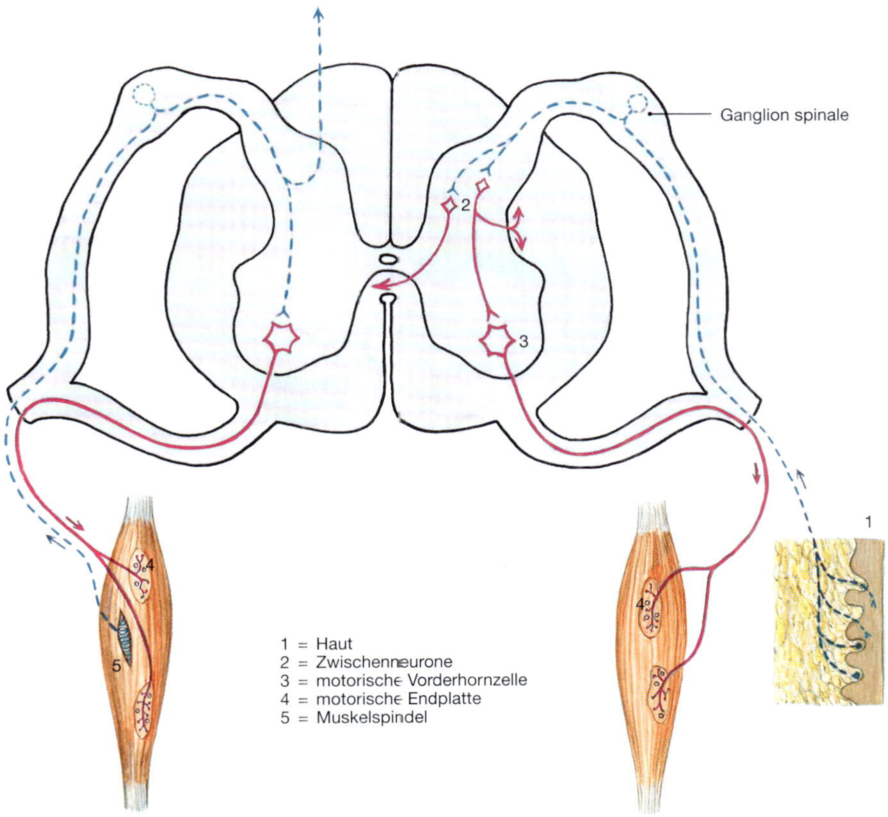

Abb. 12.184 Reflexe des Rückenmarks, Medulla spinalis.
Das Rückenmark umfasst einen **Verbindungsapparat,** der das Rückenmark mit supraspinalen Zentren verbindet, und einen **Eigenapparat,** über den unter Umgehung des Gehirns spinale Reflexe ablaufen. Spinale Reflexe dienen beispielsweise der Konstanthaltung des Muskeltonus im Stand und Gang oder dem Schutz des Organismus (z. B. reflektorisches Zurückziehen einer Extremität bei Kontakt mit starker Hitze).
Aufgrund der Verschaltung und Komplexität werden zwei **Reflexformen** unterschieden: monosynaptische (Eigenreflexe) und polysynaptische Reflexe (Fremdreflexe). Besonders die polysynaptischen Reflexe können von supraspinalen Zentren beeinflusst werden.
Links im Bild: Verschaltung eines Eigenreflexes (monosynaptisch, bineuronal, propriozeptiv; z. B. Patellar-, Achillessehnenreflex etc.)
Rechts im Bild: Verschaltung eines Fremdreflexes (polysynaptisch, polyneuronal; z. B. Bauchdecken-, Kremaster-, Fußsohlenreflex etc.).

Funktioneller Bau des Rückenmarks

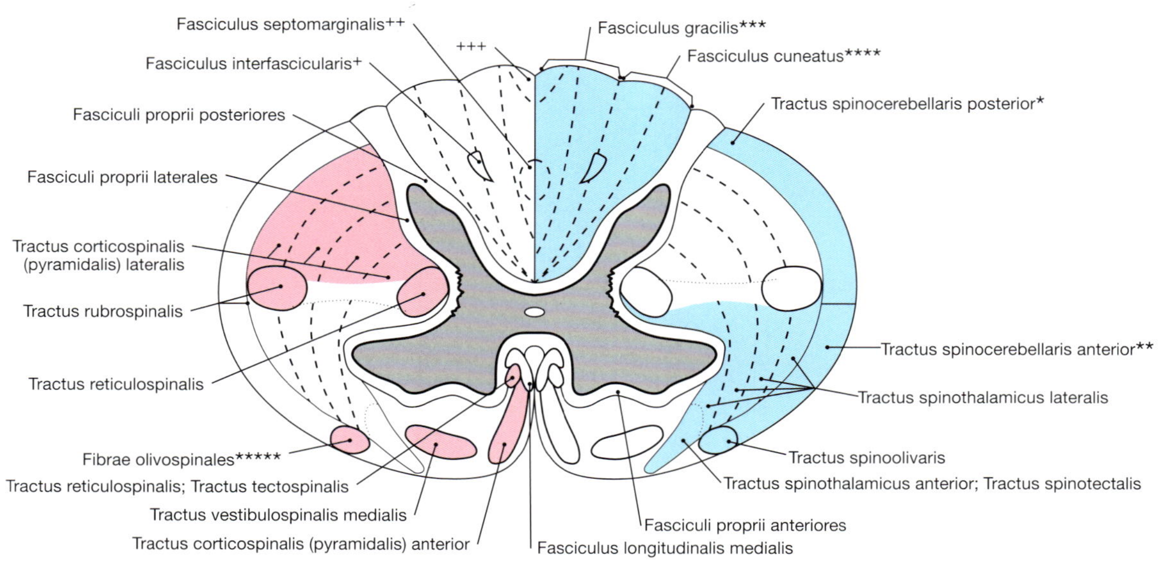

Abb. 12.185 Rückenmark, Medulla spinalis; schematisierte Gliederung der weißen Substanz am Beispiel eines unteren Halssegments. Afferente (= aufsteigende) Bahnen sind blau, efferente (= absteigende) Bahnen rot dargestellt.
In den mit +, ++ und +++ gekennzeichneten Bereichen liegen absteigende Kollateralen der Hinterstrangbahnen.

* klin.: FLECHSIG-Bündel
** klin.: GOWERS-Bündel
*** klin.: GOLL-Strang
**** klin.: BURDACH-Strang
***** tatsächliches Vorhandensein dieser Fasern noch nicht endgültig geklärt
\+ SCHULTZE-Komma (Pars cervicalis)
++ ovales FLECHSIG-Feld (Pars thoracica)
+++ PHILIPPE-GOMBAULT-Triangel (Pars lumbalis; Pars sacralis)

Wichtige Eigenreflexe des Rückenmarks [14]

Reflex	Segment	Reflexauslösung	Erfolgsorgan	Nerv (afferenter und efferenter Schenkel)
Bizepsreflex	C5, C6	Schlag auf Bizepssehne	M. biceps brachii	N. musculocutaneus
Brachioradialisreflex (Radius-Periost-Reflex)	C5, C6	Schlag auf die Ansatzsehne des M. brachioradialis bzw. das Periost	M. brachioradialis, M. brachialis, M. biceps brachii	N. radialis, N. musculocutaneus
Trizepsreflex	C6–C8	Schlag auf Trizepssehne	M. triceps brachii	N. radialis
Patellarsehnenreflex	L2–L4	Schlag auf Lig. patellae	M. quadriceps femoris	N. femoralis
Achillessehnenreflex	L5–S2	Schlag auf Achillessehne	M. triceps surae	N. tibialis

Wichtige Fremdreflexe des Rückenmarks [14]

Reflex	Segment	Reflexauslösung	Erfolgsorgan	afferenter Schenkel	efferenter Schenkel
Bauchhautreflex	T8–T12	Bestreichen der Bauchhaut	Bauchmuskulatur	Nn. intercostales (T8–T11), N. iliohypogastricus, N. ilioinguinalis	
Kremasterreflex	L1, L2	Bestreichen der Haut an der Innenseite des Oberschenkels	M. cremaster	R. femoralis und R. genitalis des N. genitofemoralis	
Fußsohlenreflex	S1, S2	Bestreichen des lateralen Fußsohlenrands	Beuger der 2.–5. Zehe	Nn. plantares des N. tibialis	N. tibialis
Analreflex	S3–S5	Bestreichen der Analregion	M. sphincter ani externus	Nn. anococcygei	N. pudendus

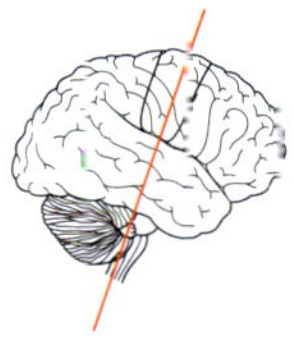

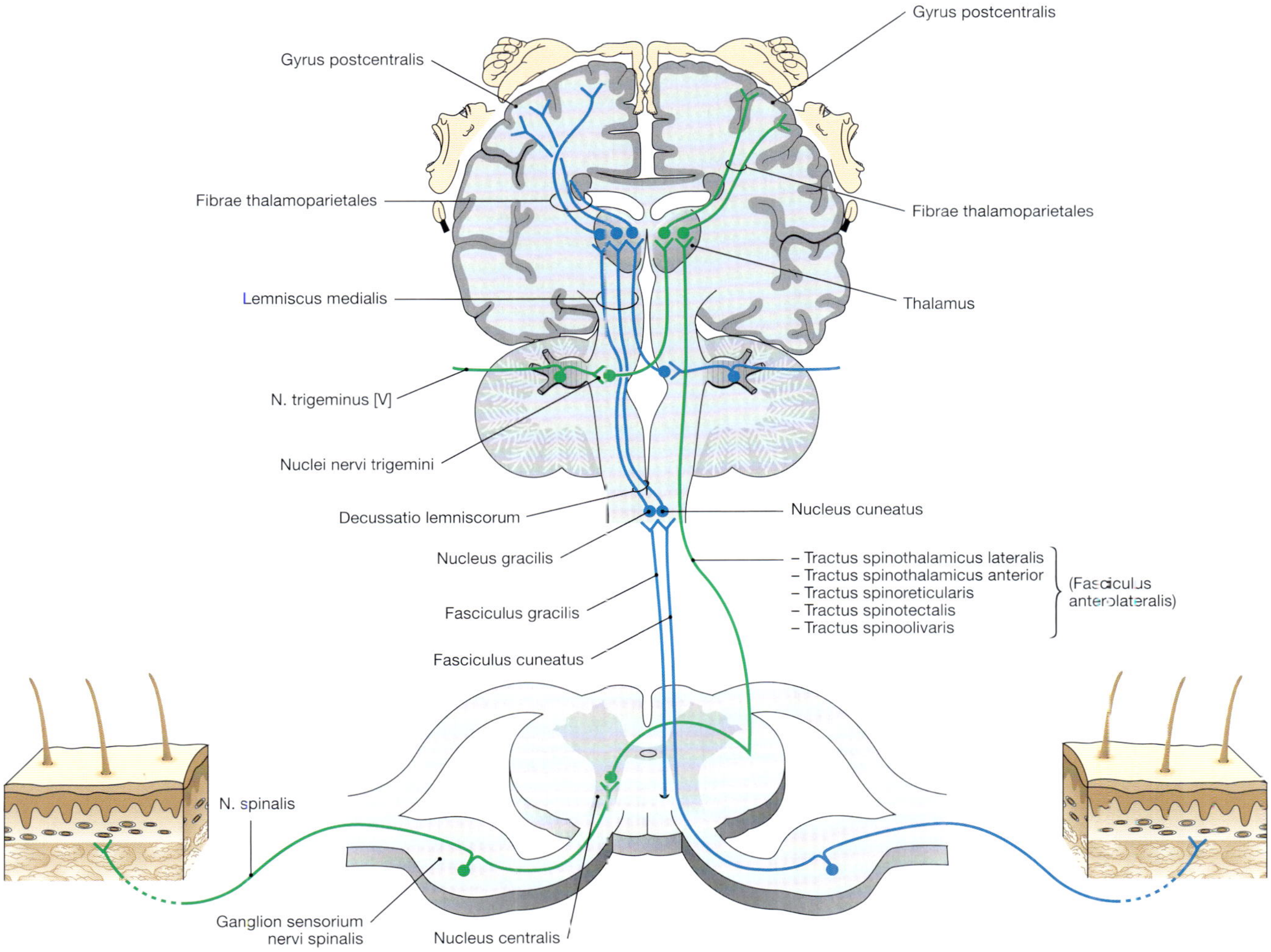

Abb. 12.186 Leitung der epikritischen (blau) und der protopathischen (grün) Sensibilität (afferente Leitungsbahnen).
Leitung der **epikritischen Sensibilität** (Tastbahn, dient der genauen Differenzierung von Berührung und Druck sowie bewusste Tiefensensibilität):

- **1. Neuron** (ungekreuzt): von Rezeptoren (Exterozeptoren) der Haut und der Schleimhäute, des Periosts, der Gelenke sowie von Muskelspindeln etc., über Fasciculi gracilis und cuneatus des Hinterstrangs zu den Nuclei gracilis und cuneatus der Medulla oblongata; zusätzlich absteigende Kollateralen
- **2. Neuron** (gekreuzt): von der Medulla oblongata (Nucleus cuneatus, Nucleus gracilis) zum Thalamus (Lemniscus medialis, Perikarya im Nucleus cuneatus und Nucleus gracilis)
- **3. Neuron** (ungekreuzt): vom Thalamus (Nucleus ventralis posterolateralis) zur Großhirnrinde, besonders zum Gyrus postcentralis (thalamokortikale Fasern, Perikarya im Thalamus)

Leitung der **protopathischen Sensibilität** (Schmerzbahn, dient der Empfindung von Schmerz, Temperatur und der allgemeinen Druckempfindung):

- **1. Neuron** (ungekreuzt): von Rezeptoren (Exterozeptoren) der Haut, der Schleimhäute etc. zum Hinterhorn, Laminae I bis V (Wurzelzellen, Perikarya in den Spinalganglien)
- **2. Neuron** (gekreuzt, einige Fasern evtl. ungekreuzt): vom Hinterhorn zum Thalamus, in die Formatio reticularis und zum Tectum mesencephali (Tractus spinothalamici anterior und lateralis, Tractus spinoreticularis, Tractus spinotectalis; Perikarya in der Hintersäule)
- **3. Neuron** (ungekreuzt): vom Thalamus u.a. zur Großhirnrinde, besonders zum Gyrus postcentralis (thalamokortikale Fasern, Perikarya im Thalamus)

Bahnen des Rückenmarks

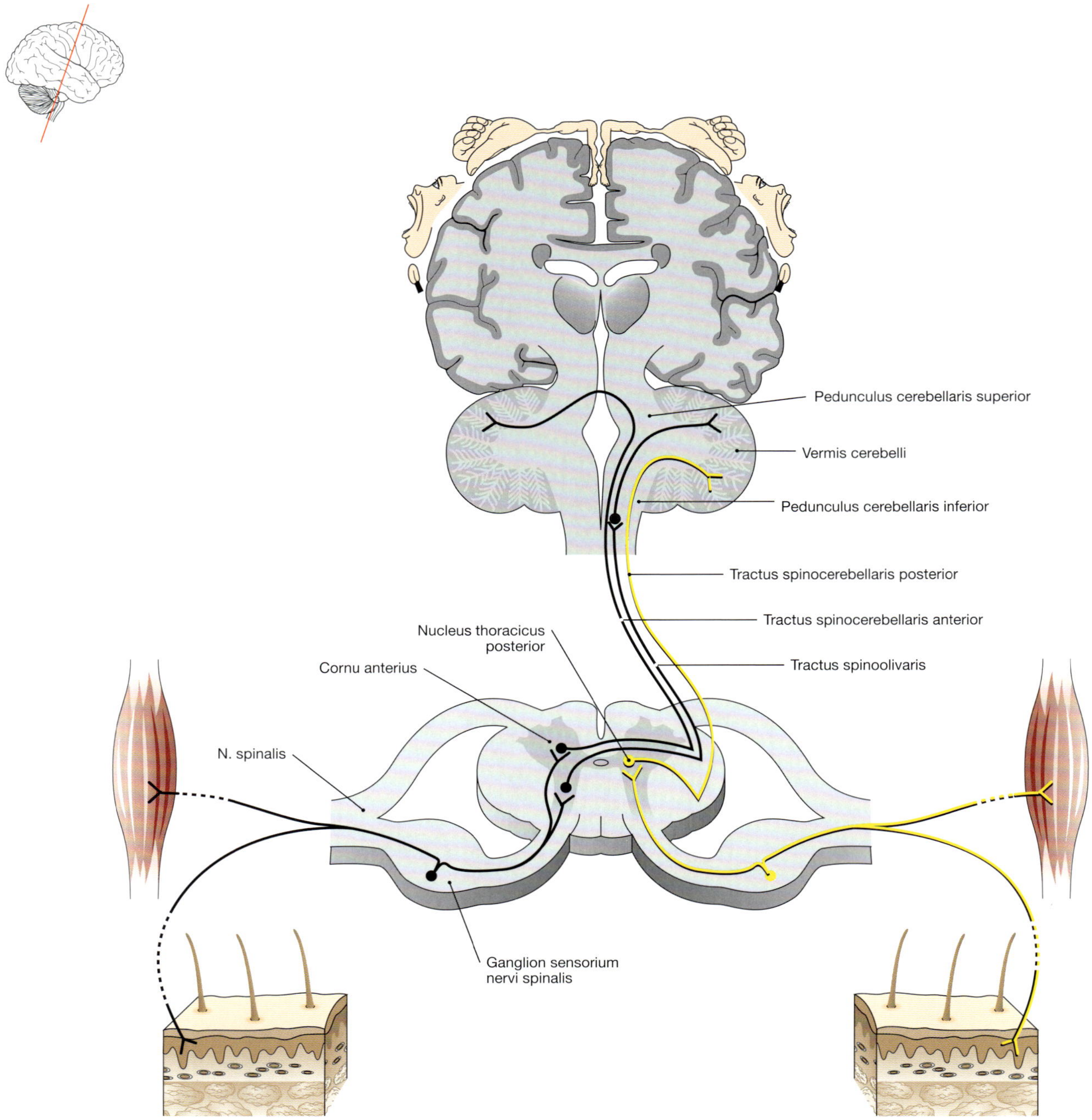

Abb. 12.187 Leitung der unbewussten Tiefensensibilität (afferente Leitungsbahn).
Leitung der unbewussten Tiefensensibilität (unbewusste, aber exakte räumliche Differenzierung als Voraussetzung für die Bewegungskoordination durch das Kleinhirn) zur **vorderen Kleinhirnseitenstrangbahn** (schwarz):

- **1. Neuron** (ungekreuzt): von Rezeptoren (Propriozeptoren) in Muskeln, Sehnen und im Bindegewebe zu den Kernen der Zona intermedia und zur Vordersäule (Wurzelzellen, Perikarya in den Spinalganglien)
- **2. Neuron** (2-fach gekreuzt): vom Vorderhorn als Tractus spinocerebellaris anterior im Vorderseitenstrang und weiter durch den Pedunculus cerebellaris superior zum Kleinhirn (Strangzellen, Perikarya in der Zona intermedia und im Vorderhorn)

Leitung der unbewussten Tiefensensibilität zur **hinteren Kleinhirnseitenstrangbahn** (gelb):

- **1. Neuron** (ungekreuzt): von den Endorganen (Propriozeptoren) in Muskeln, Sehnen und im Bindegewebe zu den Kernen der Hintersäule und zum Nucleus thoracicus (Wurzelzellen, Perikarya in den Spinalganglien)
- **2. Neuron** (ungekreuzt): vom Hinterhorn und vom Nucleus thoracicus als Tractus spinocerebellaris posterior im Seitenstrang und weiter durch den Pedunculus cerebellaris inferior zum Kleinhirn (Strangzellen, Perikarya im Nucleus thoracicus und an der Basis der Hintersäule)

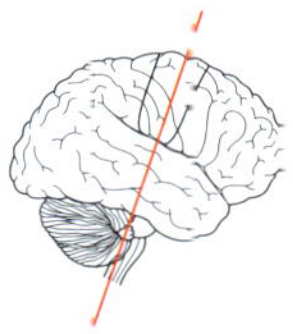

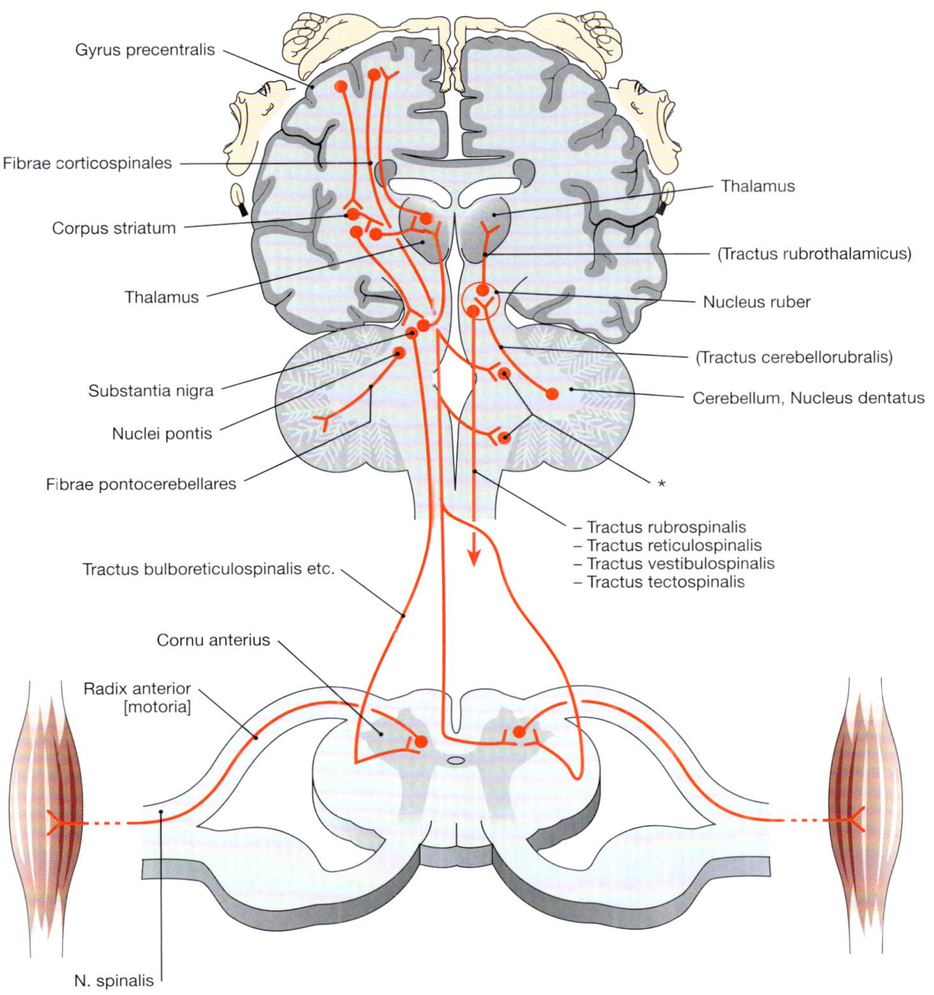

Abb. 12.188 Leitungen der Motorik (efferente Leitungsbahnen). Das motorische System umfasst eine Vielzahl von Kerngebieten und Bahnen. Die „letzte gemeinsame Strecke" (motorische Endstrecke) stellen die Motoneurone dar. Aus didaktischen Gründen wird hier trotz der außerordentlichen Komplexität an der traditionellen Gliederung festgehalten.

Pyramidenbahn:

- (Zentrales) Neuron (gekreuzt): von der Großhirnrinde durch die Capsula interna und die Großhirnstiele zu Interneuronen der Vordersäule und der Hintersäule (Tractus corticospinalis lateralis, Tractus corticospinalis anterior, Perikarya im Gyrus precentralis)
- (Peripheres) Neuron (motorische Endstrecke, Motoneurone): vom Vorderhorn zu den motorischen Endplatten in der Skelettmuskulatur (Motoneurone, Perikarya im Vorderhorn)

Hirnnerven:

- Vom Tractus corticospinalis anterior der Pyramidenbahn zweigen Fasern für die Hirnnervenkerne (Fibrae corticonucleares und Fibrae corticonucleares bulbi) ab.

Extrapyramidalmotorisches System:

- Zentrale Neurone (gekreuzt und ungekreuzt): von der Großhirnrinde, insbesondere dem Gyrus precentralis und den davor liegenden Rindengebieten unter Einschaltung von Endhirnkernen, Thalamus, Nucleus subthalamicus, Nucleus ruber, Substantia nigra, Kleinhirn etc. und der Ausbildung von steuernden Rückkopplungen zu Interneuronen der Vordersäule (Tractus rubrospinalis, Tractus reticulospinalis, Tractus vestibulospinales medialis und lateralis, Tractus tectospinalis)
- Peripheres Neuron (motorische Endstrecke, Motoneurone): vom Vorderhorn zu den motorischen Endplatten in der Skelettmuskulatur (Motoneurone, Perikarya im Vorderhorn)

* motorische Kerne der Hirnnerven

Bahnen des Rückenmarks, Klinik

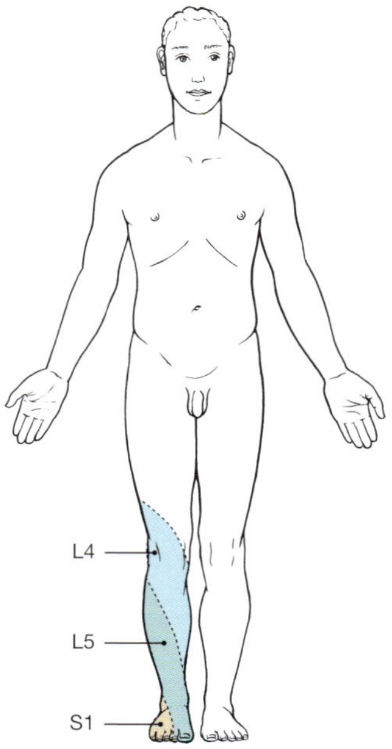

Abb. 12.189 Gestörte Hautinnervation bei Schädigung einzelner besonders häufig betroffener Spinalnerven.
Die Spinalnerven L4, L5 und S1 sind im Rahmen von Bandscheibenvorfällen besonders häufig betroffen.

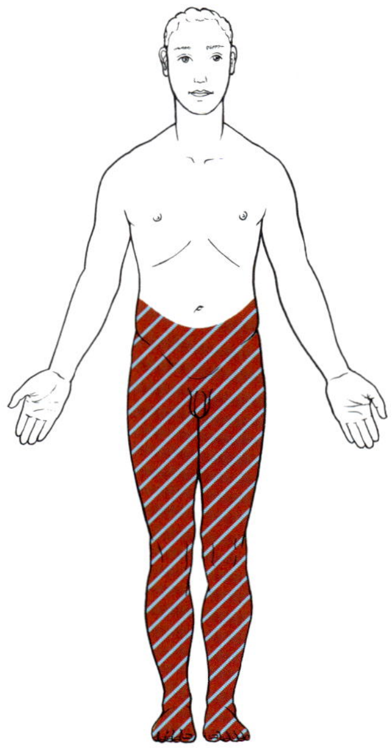

Abb. 12.190 Vollständige Querschnittslähmung auf Höhe des 11. Thorakalsegments.
Es kommt zum Ausfall der gesamten Motorik und der gesamten Sensibilität im schraffierten Areal.

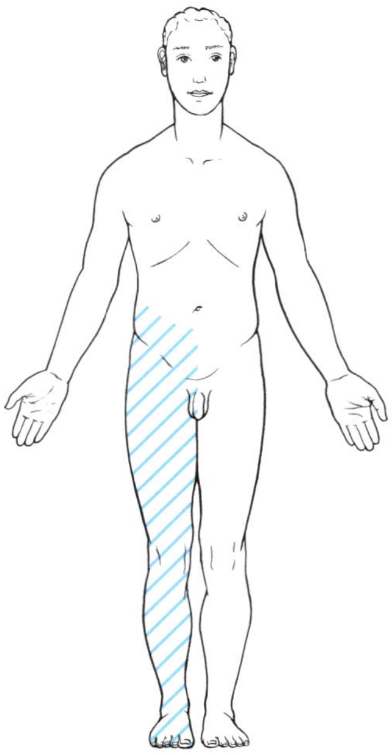

Abb. 12.191 Schädigung der rechten Hinterstrangbahnen auf Höhe des 11. Thorakalsegments.
Es kommt zum Ausfall der feinen Tastempfindung, des Lage- und des Vibrationssinns (die grobe Berührungsempfindung bleibt allerdings erhalten).

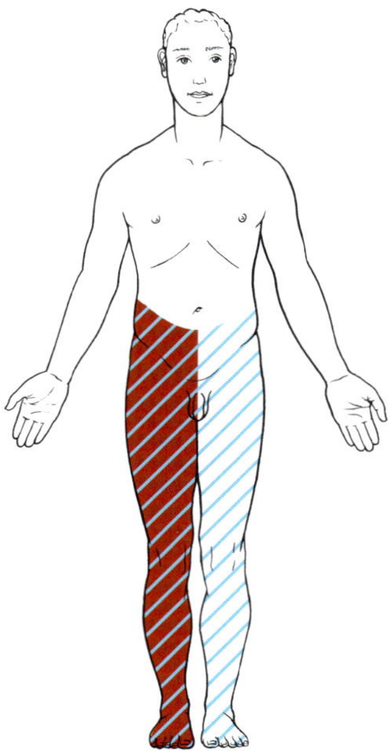

Abb. 12.192 Halbseitenlähmung (BROWN-SÉQUARD), bedingt durch eine rechts halbseitige Unterbrechung des Rückenmarks auf Höhe des 11. Thorakalsegments.
Auf der rechten Seite (homolateral) resultiert eine zunächst schlaffe, später spastische Lähmung der Motorik. Ferner kommt es zum Ausfall der feinen Tastempfindung, des Lage- und des Vibrationssinns (die grobe Berührungsempfindung bleibt allerdings erhalten). Auf der linken Seite (kontralateral) kommt es zum Ausfall der Schmerz- und der Temperaturempfindung (→ Abb. 12.186).

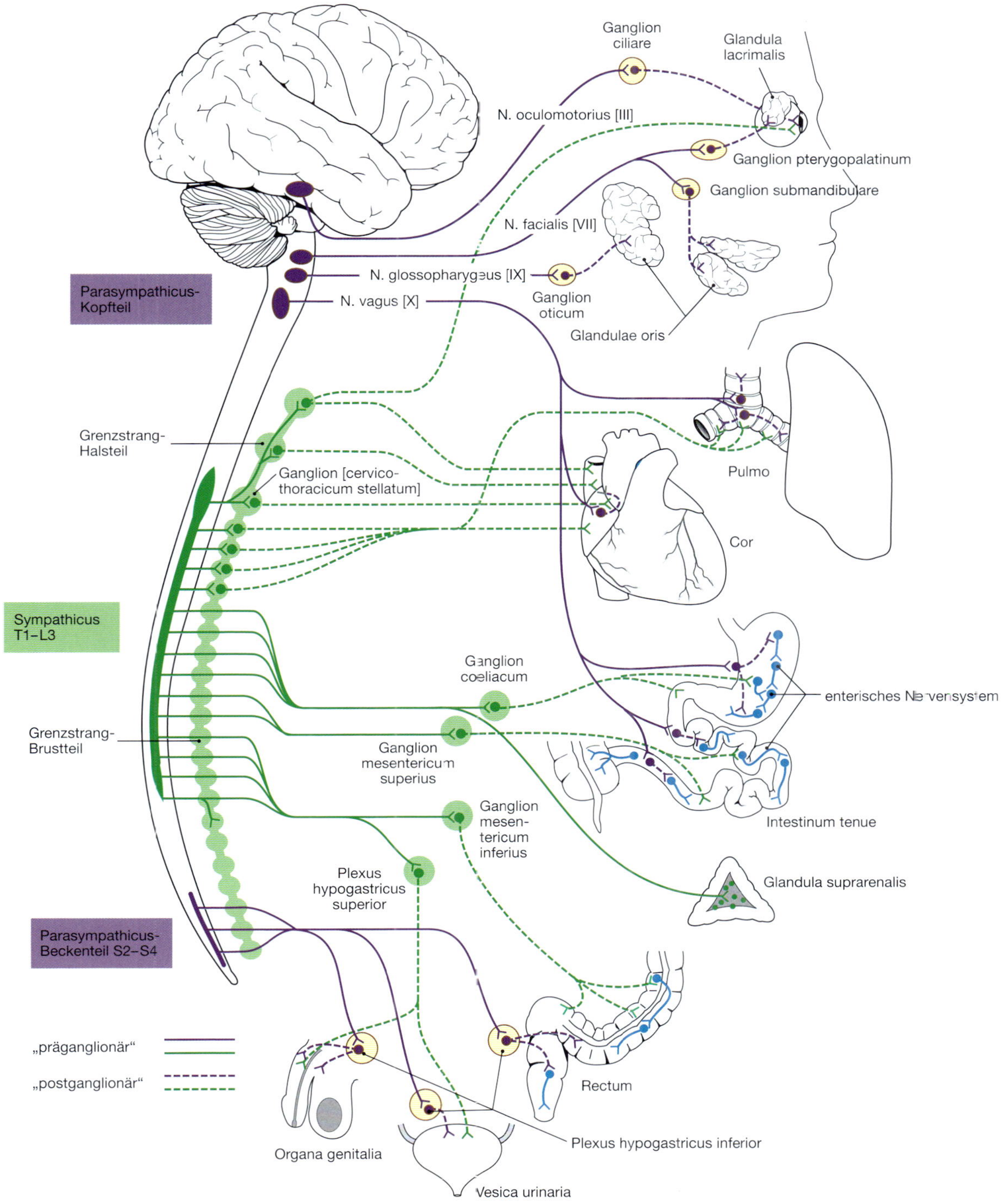

Abb. 12.193 Vegetatives (autonomes) Nervensystem (Sympathicus und Parasympathicus). [22]
Das autonome Nervensystem setzt sich aus Sympathicus (grün), Parasympathicus (lila) und enterischem Nervensystem (blau) zusammen.
Die Neurone des **Sympathicus** sind im Seitenhorn des Thorakolumbalmarks lokalisiert. Ihre Axone projizieren zu den Grenzstrangganglien und zu den Ganglien des Magen-Darm-Trakts. Hier erfolgt die Umschaltung auf postganglionäre Neurone, die zu den Erfolgsorganen projizieren. Sympathicuserregung erfolgt zur Mobilisierung des Körpers bei Aktivität sowie in Notfallsituationen. Zum Sympathicus gehört auch das Nebennierenmark, das Adrenalin und Noradrenalin freisetzen kann.

Kerngebiete des **Parasympathicus** liegen im Hirnstamm und im Sakralmark. Die Axone erreichen Ganglien in der Nähe der Erfolgsorgane, die sich im Kopf, im Thorax und in der Bauchhöhle befinden. Hier wird auf postganglionäre Neurone umgeschaltet, die über kurze Axone die Erfolgsorgane erreichen. Der Parasympathicus steht im Dienst der Nahrungsaufnahme und -verarbeitung, der sexuellen Erregung und ist Gegenspieler des Sympathicus.
Das **enterische Nervensystem** reguliert die Darmaktivität und steht unter dem Einfluss von Sympathicus und Parasympathicus.

Motorische Hirnfunktionen

Bestandteile des motorischen Systems und deren Funktionen [14]	
Bestandteile	**Funktionen**
Rückenmark (Medulla spinalis)	• selbstständige Durchführung elementarer Funktionen (Eigen- und Fremdreflexe) → spinales Grundsystem • Ausführungsorgan supraspinaler motorischer Kommandos
Hirnstammzentren (u. a. Nucleus ruber, Formatio reticularis, unterer Olivenkernkomplex; Nuclei pontis)	• vor allem unwillkürliche Regulation der Stütz- und Gangmotorik sowie Koordination von Bewegungen (→ geordneter Ablauf von Willkürbewegungen) durch zahlreiche Kerngebiete und die aus ihnen hervorgehenden extrapyramidalen Bahnen • Beteiligung an der Feinabstimmung von Willkürbewegungen • Zentren zur Steuerung der Okulomotorik
Kleinhirn (Cerebellum)	• Aufrechterhaltung des Gleichgewichts • Kontrolle von Stütz- und Zielmotorik • Programmierung (Feinabstimmung und Modulation) der Zielmotorik
Basalganglien (Striatum, Pallidum, Nucleus subthalamicus und Substantia nigra)	• Programmierung (Feinabstimmung und Modulation) der Zielmotorik
motorische Kortexareale und Pyramidenbahn	• Erstellung von Bewegungsstrategien und -programmen durch Assoziationsfelder und sekundärmotorische Kortexareale • Durchführung von Willkürbewegungen über den Weg prämotorischer Cortex → Pyramidenbahn → Rückenmark

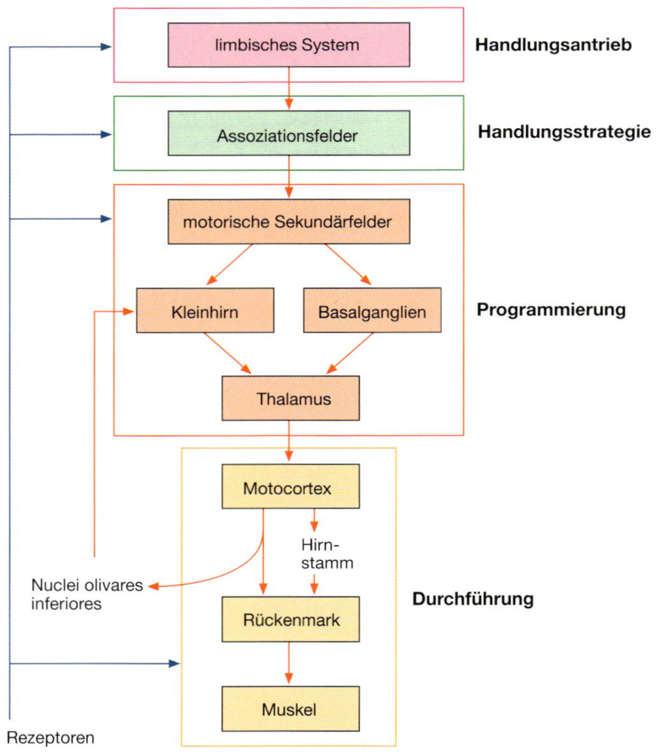

Abb. 12.194 Stark vereinfachte schematische Darstellung der Organisation der Somatomotorik. [14]
Man geht davon aus, dass die innere **Motivation** für eine Aktivität (der initiale Handlungsantrieb) im limbischen System zustande kommt. Von dort werden die Impulse an Assoziationsfelder (z. B. im präfrontalen Cortex) weitergeleitet. Hier entwickelt sich eine **Handlungsstrategie.** Die konkrete Umsetzung erfordert die Einbeziehung motorischer Sekundärfelder, die Bewegungen in der Folge konkret planen und das Bewegungsprogramm über Kleinhirn und Basalganglien verfeinern. Nach dieser **Planungsphase** wird das so modulierte Bewegungsprogramm über den Thalamus den motorischen Arealen, insbesondere dem Motocortex, zugeleitet, der die Ausführung **(Ausführungsphase)** veranlasst. Er projiziert über die Pyramidenbahn zum Rückenmark, von wo die Befehle an die Muskulatur weitergeleitet werden. Kopien der Aktion gehen über die Olive zur Kontrolle an das Kleinhirn, um möglicherweise notwendige Korrekturen rechtzeitig zu initiieren. Ferner besteht eine ausgeprägte sensorische Rückmeldung aus der Peripherie, die auf alle Strukturen rückwirkt und so den reibungslosen Verlauf der motorischen Vorgänge ermöglicht.

Anhang

Glossar

Erläuterungen zum Glossar

Abkürzungen:

f	femininum
m	masculinum
n	neutrum
(Pl)	Plural
P.p.a.	Partizip Präsens aktiv
P.p.p.	Partizip Präsens passiv
Adj.	Adjektiv
Dim.	Diminutiv (Verkleinerungsform)
Komp.	Komparativ
Sup.	Superlativ
(ahd)	althochdeutsch
(altind)	altindisch
(altiran)	altiranisch
(altnord)	altnordisch
(arab)	arabisch
(etrusk)	etruskisch
(got)	gotisch
(gr)	griechisch
(idg)	indogermanisch
(l)	lateinisch
(lit)	litauisch
(mhd)	mittelhochdeutsch

Allgemeine, d. h. nicht fachspezifische Vorsilben (Präfixe):

a- (gr)	(verneinendes Präfix)
a-, ab-, abs- (l)	von, von...her
ac-, ad-, af- (l)	zu, zu...hin, an, bei, heran
amphi- (gr)	ringsum, herum, zu beiden Seiten
ana- (gr)	auf, hinauf
ante- (l)	vor, vorher
anti- (l)	gegen
apo- (gr)	von...weg, von...her, voran, gleich nach
bi- (l)	zweifach
circum- (l)	rundum, um...herum
co-, col-, con-, com- (l)	mit, zusammen
de- (l)	weg, von, herab
dia- (gr)	durch, hindurch, auseinander
di-, dis- (gr)	zwei
e-, ex- (l)	aus, heraus
en- (gr)	innen, drin, hinein
endo- (gr)	innen, drinnen
ep-, epi- (gr)	auf, drauf, über
hemi- (gr)	halb
hyper- (gr)	über, darüber, oberhalb
hypo- (gr)	darunter, unter, unterhalb
infra- (l)	unterhalb von, unten, gering
in-, im- (l)	hinein
inter- (l)	zwischen
intra-, intro- (l)	innerhalb von
meso- (gr)	mittlere, zwischen; Mitte
meta- (gr)	nach, hinter
ob-, op- (l)	entgegen, gegenüber
par-, para- (gr)	neben, bei
per- (l)	durch, hindurch, ganz, völlig
peri- (gr)	um, herum, ringsum
post- (l)	nach, hinter, hinten
prae-, pre- (l)	vor, vorne, wegen, vor...her
pro- (l)	vorne hin, voran, für
pro-, pros- (gr)	vorwärts, vorne
quadri- (l)	vier(fach)
re- (l)	hinten, wieder
retro- (l)	zurück, dahinter
semi- (gr)	halb
sub- (l)	unter, unterhalb
super- (l)	über, nach oben
supra- (l)	oberhalb, über, darüber
syn-, sym- (gr)	mit, zusammen
tri-, tris- (l)	drei(fach)

Allgemeine, d. h. nicht fachspezifische Nachsilben (Suffixe):

-aris, -e (l), -alis, -e (l), -eus, -a, -um (l): -isch, -ig Herkunft oder Zugehörigkeit ausdrückend)
-ideus, -a, -um (l): -förmig, -artig (Ähnlichkeit ausdrückend)
-icus, -a, -um (l), -ivus, -a, -um (l): (betreffend)
-osus, -a, -um (l): (reich an etwas)
-ulus, -a, -um (l): (Verkleinerungsform)

Glossar anatomischer Begriffe

Abdomen, -inis n *(l)* = Bauch, Unterleib. – abdere (l): wegtun, verbergen.

abducens, -entis *(l)* = wegführend. – P.p.a. von abducere (l): wegführen, wegziehen.

Abductor, -oris m *(l)* = der Abzieher, Wegführer.

aberrans *(l)* = abirrend. – P.p.a. von aberrare (l): abirren, sich irren, abkommen.

accessorius, -a, -um *(l)* = hinzukommend, zusätzlich. – accedere (l): dazugeben, dazutreten; cedere (l): treten, gehen, zuteil werden.

Acetabulum, -i n *(l)* = Hüftgelenkspfanne; urspr. das Essigschälchen.

Achilles, -is m *(l)* = Achilleus: griechischer Held vor Troja; wurde von Paris durch einen von Apoll gelenkten Pfeil an der Ferse tödlich verwundet.

acromialis, -e *(l)* = zur Schulterhöhe gehörend. – Adj. zu Acromion, -ii n *(l)*.

Acromion, -ii n *(l)* = Akrómion *(gr)*: Schulterhöhe, Schulterspitze. – akros *(gr)*: das Äußerste; ōmos *(gr)*: die Schulter, die höchstgelegene Stelle an der Schulter.

acusticus, -a, -um *(l)* = das Hören betreffend. – akoúein *(gr)*: hören.

Adductor, -oris m *(l)* = Heranführer, Hinzuziehender. – adducere *(l)*: heranführen, hinzuziehen; ducere *(l)*: führen, ziehen.

Adhesio, -onis f *(l)* = Anhaften. – adhaerere *(l)*: an etwas hängen, festhängen, angrenzen, anhaften.

adiposus, -a, -um *(l)* = fettreich, fetthaltig. – Adeps, -ipis m u. f *(l)*: weiches Fett.

Aditus, -us m *(l)* = Zugang, Eingang. – adire *(l)*: hinzugehen, herangehen.

Adminiculum, -i n *(l)* = Stütze, Beihilfe. – Minae, -arum f *(l)*: die Zinnen, die Mauern.

Aequator [Equator], -oris m *(l)* = größter Breitenkreis, Äquator.

afferens, -entis *(l)* = herbeitragend. – P.p.a. von afferre (ad-ferre) *(l)*: herbeitragen, herbeibringen, herantragen.

affixus, -a, -um *(l)* = angeheftet, befestigt. – P.p.p. von affigere (ad-figere) *(l)*: anheften.

Agger, -eris m *(l)* = Wall, Damm. – aggerere (ad-gerere) *(l)*: aufdämmen, vermehren.

aggregatus, -a, -um *(l)* = zusammengeschart, nahe beieinanderliegend. – P.p.p. von aggregare (ad-gregare) *(l)*: zusammenscharen, beigesellen.

Ala, -ae f *(l)* = 1. der Flügel a) als Bewegungsorgan, b) als Ruder der Segelschiffe, c) als Flanken der Legionen; 2. die Achsel: als Reproduktion der Ala (Flügel) des Vogels.

albicans *(l)* = weiß schimmernd. – P.p.a. von albicare *(l)*: weiß sein, schimmern.

albugineus, -a, -um *(l)* = weiß schimmernd. – Adj. zu Albugo, Tunica albuginea: derbe, weiße Bindegewebshülle.

Albugo, -inis f *(l)* = weißer Fleck. – albus *(l)*: weiß.

albus, -a, -um *(l)* = weiß, weißglänzend. – Alphós *(gr)*: weißer Ausschlag (Hautausschlag).

Allantois f *(gr)* = wurstähnliche Haut, Harnsack. – Állas *(gr)*: Wurst.

Alveolus, -i m *(l)* = kleine Mulde, Bienenzelle.

ambiguus, -a, -um *(l)* = sich nach zwei Seiten neigend. – ambigere *(l)*: nach zwei Seiten treiben, schwanken.

Amnion, -ii n oder **Amnios, -ii** m *(l)* = Schafhaut. – Ámnos *(gr)*: Schaf.

Amphiarthrosis, -is f *(l)* = ringsum bebändertes Gelenk. – amphi *(gr)*: ringsum, herum, zu beiden Seiten; Arthron *(gr)*: Glied, Gelenk.

Ampulla, -ae f *(l)* = Gefäß aus Ton/Glas mit engem Hals und blasig aufgetriebenem Bauch; kolbenförmige Verdickung. – Amphora, -ae f *(l)*: zweihenkeliger Krug mit engem Hals; Amphoreús *(gr)*: zweihenkeliges Gefäß; nach Hyrtl von Ampha, -ae f *(l)*: (Griff) und Bulla, -ae f *(l)* (Blase).

amygdaloideus, -a, -um *(l)* = mandelähnlich, zu etwas Mandelähnlichem gehörend. – Amýgdale *(gr)*: Mandel.

analis, -e *(l)* = zum After gehörend. – Adj. zu Anus.

Anastomosis, -is f *(l)* = Vereinigung oder Verbindung zweier Kanäle. – anastomóein *(gr)*: eine Mündung herstellen, öffnen, eröffnen.

Anatomia, -ae f *(l)* = die Kunst des Zergliederns. – anatemnein *(gr)*: zerschneiden, zergliedern.

anconeus, -a, -um *(l)* = zum Ellenbogen gehörig. – Ankōn *(gr)*: der gebogene Arm, Ellenbogen.

Angiologia, -ae f *(l)* = Gefäßlehre. – Angeion *(gr)*: (Blut-)Gefäß; Logos *(gr)*: Wort, Sprache, Lehre.

Ansa, -ae f *(l)* = Öse, Schlinge, Henkel. – Hänia oder Ansia *(gr)*: Zügel, der dem Zugvieh durch die Nase gezogene Zügel.

ante *(l)* = 1. Präp.: vor, voran, voraus; 2. Adv.: vorne, vorwärts, vorher.

Angulus, -i m *(l)* = Winkel, Ecke. – Etym. unsicher; ankylos *(gr)*: krumm.

Antebrachium, -ii n *(l)* = Unterarm, Vorderarm. – **Brachium, -ii** n *(l)*: Arm.

anterior, -ius *(l)* = vorderer. – Komp. zu ante *(l)*: vor, vorn gelegen

Anthelix, -icis f *(l)* = Gegenwindung. – antí *(gr)*: gegen; Hélix *(gr)*: Windung.

Antitragus, -i m *(l)* = kleiner Höcker gegenüber dem Tragus. – Trágos *(gr)*: Bock.

Antrum, -i n *(l)* = Grotte, Höhlung, Höhle. – Ántron *(gr)*: Höhle.

Anulus, -i m *(l)* = kleiner Ring.

Anus, -i m *(l)* = Kreis, Ring, After(ring).

Aorta, -ae f *(l)* = Hauptschlagader. – aéirein *(gr)*: etwas in die Höhe heben, um es zu tragen.

Apertura, -ae f *(l)* = Öffnung, Loch. – aperire *(l)*: öffnen, erschließen, aufdecken.

Apex, -icis m *(l)* = äußerste Spitze.

apicalis, -e *(l)* = zur Spitze gehörend. – Adj. zu Apex.

Aponeurosis, -is f *(l)* = flächenhafte, platte Sehne. – neuróein *(gr)*: die Sehne anspannen.

Appendix, -icis f *(l)* = Anhang, Anhängsel, Zugabe. – pendere: hängen, schweben.

Aqu(a)eductus, -us m *(l)* = Wasserleitung. – Aqua, -ae f *(l)*: Wasser; Ductus, -us m *(l)*: Zug, Leitung.

Arachnoidea, -ae f *(l)* = Spinnwebenhaut. – Aráchne *(gr)*: Spinne.

Arbor, -oris f *(l)* = Baum.

arcuatus, -a, -um u. **arcualis, -e** *(l)* = bogenförmig gekrümmt. – Adj. zu Arcus.

Arcus, -us m *(l)* = Bogen, Kreisbogen.

Area, -ae f *(l)* = Bezirk, freie Fläche, Stelle.

Areola, -ae f *(l)*: Dim. zu Area.

Arteria, -ae f *(l)* = Schlagader, Arterie. – von Áer *(gr)*: Luft u. täréein *(gr)*: enthalten, bewahren.

Articulatio, -onis f *(l)* = Gelenk. – Articulus, -i m *(l)*: Fingerglied, Knoten; Dim. zu Artus, -us m *(l)*: Gelenk, Glied; artýein *(gr)*: zusammenfügen, gliedern; Arthron *(gr)*: Glied, Verbindung.

arytenoideus, -a, -um *(l)* = dem Schnabel einer Gießkanne ähnlich. – Arytaina *(gr)*: Gießbecken, Gießkanne.

ascendens *(l)* = aufsteigend. – P.p.a. von ascendere *(l)*: aufsteigen, sich erheben, emporsteigen.

asper, -era, -erum *(l)* = rau, uneben.

Atlas, -antis m *(l)* = 1. Halswirbel. – Atlas: griechischer Heros, der die Säulen des Himmels trug. – tlas: P.p.a. von tlenai *(gr)*: tragen; der starke Träger.

atrioventricularis, -e *(l)* = zum Vorhof und zur Kammer gehörig. – Atrium, -ii n *(l)*: Vorhof, Vorraum; Ventriculus, -i m *(l)*: Dim. zu Venter: Hohlraum, 1. Magen, 2. Herzkammer, 3. Hirnkammer; ventricularis, -e *(l)*: Adj. zu Ventriculus.

Atrium, -ii n *(l)* = Vorhof, Halle. – etrusk. Ursprungs; Atarr *(etrusk)*: befestigtes Gebäude.

auditivus, -a, -um *(l)* = das Hören betreffend. – audire: hören.

Auricula, -ae f *(l)* = „kleines Ohr". 1. Ohrmuschel, 2. Herzohr. – Dim. zu Auris.

Auris, -is f *(l)* = Ohr. – Ous *(gr)*: Ohr.

autonomicus, -a, -um *(l)* = unabhängig. – autónomos *(gr)*: selbständig, autonom.

Avis, -is f *(l)* = Vogel, Vorbedeutung.

axillaris, -e *(l)* = zur Achselhöhle gehörig. – Adj. zu Axilla, -ae f *(l)*: die Achselhöhle; Dim. zu Ala.

Axis, -is m *(l)* = 1. Achse, 2. zweiter Halswirbel; er gibt die ruhende Achse an, um welche sich der 1. Halswirbel dreht. – Áxon *(gr)*: Wagenachse, Himmelsachse.

azygos, -on *(gr)* = unpaar, nicht gepaart, nicht verbunden.

basalis, -e u. **basilaris, -e** *(l)* = zur Basis gehörend, an der Basis liegend. – Adj. zu Basis.

basilicus, -a, -um *(l)* = königlich. – basilikos *(gr)*: königlich; *(arab)*: innen. – Basileus *(gr)*: König.

Basis, -eos f *(gr)* = Grundfläche, Untergrund, Grundlage, „Basis".

biceps, -itis m *(l)* = zweiköpfig. – Caput, -itis n *(l)*: der Kopf.

Bifurcatio, -onis f *(l)* = Gabelung. – Furca, -ae f *(l)*: Gabel.

bilifer, -fera, -ferum *(l)* = Galle leitend. – Bilis, -is f *(l)*: Galle; ferre (l): tragen, führen.

biliosus, -a, -um *(l)* = reich an Galle.

bipartitus, -a, -um *(l)* = zweigeteilt. – Pars, -tis f *(l)*: Teil.

Brachium, -ii n *(l)* = Arm, Zweig, Stiel. – Brachion *(gr)*: Oberarm, Arm.

Bregma, -atis n *(l)* = Vereinigungsstelle von Kranz- und Pfeilnaht. – Brégma *(gr)*: Vorderkopf.

brevis, -e *(l)* = kurz, klein, schmal. – brachýs *(gr)*: kurz.

bronchialis, -e *(l)* = zum Bronchus gehörend. – Adj. zu Bronchus.

Bronchus, -i m *(l)* = Hauptast der Luftröhre. – Bronchós *(gr)*: Luftröhre, Kehle.

Bucca, -ae f *(l)* = Wange, Backe, Mund. – byktäs *(gr)*: heulend (vom Wind); bu *(idg)*: aufblasen, schwellen.

Buccinator (richtig: **Bucinator**), **-oris** m *(l)* = Hornbläser. – Bucina, -ae f *(l)* = Hirten- und Waldhorn; Bykánä *(gr)*: Horn, Trompete; Bos, bovis m *(l)*: das Rind; canere *(l)*: singen.

buccopharyngeus, -a, -um *(l)* = von der Wange zum Pharynx verlaufend.

bulbospongiosus, -a, -um *(l)* = zum schwammigen Schwellkörper gehörend

bulbourethralis, -e *(l)* = zum Schwellkörper und zur Harnröhre gehörig.

Bulbus, -i m *(l)* = zwiebel- oder knollenförmige Anschwellung bzw. Verdickung. – Bólbos *(gr):* Anschwellung.

Bulla, -ae f *(l)* = Blase, Kapsel, Knospe.

Bursa, -ae f *(l)* = Beutel, Tasche, „Börse". – Býrsa *(gr):* abgezogene Haut, Fell, Schlauch.

Caecum, -i n *(l)* = das Blinde. – caecus, -a, -um *(l):* blind, dunkel; Kaikias *(gr):* Nordostwind als der dunkle; kaikos *(idg):* blind, einäugig.

caeruleus, -a, -um *(l)* = blau, bläulich. – Caelum, -i n *(l):* Himmel.

Calamus, -i m *(l)* = Rohr, Schreibfeder, Halm, Stängel. – Kálamos *(gr):* Rohr, Halm.

Calcaneus, -i m, auch Calcaneum, -i n *(l)* = Fersenbein. – Calx, -cis f *(l):* Ferse, Fuß; calcare *(l):* mit Füßen treten, stoßen.

calcaneus, -a, -um *(l)* = zum Calcaneus gehörig. – Adj. zu Calcaneus.

Calcar, -aris n *(l)* = Sporn (z. B. des Hahns). – calcare *(l):* treten, betreten, mit Füßen treten.

callosus, -a, -um *(l)* = schwielig, dickkantig. – Callum, -i n *(l):* Schwiele, Schwarte.

Calvaria, -ae f *(l)* = Hirnschale, Schädel, Schädeldach. – Calva, -ae f *(l):* Hirnschale. – calvus, -a, -um *(l):* kahl, haarlos.

Calyx (richtig: **Calix), -icis** f *(l)* = Kelch, Blumenkelch, Knospe. – Kályx *(gr):* Becher, Trinkbecher.

Camera, -ae f *(l)* = Kammer, Gewölbe. – Kamara *(gr):* Gewölbe.

Canaliculus, -i m oder Canalicula, -ae f *(l):* Dim. zu Canalis; urspr.: Kánna *(gr):* Rohr.

canalis, -e *(l)* = röhrenförmig. – Adj. zu Canna, -ae f *(l):* die Röhre, der Kanal; ebenso

Canalis, -is m u. f *(l)* = Röhre, Kanal, Rinne.

caninus, -a, -um *(l)* = zum Hunde gehörig. – Canis, -is m u. f. *(l):* Hund.

capitalis, -e u. **capitatus, -a, -um** *(l):* Adj. zu Caput.

Capitulum, -i n *(l)* = Köpfchen. – Dim. zu Caput.

Capsula, -ae f *(l)* = kleine Kapsel. – Dim. zu Capsa, -ae f *(l):* Kapsel (für die Bücherrollen); capere *(l):* fassen, packen; Kápsa *(gr):* die Kapsel; káptein *(gr):* fassen, greifen.

Caput, -itis n *(l)* = Kopf, Haupt, Hauptsache. – Kephalé *(gr):* Kopf.

Cardia, -ae f *(l)* = Magenmund, Öffnung. – Kardía *(gr):* 1. Herz, 2. Magenmund.

Carina, -ae f *(l)* = Kiel; vorspringende Leiste. – Káronon *(gr):* Nuss, Nussbaum.

Carotis, -idis f *(l)* = Kopfschlagader. – Kar(a) *(gr):* Kopf; Karos *(gr):* Schwindel; karoein *(gr):* betäuben.

Carpus, -i m *(l)* = Handgelenk, Handwurzel, urspr.: Abgepflücktes, Frucht. – carpere (l): pflücken, ernten; karpízesthai *(gr):* ernten; Karpós *(gr):* Stelle, durch welche die Hand mit dem Vorderarm beweglich zusammenhängt.

Cartilago, -inis f *(l)* = Knorpel am menschlichen und tierischen Körper sowie an Pflanzen.

Caruncula, -ae f *(l)* = Fleischwärzchen, warzenförmige Erhebung. – Dim. zu Caro, carnis f *(l):* das Fleisch; Kréas *(gr):* Fleisch.

Cauda, -ae f *(l)* = Schwanz, Schweif; anat.: allgemein Endabschnitt (von allen Organen).

caudalis, -e *(l)* = zum Schwanz (nach unten) weisend. – Adj. zu Cauda.

caudatus, -a, -um *(l)* = geschwänzt.

Caverna, -ae f *(l)* = Höhle, Kaverne. – vgl. Cavum.

cavernosus, -a, -um *(l)* = höhlenreich. – Adj. zu Caverna. Corpus cavernosum penis: Penisschwellkörper.

Cavitas, -atis f *(l)* = Höhlung.

Cavum, -i n, auch Cavus, -i m *(l)* = Hohlraum, Höhlung, Loch. – kóilos *(gr):* hohl.

centralis, -e *(l)* = im Mittelpunkt liegend, in der Mitte befindlich. – Adj. zu Centrum, -i n *(l):* Mittelpunkt.

cephalicus, -a, -um *(l)* = den Kopf betreffend.

cerato- *(l)* = anat. in Zusammensetzungen für das große Zungenbeinhorn und für das untere Horn des Schildknorpels gebrauchte Bezeichnung. – Kéras *(gr):* Horn, Bogen, Geweih.

ceratopharyngeus, -a, -um *(l)* = vom Zungenbein zum Pharynx ziehend.

Cerebellum, -i n *(l)* = kleines Gehirn, Kleinhirn. – Dim. zu Cerebrum.

Cerebrum, -i n *(l)* = Gehirn, Großhirn. – Von Karára und Kára *(gr):* Kopf.

Cervix, -icis f *(l)* = Hals, Nacken. – Kerbikárion *(gr):* Kopfbänder, Kopfhalter.

Chiasma, -atis n *(l)* = Zeichen eines schiefen Kreuzes ähnlich dem des griechischen Buchstabens Chi: X. – chiazein *(gr):* spalten, ritzen.

Choana, -ae f *(l)* = hintere Nasenöffnung. – Choáne *(gr):* Trichter, Schmelzgrube, Schmelztiegel.

choledochus, -a, -um *(l)* = galleführend. – Chole *(gr):* Galle; déchesthai *(gr):* aufnehmen, enthalten.

chondro- *(gr)*: Vorsilbe, von Chondros *(gr):* Knorpel, Korn, Graupe.

chondropharyngeus, -a, -um *(l)* = vom Zungenbein zum Pharynx ziehend; siehe chondro- u. pharyngeus.

Chorda, -ae f *(l)* = Darmsaite; anat.: Strang, Saite. – Chórde *(gr):* Darm.

Choroidea, -ae f *(l)* = Aderhaut des Auges. – Chórion *(gr):* Haut; -eidés *(gr):* ähnlich; Corium, -i n *(l):* Haut.

Chylus, -i m *(l)* = Darmlymphe. – Chylos *(gr):* Saft, Brühe, Feuchtigkeit.

ciliaris, -e *(l)* = zum Augenlid, zu den Wimpern gehörend, wimpernähnlich.

Cilium, -ii n *(l)* = Wimper; urspr. Augenlid.

cinereus, -a, -um *(l)* = aschgrau. – Adj. zu Cinis, -eris m *(l):* Asche, Totenasche; Konis *(gr):* Staub.

Cingulum, -i n *(l)* = Gürtel. – Kinklís *(gr):* Gitter, Umfriedung; cingere *(l):* gürten.

Circulus, -i m *(l)* = Kreis. – Dim. zu Circus, -i m *(l):* Kreis, Ring; Kirkos *(gr):* Ring, Kreis.

Circumferentia, -ae f *(l)* = Umkreis, Umfang. – circum *(l):* Adv. von Circus: im Kreis; Vorsilbe für: ringsumher, ringsum; ferentia von ferre *(l)* u. pherein *(gr):* tragen, bringen.

circumflexus, -a, -um *(l)* = umgebogen. – als Subst. (Wölbung) oder als P.p.p. von circumflectere *(l):* umbiegen, umfahren.

Cisterna, -ae f *(l)* = Zisterne, unterirdischer Behälter für Ansammlung des Regenwassers. – Cista, -ae f *(l):* die Kiste; Kístä *(gr):* Korb, Kiste.

Claustrum, -i n *(l)* = Schloß, Riegel, Schranke. – claúdere *(l):* schließen, zumachen; kleíein *(gr):* absperren.

Clavicula, -ae f *(l)* = Schlüsselchen; anat.: Schlüsselbein. – Dim. von Clavis, -is f *(l):* der Schlüssel. Kleis *(gr):* Riegel, hakenförmige Öse, Ruderrolle, Schlüsselbein; kleíein *(gr):* verschließen mit einem Riegel, Balken.

clinoideus, -a, -um *(l)* = lagerähnlich, bettlägerig. – klinoeides *(gr):* lagerähnlich; Klínä: Lager, Bett, Sofa; -eidés: ähnlich, -förmig.

Clitoris, -idis f *(l)* = Kitzler. – Kleitoris *(gr):* Kitzler.

Clivus, -i m *(l)* = Hügel, Abhang. – clivis *(l):* ansteigend, abschüssig, geneigt; klinein *(gr):* neigen, beugen.

Clunis, -is m *(l)* = Hinterbacke. – Clunes, -ium (Pl): Gesäß; Klónis *(gr):* Steißbein.

coccygeus, -a, -um *(l)* = zum Steißbein gehörend. – Adj. zu Coccyx, -igis m *(l):* der Kuckuck.

Cochlea, -ae f *(l)* = Schnecke mit gewundener Schale, Wendeltreppe. – Kochlías *(gr):* Schnecke; Cochlear, -aris m *(l);* Löffel.

cochlearis, -e *(l)* = zur Schnecke gehörend. – Adj. zu Cochlea.

coeliacus, -a, -um *(l)* = zur Bauchhöhle gehörend. – Koilia *(gr):* Höhle, jede Höhle im menschlichen Leib, Bauchhöhle, Unterleib; koilíakos *(gr):* Adj. zu Koilia.

colicus, -a, -um *(l):* Adj. zu Colon.

collateralis, -e *(l)* = seitlich, zusammen auf einer Seite. – lateralis, -e *(l):* Adj. zu Latus, -eris n *(l):* Seite, Flanke.

Colliculus, -i m *(l)* = kleiner Hügel. – Dim. zu Collis.

Collis, -is m *(l)* = Anhöhe, Hügel. – Kolonós *(gr):* Hügel, Gipfel, Spitze.

Collum, -i n oder Collus, -i m *(l)* = Hals von Menschen und Tieren. – Kýklos *(gr)* u. Colxs *(got):* Kreis, Hals.

Colon, -i n *(l)* = Hauptteil des Dickdarms: der Grimmdarm. Vielleicht von cholázesthai *(gr):* winden, krümmen (Kolikschmerz) oder von kohlýein *(gr):* zurückhalten, wehren.

Columna, -ae f *(l)* = kleine Säule, Fuß, Zäpfchen. – Kylindros *(gr):* Rundholz, Walze.

comitans, -antis *(l)* = begleitend. – P.p.a. von comitare *(l):* begleiten; Comes, -itis, m u. f *(l):* Begleiter; ire *(l):* gehen.

Commissura, -ae f *(l)* = Verbindung. – committere *(l):* zusammenfügen, vereinigen, verbinden.

communicans: P.p.a. von communicare *(l):* verbinden.

communis, -e *(l)* = gemeinsam, mitleistend, mitpflichtend. – Adj. zu Commune, -is n *(l):* gemeinsames Gut, Gemeingut; co-, com- *(l):* mit, zusammen; Moenia, -ium n *(l):* Leistungen, Pflichten.

Compages, -is f *(l)* = Zusammenfügung, Gefüge. – compingere *(l):* zusammenfügen. Compages thoracis: Brustkorb.

Concha, -ae f *(l)* = Muschel, Höhle. – Kónche *(gr):* Muschel, Schnecke.

Condylus, -i m *(l)* = Gelenkhöcker, Gelenkkopf. – Kondylos *(gr):* Fingerknöchel, Gelenkkopf; kondos *(gr):* rundlich.

condyloideus, -a, -um *(l)* = einem Höcker ähnlich.

condylaris, -e *(l)* = höckerig.

Confluens, -entis m *(l)* = Zusammenfluss. – confluere *(l):* zusammenfließen, zusammenkommen.

conicus, -a, -um *(l)* = kegelförmig, konisch. – Adj. zu Conus.

Coniotomia, -ae f *(l)* = Querschnitt durch das Lig. cricothyroideum medianum zwischen Schild- u. Ringknorpel in den Conus laryngis hinein.

Conjugatio, -onis m u. Conjugata, -ae f *(l)* = Verbindung. – conjugare = conjungere *(l):* verbinden, zusammenhängen; con- *(l):* zusammen, mit; jugare *(l):* jochen, paaren.

conjunctivus, -a, -um *(l)* = der Verbindung dienend. – conjungere *(l):* verbinden, vereinigen.

connexus, -a, -um *(l)* = verbunden, verknüpft. – P.p.p. von connectere *(l):* verbinden; con- *(l):* zusammen, mit; nectere *(l):* knüpfen, binden, fassen.

conoideus, -a, -um *(l)* = kegelförmig. – konoides *(gr):* kegelähnlich; Kónos: Keil; -eidés: ähnlich.

Constrictor, -oris m *(l)* = Zusammenzieher. – constringere *(l):* zusammenziehen, zusammenschnüren.

contortus, -a, -um *(l)* = gewunden, schwungvoll, kräftig. – P.p.p. von contorquere *(l):* winden, herumdrehen, schwingen, herumwenden.

Conus, -i m *(l)* = Kegel, Konus. – Kónos *(gr):* Kegel.

Cor, cordis n *(l)* = Herz als Organ und als Gemüt; anat.: Herz. – Kár *(idg):* Herz, Gemüt.

coracobrachialis, -e *(l)* = zum Rabenschnabelfortsatz und zum Arm gehörend.

coracoideus, -a, -um *(l)* = rabenschnabelähnlich. – Korax *(gr):* Rabe; -eidés *(gr):* ähnlich.

Corium, -i n *(l)* = Haut, Lederhaut, dicke Haut. – Chórion *(gr):* Haut, Leder, besonders die Haut der Eingeweide.

Cornea (ergänze Membrana ...) = Hornhaut des Auges. – Cornu, -us n *(l):* Horn.

corniculatus, -a, -um *(l)* = mit einem Hörnchen versehen. – Corniculus, -i m *(l):* Hörnchen, Dim. zu Cornu.

Corona, -ae f *(l)* = Kranz, Krone, Haken. – Koróne *(gr):* 1. Krähe; 2. Bezeichnung für verschiedene gekrümmte und gerundete Gegenstände; 3. Haken am Ende des Bogens, an welchem die Bogensehne mittels eines Ringes eingehängt wird.

Corpus, -oris n *(l)* = Körper, Leib, Rumpf.

Corrugator, -oris m *(l)* = Runzeler. – corrugare *(l):* runzelig machen, zusammenrümpfen; cor-, con- *(l):* zusammen, mit; Ruga, -ae f *(l):* Hautfalte.

Cortex, -icis m *(l)* = Rinde, Baumrinde, Schale, Kork.

Costa, -ae f *(l)* = Rippe.

costalis, -e *(l)* = zur Rippe gehörend, die Rippe betreffend. – Adj. zu Costa.

costodiaphragmaticus, -a, -um *(l)* = von der Rippe zum Zwerchfell ziehend.

costomediastinalis, -e *(l)* = von der Rippe zum Mittelfell ziehend.

Coxa, -ae f *(l)* = Hüfte; eigentl. Schenkelbein. – Káksa *(altind):* Achselgrube.

cranialis, -e *(l)* = kopfwärts, zum Schädel gehörend oder weisend. – Adj. zu Cranium.

Cranium, -ii n *(l)* = Schädel, knöcherner Schädel. – Kránion *(gr):* Schädel, Hirnschale, eigentl.: Helm.

crassus, -a, -um *(l)* = dick, fett, stark. – Vielleicht von: krátos *(gr):* stark, hart.

Cremaster, -eris m *(l)* = Aufhänger. – kremánnymi *(gr):* aufhängen, schweben lassen.

crenatus, -a, -um *(l)* = gekerbt. – Crena, -ae f *(l):* Kerbe, Spalte, Einschnitt.

cribrosus, -a, -um *(l)* = siebartig, reich an Sieben. – Cribrum, -i m *(l):* Sieb; cernere *(l)* u. krínein *(gr):* unterscheiden, scheiden, sich entscheiden.

cricoarytenoideus, -a, -um *(l)* = vom Ringknorpel zum Gießbeckenknorpel verlaufend; siehe cricoideus u. arytenoideus.

cricoideus, -a, -um *(l)* = ringförmig. – Kríkos *(gr):* Ring.

cricopharyngeus, -a, -um *(l)* = vom Ringknorpel zum Pharynx verlaufend; siehe cricoideus u. pharyngeus.

cricothyroideus, -a, -um *(l)* = vom Ringknorpel zum Schildknorpel verlaufend.

cricotrachealis, -e *(l)* = vom Ringknorpel zur Trachea verlaufend; siehe cricoideus u. trachealis.

Crista, -ae f *(l)* = Leiste, Kante, Kamm auf dem Helm, eigentl.: Federbusch auf dem Kamm.

cruciatus, -a, -um *(l)* = gekreuzt; 1. gemartert; 2. anat.: gekreuzt im Sinne des X. – P.p.p. von cruciare *(l):* kreuzigen, martern; Crux, crucis f *(l):* Kreuz sowohl in Form eines T als auch X (meist T), Marterholz.

cruciformis, -e = kreuzähnlich, kreuzförmig. – Crux, crucis f *(l):* Kreuz; Forma, -ae f *(l):* Form.

Crus, cruris n *(l)* = 1. Unterschenkel, Bein; 2. Gebilde, die nach Form und Anordnung mit Schenkeln verglichen werden.

Cubitus, -i m *(l)* oder Cubitum, -i n *(l)* = Ellenbogen, Ellenbogengelenk, Unterarm. – cubare *(l):* liegen; Kybiton *(gr):* Ellenbogen, Schale, Schüssel, daraus Cubus, -i m *(l):* Kubus, Würfel (Kubik); Kybos *(gr):* Höhlung vor der Hüfte beim Vieh, Wirbelknochen, Würfel, eigentl.: Auge auf dem Würfel.

cuboideus, -a, -um *(l)* = würfelförmig.

Culmen, -inis n *(l)* = Gipfel, Spitze, der höchste Punkt. – Columna, -ae f *(l):* Säule.

Cumulus, -i m *(l)* = Hügel, Masse, Gipfel, Schwall. – cumulare *(l):* anhäufen, zunehmen, wachsen; Kýma *(gr):* Wall; Kymelos *(idg):* Anschwellung, Zuwachs.

cuneiformis, -e *(l)* = keilförmig. – Cuneus, -i m *(l):* Keil, keilförmige Anordnung; Forma, -ae f *(l):* Form.

Cuneus, -i m *(l)* = Keil, keilförmige Anordnung.

Cupula, -ae f *(l)* = Kuppel. – Dim. zu Cupa, -ae f *(l):* die Tonne, das Grab; Kýpae *(gr):* Grube, Gewölbe, Dach in Form einer Halbkugel, Kuppe.

Curvatura, -ae f *(l)* = Krümmung, Biegung. – curvare *(l):* krümmen, biegen, beugen; korónos *(gr):* gekrümmt; kýrtos *(gr):* krumm.

Cuspis, -idis f *(l)* = Spitze, Spieß, Stachel; anat.: Zipfel, Segel.

cutaneus, -a, -um Adj. zu Cutis.

Cutis, -is f *(l)* = Haut, Hülle, Oberfläche. – Kýtos *(gr):* Hülle, Haut, Gefäß, Urne; Skýtos *(gr):* Haut, Leder; vgl. Corium.

Cymba, -ae f *(l)* = anat.: nachenartige Vertiefung an der Ohrmuschel. – Kymbe *(gr):* Nachen.

cysticus, -a, -um *(l)* = zur Blase gehörend. – Adj. zu Cystis, -is f *(l):* Blase, Gallen-, Harnblase; Kýstis *(gr):* Harnblase.

dartos *(gr)* = anat.: in Tunica dartos: Fleischhaut des Hodensacks. – dartós *(gr):* abgehäutet, und zwar abgehäutete Haut; dárein *(gr):* abhäuten, schinden.

deciduus, -a, -um *(l)* = abfallend, hinfällig. – decidere *(l):* abfallen, wegfallen.

Declive, -is n *(l)* = Abhang. – declivis, -e *(l):* abschüssig; de *(l):* ab, herab; Clivus, -i m *(l):* Hügel, Lehne; clinare *(l)* u. klínein *(gr):* lehnen, sich neigen.

Decussatio, -ionis *(l)* = Kreuzung. – decussare *(l):* in die Form eines X bringen.

decussatus, -a, -um *(l)* = X-geformt. – P.p.p. von decussare *(l)*.

deferens, -entis *(l)* = herabtragend, herabführend. – P.p.a. von deferre *(l):* herabtragen, herabführen, abführen, wegtragen.

deltoideopectoralis, -e *(l)* = zum M. deltoideus und M. pectoralis gehörend.

deltoideus, -a, -um *(l)* = deltaförmig. – Délta *(gr):* dreieckiger griech. Buchstabe.

Dens, dentis m *(l)* = Zahn, Zinke. – Odoús *(gr):* Zahn, Zinke.

dentalis, -e *(l)* = zum Zahn gehörend. – Adj. zu Dens.

dentatus, -a, -um *(l)* = mit Zähnen versehen.

denticulatus, -a, -um *(l)* = mit Zähnchen bzw. Zacken versehen. – Denticulus: Zähnchen, Zacke; Dim. zu Dens.

Dentinum, -i n *(l)* = Zahnbein. – Dens, dentis m *(l):* der Zahn; Dentinum ist Substantiv. Adj. dentinus, -a, -um *(l):* zum Zahn gehörig.

depellatus, -a, -um *(l)* = hinabgetrieben, weggeführt. – P.p.p. von depellare *(l):* hinabtreiben, weg-, fortleiten; de- *(l):* weg, von, herab; pellere *(l):* treiben.

Depressor, -oris m *(l)* = Herabdrücker. – deprimere *(l):* herabdrücken.

descendens, -entis *(l)* = herabsteigend. – P.p.a. von descendere *(l):* herabsteigen, herabgehen, sich herablassen.

dexter, -tra, -trum *(l)* = rechts, günstig, (der, die, das) Rechte. – dexios *(gr):* rechts, günstig.

diagonalis, -e *(l)* u. Diagonalis, -is f *(l)* = schräg und die Schräge; diá- *(gr):* durch, hindurch; Gōnia *(gr):* Winkel, Ecke.

Diameter, -tri f *(l)* = Durchmesser. – diá- *(gr):* durch, hindurch; Metron *(gr):* Maß.

Diaphragma, -atis n *(l)* = Scheidewand, Grenzwand, Zwerchfell. – diaphrássein *(gr):* durch eine Scheidewand trennen; phrássein: abtrennen, umzäunen.

Diaphysis, -is f *(l)* = Diaphyse, Mittelstück des Röhrenknochens. – diaphýsthai *(gr):* dazwischenwachsen, durchwachsen, auseinander wachsen.

Diarthrosis, -is f *(l)* = freie Gelenkverbindung. – Diárthrosis *(gr):* das Zerlegen in Glieder; Árthron *(gr):* Gelenk, Glied.

Diencephalon, -i n *(l)* = Zwischenhirn. – diá- *(gr):* durch, zwischen; Enképhalos *(gr):* das, was im Kopf ist (Gehirn).

Digastricus, -i m *(l)* = der Zweibäuchige. – Gastár *(gr):* Bauch, Magen.

digitalis, -e *(l)* = zum Finger gehörend. – Adj. zu Digitus.

Digitatio, -onis f *(l)* = finger-, (klauen)artige Bildung. – Digitus, -i m *(l)*: Finger, zehenförmige Eindrücke.

digitatus, -a, -um u. **digitus, -a, -um** = mit fingerartigen Gebilden versehen. – Adj. zu Digitus.

Digitus, -i m *(l)* = Finger, Zehe. – Dáktylos *(gr):* Finger, Zehe.

Dilatator [Dilator], -oris m *(l)* = Erweiterer, Auseinanderzieher. – dilatare *(l):* erweitern, ausbreiten, ausdehnen.

Diploe, -oes f *(l)* = Diploë. – Diplóä *(gr):* Doppelteil, das zwischen den Tafeln Liegende.

diploicus, -a, -um *(l)* = zur Diploë gehörend. – Adj. zu Diploë.

Discus, -i m *(l)* = (Wurf-)Scheibe. – Diskos *(gr):* Scheibe, Wurfscheibe.

distalis, -e *(l)* = distal, weiter vom Rumpf entfernt liegend; Gegensatz zu proximal. – di- *(l):* auseinander; stare *(l):* stehen.

Diverticulum, -i n *(l)* = Seitenweg, Abzweigung, Herberge, Divertikel; anat.: Ausstülpung umschriebener Wandteile eines Hohlorgans. – divertere *(l):* abwenden, vom Weg gehen, einkehren.

dorsalis, -e *(l)* = 1. zum Rücken gehörend 2. dorsal, zum Rücken hin, rückenwärts. – Adj. zu Dorsum.

Dorsum, -i n *(l)* = Rücken, Bergrücken. – De(i)rás *(gr):* Anhöhe, Hügel.

Ductus, -us m *(l)* = Führung, Leitung; anat. Gang, Kanal. – deuco *(idg)* u. ducere *(l):* führen leiten, ziehen.

Duodenum, -i n *(l)* = das Zwölffache; anat. Zwölffingerdarm. – duodenus *(l):* zwölffach duodeni *(l):* je zwölf; dodekadáktylon *(gr):* zwölf Finger

durus, -a, -um *(l)* = hart, derb. – Drýs *(gr):* Eiche.

efferens, -entis *(l)* = herausführend, abführend – P.p.a. von efferre *(l):* herausführen, emporsteigen, hervorbringen, abführen.

ejaculatorius, -a, -um *(l)* = dem Herausschleudern dienend. – eiaculári *(l):* herausschleudern, auswerfen; eicere *(l):* herauswerfen; vgl.: Ejakulat.

elasticus, -a, -um *(l)* = elastisch im Sinne reversibler Dehnbarkeit. – elaúnein *(gr):* treiben, in die Länge ziehen.

emboliformis, -e *(l)* = pfropfenförmig. – Émbolos *(gr):* Pfropf; Forma, -ae f *(l):* Gestalt, Form.

Eminentia, -ae f *(l)* = Erhöhung, das Hervorragende. – eminere *(l):* hervor-, herausragen; Mons, -tis m *(l):* Berg.

Emissarium, -ii n *(l)* = Abflusskanal, Abzugsgraben. – mittere *(l):* schicken, senden.

enamelum, -i n *(l)* = Zahnschmelz. – Enamel *(engl):* Schmelz; willkürliche moderne Wortschöpfung über altfranzōsisch: esmail und althochdeutsch: smelzen.

encephalicus, -a, -um Adj. zu Encephalon.

Encephalon, -i n *(l)* = Gehirn, was im Kopf ist. – Kephalé *(gr):* Kopf.

Endocardium, -ii n *(l)* = Herzinnenhaut, Endokard. – Kardía *(gr):* Herz.

Endolympha, -ae f *(l)* = Flüssigkeit innerhalb des häutigen Labyrinths. – Lympha: Quellwasser, klare Flüssigkeit.

Endometrium, ii n *(l)* = Schleimhaut der Gebärmutter. – Mátra *(gr):* Gebärmutter.

endothoracicus, -a, -um *(l)* = innerhalb des Brustkorbs gelegen. – Thórax *(gr):* Brustharnisch.

entericus, -a, -um *(l)* = zu den Eingeweiden gehörend. – Énteron *(gr):* Darm, Eingeweide.

Ependyma, -atis n *(l)* = gliöse Auskleidung der Binnenräume des Zentralnervensystems. – Epéndyma *(gr):* Oberkleid, Überzug; endýein *(gr):* bekleiden.

Epicardium, -ii n *(l)* = dem Herz aufliegendes, viszerales, seröses Blatt des Herzbeutels. – Kardía *(gr):* Herz.

Epicondylus, -i m *(l)* = der auf dem Condylus liegende Fortsatz. – Kondylos *(gr):* Knorren, Condylus.

epicranius, -a, -um *(l)* = auf dem Schädel befindlich. – Kraníon *(gr):* Kopf, Schädel.

Epidermis, -idis f *(l)* = Oberhaut, epithelialer Anteil der Haut. – Dérma *(gr):* Haut.

Epididymis, -idis f *(l)* = Nebenhoden. – Dídymoi *(gr):* Zwillinge, Hoden.

epiduralis, -e *(l)* = auf der Dura mater liegend.

Epigastrium, -i n *(l)* = Magengrube. – Gastḗr *(gr):* Magen.

epigastricus, -a, -um *(l)* = auf dem Magen befindlich, zur Bauchwand gehörend. – gastricus *(l):* Adj. zu Gaster.

epiglotticus, -a, -um *(l):* zum Kehldeckel gehörend. – Adj. zu Epiglottis.

Epiglottis, -idis f *(l)* = Kehldeckel. – Glṓtta *(gr):* Stimmapparat, Sprache.

Epipharynx, -yngis f *(l)* = Nasenrachen.

Epiphysis, -eos f *(l)* = 1. Gelenkende des Röhrenknochens; 2. Zirbeldrüse. – Epiphýsis *(gr):* Zuwachs, Ansatz; epiphýomai *(gr):* auf etwas wachsen, anwachsen; phýein: wachsen lassen.

epiploicus, -a, -um *(l)* = zum großen Netz gehörend. – Epiplóon *(gr):* das darauf Schwimmende; pleéin *(gr):* schwimmen, segeln.

episcleralis, -e *(l)* = auf der Sclera liegend. – Skléra *(gr):* feste Hülle des Augapfels; skléros *(gr):* hart.

Epistropheus, -ei m *(l)* = 2. Halswirbel, jetzt Axis.– Epistrópheus *(gr):* Umdreher; stréphein *(gr):* wenden.

Epithalamus, -i m *(l)* = auf dem Thalamus liegender Gehirnabschnitt. – Thálamos *(gr):* Schlafgemach, Hohlraum.

epitympanicus, -a, -um *(l)* = auf der Paukenhöhle befindlich. – Týmpanon *(gr):* Handpauke, Tamburin.

Eponychium, -ii n *(l)* = am hinteren Nagelrand liegender Epithelstreifen. – Ónyx *(gr):* Nagel, Nagelbett, Kralle, Klaue.

Epoophóron, -i n *(l)* = Nebeneierstock. – ōophóros *(gr):* Eier tragend; Ōón *(gr):* Ei; phérein *(gr):* tragen, bringen.

equinus, -a, -um *(l)* = zum Pferde gehörend. – Equus, -i m *(l):* Pferd; Híppos *(gr):* Pferd.

Erector, -oris m *(l)* = Aufrichter (Erektion). – erigere *(l):* aufrichten; regere *(l):* lenken, richten (regieren).

ethmoidalis, -e *(l)* = siebähnlich, siebartig. – Éthmos *(gr):* Sieb, Seihetuch.

Excavatio, -onis f *(l)* = Aushöhlung. – excavare *(l):* aushöhlen.

excretorius, -a, -um *(l)* = der Ausscheidung dienend. – excernere *(l):* ausscheiden, aussondern, absondern.

Extensor, -oris m *(l)* = Strecker, Ausspanner. – extendere *(l):* ausstrecken, ausspannen; – tendere *(l):* spannen, strecken, ziehen; teínein *(gr):* spannen, strecken, ziehen.

externus, -a, -um *(l)* = äußere, äußerlich. – exter *(l):* außerhalb, außen.

Extremitas, -atis f *(l)* = äußerster Punkt, Ende. – extremus, -a, -um *(l):* später, äußerstes Ende, Gliedmaße (extrem).

facialis, -e *(l):* Adj. zu Facies.

Facies, -ei f *(l)* = Gestalt, Körperbau, Figur, Aussehen, Erscheinung, Gesicht. – facere *(l):* tun, machen, bewirken, hervorbringen.

falciformis, -e *(l)* = sichelförmig. – Adj. zu Falx.

Falx, falcis f *(l)* = Sichel. – Zánklon *(gr):* Sichel.

Fascia, -ae f *(l)* = Binde, Band. – Fascis, -is m *(l):* Bündel, Rutenbündel; Phákelos *(gr):* Bündel.

Fasciculus, -i m *(l):* Dim. zu Fascia.

fasciolaris, -e *(l)* = zum Band gehörend, bandähnlich. – Adj. zu Fasciola, -ae f *(l):* kleine Binde, Bändchen; Dim. zu Fascia.

Fastigium, -i n *(l)* = Giebel, Steigung, Erhebung. – fastigo *(l)* u. farstigo *(idg):* aufsteigen lassen.

Fauces, faucium f *(l)* = Schlund, Kehle.

felleus, -a, -um *(l)* = gallig. – Adj. zu Fel, Fellis n *(l):* Galle.

femoralis, -e *(l):* Adj. zu Femur.

Femur, -oris n *(l)* = Oberschenkel, Oberschenkelbein.

Fenestra, -ae f *(l)* = Fenster, Öffnung, Loch. – phanerós *(gr):* hell, klar, sichtbar, vor allen Augen sichtbar.

ferrugíneus, -a, -um *(l)* = schwarz, schwärzlich, dunkel, rostfarbig. – Ferrúgo, -inis f *(l):* Eisenrost, rostbraune Farbe; Ferrum *(l):* Eisen; Aerugo, -inis f *(l):* Grünspan.

Fetus, -us m *(l)* = Leibesfrucht, Gebären, Zeugung, Brut, Frucht. – féo *(l):* trächtig sein, ergiebig sein.

Fibra, -ae f *(l)* = Faser (Pflanzen-, Wurzelfaser).

fibrinus, -a, -um *(l):* Adj. zu Fiber, -bri m *(l):* Biber (Fibrin).

Fibrocartilago, -inis m *(l)* = Faserknorpel.

fibrosus, -a, -um *(l)* = faserig, fibrös. – Adj. zu Fibra.

Fibula, -ae f *(l)* = Spange, Klammer, Schnalle, Wadenbein. – fibulare *(l):* heften; Fibulatio: Verbolzung.

filiformis, -e *(l)* = fadenförmig. – Adj. zu Filum: Faden und Forma, -ae f *(l):* Gestalt, Form.

Filum, -i n *(l)* = Faden, Saite.

Fimbria, -ae f *(l)* = Franse, Haargekräusel. – evtl.: Fibra.

fimbriatus, -a, -um *(l):* Adj. zu Fimbria.

Fissura, -ae f *(l)* = Spalte, Ritze, Fissur. – findere *(l):* spalten.

flaccidus, -a, -um *(l)* = schlaff, welk, mit herabhängenden Ohren, schlapp. – bláx *(gr):* schlaff.

Flexor, -oris m *(l)* = Beuger. – flectere *(l):* beugen, biegen.

Flexura, -ae f *(l)* = Biegung, Flexur, Krümmung. – flectere *(l):* beugen, biegen, krümmen.

Flocculus, -i m *(l)* = (kleine) Flocke. – Dim. zu Floccus, -i m *(l):* Flocke; phlázo *(gr):* zerreißen.

Flumen, -inis n *(l)* = Fluss, Strömung, Fluten. – fluere *(l):* fließen, strömen.

foliatus, -a, -um *(l)* = mit Blättern versehen, blattähnlich. – Adj. zu Folium, -ii n *(l):* Blatt, Folie; Phýllon *(gr):* Blatt, Laub.

Folliculus, -i m *(l)* = kleiner Schlauch, Beutel, Ledersack, Bläschen, Knötchen, Follikel. – Dim. zu Follis, -is m *(l):* Blasebalg; Thýllis *(gr):* Blasebalg.

Fonticulus, -i m *(l)* = kleine Quelle. – Dim. zu Fons, fontis m *(l):* Quelle; fundere *(l):* gießen, strömen.

Foramen, -inis n *(l)* = Loch, gebohrte Öffnung. – forare *(l):* durchbohren, graben.

Forceps, -ipis m u. f *(l)* = Zange, Feuerzange. – Formus *(idg)* u. Thérmes *(gr):* Feuerzange.

Formatio, -onis f *(l)* = Bildung; Gestaltung, Formation. – formare *(l):* bilden, gestalten, formen. – anat.: Formatio reticularis.

Fornix, -icis m *(l)* = Bogen, Gewölbe, Wölbung. – fórnikos *(idg):* ofenartig gewölbt; Fornus *(idg):* Ofen, Kuppelform des Ofens.

Fossa, -ae f *(l)* = Graben, Abzugsgraben, Kanal. – fodere *(l):* stechen, graben, stochern.

Fossula, -ae f *(l):* Dim. zu Fossa.

Fovea, -ae f *(l)* = (rundliche) Grube, Fallgrube für Wild.

Frenulum, -i n *(l)* = kleiner Zügel; Bändchen. – Dim. zu Frenum, -i n *(l):* Zaum, Zügel; frénom *(idg):* das, womit man einhält.

Frons, frontis m *(l)* = Stirn, Stirnseite, Vorderseite, Front. – bhront *(idg):* hervorstehen.

frontalis, -e *(l)* = 1. zur Stirn gehörig; 2. stirnwärts, frontal. – Adj. zu Frons.

fundiformis, e *(l)* = schleuderförmig. – Adj. zu Funda, -ae f *(l):* Schleuder, Schleuderriemen; Forma, -ae f *(l):* Form, Gestalt.

Fundus, -i m *(l)* = Boden, Grund (Fundament). – Pythmḗn *(gr):* Basis von Körperteilen; Pýndax *(gr):* Grund, Gefäßboden.

fungiformis, -e *(l)* = pilzförmig. – Adj. zu Fungus, -i m *(l):* Pilz u. Forma, -ae f *(l):* Gestalt, Aussehen; Spóngos oder Sphóngos *(gr):* Schwamm, Pilz.

Funiculus, -i m *(l)* = kleiner Strang. – Dim. zu Funis, -is m *(l):* Seil, Tau, Strick; Dhumis *(idg)* u. Thómis *(gr):* Strick, Schnur, Bogensehne.

Galea, -ae f *(l)* = (lederner) Helm, Haube. – Galéā *(gr):* die aus dem Wieselfell gemachte Sturmhaube.

Gallus, -i m *(l)* = Hahn.

Ganglion, -ii n (l) = 1. Überbein; 2. anat.: Nervenknoten. – Ganglíon *(gr):* Überbein, Nervenknoten.

Gaster, gastris f *(l)* = Bauch; anat.: Magen. – Gastḗr *(gr):* Magen, Bauch, Unterleib.

gastricus, -a, -um *(l)* = mit dem Magen in Verbindung stehend. – Adj. zu Gaster.

gastrocnemius, -a, -um *(l)* = zur Wade gehörig. – Gastroknḗmion *(gr):* Wadenmuskel; Gastḗr *(gr):* Bauch; Knemä *(gr):* Wade.

gelatinosus, -a, -um *(l)* = gallertig. – Gelatina; Gallerte; gelare *(l):* gefrieren; Gelu, -us n *(l)* u. Gelandrón *(gr):* Eis, Frost, Erstarrung.

Gemellus, -i m u. **gemellus, -a, -um** *(l)* = Zwillingsbruder; doppelt. – Dim. zu Geminus: Zwilling, zweifach; geminare *(l):* verdoppeln; Etym. unsicher.

Geniculum, -i n *(l)* = 1. kleines Knie; 2. Knoten. – Dim. zu Genu.

genioglossus, -a, -um *(l)* = vom Kinn zur Zunge verlaufend. – Géneion *(gr):* Kinn u. Glṓssa *(gr):* Zunge, Sprache.

geniohyoideus, -a, -um *(l)* = vom Kinn zum Zungenbein verlaufend. – Géneion *(gr):* Kinn; hyoeidés *(gr):* ypsilonförmig; anat.: zum Zungenbein gehörend.

genitalis, -e *(l)* = zur Zeugung gehörig; anat.: in Zusammensetzungen: genito- = zu den Geschlechtsorganen gehörend. – gignere *(l)* u. gígnomai *(gr):* erzeugen, zeugen, hervorbringen.

genitofemoralis, -e *(l)* = von den Geschlechtsteilen zum Oberschenkel verlaufend.

Genu, genus n *(l)* = Knie. – Góny *(gr):* Knie.

Gingiva, -ae f *(l)* = Zahnfleisch. – Geng *(idg):* Beule, Buckel u. (Sal)iva: Suff.

Glabella, -ae f *(l)* = 1. der unbehaarte Raum zwischen den behaarten Augenbrauen über der Nasenwurzel, 2. Stirnglatze.

Glandula, -ae f *(l)* = kleine Eichel; anat.: Drüse. – Dim. zu Glans, glandis f *(l):* Eichel, eichelähnliche Früchte.

Glia, -ae f *(l)* = Kitt. – Glía *(gr):* Leim, Kitt.

Globus, -i m *(l)* = Ball, Kugel, Klumpen. – Gleba, -ae f *(l):* Erdscholle; globosus, -a, -um *(l):* kugelförmig, kugelrund.

Glomus, -eris n *(l)* = Knäuel. – glomerare *(l):* zu einem Knäuel zusammenrollen, ballen; Glắma *(gr):* Augenbutter.

Glomerulus, -i m u. **Glomerulum, -i** n *(l)* = kleines Knäuel. – Dim. zu Glomus.

glossoepiglotticus, -a, -um *(l)* = von der Zunge zum Kehldeckel verlaufend.

glossopharyngeus, -a, -um *(l)* = von der Zunge zum Pharynx verlaufend.

glossus, -a, -um *(l)* = zur Zunge gehörend. – Glỗssa *(gr):* Zunge.

gluteus, -a, -um *(l)* = zum Gesäß gehörig. – Gloutós *(gr):* Gesäß, Hinterbacke.

gracilis, -e *(l)* = schlank, dünn, zart *(grazil)*. – sicher nicht von Gratia, -ae f *(l):* Anmut.

Granulatio, -onis f *(l)* = Körnelung, Granulation.

Granulum, -i n *(l)* = Körnchen. – Dim. zu Granum, -i n *(l):* Korn, Kern, Granulat.

griseus, -a, -um *(l)* = grau. – gris *(franz):* grau; greis *(mhd):* grau.

Gubernaculum, -i n *(l)* = Steuerruder, Lenkung, Leitung. – gubernare *(l):* steuern, lenken; kybernáein *(gr):* steuern.

gustatorius, -a, -um *(l)* = dem Schmecken dienend. – gustare *(l):* schmecken; geúein *(gr)* u. geúsein *(idg):* kosten lassen.

Gyrus, -i m *(l)* = Windung. – Gýros *(gr):* Krümmung, Kreis, Windung.

Habenula, -ae f *(l)* = kleiner Zügel. – Dim. zu Habena, -ae f *(l):* Zügel, Halter; habere *(l):* halten.

Hallux, -ucis m *(l)* = Großzehe.

hamatus, -a, -um *(l)* = 1. mit Haken versehen; 2. hakenförmig gekrümmt. – Adj. zu Hamus, -i m *(l):* Haken, Angelhaken.

Hamulus, -i m *(l)* = kleiner Haken, Häkchen. – Dim. zu Hamus, -i m *(l):* Haken.

Haustrum, -i n *(l)* = Schöpfrad, Eimer; Ausbuchtung. – haurire *(l):* schöpfen.

helicinus, -a, -um *(l)* = gewunden, geschraubt. – Adj. zu Helix, -icis f *(l):* Spirale, Windung, Schnecke.

Helicotrema, -atis n *(l)* = Schneckenloch; Verbindung zwischen Scala vestibuli und Scala tympani. – Hélix *(gr):* Schnecke; Tréma *(gr):* Loch.

hemiazygos, -on *(gr)* = der halben Vena azygos entsprechend. – hemí- *(gr):* halb; azygos *(gr):* unpaar.

Hemispherium, -i n *(l)* = Halbkugel, Hemisphäre. – Hemisphairion *(gr):* Halbkugel; hemí- *(gr):* halb; Sphaíra *(gr):* Kugel.

hemorrhoidalis, -e *(l)* = zur Hämorrhoide gehörig. – Haimorrhoídes *(gr):* Gefäße, in denen Blut fließt; Haíma *(gr):* das Blut; rhéein *(gr):* fließen.

Hepar, -atis n *(l)* = Leber. – Hẵpar *(gr):* Leber.

hepaticus, -a, -um *(l)* = zur Leber gehörend. – Adj. zu Hepar.

Hernia, -ae f *(l)* = Leibschaden, Bruch, Eingeweidebruch. – Enterokắlä *(gr):* Darmbruch, Eingeweidebruch; Énteron *(gr):* Darm, Eingeweide; Kắlís *(gr):* Fleck, Schandfleck.

Hiatus, -us m *(l)* = klaffende Öffnung. – hiare *(l):* klaffen, offenstehen; chásko *(gr):* gähnen, klaffen.

Hilus, -i m *(l)* = Eintrittsstelle, Tor. – Wahrscheinlich von Hilum, -i n *(l):* Faser, Fädchen.

Hippocampus, -i m *(l)* = Fabeltier der griechischen Mythologie (mit Pferdevorderleib und geringeltem Fischschwanz). – Híppos *(gr):* Pferd; kámptein *(gr):* biegen.

Hirci, -orum *(Pl)* m *(l)* = Achselhaare – Hircus, -i m *(l):* Bock (wegen des spezifischen Geruchs des Achselschweißes).

horizontalis, -e *(l)* = horizontal, waagerecht. – Adj. zu Horizon *(gr):* Gesichtskreis, Horizont; horízo *(gr):* die Grenze bestimmen, begrenzen.

Humerus, -i m *(l)* = Oberarmbein, Knochen des Oberarms, Oberarm, Schulter. – Ómos *(gr):* Schulter, Bergrücken; vgl. Brachium: der ganze Arm.

hyaloideus, -a, -um *(l)* = glasartig, zu etwas Glasartigem gehörend. – Hýalos *(gr):* Glas; -eidés *(gr):* ähnlich.

Hymen, -enis n *(l)* = Haut, dünne Haut; anat.: Jungfernhäutchen. – Hýmen *(gr):* Haut, Häutchen, Band.

hyo- Vorsilbe *(gr)* = anat. in Zusammensetzungen: zum Zungenbein gehörig. – Hŷs *(gr):* Schwein.

hyoepiglotticus, -a, -um *(l)* = vom Zungenbein zum Kehldeckel verlaufend.

hyoideus, -a, -um *(l)* = ypsilonförmig, zum Zungenbein gehörig.

hyothyroideus, -a, -um *(l)* = vom Zungenbein zur Schilddrüse verlaufend.

Hypochondrium, -ii n *(l)* = das unter dem Brustknorpel Befindliche. – hypó- *(gr)* u. sub- *(l):* unter, darunter, unterhalb; Chóndros *(gr):* Knorpel. – Hypochonder: schwermütiger, eingebildeter Kranker.

hypochondriacus, -a, -um *(l)* = zum Hypochondrium gehörig. – Adj. zu Hypochondrium.

Hypogastrium, -i *(l)* = das unter dem Magen Gelegene. – Gastắr *(gr)* = Magen.

hypogastricus, -a, -um *(l)* = unterhalb des Magens gelegen, zum Unterbauch gehörend. – hypó- *(gr):* unter; Gastắr *(gr).* Magen, Bauch, Unterleib.

hypoglossus, -a, -um *(l)* = unter der Zunge liegend. – Glỗssa *(gr):* Zunge.

Hyponychium, -i n *(l)* = Nagelbett. – Ónyx *(gr):* Nagel.

Hypopharynx, -yngis f *(l)* = der hinter dem Kehlkopf gelegene Schlundanteil, die Pars laryngea pharyngis. – Phárynx *(gr):* Rachen, Schlund; vgl. auch Epipharynx.

Hypophysis, -eos f *(l)* = Hirnanhangsdrüse, Hypophyse. – phyein *(gr):* wachsen; Hypophysis *(gr):* Anhängsel an der Unterseite.

Hypothalamus, -i m *(l)* = unterhalb des Thalamus gelegener Teil des Diencephalon. – hypó- *(gr):* unter; Thálamos *(gr):* Schlafgemach, Hohlraum.

Hypothenar, -aris m *(l)* = unterhalb der Handfläche, Kleinfingerballen. – Thénar *(gr):* Handfläche.

ileocaecalis, -e *(l)* = vom Krummdarm zum Blinddarm verlaufend.

Ileum, -ei n *(l)* = Krummdarm. – Ileus = Darmverschlingung. – eileô *(gr):* winden, krümmen.

Ilia, ilium *(Pl)* n *(l)* = Weiche, Unterleib, Eingeweide. – Ilii = Ilia = Ilei *(Nom. Pl)* = die breiten Knochen der Bauchweichen. – Íxys *(gr):* Weichen, Gegend über den Hüften.

iliacus, -a, -um *(l)* = zur Weiche, zum Darmbein gehörend. – Adj. zu Ilia.

Impressio, -onis f *(l)* = Eindruck, Abdruck, Einstellung. – in- *(l):* hinein; primere *(l):* drücken, pressen.

imus, -a, -um *(l)* = unterster, letzter.

incisivus, -a, -um *(l)* = zum Schneiden geeignet, zu den Schneidezähnen gehörend.

Incisura, -ae f *(l)* = Einschnitt, Abschnitt. – incidere *(l):* einschneiden; in- *(l):* hinein; caedere *(l):* schneiden, graben, meißeln.

Inclinatio, -onis f *(l)* = Neigung, Biegung, Zuneigung. – inclinere *(l):* neigen, beugen, hinwenden, hinneigen; klínein *(gr):* neigen, wenden, beugen.

Incus, -udis f *(l)* = Amboss, das vom Hammer = Malleus getroffene Gehörknöchelchen. – incudere *(l):* hineinschlagen, hämmern, boxen.

Index, -icis m *(l)* = Angeber, Anzeiger, Verräter; anat.: Zeigefinger. – indicare *(l):* anzeigen, melden; vgl.: Indikator.

Indusium, -ii n *(l)* = obere Tunika, Schleier. – induere *(l):* anziehen, anlegen.

inferior, -ius *(l)* = niedriger, tiefer gelegen, geringer, schwächer. – infra *(l):* unten, unterhalb.

Infundibulum, -i n *(l)* = Trichter. – infundere *(l):* hineingießen, hineinschütten

Inguen, -inis m *(l)* = Leistengegend, Schamgegend; eigentl.: die Stelle, wo der Zweig am Stamm sitzt. – inquinare *(l):* besudeln; unguere *(l):* beschmieren.

inguinalis, -e *(l):* Adj. zu Inguen.

Inscriptio, -onis f *(l)* = Aufschrift, Überschrift; anat.: Einzeichnung (figürlich gemeint). – inscribere *(l):* auf etwas schreiben, betiteln, bezeichnen.

Insertio, -onis f *(l)* = Anzeige, Ansatz, Ansatzstelle eines Muskels.

Insula -ae f *(l)* = Insel, Eiland.

Integumentum, -i n *(l)* = Decke, Hülle. – intégere *(l):* bedecken; anat.: Integumentum commune: die aus drei Schichten bestehende äußere Haut.

internus, -a, -um *(l)* = innerer, innen befindlich. – inter: zwischen.

Intersectio, -onis f *(l)* = Einschnitt; anat.: Zwischensehne. – intersecare *(l):* ein-, durchschneiden. Intersectiones tendineae: Unterbrechungen des Muskelgewebes (Zwischensehnen).

Intestinum, -i n *(l)* = Darmkanal, Eingeweide. – intus *(l):* innen, inwendig, innerlich; Énteron *(gr):* das Innere, Eingeweide.

intimus, -a, -um *(l)* = der Innerste, innerst. – Sup. zu inter.

Intumescentia, -ae f *(l)* = Anschwellung. – intumescere *(l):* anschwellen; Tumor, -oris m *(l):* Geschwulst; Týlä *(gr):* Schwiele, Wulst.

iridicus, -a, -um *(l):* Adj. zu Iris.

Iris, -idis f *(l)* = Regenbogenhaut des Auges. – Íris *(gr):* Regenbogen; von Íris: Göttin des Regenbogens.

ischiadicus, -a, -um *(l)* = zum Sitzbein gehörig. – Adj. zu Ischium, -ii n: Gesäß, Sitzhöcker, Sitzbein; Íschion *(gr):* Gesäß, Sitzbein, Hinterbacke; Íschias *(gr):* Hüftschmerz.

ischioanalis, -e *(l)* = vom Sitzbein zum After verlaufend.

ischiocavernosus, -a, -um *(l)* = vom Sitzbein zum Schwellkörper verlaufend.

Ischium, -ii n *(l)* = Gesäß, Hüftgelenk. – Íschion *(gr):* Gesäß, Pfanne des Hüftgelenks, Hinterbacke, Sitzhöcker, Sitzbein.

Isthmus, -i m *(l)* = enge Stelle, enge Verbindung zwischen zwei Räumen. – Isthmós *(gr):* Landenge, Isthmus, schmale Verbindung.

jejunalis, -e *(l)* = zum Jejunum gehörig; Adj. zu Jejunum.

Jejunum, -i n *(l)* = Leerdarm. – Substant. Adj. von jejunus, -a, -um: nüchtern, leer, hungrig. – Nâstis *(gr):* Leerdarm.

jugularis, -e *(l)* = zur Drosselgrube gehörend. – Adj. zu Jugulum.

Jugulum, -i n *(l)* = 1. Grube oberhalb des Schlüsselbeins; 2. Schlüsselbein, verglichen mit einem kleinen Joch; 3. vordere Halsgegend, Kehle. – Dim. zu Jugum, -i n *(l):* Joch; iugulare *(l):* 1. erstechen (Gefäße); 2. erdrosseln (Luftröhre); Zýgon *(gr):* Joch.

Junctura, -ae f *(l)* Verbindung. – iungere *(l):* verbinden.

Labium, -ii n *(l)* oder Labrum, -i n *(l)* = 1. Lippe; 2. glatter, umgebogener Rand eines Gefäßes. – lambo *(l):* lecken, berühren; láptō *(gr):* lecken.

Labyrinthus, -i m *(l)* = großes Bauwerk mit vielen verschlungenen Gängen, Ohrlabyrinth. – Labýrinthos *(gr):* Labyrinth; Etym. unsicher.

lacer, -era, -erum *(l)* = zerrissen, zerfetzt. – Lákis *(gr):* Felsen, Zipfel; lakízō *(gr):* zerreißen; lacerare *(l):* zerreißen.

lacinatus, -a, -um *(l)* = in Zipfel auslaufend. – Lacinia, -ae f *(l):* Zipfel, Fetzen; siehe lacer.

lacrimalis, -e *(l)* = zu den Tränenorganen gehörend. – Adj. zu Lacrima.

lactifer, -fera, -ferum *(l)* = milchführend. – Lac, lactis n *(l):* Milch; ferre *(l):* tragen; Glágos *(gr):* Milch.

Lacuna, -ae f *(l)* = Lücke, Loch; speziell eine mit Wasser gefüllte Vertiefung.

Lacus, -us m *(l)* = See, Lache. – Lákkos *(gr):* See, Loch, Grube, Teich.

lambdoideus, -a, -um oder **lambdoides, -is** *(l)* = lambdaähnlich. – Lambda: 11. Buchstabe des griech. Alphabets.

Lamella, -ae f *(l):* Dim. zu Lamina.

Lamina, -ae f *(l)* = Platte, Schicht, Scheibe; Lamelle.

Lanugo, -inis f *(l)* = Wolle, Wollhaar, Flaum. – Lana, -ae f *(l):* Wolle; Lānos *(gr)* u. Vlana *(idg):* Wolle.

Laryngotomia, -ae f *(l)* = Eröffnung des Kehlkopfs durch Schnitt. – Lárynx *(gr):* Kehlkopf; témnein *(gr):* schneiden, aufschneiden.

Larynx, -yngis f *(l)* = Kehlkopf. – Lárynx *(gr):* Kehlkopf.

lateralis, -e *(l)* = seitlich. – Adj. zu: Latus.

latissimus, -a, -um *(l)* = der breiteste. – Sup. zu latus, -a, -um.

latus, -a, -um *(l)* = breit. – Adj. zu Latus.

Latus, -eris n *(l)* = Seite, Breite, Brust.

Lemniscus, -i m *(l)* = Schleife; anat.: Faserzüge im Gehirn. – Lāmnískos *(gr):* Band.

Lens, lentis f *(l)* = Linse.

lenticularis, -e *(l):* Adj. zu Lens.

lentiformis, -e = linsenförmig. – Lens, lentis f *(l):* Linse; Forma, -ae f *(l):* Gestalt, Form.

Leptomeninx, -ingis f *(l)* = weiche, zarte Hirnhaut; zusammenfassender Begriff für Arachnoidea mater und Pia mater. – leptós *(gr):* zart; Méninx *(gr):* Hirnhaut.

Levator, -oris m *(l)* = Heber. – levare *(l):* heben.

liber, -era, -erum *(l)* = frei, ungebunden, offen. – liberare *(l):* befreien.

Lien, lienis m *(l)* = Milz.

ligamentosus, -a, -um = bänderreich; anat.: bandartig. – Adj. zu Ligamentum.

Ligamentum, -i n *(l)* = Band, Binde; anat.: 1. bandartige Struktur; 2. häutige Verbindung zweier Gelenke. – ligare *(l):* binden.

Limbus, -i m *(l)* = Saum, Besatzstreifen, Rand.

Limen, -inis n *(l)* = Schwelle, Grenzwall. – Leímen *(idg):* Querholz.

limitans, -antis *(l)* = begrenzend. – P.p.a. von limitare *(l):* begrenzen; Limes, -itis m *(l):* Grenzrain.

Linea, -ae f *(l)* = 1. Linie, Richtschnur; 2. Strich; 3. anat.: Knochenleiste. – Linus oder Linum, -i n *(l):* Lein, Flachs, später: leinener Faden, Schnur.

Lingua, -ae f *(l)* = Zunge, Sprache. – lingere *(l)* u. leíchein *(gr):* lecken, schmecken.

Lingula, -ae f *(l)* = Zünglein, zungenähnliches Gebilde. – Dim. zu Lingua.

Liquor, -oris m *(l)* = Flüssigkeit, flüssiger Zustand. – liquere *(l)* = flüssig, klar sein.

lobaris, -e *(l)* = zum Lappen gehörend. – Adj. zu Lobus.

lobularis, -e *(l)* = zum Läppchen gehörend. – Adj. zu Lobulus.

Lobulus, -i m *(l)* = Läppchen. – Dim. zu Lobus.

Lobus, -i m *(l)* = Lappen, Hülse, Schote. – Lóbos *(gr):* Lappen.

Locus, -i m *(l)* = Ort, Platz, Stelle. – locare *(l)* = setzen, legen, stellen.

longitudinalis, -e *(l)* = längsgerichtet. – Longitudo, -inis f *(l):* Länge.

longus, -a, -um *(l)* = lang, weit. – Lónchä *(gr):* Lanze; laggs *(got):* lang. longissimus: Superlativ zu longus.

lucidus, -a, -um *(l)* = hell, glänzend, leuchtend. – lucere *(l):* leuchten; Leukos *(gr):* Licht, Helle.

lumbalis, -e *(l)* = zur Lende gehörig. – Adj. zu Lumbus *(l):* Lende; Psóas *(gr)*, Lentin *(ahd):* Lende.

lunatus, -a, -um *(l)* = mondförmig. – Adj. zu Luna, -ae f *(l):* Mond; lucere *(l):* leuchten; Lux *(l):* Licht.

Lunula, -ae f *(l)* = kleiner Mond. – Dim. zu Luna, -ae f *(l)*: Mond; Luc-sna *(idg):* Mond, Mondschein.

luteus, -a, -um *(l)* = gelb. – Lutum, -i n *(l):* Lehm, Kot; luo bzw. polluere (l): verschmutzen.

Lympha, -ae f *(l)* = Quellnymphe, klares Wasser; anat.: Lymphe. – Lýmphä *(gr):* Wassergöttin, Wasser.

lymphaticus, -a, -um *(l)* = zur Lymphe gehörend. – Adj. zu Lympha.

Macula, -ae f *(l)* = Fleck, Makel. – maculare *(l):* beflecken, besudeln.

maculosus, -a, -um = reich an Flecken, buntgefleckt, besudelt. – Adj. zu Macula.

magnus, -a, -um *(l)* = groß, gewaltig, stark. – mégas *(gr):* groß, gewaltig.

maior, -oris = größer, stärker. – Komp. zu magnus.

Mala, -ae f *(l)* = Wange, Kinnbacken, eigentl.: Oberkiefer.

malaris, -e: Adj. zu Mala.

mallearis, -e *(l)* = zum Hammer gehörend. – Adj. zu Malleus, -ei m *(l):* Hammer.

malleolaris, -e *(l)* = zum kleinen Hammer gehörend, zum Knöchel gehörend. – Adj. zu Malleolus.

Malleolus, -i m *(l)* = 1. kleiner Hammer; 2. Brandpfeil, Ähnlichkeit mit einem rundköpfigen Hammer, Knöchel. – Dim. zu Malleus, -ei m *(l):* 1. Hammer; 2. Gehörknöchelchen.

Mamilla, -ae f *(l)* = Brustwarze, Mamille. – Dim. zu Mamma.

mamillothalamicus, -a, -um *(l)* = zum Corpus mamillare u. zum Thalamus gehörend. – mamillaris, -e *(l):* brustwarzenähnlich; Thalamus, -i m *(l):* Sehhügel.

Mamma, -ae f *(l)* = 1. Mutter, Amme; 2. Mutterbrust, Euter, Zitze; 3. anat.: weibliche Brust(-drüse). – mammare *(l):* säugen, saugen; mammáein *(gr):* nach der Mutterbrust verlangen.

Mandibula, -ae f oder **Mandibulum, -i** n *(l)* = Unterkiefer, Kinnlade als Kauwerkzeug. – mandere *(l):* kauen.

Manubrium, -i n *(l)* = Griff, Stiel, Henkel; der mit der Hand zu fassende Griff, Handgriff. – Manus, -us f *(l):* Hand.

Manus, -us f *(l)* = Hand, eigentl. Arm.

Margo, -inis m *(l)* = Rand, Einfassung. – Marka *(got)* u. *(ahd):* Grenze, Mark.

masculinus, -a, -um *(l)* = männlich, groß. – **Mas, maris** m *(l):* Mann, männlich.

Massa, -ae f *(l)* = Masse, Klumpen. – Máza *(gr):* Teig, Brei aus Gerstenmehl.

Masseter, -eris m *(l)* = anat.: der Kaumuskel. – Massetār *(gr):* der Kauende; mássein *(gr):* kauen, kneten.

masticatorius, -a, -um *(l)* = dem Kauen dienend. – masticare *(l):* kauen; Mastix, -icis f *(l):* wohlriechendes Harz vom Mastixbaum, das zum Kauen benutzt wurde; Mastichā *(gr):* Mastixbaum.

mastoideus, -a, -um *(l)* = brustwarzenähnlich. – Mastós *(gr):* Mutterbrust, Brustwarze, Anhöhe, Hügel; -eidés: ähnlich.

Mater, -tris f *(l)* = Mutter, anat.: ernährende u. umschützende Umhüllung. – Mātār *(gr)* u. Muoter *(ahd):* Mutter; nach ali al abbas *(arab):* die beiden Hüllen, die als Mutter des Gehirns bezeichnet wurden: 1. die dickere als Dura mater, die harte Hirnhaut; 2. die dünne als Pia mater, die weiche Hirnhaut.

Matrix, -icis f *(l)* = Mutterboden, Matrix. – Mater, -tris f *(l):* Mutter; eigentl. Gebärmutter.

Maxilla, -ae f *(l)* = Oberkiefer. – Dim. zu Mala.

maximus, -a, -um *(l)* = größte. – Superlativ zu magnus.

Meatus, -us m *(l)* = Gang, Durchgang. – meare *(l):* gehen, ziehen, fließen.

medialis, -e *(l)* = in der Mitte befindlich, zur Mitte gehörig; anat.: medial, zur Mitte hin; Gegensatz zu lateral. – Mésos *(gr):* mittlerer, Mitte.

medianus, -a, -um *(l)* = in der Mitte befindlich, zur Mitte gehörig. – Mésos *(gr):* mittlerer, Mitte.

Mediastinum, -i n *(l)* = Mittelfell, Raum zwischen rechter und linker Lunge, eigentl. zwei senkrecht stehende Platten (Pleura), welche die Brusthöhle in eine re. u. li. Hälfte teilen und das Herz zwischen sich enthalten.

medius, -a, -um *(l)* = in der Mitte befindlich, zur Mitte gehörig, dazwischenliegend. – Mésos *(gr):* mittlerer, Mitte.

Medulla, -ae f *(l)* = Mark, Innerstes. – Wohl von medius abzuleiten.

Membrana, -ae f *(l)* = zarte Haut, Häutchen. – Substantiviertes Adj. von Membrum, -i n *(l):* 1. das fleischige Körperglied; 2. Glied, Teil, Extremität.

meningeus, -a, -um *(l)* = zur Hirnhaut gehörig. – Adj. zu Meninx.

Meninx, -ingis f *(l)* = Hirnhaut. – Mānínx *(gr):* Haut.

Meniscus, -i m *(l)* = Halbmond; anat.: Zwischenknorpel. – Meniskos *(gr):* kleiner Mond; Dim. zu Meís *(gr):* runde Bedeckung über Statuen, gebogenes Schirmdach, Monat, Mond. Meniscus articularis: halbmondförmige Gelenkzwischenscheibe.

mentalis, -e *(l)* = zum Kinn gehörend. – Adj. zu Mentum.

Mentum, -i n *(l)* = Kinn, Kinnbart, hervorragende Ecke. – prominere *(l):* hervorragen.

Mesencephalon, -i n *(l)* = Mittelhirn. – Mésos *(gr):* Mitte; Enképhalos *(gr):* das, was im Kopf ist (Gehirn).

Mesenterium, -ii n *(l)* = Dünndarmgekröse. – Mesenterion *(gr):* mittleres Eingeweide; Mésos *(gr):* Mitte; Énteron *(gr):* Eingeweide.

Mesopharynx, -yngis f *(l)* = Mundrachen.

Metacarpus, -i m *(l)* = Mittelhand, Zwischenhand. – meta- *(gr):* nach, hinter, zwischen, inmitten; Karpós *(gr):* Hand.

metatarsalis, -e *(l)* = zum Mittelfuß gehörend. – Adj. zu Metatarsus.

Metatarsus, -i m *(l)* = Mittelfuß, Fußwurzel.

Metencephalon, -i n *(l)* = Hinterhirn.

minor, minus (Gen.: -oris) *(l)* = kleiner, geringer. – Komp. zu parvus *(l):* klein, gering.

mitralis, -e *(l)* = einer Mitra ähnlich. – Adj. zu Mitra, -ae f *(l):* Kopfbinde, Turban; Mitra *(gr):* Leibbinde, Hauptbinde.

Modiolus, -i m *(l)* = die im Innern ausgehöhlte Schneckenachse. – Dim. zu Modius: Hohlkörper, Radnabe, Zylinder, Scheffel.

molaris, -e *(l)* = zum Mahlen gehörend; dem Mahlen dienend. – Adj. zu Mola, -ae f *(l):* Mühlstein, Mühle; molare *(l)* u. mýllein *(gr):* mahlen.

mollis, -e *(l)* = weich, lind, sanft; vgl. mollig. – moldvis *(idg):* weich; molliri *(l):* weich machen, zähmen.

Mons, montis m *(l)* = Berg, Fels. – men *(idg):* emporragen.

motorius, -a, -um *(l)* = anat.: zur Bewegung gehörend, der Bewegung dienend. – movere *(l)* = bewegen, in Bewegung setzen.

mucosus, -a, -um *(l)* = schleimig, mukös. – Adj. zu Mucus, -i m oder Muccus, -i m *(l):* Schleim, Rotz; mýssein *(gr):* schneuzen.

multifidus, -a, -um *(l)* = vielfach gespalten. – multus, -a, -um *(l):* viel u. findere *(l):* spalten.

muscularis, -e *(l)* = zum Muskel gehörend. – Adj. zu Musculus.

musculocutaneus, -a, -um *(l)* = zum Muskel und zur Haut gehörend.

musculotubarius, -a, -um *(l)* = zum Musculus tensor tympani und zur Ohrtrompete gehörend.

Musculus, -i m *(l)* = kleine Maus, Mäuschen, Muskel. – Dim. zu Mus, muris m *(l)* u. Mýs *(gr):* Maus.

Myelencephalon, -i n *(l)* = Markhirn, verlängertes Mark; Bezeichnung für Medulla oblongata. – Myelós *(gr):* Mark, Rückenmark.

myentericus, -a, -um *(l)* = zur Darmmuskulatur gehörend. – Mýs *(gr):* Maus, Muskel; enterikós *(gr):* zu den Eingeweiden gehörend.

mylohyoideus, -a, -um *(l)* = vom Unterkiefer zum Zungenbein verlaufend. – Mýlos *(gr):* Mahlstein, Backenzahn.

mylopharyngeus, -a, -um *(l)* = vom Unterkiefer zum Pharynx verlaufend. – Mýlos *(gr):* Mahlstein; Phárynx *(gr):* Rachen.

myo- *(gr)* = anat. in Zusammensetzungen: Muskel-. – Mýs *(gr):* Maus, Muskel.

Myocardium, -ii n *(l)* = Herzmuskulatur.

Myologia, -ae f *(l)* = Muskellehre. – myo- *(gr):* Muskel-; Lógos (gr): Wort, Sprache, Lehre.

Myometrium, -ii n *(l)* = Gebärmuttermuskulatur. – myo- *(gr):* Muskel- u. Mätra *(gr):* Gebärmutter.

Naris, -is f *(l)* = Nasenloch.

nasalis, -e *(l)* = zur Nase gehörend. – Adj. zu Nasus.

Nasus, -i m *(l)* = äußere Nase. – Nasos *(idg)* u. Naris *(l):* Nasenloch.

navicularis, -e *(l)* = kahnförmig, schiffförmig. – Adj. zu Navicula, -ae f *(l):* kleines Schiff; Dim. zu Navis, -is f (l): Schiff.

neonatus, -a, -um *(l)* = neugeboren. – néos *(gr):* neu; nasci *(l):* geboren werden, entstehen.

nervosus, -a, -um *(l)* = nervenreich, zum Nerven gehörig; früher: sehnig, kraftvoll. – Adj. zu Nervus.

Nervus, -i m *(l)* = Nerv; früher für alles weißliche Faserige: Sehne, Band, Flechse verwendet. – Neûron *(gr):* Sehne, Band, Nerv.

Nidus, -i m *(l)* = Nest, Wohnsitz, Ursprung. – Nidos *(idg):* Ruheplatz.

niger, -gra, -grum *(l)* = schwarz, dunkel.

Nodulus, -i m *(l)* = kleiner Knoten. – Dim. zu Nodus.

Nodus, -i m *(l)* = Knoten, Gelenk, Knorren, Verbindung. – nodere *(l):* in einen Knoten knüpfen; Nódes *(idg):* großes Netz.

Norma, -ae f *(l)* = Winkelmaß.

Nucha, -ae f *(l)* = Nacken. – Nugrah *(arab):* Nacken, Nackengrube.

Nucleus, -i m *(l)* = Nuß, kleiner Kern; 1. Zellkern; 2. Anhäufung von Nervenzellen im ZNS. – Dim. zu Nux, nucis f *(l):* Nuß, Kern.

nutricius [nutritius], -a, -um *(l)* = ernährend, aufziehend. – nutrire *(l):* säugen, nähren, aufziehen.

Obex, -icis m *(l)* = Riegel, Querbalken, Damm. – obicere *(l):* entgegenwerfen, entgegentreten.

obliquus, -a, -um *(l)* = schräg, tief, seitwärts gerichtet. – ob-, op- *(l):* entgegen, gegen, hin; Limen, -inis n (l): Schwelle.

oblongatus, -a, -um *(l)* = verlängert.

oblongus, -a, -um *(l)* = länglich.

obturatorius, -a, -um *(l)* = dem Verstopfen dienend. – obturare *(l):* verstopfen.

obturatus, -a, -um *(l)* = verstopft. P.p.p. zu obturare *(l):* verstopfen.

obtusus, -a, -um *(l)* = stumpf, schwach. – P.p.p. zu obtúndere *(l):* stumpf machen, stumpf werden.

occipitalis, -e *(l)* = zum Hinterhaupt gehörig. – Adj. zu Occiput.

Occiput, -itis n *(l)* = Hinterhaupt. – ob- *(l):* entgegen, gegenüber; Caput, -itis n *(l):* Haupt, Kopf.

octavus, -a, -um *(l)* = der (die, das) achte (Hirnnerv). – ógodes *(idg):* der Achte.

oculomotorius, -a, -um *(l)* = die Augenbewegung betreffend.

Oculus, -i m *(l)* = Auge. – Wahrscheinlich Dim. zu Ocus *(idg),* Okje *(idg)* u. Óktallos oder Ophthalmós *(gr):* Auge, Augenhöhle.

Oesophagus, -i m *(l)* = Speiseröhre. – oíso *(gr):* Futur zu phérein: tragen, transportieren; phageîn *(gr):* essen, verdauen.

Olecranon, -i n *(l)* = (Haken-)Fortsatz der Elle, Ellenbogen. – Olékranon *(gr):* Ellenbogenkopf; Olenä/olän *(gr):* Ellenbogen, Unterarm; Kranon *(gr):* Kopf.

olfactorius, -a, -um *(l)* = dem Riechen dienend. – ólfacere *(l):* riechen, wittern; olere *(l)* u. ozein *(gr):* riechen.

Oliva, -ae f *(l)* = Olive. – Elaía *(gr):* Olive, Ölbaum.

Omentum, -i n *(l)* = Netzhaut um die Eingeweide, Fette; Eingeweidenetz.

omentalis, -e *(l)* = zum großen Netz gehörig. – Adj. zu Omentum.

omoclavicularis, -e *(l)* = von der Schulter zur Clavicula ziehend. – Ômos *(gr):* Schulter; Clavicula: Schlüsselbein.

omohyoideus, -a, -um *(l)* = von der Schulter zum Zungenbein ziehend. – Ômos *(gr):* Schulter.

omphaloentericus, -a, -um *(l)* = zum Dottergang gehörig. – Omphalós *(gr):* Nabel; Énteron *(gr):* Därme, Eingeweide.

oóphorus, -a, -um *(l)* = eitragend. – Ōón *(gr):* Ei; phérein *(gr):* tragen, bringen.

Operculum, -i n *(l)* = Deckel; anat.: die die Insula bedeckenden Gehirnlappenteile. – operire *(l):* bedecken, verhüllen, zudecken.

opercularis, -e *(l).* Adj. zu Operculum.

ophthalmicus, -a, -um *(l)* = zum Auge gehörig. – Ophthalmós *(gr):* Auge.

opponens, -entis *(l)* = gegenüberstehend, gegenüberstellend. – P.p.a. von opponere *(l):* entgegenstellen, entgegensetzen; ob-, op- *(l):* entgegen, gegenüber; ponere *(l):* legen, setzen, stellen.

opticus, -a, -um *(l)* = das Sehen betreffend. – Ópsis *(gr):* Sehen.

Ora, -ae f *(l)* = Rand, Saum, Küste. – Mit Os, oris n *(l):* Mund verwandt.

orbicularis, -e *(l)* = kreisförmig. – Adj. zu Orbiculus, -i m *(l):* kleiner Kreis; Dim. zu Orbis, -is m *(l):* Kreis.

Orbita, -ae f *(l)* = Augenhöhle; eigentl.: Kreisbahn, Wagengleis, Rad, Kreisfurche.

Orificium, -ii n *(l)* = Öffnung, eigentl.: etwas, das das Aussehen des Mundes hat. – Os, oris n *(l):* der Mund; Facies, -ei f *(l):* Gestalt, Aussehen.

Os, oris n *(l)* = Mund, Eingang, Mündung. – ah, asan, ayam *(altind):* Mund, Öffnung.

Os, ossis n *(l)* = Knochen, Bein, Gebein. – Ostéon oder Óstion *(gr):* Bein, Knochen.

Osteologia, -ae f *(l)* = Knochenlehre. – Ostéon *(gr):* Knochen; Lógos *(gr):* Wort, Lehre.

Ostium, -ii n *(l)* = Mündung, Eingang, Tür. – Os, oris n *(l):* der Mund.

oticus, -a, -um *(l)* = zum Ohr gehörend. – Oús, otós *(gr):* Ohr.

ovalis, -e *(l)* = eiförmig, oval. – Adj. zu Ovum.

Ovarium, -ii n *(l)* = Eierstock. – Substant. Adj. zu Ovum.

Ovum, -i n *(l)* = Ei. – Ōón *(gr):* Ei.

Pachymeninx, -ingis f *(l)* = derbe, faserreiche Hirnhaut. – pachýs *(gr):* dick, derb; Mäninx *(gr):* Hirnhaut.

palatinus, -a, -um: *(l)* = zum Gaumen gehörend. – Adj. zu Palatum.

Palato- *(l)* = vom Gaumen entspringend.

Palatum, -i n *(l)* = Gaumen. – Pala *(idg):* Wölbung.

pallidus, -a, -um *(l)* = blass, bleich. – pallére *(l):* blass sein, fahl sein; poliós *(gr):* grau.

Pallium, -ii n *(l)* = Hülle, Mantel; anat.: Hirnmantel. – Palla, -ae f *(l):* das mantelartige Gewand römischer Frauen.

Palma, -ae f *(l)* = Handfläche. – Pálamä *(gr)* flache Hand, Hohlhand.

palmaris, -e *(l)* = zur Handfläche gehörend. – Adj. zu Palma.

palmatus, -a, -um *(l)* = palmenzweigähnlich – Palma, -ae f *(l):* flache Hand, Palme; Pálamä *(gr)* flache Hand, Hohlhand.

Palpebra, -ae f *(l)* = Augenlid. – palpitare *(l):* zucken (wegen des Lidschlags) oder palpari *(l):* streicheln (das Lid streichelt sanft über den Augapfel).

pampiniformis, -e *(l)* = rankenförmig. – Pampinus, -i m *(l):* die Weinranke; Forma, -ae f *(l):* Gestalt, Form.

Pancreas, -atis f *(l)* = Bauchspeicheldrüse. – pân *(gr):* alles, ganz; Kréas *(gr):* Fleisch, Drüsensubstanz.

Panniculus, -i m *(l)* = Haut, Schicht. – Dim. zu Pannus, -i m *(l):* Kleid, Tuch, Lappen; Pânos *(gr):* Zeug, Tuch.

Papilla, -ae f *(l)* = warzenförmige Erhebung, Papille (der Haut, Niere und Zunge), urspr. nur Brustwarze. – Papula, -ae f *(l):* Blatter, Bläschen

Paradidymis, -idis f *(l)* = neben dem Hoden liegendes rudimentäres Organ (Urnierenrest), anat.: beiderseits blind endende Kanälchen oberhalb des Nebenhodenkopfs vor dem Samenstrang. – pará *(gr):* neben; Dídymoi *(gr):* Zwillinge, Hoden.

Parametrium, -i n *(l)* = Bereich neben der Gebärmutter. – Mätra *(gr):* Gebärmutter.

parasympathicus, -a, -um *(l)* = der Pars sympathica des autonomen oder vegetativen Nervensystems entgegenwirkend.

Parenchyma, -atis n *(l)* = organspezifisches Gewebe. – Parénchyma *(gr):* das daneben Hineingegossene; chéein *(gr):* gießen.

Paries, -etis m *(l)* = Wand. – Etym. unsicher.

parietalis, -e *(l)* = parietal, seitwärts; anat.: zum Os parietale (Scheitelbein) gehörend. – Adj. zu Paries.

Paroóphoron *(gr)* = medial vom Eierstock liegendes rudimentäres Organ (Urnierenrest).

parotideus, -a, -um *(l)* = zur Ohrspeicheldrüse gehörend. – Adj. zu Parotis.

Parotis, -idis f *(l)* = Anschwellung neben dem Ohr (urspr. Mumps); Glandula parotidea = Ohrspeicheldrüse. – Oús *(gr):* Ohr.

Pars, partis f *(l)* = Teil, Anteil, Stück, Körperteil, Seite. – partiri *(l):* teilen.

parvus, -a, -um *(l)* = klein. – pauros *(gr)* klein, gering, wenig.

Patella, -ae f *(l)* = Schale, Opferschale; anat.: Kniescheibe. – Dim. zu Patera, -ae f *(l):* flache Schale; patere *(l):* offenstehen.

Pecten, pectinis m *(l)* = Kamm, Grat. – pectare *(l)* u. pékein *(gr):* kämmen.

pectinatus, -a, -um u. **pectineus, -a, -um** *(l).* Adj. zu Pecten.

pectoralis, -e = zur Brust gehörig. – Adj. zu Pectus.

Pectus, -oris n *(l)* = Brust, Herz, Sinn. – Paksa *(altind):* Flügel, Achsel.

Pedunculus, -i m u. **Pediculus, -i** m *(l)* = Füßchen, Stiel. – Dim. zu Pes, pedis m *(l):* Fuß.

pellucidus, -a, -um *(l)* = durchsichtig. – perlucere *(l):* hervorschimmern, durchsichtig sein; per- *(l):* völlig, hindurch; lucere *(l):* scheinen, leuchten.

pelvinus, -a, -um *(l):* Adj. zu Pelvis.

Pelvis, ís f *(l)* = Becken, Schüssel. – Pellís *(gr):* Schüssel, Becken; Pélla *(gr)* u. Palavi *(altind):* Geschirr.

Penis, -is m *(l)* = Schwanz, männliches Glied. – Pés *(gr):* männl. Glied.

perforans, -tis *(l)* = durchbohrend. – P.p.a. von perforare *(l):* durchbohren; per- *(l):* durch, hindurch; forare *(l):* bohren, graben.

perforatus, -a, -um *(l)* = durchbohrt. – P.p.p. von perforare *(l):* durchbohren.

Pericardium, -ii n *(l)* = Herzbeutel.

Perilympha, -ae f *(l)* = die das häutige Gehörlabyrinth umgebende Flüssigkeit. – perí- *(gr):* um, herum; Lympha *(l):* Quellwasser.

Perimetrium, -ii n *(l)* = Bauchfellüberzug der Gebärmutter. – Mấtra *(gr):* Gebärmutter.

perinealis, -e *(l):* Adj. zu Perinéum.

Perinéum, -i n *(l)* = Damm, Mittelfleisch, Gegend zwischen After und Scheide bzw. Hodensack. – Vielleicht von perinéin *(gr):* anhäufen, aufschichten.

Periodontium, -ii n *(l)* = Wurzelhaut des Zahnes. – Odoús, odóntos *(gr):* Zahn.

Periorbita, -ae f *(l)* = das die Augenhöhle auskleidende Periost.

Periorchium, -ii n *(l)* = parietales Peritonealblatt des Hodens. – Órchis *(gr):* Hoden.

Periosteum, -i n *(l)* = Knochenhaut, Periost. – Os, ossis m *(l):* Knochen.

Peritoneum, -ii n *(l)* = Bauchfell. – Peritonáion *(gr):* die über die Därme gespannte Haut; teínein *(gr):* spannen.

permanens, -entis *(l)* = bleibend, verbleibend. – P.p.a. von permanere *(l):* bleiben, verbleiben, fortdauern.

peroneus, -a, -um u. peronealis, -e *(l)* = zum Wadenbein gehörend, auf der Seite des Wadenbeins gelegen. – Pero, -onis m *(l):* Stiefel aus rohem Leder; Perónä *(gr):* Spange, Stachel.

perpendicularis, -e *(l)* = senkrecht, lotrecht. – Perpendiculum, -i n *(l):* Richtblei, Lot; perpendere *(l):* genau abwägen.

Pes, pedis m *(l)* = Fuß, Bein. – Poús *(gr):* Fuß, Bein.

Petiolus, -i m *(l)* = Stiel, Füßchen. – Dim. zu Pes; statt Pediolus später Petiolus.

petrosus, -a, -um *(l)* = felsig, steinig. – Pétra *(gr):* Fels, Stein.

petrotympanicus, -a, -um *(l)* = vom Felsenbein zur Paukenhöhle ziehend.

Phalanx, -angis f *(l)* = Walze, Stamm, Ballen, Schlachtreihe; anat.: Phalanx, Finger-, Zehenglied. – Phálanx *(gr):* 1. Rundholz, Balken; 2. Finger-, Zehenglied; 3. Schlachtreihe.

pharyngeus, -a, -um *(l)* = zum Rachen gehörend. – Adj. zu Pharynx.

Pharynx, -ngis m u. f *(l)* = Rachen, Schlund. – Phárynx *(gr):* Rachen, Kehle, Schlund.

Philtrum, -i n *(l)* = Nasen-Lippen-Rinne. – Phíltron *(gr):* Liebeszauber, Liebestrunk.

phrenicus, -a, -um *(l)* = zum Zwerchfell gehörend. – Phrenes, -um f *(l):* Zwerchfell; Phrḗn *(gr):* Zwerchfell, Sitz des Gemüts.

Pigmentum, -i n *(l)* = Farbstoff; Schminke. – pingere *(l):* malen; poíkilos *(gr):* bunt.

Pilus, -i m *(l)* = einzelnes Haar. – Pîlos *(gr):* Filz.

pinealis, -e (l) = zum Fichtenzapfen gehörend, fichtenzapfenähnlich. – Pinus, -us f *(l)* und picsmus *(idg):* Fichte.

piriformis, -e *(l)* = birnenförmig. – Pirum, -i n *(l):* Birne; Forma, -ae f *(l):* Form, Gestalt.

pisiformis, -e *(l)* = erbsenförmig. – Pisum, -i n *(l)* u. Píson *(gr):* Erbse; Forma, -ae f *(l):* Form, Gestalt.

pituitarius, -a, -um *(l)* = schleimig. – Pituita, -ae f *(l):* der Schleim. – Glandula pituitaria.

pius, -a, -um *(l)* = fromm, zart. – Pia mater: weiche Hirnhaut.

Placenta, -ae f *(l)* = Mutterkuchen, Nachgeburt, Plazenta. – Plakoûs *(gr):* Kuchen, eigentl.: mit Fläche versehen.

Planta pedis *(l)* = Fußsohle. – Planta, -ae f *(l):* Fußfläche; Pes, pedis m *(l):* Fuß; Plátos *(gr):* Breite; platýs *(gr):* breit, weit.

Planum, -i n *(l)* = Fläche, Ebene. – placére *(l):* ebnen, glätten; planare *(l):* platzieren, planieren.

planus, -a, -um *(l)* = flach, eben, plan.

Platysma, -atis n *(l)* = Platte, ausgebreiteter Körper; anat.: großflächiger Hautmuskel am Hals. – platýs *(gr):* breit, weit.

Pleura, -ae f *(l)* = Seite, Rippe; anat.: Rippenfell, Brustfell. – Pleurá *(gr):* die Seite eines Gegenstands.

Plexus, -us m *(l)* = Geflecht. – plectere *(l)* u. plékein *(gr):* flechten.

Plica, -ae f *(l)* = Falte, alle Faltenbildungen. – plicare *(l):* falten; plékein *(gr):* flechten, schlingen oder ptýssein *(gr):* falten.

Pollex, -icis m *(l)* = Daumen. – pollere *(l):* vermögen, ausrichten.

Pons, pontis m *(l)* = Brücke, Steg. – Paíos *(gr):* Pfad.

pontinus, -a, -um = zur Brücke gehörig. – Adj. zu Pons.

Poples, -itis m *(l)* = Kniekehle, Kniebeuge.

popliteus, -a, -um *(l):* Adj. zu Poples.

Porta, -ae f *(l)* = Pforte, Tür, Eingang. – Póros *(gr):* Durchgang; peírein *(gr):* durchdringen.

Portio, -ionis f *(l)* = Teil, Abschnitt, Anteil, Portion. – Pars *(l)* u. Époron *(gr):* zugemessener Anteil.

Porus, -i m *(l)* = Gang, Kanal, Röhre; anat.: Öffnung eines Gangs. – Póros *(gr):* Öffnung, Weg, Durchgang; peírein *(gr):* durchdringen.

postcentralis, -e *(l)* = anat.: hinter der Zentralfurche des Gehirns liegend.

posterior, -ius *(l)* = hinterer, späterer, folgender. – Komp. zu post *(l):* hinten, hernach.

posterolateralis, -e *(l)* = weiter hinten seitlich.

praecentralis [precentralis], -e *(l)* = vor der Zentralfurche des Gehirns gelegen.

Praeputium [Preputium], -i n *(l)* = Vorhaut. – Pósthion *(gr)* als Dim. zu Pósthä *(gr):* männliches Glied oder prae- *(l):* vorne u. putare *(l):* beschneiden, ins Reine bringen.

Princeps, -ipis m *(l)* = Erster, Wichtigster. – aus primi-ceps: die erste Stelle einnehmend; primus *(l):* Erster; capere (l): nehmen.

principalis, -e *(l)* = ursprünglich, Erster. – Adj. zu Princeps.

procerus, -a, -um *(l)* = hoch, schlank, gestreckt, lang. – crescere *(l):* wachsen, entstehen.

Processus, -us m *(l)* = Fortschritt, Fortgang; anat.: Fortsatz. – procedere *(l):* vorgehen, hervortreten, vorrücken; cedere *(l):* weichen, gehen.

profundus, -a, -um *(l)* = tief, bodenlos. – siehe pro- *(l)* u. Fundus, -i m *(l):* in der Nähe des Bodens, in der Tiefe.

Prominentia, -ae f *(l)* = Vorsprung, Erhebung, Prominenz. – prominere *(l):* hervorspringen, hervorragen; minere *(l):* ragen, drohen.

Promontorium, -i n *(l)* = Vorgebirge, Vorwölbung.

Pronator, -oris m *(l)* = Neiger; anat.: Muskeln, die bei Drehung des Unterarms die Handfläche nach unten bzw. dorsal richten. – pronare *(l):* vornüberneigen.

Pronephros, -i m *(l)* = Vorniere, die zuerst gebildete Niere. – Néphros *(gr):* Niere.

pronus, -a, -um u. **pronatus, -a, -um** = abschüssig, vornüber geneigt. – Adj. zu Pronator.

proprius, -a, -um *(l)* = beständig, dauernd, eigen, wesentlich.

Prosencephalon, -i n *(l)* = Vorderhirn. – Enképhalos *(gr):* Gehirn.

Prostata, -ae f *(l)* = Vorsteherdrüse. – Prostátäs *(gr):* Vordermann, Beschützer, Vorsteher.

prostaticus, -a, -um *(l):* Adj. zu Prostata.

Protuberantia, -ae f *(l)* = Arten von Hervorragungen u. Erhabenheiten, Protuberanz. – protuberare *(l):* hervorragen.

proximalis, -e *(l)* = anat.: näher zum Rumpf gelegen, rumpfwärts, proximal. – proximus, -a, -um *(l):* nächster; Sup. zu prope *(l):* nahe, bei.

Psoas, psoae m *(l)* = Lende. – Psóa *(gr):* Lende, Lendengegend, Lendenfleisch.

pterygoideus, -a, -um *(l)* = flügelförmig. – Pteryx *(gr):* Flügel: -eidés *(gr):* ähnlich in Gestalt, Form.

pudendus, -a, -um *(l)* = zur Scham gehörend, schimpflich, schändlich. – pudére *(l):* sich schämen.

Pulmo, -onis m *(l)* = Lunge. – Pleumon, Pneumon *(gr):* die Lunge.

pulmonalis, -e *(l):* Adj. zu Pulmo.

Pulpa, -ae f *(l)* = Weichheit; anat.: weiche Substanz, Mark, Parenchym.

Pulvinar, -aris n *(l)* = Kissen, Polster.

Pupilla, -ae f *(l)* = Pupille, Augenstern, Sehloch. – Dim. zu Pupa, -ae f *(l):* Mädchen, Puppe; eigentl.: das verkleinerte Spiegelbild, das man im Auge eines anderen sieht.

Putamen, -inis n *(l)* = Schale; anat.: äußerer Teil des Nucleus lentiformis = Linsenkern. – putare *(l):* beschneiden, ins Reine bringen, ordnen.

Pýelos *(gr)* = Trog, Mulde, Wanne; anat.: Nierenbecken.

pyloricus, -a, -um *(l):* Adj. zu Pylorus.

Pylorus, -i m *(l)* = Pförtner, Magenausgang; anat.: Übergang zwischen Magen u. Dünndarm. – Pylōrós *(gr):* Pförtner, Torhüter.

pyramidalis, -e *(l):* Adj. zu Pyramis.

Pyramis, -idis f *(l)* = Pyramide; anat.: pyramidenähnl. Gebilde. – Pyramís *(gr):* Pyramide.

quadrangularis, -e *(l)* = vierwinklig, viereckig. – quattuor *(l):* vier; Angulus, -i m *(l):* Winkel.

quadratus, -a, -um *(l)* = viereckig. – quadrare *(l):* rechteckig machen.

quadriceps, -cipitis *(l)* = vierköpfig.

radialis, -e *(l)* = zur Speiche (Unterarmknochen) gehörig. – Adj. zu Radius.

Radiatio, -onis f *(l)* = Ausstrahlung. – Radius, -ii m *(l):* Strahl, Lichtstrahlung.

radicularis, -e *(l)* = zur Wurzel gehörend. – Adj. zu Radicula, -ae f *(l):* kleine Wurzel.

Radius, -ii m *(l)* = Radspeiche, Halbmesser des Kreises, Sonnenstrahl; anat.: Unterarmknochen: Speiche.

Radix, -icis f *(l)* = Wurzel. – Radix *(gr):* Zweig, Rute, Wurzel.

Ramus, -i m *(l)* = Ast, Zweig.

Raphe, -es f *(l)* = Naht, Hautnaht. – Raphấ *(gr):* Naht, Kleidernaht; ráptō *(gr):* zusammennähen.

Recessus, -us m *(l)* = Zurückgehen, Einbiegung, Vertiefung, Winkel, Nische. – recedere *(l):* zurückweichen; re-: zurück; cedere: weichen, gehen.

Rectum, -i n *(l)* = Enddarm, Mastdarm. – rectus *(l):* gerade.

rectus, -a, -um *(l)* = gerade. – regere *(l):* richten, lenken.

recurrens, -entis *(l)* = zurücklaufend, kreisend. – P.p.a. von recurrere *(l):* zurücklaufen, zurückkommen, kreisen.

Regio, -onis f *(l)* = Gegend, Lage, Richtung. – regere *(l):* lenken, richten, regieren; orégō *(gr):* recken, sich recken.

Ren, renis m *(l)* = Niere.
renalis, -e *(l):* Adj. zu Ren.
respiratorius, -a, -um *(l)* = der Atmung dienend. – respirare *(l):* atmen.
Rete, retis n *(l)* = Netz, Fischnetz. – ére *(idg)* u. rarus, -a, -um *(l):* dünn, locker, undicht.
Retina (ergänze tunica) *(l)* = die Netzhaut des Auges. – evtl.: retinere *(l):* zurückhalten; oder: Rete, retis n *(l):* Netz; retinus *(l):* netzartig.
Retinaculum, -i n *(l)* = Halter, Klammer, Seil, das zum Halten dienende Band anat.: 1. Werkzeug zum Aufheben und Festhalten von Weichteilen; 2. fibröse Gebilde, welche andere festhalten, damit sie nicht aus der Lage abweichen. – retinere *(l):* zurückhalten, festhalten.
retroperitonealis, -e *(l)* = hinter dem Bauchfell gelegen.
Rhinencephalon, -i n *(l)* = Riechhirn. – Rhís *(gr):* Nase; Enképhalos *(gr):* das, was im Kopf ist (Gehirn).
Rhombencephalon, -i n *(l)* = Rautenhirn; nach der Rautengrube benannt. – Rhómbos *(gr):* Raute; Enképhalos *(gr):* das, was im Kopf ist (Gehirn).
rhomboideus, -a, -um *(l)* = rautenähnlich. – Rhómbos *(gr):* kreisförmiger Körper, Kreisel, später: Raute; -eidés *(gr):* ähnlich.
Rima, -ae f *(l)* = Spalte, Riss, Strich, Ritze. – Rícoma *(idg):* Riss; ereíkein *(gr):* aufreißen.
risorius, -a, -um *(l)* = zum Lachen dienend. – ridere *(l):* lachen, grinsen; Risor, -oris m *(l):* Lacher, Spötter.
rostralis, -e *(l)* = zum vorderen Körperende hin gelegen.
Rostrum, -i n *(l)* = Schnabel, Rüssel. – rodere *(l):* nagen, verzehren.
Rotator, -oris m *(l)* = der (Herum-)Dreher; vgl. Rotation. – rotare *(l):* herumdrehen, rotieren; Rota, -ae f *(l):* Rad, Wagenrad.
rotundus, -a, -um *(l)* = rund, kugelrund. – Rota, -ae f *(l):* Rad; siehe Rotator.
ruber, -bra, -brum *(l)* = rot. – erythrós *(gr):* rot; rubére *(l):* rot sein.
Ruga, -ae f *(l)* = Runzel, Hautfalte, Falte. – rúksas *(altind):* rau; rysós *(gr):* runzelig.

Saccus, -i m *(l)* = Sack, Tasche. – Sák(k)os *(gr):* Sack.
sacer, sacra, sacrum *(l)* = heilig. – Sacrum, -i n *(l):* Heiligtum. – Os sacrum: Kreuzbein.
sacralis, e *(l)* = zum Kreuzbein gehörig. – Adj. zu Sacrum.
sagittalis, -e *(l)* = in Pfeilrichtung, sagittal, von ventral nach dorsal. – Adj. zu Sagitta, -ae f *(l):* Pfeil.
salivatorius, -a, -um *(l)* = zum Speichel gehörig. – Saliva, -ae f *(l):* Speichel, Schleim.
Salpinx, -ingis f *(l)* = Trompete; anat.: 1. Eileiter (Tuba uterina [Salpinx]); 2. Ohrtrompete (Tuba auditiva). – Salpinx *(gr):* Trompete.
saphenus, -a, -um *(l)* = verborgen. – al safin *(arab):* verborgen, der Verbergende; nicht von saphḗs *(gr):* deutlich, sichtbar.
sartorius, -a, -um *(l)* = zum Schneidern dienlich. – Sartor, -oris m *(l):* Schneider; sarcire *(l):* ausbessern.
Scala, -ae f *(l)* = Treppe, Stufe. – Scalae, -arum *(Pl):* Treppe, Leiter, Stiege; scand-sla *(idg):* steigen.
scalenus, -a, -um *(l)* = schief, ungleichseitig, dreieckig. – skalänós *(gr):* ungerade, schief.
Scapha, -ae f *(l)* = Nachen; anat.: die zwischen Helix und Anthelix liegende Furche der Ohrmuschel. – Skáphä *(gr):* ausgehöhlter Körper, Kahn, Boot.
scaphoideus, -a, -um *(l)* = kahnförmig. – Skáphä *(gr):* ausgehöhltes, muldenartiges Gefäß, Wanne, Boot; skáptō *(gr):* graben.
Scapula, -ae f *(l)* = Schulterblatt, Schulter, Rücken. – Kápetos *(gr):* Grube, Graben.

Sclera (ergänze tunica oculi) *(l)* = harte oder feste Augenhaut. – sklärós *(gr):* hart, derb.
scriptorius, -a, -um *(l)* = zum Schreiben dienend. – scribere *(l):* schreiben, zeichnen.
scrotalis, -e *(l):* Adj. zu Scrotum.
Scrotum, -i n *(l)* = Sack, Hodensack. – skrýdda *(altnord):* geschrumpfte Haut.
secundarius, -a, -um *(l)* = der (die, das) Zweite. – secundus, -a, -um *(l):* der (die, das) Zweite, Folgende; sequi *(l):* folgen, nachfolgen, nachsetzen.
segmentalis, -e *(l):* Adj. zu Segmentum.
Segmentum, -i n *(l)* = Abschnitt, Teilbereich, Segment. – secare *(l):* schneiden, teilen.
Sella, -ae f *(l)* = Sattel, Stuhl, Sessel. – sedere *(l):* sitzen, setzen; Hélla *(gr):* Sitz.
Semicanalis, -is m *(l)* = Halbkanal, Rinne.
semicircularis, -e *(l)* = halbkreisförmig.
semilunaris, -e *(l)* = halbmondförmig. – semi- *(l):* halb; Luna, -ae f *(l):* Mond.
semimembranosus, -a, -um *(l)* = halbhäutig.
seminalis, -e *(l)* = zum Samen gehörig. – Adj. zu Semen, -inis n *(l):* Same, Stamm; se, saen *(idg)* u. serere *(l):* säen, pflanzen.
semiovalis, -e *(l)* = halbeiförmig.
semispinalis, -e *(l)* = zur Hälfte zum Dorn(fortsatz der Wirbel) gehörend; Bezeichnung für Muskeln, die von den Querfortsätzen der Wirbel zu Dornfortsätzen anderer Wirbel ziehen.
semitendinosus, -a, -um *(l)* = halbsehnig.
septalis, -e *(l):* Adj. zu Septum.
Septum, -i n *(l)* = Scheidewand, eigentl. Umzäunung, Einfriedung. – saepire *(l):* umzäunen, umhegen, einfrieden.
serratus, -a, -um *(l)* = gezähnt, gesägt. – P.p.p. von serrare *(l):* sägen; Serra, -ae f *(l):* Säge.
sesamoideus, -a, -um *(l)* = sesamkornähnlich. – Säsamon *(gr):* Schotenfrucht der aus Ägypten und Arabien stammenden Sesampflanze.
sigmoideus, -a, -um *(l)* = sigmaähnlich. – Sígma *(gr):* halbmondförmiges Gebilde.
simplex, -icis *(l)* = einfach, unvermischt, einzeln. – sém *(idg):* eins.
sinister, -tra, -trum *(l)* = links, ungünstig.
sinuatrialis, -e *(l)* = zum Sinus venarum cavarum u. zum Vorhof des Herzens gehörend.
Sinus, -us m *(l)* = Busen, Vertiefung, Bucht, Biegung, Krümmung. – sinuáre *(l):* krümmen, bogenförmig machen.
soleus, -a, -um *(l)* = seezungenähnlich, schollenähnlich. – Solea, -ae f *(l):* Seezunge, Scholle; urspr.: Sandale, Sohle.
solitarius, -a, -um *(l)* = alleinstehend, abgesondert, einsam. – solus, -a, -um *(l):* allein.
Spatium, -ii n *(l)* = Zwischenraum, Raum, Bahn, Rennbahn. – Spádion, Stadion *(gr):* Rennbahn.
spermaticus, -a, -um *(l)* = zum Samen gehörig. – Adj. zu Spérma *(gr):* Same, Keim; speírein *(gr):* aussäen, ausstreuen.
sphenoidalis, -e *(l)* = keilförmig. – Sphḗn *(gr):* Keil.
Sphincter, -eris m *(l)* = Schnürer, Schnürmuskel. – sphingein *(gr):* zusammenschnüren, würgen, zusammenziehen; Sphinx: zusammenschnürende Todesdämonin.
Spina, -ae f *(l)* = Dorn, Rückgrat, Wirbelsäule.
spinalis, -e u. **spinosus, -a, -um** *(l):* Adj. zu Spina.
spinocostalis, -e *(l)* = vom Rückgrat zur Rippe verlaufend.
spiralis, -e *(l)* = gewunden. – Adj. zu Spira, -ae f *(l):* Windung, Spirale; Speîra *(gr):* Windung.
splanchnicus, -a, -um *(l)* = zu den Eingeweiden gehörend. – Splánchnon *(gr):* Eingeweide.
Splanchnologia, -ae f *(l)* = Eingeweidelehre. – Splánchnon *(gr):* Eingeweide; Lógos *(gr):* Wort, Sprache, Lehre.
Splen, -enis m *(l)* = Milz. – Splḗn *(gr):* Milz.

Splenium, -ii n *(l)* = Wulst, Bausch, Schönheitspflästerchen. – Splenion *(gr):* Wundverband, Pflasterstreifen, Kompresse.
splenius, -ia, -ium *(l)* = pflasterförmig, bauschig.
spongiosus, -a, -um *(l)* = schwammig, porös. – Spongiá *(gr):* Schwamm
Squama, -ae f *(l)* = Schuppe (des Fisches, der Schlange). – squaleo *(l):* schuppig, rau sein.
squamosus, -a, -um *(l):* Adj. zu Squama.
stapedius, -a, -um *(l):* Adj. zu Stapes.
Stapes, -edis m *(l)* = Steigbügel, das kleinste der drei Gehörknöchelchen.
stellatus, -a, -um *(l)* = sternförmig. – Stella, -ae f *(l):* Stern, Gestirn; Astḗr *(gr):* Stern.
sternalis, -e *(l):* Adj. zu Sternum.
sternoclavicularis, -e *(l)* = vom Brust- zum Schlüsselbein verlaufend.
sternocleidomastoideus, -a, -um *(l)* = Brustbein und Schlüsselbein mit dem Warzenfortsatz verbindend. – Sternum, -i n *(l):* Brustbein; Kleís *(gr):* Riegel, Schlüssel, Schlüsselbein; mastoideus *(l):* brustwarzenähnlich.
sternocostalis, -e *(l)* = vom Brustbein zur Rippe verlaufend.
sternohyoideus, -a, -um *(l)* = vom Brust- zum Zungenbein verlaufend.
sternothyroideus, -a, -um *(l)* = vom Brustbein zur Schilddrüse ziehend.
Sternum, -i n *(l)* = Brustbein. – sternere *(l):* ausbreiten, glätten; Stérnon *(gr):* Brust, Brustbein.
Stratum, -i n *(l)* = Zone, Decke, Ausgebreitetes, Schicht. – sternere *(l)* u. stórnymi *(gr):* ausbreiten, bedecken.
Stria, -ae f *(l)* = Streifen, Furche.
striatus, -a, -um *(l)* = gestreift. – Adj. zu Stria.
styloglossus, -a, -um *(l)* = vom Griffelfortsatz zur Zunge verlaufend.
stylohyoideus, -a, -um *(l)* = vom Griffelfortsatz zum Zungenbein verlaufend.
styloideus, -a, -um *(l)* = griffelförmig. – Stŷlos *(gr):* Griffel, Stiel.
stylomastoideus, -a, -um *(l)* = vom Griffel- zum Warzenfortsatz verlaufend.
stylopharyngeus, -a, -um *(l)* = vom Griffelfortsatz zum Rachen verlaufend.
subcutaneus, -a, -um *(l)* = unter der Haut gelegen.
submucosus, -a, -um *(l)* = unter der Schleimhaut gelegen.
Substantia, -ae f *(l)* = Wesen, Beschaffenheit, anat.: Substanz, stoffliche Grundlage. – substare *(l):* darunter sein, existieren, standhalten.
Sulcus, -i m *(l)* = Furche, Einschnitt. – Holkós *(gr):* Zug, Zügel, gezogene Furche; hélkō *(gr):* ziehen.
Supercilium, -ii n *(l)* = Augenbraue, das über dem Augenlid Befindliche.
superficialis, -e *(l)* = an der Oberfläche liegend, oberflächlich. – Facies, -ei f *(l):* äußere Gestalt.
superior, -ius *(l)* = oberer, höher, weiter oben gelegen. – Komp. zu super.
Supinator, -oris m *(l)* = Aufwärtsdreher. – supinare *(l):* rücklings beugen, nach oben drehen durch Drehung des Unterarms wird die Handfläche nach oben bzw. vorne gerichtet; hýptios *(gr):* zurückgelehnt, rücklings
supremus, -a, -um *(l)* = der Oberste, Äußerste, Höchste. – Sup. zu super.
suralis, -e *(l)* = zum Wadenbein gehörig. – Adj. zu Sura, -ae f *(l):* Wade, Unterschenkel.
suspensorius, -a, -um *(l)* = zum Aufhängen dienend. – suspéndere *(l):* aufhängen, emporheben.
Sustentaculum, -i n *(l)* = Stütze, Hilfe, Unterstützung. – sustenare *(l):* unterstützen, aufrechthalten, stützen, helfen.
Sutura, -ae f *(l)* = Naht, chirurg. Naht, Nahtverbindung zweier Schädelknochen, Wundnaht.

sympathicus, -a, -um *(l)* = sympathisch; anat.: sympathischer Teil des autonomen oder vegetativen Nervensystems. – Páthōs *(gr):* Leiden, Empfindung.

Symphysis, -eos u. **-is** f *(l)* = Knochenverbindung durch Faserknorpel, vgl. Junctura cartilaginea. – symphýein *(gr):* zusammenwachsen, vereinigen.

Synarthrosis, -eos u. **-is** f *(l)* = Knochenfuge. – Árthron *(gr):* Gelenk.

Synchondrosis, -eos u. **-is** *(l)* = knorpelige Knochenverbindung. – Chóndros *(gr):* der Knorpel.

Syndesmosis, -eos u. **-is** *(l)* = bindegewebige Knochenverbindung. – Desmós *(gr):* Band, Verbindung.

Synostosis, -eos u. **-is** *(l)* = knöcherne Verbindung zweier Knochen. – Ostéon *(gr):* Knochen.

Synovia, -ae f *(l)* = Gelenkschmiere.

Taenia, -ae f *(l)* = Streifen, schmales Band, Binde. – Tainía *(gr):* Band, Binde; teínein *(gr):* drehen, spannen, strecken.

talaris, -e *(l):* Adj. zu Talus.

talocalcaneonavicularis, -e *(l)* = vom Sprung- u. Fersenbein zum Kahnbein verlaufend.

talocruralis, -e *(l)* = vom Sprungbein zum Unterschenkel ziehend.

talonavicularis, -e *(l)* = vom Sprung- zum Kahnbein verlaufend.

Talus, -i m *(l)* = Sprungbein; urspr.: der Würfel.

Tapetum, -i n *(l)* = Teppich, Vorhang. – Tapes, -itis m *(l)* u. Tápäs *(altiran):* Teppich.

tarseus, -a, -um *(l):* Adj. zu Tarsus.

tarsometatarsalis, -e *(l)* = von der Fußwurzel zum Mittelfuß verlaufend.

Tarsus, -i m *(l)* = 1. Fußwurzel; 2. Lidplatte. – Tarsós *(gr):* flach ausgebreiteter Gegenstand.

tectorius, -a, -um *(l)* = dem Bedecken dienend; zum Decken. – Adj. zu Tectum.

Tectum, -i n *(l)* = Dach. – tegere *(l)* u. stégein *(gr):* decken; Tégos *(gr):* Dach; Stégä *(gr):* Haus, Dach; Decchin *(ahd):* Decke.

Tegmen, -inis n u. **Tegmentum, -i** n *(l)* = Decke, Haube, Dach. – tegere *(l):* bedecken u. stégein *(gr):* decken, bedecken, verbergen.

tegmentalis, -e *(l):* Adj. zu Tegmentum.

Tela, -ae f *(l)* = Gewebe, Gewebeschicht. – téxere *(l):* weben, flechten; Téxla *(idg):* Gewebe.

Telencephalon, -i n *(l)* = Endhirn. – Télos *(gr):* Ende; Enképhalos *(gr):* das, was im Kopf ist (Gehirn).

temporalis, -e *(l):* Adj. zu Tempus.

Tempus, -oris n *(l)* = Schläfe; Zeit.

tendineus, -a, -um *(l):* Adj. zu Tendo.

Tendo, -inis m *(l)* = Sehne. – téndere *(l)* u. teínein *(gr):* ziehen, spannen, strecken.

Tensor, -oris m *(l)* = Spanner, Strecker. – téndere *(l)* u. teínein *(gr):* strecken, ziehen, spannen.

Tentorium, -i n *(l)* = Zelt. – téndere *(l):* spannen, straff anziehen, zelten, lagern.

tenuis, -e *(l)* = dünn, fein. – téndere *(l):* spannen, auseinanderziehen; tánus *(altind)* u. dúnni *(ahd):* dünn, ausgedehnt.

teres, -etis *(l)* = rund, gedreht, länglich rund. – terere *(l):* reiben, zerreiben; teírō u. tríbō *(gr):* reiben, zerreiben.

terminalis, -e *(l)* = zur Grenze gehörig, die Grenze bzw. das Ende bezeichnend; vgl. Termin. – terminare *(l):* begrenzen, abgrenzen, bestimmen.

testicularis, -e *(l):* Adj. zu Testis.

Testis, -is m *(l)* = anat.: Hoden.

thalamicus, -a, -um *(l):* Adj. zu Thalamus.

Thalamus, -i m *(l)* = anat.: sog. Sehhügel. – Thálamos *(gr):* Gemach, Höhle, Schlafgemach.

Theca, -ae f *(l)* = Kapsel, Hülle, Kuppel. – Thākä *(gr)* = Behälter.

Thenar, -aris n *(l)* = Daumenballen. – Thénar *(gr):* Handfläche, flache Hand, auch Vertiefung; theínō *(gr):* schlagen.

thoracicus, -a, -um *(l):* Adj. zu Thorax.

thoracoacromialis, -e *(l)* = vom Brustkorb zur Schulterhöhe verlaufend.

thoracolumbalis, -e *(l)* = vom Brustkorb zur Lende ziehend.

Thorax, -acis m *(l)* = Brustkorb. – Thṓrax *(gr):* Brustkorb, Brustharnisch, Rüstung, die Brust und Bauch bedeckt.

thymicus, -a, -um *(l):* Adj. zu Thymus.

Thymus, -i m *(l)* = Thymusdrüse, Bries. – Thymós *(gr):* Leben, Lebenskraft, Gemüt, Mut, Herz, Geist, Verstand.

thyroarytenoideus, -a, -um *(l)* = von der Schilddrüse zu den Gießbeckenknorpeln verlaufend.

thyroepiglotticus, -a, -um *(l)* = von der Schilddrüse zum Kehldeckel verlaufend.

thyrohyoideus, -a, -um *(l)* = von der Schilddrüse zum Zungenbein verlaufend.

thyroideus, -a, -um *(l)* = schildförmig. – thyreoídes *(gr):* schildähnlich; Thyreós *(gr):* der lange, viereckige türähnliche Schild.

thyropharyngeus, -a, -um *(l)* = von der Schilddrüse zum Pharynx verlaufend.

Tibia, -ae f *(l)* = Pfeife, Flöte; anat.: Schienbein.

tibialis, -e *(l):* Adj. zu Tibia.

Tonsilla, -ae f *(l)* = Mandel im Halse. – Dim. zu Toles, -ium f *(l):* Kropf am Halse; tónsles *(idg):* dehnen, ausdehnen.

Torus, -i m *(l)* = Wulst, Polster; ein Teilstrick, aus deren mehreren das Tau zusammengedreht wird.

Trabecula, -ae f *(l)* = Bälkchen. – Dim. zu Trabs, -is f *(l):* der Balken.

Trachea, -ae f *(l)* = Luftröhre. – trachýs *(gr):* rau.

tracheobronchialis, -e *(l)* = zur Luftröhre u. ihren (Haupt-)Ästen gehörig.

Tractus, -us m *(l)* = Verlauf, Strang, Bahn; vgl. Traktor. – trahere *(l):* ziehen, schleifen, schleppen.

Tragus, -i m *(l)* = anat. die vor der Öffnung des äußeren Gehörgangs liegende Erhebung. – Trágos *(gr):* Bock, Ziegenbock, vgl. Tragi: Ohrhaare.

transversus, -a, -um *(l)* = querverlaufend, querliegend. – transvertere *(l):* wenden, sich wenden, hinwenden, von einem zum anderen wenden, hinüberwenden.

trapezius, -a, -um *(l)* = trapezförmig, tischförmig. – Trápeza *(gr):* Tisch, Speise, Tafel.

triangularis, -e *(l)* = dreieckig. – tres, tri- *(l):* drei; angularis, -e *(l):* winkelig, eckig.

Triceps, -itis m *(l)* = dreiköpfig. – tres, tri- *(l):* drei; Caput, -itis n *(l):* Kopf.

tricuspidalis, -e *(l)* = mit drei Spitzen oder Zipfeln versehen. – tres, tri- *(l):* drei; Cuspis, -idis f *(l):* Spitze, Zipfel; anat.: Klappensegel einer Segelklappe.

trigeminus, -a, -um *(l)* = dreifach; anat.: aus drei Teilen bestehend. – tres, tri- *(l):* drei; geminus *(l):* doppelt, Zwilling.

Trigonum, -i n *(l)* = Dreieck. – tres, tri- *(l):* drei; Gōnía *(gr):* Winkel, Ecke.

Tripus, -odis m *(l)* = Dreifuß. – tres, tri- *(l):* drei; Poús *(gr):* Fuß.

triquetrus, -a, -um *(l)* = dreieckig. – tres, tri- *(l):* drei; quartus bzw. quadrus *(l):* eckig, eigentl.: viereckig.

triticeus, -a, -um *(l)* = weizenkornähnlich. – Adj. zu Triticum, -i n *(l):* Weizen.

Trochanter, -eris m *(l)* = Rollhügel. – Trochus, -i m *(l):* Rad; Tróchos *(gr):* Lauf, Umlauf; trochazo *(gr):* laufen, rennen, sich im Kreise drehen.

Trochlea, -ae f *(l)* = Rolle, Winde. – Trochilía *(gr):* Rolle, Walze, Winde.

Truncus, -i m *(l)* = Stamm, Stock, Rumpf eines Menschen. – truncáre *(l):* verstümmeln, der Glieder berauben.

Tuba, -ae f *(l)* = Trompete, Tuba.

tubarius, -a, -um *(l):* Adj. zu Tuba.

Tuber, -eris n *(l)* = Höcker, Knorren, Beule. – tumére *(l):* anschwellen.

Tuberculum, -i n *(l):* Dim. zu Tuber.

Tuberositas, -atis f *(l)* = Vorsprung, Rauigkeit am Knochen.

Tunica, -ae f *(l)* = Hemd, Unterkleid, Tunica, Haut, Hülle; anat.: Gewebeschicht.

turcicus, -a, -um *(neulat)* = türkisch. – Sella turcica: Türkensattel.

tympanicus, -a, -um *(l)* = zum Trommelfell (Membrana tympanica) oder zur Paukenhöhle (Cavitas tympani) gehörend. – Adj. zu Tympanum.

Tympanum, -i n *(l)* = Trommel, Handpauke. – Týmpanon *(gr):* Handpauke, Tamburin.

Ulna, -ae f *(l)* = Elle, einer der Unterarmknochen. – Ōlénä *(gr):* ganzer Arm, Elle als Maß, Unterarm.

umbilicalis, -e *(l):* Adj. zu Umbilicus.

Umbilicus, -i m *(l)* = Nabel, Mittelpunkt. – Omphalós *(gr):* Nabel, nabelähnliche Erhöhung, Mittelpunkt.

Umbo, -onis m *(l)* = Buckel, Nabel. – Umbalus *(idg)* u. Omphalós *(gr):* Nabel, Mittelpunkt.

uncinatus, -a, -um *(l):* Adj. zu Uncus.

Uncus, -i m *(l)* = Haken, Klammer. – Ónkos *(gr):* Haken, Widerhaken.

unguicularis, -e *(l):* Adj. zu Unguis (auch unguliformis = hufeisenförmig).

Unguis, -is m *(l)* = Nagel, Kralle. – Onyx *(gr):* Kralle, Klaue, Fingernagel.

Urachus, -i m *(l)* = Harngang, Verbindung zwischen Blase und Allantois. – Oûron *(gr):* Harn; chéein *(gr):* gießen oder échein *(gr):* enthalten.

Ureter, -eris m *(l)* = Harnleiter. – ouréein *(gr):* Harn lassen.

Urethra, -ae f *(l)* = Harnröhre. – Ouréthra *(gr):* Harnröhre.

urethralis, -e *(l):* Adj. zu Urethra.

urinarius, -a, -um *(l)* = zum Harn gehörend. – Adj. zu Urina, -ae f *(l):* Harn.

urogenitalis, -e *(l)* = die Harn- und Geschlechtsorgane betreffend. – Oûron *(gr):* Harn, Urin; genitalis *(l):* die Geschlechtsorgane betreffend; genere u. gignere *(l):* zeugen, erzeugen.

uterinus, -a, -um *(l)* = zur Gebärmutter gehörend. – Adj. zu Uterus.

Uterus, -i m *(l)* = Gebärmutter, Unterleib. – Udáram *(altind):* Bauch.

Utriculus, -i m *(l)* = kleiner Schlauch; anat. z. B. Teil des häutigen Labyrinths. – Dim. zu Uter, utris m *(l)* = Schlauch; Hydría *(gr):* Wasserkrug.

Uvula, -ae f *(l)* = Zäpfchen. – Dim. zu Uva, -ae f *(l):* Traube; Ůga *(lit):* Beere.

Vagina, -ae f *(l)* = Scheide des Schwertes, Hülle; anat.: weibl. Scheide.

vagus, -a, -um *(l)* = umherschweifend, ungenau, vage.

vallatus, -a, -um *(l)* = von einem Wall umgeben. – Adj. zu Vallum, -i n *(l):* Wall; vallare *(l):* umwallen, verschanzen.

Vallecula, -ae f *(l)* = kleines Tal; anat.: 1. Einsenkung zwischen Zunge u. Kehldeckel, 2. Einsenkungen am Gehirn. – Dim. zu Vallis, -is f *(l):* das Tal.

Valvula, -ae f *(l)* = kleine Klappe. – Dim. zu Valva, -ae f *(l):* Klappe, im Plural Türflügel, Doppeltür.

Vas, vasis n *(l)* = Gefäß, Gerät.

vascularis, -e *(l)* = zum Gefäß gehörend. – Adj. zu Vasculum, -i n *(l):* kleines Gefäß;– Dim. zu Vas.

vastus, -a, -um *(l)* = groß, weit, gewaltig, plump. – vastare *(l):* verwüsten.

Velum, -i n *(l)* = Segel, Tuch, Hülle. – velare *(l):* verbergen, verhüllen.

Vena, -ae f *(l)* = Blutader, Vene; Blutgefäß, das Blut zum Herzen hinführt.

Venter, -tris m *(l)* = Bauch, Magen, Leib, Wanst.

ventralis, -e *(l)* = 1. zum Bauch gehörend; 2. bauchwärts liegend, ventral (Gegensatz zu dorsalis). – Adj. zu Venter.

Ventriculus, -i m *(l)* = kleiner Magen; anat.: 1. Magen, 2. Herzkammer, 3. Hirnkammer, 4. als Ventriculus laryngis: seitliche Aussackung des Kehlkopfraumes. – Dim. zu Venter.

vermiformis, -e *(l)* = wurmförmig. – Vermis, -is f *(l):* Wurm; Forma, -ae f *(l):* Gestalt, Form.

Vermis, -is f *(l)* = Wurm; anat.: mittlerer Abschnitt des Kleinhirns.

Vertebra, -ae f *(l)* = Wirbel; urspr.: Gelenk. – vertere *(l):* drehen, wirbeln, sich im Kreise drehen.

verticalis, -e *(l)* = vertikal, senkrecht, scheitelrecht. – Vertex, -icis f *(l):* Scheitel, Wirbel, Haarwirbel des Hauptes; vertere *(l):* drehen, kreisen.

Vesica, -ae *(l)* = Blase. – vesicare *(l):* Blasen werfen.

vesicalis, -e *(l):* Adj. zu Vesica.

Vesicula, -ae f *(l)* = Bläschen. – Dim. zu Vesica.

vestibularis, -e *(l)* = zum Vorhof des knöchernen Labyrinths gehörend. – Adj. zu Vestibulum.

vestibulocochlearis, -e *(l)* = zum Gleichgewichts- und Hörorgan gehörend.

Vestibulum, -i n *(l)* = Vorhof, Vorplatz, Vorraum, Eingang.

Vibrissae, -arum *(Pl)* f *(l)* = Schnurrhaare; anat.: Haare im Vestibulum nasi. – vibrare *(l):* zittern, schnurren.

villosus, -a, -um *(l)* = zottenreich, zottig. – Adj. zu Villus.

Villus, -i m *(l)* = Zotte, zottiges Haar. – Vellus, -eris n *(l):* Wolle, Vlies; vellere (l): zupfen, rupfen.

Vinculum, -i n *(l)* = Band, Fessel. – vincire *(l):* binden, fesseln.

visceralis, -e *(l)* = zu den Eingeweiden gehörend. – Adj. zu Viscera: Eingeweide.

Viscus, -eris (meist im Plural: Viscera) n *(l)* = Eingeweide, die edlen Eingeweide, das Innerste.

vitreus, -a, -um *(l)* = gläsern, glasartig. – Adj. zu Vitrum, -i n *(l):* Glas.

vocalis, -e *(l)* = tönend, zur Stimme gehörend – Adj. zu Vox, vocis f *(l):* Stimme, Ton, Laut Vac *(altind):* Stimme, Sprache; vocare *(l):* rufen nennen.

Vomer, -eris m *(l)* = Pflugscharbein.

vomeronasalis, -e *(l)* = vom Pflugscharbein zur Nase verlaufend.

Vulva, -ae f *(l)* = 1. Hülle, 2. Gebärmutter anat.: äußeres weibliches Genitale. – Volva -ae f *(l):* die Gebärmutter eines zum ersten Mal trächtigen Schweins; vólvere *(l):* wälzen, rollen; letzteres bezieht sich auf die Eihäute.

xiphoideus, -a, -um *(l)* = schwertförmig. – Xíphos *(gr):* Schwert.

Zona, -ae f *(l)* = Gürtel, Zone. – Zṓnä *(gr):* Gürtel der das Untergewand am Leibe festhält, Zone.

Zonula, -ae *(l)* = kleiner Gürtel. – Dim. zu Zona

zygomaticus, -a, -um *(l)* = zum Jochbogen gehörig. – Adj. zu Zygón *(gr):* Joch, Jochbein.

A

B

C

G

H

I

J

K

M

N

Q

R

S

U

V

1. Abkürzungsverzeichnis

Singular:

A.	=	Arteria
Lig.	=	Ligamentum
M.	=	Musculus
N.	=	Nervus
Proc.	=	Processus
R.	=	Ramus
V.	=	Vena
Var.	=	Variation

Plural:

Aa.	=	Arteriae
Ligg.	=	Ligamenta
Mm.	=	Musculi
Nn.	=	Nervi
Procc.	=	Processus
Rr.	=	Rami
Vv.	=	Venae

♀ = weiblich
♂ = männlich

Prozentangaben:
Angesichts der großen Streubreite individueller Körpermaße sind die prozentualen Größenangaben nur als grobe Richtwerte aufzufassen.

2. Allgemeine Richtungs- und Lagebezeichnungen des Körpers

Die folgenden Termini bezeichnen die gegenseitige Lage von Organen und Teilen des Körpers zueinander, z.T. ohne Rücksicht auf die Stellung des Körpers im Raum, sowie Lage und Richtung an den Extremitäten. Diese Begriffe werden nicht nur der menschlichen Anatomie, sondern auch der praktischen Medizin und der vergleichenden Anatomie gerecht.

Allgemeine Bezeichnungen

anterior – posterior = vorne – hinten (z.B. Arteriae tibiales anterior et posterior)
ventralis – dorsalis = bauchwärts – rückenwärts gelegen
superior – inferior = oben – unten (z.B. Conchae nasales superior et inferior)
cranialis – caudalis = kopfwärts – schwanzwärts gelegen
dexter – sinister = rechts – links (z.B. Arteriae iliacae communes dextra et sinistra)
internus – externus = innen liegend – außen liegend
superficialis – profundus = oberflächlich gelegen – tief gelegen (z. B. Musculi flexores digitorum superficialis et profundus)
medius, intermedius = in der Mitte zwischen zwei anderen Gebilden liegend (Die Concha nasalis media z. B. liegt in der Mitte zwischen Concha nasalis superior und inferior)
medianus = in der Mittellinie gelegen (Fissura mediana anterior des Rückenmarks). Durch einen „medianen Sagittalschnitt" wird der Körper in zwei spiegelbildlich gleiche Teile zerlegt.
medialis – lateralis = gegen die Mitte des Körpers gelegen, gegen die Seite zu gelegen (z. B. Fossae inguinales medialis et lateralis)
frontalis = in der Stirnebene (Frontalebene) liegend, auch zur Stirn ziehend (z. B. Processus frontalis der Maxilla)
longitudinalis = längs verlaufend (z. B. Musculus longitudinalis superior der Zunge)
sagittalis = in einer Sagittalebene liegend
transversalis = in einer Transversalebene liegend
transversus = quer verlaufend (z. B. Processus transversus des Brustwirbels)

Richtungs- und Lagebezeichnungen für die Extremitäten

proximalis – distalis = gegen die Extremitätenwurzel zu gelegen – gegen das Extremitätenende zu gelegen (z. B. Articulationes radioulnares proximalis et distalis)

für die Brustgliedmaße:
radialis – ulnaris = auf der Radialseite – auf der Ulnarseite gelegen (z. B. Arteriae radialis et ulnaris)

für die Hand:
palmaris – dorsalis = hohlhandwärts – handrückenwärts gelegen (z. B. Aponeurosis palmaris, Musculus interosseus dorsalis)

für die Beckengliedmaße:
tibialis – fibularis = auf der Tibial-, auf der Fibularseite gelegen (z.B. Arteria tibialis anterior)

für den Fuß:
plantaris – dorsalis = fußsohlenwärts – fußrückenwärts gelegen (z. B. Arteriae plantares lateralis et medialis, Arteria dorsalis pedis)

3. Verwendung von Klammern

[ ]: In eckige Klammern gesetzte lateinische Namen sind Alternativbegriffe, wie sie in der Terminologia Anatomica (1998) angegeben sind, z. B.: Ren [Nephros]. Um aber die Bildlegenden nicht zu sehr zu überladen, sind im Wesentlichen nur solche Alternativbegriffe aufgenommen, die Abweichungen in den Wortstämmen beinhalten und auch international zum Verständnis notwendig erscheinen. Ihre Verwendung wurde weitgehend auf die Abbildungen beschränkt, in denen sie Hauptinhalte bezeichnen.

( ): Runde Klammern wurden mit unterschiedlicher Zielsetzung verwendet:
- Für Fachbegriffe, die auch in der Terminologia Anatomica in runden Klammern aufgeführt sind, z. B.: (M. psoas minor).
- Für Fachbegriffe, die zwar nicht in der offiziell gültigen Auflistung der Nomenklatur enthalten sind, die von den Herausgebern aber als praktisch notwendige und hilfreiche lateinische Begriffe betrachtet werden, z. B.: (Crista zygomatico-alveolaris)
- Für Angaben zur näheren Beschreibung des übergeordneten Bezugs, z. B.: R. spinalis (A. vertebralis).